SYSTEMGASTRONOMIE & GAST

Anton Beer

Hermann Grüner

Thomas Kessler

Conrad Krödel

Reinhold Metz

Andrea Stewen

1. Auflage

Fachbuchverlag Pfanneberg GmbH & Co. KG
Düsselberger Str. 23
42781 Haan-Gruiten
Bestell-Nr.: 05967

Autoren
Anton Beer, 95189 Köditz
Hermann Grüner, 82467 Garmisch-Partenkirchen
Thomas Kessler, 94469 Deggendorf
Conrad Krödel, 25335 Elmshorn
Reinhold Metz, 86825 Bad Wörishofen
Andrea Stewen, 45721 Haltern am See

Verlagslektorat
Benno Buir

Bildbearbeitung
Verlag Europa-Lehrmittel, 73760 Ostfildern
tiff.any GmbH, 10999 Berlin

1. Auflage 2014

Druck 5 4 3 2 1
Alle Drucke derselben Auflage sind parallel einsetzbar, da sie bis auf die
Behebung von Druckfehlern untereinander unverändert sind.

ISBN 978-3-8057-0596-7

Alle Rechte vorbehalten. Das Werk ist urheberrechtlich geschützt.
Jede Verwertung außerhalb der gesetzlich geregelten Fälle muss vom
Verlag genehmigt werden.

© 2014 by Fachbuchverlag Pfanneberg GmbH & Co. KG, 42781 Haan-Gruiten
http://www.pfanneberg.de
http://systemgastronomie.pfanneberg.de

Umschlag: braunwerbeagentur, 42477 Radevormwald, unter Verwendung
eines Motivs der McDonald's Deutschland Inc., München (Verwendung
freigegeben durch McDonald's)
Layout und Satz: tiff.any GmbH, 10999 Berlin
Druck: Stürtz GmbH, 97080 Würzburg

Geleitwort

Liebe angehende Fachfrauen und Fachmänner für Systemgastronomie,

eine spannende Zeit steht Ihnen bevor – die Vorbereitung auf eine berufliche Tätigkeit in der Systemgastronomie.

Als „Zugpferd" der Gastronomie erwirtschaftete die Systemgastronomie 2013 einen Umsatz von 11,8 Milliarden Euro – Tendenz steigend. Sie ist eine lebendige Branche im ständigen Wandel und damit einer der wichtigsten Trendmotoren der Gastronomie. Innovation und kontinuierliche Weiterentwicklung von gastronomischen Konzepten sind hier an der Tagesordnung.

Sie werden in diesem spannenden Umfeld Ihren beruflichen Werdegang starten und sich in der bevorstehenden Ausbildung das notwendige theoretische Wissen und praktische Fähigkeiten aneignen. Dafür soll Ihnen „Systemgastronomie & Gast" eine nützliche Hilfestellung geben. Das Werk entspricht allen aktuellen Anforderungen an ein gutes Fachbuch und bietet Ihnen praxisnahe Inhalte, zahlreiche visualisierte Beispiele sowie fundiert recherchierte Informationen in einer prägnanten Aufbereitung.

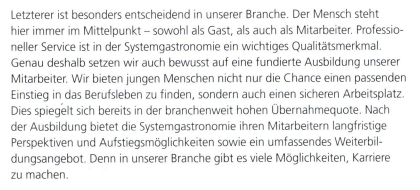

Einem erfolgreichen Abschluss Ihrer Ausbildung sollte damit nichts mehr im Wege stehen. Zumal Sie die wichtigsten persönlichen Voraussetzungen einer/-s „FASY" bereits erfüllen: Leidenschaft für die Gastronomie, Serviceorientierung und viel Freude am Kontakt mit Menschen.

Letzterer ist besonders entscheidend in unserer Branche. Der Mensch steht hier immer im Mittelpunkt – sowohl als Gast, als auch als Mitarbeiter. Professioneller Service ist in der Systemgastronomie ein wichtiges Qualitätsmerkmal. Genau deshalb setzen wir auch bewusst auf eine fundierte Ausbildung unserer Mitarbeiter. Wir bieten jungen Menschen nicht nur die Chance einen passenden Einstieg in das Berufsleben zu finden, sondern auch einen sicheren Arbeitsplatz. Dies spiegelt sich bereits in der branchenweit hohen Übernahmequote. Nach der Ausbildung bietet die Systemgastronomie ihren Mitarbeitern langfristige Perspektiven und Aufstiegsmöglichkeiten sowie ein umfassendes Weiterbildungsangebot. Denn in unserer Branche gibt es viele Möglichkeiten, Karriere zu machen.

Sie ergreifen bald nicht nur einen Beruf mit vielfältigen Chancen zur fachlichen und persönlichen Weiterentwicklung. Sie, unsere Auszubildenden, sind die Zukunft dieser Branche. Denn nur mit motivierten, gut ausgebildeten Mitarbeitern ist es überhaupt möglich, unsere Gäste jeden Tag mit hervorragendem Service und Produkten höchster Qualität zu begeistern.

In diesem Sinne wünsche ich Ihnen viel Erfolg bei der Prüfungsvorbereitung und einen guten Start in das Berufsleben!

Ihr

Wolfgang Goebel

Vorstand Personal McDonald's Deutschland
Präsident des Bundesverbandes der Systemgastronomie (BdS)

VORWORT

Das Medienpaket „Systemgastronomie & Gast"

Die Reihe der Lehrwerke von Pfanneberg zur Ausbildung im Gastgewerbe bekommt mit der Neuerscheinung „Systemgastronomie & Gast" Zuwachs. Das Medienpaket vermittelt **alle Inhalte für die Ausbildung zum Fachmann/zur Fachfrau für Systemgastronomie**.

Das Buch

Von den anderen Standardwerken der Reihe hat „Systemgastronomie & Gast" die bewährte **didaktisch-methodische Grundstruktur** übernommen: Schwerpunkte sind die Vermittlung von Fach- und Handlungskompetenz sowie die Hinführung zu gastorientiertem Handeln. Dabei berücksichtigt das Buch von speziellen Themen für **Quick-Service-Restaurants** bis zu klassischen gastronomischen Themen für **Full-Service-Restaurants** alle Facetten der Systemgastronomie.

Die fachliche Wissensvermittlung wird **vom modernen Layout pädagogisch unterstützt**.

Die CD

Dem Buch beigelegt ist eine CD mit nützlichen Produkten, die den Unterrichtseinsatz ergänzen sowie Haus- und Gruppenarbeit unterstützen:
- Alle **Abbildungen des Buches**, Grafiken und Tabellen für die Übernahme in Hausarbeiten und Arbeitsblätter oder die Bearbeitung im Unterricht
- Ein elektronisches **Wörterbuch** wichtiger Fachbegriffe
- Vollständige **Gesetzestexte**

Die Website http://systemgastronomie.pfanneberg.de

unterstützt den Einsatz von Buch und Software mit zusätzlichen Informationen und Materialien.

Die Apps

Prüfungsaufgaben zur Vorbereitung auf die Abschlussprüfung sowie die Rezepte des Buches werden als App zur Verfügung gestellt – für registrierte Nutzer der Buch-CD kostenlos.

Das E-Book

„Systemgastronomie & Gast" ist auch als E-Book (Digitales Schulbuch) erhältlich. Ausführliche Informationen dazu im Verlag oder auf www.pfanneberg.de. Dort kann das E-Book auch online bestellt werden.

Kein Schulbuch kann in jeder Unterrichtssituation gleich gut eingesetzt werden, kein Autor ist fehlerfrei: Für **Anregungen und Kritik** sind Autoren und Verlag jederzeit dankbar.

Wir wünschen Ihnen viel Erfolg beim Einsatz des Medienpaketes „Systemgastronomie & Gast".

Im Sommer 2014   Autoren und Verlag

Ganz einfach zum E-Book:
1. Im Online-Shop www.pfanneberg.de Freischaltcode (Jahreslizenz) erwerben.
2. Auf www.digitale-schulbuecher.de das E-Book online nutzen. Für die zusätzliche Offline-Verwendung auf PC/Mac dort die Software für Ihr digitales Bücherregal herunterladen. Für Tablets gibt es Apps im App Store und bei Google Play.

Inhaltsverzeichnis

Geleitwort	3
Vorwort	4
Inhaltsverzeichnis	5

EINFÜHRUNG

EINFÜHRUNG IN DIE BERUFE 13

1	Geschichtliche Entwicklung des Gastgewerbes	13
1.1	Gastfreundschaft	13
1.2	Gastgewerbe	13
1.3	Gastgewerbliche Betriebe heute	14
2	Ausbildung	15
2.1	Ausbildungsordnung	15
2.2	Ausbildungsberufe des Gastgewerbes: Übersicht	16
3	Personal im Gastgewerbe	17

HYGIENE 19

1	Mikroben	19
1.1	Vorkommen	19
1.2	Arten und Vermehrungsformen	19
1.3	Lebensbedingungen der Mikroben	20
1.4	Lebensäußerungen der Mikroben	22
2	Lebensmittelinfektionen – Lebensmittelvergiftungen	23
2.1	Salmonellen	23
2.2	Eitererreger (Staphylokokken)	24
2.3	Bodenbakterien (Botulinus-Bakterien)	25
2.4	Fäulniserreger	25
2.5	Schimmel	25
3	Schädlingsbekämpfung	26
4	Reinigung und Desinfektion	27
4.1	Reinigen in Lebensmittelbetrieben	27
4.2	Desinfizieren in Lebensmittelbetrieben	28
4.3	Ablauf einer gründlichen Reinigung	29
	Aufgaben	29

UMWELT- UND VERBRAUCHERSCHUTZ 30

1	Umweltschutz	30
2	Verbraucherschutz	32
2.1	Lebensmittel- und Futtermittelgesetzbuch (LFGB)	32
2.2	Kennzeichnung von Lebensmitteln	33
2.3	Verordnung über Lebensmittelhygiene (Basishygiene)	36
2.4	Lebensmittelüberwachung	42
	Fachbegriffe	42
	Aufgaben	42

KÜCHE

ARBEITSSICHERHEIT 43

1	Unfallverhütung	43
1.1	Fußboden	43
1.2	Tragen und Heben von Lasten	43
1.3	Messer, schneidende Maschinen	44
1.4	Maschinen	44
1.5	Elektrische Anlagen	45
1.6	Feuerschutz	46
1.7	Sicherheitszeichen	46
	Fachbegriffe	47
2	Erste Hilfe	48
2.1	Schnitt- und Stichwunden	48
2.2	Ohnmacht und Bewusstlosigkeit	48
2.3	Verbrennungen und Verbrühungen	49
2.4	Nasenbluten	49
2.5	Fremdkörper im Auge	50
2.6	Unfälle mit elektrischem Strom	50
	Aufgaben	50

ARBEITSPLANUNG 51

1	Informationen beschaffen und auswerten	51
1.1	Fachbuch	51
1.2	Fachzeitschriften/Fachzeitungen	52
1.3	Internet	52
1.4	Prospekte	52
2	Planen	52
2.1	Checklisten/Prüflisten	52
2.2	Ablauf/Zeitleiste	53
2.3	Tabellen	54
2.4	Rezepte	55
2.5	Arbeitsabläufe schematisch beschreiben	57
	Aufgaben	58

ERNÄHRUNG 59

1	Einführung	59
2	Kohlenhydrate	60
2.1	Aufbau – Arten	60
2.2	Küchentechnische Eigenschaften	61
2.3	Bedeutung für den menschlichen Körper	63
	Aufgaben	63
3	Fette	64
3.1	Aufbau – Arten	64
3.2	Küchentechnische Eigenschaften	66

3.3	Bedeutung für den menschlichen Körper	68
	Aufgaben	69
4	**Eiweiß (Protein)**	**70**
4.1	Aufbau – Arten	70
4.2	Küchentechnische Eigenschaften	71
4.3	Bedeutung für den menschlichen Körper	75
	Aufgaben	76
5	**Vitamine**	**77**
5.1	Bedeutung für den menschlichen Körper	77
5.2	Aufgaben und Vorkommen	78
5.3	Erhaltung bei der Vor- und Zubereitung	78
	Aufgaben	79
6	**Mineralstoffe**	**80**
6.1	Bedeutung für den menschlichen Körper	80
6.2	Aufgaben und Vorkommen	80
6.3	Erhaltung bei der Vor- und Zubereitung	80
7	**Begleitstoffe**	**81**
	Aufgaben	81
8	**Wasser**	**82**
8.1	Wasserhärte	82
8.2	Küchentechnische Eigenschaften	82
8.3	Bedeutung für den menschlichen Körper	83
	Aufgaben	83
9	**Enzyme**	**84**
9.1	Wirkungsweise	84
9.2	Bedingungen der Enzymtätigkeit und deren Steuerung	85
10	**Verdauung und Stoffwechsel**	**86**
11	**Vollwertige Ernährung**	**88**
11.1	Energiebedarf	88
11.2	Nahrungsauswahl	89
11.3	Verteilung der täglichen Nahrungsaufnahme	92
	Aufgaben	92
12	**Alternative Ernährungsformen**	**93**
12.1	Vegetarische Kost – Pflanzliche Kost	93
12.2	Vollwerternährung und vollwertige Ernährung	93
13	**Kostformen**	**94**
13.1	Vollkost	94
13.2	Leichte Vollkost	94
13.3	Natriumarme Kost	95
13.4	Eiweißarme Kost	95
13.5	Diabetikerkost	95
13.6	Reduktionskost	96
13.7	Begriffserklärungen	97

	Aufgaben	97
14	**Berechnungen zur Ernährung**	**98**
14.1	Berechnung des Nährstoffgehalts von Speisen	99
14.2	Berechnung des Energiegehaltes von Speisen	100
15	**Qualität von Lebensmitteln**	**101**
16	**Haltbarmachungsverfahren**	**102**
16.1	Lebensmittelverderb	103
16.2	Werterhaltung	103
	Aufgaben	107

ARBEITSGESTALTUNG ... 108

1	**Küchenorganisation**	**108**
1.1	Individualgastronomie	108
1.2	Systemgastronomie	109
1.3	Vorgefertigte Produkte	110
	Aufgaben	114
	Projekt: Vorgefertigte Produkte	114
2	**Arbeitsmittel**	**115**
2.1	Grundausstattung	115
2.2	Erweiterungen	115
2.3	Pflege der Messer	119
2.4	Unfallverhütung	120
3	**Kochgeschirr**	**121**
3.1	Werkstoffe für Geschirr	121
3.2	Geschirrarten	122
4	**Maschinen und Geräte**	**124**
4.1	Fleischwolf	124
4.2	Kutter	124
4.3	Fritteuse	125
4.4	Druckfritteuse	127
4.5	Brötchentoaster (Buntoaster)	127
4.6	Kippbratpfanne	128
4.7	Kochkessel	129
4.8	Grill	129
4.9	Mikrowellengerät	130
4.10	Umluftgerät	131
4.11	Herd mit Backrohr	132
4.12	Durchlaufofen	132
4.13	Induktionstechnik	132
4.14	Garen unter Dampfdruck	133
4.15	Heißluftdämpfer/Kombidämpfer	134
	Aufgaben	135

GRUNDTECHNIKEN DER KÜCHE ... 136

1	**Vorbereitende Arbeiten**	**136**
1.1	Einführung	136
1.2	Waschen	136
1.3	Wässern	136
1.4	Schälen	137

2	Bearbeiten von Lebensmitteln	138
2.1	Schneiden	138
2.2	Schnittformen	139
2.3	Blanchieren	139

GAREN VON SPEISEN ... 140

1	Grundlagen	140
2	Garen mittels feuchter Wärme	141
2.1	Kochen	141
2.2	Garziehen	142
2.3	Dämpfen	142
2.4	Dünsten	142
2.5	Druckgaren	143
2.6	Gratinieren oder Überbacken	143
3	Garen mittels trockener Wärme	144
3.1	Braten	144
3.2	Grillen	146
3.3	Frittieren	146
3.4	Schmoren	147
3.5	Backen	147
3.6	Mikrowellen	147
3.7	Zusammenfassende Übersicht – Garverfahren	148
4	Zubereitungsreihen	148
4.1	Zubereitungsreihe Hackfleisch	148
4.2	Zubereitungsreihe Geflügel	150
4.3	Zubereitungsreihe Gemüse	152
	Aufgaben	153
5	Erstellen von Garprogrammen	154
	Aufgaben	154
6	Speisenproduktionssysteme	155

ANRICHTEN UND EMPFEHLEN VON SPEISEN . 156

1	Anrichten von Speisen	156
	Fachbegriffe	156
2	Beschreiben und Bewerten von Speisen	157
	Aufgaben	161

BERECHNUNGEN ZUR SPEISENPRODUKTION . 162

1	Umrechnung von Rezepten	162
	Fachbegriffe	162
2	Warenanforderung	163
3	Kostenberechnung bei Rezepten	164
4	Mengenberechnung bei Verlusten	165
5	Kostenberechnung bei Verlusten	166

ZUBEREITUNG EINFACHER SPEISEN ... 167

1	Speisen von Gemüse	167
1.1	Schnittarten bei Gemüse	168
1.2	Vor- und Zubereitung	170
1.3	Besonderheiten bei vorgefertigten Gemüsen	181
	Aufgaben	181
2	Pilze	182
2.1	Vorbereiten	182
2.2	Zubereiten	182
	Aufgaben	184
3	Salate	185
3.1	Salatsaucen – Dressings	185
3.2	Salate aus rohen Gemüsen/Rohkost	187
3.3	Salate aus gegartem Gemüse	189
3.4	Anrichten von Salaten	190
3.5	Kartoffelsalate	191
3.6	Salatbüfett	192
	Aufgaben	192
4	Beilagen	193
4.1	Kartoffeln	193
4.2	Klöße	202
4.3	Teigwaren	206
4.4	Reis	209
	Aufgaben	210
5	Eierspeisen	211
5.1	Gekochte Eier	211
5.2	Pochierte Eier	212
5.3	Spiegeleier	212
5.4	Rühreier	213
5.5	Omelett	213
5.6	Frittierte Eier	214
5.7	Ei im Näpfchen	214
5.8	Pfannkuchen – Eierkuchen	215
	Aufgaben	215

SERVICE

GRUNDKENNTNISSE IM SERVICE ... 216

1	Mitarbeiter im Service	216
1.1	Umgangsformen	216
1.2	Persönliche Hygiene	216
1.3	Arbeitskleidung	217
1.4	Persönliche Ausrüstung	217
2	Einrichtung und Geräte	218
2.1	Einzeltische und Festtafeln	218
2.2	Tischwäsche	219
2.3	Bestecke	224
2.4	Gläser	229
2.5	Porzellangeschirr	231
2.6	Sonstige Tisch- und Tafelgeräte	234
2.7	Tisch- und Tafeldekoration	235
	Aufgaben	236

3	Restaurant	237
3.1	Überblick über die Vorbereitungsarbeiten	237
3.2	Herrichten von Servicetischen	238
3.3	Herrichten von Tischen und Tafeln	239
3.4	Gedecke	247
3.5	Festliche Tafel – Bankett-Tafel	250
3.6	Arten und Methoden des Service in der Gastronomie	251
3.7	Grundlegende Servierrichtlinien	252
3.8	Richtlinien und Regeln zum Tellerservice	253
3.9	Plattenservice	256
3.10	Zusammenfassung der Servierregeln	260
	Aufgaben	260
4	Quick-Service-Restaurant	261
4.1	Herrichten der Kassentheke	261
4.2	Vorbereitungsarbeiten in der Lobby	262
4.3	Vorbereitungsarbeiten außerhalb des Restaurants	262
4.4	Servierformen	262
4.5	Besondere Serviceformen in der Systemgastronomie	264
4.6	Zusammenfassung der Servierregeln	265
	Fachbegriffe	265
5	Frühstück	266
5.1	Arten des Frühstücks	266
5.2	Bereitstellen von Frühstücksspeisen	267
5.3	Herrichten von Frühstücksplatten	268
5.4	Frühstücksservice	269
	Aufgaben	275
	Projekt: Attraktives Frühstücksbüfett	276
	Projekt: Sonntagsbrunch für die ganze Familie	277

GETRÄNKE UND GETRÄNKESERVICE 278

1	Wässer	278
1.1	Trinkwasser	278
1.2	Natürliches Mineralwasser	278
2	Säfte und Erfrischungsgetränke	280
2.1	Fruchtsäfte	280
2.2	Smoothies	280
2.3	Gemüsesäfte/Gemüsenektar	280
2.4	Fruchtnektare und Süßmoste	281
2.5	Fruchtsaftgetränke	281
2.6	Fruchtsaftschorlen	281
2.7	Limonaden	281
2.8	Near Water/Aqua Plus	282
2.9	Diätetische Erfrischungsgetränke	282
2.10	Fruchtsaftgehalt von Getränken	282
2.11	Mineralstoffgetränke	282
	Fachbegriffe	282
3	Alkoholfreie Mischgetränke	283

4	Milch und Milchgetränke	284
	Aufgaben	285
5	Aufgussgetränke	286
5.1	Kaffee	286
5.2	Tee	289
5.3	Kakao und Schokolade	292
5.4	Servieren von Aufgussgetränken	293
	Aufgaben	294
6	Alkoholische Gärung	295
7	Bier	296
7.1	Herstellung	296
7.2	Biergattungen, Bierarten, Biersorten	298
7.3	Biermischgetränke	300
7.4	Ausschenken von Bier	300
	Aufgaben	301
8	Wein	302
8.1	Rebsorten	303
8.2	Gebietseinteilung für Weine	304
8.3	Weinbereitung	306
8.4	Güteklassen für Wein	307
8.5	Weinlagerung	309
8.6	Weine europäischer Länder	310
	Französische Fachbegriffe	312
	Italienische Fachbegriffe	313
	Spanische Fachbegriffe	314
8.7	Beurteilen von Wein	314
8.8	Likörweine (Süd- und Dessertweine)	315
8.9	Servieren von Wein aus Flaschen	316
9	Schaumwein	320
9.1	Herstellung	320
9.2	Servieren von Schaumwein	322
	Aufgaben	323
10	Weinhaltige Getränke	324
	Aufgaben	324
	Projekt: Weinprobe	325
11	Spirituosen	326
11.1	Brände	328
11.2	Geiste	330
11.3	Alkohol mit geschmackgebenden (aromatisierenden) Zusätzen	330
11.4	Liköre	331
	Aufgaben	331
12	Getränkebüfett	332
12.1	Getränkeangebot	332
12.2	Serviertemperaturen	335
12.3	Bereitstellen von Getränken	335
12.4	Getränkeschankanlagen	336
12.5	Getränkeservice aus Schankgefäßen	338
12.6	Büfettkontrollen	339
	Aufgaben	342

MAGAZIN

MAGAZIN ... 343

1	Lagerarten und Lagerbedingungen	343
1.1	Lagerarten	343
1.2	Lagerbedingungen und Lagerverluste	344
	Aufgaben	344
2	Warenlagerung	345
2.1	Warenannahme	345
	Aufgaben	346
2.2	Mängel bei der Warenannahme	346
2.3	Lieferschein	347
2.4	Wareneingangsbuch	349
2.5	Lagerfachkarte und Materialkonto	350
2.6	Lagerstrategien	350
2.7	Lagermethoden	351
	Aufgaben	352
2.8	Lasten richtig bewegen	352
2.9	Lagerbestandskontrolle	353
	Aufgaben	355
3	Büroorganisation	356
3.1	Schriftliche Arbeiten	356
3.2	Ablage- und Ordnungssysteme	356
4	Datenverarbeitung	357
4.1	Geräte (Hardware)	357
4.2	Software	359
4.3	Datensicherung und Datenschutz	359
	Projekt: Arbeiten im Magazin	360
	Projekt: Zwischenprüfung	361

BERATUNG UND VERKAUF

VERKAUFSABLÄUFE IM RESTAURANT ... 363

1	Kaufmotive	363
2	Qualität im Service	364
3	Umgang mit Gästen	365
3.1	Gästetypologie	365
3.2	Service bei speziellen Gästegruppen	367
4	Verkauf im Restaurant	368
4.1	Empfehlung und Aufnahme der Bestellung	368
4.2	Verkaufsgespräche und -techniken	369
4.3	Tischreservierungen	371
4.4	Veranstaltungsabsprachen	372
4.5	Gästeberatung	373
4.6	Zusatzverkäufe	375
4.7	Rechnungspräsentation und Verabschiedung	376
5	Reklamationen	377
6	Rechtsvorschriften	378
	Aufgaben	381
	Projekt: Aktionswoche „Spargel und Wein"	382
7	Abrechnen mit Gast und Betrieb	383
7.1	Boniersysteme	383
7.2	Abrechnung mit dem Gast	386
7.3	Abrechnung mit dem Betrieb	388
	Aufgaben	389

EMPFEHLUNG UND VERKAUF VON SPEISEN ... 390

1	Vorspeisen	390
1.1	Kalte Vorspeisen	390
1.2	Arten von kalten Vorspeisen	391
	Aufgaben	395
2	Suppen	396
2.1	Klare Suppen	396
2.2	Gebundene Suppen	397
2.3	Kalte Suppen	398
2.4	Regionalsuppen	398
2.5	Nationalsuppen	399
	Fachbegriffe	401
	Aufgaben	401
3	Zwischengerichte	402
4	Saucen	403
4.1	Grundsaucen	403
4.2	Braune Grundsauce	403
4.3	Wildgrundsauce und Ableitungen	404
4.4	Eigenständige warme Saucen	404
4.5	Weiße Grundsaucen	404
4.6	Aufgeschlagene und gerührte Saucen	405
4.7	Eigenständige kalte Saucen	406
4.8	Beurteilungsmerkmale und Anrichten von Saucen	406
4.9	Buttermischungen	407
	Aufgaben	407
5	Hauptgerichte aus Fisch, Krebs- und Weichtieren	408
5.1	Süß- und Salzwasserfische	408
	Fachbegriffe	414
5.2	Kaviar	415
	Aufgaben	415
5.3	Krebstiere	416
5.4	Weichtiere	416
	Aufgaben	417
	Projekt: Meeresfrüchte-Festival	418
6	Hauptgerichte aus Fleisch	419
6.1	Schlachtfleisch	419
6.2	Kalb	420
6.3	Rind	423
	Aufgaben	426
6.4	Schwein	427
6.5	Lamm	429
6.6	Hackfleisch	431

6.7	Innereien	432
6.8	Fleisch- und Wurstwaren	433
	Aufgaben	433
7	**Hauptgerichte aus Geflügel und Wildgeflügel**	**434**
7.1	Hausgeflügel	434
7.2	Wildgeflügel	436
	Aufgaben	437
8	**Hauptgerichte vom Wild**	**438**
	Aufgaben	439
9	**Spezielle Hauptgerichte: Systemgastronomie**	**440**
10	**Beilagen**	**443**
10.1	Beilagen aus Gemüse	443
	Aufgaben	448
	Projekt: Aktionswoche Spargel	449
10.2	Hauptbeilagen (aus stärkehaltigen Produkten)	450
10.3	Salate als Beilagen	460
11	**Obst**	**461**
	Aufgaben	465
12	**Käse**	**466**
	Aufgaben	470
13	**Nachspeisen**	**471**
13.1	Warme Süßspeisen	472
13.2	Kalte Süßspeisen	474
	Aufgaben	478
14	**Spezielle Gerichte**	**479**
14.1	Amuse-Bouche/Amuse-Gueule	479
14.2	Fingerfood	481
14.3	Vegetarische Gerichte	482
	Aufgaben	483

MENÜ UND SPEISEKARTE 484

1	**Menü und Menükarte**	**484**
1.1	Geschichte der Speisenfolge	484
1.2	Zusammenstellen von Menüs	486
1.3	Getränke zum Essen	493
1.4	Menüangebot, Menükarte	495
	Aufgaben	499
2	**Speisekarten**	**501**
2.1	Arten der Speisekarten	501
2.2	Erstellen der Speisekarten	507
	Aufgaben	510
2.3	Besonderheiten in der Systemgastronomie	511

MARKETING

MARKETING 512

1	**Strategisches und operatives Marketing**	**512**
	Aufgaben	512
1.1	Unique Selling Proposition	513
	Aufgaben	513
1.2	Erfolgreiches Marketing durch 9 P	513
2	**Instrumente des strategischen Marketings**	**515**
2.1	Die Chancen-Risiken-Analyse	515
2.2	Die Stärken-Schwächen-Analyse	515
2.3	Die SWOT-Analyse	516
	Aufgaben	517
2.4	Das 5-Forces-Modell	517
2.5	Marktanteils-Marktwachstums-Matrix (BCG-Matrix)	519
3	**Strategien zur Marktabdeckung**	**520**
	Aufgaben	520
4	**Corporate Identity**	**521**
	Aufgaben	522
5	**Operatives Marketing: Der Marketing-Mix**	**523**
6	**Die Leistungspolitik**	**523**
6.1	Programm- und Sortimentspolitik	523
	Aufgaben	525
6.2	Produktpolitik	527
	Aufgaben	527
6.3	Von der Produktidee zur Markteinführung	528
	Aufgaben	531
6.4	Kundendienstpolitik und Garantiepolitik	534
	Aufgaben	534
7	**Die Kontrahierungspolitik**	**535**
7.1	Preispolitik: Preis-Absatz-Funktion (PAF)	535
7.2	Preisstrategien für die Einführung neuer Produkte	536
	Aufgaben	537
7.3	Rabattpolitik	539
	Aufgaben	539
7.4	Lieferungs- und Zahlungsbedingungen	539
8	**Die Kommunikationspolitik**	**540**
8.1	Öffentlichkeitsarbeit – Public Relations	540
8.2	Verkaufsförderung	541
8.3	Werbung	541
8.4	Face-2-Face-Kommunikation	543
8.5	Zusammenfassende Übersicht	544
8.6	Entwicklungen in der Kommunikationspolitik	544
	Aufgaben	546

9	Die Distributionspolitik	547
9.1	Die Wahl des Absatzweges	547
9.2	Standortwahl	549
	Aufgaben	549
10	Die Marktforschung	550
10.1	Quantitative und qualitative Marktforschung	550
10.2	Primärforschung und Sekundärforschung	551
10.3	Sekundärforschung: Interne und externe Informationsquellen	552
	Aufgaben	553
10.4	Primärforschung: Befragung und Beobachtung	553
	Aufgaben	555
	Aufgaben	559
11	Die Markenpolitik	560
11.1	Bedeutung von Marken	560
11.2	Schaffung einer Marke	560
11.3	Schutz von Marken	561
	Aufgaben	561
	Wiederholungsaufgaben	561
	Projekt: Planung einer neuen Marktstrategie und einer Produktneueinführung	563

WIRTSCHAFTSDIENST

WIRTSCHAFTSDIENST – HAUSDAMENABTEILUNG ... 564

1	Materialkunde – Grundlagen	565
1.1	Werkstoffe/Gebrauchsgegenstände – Pflege	565
	Aufgaben	570
1.2	Natur- und Chemiefasern	571
	Aufgaben	575
1.3	Reinigungs- und Pflegemittel	576
1.4	Reinigung von Wänden	577
1.5	Reinigung von Böden	577
1.6	Reinigung von Teppichen und Teppichböden	578
1.7	Wäschepflege	580
	Aufgaben	584
1.8	Gästebetten	585
	Aufgaben	591
2	Arbeitsabläufe	592
2.1	Arbeitsvorbereitung	592
2.2	Herrichten eines Gästezimmers bei Abreise	593
2.3	Herrichten eines Gästezimmers bei Bleibe	596
2.4	Kontrolle eines Gästezimmers	597
2.5	Sonstige Arbeiten auf der Etage	597
	Aufgaben	601
3	Umweltschutz in der Hausdamenabteilung	601
4	Arbeitssicherheit	605
5	Rechtsvorschriften	606
	Aufgaben	607
	Projekt: Generalreinigung von Gästezimmern	608

WARENWIRTSCHAFT

WARENWIRTSCHAFT ... 609

1	Warenwirtschaftssysteme in der Gastronomie	609
	Aufgaben	610
1.1	Aufbau/Elemente eines Warenwirtschaftssystems	610
1.2	Planung, Steuerung und Kontrolle mithilfe von Warenwirtschaftssystemen	614
2	Warenbeschaffung	615
2.1	Bedarfsermittlung	615
2.2	Warenbedarf und Warenausbeute	615
2.3	Bestellzeitpunkte und Bestellmengen	616
2.4	Methoden zur Auswahl eines Lieferanten	618
2.5	Angebotsvergleiche	620
2.6	Zahlungsarten und Zahlungsmittel	621
2.7	Umsatz- und Mehrwertsteuer in der Gastronomie	622
	Aufgaben	623
	Projekt: Monatsinventur an der Hotelbar	624

SYSTEMORGANISATION

SYSTEMORGANISATION ... 625

1	Entwicklung der Systemgastronomie	625
2	Definition	626
2.1	Standardisierung	626
2.2	Zentrale Steuerung	628
2.3	Multiplikation	628
3	Expansionsformen	629
3.1	Filialsystem	629
3.2	Franchisesystem	630
3.3	Lizenzsystem	632
4	Restaurantkonzepte in der Systemgastronomie	633
4.1	Unterteilung nach Sortiment	633
4.2	Unterteilung nach Serviceformen	634
4.3	Unterteilung nach Segmenten	638
4.4	Gemeinschaftsverpflegung (GV)	640

5	**Betriebsorganisation**	**641**
5.1	Grundbegriffe der Organisation	641
5.2	Aufbauorganisation	642
	Aufgaben	647
5.3	Ablauforganisation	647
5.4	Organisationspläne und -mittel	648
6	**Qualitätsmanagement**	**650**
6.1	Qualitätsbegriff	650
6.2	Normen als Qualitätsmerkmal	651
6.3	Phasen des Qualitätsmanagements	652
6.4	Instrumente der Qualitätsprüfung	653
	Wiederholungsaufgaben	654
	Projekt: Aktionsplanung zur Neueröffnung einer Filiale	655

PERSONALWESEN

PERSONALWESEN		**656**
1	**Personalplanung**	**656**
1.1	Quantitativer und qualitativer Personalbedarf	656
1.2	Personalbestandsanalyse	656
2	**Mitarbeiterbeschaffung**	**658**
2.1	Stellenbeschreibung	658
2.2	Interne und externe Personalbeschaffungswege	659
2.3	Einstellungsverfahren und Bewerbung	660
3	**Personalverwaltung**	**664**
3.1	Arbeitsvertrag	664
3.2	Arbeitszeugnisse	667
3.3	Rechtsschutz des Arbeitnehmers	668
3.4	Eingruppierung	671
3.5	Formen der Entlohnung	673
3.6	Entgeltabrechnung	674
3.7	Organisation der Mitarbeiterdaten	677
3.8	Personalkennzahlen	678
4	**Mitarbeitereinsatzplanung (MEP)**	**679**
4.1	Aufgabe und Zielsetzung	679
4.2	Rahmenbedingungen zur MEP	679
4.3	Dienstarten	680
4.4	Dienstplanerstellung	682
5	**Mitarbeiterschulung**	**685**
6	**Mitarbeiterführung**	**685**
6.1	Führung durch Strukturen	686
6.2	Führungstechniken	686
6.3	Führung durch Personen	687
6.4	Mitarbeitermotivation	688
6.5	Mitarbeitergespräche	690
6.6	Personalbeurteilung	690
6.7	Personalfreisetzung	691
7	**Konzepte der Personalentwicklung**	**692**
7.1	Ziele der Personalentwicklung	692
7.2	Personalentwicklungsmaßnahmen	693
7.3	Auswahl von Entwicklungsmaßnahmen	694
	Wiederholungsaufgaben	694
	Projekt: „Foodtruck"	695

STEUERUNG UND KONTROLLE

STEUERUNG UND KONTROLLE		**696**
1	**Grundlagen und Aufgaben betrieblicher Kosten- und Leistungsrechnung**	**696**
2	**Bereiche der Kosten- und Leistungsrechnung**	**697**
3	**Kostenartenrechnung**	**697**
4	**Kostenstellenrechnung**	**699**
5	**Kostenträgerrechnung**	**702**
5.1	Kostenträgerstückrechnung	702
5.2	Kostenträgerzeitrechnung	703
5.3	Deckungsbeitragsrechnung	703
6	**Kennzahlen als Kostenkontrollinstrumente**	**705**
6.1	Kennzahlenarten	705
6.2	Kennzahlklassen in der Systemgastronomie	705
6.3	Darstellung von Kennzahlen	708
6.4	Kennzahlenanalyse	711
	Wiederholungsaufgaben	712

SACHWORTVERZEICHNIS **713**

BILDQUELLENVERZEICHNIS **735**

Einführung in die Berufe

1 Geschichtliche Entwicklung des Gastgewerbes

🇬🇧 historical evolution of the hotel and restaurant business
🇫🇷 développement (m) historique de l'hôtellerie

1.1 Gastfreundschaft 🇬🇧 hospitality 🇫🇷 hospitalité (w)

Nicht immer hatten „Reisende" die „Taschen voller Geld". Außerdem waren sie als Fremde rechtlos und hatten weder Anspruch auf öffentlichen Schutz noch auf öffentliche Hilfe. Griechen, Römer und Germanen betrachteten es deshalb als sittliche Pflicht, Reisenden/Fremden Schutz, Obdach und Speise anzubieten, d. h. Gastfreundschaft zu gewähren.

Das Grundprinzip dieser Art von Gastfreundschaft ist die Gegenseitigkeit. Wer dem Fremden Speis und Trank, Bett und Sicherheit gewährte, durfte unter ähnlichen Umständen seinerseits Vergleichbares erwarten.

1.2 Gastgewerbe

🇬🇧 hotel/restaurant business 🇫🇷 hôtellerie (w) et restauration (w)

Mit dem immer stärker werdenden Reise- und Geschäftsverkehr im 12. Jahrhundert veränderte sich die Situation. Die ursprünglichen Einrichtungen waren den zunehmenden Anforderungen und Bedürfnissen nicht mehr gewachsen. Aus diesem Grunde entwickelte sich das **Beherbergen** und **Bewirten** immer mehr zu einem Gewerbe. Es entstand das, was wir das **Gastgewerbe** nennen. Zwischen dem **Gasthof** der Anfangszeit mit seinem bescheidenen und begrenzten Angebot und dem modernen **Hotel,** das höchsten Ansprüchen gerecht wird, liegt jedoch ein langer Entwicklungsprozess. Dieser Prozess war stets gekennzeichnet durch die enge Beziehung zwischen dem Gastgewerbe auf der einen und den Bedürfnissen der Menschen auf der anderen Seite.

Der Gast im Mittelpunkt

Anforderungen und Erwartungen des Gastes beeinflussen unser Handeln. **Unser Ziel: Der zufriedene Gast.**

Der Gast steht im Mittelpunkt unseres Tuns, nicht nur, weil er Geld bringt, sondern weil wir als Gastgeber Verpflichtungen nachkommen wollen. Der Gast ist nicht für uns da, sondern wir haben für den Gast fit zu sein.

Einführung

EINFÜHRUNG IN DIE BERUFE

1.3 Gastgewerbliche Betriebe heute

🇬🇧 hotel and restaurant commercial operations today
🇫🇷 entreprises (w) de l'industrie (w) hôtelière d'aujourd'hui

Ausschlaggebend für die Unterscheidung von Hotels und Restaurants sind:
- Zweck des Unternehmens,
- Art und Umfang des Angebotes,
- Art, Umfang und Komfort der Einrichtung.

Den beiden elementaren Angeboten **Beherbergung** und **Bewirtung** entsprechen die beiden Betriebsarten **Hotel** und **Restaurant**. Darüber hinaus gibt es heute eine Vielzahl abgewandelter Betriebsarten, die sich aus den unterschiedlichsten Bedürfnissen entwickelt haben.

Bewirtungsbetriebe

Ein **Restaurant** ist ein Bewirtungsbetrieb, der seinen Gästen eine größere Auswahl von Speisen und Getränken anbietet und mit einem gewissen Komfort ausgestattet ist.

Die übrigen Bewirtungsbetriebe unterscheiden sich in der Art wie sie geführt werden und an welche Kunden sie sich wenden (Zweckbestimmung). Grob unterteilen lassen sich **Individualgastronomie** und **Systemgastronomie**. Die Tabelle zeigt Beispiele.

Individualgastronomie		Systemgastronomie
Unter klassischer Gastronomie oder auch **Individualgastronomie** (lat. individuum = das Unteilbare) versteht man in der Regel inhabergeführte kleine und mittelständische Restaurantbetriebe. Ihren Charakter erhält die Individualgastronomie z. B. durch die Eigenschaften des Gastwirtes (Huberts Wirtshaus) oder durch die besondere Lage des Restaurants (Unter den Linden). Die Führung des Restaurants, die Zusammenstellung der Speisen- und Getränkekarte und die Auswahl der Lieferanten steuert der Inhaber des Betriebes selbst. Er kann seinem Restaurant damit ein eigenständiges und unverwechselbares Erscheinungsbild geben.	Der **Übergang zwischen Systemgastronomie und Individualgastronomie** ist teilweise fließend. Mehrere einzelne Restaurants können zusammen systemgastronomisch betrieben werden, indem z. B. mit Standardrezepturen gearbeitet oder ein nach außen einheitliches Erscheinungsbild gezeigt wird. Auch viele Einzelbetriebe der klassischen Gastronomie arbeiten nach internen Standards, um Arbeitsabläufe zu vereinheitlichen und den Gästen eine gleichbleibende (Service-)Qualität anzubieten.	Die **Systemgastronomie** zeichnet sich dadurch aus, dass die Restaurants über ein multiplizierbares Konzept verfügen. Ihr Charakter ist nicht an den Standort oder an den Gastwirt gebunden. In den Betrieben einer Restaurantkette gleichen sich in der Regel das Angebot an Speisen und Getränken, die Servierform oder das Erscheinungsbild der Mitarbeiter. Die Betriebe werden in der Regel durch zentrale Vorgaben (Standards) gesteuert. Der Inhaber hat nur eingeschränkte Entfaltungsmöglichkeiten, wird aber durch die Zentrale z. B. bei Einkauf oder Werbung unterstützt.
- Gasthof zur Post - Restaurant Sonne - Café Müller - Frankies Bistro - Da Ginos	- Bedienrestaurants - Autobahnraststätte - Wirtshaus - Café - Schnellrestaurant - Lieferdienste - Betriebsverpflegung	- Maredo - Marché - Starbucks - McDonald's - Hallo Pizza - Eurest

Beherbergungsbetriebe

Beispiele: Hotel, Pension, Kurpension, Kurheim, Fremdenheim, Gasthof, Motel, Hotel garni.

Ein **Hotel** ist ein Beherbergungsbetrieb, der über eine größere Bettenzahl, eine anspruchsvollere Ausstattung der Zimmer und der sonstigen Räumlichkeiten verfügt. Es ist auf die Bewirtung der Gäste eingestellt und besitzt außer einem Restaurant für die Hausgäste meist ein zusätzliches Restaurant für Passanten.

- **Hotel garni**
  ist die Bezeichnung für ein Hotel, das zur Bewirtung lediglich Frühstück und u. U. kalte Speisen anbietet.

- **Gasthöfe**
  sind vorzugsweise in ländlichen Gegenden angesiedelt, haben eine geringere Anzahl von Betten und sind in ihrem Angebot auf bescheidenere Ansprüche ausgerichtet.

- **Pensionen**
  bewirten nur Hausgäste, die meist für mehrere Tage oder Wochen ihren Urlaub dort verbringen.

- **Motels**
  sind Betriebe, die vor allem auf motorisierte Gäste spezialisiert sind. Sie liegen in der Regel in der Nähe von Fernstraßen und bieten genügend Parkmöglichkeiten (oft direkt vor der Zimmertür) an.

- **Systemhotellerie**
  umfasst Hotelbetriebe, die unter einer gemeinsamen Marke geführt werden. Die einzelnen Betriebe verpflichten sich zu Standards, z. B. bei der Ausstattung der Zimmer oder dem gemeinsamen Wareneinkauf. Die Gäste sollen die „Marke" überall wiedererkennen.

❷ Ausbildung 🇬🇧 education 🇫🇷 formation (w)

Den Anforderungen der modernen Arbeitswelt trägt die berufliche Ausbildung Rechnung.

2.1 Ausbildungsordnung
🇬🇧 training program 🇫🇷 règlement (m) sur la formation

Grundlage für die Ausbildung ist die **„Verordnung über die Berufsausbildung im Gastgewerbe"**. In ihr sind die Berufe festgelegt und deren Ausbildungsinhalte beschrieben (Berufsbilder).

Gliederung der Ausbildung

Die Ausbildungsdauer für die Fachkraft beträgt **zwei** Jahre, für die anderen Berufe **drei** Jahre. Fachkräfte können ihre Ausbildung in einem dritten Jahr wahlweise als Hotel-, Restaurant- oder Systemgastronomiefachkraft fortsetzen. Diese Möglichkeit ergibt sich aufgrund der exakten Gliederung der Ausbildung (Stufenausbildung siehe Übersicht S. 16).

Ausbildungsrahmenpläne

Die Ausbildungsinhalte der einzelnen Stufen sind in der Verordnung vorgegeben. Darüber hinaus sind sie in den Ausbildungsplänen für Betriebe inhaltlich detailliert den jeweiligen Ausbildungshalbjahren zugeordnet. Daraus leiten die Betriebe interne Ausbildungspläne ab.

Berufsbezeichnungen
Die staatlich anerkannten Berufe sind:
- Koch/Köchin
- Fachkraft im Gastgewerbe
- Restaurantfachmann/Restaurantfachfrau
- Hotelfachmann/Hotelfachfrau
- Hotelkaufmann/Hotelkauffrau
- Fachmann/Fachfrau für Systemgastronomie

Einführung

EINFÜHRUNG IN DIE BERUFE

2.2 Ausbildungsberufe des Gastgewerbes: Übersicht

🇬🇧 trade professions of the hotel and restaurant business: Summary
🇫🇷 métiers (m) de formation professionnelle de l'industrie hôtelière: aperçu (m)

Berufliche Fortbildung und Weiterbildungsmöglichkeiten

Hotelfachschule mit Abschluss zum Hotelbetriebswirt
Meisterprüfungen in den gastgewerblichen Berufen, Fachwirt im Gastgewerbe,
Hausdamenseminare, Sommelierlehrgänge, Barmixerschulung, Diätlehrgänge u.s.w.

Berufsabschlüsse:
- Fachmann/-frau für Systemgastronomie
- Restaurantfachmann/-frau
- Hotelfachmann/-frau
- Hotelkaufmann/-frau
- Koch/Köchin

3. Ausbildungsjahr/Fachstufe 2

Fachmann/-frau für Systemgastronomie	Restaurantfachmann/-frau	Hotelfachmann/-frau	Hotelkaufmann/-frau	Koch/Köchin
• Organisation von Produktions- und Betriebsstätte • Ablaufgestaltung • Personalverwaltung • Rechnungswesen	• Verkauf im Restaurant • Führen einer Station • Verwaltungsorganisation	• Arbeiten im Empfangsbereich • Arbeiten im Verkaufsbüro • Arbeiten in der Marketingabteilung • Führungsaufgaben im Wirtschaftsdienst	• Arbeiten im Büro • Arbeiten im Rechnungswesen • Arbeiten in der Personalverwaltung	• Klassische Zubereitung und Einsatz von Convenienceprodukten unter Berücksichtigung von Ernährungslehre und Wirtschaftlichkeit • Aktionswochen • Speisefolgen

Fachkraft im Gastgewerbe

2. Ausbildungsjahr/Fachstufe 1 | 2. Jahr

Einige IHKs bieten für Fachkräfte auch den Schwerpunkt Systemgastronomie an.

- Beratung und Verkauf im Restaurant
- Marketing (Gastronomisches Konzept)
- Wirtschaftsdienst (Housekeeping)
- Warenwirtschaft

2. Jahr:
- Küchen- und arbeitstechnische Verfahren
- Vegetarische Küche
- Zwischenmahlzeiten
- Suppen und Saucen
- Einfache Süßspeisen

1. Ausbildungsjahr/Grundstufe

- Arbeiten in der Küche
- Arbeiten im Service
- Arbeiten im Magazin
- Übergreifende Lernziele
- Gastorientiertes Handeln

3 Personal im Gastgewerbe

🇬🇧 staff in the hospitality trade 🇫🇷 personnel (m) qualifié de l'industrie (w) hôtelière

Individualgastronomie

Die Organisationsformen werden durch die Größe des Hotels und der damit verbundenen, notwendigen Anzahl der Mitarbeiter bestimmt. In größeren Betrieben werden die hier dargestellten Bereiche weiter aufgeteilt. In kleineren werden mehrere Funktionen zusammengefasst. Nachfolgend ist ein Organisationsmodell eines mittleren Betriebes dargestellt.

Hotelleitung

Hoteldirektor/-in

Direktionsassistent/-in

Rechnungswesen
Leiter Rechnungswesen
Personalchef
Controller
Buchhalter
Auszubildende

- Ordnungsgemäße Buchführung
- Statistiken und Auswertungen
- Verwaltung der Hauptkasse
- Bearbeitung des Personalwesens mit Lohn- und Gehaltsabrechnungen
- Personaleinstellung und -entlassung
- Erstellen von Stellenbeschreibungen

Empfang
Empfangschef
Empfangssekretäre
Reservierungssekretäre
Kassierer
Auszubildende

- Reservieren und Vermieten von Zimmern
- Führen der Gästekorrespondenz
- Durchführen der Empfangsbuchhaltung
- Abrechnen mit dem Gast

Etage/Housekeeping
Hausdame
Hausdamenassistentin
Wäschereibeschließerin
Zimmermädchen
Auszubildende

- Reinigen und Pflegen der Gästezimmer, Flure und Treppenhäuser
- Pflege der Grünpflanzen
- Pflegen, Lagern und Ausgeben der gesamten Wäsche sowie des Reinigungsmaterials

Food-and-Beverage-Manager/-in

Magazin
Magazinverwalter
Magazinmitarbeiter
Auszubildende

- Kontrollieren des Wareneingangs
- Bereitstellen und Überwachung des Warenausgangs
- Überwachen der Warenbestände
- Durchführen von Bestandskontrollen (Inventuren)

Küche
Küchenchef
Souschef
Chef de partie
Commis de partie
Auszubildende

- Erstellen von Speisekarten und Menükarten
- Wareneinkauf
- Speisenherstellung
- Erstellen von kalten und warmen Büfetts
- Bereitstellen des Frühstücksbüfetts
- Zubereitung von Personalessen
- Catering

Service
Restaurantleiter
Chef de rang
Demichef de rang
Commis de rang
Auszubildende

- Gäste empfangen und beraten
- Speisen- und Getränkeservice durchführen
- Abrechnen mit Gast und Betrieb
- Frühstück- und Etagenservice durchführen
- Bankettveranstaltungen durchführen
- Tranchieren und Flambieren

Einführung

EINFÜHRUNG IN DIE BERUFE

Systemgastronomie

Unternehmenszentrale (Headquarter)

Gebietsleiter (Area Coach, District Manager)

Restaurantleiter (Restaurant General Manager)

- Führung des Restaurants, Verantwortung der Einhaltung aller betrieblichen Standards
- Planung des Umsatzes und des Gewinns gemeinsam mit Vorgesetzen
- Durchführung von Local-Store-Marketing
- Einstellung und Entlassung von Crewmitarbeitern
- Aus- und Weiterbildung von Schichtführern und Assistenten
- Durchführung von Kostenkontrollmaßnahmen, Überwachung der betrieblichen Kennzahlen

Restaurantassistent (Assistant Restaurant Manager)

- Unterstützung des Restaurantleiters bei der Führung des Restaurants
- Bestellung der Waren nach der Umsatzplanung des Restaurantleiters
- Gestaltung des Dienstplanes nach der Umsatzplanung des Restaurantleiters
- Erarbeitung des Trainingsplanes für die Mitarbeiter und Besprechung des Planes mit den Crewtrainern
- Aus- und Weiterbildung der Schichtführer
- Überwachung der Einhaltung der betrieblichen Standards
- Erledigung administrativer Aufgaben, Vertretung des Restaurantleiters

Schichtführer (Shiftleader, Teamleader)

- Unterstützung des Restaurantmanagements bei der Führung des Restaurants
- Einteilung der Mitarbeiter nach den Vorgaben des Dienstplanes
- Behandlung von Gästereklamationen
- Abrechnung der Kassen
- Planung der vorzubereitenden Zutaten nach Vorgaben des Restaurantleiters/Assistenten

Crewtrainer (Teamtrainer)

- Herstellung und Verkauf von Produkten nach vorgegebenen Standards
- Kontrolle der ihm unterstellten Mitarbeiter im Hinblick auf Einhaltung der Standards
- Schulung der Mitarbeiter nach Vorgaben des Trainingsassistenten

Küchenmitarbeiter (Crewmember back of house BOH)

- Vor- und Zubereitung aller Produkte nach den vorgegebenen Standards
- Einhaltung der Standards bei Lagerung der Produkte, Reinigung der Gebrauchsgegenstände
- Kontrolle der Haltezeiten

Servicemitarbeiter (Crewmember front of house FOH)

- Verkauf von Speisen und Getränken, Kassieren
- Annahme von telefonischen Bestellungen
- Beratung der Gäste nach den vorgegebenen Standards
- Reinigung des Verkaufs- und Gästebereiches, Öffnungs- und Schlussdienstarbeiten
- Einhaltung von Standards bei allen Arbeiten

Auslieferungsfahrer (Driver)

- Repräsentation des Unternehmens nach außen
- Auslieferung der bestellten Speisen und Getränke
- Kassieren am Haus des Gastes

Hygiene

Hygiene bedeutet: Lehre von der Gesundheit und der Gesundheitspflege des Menschen. Allgemein wird Hygiene als Sauberkeit verstanden; man sagt z. B. unhygienisch und meint meist unsauber. Lebensmittelhygiene umfasst mehr, nämlich
- Ursachen, die zum Verderb der Lebensmittel führen, und
- Maßnahmen, um den Verderb zu verhindern.

Damit dient die Lebensmittelhygiene dem Schutz des Verbrauchers und der Erhaltung seiner Gesundheit.

1 Mikroben   🇬🇧 microbes   🇫🇷 microbes (m)

Hauptursache des Lebensmittelverderbs sind die Kleinstlebewesen. Wegen ihrer geringen Größe sind sie mit dem bloßen Auge nicht zu erkennen; erst die Vergrößerung durch das Mikroskop macht sie sichtbar.
Obwohl die einzelnen Mikroben nicht zu erkennen sind, sind sie teilweise
- als **Kolonien sichtbar**, weil sie wegen der starken Vermehrung in sehr großer Zahl auftreten, z. B. als Schimmel auf Brot
- an **Auswirkungen erkennbar**, z. B. an schmieriger Wurst, riechendem Fleisch, gärendem Fruchtsaft.

> Die Begriffe Kleinstlebewesen oder Mikroorganismen oder Mikroben bedeuten dasselbe.

1.1 Vorkommen

Mikroben kommen **überall** vor. Besonders zahlreich sind sie jedoch im **Erdboden** und in **Abwässern** vorhanden. Durch die **Luft** werden die Keime[1] ebenfalls verbreitet. Im **Umgang mit Lebensmitteln** treten die Mikroben vermehrt dort auf, wo Nahrung, Wärme und ausreichend Feuchtigkeit gleichzeitig vorhanden sind.

Beispiele
- **Hände**, die mit den unterschiedlichsten Gegenständen in Berührung kommen
- **Handtücher**, besonders dann, wenn diese von mehreren Personen gleichzeitig benutzt werden (Gemeinschaftshandtuch) und mehrere Tage im Gebrauch sind
- **Berufswäsche**, wenn sie nicht rechtzeitig gewechselt wird,
- **Reinigungswerkzeuge** wie Spüllappen, Schwammtücher, Spülbürsten, Topfreiber, wenn diese nach Gebrauch nicht gründlich ausgewaschen und getrocknet werden.

[1] Als **Mikroben** bezeichnet man Keime, die Krankheiten hervorrufen können.
[2] **Eubakterien** ist ein Oberbegriff. **Bazillen** sind Arten von Eubakterien, die Sporen bilden können, **Clostridien** wachsen unter Sauerstoffabschluss. Der Begriff Bakterien ist als Gattungsbezeichnung nicht mehr gebräuchlich. **Keime** nennt man Arten, die Krankheiten verursachen. Für manche Lebensmittel, z. B. Speiseeis, sind Höchstwerte festgelegt. Auf eine Unterscheidung der Eubakterien wird verzichtet, weil das für die betriebliche Praxis ohne Bedeutung ist.

1.2 Arten und Vermehrungsformen

Im Zusammenhang mit den Lebensmitteln unterscheidet man folgende **Mikrobenarten**:

| Eubakterien | Hefen | Schimmelpilze |

Eubakterien[2] sind Einzeller.
Bei günstigen Lebensbedingungen wachsen die Eubakterien innerhalb von etwa 20 Minuten bis zu einer bestimmten Größe und vermehren sich dann durch **Zellteilung** (Abb. 1).

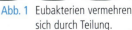

Abb. 1   Eubakterien vermehren sich durch Teilung.

Einführung

HYGIENE

Abb. 2 Hefen vermehren sich durch Sprossung.

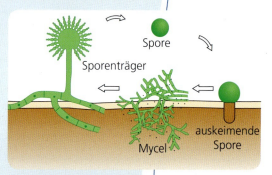

Abb. 3 Schimmel bildet Sporen.

Wenn die Lebensbedingungen schlecht sind, können die Bazillen, eine Untergruppe der Eubakterien, Sporen bilden. Sporen sind eine Überlebensform. Die Zelle gibt zunächst den Zellsaft weitgehend ab und bildet dann aus der verbleibenden Zellhaut eine besondere Umhüllung. Eine **Spore** ist entstanden (Abb. 1). Alle Lebensvorgänge ruhen, und der Zellrest ist besonders widerstandsfähig gegen Wärmeeinwirkung und Desinfektionsmittel. Bei günstigen Lebensbedingungen werden aus den Sporen wieder Bazillen.

Abb. 1 Bazillen bilden Sporen.

Hefen sind Einzeller, die sich vorwiegend von **Zuckerstoffen** ernähren. Sie vermehren sich durch Sprossung; dabei sprießt aus der Mutterzelle jeweils eine Tochterzelle (Abb. 2).

Schimmelpilze (Abb. 3) sind Mehrzeller, die sehr anspruchslos sind und auch noch auf verhältnismäßig trockenen Lebensmitteln wachsen können. Sie vermehren sich auf zwei Arten: Auf dem Lebensmittel verbreiten sie sich durch **Sporen**, im Lebensmittel über das **Wurzelgeflecht (Myzel)**. Vergleiche S. 25.

Pilzarten, die ungiftig sind und z. B. bei Käse mitgegessen werden, bezeichnet man als **Edelpilze** oder Edelschimmel.

1.3 Lebensbedingungen der Mikroben

Wie alle Lebewesen, so entwickeln sich auch Kleinstlebewesen nur, wenn bestimmte Lebensbedingungen erfüllt sind. Bei eingeschränkten Bedingungen sind Wachstum und Vermehrung verlangsamt oder eingestellt; die Mikroben können auch absterben.

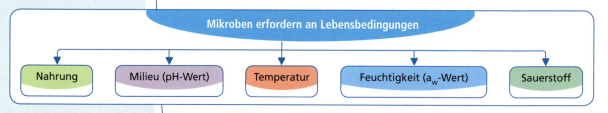

Nahrung

Die meisten Mikroben bevorzugen bestimmte Nährstoffe, folgende Grobeinteilung ist möglich.

Art	bevorzugt befallen	Beispiel
Eiweiß spaltende Mikroben	Fleisch, Wurst, Fisch, Geflügel	Salmonellen
	Milch, Frischkäse, Creme	Fäulnisbakterien
Kohlenhydrat spaltende Mikroben	Kompott, Fruchtsaft, Creme	Hefen
Fett spaltende Mikroben	Butter, Margarine, Speck	
Schimmel	alle Lebensmittel	Schimmelpilze

1 Mikroben

Milieu (pH-Wert)

Wie Menschen oft bestimmte Geschmacksrichtungen bevorzugen, so besitzen auch Mikroben vergleichsweise eine Vorliebe entweder für Säuren oder für Basen (Laugen). **Säuren** sind gekennzeichnet durch **H^+-Ionen**, **Basen** besitzen **OH^--Ionen**. In reinem Wasser ist die Anzahl der H^+- und OH^--Ionen ausgeglichen. Der **pH-Wert ist eine Messzahl**, die angibt, wie stark eine Säure oder Lauge ist.

Die meisten Eubakterien bevorzugen neutrale bis schwach laugenhafte Umgebung. Durch Säurezugabe kann darum deren Tätigkeit eingeschränkt werden.

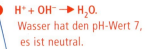

$H^+ + OH^- \rightarrow H_2O$.
Wasser hat den pH-Wert 7, es ist neutral.

Beispiele
- Fisch in Marinade (Rollmops),
- Essiggurken,
- Fleisch in Essigbeize, Sauerkraut.

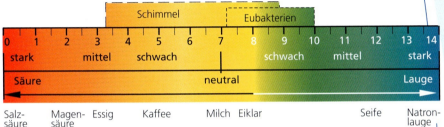

Abb. 1 pH-Wert mit Beispielen von Wachstumsbereichen

Temperatur

Mikroben bevorzugen je nach Art bestimmte Temperaturen. Man unterscheidet drei Gruppen:

- **Niedrige Temperatur liebende (psychrophil)** ① Man nennt sie darum auch „Kühlschrankbakterien". Sie kommen vor allem in Verbindung mit Fleisch und Fisch vor.
- **Mittlere Temperatur bevorzugende (mesophil)** ② Dazu zählen die Darmbakterien, Fäulnisbakterien, aber auch Hefen.
- **Höhere Temperatur liebende (thermophil)** ③ Hierzu gehören die sporenbildenden Bazillen.

Zwischen +6 °C und +60 °C vermehren sich Kleinstlebewesen am stärksten. Verarbeitung und Lagerung von Lebensmitteln in diesem Bereich können problematisch sein. Man spricht darum vom **kritischen Bereich**.

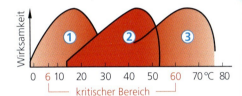

Abb. 2 Wachstumsbereiche für Mikroben

Feuchtigkeit (a_w-Wert)

Mikroben benötigen Wasser als Lösungsmittel für die Nährstoffe und als **Transportmittel**, um die Bausteine der Nährstoffe in das Zellinnere zu bringen. Da die Mikroben selbst zu etwa 70 % aus Wasser bestehen, ist das Wasser für sie auch **Baustoff**.

Vom gesamten Wassergehalt eines Lebensmittels steht den Mikroben nur ein Teil zur Verfügung. Man bezeichnet diesen Anteil auch als das **freie** oder **aktive Wasser** und spricht auch von **Wasseraktivität**, gemessen als a_w-Wert. Der a_w-Wert ist eine Messzahl. Reines Wasser hat den a_w-Wert 1,0; absolut wasserfreie Stoffe haben den a_w-Wert 0.

Die Lebensbedingungen der Mikroben können verschlechtert werden, wenn man den a_w-Wert senkt, indem man Wasser entzieht.

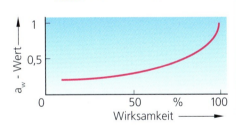

Abb. 3 Mikroben benötigen Feuchtigkeit

a_w-Wert-Senkung ist möglich durch:
- **Trocknen** – Wasser verdunstet und ist im Lebensmittel nicht mehr vorhanden, z. B. Trockenobst, Püree-Pulver, getrocknete Küchenkräuter;
- **Salzbeigabe** – Wasser wird chemisch an Salz gebunden und ist damit nicht mehr aktiv, z. B. Pökelwaren, Salzheringe;
- **Zuckerzugabe** – Wasser wird chemisch an Zucker gebunden, z. B. bei Konfitüre, Gelee, Sirup, kandierten Früchten o. Ä.
- **Frosten** – Wasser wird zu festem Eis. In diesem Zustand ist es nicht mehr aktiv.

Einführung

HYGIENE

Sauerstoff

Die meisten Kleinstlebewesen sind auf Sauerstoff angewiesen. Es gibt aber auch Arten, die ohne Sauerstoff auskommen, und solche, die sowohl mit als auch ohne Sauerstoff leben können.

Aerobier	Anaerobier	Fakultative Anaerobier
• benötigen Sauerstoff • leben auf und in den Lebensmitteln	• leben ohne Sauerstoff • leben in den Lebensmitteln, in Konserven	• leben mit und ohne Sauerstoff • leben in und auf den Lebensmitteln
• Bazillen, Fäulniserreger (s. S. 25) • Essigbakterien, Schimmelpilze	• Botulinus-Bazillen (s. S. 25)	• Hefen • Milchsäurebakterien, Fäulniserreger
Edelpilzkäse (Schimmelpilze)	Bombage (Botulinus)	Roggenbrot (Hefe)

1.4 Lebensäußerungen der Mikroben

Mikroben verändern die Lebensmittel auf zwei Arten:

1. Abbau von Nährstoffen zur eigenen Ernährung und zum Wachstum der Zelle. Dadurch verändern sich die Lebensmittel.

2. Ausscheidungen, die in oder an den Lebensmitteln bleiben und diese beeinflussen.

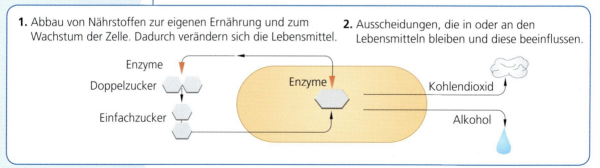

Abb. 1 Veränderungen der Lebensmittel durch Mikroben am Beispiel **Hefegärung**.

Bedeutung der Mikroben im Umgang mit Lebensmitteln

Verbesserung des Ausgangspunktes genutzt bei	Schädigung des Ausgangspunktes tritt auf als	Schutz der Umwelt durch
• Herstellungsverfahren, z. B. Bier, Wein, Brot; • Veredelungsverfahren, z. B. Bildung von Geruchs- und Geschmacksstoffen bei Brot, Sauermilch; • Konservierungsverfahren, z. B. Sauerkraut. Diese **erwünschten Veränderungen** werden durch gesteuerten Einsatz bestimmter Mikroben erreicht und bei der **Lebensmittelverarbeitung** behandelt.	• Lebensmittelverderb, z. B. Schimmelbildung, Gärigwerden, Ranzigwerden; • Lebensmittelvergiftung durch Ausscheidungen der Gift bildenden Mikroben; • Lebensmittelinfektion durch Übertragung der Krankheitserreger. **Unerwünschte und gesundheitsschädigende Veränderungen** vermeiden. Siehe folgenden Abschnitt.	• biologische Reinigung der Abwässer und natürliche Selbstreinigung der Gewässer; • Abbau von Abfällen und Resten zu organischen Substanzen (Kompost), die den Pflanzen wieder als Nahrung zur Verfügung stehen.

2 Lebensmittelinfektionen – Lebensmittelvergiftungen

🇬🇧 food poisoning 🇫🇷 intoxications (w) alimentaires

Der Genuss verdorbener Lebensmittel führt fast immer zu Übelkeit, Kopfschmerzen, Erbrechen und Durchfall. Man unterscheidet:

- **Lebensmittelvergiftungen** werden von **Giften (Toxinen)** verursacht, die in den Lebensmitteln vorhanden sind und mit diesen aufgenommen werden. Beispiel: Botulinusvergiftete Bohnen oder Wurstkonserven. Die Beschwerden treten bereits nach einigen Stunden auf.

- **Lebensmittelinfektionen** werden von **krankmachenden Mikroben** verursacht, die in Lebensmitteln vorhanden sind und mit ihnen aufgenommen werden. Die Krankheit besteht in einem Kampf (Abwehrreaktion) des Körpers gegen die „Eindringlinge". Infektionen treten erst längere Zeit nach der Nahrungsaufnahme auf (Inkubationszeit).

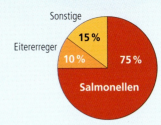

Abb. 1 Salmonellen verursachen die häufigsten Lebensmittelvergiftungen.

Rund 75 % der durch Lebensmittel verursachten Krankheitsfälle werden durch **Salmonellen** hervorgerufen. Die Eitererreger stehen mit 10 % an zweiter Stelle (Abb. 1). Beide Krankheitserreger riecht und schmeckt man nicht, denn sie verursachen keinen unangenehmen Geruch oder Geschmack und sind darum besonders gefährlich. Überprüft man die Krankheitsausbrüche, sucht nach den Ursachen und fragt man, wo Fehler gemacht worden sind, so stellt man fest: Menschliche Fehler sind die Hauptursache (Abb. 2).

Abb. 2 Menschliche Fehler sind die Hauptursache.

● Speisen entweder heiß bereithalten oder rasch abkühlen und bei Bedarf wieder erwärmen.

Diese Tatsachen müssen beachtet werden, wenn man Krankheiten vermeiden will, die durch Lebensmittel hervorgerufen werden. Schutz der Gesundheit bedeutet:
- Ansteckung der Lebensmittel durch Keime verhindern. Dazu muss der Weg der Krankheitserreger auf die Lebensmittel bekannt sein.
- Keimvermehrung verhindern – Lebensmittel kühlen. Wie rasch sich Mikroben bei günstigen Lebensbedingungen vermehren können, zeigt die Grafik (Abb. 3).

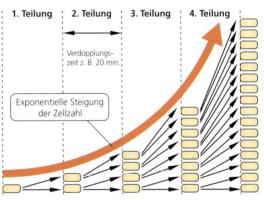

Abb. 3 Mikrobenvermehrung

2.1 Salmonellen

Salmonella-Bakterien stammen **ursprünglich immer von Tieren**, sie werden aber auch über andere Lebensmittel wie z. B. Eier übertragen. Salmonellen verursachen beim Menschen Lebensmittelinfektionen. Sie können im Darm von Tieren und Menschen leben, ohne diesen unmittelbar zu schaden. Man nennt die Betroffenen **Dauerausscheider**. Bei unzureichender Körperhygiene (Händewaschen) gelangen die Salmonellen an die Lebensmittel.

Keime können bei nicht fachgerechter Arbeitsweise auch von einem Lebensmittel auf ein anderes übertragen werden, so z. B. wenn Behältnisse und Arbeitsgeräte nach dem Auftauen von Hähnchen nicht gründlich gereinigt werden. Man spricht dann von **Kreuzkontamination**.

● Bevorzugt befallen werden tierische Lebensmittel wie Geflügel, Hackfleisch, Eier sowie Produkte aus diesen Rohstoffen wie Geflügelsalat, Cremes, Mayonnaise. Salmonellen sterben bei etwa 80 °C ab, das Gift wird beim Erhitzen zerstört.

● Besonders gefährdet sind Personen mit einem geschwächten Magen-Darm-Trakt.

Einführung

HYGIENE

Pasteurisierte und sterilisierte Lebensmittel enthalten wegen der Erhitzung keine Salmonellen. Erkrankungen treten vor allem nach dem Genuss von infiziertem, rohem Schlachtfleisch, Geflügel und Eiern auf.
- Belehrungen des Personals sind vorgeschrieben.
- Verpackungsmaterial von tiefgekühltem Geflügel aus der Küche bringen, Tauwasser wegschütten.
- Nach Umgang mit Eiern und Geflügel Hände, Tisch usw. gründlich reinigen.
- Händewaschen schützt vor Übertragung.

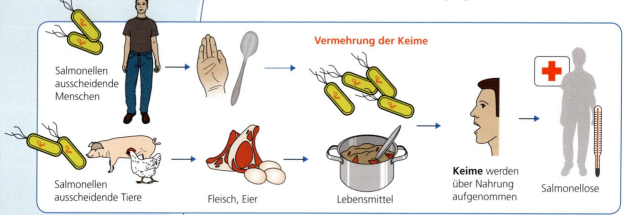

Abb. 1 Lebensmittelinfektion am Beispiel Salmonellen

2.2 Eitererreger (Staphylokokken)

Eitererreger kommen vor allem in **eitrigen Wunden** vor, werden aber auch bei **Schnupfen** über die Atemluft ausgeschieden.

Eitererreger bevorzugen Lebensmittel mit viel Feuchtigkeit und hohem Eiweißgehalt bei warmer Aufbewahrung. **Besonders anfällig** sind darum Salate, gekochter Schinken, Cremes und Tortenfüllungen.

Die Eitererreger **sondern Gift (Toxine) ab**. Die Bakterien werden bei etwa 80 °C zerstört. Das Gift der Eitererreger ist jedoch **gegen Wärme widerstandsfähig**.
- Verletzungen vollständig mit wasserdichtem Material abdecken.
- Nicht unkontrolliert niesen.
- Cremes rasch abkühlen.
- Salate kühl aufbewahren.

Abb. 2 Lebensmittelvergiftung am Beispiel von Eitererregern

2 Lebensmittelinfektionen – Lebensmittelvergiftungen

2.3 Bodenbakterien (Botulinus-Bakterien)

Botulinus-Bakterien entstammen immer dem Erdreich. Besonders anfällig sind eiweißhaltige Lebensmittel unter Luftabschluss, z. B. in **Dosen, Gläsern** und **vakuumverpackten Waren**. Bodenbakterien sind Anaerobier und können darum auch unter Luftabschluss wirken.

Befallene Lebensmittel haben einen üblen Geruch, bei Konserven ist die Flüssigkeit getrübt. Konserven sind aufgebläht (Bombage, s. Bild S. 22). Diese deutlich wahrzunehmenden Veränderungen lassen den Genuss vermeiden. Sporen der Bodenbakterien und die Toxine überdauern das Kochen.

- Gemüse sorgfältig waschen.
- Vakuumverpackte Lebensmittel kühl lagern.
- Bombagen nicht verwenden.

2.4 Fäulniserreger

Fäulniserreger kommen überall vor, besonders zahlreich im Erdboden und in Abwässern. An die Lebensmittel gelangen sie bei **unsauberer Arbeitsweise** und durch Übertragung von Insekten (Fliegen).

Fäulniserreger bevorzugen Wärme, können mit oder ohne Sauerstoff leben und vermehren sich vor allem auf eiweißreichen Lebensmitteln. Das Schmierigwerden von Fleisch und Wurst ist auf ihre Tätigkeit zurückzuführen.

- Befallene Lebensmittel sind unansehnlich und riechen übel. Darum sind Vergiftungserscheinungen durch Fäulniserreger selten.

Abb. 1 Botulismus

2.5 Schimmel

Die Tätigkeit von Schimmelpilzen kann Lebensmittel verbessern, wie z. B. Käse wie Camembert oder Roquefort. Meist ist Schimmel aber unerwünscht. Die unerwünschten Schimmelpilze kommen als Sporen in der Luft vor und befallen **alle Lebensmittel**. Schimmel ist anspruchslos, bevorzugt Backwaren, ungeräucherte Wurstwaren und Obst.

Auf den Lebensmitteln wird der Schimmel als **Pilzrasen** sichtbar.

Die **Pilzwurzeln**, sie werden **Myzel** genannt, wachsen in den Lebensmitteln.

Schimmelpilze bilden Toxine (Gifte). Weil nicht erkennbar ist, wie weit das Pilzgeflecht im Lebensmittel reicht, sind vom Schimmel befallene Lebensmittel sorgfältig zu beurteilen, denn Pilzgifte schädigen die Leber.

- Kühle und trockene Aufbewahrung schützt vor Schimmelbefall.
- Schimmelige Lebensmittel wegwerfen oder Schimmelstellen großzügig ausschneiden.

- Schimmelpilze wachsen auf und in den Lebensmitteln.

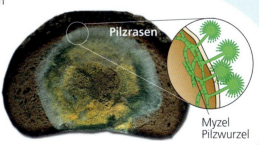

Abb. 2 Schimmel auf Brot

Einführung

HYGIENE

3 Schädlingsbekämpfung

🇬🇧 pest control 🇫🇷 lutte (w) antiparasitaire

Schädigung der Lebensmittel kann erfolgen durch
- Fraßschäden, z. B. Speckkäfer, Mehlmilbe,
- Verunreinigungen, z. B. durch Kot, Reste abgestorbener Tiere,
- Übertragung von Mikroben, z. B. durch Fliegen.

Als **Schädlinge** bezeichnet man Tiere, die Lebensmitteln Schaden zufügen.

Moderne Bauweisen machen den Schädlingen das Einnisten schwerer als dies früher der Fall war. Dennoch finden sie vielfach Gelegenheit, Schlupfwinkel aufzuspüren. Da Schädlinge sehr scheu sind, wird ihre Anwesenheit oft nur an den „Spuren" morgens zu Arbeitsbeginn erkannt. Eine konsequente Bekämpfung hilft, Schäden und Reklamationen zu vermeiden.

Schaben, Motten, Milben, Käfer

Deutsche Schabe
Körper bis 12 mm lang,
Spannweite bis 12 mm

Insekten bevorzugen Wärme, leben in Ritzen und hinter Möbeln und Geräten. Sie schaden durch Fraß und Verunreinigungen.

- Abhilfe durch gründliche Reinigung.
- Mehrmalige Anwendung von chemischen Bekämpfungsmitteln, damit auch die erst später ausschlüpfende Brut erfasst wird.

Fliegen

Brutstätten sind Abfälle und Kot. Fliegen schaden durch Übertragung von Krankheits- und Fäulniserregern.

Weizenkörner mit **Fraßschäden**

Raupe bis 6 mm lang in einem Weizenkorn

- Bekämpfung durch Fliegengitter.
- Abdecken der Lebensmittel, damit die Fliegen ferngehalten werden.
- Abfallbehälter gut verschließen und regelmäßig reinigen.
- Eventuell chemische Bekämpfungsmittel einsetzen.

Stubenfliege bis 8 mm lang

Silberfischchen

Das scheue Nachttier lebt versteckt in Ritzen und bevorzugt Kohlenhydrate. Es schadet vor allem durch Verunreinigungen. Bekämpfung wie bei Fliegen.

Getreidemotte
bis 19 mm Flügelspannweite

Mäuse, Ratten

Nager gelangen durch offene Türen, Kellerfenster und Rohrschächte in die Betriebsräume.

Silberfischchen

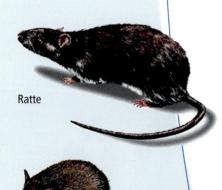

Ratte

- Bekämpfung durch Gitter an den Kellerfenstern.
- Aufstellen von Fallen. Auslegen von Berührungsgiften, die zu innerem Verbluten der Schädlinge führen.

Schädlingsbekämpfungsmittel

- müssen so eingesetzt werden, dass Lebensmittel nicht geschädigt werden,
- dürfen nur nach Anwendungsvorschrift eingesetzt werden,
- sind in den Originalpackungen getrennt von Lebensmitteln zu lagern.

Maus

4 Reinigung und Desinfektion

🇬🇧 cleaning and disinfection 🇫🇷 nettoyage (m) et désinfection (w)

Reinigen ist das Entfernen von Schmutz oder Verunreinigungen. Als **Schmutz** bezeichnet man in Lebensmittelbetrieben alle Stoffe, die auf einer Oberfläche unerwünscht sind, also nicht nur die Erde, die Kartoffeln anhaftet, sondern z. B. auch Reste einwandfreier Speisen auf Tellern und Geschirren.

Diese **Verunreinigungen** können gefährliche Brutstätten für Mikroben und Ungeziefer sein. Darum sind Reinigen, eventuell mit anschließender Desinfektion, wichtige Schritte um die Hygieneanforderungen zu erfüllen.

- **Rein** sind Gegenstände, von denen Schmutz, Verunreinigungen und Mikroben weitgehend entfernt sind.
- Als **sauber** bezeichnet man Gegenstände dann, wenn das Auge keinen Schmutz mehr erkennen kann.

4.1 Reinigen in Lebensmittelbetrieben

Die Vorgänge beim Reinigen sind hier am Beispiel des Spülens beschrieben.

Beim Reinigen/Spülen sind mehrere Faktoren beteiligt (Abb. 1). Je nach Art der Verschmutzung werden sie verändert und bestimmen aufeinander abgestimmt den Ablauf.

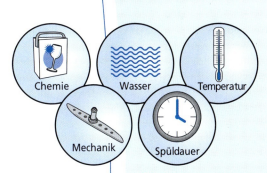

Abb. 1 Reinigungsfaktoren

Wasser

In Lebensmittelbetrieben muss zum Reinigen **Trinkwasser** verwendet werden. Das Wasser hat mehrere Aufgaben:

- **Auflösen von Schmutz**, z. B. Zucker, Salz, ungeronnenes Eiweiß;
- **Quellen von Schmutz**, z. B. Reste von Teigen, Teigwaren, Braten, Eierspeisen;
- **Abtragen von Schmutz**; die losgelösten Schmutzteilchen werden in der Schwebe gehalten und weggespült.

Abb. 2 Wasserdruck hebt den Schmutz ab.

Wärme fördert die Reinigungswirkung, denn

- **Fett schmilzt** und wird leichter abgespült,
- **Auflösen und Quellen** gehen **rascher** vor sich.

Die günstigste Spültemperatur liegt um 60 °C. Zu heißes Wasser lässt den Schmutz „festbacken" und kann zu Verbrennungen führen.

Reinigungsmittel

Wassermoleküle ziehen sich gegenseitig stark an. Es entsteht eine Oberflächenspannung, die am einzelnen Wassertropfen gut erkennbar ist (Abb. 3).

Abb. 3 Wassertropfen – Oberflächenspannung

Einführung

HYGIENE

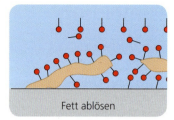
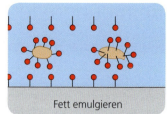

Fett ablösen · Fett emulgieren

Abb. 1 Fett wird abgelöst und emulgiert.

Durch den Zusatz von Reinigungsmitteln wird das **Wasser entspannt**, es verliert seine Oberflächenspannung und **benetzt besser**. Dadurch schiebt es sich leichter unter den Schmutz und kann auch **Fett ablösen**. Die waschaktiven Teilchen legen sich dann um das Fett, **emulgieren** es und **halten es in der Schwebe**, sodass es sich nicht wieder festsetzt und abtransportiert werden kann (Abb. 1).

Mechanische Einwirkung

Beim Reinigen kommen zu Wasser, Wärme und Reinigungsmittel immer auch mechanische Kräfte. Das können sein:

- **Wasserdruck,** z. B. bei Spülmaschinen für Haushalt und Gewerbe. Die „Kraft" erhält das Wasser durch eine Pumpe. Die Düsen konzentrieren diese Kraft auf eine eng begrenzte Fläche, von der dann der Schmutz abgehoben wird.
- **Spüllappen oder Schwammtücher**, wie sie häufig beim Spülen von Hand verwendet werden.
- **Spülbürste und Reiber**; sie werden nur bei harten Gegenständen und festsitzendem Schmutz, z. B. festgebrannten Resten, verwendet. Harte Gegenstände dringen in weichere ein. Darauf ist bei der Anwendung von Werkzeugen und Scheuermitteln zu achten, wenn Beschädigungen an der zu reinigenden Fläche vermieden werden sollen.

Abb. 2 Druckreiniger

> Besser mechanisch als chemisch.
> Besser heiß als ätzend.

4.2 Desinfizieren in Lebensmittelbetrieben

Informationen über Desinfektionsmittel, die im Umgang mit Lebensmitteln zugelassen sind: Deutsche Gesellschaft für Hygiene und Mikrobiologie
www.dghm.de

Infizieren bedeutet anstecken, Krankheitserreger übertragen, eine Infektion verursachen. Durch **Desinfizieren** sollen **Ansteckungen vermieden** werden. Die Gegenstände werden so behandelt, dass sie nicht mehr anstecken. **Desinfektionsmittel töten Mikroben ab.**

Damit die Desinfektionsmittel nicht durch den Schmutz in ihrer Wirkung gehindert werden, gilt: **Zuerst reinigen, dann desinfizieren.** Die **Wirkung der Desinfektionsmittel** ist abhängig von

- **Konzentration** der Lösung: je konzentrierter, desto wirkungsvoller;
- **Anwendungstemperatur:** je heißer, desto wirksamer;
- **Einwirkungszeit:** je länger, desto wirksamer; je länger die Einwirkungszeit, desto geringer kann die Konzentration des Mittels sein.

Nach dem **Anwendungsbereich** unterscheidet man:

- **Grobdesinfektionsmittel** mit breitem Anwendungsbereich, z. B. für Küchen, in denen ja alle Nährstoffe vorkommen, und
- **Feindesinfektionsmittel** z. B. für Hände.

Abb. 3 Hände desinfizieren

4 Reinigung und Desinfektion

Arbeitsschutz

Unverdünnte Desinfektionsmittel sind in der Regel ätzend. Vorsicht im Umgang! Desinfektionsmittel müssen in besonderen Behältnissen aufbewahrt werden.

Gefahr – Hautätzend

Umweltschutz

Reinigungs- und Desinfektionsmittel können die Umwelt belasten. Darum:

- **Möglichst wenig Chemie.**
- **Richtig dosieren**, denn zu hohe Zugabe bringt keine bessere Wirkung.
- **Temperatur** so hoch wie möglich halten, **Einwirkungszeit** so lange wie möglich.

Handschutz benutzen

4.3 Ablauf einer gründlichen Reinigung

- **Grobreinigung**   Groben Schmutz, Speisereste entfernen
- **Reinigung**   mit heißem Wasser und Reinigunsmittel
- **Nachspülen**   *mit heißem Wasser*
- **Trocknen**   mit sauberen Tüchern oder Zellstoff
- **Desinfektion**   mit geeignetem Desinfektionsmittel
- **Nachspülen**   mit Leitungswasser
- **Trocknen**

Augenschutz benutzen

Aufgaben

1. Die Hauptursache für den Lebensmittelverderb sind Kleinstlebewesen. Nennen Sie mindestens fünf Beispiele.
2. Im Zusammenhang mit Lebensmitteln wird von Koloniebildung gesprochen. Erklären Sie.
3. Nennen Sie Beispiele aus dem Küchenbereich, wo Mikroben vermehrt auftreten.
4. Erklären Sie im Zusammenhang mit der Aufbewahrungstemperatur von Lebensmitteln den „kritischen Bereich".
5. Manche Lebensmittel werden durch Säure haltbar wie z. B. Sauerkraut und Essiggurken. Begründen Sie.
6. Mikroben können in Lebensmitteln zu erwünschten Veränderungen führen. Geben Sie drei Beispiele.
7. Warum soll Verpackungsmaterial von tiefgekühltem Geflügel sofort entsorgt werden?
8. Ein Großteil des Lebensmittelverderbs ist durch menschliche Fehler verursacht. Geben Sie drei Beispiele.
9. Nennen Sie Schädlinge, die in Lebensmittelbetrieben vorkommen können.
10. Schädlinge werden oft nur an ihren „Spuren" erkannt. Was versteht man unter „Spuren"? Wo können sich Schädlinge „verstecken"?
11. Beschreiben Sie was geschieht, wenn ohne Verwendung von Spülmitteln abgespült wird.
12. Worauf ist beim Einsatz von Hochdruckreinigern zu achten?

Umwelt- und Verbraucherschutz

1 Umweltschutz

🇬🇧 environmental protection   🇫🇷 protection (w) de l'environnement (m)

Es ist bekannt, dass wir die Umwelt in absehbarer Zeit zerstören, wenn sich unser Verhalten nicht grundlegend ändert. Auf welche Weise belasten wir die Umwelt?

> Umweltschutz ist nur im Zusammenwirken vieler Faktoren möglich.

- **Wir verbrauchen unbedacht zu viel Rohstoffe und zu viel Energie.**
  Bestimmte Vorkommen sind in weniger als 100 Jahren erschöpft. Das zeigen uns Berechnungen für die Energiearten Erdöl und Erdgas und z. B. für die Rohstoffe Kupfer und Zinn.

- **Wir schaffen zu viel Abfall oder Müll.**
  Die Abfallmengen, insbesondere die durch überflüssige Verpackungen, sind zwar verringert worden, doch sind noch erhebliche Einsparungen möglich. Durch sachgerechte Sortierung der Materialien ist eine höhere Recyclingquote möglich.

Einsparung von Rohstoffen bedeutet Müllvermeidung, z. B. wenn
- Verpackungsmaterial (Papier, Kunststoffe) sinnvoll eingesetzt wird,
- Mehrwegflaschen statt Einwegflaschen verwendet oder Nachfüllpackungen eingesetzt werden.

- **Wir belasten die Umwelt durch unser Verhalten.**
  Verbrennungsrückstände aus den Motoren sowie Treibgase gefährden die Luftschicht der Erde;
  Schwefel aus Verbrennungsrückständen führt zu saurem Regen, der wiederum Wälder und Gewässer belastet;
  Unkrautvernichtungs- und Schädlingsbekämpfungsmittel gelangen in Lebensmittel und Trinkwasser und schaden so unmittelbar unserer Gesundheit.

Einerseits muss der **Staat** durch entsprechende Gesetze und Verordnungen Rahmenbedingungen schaffen, die Behörden zum Handeln berechtigen und auch zum Handeln zwingen.

Anderseits ist aber auch die **Verantwortung des Einzelnen** gefordert. Entsprechend den Hauptbereichen der Umweltbelastung kann man unterscheiden:

Einsparung von Energie

Beispielsweise durch

- vernünftiges Heizen: Absenken der Raumtemperatur um 1 °C spart 6 Prozent Energie,
- richtiges Lüften: kein Dauerlüften, sondern kurzzeitig und dafür mehrmals (Stoßlüften),
- Beachten der Saisonzeiten bei Obst und Gemüse: Der Energieaufwand für Treibhäuser und für lange Transporte ist nicht notwendig,
- überlegte Benutzung der Verkehrsmittel.

Abb. 1 Recycling ➡
re = zurück, cycle = Kreislauf

Recycling

Recycling ist ein Wertekreislauf. Wertstoffe werden **sortiert** und soweit möglich einer **Wiederverwertung** zugeführt.

- **Glas** fällt in großen Mengen in Form von Flaschen an.
- **Altpapier**, auch Verpackungsmaterial, jedoch ohne Kunststoffanteile, wird neu aufgearbeitet.
- **Verbrauchtes Fett**, z. B. aus der Fritteuse, ist getrennt zu lagern und wird als Sondermüll abgeholt.
- **Speisereste und Lebensmittelabfälle** werden am sinnvollsten als Vieh-(Schweine-)futter genutzt oder in Biogasanlagen verwertet.

> Bei der Lagerung von Abfällen ist unbedingt auf Sauberkeit und Ordnung zu achten. Hygiene und damit die Gesundheit ist wichtiger als Abfallverwertung.

Schutz des Abwassers

Beispiele:

- **Fettabscheider**; Fettreste, die beim Spülen vom Wasser weggetragen werden, kommen im Abfluss-System mit den kalten Rohren in Verbindung. Sie erstarren und haften an den Wänden. Mit der Zeit würde auf diese Weise der Querschnitt der Rohre immer enger und sie verstopfen.
- **Stärkeabscheider** halten die von den Kartoffelschälmaschinen freigelegten Stärketeilchen zurück. Diese würden sich auf dem Grund der Kanalrohre festsetzen und den Wasserdurchfluss hindern.
- **Richtige Dosierung von Spül- und Desinfektionsmitteln.** Jedes Zuviel der für Sauberkeit und Hygiene durchaus notwendigen Helfer der Chemie bleibt „unverbraucht" und wirkt in der Umwelt weiter, dort aber als Belastung.

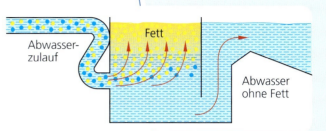

Abb. 1 Fettabscheider, Schema

Umwelt im Zusammenhang

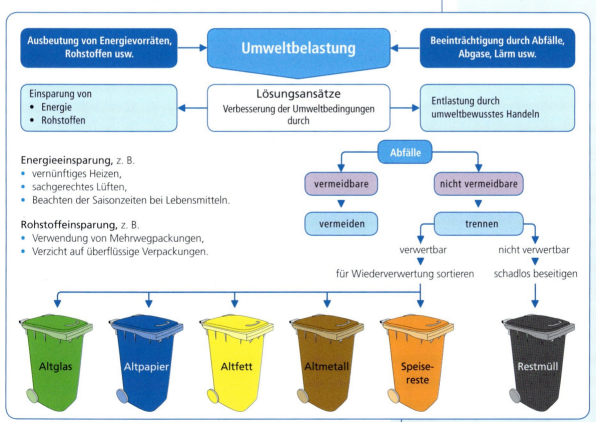

Einführung

UMWELT- UND VERBRAUCHERSCHUTZ

2 Verbraucherschutz

🇬🇧 consumer protection 🇫🇷 protection (w) du consommateur

Als die Menschen noch von den selbst angebauten Feldfrüchten lebten und ihre eigenen Haustiere zur Fleischversorgung hatten, wusste man genau, was auf den Tisch kam. Doch schon im Mittelalter lebte der Bauer außerhalb der Stadt und der Handwerker im Stadtgebiet. Damit waren Erzeugung von Lebensmitteln und Verbrauch bereits damals voneinander getrennt.

Heute kann man den Weg eines Lebensmittels vom Erzeuger zum Verbraucher oft nicht nachvollziehen. Das ist der Grund, warum der Gesetzgeber **Regelungen zum Schutz des Verbrauchers** erlassen hat. Diese Bestimmungen binden Erzeuger, Verarbeiter und Handel.

Wichtige Vorgaben des Gesetzgebers zeigen die folgenden Beispiele.

> Auch wenn man im Einzelfall, besonders als Betroffener, sich über Vorschriften beschwert: Der Schutz des Verbrauchers, des Gastes ist wichtiger als Erschwernisse in Produktion oder Vertrieb.

2.1 Lebensmittel- und Futtermittelgesetzbuch (LFGB)

🇬🇧 food and feed article law
🇫🇷 loi (w) sur la protection des produits alimentaires

Das Lebensmittel- und Futtermittelgesetzbuch (LFGB) ist die rechtliche Grundlage im Umgang mit Lebensmitteln.

Zweck des Gesetzes ist

Schutz vor Gesundheitsschädigungen	Schutz vor Täuschung
§ 1 (1) 1 ... bei Lebensmitteln ... den **Schutz** der Verbraucher durch Vorbeugung gegen eine Gefahr oder Abwehr einer Gefahr für die menschliche Gesundheit sicherzustellen.	§ 1 (1) 2 vor **Täuschung** beim Verkehr mit Lebensmitteln ... zu schützen.
§ 5 Verbote zum Schutz der Gesundheit Es ist verboten, 1. Lebensmittel für andere derart herzustellen oder zu behandeln, dass ihr Verzehr gesundheitsschädlich ... ist, 2. Stoffe, die keine Lebensmittel sind und deren Verzehr gesundheitsschädlich ist, in den Verkehr zu bringen ...	**§ 11 Vorschriften zum Schutz vor Täuschung** Es ist verboten, Lebensmittel unter irreführender Bezeichnung, Angabe oder Aufmachung gewerbsmäßig in den Verkehr zu bringen oder für Lebensmittel allgemein oder im Einzelfall mit irreführenden Darstellungen oder sonstigen Aussagen zu werben.

Während das Lebensmittel- und Futtermittelgesetz (LFGB) das Grundsätzliche regelt, bestimmen weitere Vorschriften die Einzelheiten.

Beispiele:

- Gesetze: Milchgesetz, Fleischbeschaugesetz
- Verordnungen: Lebensmittelkennzeichnungsverordnung
- Leitsätze: Leitsätze für Fleisch und Fleischerzeugnisse
- Richtlinien: Richtlinien für Feine Backwaren und für Backmittel

2 Verbraucherschutz

2.2 Kennzeichnung von Lebensmitteln
🇬🇧 labelling of foodstuff   🇫🇷 marquage (m) distinctif des produits alimentaires

Wer in einer Bäckerei „offene Ware" wie Kleingebäck von der Verkäuferin erhält oder im Restaurant ein Menü bestellt und wissen will, welche Zutaten enthalten sind, kann das Personal direkt fragen. Anders ist es, wenn sich der Kunde selbst bedient.

Die Lebensmittelkennzeichnungsverordnung (LMKV) schreibt darum vor, was zur Information des Verbrauchers auf dem Etikett von verpackten Waren (Fertigpackungen) stehen muss.

Beispiel

① **Verkehrsbezeichnung**, das ist der Name des Produkts
② **Menge**
③ **Mindesthaltbarkeit** oder **Verbrauchsdatum**
④ **Zutatenliste**
⑤ **Hersteller oder Vertreiber,** damit der Verbraucher weiß, an wen er sich bei Reklamationen wenden kann.

Zutaten sind alle Stoffe, die bei der Herstellung eines Lebensmittels verwendet werden. Beim frischen Brot z. B. Mehl, Getreideschrot, Wasser, Salz und Hefe.

Diese Zutaten sind in absteigender Folge anzugeben, also die größten Anteile zuerst, die geringsten zuletzt.

Wenn nun das Brot geschnitten, verpackt und auf Vorrat gehalten wird, kann es leicht schimmeln. Darum gibt man manchmal Sorbinsäure als Konservierungsstoff bei. Konservierungsstoffe sind Zusatzstoffe (siehe unten).

Wenn eine Zutat
- den Namen gibt, z. B. Roggenschrotbrot, Erdbeerjoghurt, oder
- wesentlich ist, z. B. Kräuterbutter,

muss der Anteil dieser Zutat in Prozent genannt werden. Man nennt diese Besonderheit auch **Mengenkennzeichnung** oder **QUID-Richtlinie**.

Zusatzstoffe sind eine besondere Gruppe von Zutaten, die zugegeben werden, um besondere Wirkungen zu erzielen. Solche erwünschten Wirkungen können sein:
- *besondere Beschaffenheit,* z. B. Gelatine bei Joghurt, damit sich keine Flüssigkeit absetzt.
- *Erzielung bestimmter Eigenschaften oder Wirkungen*, z. B. Carotin, um dem Pudding/Creme eine schöne Farbe zu geben,
- *Konservierung*, die die Haltbarkeit verlängert.

Jeder Zusatzstoff hat eine Nummer. Wenn auf dem Etikett nicht die genaue Bezeichnung des Zusatzstoffes genannt ist, sondern nur der Gruppenname, muss diese **E-Nummer** angegeben werden.

Beispiel

- Mit Konservierungsstoff Sorbinsäure oder
- Mit Konservierungsstoff (E 200)

QUantitative = mengenmäßige
Ingredient = Zutaten-
Declaration = angabe

Empfindliche Personen können auf bestimmte Stoffe allergisch reagieren. Diesen Menschen ist die Zutatenliste eine Hilfe, denn man kann dort ungünstig wirkende Stoffe erkennen und dann das Produkt meiden.

Einführung

UMWELT- UND VERBRAUCHERSCHUTZ

Die Zusatzstoffe werden je nach der Verwendung in Gruppen eingeteilt.

Gruppenname	Wirkung	Beispiele	Anwendung z. B.
Emulgatoren	halten Gemische von Fett und Wasser zusammen	Mono- und Diglyceride	Fertigsuppen, Salatmayonnaise
Antioxidantien	hemmen die Verbindung der Lebensmittel mit dem Sauerstoff der Luft und verzögern so den Verderb	Ascorbinsäure (Vitamin C), Tocopherol (Vitamin E), Milchsäure	Konfitüren, Salatsaucen, Pflanzenöle
Farbstoffe	geben den Zubereitungen eine ansprechende Farbe	Riboflavin, Carotin	Cremespeisen, Pudding, Kräuterliköre
Chemische Konservierungsmittel	hemmen die Tätigkeit von Mikroben und verhindern so den Verderb	Benzoesäure, Sorbinsäure, PHB-Ester	Feinkostprodukte wie Fleisch- oder Heringssalat, Toastbrot

Mindesthaltbarkeits- und Verbrauchsdatum

Lebensmittel sind nur beschränkt haltbar. Darum müssen die Hersteller den Weiterverarbeiter, den Händler und den Endverbraucher darüber informieren, wie lange ein Produkt bei sachgemäßer Lagerung *mindestens haltbar* ist. Diesen Zeitpunkt nennt das **Mindesthaltbarkeitsdatum**.

Wenn die auf dem Etikett genannte Frist abgelaufen ist bedeutet das nicht, dass ein Lebensmittel verdorben ist, dass man es nicht mehr verwenden dürfte. Es muss jedoch sorgfältig auf Mängel geprüft werden.

Das **Verbrauchsdatum** ist bei leicht verderblichen Lebensmitteln wie z. B. Hackfleisch anzugeben.

Die Kennzeichnung lautet:
Verbrauchen bis spätestens 12.10. …

Haltbarkeit	vorgeschriebene Kennzeichnung
weniger als drei Monate	→ mindestens haltbar bis (Tag und Monat)
bis 18 Monate	→ mindestens haltbar bis (Monat und Jahr)
länger als 18 Monate	→ mindestens haltbar bis (Jahr)

Nach dem als Verbrauchsdatum genannten Termin darf das Lebensmittel **nicht mehr verwendet** werden.

Preisangaben

Sinn dieser Bestimmungen ist es, dem Verbraucher/Gast Preisvergleiche zu ermöglichen. Darum ist jeder, der Waren oder Dienstleistungen anbietet, zur konkreten Angabe der Preise verpflichtet. Die Preise müssen Endpreise sein, es dürfen keine weiteren Zuschläge hinzukommen. In der Gastronomie spricht man von **Inklusivpreisen**.

- Im Einzelhandel muss bei Lebensmitteln neben dem Gewicht und dem Einzelpreis auch der Preis pro kg (€/kg) genannt werden.
- Gaststätten und Restaurants müssen neben dem Eingang ein Verzeichnis wesentlicher Speisen und Getränke anbringen. Das erlaubt dem Gast eine erste Orientierung vor dem Betreten des Lokales.
- Bei Getränken (außer bei Aufgussgetränken) muss neben dem Preis auch die Menge genannt werden. Also nicht: Glas Wein 4,00 €.
- Eine Angabe wie:
  „Forelle blau, nach Größe"
  ist nicht erlaubt. Richtig ist es so:

Salami (200 g Paket)
20,00 €/kg   **4,00 €**

Forelle blau, nach Größe
Preis: xx,yy € je 100 g

Qualitätssiegel auf Lebensmitteln

Das deutsche Bio-Siegel

„Bio" (Kurzform für biologische Landwirtschaft) ist ein durch EU-Recht geschützter Begriff. Wer Waren mit der **Aufschrift „Bio"** kennzeichnet, muss die Kriterien für das Bio-Siegel einhalten. Zusätzlich dürfen diese Waren das Bio-Siegel (Logo) tragen.

Für die Erteilung des Bio-Siegels müssen mindestens 95 % der Zutaten eines Produktes aus **ökologischem Landbau** stammen. Das bedeutet, dass

- keine Strahlung zur Konservierung eingesetzt wird,
- keine gentechnisch veränderten Organismen zur Erzeugung verwendet werden (z. B. gentechnisch verändertes Saatgut),
- keine künstlichen Pflanzenschutzmittel eingesetzt werden,
- keine mineralischen Dünger benutzt wurden,
- keine Geschmacksverstärker, künstlichen Aromen, Farbstoffe und Emulgatoren verarbeitet werden und
- Tiere artgerecht gehalten werden.

Das deutsche Marken- und Patentamt überwacht im Auftrag des Bundesverbraucherschutzministeriums die Verwendung des Bio-Siegels.

Bei einer **unrechtmäßigen Verwendung** des Bio-Siegels wird das Produkt eingezogen und eine Geldstrafe bis zu einer Höhe von 30 000 € ausgesprochen.

Das EU-Bio-Siegel

Alle verpackt in den Handel kommenden Bio-Lebensmittel *müssen* das EU-Bio-Siegel tragen. Unverpackte Produkte *können* freiwillig gekennzeichnet werden.

Auch hier müssen 95 % der Zutaten aus ökologischer Landwirtschaft stammen. Landwirte, die von einer traditionellen Landwirtschaft auf Bio-Landwirtschaft umstellen, müssen eine zweijährige Umstellungsphase einhalten. Kontrollbehörden der EU überwachen und kontrollieren die Einhaltung der EU-Verordnung für biologische Landwirtschaft (→ CD).[1]

Das deutsche Bio-Siegel und das EU-Bio-Siegel dürfen parallel verwendet werden.

Das MSC-Siegel

Das Marine Stewardship Council ist eine gemeinnützige Organisation, die sich gegen eine Überfischung der Weltmeere einsetzt. Die Förderung der **Nachhaltigkeit** (d. h. es darf nur so viel gefischt werden, wie nachwächst) ist das Hauptziel der Organisation.

Eine Expertenkommission aus Wissenschaftlern, Fischereiexperten und Umweltschützern prüft, ob die Vorgaben für Fischerei eingehalten werden und vergibt danach das MSC-Siegel.

Produkte mit einem MSC-Siegel lassen sich zurückverfolgen: Mit Hilfe eines Rückverfolgungscodes auf der Verpackung kann der Endverbraucher nachvollziehen, woher der Fisch stammt.

Das MSC-Siegel wird nur für Wildfisch vergeben, nicht für Fisch aus Aufzucht (Aquakulturen).

[1] Hinweise dieser Art bedeuten: zusätzliche Informationen auf der CD

Einführung

UMWELT- UND VERBRAUCHERSCHUTZ

Lebensmittelhygieneverordnung
EG-852/2004: siehe Buch-CD

2.3 Verordnung über Lebensmittelhygiene (Basishygiene)

🇬🇧 food hygiene regulations
🇫🇷 décret (m) sur l'hygiène des produits alimentaires

Für den hygienischen Umgang mit Lebensmitteln hatte bisher jeder Staat eigene Vorschriften, deren Einzelregelungen aber ähnlich und damit vergleichbar waren. Um den Warenaustausch zwischen den Staaten zu erleichtern, hat die EG eine Verordnung geschaffen, die in allen Mitgliedstaaten einheitlich gilt. Wesentlicher Inhalt ist die Verpflichtung zu Eigenkontrollen HACCP.

Was bedeutet die Abkürzung?

HACCP	wörtlich
H = Hazard	= Gefahr, Risiko
A = Analysis	= Analyse
C = Critical	= kritisch(er)
C = Control	= Kontroll-
P = Points	= Punkte
sinngemäß	
Risiko-Analyse und kritische Prüf- und Steuerungspunkte	

Anmerkung: das englische Wort control darf hier nicht mit Kontrolle übersetzt werden. Hier bedeutet es unter Kontrolle haben, steuern.

HACCP-Konzept

HACCP ist ein Konzept für die Produktsicherheit. Mit Hilfe dieses Verfahrens wird jeder Abschnitt der Speisen- und Getränkeproduktion auf Gefahrenstellen für die Gesundheit unserer Gäste überprüft.

Kontrollpunkte kann man auch mit **Schlüsselsituationen** übersetzen. An diesen Stellen muss man prüfen und nötigenfalls eingreifen. In diesem Sinne sind die Vorschriften zu verstehen.

Die 7 HACCP-Grundsätze (Artikel 5)

1. Durchführung einer Gefahrenanalyse
Der komplette Herstellungsprozess jedes Produktes muss analysiert werden, um mögliche Gefahrenstellen zu vermeiden oder auszuschalten. Jeder Herstellungsschritt, von dem eine mögliche Gefahr für den Gast ausgeht, wird markiert (z. B. in einem Ablaufplan).

2. Bestimmung der kritischen Kontrollpunkte „Critical Control Points (CCP)":
Mit Hilfe der in Schritt 1 herausgefundenen Gefahrenstellen werden Prüf- und Steuerungspunkte im Herstellungsprozess festgelegt. Dort ist ein Eingreifen möglich, um eine Gefährdung für den Gast auszuschließen/zu reduzieren.

3. Festlegung von Grenzwerten und Überwachungsmerkmalen:
Nun werden für jeden Prüf- und Steuerungspunkt konkrete Merkmale bestimmt (z. B. Temperatur, pH-Wert) und die dafür geltenden Grenzwerte. So wird klar, welche Werte zulässig sind.

4. Festlegung von Überwachungsmaßnahmen:
Hier wird bestimmt, **wie** (mit welchen Verfahren) die Messwerte aus Punkt 3 ermittelt werden sollen (z. B. Kerntemperaturmessung oder pH-Test).

5. Festlegung von Korrekturmaßnahmen:
Es wird bestimmt, was passiert, wenn die Grenzwerte an kritischen Kontrollpunkten nicht eingehalten wurden: welche Maßnahmen ergriffen werden, um wieder gültige Werte zu erzielen.

6. Überprüfung des HACCP-Konzeptes:
Es muss festgelegt werden, wie überprüft werden kann, ob alle Mitarbeiter die Vorschriften der Schritte 1 bis 5 einhalten.

Außerdem muss das gesamte HACCP-Konzept immer auf dem neuesten Stand sein, z. B. jedesmal angepasst werden, wenn sich etwas am Herstellungsprozess ändert.

7. Dokumentation des HACCP-Konzeptes:
Nur eine lückenlose Aufzeichnung gewährleistet ein sicheres HACCP-Konzept!

Daher muss der Betrieb dokumentieren, dass an jedem Punkt von allen Mitarbeitern alles ordnungsgemäß erfüllt wurde. Die Aufzeichnungen sollen der Größe des Betriebes angemessen sein. Sie müssen für Prüfzwecke längere Zeit aufbewahrt werden.

2 Verbraucherschutz

Die nebenstehende Grafik zeigt, dass viele Erkrankungen in Verbindung mit Lebensmitteln durch menschliches Verhalten bedingt sind: Erhitzungsfehler, Übertragung durch Menschen, Hygienemängel, Herstellungsfehler, Lagerungsfehler. Alles Dinge, die nicht sein müssten.

Das HACCP-Konzept dient der vorbeugenden Anwendung von Hygienemaßnahmen. Es umfasst die Bereiche: **Betriebshygiene**, **Personalhygiene** und **Umgang mit Lebensmitteln (Produkthygiene)**.

Die Verantwortung liegt beim Unternehmer.

Abb. 1 Ursachen von Lebensmittelvergiftungen

Betriebshygiene

Hygienisch einwandfreies Arbeiten ist nur dort möglich, wo auch die äußeren Voraussetzungen dazu vorhanden sind. Zum Schutze des Verbrauchers nennen Gesetze und Verordnungen **Mindestanforderungen**. Betriebsräume müssen darum von den entsprechenden Behörden genehmigt werden.

Voraussetzungen sind:

- **Wände** müssen hell und leicht zu reinigen sein. Nur so wird eine Verschmutzung leicht erkannt und ist problemlos zu entfernen. Darum sollen die Wände bis zu mindestens 2 Meter Höhe mit Fliesen belegt oder wenigstens mit heller Ölfarbe gestrichen sein.
- **Fußböden** müssen wasserdicht sein. Darum verwendet man in der Regel Fliesen und verschließt die verbleibenden Fugen mit Zement. Die Rutschgefahr wird herabgesetzt durch eine besondere Oberflächengestaltung, wie z. B. durch Nocken oder Stege.
- **Toiletten** müssen so angeordnet sein, dass sie nicht direkt mit den Produktionsräumen in Verbindung stehen. So wird die Gefahr der Keimverschleppung herabgesetzt.
- **Waschplätze** müssen sich in der Nähe der Arbeitsplätze befinden und mit fließendem Wasser ausgestattet sein. Sie müssen getrennt von den Reinigungsbecken für Geschirr oder Rohstoffe angebracht werden.
- **Kühlräume** sind sauber zu halten, denn Lebensmittelreste und Verschmutzungen bieten Bakterien Nahrung.
- **Zwischenreinigen** verbessert die Hygiene. Nach jedem Arbeitsvorgang Arbeitsflächen und Geräte reinigen.
- **Tücher**, in der Küche verwendet werden, sind täglich zu waschen.
- Bei **Spülmaschinen** dürfen Programme (Zeit, Temperatur) nicht geändert werden, denn unter geänderten Bedingungen können Bakterien überleben.
- **Ungeziefer** ist zu bekämpfen, denn es kann Keime übertragen.

Abb. 2 Hochgezogene Fliesen verhindern Schmutzablagerungen

Das Lebensmittelrecht schreibt vor, dass die **Einrichtungsgegenstände** so beschaffen sein müssen, dass sie bei bestimmungsgemäßem Gebrauch die menschliche Gesundheit nicht schädigen können. Darum dürfen sie nicht rosten und müssen leicht zu reinigen sein.

Neben den Eigenschaften des Materials, das zur Herstellung von Einrichtungsgegenständen verwendet wird, kommt es wesentlich auf die **Art der Formgebung** und **Verarbeitung** an. Wo keine Schmutzecken sind, kann sich auch kein Schmutz festsetzen. Daran sollte auch bei der Auswahl der Geräte gedacht werden.

Einführung

UMWELT- UND VERBRAUCHERSCHUTZ

> Das Verhalten der Menschen entscheidet wesentlich über den Stand der Hygiene innerhalb eines Betriebes.

Personalhygiene

„Alle Hygienemaßnahmen haben nur dann Aussicht auf Erfolg, wenn die persönliche Hygiene der Mitarbeiter einwandfrei ist." Dieser Satz aus einem Handbuch der Hygiene macht deutlich:

Beschäftigte in Lebensmittelbetrieben

- erhalten eine Erstbelehrung über Hygiene durch das Gesundheitsamt,
- werden zu Hygienefragen durch den Betrieb geschult,
- müssen übertragbare Krankheiten melden,
- dürfen mit ansteckenden Krankheiten nicht beschäftigt werden.

Personalhygiene-Regeln

1. Vor Beginn der Arbeit Ringe und Armbanduhr ablegen.
2. Vor Beginn der Arbeit und nach dem Gang zur Toilette Hände gründlich waschen.
3. Beim Husten oder Niesen sich von den Lebensmitteln abwenden.
4. Verletzungen, z. B. kleine Schnitte an den Händen, mit wasserundurchlässigem Verband versorgen.
5. Beim Umgang mit Lebensmitteln ist eine Kopfbedeckung zu tragen.
6. Beim Umgang mit Lebensmitteln ist das Rauchen verboten.

Hände – Handtuch

Hände sind gefährliche Überträger von Mikroben. Darum muss die persönliche Hygiene besonders beachtet werden. Hände werden unter fließendem warmem Wasser gereinigt.

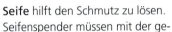

Seife hilft den Schmutz zu lösen. Seifenspender müssen mit der gewaschenen Hand nicht mehr berührt werden und verhindern darum die Übertragung von Bakterien. Seifenstücke sollen nicht verwendet werden.

Handtücher werden bei der Benutzung **feucht** und durch Lebensmittelreste **verschmutzt**. Bei Raumtemperatur bietet das Mikroben nahezu **ideale** Vermehrungsgelegenheiten.

Besonders problematisch sind Gemeinschaftshandtücher, die von mehreren Personen benutzt werden. Sie bergen neben der Möglichkeit der Bakterienvermehrung auch die der Bakterienübertragung von Mensch zu Mensch.

> Übliche Handtücher sind darum eine Gefahr für die Hygiene.

Darum hat man andere Möglichkeiten zum Trocknen der Hände geschaffen: **Papierhandtücher** und **Stoffhandtuchspender**.

Berufskleidung

Mit modernen Waschmitteln ist es zwar möglich, auch bei niederen Temperaturen weiße Wäsche zu erhalten.

Papierhandtücher sind aus saugfähigem Papier und zum einmaligen Gebrauch bestimmt. Gebrauchte Stücke kommen in den Papierkorb und werden vernichtet.

„Weiß" ist aber nicht immer „hygienisch einwandfrei". Nur bei **hoher Temperatur** werden die **Mikroben** getötet. Für Berufswäsche, die ja bei fast allen Nahrungsmittelberufen auch mit eiweißhaltigen Speiseresten verschmutzt ist, empfiehlt es sich darum, die **Hauptwäsche bei 95 °C** durchzuführen.

Stoffhandtuchspender geben jeweils ein Stück frisches Tuch zur einmaligen Benutzung frei. Gebrauchtes Tuch und unbenutztes Tuch sind voneinander getrennt, sodass Bakterien nicht übertragen werden können.

Produkthygiene: Umgang mit Lebensmitteln

Lebensmittel können mit Keimen belastet sein. Vermehren sich diese während der Lagerung und Zubereitung, können sie zu einer Gesundheitsgefährdung für die Gäste werden.

Darum sind beim Umgang mit Lebensmitteln bestimmte Hygienemaßnahmen einzuhalten.

Warenannahme und Lagerung

- **Saubere Behältnisse** verhindern, dass Keime über Kontaktflächen (Regale usw.) verschleppt werden.
- **Verderbliche Lebensmittel** kühl lagern, damit sich Bakterien nicht vermehren können.
- **Fleisch und Fleischwaren** (rein) von unvorbereiteten pflanzlichen Lebensmitteln (unrein) getrennt lagern und getrennt bearbeiten.

Verarbeitung

- **Tiefgefrorenes Fleisch und Geflügel** sachgerecht auftauen, Tauwasser wegschütten, Verpackung entsorgen, Tisch, Geräte und Hände reinigen.
- **Vorbereitete Lebensmittel** bis zur Weiterverarbeitung kühl lagern.
- **Zubereitete Speisen** bis zur Ausgabe entweder **heiß halten** oder rasch abkühlen und bei Bedarf **wieder erwärmen**, denn im kritischen Bereich (+ 6 bis + 60 °C) vermehren sich Bakterien rasch.
- **Abfälle** außerhalb der Küche lagern, damit Bakterien ferngehalten werden.

Sachgerechte kurzfristige Vorrätighaltung

Um den Spitzenbelastungen in der gewerblichen Küche gerecht werden zu können, muss ein Teil der Vorbereitungs- und Zubereitungsarbeiten im Voraus, unabhängig vom eigentlichen Service, erfolgen. Um zu verhindern, dass sich in der Zwischenzeit Bakterien auf den noch warmen Zubereitungen vermehren, muss für die Zwischenlagerung **rasch abgekühlt** werden.

Zeitliche und thermische Entkoppelung

Werden Vorbereitung und endgültige Zubereitung getrennt oder entkoppelt, spricht man von zeitlicher und thermischer Entkoppelung.

Sachgerechtes Abkühlen

Je größer ein Lebensmittel oder das Gargeschirr, desto länger dauert die Abkühlung bis ins Innere.

Die Abkühlung fördern

- das Umfüllen in flaches Geschirr, denn die Wärme kann besser entweichen,
- Töpfe ohne Kompensboden, denn diese speichern die Wärme,
- Geschirr in kaltes Wasserbad gestellt, Inhalt öfter umrühren,
- das Einsetzen von Tauchkühlern.

Durchführung der Hygienevorschriften

Hier verlangt die Lebensmittelhygieneverordnung die **Eigenkontrolle** der Betriebe. Die amtliche Lebensmittelüberwachung ist dann gleichsam die „Kontrolle der Kontrolle".

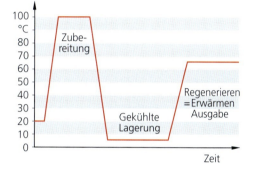

Abb. 1
Zeitliche und thermische Entkoppelung

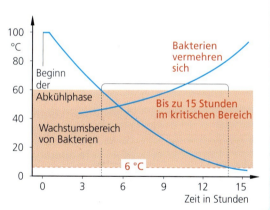

Abb. 2
Temperaturverlauf in einem Topf mit 25 Liter Sauce beim Abkühlen im Kühlraum

Tipp: Auch daran ist zu denken: Wenn eine Kühlmaschine ununterbrochen läuft, wenn sie nicht mehr abschaltet, ist sie überlastet. Eine ausreichende Kühlung ist nicht mehr gewährleistet.

Einführung

UMWELT- UND VERBRAUCHERSCHUTZ

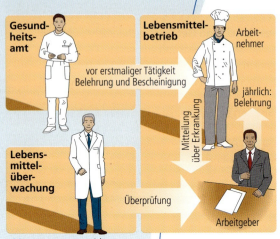

Abb. 1 Zusammenwirken von Behörde und Betrieb

Die Betriebe müssen

- **Kontrollpunkte festlegen (CP).** Darunter versteht man Schlüsselsituationen, an denen die Qualität oder die gesundheitliche Unbedenklichkeit eines Produktes gefährdet sein kann. *Beispiel:* Fleisch wird nicht im Kühlraum gelagert. Wird die Gesundheit gefährdet, spricht man von **kritischen Kontrollpunkten (CCP).**
- **Sicherungsmaßnahmen festlegen.** *Beispiel:* Die Anweisung „Fleisch, Fisch und Milchprodukte sind unmittelbar nach der Annahme der Waren in die entsprechenden Kühlräume zu bringen."
- **Einen Reinigungs- und Hygieneplan aufstellen.**
- **Die Maßnahmen an den kritischen Punkten** durch betriebseigene Kontrollen überwachen. Kontrollen müssen durch die Lebensmittelkontrolle nachprüfbar sein.

Es ist darum notwendig, die durchgeführten Kontrollen und die Ergebnisse schriftlich festzuhalten, weil nur auf diese Weise die geforderte Sorgfalt nachgewiesen werden kann.

In Anlehnung an die 7 HACCP-Grundsätze (s. S. 36) zeigt die folgende Abbildung den Herstellungsprozess (vgl. Grundsatz 1) einer Portion Rührei im Frühstücksgeschäft. Angegeben sind Kontroll- und kritische Kontrollpunkte (vgl. Grundsatz 2), Grenzwerte und Überwachungsmaßnahmen (Grundsätze 3 und 4), sowie ggf. einzuleitende Korrekturmaßnahmen (Grundsatz 5):

Herstellungsprozess mit HACCP-Selbstkontrolle am Beispiel Rühreizubereitung in der Systemgastronomie

Ab 30 Portionen sind Rückstellproben anzulegen.

Rühreiherstellung		Grenzwerte	Korrekturmaßnahmen
2 Eier aufschlagen	CCP	**Sichtkontrolle:** Dotter hoch, Eiklar in 2 getrennten Schichten	Lagertemperatur und MHD überprüfen
Pfanne aufheizen	CCP	**Temperaturmessung:** 130°C +/– 5°C	Herdplatte überprüfen, ggf. neu justieren
Eier in Pfanne geben & stocken lassen			
Eimasse fortlaufend vom Boden lösen (Winkelpalette), für 180 Sekunden garen	CCP	**Zeitmessung:** mindestens 180 sek., maximal 240 sek. **Kerntemperatur:** 70°C **Sichtkontrolle:** Ei komplett gestockt	Falls Rührei nicht gar: erneut Temperatur prüfen
Mit 2 Prisen Salz würzen	CP	Dosierhilfe (Streuer) verwenden	
Auf Frühstücksteller anrichten	CP	Rand freilassen, Rührei gleichmäßig verteilen	
Sofort servieren			

2 Verbraucherschutz

Schriftliche Pläne für Reinigungs- und Hygienemaßnahmen sind von Vorteil:

- Sie legen die geforderten Arbeiten unmissverständlich fest.
- Sie bleiben auch bei Personalwechsel bestehen.
- Sie dienen gegenüber dem Lebensmittelkontrolldienst als Nachweis.

Kontrollpunkte sind insbesondere an den Stellen erforderlich, wo die Verantwortung in andere Hände übergeht.

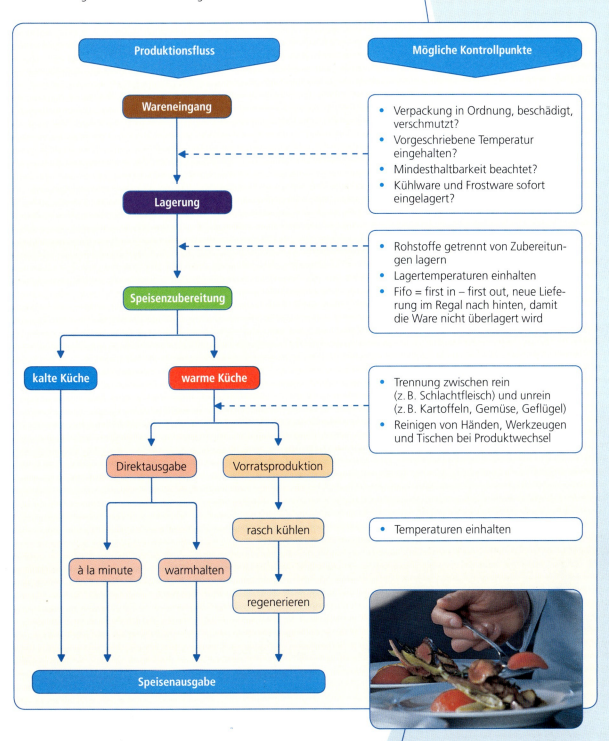

Einführung

UMWELT- UND VERBRAUCHERSCHUTZ

Die Kontrollen werden nach dem Zufallsprinzip durchgeführt. Liegen Beschwerden von Verbrauchern/Gästen vor, wird die Kontrolle angeordnet. Der Betriebsinhaber und das Personal sind nach dem Gesetz verpflichtet, die amtlichen Kontrolleure nicht zu behindern. Sie müssen auch Fragen über die Rohstoffe und die Herstellungsverfahren beantworten.

Werden Proben entnommen, so hat der Betriebsinhaber das Recht auf eine Gegenprobe. Diese kann er auf eigene Kosten untersuchen lassen. Damit hat er bei einer ungerechtfertigten Anklage ein wichtiges Beweismittel zu seiner Entlastung.

2.4 Lebensmittelüberwachung

food supervision   contrôle (m) des produits alimentaires

Was nützen die strengsten Vorschriften, wenn sie nicht kontrolliert werden?

Die Kontrolle der Lebensmittelbetriebe ist Sache der Bundesländer. Aus diesem Grund können die zuständigen Behörden unterschiedliche Namen tragen. Die Grundsätze der Verfahren sind dennoch gleich.

Überwachungsbeamte oder **Lebensmittelkontrolleure** sind fachlich ausgebildete Personen; oft haben sie einen Beruf aus dem Lebensmittelgewerbe und sind darum sachkundig.

Bei den **Kontrollen** dürfen sie während der Geschäftszeiten

- Räume und Einrichtungen des Betriebes auf den hygienischen Zustand überprüfen,
- Rohstoffe und Endprodukte auf Hygiene und die Einhaltung lebensmittelrechtlicher Vorschriften überprüfen (ob z. B. ein Wiener Schnitzel aus Kalbfleisch ist),
- Proben von Produkten nehmen und diese zur lebensmittelrechtlichen Untersuchung senden.

Fachbegriffe

antibakteriell	gegen Bakterien wirkend
bakterizid	Bakterien abtötend
desinfizieren	Krankheitserreger unschädlich machen
Inkubationszeit	Zeit zwischen der Ansteckung und den ersten Krankheitserscheinungen
Infektion	Ansteckung durch in den Körper eingedrungene Krankheitserreger

Fachbegriffe

Keime	Krankheiten verursachende Mikroorganismen
Kontamination	Verschmutzung, Verunreinigung, Übertragung von Keimen
Tenside	Stoffe, die die Oberflächenspannung des Wassers herabsetzen
-zid (als Endsilbe)	= tötend
Recycling	Wiederverwertung

Aufgaben

1. Welches sind die zwei wesentlichen Ziele des Lebensmittelrechts?

2. „Wenn ich verpacktes Brot kaufe, erfahre ich, welche Zutaten enthalten sind. Warum ist das für frisches Brot in der Bäckerei nicht vorgeschrieben?" Welche Antwort geben Sie?

3. Worin liegt der Unterschied zwischen Zutaten und Zusatzstoffen?

4. Aus welchen Gründen können Zusatzstoffe beigegeben werden? Nennen Sie drei Bereiche mit je einem Beispiel.

5. Auf einem Becher mit Joghurt steht: „Mindestens haltbar bis 14.03. …". Im Kühlschrank ist ein Becher nach hinten gerutscht und übersehen worden. Darf man das Produkt am 20.03. noch essen?

6. Eine Packung mit Hackfleisch zeigt die Aufschrift: „Verbrauchen bis spätestens 04.09. …". Darf dieses Hackfleisch am 06.09. … noch verarbeitet werden?

Arbeitssicherheit

1 Unfallverhütung

🇬🇧 prevention of accidents 🇫🇷 prévention (w) des accidents

Ein Blick auf die Unfallstatistik zeigt, dass innerhalb des Gaststättengewerbes die Küche der gefährlichste Bereich ist.

Betrachtet man die Unfallschwerpunkte, stehen die so genannten Wegeunfälle im Vordergrund. Ein Großteil davon entfällt auf Verletzungen, die beim Laufen, Gehen und Steigen auch außerhalb der Küche entstehen. Im Bereich des Restaurants überwiegt diese Art. In der Küche stehen Schnittverletzungen im Umgang mit Messern und Geräten im Vordergrund, gefolgt von Unfällen, die im Umgang mit Maschinen entstanden sind. Aber auch falsches Heben und Tragen sowie Verbrennungen und Verbrühungen führen zu Verletzungen.

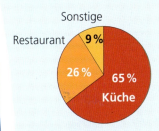

Abb. 1 Unfallbereiche

1.1 Fußboden 🇬🇧 floor 🇫🇷 plancher (m)

Etwa 20 % der Unfälle, die sich in der Küche ereignen, sind Stürze. Wenn auch oft Eile und Hast zum Sturz beitragen, so sind die eigentlichen Ursachen meist
- ein verschmutzter und damit nicht rutschfester Boden,
- Gegenstände, die im Laufbereich abgestellt und vom Verletzten übersehen worden sind.

Stürze können vermieden werden. Deshalb
- Wege frei halten,
- Schuhe mit rutschfesten Sohlen tragen; abgetragene Straßenschuhe taugen nicht für den Beruf,
- Verschüttetes sofort aufwischen,
- kleinere Fettmengen am Boden mit Salz bestreuen,
- vor dem Betreten des Gefrierraumes Schuhsohlen abstreifen, denn an feuchten Sohlen bildet sich sofort eine Eisschicht.

Abb. 2 Unfallschwerpunkte

1.2 Tragen und Heben von Lasten

Das Heben und Tragen ist nicht nur mühsam, es belastet auch die Wirbelsäule. Diese besteht aus fein gestalteten, nicht austauschbaren Wirbelkörpern, die zusammen eine leicht geschwungene S-Form bilden. Zwischen den Wirbelkörpern sind die Bandscheiben eingelagert. Dieses faserige Knorpelgewebe ermöglicht die Beweglichkeit der Wirbelsäule.

Wer falsch hebt und trägt, wird auf die Dauer nicht ohne Bandscheibenschäden bleiben. Diese können von einfachen Schmerzen beim Aufrichten des Körpers bis zu Ischias und Lähmung reichen.

Beim **Tragen von Lasten** soll der Körper gleichmäßig belastet werden, damit Spannungen in der Wirbelsäule vermieden werden. Darum ist die Last nach Möglichkeit auf beide Arme zu verteilen (Abb. 3).

Abb. 3 Falsches und richtiges Tragen

Küche

ARBEITSSICHERHEIT

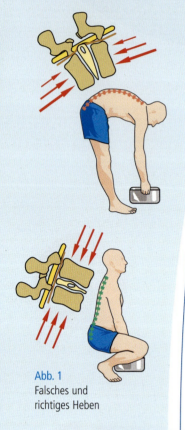

Abb. 1
Falsches und richtiges Heben

Abb. 2 Stechschutzhandschuh

> Schneidewerkzeuge nie ins Spülwasser legen! Wer nicht Bescheid weiß, greift in das Wasser und verletzt sich.
>
> Schutzvorrichtungen dürfen nicht entfernt werden.

Lasten werden aus den Knien aufgenommen. Dann ist die Belastung auf die Wirbel gering und gleichmäßig verteilt. Die „Arbeit" leisten die Beinmuskeln (Abb. 1).

1.3 Messer, schneidende Maschinen

🇬🇧 knives/cutting machines 🇫🇷 couteaux (m)/machines (m) à couper

In Verbindung mit Messern und schneidenden Werkzeugen entstehen etwa 12 % der Unfälle im Gastgewerbe. Auf die Beschäftigten in der Küche bezogen, geschieht jeder dritte Unfall in Verbindung mit Messern. Mit zu den schlimmsten Unfällen in der Küche gehören die „ausrutschenden Messer" bei der Fleischzerlegung.

Besonders gefährdet sind:

- Hände (Schnitt- und Stichwunden).
- Bauchgegend (Darmverletzung).
- Oberschenkel (Schlagader).

Wirksamen Schutz bei der Fleischzerlegung bieten:

- Stechschutzschürze,
- Stechschutzhandschuh.

1.4 Maschinen 🇬🇧 machines 🇫🇷 machines (w)

Die Berufsgenossenschaft prüft neue Maschinen und Geräte, ob sie den Unfallverhütungsvorschriften entsprechen, und stellt darüber ein Prüfungszeugnis aus. Auf dieses Prüfungszeugnis ist beim Einkauf zu achten, denn der Betriebsinhaber ist verpflichtet, dafür zu sorgen, dass die im Betrieb verwendeten Maschinen unfallsicher sind.

Maschinen und Geräte dürfen nur dann benutzt werden, wenn sie den jeweiligen Sicherheitsvorschriften entsprechen. Da der Unternehmer im Gastgewerbe nicht alle Vorschriften für Technisches kennen kann, wird empfohlen, bei der Bestellung zur Bedingung zu machen, dass die Maschinen den anerkannten sicherheitstechnischen Regeln entsprechen.

Es gibt einige Kennzeichnungen, die Hersteller von Geräten verwenden dürfen, an denen man sich orientieren kann.

VDE: Das VDE-Kennzeichen ist ein Garant für geprüfte Sicherheit und Qualität. Das Gütezeichen des unabhängigen und international tätigen VDE-Prüf- und –Zertifizierungsinstituts genießt das Vertrauen der Verbraucher: Die Tests des Instituts gelten in Fachkreisen als besonders gewissenhaft.

GS: Das GS-Zeichen steht für **G**eprüfte **S**icherheit. Es ist ein auf dem Geräte- und Produktsicherheitsgesetz basierendes Zeichen, das von einer GS-Stelle zuerkannt wird. Mit dem Zeichen muss außerdem das Prüfinstitut genannt werden, das das Prüfzeichen vergeben hat.

1 Unfallverhütung

1.5 Elektrische Anlagen

🇬🇧 electrical appliances 🇫🇷 systèmes (m) électriques (m)

Bereits Spannungen über 50 V können zum Tod führen, wenn sie durch den menschlichen Körper fließen.

Für gewerbliche Räume sind Geräte und Steckvorrichtungen mit Schutzkontakt vorgeschrieben. Isolationsfehler werden dabei nach außen nicht wirksam, weil Fehlspannungen über den Schutzleiter abgeleitet werden und nicht durch den menschlichen Körper fließen.

Verlängerungskabel ohne Schutzleiter setzen die Schutzwirkung außer Kraft. Wer an Geräten mit Schutzleitungen oder Schuko-Steckdosen Änderungen vornimmt, handelt verantwortungslos. Eine kleine Verwechslung, und der Schutzleiter kann todbringend sein.

In der Küche ist es besonders gefährlich, beschädigte Leitungen selbst zu reparieren, denn bei Feuchtigkeit kann der elektrische Strom die Isolierung überwinden und dadurch zu Unfällen führen.

Sicherungen sind Schutzeinrichtungen. Sie unterbrechen den Stromkreis, wenn eine bestimmte Belastung durch zu hohen Verbrauch oder Kurzschluss überschritten wird. Von einem **Kurzschluss** spricht man, wenn elektrischer Strom ohne Widerstand von einem Pol zum anderen fließt, z. B. bei schadhafter Isolierung von Verbindungskabeln.

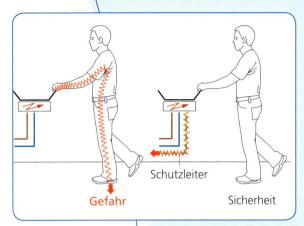

Abb. 1 Wirkung des Schutzleiters

Abb. 2 Unterbrochene Schutzleitung

● Nur der Elektrofachmann darf installieren und Änderungen vornehmen.

Schutzmaßnahmen bei elektrischen Unfällen

Elektrischer Strom wirkt nur, wenn er fließen kann. Darum:

- Vor Rettungsmaßnahmen Stromkreis unterbrechen (z. B. Sicherungsschalter umlegen, Retter ist isoliert, z. B. auf Unterlage von Karton).
- Nach einem „Stromschlag" zum Arzt, denn die elektrische Spannung kann die Herztätigkeit beeinflussen.

Kenn- und Prüfzeichen an elektrischen Betriebsmitteln

 Tropfwassergeschützt

 Regengeschützt

 Spritzwassergeschützt

 Strahlwassergeschützt

 Hochspannungsteil eines Gerätes

⏚ Anschlussstelle für Betriebserdung

 Schutzklasse I: Schutzmaßnahme mit Schutzleiter

 Schutzklasse II: Schutzisolierung

Küche

ARBEITSSICHERHEIT

1.6 Feuerschutz

🇬🇧 fire preventing 🇫🇷 protection (w) contre l'incendie

Abb. 1 Brandfaktoren

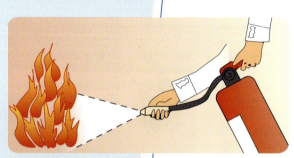

Abb. 2 Trocken-Feuerlöscher

Wenn ein Brand entsteht, wirken zusammen:
- brennbarer Stoff,
- Sauerstoff,
- Entzündungstemperatur.

Soll ein Brand gelöscht werden, muss mindestens einer dieser Faktoren ausgeschaltet werden.

Als Löschmittel ist Wasser aber nur geeignet bei Bränden mit Holz, Pappe und Papier.

Es ist ungeeignet für Öl, Fett, Benzin usw., denn diese flüssigen Stoffe würden bei Wassereinwirkung nur verspritzen und damit den Brandherd vergrößern.

Grundsätzlich wird die Brandstelle von unten her bekämpft. Das verhindert den Sauerstoffzutritt und erstickt die Flamme.

Bei der Anschaffung von Feuerlöschern ist eine Beratung durch den Fachmann erforderlich, denn entsprechend dem möglichen Einsatz ist die zweckmäßigste Art des Löschmittels zu wählen.

> Wasser entzieht die Entzündungswärme.
>
> Feuerlöscher entziehen den Sauerstoff.

1.7 Sicherheitszeichen

🇬🇧 security signs 🇫🇷 signes (m) de sécurité

Sicherheitszeichen geben Informationen in bildhafter Form. Durch die Art der Gestaltung sollen sie, ohne weitere Erläuterung, „für sich sprechen". Ähnlich wie bei den Verkehrszeichen macht schon die Form und Farbe Aussagen über die Art der Information.

Warnzeichen

Achtung = leichtere Kategorie

Gefahr = schwerwiegende Kategorie

 Achtung

 Achtung Gewässer gefährdend

 Achtung Gase unter Druck

 Achtung Entzündend wirkende Stoffe

 Gefahr Hautätzend

 Gefahr Akute Toxizität

 Gefahr Entzündbare Stoffe

 Gefahr Explosive Stoffe

Signalwörter unterhalb des Symbols geben an, ob es sich um eine leichtere oder schwerwiegende Gefahrenkategorie handelt.

1 Unfallverhütung

Verbotszeichen

Mit Wasser löschen verboten

Feuer, offenes Licht und Rauchen verboten

Rauchen verboten

Kein Trinkwasser

Gebotszeichen

sind Sicherheitszeichen, die ein bestimmtes Verhalten vorschreiben.

Gehörschutz benutzen

Augenschutz benutzen

Handschutz benutzen

Fußschutz benutzen

Erste Hilfe und Rettungszeichen

Fluchtweg

Rettungsweg

Notausgang

Erste Hilfe

Rettungsangabe für Erste Hilfe

Krankentrage

Feuerlöscher

Löschschlauch

Fachbegriffe

Gefahrenstelle	caution: hazardous area
Leicht entzündlich	highly inflammable
Ätzend	caustic, corrosive
Giftig	poisonous
Gesundheitsschädlich	harmful
Umweltgefährlich	enviromentally dangerous compound
Nicht mit Wasser löschen	do not extinguish with water
Rauchen verboten	no smoking
Rauchen, offenes Licht, Feuer verboten	no naked flames
Kein Trinkwasser	not drinking water
Gehörschutz tragen	wear hearing aid

Fachbegriffe

Augenschutz benutzen	wear safety goggles
Schutzhandschuhe tragen	wear safety gloves
Schutzschuhe tragen	wear safety boots
Fluchtweg	emergency exit
Erste Hilfe	first aid
Krankentrage	stretcher
Feuerlöscher	fire extinguisher
Verbotszeichen	prohibition sign
Warnzeichen	cautionary sign
Gebots- und Richtzeichen	mandatory sign
Erste Hilfe und Rettungszeichen	first aid/emergency sign

2 Erste Hilfe

 first aid premiers secours (m)

> Die eigentliche Hilfe gibt der Arzt.

Erste Hilfe hat die Aufgabe, bei Verletzungen oder Unfällen weitere Schäden zu vermeiden.

Selbst die kleinste Wunde kann bei unsachgemäßer Behandlung zu einer Entzündung der Lymphgefäße, der sogenannten Blutvergiftung, oder zu einem Wundstarrkrampf führen oder „wild", also mit Wucherungen, ausheilen.

Es ist falsch, Verletzungen selbst kurieren zu wollen und den Weg zum Arzt als überflüssig anzusehen. Kleinere Verletzungen müssen nicht sofort behandelt werden. Es genügt, wenn innerhalb von sechs Stunden der Arzt aufgesucht wird.

2.1 Schnitt- und Stichwunden

Im Umgang mit Messern kommt es, besonders bei Beginn der Ausbildung, häufig zu Schnitt- und Stichwunden. Dabei kann der harmlos aussehende glatte Schnitt über tieferliegende Verletzungen hinwegtäuschen.

Es ist dringend zu beachten:
- Wunden nicht auswaschen.
- Keine keimtötenden Flüssigkeiten und Puder anwenden.

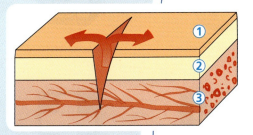

Abb. 1 Schnittwunde

① Oberhaut
② Unterhautfettgewebe
③ Fleisch mit Blutadern

Maßnahmen:

Bei **kleineren Schnittverletzungen** mit geringer Blutung deckt man zunächst mit einem Heftpflaster ab. Ein Gummifinger oder ein Einweghandschuh sorgen dafür, dass Speisen nicht beeinträchtigt werden.

Größere Wunden mit keimfreiem Verband abdecken, das verletzte Glied hochlagern. Die Blutung wird dadurch geringer. Bei stärkerem Blutverlust Druckverband anlegen. Dazu legt man über den keimfreien Verband eine weitere Binde und zieht diese fester an. Abbindungen dürfen nur in Notfällen vorgenommen werden, der Verletzte muss anschließend sofort zum Arzt.

Wunden sollten nach der Ersten-Hilfe-Leistung bald, jedoch innerhalb von sechs Stunden von einem Arzt versorgt werden.

Abb. 2 Heftpflaster

Fingerkuppenverband   Wundschnellverband

2.2 Ohnmacht und Bewusstlosigkeit

Bei einer **Ohnmacht** ist der Mensch kurze Zeit (1 bis 2 Minuten) „ohne Macht über sich selbst".

Bewusstlosigkeit ist länger andauernd. Der Mensch ist in diesem Zustand hilflos, es droht Erstickungsgefahr durch Verlegung der Atemwege.

Ursachen können sein: Sauerstoffmangel (schlechte Luft), große Hitzeeinwirkung, elektrischer Strom sowie Missbrauch von Alkohol und Drogen. Auch plötzliche Aufregung und großer Schmerz können die Bewusstlosigkeit auslösen.

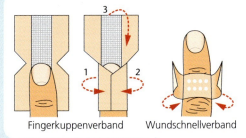

Abb. 3 Druckverband

Bewusstlosigkeit erkennt man daran, dass die betroffene Person nicht ansprechbar ist. Ohnmächtige und Bewusstlose werden
- in Seitenlage gebracht,
- von beengender Kleidung befreit,
- wenn möglich mit frischer Luft versorgt (Fenster auf)
- in ärztliche Behandlung übergeben.

2.3 Verbrennungen und Verbrühungen

Verbrennungen und Verbrühungen sind in der Küche sehr häufig, sie sind zudem äußerst schmerzhaft.

Jede Verbrennung oder Verbrühung ist eine Schädigung der Haut. Je nach Schwere unterscheidet man:
- Verbrennungen 1. Grades: die Haut wird rot,
- Verbrennungen 2. Grades: es entstehen Blasen,
- Verbrennungen 3. Grades: Haut und darunterliegende Gewebe verkohlen oder verkochen.

Erste Maßnahmen

Bei **Verbrennungen** an Armen und Beinen den betroffenen Körperteil in kaltes Wasser tauchen – und zwar so lange, bis die Schmerzen aufhören. Das dauert etwa 15 Min. Kein Eiswasser verwenden, denn das würde zu weiteren Schädigungen führen.

Bei **Verbrühungen**, z. B. durch kochend heiße Flüssigkeit oder Dampf, die Bekleidung aufschneiden und vorsichtig entfernen. Auf keinen Fall vom Körper reißen, das würde die schützende Haut zerstören.

Dann:

Nur bei leichten Verbrennungen (1. Grad: leichte Rötung der Haut) darf Fett oder Salbe zur Schmerzlinderung verwendet werden. Brandblasen nicht aufstechen!

Bei Verbrennungen 3. Grades, z. B. durch Frittürenfett, ist die Haut zerstört. Die Stelle ist darum wie eine Wunde mit einem keimfreien Verband zu behandeln.

Bei größeren Verbrennungsflächen (z. B. Kleidung hat Feuer gefangen) den Verletzten zudecken. Schluckweise alkoholfreie Flüssigkeit zu trinken geben, damit die Nieren durch die Giftstoffe nicht geschädigt werden. An der Haut festklebende Kleidungsstücke nicht abreißen. Krankenwagen rufen, nicht selbst ins Krankenhaus transportieren.

2.4 Nasenbluten

Nasenbluten entsteht bei hohem Blutdruck, der als Ursache Überanstrengung, Aufregung, aber auch äußere Einwirkungen haben kann.

Man beugt den Kopf leicht vornüber und legt kalte Umschläge in den Nacken (s. Abb. 3).

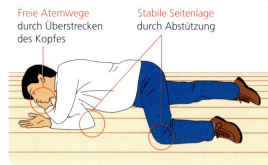

Freie Atemwege durch Überstrecken des Kopfes

Stabile Seitenlage durch Abstützung

Abb. 1 Stabile Seitenlage

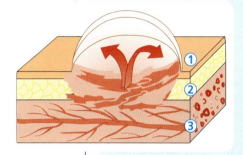

Abb. 2 Brandblase
① Oberhaut
② Unterhautfettgewebe
③ Fleisch mit Blutadern

● Unbedingt sofort zum Arzt!

● Ist die Blutung nicht stillbar, Arzt rufen.

Abb. 3 Haltung bei Nasenbluten

ARBEITSSICHERHEIT

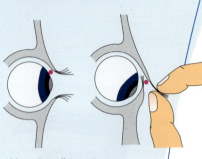

Abb. 1 Fremdkörper im Auge unter dem Oberlid

2.5 Fremdkörper im Auge

Fremdkörper unter dem Oberlid: Oberlid über Unterlid ziehen und wieder nach oben schieben. Die Wimpern des Unterlides halten den Fremdkörper fest.

Fremdkörper unter dem Unterlid: Verletzten nach oben sehen lassen und das Unterlid herunterziehen. Mit Taschentuch vorsichtig zur Nase hin herauswischen.

2.6 Unfälle mit elektrischem Strom

In Küchen arbeitet man mit Spannungen von 230 und 400 Volt. Die Stärke des „Schlages", den man beim Berühren einer elektrischen Leitung erhält, hängt von der Leitfähigkeit des Bodens ab.

Bei Stromunfällen zuerst Strom abschalten.

Dazu:

Schalter betätigen oder Stecker herausziehen oder durch Sicherung trennen.

Ist das nicht möglich, den Verletzten mit **nicht leitenden, trockenen Gegenständen** (siehe Abb. 2 Ⓑ) aus dem Stromkreis retten.

Dabei auf **Bodenisolierung** (siehe Abb. 2 Ⓐ) achten, z. B. Karton, Küchentücher.

Den Verletzten flach lagern; ist er scheintot, mit Wiederbelebung beginnen; wenn er wieder bei Bewusstsein ist, Wasser zu trinken geben.

Ein durch Stromeinwirkung Verunglückter muss auf jeden Fall zu einem Arzt gebracht werden, auch wenn keine Gefährdung erkennbar ist.

Der Stromfluss durch den Körper kann zu Herzstörungen führen.

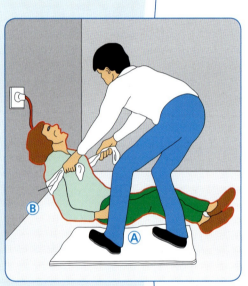

Abb. 2 Rettung bei Stromunfall

Aufgaben

❶ Nennen Sie die Hauptgründe für Sturzunfälle.

❷ „Zu einem Brand kann es auch kommen, wenn gar keine Flamme vorhanden ist," sagt Karl. Heiner meint: „Das gibt es nicht!" Nehmen Sie Stellung.

❸ Nach welchem Prinzip wird ein Brand mittels eines Feuerlöschers bekämpft? Warum muss man mit dem Feuerlöscher „von unten gegen den Brand angehen"?

❹ Erklären Sie, wie ein Druckverband wirkt.

❺ Worin liegt der Unterschied zwischen Bewusstlosigkeit und Ohnmacht? Wie leisten Sie jeweils Erste Hilfe?

❻ Michael hat sich heißes Frittürenfett über den Fuß geschüttet. Was unternehmen Sie?

❼ Ihr Kollege „hängt am Strom". Sie wollen helfen und zuerst den Stromkreis an der Sicherung unterbrechen. Doch der Sicherungskasten ist abgesperrt. Was unternehmen Sie?

Arbeitsplanung

Wichtige Ziele der Berufsausbildung sind Selbstständigkeit und fachliche Sicherheit. Diese Fähigkeiten werden für so wichtig erachtet, dass sie im Mittelpunkt der Abschlussprüfung stehen.

Beispiele aus den Prüfungsanforderungen:
- **Ausbildungsberuf Koch:**
  Selbstständig nach Vorgaben ein Menü erarbeiten und mit einem Arbeitsablaufplan versehen.

- **Ausbildungsberuf Restaurantfachmann/-frau:**
  Planen des Services für eine Veranstaltung. Dazu: Ablaufplan sowie Menüvorschläge einschließlich korrespondierender Getränke und eine Liste organisatorischer Vorarbeiten erstellen.

- **Ausbildungsberuf Hotelfachmann/-frau:**
  Planen einer verkaufsfördernden Maßnahme … Ablaufplan erstellen … Prüfliste erarbeiten.

Um diese Anforderungen erfüllen zu können, muss man fähig sein
- Informationen zu beschaffen und auszuwerten,
- Arbeitsabläufe zu organisieren und das
- Ergebnis zu bewerten.

Diese Überlegungen bestimmen die folgenden Abschnitte.

1 Informationen beschaffen und auswerten

🇬🇧 obtaining and analysing information 🇫🇷 collecter et depouiler des informations (w)

Niemand kann alles wissen, das ist auch nicht notwendig. Wichtig ist: man muss wissen, wo etwas steht und wie man damit umgeht. Das nennt man Beschaffen von Informationen.

1.1 Fachbuch

Das **Inhaltsverzeichnis** zeigt die Gliederung und den Aufbau eines Buches. Es verschafft einen Überblick und steht meist am Anfang.

Das **Sachwortverzeichnis** verweist auf Einzelheiten, auf die sinntragenden Wörter, die im Text meist hervorgehoben sind. Es führt ins Detail und steht am Ende des Buches.

Sucht man nach einem bestimmten Begriff, von dem man nicht weiß, in welchem Abschnitt er behandelt wird, dann schlägt man im Sachwortverzeichnis nach. Es ist nach dem Alphabet geordnet.

Abb. 1 Beispiel eines Inhaltsverzeichnisses

Abb. 2 Beispiel eines Sachwortverzeichnisses

Küche

ARBEITSPLANUNG

Um einen Überblick zu erhalten ist es sinnvoll,
- interessante Beiträge auszuschneiden oder zu kopieren und
- geordnet abzulegen.

Abb. 1 Fachzeitschriften/-zeitungen

Web-Support für Bücher: Aktuelles zu Buch und CD-Inhalten

Zu den Medienpaketen „Der junge Koch/Die junge Köchin", „Fachkraft & Gast", „Hotel & Gast", „Restaurant & Gast" und „Systemgastronomie & Gast" gehört neben den Büchern je eine **im Buch enthaltene CD** mit Software-Produkten und **ein eigener Web-Support**.

Aktuelle Ergänzungen, Zusatzmaterial und Wissenswertes rund um die Ausbildung unter
www.der-junge-koch.de,
www.fachkraft-und-gast.de,
www.restaurant-und-gast.de,
www.hotel-und-gast.de sowie
http://systemgastronomie.pfanneberg.de: Internet-Unterstützung für Auszubildende und Lehrkräfte.

1.2 Fachzeitschriften / -zeitungen

Fachzeitschriften und -zeitungen können immer aktueller sein als Fachbücher, denn sie erscheinen monatlich oder wöchentlich. Wer Neues sucht, wer Entwicklungen beobachten will, wird sich darum laufend aus der Fachpresse informieren.

Es macht aber keinen Sinn, Fachzeitungen einfach zu „sammeln". Bei Bedarf weiß man nur: „Da war doch …" und dann beginnt das große Suchen.

Zu Ablagemöglichkeiten siehe Abschnitt Büroorganisation, S. 356.

1.3 Internet

Das Internet bietet eine Fülle von Informationen, allerdings in unterschiedlicher Art und Qualität.

- **Angebote für Lebensmittel und Geräte** erhält man über die Seiten der einzelnen Firmen. Diese haben ein Interesse, leicht gefunden zu werden und gestalten darum ihre Web-Adresse auch entsprechend. Ein Versuch mit www.Firmenname.de oder … .com lohnt meist.

- **Rezepte** gibt es unter vielen Adressen. Ein „Profi" sollte jedoch bedenken, dass manches, was im zahlenmäßig kleinen Bereich einer Familie ein netter Gag, eine Überraschung sein kann, im gewerblichen Bereich allein wegen des Zeitaufwandes nicht machbar ist. Es gilt, kritisch auszuwählen. Ein zusätzlicher Rat: im „Ernstfall" arbeitet man nur mit Rezepten, die man bereits erprobt hat.

1.4 Prospekte

Prospekte dienen zunächst der Werbung. Sie informieren aber auch z. B. über Tischporzellan, Besteck oder Wäsche. Man erhält sie, wenn man Firmen anschreibt oder Ausstellungen besucht. Wenn man die Anschriften nicht kennt, versucht man es im Internet z. B. www.Firmenname.de oder sieht im Anzeigenteil der Fachzeitung nach. Prospekte müssen kritisch gelesen werden. Nicht alles, was geschrieben wird, stimmt auch.

② Planen

 planning projecter

Beim **Planen** werden die gesammelten Informationen „auf die Reihe gebracht", also geordnet und für den jeweiligen Zweck ausgewählt.

2.1 Checklisten / Prüflisten

Wer kennt das nicht: das Problem hatten wir doch schon einmal. Wie haben wir es damals gemacht? Eigentlich müssten wir das doch noch wissen.

52

Warum haben wir es nicht notiert? Sinn einer Checkliste ist es, einmal Gedachtes, bereits Bewährtes festzuhalten und damit für die Zukunft
- die Arbeit zu erleichtern und
- Sicherheit zu haben.

Die in einer Checkliste festgehaltenen Überlegungen, ergänzt durch Erfahrungen,
- lassen rationeller arbeiten,
- führen zu Perfektionierung,
- geben Sicherheit und
- entlasten im Tagesgeschäft.

Anlegen von Checklisten

- Bei Vorgängen
  1. die gesamte Aufgabe in Teile zerlegen,
  2. die Teilschritte in die richtige zeitliche Reihenfolge bringen und festhalten,
  3. eine Kontroll- oder Prüfspalte anbringen.

- Bei Zusammenstellungen/Auflistungen
  1. alle Teile einzeln – wirklich einzeln – auflisten,
  2. Ähnliches zu Gruppen zusammenfassen, z. B. Lebensmittel, Geschirr, Besteck usw., denn das erleichtert die Arbeit,
  3. Kontrollspalte (zum Abhaken) anbringen.

Wird der **Tabulator** verwendet, legt man die Abstände der einzelnen Spalten mit Tabstopps im „Lineal" fest.

Die **Tabellenfunktion** kann über Fenster oder Symbol aufgerufen werden. Anzahl der Spalten und deren Breite werden entsprechend eingestellt.

Checkliste für Hochzeit Müller, Herbststraße 4

Anzahl	Gegenstand	Erl.	Bemerkung
	Geschirr		
4	Chafing-Dish		
85	Suppenteller		
85	Teller tief		vorwärmen!
85	Brotteller		

Eine Checkliste kann erstellt werden
- mit Hilfe eines Lineals (am einfachsten)
- mit Hilfe eines Rechners über
  - Tabulatorfunktion oder
  - Tabellenfunktion (in der Textverarbeitung)
  - spezielle Software

2.2 Ablauf / Zeitleiste

Wer rationell arbeiten will, muss die einzelnen Arbeitsschritte in einer sinnvollen Reihenfolge erledigen, also den zeitlichen Ablauf planen. In der Praxis sagt man auch: „Man muss die Sache auf die Reihe bringen." Dabei sind in der Küche z. B. Garzeiten zu berücksichtigen oder Zeiten, in denen eine Creme stocken (fest werden) muss. Im Service ist z. B. an das Kühlen von Getränken oder die Beschaffung von Blumen zu denken.

Beispielmenü (einfach) für untenstehenden Ablaufplan

Kraftbrühe mit Grießnocken

Wiener Schnitzel mit Kartoffelsalat

Erdbeercreme

Abb. 1 Ablaufplan im Querformat

Küche

ARBEITSPLANUNG

Bei der Abschlussprüfung Koch/Köchin z. B. ist ein Ablaufplan zu erstellen, der bewertet wird. Dort sind die Arbeitsschritte der Prüfungsaufgabe zusammen mit der geplanten Arbeitszeit anzuführen.

Mögliche Überlegungen
- Die Kraftbrühe ansetzen kommt an die erste Stelle, denn das Auslaugen von Fleisch und Knochen benötigt Zeit.
- Obwohl die Erdbeercreme am Ende des Menüs steht, benötigt die Gelatine längere Zeit, um abzubinden.
- Danach die Kartoffeln, bei denen man nicht so festgelegt ist, usw.

Arbeitspläne können auf unterschiedliche Art angelegt werden.

- **Querformat**
  Der Ablauf wird von links nach rechts dargestellt. Diese Form der Darstellung bringt Vorteile, wenn mehrere Vorgänge gleichzeitig ablaufen (vorherige Seite)
- **Hochformat**
  Der Ablauf wird von oben nach unten dargestellt.

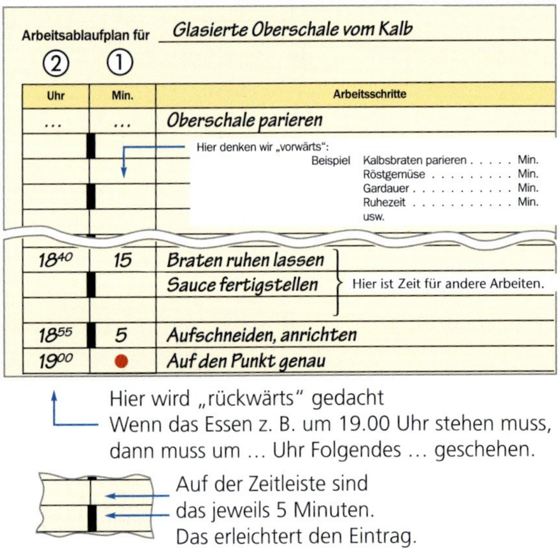

Bei der Anlage dieses Ablaufplanes kann mit zwei Spalten gearbeitet werden.

① In dieser Spalte wird der allgemeine Ablauf eingetragen, also die festen Zeiten z. B. für das Garen von Salzkartoffeln. Diese Zeiten können den Rezepturen entnommen werden.

② In dieser Spalte geht es um die konkrete Anwendung. Wenn ein Essen z. B. um 19.00 Uhr stehen muss, dann muss um … Uhr Folgendes … geschehen.

Hier wird also rückwärts gedacht. Vergleichen Sie die unterschiedlichen Darstellungen hier bei Abb. 1 und vorige Seite.

Abb. 1 Ablaufplan im Hochformat

2.3 Tabellen

Es kommt immer wieder vor, dass bestimmte Dinge (Rohstoffe, Geschirrteile) mehrfach benötigt werden. Eine Tabelle hilft, die Einzelmengen übersichtlich zusammenzufassen und den Gesamtbedarf zu ermitteln. Eine Tabelle ordnet Zahlenmaterial und macht es dadurch leichter überschaubar. Beachtet man nur wenige Gestaltungsregeln, ist es kein Problem, selbst eine Tabelle anzulegen.

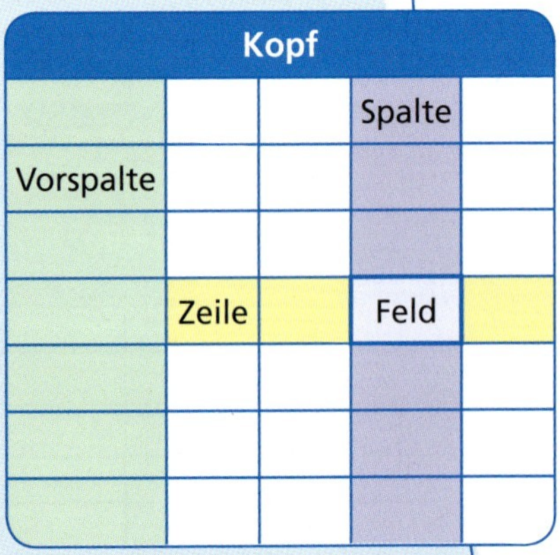

Eine Tabelle besteht aus

- Tabellenkopf ▶ nennen Ordnungsgesichtspunkte
- Vorspalte
- waagerechten Zeilen
- senkrechten Spalten

Es ist von Vorteil, wenn die Merkmale mit der höheren Anzahl (Rohstoffe, Geschirrteile) in die Vorspalte eingetragen werden, denn diese kann umfassender sein als der Tabellenkopf. Oder anders gesagt: auf einem Blatt sind mehr Zeilen als Spalten unterzubringen. Eine Tabelle kann zwar mit jedem Textverarbeitungsprogramm angelegt werden. Es ist jedoch von Vorteil, eine Tabellenkalkulation, z. B. Excel, zu verwenden, weil dann mithilfe des Rechenprogramms erforderliche Berechnungen durchgeführt werden können.

Abb. 2 Tabelle

2.4 Rezepte

Erfassen von Rezepten

Rezepte sind Arbeitsanweisungen für das Zubereiten von Speisen oder Getränken.

Rezepte bestehen mindestens aus folgenden Abschnitten:
1. Aufzählung der Zutaten und
2. Arbeitsanleitung.

Die **Mengenangaben** erfolgen
- bei Frischware für das Rohgewicht, weil man beim Vorbereiten diese abwiegt,
- bei Tiefkühlware und vorgefertigten Produkten als Nettogewicht.

Beim Abwiegen der Rohstoffe ist es praktischer, wenn in der Tabelle die Mengenangaben links stehen, also vor dem Namen der Zutat. Diese Anordnung kann auch innerhalb einer Tabellenkalkulation verwendet werden.

Die **Arbeitsanleitung** soll
- die Arbeitsschritte in der korrekten Reihenfolge anführen,
- auf kritische Punkte hinweisen, eventuell begründen, z. B.
   - technologisch
     „Gesamtes Mehl auf einmal beigeben, damit sich keine Klumpen bilden (bei Brandteig)."
     „Langsam erhitzen, damit sich das Eiweiß lösen kann (Klären)."
   - hygienisch (critical control point)
     „Nach dem Auftauen unbedingt Tisch, Geschirr und Hände waschen."
     „Material zum Abkühlen in flache Gefäße umfüllen."

Bei Gerichten, die „auf Abruf" zubereitet werden, empfiehlt es sich, zu trennen zwischen Vorbereitungsarbeiten und Arbeitsschritten bei der Fertigstellung. Z. B. ein neuer Abschnitt: Bei Abruf mit frischer Butter kurz erhitzen, dann …

Rezepte können/sollen **erweitert** werden durch

① **Bewertungsmerkmale**, z. B. „Apfelschnitte nur kurz dünsten, damit Form erhalten bleibt."

② **Hygieneanweisungen**, die z. B. wegen der Vorschriften der Hygieneverordnung erforderlich sind, z. B. „noch am gleichen Tag verarbeiten, nicht länger als 2 Stunden warm halten."

③ **Hinweise zum Anrichten**, denn dann erhält der Gast immer „das, was er schon kennt" (Wiedererkennungseffekt). Also die ideale Anrichteweise festhalten, als Foto, als Skizze oder in Worten.

④ **Hinweise zum Verkaufsgespräch**, denn das Service will beraten und verkaufen. Die Küche kann behilflich sein. Treffende Wendungen, die das Gericht beschreiben, Hinweise auf typische Beilagen, auf passende Getränke. Vergleiche Seiten ab 149 mit folgendem Symbol:

Lammkeule im Kräutermantel

Zutaten:
1	Lammkeule (750–1.250 g)
3–5	Knoblauchzehen
	Thymian, Rosmarin, Oregano, Olivenöl

Für die Sauce:
500 g	Kalbsknochen
	Suppengemüse, Salz, Pfeffer
250 ml	Trockener Sherry
1 EL	Creme double

Zubereitung Keule:
Lammkeule waschen und trocken tupfen. Knoblauchzehen schälen und in feine Stifte schneiden. Mit einem schmalen Messer ca. 1,5 cm tiefe Taschen in die Lammkeule schneiden. Knoblauchstifte in diese Taschen stecken …

Rezepte sind übersichtlich, wenn die Zutaten getrennt von den Arbeitsanweisungen stehen.

Zutaten und Arbeitsanleitung

verbunden	getrennt
600 g Butter mit 300 g Zucker vermengen, 3 Eier unterarbeiten	600 g Butter 300 g Zucker 3 Eier Butter und Zucker vermengen, Eier …

Küche

ARBEITSPLANUNG

Verwalten von Rezepten

Rezepturen halten Information fest. Sollen diese bei Bedarf zur Verfügung stehen, muss man sie „verwalten".

Das **Rezeptbuch** ist die älteste Art, Rezepte festzuhalten. Das ist einfach, hat aber den Nachteil, dass die Rezepte nicht austauschbar sind und das Buch in seinem Umfang begrenzt ist.

Ein **Rezeptordner** oder Ringbuch ist in Anlage und Gestaltung variabel. Man steckt das Rezept in eine Sichthülle und ordnet es entsprechend ein. Ergänzungen oder Abbildungen können leicht hinzugefügt werden. Wird ein Rezept benötigt, kann man in der Hülle mit an den Arbeitsplatz nehmen.

Eine **Datei im Computer** ist beliebig erweiterbar und unter verschiedensten Gesichtspunkten zu verwalten.

Verwendet man entsprechende Datenbanken, können sie einfach auf unterschiedliche Produktionsmengen umgerechnet werden. Bei Bedarf werden die Rezepte ausgedruckt.

Um die Rezepte bei Bedarf zügig aufzufinden, empfehlen sich zwei **Ablagesysteme**.

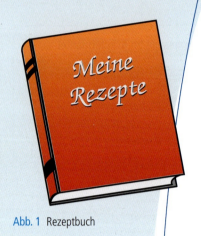

Abb. 1 Rezeptbuch

Die **Speisenfolge** als Ordnungsgesichtspunkt hilft bei der Menügestaltung. Man gliedert nach

- Vorspeisen
- Suppen
- Fischgerichte,
- Fleischgerichte
    - Kalb
    - Schwein
    - usw.
- Gemüse
    - Gericht
    - Beilage
    - usw.
- Speiseeis
- Cremespeisen
- Aufläufe
- Kuchen

Abb. 2 Rezeptordner

Gruppierung nach **Hauptrohstoffen** hilft z. B. in folgenden Fällen:

- Gast wünscht besondere Produkte z. B. Jagdessen, Fischerfest. Dann gelten nicht die üblichen Menü-Regeln. Man versucht innerhalb der Speisenfolge möglichst oft Wild oder Fisch einzusetzen.

- Sonderangebote sollen gezielt genutzt werden. Z. B. Karpfen oder Lachs oder Erdbeeren sind besonders günstig. Ein Händler bietet einen Restposten gefrosteten Blattspinat an.

Mithilfe der Datenverarbeitung kann man jedes Rezept einmal speichern und dann unter beiden Gesichtspunkten abrufen.

Name des Rezeptes	[Mit …]	
Zutaten		
Zubereitung		
Beilagen		

Abb. 3 Rezeptblatt aus der Datenbank

2.5 Arbeitsabläufe schematisch beschreiben

🇬🇧 schematic description of work processes
🇫🇷 décrire schématique le déroulement du travail

Die DIN 66001 ist ein international genormtes Schema zur Darstellung von geplanten Abläufen. Sie wird in vielen Unternehmen eingesetzt, um wiederkehrende Arbeiten eindeutig festzulegen.

In der Küche helfen die Symbole in solchen Beschreibungen der schnellen Auffassung und Umsetzung von Arbeitsanweisungen, auch bei Mitarbeitern unterschiedlicher Muttersprachen.

Die folgende Tabelle zeigt die wichtigsten Elemente:

Symbol	Offizielle Bezeichnung	Beschreibung
Beginn/Ende	Terminationspunkt Grenzpunkt	Ein abgerundetes Rechteck zu **Beginn** und am **Ende** jedes Ablaufplanes. Die Beschriftung am Anfang dient als Überschrift, am Ende als Übergang zur eventuellen nächsten Handlung.
→	Flusslinie	Mit **Linien** werden die einzelnen Elemente verbunden. Um die Richtung besonders deutlich zu machen, dürfen **Pfeilspitzen** eingesetzt werden. Die Linie darf nur von oben nach unten bzw. links nach rechts verlaufen, nicht schräg.
Handlung	Operation	Ein **Rechteck** mit Beschriftung ist ein einzelner **Handlungsschritt**. Wichtig: Die Beschriftung darf nur einen Handlungsschritt beinhalten. Zusammenfassungen von mehreren Schritten sind nur erlaubt, wenn sie sehr ähnlich sind, z. B. „mit Salz & Pfeffer (je 2 g) würzen".
Frage? ja/nein	Verzweigung	An der **Raute** kann sich der Ablauf **verzweigen**, z. B. bei einer Produktvariation. Wichtig: Die Frage muss eine Entscheidungsfrage (ja/nein) beinhalten. Die weiterführenden Linien müssen entsprechend beschriftet sein.
Dokumentation	Eingabe bzw. Ausgabe	**Informationen**, die im Ablauf nötig sind (z. B. Zuhilfenahme einer Rezeptur) oder aus ihm entstehen (z. B. Dokumentation in einer Checkliste) werden in einem **Parallelogramm** notiert.

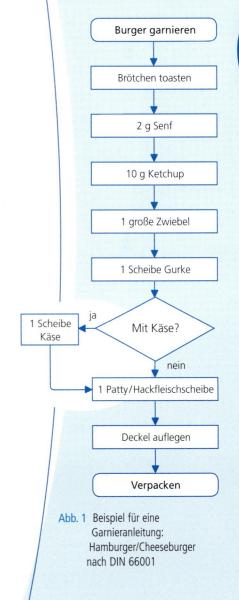

Abb. 1 Beispiel für eine Garnieranleitung: Hamburger/Cheeseburger nach DIN 66001

Küche

ARBEITSPLANUNG

Aufgaben

1. Aus einem Fachbuch kann man sich auf mindestens zwei Wegen Informationen beschaffen. Nennen Sie zwei Arten und geben Sie jeweils ein Beispiel. Denken Sie z. B. an die Begriffe Suppen und Windbeutel.

2. Warum macht es wenig Sinn, Fachzeitungen einfach zu sammeln? Machen Sie Vorschläge, wie Rezepte „abgelegt" werden können.

3. Versuchen Sie über das Internet Informationen zu „Tomate" und „Tomatensuppe" zu erhalten. Bedenken Sie, nur durch Eingrenzung der Suchanfrage erhält man vernünftige Ergebnisse!

4. Schlagen Sie in diesem Buch bei „Zubereitungsreihen" Gebratene Poularde nach. Wählen Sie eine passende Beilage und fertigen Sie für die Zubereitung einen Ablaufplan mit einer Zeitleiste.

5. Entwerfen Sie mit dem Lineal oder mit der „Tabelle" des Textverarbeitungsprogramms eine Check- oder Prüfliste. Versetzen Sie sich in folgende Situation: Nächste Woche kochen Sie in der Freizeit für eine Gruppe von acht Bekannten Spaghetti mit Tomatensauce. An dem Ort, an dem Sie kochen werden, sind keine Waren und kein Geschirr vorhanden. Füllen Sie die Checkliste vollständig aus!

6. Damit es auch zeitlich klappt, fertigen Sie zur Situation bei Aufgabe 5 einen Ablaufplan auf einer Zeitleiste.

7. Als Nachspeisen sind an einem Tag zwei Puddings geplant, Reispudding für 30 Personen und Kabinettpudding für 25 Personen.

    a) Schlagen Sie die Rezepte in diesem Buch nach.

    b) Rechnen Sie die Rezepte auf die genannte Personenzahl um.

    c) Erstellen Sie eine Tabelle und fassen Sie die notwendigen Zutaten zu einer Materialanforderung zusammen.

Ernährung

1 Einführung

 introduction introduction (w)

Zum Aufbau des Körpers und zur Erhaltung des Lebens bedarf der Mensch der Ernährung. Wenn wir essen oder trinken, nehmen wir die verschiedensten Lebensmittel zu uns.

Die Inhaltsstoffe der **Lebensmittel** unterscheidet man nach der **Zusammensetzung** und nach den **Aufgaben im Körper**.

Unterscheidung nach der Zusammensetzung

- **Nährstoffe** wie Kohlenhydrate, Fette und Eiweiß
- **Wirkstoffe** wie Vitamine und Mineralstoffe
- **Begleitstoffe** wie Ballaststoffe, Geruchs- und Geschmacksstoffe, sekundäre Pflanzenstoffe

> Im Lebensmittelrecht wird als Lebensmittel alles bezeichnet, was vom Menschen gegessen, gekaut oder getrunken werden kann. Vergleiche Art. 2 EU-Verordnung 178/2002 auf der CD.

Unterscheidung nach den Aufgaben im Körper

- **Energiestoffe** wie Kohlenhydrate und Fett. Sie sind Energielieferanten für Atmung, Herztätigkeit, Aufrechterhaltung der Körpertemperatur und Arbeitsleistung.
- **Baustoffe** benötigt der Körper für das Wachstum und den Ersatz von verbrauchten Körperzellen. Baustoffe des menschlichen Körpers sind Eiweiß, Mineralstoffe und Wasser.
- **Reglerstoffe** regeln Abläufe im Körper und dienen dem Schutz vor bestimmten Krankheiten. Dazu zählen **Vitamine** und **Mineralstoffe**.

- Zu den **Begleitstoffen** gehören:
  - **Ballast- oder Faserstoffe**. Sie können durch die Verdauung nicht aufgeschlossen werden, regen aber die Darmbewegung an und beugen damit einer Verstopfung vor.
  - **Aroma- und Geschmacksstoffe** fördern die Absonderung von Verdauungssäften und damit den Appetit.
  - **Sekundäre Pflanzenstoffe (SPS)**

Die einzelnen Nährstoffe werden unter folgenden Gesichtspunkten behandelt:
- Wie ist der **Aufbau** des Nährstoffs? Welche Arten unterscheidet man?
- Welche **küchentechnischen Eigenschaften** sind zu beachten? Wie können sie bei der Nahrungszubereitung genutzt werden?
- Welche **Bedeutung für den menschlichen Körper** haben die einzelnen Nährstoffe?

1 Nach Auskunft der Deutschen Gesellschaft für Ernährung (DGE) spricht man wie im Gesetz nur noch von Lebensmitteln. Man unterscheidet nicht mehr zwischen Nahrungs- und Genussmitteln.

Küche

ERNÄHRUNG

2 Kohlenhydrate

🇬🇧 carbohydrates 🇫🇷 hydrates (m) de carbone

2.1 Aufbau – Arten

Kohlenhydrate liefern die größte Menge an Nährstoffen. Die Übersicht zeigt beispielhaft die unterschiedlichen Anteile der Kohlenhydrate an Lebensmitteln. Nährwerttabellen geben zusätzliche Auskunft.

Kohlenhydrate entstehen in Pflanzen. Pflanzen bilden aus dem Kohlendioxid (CO_2) der Luft und dem Wasser (H_2O) des Bodens mit Hilfe des Blattgrüns (Chlorophyll) sowie des Sonnenlichtes **Einfachzucker**.

Diesen Vorgang nennt man **Fotosynthese**. Die dazu erforderliche Energie liefert die Sonne.

Unter dem Begriff Kohlenhydrate wird eine ganze Gruppe von Nährstoffen zusammengefasst. Sie bestehen zwar alle aus den gleichen Atomen, unterscheiden sich aber im chemischen Aufbau.

Nach der Anzahl der zum Aufbau verwendeten Einfachzucker unterscheidet man:

Einfachzucker → ein Baustein
Zweifachzucker → je zwei Bausteine
Vielfachzucker → je 5 bis 5.000 Bausteine

100	Zucker
72	Makkaroni
52	Mischbrot
19	Kartoffeln ohne Schalen
18	Big Mac
12	Cola
5	Trinkmilch

60	Trockenobst
50	Hülsenfrüchte
22	Milchshake
16	Bananen
12	Äpfel
12	Crispy Stripes
10	Gemüse

Abb. 1 Durchschnittlicher Kohlenhydratgehalt in %

Einfachzucker (Monosaccharide) ①,
je ein Baustein einfacher Zucker, z.B.:
- **Traubenzucker** in Obst und Honig
- **Fruchtzucker** in Obst und Honig
- **Schleimzucker** in Milch.

Zweifachzucker ②
- (Disaccharide) → je **zwei** Bausteine Einfachzucker
- Gebrauchszucker ist **Rohr-** oder **Rübenzucker** von Zuckerrohr oder Zuckerrübe.
- **Malzzucker** in gekeimtem Getreide und Bier
- **Milchzucker** in Milch und Milchprodukten

Vielfachzucker (Polysaccharide) ③,
viele Bausteine Einfachzucker
- **Stärke** besteht aus 300 bis 500 Einfachzuckermolekülen und dient den Pflanzen als Vorratsstoff, den sie z. B. in Knollen (Kartoffel) oder Körnern (Getreide) ablagern.

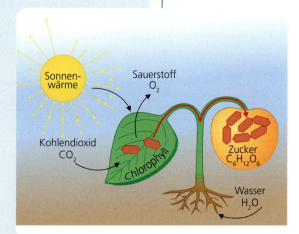

Abb. 2 Fotosynthese

Stärke besteht aus:
Amylopektin ④, das verzweigte Ketten von Einfachzuckern hat und wasserunlöslich ist, und *Amylose* ⑤ mit unverzweigten Ketten, die sich in Wasser lösen.
- **Dextrine** ⑥ entstehen durch Abbau, wenn Stärke ohne Wasser erhitzt wird, z. B. in der Mehlschwitze.
- **Zellulose** ⑦ ist die Gerüstsubstanz der Pflanzen. Die Moleküle der Zellulose sind so dicht angeordnet, dass sie von der menschlichen Verdauung nicht zu Einfachzucker abgebaut werden können.

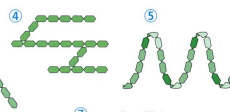
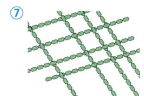

2.2 Küchentechnische Eigenschaften

Versuche

1. Schmelzen Sie in einer kleinen Pfanne etwa 200 g Zucker und erhitzen Sie, bis er zu rauchen anfängt. Während dieser Zeit entnehmen Sie wiederholt Proben und geben diese auf eine geölte Metallplatte. Kosten Sie und vergleichen Sie dabei Farbe und Geschmack.
2. Schwitzen Sie würfelig geschnittene Zwiebeln goldbraun an, beachten Sie den aufsteigenden Geruch und probieren Sie nach dem Abkühlen.
3. Schneiden Sie von einem Apfel oder einer Kartoffel eine 3 cm dicke Scheibe und schaben Sie eine kleine Mulde aus; diese füllen Sie mit Zucker. Überprüfen Sie nach 20 Min.
4. Lösen Sie in 0,5 l Wasser von ca. 37 °C ein Päckchen Hefe auf. Trennen Sie diese Aufschlämmung in zwei Kolbengläser. Glas a) erhält keinen Zusatz, in Glas b) geben Sie 30 g Zucker. Vergleichen Sie nach einer Stunde.
5. Bringen Sie 0,75 l Wasser zum Kochen, rühren Sie 120 g Weizenstärke, die mit 0,25 l Wasser vermengt ist, ein und bringen Sie das Ganze zum Kochen. Welche Veränderung tritt ein?
6. Vergleichen Sie die Beschaffenheit (Konsistenz) der heißen und der erkalteten Masse aus Versuch 5.
7. Schmelzen Sie 150 g wasserfreies Fett in einem Topf mit etwa 10 bis 12 cm Durchmesser, rühren Sie 150 g Mehl darunter und geben Sie davon ein bis zwei Kochlöffel voll auf einen Teller. Den Rest lassen Sie goldgelb werden. Vergleichen Sie Geruch und Geschmack.

Gebrauchszucker

ist Rohr- oder Rübenzucker, ein Zweifachzucker, zu kaufen unter dem Namen „Zucker".

Zucker löst sich leicht in Wasser. Warmes Wasser kann mehr Zucker aufnehmen als kaltes. Auf Vorrat gehaltene Zuckerlösungen (Läuterzucker), z. B. für Fruchtsalate, zum Verdünnen von Glasuren, dürfen nicht zu dick hergestellt werden. Nach dem Abkühlen kristallisiert sonst der Zucker aus.

Zucker schmilzt bei Hitze. Dabei wird aus den Kristallen zunächst eine klare, durchsichtige Masse. Erkaltet ist der geschmolzene Zucker hart. Karamell ist entstanden, die Grundmasse für die meisten Bonbonarten. Bei weiterem Erhitzen wird **Karamell** gelb, später goldbraun. So wird er für Karamellcreme und für Krokant verwendet. Mit zunehmender Hitze wird die Farbe des Karamells immer dunkler, der Geschmack wird allerdings bitterer.

• Dieses Prinzip wird u. a. verwendet, wenn Saucen nachgedunkelt werden, beim Färben von Cremes und Glasuren oder auch von Getränken (Cola).

Zucker zieht Wasser an, er wirkt hygroskopisch (hygro = Feuchtigkeit; kopisch = anziehend) und verklumpt deshalb in feuchten Räumen. Am schnellsten verklumpt Puderzucker. Zucker wirkt auch konservierend, denn er entzieht Kleinstlebewesen das erforderliche Wasser und senkt so den a_w-Wert.

• Gebrauchszucker löst sich leicht in Wasser, schmilzt bei Wärmeeinwirkung, zieht Wasser an.

ERNÄHRUNG

Einfachzucker

> Einfachzucker (Traubenzucker, Fruchtzucker) sind besonders stark wasseranziehend. Sie werden verwendet zu Gebäck, das feucht bleiben soll.

Einfachzucker, z. B. Traubenzucker und Fruchtzucker, sind **besonders stark wasseranziehend**. Diese Eigenschaft nutzt man bei Gebäck (z. B. Honigkuchen), das längere Zeit weich bleiben soll. Honig ist das Lebensmittel mit dem höchsten Einfachzuckergehalt.

Ist Zucker in Lebensmitteln in größerer Menge enthalten (Marmelade, Gelee), bindet er so viel Wasser an sich, dass Bakterien nicht mehr wirken können, Zucker konserviert also, weil er den a_w-Wert senkt.

Stärke

> Stärke ist in kaltem Wasser unlöslich, quillt in warmem Wasser, verkleistert bei etwa 70 °C, wird beim Erhitzen ohne Wasser zu Dextrin, ist verkleistert leichter verdaulich.

Stärke ist in kaltem Wasser unlöslich. Sie ist schwerer als Wasser und setzt sich darum ab. Rohe Stärke ist vom Körper kaum verwertbar. Darum werden stärkehaltige Lebensmittel gegart. Mehl wird zu Brot verbacken, Teigwaren werden gekocht, Kartoffeln isst man nur in gegartem Zustand.

Ab einer Temperatur von 70 °C beginnt Stärke zu **verkleistern**. Dabei entwickeln sich Bindekräfte, die das Wasser festhalten, es wird „gebunden". Nach diesem Prinzip entsteht auch die Bindung durch Mehlschwitze. Die **durch Stärke gebundene Flüssigkeit nennt man Kleister.**

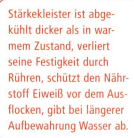
Abb. 1 In kaltem Wasser unlöslich

Abb. 2 In warmem Wasser quellend

Abb. 3 Stärkekleister

Wird erkalteter Stärkekleister gerührt, lässt die Festigkeit nach, weil man einen Teil der Bindekräfte zerstört.

> Stärkekleister ist abgekühlt dicker als in warmem Zustand, verliert seine Festigkeit durch Rühren, schützt den Nährstoff Eiweiß vor dem Ausflocken, gibt bei längerer Aufbewahrung Wasser ab.

Stärkekleister verliert nach einiger Zeit an Bindekraft. Man nennt das **Entquellung** oder **Retrogradation**. Dies führt teilweise zu unerwünschten Veränderungen an Lebensmitteln: Brötchen verlieren die Frische, sie werden altbacken, und Vanillecreme „zieht Wasser".

Stärkekleister kann z. B. bei Saucenbindung die Eiweißgerinnung verhindern, weil er eine **Schutzschicht zwischen den Eiweißmolekülen** bildet.

Dextrin

> Dextrin entsteht aus Stärke beim Erhitzen ohne Wasser, schmeckt süßlich, gibt schwächere Bindung als Stärke.

Dextrine entstehen durch Abbau der Stärkemoleküle beim Erhitzen ohne Wasser. In der Kruste von Gebäcken geben Dextrine z. B. Farbe und Aroma. In der Küche wird die Stärke beim Herstellen einer Mehlschwitze (Roux) zu Dextrinen abgebaut. Mit Dextrin gebundene Flüssigkeiten haben eine geringere Zähigkeit als mit Stärke gebundene. Darum wird auch für helle gebundene Suppen (Spargel, Blumenkohl) eine helle Roux hergestellt, obwohl die Verwendung von Mehlbutter (Beurre manié) verarbeitungstechnisch einfacher wäre.

Zellulose

Die Zellulose ist der Hauptbestandteil von pflanzlichen Zellwänden. Zellulose ist für den Menschen unverdaulich. Gemüse wird von einem empfindlichen Magen leichter vertragen, wenn es gekocht wird, da auf diese Weise die Zellwände aufgebrochen werden. Bei Rohkost wird die Verträglichkeit häufig dadurch erreicht, dass das Gemüse zerkleinert wird. Zellulose regt die Verdauung an.

> Zellulose der Zellwände wird durch Hitze und mechanische Einwirkung gelockert, ist für den menschlichen Körper unverdaulich, regt als Ballaststoff die Verdauung an.

2.3 Bedeutung für den menschlichen Körper

Durch die Verdauung werden Stärke, Dextrin und Zuckerstoffe zu ihren Bausteinen, den Einfachzuckern, abgebaut. Diese liefern vorwiegend Energie.

Die Verdauung der Kohlenhydrate beginnt bereits im Mund, wo die Enzyme des **Mundspeichels** den Stärkeabbau einleiten. **Bauchspeichel** und Dünndarmsäfte liefern weitere Enzyme, die alle Kohlenhydrate zu Einfachzuckern abbauen; die Einfachzucker gelangen dann durch die Darmwand ins Blut.

Die Leber wirkt bei der Versorgung des Körpers mit Energie als Ausgleichsorgan. Vorübergehende Überschüsse an Zuckerstoffen speichert sie als **Glykogen**. Sinkt der Blutzuckerspiegel, wandelt die Leber Glykogen wieder in Einfachzucker um und gibt diesen an das Blut ab.

Dauernde Überschüsse an Kohlenhydraten werden in Fett umgewandelt und als Energievorrat im Unterhautfettgewebe abgelagert. Zu viele Kohlenhydrate führen damit letztlich zu einer Gewichtszunahme.

Bei Zuckerkranken (Diabetikern) ist die Insulin-Produktion gedrosselt oder eingestellt, die Regelung des Blutzuckerspiegels ist gestört. Diabetiker bedürfen einer besonderen Kost (Seite 95).

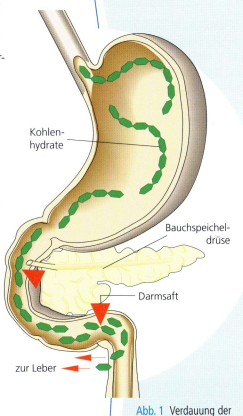

Abb. 1 Verdauung der Kohlenhydrate

Aufgaben

1. Erklären Sie den Unterschied zwischen Lebensmitteln und Nährstoffen.
2. Worin liegt die Ursache für den hohen Energiebedarf bei Kindern?
3. Auch der erwachsene Mensch benötigt Baustoffe. Erläutern Sie diese Feststellung.
4. Beschreiben Sie, wie die Kohlenhydrate in der Pflanze entstehen.
5. Welche Gruppen von Kohlenhydraten werden unterschieden?
6. Zucker verändert beim Erhitzen Farbe und Geschmack. Nennen Sie Beispiele aus der Lebensmittelzubereitung, bei denen diese Veränderungen genutzt werden.
7. Bei welchen Zubereitungen entsteht Stärkekleister? Welche Aufgabe hat er dabei?
8. Warum darf Puddingpulver nicht mit heißer Milch angerührt werden?

3 Fette

🇬🇧 fats 🇫🇷 graisses (w)

Die Übersichten zeigen Fettgehalte von Lebensmitteln, die als Fettlieferanten bekannt sind. Daneben gibt es Lebensmittel, bei denen man zunächst nicht an den hohen Fettgehalt denkt, weil das Auge das Fett nicht erkennt.

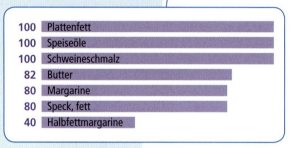

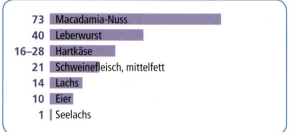

Abb. 1 Durchschnittlicher Fettgehalt von Fettlieferanten in % – Sichtbare Fette

Abb. 2 Durchschnittlicher Fettgehalt ausgewählter Lebensmittel in % – Verborgene Fette

3.1 Aufbau – Arten

Die Pflanze baut Fett auf aus Kohlenstoff, Wasserstoff und Sauerstoff. Es sind dies zwar die gleichen Grundstoffe (Elemente) wie bei den Kohlenhydraten, eine andersartige chemische Zusammensetzung führt jedoch zu völlig anderen Eigenschaften.

Fett entsteht, wenn an ein Molekül Glycerin drei Fettsäuren angelagert werden. Von den verschiedenen Fettsäuren sind am Aufbau der Speisefette überwiegend beteiligt: Stearinsäure, Ölsäure, Palmitinsäure, Linolsäure.

Bei festen Fetten ist der Anteil an Stearinsäure und Palmitinsäure hoch, bei Ölen (flüssigen Fetten) überwiegen Ölsäure und Linolsäure.

Fettsäuren bestimmen die Eigenschaften des Fettes.

Die Fettsäuren bestehen aus einer Kohlenstoffkette, an die Wasserstoffatome gebunden sind.

> Bausteine des Fettes sind Glycerin und Fettsäuren.

Glycerinrest:
- Fettsäurerest
- Fettsäurerest
- Fettsäurerest

Bei **gesättigten Fettsäuren** sind an alle Kohlenstoffatome je zwei Wasserstoffatome gebunden. Damit sind alle Bindungsmöglichkeiten genutzt, die Fettsäure ist gesättigt. Zu weiteren Veränderungen ist sie nur ungern bereit, sie reagiert träge.

Bei **ungesättigten Fettsäuren** sind noch Bindekräfte frei. Nach der Anzahl der freien Bindekräfte bezeichnet man die Fettsäuren als einfach, zweifach oder mehrfach ungesättigt. Die freien Stellen können noch Bindungen eingehen. Ungesättigte Fettsäuren reagieren darum leicht.

Eigenschaft	Fettsäure	ungesättigt	gesättigt
Reaktionsbereitschaft		hoch	gering
Ernährungswert		hoch	gering
Veränderung durch Sauerstoff und Wärme		stark	gering
Lagerfähigkeit		beschränkt	lange

Fette mit einem hohen Anteil an gesättigten Fettsäuren haben wirtschaftliche Vorteile: Sie sind länger verwendbar (z. B. Fritteuse) und länger lagerfähig.

Fette mit einem hohen Anteil an ungesättigten Fettsäuren sind aber für die Ernährung wertvoller.

Behandlung der Fette

Naturbelassene Fette

Naturbelassene Fette enthalten neben dem Fett Teile des Rohstoffs, aus dem sie gewonnen worden sind. Diese können erwünscht sein, wie z. B. bei naturbelassenem Olivenöl (Olio vergine), sie können aber auch den Geschmack und das Aussehen beeinträchtigen.

Raffination

Raffination bedeutet wörtlich: Verfeinern. Das geschieht durch Beseitigung wertmindernder Bestandteile. Bei der Raffination von Fetten werden Bestandteile entzogen, die den Geruch oder den Geschmack beeinträchtigen. Aber es werden dabei auch solche Fettbegleitstoffe entfernt oder zerstört, die für die Ernährung wertvoll sind.

Abb. 1 Salatöl

Härtung

Tierische Fette, wie Butter, Schmalz, Talg, waren früher die hauptsächlichen Speisefette. Diese sind halbfest oder fest.

Ölhaltige Früchte (wie z. B. Oliven) und ölhaltige Samen (z. B. Erdnuss, Kokosnuss) liefern dagegen flüssiges Öl. Um der Gewohnheit entgegenzukommen, werden diese Öle gehärtet, also halbfest oder fest gemacht.

Das ist möglich, weil die Ölsäure und die Stearinsäure eine Kettenlänge von 18 Kohlenstoffatomen haben. Die Formeln zeigen, dass sich die beiden Fettsäuren nur in zwei Wasserstoffatomen unterscheiden: Stearinsäure $C_{18}H_{36}O_2$, Ölsäure $C_{18}H_{34}O_2$.

Durch eine chemische Reaktion ist es möglich, an die Ölsäure zwei Atome Wasserstoff anzulagern. Damit wird aus der Ölsäure eine Stearinsäure und in der Folge aus einem Öl ein festes Fett (S. 64).

Durch entsprechende Kombinationen ist es möglich, Fette mit jedem erwünschten oder technologisch erforderlichen Schmelzbereich herzustellen.

Abb. 2 Margarine aus gehärtetem Öl

Küche — ERNÄHRUNG

3.2 Küchentechnische Eigenschaften

Versuche

1. Füllen Sie einen flachen Topf mit etwa 25 cm Durchmesser halb mit kaltem Wasser. Geben Sie kleine Mengen verschiedener Fettarten auf je ein Stückchen Papier (ca. 5 × 5 cm), beschriften Sie entsprechend und legen Sie die Papiere mit dem Fett auf das Wasser. Erwärmen Sie langsam und stellen Sie mit Hilfe eines Thermometers die jeweilige Schmelztemperatur fest.
2. Erhitzen Sie in einem engen Topf 250 g Butter oder Margarine, bis sie „kocht". Stellen Sie mit einem Thermometer (Einteilung bis 200 °C) die Temperatur fest. Auf welche Temperatur ist die Fritteuse Ihres Betriebes eingestellt?
3. Wie verändert sich Butter (Margarine) aus Versuch 2, wenn man länger erhitzt? Warum treten die Veränderungen bei Frittürenfett nicht auf?
4. Erhitzen Sie in einer kleinen Eisenpfanne bei starker Wärmezufuhr eine kleine Menge wasserfreies Fett. Beobachten Sie den Rand der Pfanne. Wie riecht das Fett nach längerem Erhitzen? Achtung! Passenden Deckel bereithalten – falls das Fett zu brennen beginnt, die Pfanne damit abdecken.
5. Bereiten Sie 3 Reagenzgläser mit je 10 cm^3 Salatöl vor. Geben Sie in Glas a) keinen Zusatz, in Glas b) einen Teelöffel Eiklar, in Glas c) etwas Spülmittel. Schütteln Sie jedes Glas etwa eine halbe Minute. Beobachten Sie dann Tröpfchengröße und Aufrahmungsgeschwindigkeit.
6. Nur von der Lehrkraft durchzuführen!
Über einem Bunsenbrenner in einer Porzellanschale etwas wasserfreies Fett bis zum Rauchen erhitzen und entzünden. Durch ein Glasrohr (etwa 80–100 cm) einige Tropfen Wasser in das Fett leiten. Was geschieht? Fett durch Abdecken löschen.
7. Legen Sie das Einschlagpapier von Butter mit den anhaftenden Fettresten auf das Fensterbrett. Kosten Sie die Butter-Reste nach einem Tag.

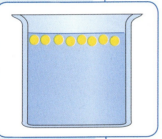

Fett ist spezifisch leichter als Wasser und steigt darum nach oben.

Fett und Öle haben eine geringere Dichte als Wasser. Darum schwimmen „Fett-Augen" auf der Suppe, darum „schwimmt" auf manchen Saucen Fett. Diese unterschiedliche Dichte macht es leicht, Fett von Wasser zu trennen. Bei erkalteten Flüssigkeiten kann das erstarrte Fett einfach abgehoben werden.

Fette können emulgiert werden.

Als **Emulsionen** bezeichnet man dauerhafte Vermischungen von Fett und Wasser. Um eine Emulsion zu erhalten, sind Emulgatoren erforderlich. Emulgatoren setzen die Oberflächenspannung herab, sodass Fett und Wasser sich nicht mehr abstoßen.

Das ist durch den besonderen Aufbau der Emulgatoren möglich: Ein Ende des Emulgatormoleküls verbindet sich mit dem Fett, ist fettfreundlich, das andere verbindet sich mit dem Wasser, ist wasserfreundlich. So entsteht gleichsam eine Klammer zwischen Stoffen, die sich normalerweise abstoßen.

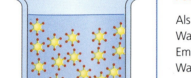

Wie lange eine Emulsion hält, hängt von der Größe der Fetttröpfchen ab. Wird z. B. beim Rühren einer Mayonnaise das Öl zu rasch beigegeben, bilden sich zu wenig Eiweiß-Schutzhüllen, und die Mayonnaise gerinnt. Bei der Milch kann durch das Homogenisieren, bei dem man die Fetttröpfchen zerkleinert, das Aufrahmen verhindert werden.

In der Küche findet man als Emulgatoren z. B. Eigelb, aber auch Seife und Spülmittel.

3 Fette

Fette haben unterschiedliche Schmelzbereiche.

Als Schmelzpunkt bezeichnet man die Temperatur, bei der ein Körper vom festen in den flüssigen Zustand übergeht. Speisefette sind Gemische aus Fetten unterschiedlicher Zusammensetzung.

Darum schmelzen sie nicht bei einem ganz bestimmten **Schmelzpunkt**, sondern innerhalb eines **Schmelzbereiches**. Den Zusammenhang zwischen der Art der am Fettaufbau beteiligten Fettsäuren und dem Schmelzbereich zeigt die Zusammenstellung.

> ● **Beispiele für Emulsionen**
> - Milch: 3,5 % Fett und Wasser
> - Sahne: 30 % Fett und Wasser
> - Butter: 82 % Fett und Wasser
>
> Auch Mayonnaise, holländische Sauce, Buttercreme, Leberwurst usw. sind Emulsionen

Fettart	Schmelzbereich	Fettsäuren	
		gesättigte	ungesättigte
Kokosfett	40–50 °C	90	10
Butter	30–35 °C	50	50
Schweinefett	25–35 °C	40	60
Erdnussöl	ca. 5 °C	20	80

Der Schmelzbereich bestimmt die Verwendung.

- **Öle** verwendet man für Salate, Mayonnaise.
- **Weiche Fette** wie Butter, Margarine nutzt man als Streichfett; sie bilden auch die Grundlage für Rührkuchen und Rührcremes (Buttercreme).
- **Feste Fette** sind stark wärmebelastbar. Entsprechende Speisen sollen so warm wie möglich verzehrt werden, weil ihr Schmelzbereich in der Nähe der Körpertemperatur liegt. Das Fett könnte sich an der Gaumenplatte festlegen.

Fette sind unterschiedlich hoch erhitzbar.

Alle Fette sind über 100 °C hinaus erhitzbar und erlauben darum andere Garverfahren, als dies möglich ist, wenn nur Wasser verwendet wird. Außerdem können sich die Geschmack gebenden Röststoffe erst ab etwa 120 °C bilden.

Alle Fette beginnen von einer bestimmten Temperatur an zu rauchen und sich zu zersetzen. Man spricht deshalb vom **Rauch- oder Zersetzungsbereich**. Oberhalb dieses Temperaturbereichs entsteht Acrolein, das gesundheitsschädlich ist.

Die Temperaturbelastungsfähigkeit ist von der Fettart abhängig.

Butter und **Margarine** sollten deshalb nicht über 150 °C erhitzt werden. Sie eignen sich zum Dünsten, nicht aber zum Braten.

Butterschmalz kann stärker erhitzt werden.

Reine Pflanzenfette können zwar höher erhitzt werden. Die Temperatur sollte jedoch 175 °C nicht überschreiten. Dadurch wird die Bildung von schädlichem **Acrylamid** im Gargut eingeschränkt.

In Fettbackgeräten (Fritteusen) kann das Backfett länger genutzt werden, wenn es regelmäßig gefiltert und damit von Resten gegarter Speisen befreit wird.

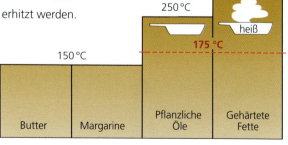

Abb. 1 Erhitzbarkeit von Fetten

Küche — ERNÄHRUNG

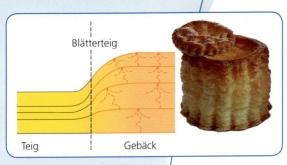

Abb. 1 Lockerung von Blätterteig beim Backen

Fette trennen.

Fette bilden Trennschichten und verhindern das Zusammenkleben oder Festkleben. Darum fettet man Backbleche und Kuchenformen.

Die splitterig lockere Struktur von Blätterteig ist nur möglich, weil Fettschichten die einzelnen „Teigblätter" voneinander trennen. Beim Backen kann der entstehende Wasserdampf die Teigschichten anheben.

Fette verderben

Fette können sich in ihre Bestandteile Glycerin und Fettsäuren trennen. Ursachen dieser Zersetzung können sein:

- **Einwirkung von Luftsauerstoff.** Diese Veränderung ist bei allen Fetten möglich, läuft aber bei den Fettarten, die ungesättigte und damit reaktionsfreudigere Fettsäuren enthalten, rascher ab. Licht und Wärme begünstigen diese Veränderung. Darum soll z. B. die Fritteuse zurückgeschaltet werden, wenn sie nur in Betriebsbereitschaft ist.
- **Einwirkung von Mikroben,** die vor allem in wasserhaltigen Fetten wie Butter oder Margarine vorhanden sind.

Fette sind darum **kühl, dunkel** und möglichst **verpackt** aufzubewahren. Lebensmittel mit hohem Fettanteil sollten auch in tiefgekühltem Zustand nicht länger als sechs Monate gelagert werden.

3.3 Bedeutung für den menschlichen Körper

Im Körper werden die mit der Nahrung aufgenommenen Fette durch die Verdauung in ihre Bausteine **Glycerin** und **Fettsäuren** zerlegt.

Dazu werden sie zunächst erwärmt. **Gallensaft emulgiert** die Fette und vergrößert so die Gesamtoberfläche des Fettes.

Verdauungssäfte aus der Bauchspeicheldrüse und dem Dünndarm **spalten die Fette**.

Die Fettbausteine Glycerin und Fettsäuren wandern durch die Darmwand, werden zu körpereigenem Fett zusammengesetzt und in der **Lymphbahn transportiert**.

Die Bedeutung des Nährstoffes Fett für die Ernährung ist durch folgende Eigenschaften gekennzeichnet:
- Fett ist der Nährstoff mit dem höchsten Energiegehalt: 1 Gramm Fett $\triangleq$ 37 kJ.[1]

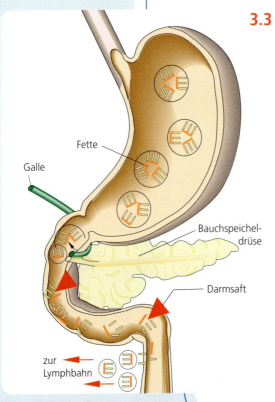

Abb. 2 Verdauung der Fette

[1] Der physiologische Brennwert ist je nach Fettart unterschiedlich. 37 kJ/g entsprechen den Werten der Nährwertkennzeichnungsverordnung.

3 Fette

- Fett liefert **essenzielle Fettsäuren**, auf deren Zufuhr der Körper angewiesen ist, weil er sie nicht selbst bilden kann. Alle essenziellen Fettsäuren sind **ungesättigte Fettsäuren**. Zu den mehrfach ungesättigten Fettsäuren zählen die Omega-3- und Omega-6-Fettsäuren. Sie übernehmen im Körper wichtige Regelaufgaben. So schützt z. B. die Omega-3-Fettsäure vor Herz-Kreislauf-Erkrankungen und beugt Entzündungen vor.
- Fett ist Träger der **fettlöslichen Vitamine A, D und E**. Diese können im Körper nur dann verwertet werden, wenn bei der Verdauung zugleich Fett zugegen ist. Bei gemischter Ernährung ist das gewährleistet. Nur wenn z. B. spezielle Rohkosttage eingelegt werden, ist auf eine Fettzufuhr, etwa durch Salatöl, zu achten.

Überschüssiges Fett wird als **Energiereserve** im Unterhautfettgewebe gespeichert. Bei Bedarf kann es wieder zur Energiegewinnung herangezogen werden.

Ein Ernährungsproblem ist heute die Überversorgung mit Fett. Dem verhältnismäßig **geringen Energieverbrauch** steht eine **reichliche Fettaufnahme** gegenüber. Wir neigen dazu, zu viel Energie aufzunehmen. Wir bewegen uns meist zu wenig und essen vielfach reichlich.

Eine Einschränkung des **Fettverbrauchs** im persönlichen Bereich ist möglich.

- **Streichfett** in Maßen anwenden; z. B. bei fettreichem Belag wie Leberwurst oder Fettkäse darauf verzichten.
- **Brat- und Kochfett** nur in notwendiger Menge verwenden, evtl. auf fettreiche Zubereitungen wie Pommes frites und Bratkartoffeln verzichten.
- **Begleitfette** verringern; man nennt diese Fette auch verborgene Fette, weil sie beim Verzehr nicht sichtbar sind, z. B. in Fettkäse, Teewurst, Mayonnaise und Saucen.

> Gesättigte Fettsäuren sind für die Ernährung weniger wertvoll. Der Ernährungsbericht besagt, dass allgemein ausreichend ungesättigte Fettsäuren aufgenommen werden. Eine spezielle Auswahl, etwa Diätmargarine, ist nur auf ärztliche Anordnung erforderlich.

Aufgaben

1. Welche Gemeinsamkeiten und welche Unterschiede bestehen zwischen Kohlenhydraten und Fetten hinsichtlich der Zusammensetzung?
2. Wenn Salatmarinaden, z. B. Vinaigrette, längere Zeit stehen, setzt sich das Öl oben ab. Erklären Sie warum.
3. Bei Eis spricht man vom Schmelzpunkt, bei Fetten vom Schmelzbereich. Erklären Sie.
4. Von Erdnüssen wird berichtet, dass sie Grundlage für Salatöl und festes Fett sein können. Ist das möglich? Wenn ja, begründen Sie.
5. Bei vielen Rezepturen steht: „Vor dem Service mit einigen Butterflocken vollenden." Nehmen Sie dazu Stellung.
6. Kurt isst ein Blätterteiggebäck und trinkt dazu eine kalte Cola. „Komisch", sagt er, „meine Gaumenplatte ist so glitschig." Versuchen Sie zu erklären.
7. Ein Stück Frühstücksbutter wiegt 25 g. Der Fettgehalt beträgt 82 %; ein Gramm Fett liefert 37 kJ. Der Tagesbedarf eines Leichtarbeiters liegt bei 10 000 kJ am Tag. Wie viel % des täglichen Energiebedarfes liefert das Stückchen Frühstücksbutter?
8. Es gibt gesättigte und ungesättigte Fettsäuren. Womit sind die gesättigten Fettsäuren gesättigt?

Küche

ERNÄHRUNG

[1] Man spricht nur noch von Proteinen. Der Begriff Proteide gilt als veraltet.

4 Eiweiß (Protein)[1]

🇬🇧 proteins 🇫🇷 protéines (w)

Über die Versorgung mit Eiweiß gibt die Tabelle Auskunft.

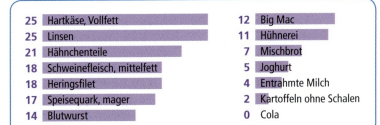

25	Hartkäse, Vollfett	12	Big Mac
25	Linsen	11	Hühnerei
21	Hähnchenteile	7	Mischbrot
18	Schweinefleisch, mittelfett	5	Joghurt
18	Heringsfilet	4	Entrahmte Milch
17	Speisequark, mager	2	Kartoffeln ohne Schalen
14	Blutwurst	0	Cola

Abb. 1 Durchschnittlicher Eiweißgehalt in %

4.1 Aufbau – Arten

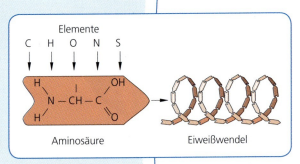

Abb. 2 Grundaufbau der Eiweiße

Eiweiß unterscheidet sich in der chemischen Zusammensetzung von den Kohlenhydraten und den Fetten. Wie diese enthält es zwar die Elemente Kohlenstoff (C), Wasserstoff (H) und Sauerstoff (O), zusätzlich aber **immer Stickstoff** (N). Bei manchen Eiweißarten können noch Schwefel (S) oder Phosphor (P) hinzukommen.

Aus diesen Elementen entstehen die **Aminosäuren**, die Bausteine aller Eiweißarten. Die Aminosäuren verketten sich wendelartig.

Das Bild zeigt den Grundaufbau aller Eiweißstoffe. Die Vielfalt der Eiweißarten entsteht, wenn verschiedene Aminosäuren sich in unterschiedlichen Folgen aneinanderfügen und zusätzlich andere Stoffe (Nichteiweißstoffe) anlagern.

Die vielen Eiweißarten unterscheidet man nach der Zusammensetzung und der Form.

Unterscheidung nach der Zusammensetzung

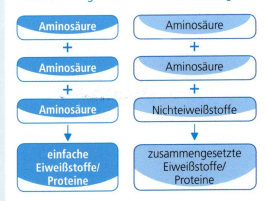

Unterscheidung nach der Form

Die gewendelten Eiweißstoffe formen sich weiter. Bilden sie kugelige Gebilde, nennt man sie **Globuline** (Globus – Kugel) oder **kugelförmige Eiweißstoffe**. Globulin ist reichlich enthalten in Fleisch, Fisch und Hülsenfrüchten. Verbinden sich die Eiweißstoffe kabelartig, so nennt man sie **fibrilläre** Proteine oder **faserförmige Eiweißstoffe** (Fiber [lat.] Faser).
Die faserförmige Beschaffenheit gibt Festigkeit, wie sie für Bindegewebe erforderlich ist.

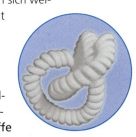

4 Eiweiß (Protein)

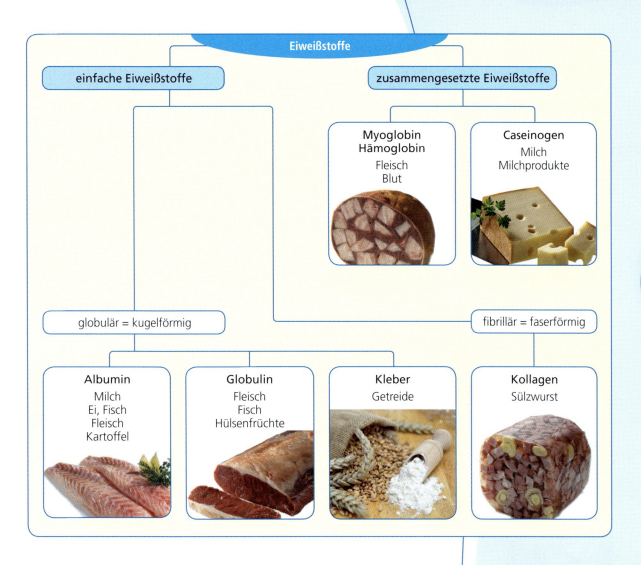

4.2 Küchentechnische Eigenschaften

Versuche

1. Bearbeiten Sie 50 g mageres Hackfleisch mit dem Mixer und vermengen Sie es anschließend mit 150 g Wasser. Seihen Sie nach 5 Min. ab.
2. Bearbeiten Sie Hackfleisch wie oben, setzen Sie aber dem Wasser 6 bis 8 g Salz zu.
3. Bereiten Sie aus 100 g Weizenmehl und Wasser einen mittelfesten Teig, lassen Sie ihn 20 Min. ruhen und kneten Sie ihn in der Hand unter fließendem Wasser. Formen Sie die zurückbleibende gelbe, klebrige Masse zu einer Kugel und backen Sie diese in einer Backröhre.
4. Vermischen Sie lauwarme Milch mit einigen Tropfen Zitronensaft oder Essig. Wenn Dickmilch entstanden ist, erhitzen Sie diese. Führen Sie den Versuch nicht mit Zitronensaft oder Essig, sondern mit Lab (Apotheke) durch und verkosten Sie Quark und Molke aus beiden Versuchen.
5. Gelatine ist aus Häuten und Knochen gewonnenes Leimeiweiß oder Kollagen. Für die folgenden Versuche dient sie an Stelle der Häute als Grundlage.
Tauchen Sie ein Blatt Gelatine in ein Becherglas mit kaltem Wasser, ein zweites Blatt in ein Becherglas mit kaltem Wasser, dem einige Tropfen Zitronensaft oder Essig zugefügt sind.
6. Weichen Sie zwei Blatt Gelatine 5 Min. in kaltem Wasser ein. Gießen Sie dann das Wasser ab und erwärmen Sie langsam. Stellen Sie die aufgelöste Gelatine an einen kühlen Ort. ▶

Küche — ERNÄHRUNG

▶
7. Bereiten Sie aus einem Bouillonwürfel, der auch kleingehackte Kräuter enthält, 0,75 l Brühe. Teilen Sie die Flüssigkeit, wenn sie auf mindestens 50 °C abgekühlt ist, in zwei Hälften. Vermischen Sie einen Teil mit einem Eiklar und erwärmen Sie langsam unter stetem Rühren. Wenn die Brühe aufwallt, heben Sie mit einer Schöpfkelle den Schaum ab.
Vergleichen Sie das Aussehen beider Brühen.
8. Stellen Sie ein Wasserbad und drei kleine Kuchenformen (oder Dariole-Formen, Formen für Sülzkoteletts) bereit. Entsprechend der Größe der Formen bereiten Sie ein Gemenge aus Milch und Ei im Verhältnis 1:1, also eine Royale.
9. Füllen Sie die Formen a) und b). In den Rest für Form c) rühren Sie je anteiliges Ei einen Teelöffel Stärke (Mondamin, Gustin) und füllen Sie dann die Form. Erhitzen Sie im Wasserbad. Wenn die Masse in den Formen stockt, entnehmen Sie Form a). Die Formen b) und c) weiter erhitzen, bis die Gerinnung eintritt. Stellen Sie die Temperaturen mit einem Thermometer fest.

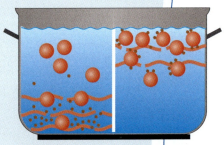

Albumin ist wasserlöslich und gerinnt bei 70 °C.

Kocht man Fleisch, geschälte Kartoffeln oder Linsen, setzt sich am Topfrand ein weißgrauer **Schaum** ab. Dieser besteht hauptsächlich aus ausgelaugtem und geronnenem Albumin.

In der Gastronomie wird dieser Schaum von der Brühe abgeschöpft, damit eine klare Suppe serviert werden kann. Im Haushalt sollte man darauf verzichten, denn Albumine sind wertvolle Eiweißstoffe.

Albumin zieht in Flüssigkeiten Trübstoffe an.

Beim Erwärmen von Eiweiß werden Bindekräfte frei, die Trübstoffe anziehen und an sich binden. Wenn bei stärkerer Wärmeeinwirkung das Eiweiß dann gerinnt, steigt es nach oben und nimmt die Trübstoffe mit sich. Mit einem Schaumlöffel kann es von der Oberfläche abgeschöpft werden.

Man nutzt diese Wirkung des Albumins, wenn klare, trübstofffreie Flüssigkeiten erzielt werden sollen.

Beispiele
- Klären von Brühen,
- Herstellen von Aspik,
- Bereitung von Weingelee.

Abb. 1 Geronnener Schaum wird abgeschöpft

Albumin bindet Flüssigkeiten.

Albumin lagert beim Erwärmen Flüssigkeit an und bindet sie. Dies nutzt man z. B. bei der Herstellung von Karamellcreme und Eierstich. Zu beiden Produkten werden Milch und Eier in etwa gleichem Verhältnis vermischt. In kaltem Zustand ist die Mischung flüssig, denn die Bindekräfte haben sich noch nicht entfaltet.

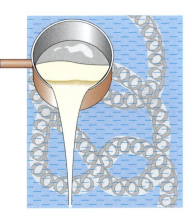

4 Eiweiß (Protein)

Bei etwa 70 °C binden die Eiweißstoffe. Es entsteht eine kompakte, geleeartige Masse.

Beim **Legieren** von Suppen und Saucen nutzt man die gleiche Art von Bindung. Weil die Eiermenge geringer gehalten wird, entsteht bei diesen Zubereitungen eine **sämige Bindung.**

Steigt die Temperatur zu hoch, brechen die Bindekräfte zusammen: Das Gel „bricht" und teilt sich in Gerinnsel und ungebundene Flüssigkeit. In zu hoch erhitzten Suppen und Saucen schwimmen Gerinnsel.

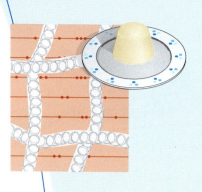

Globulin bildet die Grundlage der Wurstherstellung.

Globulin kommt fast immer zusammen mit Albumin vor, z. B. in Fleisch, Fisch, Milch und Eiern. Im Unterschied zu Albumin löst sich Globulin nur in salzigen Flüssigkeiten. Wird es erwärmt, gerinnt es bei etwa 70 °C.

Von besonderer Bedeutung sind die Globuline bei der Herstellung von **Wurstmasse.** Der Fleischer bezeichnet sie als **Brät.** Der Koch stellt Vergleichbares her und nennt es **Farce.**

Durch feine Zerkleinerung im Kutter werden aus der Fleischfaser die Globuline freigelegt. Nach **Beigabe von Salz** lösen sie sich und **lagern Wasser an,** das in Form von Eis beigegeben wird. Das fertige Brät wird in Därme gefüllt. Beim abschließenden Brühen (75 °C) gerinnen die Eiweißstoffe und machen die **Wurst schnittfest.**

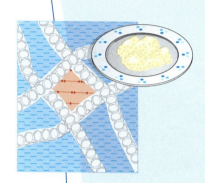

Klebereiweiß bildet das Gerüst im Brot.

Das Weizenmehl enthält die Eiweißarten Gliadin und Glutenin. Bei der Teigbereitung nehmen sie Wasser auf, quellen und verbinden sich zu einer zähen, dehnbaren Masse, dem Kleber.

Damit der Kleber gut ausgebildet wird, bearbeitet man Weizenteige, bis sie sich vom Gefäß lösen oder bis sie Blasen werfen.

Während des Backens wird Kohlendioxid durch die Tätigkeit der Hefe frei oder von Backpulver abgegeben. Der Kleber hält diese Gase fest, es entstehen die Poren, der Teig wird gelockert.

Beim Backen gerinnt das Klebereiweiß und bildet das elatsische Gerüst des Gebäckes.

Bei Mürbeteigen erwartet man ein lockeres, leicht brechendes Gebäck. Darum wird die Ausbildung des Klebers vermieden. Man knetet die Mürbeteige nicht, sondern vermengt die Zutaten nur kurz.

Abb. 1 Kleber bildet das Brotgerüst.

Eigenschaften des Klebers:
- **quellfähig**, er nimmt den überwiegenden Teil der Teigflüssigkeit auf;
- **elastisch**, man kann Teige ausrollen, sie können sich aber auch wieder verkürzen, sie „schnurren", wenn man sie nicht ruhen lässt;
- **dehnbar**, wobei er das lockernde Kohlendioxid festhält und die Poren des Gebäckes bildet.

Bindegewebe verkürzt sich beim Erhitzen.

Die einzelnen Fleischfasern sind vom Bindegewebe umschlossen und werden durch dieses zusammengehalten. Bei Wärmeeinwirkung verkürzt sich das Bindegewebe, es zieht sich zusammen, wie das beim Ausbraten von Frühstücksspeck gut erkennbar ist. Dabei drückt es den Fleischsaft aus den Fasern. Das Fleisch wird trocken.

Küche

ERNÄHRUNG

Abb. 1 Einschnitte bei Koteletts

Durch entsprechende Behandlung des Fleisches wird dem entgegengewirkt:

- **Klopfen** – Bindegewebefasern reißen ein,
- **Einschneiden** – Speck- oder Bindegeweberand wird durchtrennt.
- **Wolfen** – Bindegewebe werden bei der Herstellung von Hackfleisch fein zerschnitten und können darum die Muskelfasern nicht mehr zusammenziehen.

Kollagen bildet eine Gallerte.

Schwarten, Knorpel und Knochen enthalten viel Kollagen oder Leimeiweiß. Dieses wird durch Kochen gelöst und geht in die Flüssigkeit über. In gereinigter und getrockneter Form wird es als **Gelatine** angeboten.

Abb. 2 Spargel in Aspik

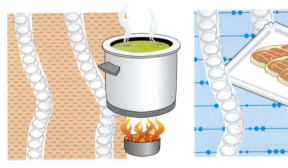

Gelatine wird eingeweicht und in warmer Flüssigkeit gelöst. Dabei zeigt sich noch keine Bindung. Beim Abkühlen bildet sich eine Gallerte, z. B. bei **Aspik** oder **Sülze**. Bei Wiedererwärmen wird die Gallerte wieder flüssig.

In der kalten Küche gibt Gelatine Mousses und Terrinen Zusammenhalt und Stand.

Der Patissier nutzt Gelatine, um geschlagene Sahne vor dem Absetzen von Flüssigkeit zu schützen, für Weingelee und Geleefrüchte.

Caseinogen gerinnt durch Säure und Lab.

Milch enthält den Eiweißstoff Caseinogen. Beim Caseinogen ist mit dem Eiweißteil der Mineralstoff Calcium eng verbunden. Darum gerinnt Milch beim Kochen nicht. Wenn jedoch durch **Milchsäure** das Calcium abgetrennt wird, gerinnt das Eiweiß z. B. bei Sauermilch und Joghurt.

Wird die geronnene Milch erwärmt, trennt sie sich in Eiweißgerinnsel (Quark) und Flüssigkeit (Molke).

Ähnlich verhält sich die Milch, wenn ihr Lab zugesetzt wird. Lab ist ein Enzym aus dem Magen der Kälber.

Abb. 3 Geronnene Milch wird zu Käse verarbeitet

Koagulation/koagulieren bedeutet ausflocken, Eiweißgerinnsel bilden.

Denaturierung/denaturieren bedeutet wörtlich den ursprünglichen natürlichen Zustand nehmen, umwandeln.

Gerinnung – Koagulation – Denaturierung

Wenn ein Eiweiß geronnen ist, kann dies nicht mehr rückgängig gemacht werden, der Vorgang ist nicht umkehrbar, **irreversibel**. Meist geschieht das durch Wärmezufuhr/Erhitzen. Es können aber auch Säure oder Enzyme (Lab) zur Gerinnung führen. Die Fachsprache verwendet für das Gerinnen von Eiweiß besondere Begriffe, die nebenstehend erläutert sind.

4 Eiweiß (Protein)

Eiweiß verdirbt rasch.

Eiweißhaltige Lebensmittel verderben besonders leicht, denn viele Mikroben bevorzugen Eiweiß. Lebensmittel, die von Mikroben befallen sind, riechen und schmecken unangenehm. Bei Fleisch und Wurst zeigt sich der Mikrobenbefall in einer schmierigen Oberfläche.

> Verdorbene, eiweißhaltige Lebensmittel sind gesundheitsschädlich; sie führen zu Übelkeit, Durchfall und Erbrechen.

4.3 Bedeutung für den menschlichen Körper

Wie die anderen Nährstoffe müssen auch die Eiweißstoffe durch die Verdauung zu Bausteinen abgebaut werden. Bei Eiweiß sind das die **Aminosäuren**. Diese gelangen dann durch die Darmwand in den Blutkreislauf.

Der Eiweißabbau beginnt im **Magen**. Die **Salzsäure** des Magensaftes lässt das Eiweiß zunächst **gerinnen. Enzyme spalten** dann die Eiweißmoleküle in Bruchstücke. Diese werden anschließend von den Enzymen des Bauchspeichels und des Darmsaftes zu den Aminosäuren abgebaut.

Eiweißstoffe dienen dem Körper vorwiegend als **Baustoff**. Bei Kindern und Heranwachsenden ist das Eiweiß notwendig zum **Aufbau,** bei Erwachsenen zum **Ersatz** verbrauchter oder abgenutzter Körpersubstanz.

Führt man dem Körper mehr Eiweißstoffe zu, als er zum Aufbau und zur Erneuerung benötigt, verwendet er diese zur **Energiegewinnung.**

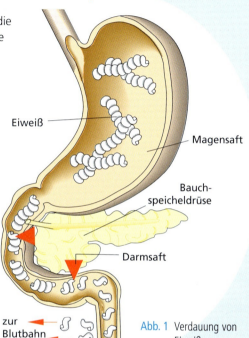

Abb. 1 Verdauung von Eiweiß

Unentbehrliche / essenzielle Aminosäuren – Biologische Wertigkeit

Die Aminosäuren werden im Körper zu körpereigenem Eiweiß aufgebaut. Jede Eiweißart (Haut, Bindegewebe, Haare) wird dabei nach einem ganz bestimmten, im Voraus festgelegten Muster gebildet. Manche Aminosäuren kann der Körper selbst bilden. Bei anderen ist er jedoch auf die Zufuhr von außen angewiesen. Man nennt diese Aminosäuren **lebensnotwendig** oder **unentbehrlich** oder **essenziell.**

Eiweißarten mit vielen essenziellen Aminosäuren sind darum für den Körper besonders wertvoll.

> Der Körper kann nicht „weiterbauen", wenn ein bestimmter Baustein fehlt. Auch wenn genügend andere Bausteine vorhanden sind, bleiben die Kombinationsmöglichkeiten begrenzt.

Der Anteil der einzelnen Aminosäuren im Nahrungseiweiß entspricht nicht immer der Zusammensetzung von Körpereiweiß. Die Verwertbarkeit von Nahrungseiweiß wird durch die **essenzielle Aminosäure** bestimmt, die mit dem geringsten Anteil vorhanden ist. Man nennt darum die essenzielle Aminosäure, die mit dem geringsten Anteil vorhanden ist, die **begrenzende Aminosäure.** Sie bestimmt auch die biologische Wertigkeit.

Die **biologische Wertigkeit** einer Eiweißart gibt an, wie viel Gramm Körpereiweiß aus 100 Gramm Nahrungsmitteleiweiß gebildet werden können. Die biologische Wertigkeit ist eine Prozentzahl. „Vom Hundert" ≙ %.

Küche

ERNÄHRUNG

Beispiele für ein Berechnung

Fischfilet 100 Gramm, Eiweißanteil 17 %, biologische Wertigkeit 80 %.

> Das Filet enthält 17 % = 17 Gramm Eiweiß.
> Davon kann der Körper 80 % nutzen. Das sind ≈ 13,6 Gramm.

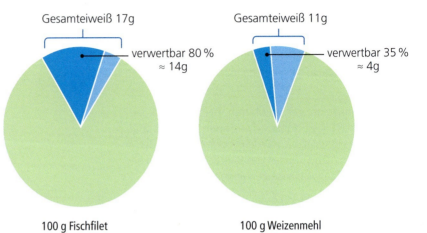

100 g Fischfilet — Gesamteiweiß 17g, verwertbar 80 % ≈ 14g

100 g Weizenmehl — Gesamteiweiß 11g, verwertbar 35 % ≈ 4g

Vergleich mit 100 g Weizenmehl, das einen Eiweißanteil von 11 % und eine biologische Wertigkeit von 35 % hat.

> In 100 Gramm Weizenmehl sind 11 % = 11 Gramm Eiweiß.
> Davon sind für den Körper 35 % verwertbar, das sind etwa 4 Gramm.

Tierisches Eiweiß enthält mehr essenzielle Aminosäuren als pflanzliches. Unterschiedliche Eiweißarten können sich gegenseitig ergänzen und damit zusammen eine höhere biologische Wertigkeit haben.

Vegetarier achten bei der Zusammenstellung der Kost besonders auf die begrenzenden Aminosäuren. Bei sinnvoller Kombination können sie den Eiweißbedarf voll decken.

Abb. 1 Weizenmehl

Aufgaben

1. „Eiweiß muss sein." Erklären Sie das unter Verwendung des Begriffes essenzielle Aminosäuren.
2. Nennen Sie Merkmale, nach denen die Eiweißarten unterschieden werden.
3. Durch welche küchentechnischen Vorgänge kann man Eiweiß zum Gerinnen bringen?
4. Der Eiweißbedarf je kg Körpergewicht ist je nach Lebensalter unterschiedlich. Begründen Sie.
5. Milch hat eine hohe biologische Wertigkeit. Darum ist Quark ein Eiweißlieferant von hoher Qualität. Können Sie diesen Satz näher begründen?
6. „Fleisch ist ein Stück Lebenskraft", sagt die Werbung. Man kann dazu unterschiedlicher Meinung sein. Sammeln Sie Argumente.

5 Vitamine 🇬🇧 vitamins 🇫🇷 vitamines (w)

5.1 Bedeutung für den menschlichen Körper

Für eine gesunde Ernährung unabdingbar sind als Wirkstoffe die **Vitamine** und **Mineralstoffe** (Kapitel 6). Wegen ihrer Aufgaben im Körper werden diese Nahrungsbestandteile auch als **Regler- und Schutzstoffe** bezeichnet. Der menschliche Organismus ist auf eine regelmäßige Zufuhr angewiesen, weil er diese Stoffe nicht selbst bilden und nur begrenzt speichern kann.

Früher wurden die Vitamine in der Reihenfolge der Entdeckung mit Buchstaben bezeichnet. Heute haben die Vitamine Namen, die entweder zu ihrer Funktion oder zur chemischen Beschaffenheit Bezug haben. In der Tabelle auf der nächsten Seite werden alte und neue Bezeichnungen genannt.

Bei falscher Ernährung kann es zu **Versorgungslücken** kommen:

- *Falsche Ernährung*
  z. B. nur „Cola und Pommes"
  Chips und Schokolade
  Blitzdiät, Ess-Brech-Sucht
- *Falscher Umgang mit Lebensmitteln*
  (Vgl. Grafiken auf den beiden Folgeseiten)
- *Erhöhter Bedarf*
  Ausgedehntes Training führt zu Verlust durch Schweiß.
  Starkes Rauchen vermindert die Aufnahme.
  Medikamente können ausschwemmen.

Eine Unterversorgung mit Vitaminen oder **Hypovitaminose** äußert sich im einfachsten Falle mit Abgespanntheit und einer Störung des Wohlbefindens. Ein Mangel über einen längeren Zeitraum führt jedoch in vielen Fällen zu ernsthaften Erkrankungen. Man nennt diese Art von Erkrankungen deshalb auch **Mangelkrankheiten** (s. Tabelle nächste Seite).

Bestimmte **Vitaminpräparate** können ohne ärztliches Rezept gekauft werden. Und die Werbung verspricht wahre Wunder dem, der diese Präparate konsumiert. Dazu sollte man wissen:

- Längerfristig sollte man nicht ohne den Rat des Arztes Vitaminpräparate einnehmen.
- Werden zu viel wasserlösliche Vitamine aufgenommen, scheidet der Körper diese über die Niere mit dem Harn aus.
- Werden zu viele fettlösliche Vitamine aufgenommen, speichert sie der Körper. Das kann zu Gesundheitsstörungen führen, die man **Hypervitaminose** nennt. Das bedeutet eine Erkrankung durch zu viele Vitamine.

> Bei richtiger Ernährung mit gemischter Kost wird der gesunde menschliche Körper in den allermeisten Fällen ausreichend mit Vitaminen versorgt (Ernährungsbericht).

> Mangelerscheinungen erkennt der Arzt, er verordnet zum Ausgleich entsprechende Medikamente.

Küche ERNÄHRUNG

5.2 Aufgaben und Vorkommen

Auswahl von Vitaminen, deren regelmäßige Zufuhr für den menschlichen Körper wichtig ist.

Vitamin	Mangelkrankheit	Vorkommen	empfindlich gegen			
			Licht	Luft	Wasser	Wärme
fettlöslich						
A Retinol Vorstufe ist Karotin	Entzündungen der Haut und der Schleimhäute, Nachtblindheit, Widerstandskraft gegen Infektionen lässt nach	Butter, Schweineleber, Eigelb, Milch, Carotin in Karotten, Möhren, Aprikosen	++	++	–	–
D Calciferol	Wachstumsstörungen, Knochenerweichung, Rachitis	Butter, Margarine, Milch, Hefe	+	++	–	–
wasserlöslich						
B_1 Thiamin	Verdauungsstörungen, Muskelschwund, rasche Ermüdung, Nervosität, Beri-Beri	Hefe, Vollkornerzeugnisse, Vollmilch, Quark, Ei, Fleisch, Fisch, Kartoffeln	–	+	+	+
B_2 Riboflavin	Schlaflosigkeit, Nervosität	Schweineleber, Niere, Vollmilchprodukte	–	–	+	+
C Ascorbinsäure	Ermüdung, „Frühjahrsmüdigkeit", Zahnfleischerkrankung, Skorbut	Südfrüchte, Obst, Hagebutten, schwarze Johannisbeeren, Kartoffeln, alle grünen Pflanzen	++	++	++	++
Folsäure	Müdigkeit, Leistungsminderung, schlechte Wundheilung	Gemüse, Weizenkeime, Bierhefe	+	–	–	++

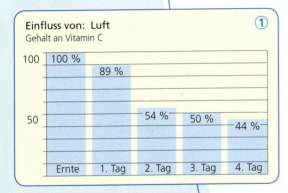

① Einfluss von: Luft – Gehalt an Vitamin C

5.3 Erhaltung bei der Vor- und Zubereitung

Bereits bei Transport und Lagerung von Obst und Gemüse wird durch den Einfluss von Luft, Wärme und Licht ein Teil der Vitamine zerstört (① – ③).

Aber auch die **Art der Vorbereitung** hat großen Einfluss auf das Ausmaß der Verluste (siehe ④ und ⑤).

5 Vitamine

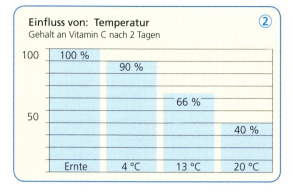

Einfluss von: Temperatur
Gehalt an Vitamin C nach 2 Tagen
- Ernte: 100 %
- 4 °C: 90 %
- 13 °C: 66 %
- 20 °C: 40 %

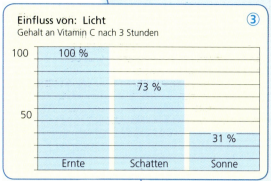

Einfluss von: Licht
Gehalt an Vitamin C nach 3 Stunden
- Ernte: 100 %
- Schatten: 73 %
- Sonne: 31 %

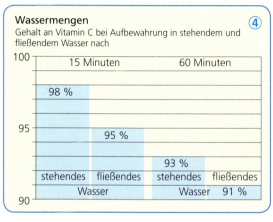

Wassermengen
Gehalt an Vitamin C bei Aufbewahrung in stehendem und fließendem Wasser nach
- 15 Minuten: stehendes Wasser 98 %, fließendes Wasser 95 %
- 60 Minuten: stehendes Wasser 93 %, fließendes Wasser 91 %

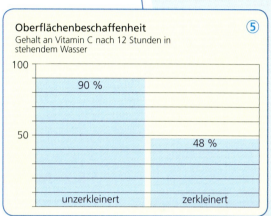

Oberflächenbeschaffenheit
Gehalt an Vitamin C nach 12 Stunden in stehendem Wasser
- unzerkleinert: 90 %
- zerkleinert: 48 %

Um Vitaminverluste zu vermindern, ist zu beachten:
- Gemüse kühl und dunkel aufbewahren, am besten im Kühlraum,
- kurz und unzerkleinert waschen,
- geschälte Kartoffeln möglichst kurz und in möglichst wenig Wasser aufbewahren,
- geputzte Gemüse nicht in Wasser legen, sondern mit Folie abdecken.

Aufgaben

1. Vitamine werden in zwei Gruppen eingeteilt. Nennen Sie diese und begründen Sie die Aufteilung aus der Sicht der Lebensmittelzubereitung.

2. Opti sagt: „Heute enthält das Essen mehr Vitamine als früher."
„Im Gegenteil", meint Pessi, „alles konserviert, nichts mehr frisch."
Erstellen Sie eine Tabelle nach nebenstehendem Muster und tragen Sie die möglichen Argumente ein.

Heute enthält die Nahrung im Vergleich zu früher	
mehr Vitamine weil …	weniger Vitamine weil …

3. Die Frühjahrsmüdigkeit wird mit Vitaminmangel in Verbindung gebracht. Erläutern Sie.

4. Welche Handlungsweisen bei Transport, Lagerung und Verarbeitung führen zu großen Vitaminverlusten?

5. „Reichlich Vitamine schaden nie." Stimmt diese Aussage?

6. Nennen Sie Lebensmittel mit viel Vitamin C und solche mit Vitamin D.

7. Suchen Sie natürliche Vitaminquellen. Welche Vitamine findet man vorwiegend in
   a) Obst und Gemüse, b) Karotten und c) Vollkornbrot?

8. Ein Vitamin kann auf dreierlei Weise benannt sein, z. B. Vitamin C, Ascorbinsäure oder antiskorbutisches Vitamin. Versuchen Sie eine Erklärung.

Küche — ERNÄHRUNG

6 Mineralstoffe

🇬🇧 mineral elements 🇫🇷 éléments (m) minéraux

6.1 Bedeutung für den menschlichen Körper

Eine ausreichende Versorgung des Körpers mit Mineralstoffen ist lebensnotwendig.

Mineralstoffe sind die unverbrennbaren anorganischen Bestandteile der Lebensmittel. Die Mineralstoffe werden vom Körper zwar nicht verbraucht, doch wird über den Stoffwechsel immer ein Teil ausgeschieden und muss darum mit der Nahrung ständig wieder zugeführt werden. Dies gilt vor allem bei erhöhter Belastung.

Mineralstoffe werden eingeteilt nach:

Aufgaben
- **Baustoffe** für den Aufbau von Knochen, Zähnen, Körperzellen, z. B. Calcium, Phosphor, Magnesium
- **Reglerstoffe**, welche die Eigenschaften der Körpersäfte beeinflussen, z. B. Natrium, Kalium, Chlor

Anteil im Körper
- **Mengenelemente**, der Tagesbedarf wird in Gramm gemessen, z. B. Kochsalz, Calcium, Phosphor
- **Spurenelemente**, von denen täglich nur wenige Milligramm notwendig sind, wie z. B. Eisen, Jod, Fluor

6.2 Aufgaben und Vorkommen

Mineralstoff	notwendig für	kommt reichlich vor in
Calcium	Aufbau der Knochen und Zähne, Blutgerinnung	Milch und Milchprodukten, Gemüse, Mineralwasser
Magnesium	Muskelkontraktion, Enzymtätigkeit	Gemüse, Kartoffeln, Hülsenfrüchten
Kalium	Erregung von Muskeln und Nerven	Kartoffeln, Gemüse, Obst, Milch, Milchprodukte
Eisen	Blutbildung, Sauerstofftransport	Leber, grünem Gemüse, Vollkornbrot
Phosphor	Aufbau der Nerven und Knochen	Leber, Fleisch, Fisch, Milch und Milchprodukten, Vollkornbrot, Nüssen
Jod	Tätigkeit der Schilddrüse	Seefischen, Meerestieren, Jodsalz (enthält je kg 5 mg Jod)
Kochsalz	ausreichende Gewebespannung	in fast allen Nahrungsmitteln

6.3 Erhaltung bei der Vor- und Zubereitung

- Gemüse kurz und unzerkleinert waschen,
- geputzte Gemüse nicht längere Zeit in Wasser legen,
- Einweich- und Kochwasser weiterverwenden.

Mineralstoffe sind wasserlöslich. Darum entstehen beim Waschen, beim Aufbewahren von Gemüsen in Wasser und beim Blanchieren große Verluste.

Einen **erhöhten Bedarf an Wirkstoffen** können Schwangere, Stillende sowie Säuglinge und ältere Menschen haben. Bei starker Belastung (Beruf, Sport) kann ebenfalls ein Mehrbedarf auftreten.

In diesen Fällen ist es möglich, dass der Bedarf durch bewusste Nahrungsauswahl (siehe auch vorstehende Tabelle) ergänzt werden muss. Vitamin- und Mineralstoffpräparate sollten über längere Zeit jedoch nur nach Rücksprache mit dem Arzt eingenommen werden.

7 Begleitstoffe

🇬🇧 dietary fibres 🇫🇷 fibres (w) alimentaires

Ballaststoffe oder Faserstoffe wurden früher für überflüssig gehalten. Man betrachtete die unverdauliche Zellulose als unnützen Ballast. Heute weiß man, dass diese Stoffe wichtige Aufgaben übernehmen, indem sie sogenannten Zivilisationskrankheiten vorbeugen.

Ballaststoffe

- quellen im Verdauungstrakt auf, erhöhen dadurch die Speisemenge und wirken so der Verstopfung entgegen,
- verzögern die Aufnahme der Nährstoffe in die Blutbahn – das Essen hält länger vor,
- begünstigen die im Darm lebenden Mikroben (Darmflora).

Viele nehmen heute zu wenig Ballaststoffe auf, weil man mehr Fleisch, Milchprodukte und Zuckerreiches isst, jedoch weniger Brot und Kartoffeln verzehrt als früher.

Sekundäre Pflanzenstoffe (SPS) oder **bioaktive Pflanzenstoffe** entstehen in geringen Mengen in den Pflanzen und dienen diesen z. B. als Abwehrstoffe gegen Schädlinge. Im menschlichen Körper wirken sie **gesundheitsfördernd**, weil sie vor der schädlichen Wirkung freier Radikale schützen und so z. B. das Risiko für bestimmte Krebserkrankungen senken. Seit langem ist z. B. die Wirkung von Zwiebeln und Knoblauch bekannt.

> ● Für eine ausreichende Ballaststoffversorgung: Nicht nur weißes Brot essen. Reichlich Gemüse und Obst in den Speiseplan einbauen.

> ● Bioaktive Pflanzenstoffe
> - stärken das Immunsystem,
> - wirken antibakteriell,
> - halten den Stoffwechsel stabil,
> - beugen Herz- und Krebserkrankungen vor.

> ● Will man die Vorteile der bioaktiven Pflanzenstoffe nutzen, gilt der einfache Grundsatz: Reichlich Gemüse und Obst unterschiedlicher Art. Es ist nicht notwendig, auf bestimmte Arten besonders zu achten.

Versorgung mit Vitaminen, Mineralstoffen und Wirkstoffen (Übersicht)

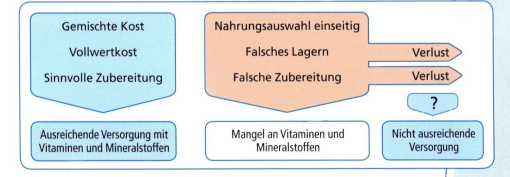

Aufgaben

1. Nennen Sie vier Regeln, die in der Küche beachtet werden müssen, damit Vitamine und Mineralstoffe möglichst erhalten werden.

2. Welche „Fehler" der gewerblichen Küche führen zu hohen Verlusten an Wirkstoffen? Gibt es Gründe, die diese Verfahren rechtfertigen?

3. Man sagt, je höher der Ballaststoffanteil, desto geringer die Gefahr eines Darmkrebses. Erklären Sie den Zusammenhang.

4. Nennen Sie drei Gruppen von Menschen mit einem erhöhten Bedarf an Vitaminen und Mineralstoffen und begründen Sie den Mehrbedarf.

Küche

ERNÄHRUNG

8 Wasser

🇬🇧 water 🇫🇷 eau (w)

Chemisch reines Wasser (H₂O) setzt sich aus zwei Atomen Wasserstoff und einem Atom Sauerstoff zusammen. Im natürlichen Wasserkreislauf durchdringt der Regen jedoch verschiedene Erdschichten. Diese wirken einerseits als Filter, andererseits löst das Wasser aus diesen Schichten Mineralstoffe.

8.1 Wasserhärte

Nach dem Lebensmittelrecht muss **Trinkwasser klar, farb-, geruch- und geschmacklos** sein und darf keine gesundheitsschädlichen Stoffe enthalten.

Die Menge der im Wasser gelösten Mineralstoffe bestimmt die **Wasserhärte**. Sie wird nach der internationalen Einheit Millimol (mmol/l) gemessen. Je nach Mineralstoffgehalt spricht man von hartem oder weichem Wasser. Hartes Wasser bildet beim Erhitzen Kalkablagerungen, die sich in Gefäßen, Heizungskesseln und Rohren absetzen.

8.2 Küchentechnische Eigenschaften

Wasser laugt aus

Durch den besonderen chemischen Aufbau des Wassermoleküls verhalten sich die einzelnen Wasserteilchen wie Magnete: Sie haben einen positiven und einen negativen Pol. So können sie sich **leicht zwischen andere Stoffe** schieben und deren Anziehungskräfte aufheben. Diese Stoffe bleiben dann im Wasser gelöst. Heißes Wasser ist „beweglicher" als kaltes und löst darum schneller.

Die lösende Wirkung des Wassers ist

- **erwünscht** bei Aufgussgetränken wie Tee oder Kaffee oder bei der Herstellung von Bouillon,
- **unerwünscht**, wenn Auslaugverluste vermieden werden sollen. Dann bringt man die Lebensmittel möglichst nur kurz mit Wasser in Berührung,
  z. B. werden die Gemüse kurz und unzerkleinert gewaschen.

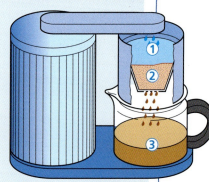

Abb. 1 Wasser laugt aus.

① heißes Wasser (Lösemittel)
② frisches Kaffeepulver
③ Kaffee (Extraktlösung)

Wasser lässt Lebensmittel aufquellen

Manchen Lebensmitteln wie Linsen, gelben Erbsen, Pilzen, Dörrobst wird das Wasser entzogen, um sie haltbar zu machen. Bringt man diese Lebensmittel wieder ins Wasser, weicht man sie also ein, so saugen sie sich mit Wasser voll und quellen.

Wasser dient als Garmedium

Bei den Garverfahren Kochen, Dämpfen, Dünsten und Schmoren wird die Wärme durch das Wasser und Dampf auf die Lebensmittel übertragen.

Höhere Temperatur bedeutet kürzere Garzeit

Bei höherer Temperatur laufen Garvorgänge rascher ab, die Gardauer wird dadurch verkürzt. Während Wasser bei normalem Luftdruck bei etwa 100°C kocht, **steigt der Siedepunkt bei höherem Druck**.

Dieser erwünschte Überdruck entsteht im **Dampfdrucktopf**, den man auch als „Schnell"-Kochtopf bezeichnet.

Gewerblich wird die durch Druckerhöhung ermöglichte Temperatursteigerung beim Erhitzen von Konserven genutzt.

Verringert man dagegen den Druck, so „kocht" das Wasser bereits bei geringerer Temperatur.

Diesen Zustand stellt man absichtlich her, wenn man Luft abpumpt (entzieht) und so einen Unterdruck, ein Vakuum erzeugt, z. B. beim Eindicken von Kondensmilch, um den Kochgeschmack zu vermeiden.

Abb. 1 Erhöhte Temperatur verkürzt die Garzeit.

8.3 Bedeutung für den menschlichen Körper

Wasser dient dem Körper als **Baustoff**, denn der Körper besteht zu etwa 60 % aus Wasser.

Als **Lösungsmittel** hilft das Wasser die Bausteine der Nährstoffe sowie die Vitamine und Mineralstoffe aus den Speisen zu lösen, sodass sie die Darmwand durchdringen und im Blut zu den Körperzellen transportiert werden können.

Als **Transportmittel** nimmt Wasser die gelösten Stoffe in Blut und Lymphe auf und bringt sie zu den Verbrauchsstellen. Von dort werden die Rückstände zu den Ausscheidungsorganen Leber und Nieren gebracht.

Zur **Wärmeregelung** gibt der Körper durch die Poren der Haut Wasser ab. Dieses verdunstet und kühlt dadurch den Körper ab.

Der Körper bedarf einer täglichen **Wassermenge** von 2 bis 2,5 Litern. Diese wird teilweise durch den Wassergehalt der Lebensmittel gedeckt, zum größeren Teil muss sie aber durch etwa 1,5 l Getränke ergänzt werden.

> Der Wasserbedarf des Menschen ist erhöht bei
> - trockener und heißer Witterung, weil die Schweißabsonderung ansteigt, wie auch bei
> - körperlicher Anstrengung und dem
> - Genuss kräftig gesalzener oder scharfer Speisen.

Aufgaben

1. Welche Nachteile sind mit der Verwendung von hartem Wasser verbunden?
2. Der Mensch benötigt täglich mindestens 2 Liter Wasser. Kaum jemand trinkt so viel. Wie wird dann der Flüssigkeitsbedarf gedeckt?
3. Wasser laugt aus. Nennen Sie je drei Beispiele, wo dieser Vorgang erwünscht bzw. nicht erwünscht ist.
4. Warum werden in einem Dampfdrucktopf die Lebensmittel schneller gar?
5. Haben Sie schon einmal mit dem Dampfdrucktopf gearbeitet? Gibt es auch Nachteile?

9 Enzyme

🇬🇧 enzymes 🇫🇷 enzymes (m)

Enzyme sind Wirkstoffe, die Veränderungen in den Zellen und damit auch in den Lebensmitteln entweder überhaupt erst ermöglichen oder aber beschleunigen, ohne sich dabei zu verbrauchen.

Man bezeichnet Wirkstoffe wie z. B. die Enzyme auch als **Katalysatoren**; werden diese in lebendigen Organismen gebildet, spricht man von **Biokatalysatoren**.

Neben dem aus dem Griechischen kommenden Wort Enzym verwendet man auch den lateinischen Begriff Ferment. Beide Begriffe bedeuten dasselbe.

9.1 Wirkungsweise

Enzyme bewirken die verschiedensten Abläufe:
- **Sie bauen in der Pflanze Nährstoffe auf** – aus Einfachzuckern werden Zweifach- und Vielfachzucker.
- **Sie verändern die Lebensmittel** – Schlachtfleisch reift, angeschnittene Äpfel werden braun.
- **Sie bauen Nährstoffe ab** – beispielsweise bei der Verdauung.
- **Sie bauen arteigene Körperstoffe auf** – z. B. Haare, Haut, Fett im Unterhautfettgewebe.

Enzyme bestehen aus **Eiweiß** und einer Wirkstoffgruppe. Diese **Wirkstoffgruppe** ist spezialisiert. Darum sind auch die Enzyme nur zu besonderen Veränderungen an jeweils einem speziellen Nährstoff fähig, können also auch bewusst sehr differenziert eingesetzt werden.

Enzyme sind
- **wirkungsspezifisch**, sie können nur eine bestimmte Wirkung einleiten, z. B. Aufbau von Fetten,
- **stoffspezifisch** (substratspezifisch), d. h., ein bestimmtes Enzym kann z. B. nur Kohlenhydrate verändern, nicht aber auch Fett oder Eiweißstoffe (Abb. 1).

Das nachstehende Beispiel des Stärkeabbaues zeigt, dass für jede Stufe ein anderes Enzym erforderlich ist. So kann z. B. die Amylase nur den Vielfachzucker Stärke in Zweifachzucker spalten. Dieses Beispiel aus dem Bereich der Kohlenhydrate ist auf alle anderen Stoffe übertragbar.

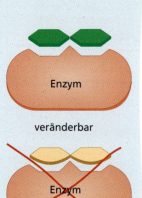

Abb. 1 Enzyme sind stoffspezifisch.

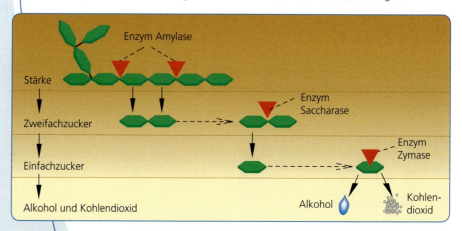

Abb. 2 Abbau von Stärke durch Enzyme

9.2 Bedingungen der Enzymtätigkeit und deren Steuerung

Versuche
1. Bereiten Sie aus 100 cm³ Wasser und 5 g Stärke einen Kleisterbrei. Verteilen Sie ihn auf die Gläser 1 bis 4.
2. In die Gläser 2, 3 und 4 wird je ein Teelöffel Speichel gegeben und untergerührt. Stellen Sie Glas 2 in den Kühlschrank, Glas 3 in ein Wasserbad mit 37 °C; Glas 4 muss aufgekocht und anschließend in ein Wasserbad gestellt werden.
3. Zerdrücken Sie ein Stückchen rohes Fischfilet, vermischen Sie es mit einem Teelöffel Speichel und füllen Sie es in Glas 5, das Sie anschließend ins Wasserbad stellen.
4. Nach ca. 20 Min. vergleichen Sie die Gläser. Nr. 1, 2, 4 und 5 zeigen keine Veränderungen. In Glas 3 hat sich der Stärkebrei verflüssigt. Prüfen Sie mit wässeriger Jodlösung!

Die **Wirksamkeit** der Enzyme ist abhängig
- **von der Temperatur.** – Bis ca. 40 °C steigt die Wirksamkeit an; bei höheren Temperaturen wird das Eiweiß geschädigt, es verändert sich und die Wirksamkeit des Enzyms lässt nach.
- **vom verfügbaren Wasser (a_w-Wert).** – Für die Veränderungen muss Wasser vorhanden sein, damit sich die Teilchen „bewegen" können. Das Wasser, das den Enzymen verfügbar ist, nennt man auch aktives Wasser.
- **vom Säurewert (pH-Wert).** – Die Enzyme bevorzugen neutrale bis leicht saure Umgebung. Durch eine Verschiebung des pH-Wertes kann deshalb die Enzymtätigkeit beeinflusst werden.

Bei der **Herstellung von Lebensmitteln** beeinflusst man die Wirkung der Enzyme:
- **Fördern der Enzymtätigkeit** z. B. beim Fermentieren von Tee und Kaffee.
- **Hemmen der Enzymtätigkeit** z. B. beim Blanchieren von Gemüse vor dem Frosten oder durch die Zugabe von Säure (Essigsäure, Benzoesäure) zur Konservierung.

Bei der **Verdauung der Nährstoffe** wirken die körpereigenen Enzyme und zerlegen die Nährstoffe in die Bausteine.

Abgebaut wird zum Beispiel:
- Stärke – Amylum durch Amylasen
- Malzzucker – Maltose durch Maltasen
- Fette – Lipide durch Lipasen
- Eiweiß – Protein durch Proteasen.

Zusatzwissen

Die wissenschaftlichen Namen der Enzyme werden entsprechend einer internationalen Vereinbarung nach dem Stoff benannt, auf den sie einwirken. Alle Enzyme haben die Endsilbe „ase".

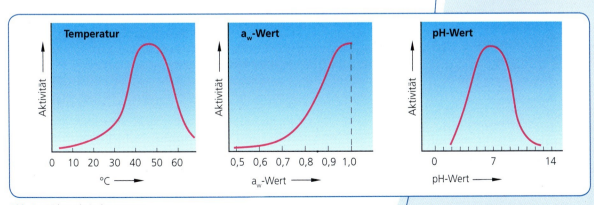

Abb. 1 Wirksamkeit der Enzyme

10 Verdauung und Stoffwechsel

🇬🇧 digestion and metabolism 🇫🇷 digestion (w) et métabolisme (m)

Mit den Lebensmitteln nehmen wir die Nährstoffe auf, die der Körper zum Aufbau (Muskeln, Knochen) und zur Energiegewinnung (Kraft, Wärme) benötigt. Dies wurde schon bei der Behandlung der einzelnen Nährstoffe aufgezeigt. Hier eine zusammenfassende Darstellung.

Vom Lebensmittel zu den Bausteinen der Nährstoffe

	Mund	Magen	Galle	Bauchspeicheldrüse	Blut/Lymphe
Kohlen-hydrate	Enzyme des **Mundspei-chels** beginnen mit dem Abbau von Stärke.			Enzyme der **Bauchspeicheldrüse** zer-legen Zuckerstoffe weiter. Enzyme des **Darmsaftes** zerlegen restlichen Zweifach- zu Einfachzucker.	**Einfachzucker** werden vom **Blut** aufgenommen.
Eiweiß		Salzsäure und Proteasen leiten im **Magen** den Eiweißabbau ein.		Enzyme in **Bauch-speichel** und **Darmsaft** zerlegen die Eiweißteile zu Aminosäuren.	**Aminosäuren** werden vom **Blut** aufgenommen.
Fett			**Gallensaft** emulgiert Fett zu feinsten Tröpfchen.	Das Enzym Lipase aus **Bauchspeicheldrüse** spaltet Fett in Glycerin und Fettsäuren.	**Glycerin** und **Fett-säuren** werden von der **Lymph-bahn** auf-genommen.

Abb. 1 Verdauung und Stoffwechsel

Lebensmittel nennt der Gesetzgeber alles, was gegessen, gekaut oder getrunken wird.

Durch die Verdauung werden die Lebensmittel zerkleinert (Zähne, Magen) und in die Bausteine **zerlegt. Verdauung ist der Abbau der Nahrung in die Bausteine der Nährstoffe.** Das geschieht im Magen-Darm-Kanal, vorwiegend im Dünndarm. Als Werkzeuge für die Aufspaltung der Nähr-stoffe in die Bausteine dienen vorwiegend die **Enzyme**.

Die Bausteine der Nährstoffe (Einfachzucker, Aminosäuren, Glycerin und Fettsäuren) sind so kleine Moleküle, dass sie durch die Darmwand in die Blutbahn oder die Lymphbahn gelangen können. Diesen Übergang aus dem Verdauungskanal in den „eigentlichen Körper" bezeichnet man als **Resorption**.

Durch den Blutkreislauf werden die Bausteine der Nährstoffe zu den Körperzellen gebracht. Dort finden die eigentlichen Veränderungen statt:

Einfachzucker werden in Verbindung mit Sauerstoff zu Energie (Kraft, Körperwärme), aus Aminosäuren wird körpereigenes Eiweiß aufgebaut usw. Diese Vorgänge nennt man **Stoffwechsel**.

Verdauung im Überblick

Im Mund
Speichel enthält das Enzym **Amylase**. Es beginnt mit dem Abbau der Stärke. Zugleich macht der Speichel die durch das Kauen zerkleinerte Nahrung gleitfähig.

Im Magen
Magensaft enthält **Salzsäure** und eiweißabbauende Enzyme. Die Säure tötet die meisten der mit der Nahrung aufgenommenen Mikroben ab und lässt das Eiweiß gerinnen. Im angesäuerten Speisebrei beginnen **Proteasen** mit dem Abbau der Eiweißstoffe.

Im Zwölffingerdarm
kommt **Gallenflüssigkeit** zum Speisebrei. Galle wird von der Leber produziert und in der Gallenblase gespeichert. Die Galle emulgiert das Fett, es entstehen viele kleinste Fettteilchen, die sich leichter aufspalten lassen. Von der Bauchspeicheldrüse fließen **Lipasen** (fettspaltende Enzyme), **Peptidasen** (eiweißspaltende Enzyme) und **kohlenhydratspaltende Enzyme** in den Speisebrei.

Im Dünndarm
kommen weitere Verdauungsenzyme dazu. Die Nährstoffe werden zu folgenden Bausteinen zerlegt:
- Kohlenhydrate werden zu Einfachzucker,
- Fette zu Glycerin und Fettsäuren,
- Eiweißstoffe zu Aminosäuren.

Diese Bausteine gelangen als verwertbare Anteile der Nahrung durch die Wand des Dünndarms in den Körper. Einfachzucker und Aminosäuren werden vom Blut transportiert, Fett wird von der Lymphe aufgenommen.

Im Dickdarm
wird dem Speisebrei Wasser entzogen, er wird eingedickt. Die verbleibenden unverdaulichen Nahrungsbestandteile werden als **Kot** ausgeschieden. Die Flüssigkeit wird über die Nieren als **Harn** ausgeschieden.

Lebensmittelunverträglichkeiten/-allergien

Lebensmittelallergien sind sehr starke Reaktionen der körpereigenen Immunsysteme gegenüber fremden Stoffen. Dabei betrachtet der Körper bestimmte Stoffe – meist sind es Eiweißarten – als „Feinde" und bildet zur Abwehr **Antikörper**. Diese bleiben auch nach dem Abklingen der Allergie im Körper.

Lebensmittelintoleranz/Pseudoallergie wird ebenfalls von Lebensmittelbestandteilen ausgelöst, es bilden sich jedoch keine Antikörper.

Empfehlungen für den Umgang mit beiden Arten:
- Allergieauslöser vermeiden, also bestimmte Lebensmittel,
- Ernährung abwechslungsreich und vollwertig zusammenstellen,
- nach Möglichkeit frische Lebensmittel selbst zubereiten,
- beim Einkauf auf Zutatenliste achten.

Verdauungsorgane / **Verdauungssäfte**

- Mund — Mundspeichel
- Speiseröhre
- Leber — Magensalzsäure
- Gallenblase — Magensaft
- Bauchspeicheldrüse — Gallensaft
- Zwölffingerdarm — Bauchspeichel
- Dünndarm — Darmsäfte
- Dickdarm
- After

Um die Beiträge der einzelnen Lebensmittel für die Energieversorgung des Körpers miteinander vergleichen zu können, wird deren Energiegehalt genannt. Dazu verwendet man als Maßbezeichnung kJ ≙ Kilojoule oder kcal ≙ Kilokalorie.

Es liefern
1 g Kohlenhydrate   17 kJ / 4,2 kcal
1 g Eiweiß   17 kJ / 4,2 kcal
1 g Fett[1]   37 kJ[1] / 9,3 kcal

[1] Wert nach Nährwertkennzeichnungsverordnung

Küche

ERNÄHRUNG

11 Vollwertige Ernährung

🇬🇧 full value nutrition 🇫🇷 régime (m) alimentaire complet

Durch eine vollwertige Ernährung sollen die Leistungsfähigkeit des Menschen gefördert und ernährungsbedingte Erkrankungen vermieden werden.

Grundsätze vollwertiger Ernährung

- **Die richtige Nahrungsmenge:**
  Die Energiezufuhr muss auf den Bedarf des Körpers abgestellt sein. Wer über längere Zeit den Bedarf des Körpers mit der Energiezufuhr nicht zur Übereinstimmung bringt, hat Gewichtsprobleme (vgl. unten).
- **Die richtige Zusammenstellung:**
  Nicht die Menge allein macht es, es muss auch das Richtige sein, was man zu sich nimmt. Das bedeutet, dass bei einer vollwertigen Ernährung darauf zu achten ist, dass alle essenziellen Nährstoffe auch in ausreichender Menge zugeführt werden.
- **Die richtige Verteilung der Nahrung:**
  Der menschliche Körper unterliegt biologisch bedingten Schwankungen innerhalb des Tagesablaufs. Wer den zeitlich unterschiedlichen Bedarf des Körpers beachtet, lebt besser.

11.1 Energiebedarf

Der Körper bedarf selbst bei Ruhe und Schlaf zur Erhaltung der Lebensvorgänge, wie Atmung, Kreislauf, Verdauung usw., einer gewissen Energiemenge. Diese nennt man Grundumsatz.

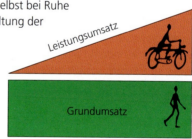

Abb. 1 Energiebedarf

> Faustregel:
> 100 kJ je kg Körpergewicht

Der **Grundumsatz** ist abhängig von
- Alter – mit zunehmendem Alter wird der Grundumsatz geringer,
- Geschlecht – bei Frauen geringer als bei Männern,
- Körpermasse – je „gewichtiger", desto höher der Grundumsatz.

Grundumsatz (Durchschnittswerte)				
Alter	männlich		weiblich	
	kJ	kcal	kJ	kcal
25	7.300	1.750	6.000	1.440
45	6.800	1.630	5.600	1.340
65	6.200	1.490	5.200	1.250

Leistungsumsatz		
Art der Arbeit	Leistungsumsatz je Tag in kJ	
	Mann (70 kg)	Frau (60 kg)
leicht	2.100–2.500	1.700–2.100
mittelschwer	2.500–4.200	2.100–3.400
schwer	4.200–6.700	über 3.400

Der **Leistungsumsatz** ist die Energiemenge, die wir benötigen, wenn wir uns bewegen. Mit der Schwere der Arbeit und der Menge an sportlicher Leistung steigt der Leistungsumsatz.

Ein junger Mann mit 70 kg verbraucht bei leichter bis mittelschwerer Tätigkeit täglich etwa 11.000 kJ/2.640 kcal.

Das sind täglich je 1 kg des Körpergewichts:		bei 70 kg
Eiweißstoffe (Protein)	0,5–1 g	60 g
Fett	0,7–0,8 g	50 g
Kohlenhydrate	6–7 g	450 g
Wasser	30–40 g	2–3 l
Spuren von Mineralstoffen und Vitaminen		

Grundumsatz
+ Leistungsumsatz
= Gesamtumsatz

Bei Angaben zum Nährwert wird oft von D-A-CH-Referenzwerten gesprochen. D – A – CH ist ein Kunstwort für Deutschland (D) – Österreich (A) – Schweiz (CH). Diese Länder haben sich auf einheitliche Werte geeinigt.

Wer abnehmen will, schafft das am raschesten über eine Verringerung der Energiezufuhr. Viel schwerer ist eine Verringerung des Gewichtes über verstärkte Aktivität, z. B. Sport. Trotzdem fördert Sport die Gesundheit.

11.2 Nahrungsauswahl

Wichtig: Eine Ernährung ist dann vollwertig, wenn alle erforderlichen Nährstoffe in der benötigten Menge aufgenommen werden.

„Iss das Richtige."

Dafür eignet sich am besten eine abwechslungsreiche, gemischte Kost. Die Deutsche Gesellschaft für Ernährung (DGE) gibt mit der Ernährungspyramide (s. Abb. 1) eine Hilfe, um die Lebensmittelauswahl zu überprüfen.

Erläuterungen zur Ernährungspyramide

Getränke sind der mengenmäßig größte Anteil der täglichen Nahrungsaufnahme und bilden darum unten an der Pyramide einen breiten Balken.

Die Hülsenfrüchte (reife Bohnen, Erbsen und Linsen) sind wegen ihres hohen Kohlenhydratgehaltes nicht dem Gemüse, sondern der Gruppe Kartoffeln, Getreide zugeordnet.

Weil nur die Meeresfische das Spurenelement Jod liefern, sind sie als eigene Gruppe angeführt.

Die Süßwasserfische sind den anderen Eiweißlieferanten Fleisch und Ei zugeordnet.

Die Farben bei den Texten bedeuten:
- **Grün** reichlich
- **Gelb** mit Bedacht
- **Rot** wenig verzehren

Abb. 1 Ernährungspyramide

Küche

ERNÄHRUNG

> Wer sich richtig ernähren will, muss also nicht nur weniger essen, sondern auch das Richtige auswählen.

Veränderte Lebensbedingungen und geänderte Essgewohnheiten machen es erforderlich, über die Zufuhr von Wirkstoffen grundsätzlich nachzudenken.

Im Gegensatz zu früher ist die **körperliche Belastung geringer**: Kraftarbeit übernehmen die Maschinen. Dafür ist der Mensch nervlich mehr angespannt. Die Ernährung ist heute aber **energiereicher**.

Man isst „besser". Das bedeutet mehr (verstecktes) Fett, mehr Zucker, weniger Ballaststoffe. Damit ist die Nahrung energiereicher und zugleich ärmer an Wirkstoffen. Man spricht darum auch von „leeren Kalorien".

Nährstoffdichte

Bei mangelnder Bewegung und im Alter hat der Körper einen verringerten Energieverbrauch. Der Bedarf an Vitaminen und Mineralstoffen bleibt jedoch gleich. Bei richtiger Ernährung hat man darum auf eine energiearme aber wirkstoffreiche Nahrungsauswahl zu achten. In dieser Situation hilft die Nährstoffdichte bei der Nahrungsauswahl.

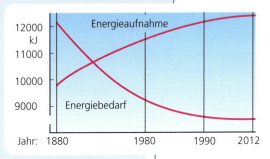

Abb. 1 Energieaufnahme und Energiebedarf

Vollwertig essen und trinken ist einfach, wenn die 10 Regeln der DGE beachtet werden.

1. Vielseitig essen
Genießen Sie die Vielfalt der Lebensmittel, kombinieren Sie. Es gibt keine „guten" oder „verbotenen" Lebensmittel.

2. Getreideprodukte und Kartoffeln
Brot, Nudeln, Reis, bevorzugt aus Vollkorn, sowie Kartoffeln enthalten kaum Fett, aber viele Wirkstoffe.

3. Gemüse und Obst – Nimm „5" am Tag
Fünf Portionen Gemüse oder Obst am Tag versorgen den Körper gut mit Wirkstoffen. Es kann sich z. B. um einen rohen Apfel, kurz gegartes Gemüse oder auch um Saft handeln.

4. Täglich Milch und Milchprodukte, ein- bis zweimal in der Woche Fisch; Fleisch, Wurstwaren sowie Eier in Maßen
Bei Fleischerzeugnissen und Milchprodukten ist auf den Fettgehalt zu achten.

5. Wenig Fett und fettreiche Lebensmittel
Fett ist auch Geschmacksträger. Darum schmecken fettreiche Speisen meist besonders gut. Weil es viel Energie liefert, macht Fett aber auch „fett". Auf unsichtbare Fette in Fleischerzeugnissen, Süßwaren, Milchprodukten und in Gebäck achten.

6. Zucker und Salz in Maßen
Genießen Sie zuckerreiche Lebensmittel und Getränke mit reichlich Zucker nur in Maßen.

7. Reichlich Flüssigkeit
Wasser hat im Körper vielfältige Aufgaben. Trinken Sie rund 1,5 Liter jeden Tag.

8. Schmackhaft und schonend zubereiten
Garen Sie bei niederen Temperaturen und kurz. So bleiben Geschmack und Nährstoffe erhalten.

9. Nehmen Sie sich Zeit, genießen Sie Ihr Essen
Bewusstes Essen hilft, richtig zu essen. Auch das Auge isst mit.

10. Achten Sie auf Ihr Wunschgewicht und bleiben Sie in Bewegung
Mit dem richtigen Gewicht fühlen Sie sich wohl und mit reichlich Bewegung bleiben Sie in Schwung. Tun Sie etwas für Fitness, Wohlbefinden und Ihre Figur.

Die **Nährstoffdichte ist ein Messwert**, der angibt, in welchem Verhältnis ein wichtiger/essentieller Nahrungsbestandteil wie Vitamine oder Mineralstoffe zum Energiegehalt steht.

Nährstoffdichte = $\dfrac{\text{Nährstoffgehalt (mg)}}{\text{Energiegehalt (kJ)}}$

Beispiele:

- **Zucker** ist ein fast reines Kohlenhydrat ohne Vitamin C. Darum ist die Nährstoffdichte in Bezug zu Vitamin C gleich Null.
- **Blattsalate** liefern kaum Energie, haben aber einen hohen Anteil an Vitamin C. Darum hat die Nährstoffdichte in Bezug zu Vitamin C einen hohen Wert.

Wenn man die gleiche Nährstoffmenge z. B. Vitamin C bei geringer Energiemenge unterbringt, ist die Nährstoffdichte hoch.

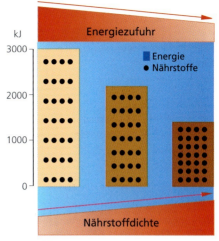

Abb. 1 Energiezufuhr und Nährstoffdichte

Das „richtige" Körpergewicht

Heute halten Ernährungswissenschaftler das persönliche „Wohlfühlgewicht" für das Beste. Sie schränken aber ein: Solange es im vernünftigen Rahmen bleibt. Der Bereich, in dem ein vernünftiges Körpergewicht liegen soll, lässt sich auf verschiedene Weise feststellen:

Das **Normalgewicht** nach Broca:
Körpergröße (cm) – 100 = Körpergewicht (kg)
Überschreitet man die Werte um mehr als 10 %, spricht man von Übergewicht.

Der **Body Mass Index (BMI)**, wörtlich „Körper-Gewichts-Messwert", erlaubt eine individuellere Beurteilung.
BMI = Körpergewicht in kg / (Körpergröße in m)^2

Der ermittelte **BMI** wird nun im Zusammenhang mit dem Alter ausgewertet. Der Wert kann auch aus einer Tabelle abgelesen werden Ein junger Mann ist 170 cm groß und wiegt 60 kg. Wie ist sein BMI-Wert?

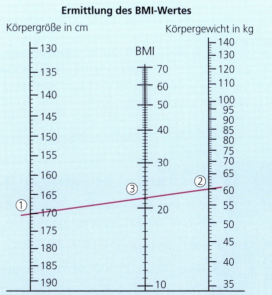

Ein Lineal wird links an der entsprechenden Größe ① und gleichzeitig rechts am aktuellen Gewicht ② angelegt. An der mittleren Linie ③ kann der BMI-Wert abgelesen werden.

Auswertung des BMI-Wertes			
	Unter-gewicht	Normal-gewicht	Über-gewicht
Alter		BMI-Wert	
	unter	zwischen	über
19 bis 24 Jahre	19	19–24	24
25 bis 34 Jahre	20	20–25	25
35 bis 44 Jahre	21	21–26	26
45 bis 54 Jahre	22	22–27	27
55 bis 64 Jahre	23	23–28	28
über 65 Jahre	24	24–29	29

Küche

ERNÄHRUNG

Waist-to-Height-Ratio (WtHR)
Taillenumfang in cm) / Körpergröße in cm

Bei Überschreitung des Grenzwertes ist eine Umstellung der Ernährungs- und Bewegungsgewohnheiten dringend angezeigt.

Studien haben gezeigt, dass es für die Beurteilung des idealen Körpergewichtes wichtig ist, an welchen Körperstellen das Fett sitzt. Während Fett an Oberschenkel und Po für den Körper eher eine schützende Wirkung hat, wird ein hoher Bauchfettanteil mit gesundheitlichen Risiken wie z. B. Herzinfarkt in Verbindung gebracht. Als Folge dieser Erkenntnis wurde die **Waist-to-height-ratio** (WtHR) (wörtlich: Taille-zu-Größe-Verhältnis) vorgestellt.

Für Personen, die jünger als 40 Jahre sind, ist ein Wert über 0,5 kritisch. Im Alter von 40 bis 50 Jahren liegt die Grenze zwischen 0,5 und 0,6, bei über Fünfzigjährigen bei 0,6.

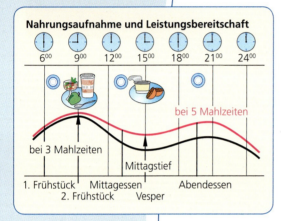

11.3 Verteilung der täglichen Nahrungsaufnahme

Der Körper hat eine innere „biologische" Uhr, die nicht nur unser Leistungsvermögen beeinflusst, sondern auch Signale aussendet, die uns an die Nahrungsaufnahme erinnern.

Ein Teil der täglich aufgenommenen Nahrung ist zur Deckung des Leistungsumsatzes notwendig, damit der Körper wieder „Kraft" erhält. Darum sollte die Nahrungsaufnahme der Leistungsbereitschaft angepasst werden. Das Schaubild zeigt die Zusammenhänge zwischen Leistungsbereitschaft und Nahrungsaufnahme.

Regeln für die Verteilung der Nahrungsaufnahme

- **Fünf kleine Mahlzeiten sind besser als drei große**, denn die Energiezufuhr ist der Leistungsbereitschaft angepasst und Heißhunger wird vermieden.
- **Ein vollwertiges Frühstück bringt die Startenergie**, die der menschliche Organismus nach der Schlafpause benötigt. Mit dem Frühstück soll man etwa ein Viertel der Tagesenergiemenge aufnehmen.
- **Das Mittagessen ist meist die Hauptmahlzeit**, sie soll etwa ein Drittel des täglichen Energiebedarfs decken.
- **Das Abendessen darf nicht belasten**. Das Abendessen zu Hause bietet Gelegenheit, eventuelle Mängel einer Außerhaus-Verpflegung (Kantine) auszugleichen und für eine ausreichende Zufuhr an Vitaminen und Mineralstoffen zu sorgen.
- **Zwischenmahlzeiten sollen so liegen, dass sie die Leistungsbereitschaft fördern**, also zwischen 9 Uhr und 10 Uhr, wenn die Leistungskurve absinkt, und gegen 15 Uhr nach dem Mittagstief.

Aufgaben

1. Warum ist der Grundumsatz nicht bei allen Menschen gleich?
2. Die Ernährungspyramide unterteilt unsere Lebensmittel in Gruppen. Welche Lebensmittelgruppen sollen bevorzugt werden? Begründen Sie.
3. Eine Ernährungsregel der DGE lautet: Würzig, aber nicht salzig. Erklären Sie den Unterschied.
4. Nennen Sie die drei häufigsten Ernährungsfehler, die zu Übergewicht führen.
5. „Wir essen zu viele leere Lebensmittel", ist ein häufig gehörter Vorwurf. Nehmen Sie dazu Stellung.
6. Zwischenmahlzeiten erhöhen die Leistungsfähigkeit. Erläutern Sie.

12 Alternative Ernährungsformen

🇬🇧 nutrition alternatives 🇫🇷 formes (w) de nutrition alternatives

Unterschiedliche Gründe veranlassen Menschen, sich alternativ zu ernähren. Alternativ bedeutet hier: sich bewusst für einen anderen Weg entscheiden. Naturbelassene, unverarbeitete Rohstoffe, Frischkost, kein oder nur wenig Fleisch, Vollkornprodukte, das sind die Stichworte in der Argumentation um alternative Ernährungsformen.

12.1 Vegetarische Kost – Pflanzliche Kost

Vegetarier wollen bewusst eine vorwiegend aus pflanzlichen Produkten bestehende Ernährung. Sie essen keine Lebensmittel, die von getöteten Tieren stammen. Darüber hinaus lehnen Vegetarier meist auch Genussmittel wie Alkohol oder Nikotin ab.

Bei Vegetariern werden unterschieden:
- **Ovo-Lakto-Vegetarier** essen neben Pflanzen auch Produkte von Tieren, also Eier, Milch und Milcherzeugnisse.
- **Lakto-Vegetarier** verzichten zusätzlich auf den Genuss von Eiern, weil ein befruchtetes Ei schon Leben in sich birgt.
- **Veganer** leben nur von pflanzlichen Produkten. Sie lehnen alles ab, was von Tieren kommt, sogar Honig.

	Pflanzen	Milch, Käse	Eier
	lat. *vegetabilia* Pflanzen	lat. *laktis* Milch	lat. *ovum* Ei
Ovo-Lakto-Vegetarier	✓	✓	✓
Lakto-Vegetarier	✓	✓	✗
Veganer	✓	✗	✗

12.2 Vollwerternährung und vollwertige Ernährung

Definition der Vollwerternährung (gekürzt)

Vollwerternährung ist eine überwiegend lakto-vegetabile Ernährungsform, in der Lebensmittel bevorzugt werden, die möglichst wenig verarbeitet sind.

… etwa die Hälfte der Nahrungsmenge ist als unerhitzte Frischkost (Rohkost) zu verzehren. Lebensmittelzusatzstoffe sollten vermieden werden. Die Vollwerternährung ist zu unterscheiden von der vollwertigen Ernährung.

Abb. 1 Zusammensetzung der Vollwerternährung

Vergleich

Vollwertige Ernährung

Vollwertige Ernährung nennt die DGE eine Ernährung, die folgende Punkte beachtet:
- **Richtige Nahrungsmenge** entsprechend dem jeweiligen Grund- und Leistungsumsatz.
- **Richtige Zusammenstellung der Nahrung (gesunde Mischkost)**, sodass dem Körper alle notwendigen Nährstoffe zugeführt werden.
- **Richtige Behandlung** siehe die **10 Regeln der DGE** (Seite 90).

Vollwerternährung

Die Vollwerternährung berücksichtigt als ganzheitliches Ernährungskonzept darüber hinausgehende Ziele.
- **Hoher Anteil an Frischkost (50 %)** Gemüse, Obst und Getreide in gering verarbeiteter Form.
- **Eine möglichst schonende Zubereitung** der frischen Lebensmittel aus ökologischem Anbau.
- **Schonung der Umwelt** durch Verwendung saisonaler Produkte aus der Region, durch Einsparung von Verpackung.

Küche

ERNÄHRUNG

⑬ Kostformen

🇬🇧 full value nutrition 🇫🇷 régime (m) alimentaire complet

Beispiele für Kostformen:
- **Ausgewählte Lebensmittel**
  Lebensmittel mit einem geringen Anteil an Einfachzucker für Diabetiker, ballaststoffarme, leicht verdauliche Lebensmittel bei leichter Vollkost.
- **Ausgewählte Garverfahren**
  Kochen, Dämpfen, Dünsten, nicht aber Braten oder Grillen, damit sich keine Röststoffe bilden.

Neben der **Vollkost** kennt man heute
- Leichte Vollkost
- Natriumarme Kost/Diät
- Eiweißarme Kost/Diät
- Diabetikerkost
- Reduktionskost/Diät

Das Wort **Diät** bedeutete bei den Griechen ursprünglich **gesunde Lebensweise**. Heute versteht man darunter allgemein meist Nahrungszusammenstellungen zum Abnehmen wie Nulldiät, Kartoffeldiät usw. Eine **Diät** im Sinne der Ärzte sind verordnete strenge Ernährungsvorschriften bei bestimmten Krankheiten.

Kostformen nennt man Ernährungsweisen, die sich von der „normalen", frei gewählten Ernährung unterscheiden. Beispiele siehe links.

Diät wird vom Arzt verordnet.

Bei einer verordneten Diät gibt der Arzt Anweisungen, welche Lebensmittel in welcher Menge verwendet werden dürfen und wie diese zuzubereiten sind. Die Ernährungsmedizin hat die Vielfalt der Diätformen stark eingeschränkt.

13.1 Vollkost

Als Vollkost wird die „normale" Ernährung bezeichnet, wenn diese die Nährstoffe im richtigen Verhältnis enthält und den jeweils erforderlichen Energiebedarf deckt.

13.2 Leichte Vollkost

Von leichter Vollkost spricht man, wenn bei der Zusammenstellung der Kost auf alle Lebensmittel verzichtet wird, die Unverträglichkeiten auslösen, wie z. B. Hülsenfrüchte, Kohlgemüse. Die leichte Vollkost wurde früher Schonkost genannt. Leichte Vollkost wird verordnet, wenn die Verdauungsorgane entlastet werden sollen.

Grundregeln:
- Entlastung der Verdauungsorgane von großen Speisenmengen – also mehrere kleine Mahlzeiten,
- Entlastung der Verdauungsorgane von schwer verdaulichen Speisen, z. B. fette Lebensmittel, Speisen, die mit größeren Fettmengen zubereitet werden, Speisen mit viel Röststoffen,
- Entlastung der Verdauungsorgane von blähenden Lebensmitteln wie Kohlarten, Hülsenfrüchten, rohem Obst,
- Entlastung der Verdauungsorgane von Speisen und Zutaten, die die Schleimhaut reizen, z. B. scharfe Gewürze, Räucher- und Pökelwaren, Fleischbrühen, Getränke mit Alkohol oder Kohlensäure.

Anwendung:
- Kleine Mengen eines Gerichts in ansprechender Form bereiten,
- leicht verdauliche Lebensmittel verwenden,
- Garverfahren anwenden, die die Bildung von Röststoffen und die Verwendung von Fett einschränken – man wird bevorzugt kochen, dünsten, dämpfen oder in Alufolie garen,
- reizarm würzen.

13.3 Natriumarme Kost

Natrium wird vor allem mit Kochsalz (NaCl) aufgenommen. Es bindet die Körperflüssigkeit. Dadurch kann der Blutdruck ansteigen und der Kreislauf belastet werden. Durch Verzicht auf Kochsalz kann die Normalisierung der Körperfunktionen unterstützt werden.

Grundregeln:
- Die Menge des verwendeten Kochsalzes ist zu beschränken,
- Lebensmittel mit hohem Kochsalzgehalt (Dauerwurst, Gepökeltes, Fischkonserven) sind zu meiden.

Anwendung:
- Das Salzen der Speisen unterlassen,
- durch entsprechende Zubereitungsarten wie Kurzbraten, Grillen, Gratinieren und richtiges Würzen für die Entwicklung von Geschmacks- und Aromastoffen sorgen.

13.4 Eiweißarme Kost

Im gesunden Körper wird Eiweiß (Protein) vorwiegend als Baustoff verwendet. Wird mehr Eiweiß aufgenommen als dafür erforderlich ist, dient das Eiweiß als Energielieferant.

Ist die Funktion von Leber oder Nieren gestört, treten beim Abbau von Eiweißstoffen Substanzen auf, die dem menschlichen Körper schädlich sind. Eine gezielte Eiweißzufuhr achtet darauf, dass jeder Überschuss an Eiweiß vermieden wird. Darum muss die Nahrung entsprechend des Bedarfs an unentbehrlichen (essenziellen) Aminosäuren ausgewählt werden.

Grundregeln und Anwendungen:
- Die vorgeschriebenen Eiweißträger (eiweißhaltige Nahrungsmittel) dürfen nicht ohne Zustimmung des Arztes ausgetauscht werden, damit die erforderlichen Aminosäuren aufgenommen werden,
- die Rezeptmengen sind genau einzuhalten, damit dem Körper zwar eine ausreichende Eiweißmenge zugeführt wird, doch ein Zuviel vermieden wird,
- Salz darf nur sparsam verwendet werden.

13.5 Diabetikerkost

Die Zuckerkrankheit oder Diabetes mellitus gehört zu den häufigsten Stoffwechselkrankheiten. Etwa sechs Millionen Bundesbürger leiden darunter. Im gesunden Körper sorgt das Insulin dafür, dass die Zuckerstoffe in der richtigen Menge in die Zellen gelangen und dort die gespeicherte Energie freigeben. Beim Zuckerkranken kann der Körper die mit der Nahrung aufgenommenen Kohlenhydrate nicht vollständig verwerten. Es ist zu wenig Insulin vorhanden. Die Zuckerstoffe können aus diesem Grund nicht in die Zellen gelangen und häufen sich im Blut an. Der Blutzuckerspiegel steigt.

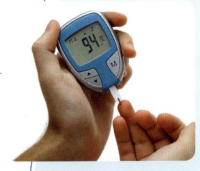

Zwei Formen von Diabetes werden unterschieden. Man bezeichnet sie mit Typ 1 und Typ 2.

- **Typ-1-Diabetiker** leiden meist von Jugend an unter **absolutem Insulinmangel**. Deswegen müssen sie das Hormon zuführen. Diese Menschen spritzen Insulin.
- Zum **Diabetes Typ 2** zählen 90 % der Patienten. Bei dieser Personengruppe produziert der Körper zwar noch **Insulin**, doch es **reicht nicht** aus, der Zuckerstoffwechsel ist darum gestört. Die Patienten sind oft übergewichtige, ältere Menschen.

ERNÄHRUNG

Abb. 1 Verteilung der Mahlzeiten

Bei Diabetikern des Typs 2 kann die mangelhafte körpereigene Regelung durch ein entsprechendes Verhalten unterstützt werden.
1. Abbau von Übergewicht, denn dann kann die vom Körper noch produzierte Menge Insulin zur Regelung ausreichen.
2. Vermeidung von leicht verdaulichem/schnell resorbierbarem Zucker und
3. Verteilung der Nahrungsmenge auf mehrere Mahlzeiten. Auf diese Weise werden „Spitzen" im Blutzuckerspiegel vermieden (siehe Abb. 1).
4. Bewegung/Sport

Für eine Diabetes-Kost gelten folgende Grundregeln und Anwendungen:

- Der Energiegehalt der Ernährung muss den tatsächlichen Bedürfnissen angepasst sein (Einstellung durch den Arzt),
- der Energiebedarf ist auf mindestens fünf, besser sieben Mahlzeiten zu verteilen,
- zum Süßen können Zuckeraustauschstoffe oder Süßstoff verwendet werden,
- der Genuss von Zucker (z. B. Marmelade, Bonbons) ist einzuschränken,
- der Fettverbrauch der Diabetiker ist eingeschränkt, weil der Körper aus Fett wie aus Kohlenhydraten Energie gewinnt.

Der früher gebräuchliche Begriff Broteinheit wird bei der Kennzeichnung von Lebensmitteln nicht mehr verwendet.

13.6 Reduktionskost

Reduktionskost ist bei Übergewicht erforderlich. Übergewicht entsteht, wenn auf die Dauer mehr Energie aufgenommen wird als der Körper verbraucht. Die mit fortschreitender Technisierung und einem hohen Lebensstandard verbundene sitzende Lebensweise und eine verfeinerte, ballaststoffarme Ernährung führen oft zu einem Missverhältnis zwischen Energieaufnahme und Energieverbrauch.

Übergewicht begünstigt Bluthochdruck, Arterienverkalkung, Herzinfarkt und Thrombose.

Daraus ergeben sich für den Übergewichtigen folgende Grundregeln:

- Quellen der zu hohen Energiezufuhr beseitigen (z. B. Vorliebe für fette Wurst, fette Käsesorten, Süßwaren, Marmeladen, alkoholische Getränke),
- energiearme Lebensmittel bevorzugen.

Für eine energiearme Diät gilt darum:

- Gemüse und Vollkornprodukte in den Vordergrund stellen, denn sie liefern bei geringer Energiezufuhr die lebenswichtigen Wirkstoffe,
- die Eiweißversorgung durch fettarme Milchprodukte (z. B. Magerquark) oder fettarmen Fisch ergänzen,
- fettarme Zubereitungsarten wie Kochen, Dämpfen, Dünsten und Grillen anwenden.

13 Kostformen

13.7 Begriffserklärungen

- **Appetit** ist der Wunsch, etwas Bestimmtes zu essen. Er wird ausgelöst, wenn der Mensch bestimmte Speisen sieht oder sich vorstellt.

- **Hunger** ist der Drang zu essen, ein auf irgend etwas Essbares gerichteter Wunsch. Hunger ist nicht das Verlangen nach einer bestimmten Speise. Über die Entstehung des Hungergefühls im Einzelnen gibt es verschiedene Theorien. Ausgelöst wird Hunger entweder durch Energie- oder Nährstoffmangel.

- **Sättigung** ist das Gefühl mit dem Essen aufhören zu können, weil Hunger oder Appetit zufriedengestellt sind. Sättigung steht auch mit der Verweildauer der Speisen im Magen im Zusammenhang. Leicht verdauliche Speisen verlassen den Magen schnell und bald tritt wieder ein Hungergefühl auf.

- **Nährstoffdichte** sagt aus, in welchem Verhältnis die Menge eines bestimmten Nährstoffes, z. B. Vitamin C, zum Energiegehalt (kJ) eines Lebensmittels steht.

- **Energiedichte** ist vergleichbar mit dem Gehalt an Energie; kJ oder kcal sind die Messgrößen. Lebensmittel mit großer Energiedichte (Zucker, Öl) haben meist eine geringe Nährstoffdichte.

- **Jo-Jo-Effekt** bezieht sich auf die Tatsache, dass Personen, die rasch abnehmen, auch schnell wieder zunehmen. Jo-jo bedeutet auf-ab. Dieser (für viele unerwünschte) Vorgang beruht auf der Tatsache, dass ein Lebewesen die aufgenommene Energie möglichst sparsam einsetzt. Wenn dem Körper über längere Zeit reichlich Energie zugeführt worden ist, hat er die nicht benötigte Menge als Fett für „schlechte Zeiten" gespeichert, und man hat dadurch zugenommen.
Nun beginnt eine Abmagerungskur, und für den Körper sind das „schlechte Zeiten". Das bedeutet, dass die aufgenommene Nahrung bestmöglich ausgewertet wird. Trotz vieler Einschränkungen verliert man nur langsam an Gewicht. Wenn dann nach einer bestimmten Zeit wieder „normal" gegessen wird, bleibt das Sparprogramm der bestmöglichen Auswertung jedoch erhalten. Das bedeutet: Man nimmt sofort wieder zu. Dieses Zunehmen-Abnehmen-Zunehmen kann nur beendet werden, wenn die Energiezufuhr dauerhaft dem tatsächlichen Energiebedarf angeglichen wird.

- **SPS – Sekundäre Pflanzenstoffe** bilden die Pflanzen, um z. B. Schädlinge abzuwehren oder mit Duftstoffen Insekten zur Bestäubung anzulocken.
Heute weiß man, dass diese Stoffe auch im menschlichen Körper bedeutende Aufgaben übernehmen: Sie wirken positiv auf die Verdauung, beugen Krebs sowie Herz-Kreislauf-Erkrankungen vor und stärken die Gesundheit.

Beispiele für Nährstoffdichte

- Zucker enthält viel Energie, aber kein Vitamin C. Folglich ist die Nährstoffdichte des Zuckers für Vitamin C gleich Null.
- Umgekehrt enthalten Blattsalate wenig Energie, aber viel Vitamin C. So ist z. B. die Nährstoffdichte des Endiviensalates für Vitamin C 140. Das bedeutet: Man erhält viel Vitamin C im Verhältnis zur Energieaufnahme.
- Je höher die Nährstoffdichte, desto höher ist das Lebensmittel für die Versorgung mit dem entsprechenden Nährstoff zu bewerten. (Vergleiche Abbildung auf Seite 91).

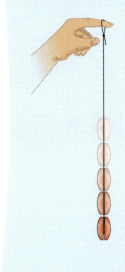

Aufgaben

1. „Wir ernähren uns alternativ", sagen Freunde zu Ihnen. Was versteht man darunter? Was wollen sie mit dieser Wendung zum Ausdruck bringen?
2. „Ich bin Ovo-Lakto-Vegetarier. Was können Sie mir an warmen Gerichten empfehlen?" Ihre Vorschläge?
3. Nennen und begründen Sie mindestens drei Grundregeln zu leichter Vollkost.
4. Wenn der Arzt einem Patienten Reduktionskost verordnet hat, sind bei Speiseempfehlungen bestimmte Regeln zu beachten. Nennen Sie diese.
5. Welcher Unterschied besteht zwischen Diabetes Typ 1 und Diabetes Typ 2?
6. Erklären Sie den Begriff Jo-Jo-Effekt.

Küche — ERNÄHRUNG

14 Berechnungen zur Ernährung

 computations of nutrition calculs (m) concernant l'alimentation (w)

Berechnungen zur Ernährung beziehen sich auf

Nährstoffgehalt
- Eiweiß
- Fett
- Kohlenhydrate

gemessen in **Gramm (g)**

Es geht um die *Zusammensetzung* der aufgenommenen Nahrung.

Energiegehalt
- Gehalt der Nahrungsmittel an Energie gemessen in **Kilojoule (kJ)** oder **Kilokalorien (kcal)**

Es geht um die *Menge* der aufgenommenen Energie. Soll die Aufnahme von Nährstoffen und Energie kontrolliert werden, sind die Werte zu berechnen. Grundlage dazu sind Nährwerttabellen.

Umgang mit der Nährwerttabelle

Die Lebensmittel sind nach Gruppen geordnet. Steht in einem Rezept z. B. 500 g Blumenkohlröschen, so ist das vorbereitete Ware und man muss zum Einkaufsgewicht zurückrechnen. Dabei helfen die Werte aus der Spalte **Abfall**.

Nicht immer können alle Teile der eingekauften Ware auch verzehrt werden. Die Tabelle nennt die Werte auf das Einkaufsgewicht bezogen. Aus 100 *eingekauften* Kartoffeln ist der *essbare Anteil* z. B. 80 g geschälte Kartoffeln.

Lebensmittel	Abfall	Der essbare Teil von 100 g eingekaufter Ware enthält:				
	%	Protein (g)	Fett (g)	Kohlenhydrate (g)	Energie (kJ)	Energie (kcal)
Gemüse						
Aubergine	17	1	+	2,2	60	14
Avocado	25	1	18	0,3	715	171
Blumenkohl	38	2	0,2	1,6	55	14
Bohnen, grün (Schnittbohnen)	6	0,2	0,2	5,0	135	32
Broccoli	39	2	2	1,7	65	16
Chicorée	11	1	0,2	2,1	60	14
Fische						
Seelachs (Filet)	0	18	1	*	345	81
Seezunge (Filet)	29	8	1	*	350	81
Bach-, Regenbogenforelle	48	10	1	*	220	53
Hecht	45	10	0,6	*	190	45
Karpfen	48	9	3	*	250	60
Aal, geräuchert	24	14	22	*	1045	250
Brathering	8	15	14	*	770	184

Zeichenerklärung: + = Nährstoff nur in Spuren enthalten, * es liegen keine genauen Analysen vor. Nährwerttabellen können geringfügig voneinander abweichen, denn es gibt z. B. nicht die Kartoffel oder das Steak. Variierende Rohstoffe führen zu unterschiedlichen Daten.

14 Berechnungen zur Ernährung

14.1 Berechnung des Nährstoffgehalts von Speisen

Es wird ermittelt, welche Mengen der einzelnen Nähr- und Wirkstoffe in den Speisen enthalten sind. Daraus kann dann geschlossen werden, ob die *Zusammensetzung* der Nahrung vernünftig ist.

---

① Beispiel

Wie viel Gramm der einzelnen Nährstoffe werden mit einem Schnitzel von 180 Gramm mittelfettem Schweinefleisch aufgenommen?

Aus der Nährwerttabelle

Lebensmittel	100 g eingekaufte Ware enthalten			
	Protein g	Fett g	Kohlen-hydrate g	Energie kJ
Schweinefleisch mittelfett	19	12	+	770

Lösungshinweise

① Aus der Tabelle die erforderlichen Werte suchen.

② Die Tabelle nennt Werte für 100 g. Folglich müssen die Rezeptmengen in Vielfache, z. B. 180 g ≙ 1,8 × 100 g, oder Teile, z. B. 70 g ≙ 0,7 × 100 g, der Tabellenmenge umgewandelt werden.

Lösung:

12 g × 1,8 = 21,6 g Fett
19 g × 1,8 = 34,2 g Eiweiß

Antwort: Das Schnitzel enthält 21,6 g Fett und 34,2 g Eiweiß.

Aufgaben

② Für eine Portion pochierten Seelachs werden 180 g Filet gerechnet. Wie viel Gramm Eiweiß und Fett nimmt man mit einer Portion zu sich?

③ Eine Regenbogenforelle für Forelle blau wiegt 300 g. Berechnen Sie nach den Werten der Tabelle den Nährstoffgehalt.

Bei Prüfungen können Aufgaben die für die Berechnung erforderlichen Werte auch im Text enthalten, sodass sie ohne Tabelle gelöst werden können.

④ Für Rinderfilet nennt die Nährwerttabelle je 100 g Fleisch folgende Gehalte: 22 g Eiweiß, 2 g Fett. Ein Filetsteak wiegt 180 g. Wie viel Gramm Eiweiß und Fett nimmt man mit dem Steak zu sich?

⑤ Goldbarschfilet wird tiefgekühlt in Portionen mit 180 g angeboten. Die Nährwerttabelle gibt folgende Auskunft: Eiweiß 18 %, Fett 4 %. Berechnen Sie den Anteil von Eiweiß und Fett in Gramm.

⑥ Auf einem Etikett von Magerquark ist ein Eiweißgehalt von 18 % angegeben. Im Rahmen einer Diät sollen täglich 90 g Eiweiß verzehrt werden. Mit wie viel Gramm Quark kann das erreicht werden?

⑦ Getrocknete Linsen enthalten beim Einkauf 23 % Eiweiß, 48 % Kohlenhydrate und 2 % Fett. Sie nehmen beim Garen 160 % Wasser auf. Wie viel % beträgt der Eiweißgehalt der gegarten Linsen?

⑧ Auf einer Flasche mit Fruchtnektar steht: 8 % verwertbare Kohlenhydrate. Wie viel Gramm Kohlenhydrate sind in einem Glas Fruchtsaft mit 0,2 Liter enthalten?

⑨ Der Nährwert eines Cheeseburgers (120 g) beträgt laut Tablettauflieger 1.255 kJ, bei 11 % Fett und 13 % Eiweiß. Wie viel Gramm an Fett und Eiweiß nimmt man beim Verzehr zu sich?

⑩ Die Chesterkäsezubereitung (20 g) des Zinger Burgers enthält 55 % Trockenmasse bei 45 % Fett i. Tr. Wie viel Gramm Fett enthält ein Cheeseburger, wenn für alle anderen Zutaten ein Gesamtfettgehalt von 17 g angenommen wird?

⑪ Der tägliche Kalziumbedarf eines Erwachsenen beträgt 0,9 g. Ein kleiner Vanille-Milchshake (0,25 l) enthält 290 mg Kalzium. Wie viel % des Tagesbedarfs werden durch einen großen Vanille-Milchshake (0,5 l) gedeckt?

Küche — ERNÄHRUNG

14.2 Berechnung des Energiegehaltes von Speisen

Es wird ermittelt, welche *Energiemenge* mit der Nahrung aufgenommen wird. Dazu rechnet man die aus der Nährwerttabelle entnommenen Werte auf die Rezeptmengen um.

❶ Beispiel
Ein Rezept für 4 Portionen Kartoffelbrei lautet: 800 g Kartoffeln, 250 g Milch, 50 g Butter, Salz, Gewürze. Wie viel Kilojoule enthält eine Portion?

Aus der Nährwerttabelle

Lebensmittel	100 g enthalten			
	Protein g	Fett g	Kohlen-hydrate g	Energie kJ
Butter	1	83	–	3090
Milch	3,5	3,5	5	270
Kartoffeln	2	–	15	240

Lösung:

800 g Kartoffeln   240 kJ × 8   = 1920 kJ
250 g Milch   270 kJ × 2,5 = 675 kJ
 50 g Butter   3090 kJ × 0,5 = 1545 kJ

4 Portionen enthalten   ❸ 4140 kJ
1 Portion enthält   ❹ 1035 kJ

Lösungshinweise

❶ Zunächst müssen in der Tabelle, die hier auszugsweise wiedergegeben ist, die erforderlichen Werte gesucht werden.

❷ Man ermittelt den Energiegehalt jeder Zutat, indem man den Wert aus der Tabelle (für je 100 g) entsprechend vervielfacht.

❸ Den Gesamtenergiegehalt ermittelt man, indem man die Werte jeder Zutat zusammenzählt.

❹ Den Gehalt einer Portion erhält man, wenn der Gesamtwert durch die Zahl der Personen geteilt wird.

Aufgaben

❷ 100 Gramm mageres Schweinefleisch enthalten 19 Gramm Eiweiß und 7 Gramm Fett.
1 Gramm Eiweiß = 17 kJ
1 Gramm Fett = 37 kJ
Wie viel kJ enthält ein Schnitzel mit 180 Gramm?

❸ Auf dem Etikett einer Flasche mit Fruchtsaftgetränk steht: „8 % verwertbare Kohlenhydrate".
Hinweise: Kohlenhydrate liefern je Gramm 17 Kilojoule, das Gewicht des Saftes wird mit 1000 g je Liter angenommen. Wie viele Kilojoule liefert ein Glas mit 0,2 Liter Fruchtsaft?

❹ Ein Liter Bouillon enthält 4 g Fett, 6 g Eiweiß und 1 g Kohlenhydrate und hat einen Gesamtenergiegehalt von 275 kJ. Ein g Fett liefert 37 kJ.
Wie viel % des Energiegehaltes macht der Fettanteil in der Bouillon aus?

❺ Wie unterschiedlich Kartoffeln sein können:
Für 10 Portionen Salzkartoffeln rechnet man 2 kg Kartoffeln, für 10 Portionen Pommes frites 2 kg Kartoffeln und 150 g Backfett. 100 g Kartoffeln liefern 240 kJ, 100 g Backfett liefern 3.700 kJ.
a) Berechnen Sie den Energiegehalt je einer Portion.
b) Wie viel % ist der Energiegehalt der Pommes frites höher als der von Salzkartoffeln?

❻ Nach den Empfehlungen der Deutschen Gesellschaft für Ernährung sollen täglich 30 Gramm Ballaststoffe aufgenommen werden. Jemand isst 150 Gramm Vollkornbrot mit 7 % Ballaststoffen und 30 Gramm Knäckebrot mit 15 % Ballaststoffgehalt. Wie viel % des empfohlenen Tagesbedarfs sind damit gedeckt?

❼ Wildfleisch enthält durchschnittlich 17 g Eiweiß und 3 g Fett je 100 g Fleisch. 1 g Eiweiß liefert 17 kJ und 1 g Fett 37 kJ. Wie viel Kilojoule werden mit einem Rehrückensteak mit einem Fleischgewicht von 180 g aufgenommen?

15 Qualität von Lebensmitteln

🇬🇧 food quality 🇫🇷 qualité (w) des produits alimentaires

Der Begriff **Qualität** fasst eine **Summe von Eigenschaften** zusammen, die, je nach Betrachtungsgesichtspunkt, unterschiedlich sein können. Bei der Beurteilung der Qualität unterscheidet man

- **Gesundheitswert** oder biologischen Wert. Darunter versteht man den Wert für die Ernährung, z. B. den Anteil an essenziellen Aminosäuren, mehrfach ungesättigten Fettsäuren, Vitaminen und Mineralstoffen.
- **Genusswert** oder sensorische Qualität. Dazu zählen Geruch, Geschmack, Beschaffenheit (Konsistenz), aber auch Farbe und Form der Lebensmittel.
- **Eignungswert** oder Gebrauchswert, womit die Eignung der Lebensmittel für Lagerung oder für einen bestimmten Verwendungszweck oder für die Konservierung gemeint ist.

Qualitätsnormen

Wenn früher Waren direkt beim Erzeuger, also z. B. beim Landwirt oder Fleischer gekauft wurden, wusste man, an wen man sich zu wenden hatte, wenn einmal die Qualität nicht stimmte. Heute bezieht man vorwiegend über den Handel und dabei bleibt der Erzeuger unbekannt. Ist die Qualität nicht zufriedenstellend, könnte sich der Lieferant auch darauf berufen, dass er den Erzeuger nicht kennt. Darum sind für den Handel Qualitätsnormen verbindlich.

Qualitätsnormen

- unterscheiden die Waren nach Qualität,
- geben dem Verbraucher einen Überblick,
- gelten für den gesamten Handel.

Die Güte oder Qualität einer Ware wird unterschiedlich gekennzeichnet.

Beispiele

- Bei **Fleisch** folgt die Qualität den Buchstaben E, U, R, O, P (EUROP), wobei E vorzüglich bedeutet und der letzte Buchstabe P gering,
- Für **Obst** und **Gemüse** gelten die Güteklassen Extra, I, II, III. Die Anzahl der Produkte, für die Qualitätsnormen gelten, wurde von der EU verringert.

Die Sortierung nach Qualitätsstufen berücksichtigt nur äußere Werte wie Aussehen, Größe, Form als wertbestimmende Merkmale; innere Werte wie Geschmack oder Vitamingehalt bleiben unberücksichtigt.

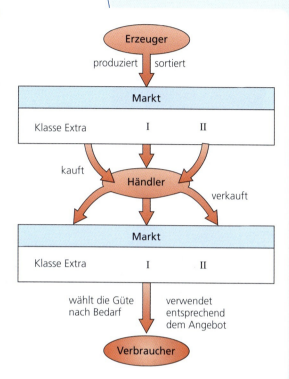

Klasse Extra
auserlesene Ware,
z. B. als Tafelobst

Klasse I
hochwertige Ware,
ohne Fehler

Klasse II
gute Ware, mit
kleinen Fehlern,
preiswert

Klasse III
Verarbeitungsware,
z. B. Apfelsaft

Küche ERNÄHRUNG

16 Haltbarmachungsverfahren

🇬🇧 methods of food preservation 🇫🇷 méthodes (w) de conservation des aliments

Die meisten Lebensmittel sind unmittelbar nach der Ernte oder nach der Herstellung am wertvollsten. Man bevorzugt z. B. gartenfrische Erdbeeren, fangfrische Forellen, ofenfrische Baguettes.

Andere Lebensmittel erfordern eine Zeit der Reife. Man wünscht z. B. abgehangenes Fleisch oder alten Weinbrand. Der Kunde hat also bestimmte Wertvorstellungen, was wann am besten schmeckt, wie das Nahrungsmittel beschaffen sein sollte.

Lebensmittel sind immer Veränderungen unterworfen. Neben den erwünschten, qualitätsfördernden Veränderungen gibt es auch solche, die nicht erwünscht sind und zum Verderb führen.

Je nach Art der Lebensmittel laufen diese Vorgänge unterschiedlich schnell ab.

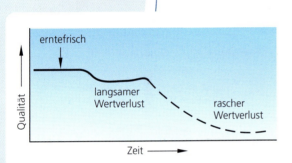

Abb. 1 Qualitätsverlauf bei Lagerung von Lebensmitteln

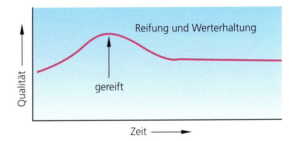

Abb. 2 Qualitätsverlauf bei reifenden Lebensmitteln

Man unterscheidet deshalb

- **leicht verderbliche Lebensmittel,**
  die meist einen hohen Wasser- oder Eiweißgehalt aufweisen. Darum werden sie von den lebensmittelverderbenden Mikroben bevorzugt. Beispiele: Milch, Fisch, Hackfleisch. Bei diesen Lebensmitteln sind die Aufbewahrungstemperaturen vorgeschrieben. Nach Ablauf des Verbrauchsdatums dürfen sie nicht mehr verwendet werden.

- **verderbliche Lebensmittel,**
  die bei richtiger Behandlung verhältnismäßig lange zu lagern sind. Beispiele: Äpfel, Zwiebeln, Kartoffeln, Pflanzenfett.

- **haltbare Lebensmittel,**
  die meist wenig Wasser enthalten und bei richtiger Lagerung nur sehr langsam oder nicht verderben. Beispiele: Zucker, Reis, Linsen.

Bei der Werterhaltung von Lebensmitteln geht es darum, den erwünschten Zustand der Lebensmittel möglichst zu erhalten.

Man spricht von

- **Aufbewahrung,**
  wenn die Eigenschaften für verhältnismäßig **kurze Zeit** erhalten werden sollen, z. B. vom Einkauf bis zur Verarbeitung in den folgenden Tagen;

- **Lagerung,**
  wenn Lebensmittel für **längere Zeit** verzehrbereit sein sollen. Man lagert z. B. Kartoffeln, Möhren, Äpfel;

- **Konservierung,**
  wenn die Lebensmittel für lange Zeit erhalten werden sollen.

16.1 Lebensmittelverderb

Ursachen des Verderbs

Meist wirken mehrere Vorgänge zusammen, wenn Nahrungsmittel verderben. Es können sein

- **physikalische Veränderungen:**
  Zellwände von Obst und Gemüse platzen bei Frost; Austrocknung, Aromaverluste durch Verdunstung,
- **biochemische Veränderungen:**
  Wirkung der Eigenenzyme, Bräunung von Schnittflächen, z. B. bei rohen Kartoffeln, Äpfeln.
- **Veränderungen durch Mikroorganismen:**
  Schmierigwerden von Fleisch, Gären von Marmelade, Verschimmeln von Brot usw.

Die häufigsten **Ursachen des Verderbens** sind **Enzyme**, die zu biochemischen Veränderungen führen, und **Mikroorganismen**.

Die verschiedenen Konservierungsverfahren haben darum zum Ziel, die Wirksamkeit der Mikroorganismen auszuschalten oder wenigstens einzuschränken.

Entsprechend den Lebensbedingungen ergeben sich folgende **Möglichkeiten der Konservierung:**

> **Physikalische Veränderungen** wie Frostschäden oder Austrocknung können durch richtige Lagerung und Verpackung weitgehend vermieden werden. Bei den einzelnen Lebensmitteln wird darauf besonders hingewiesen.

Abb. 1 Möglichkeiten der Konservierung

16.2 Werterhaltung

Kühlen

Kühlen ist die zur kurzfristigen Aufbewahrung am häufigsten angewandte Methode; Kühlschrank und Kühlraum dienen dazu.

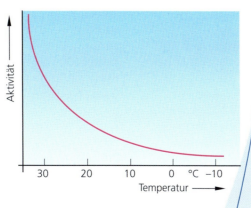

> Je stärker man ein Lebensmittel abkühlt, desto langsamer verdirbt es. Diese Grundregel gilt bis zu etwa + 6 °C.

Abb. 2 Mikrobenaktivität

Küche

ERNÄHRUNG

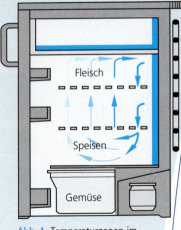

Abb. 1 Temperaturzonen im Kühlschrank

Da Pflanzenteile wie Gurken oder Kopfsalat auch nach der Ernte noch „weiterleben", können bei zu starker Abkühlung die Stoffwechselvorgänge in den Zellen zum Erliegen kommen. Das Gemüse verdirbt, obwohl es gekühlt ist. **Salatgemüse** sind besonders empfindlich.

Darum hat man **Kühlräume** mit unterschiedlicher Temperatur für
Fleisch und Fleischwaren: +2 °C bis +4 °C
Gemüse, Obst: +6 °C bis +8 °C

Im Kühlschrank ist es **unter dem Verdampfer am kältesten**, in der Gemüseschale am wärmsten. Die **Lebensmittel sind abzudecken** oder zu verpacken, damit sie vor fremden Gerüchen geschützt sind und nicht abtrocknen.

Kühlräume müssen in regelmäßigen Abständen vollständig gereinigt werden, weil sich an den Wänden und an den Einrichtungsgegenständen Mikroben festsetzen. Die kälteliebenden Arten können auch bei Kühlraumtemperaturen wirken.

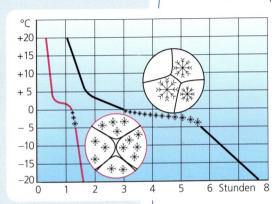

Abb. 2 Schockfrosten und Frosten

> Für die gewerblichen Betriebe ist vorgeschrieben, dass in „Fleischkühlräumen" keine anderen Lebensmittel gelagert werden dürfen, weil die Gefahr besteht, dass von diesen Mikroben und Schädlinge auf das Fleisch übertragen werden können.

Tiefgefrieren – Frosten

Das Tiefgefrieren eignet sich für längere Lagerung. Es ist die schonendste Methode, Lebensmittel für längere Zeit haltbar zu machen. Aber auch tiefgefrorene Lebensmittel sind **nicht unbegrenzt haltbar**, denn durch den Wärmeentzug ist die Tätigkeit der Mikroben und Enzyme nur verlangsamt. Ganz zum Stillstand kommt sie nicht.

> Wird den Lebensmitteln zu langsam Wärme entzogen, bilden sich unregelmäßig große Eiskristalle, die dann beim Auftauen zu Qualitätsverlusten führen.

In den Zellen der pflanzlichen und tierischen Lebensmittel befindet sich Zellsaft, in dem Mineralstoffe gelöst sind. Durch den Mineralstoffgehalt wird der Gefrierpunkt verschoben, und beim Abkühlen der Lebensmittel bilden sich die Eiskristalle erst bei Temperaturen von mehreren Graden unter 0 °C. Will man eine qualitativ hochwertige Frostware, muss dieser Bereich der „maximalen Kristallbildung" rasch durchlaufen werden. Das geschieht bei –35 °C; man spricht darum auch von **Schockfrosten**.

Hinweise

- Nur frische, einwandfreie Ware frosten, denn die Qualität kann nicht verbessert, sondern nur erhalten werden.
- Gemüse vor dem Frosten kurz blanchieren und anschließend sofort abschrecken. Dadurch werden Enzyme zerstört, das Gemüse ist länger lagerfähig.
- Gefrierware luftdicht verpacken, denn sonst verdampft Zellflüssigkeit (Gefrierbrand bei Fleisch).
- Hackfleisch und rohe Zubereitungen daraus dürfen im Gastgewerbe üblicherweise nicht eingefroren werden. Die vorgeschriebene Gefriergeschwindigkeit ist nur mit Schockfroster möglich.
- Genau beschriften, denn gefrostete Ware ist auch im durchsichtigen Plastikbeutel nur schwer erkennbar.
- Zum Einfrieren die Ware möglichst breit auslegen, denn so kann die Kälte schneller eindringen.
- Die Lagertemperatur muss mindestens –18 °C betragen.

Mängel bei der Lagerung von Tiefkühlkost

Wenn die Lagertemperatur stark schwankt, z. B. wenn wiederholt Warmes zum Abkühlen in den Froster gegeben wird, dann tauen die Randschichten gefrosteter Ware an und Wasser verdunstet aus den Randschichten.

- Bei loser Ware in Packungen ist dieses Wasser als **„Schnee"** sichtbar. Die Ware ist ausgetrocknet und von geringer Qualität.
- Bei Einzelstücken kommt es zu **Gefrierbrand**, wenn die Verpackung verletzt ist oder unverpackte Ware im Froster gelagert wird. An den defekten Stellen der Verpackung geht das Wasser der Zellen in die Umgebungsluft über. Das Produkt trocknet aus und schmeckt „strohig".

Abb. 1   Schneebildung bei stückiger Ware

Richtiges Auftauen

- Kleine Stücke, wie portionierte Stücke von Fisch oder Fleisch, nur antauen. Die Wärme dringt rasch bis zum Kern vor, sodass der Tausaft nicht ausfließen kann.
- Große Stücke, wie z. B. Kalbskeule, langsam, am besten im Kühlraum, auftauen, denn so entstehen die geringsten Verluste.
- Blockware, wie z. B. pürierten Spinat, in ein Gefäß mit etwas Wasser geben und erhitzen.

Überblick über weitere Verfahren der Haltbarmachung

Die Lebensmittelbevorratung über einen längeren Zeitraum wird heute fast ausschließlich von der Lebensmittelindustrie und vom Handel übernommen. Dort werden weitere Konservierungsverfahren angewandt.
Für die sachgerechte Lagerung und den richtigen Umgang mit den Produkten genügt hier ein Überblick.

Abb. 2   Hähnchen mit Flecken durch Gefrierbrand

Verderbnis- und Krankheitserreger werden bei höheren Temperaturen abgetötet. Zugleich verändert sich unter der Wärmeeinwirkung das Lebensmittel. So hat z. B. ein Gulasch aus der Dose eine faserigere, trockenere Fleischbeschaffenheit als bei einem selbst hergestellten Gericht. Um die Veränderungen in Grenzen zu halten, wendet man darum beim Konservieren nur so viel Wärme an, wie für die erwünschte Haltbarkeit unbedingt erforderlich ist.

Sterilisieren

Viele Verderbniserreger werden bei 100°C abgetötet und die Lebensmittel sind dann lange haltbar. Eiweißhaltige Lebensmittel werden jedoch auch von sporenbildenden Mikroben befallen (Vgl. S. 20). Die Überlebensform der Bazillen, **die Sporen**, werden bei Kochtemperatur nicht zerstört. Man erhitzt darum unter Druck auf rund 120°C.

Haltbarkeit: mehrere Jahre.

Weiterverwendung: Das eigentliche Garen entfällt, weil die Lebensmittel durch die Sterilisierung schon gegart sind. Vielfach müssen sie nur noch auf Serviertemperatur gebracht oder fertiggestellt werden.

Küche

ERNÄHRUNG

Pasteurisieren

Manche Lebensmittel müssen nicht so lange haltbar sein oder sie verändern sich bei starker Erhitzung in einer Weise, die nicht erwünscht ist. Dann wird nur kurze Zeit erhitzt und rasch wieder abgekühlt. Die Lebensmittel sind dann zwar nicht so lange haltbar, doch wird z. B. eventueller Kochgeschmack vermieden.

Lagerfähigkeit: Auch bei kühler Aufbewahrung nur begrenzt.

Trocknen

Durch Wasserentzug werden die Mikroben und Enzyme in der Wirksamkeit gehemmt. Man wendet das Trocknen vor allem bei Reis, Teigwaren, Hülsenfrüchten, Gewürzen, Küchenkräutern und bei Dörrobst an.

Lagerfähigkeit: Mehrere Jahre. Auf trockene Luft ist zu achten. Verpackt aufbewahren, um Geruchsübertragungen zu vermeiden.

Beim **Gefriertrocknen** wird das Lebensmittel zunächst gefroren. Anschließend verdunstet das Eis direkt zu Wasserdampf. Dabei bleibt die Beschaffenheit des Lebensmittels gut erhalten. Die Qualität ist besser als beim gewöhnlichen Trocknen.

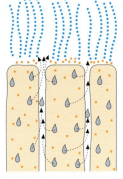

Beim Trocknen verdampft das Wasser an der Oberfläche.

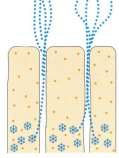

Beim Gefriertrocknen geht das Eis direkt in Dampf über.

Salzen, Pökeln

Salz wirkt wasserentziehend und senkt den a_w-Wert, der Gehalt an verfügbarem Wasser wird verringert.

Pökeln ist ein besonderes Salzungsverfahren, bei dem statt einfachem Kochsalz ein Pökelsalz (Nitrit) eingesetzt wird. Beim späteren Abbau entsteht aus Nitrit Stickstoffoxid, das konservierend wirkt. Dadurch wird z. B. Ranzigwerden von Fett verzögert. Außerdem verleiht es dem Fleisch eine angenehme rötliche Farbe. Nitrit ist in großen Mengen giftig, deswegen wird es in einer Salz-Nitrit-Mischung verwendet.

Haltbarkeit: Sehr unterschiedlich und von den angewendeten Verfahren abhängig. Während z. B. gekochter Schinken im Kühlschrank aufzubewahren ist, kann roher Schinken bei Raumtemperatur lagern.

Räuchern

Der Rauch, der beim Verglimmen von Spänen, Sägemehl oder Hölzern entsteht, wird an Fisch oder Fleischwaren vorbeigeführt, um diese dadurch haltbarer zu machen und geschmacklich zu verändern. Beim **Heißräuchern** werden Temperaturen von mehr als 75 °C erreicht. Hier trägt auch der Wasserverlust zur Haltbarkeit bei. Beim **Warmräuchern** liegt die Räuchertemperatur bei etwa 40 °C. Das **Kalträuchern** (um 20 °C) dauert oft mehrere Tage oder Wochen.

Haltbarkeit: mehrere Monate.

Zuckern

Zucker bindet Wasser, die Mikroben werden in ihrer Tätigkeit gehemmt. Beim Kochen von Konfitüre und Gelee wird die Frucht-Zucker-Mischung durch die hohe Temperatur zusätzlich keimfrei.

Haltbarkeit: Mindestens ein Jahr.

Säuern

Durch Zugabe von Säure (Essig) oder Bildung von Säure in den Lebensmitteln (Milchsäure im Sauerkraut) werden die Mikroben gehemmt.

Haltbarkeit: Beschränkt, vielfach wird zusätzlich sterilisiert, z. B. Sauerkraut, Essiggurken.

Alkoholkonservierung

Legt man Lebensmittel in hochprozentigen Alkohol ein, werden diese für lange Zeit haltbar. Außerdem führt der Alkohol zu einem Wasserentzug im Lebensmittel. Dabei ist jedoch zu bedenken, dass sich Farbe, Geschmack und Konsistenz verändern. Außerdem sind die Lebensmittel nicht mehr für jede Gästegruppe (z. B. Kinder, Kranke) geeignet.

Haltbarkeit: Bis zu zwei Jahren.

Chemische Konservierungsstoffe

Diese Stoffe wirken direkt auf die Mikroorganismen, zerstören sie oder behindern sie erheblich. Die Konservierungsstoffe sind auf ihre gesundheitliche Unbedenklichkeit geprüft und dürfen nur bestimmten Lebensmitteln in festgesetzten Höchstmengen beigegeben werden.

● Auf den Gehalt an chemischen Konservierungsstoffen muss hingewiesen werden.

Vakuumieren

Beim Vakuumieren (auch Vakuumverpacken genannt) von Nahrungsmitteln werden diese in eine Folie eingeschweißt, und durch eine Öffnung wird die Luft aus der Folie herausgesaugt. Bei dieser Methode werden zwar keine Mikroorganismen getötet, jedoch werden das Wachstum und die Toxinproduktion von aeroben Bakterien und Pilzen eingeschränkt. Häufig wird beim Vakuumverpacken zusätzlich ein Schutzgas wie Kohlenstoffdioxid oder Stickstoff eingesetzt. Dieses ist geruchlos, geschmacksneutral und verdrängt Bakterien.

Haltbarkeit: Wird ein vakuumverpacktes Produkt zusätzlich gekühlt, kann es eine Haltbarkeit von bis zu sechs Wochen erreichen.

Hürden-Effekt

Alle Haltbarmachungsverfahren verändern die Lebensmittel in irgendeiner Form. Durch Kombination unterschiedlicher Verfahren kann man haltbar machen und zugleich die Veränderungen gering halten. Dabei wird den Mikroben gleichsam anstelle einer großen Sperre eine Reihe von Hürden entgegengestellt.

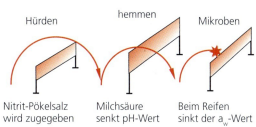

Abb. 1 Hürden-Effekt am Beispiel Rohwurst

Hürden hemmen Mikroben

Nitrit-Pökelsalz wird zugegeben | Milchsäure senkt pH-Wert | Beim Reifen sinkt der a_w-Wert

Aufgaben

1. Nennen Sie Teilbereiche der Qualitätsbeurteilung von Lebensmitteln.
2. Welches sind die Ursachen für den raschen Verderb bestimmter Lebensmittel?
3. Wie kann die Lagerdauer von leicht verderblichen Lebensmitteln verbessert werden?
4. Nicht verkaufte geschlachtete Forellen werden unverpackt in den Tiefkühlraum bei −18 °C gelegt. Wie denken Sie hinsichtlich der Qualität darüber?
5. Sie öffnen eine Tiefkühlpackung mit Pommes frites und finden große Eiskristalle, so genannten „Schnee" vor. Erläutern Sie.
6. Dem neuen Azubi ist nicht klar, warum im Fleischkühlraum eine andere Temperatur angezeigt wird als im Gemüsekühlraum. Erklären Sie.
7. „Im Fleischkühlraum ist noch Platz, da stellen wir den Kopfsalat hinein." Darf man das? Begründen Sie die Entscheidung.
8. „Bringe die Desserts in den Tiefkühler, damit sie schnell abkühlen." Welcher Nachteil ist mit diesem Arbeitsauftrag verbunden?

Arbeitsgestaltung

1 Küchenorganisation

🇬🇧 kitchen organization 🇫🇷 organisation (w) en cuisine

Die Küche ist eine Produktionsstätte mit vielfältigen Aufgaben, die nur bewältigt werden können, wenn die Produktionsprozesse sachlich und zeitlich klar gegliedert werden. Einfach gesagt: Jeder muss wissen, wer was wann zu tun hat.

> Dieses Ordnen von Aufgaben bezeichnet man als **Organisation von Arbeitsabläufen**.

1.1 Individualgastronomie

Postenküche

Die einzelnen Tätigkeiten sind sachlich aufgegliedert und einzelnen **Posten** (Arbeitsgebieten) zugeordnet. Dabei kommt man zu folgender Grobeinteilung:

Warme Küche		Kalte Küche	Konditorei
Saucenkoch **Saucier**	Gemüsekoch **Entremetier**	Koch der kalten Küche **Gardemanger**	Küchenkonditor **Pâtissier**
• Zubereiten von Fleisch, Fisch, Wild, Geflügel • Herstellen von Saucen	• Zubereiten von Gemüse, Kartoffeln, Reis, Teigwaren • Herstellen von Suppen, Eierspeisen	• Vorbereiten von Fleisch, Fisch, Wild, Geflügel • Herstellen von Vorspeisen, kalten Platten, kalten Saucen	• Herstellen von Kuchen, Gebäck, Pasteten, Puddings, Aufläufen, Eis

In größeren Küchen wird die Arbeit weiter unterteilt, die Aufgabengebiete werden enger und spezialisierter. Die einzelnen Komponenten eines Gerichtes (Fleisch sowie Gemüse und Kartoffeln) werden von verschiedenen Posten gefertigt und dann zusammengefügt. Im Mittelpunkt einer solchen Küche steht in der Regel der Herdblock.

- Küchenchef **Chef de cuisine**
  - Saucenkoch **Saucier**
    - Bratenkoch **Rôtisseur**
    - Fischkoch **Poissonnier**
  - Gemüsekoch **Entremetier**
    - Suppenkoch **Potager**
  - Koch der kalten Küche **Gardemanger**
    - Vorspeisenkoch **Hors-d'œuvrier**
    - Küchenmetzger **Boucher**
  - Küchenkonditor **Pâtissier**
  - Vertretungskoch **Tournant**

Koch-Zentrum

In einem Koch-Zentrum fertigt ein Koch das Gericht allein und trägt dafür die Verantwortung. Die Geräte sind meist U-förmig, gleichsam „um den Koch herum" angeordnet. Die Vorproduktion kann zeitlich unabhängig erfolgen, vorgefertigte Produkte können auf einfache Weise in den Ablauf eingefügt werden.

Das folgende Beispiel vergleicht den Arbeitsablauf für *Rumpsteak mit Bratkartoffeln und Salat* in Postenküche und Koch-Zentrum.

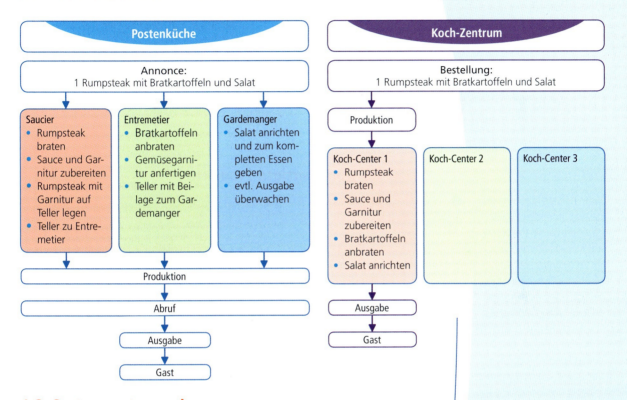

1.2 Systemgastronomie

Stationenküche in einem Quick-Service-Restaurant

In einem **Schnellrestaurant der Systemgastronomie** sind die Arbeitsabläufe darauf ausgerichtet, einer großen Menge an Gästen innerhalb kürzester Zeit in einwandfreier und gleichbleibender Qualität die bestellten Speisen zuzubereiten.

Der Umfang der angebotenen Speisen ist meist überschaubar. Daher kann für die zu erwartenden Gäste eine gewisse Menge an Produkten bereits **im Voraus (vor der eigentlichen Bestellung) produziert** werden. Die Betriebe legen fest, wie lange die Produkte maximal an der Produktionskontrolle warm gehalten werden (in der Regel 10 Minuten).

In einigen Restaurantketten werden die Speisen nicht vorproduziert, sondern **auf Bestellung hergestellt (Made-for-you-Konzept)**. Um trotzdem eine rasche Servicezeit zu gewährleisten, wird die Bestellung schon beim Erfassen vom Kassensystem direkt auf einen Bildschirm an der jeweiligen Station übertragen.

An der Station wird das Produkt (z. B. ein Chickenburger) garniert. Rohe Zutaten (z. B. Salat) sind dort bereits vorgeschnitten. Zu garende Produkte (z. B. Hähnchenfilet) sind, der erwarteten Gästeanzahl entsprechend, bereits gegart und für eine bestimmte Haltezeit (z. B. 10 Minuten) in Warmhalteschränken gelagert. So wird bei einer Bestellung das Produkt nur noch zusammengestellt.

Küche — ARBEITSGESTALTUNG

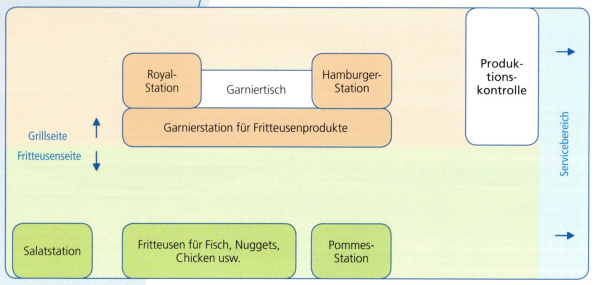

Abb. 1 Typische Stationen Schnellrestaurant

Jeder Herstellungsvorgang besteht aus vielen **Einzelschritten**. Sie sind zwar alle erforderlich, um zum Ergebnis zu gelangen, doch müssen sie **nicht zwangsläufig zeitlich zusammenhängend** erledigt werden. So werden z. B. Kartoffeln geschält und in Wasser gelagert, bis sie gegart werden; Teigwaren und Reis kocht man vor und bringt sie bei Bedarf wieder auf Verzehrtemperatur. Eine Aufteilung von Arbeitsabläufen ist also nichts Neues.

1.3 Vorgefertigte Produkte

🇬🇧 convenience food 🇫🇷 produits (m) alimentaires prétraités et précuisinés

Vorgefertigte Produkte bezeichnet man auch als Convenience Food. Der aus dem Englischen kommende Begriff bedeutet wörtlich „bequeme Lebensmittel, bequemes Essen". Die „Bequemlichkeit", die der Restaurantleiter oder der Koch mit vorgefertigten Produkten einkauft, ist von Ware zur Ware unterschiedlich.

In der klassischen Küche wurden alle Arbeitsschritte von der Rohware bis zum fertigen Gericht im Hause erledigt. Man nennt das **Eigenfertigung**.

Heute werden viele Produkte ganz selbstverständlich in vorbereiteter Form bezogen. So sind z. B. Erbsen, ob aus der Dose oder als Tiefkühlware von der Schote befreit; für Pommes frites aus dem Tiefkühler sind Kartoffeln gewaschen, geschnitten, von kleinen Abschnitten befreit und blanchiert worden. Bei diesen Beispielen spricht man von **Fremdfertigung**.

Gegenüberstellung: Eigenfertigung – Fremdfertigung

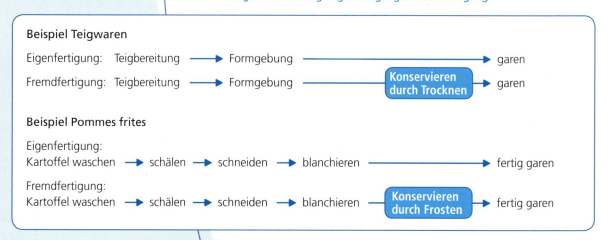

1 Küchenorganisation

Beispiele für vorgefertigte Produkte aus dem Katalog eines Anbieters aus folgenden Bereichen:

Geflügel	Fisch	Gemüse

Rohe Putenbrust
Verwendung offen

Flunderfilet
Verwendung offen

Brokkoli, geputzt
Verwendung offen

Putenbrustfilet, paniert
nur noch braten

Schollenfilet, paniert
nur noch braten

Gemüse, geschnitten
für Ratatouille

Die abgebildeten Beispiele zeigen unterschiedliche Stufen der Vorbereitung.

Je weiter untenstehend, desto stärker vorbereitet, desto höher ist der Convenience-Grad.

Poulardenbrust mit Sauce
nur noch erwärmen

Matjesfilet
servierfertig

Gemüsekomposition
nur noch erwärmen

Service

Küche

ARBEITSGESTALTUNG

Arbeiten mit vorgefertigten Produkten

Vorgefertigte Produkte sind Grundlagen. Sie können und sollten individuell zubereitet, verfeinert und abgeschmeckt werden.

Rezepturen sind einzuhalten. Die vorgegebenen Rezepturen, z. B. die Menge der zuzusetzenden Flüssigkeit, sind erprobt und aufeinander abgestimmt. Nicht nach Augenmaß arbeiten, sondern abwiegen und abmessen!

Arbeitsanweisungen beachten, um Mängel zu vermeiden. So gibt es z. B. für Kartoffelpüree Trockenprodukte, die man nach dem Einrühren in die Flüssigkeit weiterrühren darf, aber auch anderes Ausgangsmaterial, das durch diese Behandlung zäh wird.

Garzeiten beachten. Vorgefertigte Lebensmittel sind in den meisten Fällen vorgegart. Durch zu lange Wärmeeinwirkung in der Küche leidet die Qualität erheblich.

Vergleich

	Eigenfertigung	Fremdfertigung
Vorteile	• starker Einfluss auf Qualität, Geschmack und Aussehen • unabhängig vom Zulieferer • Ausnutzung vorhandener Kapazität	• maschinelle Bearbeitung ist kostengünstiger als Handarbeit • Spitzenbelastungen können abgefangen werden
Nachteile	• mehr Personal, Geräte und Maschinen • größere Lagerhaltung	• kein Niveauunterschied zwischen den Betrieben • Abhängigkeit von Lieferanten

Betriebswirtschaftliche Überlegungen

Aus rein kaufmännischer Sicht spricht viel für den Einsatz von Convenience-Produkten. Nicht zuletzt deshalb ist Vorgefertigtes weit verbreitet.

- **Zeitersparnis** bei der Zubereitung kann zu **Einsparungen im Personalbereich** führen. Es werden weniger Mitarbeiter benötigt.

- Die geringeren Schnitt-, Schäl- und Lagerverluste erlauben eine **genauere Einkaufsplanung** und eine **Reduzierung des Lageraufwandes**. Bestellmengen-Berechnungen werden vereinfacht (Schälverluste müssen nicht berücksichtigt werden).

- Bei den meisten Lebensmitteln kommt es zu saisonalen Preisschwankungen. Convenience-Produkte dagegen werden das ganze Jahr zu Fixpreisen angeboten. **Kalkulationen werden daher vereinfacht.** Alle Speisen können das ganze Jahr zum gleichen Preis angeboten werden, ohne dass sich der Gewinn durch unterschiedliche Einkaufspreise für den Winter oder Sommer ändert.

Die einfache Zubereitung von Convenience-Produkten führt leicht zur Überlegung, **Personal ohne gastronomische Ausbildung** einzustellen. Niedrigere Gehälter führen zwar zu Einsparungen, die negativen Folgen für den Betrieb (siehe Kasten oben rechts) sind aber zu bedenken.

Für die Zubereitung von Speisen mit Hilfe vorgefertigter Produkte müssen oft zusätzliche Geräte angeschafft werden (z. B. spezielle Dampfgarer oder Regenerieröfen).

Kostenverlauf Eigenfertigung – Fremdfertigung

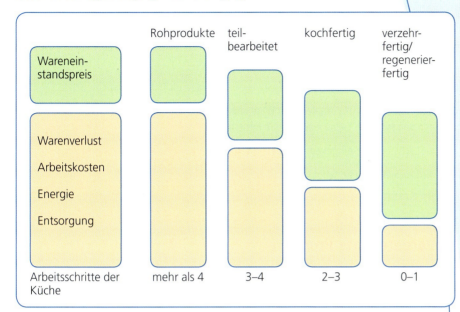

Überlegungen zu Marketing und Image

Individualgastronomie: Frische gegen Verfügbarkeit

Mit dem Einsatz von Convenience-Produkten kann **ganzjährig ein umfangreiches Sortiment an Speisen** angeboten werden. Es gibt Gäste, die dies schätzen. Wirbt das Restaurant dagegen damit, frische und saisonale Zutaten zu verwenden, ist der Einsatz von Convenience-Produkten nur eingeschränkt oder nicht möglich.

Trotz einiger Vorteile haben Convenience-Produkte ein **schlechtes Image** in der Öffentlichkeit. Kaum ein Gastwirt gibt gern zu, dass er vorgefertigte Produkte verwendet. In welchem Maß er sie einsetzt und wie stark er sie inviduell verfeinert, ist sein persönlicher Kompromiss zwischen Wirtschaftlichkeit und Image.

Abb. 1 Gefüllte Kaninchenkeule

Systemgastronomie: Schnelligkeit und Wiedererkennung

Schnellrestaurants werden wegen der kurzen Zeitspanne zwischen Aufnahme einer Bestellung und dem Servieren der Speise gewählt. Das ist **ohne den Einsatz von vorgefertigten Produkten nicht zu verwirklichen**.

Für die klassische Gastronomie ist die Entwicklung eines **„Einheitsgeschmacks"** nicht erwünscht (s. o.). In der Systemgastronomie dagegen wird er **angestrebt**, um den Wiedererkennungswert zu erhöhen.

In der Systemgastronomie sind sich die Gäste bewusst, dass vorgefertigte Produkte eingesetzt werden. Für das Marketing ist es daher wichtig, die **Frische der eingesetzten Lebensmittel** herauszustellen.

Abb. 2 Werbeslogan einer Restaurantkette

Küche — ARBEITSGESTALTUNG

Aufgaben

1. Nennen Sie mindestens fünf Beispiele für Produkte, die vor der Ausgabe nur noch erwärmt und abgeschmeckt werden.

2. Sie hören, wie der Küchenchef sagt: „Mit vorgefertigten Produkten baue ich Arbeitsspitzen ab." Was meint er damit?

3. Vergleichen Sie den Kilopreis für frischen Spinat und Frostware im Mai und im Oktober. Berichten Sie.

4. Bei Preisvergleichen von Frischware mit vorgefertigter Ware müssen Vorbereitungsverluste berücksichtigt werden. Beim Filetieren von frischem Lachs rechnet man mit einem Verlust von 35 %.

   a) Wie viel kg frischer Lachs müssen eingekauft werden, um 1 kg Lachsfilet zu erhalten?

   b) Frischer Lachs wird zu 5,90 €/kg angeboten. Berechnen Sie den Preis für 1 kg Lachsfilet.

PROJEKT

Vorgefertigte Produkte

Ihr Unternehmen plant, das Angebot an Kartoffelbeilagen zu erweitern. Zukünftig sollen neben Pommes frites und Kroketten auch Bratkartoffeln für den Gast zur Auswahl stehen.

Planung

Es steht noch nicht fest, auf welcher Fertigungsstufe die neue Beilage eingeführt werden soll. Das kann im Rahmen der Produktentwicklung frei bestimmt werden. Zunächst sind Informationen zu beschaffen, z. B.

- Angebotsformen und Lieferanten für vorgefertigte Kartoffeln (geschält, geschält und in Scheiben usw.).
- Suchen Sie nach einem Rezept für Bratkartoffeln eigener Fertigung.
- Besorgen Sie die entsprechenden vorgefertigten Produkte und frische Kartoffeln.
- Erstellen Sie für jede Produktionsmethode einen Ablaufplan wie auf Seite 54. Beachten Sie dabei, dass alle Zubereitungen zur gleichen Zeit zu einem Vergleich bereitstehen müssen.
- Lesen Sie auf den Seiten 159 und 160, wie beim Bewerten von Speisen vorgegangen wird.
- Bereiten Sie ein Bewertungsblatt vor. Auf Seite 160 finden Sie ein Muster, das Sie für Ihre Aufgabe abwandeln können.

Durchführung

- Bereiten Sie die Kartoffeln und die Convenience-Produkte genau nach Anweisung zu.
- Neutralisieren Sie die Proben, das bedeutet, der Prüfende weiß nicht, welches Produkt vor ihm steht. Am einfachsten verwendet man für alle Zubereitungen gleiches Geschirr und verteilt Nummern.
- Halten Sie das Ergebnis fest, das kann geschehen
  - in Form von Noten wie auf Seite 160 oder
  - in Form einer Beschreibung. Ab Seite 157 finden Sie dazu Hilfen.
- Machen Sie Notizen zur aufgewendeten Arbeitszeit.

Auswertung

- Wenn Sie Noten vergeben haben, werden die Werte jetzt zusammengezählt. „Sieger" ist die Zubereitung mit der geringsten Summe.
- Wenn Sie die Bewertung mit Worten bevorzugt haben, ist das Ergebnis umfassender, doch eine Rangfolge lässt sich meist nur schwer herstellen.

2 Arbeitsmittel

🇬🇧 equipment identification 🇫🇷 outils (m) de travail

Das wichtigste Werkzeug in der Küche ist das Messer. Je nach Einsatzgebiet gibt es spezielle Messer, die sich hauptsächlich in Größe, Form und Beschaffenheit der Klinge unterscheiden. Für alle Arten gilt:

- **Ein Messer muss gut in der Hand liegen.** Dabei ist einmal das Verhältnis von Griff zu Klinge wichtig. Zum anderen kommt es auf das Gewicht an. Wenn ein Messer zu leicht ist, liegt es nicht gut in der Hand.
- **Die Klinge muss federnd und zugleich hart sein.** Dann ist sie belastbar und zugleich schnitthaltig. Von Schnitthaltigkeit oder Standfestigkeit spricht man, wenn die Schneide die Schärfe lange hält.
- **Der richtige Messergriff schützt vor Unfällen.** Eine raue Oberfläche gewährleistet einen sicheren Griff. Der Fingerschutz ist besonders wichtig, denn er verhindert das Abgleiten der Hand in die Schneide.

> ● Unfälle mit Messern stehen in der Küche an erster Stelle.

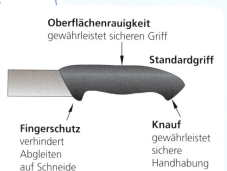

Oberflächenrauigkeit gewährleistet sicheren Griff
Standardgriff
Fingerschutz verhindert Abgleiten auf Schneide
Knauf gewährleistet sichere Handhabung

2.1 Grundausstattung

Küchenmesser, mittelgroß
Schneiden von Kartoffeln, Gemüsen, Obst, Fleisch und Fisch

Gemüsemesser/Officemesser
Putzen und Zurichten von Gemüsen, Pilzen und Salaten

Wetzstahl
Abziehen und Auf-Schnitt-Halten der Messer

Küchengabel
Ausstechen und Entnehmen von Fleisch. Wenden großer Braten

Tourniermesser
Kartoffel-, Gemüse- oder Fruchtteile durch glatte Schnitte gleichmäßig formen

Buntschneidemesser
Gekochte rote Rüben, Sellerie, Möhren, Gurken oder Kürbis in Scheiben mit gerieften Flächen schneiden

2.2 Erweiterungen

Vorwiegend für Gemüse

Gemüse- und Kartoffelhobel (Mandoline)
Schneiden von Gemüsen und Kartoffeln. Stärke beliebig einstellbar. Klingen mit unterschiedlichen Schneiden ermöglichen Scheiben mit glatten oder gefurchten Flächen (Waffelkartoffeln).

Sparschäler
Gleichmäßig dünnes Schälen von Gemüsen/ Früchten

Ausbohrer
Ausbohren kugeliger oder olivenartiger Formen aus Kartoffeln, Gemüsen und Früchten. Entfernen von Kerngehäusen. Aushöhlen von Gemüsen und Früchten

Vorwiegend für Fleisch

Ausbeinmesser
Abziehen von Häuten. Zerlegen von Fleisch, ausbeinen

Plattiereisen
Plattieren von rohem Fleisch, wodurch Bindegewebe zerreißt; beim Erhitzen zieht sich Fleisch weniger zusammen, es bleibt saftiger

Hackbeil
Ausschlagen von Kotelettsträngen. Abschlagen von Knochen und Rippenteilen. Zerkleinern von Knochen. Schutzbrille tragen.

Knochensäge
Durchsägen starker Knochen, z. B. Haxen, Rückgrat- und Schlussknochen

Bindenadel/Dressiernadel/Bridiernadel
Formgeben bei rohem Geflügel durch Zusammenbinden (Bridieren)

Spicknadel
Einziehen feiner Speckstreifen in Wild- und Schlachtfleisch

Spickrohr/Lardoir
Einbringen von dicken Speckstreifen in große Schmorfleischstücke (Lardieren)

Vorwiegend in der kalten Küche

Schlagmesser
Durchtrennen größeren Geflügels. Abschlagen von Rückenteilen. Aufschlagen gekochter Hummer und Langusten. Hacken beliebigen Materials; Schutzbrille tragen.

Kuhlenmesser/Spezialmesser
Portionieren von zartem Schneidgut, z. B. Galantinen, Terrinen, Pasteten

Tranchiermesser
Schneiden von Braten, Fleisch- und Wurstwaren

Lachsmesser
Schneiden feiner Scheiben von Räucherlachs und mariniertem Lachs

Filetiermesser
Messer mit flexibler Klinge zum Filetieren von Plattfischen

Käsemesser
Schneiden geeigneter Käsesorten

Flossenschere/Fischschere
Abschneiden von Flossen und von Köpfen kleinerer Plattfische

Zestenmesser (Juliennereißer)
Abschneiden feiner Zestenstreifen von Zitrusfrüchten

Kanneliermesser
Zum leichteren Schälen von Zitrusfrüchten sowie zum Verzieren von Gemüsen und Früchten durch Einschneiden gestreckter Rillen (Riefelung/Kannelierung)

Vorwiegend in der Küchenkonditorei

Tortenmesser
Schneiden von Torten in Portionen und Anrichten der Stücke

Konditormesser
Schneiden von Backwerk aller Art. Queraufschneiden von Tortenböden zum Füllen

Teigkneifer
Verzieren von ungebackenen Teigoberflächen durch Kneifen, z. B. bei Pasteten mit Füllungen

Teigrädchen
Schneiden (Ausrädeln) dünn ausgerollter Teige

Küche

ARBEITSGESTALTUNG

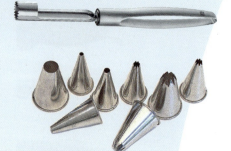

Apfelausstecher
Ausstechen des Apfelzentrums (Blüte-Kernhaus- Stiel)

Spritztüllen
Formen von spritzfähigen Teigen, Massen und Cremes mittels Beutel und glatter Tülle (Lochtülle) oder gezackter Tülle (Sterntülle). Anbringen von Spritzverzierungen

Ausstecher
Ausstechen von rohen Teigen und gebackenen Massen, von Marzipan oder Früchten (Ananas, Melone)

Spachtel
Abkratzen und Putzen von Bratplatten, Backblechen und Arbeitsflächen

Palette
Auf- und Glattstreichen von Füllungen. Absetzen und Anrichten von Gebäckstücken

Winkelpalette
länglich wird verwendet, wenn z. B. auf einem Backblech Biskuitmasse gleichmäßig dünn ausgestrichen werden soll; in kurzer breiter Form ähnlich wie Spachtel zum Umsetzen von Speisen.

Tiefkühlmesser
Abtrennen tiefgefrorener Lebensmittel. Das Profil von Klinge und Schneide ist so gestaltet, dass es wie eine Säge arbeitet. Normale Messer sind zum Schneiden gefrorener Lebensmittel ungeeignet. Beim Schneiden wird durch Reibungswärme Flüssigkeit aus dem Schneidgut frei. Durch diese wird das gewöhnliche Messer am zu schneidenden Gut festgehalten

Wegdrücken durch Wölbung

Sägen durch Zähne

Vorwiegend in der Systemgastronomie

Tomatenschneider
Schneidet Tomaten in exakt gleiche Scheiben, z. B. für das Garnieren von Burgern oder Sandwiches. Je nach Tomatengröße werden mit einem Schnitt 8 bis 12 Scheiben gleichzeitig geschnitten.

Tomatenentstieler
Mit dem Tomatenentstieler (auch Garnierschneider) wird vor dem Schneiden der Tomate der Stielrest entfernt

Frucht- und Gemüseteiler
Teilt Obst und Gemüse in sechs exakte Ecken. Zur Vorbereitung für Cocktails oder im Bereich der kalten Küche

Saucendispenser und Senfdispenser
Gibt aus einer Saucenkartusche bzw. aus dem Vorratsbehälter eine standardisierte Menge an Sauce/Senf. Zur besseren Unterscheidung sind die Dispenser in unterschiedlichen Farben erhältlich.

Abb. 1 Frucht- und Gemüseteiler

2.3 Pflege der Messer

Für den laufenden Gebrauch wird das Messer durch **Abziehen am Stahl** auf Schnitt gehalten. Dabei muss es unbedingt im richtigen Winkel zum Stahl geführt werden.

Abb. 1 Schneidewinkel wird beibehalten

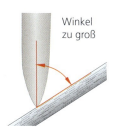
Abb. 2 Messer wird rasch stumpf

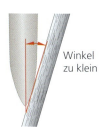
Abb. 3 Abziehen ohne Wirkung

Bei einem Schneidewinkel von 20° schneidet das Messer am besten.

Ist der Winkel beim Abziehen zu groß, wird das Messer nach kurzer Zeit stumpf.

Wird der Winkel zwischen Stahl und Messer zu klein/spitz gewählt, ist das Abziehen ohne Wirkung. Das Messer wird nicht geschärft.

Bei Beginn der Abziehbewegung liegt das Ende der Messerklinge an der Spitze des Stahls (Abb. 1 folgende Seite).

Küche

ARBEITSGESTALTUNG

Wichtig: Beide Messerseiten **abwechselnd** (einmal links, einmal rechts) mit dem Stahl bestreichen. Würde man mehrmals die gleiche Seite bearbeiten, bliebe ein Grat an der Schneide.

Form vor dem Nachschleifen

Nachgeschliffene Form

Abb. 1 Nachgeschliffen

Dann führt man das Messer unter **leichtem Druck** so, dass die Messerspitze in der Nähe des Stahlgriffs endet.

Das **Schleifen der Messer** wird notwendig, wenn durch das Abziehen nicht mehr die erwünschte Schärfe erreicht wird.

Der Schleifstein muss rund, fettfrei und rau sein. Er muss in Wasser laufen oder durch eine Tropfvorrichtung feucht gehalten werden. Bei trockenem Schleifen zerstört die Reibungswärme die Härte der Klinge.

Zu steil geschliffen
Die Schärfe hält nur kurze Zeit. Beim Schneiden ist viel Kraft erforderlich.

Hohl geschliffen
Das Profil ist ausgeschliffen, die Klinge wird schnell verbraucht. Das Schneidegut fällt nicht gut von der Klinge.

Richtig geschliffen
Der Klingenquerschnitt ist leicht bauchig und drückt darum das Schneidegut von der Klinge.

2.4 Unfallverhütung

„Stumpfe Messer brauchen Kraft, was häufig einen Unfall schafft."

- Messer sind beim Arbeiten vom Körper weg oder seitlich des Körpers zu führen,
- trockener Griff und trockene Hände vermindern die Abrutschgefahr,
- fallenden Messern nicht nachgreifen,
- nicht benötigte Messer aufräumen,
- Messer nie in das Spülbecken legen.

3 Kochgeschirr

🇬🇧 cookware/cooking utensils 🇫🇷 batterie (w) de cuisine

3.1 Werkstoffe für Geschirr

Edelstahl

Edelstahl ist Stahl mit Zusätzen anderer Metalle, die ihn rostfrei und säurefest machen. Durch eine spezielle Oberflächenbehandlung werden alle Unebenheiten entfernt, sodass sich keine Speisereste festsetzen können und das Reinigen erleichtert wird. Gute Wärmeübertragung.

Gargeschirre aus Edelstahl haben **Kompensböden**. Sie sind so konstruiert, dass der Topfboden die Veränderungen des Metalles durch Wärme ausgleicht (kompensiert). In kaltem Zustand sind die Bodenflächen leicht nach innen gewölbt. Die **Pflege ist einfach**, alle Reinigungsmittel sind anwendbar. Weißlich-matter Niederschlag stammt von Kalkablagerungen und ist mit Säure (Essig) oder Flüssigreiniger zu entfernen. Bläuliches Schimmern ist auf Spülmittelrückstände zurückzuführen und wird durch gründliches Nachspülen vermieden.

Emaillierter Stahl

Bei Geschirren ist Stahl mit einer Emailleschicht überzogen. Dadurch sind sie **vor Rost geschützt** und geschmacksneutral. Die glasharte Emaillierung ist jedoch **schlagempfindlich** und **springt bei raschem Temperaturwechsel**. Zum Reinigen sind alle Mittel geeignet, doch darf nicht mit harten Gegenständen gekratzt werden.

Guss

Gussgeschirr leitet die Wärme sehr gut und ist robust. Gussgeschirr **eignet sich nicht zur Aufbewahrung** von Speisen, weil diese dann Eisengeschmack annehmen.

Stahl

Geschirr aus Stahl hat die gleichen Eigenschaften wie Gussgeschirr, doch besitzt die geschliffene Oberfläche eine feinere Struktur.

Kunststoffe

Unter dem Begriff Kunststoffe werden vielerlei Materialien zusammengefasst. Weil die meisten Gegenstände nicht starr, sondern elastisch sind, spricht man auch von Plastik. In der Küche muss man die Kunststoffe auch nach der Wärmebeständigkeit unterscheiden.

Thermoplaste haben eine weichere Beschaffenheit und sind meist nur bis etwa 80 °C temperaturbeständig. **Duroplaste** sind härter und bis 100 °C, kurzzeitig auch höher erwärmbar. Behälter für die Vorratshaltung sowie Schüsseln für den Salatposten und die Kalte Küche sind aus diesem Material.

Die in der Küche verwendeten Geschirre und Behältnisse müssen
- in lebensmittelrechtlicher Hinsicht einwandfrei sein, dürfen also die Speisen nicht negativ beeinflussen,
- den Belastungen des Küchenalltags standhalten,
- problemlos zu reinigen sein.

• Geschirre aus Edelstahl sind für alle Zwecke verwendbar. Die lange Haltbarkeit, vielseitige Verwendbarkeit und das saubere Aussehen rechtfertigen die hohen Anschaffungskosten.

• Überhitzte emaillierte Töpfe nie mit kaltem Wasser abschrecken, denn sonst springt der Überzug. Besser: langsam auskühlen lassen.

• Man schützt dieses Geschirr vor Rost, indem man es nach dem Reinigen leicht einfettet.

• Stahlpfannen eignen sich besonders zum Braten. Pfannen ohne festgebrannte Speisereste werden nur ausgewischt.

• Gegenstände aus Kunststoff haben eine weichere Oberfläche als solche aus Metall. Sie dürfen darum nicht mit dem Topfreiber oder mit Scheuerpulver bearbeitet werden.

Küche

ARBEITSGESTALTUNG

3.2 Geschirrarten

Abb. 1 Kochtopf, Marmite

Abb. 2 Stielkasserolle, Casserole

Abb. 3 Stielkasserolle, flach, Sautoir

Abb. 4 Schwenkkasserolle, Sauteuse

Abb. 5 Stielbratpfanne, Poêle lyonnaise

Abb. 6 Schmorpfanne, Braisière

Abb. 7 Bratenpfanne, Rôtissoire

Abb. 8 Fischkessel mit Einsatz, Poissonnière

Der Unterschied zwischen Sautoir und Sauteuse:

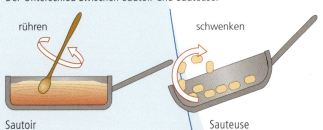

rühren — Sautoir

schwenken — Sauteuse

Abb. 9 Wasserbadbehälter, Casserole de Bain-Marie

122

Zubehör

Abb. 1 Saucenseiher, Passe-sauce

Abb. 2 Spitzsieb, Chinois

Abb. 3 Abtropfschüssel, Egouttoir

Antihaftbeschichtung

Beschichtete Geschirre sind auf der Innenseite mit einer Kunststoffschicht ausgekleidet. Man findet das besonders bei Pfannen und Backformen. Die Beschichtung verhindert das Ansetzen von Speisen, auch wenn nur mit wenig oder ohne Fett gebraten oder gebacken wird. Darum verwendet man diese Geschirre bevorzugt für Eierzubereitungen und in der Diätküche. Pfannen mit Antihaftbeschichtung müssen vor Überhitzung geschützt werden. Sie dürfen nicht längere Zeit leer auf der Herdplatte stehen.

> Beschichtete Flächen sind empfindlich gegen Kratzen und Reiben.

Gastro-Norm

Das Gastro-Norm-(GN)-System löst die unterschiedlichen Größen von Vorrats-, Bearbeitungs- und Garbehältnissen ab.

Einschübe in Regalwagen, Herde und Kühlschränke sowie Grundflächen von Bain-Marie oder Speisenausgabe sind aufeinander abgestimmt.

Ausgehend von einem Grundmaß von 53 × 32,5 cm gibt es praxisgerechte Unterteilungen mit unterschiedlicher Tiefe. Entsprechende Deckel vervollständigen das System. So können vorbereitete Lebensmittel in GN-Geschirre eingesetzt und in die Kühlung gebracht werden. Bei Bedarf wird dann in diesem Geschirr gegart und anschließend das Ganze zur Ausgabe gebracht.

Abb. 4 Gastro-Norm-Schalen aus Porzellan/Keramik

Vorteil des Systems:
- Teile passen untereinander und in alle Geräte,
- Arbeitszeitersparnis, weil das Umsetzen von Geschirr zu Geschirr entfällt.

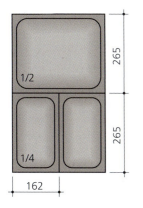
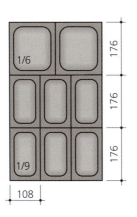

Abb. 5 System Gastro-Norm

Abb. 6 Systemgeschirr

Küche — ARBEITSGESTALTUNG

4 Maschinen und Geräte

🇬🇧 kitchen machines and utensils 🇫🇷 matériel (m) électro-mécanique

Abb. 1 Messersatz mit einem Messer

4.1 Fleischwolf 🇬🇧 meat mincer 🇫🇷 hachoir (m) à viande

Der Fleischwolf, auch Wolf genannt, ist eine Zerkleinerungsmaschine. Mit ihr werden Fleisch, aber auch Fisch und Gemüse in eine für die Weiterverarbeitung erforderliche Zerkleinerungsform gebracht.

Abb. 2 Messersatz mit zwei Messern

Der Wolf arbeitet nach dem Prinzip des **Scherschnitts**. Wie bei einer Schere wird das Schneidegut zwischen zwei geschliffenen Metallteilen (Messer und Lochscheibe) zerschnitten. Die Schnecke transportiert das Fleisch zu den Messern. Der Zerkleinerungsgrad wird von der Größe der Löcher in der Lochscheibe bestimmt.

Hinweise zur Benutzung

Der Verschlussring muss richtig angezogen werden.
- **Bei zu strengem Sitz** reiben Messer und Lochscheiben aneinander und Metallabrieb gelangt ins Fleisch.
- **Bei zu lockerem Sitz** wickeln sich Bindegewebe um die Messer, weil sie nicht mehr zerschnitten werden.

Der Wolf muss richtig beschickt werden. Das Fleisch soll in lockeren Fäden aus der Lochscheibe kommen.
- **Presst man Fleisch zu stark** in die Einfüllöffnung, so kann das Material von den Messern nicht mehr richtig verarbeitet werden. Das Fleisch wird warm und schmiert.
- **Läuft der Wolf leer,** reiben Messer und Lochscheiben aneinander und erwärmen sich. Dabei geht die Schärfe verloren.

Ein schlecht eingestellter Wolf oder stumpfe Messer führen zu zerquetschtem, grauem, fettig-schmierigem Material. Das ist eine Qualitätsminderung.

> Nach den Bestimmungen der Hygieneverordnung darf die Lagertemperatur von Hackfleisch nicht höher als +7 °C sein.

Unfallverhütung

Der Wolf muss so beschaffen sein, dass die Schnecke von der Hand nicht erreichbar ist, weil die saugende Wirkung leicht die Hand mitzieht. Bei kleineren Geräten sind darum Durchmesser und Höhe der Einfüllöffnung vorgeschrieben; größere Maschinen sind an der Einfüllöffnung mit einem nicht entfernbaren Schutz versehen.

4.2 Kutter 🇬🇧 food processor 🇫🇷 cutter (m)

Das Wort Kutter ist abgeleitet vom englischen Wort to cut = schneiden, abschneiden. Der Kutter ist eine Zerkleinerungsmaschine, die nach dem Prinzip des **Messerschnitts** arbeitet. Das Schneidegut liegt dabei auf einer Unterlage (drehende Schüssel), die Messer ziehen durch das Schneidegut. Durch das Kuttern kann eine homogene Masse hergestellt werden, wie sie für Farcen (Brät) erforderlich ist. Eine Haube, die mindestens die halbe Schüssel bedeckt, verhindert das Herausschleudern von Material.

Abb. 3 Kutter

Hinweise zur Benutzung

Der Abstand zwischen Messern und Schüssel muss richtig gewählt werden. Das Fleisch wird nur unvollständig zerschnitten, wenn der Abstand zu weit ist. Die Welle macht bis zu 3000 Umdrehungen je Minute, deshalb muss die Halterungsschraube der Messer fest angezogen werden. An den rotierenden Messern entsteht Reibungswärme, die Eiweiß zum Gerinnen bringen kann. Es darf darum nur gut gekühltes Material verwendet werden.

Unfallverhütung

Der Deckel des Kutters muss die Messerwelle abdecken. Die rotierenden Messer wären, wie z. B. der laufende Propeller eines Flugzeuges, nicht zu erkennen. Darum muss durch eine Sperrschaltung gewährleistet werden, dass der Deckel nur bei stehenden Messern geöffnet werden kann.

Dem Kutter ähnlich, nur kleiner, ist der **Mixer**. Während beim Kutter die Schneidewelle liegt, steht sie beim Mixer senkrecht.

Abb. 1 Arbeitsweise des Kutters

4.3 Fritteuse 🇬🇧 deep-fryer 🇫🇷 friteuse (w)

In der Fritteuse wird die zum Garen benötigte Wärme durch heißes Fett übertragen. Flüssigkeiten leiten die Wärme viel rascher als z. B. Luft. Darum ist die Garzeit im Fettbad wesentlich kürzer.

Bei einem **Fett-Topf**, der je nach Bedarf zwischen Herdmitte und Rand hin- und hergeschoben wird, steigt die Temperatur am Boden bis auf 250 °C an. Das erwärmte Fett steigt auf und reißt Schwebeteilchen mit. Diese setzen sich als dunkle Punkte auf dem Gargut ab.

Bei **Fritteusen** liegen die Heizschlangen in einem bestimmten Abstand über dem Boden. Der unter den Heizschlangen liegende Bereich (Kaltzone) ist an der Bewegung des Fettes nicht beteiligt.

Abb. 2 Fritteuse

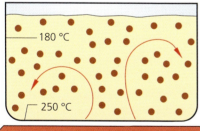

Abb. 3 Fett-Topf

Abb. 4 Fritteuse Schemazeichnung

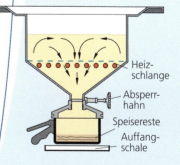

Abb. 5 Fettbad mit Läuterung

Fallen Schwebeteilchen zwischen den Heizschlangen nach unten, so bleiben sie am Boden liegen, setzen sich ab und werden nicht erneut nach oben transportiert. Weil die in der Kaltzone abgesetzten Teilchen nicht verbrennen, wird das Fett weniger belastet und ist darum länger verwendbar.

Küche

ARBEITSGESTALTUNG

Nur geeignete Fette verwenden.
Die Fett-Temperatur soll 175 °C nicht übersteigen. Überhitztes Fett bildet das schädliche Acrylamid. Während der Arbeitspausen ist das Gerät abzudecken und auf etwa 100 °C zurückzuschalten. Dadurch wird die Haltbarkeit des Fettes verlängert.

Hinweise zur Benutzung

Feste Fette müssen, bevor sie in die Fritteuse gegeben werden, erst in einer Kasserolle flüssig gemacht werden. An Heizschlangen, die nicht vollständig von Fett umgeben sind, entstehen sehr hohe Temperaturen, welche die Heizelemente und das Fett schädigen. Ist die Fritteuse mit erkaltetem Fett gefüllt, schaltet man zum Anheizen den Thermostat zunächst auf etwa 70 °C.

Erst wenn das Fett flüssig geworden ist und damit zirkulieren kann, wird auf Gartemperatur geschaltet.

Neuere Geräte sind so gestaltet, dass Garrückstände in einen herausnehmbaren Topf fallen (vorige Seite Abb. 5). Auf diese Weise reinigt sich das Fett selbstständig.

Während des Garens wird das Fett durch chemische Veränderungen „verbraucht". Verbrauchtes Fett ist bräunlich, schäumt leicht, raucht bereits bei niederen Temperaturen, riecht und schmeckt scharf und kratzig.

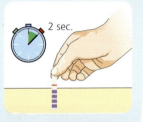

Verschiedene Testverfahren erlauben eine rasche Überprüfung der Fettqualität. Die Abbildung zeigt einen Teststreifen, der den Anteil an verderbnisfördernden freien Fettsäuren anzeigt.

Nach dem Lebensmittelrecht gilt verbrauchtes Fett als verdorben, ebenso Speisen, die darin gegart werden.

Verbrauchtes Fett muss vollständig ausgewechselt werden.

Ersetzt man nur einen Teil des verbrauchten Fettes durch frisches, ist nach kurzer Zeit wieder das gesamte Fett verdorben. Das alte, verdorbene Fett bewirkt die rasche Zersetzung des neuen.

Backrückstände bilden einen Bodensatz. Dieser sollte möglichst täglich entfernt werden. Dazu lässt man das abgekühlte Fett aus dem Ablasshahn durch ein Sieb ablaufen, nimmt dann die Heizschlange heraus und entfernt den Bodensatz.

Anschließend sind das Frittiergerät und die Heizschlange mit warmem Wasser und einem Spülmittel gründlich zu reinigen. Auf keinen Fall dürfen Reste des Spülmittels zurückbleiben. Diese zerstören das Fett. Darum wird mehrmals mit klarem Wasser nachgespült und die Fritteuse gründlich ausgetrocknet.

Unfallverhütung

Fett in der Fritteuse oder in der Pfanne kann sich bei Überhitzung selbst entzünden.
- Auf **keinen Fall mit Wasser zu löschen versuchen**. Das Wasser wird sofort zu Dampf, reißt das Fett mit sich und vergrößert die Brandfläche.
- Brennendes Fett mit passendem Deckel abdecken.
- Bei größeren Bränden Feuerlöscher verwenden.

Abb. 1 Fettbrand

Umweltschutz

Verbrauchtes Fett in Behältnisse abfüllen und der Fettverwertung übergeben. Wird es in den Ablauf geschüttet, führt es dort zu Ablagerungen an den Wänden der Rohre und schließlich zu Verstopfungen.

4.4 Druckfritteuse

Bei der Druckfritteuse wird das Frittierbecken während des Ausbackvorganges mit einem Deckel verschlossen. Durch den entstehenden Druck nehmen die Produkte weniger Fett auf, Vitamine und Mineralstoffe bleiben besser erhalten.

Die Hitzeübertragung findet gezielter statt, da im Vergleich zu herkömmlichen Fritteusen kaum Wärme an die Umluft abgegeben wird. Das spart nicht nur Zeit und Energie, sondern verlängert auch die Nutzungsdauer des Frittieröls.

> ● Eine Druckfritteuse wird überwiegend zum Garen von Fleisch (z. B. für Chicken Wings, Schnitzel) eingesetzt, kann aber auch – ohne den Deckel zu verschließen – als offene Fritteuse (z. B. für Pommes) betrieben werden.

Wie funktioniert eine Druckfritteuse?

1. Thermostatgesteuerte Heizelemente Ⓐ umschließen den Frittierkorb.
2. Frische oder gefrorene Speisen werden im Frittierkorb in das vorgeheizte Öl gegeben. Der Druckdeckel Ⓑ wird heruntergeklappt und mit der Spindel Ⓒ fest verschlossen.
3. Bereits geringe Mengen Feuchtigkeit aus dem Frittierprodukt genügen, um ausreichend Druck Ⓓ aufbauen zu können. Dieser Druck verhindert, dass nicht zu viel Feuchtigkeit aus dem Produkt entweichen und Öl einziehen kann Ⓔ.
4. Der rechteckige Frittierkorb Ⓕ fördert diesen Vorgang zusätzlich.
5. Die Kältezone Ⓖ unterhalb der Heizelemente verhindert ein Verbrennen von abgefallenen Produktresten.
6. Mit dem integrierten Filtersystem Ⓗ wird das Gerät nach jedem Frittiervorgang mühelos und schnell gereinigt.

4.5 Brötchentoaster (Buntoaster)

Der Brötchentoaster ist eines der wichtigsten Küchengeräte in systemgastronomischen Schnellrestaurants der Burgerbranche. Er wird benutzt, um die Innenseiten der (bereits vorgeschnittenen) Brötchenhälften (engl. Buns) zu toasten.

Durch den Karamellisierungsprozess beim Toasten wird das Brötchen erwärmt und die Oberfläche zugleich versiegelt, sodass Saucen wie z. B. Ketchup nicht vom Brötchen aufgesaugt werden.

Zwei Arten von Buntoaster sind verbreitet, die sich in der Bedienung grundlegend unterscheiden.

Der **vertikale Buntoaster** funktioniert ähnlich wie ein Durchlaufofen. Die Brötchenhälften werden oben in den Toaster hineingesteckt und beim Durchlaufen getoastet. Auf diese Weise können weit über 1 000 Brötchen pro Stunde nacheinander einzeln getoastet werden.

Dieser Toaster wird beim Made-for-you-Konzept eingesetzt (s. S. 109).

Abb. 1 Vertikaler Brötchentoaster

Küche

ARBEITSGESTALTUNG

Der **horizontale Brötchentoaster** kann maximal 12 Brötchen aufnehmen, die dann für ca. 40 bis 50 Sekunden getoastet werden. Durch Herunterklappen des Hebels beginnt der Toastvorgang. Da hier immer eine größere Menge an Brötchen getoastet wird (oder der Toaster gleich für 50 Sekunden blockiert ist), ist dieser Toaster eher für eine Produktion von Burgern auf Vorrat geeignet.

Abb. 1 Horizontaler Brötchentoaster

4.6 Kippbratpfanne

🇬🇧 tilt frypan 🇫🇷 poêle (w) à frire basculante

Die Kippbratpfanne hat einen mit Gas oder Strom direkt beheizten Boden aus Metall. Darum sind alle Zubereitungsarten möglich, die starke Hitze erfordern.
Bei Bedarf kann sie aber auch zum Kochen, z. B. von Klößen, oder zum Dünsten verwendet werden.

Kippbar sind die Pfannen, weil sie zwischen zwei Säulen gelagert sind. Die Auslaufnase ermöglicht ein einfaches Entleeren.

Abb. 2 Kippbratpfanne

Hinweise zur Benutzung

Zum Anbraten ist kräftig vorzuheizen, damit die Fett-Temperatur beim Einlegen nicht zu stark absinkt, damit das Bratgut kein Wasser zieht.

Wird eine mit Flüssigkeit gefüllte Kippbratpfanne geleert, ist das Drehrad zum Kippen am Anfang besonders vorsichtig zu bedienen, sonst schwappt der Inhalt über den vorderen Rand und kann zu Verbrühungen führen.

Geleerte Pfannen müssen sofort mit heißem Wasser „aufgefüllt" werden. Das Wasser verhindert das Festbrennen der Rückstände.

Würde man jedoch kaltes Wasser verwenden, käme es im Pfannenboden durch den Temperaturunterschied zu starken Spannungen, die zu Rissen führen können.

Abb. 3 Schnitt durch Kippbratpfanne

4.7 Kochkessel cooking kettle bouilloire (m)

Alle Kochkessel haben doppelte Wände. Zwischen diese wird Dampf geleitet, der die Wärme durch die Innenwand auf das Gargut überträgt. Der durch Abkühlung kondensierte Dampf fließt nach unten ab. Diese Art der Beheizung durch zirkulierenden Wasserdampf ist bei allen Kesseln gleich. Unterschiedlich dagegen ist die Dampferzeugung. Bei Kesseln, die mit Gas, Öl oder Strom beheizt werden, wird unmittelbar unter dem Kessel das zurückfließende Wasser wieder zu Dampf erhitzt. In Großküchen wird der benötigte Dampf aus der zentralen Heizanlage zugeführt.

Weil bei Kochkesseln auch durch die Seitenwände Wärme auf das Gargut übertragen wird, kommt der Kesselinhalt viel schneller zum Kochen. Man nennt Kessel darum **Schnellkocher**. Sie haben meist ein Fassungsvermögen zwischen 60 und 100 l.

Kippkochkessel erleichtern die Arbeit. (Kippbare Kochkessel)

Bei **Druckkesseln** wird der Deckel fest verschraubt. Über dem Kochgut entsteht Dampf, der durch ein Sicherheitsventil auf einem bestimmten Druck gehalten wird. Bei erhöhtem Druck kocht das Wasser oberhalb des normalen Siedepunkts, also bei höheren Temperaturen als 100 °C. Höhere Temperaturen verkürzen die Garzeit.

Abb. 1 Kochkessel

● Bei Druckkesseln darf auf keinen Fall das Überdruckventil verändert oder beschwert werden.

Hinweise zur Benutzung

Ein Kochkessel kann nicht wie ein Kochtopf, der auf den Herd gestellt wird, verwendet werden. Der Boden des Kochtopfes nimmt die Hitze der Herdplatte unmittelbar auf und wird darum sehr heiß. Aus diesem Grund kann man im Topf anrösten und anbraten.

Boden und Wände eines Kochkessels werden dagegen nur bis etwa 130 °C erhitzt. In Kochkesseln kann man darum nur kochen. Die Roux für Saucen muss außerhalb des Kessels, z. B. in einer Kippbratpfanne, angeschwitzt werden, für Schmorbraten muss das Fleisch bereits angebraten sein.

Beim **Kochen von Teigwaren** muss genügend Wasser im Kessel sein; ein Sieb vor der Auslauföffnung ist notwendig, um das Kochwasser ablassen zu können.

Beim **Kochen von Salzkartoffeln** verwendet man Siebeinsätze, damit die unteren Schichten nicht durch den Druck der darüberliegenden Kartoffeln zerquetscht werden.

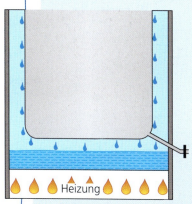

Abb. 2 Schnitt durch Kochkessel

● Die volle Energieabgabe ist bei Kochkesseln nur zum Ankochen notwendig. Nach dem Aufkochen wird darum die Wärmezufuhr verringert.

4.8 Grill grill gril (m)

Ein Grill gart das Gargut durch trockene Wärme. Es kann sich dabei um Strahlungswärme wie bei einem Hähnchengrill (siehe Seite 130) oder um Kontaktwärme handeln. Die direkte Hitzeeinwirkung führt zu kurzen Garzeiten und einem saftigen Produkt. In der Praxis lassen sich verschiedene Grillarten unterscheiden.

Drehgrill

Bei einem Drehgrill wird das Fleisch in der Mitte des Grills auf einem Spieß in der Strahlungswärme des Grills gedreht und so von allen Seiten gleichmäßig gegart. Der Grillspieß kann dabei horizontal (Hähnchengrill/Ochsengrill) oder vertikal (Dönergrill) angebracht sein. Die Wärmezufuhr muss stets an die Entfernung des Grillguts zur Wärmequelle angepasst und nachreguliert werden.

Abb. 1 Drehgrill

Clamshellgrill

Bei einem Clamshellgrill handelt es sich um einen Kontaktgrill. Nach dem Auflegen der Patties auf den Grill senken sich die Oberteile des Grills. So wird das Grillgut von beiden Seiten gleichzeitig gegart. Nach einer einprogrammierten Zeit (ca. 2 Min.) hebt sich das Oberteil wieder und das Gargut kann vom Grill genommen werden. Für beide Seiten sind unterschiedliche Gartemperaturen einstellbar. Moderne Geräte verfügen über eine Produkterkennung und passen Anpressdruck, Garzeit und Gartemperatur selbstständig an.

Als Variation der Clamshellgrills existieren **Flachgrills**. Hier fehlt die schließende Oberseite, daher muss das Gargut manuell gewendet werden. Auf ein gleichmäßiges Garen muss geachtet werden.

Durchlaufgrill („Broiler")

Ein Durchlaufgrill grillt Patties (Hackfleischscheiben) während der Passage durch den Grill. Die gefrorenen Patties werden dabei einzeln oder je nach Modell mehrere gleichzeitig in den Grill geschoben. Dort erhitzt eine (Gas-)Flamme das Fleisch, sodass es nach kurzer Zeit (ca. 2 Minuten) wieder den Grill verlässt und warm gehalten bzw. weiterverarbeitet werden kann.

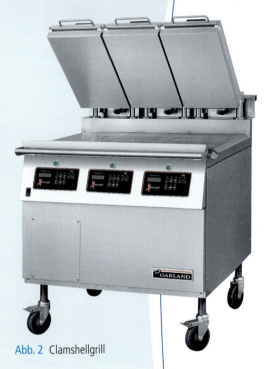

Abb. 2 Clamshellgrill

4.9 Mikrowellengerät

🇬🇧 microwave oven 🇫🇷 four (m) à micro-ondes

Der wesentliche Teil eines Mikrowellengerätes ist das Magnetron. Das ist eine besondere Röhre, die elektromagnetische Wellen erzeugt. Diese werden in den Garraum geleitet. Dort dringen sie in die Lebensmittel ein und bringen die darin enthaltenen Wassermoleküle (Dipole) zum Schwingen. Durch diese Bewegungen reiben sich die Moleküle aneinander. Es entsteht Wärme – auf die gleiche Weise, wie wenn wir die Hände aneinander reiben.

Abb. 3 Mikrowellengerät

Darum erzeugen Mikrowellen Wärme **an jeder Stelle der Speisen zur gleichen Zeit**. Das ist der wesentliche Unterschied zu allen anderen Garverfahren, bei denen die Wärme nach und nach von außen nach innen vordringt.

Metallgeschirr ist nicht geeignet, weil es die Mikrowellen reflektiert (zurückwirft).

Behälter aus Glas, Porzellan, Kunststoffen u. Ä. sind für Mikrowellen durchlässig, erwärmen sich aber selbst nicht.

In **Lebensmittel** dringen Mikrowellen ein und erzeugen Wärme. Die gleichzeitige Erwärmung aller Moleküle der Speisen führt zu sehr kurzen Garzeiten.

Im Einzelfall sind diese abhängig von der
- Leistungsfähigkeit des Gerätes und damit verbunden der
  - Eindringtiefe der Strahlen, der
  - Dicke der Speisen sowie dem
  - Wassergehalt der Speisen; wasserreiche garen rascher.

Abb. 1 MW durchdringen Porzellan.

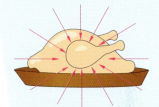

Abb. 2 MW dringen in Lebensmittel ein.

Hinweise zur Benutzung

Beim **Wiedererwärmen** (Regenerieren) bereits zubereiteter Speisen auf die Zeitangaben der Hersteller achten.

Beim **An- und Auftauen** die Auftauautomatik oder eine kleine Leistungsstufe verwenden. Wird dem gefrorenen Lebensmittel zu rasch Energie zugeführt, kann sich die Wärme nicht ausreichend verteilen. Es entstehen **überhitzte Stellen/Hotspots**, die zu Verbrennungen führen können.

Nicht geeignet sind Mikrowellen zum Braten, weil keine Röststoffe erzeugt werden.

Die **Pflege** der Geräte ist einfach. Da keine Speiseteilchen anbrennen, genügen Lappen und warmes Wasser.

> **Unfallverhütung**
> Mikrowellengeräte unterbrechen den Stromkreis, wenn die Tür geöffnet wird, sie setzen damit das Magnetron außer Betrieb. Könnte man bei Betriebsbereitschaft in die Röhre greifen, würde das Blut in der Hand gerinnen, bevor die Nervenzellen der Haut einen Schmerz melden.

4.10 Umluftgerät 🇬🇧 convection steamer 🇫🇷 four (m) à air pulsé

Bei Umluftgeräten wird fortlaufend erhitzte Luft am Gargut vorbeigeführt. Dadurch sind die Garverfahren Braten, Backen und Kochen möglich, ebenso das Auftauen von Tiefkühlware.

Die durch eine Ventilation zwangsweise umgewälzte Luft ermöglicht es, gleichzeitig auf mehreren Ebenen zu garen. Bei der Strahlungswärme im Bratrohr des Ofens ist dies nicht möglich. Mit den meisten Geräten kann auch gedämpft werden. Alle Garautomaten arbeiten auch mit Umluft.

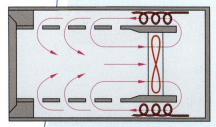

Abb. 3 Umluftgerät

Hinweise zur Benutzung

Die Gartemperatur bei Umluft ist niedriger zu wählen als bei Strahlungswärme im Rohr.

Bei nicht ausreichender Bräunung von Bratgut ist auf ausreichende Befettung zu achten; feuchte Luft zu Beginn des Bratens lässt man durch die Abluftklappen abziehen.

Küche

ARBEITSGESTALTUNG

4.11 Herd mit Backrohr 🇬🇧 stove with baking oven
🇫🇷 fourneau (m)

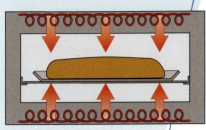

Abb. 1 Backrohr

Beim sogenannten Küchenherd erfolgt die Wärmeübertragung zum Kochgeschirr durch direkten Kontakt, unabhängig davon, welche Energieart eingesetzt wird.

Dieses System ermöglicht bei entsprechender Regelung der Wärmezufuhr alle Garverfahren außer Grillen.

Im Backrohr wird die Wärme durch Strahlung auf das Gargut übertragen. Mit Strahlungswärme kann man backen und braten, z. B. Roastbeef, Rehrücken.

4.12 Durchlaufofen 🇬🇧 continuous-flow oven
🇫🇷 four (m) avec acheminement continuel

Der Vorteil eines Durchlaufofens im Vergleich zu einer herkömmlichen Backröhre ist die höhere Kapazität. Bevor der erste Backvorgang abgeschlossen ist, kann bereits ein weiteres Produkt nachgeschoben werden.

Abb. 2 Durchlaufofen

Schnellrestaurants und Lieferdienste verwenden für das Backen von Pizzas sogenannte Durchlauföfen. Hier wird die Pizza auf einer Art Förderband an elektrischer Strahlungswärme vorbeigeführt.

Durchlauföfen arbeiten bei Temperaturen bis zu 400 °C und können auf mehreren Ebenen 500 Pizzas pro Stunde backen.

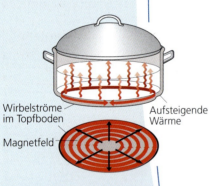

Abb. 3 Magnetfeld erzeugt Wärme

4.13 Induktionstechnik 🇬🇧 induction technology
🇫🇷 technique (w) à l'induction

Induktionsherde übertragen die Wärme auf eine besondere Art auf das Gargut. Elektrische Energie schafft in der Induktionsspule zunächst ein Magnetfeld. Erst im Boden des Kochgeschirrs erzeugt dieses Magnetfeld die zum Garen erforderliche Wärme (siehe Abb. 3).

Darum gibt es keine Hitzeabstrahlung von aufgeheizten Kochplatten, die Hitzebelastung für das Personal und der Energieverbrauch sind geringer.

Die Induktionstechnik ist nur mit Geschirr aus Eisen oder Guss möglich. Geschirr aus Kupfer, Aluminium, Porzellan oder Glas kann nicht verwendet werden.

Abb. 4 Wärme entsteht nur im Metall der Pfanne

4.14 Garen unter Dampfdruck 🇬🇧 cooking with steam pressure
🇫🇷 cuire à la vapeur

Bei normalem Luftdruck (1 bar) siedet das Wasser bei 100 °C. Mit zunehmendem Druck steigt der Siedepunkt. Diesen physikalischen Zusammenhang nutzt man bei Dampfgargeräten.

Abb. 1 Dampfdrucktopf

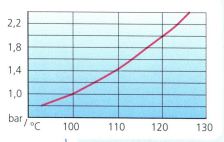

Abb. 2 Der Siedepunkt ist druckabhängig.

> Für die Küche ist folgender Zusammenhang wichtig:
> Je höher der Druck, desto höher die Temperatur.
> Je höher die Temperatur, desto kürzer die Garzeit.

Darum auch die Bezeichnungen **Schnellkochtopf** oder **Schnellgargerät**. Das Garen bei höherer Temperatur kann auch zu veränderten Ergebnissen führen, z. B. faserigem Fleisch.

Das Gastgewerbe kennt zwei technische Lösungen.

Beim **Dampf-Drucktopf** entsteht der Dampf im festverschlossenen Topf. Ein Ventil regelt den Dampfdruck (Abb. 1, oben).

Beim **Dampf-Schnellgargerät/Steamer** wird der Dampf außerhalb des Garraumes in einem besonderen Dampfbereiter erzeugt und dann auf die Lebensmittel im Garraum geleitet (Abb. 3, rechts).

Hinweise zur Benutzung

Zum Garen unter Druck eignen sich besonders Lebensmittel mit längerer Garzeit. Bedienungsvorschriften der Hersteller sind unbedingt einzuhalten. Unfallgefahr!

Die Garzeiten bewegen sich in engen Grenzen. Bei kurzem Überschreiten verkochen die Lebensmittel stark, die Vitaminverluste sind hoch.

Beim Druckgaren kann man nicht „zwischendurch prüfen". Darum muss von Anfang an rezeptgenau gearbeitet werden.

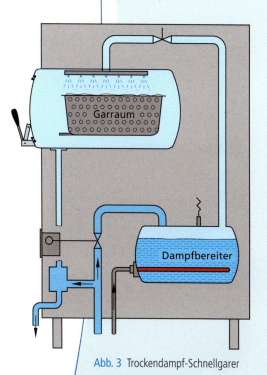

Abb. 3 Trockendampf-Schnellgarer

Küche

ARBEITSGESTALTUNG

4.15 Heißluftdämpfer/Kombidämpfer

🇬🇧 convection steamer 🇫🇷 four (m) à air chaud

In der herkömmlichen Küche sind viele Garverfahren gebunden an
- **bestimmte Gargeräte**, z. B. Herdplatte, Backrohr,
- **bestimmte Geschirre**, z. B. Bratpfanne, Bratgeschirr (Rôtissoire), Schmorgeschirr (Braisière).

Kombigeräte können im gleichen Garraum **wechselnde Garbedingungen** schaffen und zwischen den Verfahren **zeitlich wechseln**, z. B.
- feuchte oder trockene Garverfahren
- Strahlung oder Umluft als Wärmeüberträger
- angaren sehr heiß, weitergaren bei geringerer oder abfallender Temperatur,
- Garen mit abfallender Temperatur.

Diese unterschiedlichen Bedingungen nennen die meisten Gerätehersteller **Betriebsarten**.

Durch immer feinere Sensoren (Fühler) ist es möglich, **Garprofile** zu programmieren. Das sind Idealabläufe z. B. für die Zubereitung bestimmter Fleischteile wie Schweinebraten oder Hähnchenkeulen.

Garprofile erfassen und regeln die einzelnen Garfaktoren, sodass wiederkehrende Abläufe zu stets gleichen Ergebnissen führen.

Abb. 1 Heißluftdämpfer

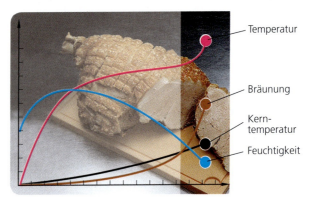

Abb. 2 Garprofil für Braten

Abb. 3 Temperatureinstellungen

Abb. 4 Kerntemperatur

Wenn der Koch die neuen Techniken sinnvoll nutzen will, muss er die klassischen Garverfahren entsprechend aufgliedern.

Wie dabei vorgegangen werden kann, zeigen Beispiele bei „Erstellen von Garprogrammen", Seite 154.

Bei Bedarf wählt man das entsprechende Programm, der Garverlauf wird selbstständig gesteuert, die Voreinstellungen werden angezeigt. Die Abb. 3 zeigt z. B.: Bei 220 °C garen, bis die Kerntemperatur von 74 °C erreicht ist, danach schaltet das Gerät automatisch ab.

In der Küche sind viele Vorgänge an bestimmte Temperaturen gebunden. Um rascher eine bestimmte Temperatur zu erreichen, wird vielfach die Temperaturregelung verändert.

Ein Exkurs auf der Folgeseite zeigt die Zusammenhänge.

4 Maschinen und Geräte

Exkurs: Temperaturregler oder Thermostat

Von Regelung spricht man, wenn ein fester Wert, z. B. die Temperatur im Fettbad (Frittüre), eingehalten wird, obwohl Wärmeverluste entstehen, z. B. durch Einlegen von kalten Speisen zum Garen.

Betrachten Sie die Temperaturregelung am Beispiel des Fettbackgerätes (Abb. 1).

Die Temperatur des Fettbades soll gleichbleiben, z. B. 160 °C. Man nennt diese Temperatur den **Sollwert**. Das Fett kühlt aber laufend ab. Man nennt das Wärmeverlust. Ein Thermometer, auch Fühler genannt, stellt fest, wie hoch die Temperatur tatsächlich ist. Dies nennt man den **Istwert**.

Fällt nun der Istwert unter den gewünschten Sollwert, so erhält ein Schalter den Befehl, den Strom für die Heizung einzuschalten. Durch die Wärmezufuhr nähert sich der Istwert dem Sollwert, das Fett wird so heiß, wie man es wünscht. Erst dann wird der Stromkreis wieder unterbrochen.

In gleicher Weise funktioniert eine Kühlung, nur wird hierbei der Abzug von Wärme geregelt.

Wer die Zusammenhänge einer Temperaturregelung kennt, der weiß auch, dass es **sinnlos ist, den Wahlschalter am Thermostat „vorzudrehen"**. Dadurch wird z. B. das Fett nicht schneller warm. Der Schalter kann nur auf „ein" stehen – mehr Energiezufuhr ist nicht möglich.

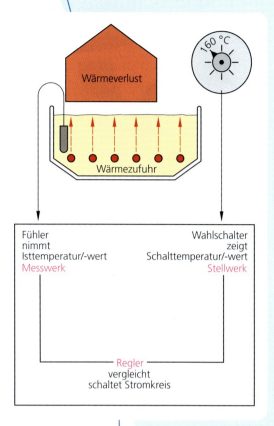

Abb. 1 Temperaturregelung

Aufgaben

1. Welche Vorschriften gelten für die Reinigung eines Fleischwolfes?
2. Beim Garen im Fettbad lösen sich immer Teilchen vom Gargut. Erläutern Sie in diesem Zusammenhang den grundlegenden Unterschied zwischen einem Fett-Topf und der Fritteuse.
3. Warum muss in bestimmten Zeitabständen das Fett der Fritteuse vollständig ausgewechselt werden?
4. Wie verhält man sich, wenn das Fett in einer Pfanne oder Fritteuse zu brennen beginnt?
5. Sie entleeren einen heißen Kipper, in dem Rindfleisch angebraten worden ist. Wie geht es weiter? Begründen Sie.
6. Warum wird eine Flüssigkeit im Kochkessel schneller heiß als vergleichsweise im Kochtopf?
7. „Ei in Mikrowelle explodiert!" stand in der Zeitung. Wie kann es dazu kommen?
8. Der eine sagt: „Im Mikro garen die Speisen von innen nach außen." Der andere meint: „Stimmt nicht, sie garen an jeder Stelle zur gleichen Zeit." Wer hat recht? Begründen Sie.
9. „Lasst mich doch in Ruhe mit eurer Technik. Ich habe noch gelernt, wie Escoffier gekocht hat. Und der hat gewusst, wie es geht." Sprechen Sie über Vor- und Nachteile von modernen Gargeräten.
10. Moderne Geräte regeln die Temperatur selbstständig. Man verwendet in diesem Zusammenhang die Begriffe Sollwert und Istwert. Erklären Sie.

Grundtechniken der Küche

1 Vorbereitende Arbeiten

🇬🇧 preparatory work 🇫🇷 travaux préparatoires

1.1 Einführung

Die meisten Lebensmittel werden vor dem Genuss bearbeitet und/oder zubereitet. Neben dem Haushalt übernehmen diese Aufgaben das Lebensmittelgewerbe und die Gastronomie.

Die vielfältigen Arbeiten scheinen auf den ersten Blick unübersehbar. Eine genauere Betrachtung zeigt jedoch viele Gemeinsamkeiten.

1.2 Waschen  🇬🇧 to wash 🇫🇷 laver

Pflanzliche Rohstoffe sind von Natur aus mit **Verunreinigungen** behaftet. Am deutlichsten sind diese bei Kartoffeln und Wurzelgemüse sichtbar. Unabhängig vom sichtbaren Schmutz befinden sich an den Lebensmitteln aber auch immer **Kleinstlebewesen**. Ferner können Reste von **Pflanzenschutzmitteln** an der Oberfläche haften. Durch sachgerechtes Waschen werden Schmutz, Keime und Rückstände weitgehend entfernt.

Lebensmittel werden möglichst **im Ganzen gewaschen,** weil dabei die **Verluste** an Inhaltsstoffen **geringer** sind. Bei zerkleinerter Ware sind viele Zellen verletzt und die Inhaltsstoffe werden **ausgelaugt.** Hartnäckiger Schmutz wird zusätzlich mit einer Bürste mechanisch bearbeitet.

Gemüsewaschmaschinen arbeiten mit entsprechendem Wasserdruck, der Bewegung erzeugt. Weil sich während des Waschens Schmutz und Keime im Wasser verteilen, muss mit **fließendem Wasser nachgespült** werden. Am Ende des Waschvorganges muss das saubere, hygienisch einwandfreie Lebensmittel stehen.

1.3 Wässern  🇬🇧 to water 🇫🇷 tremper

Obwohl das Wässern von Lebensmitteln immer Nährstoffverluste mit sich bringt, ist es in **manchen Fällen** nicht zu vermeiden.

- Zu den vorbereitenden Arbeiten zählen das Waschen, Wässern, Weichen, Putzen, Schälen.
- Zur Bearbeitung (nächstes Kapitel) werden Schneiden, Raffeln, Reiben, Blanchieren usw. gerechnet.
- Durch die Garverfahren werden viele Lebensmittel erst genussfähig. Die Garverfahren werden in einem getrennten Abschnitt behandelt

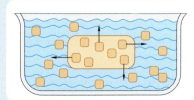

Abb. 1 Wasser laugt aus.

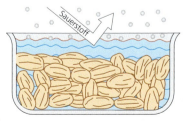

Abb. 2 Wasser hält Luftsauerstoff fern.

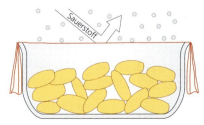

Abb. 3 Folie hält Luftsauerstoff fern.

1 Vorbereitende Arbeiten

Bestandteile der Lebensmittel können den Geschmack beeinträchtigen, z. B. Bittergeschmack bei Endiviensalat, stark arteigener Geschmack bei Nieren.

Blutreste können störend wirken, z. B. an Hirn und Kalbsbries. Wasser kann diese unerwünschten Stoffe auslaugen (Abb. 1, S. 136).

Bei der kurzfristigen Vorratshaltung (mise en place) muss **Luftsauerstoff** ferngehalten werden, damit die enzymatische Bräunung unterbleibt, z. B. bei geschälten rohen Kartoffeln, Sellerie, Äpfeln (Abb. 2, S. 136).

In vielen Fällen genügt es, die Lebensmittel mit einer Folie oder einem feuchten Tuch zu bedecken, um die helle Farbe zu erhalten und vor dem Braunwerden zu schützen (Abb. 3, S. 136).

1.4 Schälen 🇬🇧 to peal 🇫🇷 peler

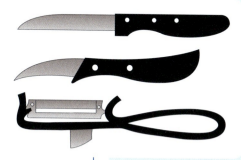

Viele Gemüse und Obstarten müssen von ungenießbaren oder schlecht verdaulichen Randschichten befreit werden. Als Arbeitsgeräte verwendet man dazu:
- **Küchenmesser** mit gerader oder gebogener Klinge,
- **Tourniermesser** mit gebogener Klinge
- **Sparschäler** in verschiedenen Ausführungen.

Rohe Lebensmittel

Runde Formen, z. B. Äpfel, Sellerie, schält man mit dem Tourniermesser spiralenförmig, damit man ohne abzusetzen gleichmäßig arbeiten kann. ①

Längliche Formen, z. B. Kartoffeln, Birnen, Gurken, Karotten, schält man in Längsrichtung. ②

Spargel wird mit einem Sparschäler auf dem Unterarm liegend geschält. ③

Gegarten und gebrühten Lebensmitteln, z. B. gekochten Kartoffeln, gebrühten Tomaten, Pfirsichen, zieht man die Schale (Haut) ab. Durch die vorausgegangene Wärmeeinwirkung löst sie sich leichter als in rohem Zustand.

Zum Abziehen stellt man das Messer steil, die abgehobene Schale wird zwischen Messer und Daumen festgehalten und nach unten gezogen. ④

Wurzelgemüse, z. B. Möhren, Rettiche, können abgeschabt werden. Das Messer steht dabei fast im rechten Winkel zur Oberfläche des Gemüses.

Beim Schaben wird lediglich eine dünne Schicht entfernt, sodass nur wenig Inhalts- und Geschmacksstoffe, die oft gerade in den Randschichten konzentriert sind, verlorengehen. ⑤

Küche

GRUNDTECHNIKEN DER KÜCHE

2 Bearbeiten von Lebensmitteln

🇬🇧 food conditioning 🇫🇷 conditionnement (m) des aliments

2.1 Schneiden   🇬🇧 to cut 🇫🇷 couper

Lebensmittel müssen vor einer weiteren Bearbeitung oft grob zerteilt oder fein geschnitten werden. Deshalb zählt das Schneiden zu den wichtigen Grundfertigkeiten (siehe „Schnittformen" auf Seite 168, 169).

Ziele des Schneidens können sein:
- verzehrfertige Stücke, z. B. bei portioniertem Fleisch;
- Verkürzung der Garzeit, z. B. Blumenkohl in Röschen, Kartoffeln in Stücken;
- Vergrößerung der Oberfläche, z. B. Röstgemüse, Zwiebelwürfelchen;
- ansprechendes Aussehen, z. B. Zuschneiden von Kartoffeln in bestimmte Formen (tournieren), streifig oder blättrig geschnittenes Gemüse.

Beim **Schneidevorgang** mit dem Messer wirken zusammen:

- **Schneidedruck**, der sich auf die sehr kleine Fläche der Messerschärfe konzentriert. Je schärfer das Messer, desto leichter dringt es in das Schneidegut ein.

- **Schneidebewegung**, die man auch den „Zug" nennt. Wer ohne Schneidebewegung arbeitet, drückt das Messer nur in das Material und schneidet nicht richtig. Das ist leicht erkennbar, wenn man eine Vergrößerung des Querschnitts der Messerklinge näher betrachtet: Die sägende Wirkung entsteht erst durch die Schneidebewegung.

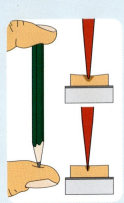

Abb. 1 Schneidedruck

Abb. 2 Vergrößerter Querschnitt

Deshalb gilt:
Je größer die Schneidebewegung, desto geringer ist der erforderliche Schneidedruck. Dies wird vor allem beim Elektromesser deutlich.

Beim Schneiden mit dem Kochmesser werden Schneidedruck und Schneidebewegung durch eine wiegende Bewegung miteinander verbunden. Man spricht darum auch vom **Wiegeschnitt.**

Beim richtigen Schneiden dient die Haltehand dem Messer als Führung (siehe Abb. 4). Die Klinge gleitet an den Knöcheln der gekrümmten Finger entlang, der zurückweichende Finger gibt den Abstand zum folgenden Schnitt frei.

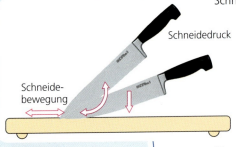

Abb. 3 Wiegeschnitt

Die gezeigte Haltung der Hand (Krallengriff) ermöglicht gleichmäßigen Schnitt und schützt vor Verletzungen, weil die Fingerspitzen Abstand zur Klinge haben.

> Kleine Stücke sind schwieriger zu halten, darum erhöhte Verletzungsgefahr.

Abb. 4 Korrekte Finger- und Handhaltung

Das Prinzip des Schneidevorganges ist auch bei den folgenden Beispielen verwirklicht.

Bei der Aufschnittmaschine kommt die Schneidebewegung von der rotierenden Messerscheibe, der Schneidedruck wird über den Schlitten ausgeübt.

Beim Gemüsehobel stehen die Messer schräg, damit das Schneidegut ziehend durchschnitten wird.

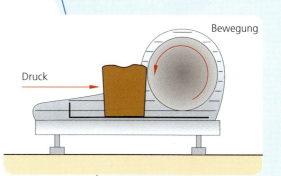

Abb. 1 Aufschnittmaschine

Unfallverhütung

- Trockener Messergriff und trockene Hände vermindern die Abrutschgefahr,
- fallenden Messern nicht nachgreifen,
- nicht benötigte Messer aufräumen,
- Messer so ablegen, dass Griffe und Klingen nicht über die Tischkante hinausragen,
- Messer nicht ins Spülwasser legen,
- rutschsichere und ausreichend große Schneidebretter verwenden.

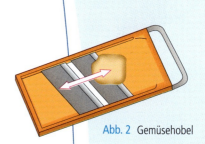

Abb. 2 Gemüsehobel

2.2 Schnittformen

Die unterschiedlichen Schnittformen sind praxisbezogen in den Abschnitten Gemüse und Kartoffeln (Seite 168 bis 169 und 193 bis 200) dargestellt.

2.3 Blanchieren   🇬🇧 to blanch   🇫🇷 blanchir

Das Wort Blanchieren stammt vom französischen blanchir und bedeutet im ursprünglichen Sinne: weiß machen, bleichen. Wenn man also zerkleinerte Äpfel oder Selleriestückchen blanchiert, wird das Wort noch in diesem Sinne verwendet. Der Anwendungsbereich hat sich aber erweitert.

Werden Lebensmittel nicht sofort weiterverarbeitet, schreckt man sie nach dem Blanchieren in kaltem Wasser (Eiswasser) ab. So wird die Gefahr der Mikrobenvermehrung unterbunden, das Nachgaren vermieden, Farbe und Biss werden erhalten.

Vorteile des Blanchierens
- Gefüge wird gelockert, z. B. bei Kohl für Kohlrouladen,
- Verfärbungen werden verhindert, weil Enzyme zerstört werden, z. B. bei hellen Obst- und Gemüsesorten, bei Lebensmitteln, die gefrostet werden.
- Hygiene wird verbessert, weil Wärme Mikroben zerstört.

Nachteile des Blanchierens
- Auslaugverluste an wasserlöslichen Inhaltsstoffen, z. B. Vitaminen, Mineralstoffen,
- Zerstörung hitzeempfindlicher Vitamine, z. B. Vitamin C.

Blanchieren zählt zu den Vorbereitungsarbeiten und nicht zu den Garverfahren.

> **Heute gilt:**
> Blanchieren oder Abwällen ist kurzfristige Behandlung der Rohstoffe mit siedendem Wasser oder im Dampfgarer.

> **Beispiele für missverständliche Verwendung des Wortes:**
> - Spinat blanchieren: Die dünnen Blätter sind durch die kurze Wärmeeinwirkung bereits gar. Das „Blanchieren" ist also hier keine Vorbereitung, sondern bereits ein Garen.
> - Kartoffeln blanchieren, z. B. bei Eigenherstellung von Pommes frites: Hier handelt es sich um ein Garen in zwei Stufen: Vorbacken (auch blanchieren genannt) und Fertigstellen bei Abruf.

Garen von Speisen

Durch Garen werden Lebensmittel in genussfähigen Zustand gebracht. Wärme bewirkt in den Lebensmitteln:

- **Lockerung,** die Nährstoffe werden den Verdauungssäften leichter zugänglich,
- **Eiweißgerinnung** und
- **Stärkeverkleisterung,** wodurch die Nährstoffe für den menschlichen Körper besser verwertbar werden,
- **Geschmacksveränderung, Geschmacksverbesserung,** besonders beim Braten und Backen,
- **Mikrobenzerstörung.**

1 Grundlagen 🇬🇧 basics 🇫🇷 principes (m) de base

Die zum Garen erforderliche Wärme kann auf drei Arten auf die Lebensmittel übertragen werden. Das ist unabhängig von der Art, wie die Wärme erzeugt wird.

Strömung oder **Konvektion:**
In Flüssigkeiten (Wasser, Fett) und in Luft steigen warme Teilchen nach oben, abgekühlte fallen nach unten. So kommt es zu einem Kreislauf.

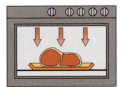

Strahlung oder **Radiation:**
Von jeder Wärmequelle gehen Strahlen aus. Treffen sie auf Lebensmittel, so erwärmen sie diese. Beispiel: Backrohr, Infrarotstrahler.

Kontakt oder **Leitung:**
Stoffe, die in direktem Kontakt stehen (Heizplatte → Pfanne → Steak), leiten die Wärme unmittelbar. Auf diese Art wird die Wärme am schnellsten übertragen.

Wird zum Garen Wasser verwendet, ist die Gartemperatur auf 100 °C begrenzt – beim Drucktopf auf ca. 120 °C.

Höhere Temperaturen sind möglich, wenn Luft oder Fett die Wärme übertragen oder die Wärme durch direkten Kontakt mit den Lebensmitteln in Verbindung kommt. Da die Veränderungen, die beim Garen in den Lebensmitteln ablaufen, sehr von der jeweils erreichbaren Temperatur abhängig sind, unterscheidet man die Garverfahren in:

Feuchte Garverfahren:
Das sind solche, bei denen während des Garens Feuchtigkeit vorhanden ist, z. B. Kochen, Dämpfen, Dünsten.

Trockene Garverfahren:
Das sind solche, bei denen während des Garens kein Wasser vorhanden ist, wie z. B. Braten, Grillen, Frittieren oder Backen.

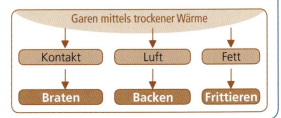

2 Garen mittels feuchter Wärme

🇬🇧 moist heat cookery methods 🇫🇷 faire cuire à la chaleur humide

Beim Garen mittels feuchter Wärme unterscheidet man nach der **Höhe der Gartemperatur**:

- unter 100 °C → Garziehen/Pochieren
- um 100 °C → Kochen
- über 100 °C → Druckgaren

2.1 Kochen 🇬🇧 to boil 🇫🇷 bouillir

Die vorbereiteten Rohstoffe werden mit so viel Flüssigkeit angesetzt, dass diese das gesamte Gargut bedeckt. Die Temperatur im Gargut steigt nach und nach bis fast 100 °C.

Abb. 1 Tafelspitz in der Brühe

Wenn die Kochflüssigkeit aufwallt, nimmt man die Wärmezufuhr zurück, denn „mehr als kochen = wallen" kann das Wasser nicht. Es ist deshalb Energieverschwendung, wenn man versucht, kochender Flüssigkeit noch mehr Wärme zuzuführen, dies führt nur zum Verdampfen, also zum Flüssigkeitsverlust (s. jedoch Reduzieren).

● Kochen ist Garen in wässriger Flüssigkeit bei etwa 100 °C.

Die Rohstoffe werden in kochender oder kalter Flüssigkeit zugesetzt. Während des Garens treten folgende Veränderungen ein:
- **Stärke** nimmt Wasser auf und verkleistert, z. B. bei Reis und Teigwaren,
- **Eiweiß der Fleischfasern** gerinnt, wird locker und leicht kaubar,
- **Bindegewebe** lagert Wasser an, wird locker und leicht kaubar,
- **wasserlösliche Bestandteile,** z. B. Mineralstoffe, Vitamine und Geschmacksstoffe, gehen in die Flüssigkeit über.

Pellkartoffeln

Zutaten
1 kg Kartoffeln
5 g   Kümmel

- Kartoffeln, die von gleichmäßiger Form (gleiche Garzeit) und nicht zu groß sind, sauber waschen, in Kochtopf geben,
- Wasser auffüllen, bis die Kartoffeln bedeckt sind,
- Kümmel zugeben,
- aufkochen lassen, dann 30 Min. weiterkochen,
- Wasser abschütten, Kartoffeln schälen.

Salzkartoffeln

Zutaten
1,2 kg Kartoffeln
15   g/l Salz

- Kartoffeln waschen und schälen,
- vierteln oder halbieren, tournieren, je nach Größe,
- in Topf geben, mit kaltem Wasser auffüllen, salzen,
- 20 Min. kochen,
- abgießen und abdampfen lassen.

Halten Sie aus beiden Zubereitungsarten für Kartoffeln das Kochwasser zurück und vergleichen Sie dessen Aussehen und Geschmack.

Fleischbrühe – gekochtes Rindfleisch

Zutaten
zweimal je
250 g Rindfleisch (z. B. Brustspitz, Querrippe)
1,5 l Wasser
       Wurzelwerk, Salz

- ein Stück Fleisch in kaltem, gesalzenem Wasser zusetzen, bei mäßiger Wärmezufuhr zum Kochen bringen
- anderes Stück Fleisch vorsichtig in kochendes gesalzenes Wasser einlegen
- nach einer Stunde Garzeit jeweils Wurzelwerk (Möhren, Lauch, Petersilie) beigeben
- jede Art etwa insgesamt 1,5 Std am Siedepunkt halten, aber nicht kochen.

Vergleichen Sie die Brühe und das gekochte Fleisch aus beiden Kochverfahren.

2.2 Garziehen 🇬🇧 to poach 🇫🇷 pocher

> Garziehen oder Pochieren ist Garen in wässriger Flüssigkeit zwischen 75 und 98 °C.

Das Garziehen wird angewandt bei Lebensmitteln mit lockerer Struktur, z. B. leichten Farcen, ganzen Fischen.

Weil das Wasser unter dem Siedepunkt bleibt, kommt es nicht zum Wallen, und das Abkochen der jeweils äußeren Schicht wird vermieden.

Pochierte Eier

Zutaten
- 4 frische Eier
- 2 EL Essig
- 1,5 l Wasser

- Wasser mit Essig aufkochen (Essig wirkt zusammenziehend auf das Eiweiß)
- Eier einzeln in flache Schälchen schlagen
- Eier ins nicht mehr wallende Wasser gleiten lassen
- nach 4 Min. mit einem Schaumlöffel entnehmen
- Ränder glatt schneiden, auf Toast servieren.

> Wie verändern sich die Eier, wenn sie in sprudelnd kochendes Wasser gegeben werden? Beschreiben Sie die Veränderungen.

2.3 Dämpfen 🇬🇧 to steam 🇫🇷 étuver

> Dämpfen ist Garen mittels Wasserdampf bei 100 °C.

Die Lebensmittel liegen beim Dämpfen in einem Siebeinsatz. Der Boden des Dämpfers ist mit Wasser bedeckt. Bei Wärmezufuhr wird das Wasser zu Dampf, der die Wärme auf die Lebensmittel überträgt. Steamer erzeugen den Dampf außerhalb des Garraums und leiten diesen auf das Gargut.

Die Auslaugverluste sind gering, weil die Lebensmittel nicht direkt mit dem Wasser in Berührung kommen. Geschmack und Aussehen der Speisen sind mit gekochten vergleichbar.

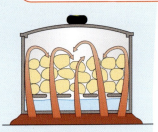

Abb. 1 Dämpfen

Gedämpfte Kartoffeln

Zutaten
- 1,2 kg Kartoffeln
- 8 g/l Salz

- Kartoffeln waschen und schälen,
- vierteln oder halbieren/tournieren (je nach Größe),
- Kartoffelstücke in Dämpfeinsatz geben und Salz daraufstreuen,
- Wasser bis zur Markierung (etwa 1 cm unterhalb Dämpfeinsatz) in Dämpftopf gießen,
- Dämpfeinsatz einhängen, Wasser zum Kochen bringen und Deckel auflegen,
- vom Beginn der Dampfentwicklung an 25 Min. dämpfen.

2.4 Dünsten 🇬🇧 to stew 🇫🇷 cuire à l'étuvée

> Dünsten ist Garen in wenig Flüssigkeit bei etwa 100 °C, meist unter Zugabe von etwas Fett. Die meist geringe Menge Flüssigkeit kann zugesetzt sein oder aus dem Gargut kommen.

Vorbereitete Rohstoffe werden mit wenig Flüssigkeit und etwas Fett in einen Topf gegeben und abgedeckt. Bei stark wasserhaltigen Rohstoffen tritt durch die Wärmeeinwirkung so viel Saft aus, dass auf eine Zugabe von Flüssigkeit verzichtet werden kann. Man spricht dann vom Dünsten im eigenen Saft.

Während des Garens muss darauf geachtet werden, dass die Flüssigkeitsmenge im rechten Maß ist.

Zu wenig Flüssigkeit → Dünsten geht in Braten, evtl. Anbrennen über.

Zu viel Flüssigkeit → Dünsten geht in Kochen über.

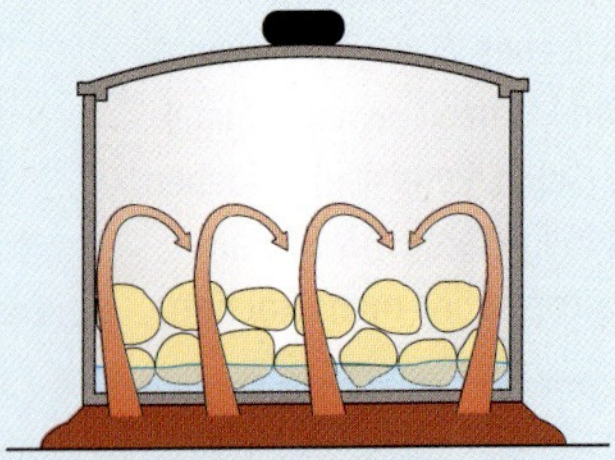

Abb. 2 Dünsten

2 Garen mittels feuchter Wärme

Gedünstete Möhren	• Walzenförmige Möhren abschaben oder mit einem Sparschäler schälen und abspülen,
Zutaten	• in gleichmäßige, 4 cm lange Stäbe schneiden,
1,2 kg Möhren	• Möhrenstäbe in einen Topf geben, Butter, Zucker und Salz dazugeben,
30 g Butter	
0,25 l Wasser	• Wasser untergießen, Inhalt zum Kochen bringen und Topf zudecken,
15 g Zucker	
3 g Salz	• bei mäßiger Wärmezufuhr 10 Min. dünsten.

Glasieren to glaze glacer

Zuckerhaltige Gemüse, wie Karotten, Maronen, kleine Zwiebeln, geben während des Dünstens Zuckerstoffe an den Dünstfond ab. Durch Verdunstung kocht dieser gegen Ende der Garzeit zu einer sirupartigen Glasur ein. Dieser Vorgang wird durch die Beigabe von etwas Zucker und Butter unterstützt. Durch schwenkende Bewegung wird das Gemüse mit der „Glasur" rundherum überzogen und erhält ein appetitlich-glänzendes Aussehen.

> Eine **besondere Art des Dünstens** ist das **Glasieren**.

● Beispiele:
Glasierte Karotten, glasierte Rübchen, glasierte Perlzwiebeln, glasierte Maronen.

● Druckgaren ist Kochen oder Dämpfen bei etwa 120 °C.

2.5 Druckgaren pressure cooking ● cuire en cocotte minute

Beim Druckgaren wird der Wasserdampf durch einen Deckel, mit dem der Topf fest verschlossen ist, zurückgehalten. Ein eingebautes Ventil regelt die Druckstärke. Bei normalem Luftdruck siedet Wasser bei 100 °C (Siedepunkt). Wird darüber hinaus noch weitere Wärme zugeführt, verdampft das Wasser und entweicht. Bei Druckgargeräten wird der Wasserdampf zurückgehalten, so baut sich ein Überdruck auf.

Mit steigendem Druck steigt die Gartemperatur. Die höhere Gartemperatur wirkt intensiver und verkürzt damit die Garzeit.

Darum spricht man auch vom „Schnellkochtopf". Beim Druckgaren ist die Temperatur im Vergleich zum üblichen Kochen zwar nur um etwa 20 °C erhöht, doch ist zu bedenken, dass die für das Garen wesentlichen Veränderungen, wie Stärkeverkleisterung oder Eiweißgerinnung, erst bei etwa 70 °C beginnen und dann mit zunehmender Temperatur immer rascher ablaufen, schließlich auch zu negativen Veränderungen führen.

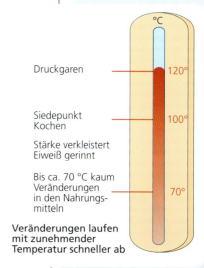

Abb. 1 Wärme verändert Lebensmittel.

2.6 Gratinieren oder Überbacken to brown gratiner

Die feuchten Garverfahren erhalten den Eigengeschmack der Speisen. Will man jedoch Geschmack und Aussehen verändern, können die bereits gegarten Lebensmittel zusätzlich überbacken werden. Dabei entsteht durch die Einwirkung von Oberhitze eine goldgelbe bis braune Kruste mit zusätzlichen Geschmacksstoffen.

Die gegarten Lebensmittel werden
• bedeckt mit geriebenem Käse und Butterflocken oder Mornaysauce
• überbacken nur mit Oberhitze, z. B. im Salamander.

● Gratinieren ist eine **besondere Art der Fertigstellung** von bereits gegarten Speisen, es ist kein eigenständiges Garverfahren.

● Beispiele:
Blumenkohl überbacken, gratinierter Spargel.

Küche

GAREN VON SPEISEN

3 Garen mittels trockener Wärme

🇬🇧 dry heat cookery methods   🇫🇷 faire cuire à la chaleur sèche

Unter Garen in trockener Wärme versteht man: **Garen ohne Wasser**.

Die Wärme kann auf das Gargut übertragen werden durch:

- direkten Kontakt → Pfanne, Grillplatte
- heißes Fett → Fritteuse
- heiße Luft → Rohr, Umluftgerät
- Strahlung → Rohr, Salamander

Dabei liegen die Temperaturen zwischen 150 °C bei heißem Fett und bis zu 260 °C bei heißer Luft. Durch die starke Wärmeeinwirkung bildet sich eine Kruste. Die dabei entstehenden Röststoffe geben das typische Bratenaroma.

3.1 Braten   🇬🇧 to roast   🇫🇷 rôtir

> Braten ist Garen mittels trockener Wärme. Man unterscheidet:
> - **Braten in der Pfanne:** Wärme wird durch direkten Kontakt und/oder durch geringe Fettmenge übertragen.
> - **Braten im Ofen:** Wärme wird durch direkten Kontakt und Strahlung oder heiße Luft übertragen.

Braten in der Pfanne   🇬🇧 to pan-fry   🇫🇷 rôtir

Zum Braten in der Pfanne oder **Kurzbraten** verwendet man wasserfreie Fette, denn wasserhaltige Arten würden spritzen und ließen sich nicht ausreichend erhitzen. Durch die starke Wärmeeinwirkung gerinnt das Eiweiß in den Randschichten. Es bilden sich Geschmack gebende Röststoffe. Die Wärme dringt nach und nach ins Innere.

Kurzbratfleisch muss gewendet werden, weil die Wärme nur vom Pfannenboden ausgeht, zu einseitig wirkt.

Sautieren   🇬🇧 to sauté   🇫🇷 sauter

Sautieren ist eine besondere Form des Kurzbratens. Das zerkleinerte Gargut, z. B. Geschnetzeltes, brät in einer besonderen Pfanne (Sauteuse) bei starker Wärmeeinwirkung.

Es darf nur so viel in die Pfanne gegeben werden, dass alles nebeneinander liegen kann und darum rasch die Wärme aufnimmt. Durch Schwenken der Pfanne wird das Gargut gewendet.

Abb. 1 Kurzbraten   Abb. 2 Schwenken

Kalbssteak, gebraten

Zutaten

4	Kalbssteaks zu je 150 g
30 g	Bratfett
	Salz, Pfeffer, Mehl
20 g	Butter

- Kalbssteaks plattieren und wieder zur Steakform zusammendrücken,
- salzen, pfeffern, in Mehl wenden,
- Fett erhitzen, Fleisch einlegen und auf beiden Seiten anbraten,
- Wärmezufuhr reduzieren, weiterbraten, dabei wenden und mit dem Bratfett begießen,
- gebratene Kalbssteaks auf Abtropfgitter legen,
- Fett aus der Pfanne leeren, Butter in die Pfanne geben und hell bräunen,
- Kalbssteaks zur Geschmacksverbesserung darin nachbraten und anrichten,
- Bratbutter durch ein kleines Sieb auf die Kalbssteaks geben.

3 Garen mittels trockener Wärme

Filetgulasch

Zutaten

600 g	Rinderfilet
40 g	Zwiebelwürfel
60 g	geklärte Butter
0,1 l	Weißwein
0,3 l	gebundene braune Sauce
	Salz, Pfeffer oder Paprika

- Fleisch in gleichmäßige Würfel schneiden,
- geklärte Butter in einer Pfanne erhitzen,
- gewürzte Fleischwürfel dazugeben, auf der Bodenfläche verteilen,
- bei starker Wärmezufuhr rasch braun anbraten,
- durch Schwenken der Pfanne die Fleischwürfel wenden, dann in ein gewärmtes Geschirr leeren,
- Zwiebelwürfel in der benutzten Bratpfanne anschwitzen und mit Wein ablöschen,
- Sauce dazugeben, durch Einkochen im Geschmack kräftigen,
- gebratene Fleischwürfel einschwenken, nicht kochen lassen und in einem Töpfchen anrichten.

> Butter klären: dazu zerlaufen lassen, vom Bodensatz abgießen, weil bei starker Hitze Eiweiß und Milchzucker verbrennen.

Braten im Ofen 🇬🇧 to roast 🇫🇷 rôtir

Beim Braten im Ofen oder **Langzeitbraten** sind zwei Stufen zu unterscheiden:
- Anbraten im Ofen bei hoher Temperatur,
- Weiterbraten bei etwa 140 °C bis zum gewünschten Garzustand.

Die Wärme wird übertragen durch
- Strahlung im Rohr des Ofens
- Strömung im Konvektionsofen.

Gebratenes Schweinerippenstück

Zutaten

1	kg	vorbereitetes Schweinekarree, Knochen und Parüren des Karrees, kleingehackt
150 g		Röstgemüse
40 g		Bratfett
10 g/l		Speisestärke
		Salz, Pfeffer

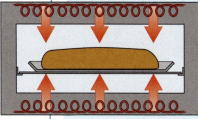

Abb. 1 Strahlungswärme im Rohr des Ofens

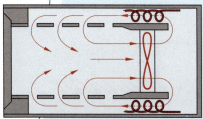

Abb. 2 Strömung im Konvektionsofen

- Fett in einem Bratgeschirr auf der Ofenplatte erhitzen,
- Schweinekarree würzen, im erhitzten Bratfett wenden, dann auf die Knochenseite legen,
- in ein vorgeheiztes Ofenrohr (220 bis 250 °C) schieben und 20 Min. braten,
- Knochen, Parüren, Röstgemüse zugeben, Temperatur senken und weitere 40 bis 50 Min. braten,
- das Fleisch öfter mit dem Bratfett begießen,
- gebratenes Fleisch auf Blech mit Abtropfgitter legen,
- Fett behutsam aus dem Bratgeschirr gießen, sodass der Bratsatz erhalten bleibt,
- Flüssigkeit auffüllen, Bratrückstände zur Saucenbildung loskochen, Abtropfsaft des Fleisches dazugeben,
- Sauce mit angerührter Stärke leicht binden.

Küche

GARENI VON SPEISEN

3.2 Grillen 🇬🇧 to grill 🇫🇷 griller

> Grillen ist Garen mittels Strahlungs- oder Kontaktwärme.

Die trockene Wärmeeinwirkung führt rasch zu einer geschmackgebenden Kruste. Ähnlich wie beim Kurzbraten wählt man die Garstufe entsprechend der Fleischart.

> Keine Pökelware auf den Grill! Es entstehen Nitrosamine.

Damit die Randschichten nicht austrocknen, wird das Gargut mit Öl oder Fett bestrichen. Aus dem Nitrit des Pökelsalzes und den Aminosäuren des Fleisches können sich bei starker Wärmeeinwirkung am Grill *Nitrosamine* bilden. Diese sind krebserregend.

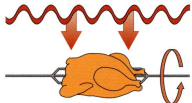

Abb. 1 Strahlungswärme beim Grillen

Rumpsteak vom Grill

Zutaten
4 Rumpsteaks, je 180 g
4 Scheiben Kräuterbutter
Salz, Pfeffer, Öl

- Rumpsteaks würzen und mit Öl beträufeln,
- heißen Grillrost mit Öl bestreichen, damit das Fleisch nicht anhängt.
- Fleischscheiben nebeneinander auflegen und bei intensiver Wärmeeinwirkung grillen,
- Rumpsteaks wiederholt mit Öl bestreichen, um zu starkes Austrocknen zu vermeiden, und mit einer Grillzange umdrehen,
- beim zweiten und dritten Wenden das Fleisch im rechten Winkel zur Zeichnung auf die Grillstäbe legen (Grillkaro),
- nach 6 Min. Grilldauer die rosa gebratenen Rumpsteaks anrichten und Kräuterbutter auflegen.

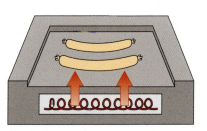

Abb. 2 Grillplatte gibt Kontaktwärme

3.3 Frittieren 🇬🇧 deep frying 🇫🇷 frire

Das heiße Fett umgibt das Gargut meist von allen Seiten, darum wird die Wärme rasch übertragen. Kurze Garzeiten sind die Folge.

> Frittieren ist Garen in Fett schwimmend bei Temperaturen zwischen 150 und 175 °C.

Zum Frittieren dürfen nur wärmebeständige Spezialfette verwendet werden. Bei Temperaturen über 175 °C entsteht das gesundheitsschädliche Acrylamid.

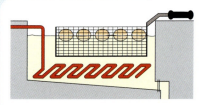

Abb. 3 Schnitt durch Fettbackgerät

Frittierte Shrimps

Zutaten
16 Shrimps
1 Ei, Panierbrot
Mehl
4 Zitronenviertel
Salz, Pfeffer

- Shrimps in Mehl und zerschlagenem Ei wenden und Panierbrösel andrücken,
- Backfett der Fritteuse auf 160 °C erhitzen,
- Shrimps einlegen und 3 Min. frittieren,
- Shrimps aus dem Backfett heben, würzen,
- zum Abtropfen auf Tuch oder Küchenkrepp legen,
- frittierte Shrimps und Zitronenstücke auf einer Platte mit Papierserviette anrichten,
- keine Cloche verwenden, damit die rösche Backkruste erhalten bleibt.

3.4 Schmoren 🇬🇧 to braise 🇫🇷 braiser

Durch das Anbraten des Fleisches entstehen Farbe und Geschmacksstoffe, die für Schmorgerichte typisch sind. Nach dem Aufgießen geht das Garen in Kochen über, die Bindegewebe lagern Wasser an und werden gelockert. Schmoren wendet man vor allem bei bindegewebereichen Fleischteilen an.

> ● Schmoren ist ein kombiniertes Garverfahren. Beim Anbraten mit Fett entstehen Farb- und Geschmacksstoffe, beim anschließenden Weitergaren in siedender Flüssigkeit wird Zellgefüge gelockert.

Schmorbraten/Schmorsteaks

Zutaten
- 2 kg entbeinte Rinderschulter
- 300 g Röstgemüse
- 0,3 l Rot- oder Weißwein, brauner Kalbsfond
- 10 g/l Speisestärke,
- 2 EL Tomatenmark
- 60 g Fett, Salz, Paprika
- 1 Gewürzbeutel (Lorbeerblatt, Thymianzweig, 5 Knoblauchzehen, 1 Nelke, 10 Pfefferkörner, 100 g Petersilienstiele)

- Gewürztes Fleischstück oder Portionsscheiben in Schmorpfanne in heißem Fett allseitig anbraten,
- Röstgemüse beifügen, weiterbraten, bis das Gemüse braune Farbe zeigt.
- Tomatenmark dazugeben, kurze Zeit mitrösten,
- mit Wein ablöschen, einkochen, bis Ansatz glänzt.
- Braunen Kalbsfond in die Schmorpfanne gießen, bis das Fleisch zu einem Viertel seiner Dicke darin liegt, und aufkochen
- Gewürzbeutel dazulegen, Geschirr zudecken und im Ofen bei niedriger Temperatur etwa 2 Stunden schmoren.
- Während des Garens Fleisch mehrmals wenden und verdunstete Flüssigkeit ersetzen.
- Geschmortes Fleisch aus dem Geschirr nehmen.
- Sauce durch ein Sieb passieren, abfetten und mit angerührter Stärke leicht binden.

3.5 Backen 🇬🇧 baking 🇫🇷 cuire au four

Die grundlegenden Vorgänge der Wärmeübertragung zeigen Schemazeichnungen zum Braten auf Seite 145, Abb. 1 + 2.

Beim Backen bildet sich in den Randschichten eine aromatische **Kruste** mit geschmacksgebenden Röststoffen.

In der **Krume** gerinnen die Eiweißstoffe (Kleber des Mehles, Ei) und bilden ein elastisches Porengerüst. Die Stärke verkleistert und nimmt dabei Flüssigkeit auf.

> ● Beim Backen wirken Strahlungswärme oder Umluft bei 160 °C bis 250 °C auf Teiglinge oder Backmassen ein.

3.6 Mikrowellen 🇬🇧 microwaves 🇫🇷 micro-ondes (w)

Mikrowellen erzeugen durch Molekülbewegung Wärme innerhalb der Lebensmittel gleichzeitig an jeder Stelle.

Deshalb ist nur kurze Zeit erforderlich, um die Speisen auf Verzehrtemperatur zu bringen. Mikrowellengeräte eignen sich darum vorzüglich zum Wiedererwärmen (Regenerieren) bereits gegarter Lebensmittel, z. B. bei ruhigem Geschäftsgang.

Wird mittels des Mikrowellengerätes gegart, so entsprechen die Veränderungen in den Lebensmitteln etwa denen bei feuchten Garverfahren.

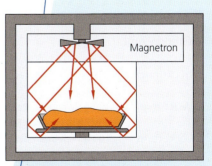

Abb. 1 Schnitt durch Mikrowellengerät

Küche

GARENVONSPEISEN

3.7 Zusammenfassende Übersicht – Garverfahren

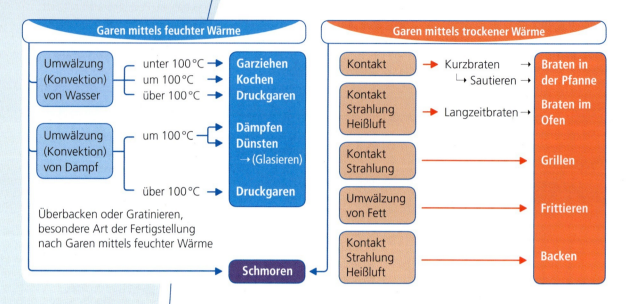

4 Zubereitungsreihen

🇬🇧 preparation series 🇫🇷 séries (w) de la prèparation

Escoffier schreibt in seinem Kochkunstführer:
Die Zubereitungsarten umfassen die wichtigsten Grundlagen der Kochkunst. Sie stellen die Grundlagen dar, die für jeden geregelten Arbeitsgang erforderlich sind und deren unbedingte Beherrschung das Kochen erst zur Wissenschaft erhebt.

Nur derjenige, der Ursachen und Wirkung der einzelnen Zubereitungsarten genau kennt, beherrscht die Kochkunst in vollem Umfange.

Bei den folgenden Zubereitungsreihen entstehen aus einem **Grundrezept durch wechselnde Garverfahren unterschiedliche Gerichte**.

So werden die Grundkenntnisse über die Garverfahren gefestigt, und die Auswirkungen der unterschiedlichen Garverfahren können direkt verglichen werden.

4.1 Zubereitungsreihe Hackfleisch

Grundrezept

Hackfleisch:	1 kg gemischtes Hackfleisch (Rind, Schwein),
Würzung:	100 g Zwiebelwürfel, anschwitzen, Salz, Pfeffer,
Lockerung:	100 g Weißbrot oder Semmeln eingeweicht, ausgedrückt,
Verbesserung:	100 g Ei (2 Stück)

- Alle Zutaten in eine Schüssel geben und zu einer glatten Hackfleischmasse vermengen.

- Geschmackliche Abwandlungen sind möglich durch Beigabe von zerkleinerten frischen Kräutern, Paprikaschoten, Pilzen, Roten Rüben, Käse, Gewürzgurken, Kapern, Sardellen und Knoblauch, ferner durch Gewürze oder Würzsaucen.

Aus einem Grundrezept mit Hackfleisch entstehen durch unterschiedliche **Garverfahren**:

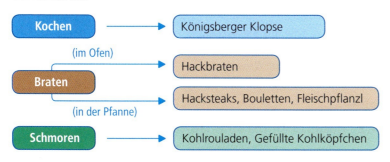

Kochen

Fleischklopse

Mit nassen Händen Klopse formen, je Portion 2 Klopse à 60 g. Fleischbrühe mit gespickter Zwiebel aufkochen. Wenn nicht vorhanden: Aus 1 l Wasser und Fleischbrühwürfel Brühe herstellen; am Siedepunkt halten, Klopse etwa 10 Min. in der Brühe garen und mit Schaumlöffel herausnehmen. Aus 40 g Fett und 50 g Mehl eine helle Schwitze bereiten und mit 1 l Fleischbrühe eine Sauce herstellen. Abschmecken mit Sauerrahm, Senf und Kapern. Klopse in der Sauce servieren.

Abb. 1 Königsberger Klopse

Wir empfehlen[1]

„Wertvolles Hackfleisch wird gut gewürzt, zu Klößchen geformt und gegart. Wir servieren in sämiger Sauce, der Kapern eine besondere Note geben."

Schmoren

Gefüllte Kohlköpfchen

Strunk eines Weißkohlkopfes ausstechen. Kopf blanchieren, bis die Blätter formbar sind. Große Kohlblätter abnehmen, nebeneinander auslegen, kleine dazuordnen, salzen und pfeffern. Mit nassen Händen 100 g schwere Hackfleischbällchen abdrehen, in die Mitte setzen und mit Kohlblättern umhüllen. Gefüllte Köpfchen einzeln in einem Tuch fest zu Kugeln formen. Flaches Schmorgeschirr mit Fett ausstreichen. Die Bodenfläche mit Zwiebel- und Möhrenscheiben auslegen. Kohlköpfchen nebeneinander einsetzen. Geschirr in einen vorgeheizten Ofen schieben und die Köpfchen braun anbraten. Mit Brühe (vgl. Rezept Klopse) untergießen und zugedeckt bei mittlerer Wärmezufuhr 45 bis 60 Min. schmoren. Verdunstung durch Flüssigkeitsbeigabe ausgleichen. Gegarte Köpfchen mit einem Schaumlöffel entnehmen. Schmorfond passieren, mit angerührter Stärke leicht binden und über die gefüllten Kohlköpfchen geben.

„Ein traditionelles Gericht für die Wintermonate. Die gewürzte Hackfleischmasse wird in Kohlblätter gehüllt und dann langsam geschmort. Diese Kombination ergibt ein saftiges Gericht mit einer sehr aromatischen Sauce."

Braten im Ofen

Hackbraten

Hackmasse brotlaibähnlich formen, mit nasser Hand glätten. In Semmelbröseln wälzen und in ein ausgefettetes Bratgeschirr legen. Im vorgeheizten Ofen bei mäßiger Wärme etwa eine Stunde braten. Ab und zu begießen. Hackbraten entnehmen. Bratsatz mit Wasser ablöschen und loskochen. In 200 g Sahne 2 EL Stärke verrühren, dem Bratsatz beigeben, aufkochen und die Sauce passieren. Hackbraten in Portionsscheiben schneiden und Sauce angießen.

„Die Hackmasse wird mit Zwiebelwürfeln ergänzt und zu einem Laib geformt, der durch das Braten im Ofen ein besonderes Aroma erhält. Wir servieren davon zwei Scheiben mit einer delikaten Sauce und …"

[1] Beschreibung von Speisen Seite 157

Küche

GAREN VON SPEISEN

Wir empfehlen[1]

„Die fein gewürzte Hackfleischmasse wird zu flachen Bällchen geformt und in der Pfanne außen kross gebraten, das Innere bleibt dabei saftig."

Braten in der Pfanne

Hacksteaks
Hacksteaks in Portionsgröße von 120 g formen. Fett in einer Bratpfanne erhitzen. Hacksteaks einlegen und auf beiden Seiten, unter mehrmaligem Wenden, gleichmäßig braun braten. Bratdauer etwa 10 Minuten.

Abb. 1 Hacksteaks

4.2 Zubereitungsreihe Geflügel

Grundmaterial: Brathähnchen/Poularde, bratfertig
Zubereitungen unter Berücksichtigung verschiedener Garverfahren.

Kochen	Dünsten	Schmoren	Braten	Grillen	Frittieren
Gekochte Poularde	Gedünstete Poularde	Geschmorte Hähnchenkeule	Gebratene Poularde (im Ofen) / Panierte Hähnchenbrust, gebraten (in der Pfanne)	Hähnchen vom Grill	Gebackenes Hähnchen

Kochen

Gekochte Poularde
Poularde blanchieren. Dann in einem passenden Topf knapp mit Wasser bedeckt aufsetzen, an den Kochpunkt bringen und bei geringer Wärmezufuhr etwa 45 Min. sieden. Schaum und Fett durch Abschöpfen entfernen. Flüssigkeit nur leicht salzen. Lauch, Sellerie, Möhre zusammenbinden und zur Ergänzung des Brühengeschmacks mitkochen. Gegarte Poularde entnehmen, in eiskaltem Wasser abschrecken und mit Folie bedecken. Poularde in Brusthälften und Keulen zerlegen und in der passierten Brühe aufbewahren. Verwendungsmöglichkeiten für die gekochte Poularde: Suppeneinlage, Geflügelragout, Geflügelsalat. Brühe zu Suppen, Saucen und zum Ansetzen einschlägiger Zubereitungen.

Dünsten

Gedünstete Poularde
Poularde blanchieren. Stücke von hellem Lauch und Sellerie (4:1) in passendem Topf mit Butter farblos anschwitzen. Poularde dazulegen. Mit wenig Weißwein ablöschen, so viel Wasser auffüllen, dass ein Drittel des Geflügelkörpers darinliegt. Aufkochen, Flüssigkeit salzen. Topf zudecken und die Poularde bei mäßiger Wärmezufuhr dünsten, von Zeit zu Zeit umdrehen. Gedünstete Poularde nach 45 Min. entnehmen und mit Folie bedeckt abkühlen lassen. Danach zerlegen und die schwammige Haut abziehen. Vom passierten Dünstfond unter Verwendung von Mehlbutter und Sahne eine Sauce herstellen. Wird die Sauce mit Sahne und Eigelb legiert, darf sie danach nur kurz aufkochen, sonst flockt das Eigelb aus.

„Poulardenstücke durch Dünsten schonend gegart mit samtiger aber leichter Sauce, die mit Weißwein und etwas Zitrone pikant abgeschmeckt ist. Dazu reichen wir Basmatireis oder hausgemachte Nudeln."

Geeignete Beilage:
Reis oder Nudeln

[1] Beschreibung von Speisen Seite 157

Schmoren

Geschmorte Hähnchenkeulen

Schlussknochen an der Innenseite der Keulen entfernen. Salzen und pfeffern. In einem mit Fett erhitzten Geschirr mit der Außenseite zuerst anbraten. Zwiebel- und Möhrenstückchen dazulegen und weiterbraten, bis das Gemüse leicht Farbe hat. Mit Weißwein ablöschen, Flüssigkeit einkochen. Eine zerschnittene Tomate oder etwas Tomatenmark beigeben.
Wenn der Ansatz glänzt, mit Jus oder Wasser auffüllen und aufkochen.
Ein Kräutersträußchen (Petersilie, Bruchstück Lorbeerblatt, Zweig Thymian) dazulegen und zugedeckt 15 Min. schmoren.
Danach Keulen entnehmen. Fond passieren, abfetten und mit wenig angerührter Stärke binden. Keulen in der Sauce servieren.

„… mit einer kräftigen aromatischen Sauce, die am besten mit geschmacklich neutralen Beilagen wie Teigwaren, Reis oder Kartoffelpüree zur Geltung kommt."

Geeignete Beilage:
Kartoffelpüree, Gurkensalat

Braten in der Pfanne

Gebratene Hähnchenbrust

Eine rohe Hähnchenbrust erhält genau in der Mitte neben dem aufrecht stehenden Brustknochen einen Längsschnitt. Von hier aus die Brusthälften entlang der Knochen ablösen und die Flügel abschlagen.
Brustteile salzen, mit Paprika bestreuen. Butter in einer Pfanne erhitzen, die panierten Brustteile einlegen und bei mäßiger Wärmeeinwirkung beidseitig hellbraun braten.
Gebratene Hähnchenbrust mit zwei Zitronensechsteln und frittierter Petersilie anrichten.

Abb. 1 Gebratene Hähnchenbrust

„Das zarte Fleisch von der Brust eines Hähnchens ist mit einer goldbraunen knusprigen Panierung umhüllt, die das Fleisch saftig hält und einen typischen Geschmack verleiht."

Geeignete Beilage:
Pommes frites, Tomatensalat

Braten im Ofen

Gebratene Poularde

Bratfertige Poularde salzen und pfeffern. In erhitztem Bratfett wenden und auf der Seite liegend bei etwa 220 °C im Ofen beidseitig anbraten. Ofentemperatur auf 180 °C senken und das Verfahren fortsetzen. Poularde dabei mehrmals wenden und mit dem Bratfett begießen. Die Bratdauer beträgt 50 bis 55 Min. Etwa 10 Min. vor Garzeitende Zwiebel- und Möhrenwürfel beifügen und mitbräunen.
Gebratene Poularde aus dem Geschirr nehmen. Das Fett behutsam vom Bratsatz abgießen. Kalbsjus oder wenig Wasser in das Geschirr geben und den Bratsatz loskochen. Sauce passieren, nochmals aufkochen und mit angerührter Stärke leicht binden.

„Einen besonderen Geschmack verleiht die schön gebräunte knusprige Haut. Zu der dazugehörenden Sauce passen am besten …"

Geeignete Beilage:
Salate der Saison

Frittieren

Gebackenes Hähnchen/Wiener Backhähnchen

Hähnchen längs spalten, in Brusthälften und Keulen teilen. Knochen an den Innenseiten der Teile entfernen. Flügelspitzen abschlagen. Die Oberschenkelknochen aus den Keulen herauslösen.
Hähnchenteile mit Salz, Paprika, Zitronensaft und gehackter Petersilie würzen. In Mehl und Ei wenden und Panierbrot andrücken.

Abb. 2 Gebackenes Hähnchen

Küche

GAREN VON SPEISEN

„Unter der röschen Kruste des Backhähnchens finden Sie ein besonders saftiges Hähnchenfleisch."

Geeignete Beilage: Salatplatte.

In einer Fritteuse bei 160 °C die panierten Geflügelteile ausbacken. Der Garpunkt ist erreicht, wenn das Fleisch an der Oberfläche schwimmt. Dann entnehmen und zum Abtropfen auf eine saugfähige Unterlage (Küchenkrepp) legen. Mit Kresse und Zitronenstücken auf einer Papierserviette anrichten. Frittierte Fleischteile müssen sofort serviert werden.

4.3 Zubereitungsreihe Gemüse

Grundmaterial: Fenchel, auch andere Gemüsearten können in vergleichbarer Weise verwendet werden.

Allgemeine Vorbereitung:
Fenchelknollen von braunen Stellen befreien, gründlich waschen, denn zwischen den Schichten kann Sand sitzen. Grüne Fenchelkräuter zur Garnitur aufbewahren.

Garverfahren

Kochen | Überbacken | Dünsten | Braten | Schmoren | Frittieren

Zum Vergleich: Fenchelrohkost

„Besonders schonend gegart, Vitamine werden bestmöglich erhalten, als Gemüsebeilage mit vielen Gerichten kombinierbar."

Kochen

Fenchel als Beilage
Sud aus Wasser, etwas Öl, Salz und Zitronensaft aufkochen. Fenchel halbieren und den Strunk so entfernen, dass die Fenchelblätter noch zusammenhalten. Nun den Fenchel quer in 7-mm-Stücke schneiden und 6 Minuten kochen, abgießen und mit Butterflocken verfeinern.

„Nach dem Garen (Kochen, Dünsten) zusätzlich mit aromatischem Käse bedeckt und überbacken. Das bringt auf zweifache Weise zusätzliche Geschmackswerte."

Überbacken

Überbackener Fenchel
Fenchel halbieren und Strunk entfernen. Kochen oder Dünsten, in feuerfestes Geschirr ordnen, mit Béchamelsauce überdecken, mit geriebenem Käse bestreuen und überbacken.

„... angenehm weich, aromatisch, im Geschmack an Anis erinnernd, knackig, aber nicht hart, noch etwas Biss."

Dünsten

Gedünsteter Fenchel
Fenchel quer in Scheiben von etwa 7 mm schneiden. Etwas Butter zergehen lassen, einen Schuss Weißwein zugeben, Fenchelscheiben einlegen, etwas Salz und Pfeffer darübergeben und 6 Min. dünsten.

Braten

Gebratener Fenchel
Fenchelknollen in Längsrichtung achteln, etwa 6 Min. kochen, in zerschlagenem Ei und Paniermehl wenden, in Öl braten. Wird gebratener Fenchel als selbstständiges Gericht serviert, gibt man Béarner Sauce dazu.

Abb. 1 Überbackener Fenchel

4 Zubereitungsreihen

Schmoren

Geschmorter Fenchel

Fenchel wie zum Überbacken vorbereiten. In feuerfestes Geschirr oder Schmortopf sautierte Speck- und Zwiebelwürfel einstreuen, die ca. 7 Min. vorgekochten, abgetropften Fenchelhälften einordnen, mit Demiglace untergießen und zugedeckt im heißen Rohr gar schmoren.

„Weich, leicht kaubar, hat durch das Schmoren ein kräftiges Aroma."

Frittieren

Gebackener Fenchel

Fenchelknollen in Längsrichtung achteln, etwa 6 Min. kochen, abtropfen lassen. Die Stücke durch Backteig ziehen, bei etwa 170 °C in Fett schwimmend backen.

Beigaben: Tomatensauce, Blattsalate

Zum Vergleich: Ungegart

Fenchelsalat

Fenchelknolle längs halbieren, in Querrichtung sehr fein schneiden und lockern, damit die Segmente auseinander fallen. Salatmarinade nur aus Zitronensaft, Salz und Öl anmachen, damit der reine Fenchelgeschmack zur Geltung kommt

Abb. 1 Rohkostplatte

„Fein geschnitten, darum knackig, aber nicht hart, appetitanregend und erfrischend. Für Energiebewusste."

Fenchelrohkost

Bei Fenchelrohkost wird im Unterschied zu Fenchelsalat mit anderen rohen Zutaten ergänzt. Fenchel vorbereiten wie zu Fenchelsalat, säuerlich schmeckenden Apfel schälen, entkernen und grob raffeln, Nüsse reiben, Salat mit Joghurt anmachen.

Wenn die Zubereitungen fertiggestellt sind, werden die Ergebnisse bewertet und verglichen. Siehe Seite 157.

Aufgaben

1. Welches Gericht erhält innerhalb seiner Zubereitungsreihe die besten Noten für Geschmack?
2. Für die Gerichte einer Zubereitungsreihe sind die Materialkosten ähnlich. Welches ist jeweils am ansprechendsten?
3. Versuchen Sie einen Zusammenhang herauszufinden zwischen der Art des Garverfahrens und der Bildung von Geschmacksstoffen.
4. Bilden Sie selbst eine Zubereitungsreihe mit möglichst vielen Garverfahren. Beispiel: Rohstoff Kartoffel und die Zubereitungsmöglichkeiten im Sachwortverzeichnis suchen.
5. Sowohl bei der Zwischenprüfung als auch bei der Gehilfenprüfung sind die eigenen Produkte zu präsentieren. Das bedeutet: die Speisen beschreiben und empfehlen. Sie haben bei den vorausgegangenen Zubereitungen Beispiele für Formulierungen zur Empfehlung gesehen. Auf Seite 156 ist das näher beschrieben.
   a) Suchen Sie bei der Zubereitung immer nach Formulierungen, wie ein Gericht wirksam einem Gast empfohlen werden kann. Sammeln Sie Formulierungen, die Appetit machen.
   b) Notieren Sie diese, damit Sie einen „Vorrat" haben. Ergänzen Sie Ihre Rezepte damit.
   c) Sprechen Sie zu einem/er Kollegen/in wie zu einem Gast. Z. B. Das ist … Dazu reichen wir …

Küche

GAREN VON SPEISEN

5 Erstellen von Garprogrammen

🇬🇧 providing of cooking programs   🇫🇷 fournir des programmes (m) de cuisson (w)

Unterschiedliche Muster von Firmen für das Festhalten von Daten für eigene Programme

„Wer mehr weiß, kann kreativ sein, denn er kann vorausschauend denken," sagt ein geschätzter Fachmann, und ein anderer „Nur wer Vorgänge durchschaut, kann sinnvoll damit umgehen." Nach den Zubereitungsreihen hier eine Anleitung, die zeigt, wie Garprogramme für Kombidämpfer eigenständig erstellt werden können.

Diese Geräte haben zwar für viele Zubereitungen bereits fertige Programme gespeichert, doch immer besteht die Möglichkeit, eigene Programme einzubringen.

Heißluftgargeräte verstehen nicht „Bei milder Hitze kurz garen." Es werden konkrete Angaben mindestens zur Temperatur und zur Gardauer benötigt. Herkömmliche Garanweisungen bewährter Rezepte müssen darum auf die Sprache der Kombigarer übertragen werden.

Die Beispiele unten zeigen, wie man zunächst eigene Erfahrung in konkreten Werten festlegt und in eine Tabelle einträgt. Wenn Überlegungen so festgehalten werden, kann man später ohne Probleme ändern oder verfeinern.

Gargut/ Anmerkungen	Menge/ Einschubteile	Programm- platz	Schritt	Verfahren	Temperatur	Garzeit (Min.) oder Kerntemp. (°C)	Zusätzliche Einstellungen
Schweine- hackbraten	3 x 2,5 kg	115	①	Dämpfen	100 °C	10 Min.	
			②	Heißluft	140 °C	15 min	Dampflauf
			③				

Programmnummer: Produkt: Schweinebauch

	1. Schritt	2. Schritt	3. Schritt	4. Schritt	5. Schritt	6. Schritt	7. Schritt	8. Schritt	9. Schritt
Gar- medium	feuchte Hitze	f. u. tr. Hitze	trockene Hitze						
(0–100%)	100 %	70 %	70 %						
🌡	100 °C	160 °C	220 °C						
⏱ / 🥩	30 Min.	76 °C	78 °C						

Aufgaben

1. Vergleichen Sie die Beschreibung des Garvorgangs beim Rezept für Hackbraten, Seite 149, mit dem Beispiel Schweinehackbraten im Muster oben. Finden Sie dort alle erforderlichen Angaben?
2. Fertigen Sie eine Tabelle für den Garablauf nach einem Muster in der Abbildung oben.
3. Welche Größen/Werte müssen bei jedem Programmschritt festgehalten werden?
4. Erstellen Sie für Hacksteaks, Seite 150, eine Gar-Ablauf-Tabelle.

6 Speisenproduktionssysteme

🇬🇧 food production systems 🇫🇷 systèmes (m) de production (w) des repas (m)

Ideal ist es, wenn Speisen frisch gekocht auf den Tisch kommen. Doch ist das in der gewerblichen Küche wegen der Arbeitsbelastung nur sehr eingeschränkt möglich. Und doch kennt man diese Art von Speisenzubereitung. Ein Steak wird auf Abruf gebraten – à la minute – und sofort serviert. Dieses Verfahren nennt man **Kochen und Servieren** oder **Cook & Serve**.

Vieles wird zeitlich vor dem Service produziert, bis zur Ausgabe warmgehalten und bei Abruf angerichtet, z. B. Schmorgerichte wie Gulasch oder große Braten. In diesem Fall gilt: **Kochen und Warmhalten** oder **Cook & Hold**.

Bei **Kochen und Kühlen** oder **Cook & Chill** stehen Produktion und Service nicht mehr in direkter Verbindung.

Die Zubereitungen werden nach dem Garen schnellstens auf +3 °C gekühlt und bei dieser Temperatur vorrätig gehalten. Bei Bedarf bringt man die Speisen auf Serviertemperatur, man regeneriert.

Das Verfahren „Kochen und Kühlen" wenden z. B. Fluggesellschaften für die Bordverpflegung an. Hotels, die in Verbindung mit Kongressen zeitgleich eine große Anzahl von Gästen versorgen müssen, portionieren auf den Tellern vor, bringen diese im Hordenwagen in die Kühlung und erhitzen/regenerieren kurz vor dem Service.

Die Speisen werden nach der Zubereitung rasch gekühlt, dann portioniert und in die gekühlten Trolleys gepackt. So haben Mikroben keine Gelegenheit, sich zu vermehren, und den Gästen kann nach dem Regenerieren/Wiedererwärmen eine warme Mahlzeit serviert werden.

Abb. 1 Speisen auf Tellern regenerieren

Kochen und Servieren	Kochen und Warmhalten	Kochen und Kühlen
Cook & Serve	**Cook & Hold**	**Cook & Chill**
Vorbereiten	Vorbereiten	Vorbereiten
▼	▼	▼
Garen	Garen	Garen
▼	▼	▼
Ausgeben	Warmhalten	Schnellkühlen
	▼	▼
	Ausgeben	Kühllagern
		▼
		Regenerieren
		▼
		Ausgeben

Anrichten und Empfehlen von Speisen

1 Anrichten von Speisen

🇬🇧 arranging food 🇫🇷 arranger des mets (m)

Nach dem Zubereiten werden die Speisen angerichtet, damit zum Verkauf vorbereitet und serviert.

Beim Anrichten auf dem Teller werden die einzelnen Zubereitungen portionsgerecht zu einem Gericht zusammengestellt. Dabei denkt man sich den Teller dreigeteilt.

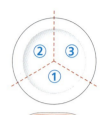

Hier in der Grundstufe wird das **Anrichten von Tellergerichten** vorgestellt. Bei praktischen Prüfungen ist die Zubereitung vom Prüfling zu präsentieren, wobei neben Portionierung auch Anrichteweise und Gesamteindruck der Zubereitung bewertet werden.

> Das Auge des Gastes isst mit, drum tu was dafür.

- **Fleischscheiben** ① und Sauce liegen im unteren, dem Gast zugewandten Drittel, damit der Gast sie leicht in Stücke schneiden kann.
  Besteht eine Portion aus mehreren Tranchen (Scheiben), wird zum Gast hin exakt ausgerichtet.
- **Beilagen** ② (Kartoffeln, Reis, Teigwaren) liegen oben links.
- **Gemüse** ③ liegen oben rechts. Werden mehrere Gemüse angerichtet, achtet man auf das Farbenspiel.
- **Warme Speisen** richtet man auf vorgewärmtem Teller aus dem Wärmeschrank oder Rechaud an.
- Ein angerichteter Teller soll nicht überladen sein, der **Tellerrand** oder die **Fahne muss sauber sein.** Nötigenfalls abwischen.
- Haben Teller ein **Firmenzeichen**, eine **Vignette**, wird so angerichtet, dass sich das Zeichen beim Einsetzen dem Gast gegenüber befindet.

Manche Gerichte gewinnen, wenn man sie anschneidet und z. B. eine Füllung sichtbar wird wie bei gefüllten Keulchen oder Rouladen.

Eine glänzende Oberfläche wirkt kostbarer, lässt appetitlicher erscheinen. Dabei hilft in der warmen Küche z. B. zerlassene Butter, die mit einem Pinsel sparsam aufgetragen wird, in der kalten Küche wird mit Aspik überglänzt.

Man kann auch eine Garnierung, ein bisschen Schmuck, „etwas obendrauf" anbringen. Etwa gehackte Petersilie oder in Butter gebräunte Brösel, eine Rosette Kräuterbutter auf einer Zitronenscheibe, einen Sahnetupfer usw.

Abb. 1 Anrichten von Tellergerichten

Fachbegriffe

à part	Getrennt anrichten, z. B. in einer Sauciere oder Gemüseschale (Legumier)
Fahne	Rand eines Tellers
glasieren	Überglänzen, z. B. Kartoffeln mit flüssiger Butter
gratinieren/ überbacken	Ein Gericht unter starker Wärmeeinwirkung (Oberhitze) bräunen

Fachbegriffe

nappieren	Mit Sauce überziehen
Rechaud	Wärmeschrank, Wärmeplatte
saucieren	Sauce angießen oder untergießen
Tranche	Scheibe, z. B. von Braten, Geflügelbrust
tranchieren	In Scheiben schneiden

2 Beschreiben und Bewerten von Speisen

🇬🇧 describing and analysing meals 🇫🇷 décrire et évaluer des mets (m)

Den Unterschied zwischen Bewerten und Beschreiben von Speisen erkennt man am besten, wenn die Sichtweisen von Küche und Restaurant gegenübergestellt werden.

Am Beispiel des *Wiener Schnitzels*, das jedem bekannt ist, wird der Unterschied zwischen Bewerten und Beschreiben einer Speise dargestellt.

Küche	Service
Produktion erfordert Rezept	Beratung der Gäste ist eine **Empfehlung**
Beispiel • Fett in der Pfanne erhitzen, • paniertes Schnitzel einlegen, • nach … Min. wenden, • ist fertig, wenn …	Beispiel • Saftiges Schnitzel von einem Kalb aus der Region, • frisch zubereitet, • aromatisch, • mit krosser Panierung
Das ist eine **Vorgangsbeschreibung** und wendet sich an den Verstand.	Das ist eine **Gegenstandsbeschreibung** und wendet sich an das Gefühl.
Die **Bewertung** des Produktes durch den Koch erfolgt sachlich mit dem Ziel, die Produktion zu erfassen und zu verbessern.	Die **Beschreibung** eines Gerichtes im Restaurant hat das Ziel, die Gäste zu informieren und zu einem Kauf zu animieren.

Beschreiben von Speisen

Besucht man Quick-Service-Restaurants, fällt auf, dass man über das Angebot anders informiert wird als in einem Restaurant. Großformatige Aufnahmen zeigen dort, was zu kaufen ist. Dadurch hat der Gast eine klare Vorstellung, wie das von ihm ausgewählte Gericht aussehen wird.

Restaurants übernehmen bisweilen die Idee, z. B. in Form von bebilderten Eiskarten. Auch dort sieht man im Voraus, wie das Gewählte aussehen wird.

Im Allgemeinen ist der Gast jedoch auf die mündliche Information durch die Servicemitarbeiter angewiesen. Fachkräfte kennen die Frage: „Was ist eigentlich …?" Die erwünschte Information ist Aufgabe und Verkaufs-Chance zugleich. Wir haben mit Worten zu beschreiben, wir haben mit Worten Appetit zu machen.

Essen kann man sehen, riechen und schmecken. Darum wendet sich die Beschreibung von Lebensmitteln an möglichst viele Sinne und nennt je nach Hauptbestandteil geschmacksbestimmende Zutat, Form, Farbe oder Beschaffenheit.[1]

---

[1] Beispiele einer Beschreibung bei den Zubereitungsreihen ab Seite 149 bei „Wir empfehlen".

Küche

ANRICHTEN UND EMPFEHLEN VON SPEISEN

Worte, die verkaufen helfen

Beschaffenheit	Sinnesempfindungen	Konsistenz – Beißgefühl (Wortauswahl)	
• … lecker gefüllt mit … • … eingelegt in eine würzige Marinade • … gut gereift, … vitaminschonend gedünstet • … kross gebraten, • … täglich frisch, … frisch vom Markt • … nach hauseigenem Rezept	• buntes Gemüse • knackiger Salat • duftendes Gebäck • knuspriger Blätterteig • zarte Creme • edelbittere Schokolade	• cremig • fein • flockig • flüssig • geliert • knackig • knusprig • kompakt • körnig	• kross • lecker • leicht • locker • mürbe • rösch • saftig • sahnig • schaumig

Geschmack

Der Geschmack kann unterschiedlich sein: ausgeprägt, arttypisch, kräftig, pikant bis kaum wahrnehmbar. Auch die unterschiedliche Stärke einer Geschmacksausprägung lässt sich beschreiben.

Beispiele (Beispiele für einfache Gerichte auf den Seiten 149 bis 153)		
gerade erkennbar	deutlich feststellbar	vorherrschend
süß, süßlich	angenehm süß	zuckersüß
herb/bitter, bitterlich, etwas bitter	halbbitter, zartbitter	zusammenziehend

Farbe

- hellgelb
- strohgelb
- goldgelb
- leicht gebräunt
- rötlich
- fruchtig rot
- tiefrot
- rotbraun
- zart grün
- grünlich
- hellgrün
- kräftig grün
- goldbraun
- nussbraun
- karamellfarben
- schokoladenbraun

Mischgeschmack

entsteht, wenn Grundrichtungen des Geschmacks vorherrschend werden.

Beispiele	
süß-sauer	Hering nordische Art, Chinasauce
bitter-süß	Schokolade, Kakao
fruchtig-süß	Ananas, Erdbeere, Passionsfrucht, Saftorange
herb-fruchtig	Grapefruit

Temperatur

Beispiele, wie Wärme oder Kühle positiv oder negativ empfunden und beschrieben werden können.

Temperatur	(−) kühler	(+) wärmer
positiv	• angenehm kühl • richtig temperiert	• schön warme Suppe • frisch aus dem Ofen
negativ	• kaltes Essen • die Suppe ist zu kalt	• das Bier ist zu warm • so heiß, dass man … nicht essen kann • da verbrennt man sich ja den Mund

Weitere Kriterien

Der **Geruch** kann sein ausgeprägt, ausgewogen, typisch, fruchtig, harmonisch, …

An die **Genussgefühle** wenden sich Wörter wie typisch, angenehm, fein, harmonisch, weich, dezent, herzhaft, erfrischend, belebend.

Negative Wörter werden im Verkaufsgespräch nur verneinend verwendet.

- kräftig, jedoch nicht scharf
- weich, aber doch bissfest
- nicht faserig, butterweich gedünstet
- gut gewürzt, aber nicht scharf
- gut gekühlt, aber nicht kalt

Beispiele für Genussgefühle	
typisch	typisch für die Region, typische Würzung für Wild
angenehm	angenehm kühl, aber nicht kalt
weich	weich, dass es auf der Zunge zergeht
fein	fein abgestimmte Würzung
harmonisch	harmonische Kombination von … und …

Bewerten von Speisen

Die Bewertung oder Beurteilung von Speisen und Getränken in der Gastronomie nennt man auch **Degustation**. Man kennt verschiedene Verfahren. Hier wird das vergleichende Verfahren nach dem Benotungssystem verwendet.

Bei einer vergleichenden Verkostung oder Degustation sind folgende **Regeln** zu beachten:

- Nur Gleiches mit Vergleichbarem verkosten.
- Jede Rezeptur genau einhalten.
- Gleiche Gefäße, gleiche Temperatur, usw.
- Proben „neutralisieren", das bedeutet, dass die Prüfenden nicht wissen, mit welchem Produkt sie es zu tun haben.
- Während der Verkostung nicht reden.
- Ergebnisse schriftlich festhalten.
- Zwischen den Proben die Geschmacksempfindung mit Brot oder Wasser neutralisieren.

Eignungsprofil für		Schinkencanapé Frischkäsehappen	
Kriterien	Extremwert	Rangplatzskala 1–7	Extremwert
Materialeinsatz	niedrig		hoch
Arbeitsaufwand	niedrig		hoch
Lagerung fertige Speise	gut möglich		schlecht möglich
Transportfähigkeit	unempfindlich		sehr empfindlich
Eignung für Veranstaltung	gut geeignet		schlecht geeignet
Präsentierbarkeit	gut		schlecht

Küche

ANRICHTEN UND EMPFEHLEN VON SPEISEN

Abb. 1 Tomatensuppen zum Test

Geschmackstest Beispiel Tomatensuppe

Sehen
Wie ist die Farbe? Kräftig, natürlich, blass oder wenig ansprechend? Kräftig rot oder gedeckt (Sahne)? Lassen Sie die Suppe vom Löffel oder über eine Untertasse laufen.

Wie ist die Beschaffenheit, Konsistenz? Zu dünn, flüssig, cremig, dicklich, pampig?

Riechen
Rühren Sie mit dem Löffel mehrmals um und entnehmen Sie einen vollen Löffel. Halten Sie den vollen Löffel vor die Nase, atmen Sie ein. Wie ist der Geruch? Fruchtig, schwach, fremd, angenehm, ausdruckslos? Wie stark?

Schmecken
Nehmen Sie die Suppe in den Mund, auf die Zunge. Wie ist der Geschmack? Gehaltvoll, aromatisch, fruchtig oder säuerlich, leer mit „Fremdgeschmack"?

Vor dem Schlucken achten Sie auf das, was Sie am Zungenende (unterhalb des Gaumens) empfinden. Bittergeschmack?

Nach dem Schlucken: Wie ist der Nachgeschmack? Füllig, rund, angenehm, leer, bitter, kratzend? Beim Wein bezeichnet man dieses Empfinden als „Abgang".

Intensität/Stärke	(–) schwach	(+) stark
positiv	mild, dezent, angenehm	kräftig, intensiv, ausgeprägt
negativ	schwach, wenig Geschmack, geschmacklos	aufdringlich, zu stark hervortretend

Verwenden Sie die richtigen Worte
Bei der Beschreibung muss man abstufend bewerten können. Hier als Beispiel die Intensität oder Stärke der Eindrücke.

Die Ergebnisse der Verkostung oder Degustation werden in den Prüfungsbogen eingetragen und verglichen.

Degustation Produktgruppe: Saucen

Produkt: Holländische Sauce

Note	1 2 3 4 5	1 2 3 4 5	1 2 3 4 5	
Probe A	○○○○○	○○○○○	○○○○○	_____
Probe B	○○○○○	○○○○○	○○○○○	_____
Probe C	○○○○○	○○○○○	○○○○○	_____
Probe D	○○○○○	○○○○○	○○○○○	_____
Probe E	○○○○○	○○○○○	○○○○○	_____

Beurteilen Sie die einzelnen Proben anhand der Merkmale Aussehen, Konsistenz und Geschmack.

Bitte kreuzen Sie die zutreffende Bewertung an!
(Bewertung: 1 = sehr gut; 2 = gut; 3 = befriedigend; 4 = ausreichend; 5 = mangelhaft)

Welches dieser Produkte würden Sie insgesamt in Ihrer Beurteilung auf den **1. Platz** setzen?

Probe Nr.: _____

Abb. 2 Muster eines Bewertungsblattes

Eignungsprofil

Ein Eignungsprofil zeigt auf einen Blick, wo die Schwerpunkte eines Rezeptes liegen.

- Wie hoch liegen die Materialkosten, der Arbeitsaufwand?
- Kann im Voraus produziert werden, z. B. für Empfänge, Tagungen?
- Kann die Zubereitung transportiert werden?
- Wie gut kann die Zubereitung aufwahrt werden?
- Welchen „Eindruck" macht die Zubereitung, wie lässt sie sich präsentieren? („Einfach" wie ein Nudelsalat oder „gehoben" wie etwa Scampi auf gedünsteter Selleriescheibe)?

Abb. 1 Schinkencanapé   Abb. 2 Frischkäsehappen

Besonderheiten in der Systemgastronomie

Viele **systemgastronomische Restaurants** verfolgen das Ziel, stets gleichbleibende Qualität auch im Geschmack der angebotenen Speisen und Getränke zu bieten.

Der Grund für den Besuch einer Filiale ist häufig eine bestimmte, gewohnte (Geschmacks-)Erwartung. Um die Küchenmitarbeiter in die Lage zu bringen, dieser Geschmackserwartung gerecht zu werden, ist es wichtig, eine Speise genau (d. h. durch Sehen, Riechen und Schmecken) bewerten zu können.

In der Systemgastronomie werden oft Convenience-Produkte (vgl. S. 113) verwendet, die durch die industrielle Herstellung Geschmacksabweichungen vermeiden. Die Unternehmenszentralen großer Restaurantketten haben entsprechende „Verkostungsabteilungen". Die Mitarbeiter dort haben die Aufgabe, durch Bewertung der einzukaufenden Convenience-Produkte Standards für den Produktgeschmack zu entwickeln.

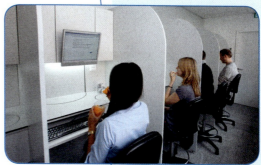

Abb. 3 Sensoriklabor

Aufgaben

1. Suchen Sie zu jedem der angeführten Eigenschaftswörter eine passende Speise: zartrosa, hellrot, hellbraun, goldbraun, knusprig braun, cremig-weiß, goldgelb.

2. Nennen Sie zu jedem Eigenschaftswort eine Zubereitung: neue, geeist, al dente, knackig, körnig, cremig, knusprig, saftig, sämig, leicht.

3. Für eine einfach durchzuführende Degustation werden verschiedene Orangensäfte eingekauft, und es wird auch Saft selbst gepresst. Gehen Sie nach den Regeln bei der Verkostung vor und halten Sie die Ergebnisse fest.

4. Zusätzlich zu Aufgabe 3 werden die Ergebnisse unter Berücksichtigung der Preise diskutiert. Kann das Beste auch preislich vertreten werden? Welches Produkt ist unter Berücksichtigung des Preises unsere Wahl?

5. Fertigen Sie selbst Tomatensuppe, z. B. mehrere Rezepte aus Frischware, Tomaten aus der Dose, Tomatenmark und Produkte verschiedener Firmen.

    a) Führen Sie sachgerecht eine Degustation durch und halten Sie die Ergebnisse im Bewertungsbogen fest.

    b) Versuchen Sie, ein Eignungsprofil zu erstellen, z. B. in einem Blatt Eigenfertigung und Suppe aus der Tüte eintragen (vgl. oben).

    c) Suchen Sie nach verkaufsfördernden Formulierungen.

Berechnungen zur Speisenproduktion

1 Umrechnung von Rezepten

🇬🇧 conversion of recipes 🇫🇷 conversion (w) des recettes (w)

Rezepte enthalten eine Auflistung der für eine Zubereitung erforderlichen Zutaten. Diese können bezogen sein auf
- **Rezeptmenge,** z. B. ergibt 12 Portionen,
- **Grundmenge eines Hauptrohstoffs,** z. B. eine Gans, eine Lammkeule.

Für die tägliche Produktion müssen die in den Rezepten genannten Mengen auf die Produktionsmengen umgerechnet werden.

Fachbegriffe

Herstellmenge oder Produktionsmenge	die Menge, die zu fertigen ist
Rezeptmenge	Mengen/Portionen, die das Rezept nennt
Umrechnungszahl oder Schlüsselzahl	das Vielfache oder Teil der Rezeptmenge im Verhältnis zur Produktionsmenge

1 Beispiel

Ein Rezept für Markklößchen ergibt 35 Portionen. Wie lautet die Umrechnungszahl
a) für 100 Portionen,
b) für 20 Portionen?

$$\text{Umrechnungszahl} = \frac{\text{Herstellmenge}}{\text{Rezeptmenge}}$$

z. B. $\frac{100}{35} \approx 3 \quad \frac{20}{35} \approx 0{,}6$

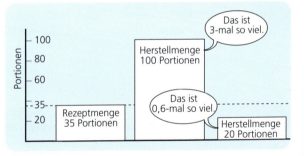

Aufgaben

2 In einem Sandwichrestaurant werden für einen Werktag (200 Gäste) u. a. üblicherweise folgende Mengen vorbereitet:

- 3 × 2 kg Eisbergsalat waschen und schneiden
- 2 kg Paprika waschen und schneiden
- 250 Brotrohlinge ausfrieren
- 50 Putenfilets marinieren
- 10 Salatgurken in Scheiben schneiden

Für den Sonntag werden 350 Gäste erwartet. Geben Sie die Umrechnungszahl an und rechnen Sie die Vorbereitungsmengen um.

3 Auf Seite 191 steht ein Rezept für Kartoffelsalat, das von 1 kg ungeschälten Kartoffeln ausgeht. Dieses soll auf ein Grundrezept von 10 Portionen je 250 g umgerechnet werden.

a) Ermitteln Sie das Gesamtgewicht des Rezeptes aus den Hauptzutaten Kartoffeln (Schälverlust 20 %), Zwiebeln, Öl und Fleischbrühe.
b) Berechnen Sie die Umrechnungszahl.
c) Erstellen Sie das Rezept für 10 Portionen.

4 Bei der Umrechnung eines Rezeptes erhält man als Ergebnis 3,4 Eier. Welche Möglichkeiten ergeben sich?

2 Warenanforderung

🇬🇧 ordering of goods 🇫🇷 commande (w) des marchandises (w)

Die Warenanforderung ist die schriftliche Grundlage für die Warenausgabe des Magazins z. B. an die Küche. In vielen Betrieben gilt: **Keine Ware ohne Beleg.**

Zur Warenanforderung fassen die einzelnen Posten den Bedarf für die vorgesehenen Zubereitungen zunächst in einer Tabelle zusammen und übertragen dann die Werte in die Warenanforderung.

Waren-anforderung	Abteilung: .... Datum:				
Rezept Lebensmittel	Bez. l, kg, St.	Bayer. Creme	Biskuit	Mürbe- teig	Gesamt
Milch	l	1			1
Eier	St.	8	4	1	13
Zucker	kg	0,250	0,100	0,100	0,450
Sahne	l	1			1
Gelatine		16			16
Vanille	Schote	1			
Mehl					

Hinweise:
Meist ist es günstiger, wenn die Zutaten senkrecht angeordnet und die Rezepte in Spalten angeordnet werden, denn die Anzahl der erforderlichen Zutaten ist meist höher als die an einem Tag anfallenden Zubereitungen. Benutzt man ein Tabellenkalkulationsprogramm, z. B. Excel, übernimmt dieses die Rechenarbeit, ebenso wie die Warenwirtschaftssysteme.

Mürbeteig
🇬🇧 short pastry
🇫🇷 pâte (w) brisée

Grundrezept zum Ausrollen (ca. 600 g Teig)

300 g Mehl = 3 Teile
200 g Fett   = 2 Teile
100 g Zucker = 1 Teil
    1 Ei
       Zitrone, Vanille, Salz

Bayerische Creme
🇬🇧 Bavarian Creme
🇫🇷 crème bavaroise

Grundrezept (30 bis 35 Port.)

 1 l   Milch
 8   Eigelb
250 g   Zucker
        Vanilleschote
 1 l   Sahne
14–18   Blatt Gelatine

Biskuitmasse
🇬🇧 biscuit sponge
🇫🇷 appareil à biscuit (m)

Grundrezept (1 Boden, ⌀ 26 cm)

200 g Ei
100 g Zucker
 50 g Mehl
 50 g Weizenstärke
       Zitronenabgeriebenes

Aufgaben

① Fertigen Sie ein entsprechendes Tabellenblatt für die obigen Rezepte.

② Tragen Sie den Bedarf für die oben abgebildeten Rezepte ein.

③ Bilden Sie die Summen in der Spalte Gesamt.

④ Für einen festlichen Nachmittagskaffee bieten wir 80-mal Windbeutel mit Sauerkirschen. Suchen Sie im Fachbuch die entsprechende Rezeptur und rechnen Sie um. Mit der Schlagsahne aus 1 Liter Sahne kann man 20 Windbeutel füllen. Erstellen Sie eine Warenanforderung.

Küche

BERECHNUNGEN ZUR SPEISENPRODUKTION

③ Kostenberechnung bei Rezepten

🇬🇧 cost calculation of recipes 🇫🇷 calcul (m) des recettes

Die Berechnung der Kosten einer Rezeptur dient als Grundlage für die spätere Kalkulation. Man spricht auch von Warenkosten oder Wareneinsatz.

❶ Beispiel
Zu einem Mürbeteig verwendet man 2 kg Zucker zu 0,90 €/kg, 4 kg Butter zu 4,10 €/kg, 6 kg Mehl zu 0,60 €/kg und Gewürz für 0,60 €. Berechnen Sie die Kosten für 1 kg Mürbeteig.

Lösung

Menge	Ware	Einzelpreis	Preis der Ware
2,000 kg	Zucker	0,90 €	1,80 €
4,000 kg	Butter	4,10 €	16,40 €
6,000 kg	Mehl	0,60 €	3,60 €
–	Gewürze		0,60 €
12,000 kg	Teig kosten		22,40 €
1,000 kg	Teig kostet		1,87 €

Lösungshinweis

Den Preis für jede einzelne Ware erhält man, wenn die Menge mit dem Einzelpreis malgenommen wird.

Hier direkt einsetzen

Von Gesamt**menge** und Gesamt**preis** auf Preis für die Einheit schließen.

Antwort: 1 kg Mürbeteig kostet 1,87 €.

Anwendung des Taschenrechners mit **M**-Tasten

Achten Sie auf gleiche Größen, z.B. Gewicht in kg ➜ Preis für 1 kg.

Menge	Warenbezeichnung	Einzelpreis	Preis der Ware
☐	X	☐	M±
			M±
			MR Summe

Taschenrechner-Hinweise

M-Tasten ➜ M von memory ➜ merken

TR mit M-Tasten führen Rechenvorgänge aus (hier Multiplikation) und speichern zugleich die Werte. Ein Vorteil, denn man muss die Zwischenergebnisse nicht nochmals für die Gesamtsumme eintippen.

M± Berechnung ausführen und addieren oder abziehen

MR Memory = Speicher, Recall = Abruf. Die Summe aus dem Speicher wird angezeigt.

MC Memory Clear – löscht den Speicher

Rechner mit **STO**-Tasten bedienen ebenfalls Speicher; Abruf über **RCL**.

Aufgaben

❷ Für holländische Sauce für 15 Personen werden benötigt: 900 g Butter zu 4,10 €/kg, 12 Eigelb (½ Eipreis) je Ei 0,16 €, 100 g Schalotten zu 3,20 €/kg, 50 g Weinessig zu 1,80 €/l und Gewürze für 0,30 €. Berechnen Sie die Kosten für eine Portion.

❸ Für 15 gegrillte Tomaten benötigt man: 1 kg Tomaten zu 1,20 €/kg, 20 g Speiseöl zu 4,80 €/kg, 30 g Butter zu 3,90 €/kg und Gewürze für 0,20 €. Berechnen Sie die Materialkosten für eine gegrillte Tomate.

4 Mengenberechnung bei Verlusten

quantity computation of waste
calcul (m) de quantités en consideration (w) des pertes (m)

Beim Vorbereiten von Lebensmitteln werden nicht genießbare und geringwertige Teile entfernt. Durch diese Verluste ist der verwertbare Anteil geringer als das Einkaufsgewicht. Dies muss bei der Materialanforderung berücksichtigt werden. Rechnerisch handelt es sich meist um eine Prozentrechnung, weil die zu berücksichtigenden Verluste in Prozenten genannt werden.

Sachlich werden unterschiedliche Begriffe nebeneinander gebraucht. Vgl. rechts.

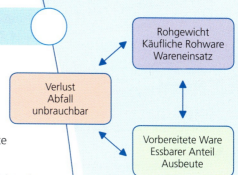

❶ Beispiel

Aus 5,000 kg Kartoffeln bleiben nach dem Schälen 4,000 kg geschälte Ware. Aus dieser einfachen Situation ergeben sich zwei Möglichkeiten der Fragestellung.
a) Wie viel kg beträgt der Schälverlust?
b) Wie viel Prozent beträgt der Schälverlust?

Kartoffeln	5,000 kg	=	100 %
Schälverlust	*1,000 kg*	=	*20* %
Geschälte Kartoffeln	4,000 kg	=	80 %

Wenn man den Sachverhalt so darstellt, erhält man eine klare Zuordnung der Werte und kann einfach auf die fehlenden Werte (hier kursiv) schließen.

❷ Vom Einkauf zur vorbereiteten Ware

a) Bei Spargel rechnet man mit einem Schälverlust von 23 Prozent. Es wurden 12,300 kg Spargel eingekauft. Wie viel kg geschälter Spargel sind zu erwarten?

b) Man bereitet 4,300 kg Rotkohl vor und rechnet für Außenblätter und Strunk mit einem Abfall von 22 Prozent. Mit wie viel ganzen Portionen von 150 g Rohware kann man rechnen?

❸ Von der vorbereiteten Ware zur Materialanforderung/Einkauf

a) Im Rahmen der Tageskarte wird *Gurkengemüse mit Dill* angeboten. Für Schalen und Kerne ist mit einem Abfall von 22 Prozent zu rechnen. Wie viel kg Gurken sind für 30 Portionen je 160 g vorzubereiten?

b) Für Schwarzwurzeln in Sahne rechnet man je Portion 80 g geschälte Ware. Der Schälverlust wird mit 38 % angenommen. Wie viel kg Schwarzwurzeln sind für 45 Portionen einzukaufen?

❹ Verluste in Prozent berechnen

a) Für einen Warenvergleich wurden 2,500 kg Champignons vorbereitet. Die geputzten Pilze wiegen 2,360 kg.
Wie viel Prozent beträgt der Verlust?

b) Aus 4,480 kg Rindfleisch wurden 21 Portionen zu je 160 g Bratengewicht erzielt.
Berechnen Sie den Bratverlust in Prozent.

c) In der Postmixanlage in einem Restaurant wird Orangen- und Zitronenbrause aus Sirupkonzentrat (20 l pro Behälter) und Leitungswasser (Mischungsverhältnis lt. Standard 1:10) hergestellt. Nachdem 538 Becher á 0,4 l gezapft wurden, muss der Sirupbehälter schon getauscht werden, da er leer ist. Von welchem Schankverlust in Prozent kann man hier ausgehen?

Küche

BERECHNUNGEN ZUR SPEISENPRODUKTION

5 Kostenberechnung bei Verlusten

🇬🇧 calculation with waste costs
🇫🇷 calcul (m) des coûts en consideration (w) de pertes (w)

Wenn beim Vorbereiten oder Zubereiten von Rohstoffen Verluste entstehen, wird das Produkt entsprechend teurer. Der Einkaufspreis muss auf das Produkt umgelegt werden.

1 Beispiel
Man kauft 5 kg einer Ware zu 1,00 €/kg und erhält daraus 4 kg vorbereitete Ware.
Wie viel € sind für 1 kg vorbereitete Ware zu berechnen?

Einkauf
5 kg je 1,00 € = 5,00 €

| 1 |
| 2 |
| 3 |
| 4 |
| 5 |

5 × 1,00 € = 5,00 €
5,00 € : 4 = 1,25 €

Vorbereitet
5,00 € : 4 = 1,25 €/kg

| 1 |
| 2 |
| 3 |
| 4 |

Der Küchenchef
Wenn ich von 5 kg einer Ware nur 4 kg vorbereitete Ware erhalte, dann müssen diese 4 kg auch die Kosten von den gesamten 5 kg tragen. Ich muss also die gesamten Kosten beim Einkauf auf die vorbereitete Warenmenge verteilen.

Das hilft beim Schätzen! Beim Vorbereiten ist
- das Gewicht der vorbereiteten Ware immer geringer als im Einkauf, denn man entfernt Geringwertiges,
- der kg-Preis der vorbereiteten Ware immer höher, denn es verbleibt Höherwertiges in geringerer Menge.

Aufgaben

2 Für einen Preisvergleich schälte man 5,000 kg Kartoffeln zu 1,20 € je kg und erhielt daraus 3,800 kg geschälte Ware.
Wie viel € sind für 1 kg geschälte Kartoffeln zu veranschlagen?

3 Kartoffeln werden für 0,80 € je kg angeboten. Man rechnet mit einem Schälverlust von 22 %.
Berechnen Sie den Preis für 1 kg geschälte Kartoffeln.

4 Der 2-kg-Beutel mit Mayonnaise zum Nachfüllen der Saucendispenser an der Garnierstation lässt sich nicht komplett entleeren. Nach Aufschneiden des Beutels stellen Sie fest, dass ca. 85 g in dem Beutel zurückbleiben. Wie hoch ist der Gebindeverlust in % und in Euro, wenn ein neuer Beutel 8,62 € kostet?

5 Eine Dose mit 850 Gramm Inhalt enthält 550 Gramm abgetropfte Ware und kostet 0,80 €. Für eine Beilage rechnet man 120 Gramm.
Berechnen Sie die Kosten für eine Portion.

6 Man kaufte 5,200 gefrostetes Rindfleisch zu 8,20 €/kg. Nach dem Auftauen wog das Fleisch 4,850 kg.
Berechnen Sie den Preis für 1 kg aufgetautes Rindfleisch.

7 Schweinefleisch zum Braten kostet je kg 5,90 €. Für eine tischfertige Portion rechnet man 160 Gramm Braten.
Wie viel € sind bei einem Bratverlust von 20 % dafür zu berechnen?

8 Spargel soll in Portionen mit 250 Gramm gekochtem Spargel angeboten werden. Man rechnet mit einem Schälverlust von 30 %.
Wie viel € Materialkosten sind für eine Portion zu rechnen?

9 Für Salat von frischen Früchten schneiden wir Orangenfilets. Man rechnet mit einem Verlust von 55 Prozent. Wie viel € sind für 1 kg vorbereitete Orangenfilets zu berechnen, wenn 1 kg Orangen im Einkauf 3,80 € kostet?

Zubereitung einfacher Speisen

1 Speisen von Gemüse

🇬🇧 vegetable dishes 🇫🇷 plats (m) de légumes (m)

Innerhalb der Ernährung hat das Gemüse die Aufgabe, dem Körper ausreichend Vitamine, Mineralstoffe und Ballaststoffe zuzuführen. Folglich gilt es, bei der Vor- und Zubereitung von Gemüsen die Verluste an Vitaminen und Mineralstoffen so gering wie möglich zu halten.

Wirkstoffe gehen hauptsächlich verloren durch:
- **Lufteinwirkung** ⟶ lagern
- **Lichteinwirkung** ⟶ lagern
- **Auslaugen** ⟶ waschen
  ⟶ wässern
  ⟶ kochen
- **Wärmeeinwirkung** ⟶ bereithalten

Wirkstoffe bleiben besser erhalten, wenn man Folgendes beachtet:
- Gemüse kühl und dunkel aufbewahren.
- Wann immer möglich, bereits **vor** dem Zerkleinern waschen.
- Geputzte Gemüse nicht im Wasser liegen lassen, sondern feucht abdecken.
- Blanchieren nur, wenn unbedingt erforderlich.
- Falls das Gemüse nach dem Blanchieren nicht sofort weiterverwendet wird, rasch abkühlen, möglichst mit Eiswasser.
- Dünsten und Dämpfen bevorzugen, denn beim Kochen entstehen die größten Verluste.
- Zum Kochen Gemüse in sprudelnd kochendes Wasser geben.
- In kleineren Mengen nach und nach garen oder wiedererwärmen, denn Warmhalten (z. B. im Bain-Marie) zerstört Vitamine.
- Einweichwasser von Hülsenfrüchten mitverwenden, weil es Nährstoffe in gelöster Form enthält.
- Viele Gemüse lassen sich auch roh zu Frischkost und Salaten verarbeiten und abwechslungsreich zubereiten.

Abb. 1 Gemüsekühlraum

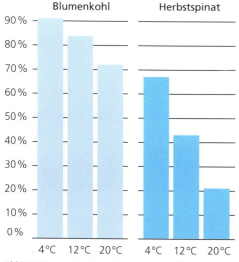

Abb. 2 Vitaminerhaltung bei unterschiedlichen Lagertemperaturen

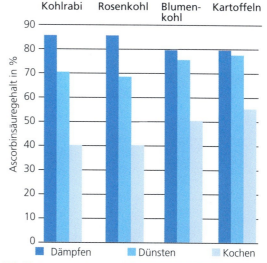

Abb. 3 Vitaminerhaltung beim Garen

ZUBEREITUNG EINFACHER SPEISEN

1.1 Schnittarten bei Gemüse

🇬🇧 cutting of vegetables 🇫🇷 façons (w) de tailler les légumes (m)

Die unterschiedlichen Schnittformen werden von der Gemüseart und der vorgesehenen Verwendung bestimmt.

Feine Gemüsestreifen (Julienne)

Karotten und Sellerie zunächst in dünne Scheiben schneiden, Lauch in Stücke, dann in feine Streifen schneiden. Julienne sind etwa 3 bis 4 cm lang.

Für Suppeneinlagen werden auch zarte Wirsingblätter und Spinat zu Julienne geschnitten. Die dicken Blattrippen sind zuvor zu entfernen.

Abb. 1 Julienne

Feine Gemüsewürfel (Brunoise)

Möhren, Rüben und Sellerie in Scheiben schneiden oder hobeln. Die Dicke der Scheiben bestimmt die Größe der Würfel.

Mit dem Messer die Scheiben in Streifen und diese dann in Würfel schneiden. Vom Lauch wird hauptsächlich der helle Teil verwendet. Die Breite der Lauchstreifen ergibt die Kantenlänge der Vierecke.

Sie finden Verwendung als Einlagen für Suppen und Saucen sowie für Sülzen und Farcen.

Abb. 2 Brunoise

Nach Bauernart (Paysanne)

Die Bauern zerkleinern das Gemüse auf einfache Art. Für Suppe schneiden sie es blättrig.

In vierkantige Stäbe von 1 bis 1,5 cm Breite teilen und diese in 1 bis 2 mm dicke Blättchen schneiden. Lauch, Wirsingkohl und Zwiebeln in Quadrate gleicher Größe schneiden. Die Gemüseblättchen können durch Kartoffelblättchen ergänzt werden.

Für rustikale Suppen und Eintöpfe wie Pichelsteiner oder Gaisburger Marsch.

Abb. 3 Paysanne

Gemüsestäbe (Bâtonnets de légumes)

Die geputzten Gemüse, z. B. Möhren, Sellerie, Kartoffeln, Kohlrabi, Gurken oder Zucchini, werden zunächst in dicke Scheiben geschnitten und diese dann in Stäbe.

In der feinen Küche werden Gemüse mit dem Office- oder Tourniermesser in viele verschiedene, gleichmäßige, dekorative Formen geschnitten. Abgeleitet vom französischen Wort *tourner = drehen, runden* wird dieses Formen als **Tournieren** bezeichnet.

Gemüsestäbe werden nach dem Schneidevorgang kurz blanchiert und dann zur Fertigstellung in Butter sautiert.

Abb. 4 Gemüsestäbe von Kohlrabi

Das **Buntmesser** gibt gegarten Gemüsen z. B. für Salate ein ansprechendes Aussehen.

Schnittform	Gemüse
Tournieren	Karotten, Sellerie, weiße Rübchen, Zucchini, Gurke, Kürbis, Kartoffeln
Perlen, Kugeln	Karotten, Sellerie, weiße Rübchen, Zucchini, Kürbis, Gurke, Kohlrabi
Löffel	Fenchel, Kürbis

Abb. 1 Schneiden mit dem Buntmesser

Abb. 2 Tournierte, in ansprechende Formen geschnittene Gemüse

Abb. 3 Gemüseperlen und Fenchel-Löffel

Schnittarten bei Zwiebeln

Schneiden zu Ringen

Die geschälte ganze Zwiebel nach Entfernen des Lauchansatzes quer in gleichmäßige Scheiben schneiden.

Die Ringe werden durch die einzelnen Schalen (Blätter) gebildet, die sich leicht auseinanderdrücken lassen. Zum rohen Verzehr 1 mm, zum Frittieren 2 mm dick schneiden.

Abb. 4 Zwiebelringe

Schneiden in Würfel

Zwiebeln schälen, längs halbieren und den Lauchansatz entfernen. Die Schnitte so führen, dass sie vor der Zwiebelwurzel enden.

Dadurch hält die Zwiebel zusammen und lässt sich durch senkrechte und quer geführte Schnitte in Würfel schneiden. Der Abstand der Einschnitte bestimmt die Größe der Würfel.

Abb. 5 Zwiebelwürfel

Schneiden zu Blättchen

Zwiebeln schälen, längs halbieren, Lauchansatz abschneiden und die kleine Blattschicht aus der Mitte der Schnittflächen entfernen. Längsschnitte strahlenartig, also zur Zwiebelmitte hin, in gewünschtem Abstand so führen, dass sie vor der Zwiebelwurzel enden.

Mit senkrechten Querschnitten entsprechend breite Zwiebelteile abschneiden. Beim Auflockern fallen die Teile in Blätter auseinander.

Abb. 6 Zwiebelblättchen

Küche

ZUBEREITUNG EINFACHER SPEISEN

1.2 Vor- und Zubereitung

🇬🇧 preparation and cooking of vegetables 🇫🇷 préparation (w) des légumes

Bei der Zubereitung von Gemüse ist ein Garverfahren zu wählen, das
- die Nährstoffe möglichst erhält,
- dem Eigengeschmack der Gemüse gerecht wird,
- die Inhaltsstoffe für die Verdauung entsprechend aufschließt,
- die Verwendung innerhalb der Speisenfolge berücksichtigt.

Vorbereitete Gemüse, die nicht gleich weiterverarbeitet werden, sind flach zu lagern, feucht abzudecken und kühl aufzubewahren.

Grundzubereitungsarten

Gemüse werden am häufigsten durch feuchte Garverfahren zubereitet, weil diese den Eigengeschmack schonen. Nur bei speziellen Zubereitungen wendet man kombinierte oder trockene Garverfahren an.

Übersicht

Kochen, Dämpfen	Dünsten	Schmoren	Frittieren
Wasser oder Dampf übertragen Wärme.	Garen unter Beigabe von Fett und geringer Menge Flüssigkeit.	Garen zunächst in Fett, dann unter Zugabe von Flüssigkeit.	Garen im Öl- oder Fettbad. Wärmeüberträger ist Fett.
Beim Dämpfen geringste Auslaugverluste. Geschmack und Farbe bleiben weitgehend erhalten.	Keine Auslaugverluste. Geschmack wird durch Fett abgerundet.	Geschmacksvarianten durch Bildung von Röststoffen.	Geschmacksaufwertung durch Backkrustenbildung. Verwendung entsprechend der Struktur.
Beispiele: Artischocken, Blumenkohl, Spargel, Rote Bete, Bohnen, Spinat, Rosenkohl, Lauch, Grünkohl, Schwarzwurzeln, Speiserüben.	Beispiele: Beinahe alle Gemüsearten, ausgenommen ganze Blumenkohlköpfe, Spargel gebündelt, Artischocken, Rote Bete, ganze Sellerieknollen.	Beispiele: Auberginen, Zucchini, Zwiebeln, Gurken, Fenchel, Gemüsepaprika, Weißkohl, Wirsing (auch gefüllt).	Beispiele: **roh:** Auberginen, Zucchinischeiben, Champignons, Tomatenstücke. **vorgekocht:** Blumenkohlröschen, Schwarzwurzelstücke, Spargelstücke, Artischockenböden, Selleriescheiben.

Gegartes Gemüse wird rechtzeitig über einem Durchschlag abgegossen. Bei der Bestimmung des Garpunktes ist zu beachten, wie das Gemüse bis zur Weiterverwendung aufbewahrt wird.

- **Blumenkohl, weißer Spargel** und **Artischocken, Knollensellerie** und **Rote Bete** bleiben bis zur Weiterverwendung in der heißen Flüssigkeit und garen nach. Im Zweifelsfall kann durch Zugabe von kaltem Wasser oder Eisstücken ein Übergaren vermieden werden.
- **Andere Gemüsearten** sind in einen Durchschlag abzugießen und sofort mit Eiswasser zu kühlen. Beim späteren Fertigstellen erreichen sie ihren Garpunkt. Spinat ist nur ganz leicht auszudrücken. Gemüse, die erst später verarbeitet werden, legt man flach in Behältnisse, deckt sie feucht zu und stellt sie kühl.
- **Zarte Gemüse** gart man in mehreren Teilmengen nacheinander. Denn je größer die Kochmenge, desto länger die Dauer der Hitzeeinwirkung; diese schadet den Inhalts- und Geschmacksstoffen.
- **Garflüssigkeiten** sollten nach Möglichkeit weiterverwendet werden, z. B. zu entsprechenden Suppen oder zu Buttersaucen, die zu Spargel und Blumenkohl gereicht werden können.

> Gemüse ist gar, wenn es noch knackig ist, einen „Biss" hat. Übergartes Gemüse verliert nicht nur an Wirkstoffen, es ist auch im Genusswert geringer.

170

1 Speisen von Gemüse

Artischocken 🇬🇧 artichokes 🇫🇷 artichauts (m)

Stiel dicht unter dem Blütenkopf abbrechen. Gleichzeitig die in den Artischockenboden reichenden Fasern des Stieles mit herausziehen. Die Artischocke waschen, von der Blattspitze werden etwa 4 cm abgeschnitten (Abb. 1).

Die äußere Blattreihe entfernen und die verbleibenden Blätter mit einer Schere stutzen. Boden zuschneiden und sofort mit Zitrone einreiben, da die Schnittflächen schnell braun werden (Abb. 2). Enzyme in der Artischocke bewirken in Verbindung mit Luft diese Farbveränderung.

Auf das Festbinden einer Zitronenscheibe am Artischockenboden sollte man verzichten, denn die intensive Säure beeinträchtigt den feinen Geschmack.

Abb. 1 Entstielen und Zuschneiden

Artischockenböden

🇬🇧 artichoke bottoms 🇫🇷 fonds (m) d'artichauts

Artischocken bearbeiten wie oben. Alle starken Blätter abbrechen, den nun sichtbaren Boden über dem Ansatz der zarten Mittelblätter abschneiden. Holzige Teile an der Bodenwölbung und die verbliebenen Staubgefäße (Heu) in der Bodenvertiefung entfernen (Abb. 3). Boden gegen Verfärben in mit Zitronensaft gesäuertes Wasser legen.

Böden in vorbereiteten Dünstfond legen und garen. In ausgebuttertem Geschirr einordnen, mit gekochten Brokkoliröschen belegen, mit Mornaysauce überziehen, mit Parmesan bestreuen, mit flüssiger Butter beträufeln und überbacken.

Abb. 2 Weitere Vorbereitungsschritte

Auberginen 🇬🇧 eggplants 🇫🇷 aubergines (w)

Waschen, Stielansatz entfernen. Evtl. Schale mit Sparschäler abnehmen. Fruchtkörper der Verwendung entsprechend in Stücke oder Scheiben teilen.

Dünsten in Öl oder Butter.

Zum **Braten** Scheiben von 1 cm Dicke salzen, Wasser ziehen lassen, abtupfen und in Öl goldgelb braten.

Gefüllte Auberginen siehe Zucchini

Abb. 3 Entfernen der Staubgefäße (Heu)

Blumenkohl 🇬🇧 cauliflower 🇫🇷 chou-fleur (m)

Strunk mit Hüllblättern zurückschneiden. Bei Freilandware Köpfe wegen möglicherweise eingenistetem Ungeziefer 10 Minuten in Salzwasser legen. Vor Zubereitung dicken Strunkteil über Kreuz einschneiden, um gleichmäßiges Garen des ganzen Kopfes zu erreichen.

Blumenkohl kochen, abtropfen, **gratinieren** oder auf **englische Art** mit Butter (Seite 180).

Eine andere Methode: Röschen vom Strunk abbrechen oder abschneiden, diese dann gründlich waschen und kurz in Salzwasser legen, dann in Salzwasser „al dente" kochen und abseihen. In der Zwischenzeit Semmelbrösel in Butter leicht rösten, mit gehacktem Ei und geschnittenem Schnittlauch, Salz und Pfeffer vermischen und die noch heißen Röschen einschwenken.

Abb. 4 Blumenkohlröschen

Küche

ZUBEREITUNG EINFACHER SPEISEN

Brokkoli 🇬🇧 broccoli 🇫🇷 brocoli (m)

Hüllblätter entfernen. Röschen vom dicken Strunk abschneiden. Behutsam, doch gründlich waschen. In Salzwasser kochen. Mandelblättchen in Butter rösten. Beim Anrichten auf die Röschen geben.

Chicorée 🇬🇧 belgian endive 🇫🇷 endive (w)

Äußere unschöne Blätter abnehmen. Strunk, der die meisten Bitterstoffe enthält, mit spitzem Messer kegelförmig herausschneiden. Danach Chicorée waschen. Ist der Chicorée etwas bitter, so kann er auch in geschnittenem Zustand gewaschen werden, damit die Bitterstoffe ausgelaugt werden.

Für geschmorten Chicorée das Gemüse längs halbieren, blanchieren und auf einem Gitter abtropfen.

In einem Topf Zwiebel- und Speckwürfel anschwitzen, Chicorée mit Speckscheiben oder rohem Schinken umhüllen, einsetzen, mit Demiglace halb hoch angießen und zugedeckt im Rohr schmoren.

Abb. 1 Geschmorter Chicorée

Erbsen 🇬🇧 green peas 🇫🇷 petits pois (m)

Enthülsen und waschen. Bald kochen, denn rohe Erbsen verlieren an der Luft Farbe und Geschmack. In Eiswasser abschrecken. Bei Abruf in Butter sautieren.

Fenchel 🇬🇧 fennel 🇫🇷 fenouil (m)

Stiele an der Knollenbildung abtrennen. Dillähnliche, fadendünne Blätter zu späterer Beigabe aufheben. Wurzelende glattschneiden, Verfärbungen an den Knollen entfernen. Gründlich waschen, Erdunreinheiten zwischen den Blattscheiden ausspülen.

Von der Knolle die löffelförmigen Einzelblätter abbrechen und kochen oder bei halbiertem Fenchel Strunk entfernen und in Streifen schneiden und dünsten.

Fenchellöffel können verschiedenartig gefüllt werden.

Geschmorten Fenchel zubereiten wie Chicorée.

Abb. 2 Fenchellöffel, gefüllt

Frühlingszwiebeln 🇬🇧 scallions 🇫🇷 ciboules (w)

Zu lange, grüne Blattröhren und Wurzeln abschneiden. Äußere Blatthülle entfernen, Zwiebeln unter fließendem Wasser waschen, dabei gründlich in die Blattröhren brausen.

Den weißen Anteil der Frühlingszwiebeln, ca. 5 bis 7 cm, kurz blanchieren und in Butter sautieren. Die grünen Abschnitte als Ringe für Suppeneinlagen bzw. anstelle von Schnittlauch verwenden.

Karotten/Möhren 🇬🇧 carrots 🇫🇷 carottes (w)

Bei jungen, kugelförmigen Karotten Kraut und Wurzeln abschneiden, kalt waschen, sofort in stark kochendes Salzwasser schütten, 2 Minuten blanchieren. Karotten abschütten, Hautteilchen unter fließendem Wasser rasch abspülen, oder:

Bei walzenförmigen Möhren die äußere Schicht abschaben oder mit einem Sparschäler schälen, ganz belassen oder in entsprechende Stücke teilen.

Für **glasierte Karotten** in Stifte oder Scheiben schneiden, in Butter kurz angehen lassen, mit wenig Flüssigkeit auffüllen, Zucker zugeben, entstandenen Fond sirupartig einkochen und Karotten darin schwenken.

1 Speisen von Gemüse

Grünkohl 🇬🇧 kale, green cabbage 🇫🇷 chou vert (m)

Bedarf für 10 Portionen
- 2,5 kg Grünkohlblätter mit Stängel
- 50 g Schmalz vom Schwein
- 250 g Speckwürfel
- 350 g Zwiebelwürfel
- 100 g Mehlschwitze
- 0,5 l Schinkenbrühe
- Salz, Pfeffer, Muskat

Bei diesem typischen Saisongemüse werden die einzelnen krausen Blätter zunächst gewaschen und dann mit den Fingern von der Mittelrippe gestreift oder keilförmig abgeschnitten.

- Die gewaschenen Grünkohlblätter in Salzwasser blanchieren und sofort in Eiswasser abkühlen.
- Nach dem Abtropfen die Blätter grob hacken.
- Speckwürfel in Schmalz glasig schwitzen und Zwiebelwürfel zugeben
- Grünkohlstängel mit anschwitzen, mit Brühe auffüllen und ca. 1 Std. zugedeckt im heißen Rohr schmoren. Falls nötig, zusätzlich Brühe nachgießen.
- Kalte Mehlschwitze mit heißem Grünkohl-Schmorfond vermischen und aufkochen.
- Grünkohlblätter zugeben, nochmals gut aufkochen und abschmecken.

Grüne Bohnen 🇬🇧 string beans 🇫🇷 haricots (m) verts

Stielansatz und spitzes Ende abnehmen (abspitzen), evtl. vorhandene Fäden gleich mit abziehen. Danach waschen und entsprechend Art und Größe brechen oder schneiden; kleine, dünne Sorten (Prinzessbohnen) bleiben ganz.

Kochen, in Eiswasser abschrecken, abschütten und in Butter sautieren. Gekochte Bohnen mit Frühstücksspeck bündeln und dünsten.

Gurken 🇬🇧 cucumbers 🇫🇷 concombres (m)

Für warme Gerichte nach dem Waschen mit Sparschäler Schale abnehmen. Bei Freilandgurken Enden abschneiden, kosten, ob Bitterstoffe enthalten sind. Gurken längs teilen, Kerne entfernen und in die zum Garen vorgesehenen Stücke schneiden.

Gurkenstücke in wenig Flüssigkeit dünsten.

Für **gefüllte Gurken** die beiden Enden abschneiden; längs halbieren oder in Walzen schneiden, Kernmasse entnehmen.

Mit Kalbsfarce füllen und in ein gebuttertes Geschirr legen, mit Alu-Folie bedecken und garen.

Abb. 1 Gurken

Kaiserschote (Zuckerschote) 🇬🇧 snow peas 🇫🇷 pois mange-tout (m)

Diese Erbsenschote hat eine abgeflachte Hülse, die besonders zart ohne die pergamentartige Innenhaut ist. Den Stielansatz abschneiden, evtl. vorhandene Fäden ziehen, die Schoten gründlich waschen.

Kochen, in Eiswasser abschrecken, abschütten und in Butter sautieren.

Lauch/Porree 🇬🇧 butterhead leek 🇫🇷 poireau (m)

Grüne Blattscheiden und Wurzeln abnehmen. Äußere Blatthülle entfernen. Pflanze längs durchschneiden. Hälften unter fließendem Wasser waschen. Wurzelenden schräg nach oben halten, damit der zwischen den Blattlagen haftende Sand wegschwemmen kann.

Für **Lauch in Rahm** fingerbreite Stücke schneiden, kurz dünsten und mit Bechamelsauce und Sahne binden.

> Grünes Gemüse wird nach dem Kochen kurz in Eiswasser abgeschreckt. Der Kochprozess wird unterbrochen, das Blattgrün bleibt erhalten, das Gemüse bleibt knackig.

Küche

ZUBEREITUNG EINFACHER SPEISEN

Abb. 1 Platte mit siebenerlei Gemüse

Abb. 2 Mangold-Ricotta-Lasagne

Abb. 3 Paprika gefüllt

Abb. 4 Rosenkohl mit Speck

Kohlrabi 🇬🇧 kohlrabi 🇫🇷 chou-rave (m)

Blätter von den Knollen nehmen. Zarte Blätter zur Weiterverwendung aufbewahren. Knollen vom Wurzelende zur Blattseite hin schälen, holzige Stellen abschneiden. Kohlrabi abspülen, in Stäbe oder Scheiben schneiden. Für Scheiben große Knollen zuvor halbieren oder vierteln.
In Salzwasser kochen und mit etwas Butter sautieren oder mit etwas Bechamelsauce oder etwas Sahne binden.

Für **gefüllte Kohlrabi** je nach Größe Kappe abschneiden oder quer halbieren, aushöhlen. Füllen mit einer Mischung aus Fleischfarce und angeschwitztem Gemüse. In eine gebutterte Form setzen, mit Brühe untergießen und zugedeckt dünsten.

Mangold/Stielmangold 🇬🇧 swiss chard 🇫🇷 bette (w)

Schnittmangold wird wie Spinat vorbereitet.
Der **Stielmangold** wird ganz gewaschen, der Stiel dann keilförmig aus dem Blatt herausgeschnitten, beide Teile werden gesondert verwendet. Der Stiel wird vor der Zubereitung in fingerbreite Stücke oder in noch dünnere Streifen geschnitten und gedünstet.

Ganze Mangoldblätter blanchieren und mit Hackfleischmischung oder Fischfarce füllen und schmoren.

Paprikaschoten 🇬🇧 bell pepper 🇫🇷 piments (m) doux

Waschen, Stiel mit daran befindlichem Samenstempel und Scheidewände herausschneiden. Früchte ausspülen und im Ganzen oder zerkleinert weiterverarbeiten. Tomatenpaprika verliert beim Kochen sein Aroma, weshalb man ihn nur roh für Salate verwenden sollte.

Für **gefüllte Paprika** gleich große und gleichförmige Schoten auswählen. Waschen, Stielseite quer als „Deckel" abschneiden.

Samenstempel und Scheidewände aus der Frucht nehmen.

Hackfleisch, vorgegarten Reis, angeschwitzte Zwiebelwürfel, Salz und Pfeffer vermengen. In die Schoten füllen und die „Deckel" daraufdrücken. Schoten in ein ausgefettetes Geschirr stellen.

Rinderbrühe, Demiglace oder Tomatensauce bis zu halber Höhe der gefüllten Schoten angießen. Mit Alu-Folie bedecken und im Ofen schmoren.

Rosenkohl 🇬🇧 brussels sprouts 🇫🇷 choux de Bruxelles (m)

Beschädigte oder welke Blättchen abbrechen. Braune Endfläche des Strunks entfernen, jedoch nicht zu stark kürzen, sonst fallen beim Zubereiten zu viele Blättchen ab. Strünke über Kreuz einschneiden, damit Strünke und Blätter gleichmäßig garen.

Eine andere Methode:
Die Rosenkohlköpfchen in einzelne Blätter zerpflücken und diese dann waschen.

Rosenkohl in Salzwasser garen, in Eiswasser abschrecken, in Butter mit Zwiebeln und Speckwürfeln sautieren.

1 Speisen von Gemüse

Rote Rüben/Rote Bete 🇬🇧 beets 🇫🇷 betteraves (w) rouges

Blattwerk so weit abdrehen, dass der Stielansatz an der Rübe bleibt, Wurzelende nicht entfernen. Bei verletzter Außenhaut tritt der Farbstoff in das Kochwasser und das Innere bleicht aus. Rüben einweichen, mit einer Bürste reinigen, danach kochen. Gegarte Rüben abgießen, kalt überbrausen und die Haut abstreifen. Knollen zur gewünschten Form schneiden (Scheiben, Würfel, Stäbchen).

Neben der hauptsächlichen Verwendung als Salat kann die vorgekochte rote Rübe auch in Butter sautiert warm gereicht werden.

Abb. 1 Rote Bete

Rotkohl/Rotkraut/Blaukraut 🇬🇧 red cabbage 🇫🇷 chou rouge (m)

Bedarf für 10 Portionen
- 90 g Schmalz/Öl
- 130 g Zwiebelstreifen
- 1 kg Rotkraut
- 150 g Apfelschnitze
- 10 g Salz
- 20 g Zucker
- 0,2 l Brühe
- 3 EL Essig
- 1 Gewürzbeutel (Lorbeerblatt, Nelke, zerdrückte Pfefferkörner, Zimtrinde) Abschmecken mit Johannisbeergelee, Zitronensaft

Unbrauchbare Außenblätter entfernen. Köpfe von der Strunkseite aus vierteln. Strunkanteile an den Kohlvierteln abschneiden, starke Blattrippen zurückschneiden oder ganz entfernen. Kohlviertel abspülen und in feine Streifen schneiden oder hobeln.

- Fett zerlassen, Zwiebeln darin farblos anschwitzen.
- In Streifen geschnittenes Rotkraut beifügen, durchrühren, kurze Zeit erhitzen.
- Zucker, Salz, Apfelschnitze, Essig sowie Wasser beifügen,
- alles gut vermengen.
- Gewürzbeutel in das Kraut stecken, Geschirr zudecken und den Inhalt bei mäßiger Hitze gar dünsten.
- Während des Garens das Gemüse öfter durchrühren.
- Es muss immer ein wenig Flüssigkeit vorhanden sein, damit das Gemüse nicht anbrennt.
- Am Ende der Garzeit die sichtbare Flüssigkeit entweder einkochen oder leicht binden mit angerührter Stärke oder durch rechtzeitige Beigabe von fein geriebenen Kartoffeln.
- Gewürzbeutel entfernen und das Rotkraut mit Johannisbeergelee und Zitronensaft abschmecken.

Sellerie, Knollensellerie 🇬🇧 celeriac 🇫🇷 céleri-rave (m)

Blattstängel und kleine Wurzeln abtrennen. Unter fließendem Wasser mit einer Bürste reinigen. Sellerieknollen können ungeschält im Ganzen oder geschält und geschnitten gegart werden. Geschälter Sellerie verliert durch Oxidation leicht seine helle Farbe, deshalb legt man geschnittene Knollen sofort in gesäuertes Wasser.

In Salzwasser kochen, dann panieren oder in Bierteig tauchen.
Schalen als Geschmacksträger für Brühen, Saucen und Suppen verwenden.

Die Selleriestauden können im Ganzen oder quer halbiert gegart werden.

Sellerie, Bleichsellerie 🇬🇧 celery 🇫🇷 céleri (m)

Blattwerk über der Verästelung der fleischigen Stangen abtrennen und als Würze für andere Zubereitungen verwenden. Wurzel der Staude glattschneiden. Faserprofil der äußeren Stangen mit einem Sparschäler abnehmen. Stauden waschen, Stangen spreizen und Unreinheiten aus dem Inneren herausspülen.

Bleichsellerie in Stücke von 5 bis 7 cm schneiden und blanchieren. Speck- und Zwiebelwürfel in wenig Fett anschwitzen, Bleichsellerie zugeben, mit Brühe oder Demiglace angießen und zugedeckt im Rohr schmoren.

Abb. 2 Bleichsellerie

Küche

ZUBEREITUNG EINFACHER SPEISEN

Schwarzwurzeln 🇬🇧 black salsify 🇫🇷 salsifis (m)

Wurzeln in kaltes Wasser legen und anhaftende Erde abbürsten. Nach gründlichem Überbrausen mit einem Sparschäler schälen. Wurzelspitze sowie Blattansatz entfernen. Zur Erhaltung der hellen Farbe geschälte Wurzeln sofort in gesäuertes Wasser legen. (1 l Wasser, 1 EL Essig). Geschälte Wurzeln in 4 bis 5 cm lange Stücke schneiden, in vorbereiteten, bereits kochenden Fond legen und zugedeckt garen.

Schwarzwurzeln zählen zu den klassischen Wintergemüsen.

Für **Schwarzwurzeln in Sahne** etwas Bechamelsauce und Rahm zugeben.
Für **gebackene Schwarzwurzeln** die gegarten Stücke mit Ausbackteig oder Panierung umhüllen und frittieren.

Spargel 🇬🇧 white asparagus 🇫🇷 asperges (w)

Spargelschäler (Messer mit verstellbarer Sparführung, s. Abb. 1) unterhalb des Spargelkopfes ansetzen und die Schale in dünnen Streifen zum Ende hin rundum abschälen. Spargel abspülen, mit Bindfaden bündeln und an den Enden so abschneiden, dass die Stangen gleich lang sind.

Spargel in ausreichend leicht gezuckertem Salzwasser auf Biss kochen.
Für **gebackenen Spargel** gekochte Stangen mit Ausbackteig oder Panierung umhüllen und frittieren.

Abb. 1 Spargel schälen

Spargel, grüner 🇬🇧 green asparagus 🇫🇷 asperges (w) vertes

Beim Schälen beginnt man etwa 5 cm oberhalb des Stangenendes.

Abb. 2 Spargel portionsweise bündeln

Abb. 3 Spargelenden vor dem Kochen abschneiden

Spinat 🇬🇧 spinach 🇫🇷 épinards (m)

Spinat verlesen, von welken Blättern, beschädigten Teilen, Wurzeln und harten Stängeln befreien. Danach in reichlich Wasser waschen. Wasser mehrmals wechseln. Dazu Gemüse immer aus dem Wasser heben, der Sand verbleibt am Boden des Geschirrs. Dann zum Abtropfen locker in einen großen Durchschlag legen.

Für **Spinat** als Beilage zarte Blätter dünsten. Für **Spinatröllchen** blanchierte, abgetropfte Spinatblätter versetzt aufeinanderlegen, damit jeweils eine genügend große Fläche entsteht. Blattflächen salzen und pfeffern.

Leichte Farce aus Fisch, Schlachtfleisch oder Geflügel esslöffelgroß auf die Spinatblätter häufen und einhüllen. Spinatwickel in flaches, ausgefettetes Geschirr legen. Entsprechend der Füllung Fisch- oder Fleischbrühe untergießen und zugedeckt dünsten. Dünstfond leicht gebunden über die Spinatwickel gießen.

1 Speisen von Gemüse

Tomatenfleischwürfel 🇬🇧 tomato concasse 🇫🇷 tomates (w) concassées

Tomate waschen, kurz blanchieren, in kaltem Wasser abschrecken, dann die Haut abziehen, vierteln und die Kerne entfernen. Die Tomatenfleischstücke je nach Bedarf so belassen oder nochmals in Längsstreifen oder in Würfel schneiden.

Gefüllte Tomaten:
Gleich große Tomaten waschen, Stielansätze ausstechen, Deckel abschneiden oder Tomate halbieren, Inhalt entnehmen. Die Tomaten würzen und in ein flaches, mit Butter ausgefettetes Geschirr setzen.

Mögliche Füllungen:
- Pilzfüllsel (Duxelles, Seite 183)
  Mit Parmesan bestreuen, mit flüssiger Butter beträufeln und im Salamander überbacken.

- Blumenkohlröschen, Brokkoliröschen
  Mit Mornaysauce überziehen, mit Käse bestreuen, mit Butter beträufeln und überbacken.

- Blattspinat und Butterbrösel darübergeben.

- Gemüsemais in Butter sautieren

Abb. 1 Tomatenfleischstücke (Tomates concassées);

Weißkohl 🇬🇧 white cabbage 🇫🇷 chou blanc (m)

Unschöne Außenblätter entfernen. Den Kohlkopf vom Strunk aus vierteln oder sechsteln. Strunkanteil abtrennen. Kohlstücke abspülen, dicke Rippen flach klopfen und einzelne Blattlagen entsprechender, vorgesehener Zubereitung zerkleinern.

Zum **Füllen** wird **Weiß- oder Wirsingkohl** als ganzer Kopf belassen oder man bricht die Blätter einzeln ab.

Dazu wird der Strunk ausgeschnitten, der Kopf gewaschen und in Salzwasser oder im Dämpfer so lange gegart, bis die Blätter elastisch sind und sich formen lassen.

Die Kohlblätter gibt man in Eiswasser, lässt sie darin abkühlen und anschließend in einem Durchschlag abtropfen.

Abb. 2 Gefüllte Käsetomate; Grilltomate

Abb. 3 Kohlköpfchen und Kohlrouladen

Gefüllte Kohlköpfchen 🇬🇧 stuffed cabbage 🇫🇷 tête de choux farcis (m)

Große Blätter auslegen und jedem Blatt eine Anzahl kleinerer Mittelblätter zugeben. Mit Salz und Pfeffer würzen, in die Mitte ein Bällchen Fleischfüllung setzen und die Blätter darumschlagen. Mit Hilfe eines Tuches den gefüllten Kohl zu Köpfchen formen, die man in vorgefettete Geschirre ordnet. Kohlköpfchen können anstatt mit Fleischfüllung auch mit kleinen Kohlstückchen gefüllt werden.

Wirsing 🇬🇧 savoy cabbage 🇫🇷 chou de Milan (m)

Die beschädigten Blätter abnehmen. Danach den Wirsingkopf in Viertel schneiden und die Strunkanteile direkt am Blattansatz abtrennen. Da Wirsingkohlblätter locker aneinanderliegen und von blasiger Struktur sind, ist der Befall durch Ungeziefer eher gegeben. Aus diesem Grund muss Wirsing besonders gründlich gewaschen werden.

> Gedünsteter Weißkohl und Wirsing erhalten durch etwas angerührte Stärke oder durch rechtzeitige Zugabe von fein geriebenen rohen Kartoffeln eine leicht sämige Bindung.

Küche

ZUBEREITUNG EINFACHER SPEISEN

Sauerkraut 🇬🇧 sauerkraut 🇫🇷 choucroute (w)

Bedarf für 10 Portionen

100 g	Zwiebelstreifen
100 g	Apfelschnitze
60 g	Fett
50 g	Speckwürfel
0,3 l	Wasser
0,1 l	Weißwein
1,5 kg	Sauerkraut
1 EL	Honig
	Salz
1	Gewürzbeutel (Kümmel, Nelke, Wacholderbeeren, Lorbeerblatt)

- Speckwürfel, Zwiebelstreifen und Äpfel in erhitztem Fett farblos anschwitzen.
- Wasser angießen und aufkochen.
- Sauerkraut aufgelockert in den kochenden Ansatz geben und durchrühren.
- Alles rasch zum Kochen bringen.
- Gewürzbeutel in die Mitte stecken.
- Das Geschirr zudecken und den Inhalt bei mäßiger Hitze garen.
- Verdampfende Flüssigkeit ersetzen.
- Nach etwa halber Garzeit den Weißwein angießen.
- Wenn das Sauerkraut gar ist, den Gewürzbeutel entfernen.
- Das Kraut mit Honig vollenden.

> Gegartes Sauerkraut soll hell sein, appetitlich glänzen, fast keine sichtbare Flüssigkeit aufweisen, einen feinen säuerlichen Geschmack haben und beim Verzehren den Zähnen noch leichten Widerstand bieten, al dente sein.

Zucchini 🇬🇧 zucchini 🇫🇷 courgettes (w)

Zucchini (auch Zucchetti genannt) waschen. Das verbliebene sechseckige Stielende abschneiden. Junge, sehr kleine Früchte können ungeschält verwendet werden. Größere enthalten Bitterstoffe. Die Schale sowie das große Kerngehäuse sind deshalb zu entfernen.

Für **gefüllte Zucchini** Früchte waschen, längs halbieren. Fruchtfleisch einschneiden, ohne die Schale zu beschädigen. Früchte kurze Zeit frittieren oder auf den Schnittflächen braten. Weiches Fruchtfleisch entnehmen. Schalenhälften in gefettete Backplatte legen.

Gegarten Reis, Tomatenfleischwürfel, Kurzbratfleisch von Lamm in Schalottenbutter angebraten, reduzierte Lammjus, Gewürze sowie das gehackte Fruchtfleisch mischen. In die Schalenhälften füllen.
Mit Parmesan bestreuen, mit Butter beträufeln und im Ofen backen.

Abb. 1 Gefüllte Zucchini

Ratatouille (Südfranzösischer Gemüsetopf) 🇬🇧 ratatouille 🇫🇷 ratatouille (w)

Bedarf für 10 Portionen

3 EL	Olivenöl
1–2	Knoblauchzehen
300 g	Paprika rot/grün
300 g	Zucchini
200 g	Zwiebeln
1 TL	Tomatenmark
300 g	Auberginen
300 g	Tomaten
	Salz, Pfeffer, Thymian, Oregano, Basilikum

- Zwiebelwürfel und durchgedrückte Knoblauchzehen in Öl anschwitzen,
- Paprikastreifen zugeben und kurz mitdünsten,
- Scheiben oder Würfel von Zucchini und Auberginen sowie das Tomatenmark einrühren,
- zugedeckt kurz dünsten lassen, evtl. etwas Brühe angießen und würzen.
- Kurz vor dem Anrichten Tomatenfleischstücke unterheben und
- mit den frischen, gehackten Kräutern geschmacklich vollenden.

1 Speisen von Gemüse

Zwiebeln 🇬🇧 onions 🇫🇷 oignons (m)

Zwiebeln schälen, die am Zwiebelboden haftenden Wurzelfasern und den vertrockneten Lauchansatz entfernen. Entsprechend der Verwendung in Stücke, Würfel, Streifen oder Ringe schneiden (s. S. 169).

> Zwiebelpüree kann geschmacklich variiert werden, indem man vor dem Legieren kleingehackte Champignons oder frische gehackte Küchenkräuter untermischt.

Zwiebelpüree 🇬🇧 mashed onions 🇫🇷 purée (w) d'oignons (Soubise)

500 g	Zwiebeln
50 g	Rundkornreis
90 g	Butter
0,4–0,5 l	Milch
3 EL	Sahne
2	Eigelb
	Salz, Pfeffer

Zwiebelpüree wird zur Ergänzung von Zubereitungen verwendet.

- Zwiebelscheiben blanchieren, abtropfen, mit Butter andünsten.
- Rundkornreis zugeben, kochende Milch angießen, würzen, zugedeckt im Ofen ohne Farbgebung weichdünsten.
- Ansatz durch ein feines Sieb streichen, wieder erhitzen,
- Sahne mit Eigelb verrühren, unter das Zwiebelpüree rühren und mit Butter verfeinern.

Verwendungsmöglichkeiten:

- zum Füllen und Überbacken von Gemüsen, Kalbsrücken und Lammrücken;
- zum Überbacken auf gebratenen Koteletts, Steaks und Medaillons von Kalb und Lamm.

Des Weiteren verarbeiten wir Zwiebeln zu Röstzwiebeln, Zwiebelbrot, gebackene Zwiebelringe, zu Zwiebelsuppe, Zwiebelsauce oder Zwiebelkuchen.

Schalotten und **Perlzwiebeln** können als Gemüsebeilage im Ganzen zubereitet werden. Dazu müssen sie geschält und kurz blanchiert oder gedünstet werden. Sehr beliebt sind glasierte Rotweinschalotten, die kurz in Butter und Rotwein gedünstet werden. Dann bestreut man sie mit Salz und Zucker und schwenkt sie in der sich bildenden sirupartigen Flüssigkeit bis sie glänzen.

Abb. 1 Glasierte Schalotten

Flan 🇬🇧 flan 🇫🇷 flan (m)

Gemüse wird nach dem Kochen oder Blanchieren püriert. Das Püree abschmecken und mit Vollei und Sahne verrühren. Diese Masse in gebutterte Timbales oder ähnliche Förmchen füllen und im Wasserbad pochieren. Nach dem Stürzen wird der Flan als Beilage zu Hauptgerichten oder als Zwischengericht serviert. Der Flan kann auch kalt als Terrine gereicht werden.

Püree von ... 🇬🇧 mashed ... 🇫🇷 ... en purée

Gemüse wie z. B. Brokkoli, Erbsen, Kürbis, Möhren, Sellerie, Spinat
Garverfahren: Kochen, Dämpfen, Dünsten

Abb. 2 Kürbisflan

Hinweise

Vegetarier verzichten bewusst auf Fleisch und Fisch. Das ist bei Rezepturen für Füllungen und Saucen zu Gemüsezubereitungen zu beachten, wenn diese empfohlen werden.

Veganer schließen auch Nahrungsmittel aus, die von Tieren produziert werden wie Eier, Milch, Milchprodukte oder Honig. Geeignete Rezepte verwenden vielfach Tofu.

Küche

ZUBEREITUNG EINFACHER SPEISEN

Verschiedene Arten der Fertigstellung – Übersicht

Die gegarten Gemüse lassen sich auf vielfältige Weise fertigstellen. Dabei zeigen sich Gemeinsamkeiten zwischen manchen Arten.

Die folgende Aufstellung zeigt diese Gemeinsamkeiten und macht zugleich die Unterschiede deutlich.

auf englische Art	🇬🇧 english style 🇫🇷 à l'anglaise
Gemüse	Erbsen, Bohnen, Brokkoli, Blumenkohl, Bleichsellerie, Spargel, Blattspinat
Garverfahren	Kochen, Dämpfen
Fertigstellung	Gegartes Gemüse abgetropft anrichten. Butterstückchen darauflegen oder gesondert geben. Gewürze und gehackte Kräuter separat reichen.

in brauner Butter	🇬🇧 in brown butter 🇫🇷 au beurre noisette
Gemüse	Bohnen, Blattspinat, Blumenkohlröschen, Rosenkohl
Garverfahren	Kochen, Dämpfen
Fertigstellung	In flachem Geschirr Butter bräunen. Gegartes, abgetropftes Gemüse dazugeben, durchschwenken und anrichten.

mit Butterkrüstchen	🇬🇧 with bread-crumbs 🇫🇷 aux croûtons
Gemüse	Chicorée, Blumenkohl, Brokkoli, Fenchel, Spargel, Sellerie
Garverfahren	Kochen, Dämpfen, Dünsten
Fertigstellung	Gegartes Gemüse anrichten. Butter bräunen, kleine geröstete Weißbrotwürfel oder grobe Brösel beifügen und über das Gemüse geben.

glasiert	🇬🇧 glaced 🇫🇷 glacé
Gemüse	Karotten, Schwarzwurzeln, Speiserübchen, Kohlrabi, Perlzwiebeln, Maronen, Zucchini
Garverfahren	Dünsten
Fertigstellung	Gemüsefond siruppartig einkochen, evtl. noch Butterstückchen beigeben. Gemüse durch Schwenken glasieren (überglänzen). Bei Maronen und braunglasierten Zwiebeln Zucker beim Ansetzen zunächst zu Karamell schmelzen.

in Sahne	🇬🇧 with cream 🇫🇷 à la crème
Gemüse	Karotten, Schwarzwurzeln, Kohlrabi, Erbsen, Gurken, Auberginen
Garverfahren	Dünsten
Fertigstellung	Dünstfond kurz halten. Bevor das Gemüse gar ist, Sahne angießen. Offen weiterkochen, bis leichte Bindung erreicht ist.

gratiniert	🇬🇧 gratinated 🇫🇷 au gratin
Gemüse	Blumenkohl, Brokkoli, Fenchel, Schwarzwurzeln, Spargel, Bleichsellerie, Rosenkohl
Garverfahren	Kochen, Dämpfen, Dünsten
Fertigstellung	Reduziertem Dünstfond Mornaysauce beigeben. Abgetropfte Gemüse in ausgefetteten Backplatten anrichten. Mit Sauce überziehen, Käse bestreuen, Butter beträufeln, im Salamander gratinieren.

1.3 Besonderheiten bei vorgefertigten Gemüsen

🇬🇧 particularities of prepared vegetables
🇫🇷 particularités (w) des légumes préfabriqués

Das Gemüse ist eine große Warengruppe, die zudem in fast jeder Speisenzusammenstellung vorkommt. Darum werden in Verbindung mit Gemüse auch die arbeitstechnischen und wirtschaftlichen Zusammenhänge zwischen Frischware und vorgefertigten Produkten betrachtet.

Gemüse bedürfen immer der Vorbereitung, denn sie müssen von nicht genießbaren Teilen befreit werden. Diese Arbeiten können in der eigenen Küche durchgeführt oder von der Zulieferindustrie übernommen werden.

Das breite Angebot an vorgefertigten Produkten kann unterschieden werden
- nach dem Grad der Vorbereitung und
- nach der Art der Qualitätserhaltung/Haltbarmachung.

Werden vorgefertigte Produkte verwendet,
- ist der Warenbedarf je Portion geringer,
- spart die Küche Arbeitszeit,
- sind die Mehrkosten beim Einkauf gegenüber den möglichen Einsparungen – vor allem an Arbeitszeit – abzuwägen.

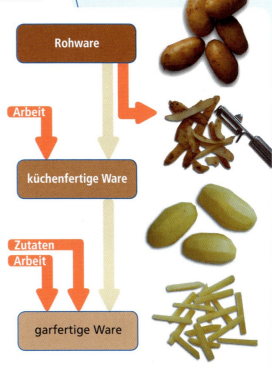

Abb. 1 Vorgefertigtes Produkt am Beispiel Pommes frites

Vorbereitete Rohware, gekühlt
- Gemüse oder Kartoffeln sind bereits gewaschen und geputzt bzw. geschält erhältlich.
- Blattsalate kann man schon gewaschen und gezupft kaufen.
- Kartoffelkloßmasse ist frisch als Rohmasse zu beziehen.

Nasskonserven
Gemüse sind fertiggegart, sie werden im eigenen Fond erwärmt, abgetropft und
- mit Butterflocken vollendet oder
- mit Sauce gebunden.

Tiefkühlware
Gemüse haben kürzere Garzeit, weil durch das Blanchieren und Frosten die Zellstruktur bereits gelockert wurde.
- Stückgemüse (Bohnen, Erbsen) in kochendes Wasser geben.
- Blockgemüse (Spinatblock) unter Zugabe von wenig Wasser langsam erwärmen.

Trockenware
Die meisten Trockengemüse werden zunächst eingeweicht, damit die Zellen das beim Trocknen entzogene Wasser wieder aufnehmen können.
Einweichwasser nach Möglichkeit mitverwenden.

Aufgaben

1. Wodurch gehen wichtige Wirkstoffe der Gemüse verloren?
2. Beschreiben Sie die Vorbereitung von Spargel.
3. Was soll mit den Garflüssigkeiten der Gemüse geschehen?
4. Welches Gemüse hat den höchsten Vorbereitungsverlust?
5. Nennen Sie vier Schnittformen für Gemüse.
6. In welche Formen können Zwiebeln geschnitten werden?
7. Nennen Sie die Grundzubereitungsarten für Gemüse.
8. Wie werden Gemüse vor dem Frittieren behandelt?

Küche

ZUBEREITUNG EINFACHER SPEISEN

2 Pilze

🇬🇧 mushrooms 🇫🇷 champignons (m)

Pilze sind nicht lange lagerfähig, da sie leicht verderbliches Eiweiß enthalten. Sie sollen deshalb nach der Ernte bzw. Lieferung rasch verarbeitet werden. An Druck- und Faulstellen tritt der Eiweißabbau sofort ein, es kommt zum Verderb.

2.1 Vorbereiten   🇬🇧 preparation 🇫🇷 préparation (w)

Frische Pilze wie Champignons, Pfifferlinge und Steinpilze werden am häufigsten verwendet. Sie sind sorgfältig zu putzen. Nach gründlichem Waschen Pilze aus dem Wasser heben, damit die erdigen Bestandteile auf dem Boden des Gefäßes bleiben. Nicht abgießen. Gewaschene Pilze umgehend garen.

Getrocknete Pilze sind vor dem Verwenden einzuweichen, damit genügend Wasser eindringen kann.

Die getrockneten Pilze legt man zunächst zum Anquellen in Wasser und wäscht sie anschließend. Danach werden sie mit Wasser bedeckt eingeweicht.

> Sollen gegarte Pilze aufbewahrt werden, sind sie sofort abzukühlen und bei Bedarf wieder zu erwärmen.

Das Einweichwasser kann beim Garen mit verwendet werden; es enthält wertvolle Inhaltsstoffe.

2.2 Zubereiten   🇬🇧 cooking 🇫🇷 cuisson (w)

Gedünstete Champignons   🇬🇧 stewed mushrooms 🇫🇷 champignons (m) étuvés

Zutaten für 10 Portionen
- 2 kg   Champignons
- 60 g   Zitronensaft
- 140 g Butter
- 20 g   Salz

- Champignons putzen, waschen und zum Abtropfen in einen Durchschlag legen.
- Butter, Zitronensaft, Salz und einen Schuss Wasser in geräumigem Geschirr zum Kochen bringen.
- Champignons hineingeben, durchrühren und zugedeckt etwa 6 Minuten dünsten.

Gebackene Champignons   🇬🇧 deep fried field-mushrooms 🇫🇷 champignons (m) frits

Zutaten für 10 Portionen
1 kg gleichmäßig große, rohe Champignons
für Panierung:
3 Eier, Mehl und Semmelbrösel
Zitrone, Salz, weißer Pfeffer
Fett zum Backen

- Champignons putzen, dabei evtl. die Stiele etwas kürzen, waschen und abtrocknen.
- Mit Mehl, Ei und Brösel panieren.
- In heißem Fett (Frittüre) backen, abtropfen lassen.
- Mit Zitrone, Pfeffer und Salz würzen.

Rahmmorcheln
🇬🇧 morels in cream 🇫🇷 morilles (w) à la crème

Zutaten für 10 Portionen
200 g		getrocknete Morcheln
160 g		feine Zwiebelwürfel
120 g		Butter
1	TL	geschnittener Schnittlauch
0,5	l	Sahne
		Salz, Pfeffer

- Pilze in lauwarmem Wasser anquellen, gründlich waschen, mit Wasser bedeckt einweichen.
- Gequollene Morcheln aus dem Wasser heben.
- Einweichwasser aufbewahren.
- Zwiebelwürfelchen mit Butter anschwitzen.
- Morcheln salzen, pfeffern und zu den Zwiebeln geben.
- Das vom Bodensatz abgegossene Einweichwasser beifügen und die Pilze zugedeckt etwa 25 Minuten dünsten.
- Sahne an die Morcheln gießen und bei offenem Geschirr einkochen, bis die Flüssigkeit leicht gebunden ist.
- Angerichtete Rahmmorcheln mit Schnittlauch bestreuen.

Steinpilze mit Brotkrüstchen
🇬🇧 ceps with croûtons 🇫🇷 cèpes (m) aux croûtons

Zutaten für 10 Portionen
1,5	kg	Steinpilze
80	g	feine Schalottenwürfel
60	g	kleine, geröstete Weißbrotwürfel
80	g	Öl
60	g	Butter
1	EL	gehackte Petersilie
		Knoblauchsalz, Pfeffer

- Steinpilze putzen, gründlich waschen und abgetropft mit einem Tuch trockenreiben.
- Pilze in flache Stücke schneiden.
- Öl in geräumiger Stielpfanne erhitzen.
- Zerkleinerte Pilze salzen, pfeffern, in die heiße Pfanne geben und leicht anbraten.
- Pilze in ein vorgewärmtes Geschirr geben.
- In der gleichen Pfanne Butter aufschäumen lassen.
- Schalottenwürfel und Pilze wieder beifügen, Brotkrüstchen dazustreuen.
- Alles nochmals kurz erhitzen und mit Petersilie bestreut anrichten.

Duxelles
🇬🇧 duxelles 🇫🇷 duxelles (w)

Zutaten
250	g	feine Zwiebel- und/oder Schalottenwürfel
700	g	feingehackte, rohe Champignons
150	g	Butter
50	g	gehackte Petersilie
4	cl	Sherry (trocken)
		Salz, Pfeffer

Duxelles ist eine Grundzubereitung aus gehackten Pilzen, die zur Vervollständigung von Speisen, zum Füllen von Gemüsen, Fleisch- und Teigtaschen verwendet wird.

- Zwiebeln und Schalotten farblos anschwitzen.
- Champignons zugeben, salzen, pfeffern.
- Sherry zugießen und so lange dünsten, bis der ausgetretene Pilzsaft eingekocht ist.
- Petersilie untermischen und Duxelles in ein flaches Geschirr geben und auskühlen lassen.

Duxelles kann durch Zugabe von Schinkenwürfeln variiert oder mit Demiglace leicht gebunden werden.

Sautierte Pfifferlinge mit Speck
🇬🇧 sauted chanterelles 🇫🇷 chanterelles (w) sautées au lard

Zutaten für 10 Portionen
1,5	kg	Pfifferlinge
200	g	magerer, durchwachsener Räucherspeck in Würfelchen
200	g	Schalottenwürfelchen
2	EL	gehackte Petersilie
		Salz, Pfeffer
60	g	Butter

- Pfifferlinge putzen, gründlich waschen und zum Abtropfen in einen Durchschlag geben.
- Flaches Geschirr ausfetten. Pilze zugeben, salzen, im alsbald austretenden Saft 10 Minuten garen bis Fond reduziert ist.
- Speckwürfel in Stielpfanne anbraten, abgetropfte Pfifferlinge dazugeben.
- Schalotten und Butter beifügen, leicht pfeffern und
- bei starker Hitze und mehrfachem Schwenken sautieren.
- Gehackte Petersilie untermengen und anrichten.

Küche

ZUBEREITUNG EINFACHER SPEISEN

Risotto mit Waldpilzen — risotto with wood mushrooms — risotto avec champignons de bois

Zutaten für 10 Portionen

500 g	Risottoreis
2	Schalotten
1	Knoblauchzehe
40 g	Butter
¼ l	Weißwein
1–1,5 l	Geflügelbrühe
1 kg	Waldpilze, gemischt
¼ l	Sahne
	Salz, weißer Pfeffer
25 g	Wildkräuter, gehackt
	Bergkäse, gerieben

- Schalottenwürfel und die mit Salz verriebenen Knoblauchscheiben in Butter anschwitzen, Graupen zugeben, etwas angehen lassen und mit Weißwein und Brühe auffüllen. Bei kleiner Hitze ca 15 Min. köcheln lassen, bei Bedarf weitere Flüssigkeit zugeben.
- Anschließend ohne Hitze zugedeckt ca. 5 Min. quellen lassen.
- Pilze putzen, in Scheiben schneiden und scharf in etwas Öl anbraten, danach mit den Kräutern unter den Reis rühren.
- Die Sahne zugeben, mit Salz und Pfeffer abschmecken und servieren.
- Geriebenen Bergkäse dazu reichen.

Gedünstete Austernpilze — oyster mushrooms — pleurotes (m)

Zutaten für 10 Portionen

1,5 kg	vom Strunk befreite Austernpilze
200 g	Schalottenwürfelchen
60 g	Butter
2 EL	gehackte Küchenkräuter (Petersilie, Schnittlauch, Kerbel, Zitronenmelisse, Kresse usw.)
	Salz, Pfeffer, Zitrone

- Austernpilze waschen und abtropfen lassen.
- Schalotten in Butter glasig angehen lassen, Pilze zugeben und
- kurz zugedeckt leicht dünsten, dann im eigenen Saft schwenken (sautieren).
- Kräuter einstreuen, würzen und anrichten.

Beilagen zu Pilzgerichten in Rahmsauce

Als Beilage eignen sich Semmelknödel, Serviettenknödel, Salzkartoffeln, Kartoffelschnee, Nudeln und Gnocchi.

Shiitake-Pilze — chinese mushrooms — shitakés (m)

Dieser Pilz wird vorwiegend für japanische und chinesische Gerichte verarbeitet.

Mu-Err-Pilze — wood ear mushrooms — Mu-Err champignons

Dieser asiatische Baumpilz, auch Wolkenohren genannt, wird bevorzugt in der chinesischen Küche verarbeitet und bringt vor allem durch seine schwarze Farbe einen besonderen farblichen Effekt.

Aufgaben

1. Was ist bei der Lagerung von Pilzen zu beachten?
2. Was versteht man unter „Duxelles"?
3. Welche Beilagen eignen sich zu Pilzgerichten?
4. Nennen Sie vier Pilzgerichte mit Beilagen (speisekartengerecht).
5. Nennen Sie vier Hauptgerichte, bei denen Pilze als Garnitur oder Zutat verwendet werden.
6. Was haben Sie bei der Verwendung von getrockneten Pilzen zu beachten?

3 Salate

🇬🇧 salad 🇫🇷 salades (w)

Allgemein versteht man unter Salaten Zubereitungen aus frischen grünen Blättern, Gemüse, Pilzen, Kartoffeln, Obst, aber auch Fleisch, Fisch, Geflügel usw. und einer Salatsauce (Marinade).
Hier werden die Salate aus **pflanzlichen Zutaten** behandelt, Salate aus anderen Zutaten sind im Bereich kalte Küche und Patisserie zu finden.

3.1 Salatsaucen – Dressings

🇬🇧 salad dressings 🇫🇷 sauces (w) froides pour des salades

Für die Bezeichnungen von Salatsaucen, Marinaden, Dressings und Dips gibt es keine verbindlichen Richtlinien.

Salatsaucen oder **Marinaden** sind überwiegend klar und flüssig. **Blattgemüse** werden darin gewendet oder damit beträufelt. Festere Gemüsearten vermischt man mit der Marinade und lässt sie darin längere Zeit durchziehen.

Dressings sind vorwiegend sämig. Die emulgierende Bindekraft kommt von Joghurt, Sahne, Mayonnaise, Salatmayonnaise oder von gekochtem Eigelb, das durch ein Sieb gestrichen worden ist. Ein **Dressing** wird meist über den angerichteten Salat gegeben und erst vom Gast entsprechend vermischt.

Dips sind kalte, dickflüssige Saucen zum Eintauchen kleinerer Happen, z. B. Fingerfood. Der Name leitet sich ab vom englischen *to dip* = eintauchen.

Der Fachhandel bietet neben den klassischen Salatsaucen auch Salatsaucen für unterschiedliche Spezialitäten. Die meisten dieser Produkte sind mit nicht kennzeichnungspflichtigen Bindemitteln/Emulgatoren versetzt, damit sich die Bestandteile bei der Lagerung nicht entmischen.

Abb. 1 Säureträger

Säure
- Säure verleiht eine erfrischend pikante Note.
- Säure ist enthalten in Essig, Zitronensaft und Orangensaft, in Joghurt und Sauerrahm.

Öl/Fett
- fördert die Geschmacksentfaltung und die Ausnutzung fettlöslicher Vitamine,
- dient als Gleitmittel, besonders wichtig bei roh belassenem Salat,
- Öle liefern Sonnenblumen, Erdnüsse, Oliven, Disteln, Kürbiskerne, Traubenkerne, Maiskeimlinge und Walnüsse sowie Mischungen mit Sahne oder Mayonnaise.

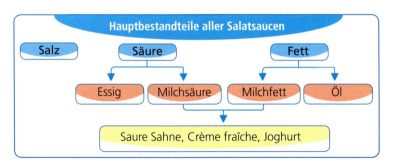

Hauptbestandteile aller Salatsaucen

Salz — Säure — Fett
Säure → Essig, Milchsäure
Fett → Milchfett, Öl
Milchsäure + Milchfett → Saure Sahne, Crème fraîche, Joghurt

Für den Gebrauch in der Küche wird die angefertigte Salatsauce (Marinade) zweckmäßig in Flaschen gefüllt und kühl gehalten. Vor jeder Entnahme ist die Sauce kräftig durchzuschütteln, damit eine günstige Verteilung von Öl und anderen Geschmackszutaten erfolgt. Die meisten Salatsaucen basieren auf Grundrezepten. Das persönliche Können besteht darin, die Rezepte so zu ergänzen, dass durch die Verbindung von Sauce und Naturalien ein wohlschmeckender Salat entsteht. Bei den folgenden Rezepten ist Speiseessig mit 5 % Säuregehalt vorgesehen.

Abb. 2 Herstellung eines Dressings

Küche

ZUBEREITUNG EINFACHER SPEISEN

Salatsaucen auf Essig/Öl-Grundlage

Vinaigrette

Bedarf
- 1 Teil Essig
- 1–2 Teile Öl
- Salz, Pfeffer

- Salz in Essig auflösen, Öl dazurühren und
- mit wenig Pfeffer würzen,
- mit Zucker abrunden.
- Essig kann durch Zitronen- oder Limettensaft ersetzt werden.

Geeignet zu allen Salaten.

Salatsauce mit Senf – French Dressing

Bedarf
- 1 Teil Essig
- 1–2 Teile Öl
- Salz, französischer Senf, Knoblauch, Pfeffer

- Salatschüssel mit der Schnittfläche einer halbierten Knoblauchzehe ausreiben.
- Darin Salz, Essig und Senf verrühren,
- Öl langsam dazurühren.
- Leicht mit Pfeffer abschmecken.

Geeignet zu Blattsalat und Gemüsesalat.

Salatsauce mit Kräutern

Bedarf
- 1 Teil Essig
- 1–2 Teile Öl
- Salz, Pfeffer
- Kräuter (Petersilie, Kerbel, Estragon, Schnittlauch)
- Schalotten

- Salz in Essig auflösen, Öl einrühren, würzen.
- Frisch gehackte Kräuter und Schalotten zugeben.

Geeignet zu Salaten ohne Obst.

Salatsauce mit geröstetem Speck

Bedarf
- 1 Teil Essig
- 1–2 Teile Öl
- geröstete Speckstreifen und Zwiebelstreifen
- Salz, Pfeffer

- Salatsauce mit Essig und Öl herstellen.
- Die in einer Pfanne angeschwitzten, noch warmen Speckstreifchen und Zwiebelstreifen auf oder unter den angemachten Salat geben.

Geeignet zu Kopf-, Löwenzahn-, Brunnenkresse-, Feld-, Kraut- oder Kartoffelsalat.

Salatsaucen aus Milchprodukten

Salatsauce mit Sahne

Bedarf
- 4 Teile Sahne
- 1 Teil Zitronensaft
- Salz, Pfeffer oder Edelsüßpaprika

- Flüssige Zutaten verrühren,
- mit Salz und Gewürzen abschmecken.

Geeignet zu Blattsalat, Salat mit Obst, Gemüsesalat.

Salatsauce mit Joghurt

Bedarf
- 1 Becher Joghurt (250 g)
- 2 EL Orangensaft
- 1 TL Zitronensaft
- Spritzer Worcestersauce
- 2 EL Öl
- Salz, Pfeffer

- Joghurt, Orangen-, Zitronensaft und Worcestershire Sauce glattrühren.
- Öl darunterschlagen und würzen.

Geeignet zu allen Salaten.

Salatsauce mit saurer Sahne und Dill

Bedarf
- 5 Teile saure Sahne oder Crème fraîche
- 1 Teil Zitronen- oder Limettensaft
- Salz, Pfeffer
- 1 EL geschnittener Dill

- Sahne und Zitronensaft glattrühren,
- mit Gewürzen und Dill ergänzen.

Geeignet zu Blattsalat, Gemüsesalat.

Salatsauce mit Roquefort – Roquefort-Dressing

Bedarf
- 50 g Roquefort
- 3 EL Sahne
- 1 EL Chablis (weißer Burgunder) oder Weißwein
- 1 EL Limettensaft
- 1 EL Öl
- Pfeffer

- Passierten Roquefort, Sahne, Weißwein und Limettensaft glattrühren.
- Öl darunterrühren und würzen.
- Wenig Salz verwenden, weil Roquefort kräftig gewürzt ist.

Geeignet zu Blattsalat, Löwenzahn-, Bleichsellerie-, Tomatensalat.

Salatsaucen auf Ei-Grundlage

Salatsauce mit gekochtem Eigelb

Bedarf
- 2 gekochte Eigelbe
- Msp. Sardellenpaste
- 1 TL scharfer Senf
- 1 TL Essig
- 3 EL Öl
- 1 EL Sahne
- Pfeffer

- Fein passiertes Eigelb, Sardellenpaste, Senf und Essig glattrühren.
- Öl tropfenweise unterrühren,
- abschließend Sahne und Pfeffer dazugeben.

Geeignet zu Blattsalat und Gemüsesalat.

Salatsauce mit Tomaten – Cocktailsauce

Bedarf
- 2 Teile würzige Mayonnaise
- 1 Teil püriertes Tomatenfleisch oder Ketchup
- 1 EL geschlagene Sahne
- Salz, Pfeffer, Zucker, Worcestersauce, Spritzer Weinbrand, Msp. Meerrettich

- Mayonnaise und Tomatenpüree glattrühren,
- Sahne unterheben und würzen.

Geeignet zu Blattsalat und Gemüsesalat.

3.2 Salate aus rohen Gemüsen/Rohkost

🇬🇧 salads of raw vegetables 🇫🇷 salades (w) de légumes crus

Zur Verarbeitung gelangen **Blattsalate** und **Gemüse**:

Blattsalate		
Lollo rosso	Endivie	Löwenzahn
Eichblattsalat	Feldsalat (Ackersalat)	Radicchio
Friséesalat	Kopfsalat (grüner Salat)	Chinakohl
Chicorée	Brunnenkresse	Rucola
Eissalat (Krachsalat)	Gartenkresse	

Blattsalate werden verlesen, dabei von welken Teilen, Strünken und starken Blattrippen befreit und anschließend gewaschen. Dazu verwendet man reichlich Wasser, damit anhaftender Sand und Schmutz leicht abgespült werden können und die Blätter nicht geknickt werden. Salate dürfen nicht im Wasser liegen bleiben, weil es sonst zu Auslaugverlusten kommt und wertbestimmende, lösliche Inhaltsstoffe verloren gehen.

Küche

ZUBEREITUNG EINFACHER SPEISEN

Die großen Blätter des Kopfsalats sind in mundgerechte Stücke zu zerpflücken.

Damit gewaschener Salat in Verbindung mit der Marinade den vollen Geschmack behält, wird er in der Salatschleuder oder in einem Drehkorb durch Schwingen von noch anhaftenden Wasserperlen befreit. Bis zum Fertigstellen ist er flach und kühl aufzubewahren.

Gemüse			
Bleichsellerie	Paprikaschoten	Knollensellerie	Radieschen
Möhren	Fenchel	Pilze	Rotkohl
Gurken	Weißkohl	Rettich	Tomaten

Gemüse, die roh gereicht werden, muss man gründlich waschen, Gurken, Knollen und Wurzeln schälen; Tomaten evtl. brühen und abziehen, Paprikaschoten von Stiel, Scheidewänden und Samenkernen befreien.

Die Zerkleinerung richtet sich nach der Beschaffenheit der Gemüse und erfolgt durch:

- Zerpflücken (Blattsalate)
- Schneiden in Streifchen (Kohlarten)
- Hobeln in Scheibchen (Gurken, Rettich)
- Raspeln (weichere Gemüse und Obst)
- Raffeln (Gemüse mit fester Struktur)
- Reiben (Zwiebeln, Meerrettich, Nüsse).

Abb. 1   Rohkostsalat

Anmachen – Marinieren

Die vorbereiteten Salatbestandteile werden mit der jeweiligen Marinade in einer Salatschüssel angemacht. Das Mischen bzw. Wenden mit dem Salatbesteck muss gründlich, jedoch behutsam erfolgen, damit alle Bestandteile zwar von Marinade umgeben sind, aber unbeschädigt bleiben.

- **Unmittelbar vor dem Service fertiggestellt** werden Blattsalate und Salate aus zartem Gemüse, wie z. B. Gurke und Tomate, damit sie frisch und knackig bleiben. Würde man sie zu früh anmachen, zöge das Salz Flüssigkeit. Der Salat würde weich.
- **Längere Zeit vor dem Service fertiggestellt** werden Salate aus festeren, saftarmen Gemüsearten, wie z. B. Möhren, Kohl, Paprikaschoten und Sellerie. Die Marinade kann dann einziehen und der Geschmack kommt voll zur Geltung.

Abb. 2   Gurke

Abb. 3   Paprika

Zubereitungsbeispiele

Apfel-Möhren-Rosinen-Salat

Möhren raffeln, Äpfel raspeln und mit Orangensaft vermischen. In Orangensaft eingeweichte Rosinen dazugeben. In halben Orangenschalen, Gläsern oder Glasschalen anrichten. Ein Löffel halbsteif geschlagene Sahne, abgeschmeckt mit geriebenem Meerrettich, aufsetzen und mit Haselnussscheibchen bestreuen.

Birnen-Radieschen-Kresse-Salat

Reife Birnen längs halbieren, Kerngehäuse entfernen. Fruchtfleisch mit einem olivenförmigen Kartoffelausbohrer entnehmen. Johannisbeersaft darüberträufeln, Radieschenscheiben und Kresse beifügen. Dickmilch und Öl verrühren, die Salatteile darin wenden und in die ausgehöhlten Birnenhälften einfüllen; geschnittenen Schnittlauch aufstreuen.

Rotkraut-Apfel-Weintrauben-Salat

Rotkraut und Äpfel in feine Streifen schneiden und mit Zitronensaft vermischen. Abgezupfte weiße Weinbeeren halbieren und ohne die Kerne zu den streifigen Zutaten geben. Mit ein wenig geriebener Zwiebel, Johannisbeergelee und Öl anmachen. Zum Durchziehen bedeckt kühl stellen. In Glasschalen anrichten und mit grob gehackten Walnusskernen bestreuen.

Radicchio-Fenchel-Melonen-Salat

Melone in Scheibchen, Fenchelknolle und Radicchio in Streifchen schneiden, mit Orangensaft beträufeln und alles vermischen. Gleiche Teile Frischkäse, pikante Mayonnaise und püriertes Tomatenfleisch verrühren, mit geriebenem Meerrettich und geschnittenem Fenchelgrün abschmecken. Die Salatbestandteile damit anmachen, auf Glasplatten anrichten und mit Brunnenkresse einfassen.

3.3 Salate aus gegartem Gemüse

🇬🇧 salads of cooked vegetables 🇫🇷 salades (w) de legumes cuits

Für diese Salate kommen vorwiegend in Betracht:

Gemüse			
Artischocken	Blumenkohl	Brokkoli	Bohnenkerne
Knollensellerie	Lauch	Möhren	Pilze
Erbsen	Rote Rüben	Spargel	Grüne Bohnen

Die Gemüse können im rohen oder gekochten Zustand in verschiedene Formen geschnitten werden. Bei Knollen und Rüben ist auch der Einsatz von Ausbohrern, Ausstechern oder eines Buntmessers (geriefte Schneide, s. S. 115) möglich.

Die zugeschnittenen rohen Gemüse sind in leicht gesalzenem Wasser unter Zusatz von wenig Öl zu kochen. Dabei soll das Gemüse voll aufgeschlossen, aber nicht übergart werden.

Um Aroma und Geschmack zu erhalten, müssen die gekochten Gemüse in ihrem Garfond abkühlen. In der heißen Flüssigkeit zieht das Gemüse noch nach, deshalb ist der Garprozess rechtzeitig zu unterbrechen.

Die Schnittfläche von ungegarten, hellen Gemüsen verfärben sich unter Einwirkung von Luftsauerstoff. Besonders empfindlich sind Artischocken und Sellerie. Um dem entgegenzuwirken, legt man die Gemüse bis zum Garen in Wasser, das mit Essig oder Zitronensaft gesäuert ist.

Anmachen – Marinieren

Salate aus gegarten Gemüsen sind im Voraus anzumachen, damit die Marinade einziehen kann. Kräuter, die in Säure rasch ihre schöne grüne Farbe verlieren, gibt man erst kurz vor dem Anrichten bei.

In der Regel sollte nur der jeweilige Tagesbedarf an Salaten mariniert werden.

Die abgetropften Gemüse werden mit der vorgesehenen Salatsauce in einer Salatschüssel gemischt.

Bis zum Anrichten legt man die Salate in flache Gefäße, deckt sie mit Folie zu und hält sie kühl.

Wird mit pikanter Mayonnaise oder Salatmayonnaise angemacht, ist das abgetropfte Gemüse zunächst flach auf einem Tuch oder Küchenkrepp trockenzulegen. Noch anhaftende Feuchtigkeit würde die Mayonnaise zu dünnfließend machen und den Geschmack des Salates beeinträchtigen.

Küche

ZUBEREITUNG EINFACHER SPEISEN

Abb. 1 Salathygiene – Anrichten mit Handschuh

Abb. 2 Salat von geräucherten Forellen

Abb. 3 Pilzsülze mit rotem Chicorée, Frisee, Kirschtomaten und Walnussdressing

Abb. 4 Feldsalat mit Kartoffeldressing und Radieschensprossen

3.4 Anrichten von Salaten

🇬🇧 presentation of salads 🇫🇷 présentation (w) des salades

Alle Salatteile sollen mundgerecht zerkleinert sein, weil man zum Verzehren nur eine Gabel benutzt. Die Salate sind locker und appetitlich anzurichten.

Geschmacksvariationen ergeben sich durch die Gemüsesorten und die unterschiedlichen Saucen sowie Ergänzungen, z. B. Kräuter oder Nüsse, mit denen die Salate fertiggestellt werden.

Die Farben frischer Salate üben eine appetitanregende Wirkung aus, deshalb ist beim Zusammenstellen und beim Anrichten der Salate auf wechselnde Farben zu achten. Aufgestreute Kräuter unterstützen manchmal das Farbenspiel.

Flache Schalen oder Platten aus Glas, aber auch kleine tiefe Teller oder Dessertteller sind zum Anrichten besonders vorteilhaft, weil sie Frische, Farbe und Form der Salate am wirkungsvollsten betonen.

Einfache Salate   🇬🇧 simple salads 🇫🇷 salades (w) simples

Blattsalat oder Gemüse als einzelner Salat, z. B. Kopfsalat, Tomatensalat, Krautsalat, Gurkensalat, Bohnensalat oder Chicoréesalat.

Es ist zwischen den folgenden Möglichkeiten des Anrichtens zu unterscheiden:

Gemischte Salate

🇬🇧 mixed salads 🇫🇷 salades (w) mêlées

Blattsalate und Gemüse werden miteinander vermischt, z. B. Kopf-Tomaten-Kresse-Salat oder Feld-Sellerie-Rote Rüben-Salat.

Salatkomposition

🇬🇧 assorted salad 🇫🇷 salades (w) assorties

Blattsalate und Gemüse sortiert nebeneinander anrichten, z. B. Chicorée-, Radieschen-, Gurken- und Eissalat oder Kopf-, Spargel-, Brokkoli- und Tomatensalat. Farbenspiel beachten.

Glasteller ⎯⎯⎯

Porzellanteller als Untersatz ⎯⎯⎯

3.5 Kartoffelsalate

🇬🇧 potato salads 🇫🇷 salades (w) de pommes de terre

Zu einem guten Kartoffelsalat sind Kartoffeln zu wählen, die nicht zerfallen. Geeignete Sorten sind „Hansa" und „Sieglinde", beide sind mild bis kräftig im Geschmack, **festkochend** und darum formhaltend.

Zubereitungsbeispiele

Kartoffelsalat 🇬🇧 potato salad 🇫🇷 salade (w) de pommes de terre

Zutaten für 10 Portionen	
1 kg	Salatkartoffeln
100 g	feine Zwiebelwürfel
60 g	Öl
0,2 l	Fleischbrühe
4–6 EL	Essig
1 Msp.	hellen Senf
	Salz, Pfeffer
	Salatblätter zum Garnieren
1 EL	gehackte Kräuter

- Gewaschene Kartoffeln mit der Schale kochen,
- abgießen und zum Ausdampfen flach ausbreiten.
- Die noch warmen Kartoffeln schälen und in feine Scheiben schneiden.
- Fleischbrühe zusammen mit Zwiebeln und Essig aufkochen,
- Salz, Pfeffer und Senf beigeben, abschmecken,
- Öl dazurühren und die heiße Marinade über die Kartoffelscheiben gießen.
- Kartoffelsalat behutsam schwenken, bis er leicht gebunden ist.
- Angerichteten Kartoffelsalat mit Salatblättern einfassen und mit Kräutern bestreuen.

Kartoffelsalat mit Mayonnaise

Kartoffelsalat mit halber Brühen- und Ölmenge herstellen, würzig abgeschmeckte Mayonnaise unterziehen. Angerichteten Salat mit Radieschenscheiben einfassen und geschnittenen Schnittlauch aufstreuen.

• Kartoffelsalate können geschmacklich variiert werden.

Abb. 1 Kartoffelsalat mit Mayonnaise

Kartoffelsalat mit Löwenzahn und Speck

Anstelle von Öl: 100 g Bauchspeckstreifen knusprig braten. Diese mit dem ausgetretenen Fett dem Kartoffelsalat beimischen, dazu 2 EL kurzgeschnittenen, leicht angemachten Löwenzahn.

Dieser Salat ist zum alsbaldigen direkten Verzehr bestimmt; noch lauwarm schmeckt er am feinsten.

Abb. 3 Kartoffelsalat als Sockel mit marinierten Sardellen

Abb. 2 Kartoffelsalat mit Löwenzahn und Speck

Küche

ZUBEREITUNG EINFACHER SPEISEN

3.6 Salatbüfett

🇬🇧 salad bar 🇫🇷 buffet (m) à salades

In vielen Betrieben wird heute den Gästen Salat in Form eines Salatbüfetts angeboten. Ein nach Möglichkeit gekühltes Büfettmöbel steht an gut sichtbarer und leicht erreichbarer Stelle im Restaurant und lädt die Gäste zur Selbstbedienung ein.

Aufbau

Ein Salatbüfett sollte möglichst viel von der ganzen Palette der im Buch vorausgehend beschriebenen Salate anbieten, also sowohl viele Blatt- und Rohkostsalate mit extra bereitgestellten Dressings als auch bereits angemachte Gemüsesalate oder Salatkompositionen aus verschiedenen Zutaten wie Gemüse, Früchte, Fisch, Eier, Frischkäse und gegartem Fleisch.

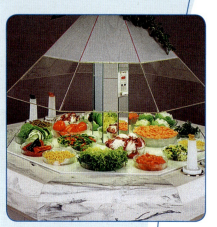

Abb. 1 Salatbüfett

Abrechnung

Salate am Büfett können abgerechnet werden:
- Durch Verwendung verschiedener Teller- oder Glasschalengrößen,
- durch Wiegen der Salatmenge,
- über einen Pauschbetrag,
- ohne getrennte Abrechnung, wenn der Salat bereits im Gericht einkalkuliert ist.

Worte, die verkaufen helfen

- frisch
- knackig
- gesund
- energiearm
- wirkstoffreich
- hohe Nährstoffdichte
- appetitanregend
- herbwürzig
- ein Stück Natur
- ursprünglich
- unverfälscht
- kühlend im Sommer
- sehr bekömmlich
- marktfrische Ware
- vitaminschonend zubereitet
- leicht, nicht belastend
- erfrischend durch den Gehalt an angenehmen Bitterstoffen

Aufgaben

1. Nennen Sie Salate, die aus pflanzlichen Produkten hergestellt werden.
2. Unter welchen Voraussetzungen kann ein Salat als „vollwertig" bezeichnet werden?
3. Erklären Sie bei Salatsaucen die Bedeutung der Zutatengruppen:
   a) Öle, Rahm, Sahne oder Mayonnaise   b) Essig, Zitronen- oder Orangensaft, Joghurt oder Sauerrahm.
4. Welche Gemüse eignen sich für die Zubereitung von Rohkostsalat?
5. Welche Geschirrteile können zum Anrichten von Salaten verwendet werden?
6. Nennen Sie fünf verschiedene Salatsaucen und notieren Sie deren Zutaten.
7. Nennen Sie fünf Gemüse, die vor der Verarbeitung zu Salat gegart werden müssen.
8. Was versteht man unter „Dressing"?
9. Erstellen Sie eine Checkliste für die Bestückung und Kontrolle eines Salatbüfetts.
10. Welche Vorteile bringt ein Salatbüfett für
    a) den Gastronomiebetrieb   b) die Gäste?
11. Welche Abrechnungsverfahren können beim Salatbüfett angewandt werden?

4 Beilagen

🇬🇧 side dishes 🇫🇷 garnitures (w)

Zu einem kompletten Gericht gehören neben Fleisch- oder Fischspeisen, Gemüsen oder Salaten auch stärkehaltige Beilagen. Wegen ihres hohen Stärkegehalts schmecken diese Beilagen neutral und eignen sich deshalb gut als Ergänzung. Der **Sättigungswert** beruht auf dem hohen Stärkegehalt. Die Grundlage für Beilagen dieser Art bilden Kartoffeln und Getreideerzeugnisse.

4.1 Kartoffeln

🇬🇧 potatoes 🇫🇷 pommes (w) de terre

Kartoffeln sind ein wesentlicher Bestandteil der Speisenzusammenstellungen, sie sind im Geschmack neutral und
- erlauben vielfältige Zubereitungsarten,
- harmonieren je nach Art mit den unterschiedlichsten Zubereitungen,
- enthalten Nähr- und Wirkstoffe in einem ausgewogenen Verhältnis.

Abb. 1 Kartoffelsorten

① Grata
② Sieglinde
③ Rosella
④ Clivia
⑤ Erstling
⑥ Bamberger Hörnchen

Übersicht über Kartoffelzubereitungen (Beispiele auf den folgenden Seiten)

Die vielfältigen Kartoffelzubereitungen werden überschaubar, wenn man sie nach den Arten der Vorbereitung und Fertigstellung unterscheidet.

Diese Denkweise hilft, dem Bekannten das Neue zuzuordnen, und erleichtert so den Überblick.

Vorbereitung

Zubereitung aus **rohen Kartoffeln**

Zubereitung aus **gekochten Kartoffeln** (Pellkartoffeln, Salzkartoffeln)

Fertigstellung/Beispiel

Im Fettbad → **Kartoffelstäbe**	In vorbereiteter Sauce → **Rahmkartoffeln**
In der Pfanne → **Würfelkartoffeln**	In der Pfanne → **Bratkartoffeln**
In Formen im Ofen → **Annakartoffeln**	Passiert → **Kartoffelschnee**
Mit Flüssigkeit im Ofen → **Schmelzkartoffeln**	Passiert mit Milch → **Kartoffelpüree**
In Fleischbrühe → **Bouillonkartoffeln**	Passiert mit Schlagsahne → **Schaumkartoffeln**
In der Folie im Ofen → **Folienkartoffeln**	Passiert mit Butter → **Kartoffelplätzchen**
	Passiert mit Eigelb → **Kartoffelkroketten**
	Passiert mit Brandmasse → **Kartoffelkrapfen**

Küche

ZUBEREITUNG EINFACHER SPEISEN

Zubereitungen aus rohen Kartoffeln

Für Kartoffeln, die zugeschnitten werden, verwendet man aus wirtschaftlichen Gründen große Knollen, denn bei diesen entsteht in der Regel weniger Schälverlust. Da sich geschälte wie auch geschnittene rohe Kartoffeln unter Einwirkung von Luftsauerstoff verfärben, bewahrt man sie kurzfristig bis zur Weiterverwendung in stehendem, kaltem Wasser auf. Durch das Schneiden der Kartoffeln werden Zellen zerstört und an den Oberflächen haftet ausgetretene Stärke.

Beim Frittieren würde dies zu einer ungleichmäßigen Bräunung führen, deshalb müssen die geschnittenen Kartoffeln zunächst gewaschen werden.

Abb. 1 Kartoffelnester

In Fett gebacken

Kartoffeln, die in der Fritteuse gebacken werden, müssen abtropfen und sorgfältig abgetrocknet werden.

Die anhaftende Flüssigkeit bringt sonst das Fett zum Schäumen, führt zur Gefahr von Verbrennungen und begünstigt den Fettverderb. Um die **Acrylamidbildung** gering zu halten, soll die Fetttemperatur **nicht** über 170 °C steigen.

> Blond statt braun! Vergolden statt verkohlen! Frittiertes nicht über dem Fettbad salzen!

Dünner geschnittene Arten

Diese werden in einem Arbeitsgang bei 170 °C mittelbraun frittiert.

Danach werden die Kartoffeln aus dem Fett genommen, abgeschüttelt und neben der Fritteuse sofort gewürzt, damit das Salz haften bleibt.

Bis zum Servieren hält man sie in einem flachen, offenen Geschirr warm.

Strohkartoffeln 🇬🇧 straw potatoes 🇫🇷 pommes (w) paille

1 mm starke Streifchen, 5 bis 6 cm lang geschnitten. Aus diesen Schnittarten fertigt man mit Hilfe eines Doppelsiebes Kartoffelnester (siehe Abb. 1).

Abb. 2 Strohkartoffeln

Streichholzkartoffeln 🇬🇧 allumettes potatoes 🇫🇷 pommes (w) allumettes

In Streichholzgröße geschnitten.

Abb. 3 Streichholzkartoffeln

Waffelkartoffeln 🇬🇧 waffles potatoes 🇫🇷 pommes (w) gaufrettes

Rund beschnittene Kartoffeln, mit Spezialhobel Mandoline und entsprechender Messereinstellung in geriefte Scheiben geschnitten. Nach jedem Schnitt Kartoffel um 90° drehen, dadurch entsteht ein Waffelmuster.

Kartoffelchips 🇬🇧 chips potatoes 🇫🇷 pommes (w) chips

Aus gleichmäßigen, rohen Kartoffelwalzen 1 mm dünn geschnittene Scheiben.

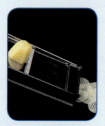

Abb. 4 Waffelkartoffeln

Abb. 5 Kartoffelchips

Dicker geschnittene Arten

Diese werden zunächst bei etwa 130 °C vorgebacken (blanchiert). Dabei garen sie ohne Farbe anzunehmen. Auf Abruf bäckt man sie dann portionsweise bei etwa 170 °C mittelbraun und knusprig. Das Innere bleibt dabei weich.

Nachdem das Fett abgetropft ist, werden sie unter schüttelnder Bewegung gesalzen und angerichtet.

● Gebackene Kartoffeln darf man nicht abdecken, da sonst die Kruste aufweicht.

Pommes frites
🇬🇧 french fried potatoes 🇫🇷 pommes (w) frites

1 cm dicke und 5 bis 6 cm lange Kartoffelstäbe.

Abb. 1 Pommes frites

Gebackene Kartoffelstäbe
🇬🇧 Pont-Neuf potatoes 🇫🇷 pommes (w) Pont-Neuf

1,5 cm dicke und 5 bis 6 cm lange Kartoffelstäbe.

Abb. 2 Gebackene Kartoffelstäbe

In der Pfanne gebraten

Zugeschnittene oder ausgebohrte Kartoffeln werden blanchiert, gut abgetrocknet und dann in der Pfanne in geklärter Butter angebraten.

Danach werden sie gewürzt und im Ofen zu goldgelber Farbe fertiggebraten. Dabei werden sie öfters geschwenkt.

Würfelkartoffeln
🇬🇧 sauted potato cubes 🇫🇷 pommes (w) carrées

Kartoffeln in Würfel mit 1 cm Seitenlänge schneiden.

Abb. 3 Würfelkartoffeln

Schlosskartoffeln
🇬🇧 château potatoes 🇫🇷 pommes (w) château

Halbmondähnliche Form von 5 cm Länge mit stumpfen Enden tournieren. Eventuell noch mit Petersilie bestreuen.

Abb. 4 Schlosskartoffeln

Olivenkartoffeln
🇬🇧 olive potatoes 🇫🇷 pommes (w) olives

1,5 Mit einem ovalen Kartoffellöffel olivenförmig ausgebohrte Kartoffeln.

Abb. 5 Olivenkartoffeln

Küche — ZUBEREITUNG EINFACHER SPEISEN

Nusskartoffeln
🇬🇧 noisette potatoes 🇫🇷 pommes (w) noisettes

Mit einem Kartoffellöffel ausgebohrte Kartoffelkugeln

Abb. 1 Nusskartoffeln

Pariser Kartoffeln
🇬🇧 parisienne potatoes 🇫🇷 pommes (w) parisiennes

Mit einem großen Kugelausbohrer ausgeformte Kartoffeln, größer als Nusskartoffeln

Abb. 2 Pariser Kartoffeln

In Formen im Ofen gebacken

Annakartoffeln 🇬🇧 Anna potatoes 🇫🇷 pommes (w) Anna

Von kleinen Kartoffeln 1 bis 2 mm dünne Scheiben schneiden und würzen. Eine dickwandige Metallform mit geklärter Butter ausfetten und mit den schönen Kartoffelscheiben rosettenartig auskleiden. Die anderen ungeordnet in den freien Mittelraum füllen und fest eindrücken. Butter darüberträufeln und im Ofen goldbraun backen. Garzustand durch Anstechen feststellen.

Abb. 3 Annakartoffeln

Bäckerinkartoffeln 🇬🇧 potatoes baker's style 🇫🇷 pommes (w) boulangère

Früher wurden rohe Kartoffelscheiben und Zwiebelstreifen dem Lammbraten nach der halben Garzeit zugegeben und in der entstandenen Jus mitgegart. Um die fertigen Kartoffeln schöner anrichten zu können, werden sie heute wie die Savoyardkartoffeln (Siehe nächste Seite) in Porzellanbackformen eingeschichtet, gewürzt, mit Zwiebelstreifen bestreut, mit Lammjus untergossen und im Ofen gegart.

In Flüssigkeit gegart

Schmelzkartoffeln 🇬🇧 fondant potatoes 🇫🇷 pommes (w) fondantes

Länglich in Pflaumengröße tournierte Kartoffeln in ausgebutterte Randbleche oder feuerfeste Formen einsetzen, mit Brühe untergießen und im Ofen unbedeckt garen. Währenddessen mehrfach mit der Brühe überpinseln und goldbraun werden lassen. Vor dem Anrichten mit Butter bestreichen.

Abb. 4 Schmelzkartoffeln

Bouillonkartoffeln 🇬🇧 bouillon potatoes 🇫🇷 pommes (w) au bouillon

Feinwürfelige Brunoise von Zwiebeln und Gemüse (Sellerie, Karotte, Lauch) in Butter anschwitzen, blanchierte Kartoffelwürfel mit 2 cm Seitenlänge dazugeben, mit Fleischbrühe knapp bedecken, Salz und Pfeffer dazugeben und garen. Auf die angerichteten Kartoffeln Petersilie streuen.
Beim Blanchieren verkleistert die Stärke in den Randschichten; die Kartoffelwürfel behalten besser die Form.

Abb. 5 Bouillonkartoffeln

Savoyardkartoffeln 🇬🇧 savoyarde potatoes 🇫🇷 pommes (w) savoyardes

Längshalbierte Kartoffeln in 2 mm dicke Scheiben schneiden, in ein mit Butter bestrichenes und mit feingehackten Schalotten ausgestreutes Geschirr flach einsetzen, mit Brühe untergießen und im Ofen unbedeckt garen. Vor Beendigung der Garzeit mit geriebenem Parmesan bestreuen, mit Butter beträufeln und die Oberfläche bräunen lassen. Savoyardkartoffeln müssen saftig bleiben.

Kartoffelgratin 🇬🇧 gratinated potatoes 🇫🇷 gratin (m) dauphinois

Abb. 1 Savoyardkartoffeln

Kartoffeln in 2 mm dünne Scheiben schneiden und in eine mit einer Knoblauchzehe ausgeriebene und gebutterte backfeste Form geben. Sahne mit Parmesan oder einem anderen Reibkäse vermischen, mit Salz und Pfeffer würzen und über die Kartoffeln gießen, Butterflocken daraufgeben und im 200 °C heißen Ofen ca. 25 Min. goldbraun backen.

Folienkartoffeln 🇬🇧 baked potatoes 🇫🇷 pommes (w) de papier d'aluminium

Große, mehlige Kartoffelsorte gründlich waschen, eventuell bürsten und dann in eine Aluminiumfolie wickeln und im heißen Rohr bei ca. 180 °C backen. Je nach Größe und Wassergehalt der Kartoffel ist die Garzeit unterschiedlich. Vor dem Servieren wird die Kartoffel in der Folie längs eingeschnitten und leicht eingedrückt, so dass sie sich öffnet. Gewürzt wird mit Salz und Pfeffer, Kräuterbutter oder Bärlauch-Pesto oder Sauerrahm, Tzaziki, Crème fraîche oder Joghurtquark. Die Kartoffel wird mit einem Kartoffellöffel serviert. Spezielle Beigaben sind gerösteter Speck mit Zwiebeln, frisch gehackte Küchenkräuter oder Kaviar.

Abb. 2 Folienkartoffeln

Zubereitungen von gekochten Kartoffeln

Pellkartoffeln 🇬🇧 jacket potatoes 🇫🇷 pommes (w) en robe des champs

Für die Zubereitung von Pellkartoffeln verwendet man mittelgroße Kartoffeln. Sie werden gewaschen, mit Wasser oder im Dämpfer zugesetzt und in der Schale gegart. Die Garzeit beträgt vom Aufkochen an gerechnet 20–30 Min. Danach werden sie abgegossen und zum Auskühlen auf ein flaches Blech geschüttet. Man schält sie, wenn sie noch warm sind. So lässt sich die Schale am leichtesten entfernen.

> Werden die Kartoffeln im Wasser gegart, gibt man dem Wasser Salz und nach Belieben Kümmel bei.

Salzkartoffeln 🇬🇧 boiled potatoes 🇫🇷 pommes (w) natures

Salzkartoffeln sind geschälte, gleichmäßig – meist zu länglicher Form – zugeschnittene (tournierte) Kartoffeln. Die gekochten Kartoffeln reicht man unverändert, bisweilen auch mit zerlassener Butter bestrichen oder mit gehackten Kräutern bestreut.

Abb. 3 Salzkartoffeln

Neue Kartoffeln, Bamberger Hörnchen oder Frühkartoffeln

🇬🇧 early potatoes 🇫🇷 pommes (w) primeur

Diese Kartoffeln, auch Frühkartoffeln genannt sowie die Sorte Bamberger Hörnchen, werden wie Pellkartoffeln zubereitet und vor allem zu frischen Spargelgerichten und zu feinem Fisch gereicht.

Küche

ZUBEREITUNG EINFACHER SPEISEN

In vorbereiteter Sauce fertiggestellt

In Scheiben oder Würfel geschnittene Pellkartoffeln werden in die vorbereitete Sauce eingeschwenkt und abgeschmeckt. Sie können mit Käse bestreut und überkrustet werden.

Rahmkartoffeln 🇬🇧 cream potatoes 🇫🇷 pommes (w) à la crème

In Scheiben oder Würfel schneiden, mit Rahm aufkochen und binden.

Saure Kartoffeln 🇬🇧 sour potatoes 🇫🇷 pommes (w) à l'aigre

Mehl mit feingeschnittenen Zwiebeln in Fett hellbraun schwitzen, mit Fleischbrühe auffüllen, mit Weinessig, Salz, Pfeffer und einer Prise Zucker abschmecken. Nelke und Lorbeerblatt beifügen und 15 Min. kochen. In die passierte Sauce nun die gegarten Kartoffelscheiben einschwenken.

In der Pfanne gebraten

In Scheiben oder Würfel geschnittene oder geraffelte Pellkartoffeln werden in Butter gebraten. Es darf jedoch nur so viel Fett verwendet werden, dass die Menge bis zum Ende des Bratvorgangs von den Kartoffeln aufgenommen werden kann.

> Man erzielt bei gebratenen Kartoffeln eine Geschmacksverfeinerung, wenn zu Anfang die Fettmenge so gering gehalten wird, dass man später noch einige frische Butterflöckchen zusetzen kann.

Bratkartoffeln 🇬🇧 home fried potatoes 🇫🇷 pommes (w) sautées

Kartoffelscheiben von 3 mm Stärke salzen, pfeffern und braun braten.

Lyoner Kartoffeln 🇬🇧 Lyonnaise potatoes 🇫🇷 pommes (w) à la lyonnaise

Bratkartoffeln mit goldgelb gebratenen Zwiebelstreifen vermischen, mit gehackter Petersilie bestreuen.

Berner Rösti 🇬🇧 Swiss Roesti 🇫🇷 roesti (m) bernois

Gekochte Kartoffeln werden geraffelt und mit Speckwürfeln und Zwiebelwürfeln in Butter oder etwas Schweineschmalz gebraten und leicht angedrückt. Der entstandene Fladen wird gewendet, nochmals gebraten und serviert.

Abb. 1 Berner Rösti

> Neue Kartoffeln oder Frühkartoffeln sind stärkearm. Aus diesem Grunde eignen sie sich nicht für Kartoffelteige.

Passierte Kartoffeln

Die geschälten, in Stücke geteilten Kartoffeln werden in Salzwasser gegart. Die Garzeit beträgt vom Aufkochen an 20 Min. Danach werden sie abgeschüttet und zum **Abdämpfen auf den Herd zurückgestellt oder in ein heißes Bratrohr gegeben**. Dies verringert den Wassergehalt und ergibt später eine kompaktere Masse. Die trockenen heißen Kartoffeln werden dann weiterverarbeitet.

Kartoffelschnee 🇬🇧 potato snow 🇫🇷 pommes (w) de terre à la neige

Die heißen Kartoffeln werden durch eine Presse direkt auf das Anrichtegeschirr gedrückt, leicht mit Salz und Muskat gewürzt und mit Butterflöckchen belegt. Mit frisch gehackten Küchenkräutern bestreut, erhalten sie eine besondere geschmackliche Note.

Abb. 2 Kartoffelschnee

Passierte Kartoffeln mit Milch und Sahne

Kartoffelpüree 🇬🇧 mashed potatoes 🇫🇷 purée (w) de pommes de terre

Die heißen Kartoffeln durch die Presse passieren, mit Muskat und Butterflocken zusammenrühren, damit sich die locker liegenden Kartoffelkrümelchen verbinden können. Dann nach und nach kochend heiße Milch einrühren, bis das Püree die gewünschte Konsistenz erreicht hat. Das fertige Püree umfüllen und abgedeckt bereit halten.

Kartoffelpüree mit Sahne 🇬🇧 mousseline potatoes 🇫🇷 pommes mousselines

Zubereiten wie Püree, doch anstelle von Milch Sahne verwenden. Das Püree zunächst fester halten und kurz vor dem Anrichten einen Teil geschlagene Sahne locker unterziehen.

Abb. 1 Kartoffelpüree mit Bärlauchpesto

Kartoffelpüree kann variiert bzw. verfeinert werden durch Zugabe von frisch gehackten Kräutern oder gerösteten Speck- und Zwiebel-Würfeln.

Passierte Kartoffeln mit Butter

Kartoffelplätzchen 🇬🇧 Macaire potatoes 🇫🇷 pommes (w) Macaire

Butterstückchen, geriebene Muskatnuss und, falls erforderlich, etwas Salz rasch unter passierte, heiße Kartoffeln rühren. Masse auf bemehlter Fläche zu Walzen mit 4 cm Durchmesser formen. Etwa 1,5 cm dicke Scheiben abschneiden und in gefetteter Pfanne beidseitig goldgelbe Farbe nehmen lassen. Steht zu viel Fett in der Pfanne, zerfallen die Kartoffelscheiben.

Abb. 2 Kartoffelplätzchen

Abwandlungen: angebratene Speck-, Zwiebelwürfelchen und Petersilie oder angeschwitzte Würfelchen von gekochtem Schinken und geschnittenem Schnittlauch der Kartoffelmasse beigeben.

● **Wichtig:** Vor dem Aufarbeiten der ganzen Masse eine Probe im Fett ausbacken.

Passierte Kartoffeln mit Eigelb – Krokettenmasse (Eigelb gibt Bindung)

Unter 250 g heiße, passierte Kartoffeln 1 Eigelb, eine Prise Salz, geriebene Muskatnuss und evtl. Butterflocken mischen.

Kartoffelkroketten
🇬🇧 croquette potatoes 🇫🇷 croquettes (w) de pommes (w) de terre

Kartoffelmasse zu Walzen mit 1,5 cm ø und 4 cm Länge formen. Panieren mit Mehl, Ei und Panierbrot. Backen im Fettbad bei 160 bis 170 °C ca. 1,5 Min.

Abb. 3 Kartoffelkroketten

Birnenkartoffeln 🇬🇧 William potatoes 🇫🇷 pommes (w) William

Krokettenmasse zur Birne formen, panieren, mit Nelke und Petersilienstiel ausgarnieren und frittieren.

Herzoginkartoffeln 🇬🇧 duchess potatoes 🇫🇷 pommes (w) duchesse

Kartoffelmasse mit Dressierbeutel und Sterntülle auf ein gefettetes Blech oder Backtrennpapier formen, mit Eigelb bestreichen und im Ofen goldgelb backen.

Abb. 4 Herzoginkartoffeln

ZUBEREITUNG EINFACHER SPEISEN

Abb. 1 Mandelkrusteln

Mandelkrusteln

🇬🇧 almond potatoes 🇫🇷 pommes (w) croquettes aux amandes

Gehackte oder gehobelte, geröstete Mandeln unter die Kartoffelmasse mengen. Kugeln mit 2 cm ø formen. Panieren mit Mehl, Ei und gehobelten Mandeln. Im Fettbad bei 160 bis 170 °C ca. 1,5 Min. backen.

Für **Kokosbällchen** verwendet man statt gehobelter Mandeln Kokosraspeln.

Bernykartoffeln

🇬🇧 Berny potatoes 🇫🇷 pommes (w) Berny

Gehackte Trüffeln unter Kartoffelmasse mengen. Panieren und backen wie Mandelkrusteln.

Passierte Kartoffeln mit Brandmasse (Brandmasse gibt Bindung)

Kartoffelmasse mit Brandteig

Zutaten für 10 Personen
- 200 g Wasser
- 30 g Butter
- 100 g Mehl
- 2 Eier
- 1000 g passierte gekochte Kartoffeln
- Salz, Muskatnuss

- Wasser mit Butter und Salz aufkochen.
- Mehl auf einmal beigeben und unter Rühren erhitzen, bis sich die Masse vom Boden löst.
- In kaltes Geschirr geben, Eier und passierte Kartoffeln einarbeiten.

> **Wichtig:** Vor dem Aufarbeiten der ganzen Masse eine Probe backen.

Abb. 2 Kartoffelkrapfen / Lorettekartoffeln

Kartoffelkrapfen / Thronfolgerkartoffeln

🇬🇧 dauphine potatoes 🇫🇷 pommes (w) dauphine

Obige Kartoffelmasse mit Esslöffel zu Klößchen formen. Auf Backpapier absetzen. Papier mit Klößchen in Fettbad mit 160 bis 170 °C tauchen. Papier entfernen und ca. 1,5 Min. backen.

Lorettekartoffeln

🇬🇧 Lorette potatoes 🇫🇷 pommes (w) Lorette

Unter obige Kartoffelmasse 60 g geriebenen Parmesan mengen. In Beutel mit glatter Tülle (ø 1 cm) füllen.

Lange zylinderförmige Streifen auf bemehlte Unterlage spritzen; 5-cm-Stücke schräg abschneiden, zu Halbbogen formen und auf Backpapier legen.

Backen wie bei Krapfen beschrieben (s. obige Abb. 2).

Abb. 3 Kartoffelstrauben

Kartoffelstrauben

🇬🇧 potato rosettes 🇫🇷 rosettes (w) de pommes de terre

Die Dauphinemasse ringförmig in zwei Lagen auf ein gefettetes Papier oder Backpapierstück spritzen und im Fettbad backen. Da die Ringe aufgehen und Höhe gewinnen, müssen sie nach einigen Minuten gewendet werden.

Vorgefertigte Kartoffelprodukte – Convenience

Die Industrie stellt aus Kartoffeln eine Reihe vorgefertigter Produkte her. Für die Gastronomie hauptsächlich Fertigpüree, gefrostete Pommes frites und Zubereitungen aus Kartoffelteig, wie z. B. Kroketten.

Pommes frites

Vorgebackene Pommes frites werden überwiegend tiefgekühlt angeboten. Man bäckt sie unaufgetaut bei etwa 170 °C bis sie die entsprechende Bräunung haben.

Bei aufgetauten Pommes frites ist die Oberfläche mit Kondenswasser beschlagen. Das führt zum Schäumen des Fettes und zu einem rascheren Verderb.

Von den gefrosteten Pommes frites dürfen nicht zu viele auf einmal in den Frittier-Korb gegeben werden, weil sonst die Fett-Temperatur zu stark absinkt.

Abb. 1 Pommes frites

Fertigpüree/Krokettenpulver

Die Kartoffeln werden gegart, püriert und getrocknet. Nach Art des Trocknens unterscheidet man Püreeflocken und Püreegranulat (Körnchen).

Püreeflocken sind empfindlich gegen starkes Rühren, weil dadurch Kartoffelzellen zerstört werden und durch die dann freiliegende Stärke das Püree zäh wird.

> Bei vorgefertigten Produkten immer die Hinweise des Herstellers beachten.

Bei der Verarbeitung von Püreeflocken werden diese in die gewürzte und erhitzte – aber nicht kochende – Flüssigkeit kurz eingerührt. Während der vorgeschriebenen Quellzeit darf nicht gerührt werden. Anschließend wird das Püree mit einem Schneebesen kurz aufgelockert.

Kartoffelmassen

Weitere Fertigprodukte aus dem Bereich der Kartoffeln sind Rohmassen für alle Arten von Kartoffelknödeln.

Des Weiteren bietet die Industrie Kartoffelpulver für Krokettenmassen an.

Tiefkühlprodukte

Im Tiefkühlbereich reicht die große Angebotspalette von fertigen Kroketten über Rösti bis zu Dauphinekartoffeln und Kartoffelpuffern.

Bei vegetarischer Kost verwendet man Kartoffelmasse gerne als Umhüllung oder Taschen für Gemüsefüllungen.

Gratinierte Rahmkartoffeln (Gratin dauphinois) werden in sehr guter Qualität passend zu Gastro-Norm-Einsätzen angeboten.

Kartoffelnudeln, auch als Schupfnudeln bezeichnet, werden ebenso wie Gnocchi oder Wedges angeboten.

Für Desserts und Süßspeisen werden Zwetschgen- und Aprikosenknödel, Gnocchi und Sächsische Quarkkeulchen angeboten.

Abb. 2 Schupfnudeln

4.2 Klöße

🇬🇧 dumplings 🇫🇷 quenelles (w) et noques (w)

In gewerblichen Küchen werden Klöße manchmal im Voraus hergestellt, abgekühlt und bereitgehalten. Vor dem Ausgeben legt man sie erneut in siedendes Salzwasser ein und belässt sie darin, bis die Wärme zur Mitte durchgedrungen ist.

Beim Anrichten bestreicht man sie gelegentlich mit Butter oder übergießt mit Bröselbutter.

Nocken bestreut man mit Käse und beträufelt sie mit Butter.

Abb. 1 Knödel / Klöße

Kloßmassen werden nach der Fertigstellung sofort gegart, weil die Masse sonst Feuchtigkeit zieht und weich wird.

Wichtig: Vor dem Aufarbeiten der ganzen Masse eine Probe kochen.

Kartoffelklöße – Zubereitung aus rohen Kartoffeln:

🇬🇧 potato dumplings 🇫🇷 quenelles (w) de pommes (w) de terre

Zutaten für 2,5 kg Masse (20 Portionen)
- 2 kg rohe Kartoffeln
- 0,35 l Milch
- 70 g Butter
- 180 g Gries
- 50 g geröstete Semmelwürfelchen (Croûtons)
- Salz, Muskat

- Kartoffeln in ein Gefäß mit kaltem Wasser reiben.
- Reibsel in ein Tuch schütten, abtropfen lassen und fest ausdrücken.
- Wenn sich die Stärke abgesetzt hat, Wasser abgießen,
- die Stärke mit den Kartoffelreibseln mischen.
- Milch, etwas Salz und Butter aufkochen.
- Grieß einlaufen lassen und abrühren, bis sich ein Kloß gebildet hat.
- Gekochten Grieß heiß unter die ausgepressten Kartoffelreibseln arbeiten und den Teig würzen.
- Klöße in gewünschter Größe formen, dabei Semmelwürfelchen in die Mitte drücken.
- Klöße in kochendes Salzwasser einlegen. Das Kochgeschirr muss so groß sein, dass sie nebeneinander Platz haben.
- Rasch zum Kochen bringen und bei wenig geöffnetem Deckel 20 Min. sieden lassen.

Kartoffelklöße – Zubereitung aus gekochten Kartoffeln:

Zutaten für 2,5 kg Masse (20 Portionen)
- 2 kg gekochte Kartoffeln
- 125 g Mehl
- 125 g Gries
- 5 Eier
- 50 g Röstbrotwürfel
- Salz, Muskat

- Die Kartoffeln durchpressen, mit den anderen Zutaten vermischen.
- Klöße formen und in die Mitte Röstbrotwürfel einlegen.
- Rasch zum Kochen bringen und bei wenig geöffnetem Deckel 20 Min. sieden lassen.

Zubereitung aus rohen und gekochten Kartoffeln (Thüringer Klöße):

Zutaten für 2,5 kg Masse (20 Portionen)
- 1,5 kg rohe Kartoffeln
- 800 g gekochte Kartoffeln
- Salz, Muskat, Petersilie
- 50 g geröstete Weißbrotwürfel
- evtl. 50 g gebratene, magere Speckwürfel
- evtl. 50 g angeschwitzte Zwiebelwürfel

- Die rohen Kartoffeln bearbeiten wie für Klöße von rohen Kartoffeln (Seite 202).
- Die frisch gekochten, passierten Kartoffeln salzen, noch heiß zu einem Brei rühren und unter die rohe Kartoffelmasse mischen.
- Röstbrotwürfel / Croûtons in die portionierte Kloßmasse stecken, zu Klößen formen und in leicht kochendem Wasser garziehen lassen.

Abb. 1
Croûtons in die Mitte geben

Abb. 2
Gegarter Knödel geöffnet

Kartoffelnocken 🇬🇧 potato dumplings 🇫🇷 gnocchi (m) à la piémontaise

Das Wort Nocken ist eine im italienischen Sprachraum gebräuchliche Bezeichnung für Klöße. Während Klöße meist Kugelform haben, sind Nocken kleiner und meist längs-oval.

Zutaten für 2,5 kg Masse
- 2 kg frisch gekochte Salzkartoffeln
- 400 g Mehl
- 2 Eier
- 60 g Butter
- Salz, Muskat

- Die frisch gekochten Salzkartoffeln passieren,
- in die heißen Kartoffeln Eier, Butter und Mehl einrühren,
- schnell aufarbeiten. Dazu
- Tischplatte mit Kartoffelmehl bestäuben,
- darauf die heiße Masse zu Walzen formen,
- diese in Scheiben schneiden und mit den Zinken einer Tischgabel markieren.
- Sofort in bereit stehendes kochendes Salzwasser einlegen,
- aufkochen lassen,
- mit einem Schaumlöffel zum Abkühlen in kaltes Wasser umsetzen.
- Auf einem Blech mit Tuch zum Wiedererwärmen auf Abruf bereit halten.

Kartoffelnudeln 🇬🇧 potato noodles 🇫🇷 nouilles (w) aux pommes (w) de terre

Zutaten für 10 Portionen
- 1 kg Kartoffeln (mehlig kochend)
- 300 g Mehl oder Stärke
- 60 g Butter
- 150 g Semmelbrösel
- 2 Eigelb
- Salz, Muskat

- Kartoffeln kochen, schälen,
- heiß durch die Kartoffelpresse drücken und etwas abkühlen lassen.
- Die Kartoffelmasse mit Mehl, Gewürzen und Eigelb rasch zu einem Teig kneten und diesen sofort aufarbeiten, da er sonst weich wird.
- Den Teig mit Mehl bestauben, zu einer Rolle formen,
- in kleine Stücke schneiden und diese
  - zu fingerlangen Nudeln formen. Dabei die Hand, die Nudeln und die Arbeitsplatte immer wieder mit etwas Mehl bestäuben.
  - Die Fingernudeln in siedendes Salzwasser legen,
  - etwa 5 Min. ziehen lassen, herausnehmen und abtropfen lassen.
  - Die Nudeln nun in geklärter, heißer Butter leicht abrösten, mit Brösel bestreuen und servieren.

Küche

ZUBEREITUNG EINFACHER SPEISEN

Semmelknödel bread dumplings quenelles (w) de pain

Zutaten für 2,5 kg
- 1 kg altbackene Semmeln oder Weißbrot
- 0,8–0,9 l Milch
- 250 g Zwiebelwürfel, angeschwitzt
- 100 g Butter
- 7 Eier
- Petersilie, Salz, Muskat

- Semmeln oder Weißbrot in kleine Würfel schneiden.
- Davon 200 g in Butter hellbraun rösten und wieder den anderen Würfeln beigeben.
- In einer Schüssel mit der erwärmten Milch übergießen und 30 Min. zum Weichen beiseitestellen.
- Zerschlagene Eier und alle anderen Zutaten untermischen, würzen und 30 bis 45 Min. ruhen lassen.
- Aus der Masse Knödel in gewünschter Größe abdrehen,
- in sprudelnd kochendes Salzwasser einlegen und garen.

Vor dem Aufarbeiten der ganzen Masse einen kleinen **Probeknödel kochen**.

Worte, die verkaufen helfen
- locker-luftige Konsistenz
- hausgemacht

Hefeklöße  yeast dough dumplings quenelles (w) à la levure

Zutaten für 1,8 kg
- 1 kg Mehl
- 75 g Hefe
- 10 g Salz
- 125 g Butter
- 0,4–0,5 l Milch
- 1 TL Zucker
- 2 Eier
- 2 Eigelb

- Milch anwärmen, Butter zerlaufen lassen, die anderen Zutaten temperieren.
- Mehl in eine Schüssel sieben.
- In der Mitte eine Mulde bilden,
- Hefe hinein hineinbröckeln, einen Teil der Milch und den Zucker zugeben und mit etwas Mehl einen leichten Vorteig rühren.
- Schüssel zugedeckt an einen warmen Ort stellen, damit der Vorteig genügend aufgehen (gären) kann.
- Danach übrige Zutaten beifügen, alles zu einem glatten Teig verarbeiten und ihn zugedeckt nochmals aufgehen lassen.
- Auf bemehlter Arbeitsfläche aus dem Teig Walzen formen,
- diese in gleich schwere Stücke von 50 g teilen.
- Mit bemehlten Händen runde Klöße formen,
- auf bemehltes Brett ablegen und zugedeckt warmstellen.
- Klöße in kochendes Salzwasser einlegen und
- zugedeckt etwa 25 bis 30 Min. sieden.
- Nach halber Garzeit Klöße umdrehen.
- Garzustand mit einem Hölzchen prüfen: Haftet kein Teig mehr, sind die Klöße gar.
- Klöße aus dem Wasser heben, dabei abtropfen lassen,
- anrichten, mit Butter bestreichen oder Butterbrösel darübergeben und sofort servieren.

Serviettenknödel

napkin dumplings quenelles (w) en serviette

Aus beiden vorgenannten Grundmassen lassen sich Serviettenknödel herstellen. Beim Rezept „Semmelknödel" werden die Eier getrennt und das Eiweiß als steif geschlagener Schnee kurz vor dem Garen untergehoben.

Beim Rezept „Hefeklöße" arbeitet man unter den Teig fünf in Würfel geschnittene, in wenig Milch vorgeweichte Semmeln und 150 g Röstbrotwürfel.

Die weitere Verarbeitung ist bei beiden Grundmassen gleich:

- Statt Knödel formt man eine Walze oder einen Laib und legt diese auf ein bemehltes Passiertuch.
- Das Tuch schlägt man locker um die Walze oder um den Laib, da der Teig während des Garprozesses noch aufgehen soll. Mit einem Bindfaden die Enden zubinden.
- Den Serviettenknödel lässt man nun in einem entsprechend großen (länglich-ovalen) Gefäß in Salzwasser garziehen, wickelt ihn aus und schneidet ihn mit Hilfe eines Bindfadens in Scheiben.

Als Beilage zu:
Pilzragouts, Schmor- und Sauerbraten, Burgunderbraten, geschmortem Wildbraten, Gulasch und braunen Ragouts.

Abb. 1 Serviettenknödel garen u. schneiden

Grießnocken 🇬🇧 semolina dumplings 🇫🇷 gnocchi (m) à la romaine

Zutaten für 10 Portionen
- 0,5 l Milch
- 100 g Grieß
- 20 g Butter
- 1 Ei
- Salz, Muskat

- Grieß in kochender Milch zu einem dicken Brei aufquellen lassen und
- mit Butter, Gewürzen und verrührtem Ei vermischen.
- Blech mit Backpapier auslegen, die Grießmasse darauf aufstreichen (ca. 1,5 cm dick),
- auskühlen lassen und mit Parmesan bestreuen.
- Grießnocken halbmondförmig ausstechen und überbacken.

Polenta 🇬🇧 polenta 🇫🇷 polenta (w)

Zutaten für 10 Portionen
- 50 g Butter
- 250 g grober Maisgrieß
- 0,6 l Wasser
- 0,6 l Milch
- 100 g Zwiebelwürfel
- 100 g Parmesan
- Salz, weißer Pfeffer

- Zwiebeln in Butter anschwitzen,
- mit Wasser und Milch aufgießen und aufkochen.
- Maisgrieß einlaufen lassen und ca. 5 Minuten unter ständigem Rühren kochen,
- danach bei geringster Temperaturzufuhr ca. 30 Minuten quellen lassen.
- Geriebenen Parmesan unterziehen und auf einem mit Klarsichtfolie belegten Blech nach gewünschter Dicke aufstreichen und auskühlen lassen, danach formen und braten.

Die Herstellung von Polenta

Abb. 2 Masse abgebunden

Abb. 3 Masse ausbreiten

Abb. 4 Form geben

Abb. 5 Polentateile braten

Küche

ZUBEREITUNG EINFACHER SPEISEN

Pariser Nocken 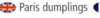 Paris dumplings gnocchi (m) à la parisienne

Zutaten für 10 Portionen
- 0,4 l   Milch
- 60 g   Butter
- 100 g Mehl
- 6   Eier
-        Salz

- Brandmasse herstellen,
- mit Spritzbeutel und Lochtülle Nr. 8 haselnussgroße Nocken in siedendes Salzwasser abstechen, kurz garen.
- Auf Gratinplatte anrichten,
- mit Béchamelsauce nappieren, mit Parmesan bestreuen, Butterflocken auflegen und überkrusten.

Teigwaren sind neben Kartoffeln und Reis eine wichtige Beilage, aber auch Hauptbestandteil vieler beliebter Gerichte.

4.3 Teigwaren   pasta pâtes (w) alimentaires

Für die Eigenproduktion verwendet man neben Weizenmehlen auch fein gemahlene Vollkornmehle aus Roggen, Dinkel (mit Grünkern) oder Buchweizen. Industriell hergestellte Teigwaren werden meist aus Hartweizengrieß gefertigt.

Nudeln

Nudelteig noodle dough  pâte (w) de nouilles

Zutaten für 10 Portionen
- 1 kg   Mehl/Dunst
- 7   Eier
- 2 EL   Öl
- 4 EL   Wasser
- 8 g   Salz

- Mehl auf die Arbeitsfläche sieben,
- in der Mitte eine Mulde bilden und die aufgeschlagenen Eier zugeben.
- Alles zusammen zu einem glatten Teig kneten.
- Den Teig in 4 bis 6 Stücke teilen und gegen Austrocknen zugedeckt etwa 30 Min. ruhen lassen. Dadurch entspannt sich der Kleber im Mehl, und der feste Teig lässt sich später leichter ausrollen.

Abb. 1 Teigbereitung

Formgebung

Bei manueller Weiterverarbeitung des Teiges wird dieser mit einem Rollholz zu der gewünschten Dicke ausgerollt und unter mehrmaligem Wenden angetrocknet. Danach wird der Teig in der gewünschten Breite geschnitten. Steht für die Nudelherstellung eine Maschine zur Verfügung, so übernimmt diese sowohl das Ausrollen als auch das Schneiden der Nudeln. Hierfür muss der Teig etwas fester sein.

Abwandlungen:

Nudeln bekommen Farbe und eine zusätzliche Geschmacksnote durch:

- Tomatenpüree, Rote-Bete-Saft, Karottensaft, reduzierten Rotwein;
- Spinat- oder Mangoldpüree, feingehackte Küchenkräuter;
- Vollkornmehle, Buchweizenmehl, Steinpilzpulver;
- Sepiatinte.

Abb. 2 Formgebung

Trocknung

Nudeln können sofort nach dem Schneiden gegart werden. Will man sie auf Vorrat fertigen, muss man sie trocknen. Erst, wenn sie völlig trocken sind, werden sie staubfrei verpackt.

Garen

Teigwaren werden in viel sprudelndem Salzwasser gekocht. Gelegentliches Umrühren verhindert ein Zusammenkleben bzw. ein Ankleben der Teigwaren am Topfboden. Das schnelle Erhitzen lässt die Randschichten rasch verkleistern, wodurch sich die Schaum- und Schleimbildung verringert. Etwas Öl im Kochwasser verhindert ein Zusammenkleben.

Teigwaren sind gar, wenn sie beim Probieren noch einen leichten Biss haben, also „al dente" sind. Sie werden dann sofort abgeschüttet und meist auch noch in kaltem Wasser abgekühlt oder, falls sie gleich heiß weiterverwendet werden, mit heißem Wasser überspült. Die Garzeit liegt je nach Dicke zwischen 2 und 14 Min. Am kürzesten ist sie bei frisch hergestellten Produkten.

Vorrätighalten – Wiedererwärmen

Teigwaren werden auf Vorrat gekocht und bei Bedarf wieder erwärmt.

Die knapp gegarten, abgeschütteten Teigwaren werden mit kaltem Wasser überbraust und unter einer Folie aufbewahrt, um sie vor dem Austrocknen zu schützen. Bei Bedarf erhitzt man sie in kochendem Salzwasser, lässt sie im Durchschlag gut abtropfen und schüttet sie in ein Gefäß. Mit einer Gabel werden Butterflocken untergezogen. Dabei legt sich die Butter um die Teigwaren und verleiht ihnen einen feinen Schmelz.

Gefüllte Teigwaren

Darunter versteht man alle Täschchen, Päckchen und Halbmonde, die mit verschiedenen Füllmassen gefüllt, dann gegart und mit entsprechenden Saucen serviert werden. Durch unterschiedliche Füllungen aus Käse, Gemüse, Fisch, Krustentieren, Wild, Pilzen, Schlachtfleisch usw. erhalten die Teigtaschen ihre besondere, geschmackliche Note. Die bekannten Produkte sind neben den Ravioli rund ausgestochene Tortellini. Für die Herstellung von Ravioli kann man auch eine Ravioli-Form verwenden oder ausgerüstete Nudelmaschinen. Bekannt sind die Schlutzkrapfen und die Maultaschen.

Abb. 1 Trocknung

Abb. 2 Füllung zwischen Teigplatten

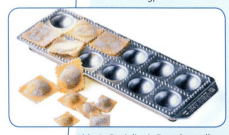

Abb. 3 Ravioli mit Form herstellen

Ravioli mit Ricotta und Spinat Nudelteig von 500 g Mehl von vorheriger Seite

Zutaten für die Füllung
- 400 g junger Spinat
- 300 g Ricotta
- 150 g geriebener Parmesan
- 2 Eigelb
- Eiweiß zum Bestreichen
- Salz, Pfeffer, Muskat

- Spinat kurz blanchieren, in Eiswasser abschrecken, abtropfen lassen, dann gut auspressen und hacken, mit den restlichen Zutaten vermischen.
- Teigplatten ausrollen, Füllung in ausreichendem Abstand aufteilen, dazwischen mit Eiweiß bestreichen und mit zweiter Teigplatte bedecken.
- Obere Teigplatte um die Füllungserhebungen andrücken und mit Messer oder Teigrädchen schneiden.

Tortellini

Lammfleisch-Füllung

300 g	gewolftes Lammfleisch
100 g	Zwiebelwürfel
2 EL	Olivenöl
50 g	Karottenwürfel
50 g	Selleriewürfel
1	Ei
2 EL	Paniermehl
	Salz, Pfeffer, Rosmarin, Thymian

- Je kleiner die Nudelart wird, umso feiner muss auch die Füllung verarbeitet sein.
- Ausgestochene Teigscheiben werden mit feiner Füllung belegt, mit Ei bestrichen,
- halbmondförmig zusammengeklappt,
- die beiden Enden nochmals bestrichen und um den Finger ringförmig zusammengedrückt.

Abb. 1 Formen von Tortellini

Drei Herstellungsformen für Spätzle

Abb. 2 Die Spätzle werden vom Brett geschabt

Abb. 3 Oder man presst die Spätzle durch die Presse

Abb. 4 Hier wird Spätzleteig zu Knöpfle gehobelt

Spätzle

Spätzle 🇬🇧 Swabian spaetzle 🇫🇷 spaetzli (m)

Zutaten für 10 Portionen

	1 kg	Mehl
	20 g	Salz
etwa	0,2 l	Wasser oder Milch
	12	Eier

- Das gesiebte Mehl mit den restlichen Zutaten zu einem sehr glatten Teig schlagen, bis er Blasen bildet.
- Die Spätzle durch Schaben (Abb. 2), Pressen (Abb. 3) oder durch Hobeln (Abb. 4) formen.
- Beim Schaben der Spätzle den Teig in kleinen Mengen auf das angefeuchtete Spätzlebrett geben,
- mittels einer Palette glattstreichen.
- Das Brettchen mitsamt dem aufgestrichenen Teig nochmals kurz in das Kochwasser tauchen.
- Dann mit einer Palette dünne Teigstreifen vom Brett direkt in das kochende Salzwasser schaben.
- Nach einmaligem Aufkochen die Spätzle mit einem Schaumlöffel abschöpfen und in kaltes Wasser geben.
- Im Durchschlag gut abtropfen lassen und auf ein mit einem Tuch bedecktes Blech legen.
- Zum Wiedererwärmen werden Spätzle in einer Pfanne mit aufgelöster Butter geschwenkt.

Käsespätzle

Mit dem Hobel hergestellte Spätzle werden heiß direkt aus dem Kochwasser mit dem Schaumlöffel in eine Schüssel gegeben und lagenweise mit Reibkäse (Allgäuer Bergkäse) bestreut. Obenauf kommen in zerlassener Butter gebräunte Zwiebelwürfel.

4 Beilagen

4.4 Reis 🇬🇧 rice 🇫🇷 riz (m)

Reis schmeckt neutral und ist vielseitig verwendbar.

Portionsmengen:

- Vorgericht   20 g bis 30 g
- Beilage   40 g bis 50 g
- Gericht   60 g bis 70 g
- Suppeneinlage   5 g bis 10 g

Gekochter Reis 🇬🇧 boiled rice 🇫🇷 riz (m) blanc

Zutaten
- 5 l   Wasser
- 50 g   Salz
- 500 g   Reis

Garzeit ca. 18 Min. Oftmals wird der Reis vor dem Kochen mit kaltem Wasser abgewaschen, damit feine Stärkereste den Reis und das Kochwasser nicht verkleben. Naturreis wird auf jeden Fall gründlich gewaschen.

- Salzwasser aufkochen und Reis einrühren.
- Wärmezufuhr drosseln und Reis garen.
- Gegarten Reis sofort in ein Sieb geben und unter fließendem kaltem Wasser abkühlen.
- Gut abtropfen lassen und bis zum Bedarf kühlstellen.

Wiedererwärmung:
- Im Ofen: auf gefettetem Blech Reis ausbreiten, mit Butterflocken belegen, unter mehrmaligem Wenden erwärmen.
- Im Kombidämpfer: auf gelochtem Gastro-Norm-Behälter unter Dampfzuführung erwärmen.
- Portionsweise in der Pfanne in Butter schwenken.
- Portionsweise im Mikrowellengerät regenerieren.

Pilaw 🇬🇧 pilaf rice 🇫🇷 riz (m) pilaf

Zutaten für 10 Portionen
- 1 kg   Reis (Langkorn)
- 150 g   Butter
- 250 g   Zwiebelbrunoise
- 2 l   helle Fleischbrühe
-    Salz

- Garzeit ca. 18 Min.
- Reis waschen und gut abtropfen lassen.
- Zwiebelbrunoise in Butter farblos anschwitzen ①.
- Reis zugeben und so lange umrühren, bis er glasig wird ②.
- Mit heißer Fleischbrühe auffüllen, salzen und zugedeckt im heißen Ofen garen ③.
- Den Reis mit einer Fleischgabel lockern und dabei gleichzeitig einige Butterflöckchen untermischen ④.

Risotto 🇬🇧 risotto 🇫🇷 risotto (m)

Zutaten
- 1 kg   Reis (Rundkorn)
- 100 g   Butter
- 50 g   Olivenöl
- 250 g   Zwiebelbrunoise
- 150 g   geriebener Parmesan
- ca. 3,5 l   helle Fleischbrühe

- Garzeit ca. 18 bis 20 Min.
- Zwiebelbrunoise in Öl und 50 g Butter farblos anschwitzen,
- Reis (vorzugsweise italienischen Rundkornreis) zugeben und glasig werden lassen.
- Unter Rühren etwas heiße Fleischbrühe zugießen (siehe Folgeseite).
- Diesen Vorgang solange wiederholen, bis der Reis gar ist.
- Danach restliche Butter und den Parmesan unter den Reis mischen.

Küche

ZUBEREITUNG EINFACHER SPEISEN

Der fertige Risotto soll eine **leicht breiige Konsistenz** haben bzw. in sich etwas gebunden sein.

Abb. 1 Fleischbrühe zugießen

Abb. 2 Unter Rühren garen

Abb. 3 Fertiger Risotto

Alle Reiszubereitungen können ergänzt und geschmacklich variiert werden durch Zugabe von: Curry, Paprika, Safran, Kräutern, Pilzen, Tomatenfleischwürfeln, Erbsen, Hühnerfleisch, Lammfleischwürfeln, Schinken, Krabben, Fischfiletstücken, Tintenfisch usw.

Wildreis

Eine besondere Art ist der kanadische Wildreis mit seinem delikat-nussartigen Geschmack.

Man wäscht den Wildreis kurz und gibt ihn in die dreifache Menge kochendes Wasser, kocht ihn nur 3 bis 5 Minuten, entfernt den Topf vom Herd und lässt ihn zugedeckt eine Stunde quellen.

Dieser nach dem „Schnell-Quell-Verfahren" vorbereitete Wildreis wird nun in Salzwasser ca. 30 Minuten gekocht. Das Restwasser wird abgegossen.

Manchmal gibt man dem Wildreis nach zehnminütiger Garzeit die gleiche Menge Langkornreis zu und gart beide Reissorten zusammen. Bei dieser Methode entsteht eine schöne, schwarzweiße Reisbeilage.

Aufgaben

1. Welcher Posten in der Küche ist für die Zubereitung der Beilagen zuständig?
2. Welche Kartoffelzubereitungsarten werden in Fleischbrühe gegart?
3. Sie haben eine Krokettenmasse hergestellt. Was sollten Sie unbedingt vor der Verarbeitung der ganzen Masse getan haben?
4. Benennen Sie die Kartoffelzubereitungen auf nebenstehendem Bild.
5. Wie heißt die Kartoffelmasse mit Brandteig?
6. Erklären Sie die Herstellung von Kartoffelschnee.
7. Ein Gast wünscht als Beilage zu seinem Gericht keine Kartoffeln. Welche andere Beilage empfehlen Sie ihm?
8. Womit kann Teigwaren Farbe gegeben werden?
9. Nennen Sie 3 Fertigstellungsmethoden für Spätzle.
10. Erklären Sie den Begriff „Polenta".
11. Erklären Sie Ihrem neuen Azubi-Kollegen den Unterschied zwischen Pilaw und Risotto.
12. Wie bereiten Sie Wildreis zu?

210

5 Eierspeisen

🇬🇧 egg dishes 🇫🇷 entremets (m) aux œufs

Eier schmecken neutral und lassen sich sehr abwechslungsreich zubereiten.

Frühstücksgerichte
- Gekochte Eier in der Schale oder im Glas
- Pochierte Eier auf Toast
- Rühreier naturell oder mit Schinkenstreifen
- Spiegeleier naturell oder mit krossem Speck

Kalte Vorspeisen
- Halbierte, gefüllte Eier auf Frühlingssalat
- Eiersalat mit Kräutern, in Tomaten gefüllt
- Pochierte Eier mit Räucherlachs und Kresse
- Eierscheiben mit Krabben in Estragongelee

Warme Zwischengerichte
- Eier im Näpfchen mit Sahne
- Frittierte Eier mit Speck auf Toast, Tomatensauce
- Pochierte Eier mit Mornaysauce, überbacken
- Rühreier mit Geflügelleber und Pilzen

Eigenständige warme Gerichte
- Wachsweiche Eier in Currysauce mit Tomatenreis
- Omelett mit Kalbsragout und Petersilienkartoffeln
- Spiegeleier auf Rahmspinat mit Fondantkartoffeln
- Käseomelett mit buntem Salatteller

Abb. 1 Frühstücksgericht

Abb. 2 Kalte Vorspeisen

Abb. 3 Zwischengerichte

Abb. 4 Eigenständiges Gericht

5.1 Gekochte Eier 🇬🇧 boiled eggs 🇫🇷 œufs (m) cuits

Zum Kochen verwendet man Eier ohne Sprünge. Bei schadhafter Schale würde während des Kochens das Eiweiß austreten. Darum prüft man Eier, indem man je zwei leicht gegeneinander klopft. Eier, die direkt aus dem Kühlschrank kommen, legt man vor dem Kochen in warmes Wasser. Der damit erreichte Temperaturanstieg mindert die Gefahr des Reißens der Schale. Werden größere Mengen Eier gekocht, legt man sie in einen Drahtkorb und gibt diesen in das kochende Wasser. Die Eier müssen vom Wasser bedeckt sein.

Hart gekochte Eier 🇬🇧 hard boiled eggs 🇫🇷 œufs (m) durs

Hart gekochte Eier haben eine Kochzeit von 10 Minuten.

Will man die Eier gleich verwenden, werden sie nach dem Kochen mit kaltem Wasser abgeschreckt. Wenn man die Eier in einer mit kaltem Wasser gefüllten Schüssel schält, lässt sich die Schale leichter entfernen.

Bei hart gekochten Eiern kann es vorkommen, dass sie sich schlecht schälen lassen oder dass der Dotter einen blaugrünen Rand zeigt. Beides hat nichts mit dem Abschrecken zu tun, sondern mit dem Alter des Eies.

Sehr frische Eier lassen sich schwerer schälen, haben aber einen hellen Dotter. Ältere Eier lassen sich leichter schälen, neigen aber zu dunklerem Dotterrand.

- Die Kochzeit wird vom Wiederaufwallen des Wassers an gerechnet.

- Werden Eier auf Vorrat gekocht, bewahrt man sie am besten in der Schale auf.

- Will man geschälte Eier vorrätig halten, legt man die Eier in kaltes Wasser, damit sie sich nicht verformen und abtrocknen.

Küche

ZUBEREITUNG EINFACHER SPEISEN

Weiche Eier in der Schale 🇬🇧 soft boiled eggs 🇫🇷 œufs (m) à la coque

Die gekochten Eier werden in kaltem Wasser abgeschreckt und warm in Eierbechern serviert. Kochdauer: 3 bis 5 Min. nach Wunsch

Weiche Eier im Glas 🇬🇧 soft boiled eggs 🇫🇷 œufs (m) en verre

Nach Abschrecken in kaltem Wasser die gekochten Eier behutsam schälen, in Gläser legen und warm servieren. Kochdauer: 4 Min.

5.2 Pochierte Eier 🇬🇧 poached eggs 🇫🇷 œufs (m) pochés

Pochierte Eier werden ohne Schale in ungesalzenem Essigwasser gegart. Der Dotter soll am Ende der Garzeit noch weich sein.

Die Eier müssen unbedingt frisch sein, damit sich das Eiweiß im Wasser nicht zu einer formlosen Masse verliert. Das Wasser darf nur am Siedepunkt sein und nicht wallen, weil sonst durch die Bewegung des Wassers das Eiweiß auseinander gezogen würde. Der Essiggehalt des Wassers begünstigt das Gerinnen, ohne den Geschmack zu stark zu beeinflussen.

Arbeitsablauf

- Wasser in Topf zum Sieden bringen, je Liter ein EL Essig beigeben,
- Eier in Schälchen aufschlagen und in rascher Folge in das siedende Wasser gleiten lassen ①, 4 Min. ziehen lassen, mit Schaumkelle entnehmen und in kaltem (Eis-)Wasser abschrecken ②
- abstehende Eiweißenden abschneiden, in gesalzenem warmem Wasser (50 °C) bis zum Servieren bereithalten, vor dem Anrichten auf Tuch abtropfen lassen ③.

Die pochierten Eier werden auf gebutterten Toastscheiben oder in gefüllten Törtchen mit einer entsprechenden Sauce angerichtet ④. Die Füllung der Törtchen kann aus Fleischragout oder feinen gebundenen Gemüsen oder Pilzen bestehen. Pochierte Eier können aber auch mit Gemüsen angerichtet und mit Mornaysauce überbacken werden.

5.3 Spiegeleier 🇬🇧 fried eggs 🇫🇷 œufs (m) sur le plat

Spiegeleier werden in stabilen Stielpfannen oder in feuerfesten Spezial-Eierplatten zubereitet. Am Ende der Garzeit soll das Eiweiß gestockt, die Dotter sollen aber weich und glänzend sein. Beim Würzen das Eigelb nicht salzen, da sich sonst weiße Punkte bilden.

Arbeitsablauf

- Butter in dem gewählten Geschirr erhitzen, Eier einschlagen,
- bei mäßiger Temperatur garen, damit das Eiweiß ohne scharfe Bratränder vollkommen gerinnt,
- nur Eiweißfläche würzen, bei Zubereitung in der Pfanne Eier mit einer Winkelpalette entnehmen und auf einer vorgewärmten Platte anrichten,
- Zubereitungen in Spezialplatten so rechtzeitig vom Herd nehmen, dass das Eigelb trotz der nachwirkenden Wärme weich bleibt.

Abwandlungen
Spiegeleier mit gebratenem Speck oder gebratenem Schinken, mit Rostbratwürstchen, Geflügellebern oder Scheiben von Nieren, mit Spargel oder Pilzen.

5 Eierspeisen

5.4 Rühreier 🇬🇧 scrambled eggs 🇫🇷 œufs (m) brouillés

Rühreier werden in einer Stielpfanne zubereitet. Tadellose Ergebnisse erfordern eine vollkommene Vermischung von Eiweiß und Eigelb, eine langsame Gerinnung der Eimasse bei andauerndem Rühren sowie die Einhaltung der richtigen Gardauer. Rühreier sollen von kleinflockiger, cremig-lockerer Beschaffenheit sein.

Müssen Rühreier im Voraus bereitet werden, so schlägt man je Ei einen Esslöffel Milch oder Sahne in die Eimasse. Die zarte Konsistenz der Rühreier bleibt dadurch besser erhalten.

Arbeitsablauf

- Eier in eine Schüssel schlagen, würzen und mit Schneebesen verrühren,
- Butter in einer Pfanne erwärmen, bei mäßiger Hitze Eimasse eingießen
- gerinnende Eimasse fortlaufend mit einer Winkelpalette oder Holzspatel von der Bodenfläche abrühren, kleinflockige, cremige Rühreier sofort auf eine vorgewärmte Platte geben.

● **Abwandlungen**
- **Zubereiten** mit Schnittlauch, gemischten Kräutern, geröstetem Speck oder Schinken, angebratenen Pilzen, Brotkrüstchen oder geriebenem Käse;
- **Anrichten** in Tartletts, Schiffchen, Artischockenböden, Auberginen, Tomaten oder auf Toast;
- **Garnieren** mit Spargel, Geflügelleber, Rostbratwürstchen oder Krebsschwänzen.

● Verwendet man pasteurisiertes Vollei, besteht auch dann keine Salmonellengefahr, wenn Rühreier vorrätig gehalten werden.

5.5 Omelett 🇬🇧 omelette 🇫🇷 omelette (w)

Zur Zubereitung von Omeletts benutzt man eine Omelettpfanne. Der Übergang vom Boden zu dem etwas steileren und höheren Rand ist bei dieser Pfanne gerundet. Man darf sie nur für diesen Zweck verwenden. Selbst kleinste angebackene Reste anderer Zubereitungen würden die Eier anhängen lassen, das Omelett wäre nicht zu formen.

Ein fachgerecht zubereitetes Omelett soll eine schöne Form haben, es soll außen zart und glatt und innen von weicher Konsistenz sein.

Abb. 1 Eimasse mit Gabel rühren.

Abb. 2 Omelett zum Rand rollen und formen.

Arbeitsablauf

- Eier in eine Schüssel schlagen, würzen und mit einem Schneebesen vollkommen vermischen oder pasteurisiertes Vollei verwenden,
- Butter in einer Omelettpfanne schmelzen, Eimasse hineingießen, bei starker Hitze mit dem Rücken einer Gabel rühren und die Pfanne bewegen,
- die gleichmäßig gerinnende, cremige Masse durch Schräghalten in den vorderen Pfannenteil gleiten lassen, mit den Gabelzinken die verbliebene dünne Bodenschicht vom Pfannenstiel aus bis zur Mitte hin umklappen,
- Pfanne anheben, mit der Faust auf den Pfannenstiel schlagen, wodurch das Omelett vollends in den vorderen Pfannenteil gerät, sich rollt und schließt,
- aus dieser Lage das Omelett auf eine erwärmte, gefettete Platte kippen,
- mit einem aufgespießten Butterstückchen das Omelett behutsam bestreichen, damit es appetitlich glänzt.

Abb. 3 Omelett auf Teller stürzen.

Abb. 4 Omelett mit Butter bestreichen.

Geschmackliche Ergänzungen sind möglich:

- Zutaten anschwitzen und mit der Eimasse übergießen und garen,
- Zutaten wie zum Beispiel Reibkäse unter die rohe Eimasse geben,
- Zutaten als Füllung in die Mitte des Omeletts vor dem Falten geben, oder
- in das angerichtete, längs eingeschnittene Omelett einfüllen, oder
- neben dem fertigen Omelett anrichten.

● **Abwandlungen**
Omeletts kann man mit verschiedenen Beigaben servieren. Besonders geeignet sind gedünstete Pilze, Tomaten, Spargel, Speck oder Schinken, feines Geflügelragout, Geflügelleber, Nieren, Kalbsbries, geröstete Brot- oder Kartoffelwürfelchen oder Käse.

Küche

ZUBEREITUNG EINFACHER SPEISEN

Abb. 1 Frittierte Eier

Beigaben
Gegrillte Speck- und Schinkenscheiben, gebratene Nieren oder Würstchen, frittierte Auberginen oder Zucchini, sautierte Pilze, gedünsteter Blattspinat, frittierte Petersilie, Curry-, Tomaten-, Tatarensauce.

Abb. 2 Ei im Näpfchen, roh und gegart

Anstelle von Sahne gibt man z. B. Geflügelragout, Ragout von Kalbsbries oder Krustentieren, gedünstete Gemüse, Pilz- oder Zwiebelpüree oder Schinken- und Käsewürfelchen in die Förmchen.

5.6 Frittierte Eier   deep fried eggs   œufs (m) frits

Frittierte Eier werden einzeln ohne Schale in heißem Öl gebacken. Am Ende der Garzeit soll der Dotter weich und von goldbraun gebackenem Eiweiß umgeben sein.

Beim Frittieren wirft das rasch stockende Eiweiß große Blasen. Diese werden mit der tiefen Laffe eines Holzlöffels fortlaufend an den Dotter gedrückt, ohne ihn zu beschädigen. Weil man die Eier einzeln frittieren muss, ist die Zubereitung zeitaufwendig.

Arbeitsablauf

- In einer kleineren, tiefen Stielpfanne etwa 0,25 l Öl auf 170 °C erhitzen.
- Eier einzeln in Schälchen aufschlagen, Pfanne leicht neigen, damit das Öl an eine Seite läuft, ein Ei in die geneigte Pfanne gleiten lassen, mit einem Holzlöffel die Eiweißblasen immer wieder rasch an den Dotter drücken.
- Ei zum gleichmäßigen Bräunen behutsam wenden, nach einer Minute Backdauer mit Schaumlöffel entnehmen.
- Auf saugfähiger Unterlage bei 50 °C warmhalten.

Frittierte Eier werden gewürzt und vorwiegend auf Toast angerichtet.

5.7 Ei im Näpfchen   egg in mold   œuf (m) en cocotte

Ei im Näpfchen gart man in Porzellanförmchen (Cocotten) im Wasserbad. Das Ei soll am Ende der Garzeit einen weichen Dotter aufweisen.

Arbeitsablauf

- Förmchen mit etwas Sahne ausgießen,
- aufgeschlagenes Ei daraufgeben,
- mit Butterstückchen belegen, damit sich keine Haut bildet,
- im Wasserbad bis zum Stocken garen.

Ei im Näpfchen wird in der Form und mit einer dazu passenden Sauce serviert.

Schutz vor Salmonellen

Hühnereier können von Salmonellen befallen sein. Bei der Verarbeitung, z. B. beim Aufschlagen der Eier, können die Salmonellen mit dem Ei-Inhalt in Berührung kommen und so in Speisen gelangen.

Um den Gast vor Salmonellen zu schützen, sind folgende Regeln zu beachten:
- Stets nur **frische Eier** verarbeiten.
- **Eier kühl lagern**, denn dann können sich die Salmonellen kaum vermehren.
- **Speisen aus pasteurisierten Eiprodukten** können länger warmgehalten werden.
- **Warme Eierspeisen**, z. B. Rührei oder Ei im Näpfchen, dürfen nur bis zu zwei Stunden nach der Herstellung angeboten werden.

5.8 Pfannkuchen – Eierkuchen

Pfannkuchen – Eierkuchen 🇬🇧 pancakes 🇫🇷 pannequets (m) / crêpes (w)

Zutaten für 10 Stück, Ø ca. 22 cm	
250 g	Mehl
0,75 l	Milch
80 g	Butter
10	Eier
1 Msp.	Salz

- Milch und Mehl gut verrühren, die Eier dazugeben und alles zu einer glatten Masse schlagen.
- Pfanne mit Butter erhitzen.
- Pfannkuchenmasse durch rotierende Bewegung gleichmäßig dünn in der Pfanne verteilen.
- Farbe nehmen lassen, wenden und fertig backen.

Abb. 1 Pfannkuchenmasse dünn verteilen

Abb. 2 Farbe nehmen lassen

Abb. 3 Für Suppeneinlage feine Streifen schneiden

Um die Pfannkuchen lockerer zu machen, kann man die Eier trennen und das Eiweiß als Schnee unter die angerührte Masse heben. Die Pfannkuchen werden in einer Pfanne mit heißer Butter gebacken. Man lässt sie auf dem Herd Farbe nehmen, dreht sie um und backt sie im Ofen fertig.

Die Pfannkuchen sollen goldgelb und leicht aufgebläht sein und schnellstens dem Gast serviert werden.

Pfannkuchen können u. a. mit eingebackenem Speck und grünem Salat oder mit eingebackenen Apfelscheiben und Zucker serviert werden.

Für Brätstrudel bestreicht man die Pfannkuchen mit Wurstfarce (Brät), rollt sie auf und gart sie in Dampf. Brätstrudel können als Suppeneinlage oder als kleines, warmes Zwischengericht verwendet werden.

• Die Herstellung von Crêpes wird im Kapitel „Süßspeisen" behandelt.

Aufgaben

1. Zählen Sie fünf verschiedene Garverfahren für Eier auf.
2. Beschreiben Sie die Zubereitung von: a) Rühreiern b) Spiegeleiern c) Omelettes d) Eiern im Näpfchen.
3. Beschreiben Sie Beilagen, Saucen oder Garnituren, die zu pochierten Eiern passen.
4. Schildern Sie Ihrem jüngeren Kollegen die Herstellung eines Omelettes.
5. Nennen Sie vier verschiedene Arten von Omelettes.
6. Welche Rohstoffe sind zur Herstellung eines Pfannkuchens notwendig?
7. Schildern Sie den Arbeitsablauf bei der Herstellung von Pfannkuchen.
8. Was versteht man unter „Rückstellproben"?

Grundkenntnisse im Service

1 Mitarbeiter im Service

🇬🇧 service staff 🇫🇷 personnel (m) de service

1.1 Umgangsformen 🇬🇧 manners 🇫🇷 manières

Das äußere Erscheinungsbild und die Umgangsformen des Servicemitarbeiters sind von großem Einfluss auf die Stimmung des Gastes.

Der Service verlangt neben Anpassungsfähigkeit und Geschicklichkeit auch Gewandtheit im Umgang mit anderen Menschen. Der Gast erwartet:

- Zuvorkommende, aufmerksame Bedienung,
- angemessene Freundlichkeit und
- taktvolles Benehmen.

1.2 Persönliche Hygiene

🇬🇧 personal hygiene 🇫🇷 hygiène (w) personnelle

Im Umgang mit Speisen ist ein hohes Maß an persönlicher Hygiene erforderlich (siehe S. 38).

- Besonders wichtig sind gepflegte Hände und Fingernägel, weil sie der Gast in unmittelbarer Verbindung mit der Speise sieht.
- Mund- und Körpergeruch wirken äußerst lästig, deshalb ist Körperpflege und öfterer Wäschewechsel geboten.
- Gepflegtes Haar ist ein wesentlicher Bestandteil der Gesamterscheinung. Modische Frisuren dürfen den Service nicht beeinträchtigen.

Abb. 1 Korrekte Berufskleidung

> **Hygieneregeln**
>
> 1. Vor Beginn der Arbeit Ringe und Armbanduhr ablegen.
> 2. Vor Beginn der Arbeit und nach dem Gang zur Toilette gründlich Hände waschen.
> 3. Beim Husten oder Niesen sich von Lebensmitteln abwenden.
> 4. Verletzungen, z. B. kleine Schnitte an den Händen, mit wasserundurchlässigem Verband versorgen.
> 5. Beim Umgang mit Lebensmitteln ist das Rauchen verboten.

Abb. 2 Hände waschen und desinfizieren

1.3 Arbeitsbekleidung

🇬🇧 uniforms 🇫🇷 vêtements (m) de travail

Manche Betriebe legen Wert auf einheitliche Berufskleidung, die dem Stil des Hauses angepasst ist. Wird dies nicht verlangt, tragen Restaurantfachleute im Allgemeinen die in der Übersicht dargestellte Kleidung.

Weibliches Servierpersonal
- schwarzes Kleid oder Dirndl, oder schwarzer Rock/lange Hose kombiniert mit weißer Bluse, evtl. Weste
- evtl. weiße Serviserschürze
- Strümpfe in unauffälliger Farbe oder schwarz
- schwarze Schuhe mit niedrigen Absätzen

Männliches Servierpersonal
- schwarze Hose, kombiniert mit weißem Hemd
- schwarze Krawatte/Schleife
- weiße oder schwarze Kellnerjacke oder Weste
- schwarze Schuhe und schwarze Socken

Servicekleidung in der Systemgastronomie

In der **Systemgastronomie** ist einheitliche Kleidung meist Teil des Gesamtkonzepts.

Crewmitarbeiter
- Poloshirt in Unternehmensfarben
- Basecap oder Schirmmütze mit Logo
- Dunkle Hose (z. B. Jeans)

Managementmitarbeiter
- Weißes oder helles Hemd/Bluse
- Gegebenenfalls schwarze Weste oder Sakko mit Logo
- Halstuch oder Krawatte
- Dunkle Hose oder Rock
- Schwarze Schuhe

1.4 Persönliche Ausrüstung

🇬🇧 personal equipment 🇫🇷 équipement (m) personnel

Individualgastronomie
- Kellnermesser, Korkenzieher
- saubere Handservietten
- Geldtasche mit Wechselgeld
- Streichhölzer

Systemgastronomie
- Kugelschreiber und Bleistift
- Taschenrechner

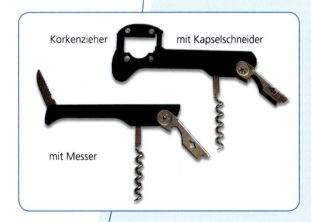

Service

GRUNDKENNTNISSE IM SERVICE

2 Einrichtung und Geräte

🇬🇧 equipment and devices 🇫🇷 équipement (m) et appareils (m)

In Restaurants und Gaststätten sind folgende Einrichtungsgegenstände vorhanden:

- Tische, Tafeln, Beistelltische (Guéridons),
- Stühle, Sessel und/oder Bänke,
- Servicetische, Servanten (Anrichten),
- fest eingebaute oder bewegliche Raumteiler.

In den folgenden Abschnitten geht es darum, diese Einrichtungsgegenstände kennenzulernen und alles über deren Handhabung und Pflege sowie ihren sachgerechten Einsatz zu erfahren.

Abb. 1 Eingedeckte Tafel

2.1 Einzeltische und Festtafeln

Der Tisch, an dem der Gast sich entspannt und wohlfühlt, muss eine bequeme Höhe, Stabilität und Beinfreiheit aufweisen. Der Gast möchte dort allein oder in Gesellschaft gemütlich sitzen, bedient und verwöhnt werden.

Einzeltische 🇬🇧 single tables 🇫🇷 tables (w) individuelles

Tische gibt es in verschiedenen Formen und Größen.

| Rechteckige Tische | **80 x 120 cm** (Standardmaß) 80 x 160 cm 90 x 180 cm | Quadratische Tische | 70 x 70 cm **80 x 80 cm** (Standardmaß) 90 x 90 cm | Runde Tische | 70 cm ø **80 cm ø** 90 cm ø und mehr |

Festtafeln 🇬🇧 banquet tables 🇫🇷 tables (w) de fête (w)

Zu besonderen Anlässen werden rechteckige und quadratische Tische zu unterschiedlichen Tafelformen zusammengestellt. Dabei ist für die Größe und Form vor allem die Anzahl der zu bewirtenden Personen ausschlaggebend. Darüber hinaus sind zu beachten:

- Die Größe und Grundfläche des Raumes, in den sich die Tafel harmonisch einordnen soll,
- der freie Raum um die Tafel herum, der so bemessen sein muss, dass Servicearbeiten während des Essens störungsfrei ausgeführt werden können.

Abb. 2 Festliche Tafeln

Tafelformen 🇬🇧 shapes of tables 🇫🇷 façon (w) de tables

| runde Tafel 6–12 Personen | lange Tafel 10–12 Personen | Block 12–20 Personen | T-Tafel 16–26 Personen | U-Tafel 26–40 Personen | E-Tafel 40–60 Personen |

2.2 Tischwäsche

🇬🇧 table linen 🇫🇷 linge (m) de table

Zur Herstellung von Tischwäsche werden neben Mischgeweben vor allem Baumwolle und/oder Flachsgarne verwendet. Die entsprechenden Textilbezeichnungen sind **Baumwolle**, **Reinleinen** und **Halbleinen**.

Materialien

Baumwolle   🇬🇧 cotton   🇫🇷 coton (m)

Zur Reifezeit springen die walnussgroßen Fruchtkapseln des Baumwollstrauches auf. Aus ihnen quellen die Samenfasern in Form von Wattebäuschen heraus. Die Gewinnung der Fasern ist relativ einfach, woraus sich der günstige Preis für dieses Rohprodukt ergibt. Aus Ägypten kommt unter der Bezeichnung **Mako-Baumwolle** eine der besten Baumwollsorten.

Internationales Baumwollsiegel

Das internationale Baumwollkennzeichen bürgt dafür, dass zur Herstellung der Ware ausschließlich Baumwollfasern verwendet wurden.

Verwendung zu Tischwäsche, Damast, Bettwäsche und Dekorstoffen. Besonders hervorzuheben ist die Unempfindlichkeit gegenüber Hitze, die beim Waschen (kochecht) und Bügeln von Bedeutung ist.

Leinen   🇬🇧 linen   🇫🇷 toile (w)

Die Leinenfaser wird aus den Stängeln der Flachspflanze gewonnen. Diese Naturfasern sind die Grundlage für das Gewebe Leinen, Leintuch oder Leinwand. Gewebt wird Leinen meist in der klassischen Leinwandbindung.

Flachsfaser
- ist reiß- und nassfest
- ist kochecht
- fusselt nicht, knittert stark
- hat einen natürlichen Glanz und wirkt kühlend

Verwendung
- Arbeitskleidung
- Gardinen, Vorhänge, Möbelstoffe und Frottierwaren
- Tisch- und Bettwäsche
- Hand- und Geschirrtücher
- Gläsertücher
- Dekorationsstoffe

Bei **Leinen** sind zwei Qualitätsstufen zu beachten.

Reinleinen heißt, dass das Gewebe nur aus Flachsgarnen besteht (100 %).

Halbleinen ist ein Mischgewebe aus Baumwolle (Kettfäden) und Flachsgarnen (Schussfäden), wobei der Flachsanteil mindestens 40 % vom Gesamtgewicht betragen muss.

Baumwolle
- ist reiß- und nassfest
- ist saugfähig und kochecht
- ist geringfügig wärmend
- fusselt, läuft ein und knittert stark

Abb. 1 Tischdamast aus Baumwolle

 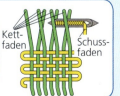
Kettfaden — Schussfaden

Service

GRUNDKENNTNISSE IM SERVICE

Abb. 1 Vliesstoff mit Punktschweißung

Abb. 2 Wirrfaservlies

Vliesstoffe / Filze 🇬🇧 nonwovens 🇫🇷 nontissés

Vliesstoffe werden meist aus Chemiefasern hergestellt. Wegen ihrer besonderen Eigenschaften gewinnen sie im Gastgewerbe immer mehr an Bedeutung.

Vlies entsteht durch Verkleben.

Für Filz wird die Faser mechanisch bearbeitet. Diese Technik nennt man Walken.

Eigenschaften	Verwendung
leicht	Tischwäsche, Servietten und Sets
gut faltbar	Putz- und Poliertücher
gut durchlässig	Passiertücher
kostengünstig	Einwegwäsche (Tisch- und Bettwäsche)
vielseitig verwendbar	

Arten von Tischwäsche

Tischwäsche wird nach ihrer Zweckbestimmung unterschieden. Es gibt Tischtuchunterlagen, Tisch- und Tafeltücher, Decktücher und Servietten.

Tischtuchunterlagen/Moltons

Ursprünglich wurden diese Unterlagen aus beidseitig aufgerautem Baumwollstoff (Flanell) hergestellt. Wegen der flauschigen und weichen Beschaffenheit des Stoffes haben sie die Bezeichnung Moltons (frz.: mou, molle = weich).

Abb. 3 Molton, gummiert

Molton erhält den Halt auf der Tischfläche durch

- Bänder oder Klettverschlüsse, mit deren Hilfe er an den Ecken befestigt wird, ferner durch
- eingearbeitete Gummizüge, die sich über die Tischkante spannen.

Moltons dienen folgenden Zwecken:

- Die Oberfläche des Tisches ist gegen die Einwirkung von Hitze und Feuchtigkeit geschützt,
- das aufgelegte Tischtuch kann nicht verrutschen, und es wirkt „weicher" und „satter",
- das Einsetzen der Tischgeräte während der Mahlzeiten kann geräuscharm ausgeführt werden.

Abb. 4 Molton mit Gummizug

Moltons gibt es auch aus weichem Kunststoff oder aus einseitig aufgerautem Baumwollstoff, der auf ein gummiartiges Material geklebt ist.

Die Größe der Tisch- und Tafeltücher muss der jeweiligen Tischoberfläche so angepasst sein, dass der Überhang über die Tischkanten allseitig etwa 25 bis 30 cm beträgt.

Tisch- und Tafeltücher

Sie bestehen im Allgemeinen aus strapazierfähigem Leinen oder Halbleinen und dienen dazu, der Tischoberfläche ein sauberes und gepflegtes Aussehen zu geben. Damit sie diesen Zweck erfüllen, müssen Tisch- und Tafeltücher, insbesondere beim Auflegen und Abnehmen, mit besonderer Sorgfalt gehandhabt werden (siehe in den nachfolgenden Abschnitten). Neben besonders festlich wirkenden weißen Tüchern werden oft auch bunte verwendet.

Decktücher oder Deckservietten

Decktücher sind kleine, etwa 80 × 80 cm große Tücher, die wegen ihrer Größe auch Deckservietten genannt und mit dem aus dem Französischen kommenden Fachwort als **napperon** bezeichnet werden.

Sie überdecken Tischtücher diagonal,
- um einen dekorativen Effekt zu erzielen, indem man z. B. auf eine weiße Tischdecke eine farbige Deckserviette auflegt,
- um diese entweder grundsätzlich zu schonen
- oder um diese bei geringfügiger Verschmutzung nicht sofort abnehmen und waschen zu müssen.

> Decktücher sollten nicht verwendet werden, um stark verschmutzte Tischtücher zu überdecken.

Servietten

Im Rahmen des Services unterscheidet man zwischen Mund- und Handservietten.

Mundservietten

Der Gast benutzt diese sowohl zum Schutz der Kleidung als auch zum Abwischen des Mundes. Das ist insbesondere vor dem Trinken wichtig, damit keine Speisereste an den Rand des Glases gelangen. Im anspruchsvollen Service sind die Mundservietten Teil der dekorativen Ausstattung von Menügedecken. Es ist selbstverständlich, dass zu diesem Zweck Stoffservietten verwendet werden. Mundservietten aus Papier und Zellstoff werden im einfachen Service aufgelegt. (s. S. 242 bis 246)

Abb. 1 Servietten

Handservietten

Sie gehören zum Handwerkszeug des Servierpersonals und haben deshalb auch die Bezeichnung **Serviertücher**. Handservietten werden im gepflegten Service hängend über dem linken Unterarm getragen.
Handservietten dienen zu folgenden Zwecken:
- Schutz der Hand und des Armes beim Tragen von heißen Tellern und Platten,
- Vermeiden von Fingerabdrücken beim Tragen von Tellern und Besteckteilen,
- Umlegen von Flaschen als Tropfschutz bei der Entnahme aus Weinkühlern.

> Aus ästhetischen und hygienischen Gründen hat die Handserviette immer in einwandfreiem Zustand zu sein.

Reinigung und Pflege der Wäsche

Die beim Gebrauch verschmutzte Wäsche muss in regelmäßigen Abständen gereinigt und gepflegt werden. Wegen unterschiedlicher Materialeigenschaften sowie unterschiedlicher Reinigungs- und Pflegebedingungen gibt es zu diesem Zweck sehr verschiedenartige Hilfsmittel.

Sortieren der Wäsche

Die Wäsche wird vor dem Waschen nach Art und Beschaffenheit der Faser, dem Verschmutzungsgrad, der Farbechtheit und der Temperaturverträglichkeit sortiert.

Waschvorgang

Beim Waschen der Wäsche wirken vier Faktoren zusammen:
Chemie, Zeit, Temperatur und **Mechanik**.
- **Chemie** (Wasser und Waschmittel = Flotte) – Die Flotte soll den Schmutz vom Gewebe lösen und forttragen. Weiches Wasser schont die Wäsche, deshalb enthalten Waschmittel Enthärter.

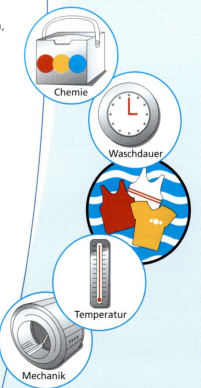

Service

GRUNDKENNTNISSE IM SERVICE

- **Zeit** – Sie ist ausgerichtet auf den Verschmutzungsgrad und die Intensität des Waschmittels.
- **Temperatur** – Durch sie kommen die Komponenten in den Waschmitteln erst zur Wirkung. Die Temperatur ist auf die Art der Wäsche und des Waschmittels einzustellen.
- **Mechanik** – Sie ist erforderlich, um das Lösen des Schmutzes von der Wäsche zu beschleunigen. Dies wird erreicht durch Bewegung der Wäsche mit der Hand oder in der rotierenden Waschtrommel.

Der Waschvorgang gliedert sich bei Waschmaschinen in Vorwäsche, Hauptwäsche, Spülen und Schleudern. Dabei sind folgende Richtlinien und Hinweise zu beachten:

- Die Waschmaschine füllen, aber nicht überfüllen. Bei Überfüllung wird der Reinigungseffekt gemindert.
- Die Dosierung des Waschmittels richtet sich nach der **Wäscheart,** der **Wäschemenge,** dem **Verschmutzungsgrad** der Wäsche sowie der **Wasserhärte**. Diese kann beim Versorger (Wasserwerk) erfragt werden.

  - Eine zu geringe Dosierung kann zur Vergrauung der Wäsche führen.
  - Überdosierung hat eine zu starke Schaumbildung zur Folge, die sich hinderlich auf den Reinigungsprozess auswirkt.
  - Bei sehr weichem Wasser sind schaumbremsende Spezialmittel unerlässlich.
  - Bei wenig verschmutzter Wäsche bildet sich mehr Schaum als bei stark verschmutzter Wäsche.
  - Bei hartem Wasser ergibt sich ein höherer Waschmittelverbrauch, die Schaumbildung ist geringer.

Pflege- und Behandlungssymbole für Textilien

Die Behandlung von Textilien ist auf deren Eigenschaften abzustimmen. Zur Information sind die Textilien deshalb mit jeweils entsprechenden Pflegesymbolen ausgestattet.

Die nachstehenden und ähnliche Kennzeichnungen erleichtern die Zuordnung der Textilien zu jeweils artspezifischen Reinigungs- und Pflegeverfahren.

100 % Polyester
DACRON®
LINING/DOUBLURE
FUTTER/VOERING
100 % VISKOSE

VOLLWASCHBAR

PUR NEW WOOL
PURE LAINE VIERGE
REINE SCHURWOLLE
ZUIVER SCHEERWOL

LINING/DOUBLURE
FUTTER/VOERING:
100 % VISKOSE

Abb. 1 Beispiele für eingenähte Etiketten mit Pflegekennzeichnung

Waschen (Waschbottich)		Chloren (Dreieck)	Tumbler-Trocknung (Trockentrommel)		Bügeln Bügeleisen		Chemisch-Reinigung (Reinigungstrommel)	
Normalwaschgang	95	Chlorbleiche möglich	Trocknen möglich normale Temperatureinstellung	⊙⊙	heiß bügeln	⋯	keine chemische Reinigung möglich	⊘
Normalwaschgang	60				mäßig heiß bügeln	⋯		
Normalwaschgang	40							
Schonwaschgang	30	Chlorbleiche nicht möglich	Trocknen möglich herabgesetzte Temperatureinstellung	⊙	nicht heiß bügeln	⋅		
Handwäsche					nicht bügeln	⌧		
nicht waschen	⌧		Trocknen im Tumbler nicht möglich	⌧	• Die Punkte weisen auf die Temperaturbereiche beim Bügeln hin.			
• Die in den Waschbottichen angegebenen Temperaturen dürfen nicht überschritten werden. • Der Strich unter einem Waschbottich weist darauf hin, dass beim Waschen eine schonende mechanische Einwirkung anzuwenden ist (Schonwaschgang).								

Waschen, Trocknen und Glätten

Waschen
Die Wäsche wird nach folgenden Gesichtspunkten sortiert (siehe Pflegekennzeichen):
- Temperaturverträglichkeit,
- mechanische Belastbarkeit.

Daraus ergeben sich folgende Kombinationen:

⌷95⌷ **Kochwäsche**
- weiße und farbechte Wäschestücke aus Baumwolle, Leinen und Halbleinen, Vollwaschmittel

⌷60⌷ **Heißwäsche**
- nicht farbechte Buntwäsche aus Baumwolle, Leinen und Halbleinen
- weiße Wäschestücke aus Chemiefasern (z. B. Hemden und Blusen); Feinwaschmittel

⌷40⌷ **Feinwäsche**
- Wäsche aus Seide und synthetischen Fasern. Bei Mischgeweben ist das empfindlichste Gewebe ausschlaggebend, Feinwaschmittel

⌷30⌷ **Feinwäsche**
- Gardinen, Stores und andere sehr feine Gewebe, Feinwaschmittel

⌷30⌷ **Wolle**
- alle Wollwaren aus reiner Schurwolle und mit dem Hinweis „filzt nicht". Wollwaren ohne diesen Hinweis sollten besser von Hand gewaschen oder chemisch gereinigt werden.

Trocknen, Glätten und Legen der Wäsche
Beim Schleudern wird das meiste Wasser abgesondert.

Durch Glätten erhält die Wäsche ein glattes und gepflegtes Aussehen. Dabei wird unterschieden:
- Bügeln (Bügeleisen)
- Mangeln
- Pressen (Dampfpressautomaten).

Abb. 1 Pflegekennzeichen

Die Wäsche muss auch beim Bügeln entsprechend ihrer Temperaturverträglichkeit sortiert werden. Die Pflegekennzeichen sind unbedingt zu beachten.

> Bei Mischgeweben ist die temperaturempfindlichste Faser ausschlaggebend.

Aufgaben

1. Nennen Sie Tischformen und übliche Maße für Einzeltische.
2. Nennen Sie unterschiedliche Tafelformen.
3. Welche Wäschestücke gehören zur Tischwäsche?
4. Aus welchem Material werden Moltons hergestellt?
5. Welche unterschiedlichen Zwecke erfüllen Moltons?
6. Wozu dienen Decktücher und wozu dürfen sie nicht verwendet werden?
7. Welchen Zwecken dient die Handserviette? Welche Richtlinien sind unter hygienischen und ästhetischen Gesichtspunkten bezüglich des Gebrauchs zu beachten?
8. Unter welchen Gesichtspunkten muss Wäsche vor dem Waschen sortiert werden?
9. Unterscheiden Sie in Bezug auf die Waschtemperatur und die Materialbeschaffenheit der Wäsche folgende Bezeichnungen: a) Kochwäsche b) Heißwäsche c) Feinwäsche

Service

GRUNDKENNTNISSE IM SERVICE

Stark beansprucht:* Spitze des Löffels

Stark beansprucht:* Aufliegefläche des Stiels

Stark beansprucht:* Aufliegefläche der Laffe

*Das Silber wird so umverteilt, dass eine Verstärkung der Silberschicht um 100 % entsteht.

Abb. 1 Verstärkung der Silberschicht bei Patentsilber

Chromstahl → Legierung mit Chrom
Chromnickelstahl → Legierung mit Chrom und Nickel

Edelstahlbestecke, die matt- oder hochglanzpoliert sein können, sind pflegeleicht.

Abb. 2 Kunststoffbesteck

2.3 Bestecke 🇬🇧 cutlery 🇫🇷 couverts (m)

Mit einer zunehmenden Kultivierung der Essgewohnheiten setzte sich der Gebrauch von unterschiedlichen Bestecken durch.

Material

Abgesehen von Bestecken mit Holzgriffen, die wegen des häufigen Spülens für gastgewerbliche Zwecke nicht geeignet sind, bestehen Bestecke im Allgemeinen aus Metall.

Versilberte Bestecke

Silberbesteck ist teuer und wird deshalb selten verwendet. Um aber auf den Glanz dieses edlen Metalls nicht verzichten zu müssen, werden Bestecke versilbert. Bei versilbertem Besteck erhält ein Metallkern eine Silberauflage in unterschiedlicher Dicke, die an stark beanspruchten Stellen häufig zusätzlich verstärkt wird. Bei dreifach verstärkter Auflage spricht man von **Patentsilber** (s. Abb.). Die Kennzeichnung 80, 90 oder 100 bedeutet, dass für 24 dm^2 Besteckoberfläche entsprechende Mengen Silber in Gramm verwendet wurden (je höher die Zahl, desto dicker die Silberschicht).

Edelstahlbesteck

Das am häufigsten verwendete Grundmaterial ist Stahl, weil er genügend stabil und hart ist. Um das Rosten zu verhindern, wird der Stahl veredelt (**Edelstahl**). Darüber hinaus wird die Festigkeit durch Legieren mit anderen Metallen erhöht. Neben den Kennzeichnungen „rostfrei" oder „stainless" geben die Einprägungen 18/8 oder 18/10 Hinweise auf die Art der Legierung: 18 % Chromanteile sowie 8 bzw. 10 % Nickel.

Bestecke aus Kunststoffen

Vor Allem im Außer-Haus-Geschäft spielen Bestecke aus Kunststoffen eine große Rolle. Auf Grund ihres niedrigen Anschaffungspreises können sie dem Gast zum einmaligen Gebrauch überlassen werden.

Bei großen Caterings ist aus logistischen Gründen die Verwendung von Mehrwegbestecken oft nicht möglich, wenn beispielsweise keine Spülmöglichkeiten zur Verfügung stehen. Für gehobene Anlässe steht Kunststoffbesteck mit Metalloptik zur Verfügung.

Der verwendete Kunststoff muss hitzestabil bis 90 °C sein (z. B. Suppenlöffel), darf nicht leicht zerbrechen (Gabeln, Messer), und muss widerstandsfähig gegen leichte Säuren (wie Zitronensäure) sein. Mögliche Kunststoffe sind Polystyrol (PS) oder Polyethylen (PE). Die Kunststoffe werden bei Sonneneinstrahlung schnell spröde, dies muss bei der Lagerung beachtet werden.

Da Polystyrol oder Polyethylen nicht natürlich abbaubar sind, ist eine fachgerechte (getrennte) Entsorgung notwendig. Beide Kunststoffe sind voll recycelbar.

Arten und Einsatz

Übersicht Besteckgruppen

Die vielfältigen Besteckteile werden nach folgenden Gesichtspunkten geordnet.

> Im klassischen Service werden Desserts als Entremets bezeichnet. Die Kombination von Mittellöffel und Mittelgabel heißt deshalb Entremet-Besteck.

Grundbesteck

Zum Grundbesteck gehören Messer, Gabeln und Löffel, die es in drei verschiedenen Größen gibt. Die *Größe des Bestecks* richtet sich nach dem Volumen der Speise bzw. nach der Größe des Tellers, auf dem die Speise angerichtet ist. In jedem Fall muss aus optischen Gründen die Verhältnismäßigkeit der Größen gewährleistet sein.

Die Wahl eines Bestecks steht in enger Beziehung zu der jeweiligen Art der Speise:

Speisenspezifische Verwendungszwecke für Bestecke		
Großes Besteck (Tafelbesteck)	**Mittelbesteck (Dessertbesteck)**	**Kleines Besteck**

Löffel • für Suppen mit grober Einlage, die in tiefen Tellern angerichtet werden • zum Vorlegen von Speisen, die geschöpft werden können (z. B. Erbsen, Karotten, Reis, Kartoffelpüree und Saucen)	**Messer** • für das einfache Frühstück • auf dem Beiteller für Brot und Butter **Löffel** • für Suppen in Suppentassen • für Frühstücksspeisen	**Löffel** • für Suppen in kleinen Spezialtassen • für cremige Speisen in Gläsern oder Schalen, sofern sie keine festen Bestandteile enthalten • für Quarkspeisen oder Joghurt zum Frühstück
Löffel und Gabel • für selbstständige Gerichte aus Spaghetti • als Vorlegebesteck für Speisen, die mit zwei Bestecken aufgegriffen werden müssen	**Löffel und Gabel** • für Teigwarengerichte, wie Ravioli, Cannelloni und Lasagne • für Desserts, die auf Tellern angerichtet sind, wie Crêpes, Obstsalat, Parfait mit Früchten	**Löffel und Gabel** • für Vorspeisen und Nachspeisen in Gläsern oder Schalen, die in kleingeschnittener Form feste Bestandteile enthalten (z. B. Krabben- oder Gemüsecocktail, cremige Speisen mit Früchten, Früchte in Gelee, Salat von frischen Früchten)
Messer und Gabel • für Hauptspeisen jeglicher Art, sofern das Schneiden erforderlich ist (siehe Fischbesteck)	**Messer und Gabel** • für Vorspeisen und Zwischengerichte • für Frühstücksspeisen (Wurst, Käse, Schinken, Melone) • für Käse als Nachspeise	

Service

GRUNDKENNTNISSE IM SERVICE

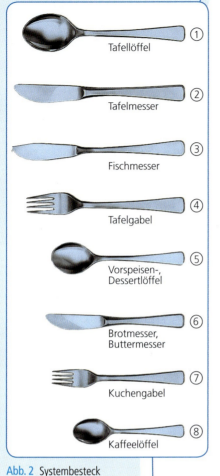

Abb. 2 Systembesteck

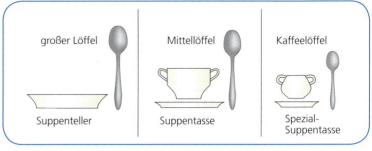

Abb. 1 Verwendung des Löffels

Hotel-Systembesteck

Hotel-Systembesteck ist ein Bestecksortiment, bei dem Art und Größe der Bestecke so gewählt sind, dass sie in verschiedenen Kombinationen und für verschiedenartige Zwecke verwendet werden können. Aufgrund dieser Vereinfachung reduziert sich die Vielfalt der im Einsatz befindlichen Besteckteile.

Die Besteckteile mit den Nummern 5 bis 8 genügen, um Vorspeisen- und Dessertgedecke mit unterschiedlichen Volumen bzw. Größen durch jeweils entsprechende Kombinationen sachgerecht ausstatten zu können.

Beispiel

Die Tafelgabel ist
- einerseits so groß, dass sie für Hauptgerichte ausreicht und gleichzeitig auch für Vorspeisen und Desserts noch angemessen ist,
- andererseits so breit, dass sie auch als Fischgabel eingesetzt werden kann.

Spezialbestecke

- **Fischbesteck**
  Das Fischbesteck ist für Speisen von Fisch sowie Schalen- und Krustentieren geeignet, sofern diese aufgrund ihrer Verarbeitung eine weiche Beschaffenheit haben und nicht geschnitten werden müssen.
  Sonst sind Mittelmesser und Mittelgabel einzudecken, z. B. bei
  - mariniertem Fisch: Matjeshering, Bismarckhering und Rollmops,
  - geräuchertem Fisch: Lachs, Aal und Heilbutt,
  - größeren Stücken von Krebstieren: Hummer, Languste.

- **Austerngabel**
  Mit der Austerngabel werden die frischen Austern aus der Schale herausgelöst. Nach klassischer Art ist es erlaubt, die Austern aus der Schale zu schlürfen.

- **Steakmesser**
  Um das gebratene Steakfleisch einfach und sauber durchschneiden zu können, ist das Steakmesser mit einem Wellen- oder Sägeschliff versehen. Bei Bestellung eines Steaks wird es gegen das Tafelmesser ausgetauscht.

Hilfsbesteck

- **Kaviarlöffel und Kaviarmesser**
  Mit dem Löffel wird der Kaviar auf den Toast vorgelegt und mit dem Messer verteilt. Weil Metalle den Geschmack des Kaviars verändern, sind die Bestecke meist aus Horn oder Perlmutt.

- **Hummergabel**
  Mit der **Hummergabel** wird das Fleisch aus den Scheren und Beingliedern herausgezogen und auf den Teller vorgelegt.
  Damit das möglich ist, bricht der Koch die Scheren an. Das zugehörige Essbesteck ist entweder das Fisch- oder das Mittelbesteck.

  Die **Hummerzange** wird nur dann von den Restaurantfachkräften benötigt, wenn die Krustentiere rustikal (unzerteilt und und aufgebrochen) angerichtet sind.

- **Schneckenzange und Schneckengabel**
  Die Schneckenzange dient dazu, das heiße Schneckenhaus aufzunehmen und zu halten (linke Hand). Mit der Schneckengabel wird die Schnecke aus dem Haus genommen und auf einem Löffel vorgelegt (rechte Hand). Die Butter aus dem Schneckenhaus wird dazugegossen.

  Werden Schnecken in einer Schneckenpfanne serviert, ist lediglich ein Kaffeelöffel oder eine kleine Gabel erforderlich. Die Butter wird in diesem Falle mit Brot aus den Vertiefungen getunkt.

- **Krebsbesteck**
  Das Krebsbesteck dient zum Aufbrechen von Krebspanzer und Scheren. Durch das Loch in der Messerschneide steckt man die Scherenspitzen, bricht diese ab. So kann das Fleisch leicht aus der Schere gezogen werden.

Serviergeräte

- **Saucenlöffel**
  Der Saucenlöffel dient den Servicemitarbeitern zum Vorlegen von Saucen. Außerdem kann er in Verbindung mit der Sauciere eingesetzt werden.

- **Tranchierbesteck**
  Das Tranchierbesteck wird zum portionsgerechten Zerteilen größerer Bratenstücke verwendet. Nur mit einem besonders scharfen Messer lassen sich gute Ergebnisse erzielen. Zum Festhalten des Fleischstückes wird die Tranchiergabel nur aufgelegt und nicht in das Fleisch eingestochen.

- **Salatbesteck**
  Zum Mischen von Frischsalaten und zum Vorlegen aller Salatarten verwendet man an Stelle der Tafelbesteckteile das größer gehaltene Salatbesteck.

- **Käsemesser**
  Beim Käsemesser ist die Klinge mit Kuhlen versehen. Diese verhindern, dass die abgeschnittenen Käsescheiben an der Messerklinge haften. Die Gabelspitzen am Messerrücken dienen zum Vorlegen.

- **Spargelheber**
  Der Spargelheber ist mit Rillen versehen, die das Abgleiten der Spargelstangen verhindern. Die breite Auflagefläche verhindert das Abknicken der Spargelstangen.

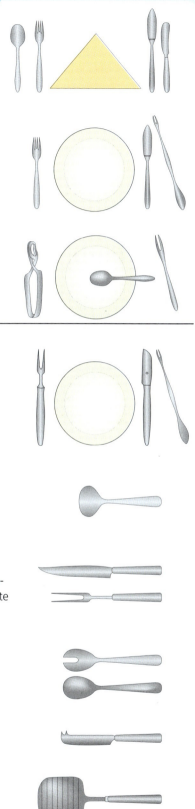

Service

GRUNDKENNTNISSE IM SERVICE

Beim Tragen von Besteckteilen gelten folgende Regeln:
- Beim Mise en place dürfen Bestecke auf einer in der Hand liegenden Serviette getragen werden,
- bei Anwesenheit von Gästen ist in jedem Fall eine Unterlage, entweder ein mit Serviette belegter Teller oder ein Tablett zu verwenden.

Handhaben im Service

Bestecke sollen in ästhetisch einwandfreiem Zustand bleiben. Deswegen sind sie pfleglich zu behandeln. Löffel und Gabeln sollten stets mit den Wölbungen ineinander und nicht gegeneinander liegen.

Nachpolierte Bestecke sind so zu handhaben, dass Fingerabdrücke möglichst vermieden werden. Deshalb gilt:
- Bestecke dürfen niemals in der bloßen Hand getragen werden.
- Beim Aufnehmen und Ablegen am Tisch greift man mit Daumen und Zeigefinger an den schmalen Seitenflächen.
- Das Berühren der nach oben gerichteten Sichtflächen ist unbedingt zu vermeiden.

Reinigung und Pflege

An die Bestecke werden hohe Anforderungen gestellt (Ästhetik, Hygiene). Das ist verständlich, denn die meisten Bestecke kommen in irgendeiner Form mit Speisen, die speziellen Essbestecke außerdem mit dem Mund des Gastes in Berührung. Daraus ergibt sich für den Service die Verpflichtung, Bestecke nur in tadellosem Zustand zu verwenden.

Grundlegende Reinigung

Benutzte Besteckteile getrennt, d.h. Messer, Gabeln und Löffel in verschiedene Besteckspül-Köcher stehend einsortieren. Die Messer müssen stets mit der Klinge nach oben im Köcher stehen. Zum Vorreinigen werden die Besteckteile in den Köchern stehend mit der Spülbrause vorgeduscht. Die Besteckköcher sollten dabei nicht überladen werden, da sonst die Besteckdichte ein einwandfreies Reinigen verhindert.

Abb. 1 Spülmaschine

Nach dem Einschieben in die Maschine beginnt der Spülvorgang. Durch eine richtige Dosierung des Spülmittels und besonders heiße Nachspülung erhält man schlieren- und fleckenfreies Besteck. Das übliche Nachpolieren ist deshalb nicht mehr nötig. Das Nachpolieren von Besteckteilen ist bedenklich, da für viele Besteckteile das gleiche Tuch verwendet wird und somit Bakterien auf das Besteck übertragen werden können.

Aus hygienischen Gründen sollte man beim Entnehmen der mit der Klinge nach oben stehenden Messer Gummihandschuhe verwenden.

Besondere Pflege des Silberbestecks

Silber „läuft an". Durch Schwefelwasserstoff, der sich in Speisen und in der Luft befindet, bildet sich an der Oberfläche der Silberbestecke ein festhaftender bräunlicher Belag. Dieser kann nur mit Hilfe von geeigneten Reinigungsmaßnahmen entfernt werden:

- **Silberputzpaste**
  Sie wird aufgetragen und nach dem Trocknen wieder abgerieben (einfache, zeitaufwendige Methode).

- **Silberbad galvanisch**
  Reinigung erfolgt chemisch mit Hilfe von heißem Wasser, Aluminium, Soda und Salz

- **Silberputzmaschine**
  In einer sich drehenden Trommel befinden sich Stahlkügelchen und ein Spezialmittel zum Reinigen und Polieren.

Abb. 2 Silber-Pflegemittel

2.4 Gläser 🇬🇧 glass-ware 🇫🇷 verres (m)

Die Herstellung von Glas und seine Verarbeitung zu Trinkgläsern war in Ägypten bereits 1500 v. Chr. bekannt. In Syrien wurde um die Zeitenwende die sogenannte Glasmacherpfeife erfunden, die das Mundblasen von Gläsern ermöglichte und den beschleunigten Aufschwung des Glasmachergewerbes zur Folge hatte.

Material

Glas ist ein Schmelzprodukt aus verschiedenartigen Materialien, das durch Abkühlung erstarrt. Zur Herstellung verwendet man:
- als Hauptbestandteil Quarz bzw. Quarzsand, der chemisch aus Kieselsäure besteht,
- als Beimischung unterschiedliche Metalloxide, z. B. Natrium (Natron), Kalium (Kali), Magnesium und Blei.

Auswahlkriterien

Gläser, die im Pressverfahren produziert sind, werden im Allgemeinen nur für einfache Getränke verwendet, z. B.:
- Wasser, Milch und Limonaden,
- Schoppenweine und einfache Schnäpse.

Geblasene bzw. Kristallgläser lassen höherwertige Getränke besser zur Geltung kommen, z. B.:
- hochwertige Säfte und hochwertige Spirituosen,
- Qualitätsweine.

Formen und Arten der Gläser

Grundlegende Gläserformen

In Bezug auf die Grundform unterscheidet man:
- **Bechergläser**, die im Allgemeinen für einfache Getränke verwendet werden, z. B. für Wasser, Bier, klare Spirituosen,
- **Stielgläser**, die im Vergleich zu den Bechergläsern eleganter wirken, für höherwertige Getränke, z. B. für Wein, Schaumwein, Cognac, Liköre, Cocktails.

Getränkespezifische Formen der Gläser

Hochwertige Getränke haben Eigenschaften, die erst durch eine besondere Form des Glases richtig zur Geltung kommen.

Getränke mit besonderen Duftstoffen
Ein typisches Getränkebeispiel ist der **Wein**. Der Kelch des Glases ist zum Rand hin verjüngt, sodass die Duftstoffe oberhalb der Glasöffnung zusammengeführt und nicht wie beim geöffneten Kelch zerstreut werden.

Getränke mit viel Kohlensäure
Typische Getränke sind **Schaumwein** und **Bier**. Das Glas hat eine schlanke, hohe Form, sodass die frei werdende Kohlensäure aufsteigend auf einem langen Weg sichtbar ist. Die niedrige und breite Sektschale ist unter diesem Gesichtspunkt ungeeignet.

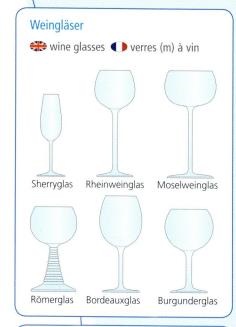

Weingläser
🇬🇧 wine glasses 🇫🇷 verres (m) à vin

Sherryglas — Rheinweinglas — Moselweinglas
Römerglas — Bordeauxglas — Burgunderglas

Schaumweingläser
🇬🇧 champagne glasses
🇫🇷 verres (m) à champagne

Sektspitz — Flöte — Sektkelch

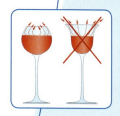

Sektkelch — Sektschale

Service

GRUNDKENNTNISSE IM SERVICE

Reinigung und Pflege

Wenn man bezüglich der Sauberkeit bei Tafelgeräten überhaupt von einer Abstufung sprechen kann, dann sind an die Sauberkeit von Gläsern die höchsten Anforderungen zu stellen. Dafür gibt es wichtige Gründe:
- Selbst Spuren von Schmutz (Fett, Staub, Spülmittelreste) fallen bei Licht besonders auf.
- Sie stören bei hochwertigen und feinen Getränken den Geschmack und das Bukett.
- Fettspuren an Biergläsern mindern beim Zapfen die Ausbildung der Schaumkrone oder sie zerstören diese nachträglich.

Grundlegende Reinigung

Gläser nach Gebrauch so schnell wie möglich spülen. Eingetrocknete Getränkereste erschweren das Reinigen. Getränke- und Garniturreste von Getränken vor dem Beschicken der Spülmaschine entfernen. Nach dem Spülen den Spülkorb mit den Gläsern sofort aus der Maschine nehmen.

Nach dem Spülgang trocknen die Gläser innerhalb kürzester Zeit, da das Wasser auf dem angewärmten Glas rasch verdampft.

Weil bei richtig dosiertem Klarspüler an den Gläsern keine Wasserflecken zurückbleiben, ist das Nachpolieren nicht nötig. Dadurch werden keine Bakterien durch das Poliertuch übertragen.

Beim Einräumen in die Schränke werden die Gläser optisch auf Sauberkeit kontrolliert.

Lagerung der Gläser

Gläser lagert man möglichst in geschlossenen Schränken mit dem Mundrand nach oben. Gläser dürfen niemals ineinander gestapelt werden. Sie sollen auch nicht hängend über der Theke gelagert werden, da Dunst und Raumluft sich im Kelch niederschlagen.

Handhaben im Service

Sowohl beim Mise en place als auch während des Services dürfen Gläser niemals im Trinkbereich angefasst werden. Es ist insbesondere zu vermeiden, in das Glas hineinzugreifen oder es vom oberen Rand her mit den Fingern zu umfassen, **auch nicht beim Ausheben von geleerten Gläsern**.

Stielgläser werden zwischen Daumen sowie Zeige- und Mittelfinger erfasst.

Gläser werden im Allgemeinen auf einem Tablett getragen, wobei die Anzahl so zu begrenzen ist, dass sie nicht aneinanderstoßen. Ein untergelegtes Tuch verhindert das Rutschen. Stielgläser werden beim Mise en place ausnahmsweise zwischen den Fingern der linken Hand hängend getragen, bei Anwesenheit von Gästen aus optischen Gründen jedoch nicht mehr als vier Gläser.

> Beschädigte Gläser müssen aussortiert werden.

Biergläser
🇬🇧 beer glasses 🇫🇷 verres (m) à bière

Becher — Tulpe — Kelch

Bargläser
🇬🇧 bar glasses 🇫🇷 verres (m) de bar

Hoher Tumbler Longdrinks — Tumbler Whisk(e)y — Stamper Klare Spirituosen

Schwenker Weinbrand/Cognac — Spirituosenglas Geiste — Schale Likör/Cocktail

Abb. 1 Handhaben im Service

2.5 Porzellangeschirr 🇬🇧 china 🇫🇷 porcelaine (w)

Das Ursprungsland der Porzellanherstellung ist China. Seitdem die Holländer im 13. Jahrhundert chinesisches Porzellan nach Europa einführten, wurden hier viele Versuche der Nachahmung unternommen.

Eigenschaften

Für den **Porzellankörper** werden die Rohstoffe Kaolin, Quarz und Feldspat verwendet. Je nach der Zusammensetzung und der Art des Brennens erhält man
- hartes oder weiches Porzellan,
- feuerfestes oder nicht feuerfestes Porzellan.

Bezüglich der **Form** gibt es neben gradlinigem, stapelbarem Porzellan auch solches, das sich durch individuell gestaltete, teilweise künstlerisch hochwertige Formen auszeichnet. Rein weißes und buntes Porzellan wird auch mit mehr oder weniger aufwendigem **Dekor** versehen.
Man unterscheidet bei Dekor:
- Randdekors in Form von Linien, Streifen und Bildmotiven (Monogramme oder Vignetten),
- Flächendekors in Form von Blumen, Ranken und anderen Motiven,
- Auf- oder Unterglasurdekors, je nachdem, ob diese vor oder nach dem Glasieren aufgebracht wurden.

Abb. 1 Porzellan

Die **Glasur** gibt dem Porzellan eine glatte, versiegelte Oberfläche, die vor eindringender Feuchtigkeit schützt und die Reinigung wesentlich vereinfacht. Je nach Material und Art des Brennens gibt es *harte* und *weiche* Glasuren.

Auswahlkriterien für Hotelporzellan

Weil Hotelporzellan stark belastet wird, bevorzugt man:
- hartes Porzellan, um Beschädigungen und Verluste durch Bruch möglichst niedrig zu halten,
- harte Glasuren sowie Unterglasurdekors, weil sie gegenüber den mechanischen Einwirkungen beim Essen und Spülen unempfindlicher sind,
- feuerfestes Geschirr, das zum Garen und Überbacken (z. B. auch beim Kochen am Tisch) und zum heißen Anrichten von Speisen unerlässlich ist.

Für die Auswahl von Form und Dekor gelten:
- Für den täglichen Gebrauch werden **stapelbare** und deshalb **raumsparende** Formen sowie schlichte Dekors bevorzugt.
- Für den anspruchsvollen Service, insbesondere zu festlichen Anlässen, kann auf individuell gestaltete Formen sowie auf besonderes Dekor nicht verzichtet werden.

Werden Speisen in tiefen Tellern serviert, setzt man zum sicheren Tragen die tiefen Teller auf flache Teller.

Arten und Einsatz von Porzellangeschirr

Tiefe Teller Ø 26 cm / Ø 23 cm
Diese Teller, auch Suppenteller genannt, werden für Speisen verwendet, bei denen ein etwas höherer Tellerrand erforderlich ist, z. B. für:

- Suppen mit stückigen Einlagen (Gemüse, Hülsenfrüchte, Teigwaren, Reis, Muscheln und Fisch) sowie Eintopfgerichte,
- Spaghetti und andere Teigwarengerichte,
- Frühstücksgerichte (Cornflakes, Porridge, Müsli),
- Salatvariationen,
- warme Desserts.

Tiefe Teller werden außerdem als Ablageteller für nicht verzehrbare Speisenteile verwendet, insbesondere dann, wenn es sich um größere Mengen handelt, z. B. Muschelschalen oder Krustentierpanzer.

Service

GRUNDKENNTNISSE IM SERVICE

Flache Teller Ø 28 cm/ Ø 26 cm
Ø 28 cm, auch Grillteller genannt; für komplette Gerichte. Zubereitungen aus Fleisch, Fisch oder Geflügel werden mit den dazugehörigen Beilagen auf diesen Tellern angerichtet (Tellerservice).
Ø 26 cm, auch Fleisch- oder Gedeckteller genannt; auf ihnen werden meist separat angerichtete Speisen am Tisch vorgelegt. Sie finden aber auch beim Tellerservice Verwendung.

Vorspeisenteller Ø 23 cm
Für kalte und warme Vorspeisen; für Frühstücksbüfett.

Mittelteller Ø 19 cm
auch Dessertteller genannt; für Zwischengerichte, Salate, Käse, Gebäck, Kuchen, Desserts, als Frühstücksteller und Ablageteller.

Kleine Teller/Brotteller Ø 15 cm
für Brot, Brötchen, Toast, Butter, eventuell als Ablageteller.

Platzteller Ø 31 cm
Platzteller sind große dekorative Teller, die den Gedeckplatz während des Essens ausfüllen und auf die jeweils die Teller der Speisenfolge aufgesetzt werden. Sie werden bereits beim Eindecken des Tisches bzw. der Tafel eingesetzt und frühestens nach dem Hauptgang wieder ausgehoben. Damit der dekorative Rand des Tellers sichtbar bleibt, sind Platzteller größer als der größte aufgesetzte Teller. Deckchen schützen die Oberfläche der Platzteller, außerdem können andere Gedeckteile dann geräuscharm aufgesetzt werden.

Suppentassen 0,2 l/0,1 🇬🇧 soup bowls 🇫🇷 tasses (w) à soupe
mit Henkeln, für gebundene und klare Suppen mit Einlage (z. B. Leberklößchen, Markklößchen). Kleine Spezialtassen für exotische Suppen und Essenzen.

Getränketassen 0,15 l/0,2 und weniger 🇬🇧 Coffee cups 🇫🇷 tasses (w) à café
mit unterschiedlichen Formen und den dazu passenden Untertassen für Kaffee, Tee, Schokolade und Milch; desgleichen Mokka- und Espressotässchen.

Platten 🇬🇧 serving dishes 🇫🇷 plats (m)
in ovaler oder rechteckiger Form für Fleisch, in langovaler Form für Fisch und in runder Form vorwiegend für Gemüse.

Saucieren 🇬🇧 sauce boats 🇫🇷 saucières (w)
unterschiedlicher Größe und Formen, teilweise mit Gießer, für warme und kalte Saucen sowie für flüssige und geschlagene Butterarten.

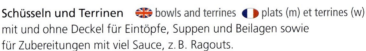

Schüsseln und Terrinen 🇬🇧 bowls and terrines 🇫🇷 plats (m) et terrines (w)
mit und ohne Deckel für Eintöpfe, Suppen und Beilagen sowie für Zubereitungen mit viel Sauce, z. B. Ragouts.

Kännchen 🇬🇧 small can 🇫🇷 burette (w)
mit und ohne Deckel, in Form und Größe verschieden für Kaffee, Tee, Schokolade und Milch; außerdem Gießer für Kaffeesahne zu den Aufgussgetränken.

Backformen 🇬🇧 baking molds 🇫🇷 moules (m) de cuisson
Backformen oder Kokotten, rund und oval, zum Anrichten von Fisch, Fleisch und Gemüse. Zum Gratinieren von Teigwaren, zum Backen von Kartoffeln und Überbacken von Gemüsen.

Eierplatten 🇬🇧 egg dishes 🇫🇷 plats (m) pour les oeufs
oder Eierpfannen zum Anrichten von Eierspeisen und zum Zubereiten und Servieren von Spiegeleiern.

Schneckenpfannen 🇬🇧 snail platters 🇫🇷 plats (f) à escargots
Flache Geschirre mit halbkugelförmigen Vertiefungen, in welche vorbereitete Schnecken gelegt und im Ofen erhitzt werden.

Sonstige Teile
Schalen oder Schälchen für Zucker, Konfitüre, Marmelade, Kompott, Fisch- oder Muschelragout, Apfelmus, geschnittene Kräuter oder Zwiebelwürfelchen; Fingerschalen; Stövchen; Fondueteller, Austernteller.

Wenn sich feste Menüfolgen auflösen und Fingerfood oder „Flying Büfetts" den kulinarischen Teil bestimmen, wird der Wunsch nach individuellem Geschirr laut. Hierfür bieten sich die Minikompositionen aus Glas und Porzellan im Kleinformat an.

Auflaufformen
oder Souffléschalen zum Backen und Servieren von Aufläufen aller Art.

Kasserollen
oval mit Deckel zum Fertigstellen von Spezialgerichten. Die halbfertigen Zubereitungen kommen in die Geschirre (z. B. Geflügel), werden darin fertig gegart und auch serviert.

Die aus **feuerfestem Porzellan** hergestellten Geschirre dienen hauptsächlich zum Zubereiten und Fertigstellen von Speisen, da die Gerichte auch darin serviert werden.

Kein anderer Ausstattungsgegenstand in der Gastronomie hat sich so gewandelt wie das Porzellan. Moderne Formen von Näpfchen, Schälchen, Tellern, die gravierend von der bekannten Form abweichen, lassen sich in flexibler Weise miteinander kombinieren und fordern von der Küche eine kreative Anrichteweise. Es entsteht für die Gäste ein neues faszinierendes Ambiente.

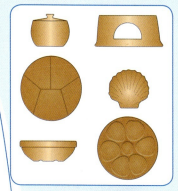
Abb. 1 Feuerfestes Porzellan/Keramik

Abb. 2 Kleinteile

Reinigung und Pflege des Porzellans

Porzellan wird bei 60 °C gereinigt und aus hygienischen Gründen bei 80 °C nachgespült. Die dabei entstehende Wärmereserve lässt das Geschirr selbstständig trocknen. Sauberes Porzellan muss frei von Wasserschlieren und Fettfilm sein.

Schadhafte Geschirrteile werden aussortiert. Bei Tassen, Kännchen und Kannen können sich an Henkelansätzen Rückstände ablagern. Darum kontrolliert man sorgfältig.

Viele Häuser haben ein ausgefeiltes System zum Lagern und Transportieren von Geschirr. Dazu verwendet man sinnvollerweise Transportbehälter im Verbund mit Euro-Paletten oder fahrbare Regalgestelle. Diese Lagerungsart von Porzellan erlaubt eine schnelle Bestandsüberwachung und schützt Tassen und Teller vor Beschädigungen.

Service

GRUNDKENNTNISSE IM SERVICE

2.6 Sonstige Tisch- und Tafelgeräte

🇬🇧 table equipment 🇫🇷 appareils (m) de table

Neben den grundlegenden Geräten, wie Bestecke, Gläser und Porzellan, gibt es solche, die beim Servieren von Speisen ganz bestimmte Zwecke erfüllen.

Menagen 🇬🇧 ondiments 🇫🇷 ménages (m)

Menagen sind Tischgestelle für Essig und Öl, für Salz, Pfeffer, Paprika und andere Gewürze. Behältnisse für Senf und Würzsaucen sowie Pfeffermühlen und Zuckerstreuer zählen auch dazu.

Abb. 1 Menage

Tägliche Pflege von Menagen

Salz- und Pfefferstreuer, Zuckerstreuer
- Glaskörper feucht abwischen und polieren
- verstopfte Löcher mit Zahnstocher „öffnen"
- nachfüllen (höchstens zwei Drittel)

Pfeffermühlen
- trocken abwischen, auffüllen

Senftöpfe
- leeren, reinigen, wieder füllen
- mit etwas Essig beträufeln, um das Austrocknen der Oberfläche zu verhindern

Abb. 2 Parmesandose

Essig- und Ölflaschen
- feucht abwischen und trockenreiben

Würzsaucen
- Flaschenverschluss und Flaschenmund reinigen
- verschmierte und verkrustete Reste abwaschen
- Flaschen feucht abwischen und trockenreiben

Reibkäse/Parmesan
- entleeren und Glaseinsatz waschen

Tischgeräte für spezielle Zwecke

Spezielle Geräte für den Speisenservice sind:
- Rechauds, Clochen und Chafing-Dishes zum Warmhalten von Speisen
- Tranchierbretter, Tranchierbestecke und Flambierrechauds für das Arbeiten am Tisch des Gastes
- Fingerschalen bzw. Fingerbowlen zum Reinigen der Finger

Abb. 3 Rechaudplatten

Rechauds dienen dem Warmhalten von Speisen und Getränken am Tisch des Gastes. Es werden hauptsächlich vorheizbare Wärmespeicherplatten eingesetzt.

Clochen, halbkugelförmige Abdeckhauben, zum Warmhalten angerichteter Speisen während des Transportes aus der Küche. Clochen werden aber auch als Geruchs-, Aroma- oder Abtrocknungsschutz verwendet. Clochen stets gut erwärmt benutzen.

Abb. 4 Käsecloche und Tellercloche

Chafing-Dishes bewähren sich überall dort, wo Speisen über längere Zeit warmgehalten werden müssen, z. B. am Frühstücks- oder Lunchbüfett, sowie bei festlichen Büfetts mit warmen Speisen. Heißes Wasser im unteren Bereich des Gerätes ist der Wärmeträger. Die Beheizung erfolgt mittels Brennpasten, elektrischen Tauchsiedevorrichtungen oder Heizplatten. Anstatt heißem Wasser können die Geräte auch mit Kühlkissen versehen werden, um Speisen kühl zu halten. Die Geräte sind in rechteckiger oder in runder Form erhältlich und können auch durch ein Zusatzprogramm zu einer Suppen oder Saucenstation umfunktioniert werden.

Abb. 1 Chafing-Dish

Saft-, Milch- oder Müslispender, oft auch unter der Bezeichnung „Dispenser" bekannt, sind wichtige Geräte bei der Präsentation und Sauberhaltung von Frühstücks- und Brunchbüffets. Mit deren Hilfe können die Lebensmittel bequem dosiert werden.

Tranchierbretter mit umlaufender Saftrille und napfartiger Vertiefung dienen als Unterlage beim Aufteilen (Tranchieren) von Fleisch und Geflügel am Gästetisch. Austretender Fleischsaft läuft in die Rille und in die Vertiefung und kann mit einem Löffel entnommen werden.

Abb. 2 Tranchierbrett für Räucherlachs

Die **Fingerschale** oder **Fingerbowle** ist eine kleinere Schale, die zum Reinigen der Fingerspitzen mit Wasser und einer Zitronenscheibe gefüllt wird. Sie wird nach dem Genuss von Speisen gereicht, die mit der Hand berührt wurden, z. B. Muscheln, Krebse, Geflügel, rohes Obst. Die Fingerschale steht in einer Stoffserviette, damit Spritzer abgefangen werden.

Abb. 3 Fingerschale

Im **Dekantierkorb** werden alte Rotweine serviert. In **Brotkörben** reicht man Brot und Brötchen oder setzt sie am Tisch ein. Toaste legt man in eine **warme Stoffserviette** und serviert sie auf einem **Mittelteller**. Die warme Serviette verhindert einen Niederschlag der aus den Brotscheiben entweichenden Feuchtigkeit und damit das Weichwerden der Toaste.

2.7 Tisch- und Tafeldekoration

🇬🇧 table decoration 🇫🇷 décoration (w) de table

Die dekorative Ausschmückung eines Tisches oder einer Festtafel schafft Atmosphäre und hat positive Auswirkungen auf die Stimmung der Gäste. Zur Dekoration dienen unter anderem:
- Tischläufer oder Bänder,
- Blumenschmuck oder farbiges Herbstlaub,
- Leuchter mit Kerzen oder Öllichter,
- künstlerisch gestaltete Menü- und Tischkarten.

Abb. 4 Dekantierkorb – Brotkörbchen

Bei der Anwendung ist auf einige Punkte zu achten:
- Tischläufer und Bänder über die gesamte Länge der Tafelmitte legen,
- Blumengestecke möglichst flach (25 cm) halten, da die Gäste kommunizieren wollen,
- Leuchter so aufstellen, dass der Kontakt zum Gegenüber möglich ist.

Die Auswahl der Blumen und Dekorationsgegenstände wird vom Anlass her bestimmt, denn eine Hochzeitstafel verlangt z. B. eine andere Ausstattung als ein Jagdessen (Abb. 5 unten und Abb. 1 und 2 nächste Seite).

Abb. 5 Blumengesteck für Hochzeitstafel

Service — GRUNDKENNTNISSE IM SERVICE

Blumen 🇬🇧 flowers 🇫🇷 fleurs (w)

Blumen haben aufgrund der Vielfalt ihrer Blüten und Farben eine starke Ausstrahlungskraft. Sie vermögen Freude zu wecken. Mit der gleichen Absicht werden sie im Service zum Schmücken von Tischen und Festtafeln verwendet. Ob als Solitär (Einzelblüte) in Form einer Rose auf den Tischen im Abendrestaurant, ob als schlichtes Sträußchen auf dem Frühstückstisch oder als dekoratives Gesteck auf einer Festtafel, stets kommt dabei die besondere Aufmerksamkeit gegenüber dem Gast zum Ausdruck. Bezüglich Auswahl und Pflege der Blumen ist von Bedeutung:

- Die Größe des Blumenarrangements muss dem Anlass angemessen sein (Frühstück, Hochzeit), wobei zu beachten ist, dass die Blumen in Farbe und Größe harmonieren,
  - die Sicht zum gegenübersitzenden Gast nicht beeinträchtigen,
  - nicht Teller oder Gläser der Gäste berühren.
- Stark duftende und Blütenstaub abgebende Blumen sind ungeeignet.
- Die Blumen bleiben länger frisch, wenn man sie nachts in einen kühlen Raum bringt. Am nächsten Morgen werden sie mit frischem Wasser versorgt. Vorher werden die welken Blumen entfernt und die Schnittblumenstiele schräg angeschnitten.

Abb. 1 Gesteck für Jagdessen

Kerzen 🇬🇧 candles 🇫🇷 bougies (w)

Kerzenlicht ist gedämpftes und warmes Licht und eignet sich deshalb besonders gut, eine gemütliche Atmosphäre zu schaffen. In Verbindung mit dekorativen Leuchtern auf Festtafeln wird darüber hinaus die festliche Stimmung auf besondere Weise unterstrichen.

Abb. 2 Gesteck mit Kerze

Aufgaben

1. Welche Metalle werden zur Herstellung von Bestecken hauptsächlich verwendet und warum?
2. Begründen und beschreiben Sie die besonderen Reinigungsmaßnahmen für Silberbesteck.
3. Nennen Sie unter Beachtung der jeweiligen Größe die Verwendungszwecke:
   a) für den Löffel,
   b) für die Kombination Messer und Gabel,
   c) für die Kombination Löffel und Gabel.
4. Nennen Sie Beispiele für Speisen, zu denen das Fischbesteck eingedeckt wird.
5. Nennen Sie Fischzubereitungen, zu denen Messer und Gabel einzudecken sind. Begründen Sie das.
6. Beschreiben Sie an Beispielen getränkespezifische Glasformen in Bezug auf Bukett und Kohlensäure.
7. Was versteht man unter Menagen und was gehört dazu?
8. Beschreiben Sie die Pflegemaßnahmen für Menagen im Einzelnen.
9. Erläutern Sie Ihrem Kollegen/Ihrer Kollegin die Begriffe
   a) Chafing dishes   b) Rechauds   c) Clochen
10. Welche Gegenstände können als Dekorationsmittel bei Tischen und Tafeln eingesetzt werden?
11. Beschreiben Sie wichtige Vorbereitungsarbeiten im Office und im Restaurant.
12. Was sind Servicetische, wo befinden sie sich und welche Funktion erfüllen sie?
13. Wie korrigiert man wackelnde Tische fachgerecht?

3 Restaurant

🇬🇧 preparatory work in the restaurant 🇫🇷 mise en place au restaurant

Der Arbeitsablauf im Service ist durch zwei aufeinanderfolgende Arbeitsphasen gekennzeichnet:
- Die Vorbereitungsarbeiten im Hinblick auf die nächste Mahlzeit.
- Das Bedienen von Gästen während einer Mahlzeit.

Das Bedienen der Gäste ist zweifellos die interessantere Aufgabe, doch der eigentliche Service kann nur dann rasch, reibungslos und zufriedenstellend ablaufen, wenn die Vorbereitungsarbeiten mit angemessener Sorgfalt ausgeführt wurden.

3.1 Überblick über die Vorbereitungsarbeiten

Die Vorbereitungsarbeiten werden als Mise en place bezeichnet.
Der Begriff kommt aus dem Französischen. Im engeren Sinn bedeutet das „an den Platz stellen" oder „legen", z. B. Bestecke, Gläser.

Vorbereitungsarbeiten im Office

Das **Office** liegt meist zwischen Küche und Gastraum. Es dient als:
- **Bereitstellungsraum** für Tischwäsche, Porzellan, Gläser, Rechauds usw.; kurz für alles, was zum Service erforderlich ist;
- **Arbeitsraum** für Pflege aller zum Service notwendigen Gegenstände.

Vorbereitungsarbeiten im Restaurant

Das Mise en place beeinflusst die Arbeiten am Servicetisch und am Gästetisch.

Servicetisch 🇬🇧 service table 🇫🇷 table (w) de service
Der Servicetisch ist dem Abeitsbereich (Revier) zugeordnet, aus der Sicht der Arbeitsorganisation ist er ein vorgeschobener Arbeitsplatz.

Der Servicetisch
- verkürzt die Arbeitswege, denn der Weg Restauranttisch ←→ Servicetisch ist meist kürzer als der Abstand Restauranttisch ←→ Office;
- ist entsprechend dem jeweiligen Service (à la carte, Bankett) und dem Angebot auf der Speisekarte, z. B. für Spezialitäten wie Austern, Hummer, Schnecken auszustatten.

Restauranttisch 🇬🇧 guest tabe 🇫🇷 table (w) de restaurant
Für die Vorbereitung gilt:
- Tische ausrichten und auf Standfestigkeit prüfen, evtl. durch Unterlegen von Korkscheiben oder Verstellen einer Tischbeinschraube stabilisieren,
- Molton aufspannen und Tischtücher auflegen,
- Grundgedeck eindecken.

Mise en place bedeutet, dass alle für den Serviceablauf notwendigen Gegenstände bereitgelegt werden. Darüber hinaus sind jedoch auch alle anderen vorbereitenden Arbeiten gemeint. Die Vorbereitungsarbeiten werden in zwei voneinander getrennten Arbeitsbereichen ausgeführt: im Office und im Restaurant.

Die Arbeiten sind im Einzelnen bei Geschirr und Geräten ab Seite 224 beschrieben.

Zusammenfassung der Vorbereitungsarbeiten im Office:
- Spülen und Polieren der Gläser,
- Reinigen der Brotkörbe, Tabletts, Servierbretter und Rechauds,
- Säubern und Auffüllen der Menagen,
- Überprüfen der Rechauds auf Betriebsfähigkeit,
- Nachpolieren und Einsortieren von Porzellan in den Wärmeschrank,
- Einordnen des Silbers in Besteckkästen,
- Austauschen, Auffüllen und Einsortieren von Tischwäsche und Gläsertüchern.

Service

GRUNDKENNTNISSE IM SERVICE

Guéridon

Als *Guéridon* (Beistelltisch) bezeichnet man kleine Tische, die zu unterschiedlichen Zwecken an den Tisch des Gastes herangestellt werden.

Einsatz des Guéridon:
- zum Flambieren, Tranchieren und Vorlegen von Speisen; oder
- zum Servieren von Wein und Schaumwein aus Flaschen.

3.2 Herrichten von Servicetischen

Funktion des Servicetisches

Aus dem Vorrat des Office werden die für die Mahlzeit erforderlichen Geräte ausgewählt und auf dem Servicetisch griffbereit angeordnet. In größeren Restaurants hat jede Station ihren eigenen Servicetisch. Dadurch werden wechselseitige Störungen und Behinderungen vermieden.

Servicetische werden eingesetzt bei:
- Frühstück
- Hauptmahlzeiten
- Kaffee und Kuchen
- Sonderveranstaltungen

Ausstattung des Servicetisches

Es gibt Servicetische, die auf den gesamten Service ausgerichtet sind und deshalb alle Materialien bzw. Geräte enthalten, die zu den verschiedensten Servicevorgängen erforderlich sind. Es gibt aber auch Servicetische, die aufgrund ihrer jeweiligen Zweckbestimmung unterschiedlich ausgestattet sind.

Einteilung des Servicetisches

Zugunsten der Überschaubarkeit ist der Tisch in drei Bereiche eingeteilt:
- Der hintere Bereich ist für die größeren, höheren Tischgeräte bestimmt,
- im mittleren Bereich liegen die Bestecke,
- der vordere Bereich ist, abgesehen von Tabletts, grundsätzlich frei. Er dient zu letzten Handgriffen beim Service, z. B. Aufnehmen von Vorlegebestecken, Anlegen von Essbestecken an Vorspeisen oder Suppen, Aufsetzen von Suppentassen auf vorbereitete Suppengrundgedecke.

Abb. 1 Einteilung eines Servicetisches

Um störungsfreie Serviceabläufe zu gewährleisten, darf die freie Fläche nicht zum Abstellen von gebrauchtem Geschirr benutzt werden.

Abb. 2 Beispiel einer Servicestation

3.3 Herrichten von Tischen und Tafeln

Der Tisch ist der Ort, an dem der Gast bedient und verwöhnt werden möchte, an dem er sich wohl fühlen und entspannen will. Angesichts solcher Erwartungen ist dem Gasttisch und allem, was zu seiner Ausstattung gehört, eine besondere Aufmerksamkeit zu schenken.

Der Tisch darf nicht wackeln, denn das ist eine unzumutbare Störung. Gegebenenfalls ist er mit einer Korkscheibe unter dem entsprechenden Tischbein festzustellen. Bierdeckel und anderes großflächiges Material ist dazu aus optischen Gründen nicht geeignet.

Abb. 1 Ein Korkkeil wird heruntergeschnitten und unter das Tischbein gelegt

Der Tisch muss einladend wirken durch:
- ein sauberes, sorgfältig ausgebreitetes Tischtuch,
- eine ansprechend geformte Serviette,
- ordnungsgemäß aufgelegte und ausgerichtete Gedeckteile.

Behandeln der Tischwäsche

- Die Wäsche ist nach dem Bügeln so zu lagern, dass sie nicht schon vor der Wiederverwendung verschmutzt und zerknittert ist.
- Das Auflegen von Tischtüchern muss sachgerecht und mit angemessener Sorgfalt ausgeführt werden (siehe in den nachfolgenden Abschnitten).
- Die Tücher, die nach dem Gebrauch einen weiteren Einsatz zulassen, sind mit Vorsicht exakt in die Bügelfaltung zurückzulegen.

Umgang mit Tisch- und Tafeltüchern

Tischtücher sind quadratisch oder rechteckig, selten rund.

Die Größe ist der Tischplatte so angepasst, dass die Tuchenden an allen Seiten gleichmäßig etwa 25 cm herabhängen.

Das Tischtuch wird nach dem Mangeln zuerst zweimal längs und dann zweimal quer zusammengelegt (siehe Skizzen ① – ⑤).

Voraussetzung für das fachgerechte Auflegen und Abnehmen eines Tischtuches sind exakt gebügelte und richtig gefaltete Tischtücher.

Faltet man ein Tischtuch auseinander, so zeigen sich drei Längs- und drei Querbrüche und damit 16 quadratische Felder. Wichtig ist, dass der Mittelbruch des aufgelegten Tischtuches immer parallel zu den Tischkanten auf der Mitte der Tischplatte liegt und nach oben zeigt.

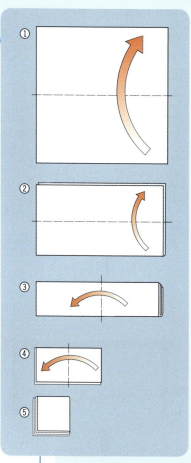

Abb. 2 Falten eines Tischtuches

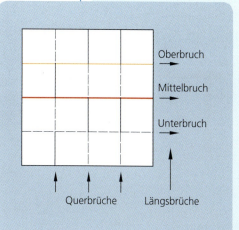

Abb. 3 Tischtuch mit Längs- und Querbrüchen

Service

GRUNDKENNTNISSE IM SERVICE

Angesichts unterschiedlicher Raumsituationen muss in der Praxis die beste Lösung ausprobiert werden.

Auflegen von Tisch- und Tafeltüchern

Quadratische und kleinere rechteckige Tücher

Der Tisch muss einen festen Stand haben. Sollte er wackeln, wird er mit dünnen Korkscheiben stabilisiert.

Vor dem Auflegen des Tischtuches ist die Moltonunterlage zu prüfen; diese muss glatt und fest über die Tischplatte gespannt sein.

Beim Auflegen des Tischtuches muss die Servierfachkraft so vor dem Tisch stehen, dass ihr Rücken zur Eingangstür zeigt. Damit ist der Oberbruch immer auf der gegenüberliegenden Seite und somit meist zur Fensterseite gerichtet.

- Das Tischtuch wird nun auf den Tisch gelegt und in seiner Länge entfaltet. Die seitlich überhängenden Tuchenden müssen gleichmäßig lang sein.
- Beide Webkanten (Enden) des Tischtuches ① + ② müssen unten liegen, der Mittelbruch obenauf; sie zeigen zur Servicefachkraft.
- Mit ausgestreckten Händen erfassen Daumen und Zeigefinger den Mittelbruch ④ des Tischtuches, gleichzeitig halten Zeigefinger und Mittelfinger die darunterliegende Webkante ② des Tuches zu sich hergezogen. Die folgende zweite Webkante liegt frei auf dem Tisch. (Abb. 1)
- Das Tischtuch wird nun angehoben und die freiliegende Webkante ① mit leichtem Schwung, und entsprechend lang, über die entgegengesetzte Tischkante gebracht. (Abb. 2)
- Den mit Daumen und Zeigefinger gehaltenen Mittelbruch ④ lässt man nun los. Dann wird die mit Zeigefinger und Mittelfinger festgehaltene Webkante ② des Tuches nach vorn gezogen, wobei gleichzeitig die korrekte Lage des Tischtuches bestimmt wird. (Abb. 3)
Das Glattstreichen der Tischtücher mit den Händen ist unhygienisch und abzulehnen.

Größere rechteckige Tafeltücher

Wegen ihrer Größe muss das Auflegen in diesem Falle von **zwei Personen** ausgeführt werden.

- Das Tuch, auf der Tafel liegend, vorsichtig in den Querbrüchen entfalten und auseinander legen,
- mit den Händen die Ecken erfassen, das Tuch vorsichtig auseinander ziehen und nach sorgfältiger Prüfung der Abstände und Ausrichtungen auf der Tafel ablegen.

Bei Festtafeln ist darüber hinaus auf die Lage der Oberbrüche und der Überlappungen besonders zu achten. Bezüglich der Oberbrüche gilt: Ist zum Überdecken der Tafel eine Tischtuchbreite ausreichend, dann liegen die Oberbrüche

- bei der langen Tafel nach der Seite, die unter Beachtung aller Umstände (z. B. Sitzordnung, Tageslicht) am zweckmäßigsten erscheint. (Abb. 4)
- bei den übrigen Tafelformen, abgesehen vom senkrechten Teil der T-Tafel und dem Mittelteil der E-Tafel, nach den Außenseiten. (Abb. 1 auf S. 241)

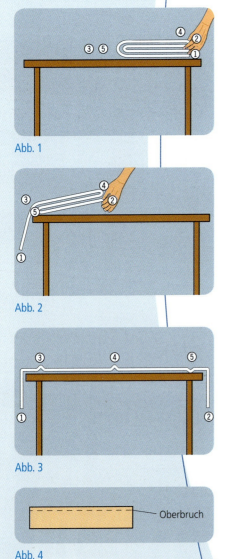

Abb. 1

Abb. 2

Abb. 3

Abb. 4 — Oberbruch

240

Sind zum Überdecken der Tafel zwei Tuchbreiten erforderlich, können die Oberbrüche
- entweder nach beiden Seiten unmittelbar auf den Tischkanten liegen (vorausgesetzt, die Überhänge der Tischtücher reichen höchstens bis auf die Sitzhöhe der Stühle),
- oder andernfalls auf den Tischen.

Für die Überlappung gilt:
- Bei Tageslicht liegen die Tischtücher zum Licht hin übereinander, so entsteht keine Schattenwirkung.
- Aus der Sicht des eintretenden Gastes liegen die Überlappungen von ihm weg, damit er nicht unter die Kanten schaut. (Abb. 2)

Abnehmen von Tisch- und Tafeltüchern

Saubere Tischtücher legt man zum nochmaligen Gebrauch wieder exakt in ihre alten Bügelfalten zurück:

- Die Arme spreizen und mit Daumen und Zeigefingern den Mittelbruch des Tuches rechts und links fassen.
- Tischtuch nach oben heben, sodass beide Seiten frei hängen und das Tuch im Mittelbruch gefaltet ist. Durch das jeweilige Hochheben in den Brüchen und das Herabfallenlassen der Seitenteile legt sich das Tuch exakt in die Bügelfalten zurück.
- Das nun einmal gefaltete Tuch mit den Längsbrüchen nach oben auf den Tisch legen; die Längsbrüche fassen und das Tuch ein letztes Mal nach oben heben, damit es glatt hängt.
- Danach auf dem Tisch zweimal korrekt in seine Querfalten zurücklegen und das zusammengelegte Tischtuch im Servicetisch verwahren.

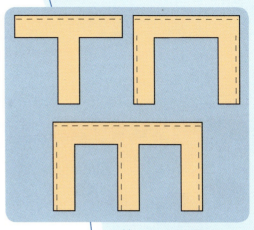

Abb. 1 Lage der Oberbrüche bei Tafeln

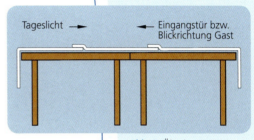

Abb. 2 Überlappung

Zum Abnehmen von Tafeltüchern sind zwei Personen erforderlich.

Mund- und Dekorationsserviette 🇬🇧 napkins 🇫🇷 serviettes (w)

Für den gepflegten Service ist es üblich, Servietten in eine mehr oder weniger aufwendige Form zu bringen. Diesen Vorgang bezeichnet man als Falten oder Brechen der Servietten. Mundservietten benutzt der Gast zum Schutz seiner Kleidung sowie zum Abtupfen des Mundes vor dem Trinken oder nach dem Essen.

Servietten gibt es in verschiedenen Größen:

Material	Größe	Verwendung
Papier, Zellstoff oder Vlies	20 × 20 cm	Aufgussgetränke, Bargetränke, Speiseeis
Papier, Zellstoff oder Vlies	33 × 33 cm	Kleinere Gerichte, Zwischenmahlzeiten
Papier, Zellstoff oder Leinen	40 × 40 cm	Frühstück, Hauptmahlzeiten
Leinen (Damast)	50 × 50 cm und größer	Festliche Bankette und Dekorationen

Um möglichst viele Varianten herstellen zu können, werden die Servietten heute nicht mehr vorgefaltet, sondern offen, mit der linken Seite nach oben (Saumnaht sichtbar) aufbewahrt. Eine Ausnahme bilden lediglich übergroße Servietten, die in Schränken sonst nicht ausreichend Platz finden.

GRUNDKENNTNISSE IM SERVICE

Falten von Mundservietten napkin folding  pliage (m) des serviettes

Einfache und gefällig aussehende Servietten werden aus hygienischen Gründen mit **Textilhandschuhen** aus den nachfolgend dargestellten Grundelementen A, B, C oder D gefaltet:

Zweiteilige Faltung	Diagonale Faltung	Dreiteilige Faltung

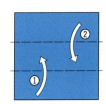

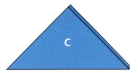

Aus der Grundform A, B oder C werden die meisten Serviettenformen erstellt.

Dreifache Welle

Serviette mit dreiteiliger Faltung **(D)** wieder zum Rechteck öffnen. Die beiden Außendrittel so umlegen, dass sie mit ihren Seitenkanten auf die senkrechten Brüche zu liegen kommen.

Der mittlere Serviettenteil wird durch eine schiebende Bewegung nach oben gewölbt auf den linken Teil gebracht, worauf durch Anlegen und Umschlagen des rechten Drittels an die mittlere Wölbung die dreifache Welle entsteht.

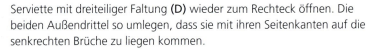

Jakobinermütze

Beim Grundelement **(B)** werden die geschlossenen oder die offenen Spitzen der Serviette um ein Drittel nach oben gefaltet. Die entstandene Figur wird rund gestellt und ineinander gesteckt.

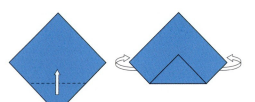

Doppelter Tafelspitz

Faltung aus Grundelement **A**

① Die beiden oberen Enden zur Mitte hin falten, sodass ein Dreieck entsteht.
② Hilfsfalz andrücken und wieder öffnen.
③ Die linke obere Lage so nach rechts ziehen, dass die beiden Hilfsfalze aufeinander liegen.
④ Das rechts verbleibende obere Dreieck entlang der Mittellinie nach links falten.
⑤ Die darunter liegende rechte Lage so nach links ziehen, dass ihr Hilfsfalz auf der linken Außenkante liegt.
⑥ Das rechts verbleibende vierte Dreieck nach hinten falten.
⑦ Die Figur an der oberen Spitze anfassen und füllig aufstellen.

Ahornblatt

Faltung aus Grundelement **A** mit der offenen Seite nach oben

  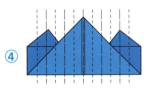

① Die rechte und linke Ecke der oberen Lage auf die Mittellinie zurückfalten und die Serviette wenden.
② Jetzt nur die obere Lage längs nach unten falten.
③ Die linke und rechte Ecke der jetzt oberen Lage entlang den schraffierten Linien nach oben falten.
④ Die Serviette wenden. Die gesamte Serviette ziehharmonikaartig zusammenfalten. Gut zusammendrücken, am unteren Ende festhalten und an der oberen Seite vorsichtig auseinander ziehen.

Service

GRUNDKENNTNISSE IM SERVICE

Tüte

Faltung aus Grundelement **A**

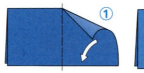 

① Die rechte Hälfte zur Mitte hin als Tüte einrollen.
② Die linken unteren Ecken auf die Spitze der Tüte legen.
③ Die exakt aufeinanderliegenden Spitzen der Tüte nach oben falten.
④ Die Ecke rechts bleibt freistehend. Die Servietten rundformen und aufstellen.

Krone/Doppelte Bischofsmütze

Faltung aus Grundelement **A**

 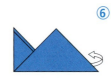

① Die linke obere und die rechte untere Ecke jeweils zur Mitte hin falten, sodass eine Raute entsteht.
② Die Serviette wenden.
③ Jetzt die Raute nach unten halbieren und die verdeckte Dreieckspitze herausfalten, sodass zwei Pyramiden entstehen.
④ Das obere Dreieck nach unten schlagen und die linke Pyramide zum Dreieck falten.
⑤ Die geöffnete Pyramide wieder nach oben falten.
⑥ Die Spitze der Pyramide in das Dreieck stecken und rundstellen.

Segelboot

Faltung aus Grundelement **B**

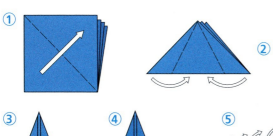
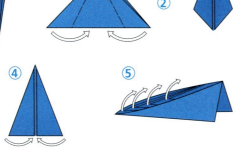

① Die quadratisch vorgefaltete Serviette diagonal zum Dreieck falten und wenden.
② Die vier offenen Spitzen des Dreiecks liegen oben. Jetzt das linke und rechte Ende so nach innen falten, dass eine Drachenfigur entsteht.
③ Die Figur an die Tischkante legen und die unteren Enden nach unten falten.
④ Das linke und rechte Ende nach unten falten. Die Mitte zeigt nach oben. Gut zusammendrücken.
⑤ Die Spitzen als Segel vorsichtig aus der Mitte herausziehen und aufrichten, sodass ein Segelboot entsteht.

Lilie

Faltung aus Grundelement **C**

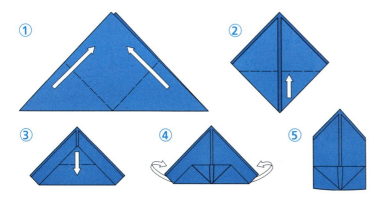

① Die linke und rechte Ecke zur Mitte hin falten, sodass ein Quadrat entsteht.
② Die untere Spitze des Quadrats ca. 2 cm unterhalb der Mittellinie nach oben falten.
③ Von dem jetzt oben aufliegenden, kleineren Dreieck die Spitze zur Grundlinie zurückfalten.
④ Die linke und rechte Ecke nach hinten falten, ineinanderstecken und die Serviette rund formen.
⑤ Die beiden Spitzen vorne oben vorsichtig nach unten ziehen und die Enden in die Manschette auf halber Höhe einstecken.

Service

GRUNDKENNTNISSE IM SERVICE

Falten von Dekorationsservietten

In der Erlebnisgastronomie setzt man besondere Serviettenformen auch als Dekorationsmittel ein. Darum werden hier entsprechende Möglichkeiten dargestellt.

Seerose – Artischocke

① Serviette mit dem Saum nach oben legen und die vier Ecken exakt zur Mitte falten.
② Den gleichen Vorgang wiederholen.
③ Serviette wenden.
④ Die vier Ecken abermals zur Mitte falten.

⑤ Die vier inneren Ecken mit dem Finger gut festhalten. Die verdeckten Tuchzipfel nach außen ziehen, bis eine Seerose entsteht.
⑥ Die so freigewordenen weiteren vier Tuchzipfel von unten heraus steil nach oben ziehen, bis eine Artischocke entsteht.

Hörnchen – Schwanenhals

Verwendung: Ausschließlich zur Dekoration auf Silberplatten und Büfett-Tafeln.

① Serviette mit dem Saum nach oben legen, mit einem Dreieck von Alufolie belegen.
②/③ Die Ecken zweimal exakt nach innen falten.
④ Das entstandene Element halbieren.

⑤ Die Spitze des Elements so verändern, dass das Hörnchen entsteht.
⑥ Die Spitze des Elements so verändern, dass der Schwanenhals entsteht.

3 Restaurant

3.4 Gedecke 🇬🇧 cover 🇫🇷 couvert (m)

Grundgedecke

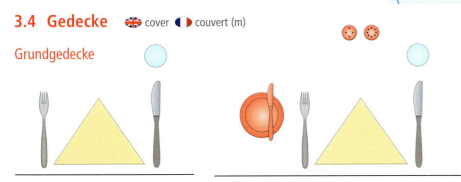

Abb. 1 Grundgedeck 1

Abb. 2 Grundgedeck 2

Durch das Eindecken von Grundgedecken vor Servicebeginn sparen die Servicefachleute Zeit beim Servieren von Speisen und Getränken. Sie schaffen Zeit für ein Verkaufsgespräch sowie für eine Gästeberatung. Außerdem ermöglicht diese Vorarbeit einen schnelleren Serviceablauf.

Ferner wirkt ein eingedeckter Tisch auf die Gäste wesentlich einladender als ein kahler Tisch. Der Gast fühlt sich in einem ansprechenden Ambiente eher willkommen.

Da nicht bekannt ist, was die zu erwartenden Gäste im À-la-carte-Service im Einzelnen bestellen, also essen und trinken wollen, werden auf den Tischen im Restaurant lediglich die Grundgedecke vorbereitet. Erst nach der Bestellung des Gastes entscheidet es sich, ob das Grundgedeck bleibt oder ob Gedeckteile ergänzend einzusetzen bzw. bereits vorhandene auszuheben oder auszutauschen sind.

Beispiele für auszutauschende Besteckteile:
- bei Spaghetti Tafelmesser gegen Suppenlöffel
- bei Steak Tafelmesser gegen Steakmesser
- bei Fischgerichten Messer und Gabel gegen Fischbesteck

Ablauf des Eindeckens

Zuerst wird mit der Serviette oder dem Platzteller der Gedeckplatz markiert. Will man die Serviette zuletzt einsetzen, dient der Stuhl der Orientierung. Gedecke, die sich gegenüberliegen, sollten nach Möglichkeit deckungsgleich (Gabel zeigt zum Messer und umgekehrt) eingedeckt werden.

Die Mindestausstattung eines Grundgedeckes sind:
- Serviette
- großes Messer (Tafelmesser)
- große Gabel (Tafelgabel)
- Universalglas für Wein oder Wasser

Je nach Vorgabe und Betrieb eventuell auch Brotteller, Buttermesser und Menagen.

Erweiterte Grundgedecke

Abb. 3 Hauptgang mit Suppe …

Abb. 4 Hauptgang mit Suppe, Dessert und zweitem Glas für Wasser

Menügedecke 🇬🇧 menu covers 🇫🇷 couverts (m) pour des menus

Menügedecke stehen in direkter Beziehung zu bestimmten vorgegebenen Speisenfolgen bzw. Menüs, z. B. Tagesmenüs oder dem Menüangebot an Festtagen und zu Festbanketten.

Abb. 1 Gedeck für ein einfaches Menü mit 3 Gängen und zwei Getränken

Abb. 2 … erweitert um Brotteller und Menage

Getränke:
Wasser, Weißwein, Rotwein, Sekt

Speisen:
Räucherlachs, Toast und Butter,
Geflügelcremesuppe,
Filetsteak nach Gärtnerinart,
Aprikosen mit Weinschaumsauce

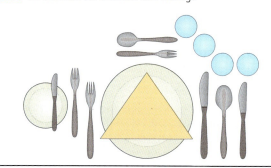

Abb. 3 Menügedeck mit Platzteller

Ablauf des Eindeckens

Zuerst wird mit der Serviette oder dem Platzteller der Gedeckplatz markiert. Wenn man ohne Platzteller arbeitet, dient der Stuhl der Orientierung.

Eindecken der Bestecke

- Als erstes großes Messer rechts und große Gabel links für das Hauptgericht eindecken. Als Ausnahme gilt nur, wenn statt Fleisch ein Fischgericht zum Hauptgang serviert wird. Diese Besteckteile zum Hauptgericht müssen immer vor allen anderen eingedeckt werden.
- dann entsprechend des Menüaufbaus nacheinander Mittellöffel für die Suppe rechts,
- Mittelmesser rechts und Mittelgabel links für die kalte Vorspeise (die Gabel wird etwas nach oben geschoben),
- den Abschluss bildet das Besteck oberhalb des Gedeckplatzes für das Dessert:
  - Mittelgabel unmittelbar oberhalb des Gedeckplatzes, den Griff nach links gerichtet,
  - Mittellöffel oberhalb der Gabel, den Griff nach rechts gerichtet.
  - Die Lage der Griffe deutet die Richtung an, in der die Bestecke vor dem Servieren des Desserts auf den Gedeckplatz heruntergezogen werden. Die Gabel liegt unterhalb, damit man beim Erfassen des Löffels nicht mit den Gabelzinken in Berührung kommt.

Einsetzen der Gläser

- Ein Glas wird zuerst oberhalb des Messers zum Hauptgang platziert. Dieses bezeichnet man als **Richtglas**.
- Dann nacheinander das Glas zur kalten Vorspeise vor und das Glas zum Dessert hinter dem Richtglas platzieren.
- Meist wird heute ein Wasserglas gleich mit eingedeckt. Der Optik wegen verwendet man statt eines Becherglas ein kleineres Stielglas, das besser zu den bereits eingesetzten Weingläsern passt.

Die Gläser können als *diagonale Reihe* (siehe im Menü S. 248) oder im *Dreieck als 3er-Block* angeordnet werden.

Maximal sollten im Gedeck nur 3 Gläser und zusätzlich ein Wasserglas eingedeckt werden. SInd mehr Gläser erforderlich, werden diese entsprechende der Speisenfolge rechtzeitig eingesetzt.

Der **Brotteller** wird zuletzt links vom Gedeck platziert. Ein Messer, dessen Schneide nach links gerichtet ist, wird nur aufgelegt, wenn es zum Toast oder Brötchen auch Butter gibt.

Ausrichtungen

- Die Bestecke liegen im rechten Winkel zur Tischkante, exakt parallel zueinander,
- die Besteckenden sind mit Ausnahme der zweiten Gabel alle auf einer gedachten Linie im Abstand von 1 cm zur Tischkante (s. Seite 247).
- Das Dessertbesteck liegt parallel zur Tischkante.

Anzahl der Besteckteile

- **Beim Menügedeck werden Bestecke für höchstens 5 Gänge eingedeckt,** d. h.:
    - **rechts** vom Gedeckplatz **4** Bestecke (kalte Vorspeise, Suppe, warme Vorspeise oder Fischgericht, Hauptgericht),
    - **links** vom Gedeckplatz **3** Bestecke (kalte Vorspeise, Vorspeise oder Fischgericht, Hauptgericht),
    - **oberhalb** des Gedeckplatzes **2** Bestecke (Käse oder Süßspeise).

Sollte das Menü mehr als 5 Gänge umfassen, sind grundsätzlich immer die Besteckteile des Hauptganges einzudecken und die im Gedeck fehlenden Bestecke an entsprechend der Stelle der Speisenfolge rechtzeitig nachzudecken.

Beispiel eines 4-Gang-Menüs

Abb. 1 5-Gang-Menü mit 3 Weingläsern und 1 Wasserglas

- **kalte Vorspeise:** Fischmesser und Fischgabel
- **Suppe:** Mittellöffel
- **Zwischengericht:** Mittelmesser, Mittelgabel
- **Hauptgericht:** Tafelmesser, Tafelgabel
- **Dessert:** Mittelgabel, Mittellöffel, auch Entremet-Besteck genannt

Aperitif	Doppelte Kraftbrühe Toast
Weißwein	Lachsfilet auf Safransauce
Weißwein	Kalbsmedaillons Gartengemüse und Spinatnudeln
Rotwein	Käseauswahl

3.5 Festliche Tafel – Bankett-Tafel

🇬🇧 banquet table 🇫🇷 table de banquet

Vor dem Eindecken einer festlichen Tafel müssen folgende Arbeiten erledigt werden:
- Stellen der geeigneten Tafelform je nach Anlass und Personenzahl.
- Auflegen der Moltons und Tafeltücher.
- Auflegen von textilem Tischschmuck wie z. B. farbigen Dekorationsbändern.

Festlegen der Gedeckplätze

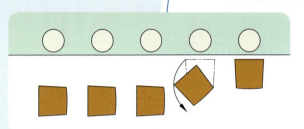

- Unter Berücksichtigung von 70 bis 80 cm Gedeckplatzbreite die Stühle an die Tafel heranstellen und exakt (auch zur gegenüber liegenden Tischseite) ausrichten,
- Gedeckplätze mit Hilfe der Servietten oder der Platzteller markieren,
- Stühle auf dem rechten hinteren Stuhlbein um 90° von der Tafel abdrehen, damit das Eindecken um die Tafel herum ohne Behinderung geschehen kann.

Eindecken der Bestecke und Gläser

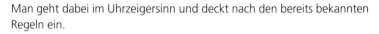

Man geht dabei im Uhrzeigersinn und deckt nach den bereits bekannten Regeln ein.

Um das Überladen der Festtafel zu vermeiden, sollen nicht mehr als **3 Besteckteile links, 4 Besteckteile rechts** und **2 Besteckteile** oben nebeneinander liegen sowie nicht mehr als **3 Gläser** eingesetzt werden. Zusätzlich benötigte Bestecke oder Gläser sind in Verbindung mit der jeweiligen Speise oder dem Getränk nachzureichen.

Für das ästhetische Gesamtbild einer Festtafel sind außerdem ausschlaggebend:
- Exakte Abstände der Bestecke und Platzteller von der Tischkante,
- gleichmäßige Platzierung der Richtgläser,
- Ausrichtung der Gläser im Winkel von 45° zur Tischkante,
- genaues Eindecken sich gegenüber liegender Gedecke.

Im klassischen Service werden beim Mise en place Menagen am Servicetisch bereitgestellt und nur bei Bedarf am Tisch eingesetzt.

Abschließende Arbeiten

- Die geformten Servietten zwischen den Bestecken oder auf den Platztellern eindecken,
- den Blumen- und Kerzenschmuck einsetzen,
- die Stühle an die Festtafel zurückdrehen,
- an Hand des Tafelorientierungsplanes Tischkärtchen mit dem Namen des jeweiligen Gastes aufstellen,
- Menükarten auflegen,
- Überprüfung der Gedecke auf Vollständigkeit.

3.6 Arten und Methoden des Service in der Gastronomie

Im Laufe der Zeit haben sich auch für das Bedienen von Gästen spezifische Arbeitsmethoden und Arbeitstechniken herauskristallisiert.

Arten des Service in der Gastronomie

Unter Art des Service ist hier der äußere Rahmen des Service zu verstehen. Man unterscheidet dabei im Restaurant:

À-la-carte-Service

Die Bezeichnung kommt daher, dass der Gast Speisen und Getränke nach der Karte (à la carte) auswählt. Er wird nach Aufgabe seiner Bestellung individuell bedient. Die Servicekraft rechnet alle Leistungen direkt mit dem Gast ab.

Getränke am Büfett vorbereiten

Bankett-Service

Beim Bankett-Service werden die Gäste zu einem festgelegten Zeitpunkt mit dem gleichen Menü bedient. Es handelt sich dabei um eine geschlossene Gesellschaft, die das Essen gemeinsam im festlichen Rahmen einnimmt.

Table-d'hôte-Service als Sonderform

Wichtigstes Kennzeichen dieses Service ist es, dass zu einem festgelegten Zeitpunkt täglich für alle Gäste des Hauses das gleiche Menü serviert wird.

Getränke servieren

Büfett-Service

Bei Büfetts sind folgende Angebotsformen besonderer Art zu unterscheiden:

- Frühstücksbüfett
- Salatbüfett
- Lunchbüfett
- Kuchenbüfett
- Kaltes Büfett
- Getränkebüfett

Büfetts werden zwar zur Selbstbedienung aufgebaut. Meist stehen aber auch Servicefachkräfte und Köche zur Betreuung der Gäste bereit.

Speisen am Pass aufnehmen

Kurzkontrolle

Tellergerichte beim Gast einsetzen

Service

GRUNDKENNTNISSE IM SERVICE

Methoden des Service in der Gastronomie

Unter Methode versteht man die *Art und Weise* des Servierens und unterscheidet dabei grundlegend zwischen Teller- und Plattenservice.

Tellerservice (s. Kap. 3.8)

Beim Tellerservice werden die Speisen in der Küche auf Tellern angerichtet. Im weiteren Sinne gehören aber auch solche Speisen dazu, die in unterschiedlichen Gefäßen angerichtet und auf Untertellern aufgesetzt werden:
- Vorspeisen in Gläsern oder Schalen,
- Suppen in tiefen Tellern oder in Suppentassen,
- Zwischen- und Hauptgerichte auf Tellern,
- Süßspeisen in tiefen Tellern, Gläsern oder Schalen.

Abb. 1 Tellerservice

Plattenservice (s. Kap. 3.9)

Plattenservice bedeutet, dass die Speisen von der Küche auf Platten bzw. im weiteren Sinne auch in Schüsseln angerichtet sind und erst am Tisch auf die Teller vorgelegt werden. Je nachdem, wer vorlegt bzw. auf welche Weise sich das Vorlegen vollzieht, unterscheidet man folgende Methoden:

1. **Vorlegeservice**: Vorlegen von der Platte durch Servicekraft
2. **Darbieteservice:** Darbieten der Platte, Gast bedient sich selbst
3. **Mischformen des Service**: Einsetzen von Platten und Schüsseln
4. **Servieren vom Beistelltisch** durch Servicepersonal

Abb. 2 Plattenservice

3.7 Grundlegende Servierrichtlinien

Neben den Regeln und Richtlinien für ganz bestimmte Serviervorgänge gibt es Regeln von allgemeiner Bedeutung. Für den Service gilt:

- Allgemeine Rücksichtnahme gegenüber dem Gast,
- Reihenfolge des Bedienens bei zusammengehörenden Gästen,
- störungsfreie und kräftesparende Wege beim Servieren.

Rücksichtnahme

Der Gast hat das berechtigte Bedürfnis, sein Essen in ungestörter und entspannter Atmosphäre einzunehmen. Deshalb sind durch den Service in Bezug auf Lärm, Hektik und Belästigungen wichtige Regeln zu beachten:

Geräusche während des Servierens
Die durch den Service bedingten Geräusche sind stets auf ein Mindestmaß zu begrenzen. Das gilt z. B. für das Sprechen der Servicefachkraft mit dem Gast sowie für das Handhaben der Tischgeräte beim Servieren.

Hektik
Bei aller Eile, die während des Service oftmals geboten ist und die sich meistens ganz automatisch einstellt, ist es wichtig, nach außen hin Ruhe zu bewahren, niemals zu rennen und keinesfalls heftig zu gestikulieren.

> Wenn eine Gruppe von Gästen in kleinem Kreis bedient wird, beachtet man die **Reihenfolge:**
> Ehrengäste → Damen → Herren → Gastgeber

Belästigungen

Die Servicefachkraft darf den Gast nicht belästigen
- durch allzu übertriebene Aufmerksamkeit,
- durch beharrliches Aussprechen von Empfehlungen,
- durch eine schlechte Arbeitshaltung oder durch Nichtbeachten sachgerechter Arbeitstechniken beim Bedienen am Tisch.

Störungsfreie und kräftesparende Wege

Insbesondere in den Hauptgeschäftszeiten müssen viele Wege zurückgelegt werden. Damit aber die Vorgänge bei aller notwendigen Eile und Zügigkeit störungsfrei und reibungslos ablaufen, gilt:

- Auf den „Verkehrswegen" immer rechts gehen,
- bei den Serviceabläufen immer vorwärts, nie rückwärts laufen und nicht plötzlich stehen bleiben,
- möglichst keinen Weg im „Leerlauf" zurücklegen, denn zwischen den Abgabestellen, dem Servicetisch und den Tischen der Gäste gibt es immer etwas zu transportieren.

Abb. 1 Gästestörung: Was ist hier falsch?

3.8 Richtlinien und Regeln zum Tellerservice

Die Hände erfüllen wichtige Funktionen beim sachgerechten Aufnehmen, Tragen, Einsetzen und Ausheben von Tellern.

Die **rechte Hand** ist die **Arbeitshand**. Sie ist zuständig für das Aufnehmen der Teller, für die Übergabe in die linke Hand sowie für das Einsetzen und Ausheben am Tisch. – Die **linke Hand** ist die **Tragehand**.

Abb. 2 Tragen eines Tellers

Aufnehmen und Tragen von Tellern

Ein Teller

Den Teller zwischen Zeigefinger und Daumen halten und mit den übrigen Fingern unterstützen. Der Daumen liegt angewinkelt auf dem Tellerrand.

Abb. 3 Tragen von zwei Tellern (Obergriff)

Zwei Teller

Beim Tragen werden zwei verschiedene Griffe angewandt:

Tragen mit Obergriff
- Den ersten Teller als Handteller aufnehmen,
- den zweiten Teller auf den Handballen, den Unterarm und die seitlich hochgestellten Finger aufsetzen.

Tragen mit Untergriff
Den zweiten Teller muss man unter dem Handteller bis an den Zeigefinger heranschieben und mit den restlichen, fächerartig gespreizten Fingern unterstützen.

Abb. 4 Tragen von zwei Tellern (Untergriff)

Service

GRUNDKENNTNISSE IM SERVICE

Abb. 1 Tragen von drei Tellern

Beim Einsetzen von heißen Tellern müssen alle Tragegriffe auch mit einem Serviertuch beherrscht werden.

Beim Einsetzen von der linken Seite würde der Gast durch den angewinkelten Arm belästigt (Seite 253, Abb. 1).

In der Regel wartet man allerdings mit dem Ausheben, bis alle Gäste am Tisch das Essen beendet haben.

Drei Teller

- Den ersten Teller als Handteller aufnehmen,
- den zweiten Teller unterschieben (Unterteller),
- das Handgelenk nach innen abwinkeln,
- den dritten Teller auf den Rand des Untertellers und den Unterarm aufsetzen.

Einsetzen von Tellern

Bewegungsrichtung beim Einsetzen

Am Tisch wird der jeweilige Teller in die rechte Hand übernommen und von der rechten Seite des Gastes eingesetzt. Das entspricht der natürlichen Bewegungsrichtung des angewinkelten Armes, der den Teller im Bogen um den Gast herumführt.

Ausnahmen:
- Beim Einsetzen von Tellern, die ihren Platz links vom Gedeck haben (z. B. Brot- und Salatteller). Von der rechten Seite würde der Gast zu sehr belästigt.
- Ausnahmen gibt es auch dann, wenn die Platzverhältnisse das Einsetzen von rechts nicht zulassen.

Ausheben von Tellern

Der Gast zeigt mit der Ablage des Bestecks Folgendes an:
- Besteck über Kreuz abgelegt: Ich will noch weiter essen, bitte Nachservice.
- Besteck nebeneinander, mit den Griffen nach rechts: Ich bin fertig, das Gedeck kann ausgehoben werden.

Für das Ausheben gelten die gleichen Regeln wie für das Einsetzen:
- Ausheben von der rechten Seite des Gastes,
- Laufrichtung im Uhrzeigersinn, also von rechts nach links.

Beim Ausheben wird im Allgemeinen die Methode „Zwei Teller mit Obergriff" angewendet (Abb. 2). In Verbindung mit Speiseresten auf den Tellern ist aber auch die Methode „Drei Teller mit Unter- und Obergriff" üblich.

Abb. 2 Ausheben von zwei und mehr Tellern (Obergriff)

Ausheben mit Obergriff

Den **ersten Teller** als Handteller aufnehmen und das Besteck darauf ordnen:

- Dabei die Gabel so ausrichten, dass sie am Griffende mit dem Daumen gehalten werden kann. Durch diesen Haltepunkt wird die gesamte Besteckablage gesichert und das Abrutschen verhindert,
- das Messer im rechten Winkel unter die Wölbung der Gabel schieben.

Den zweiten Teller als Oberteller aufnehmen und das Besteck auf dem Handteller ablegen.

Die weiteren Teller auf den Oberteller aufsetzen und das Besteck jeweils der Besteckablage auf dem Handteller zuordnen.

Ausheben mit Ober- und Untergriff

Diese Methode wird angewandt, wenn die Gäste Speisereste auf ihren Tellern zurücklassen. Während es bei geringen Mengen üblich ist, die Reste auf den Handteller neben die Besteckablage abzuschieben, wird bei größeren Mengen die Methode mit drei Tellern angewandt.

- Der Handteller dient zur Besteckablage,
- auf den Unterteller werden jeweils mit dem Messer die Speisereste abgeschoben (dazu wendet man sich aus dem Blickfeld des Gastes),
- der Oberteller dient zum Aufnehmen weiterer Teller.

Abb. 1 Ausheben von drei und mehr Tellern

Bei sehr großen Mengen von Speiseresten ist es ratsam, die Teller wie beim Einsetzen mit Unter- und Obergriff aufzunehmen und das Sortieren der Bestecke und Speisereste im Office vorzunehmen.

Tragen, Einsetzen und Ausheben von Gedecken

Unter Gedeck versteht man in diesem Zusammenhang die Kombination von Unterteller und aufgesetztem Gedeckteil. Die Vorbereitung solcher Gedecke erfolgt in der Regel bereits beim Mise en place, damit während des Essens keine Verzögerungen eintreten. So werden Gedeckteile z. B. vorbereitet und entweder an der Speisenabgabestelle oder auf einem Servicetisch gestapelt:

- **Gedecke für Suppen in Tassen**
  Unterteller mit Piccolo-Serviette oder Deckchen und Suppenuntertasse
- **Gedecke für Vorspeisen oder Desserts in Gläsern oder Schalen**
  Unterteller mit Piccolo-Serviette

Aufnehmen, Tragen und Einsetzen

Die am Küchenpass übernommenen Tassen mit der Suppe und die Gläser oder Schalen mit der Vorspeise bzw. dem Dessert werden auf die vorbereiteten Unterteller aufgesetzt und wie folgt serviert:

- Mit der linken Hand zwei Gedecke (Obergriff), mit der rechten Hand eventuell ein drittes Gedeck aufnehmen,
- von der rechten Seite des Gastes einsetzen,
- von rechts nach links fortschreiten.

Ausheben von Gedecken

Grundsätzlich werden sowohl Suppengedecke als auch Gedecke von Vorspeisen, Salaten oder Desserts wie beim Einsetzen mit dem Besteck ausgehoben. Bei entsprechendem Geschick ist es auch möglich, die Geschirr- und Besteckteile bereits beim Ausheben zu ordnen (Abb. 1).

Suppengedecke

- Das erste Gedeck als Handgedeck aufnehmen,
- das zweite Gedeck unterschieben,
- die Tasse und den Löffel des Handgedecks auf das Untergedeck übernehmen,
- das dritte Gedeck auf das Handgedeck aufsetzen und den Löffel ablegen.

Vorspeisen- und Dessertgedecke mit Schalen

- Das erste Gedeck als Handgedeck aufnehmen,
- das zweite Gedeck unterschieben und die Dessertschale auf dem Handgedeck stapeln,
- den Löffel des Handgedecks auf dem Unterteller ablegen,
- das dritte Gedeck als Obergedeck aufnehmen, die Schale auf dem Handgedeck stapeln und den Löffel auf den Unterteller übernehmen,
- das vierte Gedeck auf das Obergedeck aufsetzen und den Löffel auf dem Unterteller ablegen.

Neueres Tafelgeschirr stellt sich in verschiedensten Formen dar. Es wird je nach Design rechteckig, quadratisch, wellenartig, geschwungen, oval oder in Blattformen angeboten. Von den Service-Mitarbeitern erfordert das ein Umdenken beim Tragen. Durch ein kurzes Training mit dem neuen Tafelgeschirr wird sehr schnell die sicherste Trageart gefunden.

Abb. 2 Tragen von Suppentassen

3.9 Plattenservice 🇬🇧 silver service 🇫🇷 service (m) à la française

Bei festlichen Veranstaltungen wird vielfach von der Platte vorgelegt. Das erfordert von den Servicefachkräften handwerkliches Können und ermöglicht dem Gast, dies aus nächster Nähe mitzuerleben.

Arten des Vorlegens

Unter Plattenservice im eigentlichen Sinne versteht man das **Vorlegen der Speisen durch die Restaurantfachkräfte** am Tisch. Darüber hinaus gibt es Abwandlungen dieses Service:
- Platten und Schüsseln werden zur Selbstbedienung durch den Gast am Tisch eingesetzt.
- Platten werden vom Servicepersonal dem Gast zur Selbstbedienung angeboten oder es wird von der Platte vorgelegt.
- Speisen werden vom Servicepersonal von Platten am Beistelltisch vorgelegt.

Technik des Vorlegens

Zum Vorlegen von Speisen verwenden Fachleute Tafellöffel und Tafelgabel als Vorlegebesteck. Beim Einsatz dieses Bestecks werden unterschiedliche Vorlegegriffe angewendet, die in enger Beziehung zur Beschaffenheit der Speisen stehen:

Abb. 1 Allgemein üblicher Griff

- Die Wölbungen von Löffel und Gabel liegen ineinander. (Abb. 1)

    Handhabung:
    Den Löffel absenken und unter die Speise schieben. Mit Löffel und Gabel greifen, aufnehmen und auf den Teller vorlegen.

    Anwendung:
    Für alle Speisen, die keine besondere Griffart notwendig machen.

Abb. 2 Spreizgriff

- Die Wölbungen von Löffel und Gabel sind nach unten gerichtet. (Abb. 2)

    Handhabung:
    Die beiden Besteckteile mit dem Daumen spreizen, unter die Speise schieben, diese anheben und vorlegen.

    Anwendung:
    - Bei Speisen, die großflächig, leicht zerdrückbar oder besonders lang sind, z. B. Spargel, Fischfilets, Omeletts.
    - Bei Speisen, die mit Garnituren belegt oder überbacken sind.
    - Bei Saucen und kleineren Garniturbestandteilen, die mit dem Löffel geschöpft oder aufgenommen werden.

Abb. 3 Zangengriff

- Die Wölbungen von Löffel und Gabel liegen gegeneinander. (Abb. 3)

    Handhabung, mit zwei Möglichkeiten:
    Wie abgebildet oder durch Drehen der Hand um 90° nach links, um entsprechende Speisen seitlich zu greifen und vorzulegen.

    Anwendung:
    Bei Speisen, die leicht abrutschen können, z. B. gefüllte Tomate, oder mit einer Garnitur belegt sind, z. B. Medaillons, Pastetchen.

Besonderheiten beim Plattenservice

Im Allgemeinen ist der Plattenservice zeitaufwendiger als der Tellerservice. Durch folgerichtige und gezielte Arbeitsabläufe muss deshalb sichergestellt werden, dass keine unnötigen Verzögerungen eintreten und die Speisen nicht abkühlen. Im Einzelnen gilt:

- Beim Plattenservice wird in der Regel nicht die gesamte Speisemenge auf einmal vorgelegt. Deshalb müssen **Rechauds** bereitgestellt werden.
- Vor dem Auftragen der Platten werden vorgewärmte Teller beim Gast von rechts eingesetzt.
- Das Tragen der Teller erfolgt auf der mit einer Stoffserviette bedeckten Hand. Bei größeren Mengen wird der Tellerstapel von oben mit einer Serviette überdeckt und zwischen beiden Händen getragen.
- Bevor eine Platte zum Tisch des Gastes gebracht wird, muss unbedingt ein Vorlegebesteck aufgenommen werden.

Vorlegen von der Platte

Diese Art des Vorlegens wurde früher als **französische Methode** bezeichnet:

- Die (vorgewärmten) Teller werden bei den Gästen von rechts eingesetzt.
- Anschließend präsentiert man die angerichtete Platte den Gästen. Sie wird dabei auf der mit einer längsgefalteten Stoffserviette überdeckten linken Hand getragen.
- Es ist darauf zu achten, dass die Platte auf Sichthöhe der Gäste gebracht wird, damit jeder Gast die dekorativ angerichteten Speisen betrachten kann.
- Ein zusätzlicher Service ist die Erklärung der angerichteten Speisen durch die Restaurantfachkraft.
- Das Vorlegen erfolgt von der linken Seite des Gastes. Dabei soll die Platte so tief wie möglich zum Tisch abgesenkt werden und der rechte Plattenrand ein wenig über den linken Tellerrand hineinragen.
- Je nach Art der Speisen wird der entsprechende Vorlegegriff angewandt (s. S. 256).

Abb. 1 Vorlegeservice

Das Anrichten der Speisen auf den Teller

Beim Vorlegen der Speisen wird zuerst der Hauptbestandteil, z. B. Fisch oder Fleisch, auf den Teller zum Gast hin angerichtet. Anschließend werden, auf der rechten Seite des Tellers beginnend, die Gemüsebeilagen vorgelegt, die Hauptbeilage wird links platziert.

Das Farbenspiel muss beim Anrichten berücksichtigt werden, z. B. rotes, weißes und grünes Gemüse.

Abb. 2 Korrekt angerichteter Teller

GRUNDKENNTNISSE IM SERVICE

Beim Vorlegen von Saucen muss beachtet werden:

- Für Pfannen- und Grillgerichte werden Sauce oder Jus **neben das Fleisch bzw. den Fisch angegossen.**
- Zu ausgesprochenen Saucengerichten wie z. B. Rindsrouladen sowie Fische in Weißweinsaucen wird die Sauce **über das Fleisch nappiert.**
- Buttermischungen werden **auf das Fleisch gelegt.**

Nachdem allen Gästen am Tisch die Speisen vorgelegt wurden, ordnet man die verbleibenden Teile auf der Platte und hält sie bis zum Nachservice auf einem Rechaud bereit.

> Der Teller darf beim Vorlegen nicht überladen werden. Der Tellerrand muss in jedem Fall frei bleiben und sollte nicht bekleckert sein.

Mischformen des Vorlegeservices

Eine in der Praxis häufig angewandte Mischform ist das Vorlegen von nur einem Bestandteil des Gerichts. Hierbei wird beispielsweise das Fleischstück von der Platte vorgelegt, während die Gemüse und die Hauptbeilage in Schüsseln am Tisch eingesetzt werden. Die Gäste nehmen sich die Beilagen selbst und reichen die Schüsseln dann an die anderen Gäste zur Selbstbedienung weiter.

Eine weitere Mischform ist das Anrichten des Hauptbestandteils eines Gerichts auf den Teller. Dies kann bereits in der Küche geschehen oder im Restaurant vom Wagen bzw. vom Beistelltisch erfolgen. Der Teller wird dem Gast von rechts eingesetzt und die Beilagen werden durch Restaurantfachkräfte von links vorgelegt.

Im Bankettservice praktiziert man manchmal eine andere Art dieser Form. Dabei werden das Fleisch, die Gemüse- und die Hauptbeilagen einzeln auf Platten und in Schüsseln angerichtet und von jeweils einer Restaurantfachkraft den Gästen vorgelegt. Hierbei ist darauf zu achten, dass die Gäste nicht zu sehr eingeengt werden, indem von den nachfolgenden Servicefachkräften ausreichend Abstand gehalten wird.

Darbieten von der Platte

Eine Variante des Platten-Service ist das Anreichen oder der Darbieteservice.

Die heiße Platte liegt auf der durch eine Stoffserviette geschützten linken Hand und wird dem Gast von links angereicht. Dabei wird die Platte durch Beugen des Oberkörpers auf Tischhöhe gebracht und zum Gast hin leicht geneigt. Der Plattenrand soll ein wenig über den Tellerrand hineinragen. Das Vorlegebesteck ist mit den Griffenden zum Gast hin ausgerichtet. Somit kann sich der Gast die Speisen bequem von der Platte nehmen.

Abb. 1 Darbieten einer Platte

Vorlegen am Beistelltisch

Diese Form wurde früher als die **englische Serviermethode** oder **Guéridon-Service** bezeichnet. Da es sich um einen besonders gastorientierten, aber auch aufwendigen Service handelt, ist er nur bei einem kleineren Gästekreis bis acht Personen sinnvoll.

Bereitstellen des Beistelltisches

Der Beistelltisch (Guéridon) kann als stationärer Tisch grundsätzlich beim Gästetisch stehen oder wird erst bei Bedarf an den Tisch herangestellt.

Die Stellung des Beistelltisches ist so zu wählen, dass alle Gäste möglichst bequem den Serviervorgang verfolgen können.

Mise en place

Zunächst ist auf dem Beistelltisch eine Mise en place auszuführen:

- ein Rechaud, bei getrennt angerichteten Speisen zwei Rechauds,
- Vorlegebestecke in einer Serviettentasche auf einem Teller,
- unmittelbar vor dem Auftragen der Platte die vorgewärmten Teller.

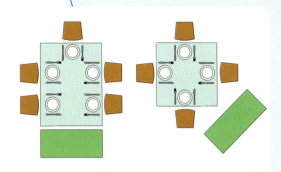

Abb. 1 Anstellmöglichkeiten des Guéridons (grün)

Servieren der Speisen

Zunächst wird die Platte den Gästen präsentiert, danach auf den Rechaud gestellt.

Dabei erläutert die Servicefachkraft die Speisen. (s. auch ab S. 390 Empfehlung und Verkauf von Speisen)

Dann schließt sich der eigentliche Serviervorgang an, bei dem folgende Richtlinien zu beachten sind:

- Grundsätzlich mit Blick zu den Gästen arbeiten.
- Beim Vorlegen am Guéridon wird mit beiden Händen gearbeitet.
- Die Speisen werden fachgerecht auf dem Teller angerichtet, und der Teller wird dabei nicht überladen.
- Sauce oder Jus wird mit dem Löffel aufgenommen und noch über der Platte mit der Gabel unter dem Löffel abgestreift, damit beim Vorlegen nichts auf den Tisch oder Tellerrand tropft.
- Der angerichtete Teller wird mit der Handserviette getragen und dem Gast von rechts eingesetzt.
- Dabei wird zuerst den Damen, dann den Herren und zuletzt dem Gastgeber serviert.
- Den Tisch nach dem ersten Vorlegen im Auge behalten, um rechtzeitig den Nachservice einzuleiten.

Abb. 2 Vorbereiteter Beistelltisch

Nachservice (Supplément)

Für den Nachservice gibt es zwei Möglichkeiten:

- Werden die Speisen für alle Gäste noch einmal komplett vorgelegt, ist es üblich, die benutzten Teller einschließlich Besteck auszuheben, sauberes Besteck einzudecken und zum Vorlegen der Speisen (am Beistelltisch) neue, heiße Teller zu verwenden.
- Wünschen die Gäste nur noch einen Teil des Gerichtes, z. B. Gemüse, so wird dieses am Tisch von der Platte vorgelegt.

> Ein aufmerksamer Service beobachtet stets den Gästetisch, damit rechtzeitig nachserviert werden kann.

Service GRUNDKENNTNISSE IM SERVICE

3.10 Zusammenfassung der Servierregeln

Beim Servieren haben sich alle Bewegungsabläufe danach zu richten, dass der Gast nicht gestört wird und gleichzeitig das Servierpersonal möglichst ungehindert arbeiten kann.

Alle Gerichte, die einzeln angerichtet an den Platz des Gastes gebracht werden, sind von der rechten Seite einzusetzen. Salat und Kompott von links einsetzen.

Einsetzen von links
- Brot, Brötchen, Toast
- Kompott
- Salat
- Resteteller
- Fingerschale
- Frühstücksei
- Präsentieren und Vorlegen von Speisen

Einsetzen von rechts
- Suppen
- Teller mit Speisen
- leere Gedeckteller
- Kaffee- und Mokkatassen
- Gläser
- Präsentieren und Einschenken von Getränken

Aufgaben

1. Beschreiben Sie grundlegende Richtlinien für den Service in Bezug auf
   a) Rücksichtnahme gegenüber dem Gast,   b) störungsfreie und kräftesparende Wege der Servicekraft.

2. Welche Aufgaben haben die Hände beim Tellerservice und wie werden sie genannt?

3. Beschreiben Sie das Aufnehmen von ein, zwei und drei Tellern und nennen Sie die Bezeichnungen für die Teller sowie die Art des Greifens.

4. Beschreiben und begründen Sie zum Einsetzen der Teller am Tisch
   a) die Bewegungsrichtung beim Einsetzen,   b) die Laufrichtung der Servicekraft,   c) Ausnahmen.

5. Beschreiben Sie zum Ausheben von Tellern
   a) die Bewegungsrichtungen,   b) das Aufnehmen der Teller und das Ordnen der Bestecke,
   c) die Behandlung von Speiseresten auf den Tellern.

6. Erstellen Sie ein 5-Gang-Menü mit korrespondierenden Getränken und nachfolgenden Menükomponenten und decken Sie das Menü anschließend für mehrere Personen ein:
   Kalte Vorspeise: mit Kalbspastete,   Suppe: von Pilzen,   Fischgang: von Seezunge
   Hauptgang: von Lammkarree,   Dessert: von Birne und Joghurt

7. Welche vorbereitenden Arbeiten müssen vor dem Eindecken einer Festtafel erledigt werden?

8. Worauf ist beim Eindecken der Bestecke besonders zu achten?

9. Welche abschließenden Arbeiten werden nach dem Eindecken der Bestecke und Gläser an einer Bankett-Tafel vorgenommen?

10. Welche Regeln gelten für das Eindecken von Gläsern?

11. Erklären Sie Ihren Arbeitskollegen die Techniken des Vorlegens.

12. Beschreiben Sie das Vorlegen von der Platte in sachlich korrekter Reihenfolge.

13. Bei einer Servicevorbesprechung wird eine Mischform des Vorlegeservices angesprochen. Erklären Sie Ihren Kollegen genau die Mischformen des Vorlegeservices.

4 Quick-Service-Restaurant

🇬🇧 preparatory in the Quick-Service-Restaurant
🇫🇷 mise en place au Quick-Service-Restaunt

In einem Quick-Service-Restaurant ist es besonders wichtig, alle Vorbereitungsarbeiten vor dem Öffnen des Restaurants bzw. in einer umsatzschwachen Zeit zu erledigen. Nur so kann während der Hauptgeschäftszeit ein reibungsloser Ablauf beim Bedienen der Gäste sichergestellt werden.

Kernstück der Vorbereitungsarbeit ist die Kassentheke (Counter), die als Zwischenlager alle für den Service benötigten Produkte und Gegenstände bereithält. Aber auch der Gastraum, in der Systemgastronomie auch als Lobby bezeichnet, und der Außenbereich müssen für die Kernumsatzstunden vorbereitet werden.

4.1 Herrichten der Kassentheke

Die rückwärtige Seite der Kassentheke enthält alles, was die Servicemitarbeiter für das **Zusammenstellen der Gästebestellungen** benötigen.

Dazu gehören Tabletts, Ketchup, Mayonnaise und andere Soßen, Papierservietten sowie Pfeffer und Salz (Portionspäckchen).

Es gibt in den Betrieben Standards für **Lagerplatz** und **Menge**.

Da normalerweise mehrere Kassen zur Verfügung stehen, wiederholt sich der Aufbau, sodass die Kassenkräfte sich nicht gegenseitig behindern.

Abb. 1 Kassentheke

Während der **Vorbereitung** müssen Transportverpackungen entfernt werden, sodass mit nur einem Griff die jeweilige Ware zur Verfügung steht. Getränkebecher, Deckel und Strohhalme werden im Kassenbereich oder an der Getränkezapfanlage bevorratet.

Für das Verpacken von Außer-Haus-Bestellungen müssen Papiertüten in verschiedenen Größen bereitgestellt werden.

Wenn es sich um ein Restaurant mit Drive-in-Spur handelt, müssen sämtliche **Auffüllarbeiten** auch **am Ausgabefenster** durchgeführt werden.

Die Kassentheke muss auf **Sauberkeit kontrolliert** werden. Reste von ausgelaufenen Getränken und Krümel müssen mit einem feuchten Tuch aufgenommen werden.

Abb. 2 Drive-In-Spur

Service

GRUNDKENNTNISSE IM SERVICE

Abb. 1 Menüboard

In vielen Betrieben werden **Checklisten** für das Auffüllen der Kassentheke verwendet.

Nur wenn die Liste komplett abgearbeitet ist, kann sichergestellt werden, dass während der Stoßzeit kein Servicemitarbeiter in das Lager muss und dass alle Gäste in kurzer Zeit bedient werden können.

Mit einem Blick auf das **Menüboard** wird überprüft, ob alle Angebote auf dem aktuellen Stand sind.

4.2 Vorbereitungsarbeiten in der Lobby

Der Gastraum (Lobby) wurde von den Mitarbeitern im Schlussdienst gereinigt. Trotzdem sind vor der Öffnung des Restaurants auch dort einige Vorbereitungsarbeiten zu erledigen.

- Einzelne **Tische** abwischen
- **Tablettwagen** bereitstellen
- **Getränkezapfanlage** auf Sauberkeit kontrollieren
- Becher, Deckel, Strohhalme und ggf. Servietten **nachfüllen**
- **Fenster- und Türscheiben** auf Sauberkeit überprüfen
- **Gästetoiletten** inspizieren

Abb. 2 Tablettwagen

4.3 Vorbereitungsarbeiten außerhalb des Restaurants

Auch außerhalb des Restaurants sind einige Vorbereitungsarbeiten zu erledigen. Dazu gehört neben der **Bestuhlung der Terrasse** und der Kontrolle der **Mülleimer** auch die Überprüfung der **Drive-in-Spur**. Diese ist auf Sauberkeit und eventuelle Hindernisse für die Autos der Gäste zu überprüfen.

Bei Bedarf müssen die **Angebotsplakate** ausgetauscht werden.

4.4 Servierformen

Counterservice

Der Gast bestellt an einer Theke (Counter) bei einem Servicemitarbeiter Speisen und Getränke. Dieser berät den Gast und stellt anschließend die Bestellung in der Regel auf einem Tablett zusammen oder verpackt sie für den Außer-Haus Verkauf. Der Bezahlvorgang schließt den Kauf ab. Beim Verzehr im Restaurant trägt der Gast das Tablett anschließend selbst zu einem Tisch seiner Wahl.

Abb. 3+4 Angebotsplakate

Drive-in-Service

Der Gast fährt mit seinem Auto zu einer Art Schalter (Fenster) am Restaurant. Dort bestellt und bezahlt er seine Speisen. An einem weiteren Fenster bekommt er seine Bestellung ins Fahrzeug gereicht und kann weiterfahren.

Restaurants mit geringem Gästeaufkommen wickeln die Bestellung an einem Fenster ab. Für den Kunden ist die Wartezeit länger.

Bei einem größeren Gästeaufkommen wird in der Regel mit einem **3-Punkte-Drive-in** gearbeitet. An einer Telefonsäule (Orderphone) gibt der Gast seine Bestellung auf, am Fenster bezahlt der Kunde, am nächsten Fenster erhält der Gast seine Bestellung.

Eine besondere Form des Drive-in-Service ist der **Multi-Lane-Drive**, bei dem die Autos in mehreren Spuren parallel bedient werden können.

Abb. 1 Drive-in-Service

Online-Service und Freeline-Service

Die Gäste werden in einer Reihe (line) an einer Speisenausgabe vorbeigeführt. Diese Form findet sich vor allem in Betrieben der Gemeinschaftsverpflegung (z. B. Kantinen). Vorteilhaft bei geringer Speisenauswahl und hohem Gästeaufkommen. Beim **Freeline-Service** werden die Gäste in zwei gegenläufigen Reihen an zwei Ausgabestellen vorbeigeführt.

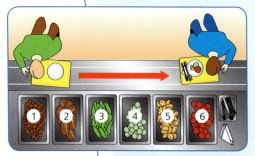
Abb. 2 Online-Service

Freeflow-Service

Um den Gästen mehr Wahlmöglichkeiten bei der Produktauswahl zu geben, wurde der Freeflow-Service eingeführt.

Der Gast bewegt sich frei auf einer Art Marktplatz und wählt an verschiedenen Stationen selbstständig unterschiedliche Komponenten seines Menüs aus, z. B. Pizza, Pasta, Suppen, Salate, Fleischgerichte.

Bezahlt wird beim Verlassen des Marktplatzes an einer Kasse, bevor der Gast den Restaurationsbereich betritt.

Abb. 3 Freeline-Service

Foodvillage-Konzept

Foodvillages findet man häufig an Flughäfen, Bahnhöfen oder Einkaufszentren. Verschiedene gastronomische Betriebe, auch mit unterschiedlichen Serviceformen (z. B. vegetarisches Bedien-Restaurant, Burger-Schnellrestaurant) sind unter einem Dach vereint mit einem gemeinsamen Sitzbereich für Gäste.

Abb. 4 Foodvillage

4.5 Besondere Serviceformen in der Systemgastronomie

Die Systemgastronomie erfüllt bestimmte Erwartungen der Gäste, z. B. schnelle Versorgung, günstige Speisen und Getränke, geringe Wartezeiten oder ein besonderes Erlebnis, das mit der Bestellung verbunden ist.

Dies hat zu Serviceformen geführt, die sich stark von der klassischen Gastronomie unterscheiden. Für manche Gäste macht gerade das die Attraktivität der Systemgastromie aus.

Richtlinien für den Tablettaufbau im Counterservice

Der Counterservice (s. S. 263, 265) ist in der Systemgastronomie am häufigsten anzutreffen. Bei der Zusammenstellung der Speisen und Getränke auf dem Tablett gelten unterschiedliche Standards. Die meisten Betriebe schreiben vor:

- **Zuerst** die **Kaltgetränke** zapfen. Durch die Zugabe von Eiswürfeln bleiben sie lange gut temperiert und halten die Kohlensäure.

- Gegebenenfalls **Salat** auf das Tablett stellen. Dieser ist in der Regel vorportioniert und steht in einer Salatvitrine.

- Falls gewünscht, die **Heißgetränke** in einen Becher einschenken/zapfen und auf das Tablett stellen.

- Danach die **Sandwiches oder Burger** auf das Tablett legen. Diese sind in der Küche vorproduziert (Warmhaltefach) und wurden in der Zwischenzeit fertig zubereitet, da die Bestellung bereits bei der Eingabe in die Kasse an die Küche weitergeleitet wurde.

Abb. 2 Tablettaufbau im Counterservice

- Zuletzt die **Pommes frites** (oder eine andere **Beilage**) bzw. das Eis auf das Tablett stellen. Hierbei handelt es sich um die temperaturempfindlichsten Speisen. Daher werden sie zuletzt serviert.

Beim **Aufbau auf dem Tablett** ist zu beachten, dass heiße und gekühlte/kalte Speisen oder Getränke nicht nebeneinander stehen.

Richtlinien für die Zusammenstellung der Bestellung im Drive-Service

Der Drive-in- oder Drive-through-Service (s. S. 263, 265) ist in der Systemgastronomie weit verbreitet. Auch bei dieser Serviceform sind Standards zu beachten, die sich zusammenfassen lassen:

- Mehrere Getränke werden in einem Getränkehalter zusammengefasst. Dieser verhindert das Umkippen im Auto des Gastes. Auch die Bedienzeit ist kürzer als wenn die Getränke einzeln gereicht werden.

Abb. 3 Getränkehalter für den Drive-in-Service

- Aus wirtschaftlichen und Umweltschutzgründen sollte die Größe der **Außer-Haus-Tüte** dem Umfang der Bestellung angepasst werden.

- Auf den Boden der Tüte werden zuerst die in Kartons verpackten Burger und Sandwiches platziert. Darüber kommen in Papier eingewickelte Produkte, die druckempfindlicher sind.

- Pommes frites und andere offene Produkte werden neben die in Kartons verpackten Produkte gestellt, ggf. auch nebeneinander. Es ist darauf zu achten, dass sie nicht umkippen können.

- Kalte und warme Produkte werden getrennt verpackt. Salate kommen in andere Tüten als Pommes oder Sandwiches. Eis und Milchshakes werden in den Getränkehalter gestellt. (Manche Betriebe haben besondere Verpackungen für Eis.)

- Die fertig gepackte Tüte wird durch Umfalten der Öffnung geschlossen und (mit dem aufgedruckten Unternehmenslogo zum Gast zeigend) in das Fahrzeug gereicht.

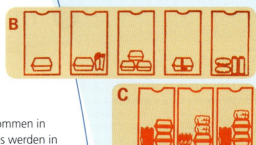

Abb. 1 Packvorschriften auf dem Boden von Außer-Haus-Tüten

4.6 Zusammenfassung der Servierregeln

Beim Servieren haben sich alle Bewegungsabläufe danach zu richten, dass der Gast nicht gestört wird und gleichzeitig das Servierpersonal möglichst ungehindert arbeiten kann.

Alle Gerichte, die einzeln angerichtet an den Platz des Gastes gebracht werden, sind von der rechten Seite einzusetzen. Salat und Kompott von links einsetzen.

Beim **Counterservice** wird die Bestellung auf einem Tablett zusammengestellt, bei großen Bestellungen auf mehreren. Auf dem Tablett werden zuerst die Kaltgetränke, dann die Speisen und eventuell das Eis angeordnet. Kalte und warme Speisen und Getränke dürfen nicht direkt nebeneinander stehen.

Beim **Drive-in-Service** wird die Bestellung in eine der Bestellmenge entsprechend große Tüte gepackt. Produkte in stabileren Verpackungen liegen unten, darüber in Papier eingewickelte.

Kalte und warme Speisen kommen in getrennte Tüten. Mehrere Getränke werden in einem Getränkehalter übergeben.

Da in den Drive-in-Spuren nur jeweils ein Fahrzeug bedient werden kann, ist ein reibungsloser Ablauf besonders wichtig. Sollte z. B. ein Produkt nicht vorrätig sein, muss das betroffene Fahrzeug auf eine Haltespur geschickt werden. Dann können die folgenden Fahrzeuge bedient werden. Sobald die Bestellung für das wartende Fahrzeug fertig ist, wird sie zum Wagen gebracht.

Fachbegriffe	
Counter	Kassentheke, an der die Bestellung zusammengestellt wird
Drink-Drawer	Mitarbeiter, der für das Zapfen und Verschließen der Getränke verantwortlich ist
Lobby	Gastraum für Gäste, die ihre Bestellung im Restaurant verzehren
Park	Wartespur für Autos, falls die Bestellung nicht sofort zusammengestellt werden kann
Runner	Bezeichnung für den Mitarbeiter, der die Bestellung für den Drive-in zusammenpackt

Service — GRUNDKENNTNISSE IM SERVICE

5 Frühstück

🇬🇧 breakfast 🇫🇷 petit déjeuner (m)

Vom Frühstück hängt die Stimmung und Schaffenskraft eines Menschen für den ganzen Tag ab, deshalb gebührt dieser wichtigen Mahlzeit die erforderliche Beachtung.

Für Informationen zu Herstellung und Service der Aufgussgetränke, auch als Bestandteil des Frühstücks, siehe Kapitel 5, S. 286.

Sonderformen:

das Etagenfrühstück, wobei der Gast am Abend vorher seine Wünsche in eine Bestell-Liste einträgt (s. S. 272). Am nächsten Morgen wird ihm dann zur gewünschten Zeit das Frühstück im Zimmer serviert.

Eine besondere Form des Etagenfrühstücks ist das Thermo-Frühstück, bei dem das heiße Getränk in einer Thermoskanne bereitgestellt wird. Dies wird dem Gast bereits am Abend ins Zimmer gestellt, wenn er vor dem üblichen Frühstücks-Servicebeginn abreisen möchte.

5.1 Arten des Frühstücks

Es sind zu unterscheiden:
- Das **einfache, kontinentale Frühstück** mit seinem einfachen Angebot,
  - Kaffee, Tee oder Kakao,
  - Brot, Brötchen, Toast,
  - Butter, Konfitüre zur Wahl, Bienenhonig
- das **erweiterte Frühstück**, das nach einer Frühstückskarte ausgewählt oder ergänzt wird,
  - wie einfaches Frühstück, ergänzt durch Säfte, z. B. Orangensaft oder Tomatensaft, Eierspeisen, Wurst, Käse, Müsli, Joghurt, angemachten Quark usw.
- das **Frühstücksbüfett**, auf dem die Speisen zur **Selbstbedienung** bereitstehen, die heißen Aufgussgetränke aber meist serviert werden,
  - wie einfaches Frühstück, erweitert um Frucht- und Gemüsesäfte, Rühreier, Spiegeleier, Omeletts, pochierte Eier, Pfannkuchen, Käse, gebratenen Speck, Schinken, Bratwürstchen, kleine Steaks, Grilltomaten, Cornflakes (Cereals) oder Porridge, frisches Obst, frisch gebackene Waffeln, Plundergebäck usw.

5.2 Bereitstellen von Frühstücksspeisen

Bei Frühstücksspeisen ist zu unterscheiden zwischen den Standardbestandteilen des einfachen Frühstücks und den Speisen, die mittels einer Frühstückskarte oder am Frühstücksbüfett angeboten werden.

Speisen für das einfache Frühstück

Es handelt sich dabei um tägliche Routinearbeiten:

- Brötchen, Brot, sonstige Backwaren werden übersichtlich und dekorativ in Körbchen angeordnet.
- Butter, Milch, Konfitüre sowie Wurst- und Käsezubereitungen, die es auch portionsweise abgepackt gibt, werden auf Tellern zusammengestellt.

Aus Gründen des Umweltschutzes werden die genannten Speisen vielfach in „loser Form" bzw. offen angerichtet und angeboten.

Zubereiten von speziellen Frühstücksgerichten – Eierspeisen

Gekochte Frühstückseier 🇬🇧 boiled eggs 🇫🇷 œufs (m) cuits

- Weiche Eier in der Schale
- Weiche Eier im Glas
- Hart gekochte Eier

Pochierte Eier 🇬🇧 poached eggs 🇫🇷 œufs (m) pochés

Besonders beliebt bei amerikanischen Gästen auf Toast oder mit Zutaten wie Pilzragout oder Schinkenstreifen sowie Eggs Benedict (pochierte Eier auf getoastetem englischen Muffin mit gekochtem Schinken, mit holländischer Sauce nappiert).

Abb. 1 Gekochtes Ei

Rühreier 🇬🇧 scrambled eggs 🇫🇷 œufs (m) brouillés

Rühreier werden cremig-weich, medium oder fester (trocken) angeboten mit Beigaben wie gehackten Kräutern, Schinken, krossem Speck, gebratenen Pilzen, Brotkrüstchen oder geriebenem Käse.

Werden Rühreier am Frühstücksbüfett im Chafing-dish länger vorrätig gehalten, verwendet man sicherheitshalber **pasteurisiertes Vollei**. Somit besteht keine Salmonellengefahr.

Spiegeleier 🇬🇧 fried eggs 🇫🇷 œufs (m) sur le plat

Spiegeleier werden in der Pfanne gebraten oder in feuerfesten Spezial-Eierplatten zubereitet. Spiegeleier sind servierfertig, wenn das Eiweiß gestockt ist und das Eigelb noch weich ist. Das Eiweiß darf nicht zu fest und trocken werden und höchstens leicht gebräunt sein. Manchmal bestellen die Gäste die Eier beidseitig gebraten.

Omelett 🇬🇧 omelette 🇫🇷 omelette (w)

Ein fachgerecht zubereitetes Omelett soll ein schöne Form haben, es soll außen zart und glatt und innen von weicher Konsistenz sein.

Abb. 2 Herstellung von Omelett

Als Ergänzung zum Omelett können Schinken, Speck, Käse, Champignons und Kräuter verwendet werden. Zum Füllen des in Längsrichtung aufgeschnittenen Omeletts eignen sich feine Ragouts von Geflügel und Krustentieren sowie Kalbsnieren und Geflügelleber, Pilze und Spargel.

Müsli 🇬🇧 swiss muesli 🇫🇷 muesli (m)

- Haferflocken in kaltem Wasser einweichen,
- mit Zitronensaft und Milch ergänzen,
- grob geraspelte Äpfel und gehackte Nüsse sowie Rosinen untermischen,
- mit einem Teil der Nüsse bestreuen.

Es können zusätzlich oder alternativ zerkleinerte Trockenfrüchte oder auch frische Früchte wie Erdbeeren oder Bananen verwendet werden.

Abb. 1 Zutaten für Müsli

5.3 Herrichten von Frühstücksplatten

🇬🇧 breakfast platters 🇫🇷 plats (m) pour le petit déjeuner

Käse, Wurst und Schinken sind beliebte Ergänzungen zum erweiterten Frühstück. Auf Platten oder auch auf Portionstellern angerichtet, werden sie dem Gast in ansprechender Form präsentiert.

Vorbereiten des Materials

Aufschneiden von Wurst und Schinken

Zum Aufschneiden muss das Material in jedem Falle gut gekühlt sein, damit es beim Schneiden nicht schmiert. Für die Art des Schneidens ist darüber hinaus die Art und Beschaffenheit des Materials ausschlaggebend.

Brühwurstsorten werden von der Haut befreit und in gerade, runde Scheiben geschnitten.

Harte Wurstsorten, wie Salami, befreit man von der Haut, schneidet sie dünn, und zwar manchmal in schräger Richtung, wodurch die Scheiben eine etwas größere, ovale Form erhalten.

Streichwurst, wie Mett- oder Leberwurst, wird per Hand mit einem dünnen schmalen Messer in 0,5 bis 1 cm dicke Stücke geschnitten.

Schinken befreit man zunächst von der Fettschicht und schneidet dann je nach Festigkeit des Schinkens (roher oder gekochter Schinken) entsprechend dickere bzw. dünne Scheiben.

Schneiden von Käse

Der Schnittkäse wird von der Rinde befreit, in Scheiben geschnitten, die bei entsprechender Größe in kleinere Stücke zu teilen sind.

Darüber hinaus sind die Schnittformen für andere Käse von der jeweiligen Form abhängig (s. links).

Abb. 2 Wurstwaren

- Runde und halbrunde Käse keilförmig

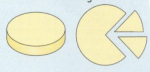

- Keilförmige Käse von der Spitze ausgehend bis etwa 2/3 quer, der Rest in Längsrichtung

- Ovale Käse quer zur Längsrichtung

Bereitstellen des Garniermaterials

Sämtliches Garniermaterial muss vor der Bearbeitung gewaschen sein.

- **Hartgekochte Eier:** Scheiben, Sechstel, Achtel
- **Gewürzgurken, Cornichons:** Scheiben, Fächer
- **Champignons:** Köpfe oder Scheiben
- **Tomaten:** Scheiben, Viertel, Achtel, Würfel
- **Kräuter:** Sträußchen oder gehackt
- **Radieschen:** Streifen, Viertel, Röschen
- **Paprika:** Rauten, Ringe, Streifen, Würfel
- **Frische Früchte:** Segmente, Viertel, Kugeln, Würfel

Abb. 1 Garniturbestandteile

Anrichten der Platten

Beim Anrichten von Frühstücksplatten legt man das Material dachziegelartig übereinander. Dabei ist zu beachten:

- Die Scheiben exakt, in Taschenform und in gleichen Abständen übereinanderlegen,
- für den Abschluss eine besonders schöne Scheibe auswählen, denn sie ist im Ganzen sichtbar,
- die Fettränder von Schinken zum Plattenrand hin gerichtet auflegen,
- den Plattenrand freilassen,
- buntes Material farblich kontrastierend anrichten.

Bezüglich des Garniturmaterials ist zu beachten:
- Auswahl passend zum Grundmaterial,
- Garnieren bedeutet Schmücken und nicht Bedecken des Grundmaterials.

5.4 Frühstücksservice

🇬🇧 breakfast service 🇫🇷 service (m) du petit déjeuner

Das Frühstück unterscheidet sich in wichtigen Punkten von den anderen Mahlzeiten.

Abb. 2 Käse-Etagere

Merkmale der Frühstückssituation

Sie ergeben sich vor allem durch die besondere Situation am Morgen. Der Frühstücksatmosphäre kommt im Hinblick auf den Gast eine besondere Bedeutung zu, denn sie beeinflusst in hohem Maße seine „Stimmung" und sein „Wohlbefinden" für die nachfolgenden Stunden. Der Service muss seinen Beitrag zu einer guten Atmosphäre leisten:

- Ein gut gelüfteter Raum,
- ein sauberer und sorgfältig eingedeckter Tisch mit einem kleinen Blumenschmuck,
- Servierpersonal, das ausgeschlafen ist und dem Gast mit Aufmerksamkeit und Freundlichkeit begegnet.

Abb. 3 Käseplatte

Service

GRUNDKENNTNISSE IM SERVICE

Speisen à la carte	Ergänzungen auf dem Servicetisch
Gekochtes Ei	• Unterteller, Eierbecher, Eierlöffel • Pfeffer und Salz
Wurstwaren Käse	• Mittelgabel und Vorlegebesteck • Pfeffer und Salz • Pfeffermühle
Spiegeleier Rühreier	• Mittelgabel und Mittelmesser • Pfeffer und Salz
Cornflakes Müsli	• Unterteller, Mittellöffel • Karaffe mit Milch
Joghurt Quarkspeisen	• Unterteller und Kaffeelöffel
Milch Säfte Tomatensaft	• Unterteller, Rührlöffel • Milchbecher • Saftglas • Pfeffermühle
Grapefruit	• Unterteller, Grapefruitlöffel • Streuzucker
Melone	• Mittelmesser und Mittelgabel
Tee	• Zitronenpresse oder Milch • Unterteller und Ablageteller • Kandiszucker

Mise en place zum Frühstück

Servicetisch

Für das **einfache Frühstück** sind bereitzustellen:
- Mittelteller und Kaffeeuntertassen,
- Mittelmesser und Kaffeelöffel,
- Menagen und Servietten.

Wegen der Portionspackungen zum Frühstück setzt man entsprechende Restebehälter am Tisch ein.

Zum **erweiterten Frühstück** nach der Karte sind folgende Ergänzungen auf dem Servicetisch notwendig: siehe Tabelle links.

Die Anordnung der Ergänzungen auf dem Servicetisch beim erweiterten Frühstücksangebot:

Teller	Kaffeeuntertassen	Menagen	Zucker	Gläser	Karaffen
Teller		Eierbecher	Aschenb.	Gläser	Gläser

Großes Besteck	Mittelbesteck	Kaffeelöffel	Eierlöffel	Servietten
			Vorlegebesteck	

Tabletts	freie Fläche

Abb. 1 Servicetisch für Frühstücksservice

Frühstücksgedecke

🇬🇧 breakfast covers 🇫🇷 couverts (m) pour le petit déjeuner

Je nach Umfang des Frühstücks werden einfache oder erweiterte Gedecke vorbereitet. Aus zeitlichen Gründen geschieht das im Allgemeinen bereits am **Vorabend**. Die Kaffeetassen werden im Rechaud vorgewärmt. Zusammen mit dem bestellten Getränk werden sie eingesetzt.

Einfaches Frühstücksgedeck
Es handelt sich dabei um die einfachste Art eines Frühstücksgedecks, bestehend aus Getränk sowie Gebäck, Butter und Konfitüre.

Abb. 3 Einfaches Frühstücksgedeck

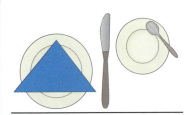

Abb. 2 Einfaches Frühstücksgedeck
- Mittelteller mit Serviette
- Mittelmesser
- Kaffeeuntertasse mit Kaffeelöffel

Erweitertes Frühstücksgedeck

Das einfache Frühstück kann mit Wurst oder Käse erweitert werden. Das Frühstücksgedeck ist dann entsprechend zu ergänzen.

- Mittelmesser und **Mittelgabel**
- Salz- und **Pfeffermenage**

Morgens, noch bevor die ersten Gäste kommen, werden die am Abend vorbereiteten Gedecke bzw. Tische vervollständigt durch:

- Konfitüre und Honig sowie Zucker und Süßstoff auf kleinen Tellern angerichtet,
- kleine Vasen mit Blumen.

Servieren des Frühstücks

Einfaches Frühstück

Nachdem der Gast seinen Getränkewunsch bekanntgegeben hat, kann mit dem Service begonnen werden:
- Einsetzen von Gebäck und Butter und eventuell die kleine Wurst- oder Käseplatte mit Vorlegebesteck,
- Servieren des Getränks, einschließlich der vorgewärmten Tasse, sowie der Sahne oder der Milch.

Erweitertes Frühstück nach der Karte

Bei Ergänzungen ist zu unterscheiden zwischen solchen, die außerhalb des Gedeckplatzes eingesetzt werden, und solchen, für die der Gedeckplatz freigemacht werden muss.

Außerhalb des Gedeckplatzes werden eingesetzt:
- das gekochte Ei im Eierbecher, auf Unterteller, mit Eierlöffel,
- Wurst, Schinken und Käse auf einer Platte, mit Vorlegebesteck,
- Joghurt und Quark auf Unterteller, mit Kaffeelöffel,
- Milch auf Unterteller und Säfte.

Für folgende Speisen ist der Gedeckplatz freizumachen:
- Eierspeisen (Rührei und Spiegeleier),
- Getreidespeisen (Porridge, Cornflakes und Müsli),
- Obst (Grapefruit und Melone).

Nach der Aufnahme der Bestellung gibt es dabei für den Service folgenden Ablauf:
- Die Bestellung an die Abgabestelle weiterreichen,
- am Tisch den Mittelteller mit dem Messer nach links außerhalb des Gedeckplatzes umstellen,
- das für die bestellte Speise erforderliche Besteck eindecken sowie die Menagen einsetzen,
- die Speise servieren,

und nachdem der Gast die Speise verzehrt hat:
- den Speisenteller mit dem Besteck ausheben,
- den Mittelteller mit dem Messer auf den Gedeckplatz zurückstellen.

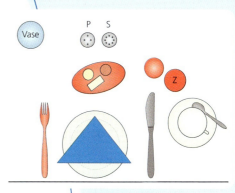

Abb. 1 Erweitertes Frühstücksgedeck

Aufgrund von zusätzlichen Bestellungen nach der Frühstückskarte ergeben sich im Gedeck weitere Veränderungen, die aber erst nach Aufnahme der Bestellung auszuführen sind.

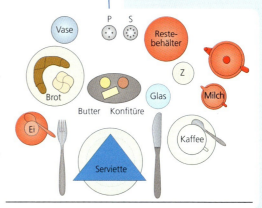

Abb. 2 Erweitertes Frühstück: gekochtes Ei

Abb. 3 Erweitertes Frühstück: Spiegelei mit Schinken

Service

GRUNDKENNTNISSE IM SERVICE

Etagenfrühstück breakfast room service 🔵 service (m) à l'étage

Etagen Service   Room Service

BESTELLEN Sie sich das pünktliche Frühstück am Abend vorher.
To have your breakfast in time ORDER it the evening before.

Service gewünscht/zwischen: – Desired Service Time:

○ 7.00 – 7.30   ○ 7.30 – 8.00   ○ 8.00 – 8.30   ○ 8.30 – 9.00   ○ 9.00 – 9.30   ○ 9.30 – 10.00

Zimmer Nr. / Room No.	Anzahl der Gäste / Number of guests	Service / Waiter	Datum / Date

Frühstück komplett € 9,00   *Continental breakfast € 9,00*
○ Kaffee   ○ *Coffee*
○ Tee   ○ *Tea*
○ Kakao   ○ *Chocolate*

Zusatzbestellung   €   *Additional orders*

	€	
○ Glas Milch, warm oder kalt	1,50	○ *Glass of milk, hot or cold*
○ Orangensaft	3,00	○ *Fresh orange juice*
○ Grapefruitsaft	3,00	○ *Grapefruit juice*
○ Tomatensaft	3,00	○ *Tomato juice*
○ Frische halbe Grapefruit	3,00	○ *Fresh half grapefruit*
○ Backpflaumen	2,00	○ *Stewed prunes*
○ Frisches Land-Ei	1,50	○ *Soft-boiled fresh egg*
○ Zwei in Butter gebratene Spiegeleier oder Rühreier	3,50	○ *Pair of fresh country-eggs cooked to your order*
○ (wahlweise mit Schinken, Speck oder Würstchen)	4,00	○ *(choice of with ham, bacon or sausages)*
○ Schinken oder Frühstücksspeck, knusprig gebraten	3,00	○ *Rasher of bacon, ham or sausages*
○ Zwei pochierte Eier auf Toast	3,50	○ *Two poached eggs on toast*
○ Eine Tasse Haferflockenbrei mit frischer Sahne oder Milch	2,50	○ *One cup of hot porridge with fresh cream or milk*
○ Cornflakes mit frischer Sahne oder Milch	2,50	○ *Cornflakes with fresh cream or milk*
○ Joghurt	2,00	○ *Joghurt*
○ Schinken, roh oder gekocht (kleine Portion)	4,00	○ *Smoked or boiled ham (half portion)*
○ Gemischter Aufschnitt (kleine Portion)	4,00	○ *Mixed cold cuts (half portion)*
○ Käse in reicher Auswahl	4,00	○ *Assortment of cheeses*
Obige Preise sind Inklusivpreise		*Service and tax included*

Besondere Wünsche   *Special Requests*

_____

_____

Unterschrift des Gastes (Unterschreiben Sie bitte erst nach Erhalt Ihrer Bestellung.)
Signature (Sign after receipt of your order only, please.)   No. 3498

Abb. 1   Frühstücksbestellliste

Der Service auf der Etage ist sehr aufwendig und bedarf deshalb einer besonders guten Organisation.

Mise en place

Für das **Etagenfrühstück** werden am Vorabend **Einer-** und **Zweierplateaus** vorbereitet.

- Plateautuch,
- Mittelteller mit Serviette,
- Mittelmesser, Untertasse und Kaffeelöffel,
- Schälchen mit Zucker bzw. Süßstoff.

Frühstücksbestellung und Service

Das Zimmermädchen legt dem Gast auf dem Zimmer täglich eine Frühstücksbestellliste für den nächsten Morgen bereit. Wenn dieser sein Frühstück auf dem Zimmer einnehmen möchte, trägt er seine Wünsche am Abend vorher in die Liste ein und hängt sie dann außen an die Zimmertür.

Bei Dienstbeginn sammelt die Servicefachkraft auf der Etage die Frühstücksbestelllisten ein und erstellt daraufhin eine **Kontrollliste** für den Frühstücksservice. (siehe Bestellliste linke Seite)

Zur Servicezeit wird das Plateau vervollständigt: Gebäck, Butter, Konfitüre, die vorgewärmte Tasse, das Getränk, die bestellten Extras.

Für den Transport wird das Plateau mit beiden Händen aufgenommen, wobei die rechte Hand Hilfestellung leistet, bis auf der linken Hand (Tragehand) das Gleichgewicht hergestellt ist. Die rechte Hand muss frei sein für das Anklopfen und Öffnen von Türen. Das Zimmer wird erst betreten, wenn der Gast „herein"-gebeten hat. Für das Verhalten im Zimmer ist zu beachten:

- Ein höfliches und freundliches „Guten Morgen" ist selbstverständlich,
- Zurückhaltung und Diskretion sind geboten.

Frühstücken im Zimmer zwei oder mehr Personen, ist ein kleiner Frühstückstisch bereitzustellen und einzudecken.

Frühstücksbüfett und Brunch

Frühstücksbüfett 🇬🇧 breakfast buffet 🇫🇷 buffet (m) de petit déjeuner

Beim Frühstücksbüfett handelt es sich um ein sehr reichhaltiges, umfangreiches Angebot. Von geringfügigen Abweichungen abgesehen, werden auf dem Büfett alle zum Frühstück üblichen Speisen bereitgestellt. Für ein Frühstücksbüfett sprechen:
- Bedürfnisse, die sich aus dem internationalen Reiseverkehr ergeben,
- unterschiedliche Verzehrgewohnheiten,
- Gast hat freie Auswahl,
- das leichtere Erfassen der Kosten sowie die Vereinfachung der Preisgestaltung,
- die Verringerung des Arbeitsaufwandes.

Plan für Etagenfrühstück

Zeit	Zimmer	Frühstück	
		serviert	abgeräumt
7.40 h	128	✓	✓
8.10 h	137	✓	✓
9.00 h	210	✓	

Abb. 1 Etagen-Frühstücks-Plateau

Vorteilhaft sind hier Room-Service-Wagen, auf denen das komplette Frühstück angerichtet in das Gästezimmer gefahren wird. Durch Hochstellen von zwei beweglichen Kreissegmenten wird der Wagen zu einem runden Frühstückstisch für 1–3 Personen.

Service

GRUNDKENNTNISSE IM SERVICE

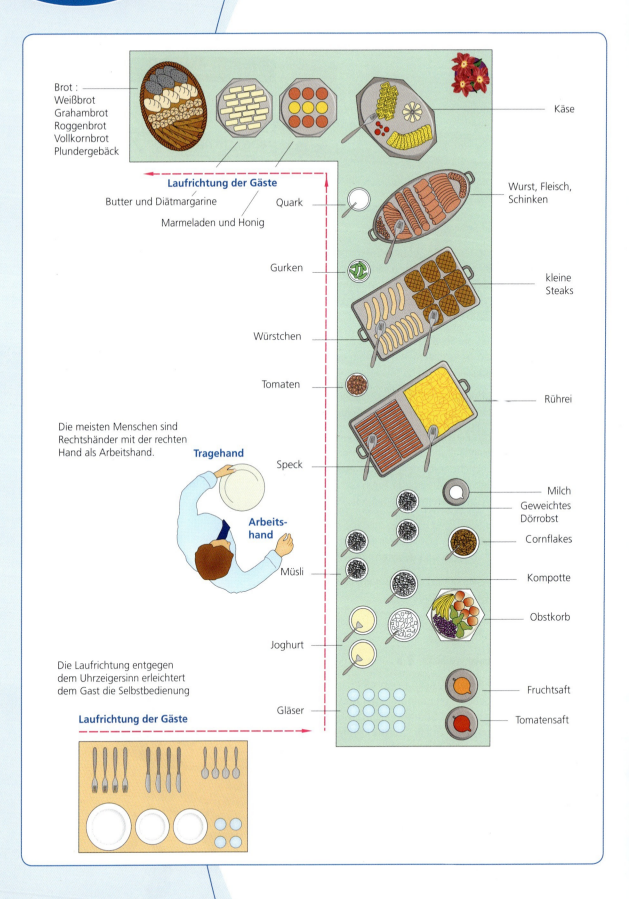

5 Frühstück

In Verbindung mit dem Frühstücksbüfett hat der Service neben der Bereitstellung warmer Getränke lediglich dafür zu sorgen, dass das Büfett immer wieder aufgefüllt wird.

> ● Der einwandfreie und appetitliche Zustand des Büfetts muss auch noch für den letzten Frühstücksgast erhalten bleiben.

Brunch

Der Brunch ist eine Angebotsform, die sich immer größerer Beliebtheit erfreut. Er nimmt, wie die Wortkombination zeigt, eine Zwischenstellung zwischen dem Frühstück und Mittagessen ein.
- Breakfast = Frühstück
- Lunch = Mittagessen

Beim Brunch wird das Frühstücksbüfett mit Suppen, kleineren warmen Gerichten, Salaten und Süßspeisen ergänzt.

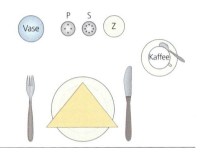

Abb. 1 Gedeck für Frühstücksbüfett   Abb. 2 Gedeck für Brunch

Aufgaben

1. Beschreiben Sie das einfache und das erweiterte Frühstück.
2. Nennen Sie Formen des Frühstücksangebotes.
3. Entwerfen Sie eine einfache Frühstückskarte.
4. Beschreiben und begründen Sie das Angebot eines Frühstücksbüfetts.
5. Erklären Sie die Bezeichnung Brunch.
6. Welche Bedeutung hat die Atmosphäre im Frühstücksraum für den Gast, und welchen Beitrag muss der Service diesbezüglich leisten? Nennen Sie Beispiele.
7. Erstellen Sie eine Waren-Bedarfsliste für ein Frühstücksbüfett für 60 Personen.
8. Beschreiben Sie das Herrichten von einfachen und erweiterten Frühstücksgedecken:
   a) Vorbereitungen am Vorabend,   b) Ergänzungen am Morgen.
9. Wie ist der Servicetisch für das einfache Frühstück auszustatten?
10. Nennen Sie die Angebote einer Frühstückskarte sowie die dazugehörenden Ergänzungen auf dem Servicetisch (Tischgeräte, Menagen).
11. Beschreiben Sie das Servieren des einfachen Frühstücks sowie Veränderungen bei Zusatzbestellungen.
12. Auf welche Weise und unter Beachtung welcher Ergänzungen und Abläufe werden serviert:
    a) ein Ei, Joghurt, Quark, Wurst oder Schinken?   b) Rühreier oder Spiegeleier?
    c) Porridge, Cornflakes oder Müsli?   d) Grapefruit oder Melone?
13. Welche besonderen Regeln sind für den Service auf der Etage zu beachten?
14. Ein Gast will am Folgetag das Frühstück auf das Zimmer serviert haben. Welche Kontrollmaßnahmen sind für den Ablauf des Service erforderlich?

PROJEKT

Attraktives Frühstücksbüfett

Für eine einwöchige Tagung von internationalen Fremdenverkehrsfachleuten möchte Ihr Chef eine besondere Frühstücksaktion bieten.

Das normale Frühstücksbüfett soll mit attraktiven Kochaktionen (Front-cooking) versehen werden, z. B. Herstellen von Eierspeisen oder Waffeln usw.

Vorschläge für Sonderaktionen am Frühstücksbüfett

1. Unterbreiten Sie Ihrem Chef fünf bis sieben Vorschläge.
2. Beschreiben Sie kurz die einzelnen Vorschläge genauer.
3. Wie viel Büfettfläche und welche Arbeitsgeräte werden zusätzlich benötigt?

Erstellen Sie ein komplettes Sortiment für ein Frühstücksbüfett mit fünf Attraktionen

1. Listen Sie die benötigten Waren und Produkte für die vorgesehene Personenzahl auf.
2. Listen Sie die benötigten Besteck- und Geschirrteile auf.
3. Erläutern Sie die Zubereitung der fünf besonderen Kochaktionen.
4. Skizzieren Sie den Aufbau des Frühstücksbüfetts mit den Kochstellen.

Kennzeichnen der einzelnen Büfettelemente mit Hinweisschildern

1. Erstellen Sie diese Schilder in deutscher Sprache.
2. Übersetzen Sie die Büfettelemente auch in englische und französische Versionen, damit diese mit auf die Schilder gedruckt werden können.
3. Gestalten Sie diese Schilder mit Hilfe des Computers (Schriftart, Schriftgröße).

Kosten

1. Berechnen Sie die gesamten Materialkosten für das Frühstücksbüfett.
2. Berechnen Sie den ungefähren Materialeinsatz für eine Person.

PROJEKT

Sonntagsbrunch für die ganze Familie

Bei einem „Jour fixe" der Hoteldirektion und den Abteilungsleitern kam die mangelhafte Auslastung des sonntäglichen Frühstücksbüfetts zur Sprache. Grund dafür ist die geringe Anzahl von Logiergästen an Wochenenden. Um die Rentabilität des Angebots zu steigern, wurde der Beschluss gefasst, einen

Sontags-Familien-Brunch

einzuführen. Unser Ausbilder im Service erklärt meiner Kollegin und mir die Situation und bittet uns um kreative Vorschläge für eine erfolgreiche Durchführung. Das Frühstücksbüfett in der herkömmlichen Form soll bestehen bleiben und ist durch zusätzliche Speisen und Getränke zu ergänzen.

Das Thema attraktiv für Familien darstellen

1. Sammeln Sie Ideen für ein solches Vorhaben.
2. Bringen Sie Ihre Ideen und Vorschläge zu Papier.
3. Was könnte den Kindern geboten werden (an Unterhaltung, an Speisen)?
4. Erörtern Sie Möglichkeiten für die Unterhaltung der Erwachsenen.

Moderate Preisgestaltung

1. Welche Preisvorstellungen haben Sie im Vergleich zum Preis für das normale Frühstücksbuffet?
2. Welcher Preis soll für die Kinder angesetzt werden?

Planung mit vorgesehenem Zeitablauf

Bestimmen Sie den Zeitraum für das Brunch-Büfett.

Anbieten von zusätzlichen Speisen und Getränken

1. Listen Sie mindestens fünf warme Gerichte für das Brunch-Büfett auf.
2. Am Büfett sollten auch drei Nachspeisen bereitgestellt werden. Machen Sie entsprechende Vorschläge.
3. Welche Getränke sollen im Büfett-Preis bereits enthalten sein und wie sollen andere Getränkebestellungen gehandhabt und berechnet werden?

Anbieten von zusätzlichen Speisen und Getränken

1. Welche besonderen Vorkehrungen müssen getroffen werden, um den Brunch erfolgreich durchzuführen?
2. Entwickeln Sie Ideen, wie die Aktion in Ihrem Hause dekorativ präsentiert werden kann, und machen Sie Vorschläge für eine sinnvolle Außenwerbung.

Getränke und Getränkeservice

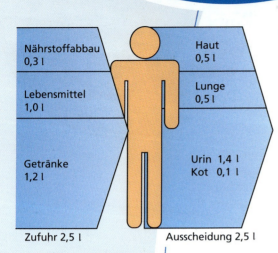

Abb. 1 Wasseraufnahme – Wasserabgabe

Der Mensch besteht zu etwa zwei Dritteln aus Wasser. Wie notwendig regelmäßige Flüssigkeitszufuhr ist, beweist die Tatsache, dass man im Extremfall nur wenige Tage ohne Wasser auskommen kann, ohne Essen dagegen längere Zeit – wie Fastenkuren zeigen.

Der Abschnitt Getränke und Getränkeservice beginnt mit den alkoholfreien Getränken. Zuerst werden die Durstlöscher Trinkwasser und Mineralwasser behandelt. Dann führt der Weg zu den Produkten aus Obst und Gemüse, die uns viele Vitamine und Mineralstoffe liefern. Es folgen die Aufgussgetränke mit ihren anregenden Wirkstoffen.

Die alkoholhaltigen Getränke bilden eigene Abschnitte.

1 Wässer

🇬🇧 drinking water and mineral water 🇫🇷 eau (w) potable et des eaux minérales

Die Mineral- und Tafelwasserverordnung unterscheidet bei Wässern je nach Herkunft und Eigenschaften verschiedene Arten. Diese kann man in zwei Gruppen unterteilen, nämlich Trinkwasser und natürliches Mineralwasser.

1.1 Trinkwasser   🇬🇧 drinking water 🇫🇷 eau (w) potable

Trinkwasser ist Wasser, das zum direkten Genuss sowie zur Zubereitung von Speisen und zur Herstellung von Lebensmitteln geeignet ist. Es muss darum auf jeden Fall hygienisch einwandfrei sein. Man erhält es entweder aus Grundwasser (hier wirkt der Boden als natürlicher Filter) oder aus Oberflächenwasser, das entsprechend aufbereitet werden muss.

- **Tafelwasser** ist, vereinfacht gesagt, hygienisch einwandfreies Trinkwasser mit Zusätzen wie z. B. Sole oder Meerwasser. Diese sollen das Wasser vor allem geschmacklich verbessern. Die Zusätze müssen auf dem Etikett genannt werden. Am bekanntesten aus dieser Gruppe ist das **Sodawasser**
- **Quellwasser** ist Trinkwasser aus unterirdischen Wasservorkommen. Im Gegensatz zum Mineralwasser müssen keine ernährungsphysiologischen Wirkungen nachgewiesen werden.

Natürliches Mineralwasser muss am Quellort abgefüllt und dem Gast in Flaschen angeboten werden.

1.2 Natürliches Mineralwasser

🇬🇧 mineral water 🇫🇷 eau (w) minerale

Natürliches Mineralwasser hat seinen Ursprung in unterirdischen, vor Verunreinigungen geschützten Quellen. Auf dem langen Weg vom Versickern bis zur Quelle wird das Wasser gefiltert und ist darum besonders rein. Zugleich reichert es sich mit Mineralstoffen und/oder Kohlendioxid (CO_2) an.

Die **Mineralstoffe**
- geben dem Wasser eine besondere Geschmacksnote,
- ergänzen den Bedarf des Körpers an Mineralstoffen.

Das **Kohlendioxid** (Kohlensäure)
- bewirkt bessere Löslichkeit der Mineralstoffe,
- wirkt erfrischend,
- regt die Verdauung an.

Art und Menge der in einem Mineralwasser enthaltenen Mineralstoffe werden teilweise in der chemischen **Analyse** genannt.

Arten

Natürliche Mineralwässer werden in zwei Gruppen unterschieden:

- **Mineralstoffreiche natürliche Mineralwässer** werden hauptsächlich wegen ihres Mineralstoffgehaltes getrunken. Enthalten sie nur wenig oder kein Kohlendioxid (CO_2), nennt man sie **stille Wässer**. Man serviert sie ungekühlt.

- **Kohlensäurereiche natürliche Mineralwässer** werden hauptsächlich ihrer erfrischenden Wirkung wegen getrunken. Liegt der CO_2-Gehalt besonders hoch, spricht man von **Säuerling** (der Name kommt von der Kohlensäure). Diese Wässer serviert man gekühlt.

Abb. 1 Mineralwasserquelle

● Mineralwasser muss in geschlossenen Flaschen serviert werden. Tafelwasser darf offen angeboten werden.

Veränderungen

Bestimmte Mineralstoffe wie Eisen oder Schwefel verändern beim Mischen mit Wein oder Fruchtsäften den Geschmack des Mischgetränks. Diese Stoffe werden darum bei manchen Mineralwässern entzogen. Allerdings entweicht dabei gleichzeitig das CO_2, das wieder zugesetzt wird. Diese Veränderungen sind anzugeben. Beispiele: „**Enteisent und mit Kohlensäure versetzt**" – „Entschwefelt und mit der natürlichen Quellenkohlensäure versetzt".

Verwendung

Als **Tafelgetränk** eignet sich jede Art von Mineralwasser, **zum Mischen** mit Wein oder Säften und für Drinks können nur geschmacksneutrale Wässer verwendet werden.

Beim Servieren **von Getränken in Portionsflaschen** werden Glas und Flasche auf einem Tablett getragen. Am Tisch gilt:

- Das Glas von der rechten Seite des Gastes einsetzen und 1/3 bis 1/2 füllen,
- die Flasche auf einen Untersetzer halb rechts oberhalb des Glases abstellen mit dem Etikett zum Gast.

Mineralinger

Natürliches Mineralwasser, enteisent ①
mit Quellenkohlensäure versetzt ②

Seit dem 12. Jahrhundert berühmte Mineralquellen

Wohlschmeckend, bekömmlich, erfrischend und gesund

Zum Mischen mit Wein und Fruchtsäften vorzüglich geeignet ③

Mineralbrunnen GmbH Bad ... ④

Erforderliche Angaben:
① Art des Mineralwassers
② eventuelle Veränderungen
③ Eigenschaften, Eignung
④ Abfüllungsfirma, Quellenangabe

„Ich biete Ihnen hier das Mineralwasser Ensinger Urquelle Classic an. Es ist ein prickelndes Mineralwasser aus den Ensinger Heilquellen, das viel Kohlensäure enthält und für die natriumarme Ernährung geeignet ist."

Abb. 2 Mineralwasser in Portionsflasche

2 Säfte und Erfrischungsgetränke

🇬🇧 fruit drinks 🇫🇷 boissons (w) à base de fruits

Aus reifen und gesunden Früchten wird Saft gewonnen, der alle wertvollen Inhaltsstoffe des Obstes enthält.

Um Lagerraum und Transportkosten zu sparen, werden diese Säfte häufig **konzentriert** (eingedickt) oder zusammen mit Zucker zu **Sirup** verarbeitet. Werden aus diesen Zwischenprodukten durch Rückverdünnung wieder Säfte, muss der Vorgang gekennzeichnet werden, z. B. „aus ...konzentrat".

Abb. 1 Fruchtsäfte – flüssiges Obst

2.1 Fruchtsäfte   🇬🇧 fruit juices 🇫🇷 jus (m) de fruit

Fruchtsäfte enthalten den aus den Früchten gewonnenen Saft. Lediglich Zucker darf zum Geschmacksausgleich zugefügt werden.

Aroma und Geschmack müssen charakteristisch sein. Durch schonende Entkeimungsverfahren – also ohne Konservierungsstoffe – wird der Saft haltbar gemacht. Am bekanntesten aus dieser Gruppe sind Apfel- und Traubensaft, aber auch Tomatensaft.

Fruchtsäfte sind durch ihren hohen Gehalt an Vitaminen und Mineralstoffen eine sehr wertvolle Ergänzung für die ernährungswissenschaftlich richtige Ernährung.

Säfte in geschlossenen Flaschen sind lange haltbar; man lagert sie am besten kühl und lichtgeschützt. Offene Flaschen sollen möglichst rasch verbraucht werden. Klare Säfte schmecken gekühlt bei etwa 8–12 °C am besten. Naturtrübe Säfte entfalten erst bei Zimmertemperatur (18–20 °C) ihr volles Aroma.

Bei der Kennzeichnung von Fruchtsäften gilt:
- **Saft einer Frucht:** Frucht wird genannt, z. B. Apfelsaft, Traubensaft;
- **Saft mehrerer Früchte:** Früchte in der Reihenfolge des Saftanteils, z. B. Apfel-Orangen-Getränk;
- **Herstellung aus Konzentrat:** „aus ...konzentrat".

2.2 Smoothies

Smoothies sind cremige Getränke, die aus ganzen Früchten hergestellt werden (engl. smooth = cremig, fein). Alle Arten haben als Grundlage Fruchtsaft und Fruchtmark oder Fruchtpüree. Letztere machen das Getränk cremig.

Abb. 2 Smoothies

2.3 Gemüsesäfte/Gemüsenektar

🇬🇧 vegetable juices 🇫🇷 jus (m) de légumes

Gemüsesäfte dienen wegen ihrer appetitanregenden und verdauungsfördernden Wirkung der Ergänzung der Mahlzeiten, insbesondere des Frühstücks. Säfte aus Gemüse werden überwiegend in trüber Form angeboten. Da die enthaltenen Vitamine licht- und wärmeempfindlich sind, lagert man die Säfte dunkel und kühl.

Gemüsenektar hat mindestens 40 % Gemüseanteil; neben Trinkwasser können Salz, Zucker, Gewürze und Genuss-Säuren zugesetzt werden.

2.4 Fruchtnektare und Süßmoste

🇬🇧 fruit nectar 🇫🇷 nectars (m) de fruit

Der Fruchtanteil bei **Fruchtnektar** liegt trotz des wohlklingenden Namens nur zwischen 50 und 25 %, je nach Geschmacksstärke der Ausgangsfrucht. Der Anteil ist für die einzelnen Fruchtarten vorgeschrieben. Neben Fruchtsaft werden Wasser, Zucker und Kohlensäure verwendet.

Wird ein Fruchtnektar aus Früchten hergestellt, deren Saft wegen des hohen Säuregehaltes ohne Verdünnung nicht zum Genuss geeignet ist (z. B. Johannisbeeren), kann er als **Süßmost** bezeichnet werden. Süßmoste sind meist „blank", also ohne Fruchtmarkteilchen.

2.5 Fruchtsaftgetränke

🇬🇧 beverages with fruit juice 🇫🇷 boissons (w) fruitées

Die Fruchtsäfte geben diesen Getränken Geschmack, Geruch und Farbe. Eine leichte Trübung rührt von kleinen Fruchtfleischstücken her, die beim Auspressen mitgerissen werden. Der Mindestgehalt an Fruchtsaft ist gesetzlich vorgeschrieben. Er beträgt z. B. bei Kirschen und Trauben 30 %, bei Johannisbeeren 10 %, bei Orangen und Zitronen 6 %.

Fruchtsäuren und natürliche Aromastoffe, bei Orangen z. B. die in der Schale enthaltenen ätherischen Öle, runden zusammen mit dem Zucker den Geschmack ab. Fruchtsaftgetränke gibt es mit und ohne Kohlensäure. Der Vitamin- und Mineralstoffgehalt ist entsprechend der Verdünnung geringer.

Fruchtsaftgetränke serviert man am besten kühl.

● Fruchtsaftgetränke bestehen aus
  Fruchtsaft
  + Wasser
  + Zucker
  + Fruchtsäuren
  + natürlichen Aromastoffen.

Fruchtart	Mindestfruchtgehalt Nektar	Mindestfruchtgehalt Fruchtsaftgetränke
Apfel, Birne	50 %	30 %
Pfirsich	45 %	30 %
Heidelbeere, Aprikose	40 %	10 %
Sauerkirsche	35 %	30 %
Pflaume	30 %	10 %
Schwarze/rote Johannisbeere	25 %	10 %
Zitrusfrüchte	25 %	6 %

2.6 Fruchsaftschorlen

Zu Fruchtsaftschorle wird Fruchtsaft und Mineral- oder Trinkwasser meist im Verhältnis 1:1 gemischt. Sie wird vor allem im Sommer und bei sportlicher Tätigkeit geschätzt.

2.7 Limonaden 🇬🇧 lemonades 🇫🇷 limonades (w)

Limonaden enthalten natürliche Stoffe wie Extrakte aus Früchten, Fruchtsäuren, Zucker und Trink- oder Tafelwasser. Hinweise auf besonderen Geschmack sind erlaubt, z. B. Zitronenlimonade.

Energy Drinks versprechen Leistungssteigerung. Sie enthalten als Energielieferanten verschiedene Zuckerarten und als anregende Bestandteile Koffein in höherer Konzentration als in üblichen Cola-Getränken. Ferner teilweise Guarana und Taurin, die ähnlich wie Kaffee wirken.

Light-Getränke/Brennwertverminderte Getränke haben gegenüber Getränken gleicher Art wegen reduzierten Zuckeranteils einen um mindestens 40 % verringerten Energiegehalt.

● Zu den Limonaden zählen auch
  • Cola-Getränke mit Auszügen aus der koffeinhaltigen Kolanuss,
  • Bitter-Limonaden, z. B. Bitter Lemon, Tonic Water, mit Auszügen aus der chininhaltigen Chinarinde. Auf den Gehalt an Koffein und Chinin muss hingewiesen werden.

Service

GETRÄNKE UND GETRÄNKESERVICE

2.8 Near Water/Aqua Plus

Near-Water-Getränke enthalten meist Mineralwasser oder Trinkwasser verbunden mit geschmacksliefernden Fruchtsäften. Eine leichte Süße liefern Zucker oder Süßstoffe. Der Energiegehalt dieser Getränkegruppe ist geringer als die der Erfrischungsgetränke.

2.9 Diätetische Erfrischungsgetränke

🇬🇧 diet soft drinks 🇫🇷 boissons (w) diététiques

Bei diesen Getränken wird anstelle von Zucker Süßstoff verwendet. Darum ist der Energiegehalt sehr niedrig. Es dürfen keine künstlichen Aromastoffe verwendet werden, auch die anregenden Stoffe Koffein und Chinin sind nicht erlaubt. Diabetiker und Personen mit Gewichtsproblemen bevorzugen (neben Mineralwasser) Getränke dieser Art.

2.10 Fruchtsaftgehalt von Getränken

Die Vorschriften für den Mindestanteil an Fruchtbestandteilen sind je nach Frucht unterschiedlich, weil die Geschmacksintensität der Früchte verschieden ist (vergleichen Sie Apfelsaft mit Zitronensaft).

Der **Zuckergehalt** bei Fruchtsaftgetränken und Limonaden ist beträchtlich. Untersuchungen ergaben, dass er bei durchschnittlich 10 % liegt; das bedeutet, in einem Liter sind 100 g Zucker enthalten. Das sind 1 700 kJ!

Wer den Durst energiearm löschen will, sollte das beachten.

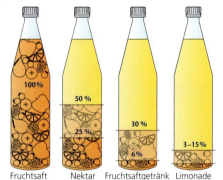

Abb. 1 Fruchtsaftgehalt von Getränken

2.11 Mineralstoffgetränke

Mineralstoffgetränke werden auch **Sportgetränke** oder **Elektrolytgetränke** genannt. Ihnen sind Mineralstoffe, teils auch Vitamine zugesetzt. Sie dienen insbesondere zum Ersatz von Mineralstoffen durch Schweiß bei starker Ausdauerbelastung.

Teilchenkonzentration im Getränk und im Blut

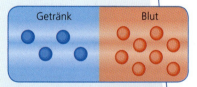

weniger = hypotonisch

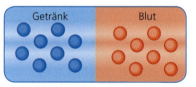

gleich = isotonisch

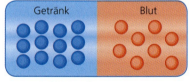

mehr = hypertonisch

Fachbegriffe zu Sportgetränken	
Elektrolyte	Gelöste Mineralstoffe in Form von Ionen
Osmose	Bedeutet hier den Durchgang der Mineralstoffe durch die Darmwand in das Blut
isotonisch	Iso bedeutet gleich. Ein isotonisches Getränk hat die gleichen Mineralstoffanteile wie das Blut.

3 Alkoholfreie Mischgetränke

🇬🇧 non-alcoholic mixed drinks 🇫🇷 cocktails (m) sans alcool

Alkoholfreie Mischgetränke sind Getränke, zu deren Herstellung Fruchtsäfte, Gemüsesäfte, Fruchtmark, Fruchtnektar, Fruchtsirupe, Früchte, Wasser, Sodawasser, Mineralwasser, Limonaden, Milch, Eier oder Speiseeis ohne Zusatz von Alkohol verwendet werden.

Limonadendrink – Grapefruit Wonder

4 cl	Grapefruitsaft
1 TL	brauner Zucker
4	Grapefruitfilets
6 cl	Zitronenlimonade
1 cl	Zitronensaft
4 cl	Mineralwasser
2	Eiswürfel

- Fruchtfilets mit braunem Zucker im Glas zerstoßen.
- Mit den restlichen Zutaten auffüllen und umrühren.

Der Drink kann auch als Heißgetränk kurz erhitzt mit normalem Wasser ohne Eiswürfel hergestellt werden.

Einfache Mischgetränke

- **Spezi**: Cola und Orangenlimonade mit Zitronenscheibe
- **Schorle**: Fruchtsaft mit Mineralwasser
- **Bowle**: Fruchtstücke, Fruchtsaft, Fruchtsirup, Zitrone, Läuterzucker, Mineralwasser
- **Limonade**: Fruchtsaft (Zitrone), Wasser, Zucker

Diese Mischgetränke mischen sich bereits beim Eingießen ins Glas.

Andere Mischgetränke

Man benutzt für die Herstellung dieser Getränke Elektromixer, da meist größere Mengen in einem Arbeitsgang hergestellt werden.

Mischgetränke können aber auch einzeln hergestellt werden. Dabei wendet man die Arbeitstechniken der Bar an, also Schütteln oder Rühren oder Aufbauen. Mischgetränke sind vitaminhaltige und erfrischende Longdrinks. Die Geschmacksskala reicht von herbwürzig über fruchtig-säuerlich bis fruchtig-süß.

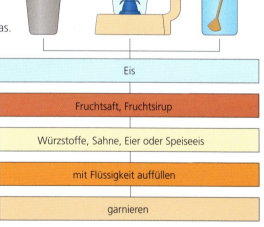

Eis

Fruchtsaft, Fruchtsirup

Würzstoffe, Sahne, Eier oder Speiseeis

mit Flüssigkeit auffüllen

garnieren

Alkoholfreie Cocktails

Möhrchen-Mix

5 cl Milch mit
5 cl Karottensaft,
2 cl Apfelsaft,
1 TL Honig und
1 TL Sanddorn mixen

Milchocolada

5 cl Milch mit
1 Kugel Schokoladeneis, 1 EL Schokosauce und 1 TL Kokosnuss-Sirup mixen

Apfel-Holunder-Traum

5 cl Milch,
50 g Apfelmus,
1 TL Puderzucker und
Zimt mixen,
3 EL Holundersaft

Service

GETRÄNKE UND GETRÄNKESERVICE

4 Milch und Milchgetränke

milk and milk beverages lait (m) et boissons (w) à base de lait

Durch bewusste Ernährung ist der Verbrauch von Milch und Milcherzeugnissen erheblich gestiegen. Besonders beliebt sind die gesäuerten Produkte wie Buttermilch, Joghurt, Kefir und Dickmilch. Die Milchsäure erfrischt und ist gut für die Verdauung.

Milch in jeder Form enthält wertvolles Eiweiß, reichlich Vitamine und Mineralstoffe. Fettreiche Produkte sollen nicht in größeren Mengen („für den Durst") getrunken werden; der Energiegehalt ist zu hoch.

Vollmilch hat 3,5 % Fettgehalt, ist pasteurisiert und meist auch homogenisiert. Man reicht sie als Trinkmilch und am Frühstücksbüfett zu Zerealien. Ferner bildet sie die Grundlage für Milchmixgetränke.

Abb. 1 Vollmilch, ESL-Milch, H-Milch

Längerfrische Milch (ESL-Milch)

Längerfrische Milch wird in speziellen Anlagen kurzzeitig auf 85 bis 127 °C erhitzt und sofort wieder abgekühlt. So bleibt sie ungeöffnet im Kühllager ca. drei Wochen haltbar. Diese „ESL-Milch" (**E**xtended **S**helf **L**ife, etwa: verlängertes Regal-Leben) hat an vielen Stellen die klassische Vollmilch verdrängt.

ESL-Milch ist homogenisiert, so kann keine Aufrahmung stattfinden. Der Fettanteil liegt meist bei 3,5 %, sie ist aber auch mit 1,5 % erhältlich.

H-Milch

H-Milch ist ohne Kühlung mehrere Monate lang haltbar. Sie wird in einem speziellen Verfahren („UHT") ultrahocherhitzt, für wenige Sekunden unter hohem Druck bei 135 bis 150 °C. Dadurch wird die Milch praktisch keimfrei. Es werden aber auch ein großer Teil der Milcheiweiße und etwa ein Fünftel der Vitamine zerstört. Die Geschmacksstoffe leiden, was der H-Milch ihren typischen Geschmack gibt.

Magermilch

Magermilch wird wie H-Milch ultrahocherhitzt, aber zusätzlich entrahmt. Sie hat einen maximalen Milchfettgehalt von 0,3 %. Wenn ihr Milcheiweiß zugegeben wird, muss dies auf der Verpackung angegeben werden. Obwohl die Magermilch nur sehr wenig Fett enthält, wird auch sie homogenisiert.

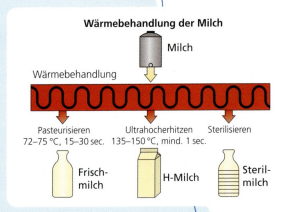

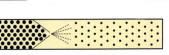

Milch wird durch feine Düsen gepresst. Das Milchfett wird in so feine Tröpfchen zerkleinert, dass es nicht mehr aufrahmt

4 Milch und Milchgetränke

Milchmixgetränke sind mit Früchten gemixt. Dabei gibt man immer die Früchte in die Milch und nicht umgekehrt. Gießt man die Milch in die Früchte, ist anfangs der Gehalt an Fruchtsäure zu hoch und die Milch gerinnt durch die Säureeinwirkung.

Sauermilcherzeugnisse sind mit Hilfe von Kleinlebewesen gesäuerte Milcherzeugnisse. Nach diesem Prinzip entstehen Produkte mit unterschiedlichen Fettgehalten, z. B.
- Sauermilch
- Joghurt
- Kefir
- Buttermilch als Nebenprodukt bei der Herstellung von Butter.

Milchshake

Ein Milchshake ist ein süßes, kaltes Getränk, das aus Milch, Eiscreme, Zucker oder süßen Aromen wie Fruchtsirupen besteht. Seinen Ursprung hat es in den Vereinigten Staaten. Daher zählt es auch heute noch zum Standardangebot der amerikanischen Restaurantketten. Während Full-Service-Restaurants oder Eiscafés Milchshakes zum Teil noch von Hand aus Eiskugeln und Milch in einem Mixer zubereiten, setzen Quick-Service-Restaurants Milchshake-Maschinen für diese Arbeit ein.

Diese Maschinen haben einen Edelstahlzylinder mit Rühr- und Schlagwerk, das den eingefüllten Milchshake-Grundstoff auf ca. −3 °C kühlt. Der Milchshake-Grundstoff enthält neben Milch mit natürlichem Fettgehalt meist Zucker und Verdickungsmittel wie z. B. Carrageen. Durch den Fettgehalt der Milch bleibt das Getränk auch bei Temperaturen unter 0 °C noch trinkbar. Durch die Zugabe von Sirupen in den Getränkegrundstoff erhält man verschiedene Geschmacksrichtungen.

Da Milch aufgrund des hohen Eiweißwertes ein idealer Nährboden für Mikroorganismen ist, ist die Einhaltung von Hygienemaßnahmen sehr wichtig. Moderne Geräte pasteurisieren täglich durch Aufkochen den Milchshake-Grundstoff und erhöhen so die Haltbarkeit. Dennoch muss die Maschine ständig sauber gehalten und regelmäßig komplett zerlegt, gereinigt und desinfiziert werden.

Aufgaben

1. Worin besteht der Unterschied zwischen Trinkwasser und Tafelwasser?
2. Welche Wirkungen haben Mineralstoffe im menschlichen Körper? Nennen Sie mindestens vier Beispiele.
3. Manche Etiketten auf Mineralwasserflaschen zeigen eine „Analyse". Was versteht man darunter?
4. Sie bestellen „Ein Mineralwasser, bitte." Es wird in einem Glas serviert. Erläutern Sie.
5. „Bitte ein stilles Wasser." Was versteht der Gast darunter? Welche Marken können Sie anbieten?
6. Sie wollen einen Orangen-Milch-Shake herstellen. Dazu pressen Sie eine frische Orange aus und gießen Milch zum Saft. Was wird geschehen? Begründen Sie.

Aufgussgetränke

 hot drinks boissons (w) chaudes

Als Aufgussgetränke bezeichnet man Kaffee, Tee und Kakao. Sie werden durch Überbrühen (Aufgießen) mit Flüssigkeit (in der Regel Wasser) hergestellt. Alle Aufgussgetränke wirken durch Alkaloide anregend auf Kreislauf und Nervensystem. Kaffee und Tee enthalten Koffein, Kakao enthält Theobromin.

5.1 Kaffee   coffee café (m)

Kaffeekirsche
2 Kaffeebohnen
Silberhäutchen

Aufbereitung von Kaffee

Kaffee wird aus Kaffeebohnen gewonnen. Nach der Ernte werden die Kaffeebohnen vom Fruchtfleisch und dem Silberhäutchen befreit und anschließend getrocknet. Die noch grünen Bohnen kommen als Rohkaffee in den Handel.

Abb. 1 Kaffeeaufbereitung

Nach der Art, wie das Fruchtfleisch der Kaffeekirsche von den Kaffeebohnen entfernt wird, unterscheidet man zwei Verfahren.

- Beim **Trockenverfahren** werden die Früchte in der Sonne gedörrt. Dann sprengen Brechmaschinen das Fruchtfleisch ab.
- Beim **Nassverfahren** wird das Fruchtfleisch zunächst grob entfernt. Dann lässt man die Bohnen gären; dabei wird das verbliebene Fruchtfleisch gelockert und kann später abgespült werden. Diese „gewaschenen Sorten" ergeben einen feineren Kaffee und haben einen höheren Preis.

Je kräftiger die Röstung, desto ausgeprägter der Geschmack

Abb. 2 Die Röstung beeinflusst den Geschmack.

Beim **Rösten** des Rohkaffees verändern sich die Bohnen.

- Stärke und Zucker werden zu karamellartigen Stoffen verwandelt, die dem Kaffee-Getränk Farbe und Geschmack geben,
- Aromastoffe entstehen,
- die Gerbstoffe werden auf etwa die Hälfte verringert.

Koffein ist der Hauptwirkstoff des Kaffees. Üblicher Kaffee enthält 1 bis 2 Prozent.

Koffein
- regt das Zentralnervensystem an,
- steigert die Herztätigkeit und erhöht den Blutdruck (was aber auch zu Herzklopfen und Schlaflosigkeit führen kann).

Kaffee mit besonderen Behandlungen

- **Entkoffeinierter** Kaffee enthält höchstens 0,1 % Coffein und kann darum auch von Personen getrunken werden, bei denen Koffein zu Herzklopfen und Schlaflosigkeit führen würde.
- **Säurearmem** Kaffee ist Gerbsäure entzogen worden, das Koffein bleibt erhalten. Diese Art ist darum für Personen mit säureempfindlichem Magen geeignet.
- **Kaffee-Extraktpulver** oder **Instant-Kaffee** löst sich sofort und ohne Rückstände auch in kalter Flüssigkeit. Das Produkt wird hergestellt, indem man konzentriertem Kaffee im Sprühverfahren oder durch Gefriertrocknung das Wasser entzieht. Das Pulver ist sehr wasseranziehend (hygroskopisch) und muss darum unbedingt verschlossen aufbewahrt werden.
- **Kaffee-Konzentrat** wird durch stufenweises Auslaugen der Kaffeebohnen gewonnen. Beim Fertigstellen ist mit der jeweils vorgeschriebenen Wassermenge zu verdünnen.

Kaffee-Ersatz ergibt ein kaffeeähnliches, koffeinfreies Getränk. Als Rohstoffe dienen Zichorien, Feigen und Gerstenmalz. Diese Produkte erhalten durch Rösten Aroma, Farbe und Geschmack. Malzkaffee kommt gemahlen in den Handel, Feigen und Zichorien werden zerrieben und gepresst. Das Hauptangebot besteht aus sofort löslichem Extraktpulver.

Zubereitung von Kaffee

Für das Frühstück wird Kaffee in größeren Mengen auf Vorrat zubereitet. Er sollte jedoch nicht länger als 45 bis 60 Minuten vorrätig gehalten werden, weil sich danach die Farbe und das Aroma nachteilig verändern. Die Warmhaltetemperatur liegt bei etwa 80 °C.

Produkt-bezeichnung	Kaffee-pulver	Flüssigkeits-menge
Tasse Kaffee Espresso	6–8 g 6–7 g	125 ml 80 ml
Kännchen Kaffee	12–16 g	250 ml
Großmenge	80–100 g	2 l (16 Tassen)

Zubereiten von Kaffee

Um einen wohlschmeckenden, vollaromatischen Kaffee zu erhalten, ist einiges zu beachten:

- Grundbedingung ist die Verwendung von bewährtem Markenkaffee, dessen Einkaufsmengen dem jeweiligen Bedarf anzupassen sind, damit keine Aromaverluste durch Überlagerung entstehen.
- Der Feinheitsgrad der Körnung ist auf die Art des Brühverfahrens abzustimmen, damit sich das Aroma optimal entfalten kann.
- Wichtig sind die richtig dosierte Menge des Kaffeepulvers sowie die sachgerechte Temperatur des Brühwassers zwischen 95 und 98 °C.
- *Porzellangeschirr*, gut vorgewärmt, gilt als besonders *aromafreundlich*.

Handfiltern von Kaffee

Beim Handfiltern ist zu beachten:

- Das Kaffeepulver im Filter mit wenig heißem Wasser anbrühen, damit es aufquillt
- den Rest des Wassers dann stufenweise *in die Mitte* des Filters nachgießen, damit das Wasser durch das Kaffeemehl zum Filter hin fließt.

Maschinelle Kaffeezubereitung

Kaffeemaschinen ermöglichen es, in kurzer Zeit große Mengen Kaffee bereitzustellen. Die beiden grundlegenden Verfahren sind
- das drucklose *Überbrühverfahren* ①
- das *Dampfdruckverfahren* ②

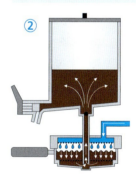

Die jeweilige Ausstattung der Maschine erlaubt es, den Kaffee entweder für einzelne Tassen oder Portionen oder in größeren Mengen zuzubereiten und diesen dabei gleichzeitig in einem Behälter vorrätig halten zu können.

Grundlegende Angebotsformen für Kaffee

Kaffee mit Sahne und Zucker/Süßstoff

Man unterscheidet:
- **Kaffee nature:** schwarz, mit oder ohne Zucker,
- **Kaffee crème:** mit Kaffeesahne (mit oder ohne Zucker).

Unter dem Gesichtspunkt der Menge gibt es:

Bereitstellen für ein Kännchen Kaffee

- Tablett mit Papiermanschette,
- Untertasse mit Deckchen, vorgewärmter Tasse und Kaffeelöffel,
- Schälchen mit Zucker/Süßstoff,
- Kännchen mit Sahne,
- Kännchen mit Kaffee.

eine Tasse Kaffee

ein Kännchen Kaffee

Service

GETRÄNKE UND GETRÄNKESERVICE

Spezielle Kaffeezubereitungen

Cappuccino
- Eine Tasse 3/4 mit starkem Kaffee füllen,
- mit aufgeschäumter Milch ergänzen,
- mit Kakaopulver bestreuen.

Espresso
Das Zubereiten von Espresso erfolgt mit Hilfe des Dampfdruckverfahrens. Der aromastarke Kaffee wird in kleinen Spezialtassen angerichtet. Zucker reicht man à part, auf Wunsch auch Sahne.

Eiskaffee
Ein bis zwei Kugeln Vanilleeis gibt man in ein hohes Glas und gießt leicht gezuckerten kalten Kaffee darüber. Mit Sahnehaube garnieren.

Kaffee mit Milch, auch geschlagener Sahne
- Kaffee mit Milch
  Anstelle von Sahne wird ein Kännchen heiße Milch gereicht.
- Kaffee – Latte macchiato
  Diese Kaffeezubereitung wird im Spezialglas wie folgt angerichtet:
  1/3 heiße Milch ins Glas, darauf Milchschaum geben und vorsichtig einen Espresso einfliessen lassen, damit die Schichten entstehen.

Kaffee mit einer Spirituose
Kaffee verträgt sich gut mit Spirituosen. Es gibt Gäste, die diese besondere Geschmacksnote lieben. Geeignete Spirituosen sind z. B.: Cognac, Kirsch, Amaretto.
- Die Grundausstattung ist wie bei einer Tasse oder einem Kännchen Kaffee.
- Die gewählte Spirituose wird im entsprechenden Glas getrennt gereicht.

Irish Coffee
Man verwendet dazu die sogenannte Irish-Coffee-Garnitur, bestehend aus kleinem Rechaud, schrägem Glashalter und einem speziellen Irish-Coffee-Glas.
- In ein gut vorgewärmtes Originalglas 1 bis 2 Kaffeelöffel braunen Zucker sowie 4 cl Irish Whiskey geben,
- über dem entzündeten Rechaud drehend erwärmen, damit sich der Zucker auflöst, die Flamme in das Glas überschlagen lassen, flambieren,
- mit heißem Kaffee auffüllen,
- dickflüssig angeschlagene Sahne vorsichtig über die Wölbung eines Löffelrückens auf die Oberfläche des Kaffees gleiten lassen; Sahne sollte nicht absinken,
- auf einem Mittelteller mit Papierserviette servieren.

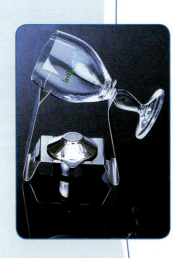

Pharisäer
- In einer vorgewärmten Tasse je 1 Kaffeelöffel Zucker sowie 4 cl Rum verrühren,
- mit starkem Kaffee auffüllen,
- mit angeschlagener Sahne ganieren.

Rüdesheimer Kaffee
- 3 bis 4 Stück Würfelzucker in der vorgewärmten Originaltasse mit 4 cl Asbach übergießen,
- mit einem langen Streichholz entzünden und bei gleichzeitigem Rühren mit einem langstieligen Löffel flambieren (den Zucker leicht karamellisieren lassen),
- mit heißem Kaffee auffüllen,
- mit geschlagener Sahne garnieren und mit Schokoladenraspel bestreuen.

5.2 Tee 🇬🇧 tea 🇫🇷 thé (m)

Tee wird von dem immergrünen Teestrauch gewonnen. Man pflückt die Blattknospen mit zwei bis drei Blättern. Je jünger der Trieb ist, desto feiner und aromatischer schmeckt der Tee.

Aufbereitung von Tee

Klassische Aufbereitung

Durch **Welken** werden die Blätter geschmeidig und so für die Weiterverarbeitung vorbereitet.

Beim **Rollen** brechen die Zellen der Blätter auf, sodass sich der Zellsaft mit dem Luftsauerstoff verbinden kann. Diese Oxidation nennt man **Fermentation**. Dabei bewirken die Fermente (Enzyme) eine Aufspaltung der Gerbsäure Tannin. Der Tee wird durch das Fermentieren milder und aromatischer. Zugleich werden die grünen Blätter kupferrot, was dem Getränk später seine typische Farbe verleiht. Durch das **Trocknen** wird die Fermentation unterbrochen. Der Tee wird schwarz und bei trockener, luftdichter Lagerung haltbar.

Bei der Gewinnung des **grünen Tees** unterbleibt die Fermentation. Er besitzt deshalb einen höheren Gerbsäuregehalt und ist herber.

Die CTC-Produktion

Bei der CTC-Produktion werden die Teeblätter nach dem Welken einem geschlossenen Arbeitsgang unterworfen. Dabei wird der Tee wie folgt behandelt: Über 90 % der Weltproduktion werden so hergestellt.
Bei diesem Verfahren entstehen vorwiegend kleine Tee-Stücke für Teebeutel.

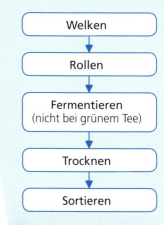

Abb. 1 Teeblätter

Zerbrechen	(crushing)	C
Zerreißen	(tearing)	T
Rollen	(curling)	C

Ablauf: Welken → Rollen → Fermentieren (nicht bei grünem Tee) → Trocknen → Sortieren

Arten

Angeboten wird Tee nach folgenden Unterscheidungsmerkmalen:

Anbaugebiet

Darjeeling, an den Südhängen des Himalaja, liefert einen feinen und aromatischen Tee.

Assam, eine nordindische Provinz, ist bekannt für gehaltvolle und kräftige Arten.

Als **Ceylon-Tee** bezeichnet man Tee von der bei Indien gelegener Insel **Sri Lanka**, die früher Ceylon hieß.

Je höher die Teepflanzungen liegen, desto langsamer wachsen die Blätter und verleihen dem Tee einen besonders feinen und edlen Geschmack.

Blattfolge

Flowery Orange Pekoe (FOP) mit vielen Spitzen (Tips) ist die beste Sorte.

Orange Pekoe (OP) ist dünn gedreht, länglich.

Pekoe (P) ist kleiner und rundlich gerollt.

Manche Firmen haben die Skala der Teeauszeichnung erweitert und wenden zusätzlich folgende Bezeichnungen an:

Finest = F, Tippy = T, Golden = G.

Beste Qualität ist dann **FTGFOP,** gefolgt von **TGFOP** usw.

Sortierung

Die Blattsortierung sagt nichts über die Qualität aus.

Blatt-Tee ist das ganze Blatt, das länglich oder rundlich gerollt ist.

Broken-Tee ist absichtlich gebrochener Tee, der rascher ausgelaugt wird und damit ergiebiger ist (etwa 90 % der Produktion).

Fannings sind Blattstücke, kleiner als Broken-Tee.

Dust (engl. Staub) sind feinste Teile, die beim Sieben des Tees anfallen. Dust und Fannings werden für Teebeutel verwendet.

Teemischungen

Durch das Mischen verschiedener Sorten können Geschmack, Aroma und Preis ausgeglichen werden. Häufig angeboten werden:
- **Englische Mischung:** Volles, schweres Aroma, wird bevorzugt mit Milch getrunken.
- **Ostfriesische Mischung:** Kräftiges, fülliges Aroma. Wird bevorzugt mit Milch und Kandis getrunken.
- **Ceylon-Mischung:** Fein-würziges Aroma, goldene Farbe.

Teeähnliche Erzeugnisse

Teeähnliche Getränke können durch Aufbrühen geeigneter getrockneter Pflanzenblätter oder -teile hergestellt werden. Die darin enthaltene Gerbsäure verleiht einen teeähnlichen Geschmack. Wegen des fehlenden Koffeins (Teins) werden Herz und Nerven nicht belastet. Die Industrie bietet ein Sortiment unterschiedlicher Pflanzenarten in fertigen Portionsbeuteln an.

Kräutertees

Kräutertees werden als Einzeltees (z. B. Pfefferminztee), in Mischungen (z. B. „Bronchialtee"), z. T. mit verkaufsfördernden Namen („Entspannt & Fit") angeboten. Einzelne Heilkräuter werden zur Unterstützung der Gesundung eingesetzt. Einige Beispiele:

Name	Wirkung/Anwendung	Bemerkungen
Brennnessel	Schwach entwässernd	Nicht anwenden bei eingeschränkter Nierentätigkeit.
Fenchel	Bei Blähungen, als Schleimlöser bei Husten, Appetit anregend	Gut geeignet für Säuglinge und Stillende. Oft angeboten in Mischungen mit Anis und Kümmel gegen Blähungen.
Kamille	Bei Magen-, Darmkrämpfen, Brechreiz	Achtung: Nicht für Augenspülungen verwenden!
Melisse	Bei nervös bedingten Einschlafstörungen, Magen-, Darmproblemen, Appetit anregend	Hemmt durch enthaltende Rosmarinsäure auch das Virenwachstum.
Pfefferminze	Bei krampfartigen Magenbeschwerden, Gallenleiden, Durchfall, zur Erfrischung	Bei Magenbeschwerden Dauergebrauch vermeiden, Minze hat Schärfe.
Salbei	Gegen übermäßiges Schwitzen, bei Magen-, Darmbeschwerden, entzündungshemmend	Spülungen bei Entzündungen der Mund- und Rachenschleimhaut.

Andere Tees

Rotbuschtee, auch Rooibos-Tee, besteht aus Blättern und Zweigspitzen des ginsterartigen Strauches Aspalathus linearis. Er ist frei von Koffein, Farb- und Aromastoffen und daher auch für Kinder und empfindliche Personen geeignet.

Yogitee stammt aus der Naturheilkunde und besteht aus einer Mischung von Gewürzen wie Zimt, Ingwer, Nelken und schwarzem Pfeffer. Oft wird er mit Honig und Milch verfeinert.

Chaitee ist ein indischer Gewürztee, dem oft schwarzer Tee beigemischt wird (Masala Chai). Wichtigstes geschmackgebendes Gewürz ist Kardamom. Er wird gesüßt und mit heißer Milch serviert.

Zubereitung von Tee

Voraussetzungen für eine gute Tasse Tee

Das Aroma des Tees ist sehr empfindlich, sodass zu beachten ist:
- Teekannen nur mit heißem Wasser, nicht in Verbindung mit Spülmitteln reinigen (der sich entwickelnde braune Belag in der Kanne hat keine negativen Auswirkungen),
- Kannen sowie Tassen oder Gläser gut vorwärmen,
- zum Überbrühen frisches, sprudelnd heißes Wasser verwenden.

Erforderliche Teemengen

Flüssigkeitsmenge	Teemenge
eine Tasse oder ein Glas	2 g Tee (das sind ein gestrichener Kaffeelöffel oder 1 Teebeutel)
eine Portion	4 bis 5 g Tee oder 2 Teebeutel

Im Gastgewerbe hat sich die Verwendung von Teebeuteln durchgesetzt. Das frisch zum Kochen gebrachte Wasser wird sprudelnd über den Tee gegossen. Diesen lässt man 3 bis 5 Minuten ziehen. Dabei ist der Zusammenhang zwischen der Brühdauer und den physiologischen Auswirkungen des Tees zu beachten:

- **Bis 3 Minuten**
  wird vorwiegend Coffein (Tein) ausgelaugt, sodass der Aufguss zu diesem Zeitpunkt vor allem **anregend** auf den Kreislauf wirkt.

- **Nach 3 Minuten**
  gehen in zunehmender Menge Gerbstoffe in den Aufguss über, die eine **beruhigende** Wirkung auf Magen und Darm haben.

Die Brühdauer für Tee ist auf den jeweils beabsichtigten Zweck abzustimmen (belebend oder beruhigend).

Abb. 1 Glas Tee

Angebotsformen für Tee

Die grundlegende Angebotsform ist *mit Zucker:*
- Ein Tablett mit Papiermanschette,
- eine Untertasse mit Glas oder Tasse und Kännchen
- ein Schälchen mit Zucker,
- ein Schälchen zur Ablage des Teebeutels.

Abwandlungen
- Tee mit Sahne oder Milch
- Tee mit Zitrone: ein Schälchen mit Zitrone in der Presse
- Tee mit Rum: 4 cl Rum im Glas oder Portionsfläschchen

Abb. 2 Kännchen Tee

Spezielle Teezubereitungen

Eistee
- Teeglas 2/3 mit Eiswürfel füllen
- mit doppelt starkem Tee auffüllen
- Zucker, Zitrone à part reichen, evtl. Gin/Cognac

Abb. 3 Verschiedene Zuckerangebote – Tee-Zubehör

5.3 Kakao und Schokolade

🇬🇧 cocoa, hot chocolate 🇫🇷 cacao (m)

Kakao und Schokolade werden aus den Samenkernen des in tropischen Gebieten wachsenden Kakaobaumes gewonnen.

Aus den melonenartigen Früchten werden zunächst die Kakaobohnen (es sind die Kerne) entfernt.

Bei der Fermentation wird der Gerbsäuregehalt verringert, es entstehen Geschmack, Aroma und Farbe.

Anschließend werden die Kakaobohnen getrocknet und kommen so zum Versand.

Abb. 1 Kakaofrucht

Verarbeitung

Die gereinigten Bohnen werden zur Verbesserung des Aromas zuerst geröstet, dann zerkleinert und von den Schalen befreit.

Der so entstandene Kakaobruch wird zwischen erwärmten Walzen vermahlen. Die fein zermahlenen Bohnen bezeichnet man als **Kakaomasse**. Durch starken Druck trennt man die **Kakaobutter** (Fett der Kakaobohnen) von den übrigen Kakaobestandteilen, die als Presskuchen zurückbleiben. Der fein zermahlene Presskuchen ergibt das **Kakaopulver**.

Schwach entöltes Kakaopulver hat 20 % Kakaobuttergehalt. Es ist dunkler, hat ein volles Aroma und ist mild im Geschmack. Man verwendet es für Kakao und Schokoladegetränke.

Stark entöltes Kakaopulver hat 10–20 % Kakaobuttergehalt. Der Geschmack ist sehr kräftig. Man verwendet es in der Patisserie für Schokoladengebäck und Eis.

„Aufgeschlossener Kakao" wird mit Wasserdampf behandelt und erhält Zusätze. Dabei wird das Zellgefüge lockerer, ein Teil der Stärke verkleistert, und darum setzt sich dieser Kakao weniger leicht ab. Schokoladenpulver ist gezuckertes Kakaopulver mit ergänzenden Geschmackszutaten.

Abb. 2 Schokoladenproduktion

Schokolade

Bei der Herstellung von Schokolade geht man von der Kakaomasse aus. Ihr werden die erforderliche Menge Puderzucker, Gewürze, evtl. auch Milchpulver zugesetzt. Die Zutaten werden vermengt und dann fein geschliffen, damit die Bestandteile möglichst fein werden und die Schokolade den „Schmelz" erhält.

Angeboten wird Schokolade in Blöcken mit 2,5 und 5 kg. Diese Blöcke tragen Ziffernkombinationen, die zusammen immer 100 ergeben. Dabei nennt die erste Ziffer stets den Gehalt an Kakaobestandteilen, die zweite den Zuckeranteil.

Beispiel

70/30 = 70 % Kakaobestandteile + 30 % Zucker.

Je weniger Zucker die Schokolade enthält, desto höher ist die Qualität.

Abb. 3 Schokolade

Zubereitung von Kakao und Trinkschokolade

Kakao ist eine Zubereitung aus Kakaopulver, Milch und Zucker.

Trinkschokolade bereitet man aus geriebener Blockschokolade oder Kuvertüre und Milch ohne Zusatz von Zucker oder mittels eines fertigen Schokoladenpulvers.

Zutat	Tasse Kakao	Portion Kakao	Tasse Schokolade	Portion Schokolade
Milch	0,15 l	0,3 l	0,15 l	0,3 l
Kakaopulver	7 g	12 g	–	–
Schokoladenpulver oder Kuvertüre	–	–	15 g	30 g
Zucker	getrennt servieren		getrennt servieren	

Zubereitung von Kakao

Kakaopulver in einem kleinen Teil der Milch anrühren. Die restliche Milch zum Kochen bringen. Vorbereitete Kakao-Milch-Mischung einrühren und aufkochen.

Zubereitung von Trinkschokolade

Milch erhitzen, geriebene Schokolade (Kuvertüre) oder Schokoladenpulver einstreuen und unter Rühren mit einem Schneebesen zum Kochen bringen.

Beigabe zu Kakao und Schokolade
- Zu Kakao wird Streuzucker gereicht.
- Kakao oder Schokolade in Tassen werden mit geschlagener Sahne garniert.
- Zu Kännchen reicht man die Schlagsahne in einem Schälchen à part.

Eisschokolade
Herstellung wie Eiskaffee. Statt Kaffee verwendet man kalte Schokolade oder Kakao.

5.4 Servieren von Aufgussgetränken

Aufgussgetränke wie Kaffee, Tee oder Kakao werden in Gläsern, Tassen oder Kännchen angerichtet und in der Regel auf einem ovalen Tablett serviert. Das Tablett soll dabei so hergerichtet sein, dass der Gast alles bequem vor sich findet und erreichen kann.

Der Tassengriff und der Kännchengriff zeigen immer nach rechts, der Kaffeelöffel liegt parallel dazu, und der Würfelzucker muss vor dem weiter hinten stehenden Kännchen platziert sein wie auf den nachfolgenden Bildern.

Die Tabletts werden von rechts so eingesetzt, dass sie, wie abgebildet, leicht schräg vor dem Gast stehen.

Tasse Kaffee

Kännchen Kaffee

Glas Tee

Kännchen Tee

Service — GETRÄNKE UND GETRÄNKESERVICE

1 Bei der Gewinnung der Kaffeebohnen aus der Kaffeekirsche unterscheidet man zwei Verfahren. Nennen Sie jeweils Vor- und Nachteile.

2 Welche Wirkungen hat das Koffein auf den menschlichen Körper?

3 Im Rezept für eine Mokka-Creme steht: „4 TL Instantkaffee." Was versteht man darunter? Nennen Sie gängige Marken. Welchen Vorteil hat in diesem Beispiel die Verwendung von Instantkaffee?

4 Sie wollen nach dem Menü einen Kaffee empfehlen. „Nein, danke, ich vertrage keinen Kaffee", ist die Antwort. Welche Gründe könnte der Gast haben? Welche speziellen Kaffeesorten berücksichtigen körperliche Empfindlichkeiten? Nennen Sie zwei Beispiele mit Markennamen.

5 Von welchen Einflüssen ist die Qualität eines Tees abhängig? Nennen Sie drei Faktoren.

6 Schwarzer und grüner Tee können von der gleichen Teepflanze gewonnen werden. Worin besteht der Unterschied?

7 „Unser Tee für die Teebeutel wird nach dem modernen CTC-Verfahren gewonnen." So steht es auf dem Teebeutel. Erklären Sie dem Gast das Verfahren.

8 Beschreiben Sie die unterschiedliche Wirkung der Tees auf den Menschen.

9 Wie gewinnt man das Kakaopulver?

10 Eine bestimmte Kakaosorte ist „aufgeschlossen". Was versteht man darunter? Welchen Vorteil hat ein auf diese Weise behandelter Kakao?

11 Nennen Sie zu folgenden Kaffeezubereitungen die erforderliche Menge des Kaffeepulvers sowie die Flüssigkeitsmenge:
a) eine Tasse Kaffee, eine Tasse Espresso,
b) ein Kännchen Kaffee.

12 Beschreiben und erläutern Sie den sachgerechten Ablauf beim Handfiltern von Kaffee.

13 In welchen Variationen wird Kaffee als Getränk angeboten?

14 Beschreiben Sie das sachgerechte Bereitstellen für ein Kännchen Kaffee.

15 Beschreiben Sie folgende Angebotsformen für Kaffee:
a) Kaffee mit Milch und Kaffee Melange,
b) Kaffee mit einer Spirituose,
c) Cappuccino und Pharisäer,
d) Rüdesheimer Kaffee und Irish Coffee.

16 Nennen Sie Voraussetzungen für eine gute Tasse Tee.

17 Beschreiben Sie das sachgerechte Zubereiten von Tee.

18 Welche Beziehung besteht zwischen der Brühdauer des Tees und den physiologischen Wirkungen?

19 Welche Beigaben werden zu Kakao und Schokolade gereicht:
a) beim Anrichten in Tassen,
b) beim Anrichten in Kännchen?

20 Wann spricht man von „Alkoholfreien Mischgetränken"?

21 Nennen Sie einige alkoholfreie Mischgetränke.

6 Alkoholische Gärung

🇬🇧 alcoholic fermentation 🇫🇷 fermentation (w) alcoolique

Die alkoholische Gärung war schon den alten Ägyptern bekannt. Wandbilder zeigen, wie Wein und Bier gewonnen wurden und wie durch Hefe gelockertes Brot hergestellt wurde.

Auch heute lockert die Gärung das Brot. Wenn Bier oder Wein gewonnen werden, ist die alkoholische Gärung der zentrale Vorgang. Ohne Gärung hätten wir auch keinen Sekt, keinen Korn und keinen Weinbrand. Darum werden hier kurz die grundlegenden Vorgänge aufgezeigt.

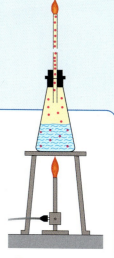

Abb. 1 Versuch

Versuche

1. Lassen Sie Fruchtsaft in einem Glas bei Zimmertemperatur stehen. Beobachten Sie während der folgenden Tage Aussehen und Geruch.
2. Lösen Sie in 100 g warmem Wasser 50 g Zucker und geben Sie 10 g Hefe dazu. Prüfen Sie den Geruch, wenn die Flüssigkeit zu perlen beginnt.
3. Nach etwa einer Woche ist die Flüssigkeit aus Versuch 1 ruhig und klar geworden. Prüfen Sie Geschmack und Süße.
4. Erhitzen Sie die Flüssigkeit aus Versuch 2 entsprechend der Versuchsanordnung. Das Glasrohr soll etwa 60 cm lang sein und einen Durchmesser von 1 cm haben.

Der durch das Kochen aufsteigende Dampf besteht aus Alkohol und Wasser. Das Wasser kondensiert bereits während des Aufsteigens am Glasrohr, der Alkohol entweicht und kann entzündet werden.

Hefe ist ein **Kleinstlebewesen** (siehe Abschnitt Hygiene), das in der Luft und auf reifenden Früchten vorkommt. Diese Arten nennt man „wilde" Hefen.

Im Lebensmittelgewerbe verwendet man speziell gezüchtete Hefearten, z. B. Backhefe für Hefeteig, Bierhefe bei der Bierherstellung. Diese Arten nennt man auch **Kulturhefen**.

Bei der Gärung nimmt die Hefe Zuckerstoffe auf, Alkohol und Kohlendioxid werden ausgeschieden.

Der Gärvorgang endet, wenn der Zucker verbraucht ist oder der Alkoholgehalt etwa 15 % erreicht hat. Zunehmende Alkoholkonzentration schwächt die Hefe und bringt sie schließlich zum Stillstand.

Auf diese Weise entstehen Gärungsgetränke wie Bier und Wein.

Wird eine höhere Alkoholkonzentration gewünscht, bedarf es der **Destillation**. Dabei wird der leichter verdampfende Alkohol abgetrennt und damit konzentriert. Getränke mit einem Alkoholgehalt über 15 % vol bezeichnet man als Spirituosen.

Wer im Service beschäftigt ist, berät und bedient Gäste. Sachwissen über das Angebot ist die Grundlage für ein kompetentes Beratungsgespräch.

Dazu muss man aber nicht, um ein Beispiel zu nennen, die gesamte Bier- oder Weinherstellung kennen.

Notwendige Ausgangsprodukte jedes Gärprozesses sind eine kohlenhydratreiche, zuckerhaltige Flüssigkeit (z. B. Würze beim Bier, Most beim Wein) und Hefe.

$$C_6H_{12}O_6 \rightarrow 2\ C_2H_5OH + 2\ CO_2$$
Traubenzucker → Alkohol + Kohlendioxid
100 g   ca. 45 g + ca. 50 g

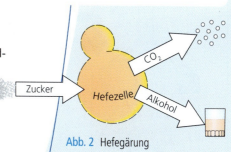

Abb. 2 Hefegärung

Service
GETRÄNKE UND GETRÄNKESERVICE

7 Bier

beer • bière (w)

Bier ist ein alkoholisches Getränk, das nach dem **Reinheitsgebot** aus **Malz**, **Hopfen** und **Wasser** mit **Hefe** hergestellt wird. Für deutsches Bier werden keine weiteren Zusätze oder andere Ausgangsstoffe verwendet. Bier, das abweichend hergestellt worden ist, erkennt man an der veränderten Zutatenliste.

7.1 Herstellung

Zunächst ein Überblick. Der Hauptvorgang bei der Bierherstellung ist die **alkoholische Gärung,** die durch die Hefe bewirkt wird. Weil jedoch die Hefezelle nur Zuckerstoffe aufnehmen kann, müssen die im Getreide in Form von Stärke enthaltenen Kohlenhydrate zuerst in Zuckerstoffe umgewandelt werden. Das geschieht beim **Mälzen**. In einem zweiten Schritt werden die zerkleinerten Malzkörner mit Wasser vermengt und erwärmt, dabei werden die löslichen Stoffe ausgelaugt, es entsteht die **Würze**.

Der beigegebene Hopfen gibt Geschmack, verbessert die Haltbarkeit und hält im Glas die Schaumbläschen fest. Nach der **Gärung** folgt die **Lagerung**, während der das Bier reift und an Qualität zunimmt.

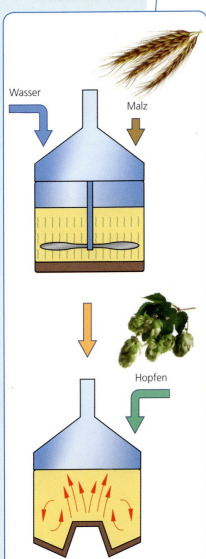

Mälzen

Das Getreidekorn (Gerste oder Weizen) wird durch Einweichen zum Keimen gebracht. Enzyme beginnen, die Stärke zu Zucker abzubauen, Eiweißstoffe werden gelöst. Dadurch entsteht aus Gerste Malz. Nach einer bestimmten Zeit wird das Keimen durch schonendes **Darren** (Trocknen) abgebrochen. Dabei färbt sich das Malz je nach Temperatur. Die Farbe überträgt sich später auf das Bier. Keime und am Korn anhängende Wurzeln werden anschließend entfernt.

Bereitung der Würze

Beim **Maischen** wird das getrocknete Malz geschrotet (zerkleinert) und mit warmem Wasser gemischt, sodass alle löslichen Stoffe auslaugen. Enzyme bauen restliche Stärke und Zucker zu Einfachzucker ab. Es folgt das **Läutern** (Reinigen) der Würze, **wobei die festen Bestandteile von der Flüssigkeit getrennt werden**.

Beim anschließenden **Kochen** gibt Hopfen durch Bitterstoffe Geschmack und Aroma, Hopfenharze halten den Schaum des späteren Bieres.

Vergärung

Bei der Vergärung entstehen durch die Tätigkeit der Hefe aus Zuckerstoffen Alkohol und Kohlensäure.
Je nach Hefeart entstehen untergärige oder obergärige Biere.

Untergärige Hefe vergärt die Würze zwischen 6 und 9 °C und setzt sich unten auf dem Boden des Gärbehälters ab. Bei untergärigen Bieren ist die Kohlensäure stärker an die Flüssigkeit gebunden und wird nur langsam abgegeben. Das Bier perlt langsamer, dafür aber länger, z. B. übliches Helles oder Pils.

Obergärige Hefe vergärt die Würze zwischen 15 und 18 °C und steigt dabei nach oben. Obergärige Biere enthalten viel Kohlensäure, die weniger fest an die Flüssigkeit gebunden ist. Darum schäumen diese Biere stärker, z. B. Weizenbier.

Der abgekühlten Würze wird Bierhefe zugesetzt, je nach Bierart unter- oder obergärige Hefe. Durch die Vergärung werden Alkohol und Kohlensäure gebildet. Nachgärung und Reifung in geschlossenen Behältern dienen der Qualitätsverbesserung.

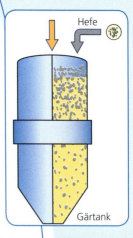
Gärtank

Produktionsschritte		Stichworte für die Beratung
Mälzen Stärke wird zu Zuckerstoffen umgewandelt. Trocknen des Malzes	→ Temperatur hoch → → Temperatur niedrig →	**Farbe des Bieres** dunkles Bier helles Bier
Bereitung der Würze Verzuckerung geht weiter Feste Bestandteile (Treber) werden abgetrennt. Aufkochen mit Hopfen	→ Anteil der gelösten Stoffe in der Flüssigkeit = **Stammwürze** → → Hopfeninhaltsstoffe →	**Stärke des Bieres = Biergattung** Geschmacksrichtung Schaumbildung
Vergärung Der Würze wird Hefe zugefügt. Die Art der Hefe bestimmt den Gärverlauf.	→ untergärig → → obergärig → Je nach Gärverfahren werden etwa 25 bis 30 % der Stammwürze zu Alkohol →	**Bierart** Alkoholgehalt
Lagerung	Bier „reift" →	Verfeinerung des Aromas Sättigung mit CO_2

Stammwürze – Alkoholgehalt

Unter **Stammwürze** versteht man alle in der Würze gelösten Stoffe vor der Vergärung. Der Gehalt wird in Prozent ausgedrückt. Bei der Vergärung wird nur ein Teil der Zuckerstoffe zu Alkohol. Der Alkoholgehalt entspricht etwa einem Drittel des Stammwürzegehaltes.

Bei einem Vollbier mit 11 bis 16 % Stammwürze beträgt also der Alkoholgehalt etwa 3,5 bis 4,5 % mas. Auf dem Etikett muss der Alkoholgehalt angegeben werden, und zwar in „% vol". Das bedeutet Prozent des Volumens. Nachdem Alkohol eine Dichte von ungefähr 0,8 hat, lautet die Umrechnung % mas: 0,8 ≈ % vol.

Vollbier hat zwischen 4,3 und 5,6 % vol Alkoholgehalt.

Service — GETRÄNKE UND GETRÄNKESERVICE

> Der Geschmack des Bieres gründet auf
> - den verwendeten Rohstoffen,
> - dem speziellen Brauverfahren.
>
> Die Brauwirtschaft unterscheidet folgende Richtungen:
> **M-Typ:** **M**alzbetont, mäßig vergoren; also eher süßlich bei geringem Alkoholgehalt.
> **H-Typ:** **H**opfig, hochvergoren; also eher bitter, z. B. Pilsener.
> **S-Typ:** **S**äuerlich, spritzig, stark schäumend, z. B. Weißbier.

7.2 Biergattungen, Bierarten, Biersorten

Die **Biergattung** ist gesetzlich festgelegt und wird durch den Stammwürzegehalt (Stärke des Bieres) bestimmt. Hauptsächlich getrunken wird Vollbier, in geringem Maße auch Schankbier und Starkbier (siehe Übersicht unten).

Die **Bierart** wird durch die Art der Vergärung bestimmt. Man unterscheidet untergärige Biere, bei denen sich die Hefe nach unten absetzt, von den obergärigen, die als aromatischer bezeichnet werden.

Die **Biersorten** bezeichnen typische Eigenschaften oder weitere Unterteilungen, die sehr oft mit den Handelsbezeichnungen gleich sind.

Biergattung nach Stammwürzegehalt	Bierart nach Gärverfahren	untergärig	obergärig
Bier mit niedrigem Stammwürzegehalt	unter 7 % Stammwürze		
Schankbier	7–11 % Stammwürze	Leichtbier	Weizen-Light, Berliner Weiße
Vollbier (ca. 95 % des Angebotes)	11–16 % Stammwürze	Pils, Lager, Export, Märzen, Hell	Alt, Kölsch, Weizen
Starkbier	über 16 % Stammwürze	Bock, Starkbier	Weizenbock
	über 18 % Stammwürze	Doppelbock, …ator	

Biersorten von A–Z

Wenn man im Verkaufsgespräch dem Gast ein Bier empfiehlt, beschreibt man es und nennt dabei z. B.:

- Biergattung = Stärke des Bieres,
- Bierart = Art der Vergärung (ober-/untergärig),
- Bierfarbe und vielleicht
- besondere Merkmale zur Herkunft oder Entstehung.

Alkoholfreie Biere

Alkoholfreie Biere können bis 0,5 % Alkohol aufweisen. Diese Biere werden meist zunächst nach üblichem Verfahren gebraut. Nach der Vergärung wird diesen Bieren durch verschiedene Verfahren Alkohol entzogen.

Alt, Altbier

Ein obergäriges, kräftig gehopftes Vollbier mit dunkelbrauner Farbe aus der Düsseldorfer Region. Der Name Altbier leitet sich ab von alter Tradition.

Ausschank in einem becherartigen, geraden Spezialglas.

Berliner Weiße

Das obergärige Schankbier (weniger Alkohol) ist schwach gehopft und unter Verwendung von Weizenmalz hergestellt.
Bei der besonderen Gärung entsteht auch Milchsäure, die mit einem Schuss Himbeer- oder Waldmeistersirup ausgeglichen wird.
Serviert wird in einer halbkugelförmigen Schale.

Bock, Bockbier

Das untergärige Bier hat mindestens 16 % Stammwürze, ist also ein Starkbier. Kennzeichnend sind ein hoher Alkoholgehalt und ein malziger Geschmack. Bockbier stammt ursprünglich aus Einbeck; daraus wurde vereinfacht Bock.

Doppelbockbiere haben 18 % Stammwürze und enden, ohne dass es dafür eine Vorschrift gibt, auf „…ator", z. B. Salv**ator**.

Eisbock ist mit etwa 12 % Alkohol noch stärker. Diese Spezialität erhält man, indem man dem fertigen Bier durch Einfrieren Wasser in Form von Eis entzieht (gefrierkonzentrieren).

Diätbier, Diätpils

Eine helle, untergärige Vollbiersorte mit geringem Kohlenhydratgehalt. Darum ist es für Diabetiker geeignet. Der Alkoholgehalt liegt bei 4 %. Diätbier darf nicht mit alkoholarmem oder alkoholfreiem Bier verwechselt werden.

Export

Ein helles untergäriges Bier mit ausgeprägtem Hopfengeschmack. Es ist allgemein etwas stärker als das übliche „Helle" der selben Brauerei. Der Name Export entstand nach dem 1. Weltkrieg, als man bewusst nur besondere Qualität exportierte.

Kölsch

Ein goldfarbenes obergäriges Bier mit etwa 4 % Alkohol, das nur im Raum Köln hergestellt wird. Ausschank in der Stange, einem schlanken, geraden Spezialglas.

Lager

Heute bezeichnet man mit Lager untergäriges, schwächer gehopftes, einfaches Bier, das man auch einfach „Helles" nennt.

Malzbier/-trunk

Ein obergäriges malzig-süß schmeckendes Bier, das höchstens 1 % Alkohol haben darf. Meist ist es jedoch „alkoholfrei" (Alkoholgehalt unter 0,5 %).

Leichtbiere, light

Diese Bezeichnung tragen unterschiedliche Biere. Gemeinsam ist der verringerte Alkoholgehalt (etwa 1,5 bis 3 %) und damit verbunden ein geringerer Brennwert.

Märzen

Helles oder dunkles untergäriges Vollbier, mittelstark gehopft und malzbetont. Der Alkoholgehalt liegt meist über 5 %.

Die Bezeichnung Märzen stammt aus einer Zeit, in der es noch keine Kühlmaschinen gab. Im März, also vor Beginn der warmen Jahreszeit, bestand die letzte Möglichkeit, untergäriges Bier zu brauen. Ein höherer Alkoholgehalt schützt vor Verderb und darum braute man dieses Bier stärker ein.

Pils, Pilsener

Es ist ein untergäriges helles Bier und zeichnet sich durch ein spritzig-frisches Hopfenaroma aus. Pilsgläser sind nach oben verjüngt, damit die Schaumkrone fest und dicht gehalten wird.

Das Bier stammt ursprünglich aus dem böhmischen Pilsen, heute ist Pils eine Gattungsbezeichnung und kann von jeder Brauerei hergestellt werden.

Weizenbier, Weißbier

Es handelt sich um ein obergäriges Vollbier, zu dem neben Gerste mindestens 50 % Weizen verwendet wird. Durch den hohen Kohlensäuregehalt schäumt es stark und wirkt erfrischend. Neben dem klaren **Kristallweizen** gibt es **naturtrübes Hefeweizen**, das vor dem Abfüllen nicht gefiltert wird.

Zwickelbier

Es ist naturbelassen und darum hefetrüb. Zwickel ist der Name für den Probehahn, über den das Zwickelbier dem Fass entnommen wurde.

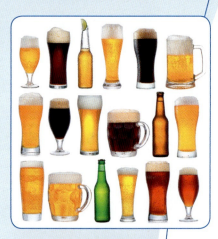

Biere anderer Länder

Biere anderer Länder müssen nicht dem Reinheitsgebot entsprechen.

England	Ale, Porter, Stout
Frankreich	Kronenbourg (Elsass)
Dänemark	Carlsberg, Tuborg
Holland	Heineken, Skol
Tschechien	Budweiser, Pilsener Urquell

7.3 Biermischgetränke

Biermischgetränke bestehen meist zur Hälfte aus Bier und sind mit anderen Getränken wie z. B. Zitronenlimonade oder Cola gemischt.

Radler, Alsterwasser

Radler besteht je zur Hälfte aus hellem Vollbier und klarer Zitronenlimonade. Im Süden Deutschlands wird das Getränk als Radler bezeichnet, im Norden Alsterwasser.

Russ, Russe

Ein Russ ist eine Mischung aus hellem Weizenbier und klarer Zitronenlimonade. Verwendet man statt der Zitronenlimonade ein Mineralwasser, handelt es sich um einen **sauren Russen**.

Berliner Weiße, Weiße mit Schuss

Ursprünglich handelt es sich bei der Berliner Weißen um ein leichtes Schankbier (7–11 % Stammwürze). Heute wird es vorwiegend mit Himbeer- oder Waldmeistersirup serviert. Die beiden Bezeichnungen werden meist gleichgesetzt.

Abb. 1 Berliner Weiße mit Schuss

7.4 Ausschenken von Bier

Bier wird serviert als **Flaschenbier** oder als **Bier vom Fass**.

Die Getränke, die in Gläsern und Karaffen, manchmal auch in Krügen serviert werden, bezeichnet man als „offene Getränke", weil sie bereits am Büfett in diese Schankgefäße gefüllt und auf einem Tablett „offen" zum Tisch des Gastes gebracht werden.

Zur besseren Kontrollmöglichkeit für den Gast müssen Gläser mit einem gut sichtbaren Füllstrich, dem Nennvolumen und dem Herstellerzeichen der Firma versehen sein.

Der Gastronom haftet für die Richtigkeit dieser Angaben. Darum ist es sinnvoll, diese mit einem Messglas nachzuprüfen.

Das Bier muss klar sein und den ursprünglichen Kohlensäuregehalt aufweisen.

Das Bier ist so einzuschenken, dass es eine gewölbte, kompakte Schaumkrone erhält.

Beim Ausschenken des Bieres müssen die Gläser einwandfrei sauber sein, weil selbst Spuren von Fett und Spülmittelresten keine stabile Schaumkrone zustande kommen lassen.

Zapfen von Pils an der Schankanlage

Vorzapfen: Dazu den Zapfhahn voll öffnen und das Glas so halten, dass das Pils an der Glaswand entlangfließen kann.

Nach ungefähr einer Minute nachzapfen, ohne den Zapfhahn ins Bier zu tauchen.

Nach kurzer Wartezeit die Schaumkrone aufsetzen.

Einschenken von Hefeweißbier aus der Flasche

Zuerst das Glas mit kaltem Wasser spülen. Die Biertemperatur soll nie über 8 °C liegen.

Das Weißbier langsam am Rand entlang in einem Zug ins Glas laufen lassen.

Nach kurzer Wartezeit die Schaumkrone aufsetzen.

Aufgaben

1. Erklären Sie den Unterschied zwischen untergärigen und obergärigen Bieren und nennen Sie die besonderen Eigenschaften der jeweiligen Biere.
2. Obwohl die meisten Bierarten aus Gerste hergestellt werden, gibt es helle und dunkle Biere. Erklären Sie dies in einer für den Gast verständlichen Weise.
3. Nennen Sie drei Biergattungen mit dem zugehörenden Stammwürzegehalt.
4. Ein Gast will weniger Alkohol trinken und bestellt Diätbier. Was werden Sie antworten?
5. Sie sind im Service beschäftigt. Zu welchen Speisen werden Sie ein Bier/ein Pils empfehlen?
6. Weizenbier erreicht einen immer höheren Umsatzanteil. Welche Gründe können die Gäste zu dieser Änderung der Trinkgewohnheit bewegen?

8 Wein

 wine vin (m)

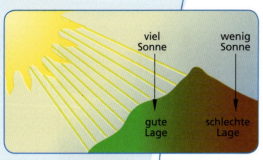

Abb. 1 Sonneneinstrahlung bestimmt die Lage.

Wein ist ein alkoholisches Getränk, das durch Vergärung des Traubenmostes oder frischer eingemaischter Trauben gewonnen wird.

Die unterschiedlichen Eigenschaften der einzelnen Weine werden hauptsächlich bestimmt von
- der **Rebsorte**, die mit ihren Inhaltsstoffen geschmacklich im Vordergrund steht, sowie dem
- **Anbaugebiet**, dem jeweils besonderen Boden und dem örtlich speziellen Klima.

Rebsorte, man spricht vom Sortencharakter

- Die Rebsorten mit ihren unterschiedlichen Inhaltsstoffen bestimmen den Charakter eines Weines am stärksten.
- In Deutschland werden vorwiegend weiße Rebsorten angebaut wie z. B. Riesling oder Silvaner.
- Für rote Reben wird etwa ein Drittel der Anbaufläche verwendet.
- Typische Anbaugebiete für Rotweine sind Frankreich und Italien.
- Die Abbildungen auf den folgenden Seiten zeigen die Rebsorten und geben Hinweise auf den Geschmack und Hilfen zur Weinempfehlung.

Anbaugebiet, man spricht vom Gebietscharakter

- Art und Beschaffenheit des Bodens bestimmen die Auswahl geeigneter Rebsorten.
- Wegen des unterschiedlichen Bodens schmecken selbst gleiche Rebsorten in jedem Anbaugebiet anders.
- Zum Weinbau werden Hänge bevorzugt, die der Sonne zugewandt sind. Die Sonnenstrahlen treffen hier konzentriert auf und erwärmen den Boden kräftig.
- Der Sonne abgewandte, schattige Hänge können keine Qualitätsweine liefern.

Zur Orientierung zunächst eine Übersicht, die nach geschmacklichen Gesichtspunkten fünf Gruppen unterscheidet.

Gruppe	Beschreibung	z. B. Rebsorte
Milde Weißweine	Verhaltener Duft, milde bis feine Säure	Silvaner, Müller-Thurgau, Gutedel, Ruländer
Rassige Weißweine	Dezenter Duft, spürbare bis kräftige Säure	Riesling, Weißburgunder, Grauburgunder, Chardonnay
Bukettreiche Weißweine	Intensiver, typischer Duft	Gewürztraminer, Scheurebe, Muskateller, Morio-Muskat
Samtig-fruchtige Rotweine	Harmonisch, wenig Gerbstoffe	Spätburgunder, Trollinger, Portugieser, Schwarzriesling
Kräftige Rotweine	Farbintensiv, gerbstoffbetont	Lemberger, Dornfelder

Nach dieser Übersicht eine genauere Typisierung häufiger Rebsorten als **Hilfe für Formulierungen im Verkaufsgespräch**.

8 Wein

8.1 Rebsorten  grape varieties vignes (w)

Weißwein-Rebsorten

1 Riesling 2 Silvaner 3 Müller-Thurgau 4 Scheurebe

Rebsorte und Weinfarbe	Weincharakter	Weinempfehlung
1 **Riesling** blassgelb, mit zartem Grünstich	an Pfirsichduft erinnernd mit fein-fruchtigem Bukett, pikant, säurebetont und lebendig	passt besonders gut zu Fisch, Schalen- und Krebstieren und vor allem zu Gerichten mit delikater Sahnesauce
2 **Silvaner** blass, fast wasserhell	neutrales Bukett, feine Säure, vollmundiger, gefälliger Wein	zu gedünstetem Fisch, Spargel, mildem Käse
3 **Müller-Thurgau** blass bis hellgelb	blumiges Bukett, mildere Säure als Riesling, leichter Muskatgeschmack	zu leichten, geschmacksneutralen oder zart-aromatischen Speisen
4 **Scheurebe** hellgelb bis goldgelb	rassige Säure, volles kräftiges an schwarze Johannisbeeren erinnerndes Bukett	passt sehr gut zu würzigen Ragouts und Braten

Rotwein-Rebsorten

1 Spätburgunder (Pinot noir) 2 Trollinger 3 Portugieser 4 Merlot

Rebsorte und Weinfarbe	Weincharakter	Weinempfehlung
1 **Spätburgunder** tiefrot	samtig, vollmundig, feurig, mit einem Hauch von Mandelgeschmack	besonders geeignet zu Wild und Wildgeflügel sowie zu kräftig-aromatischen Braten und gehaltvollen Käsesorten
2 **Trollinger** leuchtend hell- bis blassrot	duftig, frisch, fruchtig, mit gutem Säuregehalt und herzhaftem Geschmack	zu allen dunklen, dezent gewürzten Fleischsorten, aber auch zu Ente und Gans und milderen Käsesorten, ein guter Trinkwein
3 **Portugieser** hellrot	leicht, mild, bekömmlich und gefällig im Geschmack	idealer, süffiger Schoppen- und Tischwein
4 **Merlot** rubinrot	tanninreiche Weine mit besonderem Duft und Aroma, die ihre Vollreife erst nach längerer Lagerung erreichen	zu dunklem Schlachtfleisch von würziger Zubereitung sowie Wild und Wildgeflügel

Service

GETRÄNKE UND GETRÄNKESERVICE

8.2 Gebietseinteilung für Weine

Deutsche Weinanbaugebiete erstrecken sich vom Bodensee entlang des Rheins und seiner Nebenflüsse bis zum Mittelrhein bei Bonn und im Osten bis Dresden. Die Böden und das Klima innerhalb dieser Räume sind so unterschiedlich, dass zur Charakterisierung eines Weines eine nähere geografische Angabe erforderlich ist.

- Die ausländischen Weinregionen sind weniger differenziert, Boden und Klima sind über weitere Gebiete einheitlicher.

Die gesamte deutsche Rebenfläche ist in 13 **bestimmte Anbaugebiete** unterteilt. Jedes umfasst eine zusammenhängende Weinbaulandschaft mit vergleichbaren Voraussetzungen und bringt typische Weine mit ähnlichen Geschmacksnoten hervor. Die **bestimmten Anbaugebiete** bezeichnen Gebiete für **Qualitätsweine** (s. Seite 308).

- Die dreizehn bestimmten Anbaugebiete für Qualitätsweine

Landweine tragen Gebietsnamen wie z. B. Ahrtaler. Landweine machen nur wenige Prozent des gesamten Weinangebotes aus und werden in der Gastronomie kaum geführt. Aus diesem Grund entfallen weitere Ausführungen zu den Gebietsnamen.

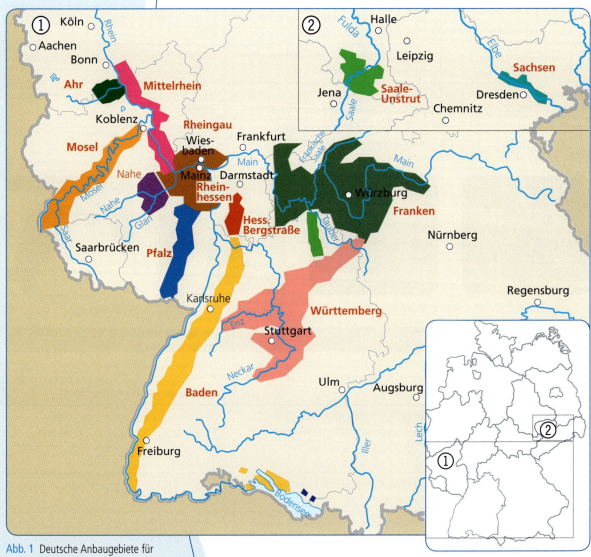

Abb. 1 Deutsche Anbaugebiete für Qualitätsweine

Die Herkunft des Weines kann näher beschrieben werden. Bei Qualitätsweinen b. A. genügt es, das **Anbaugebiet** ① zu nennen, bei Prädikatsweinen muss der **Bereich** angegeben werden. Wird gar die **Gemeinde** ② oder innerhalb dieser die **Lage** ③ genannt, ist das für den Weinkenner ein besonderes Zeichen für Qualität.

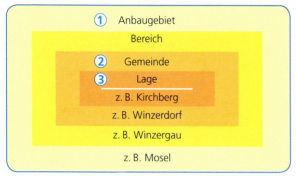

Abb. 1 Herkunft des Weines

Abb. 2 Beispiel einer genauen Herkunftsangabe Wein

Die Weinanbaugebiete liefern sehr unterschiedliche Weinmengen. Mittelrhein, Ahr, Hessische Bergstraße, Saale-Unstrut und Sachsen können bei dem gegebenen Maßstab nicht dargestellt werden.

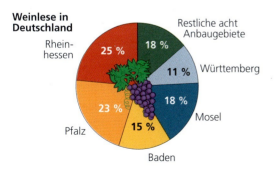

Abb. 3 Die größten Anbaugebiete

Qualitätsweine b. A.	
„bestimmte Anbaugebiete"	„Bereiche"
Ahr	Walporzheim/Ahrtal
Baden	Bodensee Marktgräflerland Kaiserstuhl Tuniberg Breisgau Ortenau Kraichgau Badische Bergstraße Tauberfranken
Franken	Steigerwald Maindreieck Mainviereck
Hessische Bergstraße	Starkenburg Umstadt
Mittelrhein	Loreley Siebengebirge
Mosel	Burg Cochem Bernkastel Obermosel Moseltor Saar Ruwertal
Nahe	Nahetal
Pfalz	Südliche Weinstraße Mittelhardt/Deutsche Weinstraße
Rheingau	Johannisberg
Rheinhessen	Bingen Nierstein Wonnegau
Saale-Unstrut	Schloss Neuenburg Thüringen Mansfelder Seen
Sachsen	Elstertal Meißen
Württemberg	Bayerischer Bodensee Remstal-Stuttgart Württembergisches Unterland Kocher-Jagst-Tauber Oberer Neckar Württembergischer Bodensee

8.3 Weinbereitung

Weißwein 🇬🇧 white wine 🇫🇷 vin (m) blanc

Die Beeren werden von den Stielen/Kämmen befreit. Dieses Abbeeren oder Entrappen verhindert, dass Gerbstoffe aus den Stielen in den späteren Wein gelangen.

Die Beeren werden gequetscht, dabei öffnen sich die Zellen und geben den Saft frei. Die Mischung aus Fruchtfleisch, Kernen und Schalen nennt man **Maische**.

Aus dieser presst man beim Keltern den **Most** ab. Der Most wird zunächst von Trübstoffen befreit, er wird vorgeklärt. Zurück bleibt der aus den Schalen und den Kernen bestehende Trester.

Bei der Hauptgärung wandelt die Hefe Zuckerstoffe in Alkohol und Kohlensäure um. Anschließend werden Hefe und Trübstoffe entfernt, **Wein** ist entstanden.

Qualitätsweine entwickeln bei der Nachreifung das volle Bukett.

Rotwein 🇬🇧 red wine 🇫🇷 vin (m) rouge

Für Rotweine werden die Beeren nach dem Entrappen gequetscht. Man erhält die **Maische**.

Die im Rotwein erwünschten Farb- und Geschmacksstoffe befinden sich in der Schale der dunklen Beeren (s. Abb. links). Um diese für den späteren Wein zu gewinnen, müssen sie zunächst aus der Schale gelöst werden. Dazu kennt man zwei Verfahren:

- *Maischegärung:* Der bei der Gärung entstehende Alkohol löst die erwünschten Farb- und Geschmacksstoffe. Es entsteht **roter Wein**.
- *Maischeerwärmung:* Durch die Temperaturerhöhung lösen sich die erwünschten Farb-und Geschmacksstoffe. Man erhält zunächst **roten Most**, der zu **rotem Wein** vergoren wird.

Rote Jungweine werden erst durch eine Nachgärung und längere Lagerung harmonisch.

Besondere Verfahren für weitere Weinarten

Rosé schimmert golden bis rötlich und wird aus roten Trauben nach dem Weißweinverfahren gewonnen. Hochwertige Produkte dürfen als **Weißherbst** bezeichnet werden.

Rotling ist ein Wein mit blass- bis hellroter Farbe, der entsteht, wenn weiße und rote Trauben oder deren Maischen zusammen nach dem Rotweinverfahren verarbeitet werden.

Schillerwein ist ein qualitativ hochwertiger Rotling aus Württemberg.

Badisch Rotgold ist ein Qualitäts-Rotling aus dem Anbaugebiet Baden, gewonnen aus den Reben Ruländer und Blauem Spätburgunder.

Schieler ist ein qualitativ hochwertiger Rotling aus dem Anbaugebiet Sachsen.

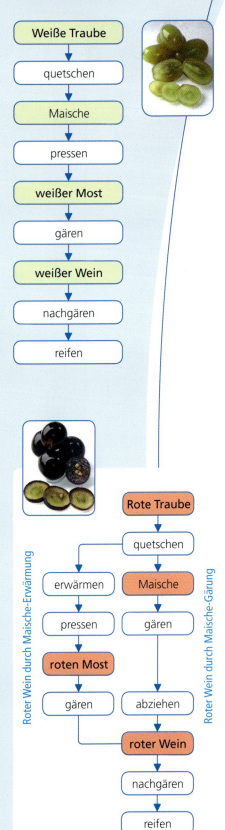

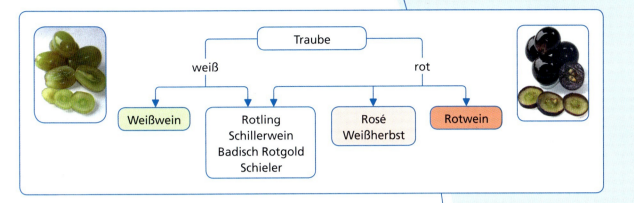

8.4 Güteklassen für Wein

Das Weinrecht wird bestimmt von den Vorgaben der EU. Diese werden in nationales deutsches Recht umgesetzt. Für die Einteilung/Klassifizierung ist die Herkunftsangabe ein wesentliches Merkmal.

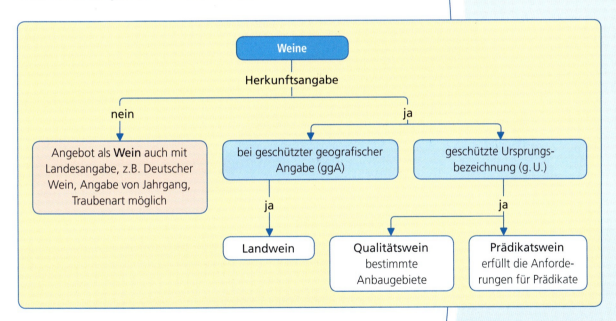

Qualitätsweine und Prädikatsweine bestimmen das Angebot der Gastronomie.

Inländischer Wein darf nur dann als „Qualitätswein" oder als „Prädikatswein" – in Verbindung mit einem Prädikat – gekennzeichnet werden, wenn für ihn auf Antrag eine Prüfungsnummer (A.P.Nr.) zugeteilt worden ist. Darüber entscheiden die jeweils zuständigen Prüfbehörden in den Weinbau betreibenden Ländern.

Diese Prüfung wird „amtliche Qualitätsweinprüfung" genannt. Sie besteht aus zwei Teilen, der analytischen Prüfung im chemischen Labor und der Sinnenprüfung. Alle Weine werden dabei von den Prüfern sensorisch getestet und bewertet.

● Die bisherige Bezeichnung Qualitätswein mit Prädikat ist ersetzt durch die Bezeichnung Prädikatswein.

Service

GETRÄNKE UND GETRÄNKESERVICE

> Bei der Auswahl von Weinen sind neben der Qualität die Eignung des Weines für den Anlass und die Kombination mit den Speisen zu beachten.

- **Qualitätsweine bestimmter Anbaugebiete (Q. b. A.)** Weine mittlerer Güte, die einem Prüfverfahren unterzogen worden sind.

  Ein Mindestmostgewicht und die Herkunft der ausgereiften Trauben aus dem Anbaugebiet sind Voraussetzungen für die Zulassung.

- **Prädikatsweine** haben eng begrenzte Herkunftsgebiete und müssen strengen Qualitätsanforderungen genügen. **Die Prädikate sind zusätzliche Qualitätsangaben.** Es gibt sechs verschiedene Prädikate.
  - **Kabinett:** Das vorgeschriebene Mindestmostgewicht muss aus der Rebe stammen. Das bedeutet: Kabinett ist die erste Qualitätsstufe **ohne Zuckerzusatz.**
  - **Spätlese:** Die Trauben werden nach der allgemeinen Ernte, also zu einem späteren Zeitpunkt in vollreifem Zustand geerntet.
  - **Auslese:** Aus den vollreifen Trauben werden die unreifen und kranken Beeren ausgesondert.
  - **Beerenauslese:** Es werden nur überreife und edelfaule Beeren verarbeitet.
  - **Trockenbeerenauslese:** Es werden nur eingeschrumpfte, edelfaule Beeren verwendet.
  - **Eiswein:** Nur edelfaule Beeren, bei Frost gelesen, werden verwendet. Durch das Ausfrieren von Wasser entsteht ein konzentrierter Most, und dadurch ein sehr gehaltvoller Wein.

Pyramide (von oben nach unten):
- Eiswein
- Trockenbeerenauslese
- Beerenauslese
- Auslese
- Spätlese
- Kabinett
- **Prädikatsweine**
- **Qualitätsweine b. A.**
- Landwein / **Weine**

Das Weinetikett

Das Weinetikett wird auch als die Geburtsurkunde eines Weines bezeichnet. Hier ein Beispiel für eine umfassende Information.

Etikett:

- bestimmtes Anbaugebiet: RHEINHESSEN
- Jahrgang: 2012er
- engere Herkunftsbezeichnung: BINGER KIRCHBERG
- Rebsorte/Prädikat: Riesling · Spätlese
- Qualitätsstufe / Geschmacksangabe: Prädikatswein, Halbtrocken, Enthält Sulfite
- Alkoholgehalt: 10 %vol
- Nennvolumen: 0,75 l
- Abfüller / Erzeuger: Erzeugerabfüllung, Weingut Walter, D-55411 Bingen
- Amtliche Prüfnummer: A.P. Nr. 4123 4561013

Über die amtlichen Vorgaben hinaus können Auszeichnungen genannt werden, z. B.:

Das **deutsche Weinsiegel** ist ein Gütezeichen für deutsche Weine. Farben signalisieren Geschmacksrichtungen.

Rot für vorwiegend liebliche Weine   Grün für halbtrockene Weine   Gelb für trockene Weine

Für Weine aus gebietstypischen klassischen Rebsorten, die gehaltvoll, fruchtig und harmonisch trocken sind, darf dieser Schriftzug verwendet werden.

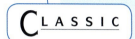

Daneben gibt es **Gütesiegel regionaler Weinbauverbände** und Banderolen für bestimmte Prämierungen, für deren Vergabe strenge zusätzliche Qualitätskriterien erfüllt werden müssen.

8.5 Weinlagerung

Weine werden in kühlen und dunklen Räumen aufbewahrt, damit die Reifung des Weines möglichst ungestört ablaufen kann. **Flaschen mit Korken** sind liegend zu lagern, der Korken trocknet so nicht aus, und der Wein kann nicht durch Luftzutritt und Mikroben verderben.

Flaschen mit Schraubverschluss oder **Kunststoff-Korken** oder **Glasverschluss** können auch stehend gelagert werden.

Günstigste Lagertemperatur
- für Weißwein: 10 bis 12 °C
- für Rotwein: 14 bis 15 °C.

Wein-ABC

Für ein so umfangreiches Gebiet wie das des Weines hat sich eine eigene Fachsprache entwickelt. Wichtige Begriffe für die Gästeberatung und Produktbeschreibung sind hier zusammengestellt.

Produktbeschreibung

Abgang
Nachgeschmack am Gaumen, wenn der Wein geschluckt ist.

ansprechend
zum Trinken anregend

Aroma, aromatisch
reich an Duft- und Geschmacksstoffen (Nase und Zunge)

Blume, blumig
reich an Duftstoffen (Nase)

Bukett, bukettreich
reich an Duft- und Geschmacksstoffen. Vergleichbar mit dem Begriff Aroma. In Verbindung mit Wein wird Bukett bevorzugt verwendet.

duftig
feine, angenehme Blume

elegant
fein abgestimmt in Säure, Alkoholgehalt und Bukett

gehaltvoll
reich an Inhaltsstoffen wie Zucker, Glycerin, Gerb- und Farbstoffen

harmonisch
ausgewogenes Verhältnis aller Inhaltsstoffe

herb
Rotweine mit viel Gerbsäure; Achtung: herb ist nicht sauer

kräftig
höherer Alkoholgehalt, angenehme Säure

lieblich
leicht, angenehm, wenig Alkohol, wenig Säure

prickelnd
leicht kohlensäurehaltig

rassig
ausgeglichene erfrischende Säure, z. B. bei Riesling

spritzig
frisch, angenehm prickelnd, z. B. Saarweine

süffig
Bei einfachen Weinen verwendet man den Begriff für Arten, die zum Weitertrinken anregen.

trocken
Vollständig durchgegoren, ohne Restzucker, hoher Alkoholgehalt. Trocken ist nicht mit sauer gleichzusetzen.

wuchtig
viel Körper und Alkohol; bei Rotweinen verwendet

Herstellung

anreichern
Wenn der Zuckergehalt der Weinbeeren, z. B. wegen schlechten Wetters, zu gering ist, darf im Rahmen der gesetzlichen Vorgaben vor der Vergärung dem Most Zucker zugefügt werden. So erhält man Wein mit dem erforderlichen Alkoholgehalt. Prädikatsweine dürfen nicht angereichert werden.

Barriques
Eichenholzfässer mit einem Fassungsvermögen von 225 Litern.

keltern
Abpresssen des Rebensaftes, es verbleibt der Trester.

Mostgewicht
Dichte des Mostes. Das Mostgewicht kann mit der Öchslewaage oder einem Refraktometer festgestellt werden.

Öchslegrade
Dichte (spezifisches Gewicht des Mostes); sie gibt Auskunft über den Zuckergehalt und damit indirekt über den zu erwartenden Alkoholgehalt.

Restsüße
Zuckergehalt des fertigen Weines, also nach der abgeschlossenen Gärung. Wird meist durch Zusatz von Traubenmost (Süßreserve) erreicht.

schönen
Trübstoffe werden gebunden und sinken zu Boden. Sie würden im Wein Trübungen hervorrufen.

schwefeln
Die Zugabe von Schwefel stoppt die Tätigkeit unerwünschter Bakterien und die Oxidation, die z. B. zum Braunwerden des Mostes führt.

Süßreserve
ist dem vergorenen Wein zugesetzter Traubenmost. Die enthaltenen Zuckerstoffe bleiben im Wein, werden nicht vergoren.

verschneiden
Dies bedeutet Vermischen von Most oder Wein, um bestimmte Eigenschaften wie Farbe, Geschmack oder Säuregehalt auszugleichen. Es dürfen nur Weine mit vergleichbarer Qualität zusammengeführt werden.

8.6 Weine europäischer Länder

In Deutschland und Österreich wird die Qualität des Weines vorwiegend über das Mostgewicht bestimmt: Hoher Gehalt an Zuckerstoffen gibt einen gehaltvollen Wein. In den südlichen Ländern (Frankreich, Spanien, Italien) ist dagegen die Lage, das Anbaugebiet für die Beurteilung der Qualtität entscheidend.

Die Tabelle auf der folgenden Seite stellt die Begriffe in den einzelnen Sprachen gegenüber und nennt ungefähre Mengenanteile der einzelnen Qualitätsstufen. Vergleichen Sie die Prozentwerte bei Wein.

Abb. 1 Weinfeld

8 Wein

Weinqualitäten und Anteile an der Jahresproduktion			
Deutschland	Frankreich	Spanien	Italien
Qualitätsstufen			
Wein [≈ 2 %] • darunter Landwein	Vin [≈ 45 %] • darunter Vin de Pays [≈ 15 %]	Vino	Vino [≈ 70 %] • darunter Indicazione Geografica Tipica – IGT [≈ 20 %]
Qualitätswein bestimmter Anbaugebiete – Q.b.A. [≈ 30 %]	Vin délimité de Qualité Supérieure – VdQS [≈ 45 %]	Denominación de Origen – DO – und Denominación de Origen Calificada – DOC – [≈ 33 %] als: • Vino de Crianza (6 Monate Lagerung) • Vino de Reserva (24 Monate Lagerung) • Vino de Gran Reserva (48 bzw. 60 Monate Lagerung für Weiß- und Rosé- bzw. Rotweine)	Denominazione di Origine Controllata – DOC [≈ 12 %]
Prädikatswein [≈ 70 %] • Kabinett, Spätlese, Auslese, Beeren- und Trockenbeerenauslese	Appellation (d'Origine) Contrôlée – AC, AOC		Denominazione di Origine Controllata e Garantita – DOCG

Österreichische Weine

In Österreich werden vorwiegend Weißweine erzeugt, der Anteil an Rotwein ist gering. Einige Besonderheiten seien herausgestellt.

Die am stärksten vertretene Rebsorte ist der **Grüne Veltliner,** der etwa ein Viertel der gesamten Weißweinproduktion erbringt. Ein guter Grüner Veltliner schmeckt frisch und fruchtig, hat eine angenehme Säure und eine grün-goldene Farbe.

Gumpoldskirchner aus der Thermenregion ist ein extraktreicher, vollmundiger Weißwein mit feinem Bukett aus den Rebsorten Zierfandler und Rotgipfler.

Heuriger ist ein Jungwein aus dem laufenden Weinjahr. Er wird vornehmlich in den sogenannten Buschenschenken gereicht.

Französische Weine

Zwar gibt es französische Weine in allen Geschmacksrichtungen von sehr trocken bis sehr süß. Da man aber in Frankreich Wein vor allem zum Essen trinkt, sind die meisten französischen Weine eher trocken. Wie sollte denn ein süßer Wein zu Fisch oder Rind passen?

Abb. 1 Österreichische Weinbaugebiete

Abb. 2 Weinanbaugebiete Frankreichs

Weinbaugebiete und bekannte Weine: Frankreich

Elsass	• *Gewürztraminer* ist ein kräftiger vollrunder Wein mit charakteristischem Bukett. • *Muscat d'Alsace* ist ein herber, fruchtiger Wein mit dem typischen Aroma der Muskattraube. • *Edelzwicker* ist eine Besonderheit aus einer Mischung Elsässer Rebsorten.
Burgund	• *Chablis* ist ein trockener, rassiger Weißwein. • *Côte de Beaune* ist ein kräftiger eleganter Rotwein. • *Meursault* gehört zu den trockenen rassigen Weißweinen. • *Beaujolais* ist vor allem als *nouveau* (neuer) bekannt, ein spritziger, leichter Rotwein.
Rhône-Tal	• *Châteauneuf-du-Pape* und *Côtes du Rhône* sind kräftige und körperreiche Rotweine.
Languedoc-Roussillon	• Es werden vor allem *Vins de Pays*, fruchtige, rote Landweine angebaut.
Bordeaux	• *Entre-deux-Mers* ist ein lebhafter, frischer Weißwein. • *Sauternes* ist ein vollrunder, lieblicher Weißwein von Trauben, die von der Edelfäule befallen sind. • *Pomerol* und *Saint-Emilion* sind körperreiche, weiche Rotweine von dunkler Farbe.
Loire-Tal	• *Muscadet* ist ein trockener, frischer Weißwein. • *Rosé d'Anjou* ist ein lieblicher fruchtiger Wein.
Champagne	• Die Weinproduktion wird nahezu ausschließlich für die Schaumweinherstellung verwendet.

Französische Fachbegriffe (Eine Hilfe bei der Beratung)

Barrique	Kleines Eichenfass mit etwa 225 Litern, in dem Wein ausgebaut wird. Die Eiche gibt an den Wein Aromastoffe ab. Als Barrique wird auch der in Barrique-Fässern ausgebaute Wein bezeichnet.
Blanc de Blancs	Bezeichnung für einen Weißwein aus weißen Trauben. (Es gibt auch weißen Wein von roten Trauben.)
Château	Bezeichnung eines Winzereibetriebes, der auf eigenem Besitz Qualitätsweine ausbaut. Man könnte auch sagen: „Qualität aus einer Hand."
Cru	Anbaugebiet für Spitzenweine
Domaine	Bezeichnung eines Winzereibetriebes, nur bei Qualitätswein und Landwein zulässig.
Mis en bouteille	Alle Weine, die in Frankreich ausgebaut und abgefüllt werden, tragen auf dem Korken oder auf dem Etikett diesen Hinweis.
Primeur	Junge, frische Rotweine können diesen Zusatz nach einer schnellen Gärung bis zum 31. Januar des Folgejahres tragen.
Terroir	von terra (Erde) umfasst die besonderen Merkmale eines Gebietes wie Bodenzusammensetzung, Klima usw.
Vin de Pays	Gehobener französischer Landwein. (Die Qualitätseinteilung französischer Weine auf Seite 311 beachten.)

Italienische Weine

Auch in Italien sind etwa 50 % der Ernte Landwein.

Weinbaugebiete und bekannte Weine: Italien	
Südtirol	Bekannt für Rotweine aus den namengebenden Trauben Blauburgunder (Pinot noir), Lagrein, Weißburgunder und Gewürztraminer. *Kalterer See* und *St. Magdalener* sind bekannte Weine.
Friaul	Die Weine sind nach den Rebsorten benannt. *Pinot Grigio* (bei uns Ruländer), ein frischer Weißwein, den man jung trinkt. *Pinot Bianco* (Weißburgunder) *Merlot* und *Cabernet* sind charaktervolle Rotweine.
Piemont	*Barbera*, ein rubinroter Rotwein mit intensiver Blume und würzigem Geschmack. *Barolo*, ein Rotwein aus der Nebbiolo-Traube mit markantem Duft und kräftigem Geschmack. *Barbaresco*, ein leuchtend roter Wein, vollmundig und kräftig.
Umbrien	*Orvieto*, ein goldener Weißwein, geschmeidig und gehaltvoll.
Latium	*Frascati*, ein Weißwein mit kräftig gelber Farbe und ausgeprägtem, aber weichem Geschmack.
Toskana	*Chianti*, ein Rotwein aus überwiegend roten, aber auch weißen Trauben.

Abb. 1 Weinanbaugebiete Italiens

Italienische Fachbegriffe (Eine Hilfe bei der Beratung)			
secco	trocken	Vino rosato	Roséwein
abboccato	halbtrocken	Vino rosso	Rotwein
amabile	leicht süß	Vino frizzante	Perlwein
dolce	süß	Vino spumante	Schaumwein
Vino bianco	Weißwein		

Spanische Weine

Spanien hat zwar die größte Weinanbaufläche der Erde, Trockenheit und Dürre beschränken die Erträge jedoch sehr stark, sodass Spanien bei der Produktion hinter Frankreich und Italien an dritter Stelle steht.

Die mineralreichen Böden und das trockene Klima bedingen in Verbindung mit gehaltvollen Gewächsen bukettreiche Weine. Landestypische Reben führen zu neuen geschmacklichen Noten.

Abb. 2 Weinanbaugebiete Spaniens

Spanische Fachbegriffe (Eine Hilfe bei der Beratung)

Vino blanco	Weißwein
Vino tinto	Rotwein
Rosado	Roséwein
Clarete	leichter heller Rotwein aus roten und weißen Reben
Crianza	Zwei Jahre Gesamtlagerdauer
Reserva	Drei Jahre Gesamtlagerdauer

Hauptanbaugebiete

Rioja liegt in Nordspanien am Fluss Ebro und ist das bedeutendste spanische Rotweingebiet. Weine der Rebsorte Tempranillo überwiegen.

Navarra liegt zwischen dem Ebro und den Pyrenäen. In den Tallagen gedeihen sowohl Rot- wie auch Weißweine.

Valencia wird klimatisch vom Mittelmeer beeinflusst. Diese Region liefert alkoholreiche Rotweine.

Der Sherry aus dem Gebiet um Jerez im Südwesten Spaniens wird in mehreren Arten ausgebaut und reicht vom trockenen Fino bis zum süßen Cream.

8.7 Beurteilen von Wein

Die Eigenschaften eines Weines werden bei der **Weinprobe** oder **Degustation** erfasst und mit Fachbegriffen beschrieben.

Unsere Sinnesorgane sind dabei die Sensoren. Ein angemessener Fachwortschatz befähigt das Servierpersonal, den Gast entsprechend zu beraten.

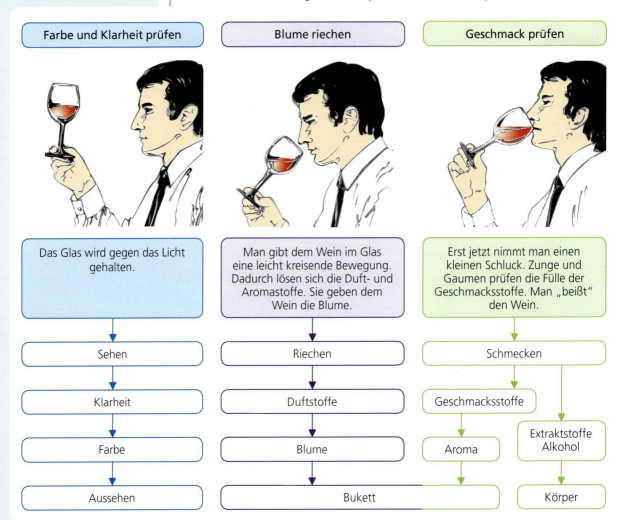

Farbe und Klarheit prüfen	Blume riechen	Geschmack prüfen
Das Glas wird gegen das Licht gehalten.	Man gibt dem Wein im Glas eine leicht kreisende Bewegung. Dadurch lösen sich die Duft- und Aromastoffe. Sie geben dem Wein die Blume.	Erst jetzt nimmt man einen kleinen Schluck. Zunge und Gaumen prüfen die Fülle der Geschmacksstoffe. Man „beißt" den Wein.
Sehen	Riechen	Schmecken
Klarheit	Duftstoffe	Geschmacksstoffe
Farbe	Blume	Aroma / Extraktstoffe Alkohol
Aussehen	Bukett	Körper

Beurteilungs-merkmale	Bezeichnungen	Beschreibungen positiv	negativ
Geruch	Blume	• zart, dezent, feinduftig • duftig, blumig, voll • ausdrucksvoll, ausgeprägt • kräftig duftend	• ausdruckslos, flach • aufdringlich, parfümiert • fremdartig, unsauber
Geschmack	Aroma	• neutral, zart • feinwürzig, herzhaft, erdig • würzig, aromatisch	• korkig
• Zucker		• herb, trocken • dezent, feinherb, halbtrocken • lieblich, süffig, süß	• pappsüß • aufdringlich • unharmonisch
• Säure		• mild, zart, verhalten • frisch, feinrassig • herzhaft, rassig, pikant	• matt, flach • unreif, spitz • hart, grasig
• Frucht		• neutral, zart • feinfruchtig, fruchtig	• fremd • unschön
	Bukett	• mild, zart, fein • rund, harmonisch, vol	• dünn, flach • leer, plump
Extrakt Alkohol	Körper	• leicht • mundig, vollmundig, saftig • schwer, wuchtig, stoffig • feurig (Alkohol)	• dünn, leer • plump • brandig • spritzig (Alkohol)
Alter		• jung, frisch, spritzig • reif, entwickelt, vollreif • edelfirn, firn	• unreif • matt, leer • abgebaut

8.8 Likörweine (Süd- und Dessertweine)

Was das Gesetz als *Likörwein* bezeichnet, wird in der Alltagssprache oft als *Südwein* (Herkunft) oder *Dessertwein* (zum Abschluss eines Menüs) bezeichnet.

Je nach Art werden diese Weine in der Gastronomie unterschiedlich eingesetzt
- Trockene Arten als geschmacksanregender Aperitif vor dem Essen
- süßliche Arten als verdauungsfördernder Digestif nach dem Essen.

Trockene Likörweine

Dem Wein wird nach kurzer Gärung Weingeist zugesetzt. Der nun hohe Alkoholgehalt (bis 22 % vol.) unterbricht die natürliche Gärung. Man erhält alkoholreiche trockene Weine.

Beispiel
- Sherry aus Spanien
- Portwein aus Portugal
- Madeira von der Insel Madeira

Süße (konzentrierte) Likörweine

Dem Most oder Ausgangswein werden Trockenbeeren (Rosinen) oder eingedickter Traubensaft beigegeben. Das ergibt süße Weine mit üblichem Alkoholgehalt.

Beispiel
- Tokajer aus Ungarn
- Samos aus Griechenland
- Malaga aus Spanien

Service

GETRÄNKE UND GETRÄNKESERVICE

8.9 Servieren von Wein aus Flaschen

🇬🇧 wine service 🇫🇷 service (m) de vin

Zum gepflegten Weinservice benötigt man je nach Weinart unterschiedliche Utensilien.

① Drahtgestell für Flaschen
② Tropfring
③ Dekantiertrichter
④ Korkenzieher
⑤ Kapselschneider
⑥ Kellnermesser
⑦ Probierschale für Wein
⑧ Dekantierkaraffe
⑨ Weinthermometer
⑩ Dekantierkorb

Temperieren von Wein

Bei **Weißwein** kommt es gelegentlich vor, dass ein rasches Abkühlen bzw. **Frappieren** erforderlich wird. Frappiert wird in einem Weinkühler.

Die Flasche ist dabei von Wasser mit Eiswürfeln umgeben, die mit Salz überstreut werden. Das Salz beschleunigt das Schmelzen des Eises, wobei Kälte freigesetzt wird.

Rotwein serviert man im Allgemeinen über 14 °C, weil das typische Rotweinbukett erst ab dieser Temperatur voll zur Entfaltung kommt. Deshalb wird Rotwein vor dem Service rechtzeitig vom Keller in einen temperierten Raum oder einen Weinklimaschrank gebracht.

Manchmal muss Rotwein **chambriert** (erwärmt) werden. Hierbei wird die Flasche mit warmen Tüchern umlegt.

Die Temperatur kann auch reguliert werden, indem man den Wein in eine vorgewärmte Karaffe umgießt.

Da rasche Temperaturregulierungen dem Bukett der Weine schaden, sollten sie möglichst durch rechtzeitiges Temperieren vermieden werden.

Rotwein darf zum Erwärmen nie in ein Teller-Rechaud gelegt werden.

Die Weinpflege liegt in der Verantwortung der Büfettfachkraft oder des Sommeliers.

Abb. 1 Mise en place für Weißweinservice

Mise en place

Die Weingläser werden den Gästen von rechts eingesetzt. Das Mise en place wird auf einem Guéridon bereitgestellt.

Auf einem Guéridon werden bereitgestellt:
- das Kellnermesser mit Korkenzieher
- ein Probier- oder Reserveglas
- zwei Papierservietten und eine Handserviette
- zwei kleine Teller zum Ablegen des Korkens und der Kapsel
- ein Weinkühler oder Temperaturgarant.

Weißweinservice 🇬🇧 white wine service 🇫🇷 service (m) de vin blanc

Nachdem ein Gast nach fachlicher Beratung die Weinorder gegeben hat, erfolgt die Vorbereitung für den Weinservice. Das Präsentieren und Öffnen der Flasche des Weines erfolgt am Tisch.

Öffnen von Weißwein-Flaschen

Arbeitsablauf	Abbildung	Begründung
Bei Weißweinflaschen die Kapsel oberhalb des Flaschenhalswulstes, bei Rotweinflaschen unterhalb des Wulstes rundherum durchschneiden und den abgetrennten Teil abnehmen.		Der Flaschenhals muss sauber sein. Rotwein soll nicht mit der Stanniolkapsel in Kontakt kommen – negative Geschmacksveränderung.
Den Flaschenmund und die Oberfläche des Korkens mit der ersten Papierserviette reinigen.		Unter der Kapsel bilden sich beim Lagern manchmal staubige Ablagerungen, Schimmel oder sirupartige Weinrückstände bei nicht ganz dichten Korken.
Den Korkenzieher in die Mitte des Korkens eindrehen, den Hebel auf den Flaschenhalsrand aufsetzen und den Korken gerade nach oben herausziehen. Die letzten Millimeter durch leichtes Hin- und Herbewegen des Korkens überwinden.		Der Korkenzieher sollte den Korken nach keiner Seite hin durchbrechen, weil sich dabei Korkkrümel ablösen, die beim Eingießen des Weines ins Glas gelangen.
Den Korken auf einwandfreien Geruch hin prüfen. Mit einer zweiten Papierserviette den Korken fassen und vom Korkenzieher abdrehen. Auf den kleinen Teller legen und neben dem Weinglas des Bestellers einsetzen.		Schlechter Korken könnte den Wein verdorben haben. Für den Gast kann neben der Geruchsprobe auch das auf dem Korken angebrachte Brandzeichen (Name, Nummer des Abfüllers oder die Weinjahrgangszahl) interessant sein.
Den Flaschenmund mit der Papierserviette reinigen.		Auch Korkstückchen können im Bereich des Flaschenmundes mit der Serviette entfernt werden.

Service

GETRÄNKE UND GETRÄNKESERVICE

Abb. 1 Präsentieren der Weinflasche von rechts

Abb. 2 Wein probieren lassen

Abb. 3 Bedienen der Dame

Präsentieren

Vor dem Öffnen der Weinflasche wird diese, auf einer Handserviette liegend, dem Besteller von rechts präsentiert. Das Etikett und die Halsmanschette sollen für den Gast gut lesbar sein, damit er sich von der Richtigkeit seiner Bestellung überzeugen kann.

Öffnen der Weinflasche

Das Öffnen der Flasche am Guéridon muss unter Beachtung der Regeln sorgfältig ausgeführt werden. (siehe Beschreibung S. 317)

Probieren des Weines

Damit sich der Besteller von der einwandfreien Beschaffenheit des Weines überzeugen kann, wird ihm ein Probeschluck eingegossen.

Eventuelle Beanstandungen könnten sein:
- Der Wein ist trüb oder schmeckt nach Kork.
- Er hat einen artfremden Geruch oder Geschmack.
- Die Temperatur entspricht nicht den Wünschen der Gäste.

Das Mitprobieren der Servicefachkraft ist nur dann üblich, wenn diese ein fachkundiger Sommelier ist.

Eingießen des Weines

Nach der Zustimmung des Bestellers werden in kleinem Gästekreis die Damen zuerst, dann die Herren und zuletzt der Besteller bedient.

Bei einer größeren Personenzahl, z. B. anlässlich eines Banketts, wird, um das aufwendige und oftmals störende Hin und Her zu vermeiden, der Reihe nach den Gästen der Wein eingeschenkt.

Arbeitsablauf	Erläuterungen zu den einzelnen Arbeitsschritten
Die Flasche an der etikettfreien Seite mit der rechten Hand fest umfassen und, den Handrücken nach oben gerichtet, langsam über der Glasöffnung absenken.	Beim Eingießen des Weines ist darauf zu achten, dass das Etikett einigermaßen sichtbar für die Gäste bleibt, die gerade bedient werden. Wichtig ist, dass die Flasche sicher in der Hand liegt und der Glasrand nicht berührt wird.
Den Wein langsam fließend in das Glas eingießen.	Das Bukett des Weines wird nicht beeinträchtigt.
Die Gläser 1/3 bis 1/2 auffüllen, abhängig von der Gläsergröße.	Der jeweils freie Raum im Glas ist erforderlich, damit sich Blume und Bukett voll entfalten können.
Die Flasche rechtzeitig und langsam wieder in die waagrechte Lage bringen und beim endgültigen Aufrichten etwas nach rechts abdrehen.	Der in der Flasche verbliebene Wein darf nicht unnötig aufgerüttelt werden. Die letzten Tropfen am Flaschenmund verteilen sich beim Drehen auf dem Flaschenrand und fallen somit beim Anheben nicht auf den Tisch.
Die Weinflasche in den Kühler oder Weingaranten zurückstellen.	Damit bleibt eine konstante Serviertemperatur des Weines erhalten.
Den Teller mit dem Korken ausheben.	Der Kork wird nicht mehr benötigt.
Den Guéridon in Ordnung bringen.	Überflüssige Utensilien entfernen.
Rechtzeitig Wein nachschenken.	Gläser im Auge behalten, damit sich die Gäste nicht selbst nachschenken müssen.

Richtlinen zum Eingießen des Weißweines

Die Verwendung einer Handserviette beim Eingießen ist nur dann angebracht, wenn der Wein im Weinkühler serviert wird oder frappiert werden musste und die Flasche aus diesem Grunde nass ist. Sie wird in diesem Falle von Boden zum Hals hin um die Flasche gelegt. Beim Servieren aus einer Bocksbeutelflasche liegt diese, mit dem Etikett nach oben gerichtet, flach auf der Hand.

Rotweinservice 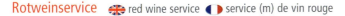 red wine service service (m) de vin rouge

Abb. 1 Korrekt eingeschenkter Rotwein

Der Service von Rotwein verläuft wie der Weißweinservice. Einige unterschiedliche Merkmale sind dabei jedoch zu beachten.

Eingießen von Rotwein

- Beim Eingießen von Rotwein kann das Glas ausgehoben werden. Es wird dann leicht schräg geneigt und die Flasche langsam abgesenkt, damit der Wein ruhig ins Glas fließen kann.
- Bei alten, kräftigen Rotweinen bilden sich Ablagerungen als Bodensatz, die durch Umwandlung einiger Weinbestandteile entstehen. Solche Ablagerungen werden als **Depot** bezeichnet und zeugen von einer hohen Weinqualität. Das Depot muss vor dem Eingießen durch **Dekantieren** vom Wein getrennt werden.

Abb. 2 Eingießen von Rotwein

Dekantieren von Rotwein

Unter **Dekantieren** versteht man das vorsichtige Umgießen des Weines von der Flasche in eine Karaffe. Sinn dieses Vorganges ist, das Depot in der Flasche zurück zu lassen.

Damit das Depot nicht aufgerüttelt wird und den Wein trübt, werden die Flaschen **bereits im Weinkeller** so gelegt, dass die Etiketten nach oben gerichtet sind. Dadurch erübrigt sich das Umdrehen der Flasche beim Servieren.

Zum Dekantieren von Rotwein werden auf einem Guéridon bereitgestellt:
- ein Kerzenständer mit Kerze und Streichhölzern,
- ein Korkenzieher und ein Kapselschneider,
- zwei Papierservietten und eine Handserviette,
- zwei kleine Teller für Kapsel und Korken,
- die Rotweinflasche, fachgerecht im Korb liegend,
- eine Dekantierkaraffe,
- ein Probier- oder Reserveglas.

Abb. 3 Mise en place

Zum Transportieren, Präsentieren und Öffnen liegt die Flasche leicht schräg in einem speziellen Korb oder Flaschengestell. Das Öffnen der liegenden Flasche erfolgt wie beim Weißwein. Um ein Aufrütteln des Depots zu vermeiden, muss das Herausziehen des Korkens behutsam erfolgen. Vor der Lichtquelle eines Kerzenscheins wird der Rotwein in eine schräg gehaltene Karaffe umgegossen (s. Abb. 3). Sobald der Bodensatz im Flaschenhals sichtbar wird, beendet man den Dekantiervorgang.

Es können aber auch Rotweine, die kein Depot aufweisen, dekantiert werden. Auf diese Weise reichert sich der Wein durch das Umgießen in eine Karaffe mit **Sauerstoff** an, entfaltet dadurch verstärkt Aromastoffe und entwickelt sein **volles Bukett**.

Abb. 4 Dekantieren eines Rotweins

9 Schaumwein

🇬🇧 sparkling wine 🇫🇷 vin (m) mousseux

Schaumwein entsteht, wenn Wein nach der Hauptgärung nochmals in abgeschlossenen Behältnissen zum Gären gebracht wird. Das bei dieser zweiten Gärung entstehende CO_2 kann nicht entweichen, verbindet sich mit dem Wein und verleiht ihm den schäumenden Charakter. Aus Wein ist prickelnder Schaumwein geworden.

9.1 Herstellung

Beim Schaumwein wird vom Gast je nach Sorte eine über Jahre gleiche Qualität und Geschmacksrichtung erwartet. Darum vermischt man verschiedene *Grundweine*. Diesen Verschnitt nennt man *Cuvée*.

Damit die notwendige zweite Gärung beginnt, kommt die *Fülldosage* hinzu. Das ist eine Mischung von in Wein aufgelöstem Kristallzucker und Reinhefe.

Bei der Gärung unterscheidet man drei Verfahren.

- **Flaschengärung** (Abb. 1)
  Die gefüllten Flaschen werden verschlossen und mit dem Hals nach unten in Rüttelpulte gestellt. So setzt sich der Hefetrub am Korken ab und kann nach der Lagerung leicht entfernt werden. Der dabei auftretende Verlust wird durch die **Versanddosage** ersetzt. Diese klassische Flaschengärung ist das aufwendigste und damit teuerste Verfahren.

- **Transvasierverfahren** (Abb. 2)
  ist eine vereinfachte Flaschengärung. Das Cuvée wird wie beim klassischen Verfahren auf Flaschen gefüllt. Nach abgeschlossener Zweitgärung entleert man die Flaschen in Tanks, filtert den Schaumwein und gibt die Versanddosage bei. Danach füllt man erneut auf Flaschen und überlässt den Schaumwein einer Reifung. Die zeitaufwendigen Arbeitsvorgänge wie Rütteln und Enthefen von Hand werden bei diesem Verfahren eingespart.

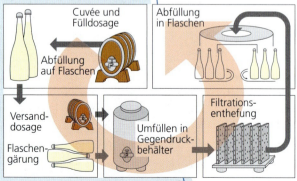

Abb. 1 Traditionelle Flaschengärung

Abb. 2 Transvasierverfahren

Abb. 3 Flaschengärung: Rütteln der Flaschen von Hand oder durch automatische Rüttelanlage

Geschmacksrichtungen

Unabhängig von Gärverfahren bestimmen auch
- **Qualität** die Mischung von Grundweinen, genannt das Cuvée,
- **Geschmacksrichtung,** die Dosage, welche den gewünschten Süßegrad verleiht.

Bezeichnung des Geschmacks deutsch	französisch	Restzuckergehalt/l
extra herb	extra brut	0 bis 6 g/l
herb	brut	unter 12 g/l
extra trocken	extra sec	12 bis 17 g/l
trocken	sec	17 bis 32 g/l
halbtrocken	demi-sec	32 bis 50 g/l
mild	doux	über 50 g/l

Abb. 1 Bekannte Marken

Gesetzliche Bestimmungen

Bei Schaumwein ist der Hersteller oder die Vertriebsfirma anzugeben. Bei ausländischen Erzeugnissen ist das Herstellungsland zu nennen.
Mit **Schaumwein** muss in Deutschland hergestellter Schaumwein bezeichnet werden. (Der gebräuchliche Name Sekt darf für die einfachste Qualitätsstufe nicht verwendet werden.)

Qualitätsschaumwein oder **Sekt** ist von gehobener Güte. Es werden Mindestanforderungen hinsichtlich Alkoholgehalt, Druck (CO_2) und Lagerdauer gestellt.
Mögliche Zusatzbezeichnungen:
- Qualitätsschaumwein Sekt b. A.: gleiche Bestimmungen wie bei Wein
- mit Jahrgangsangabe
- mit Angabe der Traubenart.

Champagner ist Schaumwein aus einem genau festgelegten Gebiet der Champagne (Frankreich, siehe Abb. Seite 311).

Vin mousseux und **Vin cremant** sind französische Schaumweine mit Ausnahme der besonders herausgehobenen Champagne.

Prosecco bezeichnet eine weiße Rebsorte aus Italien. Daraus werden gewonnen:
- **Prosecco spumante** mit hohem Kohlesäuredruck, ein Schaumwein bzw. Sekt; (**Prosecco frizzante** ist kein Schaumwein, sondern ein **Perlwein** mit geringerem Kohlensäuregehalt).
- **Spumante** ist ein süßlicher, gelber Schaumwein aus Italien. Bekannt ist er aus der Provinz Asti.
- **Cava** ist ein spanischer Schaumwein, der in traditioneller Flaschengärung hergestellt wird; kommt vorwiegend aus Katalonien.
- **Krimskoje** ist ein ukrainischer Schaumwein; er kommt rot oder weiß von der Halbinsel Krim und wird in Flaschengärung hergestellt.

Flaschengrößen
Sekt wird in speziellen Flaschen und besonderen Größen angeboten. Diese Flaschen haben wegen der Druckbelastung extra starke Wände.
- Piccolo 0,2 l
  etwa 2 Gläser
- 1/2-Flasche 0,375 l
  etwa 4 Gläser
- 1/1-Flasche 0,75 l
  etwa 8 Gläser
- 2/1-Flasche 1,5 l
  etwa 16 Gläser – diese Flasche wird auch Magnumflasche genannt und wird vor allem dann eingesetzt, wenn es repräsentativ sein soll.

Abb. 2 Champagner-Flaschengrößen

Service

Auf gemischte Getränke werden die herzhafte Frische und das angenehme Schäumen übertragen, z. B.:
- Sekt mit Orangensaft
- Sekt mit Cassis (Kir)
- Sekt mit Zitronensaft, Angostura und Läuterzucker (Sektcocktail)

Abb. 1 Flasche von rechts präsentieren

Abb. 2 Stanniolkapsel entfernen

Abb. 3 Draht aufdrehen, Agraffe entfernen

Abb. 4 Flasche entkorken

GETRÄNKE UND GETRÄNKESERVICE

Verwendung von Schaumwein

Als erfrischendes und belebendes Getränk wird Schaumwein insbesondere zu festlichen Anlässen und als Aperitif pur getrunken.

Darüber hinaus ist Schaumwein Bestandteil von Bowlen und Kaltschalen.

Schaumweinlagerung

Lagerung unter 10 °C, liegend; vor dem Servieren auf 6 bis 8 °C kühlen.

9.2 Servieren von Schaumwein

🇬🇧 sparkling wine service 🇫🇷 service (m) de vin mousseux

Damit Schaumwein kühl bleibt, wird er im Sektkühler mit Eiswürfeln und Wasser an den Tisch des Gastes gebracht. Anstelle eines Sektkühlers kann auch ein Temperaturgarant verwendet werden, wenn die Flasche die empfohlene Serviertemperatur von 6–8 °C aufweist. Nach dem Mise en place wird die Flasche dem Besteller von rechts präsentiert.

Mise en place

Zuerst werden am Tisch der Gäste die Sektgläser eingesetzt.

Auf einem Guéridon stellt man bereit:
- Sektflasche im Kühler auf einem Teller mit Serviette
- Weinserviette und zwei kleine Teller
- Sektbrecher bzw. Barzange als Hilfe für Drahtbügelverschluss oder festsitzendem Korken

Öffnen der Schaumweinflasche

- Die Flasche wird aus dem Kühler genommen und mit einer Serviette abgetrocknet.
- Anschließend wird sie dem Gast präsentiert.
- Dann entfernt man die Stanniolkapsel bis zum Drahtbügelverschluss (Agraffe). Die Stanniolreste werden auf einem der Teller abgelegt.
- Eine Stoffserviette wird über den Korken gelegt und mit dem Daumen festgehalten. (Bei den Abbildungen wurde der besseren Sicht wegen auf die Serviette verzichtet.)
- Es gibt zwei Möglichkeiten der Agraffenentfernung:
  - **Methode I:** Die Agraffe wird entgegen ihren Windungen aufgedreht und vorsichtig entfernt. Der Korken wird ständig mit dem Daumen gesichert.
  - **Methode II:** Dabei werden die Agraffenwindungen eine Umdrehung straffer gedreht und der Draht durch mehrmalige Links-Rechts-Bewegungen zum Abbrechen gebracht. Anschließend wird der Bügelverschluss vom Flaschenhals weggebogen und seitlich des Korkens geschoben.
- Den Korken nun mit der Serviette umfassen, diesen lockern und bei gleichzeitigem Gegendruck langsam und geräuschlos herausgleiten lassen. Dabei hält man die Flasche schräg und den Flaschenhals von den Gästen abgewendet.

9 Schaumwein

Damit der Korken nicht knallend austritt, lässt man den Überdruck im rechten Augenblick geräuschlos entweichen. Das Schräghalten der Flasche ist wichtig, weil auf diese Weise das Überschäumen des Sektes oder Champagners verhindert wird.
- Mit einer Serviette den Flaschenmund säubern.
- War die Sektflasche mit einem Naturkorken verschlossen, so wird dieser präsentiert. Bei Kunststoffkorken wird dies nicht praktiziert.

Eingießen des Schaumweines

Der Probeschluck sollte so ausreichend bemessen sein, dass der Besteller zweimal probieren kann. Das weitere Ausschenken des Sektes oder Champagners erfolgt nach den Servierregeln. Die Schaumbildung ist wegen der zimmerwarmen Gläser zu Beginn des Eingießens besonders stark. Aus diesem Grunde sollte man zunächst vorsichtig nur eine kleine Menge eingießen und dann das Glas langsam höchstens dreiviertel voll füllen.

Der Gästetisch sollte beobachtet werden, damit rechtzeitig nachgeschenkt wird.

Abb. 1 Präsentieren des Korkens

Abb. 2 Sekt eingießen

Abb. 3 Weinseminarraum

Aufgaben

1. Beschreiben Sie Ihrem Kollegen das Mise en place für Flaschenservice von Weißwein.
2. Weshalb wird einem Gast der von ihm bestellte Flaschenwein vor dem Öffnen präsentiert?
3. Erklären Sie das fachgerechte Öffnen einer Weinflasche.
4. Warum beträgt die Serviertemperatur bei Rotwein im Allgemeinen mehr als 14 °C?
5. Beschreiben Sie das sachgerechte Öffnen einer Schaumweinflasche.

10 Weinhaltige Getränke

🇬🇧 blended drinks with wine 🇫🇷 boissons (w) à base de vin

Unter weinhaltigen Getränken versteht man Getränke, die einen Anteil von mehr als 50 % Wein, Dessertwein oder Schaumwein haben. Der restliche Anteil kann Weinbrand, Fruchtsäfte, Kräuterauszüge, Honig, Wasser usw. enthalten.

Weinschorle besteht aus gleichen Teilen Wein und kohlensäurehaltigem Wasser. Schorlen sind durch diese Mischung erfrischend und alkoholarm.

Glühwein ist heißer Rotwein, gewürzt mit Nelken, Zimt, Zitrone und Zucker. Spezielle Aufgussbeutel erleichtern die Herstellung.

Bowle besteht aus Wein, Schaumwein, auch Fruchtwein oder Mineralwasser und Geschmacksträgern, die auch namengebend sind, z. B. Pfirsich, Erdbeer, Waldmeister.

Kalte Ente ist eine Mischung von Wein, Perlwein und Schaumwein mit Zusatz von Zitrone. Der Anteil an Schaumwein muss im fertigen Getränk mindestens 25 % betragen.

Wermut (Vermouth) ist mit Wermutkraut aromatisierter Wein; Alkoholgehalt um 15 %. Wermut ist Grundlage von Mischgetränken wie Manhattan oder Martini.

Abb. 1 Erdbeerbowle

Aufgaben

1. Boden und Klima bestimmen wesentlich die Eigenschaften des späteren Weines. Erläutern Sie.

2. Bei der Empfehlung von Weinen müssen Wünsche bzw. Aussagen von Gästen in fachliche Zusammenhänge übertragen werden. Nennen Sie zu den folgenden Aussagen passende Rebsorten.
   a) „Zum Fisch hätte ich gerne einen milden Weißen."
   b) „Einen Weißen bitte, darf schon etwas Kräftiges sein."
   c) „Zum Rehbraten bitte einen kräftigen Rotwein."

3. Beschreiben Sie die wesentlichen Arbeitsschritte bei der Herstellung von Weißwein und von Rotwein.

4. Das Weinetikett wird gerne als die „Geburtsurkunde" eines Weines bezeichnet. Nennen Sie die für einen Qualitätswein vorgeschriebenen Angaben.

5. Da streiten sich zwei: „Weinbaugebiete heißt es", sagt der eine, „Nein, Weinanbaugebiete, da bin ich mir sicher", meint der andere. Beide können im Recht sein. Erklären Sie.

6. Nennen Sie die drei größten deutschen Weinanbaugebiete.

7. In welche beiden Gruppen werden die deutschen Weine nach der Qualität eingeteilt?

8. Nennen Sie die Prädikatsweine in aufsteigender Reihenfolge.

9. Das Weinsiegel gliedert das Angebot in drei Gruppen. Nennen Sie die Geschmacksrichtungen und die dazugehörige Farbe des Weinsiegels.

10. Wie nennt man bei der Sektherstellung die Mischung der Grundweine?

11. Welche Gärverfahren werden unterschieden?

12. Erklären Sie den Unterschied zwischen einem Sekt und einem Champagner.

13. Wie entstehen die verschiedenen Geschmacksrichtungen bei Sekt?

PROJEKT

Weinprobe

Sie erhalten von Ihrem Chef den Auftrag, im Rahmen einer geplanten Mitarbeiterschulung eine Weinprobe vorzubereiten. Die Weinprobe soll sich auf die gängigen Flaschen- und Ausschankweine Ihres Betriebes beschränken.

Vorbereitung

1. Bestimmen Sie die zu beurteilenden Weine.
2. Erstellen Sie eine Liste mit wichtigen Angaben von einzelnen Weinetiketten.
3. In welcher Reihenfolge werden Sie die Weine probieren lassen?
4. Welche schriftlichen Unterlagen stellen Sie Ihren Kolleginnen und Kollegen zur Verfügung?
5. Welche Tischform werden Sie wählen, um möglichst viel Kommunikation zu erreichen?
6. Was bieten Sie den Schulungsteilnehmern außer den Weinkostproben noch an?
7. Bestimmen oder finden Sie einen Mitarbeiter, der bereit ist, ein Kurzreferat von 5 Minuten über den Weinanbau und die Weinherstellung zu halten.
8. Erstellen Sie eine Liste der Materialien, die für eine Weinprobe benötigt werden. Zur Anregung und Hilfestellung siehe Abbildung auf S. 323.

Durchführung

1. Bereiten Sie den Raum und die Tafel für eine Weinprobe vor.
2. Stellen Sie fest, ob die zu probierenden Weine richtig temperiert sind.
3. Analysieren Sie die Angaben eines Etiketts, indem Sie eine Folie des Weinetiketts mit dem Overhead-Projektor zeigen.
4. Lassen Sie Kleinstmengen der einzelnen Weine probieren, erarbeiten Sie gemeinsam ein Ergebnis und halten Sie dieses schriftlich fest.

Anmerkung: Falls die Weinprobe in der Berufsschule geplant wird, sollten die schulrechtlichen Vorschriften beachtet werden.

Korrespondierende Speisen

1. Wählen Sie anschließend 3 unterschiedliche Weine. Erteilen Sie den Schulungsteilnehmern die Aufgabe, passende Gerichte zu den Weinen zu sammeln, zu besprechen und zu notieren.
2. Geben Sie den Teilnehmern ein mehrgängiges Menü vor und lassen Sie sie passende Weine zu den einzelnen Gängen auswählen. Vergleichen Sie die Ergebnisse in einer Diskussionsrunde

Berechnungen

Wählen Sie einen Wein aus und kalkulieren Sie über den Einkaufspreis den Kartenpreis, indem Sie folgende Werte einbeziehen: Gemeinkosten 40 %; Gewinn 28 %; Service (Umsatzbeteiligung) 15 %; MwSt: 19 %.

⑪ Spirituosen

🇬🇧 spirits 🇫🇷 spiritueux (m)

Abb. 1 Spirituosen

Bestimmte Spirituosen, besonders solche auf der Grundlage von Wein und Getreide, gewinnen durch eine längere Reifezeit nach dem Brennen. Während dieser Zeit wirkt Sauerstoff der Luft auf die zunächst farblose Flüssigkeit ein und verändert Farbe und Aroma in erwünschter Weise. Je nach Qualitätsstufe sind aus diesem Grund für bestimmte Produkte Mindestlagerzeiten vorgeschrieben.

Spirituosen sind zum menschlichen Genuss bestimmte Getränke, in denen Alkohol (Ethylalkohol) als wertbestimmender Anteil mit mindestens 15 % enthalten ist. Der Alkoholgehalt ist in % vol (sprich: Prozent des Volumens oder Volumenprozent) anzugeben.

Alkohol entsteht bei der Gärung durch die Tätigkeit der Hefe. Bei einem Alkoholanteil von etwa 15 % stellen jedoch die Hefen ihre Tätigkeit ein.

Will man höhere Alkoholgehalte erreichen, muss man den vorhandenen Alkohol konzentrieren. Das geschieht beim Destillieren oder Brennen.

Das Prinzip der Destillation

Wasser verdampft bei 100 °C, Alkohol bei etwa 80 °C. Darum bilden sich beim Erhitzen von alkoholhaltigen Flüssigkeiten zuerst Alkoholdämpfe, die über ein Rohrsystem abgeleitet und durch Abkühlen wieder verflüssigt werden. Viele Geschmacksstoffe sind in Alkohol gelöst und gehen mit in das Destillat über. Wasser und unlösliche Stoffe bleiben zurück.

So wird zum Beispiel

- Wein zu Weinbrand,
- vergorenes Obst zu Obstbrand.

Soll aus stärkehaltigen Rohstoffen wie Getreide Alkohol gewonnen werden, muss die Stärke zunächst in Einfachzucker umgewandelt werden, damit sich die Hefe davon ernähren und Alkohol erzeugen kann.

Die folgende Seite zeigt in einer Übersicht die unterschiedlichen Wege.

Versuche

1. Versetzen Sie Fruchtsaft mit etwas Hefe und stellen Sie die Lösung eine Woche an einen warmen Ort. Oder: anstelle des Fruchtsaftes 0,25 l Wasser und 75 g Zucker, oder, wenn der Versuch sofort durchgeführt werden soll: 150 g Wasser und 30 g Alkohol vermischen.

2. Bauen Sie die abgebildete Anlage auf. Auf Bunsenbrenner einen Rund- oder Kantkolben mit einer der oben beschriebenen Flüssigkeiten stellen, in den Korken ein geknicktes Glasrohr einführen, zweiten Rundkolben in Eis stellen und das Glasrohr einführen. Oder Liebig-Kühler verwenden. Erhitzen Sie, und probieren Sie vorsichtig das Kondensat.

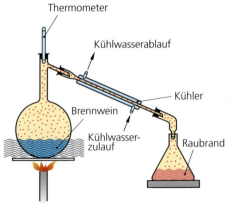

3. Geben Sie etwa 250 g Himbeeren (als Tiefkühlware immer erhältlich) in ein enges Gefäß oder in einen Kolben. Übergießen Sie mit 100 g Wasser und der gleichen Menge Alkohol. Mit Korken oder Gummipfropfen verschließen. Nach einer Woche destillieren Sie mit der in Versuch 2 beschriebenen Anlage. Verdünnen Sie das Kondensat 1:1 mit Wasser und probieren Sie.

4. Geben Sie in einen Shaker ein Eigelb, 1 Teelöffel Zucker, 5 cl Weinbrand, 5 cl Wasser und vermischen Sie gut. Was entsteht?

Der Weg zur Spirituose

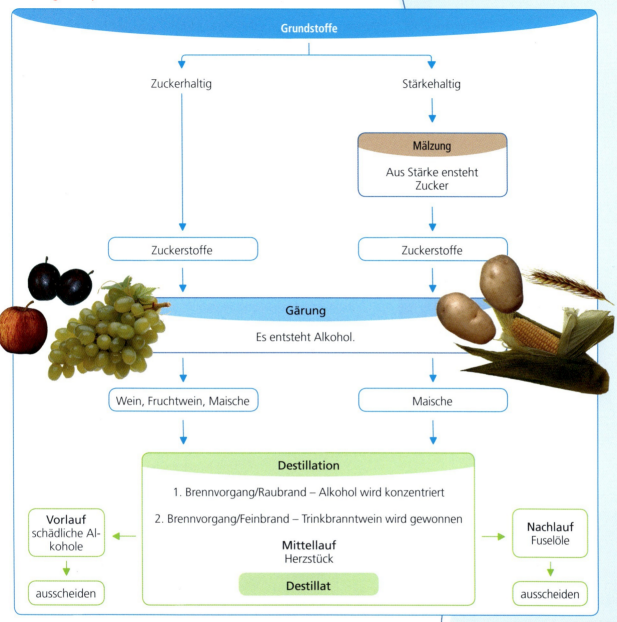

Nach der EU-Spirituosenverordnung unterscheidet man folgende vier Gruppen von Spirituosen:

- **Brände,** die aus Wein, Obst, Zuckerrohr oder Getreide hergestellt werden. Der Alkohol entsteht bei der Gärung aus dem Grundstoff.
- **Geiste,** die vorwiegend unter Verwendung aromareicher, zuckerarmer Beeren hergestellt werden. Dabei werden die Aromastoffe von zugesetztem Alkohol ausgelaugt.
- **Aromatisierte Spirituosen**, bei denen vorwiegend Wacholder neutralem Alkohol den Geschmack gibt;
- **Liköre,** die auf unterschiedliche Weise nach bestimmten Regeln hergestellt werden. Siehe Seite 331.

GETRÄNKE UND GETRÄNKESERVICE

11.1 Brände

Brände sind Spirituosen, deren Alkoholgehalt und Geschmack durch Vergären und anschließendes Brennen (Destillieren) entsteht. Namengebend sind meist die Rohstoffe.

Innerhalb der Brände gliedert man nach den Rohstoffgruppen.

Hinweis: Früher wurde jedes Getränk, das gebrannt wurde, als Branntwein bezeichnet. Auch Spirituosen aus Getreide oder Kartoffeln waren Branntweine. Heute muss Branntwein aus Wein gewonnen sein.

Spirituosen aus Wein 🇬🇧 spirits from wine 🇫🇷 liqueurs (w) de vin

Man gewinnt diese Spirituosen durch Destillation von Wein oder Brennwein. Auf das Destillieren oder Brennen folgt eine längere Lagerung.

- **Deutscher Weinbrand**
  Die Hersteller bevorzugen Weine aus französischen Reben, denn diese sind besonders aromatisch und alkoholreich.
- **Eau-de-vie de vin** bedeutet Branntwein aus Wein. Vielfach wird das Herkunftsgebiet zusätzlich genannt, z. B. … de la Marne.
- **Armagnac** ist eine geschützte Herkunftsbezeichnung für Branntwein aus Wein aus der Gascogne.
- **Cognac**
  Eine geschützte Herkunftsbezeichnung für Weinbrand aus der Charente, deren Mittelpunkt die Stadt Cognac ist.
- **Trester oder Tresterbrand** gewinnt man aus Traubentrester (Rückstände beim Abpressen des Traubenmostes). Grappa aus Italien und Marc aus Frankreich gehören zu dieser Gruppe.

Abb. 1 Lagerung von Cognac

Alterskonto	Lagerzeit des Destillates	Produktkennzeichnungen
1, 2 und 3	1 bis 3 Jahre	• Cognac • Cognac Authentique • Cognac*** • VS (very special)
4	mindestens 4 Jahre	• VSOP (very superior old pale) • Réserve
5	mindestens 5 Jahre	• Extra • Vieille Réserve
6	mindestens 6 Jahre (u. U. sehr alt)	• Hors d'Age/Age d'Or • XO (extra old) • Napoleon

Spirituosen aus Obst 🇬🇧 spirits from fruits 🇫🇷 liqueurs (w) de fruits

Werden frische Früchte oder deren Moste vergoren und destilliert, erhält man Obstbrände.

- **Obstler** bestehen aus mehreren Obstarten. Wird nur eine Fruchtart verwendet, darf anstelle des Wortes Obst der Name der Frucht zusammen mit …wasser oder …brand genannt werden. **Beispiele:**
  - Kirschwasser/-brand
  - Zwetschgenwasser/-brand

- **Calvados** gewinnt man in der Normandie aus Apfelwein (Cidre). Die goldgelbe Farbe erhält er durch längere Lagerung in Eichenholzfässern.
- **Slibowitz** ist ein Pflaumenbrand.
- **Marillenbrand** (Österreich) und **Barack** (Ungarn) werden aus Aprikosen hergestellt.
- **Enzian:** Die Wurzeln des gelben Enzians werden eingemaischt und vergoren. Dieses Destillat bildet neben reinem Alkohol die Grundlage für die Spezialität aus Bayern und Österreich.

Spirituosen aus Zuckerrohr   spirits from cane sugar   liqueurs (w) de sucre

- **Rum** hat Zuckerrohrsaft oder Zuckerrohrmelasse als Grundlage. Das Destillat ist zunächst klar (*Weißer Rum*), durch Reifung und Zusatz von Zuckerkulör wird es bräunlich (*Brauner Rum*).
- **Echter Rum** wurde im Ursprungsland destilliert.
- **Rum-Verschnitt** ist eine Mischung (Verschnitt) aus echtem Rum und Neutralalkohol.

Spirituosen aus Getreide   spirits from grains   liqueurs (w) de blé

Getreidearten wie Weizen, Roggen, Gerste werden meist gemälzt, dann vergoren und anschließend destilliert. Wird im fertigen Produkt eine Getreideart genannt, darf bei der Herstellung nur diese verwendet werden.

- **Korn** hat mindestens 32 % vol,
- **Kornbrand** hat mindestens 37,5 % vol Alkohol.
- **Whisky/Whiskey**
Die unterschiedliche Schreibweise beruht auf einer Vereinbarung der Produzenten. Whisky werden die schottischen und kanadischen Arten genannt; sie haben einen leichten Rauchgeschmack. Whiskey schreibt man bei irischen Sorten und dem amerikanischen Bourbon.

Besonderheiten der Whisk(e)y-Sorten

- **Irish Whiskey**
  - von der klassischen Art her reiner Malt-Whisky (heute aber auch blended Whiskys)
  - kräftiges, jedoch mildes Malzaroma
- **Scotch Whisky**
  - bukettreiche und geschmacksintensive Malt-Whiskys sowie milde Blends
  - Rauchgeschmack, der durch Darren des Malzes über Torf-Feuer entsteht.
- **Canadian Whisky**
  helle, leichte Grain-Whiskys (idealer Mix-Whisky)
- **Bourbon Whiskey**
  mindestens 51 % Mais, aus den USA
- **Rye Whiskey**
  mindestens 51 % Roggen (Canada und USA)

Mälzen — Stärke wird zu Zucker

↓

Darren — mit heißer Luft

↓

Maischen — mit heißem Wasser

↓

Gären — Zucker wird zu Alkohol

↓

Destillieren — Alkohol wird konzentriert

↓

Lagern — in Eichenholzfässern

Abb 1. Whisky-Lager

GETRÄNKE UND GETRÄNKESERVICE

11.2 Geiste

Beeren enthalten nur wenig Zucker, der in Alkohol umgewandelt werden könnte.

Sie werden darum in Alkohol (auch Weingeist genannt) eingelegt, damit die Geschmacksstoffe entzogen werden. Die aromahaltige Flüssigkeit wird dann abdestilliert.

So erhält man z. B.

- Himbeergeist
- Brombeergeist
- Schlehengeist
- Heidelbeergeist

11.3 Alkohol mit geschmackgebenden (aromatisierenden) Zusätzen

Bei dieser Getränkegruppe werden einem Alkohol, der aus Getreide oder Kartoffeln gewonnen worden ist, geschmackgebende Gewürze wie Wacholder, Kümmel oder Anis zugefügt.

Wacholder gibt Geschmack bei:

- **Wacholder:** Dem Alkohol wird Wacholder oder Wacholderdestillat als Geschmacksträger zugefügt.
- **Gin:** Ein englisches Produkt, das neben dem geschmacklich vorherrschenden Wacholder meist auch andere Aromastoffe enthält.
- **Genever:** Diese vor allem in Holland hergestellte Spezialität hat meist nur einen sehr geringen Wacholdergeschmack.
  Man unterscheidet
  - Jonge (junger) Genever mit zarter Wacholder-Note und
  - Oude (alter) Genever mit deutlicherem Geschmack.

Kümmel gibt Geschmack bei

- **Kümmel:** Alkohol wird mit Kümmel geschmacklich ergänzt
- **Akvavit** oder **Aquavit** darf die Spirituose genannt werden, wenn die geschmackgebenden Stoffe aus einem besonderen Kräuter- und Gewürzdestillat stammen.

Anis gibt Geschmack bei:

- **Pastis:** Alkohol ist aromatisiert mit Sternanis, Anis und anderen Pflanzen wie z. B. Fenchel. Diese Zutaten sind verdauungsanregend. Darum wird Pastis auch als Aperitif gereicht. Bei der Zugabe von Wasser wird die zunächst klare Flüssigkeit milchig trübe.
- **Ouzo:** Die anishaltige Spirituose muss in Griechenland hergestellt worden sein.

Abb. 1 Wacholder

Hinweis
Immer wieder fragen die Gäste: „Warum wird mein … (Anis-spirituose) trüb, wenn ich Wasser beigebe?"

Hier die einfache Antwort:
Bestimmte Stoffe in Pastis usw. sind nur in Alkohol löslich. Gibt man der Spirituose nun Wasser bei, wird die Alkoholkonzentration geringer und reicht nicht mehr aus, um alle Anteile zu lösen. Die nicht gelösten Teilchen brechen das Licht und machen das Getränk trüb oder milchig.

Wermut gibt Geschmack bei:

- **Absinth:** Auszüge aus der Wermutpflanze geben dieser Spirituose neben Anis und Fenchel den typischen Geschmack und die grünliche Farbe. Der Gehalt an nervenschädigendem Thujon ist begrenzt.

Ohne geschmackgebende Ergänzung:

- **Wodka:** Dieses aus Russland stammende Getränk ist ein auf Trinkstärke herabgesetzter Alkohol. Die besonders weiche Note ist charakteristisch. Das ist auch der Grund, warum sich Wodka gut für Longdrinks eignet.

11.4 Liköre 🇬🇧 liqueurs 🇫🇷 liqueurs (w)

Allen Likören gemeinsam ist ein bestimmer Anteil an Alkohol, Zucker und Wasser. **Unterschiede** entstehen durch die geschmackgebenden Zutaten. Man unterscheidet folgende Gruppen:

- **Fruchtliköre**
    - mit Saftzugabe, z. B. Cherry Brandy mit Kirschsaft und Kirschwasser, Apricot Brandy mit Aprikosensaft, Cassis mit dem Saft schwarzer Johannisbeeren,
    - mit Zugabe von Auszügen (Extrakten) oder Destillaten von Früchten/Fruchtschalen, z. B. Grand Marnier mit Cognac und Schalen von der Bitterorange (Frankreich), Cointreau mit Orangenschalen und Kräutern (Frankreich), Maraschino mit Destillat der Maraskakirsche.

- **Bitter- und Kräuterliköre**
  haben durch Auszüge von Kräutern und Gewürzen meist eine bitteraromatische Note, z. B. Campari, Fernet Branca, die Klosterliköre wie Ettaler, Chartreuse, Bénédictine, Pfefferminzlikör.

- **Emulsionsliköre**
  enthalten fetthaltige Zutaten wie Sahne, Eigelb oder Schokolade. Diese werden mit den übrigen Bestandteilen durch Homogenisieren zu einer dickflüssigen cremigen Masse verarbeitet, z. B. Eierlikör, Mocca Sahne.

Abb. 1 Fruchtlikör

Abb. 2 Bitterlikör

Abb. 3 Emulsionslikör

Aufgaben

1. Bei der Gärung können nur Getränke mit etwa 15 % vol Alkohol gewonnen werden. Wie erhält man Spirituosen mit 40 % vol?

2. Zur Herstellung von deutschem Weinbrand werden auch französische Brennweine verwendet. Welcher Vorteil ist damit verbunden?

3. Worin besteht der wesentliche Unterschied zwischen deutschem Weinbrand und Cognac?

4. Whisky oder Whiskey? Erklären Sie den Unterschied.

5. Es gibt Spirituosen aus Obst, die mit „…wasser" enden und andere Produkte, die mit „…geist" bezeichnet werden. Erklären Sie den Unterschied.

6. Woraus werden Grappa und Marc hergestellt?

7. Rum-Verschnitt ist billiger als Jamaika-Rum. Begründen Sie diesen Unterschied.

8. Aus welchen Grundbestandteilen werden Liköre hergestellt?

Service

GETRÄNKE UND GETRÄNKESERVICE

12 Getränkebüfett

🇬🇧 beverage dispense 🇫🇷 débit (m) de boissons

Das Büfett ist der Ausgabebereich für Getränke. Die dort tätigen Mitarbeiter haben in diesem Zusammenhang grundlegende Aufgaben zu erfüllen:

- Getränke sachgerecht zu pflegen, zu temperieren und bereitzustellen,
- Gläser und Karaffen in ausreichender Anzahl bereitzuhalten (s. S. 229),
- Schankanlagen zu pflegen und zu bedienen,
- Büfettkontrollen und Büfettabrechnungen durchzuführen.

Einrichtung eines Getränkebüfetts

Die Einrichtung eines Getränkebüfetts richtet sich nach der Auswahl der Getränke sowie nach der Art und der Größe der Restaurants.

Im Allgemeinen besteht die Einrichtung

- aus Schränken, Glasvitrinen und Tischen mit Unterbauten,
- dem Gläserreinigungsbereich mit Spülbecken und Spülmaschine,
- aus Kühlschränken mit unterschiedlich einstellbaren Temperaturen,
- einer Bierschankanlage für mehrere Bierarten,
- einer Softdrink-Schankanlage und einem
- Eiswürfelbereiter und Froster für klare Spirituosen.

Abb. 1 Einrichtung eines Getränkebüfetts

Vielfach sind in Getränkebüfetts Kaffeemaschinen und Schauvitrinen für Torten und Kuchen integriert.

12.1 Getränkeangebot

Ausschlaggebend für die Getränkeauswahl sind einerseits die Art und das Niveau der Gaststätte oder des Restaurants und andererseits die Verzehr- bzw. Trinkgewohnheiten der Gäste.

Getränkekarte 🇬🇧 list of beverages 🇫🇷 carte (w) des boissons

In Getränkekarten präsentiert der Betrieb sein Getränkeangebot. Man unterscheidet kombinierte Karten mit einem umfassenden Getränkeangebot und Karten, die jeweils nur eine Getränkeart zum Inhalt haben, wie z. B. Weinkarten, Barkarten.

Getränkekarten sollen durch eine ansprechende Aufmachung ein wirksames Mittel der Verkaufsförderung sein und den Gast zur Bestellung anregen.

Zur korrekten Information des Gastes gehören zu den Getränkebezeichnungen die gesetzlich vorgeschriebenen Angaben über Menge und Preis.

Gestaltung der Getränkekarten

Getränkekarten sollen genau wie Speisekarten die Originalität, den Stil und die Atmosphäre des Hauses widerspiegeln. Das muss bereits in der *äußeren Aufmachung* zum Ausdruck kommen:

- ein handliches Format, ein stilvoller Einband sowie feste Innenblätter,
- in ansprechender Form das Wort „Getränkekarte". Aber auch durch die *innere Ausgestaltung* müssen die Aufmerksamkeit und das Interesse des Gastes geweckt werden. Dazu können beitragen:
- eine übersichtliche Gliederung und ein angenehm lesbares Schriftbild,
- eine ansprechende Textaufteilung,
- Bilder, Skizzen oder Fotos, die Blickfänge darstellen und für Auflockerung sorgen.

Wie bei Speisekarten ist es wichtig, von Zeit zu Zeit den Inhalt der Getränkekarte kritisch zu überprüfen. Im Interesse des Verkaufs ist es manchmal erforderlich, die Karte neu zu gestalten und das Angebot veränderten Trinkgewohnheiten anzupassen bzw. mit neuen Angeboten des Marktes zu ergänzen.

12 Getränkebüfett

Kombinierte Getränkekarten

Beispiel 1
- Alkoholfreie Getränke
- Kaffee, Tee, Schokolade
- Aperitifs, Cocktails
- Offene Weine
- Weinbrände/Cognacs
- Spirituosen, Liköre
- Biere

Kombinierte Getränkekarten umfassen das gesamte Angebot der Getränke. Die Gliederung ist unterschiedlich und richtet sich nach den Schwerpunkten, die der Betrieb im Rahmen seines Angebotes bzw. auf Grund der Gästenachfrage setzt.

Beispiel 2
- Cocktails
- Aperitifs
- Weinbrände/Cognacs
- Spirituosen
- Alkoholfreie Getränke
- Kaffee und Tee
- Biere

Beispiel einer Getränkekarte

Alkoholfreie Getränke	(0,2 l)
Mineralwasser (0,25 l)	2,80
Soda	2,80
Apfelsaft	2,80
Traubensaft	2,80
Orangensaft, frisch gepresst	3,50
Tonic Water	3,00
Coca-Cola	3,00
Bitter Lemon	3,00

Kaffee · Tee · Schokolade	
Kännchen Kaffee	4,00
Haferl Milchkaffee	3,00
Cappuccino	3,00
Espresso	2,50
Latte macciato	3,00
Kännchen Tee	3,00
Kännchen Schokolade	6,00
Rüdesheimer Kaffee	6,00
Irish Coffee	6,00
Pharisäer	6,00
Eiskaffee	5,00
Eistee	2,50
Eisschokolade	5,00

Biere vom Fass		
Alt	0,2 l	3,00
Budweiser	0,3 l	3,50
Export	0,4 l	3,50
Pilsener Urquell	0,3 l	3,50
Weizen	0,5 l	4,00
Radler	0,5 l	3,50
Schwarzbier	0,3 l	3,50
Starkbier	0,4 l	4,50

Offene Weine	(0,2 l)
Weißweine	
Franken	
2012 Rödelseer Küchenmeister	7,00
Rheingau	
2012 Rauenthaler Steinmächer	7,00
Mosel	
2012 Erdener Treppchen	7,00
Elsass	
2012 Riesling	6,00
2011 Edelzwicker	6,00
Roséwein	
Côtes du Rhône	7,00
Rotweine	
Rheingau	
2012 Assmannshäuser Höllenberg	7,00
Ahr	
2012 Walporzheimer Kräuterberg	8,00
Frankreich/Burgund	
2011 Beaujolais	8,00

Aperitifs	(5 cl)
Portwein	4,00
Sherry	4,00
Campari/Soda	4,00
Dubonnet	4,00
Spritz	4,00
Aperol Royal	4,00
Martini Cocktail	7,00
Sekt mit Holunderblüte	6,00

Weinbrände · Cognacs	(2 cl)
Asbach Uralt	5,00
Scharlachberg	5,00
Hennessy V.S.	7,00
Courvoisier V.S.O.P.	7,00

Spirituosen	(2 cl)
Himbeergeist	4,00
Steinhäger	4,00
Dry Gin	4,00
Aquavit	4,00
Calvados	4,00
Wodka	4,00
Grappa	4,00
Gammel Dansk	4,00

Liköre	(2 cl)
Bénédictine	4,00
Cointreau	4,00
Grand Marnier	4,00
Crème de cassis	4,00
Bailey's Irish Cream	4,00

Service

GETRÄNKE UND GETRÄNKESERVICE

In diesem Zusammenhang ist darauf zu achten, dass die Weincharakterisierungen wahrheitsgemäß und nicht übertrieben sind. Durch fachlich fundierte Gästeberatung, sorgfältige Auswahl beim Einkauf und gepflegten Weinservice besteht die Möglichkeit, den Flaschenweinverkauf zu steigern.

Weinkarte 🇬🇧 wine list 🇫🇷 carte (w) des vins

Neben den allgemeinen Getränkekarten gibt es zusätzlich eine eigene Karte für das Weinangebot. Damit widmet der Betrieb dem Verkauf und Service von Wein besondere Aufmerksamkeit.

Für die Reihenfolge in der Weinkarte haben sich folgende Regeln bewährt:

- Offene Weine werden vor den Flaschenweinen genannt,
- deutsche Weine nach Anbaugebieten gegliedert, wobei für die Reihenfolge der regionale Standort des Betriebs ausschlaggebend sein kann.
- französische Weine vor anderen ausländischen Weinen, da sie bezüglich der Bewertung international einen vorrangigen Platz einnehmen.

Für die Weinarten gilt folgende Reihenfolge:
Weißwein → Roséwein (Weißherbst) → Rotwein

Wein ist ein hochwertiges Getränk, das seinen Preis hat und deshalb je nach Umfang des Verkaufs einen beachtlichen Anteil des Getränkeumsatzes ausmachen kann. Aus diesem Grunde kommt der verkaufsfördernden Aufmachung der Weinkarte eine besondere Bedeutung zu. Neben einem soliden und dekorativen Einband gibt es für die innere Gestaltung viele Möglichkeiten:

- Mehrfarbendrucke und Abwechslungen im Schriftbild
- Fotos und andere bildliche Darstellungen,
- auflockernde Bemerkungen zum Weingenuss allgemein sowie zu
- regionalen Besonderheiten des Weinbaus und der Weine.

Um Autofahrern entgegen zu kommen, sollten qualitativ hochstehende Weiß- und Rotweine **glasweise** angeboten werden. Beispielhaft ist die untenstehende Karte eines Hilton Hotels.

Hilton Wine by the glass

OFFENE WEISSWEINE / WHITE WINES BY THE GLASS

	0,20 l €
▸ *Pinot Grigio* Vallagarina, Tipica	5,50
▸ *Bischoffinger Enselsberg* Weißburgunder, trocken, Baden	7,00
▸ *Graneè Gavi di Gavi Batasiolo* Cortese, Piemont, Italien	8,00
▸ *Oveja Negra* Chardonnay-Viognier, Maule, Chile	7,50
▸ *McWilliam's Hanwood* Chardonnay, Neusüdwales, Australien	7,50
▸ *Dr. Bürklin-Wolf* Riesling, Pfalz, Deutschland	8,50
▸ *Chablis Laroche* Chardonnay, Chablis, Frankreich	8,50

OFFENE ROTWEINE / RED WINES BY THE GLASS

	0,20 l €
▸ *Allendorf* Dornfelder, Rheingau, trocken, Weingut Allendorf	5,50
▸ *Twin Oaks, Robert Mondavi* Cabernet Sauvignon-Shiraz & Carignan, Kalifornien, USA	7,50
▸ *McPherson* Shiraz, Murray Darling, Australien	7,50
▸ *Ruber Anno 1479* Spätburgunder, Ahr, trocken, Weingut Nelles	8,00
▸ *Punto Final* Malbec, Mendoza, Argentinien	8,00
▸ *Gran Coronas Torres* Cabernet Sauvignon-Tempranillo, Penedès, Spanien	8,50
▸ *Château Preuillac* Merlot-Cabernet Sauvignon, Mèdoc, Frankreich	9,00

12.2 Serviertemperaturen

Der Genuss eines Getränkes ist wesentlich von der getränkespezifischen Temperatur abhängig. Dabei sind von einem Mittelwert um 10 °C ausgehend nach unten bzw. oben zwei Temperaturbereiche von Bedeutung.

Serviertemperaturen von 10 °C abwärts

Auf unter 10 °C gekühlt serviert man Getränke,
- die vor allem erfrischen sollen, keine besonderen Duftstoffe enthalten und deren Geschmack durch niedrigere Temperaturen nicht beeinträchtigt wird, z. B. Mineralwässer, Fruchtsäfte,
- deren stark ausgeprägter Geschmack u. U. etwas gedämpft werden muss, z. B. Korn, Gin, Wodka,
- die aufgrund des Gehaltes an Kohlensäure zu stark schäumen und rasch schal würden, z. B. Schaumwein, Bier.

Serviertemperaturen von 10 °C aufwärts

Temperaturen über 10 °C sind erforderlich bei Getränken, deren Genuss in hohem Maße von der Entfaltung jeweils artspezifischer Duftstoffe (Bukett) abhängig ist. Je feiner und ausgeprägter diese Stoffe sind, desto höher sollte die Serviertemperatur sein.

Vergleich in aufsteigender Reihenfolge:

Weißwein (9–11 °C) → Rotwein (12–18 °C) → Weinbrand (16–18 °C)

Getränkeart	Getränkebeispiele	Serviertemp. (°C)
Erfrischungsgetränke	• Mineralwässer • Fruchtgetränke, Limonaden	8–10
Bier	• helle Sorten • dunkle Sorten	6–9 9–12
Wein	• Roséwein • Weißwein, leicht • Weißwein, schwer • Rotwein, leicht • Rotwein, schwer	9–11 9–11 10–12 12–14 16–18
Likörwein	• trocken • süß	10–12 16–18
Schaumwein	• weiß und rosé • rot	6–8 5–7
Liköre	• im Allgemeinen • Magenbitter	10–12 16–18
Brände und Geiste	• Korn, Wacholder, Genever • Steinhäger, Wodka, Gin • Enzian	0–4
	• Geiste: Aprikosen, Himbeeren • Wasser: Kirschen, Zwetschgen • Whisk(e)y	5–7
	• Hochwertige Obstbrände: Williamsbirne, Mirabelle • Marc, Grappa • Weinbrand, Cognac	16–18

12.3 Bereitstellen von Getränken

Die meisten Getränke werden entweder in Flaschen mit Beistellgläsern oder im Schankglas serviert.

Für die am Büfett übergebenen Bons erhält die Servicefachkraft die bestellten Getränke.

Beim Ausschank der Getränke trägt das Büfettpersonal die Verantwortung dafür, dass bestimmte fachliche und sachliche Voraussetzungen erfüllt werden:

- Die bestellten, offenen Getränke müssen in den dafür vorgesehenen Schankgläsern mit der passenden Form, der richtigen Größe und der korrekten Inhaltsmenge bereitgestellt werden.
- Die Getränke müssen die für sie spezifische Getränketemperatur haben (siehe Tabelle).

Service

GETRÄNKE UND GETRÄNKESERVICE

Getränkeschankanlagen werden oft auch als Zapfanlage oder Schankanlage bezeichnet. Getränke aus Vorratsbehältern (Keg, Fass) lassen sich damit rasch und einfach in Gläser portionieren. Darum findet man Zapfanlagen vorwiegend dort, wo Getränke in größerer Menge verkauft werden.

12.4 Getränkeschankanlagen

Alkoholfreie Getränke

Zapfanlagen für alkoholfreie Kaltgetränke lassen sich in zwei grundlegende Bauweisen unterteilen. Bei der **Premixanlage** (pre = vorher) wird das vom Getränkehändler bezogene, fertige Getränk im Restaurant nur gekühlt und ggf. mit Kohlensäure angereichert. Bei einer **Postmixanlage** (post = nach, später) muss der gelieferte Getränkegrundstoff noch mit Wasser vermischt werden, bevor das Getränk gezapft und serviert werden kann.

Postmix-Anlage

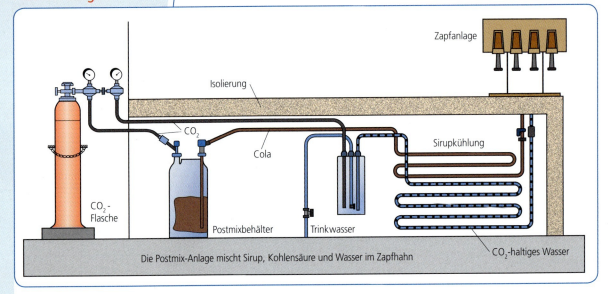

Die Postmix-Anlage mischt Sirup, Kohlensäure und Wasser im Zapfhahn

An der CO_2-Flasche befinden sich zwei Anschlüsse: einer wird in den Getränkegrundstoff geführt, der andere reichert Trinkwasser mit Kohlensäure an.

Der Getränkegrundstoff (Limonadensirup) wird aus dem Postmixbehälter in das Kühlaggregat getrieben.

Trinkwasser wird von geschmacksbeeinflussenden Stoffen befreit und im Karbonator mit Kohlensäure versetzt. Ein Druckminderer sorgt dafür, dass das Trinkwasser mit konstantem Druck in die Anlage geführt wird.

Im Zapfkopf fließen karbonisiertes Wasser und Getränkesirup – gekühlt auf ca. 4 °C – zusammen. Das Mischungsverhältnis Wasser : Grundstoff wird über ein Ventil eingestellt.

Vorsichtsmaßnahmen:
CO_2-Flaschen **nur** mit aufgesetzter Schutzkappe transportieren. Während des Transports den Druckminderer **nicht** montieren (er könnte abbrechen, Gas würde ausströmen). Die Flasche **immer** gegen Umkippen sichern.

Figal (engl.) = **Five Gallons.**
5 Gallonen entsprechen ca. 18,9 Liter.

Vorzüge der jeweiligen Anlagentypen

Premixanlage

- Kann auch mobil eingesetzt werden, da keine aufwendigen Installationen notwendig.
- Ohne Baumaßnahmen in bestehenden Gebäuden nachrüstbar.
- Mischungsverhältnis muss nicht eingestellt werden.

Postmixanlage

- Platzsparend – nur Getränkegrundstoff einlagern.
- Durch geringe Sirupmenge (Figal) einfachere Warenannahme/ Pfandrückgabe.
- Postmix-Behälter müssen seltener getauscht werden.
- Tafelwasser kann ohne Figal gezapft werden.

Bag-in-Box (BiB)-Postmix

In der Gastronomie setzt sich zunehmend das Postmix-System „Bag-in-Box" durch. Kernstück der Anlage sind 10-Liter-Kartons („Box"), die mit einem Sirup-Beutel („Bag") bestückt sind. Gemischt wird ein Teil Sirup mit fünfeinhalb Teilen kohlensäurehaltigem Wasser. Ein Vakuumsystem saugt den Sirup an, es wird kein CO_2 eingesetzt.

Das System hat viele Vorteile:

- Weniger Platzbedarf für die Lagerhaltung und beim Ausschank
- Einfacheres Handling und höhere Sicherheit (kein Druckgas)
- Im Sirup-Beutel bleiben durch die spezielle Konstruktion keine Restmengen übrig. Kaum Schankverluste.
- Problemlos entsorgbare Einweggebinde, wenig Abfall.

Bierschankanlage

Sachgerechter Druck und die richtige Temperatur sind die Voraussetzungen für ein einwandfreies Glas Bier. Dabei sind drei verschiedene Druckbezeichnungen von Bedeutung.

Gleichgewichtsdruck

Nach dem Anstechen eines Fasses hat die Kohlensäure eine starke Tendenz, aus dem Bier auszutreten. Dies bezeichnet man als den Eigendruck. Mit höherem Kohlensäuregehalt und höherer Temperatur des Bieres nimmt der **Eigendruck** zu. Damit das Bier nicht schal wird und mit Kohlensäure gesättigt bleibt, ist ein entsprechender **Gegendruck** erforderlich, den man **Gleichgewichts-** bzw. auch **Sättigungs- oder Grunddruck** nennt. Er beträgt ungefähr **1 bar**.

Überdruck

Meist wird das Bier nicht direkt vom Fass gezapft, wie es z. B. bei einem Gartenfest der Fall sein kann. Für die Beförderung des Bieres vom Keller durch die Steigleitung in die Zapfanlage ist zusätzlicher Druck erforderlich. Diesen nennt man **Überdruck**.

Ausgleich von Druckverlusten
- für den Anstichkörper   ≈ 0,1 bar
- als Sicherheitszuschlag   ≈ 0,1 bar

Förderdruck
- Förderhöhe   ≈ 0,1 bar
- je 5 m Bierleitung   ≈ 0,1 bar

Gleichgewichtsdruck	→	1,00 bar
+ Überdruck		
• Anstichkörper	→	0,10 bar
• Förderhöhe 1,2 m	→	0,12 bar
• Bierleitung 1,5 m	→	0,03 bar
• Sicherheitszuschlag	→	0,10 bar
▼ Arbeitsdruck		1,35 bar

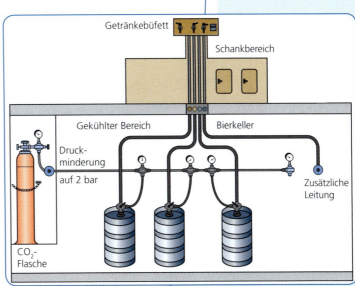

Service

GETRÄNKE UND GETRÄNKESERVICE

12.5 Getränkeservice aus Schankgefäßen

Die Getränke, die in Gläsern und Karaffen, manchmal auch in Krügen serviert werden, bezeichnet man als „offene Getränke", weil sie bereits am Büfett in diese Schankgefäße gefüllt und auf einem Tablett „offen" zum Tisch des Gastes gebracht werden.

Zur besseren Kontrollmöglichkeit für den Gast müssen Gläser mit einem gut sichtbaren Füllstrich, dem Nennvolumen und dem Herstellerzeichen der Firma, die die Markierung angebracht hat, versehen sein.

Herstellerzeichen – Füllstrich – Nennvolumen

Nennvolumen für Getränke

Die Abgabe der Getränke erfolgt in unterschiedlich großen Flaschen oder in Schankgefäßen. Um den Gast vor Missbrauch zu schützen, sind gesetzlich für Flaschen und Schankgefäße genaue Nennvolumen vorgeschrieben. Diese müssen mit dem jeweiligen Preis auch im Angebot der Getränkekarte angegeben sein.

> Der Gastronom haftet für die Richtigkeit dieser Angaben. Darum ist es sinnvoll, diese mit einem Messglas nachzuprüfen.

Nennvolumen für Flaschen (in Litern)

Erfrischungs-getränke	Bier	Wein	Schaumwein
0,2 l	0,33 l	0,375 l	0,2 l
0,25 l	0,5 l	0,75 l	0,375 l
0,33 l	1,0 l	1,0 l	0,75 l
0,5 l		1,5 l	1,5 l
1,0 l		2,0 l	und mehr

Nennvolumen bei Gläsern (in cl und l)

Wein	Schaumwein	Bier	Aperitif	Sprirituosen
0,1 l	0,1 l	0,15 l	5 cl	2 cl
0,2 l		0,25 l		4 cl
0,25 l		0,3 l		
		0,4 l		
		0,5 l		
		1,0 l		

Die Angaben beschränken sich auf gastronomieübliche Füllmengen.

Viele Getränke werden bereits am Büfett in Schankgefäße wie Gläser, Karaffen oder Krüge gefüllt.

Servieren von Getränken in Gläsern

- Das Glas wird von der rechten Seite des Gastes eingesetzt.
- Aus hygienischen Gründen dürfen Gläser nicht im Trinkbereich angefasst werden.
- Aus ästhetischen Gründen gilt dies auch beim Ausheben der leeren Gläser.
- Stielgläser werden grundsätzlich nur am Stiel angefasst, Bechergläser im unteren Drittel.
- Bei den Gläsern ist darauf zu achten, dass Dekor und Beschriftungen zum Gast hin, Gläserhenkel nach rechts gerichtet sind.

Abb. 1 Gläser und Griffstellen

Servieren von Getränken in Karaffen und Krügen

- Das Glas wird von der rechten Seite eingesetzt und mit dem bestellten Getränk 1/3 bis 1/2 gefüllt.
- Nach dem Einschenken wird die Karaffe oder der Krug halb rechts oberhalb des Glases eingesetzt.

Nennvolumen für Karaffen
- 0,2 l
- 0,25 l
- 0,5 l
- 1,0 l
- 1,5 l
- 2,0 l

12.6 Büfettkontrollen

Zur Sicherstellung der Wirtschaftlichkeit sowie zur Verhinderung von Unkorrektheiten müssen alle Vorgänge am Büfett lückenlos erfasst und kontrolliert werden.

Grundlegende Maßnahmen zur Erleichterung der Kontrollen

Nummerieren der Getränke

Bei der Vielfalt der Getränke und deren sehr unterschiedlichen Preisen ist das Nummerieren der einzelnen Getränkepositionen eine hilfreiche Maßnahme. Dadurch werden Verwechslungen bei der Anforderung im Magazin, bei der Aufnahme einer Bestellung am Tisch, bei der Abgabe am Büfett und bei der Bestandsaufnahme weitgehend ausgeschaltet.

Festlegen von Verkaufseinheiten

Das ist insbesondere bei Getränken wichtig, die aus Flaschen in Schankgefäße ausgeschenkt werden. So kann man z. B. bei Spirituosen unter Berücksichtigung eines bestimmten Schankverlusts Richtwerte für die Menge der Verkaufseinheiten je Flasche festlegen und diese zum Maßstab für die Abrechnung machen.

Beispiel für die Bestimmung von Verkaufseinheiten	
Flascheninhalt	0,75 cl
Abzug für den Schankverlust	–3 cl
Verkaufsmenge (Gläserfüllmenge)	0,72 cl
Verkaufseinheit	4 cl
Anzahl der Verkaufseinheiten (72 : 4)	18 Stück

Getränkezugang am Büfett

Der Erstzugang bzw. die Erstausstattung bildet den Anfangsbestand oder den **Grundstock**. Der Verkauf macht es notwendig, die reduzierten Bestände vom Magazin her täglich wieder aufzufüllen. Zur Kontrolle über den Zugang dienen die sogenannten **Anforderungsscheine**. Aufgrund der Eintragungen im Schein werden die Getränke vom Magazin an das Büfett ausgeliefert. Zu abschließenden Überprüfungs- und Kontrollzwecken kommen die Anforderungsscheine dann in das Kontrollbüro. Von Ausnahmen, d.h. von Sonderanforderungen abgesehen, wird der tägliche Zugang häufig so bemessen, dass er dem Verkauf entspricht bzw. dass immer bis zum festgelegten Bestand (Grundstock) aufgefüllt wird. Dieses Verfahren dient einer guten Übersicht und erschwert Betrug.

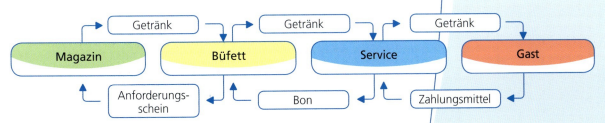

Getränkeabgabe am Büfett

Zur Kontrolle für die Abgabe dienen die von den Servierfachkräften übergebenen Bons. Es ist deshalb wichtig, dass **kein Getränk ohne Bon** ausgegeben und dieser nach dem Bereitstellen des Getränks durch Aufspießen, Einreißen oder Streichen **sofort entwertet** wird. Gläser dürfen nicht über den Füllstrich hinaus gefüllt werden; natürlich auch nicht darunter, denn dies wäre Betrug.

• Abweichungen beim Einschenken nach oben oder das Eingießen über den Füllstrich hinaus führt zu Verlusten bzw. zu Abweichungen zwischen dem Soll-Bestand und dem Ist-Bestand.

Service — GETRÄNKE UND GETRÄNKESERVICE

Getränkeumlauf- und -bestandskontrollen

Der Warenumlauf vollzieht sich zwischen dem Magazin, dem Büfett und dem Servicepersonal. Hilfsmittel der Kontrolle sind einerseits die Anforderungsscheine des Büfetts und andererseits die Bons des Servicepersonals.

Sie sind täglich an das Kontrollbüro zu übergeben, von dem die übergeordneten und zusammenfassenden Kontrollen durchgeführt werden.

Beispiel eines Anforderungsscheins

HOTEL ALLGÄU

Datum: 16.11.20..

Warenanforderung der Abteilung: *Büfett*

☐ Lebensmittellager ☒ Weinkeller ☐ General Store   N° 7450

Menge	Stck / Dose / Kilo / Fl.	Waren-Bezeichnung
10	0,75 l Fl.	Deidesheimer Hofstück
7	0,75 l Fl.	Würzburger Stein
4	1 l Fl.	Bechtheimer Pilgerpfad

Ware ausgeliefert: *Reiner* (Unterschrift)
Ware empfangen: *Hübner* (Unterschrift)
Gebucht: *Walther* (Unterschrift)

Beispiel einer Lagerkarteikarte

Lagerkartei

HOTEL ALLGÄU
Lagerkarteikarte

Stock-Nr.: 12
Lieferant: Böhm
Telefon: 07341 – 12 34 56
Artikel: Deidesheimer Hofstück
Mindestbestand: 60

Datum	EK-Preis	Zugang	Ausgabe	Abteilung	Bestand
02.11	4 : 83	–	10	Bar	84
03.11		–	10	Büfett	74
07.11		–	30	Büfett	44
09.11	4 : 94	60	–	–	104
13.11		–	5	Bar	99
16.11		–	10	Büfett	89

Zur lückenlosen Erfassung des Warenumlaufs am Büfett wird im Kontrollbüro oder Magazin für jedes Getränk eine Karteikarte angelegt. In ihr werden, vom Anfangsbestand ausgehend, alle Zu- und Abgänge registriert:

- Grundlage für die Zugänge sind die Anforderungsscheine, die vom Magazin übergeben werden,
- Grundlage für die Abgänge sind die Bons, die nach Erledigung vom Büfett kommen.

In den Karten kann der jeweilige Bestand der Ware entweder nach jedem Zu- oder Abgang festgestellt und eingetragen oder bei Bedarf ermittelt werden.

Beim Einsatz von **Computersystemen** werden die Lagerkarteikarten durch **Dateien** ersetzt. In diese gibt man die Anfangsbestände sowie Zu- und Abgänge der Waren ein. Der Abruf der Sollbestände ist dadurch jederzeit möglich. Die Getränkeabrechnungen können direkt mit der Zapfanlage verbunden werden.

Anfangsbestand
+ Zugänge
– Abgänge
= Endbestand Soll

Soll besagt, wie hoch der Warenbestand laut Karte sein „sollte".

Der Vorteil liegt
- in der genauen Aufzeichnung des Warenabganges,
- bei gleichzeitiger Umsatzerfassung der einzelnen Getränkegruppen,
- in einer Erfassung der Umsätze der einzelnen Servicefachkräfte und
- in der Möglichkeit, jederzeit Zwischenabrechnungen vorzunehmen.

12 Getränkebüfett

Bestandsaufnahme am Büfett

Die Bestände am Büfett werden in regelmäßigen Abständen vom Kontrollbüro überprüft:

- in jedem Falle einmal jährlich für die Jahresbilanz,
- für kurzfristige Kontrollen halb- bzw. vierteljährlich oder sogar monatlich.

Den Vorgang der Bestandsaufnahme nennt man **Inventur**, bei der sowohl die Anzahl der vollen Flaschen als auch die Restinhalte von angebrochenen Flaschen erfasst und in einer Inventurliste eingetragen werden.

Die bei der Inventur ermittelten Zahlen und Werte sind Ist-Bestände. Sie geben an, welcher Warenwert tatsächlich vorhanden ist. Soll- und Ist-Bestände müssten theoretisch übereinstimmen.
Lagerkarteikarte oder Computerdatei werden mit der Inventurliste verglichen. Werden Abweichungen festgestellt, muss der Ursache nachgegangen werden.

> Die Inventur ist in jedem Fall für die Jahresbilanz am Ende des Geschäftsjahres gesetzlich vorgeschrieben. Sie wird jedoch heute zu innerbetrieblichen Kontrollzwecken im Allgemeinen *monatlich* durchgeführt.
> Dabei sind Abweichungen zwischen dem Soll- und Ist-Bestand in der Lagerkarteikarte oder in der Datei zu berichtigen.

Beispiel einer Inventurliste zur Bestandsaufnahme

INVENTURLISTE am 31.01.

Abteilung: Büfett   Artikelgruppe: Weine

	Gegenstand	Kartei-Nr.	Anzahl	Einheit	Inventurwert einzel	Inventurwert gesamt	Bemerkung
1	Weißwein	212	17	0,75 l	8,43	143,31	nicht mehr lieferb.
2	Rotwein	223	22	0,75 l	7,99	175,78	
3							

Weiteres Beispiel mit einer anderen Artikelgruppe

INVENTURLISTE am 31.01.

Abteilung: Büfett   Artikelgruppe: Aufgussgetränke

	Gegenstand	Kartei-Nr.	Anzahl	Einheit	Inventurwert einzel	Inventurwert gesamt	Bemerkung
1	Kaffeemehl	101	4	kg	19,90	79,60	
2	Espressobohnen	103	7	kg	24,10	168,70	
3	Teebeutel	110	280	Beutel	0,07	19,60	

Service — GETRÄNKE UND GETRÄNKESERVICE

Aufgaben

1. Erklären Sie den neuen Auszubildenden die Büfetteinrichtung Ihres Betriebes.
2. Entwerfen Sie zusammen mit Ihren Kollegen eine allgemeine Getränkekarte und eine spezielle Weinkarte.
3. Geben Sie Beispiele, wovon die Gliederung einer kombinierten Getränkekarte abhängig ist.
4. Welche Richtlinien gibt es für die Reihenfolge der Weine in der Weinkarte?
5. Welche Nennvolumen gibt es bei Flaschen für
   a) Erfrischungsgetränke,   b) Bier,   c) Wein?
6. Ordnen Sie den folgenden Getränken allgemein übliche Serviertemperaturen zu:
   a) Erfrischungsgetränke und Bier,   b) Weißwein, Rotwein, Schaumwein,
   c) Liköre und Brände.
7. Welche Bedeutung hat für die Büfettkontrollen das Nummerieren von Getränken?
8. Warum ist es sinnvoll, bei Spirituosen Verkaufseinheiten festzulegen?
9. Welchem Zweck dient die Inventur am Büfett?

Magazin

Die verschiedenen Warenlager eines Hotels/Restaurants werden als Magazin bezeichnet. Neben der Küche und dem Servicebereich ist auch das Magazin für den wirtschaftlichen Erfolg des Betriebs wichtig: Durch effiziente Lagerhaltung können Waren- und Energiekosten minimal gehalten und dadurch Betriebsgewinne gesteigert werden.

1 Lagerarten und Lagerbedingungen

🇬🇧 types of storage and storage conditions
🇫🇷 entrepôts (m) et des conditions de stockage

Abb. 1 Kühllager

Die Lager werden je nach Art der Ware in verschiedene Temperaturbereiche eingeteilt und haben je nach Hotel/Restaurant unterschiedliche Größen. In einigen Betrieben besteht das **Tiefkühllager** aus mehreren Räumen, andere haben nur Tiefkühlschränke, um ihre TK-Ware vorzuhalten.

1.1 Lagerarten

Im Allgemeinen werden folgende **Lagerarten** im Gastgewerbe unterschieden:

Bezeichnung	Temperaturbereiche	Beispiel für Waren
Tiefkühllager	Nicht wärmer als –18°C	Tiefgefrorenes
Fleischkühllager	1°C bis 4°C	Frisches Geflügel, frischer Fisch
Gemüsekühllager	4°C bis 7°C	Salat, Joghurt
Trockenlager	Raumtemperatur	Verpackung, Konserven

Abb. 2 Temperaturschreiber

Nicht in allen Restaurants sind alle Lagerarten vorhanden. Systemgastronomische Betriebe, die bei ihren Speisen nur tiefgefrorenes Fleisch verarbeiten, benötigen z. B. kein Fleischkühllager. Betriebe, die ausschließlich frische Produkte verwenden, haben selten Tiefkühllager.

Die EG-Verordnung 37/2005 schreibt vor, dass Lager für tiefgefrorene Lebensmittel mit einem gut einzusehenden **Thermometer** auszustatten sind. Die Temperatur soll täglich überwacht und dokumentiert werden. Diese **Dokumentation** ist mindestens für ein Jahr aufzubewahren. Besonders in der Systemgastronomie werden dafür häufig automatische Temperaturschreiber verwendet, die den Temperaturverlauf im Lager protokollieren. Bei Bedarf lässt sich ein Ausdruck dieser Daten erstellen.

Das **Trockenlager** wird oft weiter unterteilt. Üblich ist eine Trennung in einen Food- und einen Non-Food-Bereich, in dem dann z. B. Trockenprodukte, Konserven, Verpackungsmaterialien, Tischdecken oder Geschirr gelagert werden.

> ● Reinigungsmittel müssen mit Rücksicht auf Sicherheit und Hygiene in einem separaten Sicherheitslager verschlossen gelagert werden.

Magazin

1.2 Lagerbedingungen und Lagerverluste

Neben der Lagertemperatur beeinflussen auch andere Bedingungen die Qualität und die Haltbarkeit der Lebensmittel. Verdirbt eine Ware im Lager, handelt es sich um einen Lagerverlust. Um diesen zu vermeiden, müssen gute Lagerbedingungen geschaffen werden durch:

- Wahl der richtigen Temperatur
- Schaffung der richtigen Luftfeuchtigkeit
- Vorbeugung gegen Sonnen-/Lichtbestrahlung
- Vorbeugung gegen Geruchsübertragung
- Vorbeugung gegen Schädlingsbefall
- Vorbeugung gegen Überlagerung
- Vermeidung von Beschädigung/Bruch
- Vorbeugung gegen Entwendung

Nicht alle eingelagerten Produkte sind von allen Lagerverlusten betroffen

Lagerbedingung	Beispiel für betroffene Produkte	Fehler in der Lagerung	Mögliche Gegenmaßnahmen
Temperatur	Alle Tiefkühlprodukte	zu warm, z. B. 3 °C	Überwachung der Kühlhaustemperaturen
Temperatur	Obst und Gemüse	zu kalt, z. B. –5 °C	
Luftfeuchtigkeit	Mehl, Zucker (hygroskopische Lebensmittel)	zu feucht, z. B. Luftfeuchte > 90 %	Luftdicht verpacken
Luftfeuchtigkeit	Brot	Zu trocken, z. B. Luftfeuchte < 30 %	Möglichst luftdicht verpacken
Sonnenlicht	Fett, Obst und Gemüse	Direkte Bestrahlung	Fenster verdunkeln
Geruchsabsonderung/ Geruchsannahme	Pilze, Tee	Lagerung neben geruchsintensiven Produkten, z. B. Pfefferminztee, Gewürzen	Verschlossene Lagerbehälter, getrennte Lagerplätze
Schädlingsbefall	Teigwaren	Mäuse im Lager	Schädlingsbekämpfung
Überlagerung	Brot, Milchprodukte	Mindesthaltbarkeitsdatum (MHD) abgelaufen	Konsequente Lagerung nach Fifo-Prinzip (s. S. 351), MHD beachten
Beschädigung/Bruch	Kirschen im Glas, Spirituosen	Glasbruch	Wahl eines sicheren Lagerortes (z. B. unten im Regal), Regale nicht zu voll
Entwendung	Wertvolle Ware, z. B Spirituosen, Kaffee, Non-Food-Artikel	Diebstahl durch Mitarbeiter, Lieferanten	Regelmäßige Inventuren, Wegschließen der Ware

Aufgaben

1. Welche Lagerarten gibt es in Ihrem Betrieb? Warum wurden sie eingerichtet? Wenn Lagerarten fehlen – warum wurden sie *nicht* eingerichtet?

2. Welche Maßnahmen gegen Lagerverluste werden in Ihrem Betrieb unternommen? Erstellen Sie eine Liste mit Beispielen aus der Praxis.

2 Warenlagerung

🇬🇧 warehousing 🇫🇷 magasinage (m)

2.1 Warenannahme
🇬🇧 receipt of goods 🇫🇷 réception (w) de la marchandise

Die Warenannahme stellt rechtlich den „Gefahrenübergang" vom Lieferanten zum Restaurant dar: mit dem Zeitpunkt der Warenannahme ist das Restaurant verantwortlich für die Qualität der Ware.

Für die Warenannahme gelten **betriebliche und gesetzliche Vorschriften**. Bei der Lieferung gekühlter und tiefgefrorener Lebensmittel z. B. darf auf keinen Fall die **Kühlkette** unterbrochen werden. In der Verordnung über tiefgefrorene Lebensmittel (TLMV) ist z. B. in § 2 Abs. 4 vorgeschrieben, dass vom Tiefgefrieren bis zum Verbrauch „die Temperatur ständig unter −18 °C oder tiefer gehalten" werden muss. Nur während des Versandes darf die Temperatur *kurzzeitig* höchstens −15 °C betragen.

Die **Warenannahme** erfolgt üblicherweise nach folgendem Schema:

- **Lieferant übergibt Lieferschein**
  - Ohne Lieferschein erfolgt keine Warenannahme!

- **Mitarbeiter vergleicht Lieferschein mit Bestellung**
  - Wird der richtige Lieferschein übergeben (richtige Filiale)? Fehlt Ware, die bestellt wurde? Wird die richtige Ware geliefert?

- **Mitarbeiter überprüft Qualität und Quantität (Menge) der Ware**
  - Haben alle Waren ein gültiges Mindesthaltbarkeitsdatum (MHD)? Stimmt die Menge der gelieferten Ware? Entspricht die Liefertemperatur der Ware den gesetzlichen und betrieblichen Bestimmungen? Sind die Ware und die Verpackung unbeschädigt?

- **Quittierung des Erhalts der Ware**
  - Wer die Ware angenommen hat, bestätigt mit seiner Unterschrift, dass die Quantität stimmt. Mängel und Bemerkungen sind ebenfalls auf dem Lieferschein zu vermerken.

- **Verräumen der Ware**
  - Nach einer geeigneten Lagerstrategie (s. u.) ist die Ware zu verräumen.

- **Erfassung der Ware im Warenwirtschaftssystem**
  - Mit Hilfe des Lieferscheines wird die angenommene Ware im Warenwirtschaftssystem des Restaurants erfasst.

Ein Beispiel für einen **Ablaufplan zur Warenannahme** folgt auf der nächsten Seite.

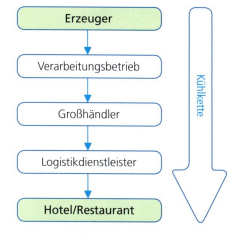

Abb. 1 Kühlkette nicht unterbrechen

Abb. 2 Gefrierbrand bei beschädigter Umhüllung

Abb. 3 Kontrollpunkte bei der Warenannahme

Magazin

Abb. 1 Spargel frisch | Spargel zu lange gelagert

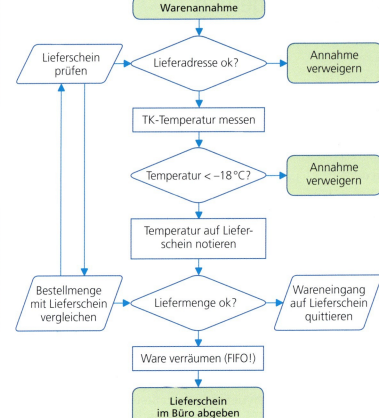

Abb. 2 Kopfsalat frisch | Kopfsalat zu lange gelagert

Aufgaben

1. Was versteht man unter einer Kühlkette?
2. Für welche Lebensmittel gilt die Kühlkette? Welche Ausnahmen sind zulässig?
3. Wer ist für die Einhaltung der Kühlkette verantwortlich?
4. Wie wird die Einhaltung der Kühlkette überwacht?
5. Je nachdem, welche Person gerade damit betraut ist, läuft die Warenannahme unterschiedlich ab. Daher bekommen Sie von Ihrem Restaurantleiter den Auftrag, einen Ablaufplan zur Warenannahme zu erstellen. Fertigen Sie einen übersichtlichen Plan an, der sowohl Ihren betrieblichen Standards als auch den Bestimmungen zu Arbeitssicherheit und Hygiene gerecht wird.

2.2 Mängel bei der Warenannahme

🇬🇧 defects on receipt of goods   🇫🇷 défauts (m) de la marchandise

Bestimmte offene Mängel der Ware schließen eine Warenannahme aus, andere führen zu einem Vermerk auf dem Lieferschein. Nach dem Handelsgesetz (§ 377 HGB) sind Unternehmer verpflichtet, die gelieferte Ware sofort bei der Annahme zu prüfen und gegebenenfalls zu reklamieren. Eine spätere Reklamation ist ausgeschlossen. Folgende Prüfungen sollten bei der Warenannahme stets durchgeführt werden.

Abb. 3 Schneebildung bei wechselnden Temperaturen

2 Warenlagerung

Prüfung	Erlaubte Werte	Negativbeispiele	Folge bei Nichteinhaltung
Kontrolle des Mindesthaltbarkeitsdatums	• MHD > Lieferdatum	• MHD: 12. Mai • Lieferdatum: 17. Mai	• Verweigerung der Warenannahme
Kontrolle der Liefertemperatur	• Je nach Lagerort und Ware, vgl. Lagerarten und -bedingungen	• Chickenwings, TK Liefertemperatur: −12 °C	• Verweigerung der Warenannahme
Kontrolle der Warenart	• Betriebliche Standards geben die Warenart vor	• Statt Coca-Cola wird Pepsi-Cola geliefert. • Statt Pommes Normalschnitt werden Pommes Wellenschnitt geliefert.	• i. d. R. Verweigerung der Warenannahme
Kontrolle der Güteklasse	• Betriebliche Standards geben Güteklasse vor	• Statt Äpfel der Klasse I werden Äpfel der Klasse II geliefert.	• i. d. R. Verweigerung der Warenannahme
Kontrolle der Menge	• Liefermenge muss mit der Bestellmenge übereinstimmen	• Statt 70 Dosen passierter Tomaten werden 50 geliefert. • Statt 20 kg Spargel werden 25 kg geliefert. • Die Stiege Zwiebeln wiegt nur 4,5 kg statt 5 kg.	• Vermerk auf dem Lieferschein • Nur Bestellmenge annehmen.
Kontrolle der Frische	• Obst und Gemüse fest, keine welken oder matschigen Stellen, Frischemerkmale bei Fisch, Fleisch rosarot, Schneebildung auf TK-Waren deutet auf zwischenzeitlichen Auftau hin	• Erdbeeren sind matschig. • Fisch riecht stark. • Ränder der Wurst sind eingerollt.	• Verweigerung der Warenannahme oder Annahme der einwandfreien Waren
Kontrolle der Verpackung	• Konservendosen haben keine Ausbeulungen • Kartons und Beutel sind nicht eingerissen • Keine Glasscherben oder gesprungene Gläser • Ware ist nicht verschmutzt	• Deckel an der Rindfleischdose wölbt sich. • Karton mit Servietten ist eingerissen und feucht. • Im Karton mit Sauerkirschgläsern befinden sich Glasscherben. Ein Glas fehlt.	• Beschädigte Ware nicht annehmen, restliche Ware aufmerksam überprüfen.

2.3 Lieferschein

🇬🇧 delivery note 🇫🇷 bulletin (m) de livraison

Der **Lieferschein** ist die Grundlage sowohl für die buchhalterische als auch warenwirtschaftliche Abwicklung der Warenannahme. Ohne Lieferschein sollte keine Warenannahme erfolgen, da er als Kontrollbeleg für die getätigte Bestellung und die spätere Rechnung gilt.

Versteckte Mängel, die sich erst zeigen, wenn die Ware weiterverarbeitet wird, müssen unmittelbar nach Entdeckung, spätestens sechs Monate nach dem Kauf, gerügt werden.

WEBEREI · WÄSCHEFABRIK

Hotelberufsschule
Viechtach
Flurstraße 14
94234 Viechtach

LIEFERSCHEIN

Bei Schriftverkehr und Rückfragen unbedingt angeben:

Kunden-Nr.	Auftrags-Nr.	Datum
018665	76796	13.08.20..
		Blatt:

Wir liefern Ihnen zu unseren bekannten Liefer- und Zahlungsbedingungen
Auftrag vom 6. Oktober 20...
Versandart:

Pos.	Artikel-Bezeichnung	TK	Größe ca.cm	Stck. / Mtr.	Lagerplatz	Verpackungseinh./Inhalt
1	Nr:3000-3226	HI	50/70	200		4 à 50
	Frb:750-sortiert					
	Geschirrtuch				431-43KF	
	Qual. Delfin, Halbleinen, Zwirnkette					
	Komplettlieferung					

*Ware vollständig erhalten,
am 16.10. ...
i.A. Th. Keßler*

Ihr Fachberater:
Vertretung: Gierster Karl-Heinz
94474 Vilshofen
Tel. 08541 5518
Fax 08541 58151

TK = Textilkennzeichnungsschlüssel
siehe Rückseite

Sollten Sie trotz ständiger Kontrollen Grund zur Beanstandung haben, muss dies innerhalb 8 Tagen nach Erhalt der Ware erfolgen. Teile in diesem Fall nicht waschen.

Zollner GmbH + Co.	Postfach 1140	Veldener Straße 4	Telefon 08741 306-0	Handelsregister:
Weberei · Wäschefabrik	D-84131 Vilsbiburg	D-84137 Vilsbiburg	Telefax 08741 306-66	HRA 5521, AG Landhut

---

Der **Lieferschein** sollte folgende Angaben enthalten, die bei der Warenannahme zu überprüfen sind:

- Firmenname des Lieferanten
- Anschrift der belieferten Filiale
- Datum der Lieferung, ggf. Datum der Bestellung
- Bezeichnung der gelieferten Waren
- Menge der gelieferten Waren
- Raum für die Empfangsbestätigung

In der Regel ist der Lieferschein in doppelter Ausführung vorhanden. Eine Ausführung erhält der Lieferant unterschrieben als Empfangsbestätigung zurück. Das zweite Exemplar verbleibt im Betrieb und dient später zur Überprüfung der durch den Lieferanten ausgestellten Rechnung.

In manchen Fällen dient die mit der Ware bereits mitgelieferte Rechnung auch als Lieferschein.

2.4 Wareneingangsbuch

🇬🇧 purchase journal 🇫🇷 comptabilité (w) de biens

Jeder **Wareneingang** in einem Hotel/Restaurant muss aufgezeichnet werden. Dies ist gesetzlich in der **Abgabenordnung (AO)** vorgeschrieben.

Die Abgabenordnung ist das **„Steuergrundgesetz"** des deutschen Steuerrechts. Sie enthält die **grundlegenden Regelungen der Besteuerung:** von der Ermittlung der Besteuerungsgrundlagen über Festsetzung und Erhebung der Steuern bis zur Vollstreckung und dem Straf- und Ordnungswidrigkeitenrecht. (Die einzelnen Steuergesetze wie Einkommensteuergesetz oder Umsatzsteuergesetz enthalten dann die konkreten Bestimmungen zur Berechnung der Steuern.)

> **Auszug aus der Abgabenordnung (AO)**
>
> **§ 143 Aufzeichnung des Wareneingangs**
>
> (1) Gewerbliche Unternehmer müssen den Wareneingang gesondert aufzeichnen.
>
> (2) Aufzuzeichnen sind alle Waren einschließlich der Rohstoffe, unfertigen Erzeugnisse, Hilfsstoffe und Zutaten, die der Unternehmer im Rahmen seines Gewerbebetriebes zur Weiterveräußerung oder zum Verbrauch entgeltlich oder unentgeltlich, für eigene oder für fremde Rechnung, erwirbt; dies gilt auch dann, wenn die Waren vor der Weiterveräußerung oder dem Verbrauch be- oder verarbeitet werden sollen. Waren, die nach Art des Betriebes üblicherweise für den Betrieb zur Weiterveräußerung oder zum Verbrauch erworben werden, sind auch dann aufzuzeichnen, wenn sie für betriebsfremde Zwecke verwendet werden.
>
> (3) Die Aufzeichnungen müssen die folgenden Angaben enthalten:
> 1. den Tag des Wareneingangs oder das Datum der Rechnung,
> 2. den Namen oder die Firma und die Anschrift des Lieferers,
> 3. die handelsübliche Bezeichnung der Ware,
> 4. den Preis der Ware,
> 5. einen Hinweis auf den Beleg.

Bei der Erfassung der gelieferten Ware sind EDV-gestützte Artikelerfassungssysteme von besonderem Vorteil. Auf den Produkten sind sogenannte **Barcodes** aufgedruckt. Mithilfe eines tragbaren **Barcodescanners** werden die gelieferten Produkte einfach und schnell erfasst.

Der Laserstrahl des Scanners liest die Streifen des Barcodes und wandelt diese in eine Artikelnummer um. Die Artikelnummer wird automatisch ins betriebseigene Warenwirtschaftssystem übertragen; dort wird das zugeordnete Produkt als geliefert registriert.

Es gibt eine Reihe von Produkten, die nicht mit Barcodes versehen sind, z. B. frisches Gemüse oder frisches (nicht abgepacktes) Fleisch. Diese Artikel müssen bei der Erfassung des Wareneingangs von Hand ins Warenwirtschaftssystem eingetragen werden.

> 🔴 Das in der Abgabenordnung (AO) geforderte **Wareneingangsbuch** lag früher als (hand-)schriftlich geführtes Protokollbuch vor. In modernen Restaurants wird heute normalerweise kein Buch mehr verwendet.
>
> Heutzutage wird die Ware im betrieblichen Warenwirtschaftssystem (WWS) erfasst. Durch das WWS werden die rechtlichen Vorschriften eingehalten.

Abb. 1 Barcodescanner

2.5 Lagerfachkarte und Materialkonto

🇬🇧 inventory card and article account
🇫🇷 carte (w) de bac de stockage et de matière compte (w)

Zugang: Ware wird angenommen und verbucht

Brathähnchen

Datum	Vorgang	Zugang	Verbrauch	Bestand
1.10.	Übertrag			14
3.10.	Geflügel Schulze	48		62
5.10.	Anford. Küche		12	50

Verbrauch: Ware wird angefordert und ausgegeben. Dafür ist die Lagerverwaltung verantwortlich.

Traditionell wird der Bestand an Waren mithilfe von **Lagerfachkarten** (s. links) überwacht. Die Lagerfachkarte befindet sich am Lagerort der Ware (z. B. am Regal oder am Schrank). Auf ihr wird bei der Warenannahme der **Zugang** eingetragen. Bei der Entnahme der Ware wird die entnommene Menge als **Abgang** notiert. Durch Addition der Zugänge und Subtraktion der Abgänge vom Anfangsbestand wird der Soll-Bestand ermittelt.

Mit der Einführung computergestützter Warenwirtschaftssysteme wurde die Lagerfachkarte durch das **Materialkonto** ersetzt. **Zugänge** werden beim Erfassen des Lieferscheines (Wareneingang) vom Warenwirtschaftssystem automatisch gebucht. Das Kassensystem erfasst die verkauften Speisen, berechnet die Zutatenmengen aufgrund der hinterlegten Rezepturen und vermerkt sie als **Abgänge** im Materialkonto.

Datum	Anfangs-bestand	Zugänge		Abgänge			Bestand		
		Waren-lieferung	Transfer-zugang	Verbrauch laut Kasse	Abfall/Verderb	Transfer-Abgang	Soll-End-bestand	Inventur-Bestand	Bestands-abweichung
Mo, 05.11.	82	425	0	112	3	0	392	390	−2
Di, 06.11.	390	0	0	135	5	0	250	251	1
Mi, 07.11.	251	0	0	142	7	40	62	22	−40
Do, 08.11.	22	500	0	160	10	0	352	390	38
Fr, 09.11.	390	0	40	137	2	0	291	291	0
Sa, 10.11.	291	0	0	128	1	0	162	162	0
So, 11.11.	162	0	0	141	1	0	20	20	0
Mo, 12.11.	20	400	0	98	0	0	322	319	−3
Di, 13.11.	319	0	0	121	2	0	196	194	−2
Mi, 14.11.	194	0	0	151	3	0	40	40	0
Do, 15.11.	40	550	0	172	8	0	410	412	2

Mögliche Zugangsarten von Lebensmitteln
- Lieferung durch einen Lieferanten
- Transfer aus einer anderen Filiale
- Einkauf von Lebensmitteln

Mögliche Abgangsarten von Lebensmitteln
- Verbrauch in Küche (Verkauf)
- Abfall/Verderb
- Transfer in andere Filiale
- Personalessen
- Kostprobe (Sampling)
- Eigenbedarf

Je ausgereifter die **Bestandsüberwachung** eines Betriebs ist, desto genauer werden die unterschiedlichen Warenzugangs- und -abgangsarten erfasst. Desto besser ist dann auch die Überwachung der Lagerkosten.

2.6 Lagerstrategien

🇬🇧 storage policy 🇫🇷 stratégie (w) de stockage

Strategien im Lager beschreiben, wie der **Prozess** für die Einlagerung und die Auslagerung abläuft. Das **Fifo-Prinzip** und das **Lifo-Prinzip** sind dabei für die Gastronomie von besonderer Bedeutung:

Fifo-Prinzip: First in – first out

Die Ware, die zuerst eingelagert wurde, wird auch zuerst wieder aus dem Lager entnommen. So veraltet die Ware nicht. Das Fifo-Prinzip muss für alle verderblichen Waren angewendet werden: Neue Ware mit einem längeren Mindesthaltbarkeitsdatum (MHD) wird hinter die alte Ware mit dem kürzeren MHD in das Lager einsortiert.

Lifo-Prinzip: Last in – first out

Das zuletzt Eingelagerte wird zuerst wieder aus dem Lager entnommen. Das Lifo-Prinzip ist in der Gastronomie nur bei nicht verderblicher Ware anwendbar, z. B. Trinkhalme oder Servietten.

Die Einlagerung nach dem Lifo-Prinzip ist prinzipiell schneller. Allerdings muss auch bei nicht verderblicher Ware zunächst geprüft werden, ob sie sich für die Einlagerung nach dem Lifo-Prinzip auch eignet. Beispielsweise könnten Pappbecher einen saisonalen Aufdruck haben, dann müssen sie innerhalb eines bestimmten Zeitraumes verbraucht sein – und nach dem Fifo-Prinzip gelagert werden.

> Fifo: Ältere Ware nach vorn – neue Ware nach hinten.

Abb. 1 Wie wichtig eine funktionierende Lagerstrategie ist, zeigt diese ironische Zurechtweisung: „Fehlendes Interesse Für Organisation".

2.7 Lagermethoden 🇬🇧 storage methods 🇫🇷 méthodes (w) de stockage

Lagermethoden beschreiben die **Organisation der Lagerplätze**. Die Warenwirtschaft unterscheidet zwischen den grundlegenden Methoden **Freiplatzsystem** und **Festplatzsystem**.

Bei dem flexiblen **Freiplatzsystem** wird dem Lagergut kein fester Lagerplatz zugeordnet. Die Paletten bzw. die Kartons mit den Gütern werden auf die jeweils nächsten freien Plätze im Lager gestellt. Die Lagerplätze erhalten dann Lagerplatznummern, um eine bessere Übersicht über die eingelagerten Waren zu gewähren.

Wenn eine Ware gebraucht wird, kann im Computer nachgeschlagen werden, wo sie sich befindet.

Beim **Festplatzsystem** wird jede Ware systematisch einem bestimmten Lagerplatz zugewiesen. Dieser Lagerplatz bleibt konstant, sodass alle Mitarbeiter wissen, wo sich die gesuchten Waren befinden. Produkte mit hoher Entnahmehäufigkeit sollten einen Lagerplatz mit kurzem Transportweg zugewiesen bekommen, um rationelles Arbeiten zu ermöglichen.

> Beispiel für ein Lagerplatznummernsystem:
> 12-02-05
> steht für **12.** Gang, **2.** Regal, **5.** Regalebene.

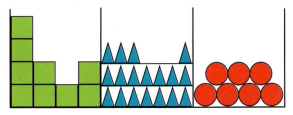

Abb. 2 Prinzip des Festplatzsystems

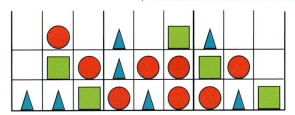

Abb. 3 Prinzip des Freiplatzsystems

Das Freiplatzsystem findet in gastronomischen Betrieben selten Anwendung. Eine feste Lagerordnung erleichtert den Mitarbeitern sowohl beim Einlagern und Entnehmen von Ware als auch bei Inventuren (s. S. 353) die Arbeit im Magazin.

Magazin

"Ein jedes Ding an seinem Ort erspart viel Müh' und böses Wort." (Sprichwort).

Zentrallager der großen Zulieferer werden dagegen oft nach dem Freiplatzsystem verwaltet. Diese Methode hat vor allem dort Vorteile, wo viele unterschiedliche Produkte gelagert werden, bei denen die Lagermengen schwanken. Bei einem Festplatzsystem müsste man sonst für jedes Produkt viel (oft leere) Lagerfläche bereithalten.

Aufgaben

1. Welche Zugangs- und Abgangsarten von Lebensmitteln werden in Ihrem Restaurant erfasst? Kennen Sie die betrieblichen Bezeichnungen?

2. Erstellen Sie eine Liste von Waren aus Ihrem Betrieb, die nach dem Fifo- bzw. dem Lifo-Prinzip gelagert werden können.

3. Erstellen Sie eine tabellarische Übersicht zur Gegenüberstellung der Vor- und Nachteile des Freiplatz- und des Festplatzsystems.

4. Überprüfen Sie die These, dass „Produkte mit hoher Entnahmehäufigkeit so gelagert werden müssen, dass sie einen kurzen Transportweg haben." Überprüfen Sie diese These anhand der Lagerordnung in Ihrem Betrieb.

2.8 Lasten richtig bewegen

Wenn die beim Warentransport erforderlichen Bewegungen nicht richtig ausgeführt werden, kann die Wirbelsäule Schaden nehmen.

Was gefahren werden kann, wird nicht getragen. Das spart Arbeitskraft und Zeit, denn mit einem Weg werden wesentlich mehr Lasten bewegt.

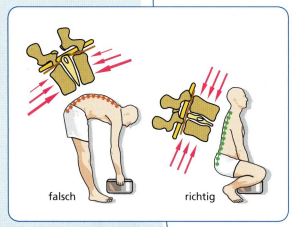

Abb. 1 Heben von Lasten

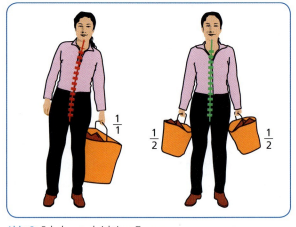

Abb. 2 Falsches und richtiges Tragen

Beim **Heben von Lasten** werden die Beine gespreizt, und die Last wird bei geradem Rücken aus der Hocke heraus aufgenommen. Die „Arbeit" leisten dabei die Bein- und Oberschenkelmuskeln. Weil der Rücken gerade bleibt, wird die Wirbelsäule geschont.

Beim **Tragen von Lasten** soll der Körper gleichmäßig belastet werden, damit keine Spannungen in der Wirbelsäule auftreten.
Die Last wird darum nach Möglichkeit auf beide Arme verteilt.

2.9 Lagerbestandskontrolle

🇬🇧 inventory check 🇫🇷 contrôle (m) de l'inventaire de location

Der Gesetzgeber schreibt eine regelmäßige Kontrolle der Lagerbestände aus steuerlichen Gründen vor (Handelsgesetzbuch HGB § 240 und Abgabenordnung AO §§140, 141). Das Zählen, Messen, Wiegen und Erfassen der aktuellen Warenbestände wird **Inventur** genannt. Sie muss mindestens einmal im Jahr am Ende des Geschäftsjahres durchgeführt werden (Jahresinventur). Viele gastronomische Betriebe erfassen den Bestand jedoch öfter. Dann wird das **Inventurintervall**, die Zeitspanne zwischen zwei Inventuren, kürzer: Monats-, Wochen- oder Tagesinventuren sind möglich.

Öfter zählen sollte man:
- Wichtige, teure Produkte (besonders großer Anteil an den Wareneinsatzkosten)
- Produkte, die bei vergangenen Inventuren große Bestandsabweichungen hatten (gezählter Bestand anders als rechnerischer Bestand)

Bei kürzeren Inventurintervallen werden nicht alle Waren gezählt, sondern nur besonders sensible Produkte.

Durchführung einer Inventur

Bei der Inventur werden Waren gezählt, gemessen oder gewogen und in Listen erfasst. Beim Einsatz eines Warenwirtschaftssystems wird vorher eine **Inventurliste** erstellt, die alle zu zählenden Artikel enthält. Aus Gründen der Zeitersparnis und zur Vermeidung von Zählfehlern sollte die Reihenfolge der Artikel auf der Liste der Ordnung im Lager entsprechen. Werden Waren an verschiedenen Stellen im Restaurant gelagert, muss die Inventurliste das Erfassen der Produkte an den verschiedenen Zählorten ermöglichen, ohne dass dabei ein Ort übersehen wird.

Anforderungen an eine Inventurliste:
- Enthält alle in diesem Inventurintervall zu zählenden Artikel
- Erfasst sämtliche Verpackungsgrößen (z. B. X Kartons zu Y Packungen zu Z Stück)
- Reihenfolge der Artikel auf der Liste entspricht der Reihenfolge der Artikel im Lager
- Möglichkeit zum Eintragen der Inventurmenge
- Trennen nach Zählorten

Beispiel für eine Inventurliste aus der Systemgastronomie:

Zählort: TK-Lager — INVENTURLISTE zur Tagesinventur vom 30.01.20XX

#	Artikel			
1	Hamburgerpatties	Paletten	Kartons	Stück
2	Promopatties	Paletten	Kartons	Stück
3	Hamburgerbuns	Körbe		Stück

Zählort: Zwischenlager (Auftauraum)

#	Artikel			
1	Hamburgerbuns	Körbe		Stück

Zählort: Küche

#	Artikel			
1	Hamburgerpatties	Paletten	Kartons	Stück
2	Promopatties	Paletten	Kartons	Stück
3	Hamburgerbuns	Körbe		Stück

Bestandskennzahlen

Bestandskennzahlen sind für die Steuerung und Kontrolle des Lagerbestandes wichtig.

Ist-Bestand und Soll-Bestand

> Istbestand = Endbestand des Tages = Anfangsbestand des nächsten Tages

Der durch die Inventur ermittelte Bestand eines Artikels wird **Ist-Bestand** genannt. Der Ist-Bestand der Inventur wird als *Endbestand* des Inventurintervalls erfasst (z. B. Jahresendbestand bei der Jahresinventur). Gleichzeitig ist er der *Anfangsbestand* für das nächste Inventurintervall.

> Sollbestand = Anfangsbestand + Zugänge (Lieferung) – Abgänge (Verbrauch).

Das Ergebnis aus Anfangsbestand plus der Summe aller Zugänge abzüglich aller Warenabgänge stellt am Ende des Inventurintervalls den **Soll-Bestand** dar. Nach der Inventur sollte dieser Bestand mit dem neuen Ist-Bestand übereinstimmen.

Datum	Anfangs-bestand	Zugänge		Abgänge			Bestand		
		Waren-lieferung	Transfer-zugang	Verbrauch	Abfall/Verderb	Transfer-Abgang	Soll-End-bestand	Inventur-Bestand	Bestands-abweichung
Mo, 05.11.	82	425	0	112	3	0	392	390	–2
Di, 06.11.	390	0	0	135	5	0	250	251	1

> **Bestandsabweichungen** können nie ganz ausgeschlossen werden, sollten aber so gering wie möglich sein.

Die Differenz zwischen Soll-Bestand und Ist-Bestand wird als **Bestandsabweichung** bezeichnet. **Negative Bestandsabweichungen** bedeuten einen Verlust von Rohstoffen und damit eine Erhöhung der Wareneinsatzkosten. Daher wird nach Gründen für die Abweichungen gesucht, Gegenmaßnahmen werden eingeleitet.

Ursachen für Bestandsabweichungen und Gegenmaßnahmen

Auch **positive Bestandsabweichungen** können auf Probleme hinweisen, deren Ursache erforscht werden sollte.

Ursache	Gegenmaßnahme
Rezeptur falsch hinterlegt	Rezeptur in Warenwirtschaftssystem prüfen und ändern
Rezeptur nicht eingehalten: Mitarbeiter verbrauchen Zutaten anders, Geräte (z. B. Spender) dosieren falsch	Mitarbeiter hinweisen und trainieren, Geräte (Spender, Zapfanlagen) überprüfen und kalibrieren
Sonstige Abgänge nicht erfasst	Personalessen, Storetransfers, Samplings, Abfälle usw. erfassen
Fehler bei Erfassung der Warenannahme (falsche Ware registriert, Tippfehler)	Mitarbeiter zu höherer Sorgfalt anleiten, Kontrolle der erfassten Wareneingänge und Storetransfers im Warenwirtschaftssystem
Zählfehler bei Inventur	Ware im Lager suchen, ordentlich verräumen, alle Lagerorte überprüfen
Diebstahl	Mitarbeiter informieren, überprüfen, ggf. Polizei einschalten

> Die Kennzahl **Höchstbestand** kann unter verschiedenen Gesichtspunkten betrachtet werden.

Höchstbestand

Der **Höchstbestand** ist der maximale Lagerbestand eines Artikels.
- Die Menge des Artikels, die maximal vorhanden sein **kann**.
  Mehr Platz im Lager oder Regal ist für den Artikel nicht vorgesehen.
- Die Menge des Artikels, die maximal vorhanden sein **soll**.
  Es sollen nie mehr Waren im Lager vorhanden sein, als bis zum Mindesthaltbarkeitsdatum verbraucht werden können.

Lagerkennzahlen

Das Lager bindet vom Wareneingang bis zum Verkauf der Speisen oder Getränke erhebliches Kapital. Eine regelmäßige vergleichende Bewertung durch Kennzahlen für **Lagerbestand** und **Lagerdauer** ist daher wichtig.

Für eine Lagerbewertung wird der **durchschnittliche Lagerbestand** für einen Abrechnungszeitraum berechnet. Meist wird dieser Mittelwert jährlich auf Grundlage der Monatsinventuren ermittelt.

Die **Umschlagshäufigkeit** sagt aus, wie oft ein Lager innerhalb eines Jahres (gedanklich) ganz leer und wieder gefüllt ist. Sie dient als Vorstufe zur Berechnung der Lagerdauer.

Die **durchschnittliche Lagerdauer** nennt die Anzahl der Tage, die eine Ware durchschnittlich im Lager ist. Dieser Wert ist besonders bei Frischware wichtig. Je kürzer die Lagerdauer, desto besser die Qualitätserhaltung.

Beispiel

Bei der Inventur des Lebensmittellagers ergaben sich folgende Werte: Anfangsbestand 33.000 €, Summe der 12 Monatsendbestände 240.000 €, Wareneinsatz/Warenverbrauch 231.000 €.

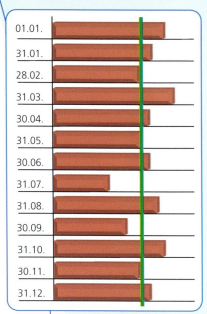

Abb. 1 Monatliche Inventuren und ihr Durchschnitt

$$\varnothing \text{ Lagerbestand} = \frac{\text{Anfangsbestand} + 12 \text{ Monatsendbestände}}{1 + \text{Anzahl Endbestände}}$$

$$\text{Umschlagshäufigkeit} = \frac{\text{Wareneinsatz}}{\text{durchschn. Lagerbestand}}$$

$$\varnothing \text{ Lagerdauer} = \frac{360 \text{ Tage (ein Jahr)}}{\text{Umschlagshäufigkeit}}$$

$$\varnothing \text{ Lagerbestand} = \frac{33.000 \text{ €} + 240.000 \text{ €}}{1 + 12} = 21.000 \text{ €}$$

$$\text{Umschlagshäufigkeit} = \frac{231.000}{21.000} = 11$$

$$\varnothing \text{ Lagerdauer} = \frac{360 \text{ Tage}}{11} = 33 \text{ Tage}$$

Aufgaben

1 Unterscheiden Sie positive und negative Bestandsabweichungen und nennen Sie jeweils zwei Ursachen.

2 Welche Möglichkeiten gibt es, um den Lagerbestand zu bestimmen?

3 Erstellen Sie eine Inventurliste für einen Lagerbereich der Schule (oder Ihres Betriebs). Geben Sie dann diese Liste einem anderen Auszubildenden. Dieser soll die Liste dann anwenden, um ihre praktische Umsetzbarkeit zu prüfen. Verfahren Sie ebenso mit der Liste ihres Mitschülers. Welche Punkte sind Ihnen aufgefallen? Tauschen Sie anschließend Ihre Erfahrungen aus.

4 Die Buchführung des Hotels Königshof liefert folgende Werte:
01.01. 9.657,00 €
31.01. 11.870,00 €   30.04. 11.621,00 €   31.07. 11.864,00 €   31.10. 6.756,00 €
28.02. 6.453,00 €   31.05. 8.879,00 €   31.08. 13.452,00 €   30.11. 11.829,00 €
31.03. 13.236,00 €   30.06. 9.682,00 €   30.09. 12.461,00 €   31.12. 8.973,00 €
Berechnen Sie den durchschnittlichen Lagerbestand.

5 Die Lagerbuchhaltung weist für das vergangene Jahr folgende Werte aus:
Anfangsbestand   15.200,00 €
Summe der Monatsendbestände   182.400,00 €
Wareneinsatz während des Jahres   258.400,00 €
Berechnen Sie die Lagerumschlagshäufigkeit und die durchschnittliche Lagerdauer in Tagen.

3 Büroorganisation

🇬🇧 office organization 🇫🇷 organisation (w) de bureau

3.1 Schriftliche Arbeiten

Innerhalb der Ausbildung lernt man die unterschiedlichen Arten von berufsbezogenen schriftlichen Arbeiten kennen.

- **Karteien**, z. B. als Rezeptkartei im Abschnitt Arbeitsplanung, als Lagerfachkarte im Magazin
- **Arbeitsablaufpläne**
- **Checklisten**
- **Speise- und Getränkekarten**

3.2 Ablage- und Ordnungssysteme

Wenn innerhalb eines Betriebes ein Vorgang, z. B. eine Bestellung, ordnungsgemäß ausgeführt worden ist, dann werden alle zugehörigen Informationen in der **Ablage** aufbewahrt.

Dabei kann nach verschiedenen Arten geordnet werden. Man spricht von Ordnungsgrundsätzen oder Ordnungsprinzipien oder Ordnungssystemen.

Ordnungssysteme

Zunächst wird nach bestimmten Vorgängen unterschieden. Das können z. B. sein:
- *Personen*, wie Gäste oder Lieferaten
- *Vorgänge*, z. B. Frühlingsfest, Spargelwoche

Innerhalb dieser ersten Einteilung wird weiter unterteilt.

Alphabetisch geordnet ist eine Ablage, wenn nach den Anfangsbuchstaben z. B. der Lieferfirmen oder der Gäste geordnet wird. Auf **A** folgt **B** usw. Kommt ein Anfangsbuchstabe mehrmals vor, berücksichtigt man den Folgebuchstaben. Beispiel: Lieferant **Be**rthold steht vor **Bu**sch.

Chronologisch geordnet ist eine Ablage, wenn nach dem Datum abgelegt wird. Beispiele: eine Reservierung für einen Tisch im Restaurant, die Kontrolllisten, nach denen die betriebseigenen Kontrollen (HACCP) durchzuführen sind.

Alphanumerisch geordnet ist eine Ablage, wenn nach bestimmten Kennzahlen sortiert wird, die Buchstaben und Zahlen enthalten können. Möglich sind z. B. Rechnungs- oder Kundennummer.

Im geschäftlichen Bereich wird in den meisten Fällen der neueste Vorgang „oben auf" gelegt. Das bringt den Vorteil, dass man das Neue immer zuerst zur Hand hat. Man nennt das **kaufmännische Ablage**. Legt man dagegen das Neue immer hinten ab, wie z. B. in einem Fotoalbum, spricht man von **Buchablage**.

Ablagesysteme

Damit zusammenbleibt, was zusammengehört, verwendet man unterschiedliche Schriftgutbehälter.

- **Sichthüllen**
  dienen der raschen vorläufigen Aufbewahrung. Es gibt sie oben und an der Seite offen in verschiedenen Farben und Folienstärken.

- **Aktendeckel**
  sind aus gefaltetem Karton. Im Unterschied zu den Sichthüllen haben sie den Vor- oder Nachteil, dass man den Inhalt nicht sieht.

- **Schnellhefter**
  mit oder ohne durchsichtige Oberseite halten die Schriftstücke mit einem Heftstreifen zusammen.

- **Hängemappen**
  sind unten geschlossen und seitlich mit oder ohne Gewebestreifen. Sie hängen mit Haken in einem Rahmen und erlauben einen raschen Zugriff auf die Schriftstücke.

- **Ordner**
  sind aus starker Pappe gefertigt und in mehreren Breiten mit unterschiedlicher Mechanik verfügbar. „Selbst stehende" Ordner kippen nicht und werden darum bevorzugt.

- **Archivschachteln**
  sind aus Pappe und werden für die staubfreie Altablage von Schriftgut verwendet.

4 Datenverarbeitung

🇬🇧 data processing 🇫🇷 informatique (w)

Mit Hilfe der Datenverarbeitung werden viele Arbeitsvorgänge automatisiert, die früher z. T. zeitaufwendig und mühsam erledigt werden mussten.

Die technischen Geräte, die der Datenverarbeitung dienen, werden **Hardware** genannt. Was ein Rechner kann, hängt von der **Software** ab.

Neben allgemeinen Programmen wie Textverarbeitung (z. B. Word) oder Tabellenkalkulation (z. B. Excel) gibt es die **Branchensoftware**. Darunter versteht man Programme, die eigens für bestimmte Aufgaben bestimmter Branchen, bestimmter Betriebszweige gemacht sind. Verbreitet sind im Gastgewerbe z. B. Bankett-Profi, Fidelio oder Protel.

Jede Datenverarbeitungsanlage arbeitet nach dem **E-V-A-Prinzip**.
Erfasst werden die Daten z. B. über die Tastatur oder den Scanner.
Verarbeitet werden die Daten durch bestimmte Programme.
Ausgegeben werden die Ergebnisse über Bildschirm oder Drucker.

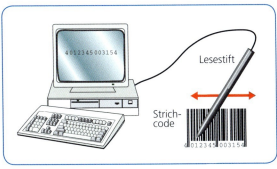

Abb. 1 Barcodeleser

4.1 Geräte (Hardware)

Abb. 2 Computersystem

Mit Hilfe von **Eingabegeräten** gelangen die Daten in den Rechner. Neben der
- **Tastatur** und der
- **Maus** dient dazu auch der
- **Scanner**, vergleichbar einem Kopiergerät.
- **Barcodeleser** können die Informationen aus Strichcodes übernehmen.
- **Handterminals** können z. B. im Service verwendet werden, um Bestellungen direkt vom Tisch des Gastes aus in das System einzugeben.

Ausgabegeräte sind vorwiegend
- **Bildschirm** und
- **Drucker.** Neben dem üblichen Drucker kennt man auch einen besonderen Bondrucker, der direkt bei der Küche oder am Getränkebüfett ausdruckt.

Von **Datenkommunikation** oder **Netzwerk** spricht man, wenn die Geräte vernetzt sind, wenn gleichsam der eine Rechner weiß, was auf dem anderen gemacht wird. Software und Daten können zentral auf einem sogenannten Server abgelegt werden. Alle PCs und Terminals greifen hierauf zu.

Magazin

MAGAZIN

Die wichtigste Art des Netzwerkaufbaus ist heutzutage das **Client-Server-Modell**. Hierbei stellt ein **zentraler Server** verschiedene Dienste für **unterschiedliche Arten von Clients** zur Verfügung.

Die Clients können kabellose Bestellterminals für die Servicekräfte sein, der Barcodeleser des Magazinverwalters oder der Bürocomputer des Restaurantleiters. Netzwerke können dabei auf ein Restaurant begrenzt sein (Local-Area-Networks, kurz LAN) oder mehrere Filialen bzw. ganze Restaurantketten miteinander verbinden (Wide-Area-Networks, kurz WAN).

Steht das Netzwerk nur den Mitarbeitern des Restaurants oder der Restaurantkette zur Verfügung, ist also nur für den internen Einsatz gedacht, spricht man von einem **Intranet**.

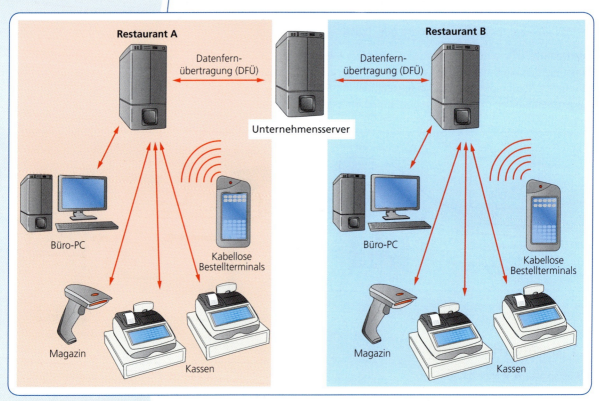

Abb. 1 Client-Server-Modell einzelner Restaurantfilialen (LAN) mit Datenfernübertragung zum Hauptserver der Restaurantkette (WAN).

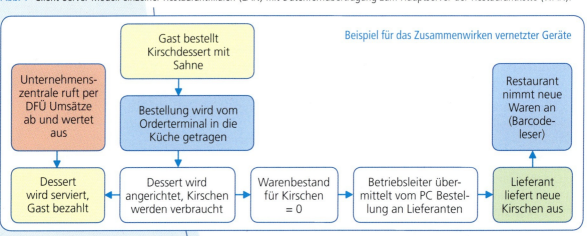

358

4.2 Software 🇬🇧 software 🇫🇷 logiciel (m)

Was eine EDV-Anlage „kann", hängt von der installierten Software ab.
- **Standardsoftware** ist
  - Textverarbeitung, z. B. Word
  - Tabellenkalkulation, z. B. Excel
  - Datenverwaltung, z. B. Access
- **Branchensoftware** ist speziell für eine Branche oder Teilbereiche entwickelt, z. B.
  - Kassensysteme, so genannte Kellnerkassen,
  - Veranstaltungssoftware, z. B. Bankett-Profi,
  - Rezeptverwaltung
- **Individualsoftware** ist für einen bestimmten Betrieb oder für ein besonderes Problem erstellte Software.

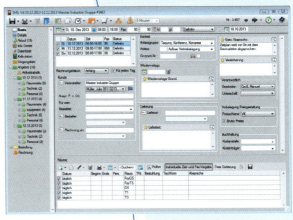

Abb. 1 Branchensoftware BANKETTprofi

4.3 Datensicherung und Datenschutz

🇬🇧 data security 🇫🇷 protection (w) des données

Unter **Datensicherung** versteht man alle Maßnahmen zu Sicherung der Datenbestände. Die Sicherung von Daten ist unbedingt notwendig, denn diese können
- zufällig verloren gehen, z. B. durch eine falsche Bedienung der Tastatur, einen kurzfristigen Stromausfall,
- absichtlich verfälscht oder zerstört werden.

Dem wird durch unterschiedliche Verfahren der Datensicherung entgegengewirkt.
- Eine automatische Abspeicherung der Daten während der Arbeit kann über die Systemsteuerung in den Rechner eingegeben werden. Das sichert für den Fall einer Störung, dass nur die Daten seit der letzten automatischen Sicherung verloren gehen.
- Eine Gesamtsicherung oder Tagessicherung wird auf einem anderen Medium angelegt. Man nennt das **Backup**. Damit sind die Daten außerhalb des Computers gesichert und von diesem Gerät völlig unabhängig.

Für **Datensicherungen** stehen verschiedene Medien zur Verfügung, die für den Einzelfall auf ihre Eignung überprüft werden müssen. Folgende Fragestellungen sollten dabei berücksichtigt werden:
- **Wie oft** werden die Daten gesichert (bei jeder Änderung, stündlich, täglich, wöchentlich)?
- **Wie groß** ist die Menge zu sichernder Daten?
- **Wo** sollen die Daten gesichert werden (vor Ort, in der Zentrale, im Internet)?
- **Welche gesetzlichen** Aufbewahrungsvorgaben bzw. -pflichten gelten? (Kaufmännische Belege müssen in der Regel 10 Jahre aufbewahrt werden, aber nicht alle Speicherformate überdauern 10 Jahre.)
- **Wie werden** die gesicherten Daten gegen unbefugten Zugriff **geschützt**? (Möglich sind einfache Kopien bis hin zu aufwendig verschlüsselten Dateien.)
- **Wer** übernimmt die Sicherung? **Wer** kann Daten wiederherstellen? (Wird eine Fachfirma beauftragt oder erledigen die Mitarbeiter dies selbst?)

Abb. 2 Externe Festplatte zur Datensicherung

Der **Datenschutz** schützt personenbezogene Daten vor Missbrauch. Die Bestimmungen des Datenschutzgesetzes versuchen einen Ausgleich zwischen dem Schutz der Persönlichkeit und dem Recht auf Informationen von Institutionen zu schaffen. Beispiel Hotels, die die Anschriften für Werbeaktionen nutzen wollen.

PROJEKT

Arbeiten im Magazin

Ihr Haus plant eine Aktionswoche unter dem Motto:
Aus Neptuns Reich
Sie sollen im Rahmen Ihrer Ausbildung bei dieser Aktion mitwirken.

Angebote einholen und vergleichen

1. Welche Möglichkeiten hat man, umfassende Angebote einzuholen?

2. Angenommen, Sie suchen über eine Suchmaschine im Internet. Welche Begriffe/Suchworte können rasch zu brauchbaren Ergebnissen führen?

3. Für das Tagesgericht Heilbutt nach Art der Herzogin rechnet man mit 65 Portionen je 180 g Fischfilet. Der Vorbereitungsverlust wird mit 35 Prozent angenommen. Wie viel kg Heilbutt sind zu bestellen?

4. Im Rahmen der Aktionswoche bieten wir hausgebeizten Lachs. Es liegen zwei Angebote vor.
   Angebot A: Lachs als ganzer Fisch zu 4,90 €/kg. Aus Erfahrung ist mit 45 Prozent Verlust beim Filetieren zu rechnen.
   Angebot B: Lachsseite zu 9,40 €/kg. In diesem Fall entstehen keine Verluste.
   Berechnen Sie den Preisunterschied je kg.

5. „Ein preisgünstiges Gericht, bei dem die Materialkosten nicht höher sind als 2,40 €, muss in unser Angebot." Das gebratene Filet soll 180 Gramm wiegen. Man rechnet mit einem Bratverlust von 28 Prozent. Der Preis bestimmt also die Fischart. Wie viel € darf ein kg Fischfilet im Einkauf höchstens kosten?

Ware annehmen

Die bestellte Ware wird geliefert. Sie sind beauftragt, diese anzunehmen.

1. Welche Schriftstücke benötigt man bei einer korrekten Warenannahme?

2. Worauf achten Sie bei der Warenannahme? Welche Punkte kontrollieren Sie?

3. Es waren 60 Seezungen bestellt. Geliefert werden zwei Behältnisse mit je 20 Seezungen. Was werden Sie unternehmen?

4. Die frischen Seezungen sind nicht von crushed Eis umgeben. Darum prüfen Sie die Temperatur und stellen fest: + 7 ° C. Wie haben Sie zu handeln?

5. Wie werden Frischfische aufbewahrt?

6. Nennen Sie für die folgenden Waren jeweils einen Lagerort und die Lagerbedingungen: Frostfisch, Räucheraal, Dose mit Bismarckheringen, Mayonnaise, Crème fraîche für Salate.

Zwischenprüfung

Die Verordnungen der die Berufsausbildung im Gastgewerbe und die zum Koch/zur Köchin sehen nach einem Ausbildungsjahr eine **Zwischenprüfung** vor. Zu den Berufen im Gastgewerbe zählen u. a. die Fachkraft im Gastgewerbe, Restaurantfachmann/Restaurantfachfrau, Hotelfachmann/Hotelfachfrau und Fachmann/Fachfrau für Systemgastronomie.

Für diese Berufe ist in der Ausbildung eine gemeinsame Grundstufe vorgesehen, und darum sind auch die Bestimmungen für die Zwischenprüfung vergleichbar. Ein Auszug aus den Bestimmungen, die für alle Berufe gelten:

Zwischenprüfung

(3) In höchstens drei Stunden soll der Prüfling eine praktische Aufgabe bearbeiten. Dabei soll er zeigen, dass er Arbeiten planen, durchführen und präsentieren, die Ergebnisse kontrollieren und Gesichtspunkte der Hygiene, des Umweltschutzes, der Wirtschaftlichkeit und der Gästeorientierung berücksichtigen kann. Hierfür kommen insbesondere in Betracht:
1. Planen von Arbeitsschritten,
2. Anwenden von Arbeitstechniken und
3. Präsentieren von Produkten.

Vergleichen Sie zu diesen Prüfungsinhalten die Lerngebiete im Buch:		Bewertungen
• Planen von Arbeitsschritten	→ Umrechnen von Rezepten, Seite 162 → Arbeitsablaufplan, Seite 53/57	100 Punkte
• Anwenden von Arbeitstechniken	→ Grundtechniken der Küche, Seite 136 → Garverfahren, Seite 140 → Zubereiten einfacher Speisen, Seite 167	100 Punkte
• Präsentieren von Produkten	→ Grundkenntnisse im Service, Seite 216 → Beschreiben von Speisen, Seite 157	100 Punkte

Themen

Beispiele Gastgewerbe
Sie werden beauftragt, eine **Warenlieferung anzunehmen**. Welche Bereiche sind bei der Warenannahme zu kontrollieren? Nennen Sie auf der vorgegebenen Warenliste die für die Lagerung vorgeschriebenen Mindesttemperaturen.

Bereiten Sie für eine Person **Rühreier mit Schinken auf Toast und Joghurt mit Früchten** zu.

Decken Sie einen Tisch für ein erweitertes Frühstück. Servieren Sie die Zubereitungen und beraten Sie die Gäste.

Projekt

Zwischenprüfung (Fortsetzung)

Beispiel Gastgewerbe

Situation: Sie arbeiten in einem Hotel der gehobenen Kategorie und sind seit einiger Zeit zum Frühstücksdienst eingeteilt.

Aufgabe 1a: Nennen Sie vier Punkte, die bei der Annahme von Waren bei der Anlieferung zu beachten sind.

1. _____ 3. _____

2. _____ 4. _____

Aufgabe 1b: Eine Lieferung umfasst die in der folgenden Liste genannten Waren. Ergänzen Sie jeweils die Mindest-Lagertemperatur und den entsprechenden Lagerraum.

Ware	Lagertemperatur	Lagerraum
Frischkäse		
Eier		
Räucherlachs		
Müsli		
Bananen		
…		

Aufgabe 2: Bereiten Sie Rührei mit Schinken für zwei Personen zu.

Aufgabe 3: Im Restaurant ist ein Tisch für zwei Personen zum Frühstück einzudecken. Decken Sie zuerst den Tisch für zwei Personen ein. Präsentieren Sie dort Ihre Zubereitung und beantworten Sie die gastorientierten Fragen der Prüfungskommission.

❶ Führen Sie zumindest die Aufgaben 1 und 3 der Prüfungsanforderungen aus.

❷ Fragen Sie Ihre KollegInnen, welche Aufgaben sie zu bearbeiten hatten. Das ist eine gute Möglichkeit vergleichbare Aufgaben zu üben.

❸ Üben Sie das Präsentieren und neben dem richtigen Eindecken auch die Gästeorientierung. Es wird erwartet, dass Sie das Gericht verkaufsfördernd anbieten können und auf Nachfragen über die verwendeten Rohstoffe und die Zubereitung Auskunft geben können.

❹ Bitten Sie einen Kollegen/eine Kollegin, die Gastrolle zu übernehmen. Üben Sie sprachlich das Anbieten der Speise, lassen Sie sich mit Nachfragen über die Zubereitung und den Geschmack „löchern".

Verkaufsabläufe im Restaurant

1 Kaufmotive

🇬🇧 motivation of buying   🇫🇷 motifs (m) d'achat

Der amerikanische Psychologe und Motivationsforscher Abraham H. **Maslow** gewann die Erkenntnis, dass menschliche Motive (Beweggründe) nicht gleichrangig sind, sondern in unterschiedlichen Dringlichkeitsstufen in Erscheinung treten. Diese hat er in seiner „Bedürfnispyramide" veranschaulicht und in **Primär- und Sekundärbedürfnisse** gegliedert. Erst wenn die Grundbedürfnisse (= Primärbedürfnisse, unterste Stufe) befriedigt sind, wendet sich der Mensch den nächsten Bedürfnisstufen zu (Sekundärbedürfnisse).

Diese wissenschaftlichen Erkenntnisse können den Service-Mitarbeitern helfen, ihre Gäste besser zu verstehen. Es gelingt dann leichter, sich individuell auf Gäste einzustellen und die Erwartungshaltungen der Gäste mit einem Qualitätserlebnis auszufüllen.

Stufe 5:	Kreativitätsbedürfnisse	Streben nach Eigenverwirklichung, Entfaltung individueller Fähigkeiten, Umsetzung des eigenen Leistungsvermögens
Stufe 4:	Differenzierungsbedürfnisse	Wunsch nach Status, Achtung, Stärke, Einfluss, Kompetenz, Aufstiegsmöglichkeiten, Abgrenzung zu anderen (Verhalten in der Gruppe und gegenüber Mitarbeitern)
Stufe 3:	Soziale Bedürfnisse	Wunsch nach Gruppenzugehörigkeit, sozialer Anerkennung, Leistungsbestätigung durch Gruppen, Freundschaften
Stufe 2:	Sicherheits- und Schutzbedürfnisse (ab Stufe 2: **Sekundärbedürfnisse**)	Wunsch nach persönlicher Sicherheit (z. B. Unfallschutz, Brandschutz, hygienisch einwandfreie Lebensmittel), Schutz von Besitz und Eigentum (z. B. funktionierende Schließsysteme), Abwendung von Gefahren aller Art
Stufe 1:	Grundbedürfnisse, Physiologische Bedürfnisse (Stufe 1: **Primärbedürfnisse**)	Stillen der Bedürfnisse wie Hunger, Durst, Ruhe, Bewegung, Erholung, Schlaf, Sexualität, körperliches Wohlbefinden

Bedürfnispyramide nach Maslow mit Beispielen

Beratung und Verkauf

VERKAUFSABLÄUFE IM RESTAURANT

2 Qualität im Service

🇬🇧 high quality service 🇫🇷 qualité (w) du service

Ein Hotel begrüßt seine neuen Service-Mitarbeiter mit einer Info-Broschüre:

Warum Ihre Aufgabe im Service so wichtig ist!
Unsere Gäste wollen sich bei uns wohlfühlen, sie wollen freundlich und zuvorkommend, in angenehmer Atmosphäre kompetent bedient werden! Hier liegt Ihre besondere Verantwortung als Servicekraft, denn nur Sie und Ihre Abteilungskollegen haben direkten Gastkontakt, im Gegensatz zu den Mitarbeitern in Küche und Verwaltung.

Ihre **Freundlichkeit**, Ihr Einsatz und Ihr Auftreten sind mit entscheidende Faktoren dafür, wie der Gast die Qualität und den Ruf unseres Hauses erlebt und einstuft. Ihre gute Arbeitsleistung im Team sichert die Qualität und damit den Fortbestand Ihres Ausbildungsbetriebes – und somit auch Ihres Arbeitsplatzes!

Warum Ihre Aufgabe nicht einfach ist!
Sie wissen nicht, mit welchen Erwartungen unsere Gäste zu uns kommen und wie diese **Erwartungshaltungen** zustande kamen. Unsere Gäste sind alle unterschiedlich. Auf sie entsprechend einzugehen, will gelernt sein. Bedenken Sie bitte dabei:
- **Der Gast** ist die wichtigste Person für unseren Gastronomiebetrieb. Egal ob er im Hause anwesend ist, ob er gerade anruft, oder ob Sie seinen Brief lesen.
- **Er** ist nicht von uns abhängig, sondern wir von ihm.
- **Er** stört uns nicht bei der Arbeit, sondern ist Sinn, Zweck und Inhalt, also Mittelpunkt unserer Arbeit.
- **Er** ist kein Fremder, sondern ein lebendiger Bestandteil unseres Geschäftes. Wenn wir seine Wünsche erfüllen, tun wir ihm keinen Gefallen. Er tut uns einen Gefallen, wenn er sich seine Wünsche von uns erfüllen lässt.
- **Er** ist keine Nummer, sondern ein Mensch aus Fleisch und Blut, mit Eigenschaften und Stimmungen, wie wir sie auch haben.
- **Er** kommt nicht zu uns, um Streitgespräche zu führen oder seine Intelligenz messen zu lassen.
- **Er** hat einfach das Recht, seine Meinung zu äußern.
- **Er** legt uns seine Wünsche vor. Unsere Aufgabe ist es, diese Wünsche sowohl für ihn als auch für uns gewinnbringend zu erfüllen.

Wenn sich die gesamte Service-Abteilung verbessern möchte, um das Qualitätserlebnis der Gäste zu steigern, so ist jeder einzelne Mitarbeiter gefordert.

Erkennen von und Wissen über Schwachstellen
Typische Schwachstellen im Service sind:
- **Unfreundlichkeit** gegenüber Gästen und Kollegen
- **Unkonzentriertheit** beim Arbeiten
- **Mangelnde Informiertheit** ergibt schlechte Beratung
- **Mangelnde Identifikation** mit den Zielen des Hauses

- Der Service ist erfolgreich, wenn es gelingt, die Erwartungen der Gäste mit einem Qualitätserlebnis zu erfüllen.

- Es wird ein hohes Maß an Einfühlungsvermögen und situationsbedingter Anpassungsfähigkeit verlangt. Die Leistungsbereitschaft darf nicht nachlassen und die Leistungsfähigkeit sollte ständig verbessert werden.

- **Auswirkungen bei Misserfolgen**
Gelingt es uns nicht, auf unsere Gäste einzugehen, so haben wir unzufriedene Gäste. Diese werden in ihrem Bekanntenkreis darüber sprechen, der Ruf des Hauses leidet.

- **Negativ-Berichte haben einen 10-mal größeren Multiplikator als positive Meldungen.** Hier liegt eine große Gefahr!

- Um die Schwachstellen auszugleichen, ist persönlicher Einsatz gefragt!

3 Umgang mit Gästen

🇬🇧 manner of dealing with guests 🇫🇷 manière (w) de traiter des clients

Unter Gästetypologie versteht man die Einteilung von Gästen nach Menschentypen. Einerseits soll die Einteilung helfen, Gäste schneller und genauer einzustufen, mit dem Ziel, sie problemlos bedienen zu können. Andererseits sollte ein „Schubladendenken" vermieden werden, wohl wissend, dass jeder Mensch einzigartig ist.

3.1 Gästetypologie* – Sieben Gästegrundtypen … und Empfehlungen zum Umgang mit diesen Gästen

Der selbstbewusste, entschlossene Gast (Abb. 1)

Er ist schon an der Art, wie er geht, am Ausdruck seiner Augen und an seinem Mienenspiel zu erkennen. Seine ganze Haltung drückt Entschlossenheit aus, die sagt: „Ich weiß, was ich will!"

Empfehlungen
Treten Sie ihm ruhig aber sicher entgegen. Bedienen Sie ihn schnell, denn Wartezeiten würden ihn verärgern. Geben Sie ihm die Karte und nehmen Sie gleich die Bestellung auf. Drängen Sie ihm keinen Rat auf. Seien Sie vorsichtig mit Empfehlungen. Behalten Sie ihn ständig im Auge, räumen Sie gleich ab und fragen Sie, ob er zufrieden war.

Der unsichere, unentschlossene Gast (Abb. 2)

Wenn er das Restaurant betritt, verweilt er meist zögernd. Fast ängstlich blickt er um sich. Er geht langsam, mit unsicheren Bewegungen. Sein Gesicht drückt Befangenheit aus.

Empfehlungen
Helfen Sie ihm unbedingt bei der Wahl des Sitzplatzes. Empfehlen Sie nur wenige Speisen und Getränke und bieten Sie nicht zu viele Möglichkeiten an. Formulieren Sie Ihre Vorschläge so klar, dass Sie seine Entscheidungsfindung erleichtern. Vermeiden Sie jede Hektik, strahlen Sie Ruhe und Freundlichkeit aus.

Der redselige, stets gut gelaunte Gast (Abb. 3)

Schon nach Betreten des Restaurants knüpft er ein Gespräch an, das auch nicht unterbrochen wird, wenn er Platz genommen hat. Selbst beim Studieren der Speise-/Getränkekarten redet er fast unentwegt.

Empfehlungen
Zeigen Sie sich bei seinen „Ausführungen" interessiert, das Gegenteil würde ihn verletzen. Vermeiden Sie persönliche Stellungnahmen, das würde die Redelust fördern. Versuchen Sie, den Gast möglichst geschickt und höflich aufs Verkaufsgespräch zu bringen. Lassen Sie sich Ihre eventuelle Ungeduld nicht anmerken. Entschuldigen Sie sich höflich, wenn andere Gäste etwas wünschen, das könnte zu einer schnelleren Bestellung führen.

* Prof. Edgar E. Schaetzing: „Aktiver Verkauf im Service", Rhenania Fachverlag

---

- Wenn hier dennoch Gäste in sieben Grundtypen eingeteilt werden, so ist klar, dass diese in reiner Form kaum vorkommen. Vielmehr neigen wir Menschen, als sogenannte gemischte Typen, mehr oder weniger zum einen und/oder zum anderen Typus.

- Welche der Eigenschaften wie stark vorherrschen, das bestimmt die Zuordnung zu den folgenden sieben Grundtypen.

Beratung und Verkauf

VERKAUFSABLÄUFE IM RESTAURANT

Der aufgeregte, nervöse Gast (Abb. 1)

Er fällt durch seine Hast und Eile auf. Wenn man ihm keine Beachtung schenkt, wird er leicht aufgeregt. Wenn er am Tisch etwas warten muss, wird er ungeduldig und klopft auf die Tischplatte. Dass andere Gäste vor ihm da waren, interessiert ihn nicht. Er verlangt schnell nach der Geschäftsleitung.

Empfehlungen
Versuchen Sie nicht, ihn mit eigener Gelassenheit zu beruhigen, das zieht nicht. Stellen Sie nur kurze, präzise Fragen und beschleunigen Sie somit Ihr Servicetempo. Widersprechen Sie ihm nicht, das macht ihn nur nervöser. Seien Sie nicht beleidigt und nehmen Sie es nicht persönlich, wenn dieser Gast schimpft. Zeigen Sie ihm, dass Sie für ihn alles und noch dazu schnell erledigen.

Der argwöhnische, misstrauische Gast (Abb. 2)

Dieser Typ ist äußerst schwierig, sieht er doch überall Betrug und Übervorteilung und bildet sich ein, hintergangen zu werden. Man erkennt ihn leicht an seinem Mienenspiel, dem ironischen Lächeln, an seinen kritischen Äußerungen auf Empfehlungen von Servicemitarbeitern.

Empfehlungen
Nehmen Sie sein Misstrauen nie persönlich, sonst wird es Ihnen nicht gelingen, eine Vertrauensbasis aufzubauen. Seien Sie vorsichtig mit Empfehlungen, Sie könnten seinen Argwohn provozieren. Wenn Sie empfehlen, dann nur mit präzisen Formulierungen und genau so, wie die Speisen sind. Er wird es genau überprüfen. Behandeln Sie ihn so, dass er glaubt, sich bei Ihnen noch am wohlsten zu fühlen.

Der knauserige, geizige Gast (Abb. 3)

Er lebt offensichtlich in ständiger Sorge, zu viel Geld auszugeben, natürlich auch für Speisen und Getränke. Servierkräfte spotten gern über ihn. Aber auch solche Gäste haben Anspruch auf freundliche Bedienung. Man erkennt diesen Menschentyp am besten an den Fragen nach dem Preis und an Hinweisen, dass dieses oder jenes Gericht zu teuer sei.

Empfehlungen
Behandeln Sie ihn immer ausgesprochen höflich. Vermeiden Sie jeden Ausdruck der Geringschätzung – das würde das Verkaufsgespräch beeinträchtigen. Zeigen Sie, dass Sie Geduld haben, denn Sie wissen, dass sich dieser Gast nur schwer entscheiden kann. Erwarten Sie kein großes Trinkgeld – bleiben Sie dennoch zuvorkommend und freundlich.

Der überhebliche, geltungsbedürftige Gast (Abb. 4)

Dieser Menschentyp tritt laut auf und behandelt die Servicekräfte von oben herab. Andere Meinungen lässt er nicht gelten. Er ist oft beleidigend: „Das weiß ich besser", „Das verstehen Sie nicht", „Erzählen Sie doch keine Märchen!" – das sind typische Redewendungen. Bei keinem der Typen wird die Geduld der Servierkraft auf eine so starke Probe gestellt wie bei diesen Menschen, die in ihrer Einstellung und ihren Worten ihre charakterlichen Schwächen offenbaren und eigentlich eine andere Behandlung verdienten als Höflichkeit.

Empfehlungen
Überhören Sie seine eventuellen Taktlosigkeiten. Belehren Sie ihn nicht. Widersprechen Sie ihm nicht. Bedienen Sie ihn höflich, aber mit angemessener Zurückhaltung.

3.2 Service bei speziellen Gästegruppen

🇬🇧 service with particular groups of guests 🇫🇷 service (m) des groupes particuliaires

Spezielle Gästegruppen sind Mitmenschen, die auf Grund ihres Lebensalters, ihres Gesundheitszustands oder ihrer Herkunft aus einem anderen Kulturkreis andere als sonst übliche Verhaltensweisen zeigen könnten. Diese Gäste sind mit besonderem Einfühlungsvermögen zu bedienen.

Abb. 1 Kind als Gast

Kinder

Kinder sind mit ihren Wünschen oft einseitig und denken meist nicht ernährungsbewusst. Halten Sie deshalb bei spontan geäußerten Bestellwünschen auch Blickkontakt mit den Eltern und beachten Sie deren Zustimmung. Bedienen Sie Kinder vorrangig, um Unruhe am Tisch zu vermeiden. Gehen Sie auf die Anforderungen/Bedingungen der Kleinen ein.

Beispiele:
Kinderkarte/Kindermenüs mit speziellen Gerichten, Kinderstuhl, kleine Bestecke, Getränkeservice in kleinen, standfesten Bechergläsern, Buntstifte und Block zum Ausmalen, Kinderpuzzles reichen usw.

Senioren

Altersbedingte körperliche Gebrechen machen manche der älteren Mitbürger zu unsicheren, vergesslichen und manchmal auch schwierigen Gästen. Hier werden vom Service mehr Geduld und erhöhtes Einfühlungsvermögen, Verständnis, langsame, deutliche Sprache sowie Hilfsbereitschaft verlangt.

Beispiel:
Der Servicemitarbeiter stellt für den älteren Gast den Salatteller am Salatbüfett nach dessen Wunsch zusammen und bingt den Teller an den Tisch des Gastes.

Behinderte

Mit viel Taktgefühl – und ohne aufdringliche Hilfsbereitschaft – ist herauszufinden, ob und in welchem Umfang eine Hilfestellung erwünscht ist. Sich in die Situation des Gastes hineindenken hilft auch hier, um mögliche Probleme schon vorab zu erkennen und zu vermeiden.

Beispiel:
Bieten Sie einem gehbehindertem Gast einen Tisch in Eingangsnähe an, vermeiden Sie für ihn Treppen und lange Wege.

Ausländische Gäste

Wenn diese Gäste der deutschen Sprache nicht mächtig sind, kann eine Speise-/Getränkekarte in z. B. englischer oder französischer Sprache sehr nützlich sein. Betriebe mit hohem Gästeanteil aus bestimmten Ländern stellen sich auf diese „Zielgruppen" ein.

Kommen Sie Ihren Gästen mit freundlicher Unterstützung und Hilfsbereitschaft entgegen. Setzen Sie Ihre Fremdsprachenkenntnisse ein. Bedenken Sie, dass in anderen Kulturkreisen oft andere Verhaltensweisen üblich sind. Ihre Toleranz ist besonders gefordert.

Abb. 2 Ausländische Gäste

4 Verkauf im Restaurant

🇬🇧 sales at the restaurant 🇫🇷 vente (w) au restaurant

Abb. 1 Verkauf im Restaurant

Essen und Trinken sind lebensnotwendige Grundbedürfnisse der Menschen. Wer Hunger und Durst hat, dem erscheint das einfachste Mahl als überaus kostbar. So kommt der **Bewirtung** seit langer Zeit eine besondere Bedeutung zu. Im Laufe der Jahrhunderte entstand aus der reinen Nahrungsaufnahme eine durch viele Einflüsse geprägte Esskultur. Die wichtigste Aufgabe als **Gastgeber** ist es deshalb, alle Sinne der Gäste für Tisch-, Tafel- und Esskultur zu sensibilisieren.

Um einen reibungslosen Service zu gewährleisten, gibt es bestimmte Servierregeln (s. ab S. 252). Die Kenntnis dieser Regeln schafft den Restaurantfachkräften die Zeit, die sie benötigen, um sich intensiver mit der Gästeberatung, dem Verkauf und der Gästebetreuung zu befassen.

Nach einer freundlichen Begrüßung und der Begleitung zum Tisch wird den Gästen die Speise- und Weinkarte präsentiert. Gleichzeitig besteht die Möglichkeit, auf besondere Tagesspezialitäten aufmerksam zu machen. Bevor man eine fachkompetente Beratung beginnt, ist es wichtig, den Gästen Zeit zu geben, sich mit Hilfe der Karte ein Bild über die Leistungsfähigkeit von Küche und Keller zu machen. Nach der Aufnahme der Bestellungen werden Speisen und Getränke boniert und an die Küche bzw. an das Getränkebüfett weitergegeben. Danach werden Getränke und Speisen mit Umsicht und Können professionell serviert, die Gäste also mit dem Bestellten versorgt.

4.1 Empfehlung und Aufnahme der Bestellung

🇬🇧 recommendation and taking of orders
🇫🇷 recommandation (w) et l'accueil de la commande

Die Empfehlung von Speisen und Getränken sowie die Aufnahme der Bestellungen ist ein wesentlicher Aufgabenbereich der Servierfachkräfte. Dazu gehören gutes Fachwissen und die Kenntnis des betrieblichen Angebots, wie z. B.:
- Welche Gerichte (Braten usw.) sind fertig und können dem eiligen Gast empfohlen werden?
- Stehen Tagesspezialitäten auf der Karte?
- Werden auch Gerichte serviert, die nicht auf der Karte stehen?
- Gibt es Gerichte, die nach Größe oder Gewicht (Fische oder Steaks) berechnet werden?
- Welches sind besondere Hausspezialitäten?
- Angebot von Diät- oder vegetarischen Gerichten.
- Sind die Gerichte auch als kleine oder halbe Portionen erhältlich?
- Können Beilagen geändert werden? Mit oder ohne Aufpreis?
- Inwieweit können Extrawünsche der Gäste erfüllt werden?
- Durchschnittliche Zubereitungsdauer der einzelnen Gerichte.

Abb. 2 Gästeberatung

4 Verkauf im Restaurant

4.2 Verkaufsgespräche und -techniken

🇬🇧 sales talks and formulations of questions
🇫🇷 dialogues (m) de vente et des techniques (w) de poser des questions

Eine geschickte Fragetechnik ist das wichtigste rhetorische Hilfsmittel, um den Gast beim Verkaufsgespräch zum Sprechen zu veranlassen. Der Fragende hat die Möglichkeit, das Gespräch zu lenken, die Richtung zu beeinflussen.

Gastorientierte Fragen bilden die Grundlage für den erfolgreichen Verlauf von Verkaufsgesprächen. Dabei sind die folgenden Fragearten in der betrieblichen Praxis bedeutsam.

Abb. 1 Aperitif-Auswahl

> **Wer fragt – der führt!**

> **Richtig formulierte Fragen,** gästegerecht aufbereitet, bewirken im Verkaufsgespräch einige interessante Vorteile:
> - sie schaffen die notwendige Vertrauensbasis;
> - sie helfen, den Dialog mit Gästen zu finden;
> - sie helfen, eventuell vorhandene Widerstände beim Gast zu erkennen;
> - sie vermeiden Konflikte, die durch Missverständnisse entstehen könnten;
> - sie ermöglichen eine konfliktfreie Korrektur der Meinung eines Gastes.

Fragearten	
Informationsfragen	Taktische Fragen
• Geschlossene Fragen • Offene Fragen	• Rhetorische Fragen • Gegenfragen • Suggestivfragen • Alternativfragen • Übereinstimmungsfragen • Motivierungsfragen • Kontrollfragen • Richtungweisende Fragen

Informationsfragen

Informationsfragen dienen der Informationsbeschaffung und gliedern sich in die Fragearten „geschlossene Fragen" und „offene Fragen".

Geschlossene Fragen (1) beginnen mit einem Verb, einem Zeitwort oder einem Hilfszeitwort. Diese Fragen haben den Nachteil, dass sie meist nur mit „ja" oder „nein" beantwortet werden. Der Dialog könnte schnell enden, bevor er richtig begonnen hat.

Nach der Wahrscheinlichkeitsrechnung werden Sie in 50 % der Fälle ein „Nein" als Antwort bekommen. Gerade in der Eröffnungsphase des Verkaufs- oder Beratungsgesprächs stellt die Antwort „Nein" einen Störfaktor dar und sollte deshalb nicht provoziert werden.

Offene Fragen (2) beginnen mit den Fragewörtern „wer", „wie", „was", „wo", „wann", „womit", „welche", „wie viel", „wozu". Offene Fragen aktivieren den Gast, mit ganzen Sätzen zu antworten.

> (1) „Möchten Sie unsere Aperitifauswahl vom Wagen sehen?"
> „Darf ich Ihnen unsere Aperitifkarte bringen?"

> (2) „Womit kann ich Ihnen helfen?"
> „Was darf ich Ihnen als Gemüsebeilage bestellen?"
> „Welches dieser Gebäckstücke darf ich Ihnen vorlegen?"

Beratung und Verkauf

VERKAUFSABLÄUFE IM RESTAURANT

Taktische Fragen

Bei **Taktischen Fragen** stehen nicht die Bedarfsklärung und Informationsbeschaffung im Vordergrund. Sie dienen vielmehr der Gesprächslenkung und der positiven Prägung und Beeinflussung der Gesprächsatmosphäre.

Rhetorische Fragen (1) verlangen keine Antworten vom Gesprächspartner, denn diese werden vom Fragensteller gleich selbst vorgegeben. Diese Fragetechnik hat den Vorteil, dass mit ihrer Hilfe ein „fingierter" Dialog stattfinden kann. Die Antwort hilft gerade unsicheren und unentschlossenen Gästen, sich zu entscheiden.

(1) „Welchen Wein kann ich Ihnen bei Ihren genannten Wünschen bringen? Ich glaube, der ‚Lauffener Altenberg' wird Ihre Erwartungen am besten treffen!"

Gegenfragen (2) verhelfen zu Hintergrundinformationen. Sie werden oftmals gestellt, um die Meinung des Fragenden zu korrigieren, eine Überprüfung seinerseits zu veranlassen oder um der Frage auszuweichen. Wer Gegenfragen stellt, muss bedenken, dass Gäste dies als ungehörig und unzulässig empfinden können, werden sie doch statt einer erwarteten Antwort mit einer neuen Frage konfrontiert. Viele Gäste empfinden das Nichtbeantworten ihrer Frage und das Antworten mit einer Gegenfrage als ungehörig und unzulässig. Der Ton macht hier die Musik.

(2) Gast: „Ist Ihr Orangensaft auf dem Frühstücksbüfett immer aus Fruchtkonzentrat hergestellt?"
Bedienung: „Sie hätten lieber einen frisch gepressten getrunken? Das tut mir leid, aber das wusste ich nicht. Morgen bringe ich Ihnen einen frisch gepressten Orangensaft!"

Suggestivfragen (3) sind so formuliert, dass sie die angestrebte oder erwartete Antwort bereits enthalten. Der Gefragte wird beeinflusst, im Sinne des Fragenden zu antworten. Suggestivfragen sollten im Verkauf sehr vorsichtig angewendet werden, weil sie von den Gästen häufig als Meinungs-Manipulation empfunden werden. Man wird diese Fragenart nur in den Fällen anwenden, bei denen eine zustimmende Antwort schon vorher im Gespräch vernehmbar war. Diese Sensibilität für Gästebedürfnisse vorausgesetzt, können Suggestivfragen eine gewünschte „Ja-Welle" bei den Antworten auslösen. Dazu werden gerne Füllwörter wie „sicherlich", „doch wohl", „doch nicht" oder „bestimmt auch" in die Frage eingebaut.

(3) „Sie werden diesen schönen Festabend doch nicht ohne einen Digestif ausklingen lassen?"
„Sie haben doch bestimmt nichts dagegen, wenn ..."
„Sie nehmen doch den Burger mit Extra-Käse?"

Alternativfragen (4) sind eine spezielle Art von Suggestivfragen. Sie lassen dem Gefragten die Wahl zwischen mehreren positiven Möglichkeiten. Der Berater geht bei dieser Fragetechnik nicht mehr davon aus, ob der Gast überhaupt einen Wunsch in dieser Richtung hat. Vielmehr wird ein Wunsch hierzu unterstellt. Dem Gast wird keine Entscheidung zwischen „Ja" oder „Nein" abverlangt, sondern eine Entscheidung zwischen „diesem" oder „jenem" Artikel.

(4) „Möchten Sie Ketchup oder Mayonnaise zu den Pommes frites?"

Übereinstimmungsfragen (5) helfen herauszufinden und zu kontrollieren, ob eine Übereinstimmung im Verkaufsgespräch noch besteht oder ob sie gestört ist. Außerdem festigen sie bereits erreichte gemeinsame Gesprächsbasen durch Gegenbestätigung des Gastes.

(5) „Es ist doch richtig, Frau Müller, dass Sie Ihren Salat mit Cocktail-Dressing wünschen?"

Motivierungsfragen (6) werden gerne verwendet, um in sich zurückgezogene, introvertierte Gäste anzuregen, ihre Meinung zu äußern. Darüber hinaus erzeugen diese Fragen ein positives Gesprächsklima und regen zum Gespräch an.

(6) „Ihre Meinung zu diesem Sachverhalt würde mich besonders interessieren. Sind Sie nicht Spezialist auf diesem Gebiet?"

Kontrollfragen (7) sollen hinterfragen, ob man vom Gesprächspartner richtig verstanden wurde. Sie sollen vermeiden, dass später Missverständnisse entstehen. Sie dürfen nicht direkt in verletzender Art gestellt werden, wie etwa: „Haben Sie mich verstanden?", oder: „Ist das jetzt klar?". Vielmehr sollten Kontrollfragen „diskret verpackt" formuliert werden.

Richtungweisende Fragen (8) sollen das Gespräch in eine neue, eben in die gewünschte Richtung lenken. Oftmals geht man dabei zurück auf eine zuvor erreichte gemeinsame Gesprächsbasis. Von diesem Übereinstimmungspunkt aus kann der Gesprächspartner seine Position überdenken. Er kann Schlüsse ziehen, die sich den Vorstellungen des Fragenden nähern oder ihnen sogar entsprechen.

4.3 Tischreservierungen

🇬🇧 table reservations 🇫🇷 réservations (w) de table

Die meisten Tischreservierungen erfolgen per Telefon, und die Anrufer werden mit dem Restaurant direkt verbunden. Manchmal reservieren Gäste auch persönlich im Restaurant oder an der Hotel-Rezeption. Es ist in jedem Fall wichtig, dass die erforderlichen Angaben vollständig erfragt und sofort notiert werden. Unvollständige, manchmal auch falsche Angaben im Reservierungsbuch können zu Überschneidungen und Reklamationen führen.

Die Reservierungsannahme soll freundlich, zielstrebig und professionell erfolgen. Das Verhalten des Service-Mitarbeiters gegenüber dem Gast muss sich verkaufsfördernd auswirken.

Begrüßen Sie den Gast freundlich und notieren Sie seinen Namen sofort. Erfassen Sie dabei auch die richtige Schreibweise des Namens. Der Gast wird nun seinen Reservierungswunsch durchgeben. Lassen Sie ihn ausreden, unterbrechen Sie nicht.

Erfragen Sie dann – am besten mit Hilfe eines Formblattes – alle nötigen Angaben. Seien Sie dabei offen, kooperativ und hilfsbereit. Beispielsweise erwähnen Sie die zu diesem Termin laufende Spezialitätenwoche oder Ähnliches.

Wenn keine sonstigen Wünsche genannt werden, danken Sie dem Anrufer für seine Reservierung. Versichern Sie ihm, dass es ein schöner Aufenthalt in Ihrem Hause wird und verabschieden Sie ihn unbedingt mit seinem Namen.

Tragen Sie nun die Reservierung korrekt und vollständig ins Reservierungsbuch ein oder geben Sie die Reservierung weiter an den zuständigen Abteilungsleiter bzw. Restaurantchef. Sehen Sie auch gleich in der Gästekartei nach, welche Besonderheiten bei diesem Gast zu beachten sind. Veranlassen Sie alles Nötige.

Hilfsmittel und Unterlagen zur Annahme von Tischreservierungen:
- Formblatt zur Reservierungsannahme
- Bleistift, Radiergummi, Kugelschreiber
- Notizblock
- Reservierungsbuch
- Veranstaltungsvorschau mit Aktionswochen
- Jahreskalender
- Speisekarte
- Getränkekarte
- Weinkarte
- Menüvorschläge mit Preisliste
- Gästekartei

(7) Sie wurden von einem Gast nach dem Weg zum Nationalpark gefragt. Sie haben den Weg beschrieben und stellen nun folgende Kontrollfrage: „Ich kann Ihnen meine Wegbeschreibung gerne noch einmal auf der Straßenkarte zeigen – oder glauben Sie, dass Sie auch so hinfinden werden?"

(8) Tagungsbesprechung mit einem Veranstalter: „Sie sagten vorhin, dass Sie Ihre Kaffeepause bei schönem Wetter gerne im Freien verbringen würden. Da kommt mir eine Idee: Was halten Sie davon, wenn wir Ihnen den Kaffee auf der Terrasse vor dem Wintergarten servieren würden? Das ist in der Nähe Ihres Tagungsraumes und dort sind Sie ungestört."

• Mit wohl überlegten Fragen, zum richtigen Zeitpunkt gestellt, kann das Verkaufsgespräch positiv beeinflusst werden und zu einem erfolgreichen Abschluss kommen!

Abb. 1 Restaurantmanager am Telefon

Beratung und Verkauf

VERKAUFSABLÄUFE IM RESTAURANT

Im Restaurant klingelt das Telefon. Ein Service-Mitarbeiter hebt ab und meldet sich korrekt mit:

Mitarbeiter: „Hier Hotel-Restaurant Wastlsäge, mein Name ist Johann Schiller, guten Tag!"

Gast: „Guten Tag, hier spricht Müller, von der Firma ABM. Ich möchte gerne bei Ihnen einen Tisch reservieren, für 6 Personen, am Samstag. Geht das in Ordnung?"

Mitarbeiter: „Ja, Herr Müller, Sie meinen sicher kommenden Samstag, den 31.? Für welche Uhrzeit möchten Sie reservieren?"

Gast: „Ja, genau, diesen Samstag. Wir wollen uns gegen 19 Uhr zum Aperitif in Ihrer Hotelbar treffen, das heißt, wir kommen dann gegen 19:30 Uhr zu Ihnen ins Restaurant."

Mitarbeiter: „Sehr gut. Ich darf kurz wiederholen: Für Samstag, den 31. Oktober, um 19:30 Uhr, einen Tisch für 6 Personen auf Ihren Namen, Herr Müller. Geben Sie mir bitte noch Ihre Adresse und Rufnummer?!"

Gast: „Ja, also der Name ist Egon Müller, Arberstraße 12, in München. Meine Privat-Rufnummer lautet 089 1234567, aber bitte erst nach 18 Uhr!"

Mitarbeiter: „Danke, Herr Müller. Erlauben Sie mir noch einen Hinweis? Bis einschließlich Sonntag bieten wir unsere Französische Gourmetwoche an, mit vielen Spezialitäten aus den Regionalküchen Frankreichs. Selbstverständlich könnten Sie auch hierbei à la carte wählen. Sagt Ihnen das zu, Herr Müller?"

Gast: „Das klingt ja vielversprechend. Aber ich möchte die Wahl meinen Geschäftsfreunden selbst überlassen – auch wenn ich der Gastgeber bin!"

Mitarbeiter: „Selbstverständlich, Herr Müller. Wünschen Sie einen bestimmten Tisch?"

Gast: „Das muss nicht sein. Hauptsache, wir können uns ungestört unterhalten."

Mitarbeiter: „Das verstehe ich. Wir werden für Sie einen ruhigen Ecktisch bereithalten – da sind Sie völlig ungestört. Können wir sonst noch etwas für Sie tun, Herr Müller?"

Gast: „Nein danke, das war's schon."

Mitarbeiter: „Wir danken für Ihre Reservierung. Auf Wiederhören, Herr Müller!"

Gast: „Auf Wiederhören!"

4.4 Veranstaltungsabsprachen

🇬🇧 function agreement 🇫🇷 accord (m) de manifestation (w)

Absprachen für größere Veranstaltungen, z. B. Familienfeier, Betriebsfest, Tagung, sind mit **größter Sorgfalt** zu erledigen. Auftretende Fehler sind hierbei besonders gravierend: Der Umsatz einer Veranstaltung ist recht hoch, es nehmen viele Gäste teil, deren Zufriedenheit über Folgeaufträge für den Betrieb entscheidet.

Jede Veranstaltungsabsprache ist ein Verkaufsgespräch. Punkte, die bei der Absprache vergessen werden, bedeuten daher auch Umsatz, der dem Restaurant entgeht.

Um Veranstaltungsabsprachen strukturiert durchführen zu können, helfen standardisierte **Checklisten**, so genannte **„Function Sheets"**. Sie helfen beim Verkaufsgespräch, dienen dem Gast und dem Restaurantleiter als Auftragsannahme und Auftragsbestätigung, sind für die Abteilungen Arbeitsanweisungen und für die Buchhaltung Grundlage zur Rechnungsstellung.

Die Gestaltung eines Function Sheets ist abhängig von der jeweiligen Veranstaltung. Bei Kindergeburtstagen stehen z. B. eher Alter und Geschlecht des Kindes sowie Spielmöglichkeiten im Vordergrund, während bei einer Tagung die benötigte technische Ausstattung sowie die Tagungsbewirtung wichtig sind. Der Gast erhält eine Kopie des Function sheets, auch um Unstimmigkeiten schnell erkennen zu können.

Grundlegende Informationen für Veranstaltungsabsprachen
- Datum und Uhrzeit des Veranstaltungsbeginns
- Name, Anschrift und Kontaktmöglichkeit des Gastgebers (E-Mail, Telefon)
- Art der Veranstaltung
- erwartete Teilnehmerzahl
- Art der Bezahlung

Zusätzliche Informationen, je nach Art der Veranstaltung
- Gebuchte Räumlichkeiten
- Dauer der Veranstaltung
- Höhe der Raummiete
- Tafelform
- Tischwäsche und Dekoration
- Menükartengestaltung
- Speisen- und Getränkewünsche
- Ablauf der Veranstaltung
- Musik
- Sonderwünsche

4.5 Gästeberatung

🇬🇧 giving recommendations to guests
🇫🇷 donner des recommandations aux hôtes

Die Art, wie das Verkaufsgespräch mit dem Gast geführt wird, ist in erster Linie abhängig von der Serviceart des jeweiligen Restaurants (vgl. S. 251). Die Erwartungshaltung eines Gastes ist in einem Restaurant der gehobenen Kategorie eine völlig andere als in der Kantine eines Unternehmens oder im Restaurant eines Freizeitparks.

Die Erfüllung (oder gar „Übererfüllung") dieser Erwartungshaltung entscheidet darüber, ob der Gast zufrieden ist, das Restaurant erneut besuchen wird und seinen Freunden und Bekannten weiterempfiehlt.

Obwohl die großen Restaurantketten der Systemgastronomie standardisierte Abläufe für Gastgespräche vorgesehen haben, ist der Umgang mit dem Gast stets individuell zu handhaben.

Abb. 1 Gästeberatung

Begrüßung

Unabhängig von der Serviceart ist zunächst die Begrüßung des Gastes wichtig. Diese sollte tageszeitabhängig und wenn möglich (z. B. bei Stammgästen) persönlich sein. Das weitere Wahrnehmen der Gastgeberfunktion ist dann schon eher von der im Restaurant vorherrschenden Serviceart abhängig. Während der Servicemitarbeiter in einem Full-Service-Restaurant dem Gast die Jacke abnimmt und diesem zu einem Tisch geleitet, kann in einem Restaurant mit Counterservice direkt mit der Gästeberatung oder der Annahme der Bestellung fortgefahren werden.

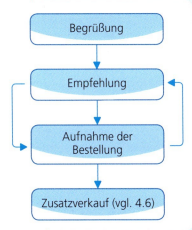

Begrüßung → Empfehlung ⇄ Aufnahme der Bestellung → Zusatzverkauf (vgl. 4.6)

Function Sheet „Kindergeburtstag"			
Familienname des Gastes:	Meier	Alter (am Geburtstag):	5
Vorname des Gastes:	Rebecca	○ Junge ☒ Mädchen	
Anzahl der Gäste:	8	Termin für die Feier:	15.05.
Durchschnittsalter der Gäste:	4 bis 6 Jahre	Eintreffen im Restaurant:	Ca. 15:30 Uhr
Gewünschte Dekoration:	Motto „Pferde", Luftschlangen und -ballons		
Gewünschte Speisen und Getränke:	Fingerfood/Pommes, Softdrinks/Mineralwasser, Kaffee (Eltern)		
Torte:	☒ Erdbeer ○ Schoko ○ keine		
Bezahlung:	☒ auf Rechnung ○ bar ○ ec/Kreditkarte	Telefonnummer für Rückfragen:	654326
Rechnungsadresse:	Dorfstr. 3, 23532 Marktbach		
Interne Vermerke:			
Gespräch geführt am:	28.04.	Auftragsnummer:	
Gespräche geführt durch:	P. Schwenkers		

Beratung und Verkauf

VERKAUFSABLÄUFE IM RESTAURANT

Die Empfehlung

Die Empfehlung richtet sich an Gäste, die sich noch im Unklaren über ihre Speise- und Getränkewahl sind. Wenn der Gast bekannt ist, kann der Servicemitarbeiter ihn gezielt in Richtung seiner Vorlieben beraten. Dabei ist es wichtig, einige Alternativen aufzuzählen. So können Verkaufschancen am besten genutzt werden.

Hier wird die **offene Frage** als rhetorischer Einstieg verwendet. Ohne lange Sprechpause wird mit einer Aufzählung von Empfehlungen fortgesetzt. Dann wird die Empfehlung mit einer **richtungsweisenden Frage** abgeschlossen. Die zuletzt genannten Vorschläge haben die größten Bestellchancen, denn ihr Erinnerungswert ist am größten.

Beispiel klassisches Restaurant:
„Was dürfen wir Ihnen vorweg als Aperitif empfehlen? Hätten Sie lieber einen Sherry-Medium, einen weißen Portwein oder einen Bellini? Das ist Pfirsich-Püree, aromatisiert mit Pfirsich-Likör und dann mit Prosecco aufgegossen! Oder hätten Sie lieber ein Glas halbtrockenen Champagner?"

Wenn der Gast und seine Vorlieben noch nicht bekannt sind oder er scheinbar zum ersten Mal in diesem Restaurant ist, sollte man durch geschickte Frageformulierungen seine Geschmacksrichtung herausfinden.

„Wir möchten Ihnen gerne einen Aperitif anbieten – bevorzugen Sie dazu lieber ein trockenes, ein halbtrockenes oder eher ein liebliches Getränk?"

Vergleichbar könnte die Einstiegsfrage in einem Quick-Service-Restaurant etwa so lauten:

Je nach geäußerter Vorliebe zählen Sie dann zwei bis drei Alternativen auf.

„Wir bieten unsere Hähnchenteile in zwei Variationen an. Mögen Sie es lieber scharf oder eher mild?"

Beispiel Quick-Service-Restaurant:
- „Kennen Sie schon unseren neuen Aktionsburger? Zartes Hähnchenbrustfilet mit einer Honig-Senf-Sauce und Ruccola-Salat in einem ofenfrischen Ciabattabrötchen.
- Möchten Sie vielleicht lieber das deftigere Schnitzelsandwich, mit einem panierten Schweinefleischschnitzel und würziger Mayonnaise in einem Laugenbrötchen? Dazu gibt es im Menü wahlweise Pommes frites oder Potato Wedges und ein großes Getränk.
- Oder nehmen Sie wie sonst das Menü mit den Hähnchennuggets und Barbecue-Sauce?"

Im klassischen Restaurant präsentieren Sie nach der Aperitif-Bestellung, die Sie notieren und wiederholen, jedem Gast eine geöffnete Speisekarte. Sie weisen sowohl auf Tagesspezialitäten als auch auf ein besonderes Angebot hin, z. B. auf die Spargelgerichte oder die Wildspezialitäten. Sie legen die Getränkekarte/ Weinkarte am Tisch bereit und kümmern sich um einen schnellen Service von Aperitif, Couvert-Brot, Butter und „amuse gueule", den kleinen Appetithappen vor dem Essen, als kulinarische Begrüßung.

Die Beratung

Im Gegensatz zur Empfehlung richtet sich die Beratung an den Gast, der das Menüangebot schon kennt. Entweder hat er die Speisekarte schon gelesen, ist ein Stammgast oder – speziell in der Systemgastronomie – er kennt das Produktsortiment aus anderen Filialen der Restaurantkette. In einem klassischen Restaurant wird der Gast besonders bei der Auswahl eines korrespondieren Weines beraten:

Beispiele klassisches Restaurant:
- „Zu dem gebratenen Kalbssteak mit Stangenspargel, holländischer Sauce und neuen Kartoffeln passt sehr gut unser Würzburger Stein, Silvaner, Kabinett, aus Franken!"
- „Zu der Steinpilz-Lauch-Kartoffeltorte eignet sich ideal unser Ockfener Bockstein, Riesling, Spätlese, halbtrocken, aus dem Anbaugebiet Mosel".

Beispiele Quick-Service-Restaurant:
- „Wenn Sie statt des Herkulesburgers und der großen Cola das Herkulesmenü wählen, haben Sie eine große Portion Pommes dabei und zahlen nur 40 Cent mehr."
- „Wenn Sie im Menü das große Getränk wählen, erhalten Sie einen Sammelpunkt. Nach nur fünf gesammelten Punkten bekommen Sie beim nächsten Besuch ein Menü Ihrer Wahl gratis."

4 Verkauf im Restaurant

Bestellungsannahme

Die Art der Bestellungsannahme ist direkt mit der Serviceart verbunden. In einem **klassischen Full-Service-Restaurant** notiert die Servicefachkraft auf dem Bestellblock die Wünsche der Gäste.

Bei mehreren Gästen an einem Tisch ist das Vorbereiten einer Sitzplatz-Skizze mit Tischnummer aus der Sicht der Servierrichtung am Tisch empfehlenswert. Das erspart später auch helfenden Kollegen die lästige Fragerei.

In das entsprechende Feld wird für jeden Gast die Bestellung, in korrekter Reihenfolge, mit den Sonderwünschen eingetragen. Dabei sollte gleichzeitig nach speziellen Wünschen, wie z. B. Zubereitung, Gargrad oder Dressing, gefragt werden.

In einem **Restaurant der Systemgastronomie** mit Counterservice wird die Bestellung des Gastes direkt in der Kasse erfasst und automatisch in die Küche weitergeleitet.

Dabei sollten auch Sonderwünsche wie z. B. „ohne Zwiebel" oder „mit Extra-Käse" mit erfasst werden. Dies ist zum einen für das Warenwirtschaftssystem des Restaurants wichtig, zum anderen erspart es das Rufen in die Küche, das das Verkaufsgespräch unschön unterbricht.

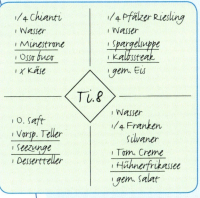

Abb. 1 Sitzplan-Skizze der Servicefachkraft

„Wünschen Sie Ihr Rinderfiletsteak blutig, medium oder durchgebraten?"

4.6 Zusatzverkäufe

Das Thema Zusatzverkäufe ist sehr wichtig. Zusatzverkäufe finden in der letzten Phase des Verkaufsgesprächs statt.

In einem **klassischen Restaurant** wiederholt der Servicemitarbeiter mit Hilfe seiner Sitzplan-Skizze die Bestellung und informiert den Gast über eine eventuell anfallende längere Wartezeit. Danach wird die Bestellung sofort boniert und unverzüglich an Küche und Getränkebüfett weitergeleitet.

Nachdem die Getränke serviert wurden, werden die Couverts der Bestellung entsprechend **nachgedeckt,** (s. Abb.) das „Mise en place" am Beistelltisch (Gueridon) wird vorbereitet.

Auch während der Wartezeit müssen die Gäste im Blick behalten werden, um Nachbestellungen annehmen zu können. Leere Gläser und Flaschen können ein Zeichen sein, dass am Tisch eine „Unterversorgung" besteht. Eine freundliche Nachfrage kann diese beseitigen.

● Mit erzielten Zusatzumsätzen helfen Sie Ihrem Haus, die Preise bei anderen Artikeln moderater kalkulieren zu können.

Beratung und Verkauf

VERKAUFSABLÄUFE IM RESTAURANT

Abb. 1 Rechnung mit Wechselgeld

Wenn der Hauptgang abgeräumt ist und noch keine Dessertbestellung erfolgte, fragt der Servicemitarbeiter die Gäste, ob der Wunsch nach einem Dessert besteht. Dies kann auch gleich mit der Präsentation der Dessertkarte erfolgen. Zur Abrundung des Mahles sollten Kaffee oder Digestifs angeboten werden.

Der Servicemitarbeiter im **Counterservice** sollte, vor allem bei umfangreichen Bestellungen, nach dem Eingeben in die Kasse die Wünsche des Gastes wiederholen, um sicherzugehen, dass nichts vergessen oder etwas falsch erfasst wurde. Danach wird der Zahlungsbetrag genannt. Je nach betrieblichem Standard erfolgt zuerst der Kassiervorgang oder das Zusammenstellung der Bestellung. Nachdem dem Gast seine Bestellung überreicht wurde, wünscht man ihm einen guten Appetit und verabschiedet sich von ihm.

Obwohl der Gast im Restaurant isst, kommt es im Counterservice meist nicht zu einem weiteren Kontakt zwischen Servicemitarbeiter und Gast. Wenn es für den Gast problematisch ist, das Tablett zu seinem Platz zu bringen (z. B. aufgrund einer Gehbehinderung oder bei einer großen Bestellung), sollte der Servicemitarbeiter seine Hilfe anbieten. Ein eventuell wartender weiterer Gast müsste kurz um Verständnis gebeten werden.

4.7 Rechnungspräsentation und Verabschiedung

🇬🇧 bill (GB), check (USA) and saying goodbye 🇫🇷 addition (w) et faire ses adieux

Die Rechnung wird dem Besteller eingesetzt. Sie liegt meist auf einem Teller in einer Serviettentasche. Der Endbetrag ist verdeckt. Die Diskretion der Service-Mitarbeiter ist auch hier gefordert. Entfernen Sie sich vom Tisch und lassen Sie dem Besteller genügend Zeit zur Überprüfung und um das Bargeld oder die Kreditkarte in die Serviettentasche zu legen. Erst dann gehen Sie zurück an den Tisch und bitten um den Teller. Im Office legen Sie das entsprechende Wechselgeld zur Rechnung, die bringen sie wieder zugedeckt auf dem Teller zurück.

Gehen Sie **nicht** davon aus, dass das Wechselgeld immer gleich Ihr Trinkgeld ist. Das wird der Gast erst noch entscheiden.

Das Kassieren darf nicht der letzte Kontakt zum Gast sein, denn das Verabschieden ist genauso wichtig wie das Begrüßen. Ist der erste Eindruck oft der entscheidende, so ist der letzte oft der bleibende! Helfen Sie den Gästen bei der Garderobe, bedanken Sie sich für den Besuch und verabschieden Sie Ihre Gäste freundlich am Restaurant-Ausgang.

5 Reklamationen

🇬🇧 dealing with complaints 🇫🇷 traitement (m) des réclamations

Auch in bestgeführten Restaurationsbetrieben kommt es gelegentlich zu Beschwerden oder Reklamationen. In jedem Fall sind diese Beanstandungen ernst zu nehmen. Man muss sich sofort um die Probleme kümmern.

Die Qualität von Betrieben wird auch daran gemessen, wie dort mit Beschwerden umgegangen wird.

Es ist viel kostengünstiger, vorhandene Gäste richtig zu betreuen, als Zeit und Geld zu investieren, um immer wieder neue Gäste zu gewinnen. Unter **Beschwerdemanagement** versteht man die Art und Weise, wie mit Reklamationen umgegangen wird.

Dieser Umgang sollte als eine sinnvolle Investition für die Erhaltung des zukünftigen Gästestamms verstanden werden. Beschwerden haben zwar immer eine negative Ursache, sie können aber zu einem positiven Ergebnis geführt werden.

Beim gastfreundlichen Beschwerdemanagement hat die Geschäftsführung verschiedene Instrumente ausgewählt, die je nach Situation eingesetzt oder angewendet werden können.

Vom Management ist im Voraus festzulegen, wer in welcher Situation welche Reaktionsinstrumente einsetzen sollte.

Die **Reaktionsinstrumente** sollten großzügig vorgegeben und eingesetzt werden. Diese Großzügigkeit kostet das Unternehmen weniger als ein unzufriedener Gast, der mit negativer „Mund-zu-Mund-Propaganda" andere Gäste abschrecken könnte und selbst nie wiederkäme. So sollte beispielsweise die innerbetriebliche Regelung bestehen, dass für ein im Restaurant zurückgenommenes Gericht nicht bezahlt werden muss.

Beispiele für Reaktionen auf Reklamationen siehe auch nächste Seite.

> 🔴 Bedenken Sie bitte: Jede Reklamationsbehandlung sollte als Werbechance um den Gast angesehen werden.

Reaktionsinstrumente:
- **Leistungstausch**, z. B. wird ein Filetsteak anstatt des reklamierten Rumpsteaks serviert oder ein Saibling statt einer Zuchtforelle
- **Nachbesserung**, z. B. wird das noch „blutige" Steak „medium" nachgebraten
- **Abhilfe**, z. B. wird die vergessene Sauce nachserviert
- **Schadenersatz**, z. B. werden die Kosten für die chemische Reinigung übernommen, wenn durch eine Unachtsamkeit der Mitarbeiter die Bekleidung eines Gastes verschmutzt wurde
- **kleine Aufmerksamkeiten**, z. B. werden Werbegeschenke überreicht
- **Gutscheine**, z. B. für den Sonntags-Brunch
- **Erstattung** der bereits bezahlten Rechnung
- **persönlicher Anruf** des Chefs beim Gast
- **Entschuldigungsschreiben** der Direktion

> 🔴 Grundsätzlich sollte gelten: Lieber ein Geschäft als einen Gast verlieren.

10 Empfehlungen bei Reklamationen

- Bleiben Sie ruhig, sachlich und höflich; sprechen Sie möglichst wenig, zeigen Sie Verständnis und unterbrechen Sie den Gast nicht!
- Diskutieren Sie nicht mit dem Gast! Widerspruch reizt den Gast noch mehr, belehren Sie ihn nicht!
- Entschuldigen Sie sich gleich, z. B. so: *„Es tut mir leid, dass Sie jetzt solche Unannehmlichkeiten haben – ich werde das sofort in Ordnung bringen!"*
- Schieben Sie die Schuld nicht auf andere Mitarbeiter oder Abteilungen. Gebrauchen Sie keine Ausreden. Das interessiert den Gast nicht!
- Zeigen Sie dem Gast, dass Sie ihn ernst nehmen. Lassen Sie den Gast sein Gesicht wahren! Behandeln Sie ihn mit Respekt.
- Reagieren Sie sofort. Sorgen Sie für Abhilfe oder fragen Sie den Gast, wie Sie ihn wieder zufrieden stellen können. Machen Sie konkrete Vorschläge dazu.
- Informieren Sie Ihren Vorgesetzten, der sich gegebenenfalls sofort um den Gast bemühen wird.
- Fühlen Sie sich nicht persönlich angegriffen. Bedanken Sie sich für Beschwerden als Chance zur Qualitätsverbesserung.
- Prüfen Sie nach, ob der Fehler behoben wurde. Vereinbaren Sie das weitere Vorgehen, falls nicht sofort reagiert werden kann.
- Übernehmen Sie Verantwortung für jede Reklamation, die Ihnen gegenüber geäußert wurde. Überdenken Sie die Ursache und beugen Sie künftigen Fehlern vor!

6 Rechtsvorschriften

 laws · référence (w) juridique

Folgende Gesetze betreffen den Abschnitt Verkaufsabläufe im Restaurant. Diese können auch auf der dem Buch beiliegenden CD nachgelesen werden.

Kaufvertrag

Die **§§ 433 ff. BGB** regeln die entgeltliche Veräußerung von Sachen und Rechten. Der Kaufvertrag unterliegt keinen Formvorschriften, die Schriftform ist aus Beweisgründen empfehlenswert.

Bewirtungsvertrag

Dieser ist kein ausdrücklich im Gesetz geregelter Vertrag. Deshalb werden die Vorschriften über den
- Kaufvertrag (**§§ 433 ff. BGB**), wenn es um die Ware geht
- Dienstvertrag (**§§ 611 ff. BGB**), wenn der Service betroffen ist
- Werkvertrag (**§§ 631 ff. BGB**),
- Werklieferungsvertrag (**§§ 651 ff. BGB**) und u. U. auch über das
- Mietrecht (**§§ 535 ff. BGB**)

angewendet. Der Bewirtungsvertrag beinhaltet weitgehend die Verpflegung des Gastes mit den Pflichten des Wirts und den Pflichten des Gastes.

Preisangabenverordnung – PAngV
(Stand 24. Juli 2010)

§ 1 schreibt vor, dass Gastronomen/Hoteliers bei der Nennung von Preisen für ihr Angebot **Endpreise** anbieten müssen, also Preise einschließlich der Umsatzsteuer und sonstiger Preisbestandteile, wie z. B. Bedienungsgelder und Sektsteuer. Eventuell zusätzlich anfallende Versand- oder Lieferkosten sind anzugeben, wie z. B. bei Außer-Haus-Lieferungen, Stadtküchenservice oder Weinhandel.

§ 2 schreibt vor, (2) wer Letztverbrauchern gewerbsmäßig … unverpackte Waren (lose Ware) anbietet (z. B. Kuchen im Außer-Haus-Verkauf), … hat lediglich den Grundpreis (gemäß Abs. 3) anzugeben. (3) Die Mengeneinheit für den Grundpreis ist jeweils 1 Kilogramm, 1 Liter … der Ware. Bei Waren, deren Nenngewicht oder Nennvolumen üblicherweise 250 Gramm nicht übersteigt, dürfen als Mengeneinheit für den Grundpreis 100 Gramm oder Milliliter verwendet werden.

§ 7 dieser Verordnung schreibt vor, dass Gaststättenbetriebe
- die Preise in Preisverzeichnissen, z. B. Speisekarten, Menükarten, Getränkekarten, Weinkarten, anzugeben haben;
- die Preisverzeichnisse auf Tischen aufzulegen sind oder dem Gast bei Bestellungsannahme und auf Verlangen bei Abrechnung vorzulegen sind;
- einen Auszug der wesentlichen angebotenen Speisen und Getränke mit Preisen im Eingangsbereich der Gaststätte anzubringen haben.

Verordnung über die Kennzeichnung von Lebensmitteln – LMKV
(Stand: 2. Juni 2010)

und Zusatzstoff-Zulassungsverordnung
(Stand: 28. März 2011)

Sie betreffen die Kenntlichmachung von Zusatzstoffen, wie z. B.: Konservierungsstoffe, Süßstoffe, Lebensmittel-Farbstoffe, Diphosphate, Schwefeldioxid, Chinin, Koffein … auf Speisekarten, Aushängen u. Ä. Diese Hinweise sollen gastronomische Betriebe und Einrichtungen der Gemeinschaftsverpflegung, wie z. B. Kantinen, auf die erforderliche und richtige Deklaration von Zusatzstoffen aufmerksam machen und so Beanstandungen bei Betriebskontrollen vermeiden helfen.

Schadenshaftung des Gastwirts

(BGB §§ 701 ff.) (Stand: 17. Januar 2011)

Hier muss zwischen **Schankwirt** (z. B. Betreiber eines Pils-Pubs) und **Gastwirt** (Beherbergungswirt) unterschieden werden.

Ein Schankwirt haftet nur für eigenes Verschulden und das seiner Mitarbeiter. Ein Gastwirt haftet darüber hinaus unter bestimmten Voraussetzungen.

§ 701 regelt, in welchen Fällen der Gastwirt (Hotelier) für eingebrachte Sachen seiner Übernachtungsgäste haftet und in welchen Fällen nicht.

§ 702 regelt die Höhe bzw. Beschränkung der Schadenshaftung des Gastwirts und beschreibt die Verpflichtung des Gastwirts Bargeld, Wertpapiere, Kostbarkeiten und andere Wertsachen zur Aufbewahrung zu übernehmen.

§ 702a regelt einen möglichen Erlass der Haftung des Gastwirts.

§ 703 verlangt vom Gast, einen Schaden unverzüglich geltend zu machen, damit dessen Anspruch nicht erlischt.

Pfandrecht des Gastwirts

(BGB, § 704)

§ 704 BGB: Der Gastwirt hat für seine Forderungen für Wohnung und andere dem Gaste zur Befriedigung seiner Bedürfnisse gewährte Leistungen, mit Einschluss der Auslagen, ein Pfandrecht an den eingebrachten Sachen des Gastes. Die für das Pfandrecht des Vermieters geltenden Vorschriften des § 562 Abs. 1 Satz 2 und der §§ 562 a bis 562 d finden entsprechende Anwendung.

Fundsachen / liegengelassene Sachen im Gastgewerbe

(BGB, §§ 965 bis 971)

Im Gastgewerbe unterscheidet man zwischen Fundsachen und liegengelassenen Sachen. Eingebrachte Güter von Übernachtungsgästen eines Gasthofs/ Hotels sind grundsätzlich liegengelassene Sachen, wenn sie vergessen wurden. Der Gastwirt hat solche Sachen unentgeltlich aufzubewahren und ggf. den Gast zu benachrichtigen. Der Gastwirt hat keinen Anspruch auf einen Finderlohn, jedoch kann er sich seine Kosten zur Benachrichtigung des Gastes erstatten lassen. Fundsachen kommen nur im öffentlichen Bereich des Betriebs vor, der auch von Passanten benutzt wird, wie z. B. der Restaurantbereich oder die Bankettabteilung. **§§ 965 ff. BGB** regeln die Pflichten des Finders und dessen Rechte, wie z. B. den Anspruch auf Finderlohn.

§ 965 regelt die Anzeigepflicht des Finders bei Sachen, deren Wert zehn Euro übersteigt.

§ 966 schreibt vor, dass der Finder die Sache verwahren muss, und regelt die Vorgehensweise bei verderblichen Sachen.

§ 967 regelt die Ablieferungspflicht der Sache oder des Versteigerungserlöses an die zuständige Behörde.

§ 968 regelt den Umfang der Haftung durch den Finder. Der Finder hat nur Vorsatz und grobe Fahrlässigkeit zu vertreten.

§ 969 besagt: Der Finder wird durch die Herausgabe der Sache an den Verlierer auch den sonstigen Empfangsberechtigten gegenüber befreit.

§ 970 legt fest, dass sich der Finder einer Sache Aufwendungen, die bei der Verwahrung oder Erhaltung der Sache oder bei der Ermittlung eines Empfangsberechtigten entstanden sind, vom Empfangsberechtigten erstatten lassen kann.

§ 971 regelt die **Höhe des Finderlohns**, den der Finder, z. B. der Gastwirt, vom Empfangsberechtigten/Verlierer, z. B. dem Nicht-Übernachtungsgast/Passant im Hotelrestaurant, verlangen kann. Der Finderlohn beträgt:

Vom Wert der Sache **bis 500 Euro: 5 %**. Übersteigt der Wert der Sache diesen Betrag, so sind vom **Mehrwert 3 %** zu leisten. Bei **Tieren** stehen **3 %** Finderlohn zu.

Der Anspruch des Finders ist ausgeschlossen, wenn er die Anzeigepflicht verletzt oder den Fund auf Nachfrage verheimlicht.

Garderobenhaftung

(BGB, § 688 ff.)

Der **Schank- oder Speisewirt** haftet für die Garderobe seiner Gäste nur dann, wenn ihm oder seinen Leuten schuldhaftes Handeln zugerechnet werden kann. Der Bewirtungsgast ist grundsätzlich für die Beaufsichtigung seiner Garderobe selbst zuständig. Dies gilt nicht, wenn der Wirt darauf besteht, dass die Garderobe an einem nicht einsehbaren Ort abzulegen ist. Bei einer bewachten Garderobe mit entgeltlicher Verwahrung haftet der Wirt/der Garderobenpächter für alle Schäden.

Es gelten die Regelungen des Verwahrungsvertrags (§§ 688 ff. BGB). Bei unentgeltlicher Verwahrung von Garderobe haftet der Schank- oder Speisewirt nur bei grober Fahrlässigkeit und Vorsatz. Dem Wirt muss ein Verschulden nachgewiesen werden.

Gaststättengesetz
(Stand: 07. Sepember 2007)

§ 18 Sperrzeit:
(1) Für Schank- und Speisewirtschaften sowie für öffentliche Vergnügungsstätten kann durch Rechtsverordnung der Landesregierungen eine Sperrzeit allgemein festgesetzt werden. In der Rechtsverordnung ist zu bestimmen, dass die Sperrzeit bei Vorliegen eines öffentlichen Bedürfnisses oder besonderer örtlicher Verhältnisse allgemein oder für einzelne Betriebe verlängert, verkürzt oder aufgehoben werden kann. Die Landesregierungen können durch Rechtsverordnung die Ermächtigung auf oberste Landesbehörden oder andere Behörden übertragen.

§ 28 Ordnungswidrigkeiten:
(1) Ordnungswidrig handelt, wer vorsätzlich oder fahrlässig ohne die nach § 2 Abs. 1 erforderliche Erlaubnis
  1. ein Gaststättengewerbe betreibt, ... ,

  12. den Vorschriften einer auf Grund der §§ 14, **18 Abs. 1,** ... erlassenen Rechtsverordnung zuwider handelt, soweit die Rechtsverordnung für einen bestimmten Tatbestand auf diese Bußgeldvorschrift verweist.

(2) Ordnungswidrig handelt auch, wer
1. entgegen § 6 Satz 1 keine alkoholfreien Getränke verabreicht oder entgegen § 6 Satz 2 nicht mindestens ein alkoholfreies Getränk nicht teurer als das billigste alkoholische Getränk verabreicht, ...

4. als Gast in den Räumen einer Schankwirtschaft, einer Speisewirtschaft oder einer öffentlichen Vergnügungsstätte über den Beginn der Sperrzeit hinaus verweilt, obwohl der Gewerbetreibende, ein in seinem Betrieb Beschäftigter oder ein Beauftragter der zuständigen Behörde ihn ausdrücklich aufgefordert hat, sich zu entfernen.

(3) Die Ordnungswidrigkeiten können mit einer **Geldbuße bis zu fünftausend Euro** geahndet werden.

Landesnichtraucherschutz-Gesetz

Die Gesetzgebung hierzu obliegt den einzelnen Bundesländern. Gültig ist z. B. seit 1. August 2007 im Bundesland Baden-Württemberg folgendes Gesetz (Auszug):

§ 1 regelt die Zweckbestimmung: Ziel ist, dass in Schulen sowie bei schulischen Veranstaltungen in Gaststätten nicht geraucht wird. Die Regelungen dienen, insbesondere bei Kindern und Jugendlichen, dem Schutz vor Gefahren des Passivrauchens.

§ 7 regelt die Rauchfreiheit in Gaststätten und **untersagt das Rauchen in Gaststätten**. Dieses gilt nicht für Bier-, Wein- und Festzelte sowie die Außengastronomie, z. B. Biergärten, Terrassengeschäfte, Straßencafés und nicht für die im Reisegewerbe betriebenen Gaststätten, z. B. Bahnhofsgaststätten.

Das Rauchen in vollständig abgetrennten Nebenräumen ist zulässig, wenn und soweit diese Räume in deutlich erkennbarer Weise als Raucherräume gekennzeichnet sind. Dies gilt nicht bei Diskotheken. Arbeitsschutzrechtliche Bestimmungen bleiben unberührt.

§ 9 Die Ordnungswidrigkeit nach Absatz 1 kann mit einer **Geldbuße bis zu 40 Euro** und im innerhalb eines Jahres erfolgenden Wiederholungsfall mit einer Geldbuße **bis zu 150 Euro** geahndet werden.

Weitere Landesgesetze sowie Aktualisierungen finden Sie auf unseren Internetseiten www.hotel-restaurant-kueche.de.

Aufgaben

1. Geben Sie drei Beispiele, inwiefern „soziale Bedürfnisse" der Gäste in der Gastronomie zu beachten sind.

2. Nennen Sie vier positive Eigenschaften, die dem Service-Mitarbeiter helfen, den Restaurantbesuch des Gastes zu einem Qualitätserlebnis werden zu lassen.

3. Nennen Sie vier typische Schwachstellen im Service, die zu Reklamationen führen können.

4. Sie bedienen in Ihrer Station eine Familie mit Kleinkindern. Nennen Sie vier Maßnahmen, mit denen Sie dazu beitragen können, dass der Restaurantbesuch nicht nur den Eltern in positiver Erinnerung bleibt.

5. Entwickeln Sie ein druckreifes Formblatt, das zur vollständigen Annahme von Tischreservierungen verwendet werden kann.

6. Wie viele Alternativen sollten Sie aufzählen, wenn Sie Ihren Gästen Empfehlungen geben?

7. Man kann Gästen Empfehlungen geben und man kann Gäste beraten. Worin unterscheiden sich diese Verkaufsaktivitäten?

8. Es ist unangenehm, wenn man die Gäste fragen muss, wer denn was bestellt hat. Wie kann man das vermeiden?

9. Nennen Sie sieben Sparten bzw. Umsatzbereiche, die Sie durch aktives Verkaufen mit interessanten Zusatzumsätzen versehen können.

10. Der Gast bittet um seine Restaurant-Rechnung. Schildern Sie den Ablauf bis zum Kassieren der Rechnung.

11. Erklären Sie den Zusammenhang zwischen Ihrem professionellen Verhalten im Service und der Zufriedenheit Ihrer Gäste.

12. Nennen Sie sechs „Reaktionsinstrumente", die Sie bei Reklamationen im Restaurant anwenden oder einsetzen könnten.

13. Mit welchen Verhaltensweisen kann es Ihnen gelingen, die schwierige Aufgabe der Reklamationsbehandlung noch besser zu meistern?

14. Erklären Sie, warum eine großzügige Reklamationsbehandlung einer kleinlichen vorzuziehen ist.

15. Üben Sie mit einem Partner in einem Rollenspiel, mit welchen Formulierungen und Reaktionsinstrumenten Sie auf die Reklamation Ihres Partners antworten.

PROJEKT

Aktionswoche „Spargel und Wein"

Mit einer Aktionswoche zum Thema **„Spargel und Wein"** möchte der F & B-Manager des Hotels Arberblick im hoteleigenen Restaurant „Waldlerstube" (100 Sitzplätze) den Abendverkauf beleben. Die Auszubildenden Marianne und Max sind beauftragt, bei Planung und Vorbereitung mitzuhelfen.

Zeitraum

Schlagen Sie die günstigste Kalenderwoche für die Aktion vor. Welche Faktoren berücksichtigen Sie dabei?

Tragende Marketing-Idee

Mit welchem Slogan wollen Sie für die Aktionswoche werben?

Gästekreis

Welche Zielgruppen wollen Sie ansprechen und gewinnen?

Marketing-Instrumente Angebot und Preis

1. Entwerfen Sie eine „Spargel und Wein"-Karte mit zehn Spargelgerichten und fünf korrespondierenden deutschen Weinen im offenen Ausschank.
2. Entwerfen Sie zwei 4-gängige Spargelmenüs, die als Menüempfehlung während dieser Woche geeignet sind.
3. Welche Tisch- und Raumdekoration planen Sie? Wie viel € wird sie kosten?
4. Mit welcher Art von Musik im Restaurant wollen Sie Ihre Gäste-Zielgruppen unterhalten? Wie viel € wird dies kosten?
5. Überlegen Sie, welche Unternehmen oder Verbände Kostenanteile durch Sponsoring übernehmen könnten.
6. Mit welchem Preis pro Gast planen Sie, wenn die Kosten für Musik und Dekoration auf die Gäste umgelegt werden?

Marketing-Instrumente Verkaufsförderung, Öffentlichkeitsarbeit und Werbung

1. Mit welchen Maßnahmen der Verkaufsförderung wollen Sie im Hotel auf die Aktionswoche hinweisen?
2. Mit welchen Maßnahmen der Öffentlichkeitsarbeit wollen Sie vor und während der Aktionswoche auf Ihr Restaurant aufmerksam machen?
3. Für welche Werbemaßnahmen werden Sie sich entscheiden? Welche Medien sollen dabei die Werbebotschaft überbringen? Begründen Sie kurz.
4. Entwerfen Sie einen Werbebrief (1 Seite) an Stammgäste, der als Serienbrief auf dem PC geschrieben werden soll.

7 Abrechnen mit Gast und Betrieb

🇬🇧 settlement of account 🇫🇷 régler ses comptes

Restaurantfachkräfte sind eigenverantwortliche Verkäufer, die einerseits mit dem Gast und andererseits mit dem Betrieb abrechnen müssen. Um das gesamte Verkaufsgeschehen lückenlos kontrollieren zu können, ist es erforderlich, dass für jeden Verkauf ein Bon bzw. Beleg ausgestellt wird.

7.1 Boniersysteme

Für das Bonieren gibt es folgende Möglichkeiten:
- das **Bonbuch**,
- die **Registrierkasse**,
- ein **computergesteuertes Boniersystem**.

Abb. 1 Bonbücher mit Durchschreibebons

Der Bon ist eine Gutschrift (Bonus) und stellt ein betriebsinternes Zahlungsmittel dar. Jeder, der ihn im betrieblichen Ablauf besitzt, hat Anspruch auf eine Gegenleistung:
- die Restaurantfachkraft gegenüber der Ausgabestelle auf eine Speise oder ein Getränk,
- der Betrieb gegenüber den Restaurantfachkräften auf das vom Gast entgegengenommene Geld.

Eine weitere Möglichkeit für den Erhalt und die Abrechnung von Speisen und Getränken sind **Wertmarken** und **Gutscheine**.

Bonbuch

Die einfachste Art des Bonierens erfolgt mit dem Bonbuch. Es wird dort eingesetzt, wo keine Registrierkassen vorhanden sind, z. B. im Partyservice oder im kurzzeitigen Saalbetrieb, und es kann bei Ausfall von Computerkassen eingesetzt werden.

- Beim Dienstantritt werden auf dem ersten Bon das Datum und der Name der Servierfachkraft eingetragen. Damit ist der Beginn des Abrechnungszeitraumes fixiert.
- Die Bons werden mit den zur Bestellung erforderlichen Eintragungen versehen: Menge, Art und Preis der Ware.
- Die handschriftlichen Angaben auf den Bons müssen klar und gut leserlich sein.
- Jeder Bon darf nur mit einer Warenart beschriftet werden, damit das Annoncieren und die Ausgabe der Ware reibungslos verlaufen können. Außerdem wird das Sortieren, Auszählen und Addieren im Kontrollbüro nicht unnötig erschwert.

Man unterscheidet **Einzel-** und **Doppelbons**. Der Doppelbon ist mit einem **Talon** bzw. zusätzlichen Abriss versehen. Dieser dient zur Kennzeichnung der Bestellung bei der Ausgabe.

Beim Einsatz von Bonbüchern werden die Bons handschriftlich ausgefertigt. Das Bonbuch besteht aus einem Oberblatt mit perforierten Bons und einem Unterblatt für die Durchschriften. Die Bons sind durchlaufend nummeriert und in verschiedenen Farben erhältlich.

Die **Originalbons** werden der jeweiligen Abgabestelle (Küche, Büfett oder Bar) übergeben als Aufforderung, die Ware bereitzustellen. Die **Durchschriften** verbleiben im Bonbuch und sind die Grundlage für das Abrechnen mit dem Gast und mit dem Betrieb.

VERKAUFSABLÄUFE IM RESTAURANT

Abb. 1 Begleit- und Abrufbons für mehrgängige Menüs

Nach- und Vorteile von Bonbüchern

Die Verwendung von Bonbüchern hat gegenüber dem Bonieren mit Registrierkassen Nachteile:
- Großer Zeitaufwand beim Bonieren und Abrechnen sowie bei der Auswertung der Bons im Kontrollbüro.
- Feststellen von Zwischensummen bzw. Abschlägen ist nur mit erheblichem Zeitaufwand möglich.
- Vielfältige Fehlerquellen aufgrund ungenauer, unleserlicher oder falscher Eintragungen auf dem Bon.

Die Verwendung ist in besonderen Fällen allerdings zweckmäßig, z. B.:
- bei Sonderveranstaltungen wegen der vereinfachten und gesonderten Abrechnung,
- wenn Aushilfskräfte im Umgang mit Kassen unkundig sind.

Begleit- und Abrufbons

Es handelt sich um mehrteilige Bons, die im Menüservice oder bei Pensionsgästen eingesetzt werden. Mit Hilfe der Teilabschnitte kann die Servicefachkraft den jeweiligen Gang abrufen. Bei der Ausgabe wird der Talon vom Bon getrennt und die einzelnen Gänge für den Service damit gekennzeichnet.
- **Marschierbons**, weil das jeweilige Teilstück beim *Marschieren* (der Ausgabe) der Speise abgegeben bzw. entwertet wird,
- **Begleitbons**, weil sie den Ablauf des Menüs *begleiten*.

Arbeiten mit Registrierkassen

Gegenüber den Bonbüchern haben Registrierkassen Vorteile:
- Der zeitliche Aufwand beim Bonieren sowie bei den Abrechnungs- und Umsatzkontrollen ist wesentlich geringer;
- Fehler beim Multiplizieren und Addieren sowie beim Sortieren der Bons sind ausgeschlossen.

Es gibt zwei grundlegende Arten von Registrierkassen: mechanische und elektronische.

Bonieren mit mechanischen Registrierkassen

Die Servicefachkraft aktiviert die Kasse mit einem persönlichen Kassenschlüssel. Jetzt können Bonierungsdaten eingegeben werden.

Die eingegebenen Bonbeträge werden im Addierwerk der jeweiligen Servicefachkraft registriert und aufaddiert. Der ausgedruckte Bon enthält folgende Angaben
- Nummer der Servicefachkraft,
- Preis und Sparte,
- fortlaufende Kontrollnummer und Datum.

Die Angaben auf dem Bon müssen von der Servicefachkraft handschriftlich vervollständigt werden
- Menge und Artikel,
- Tischnummer,
- Garstufen bei Fleisch und bei Beilagenänderung.

Beispiel eines Küchenbons

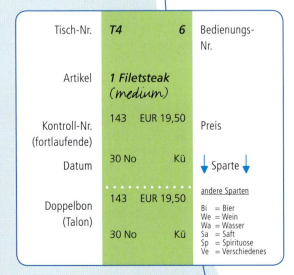

Bonieren mit computergesteuerten Systemen

Elektronische Kassen sind vollprogrammierte Systeme mit unterschiedlich umfangreicher Ausrüstung. Die Artikel sind mit allen Details einprogrammiert, sodass beim Bonieren nur noch die richtige Programmtaste bedient werden muss. Auf manchen Speise- und Getränkekarten sind die Artikel mit einer Codenummer versehen, die man auf dem Programmfeld wiederfindet.

Die ausgeworfenen Bons sind bereits mit allen Angaben bedruckt. Die Artikelbezeichnung erfolgt im Klartext, einschließlich der Tischnummer und Informationen über Garstufen und Beilagen.

Ablauf des Bonierens

- Codierten Schlüssel oder Karte oder Kugelschreiber eingeben
- Tisch- oder Zimmernummer eingeben
- Eingabe, ob Einzel- oder Sammelbon gewünscht wird
- Menge angeben
- Art der Speisen und Getränke oder Codenummer des Artikels eintippen bzw. scannen
- Bonauswurftaste aktivieren

Vorteile beim Arbeiten mit einer Computerkasse

- Manuelles Beschriften der Bons entfällt
- Artikel, Preise und Uhrzeit können eingespeichert werden.
- Mit dem Bonieren kann gleichzeitig die Gästerechnung (Guest-check) angelegt werden.
- Rechenfehler sind ausgeschlossen.
- Preisänderungen (z. B. Happy hour) werden automatisch vorgenommen
- Nachträgliche Erstellung von Gästerechnungen ist möglich.
- Umsätze der einzelnen Sparten und der Servicemitarbeiter sind jederzeit abrufbar.
- Tagesabrechnungen der einzelnen Mitarbeiter können automatisch erstellt werden.

Beispiele von Bons aus Computerkassen

```
Tisch 3              Bon # 112
Datum:    10-05
Uhrzeit: 13.31
Service: 2

1 Filetsteak             (213)
1xEUR 17.60 =
                        € 17.60
medium

Tisch 3              Bon # 112
Datum:    10-05
Uhrzeit: 13.31
Service: 2

1 Filetsteak             (213)
1xEUR 17.60 =
                        € 17.60
```

Abb. 1 Einzelbon mit Talon

```
Tisch 7              Bon # 013
Datum:    14-07
Uhrzeit: 19.41
Service: 5

2 Sherry
  trocken                (101)
2xEUR 3.60 =
                        €  7.20

1 Hefeweizen             (102)
1xEUR 2.30 =
                        €  2.30

1 Pils                   (102)
1xEUR 2.30 =
                        €  2.30

3 Tassen
  Kaffee                 (110)
3xEUR 1.70 =
                        €  5.10
```

Abb. 2 Sammelbon eines computerunterstützten Kassensystems

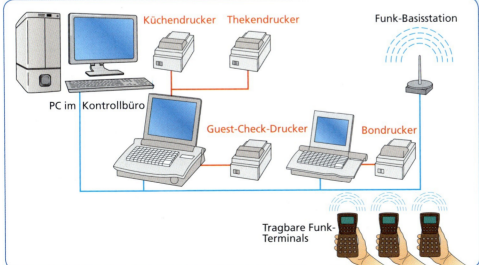

Abb. 3 Verbund-Computersystem für die Bestelleingabe am Tisch des Gastes

Besonderheiten

Für die bereits genannten Systeme gibt es technische Ergänzungen in Form eines computervernetzten Getränkeausgabeverbunds mit drahtlosen Fernbedienungen (portable Terminals). Sie ermöglichen den Servicefachkräften die Aufnahme von Speisen- und Getränkebestellungen direkt am Tisch des Gastes.

Durch die Eingabe der Artikel-Codenummer und der bestellten Menge werden sofort Kasse und Bondrucker an den Ausgabestellen aktiviert.

Noch während die Servicefachkraft am Tisch des Gastes steht, erhalten Küche und Büfett bereits die Bestellungen als Bons ausgedruckt.

Die bonierten Beträge werden von der Kasse registriert, und es wird ein Guest-check für den Tisch bzw. den Gast angelegt.

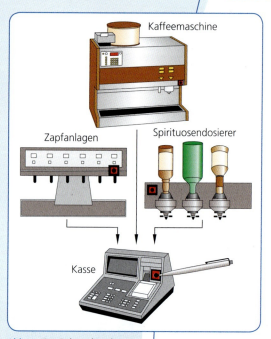

Abb. 1 Getränkeverbund-Anlage

Wertmarken und Gutscheine

Mit dem Einsatz von Wertmarken und Gutscheinen erübrigt sich das Bonieren, und das Kontrollsystem wird vereinfacht.

Biermarken

Die Servicefachkraft erwirbt für den entsprechenden Geldwert eine bestimmte Anzahl von Biermarken, die sie bei Bestellungen gegen das Bier einlöst.

Gutscheine

Gutscheine werden z. B. bei Firmenveranstaltungen an die Betriebsangehörigen ausgegeben. Auf dem Gutschein ist der Gegenwert genau vermerkt. Der Gutschein wird von den Gästen als Zahlungsmittel verwendet.

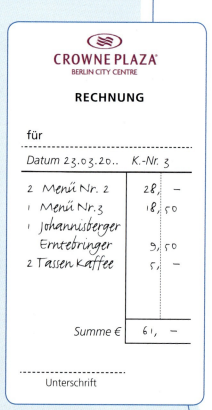

Abb. 2 Abrechnung

Gutschein für	**Gutschein für**
1 Essen	1 Portion Kaffee
2 Biere oder	1 Stück Torte oder
2 Softdrinks	1 Eisbecher

7.2 Abrechnung mit dem Gast

Wenn man von der ganz einfachen Art der Abrechnung mit Notiz- oder Rechnungsblock absieht, erhält der Gast eine Rechnung mit folgenden Angaben:

- Menge, Art und Preis der in Anspruch genommenen Leistungen,
- Rechnungssumme und Datum,
- Unterschrift.

7 Abrechnen mit Gast und Betrieb

Zahlt der Gast bar, wird ihm die quittierte Originalrechnung sofort ausgehändigt.

Handelt es sich um eine Kasse mit Rechnungsstellung (Guest-Check), dann wird die Rechnung beim Bonieren automatisch mitgeschrieben.

Die Angaben für die Rechnung werden in einem eigens für den Gast bestimmten Speicher registriert und bei Rechnungsstellung in einem Arbeitsgang ausgedruckt.

Per Computer ausgedruckte Rechnungen entsprechen den Vorschriften der Finanzämter, wenn die Rechnung als Nachweis für Bewirtungskosten eingereicht wird.

Die gesetzlichen Bestimmungen verlangen außerdem:
- Name und Anschrift des Restaurants bzw. der Gaststätte,
- Tag der Bewirtung sowie die Leistung nach Art, Umfang und Entgelt,
- Mehrwertsteuerprozentsatz und Mehrwertsteuerbetrag,
- Endbetrag der Rechnung.

> Bei Hotelgästen, deren Verzehr mit der Endabrechnung des Hotels übernommen werden soll, ist die Rechnung mit der Zimmernummer zu versehen, vom Gast zu unterschreiben und sofort an den Empfang weiterzuleiten.
>
> Der Servicemitarbeiter reduziert diesen Betrag von seiner Kassenabrechnung.

Zentrale Restaurantkasse

Dieses System dient zur Vereinfachung der Abrechnung, indem die Gäste beim Verlassen des Restaurants ihre Verzehrschuld an der Kasse begleichen. Dadurch entfällt das Abrechnen der einzelnen Servicefachkräfte mit dem Gast und mit dem Betrieb:

- Die Servicefachkraft registriert die Bestellungen des Gastes fortlaufend auf einer Karte, die der Gast beim Betreten des Restaurants erhält.
- Möchte der Gast bezahlen, übergibt er die Karte vor dem Verlassen des Restaurants an der Kasse.
- Hier wird die Rechnung ausgefertigt und der Rechnungsbetrag kassiert.

Rechnung für:

_____

835	Bedienung		Datum		Tisch	
	4		15-01-20..		5	€
1 Sekt	34			13.00		13.00
2 Küche				18.00		36.00
1 Wein	75			11.00		11.00
1 Storno				11.00		11.00
1 Wein	76			14.00		14.00
2 Kaffee	52			2.40		4.80

Im Rechnungsbetrag sind 19% Mehrwertsteuer € 10.83 enthalten

Kasse   **67.80**

Rechnung anerkannt: Unterschrift _____

Zimmer Nr. _____   Name _____
                                                                 Blockschrift

> Wird nur ausgefüllt, wenn der Gast den Rechnungsbetrag nicht an die Bedienung bezahlt.

Beratung und Verkauf

VERKAUFSABLÄUFE IM RESTAURANT

Vorderseite der Rechnung — Rückseite der Rechnung

Service-Nr. 5

Brutto-Umsatz	34	1815,40
Stornos	2	76,30
Netto-Umsatz	32	1739,10
Kredit	6	1104,80
Kasse		634,30
Datum 18-10-..		

In den voll durchorganisierten Systemen wird auf Abruf für jede Servicefachkraft automatisch ein detaillierter Umsatzbericht ausgefertigt (auch Servicebericht genannt).

Wenn ein Gast seine Bewirtungsaufwendungen steuerlich geltend machen will, so müssen Ort der Bewirtung, Tag, Teilnehmer, Anlass und Höhe der Aufwendungen nachweisbar sein. Außerdem muss die Rechnung maschinell erstellt und registriert sein. Die Leistungen müssen einzeln aufgeführt sein. Der Vermerk „Speisen und Getränke" genügt nicht. Zudem sind die Namen der bewirteten Personen ab einem Rechnungsbetrag von über 150 € anzugeben.

7.3 Abrechnung mit dem Betrieb

Die Servicefachkräfte rechnen ihre Einnahmen mit dem Betrieb ab. Als Grundlage dazu dient der Umsatz der jeweiligen Servicefachkraft.

Dieser wird ermittelt aus
- den aufaddierten Bondurchschriften des Bonbuches oder
- dem per Tastendruck abgerufenen Umsatz der Registrierkasse oder
- einem vom Computersystem automatisch angefertigten, detaillierten Umsatzbericht für jede Servicefachkraft.

Die Abrechnung enthält folgende Eintragungen:
- Datum,
- Gesamtumsatz, Fehlbons (Stornos) und berichtigter Umsatz,
- das kassierte Bargeld, die angenommenen Reisecheques sowie die Kreditkartenbelastungsbelege,
- Restanten.

Fehlbons sind Bons, die nicht durch Sofort-Stornierung ungültig gemacht werden konnten. Sie reduzieren den abzurechnenden Umsatz des Service-Mitarbeiters.

Restanten sind offene Rechnungen von Hausgästen, die dem Empfang zugeleitet und auf die Hotelrechnung des Gastes übernommen werden.

Debitoren sind offene Rechnungen, die entweder Gästen oder einer Firma zugeschickt und dann erst per Überweisung beglichen werden.

Restaurant Classico

MARITIM HOTELS

Restaurant-Abrechnung

Datum: 23.03.20.. Name: Schmidt Nr.: 8

Umsatz	1.712,40	Restanten/Rechnungen an Hotel		
./. Fehlbons [2]	34,15	Rechnungs-Nr.	Zimmer-Nr.	€
Berichtigter Umsatz	1.678,25	318	128	123,90
./. Restanten	456,50	459	434	332,60
Kasse	1.221,75			
Erhalten: Steinmüller				
geprüft: Krause				
(Kontrollbüro)		Summe		456,50

Aufgaben

1. Beschreiben Sie die Grundausstattung von Bonbüchern.

2. Erklären Sie Ihrer neuen Kollegin die Handhabung von Bonbüchern.

3. Erklären Sie folgende Bonbezeichnungen:
   a) Originalbon, Fehlbon, Sammelbon, b) Einzelbon, Doppelbon, Abrufbon, c) Begleitbon.

4. Was versteht man unter dem Begriff Talon?

5. Nennen und erläutern Sie Regeln für das Bonieren.

6. In welchen Fällen ist der Einsatz von Bonbüchern zweckmäßig?

7. Beschreiben Sie im Zusammenhang mit dem Bonbuch:
   a) das Abrechnen mit dem Gast, b) das Abrechnen mit dem Betrieb.

8. Beschreiben Sie den Bon einer Registrierkasse und dessen Verwendung.

9. Beschreiben Sie das Bonieren und die Ausstattung des Bons beim Arbeiten mit elektronischen bzw. computerunterstützten Kassen.

10. Welches sind die Besonderheiten bei elektronischen Kassen
    a) in Bezug auf die Rechnungsstellung für den Gast, b) in Bezug auf das Abrechnen mit dem Betrieb?

11. Erklären Sie die Besonderheiten bei der Verwendung
    a) von Biermarken, b) von Gutscheinen.

Empfehlung und Verkauf von Speisen

Wesentliche Aspekte beim gastorientierten Arbeiten sind die Gästeberatung und das Verkaufsgespräch. Um Gäste entsprechend gut beraten zu können, um bei ihnen schon mit Worten den Appetit anzuregen, sind grundlegende Produktkenntnisse notwendig. Zubereitungen und Gerichte, die für die Gästeberatung und Verkaufsförderung wichtig sind, werden nachfolgend behandelt, erklärt und beispielhaft mit verkaufsfördernden Empfehlungen präsentiert.

Mit Geschick und „verführerischen" Erläuterungen lassen sich Gäste motivieren, bestimmte Gerichte zu bestellen. Dabei muss allerdings darauf geachtet werden, dass man dem Gast nichts aufzwingt. So sollte am Ende beim Gast immer das Gefühl vorhanden sein, dass er seine Entscheidung alleine getroffen und das Gericht selbst bestellt hat.

Je mehr Appetit die Vorschläge der Servicemitarbeiter beim Gast auslösen, desto größer ist die Chance, gezielt zu verkaufen.

Redewendungen, die bei der Gästeberatung verwendet werden können, sind durch das **nebenstehende Symbol gekennzeichnet**. Viele Redewendungen kann man in leicht abgewandelter Form auch bei der Präsentation von Speisen oder einzelnen Menügängen nutzen.

1 Vorspeisen

appetizers · hors d'œuvres (m)

Abb.1 Kalte Vorspeise auf Porzellanplatte

Als Vorspeisen bezeichnet man kleine Gerichte, die vor der Suppe gereicht werden.

Kalte Vorspeisen werden als kleine appetitanregende Speisen in mehrgängigen Menüs zur kulinarischen Einstimmung angeboten. Bei Stehempfängen bevorzugt man kleine kalte und warme Köstlichkeiten in Form von Fingerfood.

Amuse-Gueule bzw. Amuse-Bouche werden wie auch Fingerfood an späterer Stelle genauer beschrieben (ab S. 479).

1.1 Kalte Vorspeisen

cold appetizers · hors d'œuvres froids (m)

Vorspeisen sind sehr vielfältig, weil sie aus fast allen Lebensmitteln hergestellt werden können.

Kalte Vorspeisen werden im Rahmen einer Speisenfolge immer an **erster Stelle** gereicht. Da sie ein angenehmer Auftakt zu einem Menü sein sollen, müssen sie wichtigen Anforderungen gerecht werden:

- in der Menge nicht zu umfangreich,
- sorgfältig ausgewählte, zarte Rohstoffe, die auf die nachfolgenden Speisen harmonisch abgestimmt sind,
- appetitanregend, geschmackvoll angerichtet und ansprechend garniert.

„Wir servieren Ihnen einen gekochten **Langustenschwanz** mit grünem, leicht in Butter gebratenem Spargel und mild mariniertem Löwenzahnsalat mit rotem Chicoree. Besonders delikat ist der kurz vor dem Service hauchdünn über das Vorspeisengedicht gehobelte schwarze Trüffel. Zu dieser eleganten Vorspeise empfehle ich Ihnen einen Chablis AOC, Domaine Carrion. Es ist ein schön trockener, weißer Burgunder mit frischem Charakter, der sehr gut mit Languste und Spargel harmoniert."

1 Vorspeisen

Rohstoffbeispiele für kalte Vorspeisen

Es gibt kaum ein Lebensmittel, das nicht im Rahmen der **kalten Vorspeisen** Verwendung findet.

Gemüse und Obst

- Artischocken, Gurken, Spargel, Tomaten, Kürbis
- Avocado, Grapefruit, Melone, Exotische Früchte usw.

Fische sowie Krebs- und Weichtiere

- Forelle, Graved Lachs, Räucheraal, Räucherlachs, Heilbutt
- Matjeshering, Sardinen, Sprotten, Thunfisch
- Kaviar (verschiedene Sorten)
- Garnelen, Hummer, Krabben, Krebse, Langusten, Scampi, Shrimps
- Austern, Muscheln, Tintenfisch

Schlachtfleisch

- Gebratenes Roastbeef, Braten von Kalb und Schwein
- Medaillons von Kalb und Schwein
- Tatar (rohes Filetfleisch), Hackepeter oder Schweinemett (gewürztes, rohes Schweinefleisch)
- Roher und gekochter Schinken, Bündner Fleisch
- Erlesene Wurstwaren und Innereien

Geflügel und Wildgeflügel

- Gekochtes und gebratenes Huhn, Putenschinken
- Gebratene Entenbrust
- Geräucherte Gänsebrust
- Leber von Enten und Gänsen
- Geflügelgalantinen
- Fasanenterrine, gefüllte Wachteln
- Gebratene Brust von Rebhuhn und Fasan

Wild

- Braten und Medaillons von Reh und Hirsch
- Rehrücken im Ganzen gebraten und garniert
- Hasen- und Rehpastete
- Wildschwein- und Hirschschinken

> In Verbindung mit den vielfältigen Zubereitungs-, Kombinations- und Garniermöglichkeiten ergibt sich eine sehr große Fülle von kalten Vorspeisen.

Abb. 1 Geräucherte und gebeizte Fische: ① Aal, ② Lachs, ③ Graved Lachs, ④ Forellen, ⑤ Heilbutt, ⑥ Bückling

Abb. 2 Platte mit Canapés

1.2 Arten von kalten Vorspeisen

Canapés 🇬🇧 canapés 🇫🇷 canapés (m)

Canapés sind kleine, unterschiedlich belegte, mundgerecht zubereitete und dekorativ garnierte Appetitschnittchen auf verschiedenen, zum Teil getoasteten Brotscheiben. Hierzu gehören auch die italienischen Bruschetta, Brotscheibchen mit würzigem Aufstrich oder Belag.

Vorspeisen-Cocktails

🇬🇧 entrées cocktails 🇫🇷 cocktails (m) comme hors d'œuvre

Vorspeisencocktails stellt man aus Obst, Gemüse, Krebs- und Weichtieren sowie Fisch und Fleisch her. Die Zutaten für Cocktails werden in der Regel in Würfel geschnitten und mit einer pikant abgeschmeckten Sauce vermischt oder überzogen (nappiert).

> Kalte Vorspeisen können eingeteilt werden in:
> - Canapés
> - Vorspeisen-Cocktails
> - Erlesene Delikatessen
> - Kombinierte Salate
> - Vorspeisenkompositionen auf Tellern

> Die Cocktails werden einzeln in Gläsern oder Schalen angerichtet und gut gekühlt serviert. Vorspeisen-Cocktails können auch am Tisch des Gastes zubereitet werden.

Beratung und Verkauf

EMPFEHLUNG UND VERKAUF VON SPEISEN

Restaurantfachkräfte sollen in der Lage sein, Gästeberatungen durchzuführen, um mit Worten den Gästen Appetit zu machen. Als Beispiel dienen das nachfolgende Rezept sowie die Zubereitungsbeschreibungen.

Geflügel-Cocktail

Bedarf für 10 Portionen

500 g	gekochte Hühnerbrust
250 g	Filets von rosa Grapefruits
200 g	gedünstete Champignons
200 g	grüne Paprikastreifen
5 g	Zitronensaft
200 g	Mayonnaise
100 g	Schlagsahne
	Salz, Pfeffer, Weinbrand, Chilisauce, Estragonblätter, 10 Tomatenfächer, Rucolasalat

Vorbereiten
- Hühnerbrust teilweise in Würfel und für die Garnierung auch in Scheiben schneiden.
- Paprika in Streifen, Champignons in Scheiben und Grapefruitfilets in Würfel schneiden.
- Alle geschnittenen Zutaten mit einer Mischung aus Salz, Pfeffer und Zitronensaft marinieren.

Anrichten
- Die Gläser mit dem gewaschenen Rucolasalat auslegen.
- Darauf die marinierten Zutaten geben und mit einer angerührten Sauce aus Mayonnaise, Schlagsahne, Chilisauce, Weinbrand und geschnittenem Estragon überziehen.
- Als Garnitur Tomatenfächer und Hühnerbrustscheibchen auflegen.

Abb. 1 Cocktail mit Hühnerbruststreifen und Cocktail mit Garnelen

Entsprechende Redewendung

Geflügel-Cocktail
„Als leichte Vorspeise möchte ich Ihnen einen Geflügelcocktail anbieten, kombiniert aus gekochter Hühnerbrust, vitaminreichen Paprikastreifen und rosa Grapefruit mit einer dezent-pikanten Sauce. Falls Sie den Cocktail lieber mit einer Cocktailsauce wünschen, ist dies auch möglich."

Weitere Beispiele

Grapefruit-Cocktail
„… eine erfrischende Kombination aus Filets von Grapefruit und Schinkenstreifen zusammen mit einer Sauce aus Joghurt, Salz, Pfeffer, Wodka und Worcestershire-Sauce, garniert mit Mandarinenspalten und gerösteten Pinienkernen."

Krebs-Cocktail
„… ein Cocktail mit besonderer Note durch frisch gekochte, geschälte Krebsschwänze und -scheren, die mit Noilly Prat, Zitronensaft und schwarzem Pfeffer mariniert sind. Diese werden zusammen mit kleinen Würfeln aus Tomatenfruchtfleisch, Salatgurke und etwas Cocktailsauce vermischt auf Friséesalat angerichtet.
Mit den Krebsscheren ist der Cocktail garniert."

1 Vorspeisen

Erlesene Delikatessen

🇬🇧 exquisite delicacies 🇫🇷 délicatesses (w) exquisites

Unter erlesenen Delikatessen versteht man die selbstproduzierten oder in Manufakturen hergestellten Feingerichte wie
- Pasteten, • Terrinen, • Galantinen, • Parfaits und Mousses

aus Gemüse, Fisch, Krebs- und Weichtieren, Geflügel, Wild oder Fleisch.

Beispiele

Pasteten sind mit Teig umhüllte Feinkostgerichte, die in speziellen Pastetenformen im Ofen gebacken und deshalb auch als Krustenpasteten bezeichnet werden. Den Namen erhalten die Pasteten durch das verwendete Rohmaterial wie zum Beispiel Kalb, Wildschwein oder Reh.

Terrinen sind Feingerichte aus Gemüse, Schlachtfleisch, Geflügel, Wild oder Wildgeflügel. Die fein verarbeitete Grundmasse wird mit bunten Einlagen versehen und zum Garen meist im Wasserbad pochiert.

Galantinen sind Feingerichte, bei denen eine bunte Farce den Kern bildet und Fisch oder Fleisch die äußere Hülle. Das Gericht ist immer pochiert und wird mit passenden Saucen serviert. Die bekannteste Galantine ist die Geflügelgalantine. Die deutsche Bezeichnung für Galantine ist Rollpastete.

Parfaits werden meist aus teuren Zutaten hergestellt wie z. B. Enten- oder Gänseleber mit Trüffeln. Man spricht dann von einem getrüffelten Gänseleber-Parfait. Der Begriff Parfait ist gleichbedeutend mit „perfekt".

Mousses werden aus entsprechenden gegarten und pürierten Rohmaterialien in Verbindung mit Béchamelsauce oder Veloutées hergestellt. Schlagsahne dient zur Lockerung, und durch Zugabe von Gelatine wird die Mousse schnittfest. Eine andere Bezeichnung ist Schaumbrot.

Abb. 1 Festliche Platte mit erlesenen Delikatessen

„Der Geflügelsalat, eine milde, leichte Kombination aus gekochter zarter Hühnerbrust mit knackigem Staudensellerie und fein säuerlichen Äpfelstückchen. Er gilt als der ideale Appetitanreger. Auf Wunsch können wir ihn auch mit Joghurt anstelle von Mayonnaise zubereiten."

Kombinierte Salate 🇬🇧 salad variatons 🇫🇷 variations (w) de salades

Diese Salate werden aus mehreren Zutaten kombiniert bzw. geschmacklich harmonisch zusammengestellt. Salate sind auch auf den Seiten 185 und 460 zu finden.

Geflügelsalat

Bedarf für 10 Portionen
- 800 g Geflügelfleisch gegart
- 250 g Staudensellerie in Würfeln
- 250 g Apfel in Würfeln
- 300 g Mayonnaise oder Crème fraîche
- 100 g geschlagene Sahne
- Salz, Zitrone, Worcestershire-Sauce, weißer Pfeffer

- Gebratene oder gekochte Hühnerbrust in Würfel schneiden, mit den Würfeln von Staudensellerie und Äpfeln mischen und mit Zitrone beträufeln,
- aus Mayonnaise, Schlagsahne und Gewürzen ein Dressing rühren und den Salat damit abbinden,
- den Salat auf Toast oder Glasschälchen anrichten und mit Tranchen von gebratenem Geflügel und zartgrünen Sellerieblättern garnieren.

Beratung und Verkauf

EMPFEHLUNG UND VERKAUF VON SPEISEN

„Empfehlenswert ist unser pikant-würziger Teufelssalat aus Rindfleisch und Pökelzunge mit vitaminreichen Streifen von frischen Paprikaschoten, Essiggurken und Zwiebelringen, vermischt mit einer pikanten Sauce."

„Geschmacklich passt zu den gebratenen kalten Rehmedaillons unser Waldorf-Salat mit Walnüssen ausgezeichnet. Durch den Staudensellerie und die angenehme Säure der Äpfel ergibt sich in Verbindung mit gebratenem Rehfleisch eine gelungene Harmonie."

Teufelssalat

Bedarf für 10 Portionen
- 800 g Rindfleisch gekocht
- 400 g grüne und rote Paprika
- 150 g Essiggurken
- 150 g Zwiebelringe
- 200 g grüne Bohnen
- 300 g Ketchup
- 50 g Salatöl
- 40 g Meerrettich gerieben
   Salz, Pfeffer, Tabasco, Zucker, Zitrone

- Gegartes Rindfleisch, Bratenabschnitte oder Zunge in Streifen schneiden,
- Paprikaschoten und Essiggurken ebenfalls in Streifen schneiden,
- grüne Bohnen kochen und sofort kalt abschrecken,
- alle Zutaten mit den Zwiebelringen vermischen und mit der aus den übrigen Rezeptzutaten bereiteten Sauce marinieren und abschmecken,
- mit hart gekochten Eiern, Zwiebelringen, Oliven, Maiskölbchen oder Perlzwiebeln garnieren.

Waldorf-Salat in Bioqualität

Bedarf für 10 Portionen
- 500 g Staudensellerie (Bio)
- 300 g Äpfel (Bio), ungeschält
- 80 g Walnusskerne, halbiert und teils gehackt
- 100 g Philadelphia balance
-   1 EL Zitronensaft
- 2–3 EL Apfelsaft
   Salz, weißer Pfeffer, Worcestershire-Sauce

- Selleriestangen und Äpfel waschen, trocken tupfen und in ½ cm große Würfel schneiden, mit Zitronensaft beträufeln und vermischen.
- Frischkäse mit Apfelsaft cremig rühren und die Sellerie-Apfel-Würfel unterheben
- Würzen und abschmecken.
- Mit Selleriegrün, dünnen Apfelscheiben und halben Walnüssen garnieren

Abb. 1 Salat von Staudensellerie, Äpfeln, Walnüssen, mit Mayonnaise, Salz, Pfeffer, Zitrone und Worcestershire-Sauce

Vorspeisenkompositionen auf Tellern

🇬🇧 dishes with appetizer compositions
🇫🇷 assiettes (w) avec hors d'œuvres (m) assorties

Heute werden kalte Vorspeisen vielfach im Voraus zusammen mit Saucen und Beilagen auf Tellern aus Porzellan oder Glas angerichtet. Dabei sind die Teller nicht mehr nur rund, sondern quadratisch, rautenförmig, rechteckig, dreieckig oder oval. Dies ermöglicht den Köchen einen neuen Stil des Anrichtens und bedeutet für das Servicepersonal eine neue Herausforderung beim Tragen und Einsetzen der Vorspeisen.

Abb. 2 Gemüse-Reis-Salat mit Friseesalat und marinierten Garnelen

1 Vorspeisen

Abb. 1 Thunfischwürfel mit Sesam

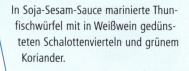

In Soja-Sesam-Sauce marinierte Thunfischwürfel mit in Weißwein gedünsteten Schalottenvierteln und grünem Koriander.

„Mit diesem Gericht erleben Sie eine ideale Kombination von frischer **Languste** und **Avocado**. Ein Avocadomousse ist in einer hauchdünnen Teigschale angerichtet; ein Avocadobogen wird auf dem Grill zubereitet und mit Zitronenrahm umgeben."

„Als Besonderheit möchten wir Ihnen das **Thunfischtatar auf Brioche-Scheibe** empfehlen nebst einer Nocke mit frischen Kräutern, einem Wachtelei und einer bunten Salatsauce aus Zitronengras mit Olivenöl. Dazu reichen wir getoastete Brioche-Ecken."

„Auf die gelungene Variante von **Lamm und Ziegenkäse** möchte ich Sie gerne hinweisen. Hauchdünne Scheiben vom Lammrücken werden mit Limonensaft und schwarzem Pfeffer gewürzt. Dazu reichen wir ein Salatbouquet mit Käsenocken und Lammfilet im Teigmantel."

❶ Entwerfen Sie aus der Kurzbeschreibung und den beigestellten Abbildungen eine appetitanregende Formulierung zur Empfehlung an Ihre Gäste.

Artischockenboden, Geflügelfleisch, Paprika, Garnele

Rehmedaillon, Gänselebermus, Orangenfilet, Himbeere

❷ Nennen Sie sechs Beispiele von kalten Vorspeisen.

❸ Was versteht man unter Canapés und was unter kombinierten Salaten?

❹ Nennen Sie verschiedene Teller- und Portionsplattenformen für Vorspeisen.

❺ Nennen Sie fünf Arten von „erlesenen Delikatessen".

Beratung und Verkauf

EMPFEHLUNG UND VERKAUF VON SPEISEN

② Suppen

🇬🇧 soups 🇫🇷 potages (m)

Der Stellenwert der Suppen hat sich verändert – weg vom reinen Sattmacher hin zu Genuss und Vielfalt.

Heute bieten sie eine Gelegenheit, Fantasie und Kreativität walten zu lassen, und sind gleichberechtigter und wichtiger Bestandteil eines Menüs.

Suppen unterteilt man in folgende Gruppen:
- Klare Suppen
- Gebundene Suppen
- Kalte Suppen

> „Als Einlagen empfehlen wir
> **Eierstich (Royale)**
> Eierstich besteht aus einer Mischung von Ei und Milch, die durch schonendes Garen im Wasserbad zu einer zarten Masse stockt und danach in Würfel, Rauten oder Scheibchen geschnitten wird."

2.1 Klare Suppen

🇬🇧 clear soups 🇫🇷 potages (m) clairs

Die Namen von Brühen werden von den geschmackgebenden Ausgangsrohstoffen bestimmt.

- Fleisch → Fleischbrühe 🇬🇧 meat stock 🇫🇷 bouillon
- Fisch → Fischbrühe 🇬🇧 fish stock 🇫🇷 fumet de poisson
- Wild → Wildbrühe 🇬🇧 venison stock 🇫🇷 fond de gibier
- Geflügel → Geflügelbrühe 🇬🇧 chicken stock 🇫🇷 fond de volaille

Bei klaren Suppen unterscheidet man nach der Intensität in
- Fleischbrühe – Bouillon
- Kraftbrühe – Consommé
- Doppelte Kraftbrühe – Consommé double
- Essenzen – Essence

Kraftbrühe – Consommé werden durch Beigabe von zusätzlichem Fleisch geklärt und geschmacklich verstärkt.

Verdoppelt man die Fleischzugabe, so erhält man die **doppelte Kraftbrühe – Consommé double.**

Wird eine doppelte Kraftbrühe stark eingekocht (reduziert), entsteht eine **Essenz**. Beispiele sind Fasanenessenz, Forellenessenz.

> „Als Einlagen empfehlen wir
> **Käsebiskuits (Schöberl)**
> Die Schöberl sind eine besonders pikante Suppeneinlage der österreichischen Küche aus würzigem, goldgelb gebackenem ungezuckertem Biskuit mit feinem Reibkäse."

Als **Einlagen** für klare Suppen dienen verschiedenartige Rohstoffe und unterschiedliche Zubereitungen:

Gemüse
- Sellerie, Karotten und Lauch
- Tomatenfleischwürfel, Paprikastreifen, Spargelspitzen, Blumenkohlröschen, Trüffel

Getreide
- Reis, Mais, Hirse, Grieß und Grießklößchen
- Nockerl, Spätzle und andere Teigwaren
- Biskuitschöberl, Backerbsen, Maultaschen
- Pfannkuchenstreifen (Célestine) und Backteigkrapfen (Profiteroles)

> „Als Einlagen empfehlen wir
> **Pfannkuchenstreifen (Célestine)**
> Pfannkuchenstreifen sind geschnittene, goldgelb gebackene Pfannkuchen, die zusammen mit frisch gehackten Küchenkräutern zu einem wahren Geschmackserlebnis werden."

Eier
- Eigelb, Eierflocken und Eierstich (Royale)
- pochiertes bzw. verlorenes Ei

Fleisch
- Mark-, Leber- und Kalbfleischklößchen
- Rind-, Kalb-, Geflügel- und Wildfleisch

Fisch
- Nockerl, Klößchen und Streifen von Fisch
- Fleisch von Weich- und Krebstieren

Gemüse in Streifen (*Juliennes*), Würfeln (*Brunoise*) oder in Rauten geschnitten werden überwiegend in klaren Suppen serviert.

Abb. 1 Juliennes, Brunoise und Rauten aus Gemüse

Fischnocken
bestehen aus oval geformter und pochierter delikater Fischfarce, für klare und gebundene Suppen geeignet.

Brotkrusteln (Croutons)
Knusprig geröstete Weißbrotwürfel serviert man meist zu gebundenen Suppen.

2.2 Gebundene Suppen
🇬🇧 cream soups 🇫🇷 potages (m) liés

Bei gebundenen Suppen erhalten entsprechende Brühen eine Bindung durch Mehlschwitze (Roux) aus Butter und Mehl oder durch gemixte/fein passierte Pürees des Suppengrundstoffs. Die Farbe der Suppe wird durch den verwendeten Rohstoff und durch die Zubereitungsart bestimmt. Gegarte Teilchen der geschmackgebenden Rohstoffe bilden vielfach die Einlage für diese Suppen. Sie werten die Suppe optisch und geschmacklich auf.

Wir bieten folgende Arten an:

Cremesuppen/Rahmsuppen, mit flüssigem Rahm oder geschlagener Sahne

Samtsuppen/Legierte Suppen, legiert/gebunden mit Sahne und Eigelb

Schaumsuppen, aufgeschäumt mit Sahne oder untergehobener Schlagsahne

Abb. 2 Zweierlei Spargelrahmsuppen

Abb. 3 Legierte Morchelsuppe mit Estragon

Abb. 4 Fenchelsuppe mit Lachsröllchen

„Gönnen Sie sich doch mal das Extravagante. Frischen weißen und grünen Spargel zusammen als Cremesuppe angerichtet."

„Wir empfehlen Ihnen heute als jahreszeitliche Spezialität unsere legierte Suppe von frischen Morcheln mit Estragonstreifen."

„Als besondere Delikatesse offerieren wir Ihnen eine aufgeschäumte Fenchelsuppe mit Röllchen vom zarten Räucherlachs mit gerösteten Mandelblättchen."

Beratung und Verkauf

EMPFEHLUNG UND VERKAUF VON SPEISEN

2.3 Kalte Suppen 🇬🇧 cold soups 🇫🇷 soupes (w) froides

Kalte Suppen werden in Form von Kaltschalen, geeisten Kraftbrühen oder kalten gebundenen Suppen vorzugsweise an heißen Sommertagen angeboten.

Kaltschalen

Kaltschalen enthalten als namengebende Zutat Früchte der Saison, die, in kleine Stücke geschnitten oder püriert, mit Zuckersirup (Läuterzucker), Wein oder entsprechendem Fruchtsaft vermischt werden. Je nach der verwendeten Frucht wird mit mehr oder weniger Zitronensaft abgeschmeckt.

Kaltschalen werden gut gekühlt in Suppentellern, Pozellanschalen oder in Gläsern serviert.

Geeiste Kraftbrühen

Vorwiegend aus Rindfleisch zubereitet, müssen geeiste Kraftbrühen glasklar, fettfrei und gut gewürzt sowie in leicht geliertem Zustand sein. Möglich sind auch Kraftbrühen aus Gemüse.

Kalte gebundene Suppen

Kalte gebundene Suppen sind im Allgemeinen pürierte Suppen z. B. aus Kartoffeln (Vichyssoise) oder Gemüsen (Gazpacho), die mit Sahne oder Joghurt bzw. Essig und Öl sowie mit frischen Kräutern verfeinert werden.

Abb. 1 Geeiste Melonensuppe

„An diesen heißen Sommertagen bieten wir Ihnen eine köstlich-kühle **Melonensuppe** zur Erfrischung an."

„Heute haben Sie die Wahl zwischen zwei Klassikern der kalten Suppen. Einmal ist da die **Gazpacho** aus Spanien. Sie ist zubereitet aus Salatgurke, Tomaten, Paprika, einem Hauch von Knoblauch und Zwiebeln. Sie wird mit Würfeln von Gemüse serviert.

Die zweite Köstlichkeit ist die **Vichyssoise** aus Frankreich, eine leichte Lauch-Kartoffelsuppe, mit Sahne verfeinert. Sie wird mit einem kleinen Toastscheibchen mit Sauerrahm und echtem Kaviar serviert."

Abb. 3 Kalte Suppen aus Spanien (Gazpacho) und Frankreich (Vichyssoise)

2.4 Regionalsuppen
🇬🇧 regional soups 🇫🇷 potages (m) régionaux

Suppen, die aus einer bestimmten Region Deutschlands stammen, bezeichnet man als Regionalsuppen. Bodenständige Erzeugnisse oder die besondere Verarbeitung der Naturalien bestimmen ihren Charakter. Diese Suppen haben auch eine gewisse Tradition.

Beispiele

Hamburger Aalsuppe

Die Suppe wird aus Aal, Fleischbrühe und Wurzelgemüse gekocht. Eine besondere Geschmacksnote erhält sie durch die Zugabe von Dörrobst. Sie wird mit Schwemmklößchen garniert serviert.

Abb. 2 Geeiste Tomatenkraftbrühe

„Wegen der sommerlichen Temperaturen hat unser Küchenchef zu Ihrer Erfrischung eine geeiste **Tomatenkraftbrühe** mit Staudensellerie und Tomatenfleischstücken zubereitet."

Münchner Leberknödelsuppe

Die Leberknödel bestehen aus pürierter Leber, Brotbröseln, Ei, Lauchstreifen und Kräutern. Nach dem Garen in Salzwasser werden sie in einer kräftigen Rindfleischbrühe serviert.

Westfälische Kartoffelsuppe

Eine sämige Suppe aus mehligen Kartoffeln mit Wurzelgemüse, frischer Landbutter, Sahne, mit Majoran abgeschmeckt. Als Garnitur dienen Röstbrotwürfelchen.

Büsumer Krabbensuppe

In Butter und etwas Krebssuppe angeschwitzte Gemüsewürfel werden mit Weißwein und Brühe aufgekocht, danach die geschälten Krabben zugegeben und mit Crème fraîche verfeinert.

Schwäbische Brotsuppe

Für diese Suppe verwendet man in Scheibchen geschnittenes Graubrot. Zwiebelwürfel werden goldgelb geschmolzen, das Brot wird darin leicht mitgeröstet, anschließend mit einer kräftigen Fleischbrühe aufgegossen.

Warmbiersuppe

Diese sächsische Spezialität erhält durch das dunkle Bier in Verbindung mit der Milch sowie der Zitronenschale und den Ingwerstückchen eine besondere Note.

Abb. 1 Brotsuppe

Riebelesuppe

Kleine zerriebene Teigstückchen werden in gehaltvoller Fleischbrühe gegart und mit Schnittlauch serviert. Eine Spezialität aus Baden-Württemberg.

2.5 Nationalsuppen  national soups   potages (m) nationaux

Nationalsuppen zeichnen sich durch landestypische Besonderheiten der jeweiligen Nation aus. Sie sind aus der ländlichen Küche eines Landes hervorgegangen. Für ihre Herstellung werden die typischen Produkte des Landes verwendet.

Borschtsch, Russland
Gemüsesuppe mit Weißkohl, Roten Beten, Rindfleisch und Sauerrahm.

Bouillabaisse, Frankreich
Suppe mit Safran, verschiedenen Fischen, Muscheln und Krebstieren.

Clam Chowder, USA
Suppe mit Muscheln, Kartoffeln, Maiskörnern, Sellerie und Sahne.

Beratung und Verkauf

EMPFEHLUNG UND VERKAUF VON SPEISEN

Minestrone, Italien
Gemüsesuppe mit Reis, Nudeln, Tomaten, Kichererbsen und geriebenem Parmesan.

Gazpacho, Spanien
Kalte Suppe mit Gurke, Tomate, Paprikaschote, Zwiebeln, Knoblauch.

Oxtail, England
Klare Suppe aus angebratenem Ochsenschwanz, Gemüsen und Fleischeinlage.

Gulaschsuppe, Ungarn
Suppe mit Rindfleisch, Zwiebeln, Paprika, Knoblauch, Kümmel, Zitrone, Majoran.

Cock-a-leekie, Schottland
Hühnersuppe mit frischem Lauch und Backpflaumen, köstlich gewürzt mit Pfeffer, Piment, Petersilie, Thymian und Muskatblüte sowie Hühnerfleischstreifen.

Mulligatawny, Indien
Currysuppe mit Geflügelstreifen, Äpfeln, Zwiebeln und Schinken, mit Reismehl gebunden.

Gulaschsuppe
„Unsere Gulaschsuppe ist angenehm paprikascharf, würzig nach frischem Majoran duftend mit reichlich Fleischstückchen."

Mulligatawny
„… eine englisch-indische Spezialität, die jeden Curryfan begeistert. Die Suppe wird zubereitet aus Geflügelbrühe, Curry und Rahm mit Reis und Geflügelfleischstücken."

Borschtsch
„Eine Spezialität der russischen Bauernküche mit Kraut, roten Rüben, Rindfleisch und Schmant (Crème fraîche)."

Clam Chowder
„… diese Köstlichkeit aus der neuen Welt, den USA, begeistert vor allem den Muschelfan. Der feine Geschmack der Herzmuschel wird durch Bleichsellerie und Kartoffeln vorteilhaft untermalt."

2 Suppen

Worte, die verkaufen helfen

- köstlich
- lecker
- aromatisch
- gekräutert
- würzig
- duftend
- deftig
- leicht
- wenig sättigend
- samtig
- feurig
- angenehm wärmend
- aufregend
- delikat
- auserlesen
- aus frischen Produkten
- regionale Spezialität
- aus Großmutters Küche
- ein besonderes Geschmackserlebnis
- den Himmel auf dem Löffel erleben Sie …

Fachbegriffe

Bouillon	Fleischbrühe
Consommé	Kraftbrühe
Consommé double	Doppelte Kraftbrühe
Fond	Grundbrühe
Célestine	Pfannkuchenstreifen
Legieren	Helle Suppen mit einer Mischung aus Eigelb und Sahne binden
Liaison	Mischung aus Eigelb und Sahne
Royale	Durch Pochieren gestockte Mischung (Eierstich) aus Milch, Salz, Muskat, Eigelb und Vollei
Schmant	Saure Sahne mit hohem Fettgehalt, ähnlich wie Crème fraîche

Abb. 1 Kraftbrühe mit Eierstich

Aufgaben

1. Entwerfen Sie aus der Kurzbeschreibung und der beigestellten Abbildung eine appetitanregende Formulierung zur Empfehlung an Ihre Gäste.
   Kraftbrühe von Rauchforelle, Gemüse und Gebäck

2. Welche Gruppen von Suppen unterscheidet man?

3. Nennen und erläutern Sie die verschiedenen Bezeichnungen für die Intensitätsstufen bei klaren Suppen.

4. Notieren und beschreiben Sie 10 Einlagen für klare Suppen aus unterschiedlichen Rohstoffen.

5. Nennen Sie Arten der gebundenen Suppen. Wodurch entsteht jeweils die Bindung?

6. Entwerfen Sie für einen Aktionstag ein Spezialangebot mit Suppen. Berücksichtigen Sie dabei alle Arten von Suppen.

3 Zwischengerichte

🇬🇧 entrées 🇫🇷 entrées (w)

Abb. 2 Pastetchen mit Scampi-Ragout

Die Zwischengerichte bilden den leichten Übergang von der Suppe zu den nachfolgenden Gängen. Früher auch als **warme Vorspeisen** bezeichnet, steht bei diesen Gerichten die Qualität im Vordergrund, sie ist wichtiger als der Sättigungswert.

Zwischengerichte lassen sich gut vorbereiten in Form von Torteletts, Blätterteigpastetchen, Teigschiffchen usw. Mit feinen Füllungen versehen, sind sie rasch fertiggestellt und angerichtet.

Oftmals unterscheiden sich Zwischengerichte lediglich durch die Portionsmenge von den Hauptgerichten. Die moderne Küche verwendet dafür bevorzugt auch solche Speisen, die in der klassischen Küche an anderen Stellen der Menüfolge verwendet werden (s. S. 484 f.). Als Zwischengerichte sind sie nur in kleineren Mengen zubereitet, angerichtet und mit pikanten Garnituren und Saucen versehen.

Zwischengerichte werden wie die kalten Vorspeisen aus einer breiten Palette von Rohstoffen wie Geflügel, Schlachtfleisch, Innereien, Wild, Krebs- und Weichtieren, Teigwaren, Eiern, Gemüsen und Pilzen gefertigt.

Abb. 1 Zwischengerichte aus China

„Den absoluten Renner hat unser Küchenchef aus China mitgebracht. Probieren Sie die Leckereien. Von der **Frühlingsrolle** bis zum **gefüllten Teigsäckchen** bietet jedes Teilchen eine kulinarische Überraschung."

Beispiele von Zwischengerichten

- **Gebackene Zwischengerichte** werden auf Teigböden oder in Teighüllen hergestellt, wie z. B.. Quiche, Fladen, Pizza, Strudel (mit Füllung oder Belag von Fleisch, Gemüse, Pilzen oder Fisch).

- **Kroketten,** für die gegartes, fein gehacktes Fleisch, Fisch, Gemüse oder Pilze mit einer entsprechenden Sauce gebunden und gut gekühlt wird. Aus dieser Masse formt, paniert und frittiert man dann die Kroketten.

- **Pfannkuchen** mit verschiedenen Füllungen aus Gemüse, Pilzen, Fleisch, Fisch oder Innereien.

- **Krapfen oder Beignets**, in Backteige getauchtes und frittiertes, teilweise vorgegartes Material aus Gemüse, Fleisch, Fisch, Innereien und Pilzen.

- **Zwischengerichte aus farciertem Fisch, Schlachtfleisch, Geflügel, Krebstieren oder Gemüse** werden als *Timbales/Flans* in gebutterten Formen pochiert und gestürzt oder als *Klößchen* oder *Nocken* (Quenelles) pochiert.

- **Feine Ragouts** aus Geflügel, Innereien, Wild, Kalbfleisch, Fischen, Krebstieren, Kalbsbries, Gemüse oder Pilzen werden in Blätterteigpastetchen, Römische Pastetchen oder Schiffchen und Törtchen aus ungesüßtem Mürbeteig gefüllt, eventuell mit einer Sauce nappiert und gratiniert.

- **Zwischengerichte aus Teigwaren** wie Nudeln, Tortellini, Makkaroni, Ravioli, Lasagne und Maultaschen mit feinen Füllungen und Saucen, oftmals mit Käse bestreut und überbacken.

- **Zwischengerichte** aus Grießmasse/Brandmasse nennt man Gnocchi, zu denen man Kräuterpaste (Pesto) oder Butter und Reibkäse reicht.

- **Zwischengerichte von Fischen, Krebs- und Weichtieren** sind wegen des hohen Eiweißgehaltes und des meist niedrigen Fettgehaltes beliebt.

- **Gemüse** für Zwischengerichte werden häufig gefüllt (Auberginen, Zucchini, Gurken, Spinat, Wirsingblätter, Tomaten). Eine besondere Variante sind leicht geschmorte Gemüse wie Chicorée, Endiviensalat und Staudensellerie, die dann mit wohlschmeckender Sauce oder mit Käse überbacken werden. Auch edle Gemüse wie Artischocken und Spargel sind zu deren Saisonzeiten sehr beliebt.

- **Eierspeisen**, s. S. 211 f.

4 Saucen

 sauces sauces (w)

Saucen sind ein wichtiger Bestandteil von Gerichten. Es gibt sie in vielen Arten und Variationen. Die Grundzüge werden hier vorab beschrieben.

Abb. 1 Unterschiedliche Saucen

Arten der Saucen

Saucen erhöhen die Saftigkeit und Verzehrbarkeit (man stelle sich z. B. Klöße, Teigwaren, Kartoffeln oder Reis ohne Sauce vor) von Gerichten. Darüber hinaus dienen sie der Verfeinerung und dekorativen Vervollständigung und sind nicht zuletzt eine harmonische Ergänzung in Bezug auf Farbe und Geschmack. In vielen Fällen bilden die bei den Garprozessen entstehenden Fonds die Basis für die herzustellende Sauce. Für Zubereitungsarten, bei denen es diese Voraussetzungen nicht gibt (z. B. beim Kochen, Dämpfen Kurzbraten, Frittieren), werden **Grundsaucen** bereitet, aus denen durch zusätzliche Zutaten Ableitungen hergestellt werden.

Daneben gibt es aber auch ganz „eigenständige" Saucenzubereitungen, die nicht durch Ableitungen variiert werden.

4.1 Grundsaucen

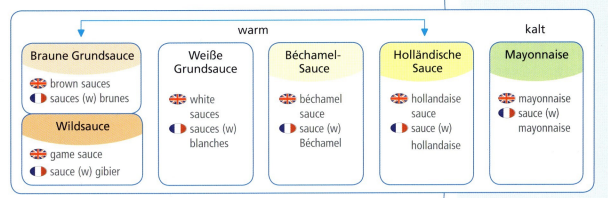

4.2 Braune Grundsauce demiglace sauce (w) demiglace

Die **braune Grundsauce** oder **Kraftsauce** (**Demiglace**) wird hauptsächlich aus gerösteten Kalbsknochen und Wurzelgemüse hergestellt. Sie wird mit brauner Brühe aufgegossen und mit Mehl gebunden.

Durch Ergänzungen entstehen aus der Grundsauce spezielle Saucen, die man **Ableitungen** nennt.

Ableitungen von der Sauce Demiglace (Beispiele)

+ Rotweinreduktion und Rindermarkwürfel als Einlage	+ Rotweinreduktion und Champignonwürfel als Einlage	+ Weißwein, Pilze und gehackte Petersilie als Einlage
Bordeauxer Sauce (Sauce bordelaise)	**Burgundersauce** (Sauce bourguignonne)	**Jägersauce** (Sauce chasseur)
für Gerichte aus gebratenem und gegrilltem Fleisch, geschmortes Gemüse (z. B. Chicorée, Fenchel)	für gebratene und geschmorte Schlachtfleischgerichte, Kalbs- und Rinderzunge, gekochten Schinken	für gebratene und gegrillte Gerichte aus Schlachtfleisch

Beratung und Verkauf

EMPFEHLUNG UND VERKAUF VON SPEISEN

4.3 Wildgrundsauce und Ableitungen

🇬🇧 game sauce 🇫🇷 sauce (w) gibier

Wildgrundsauce wird wie die Demiglace hergestellt. Die Geschmacksgrundlage geben jedoch artspezifische Zutaten wie Wildknochen und Fleischabschnitte vom Wild sowie würzige Wurzelgemüse. Dazu kommen typische Wildgewürze wie Wacholderbeeren, Piment, Nelke, Lorbeerblätter sowie Senf und Preiselbeeren.

Ableitungen sind:
- **Pfeffersauce,** mit Weißwein und reichlich geschroteten Pfefferkörnern oder grünem Pfeffer
- **Wacholderrahmsauce,** mit Rotwein-Wacholder-Reduktion und Sauerrahm
- **Hagebuttensauce,** mit Mark von Hagebutte und Rotwein

4.4 Eigenständige warme Saucen

Bratenjus 🇬🇧 gravy 🇫🇷 jus (m) de rôti

Bratenjus wird in Verbindung mit dem Braten von Fleisch gewonnen (z. B. Roastbeef, Schweine-, Kalb- oder Lammfleisch, Geflügel oder Wild). Die jeweils typischen Geschmacksstoffe ergeben sich aus dem Bratensatz, dem geringfügig austretenden Fleischsaft, die die Bratenjus bilden. Dieser wird in der Regel nicht oder nur leicht mit Stärke oder kalten Butterflocken gebunden.

Tomatensauce

🇬🇧 tomato sauce
🇫🇷 sauce (w) tomate

Tomatensauce ist eine farblich betonte Sauce. Sie kann geschmacklich vielfältig variiert werden, beispielsweise durch Zugabe von Gin oder gehacktem Basilikum. Sie ist wegen ihres pikanten, leicht säuerlichen Geschmacks sehr beliebt und wird zu den verschiedensten Speisen verwendet.

4.5 Weiße Grundsaucen 🇬🇧 white sauces 🇫🇷 sauces (w) blanches

Die **weißen Grundsaucen** werden mit einer hellen Mehlschwitze (Roux) bereitet. Mit Milch aufgefüllt, erhält man die **Béchamelsauce,** mit heller Brühe von Kalb, Geflügel oder Fisch die **Samtsaucen (Veloutés)**. Abgesehen von den unterschiedlichen Zutaten für die **Ableitungen** werden weiße Saucen meist mit einer Legierung aus Eigelb und Sahne vollendet.

Ableitungen von der Béchamelsauce

+ Sahne	+ Fleischbrühe/ Meerrettich	+ Sahne/geriebener Käse	+ Fischfond/ Hummerbutter
Rahmsauce *(Sauce à la crème)*	**Meerrettichsauce** *(Sauce au raifort)*	**Mornaysauce** *(Sauce Mornay)*	**Kardinalsauce** *(Sauce cardinal)*
zum Binden von Gemüse und Kartoffeln (Béchamelkartoffeln)	zu gekochtem Rindfleisch	für überbackene Gerichte von Gemüse und Eiern	zu gekochten und gedünsteten Gerichten von Eiern, Fischen und Krebstieren

---

Ableitungen von den Samtsaucen (Veloutés)

Grundsauce	Ableitungen	Zuordnung zu Speisen
Kalbssamtsauce (Velouté de veau)	• **Deutsche Sauce** *(Sauce allemande)* • **Champignonsauce** *(Sauce aux champignons)*	• Ragoût fin • Kalbsblankett, pochierte Eier
Geflügelsamtsauce (Velouté de volaille)	• **Geflügelrahmsauce** *(Sauce suprême)* • **Champignonsauce**	• Geflügelfrikassee, Hühnerbrüstchen • feines Geflügelragout
Fischsamtsauce (Velouté de poisson)	• **Weißweinsauce** *(Sauce au vin blanc)* • **Dillsauce** *(Sauce à l'aneth)*	• gedünsteter Fisch • Krebstiere

4.6 Aufgeschlagene und gerührte Saucen

Bei den meisten Gerichten werden die Saucen aus den Braten oder Bratansätzen der Hauptbestandteile gewonnen. Aufgeschlagene und gerührte Saucen werden unabhängig vom Hauptbestandteil eines Gerichtes hergestellt. Bei diesen Saucen handelt es sich um die **holländische Sauce** (warm) und die **Mayonnaise** (kalt).

Holländische Grundsauce und Ableitungen

Die Hauptbestandteile der holländischen Sauce sind Eigelb und Butter. Diese werden geschmacklich durch einen konzentrierten Auszug (Reduktion) aus Schalotten, Essig, Pfefferkörnern und Wasser unterstützt. Der feinen Zutaten und der zarten Konsistenz wegen wird die holländische Sauce auch als Königin unter den Saucen bezeichnet.
Sie wird verwendet:
- als Beigabe zu feinem Gemüse, z. B. Artischocken und Spargel, zu Eierspeisen und gedünsteten Fischgerichten
- beim Überbacken von Gerichten, z. B. feine Ragouts von hellem Fleisch, Fisch und Krebstieren.

Ableitungen von der holländischen Sauce

+ geschlagene Sahne	+ Saft und Schalenstreifen von Blutorangen	+ Weißwein-Estragonessig-Reduktion, gehackter Kerbel und Estragon
Schaumsauce (Sauce mousseline)	**Maltasauce** (Sauce maltaise)	**Béarner Sauce** (Sauce béarnaise)
zu verlorenen Eiern, Spargel, Blumenkohl, Brokkoli, Romanesco, gedünsteten Edelfischen	zu Spargel und kurzgebratenem Fleisch von Kalb und Putenbrust	zu verlorenen Eiern, Pfannen- und Grillgerichten von Rindfleisch, Kalbfleisch, Fisch

Ableitung von der Béarner Sauce:
- **Choronsauce** (Sauce Choron): Béarner Sauce + Tomatenpüree oder Tomatenmark

Grundsauce Mayonnaise und Ableitungen

Die Mayonnaise ist die wichtigste Sauce der kalten Küche. Zutaten sind Eigelb, Pflanzenöl sowie wenig Essig, Senf und Salz. Durch Rühren erhält man eine Emulsion und somit die Mayonnaise.

Ableitungen von der Mayonnaise

+ geschlagene Sahne und Zitronensaft	+ fein gehackte Gewürzgurken, Kräuter, Sardellen und Kapern	+ hart gekochtes, gehacktes Ei und fein geschnittener Schnittlauch	+ Ketchup, Schlagsahne, geriebener Meerrettich, Salz, Tabasco, Weinbrand
Chantillysauce (Sauce Chantilly)	**Remouladensauce** (Sauce rémoulade)	**Tatarensauce** (Sauce tartare)	**Cocktailsauce** (Sauce cocktail)
zu Spargel und Artischocken, gekochtem, kaltem Hummer	zu gebackenem Fisch oder Gemüse, kaltem Braten	zu gebackenem Gemüse, gebackenem Fisch und kaltem Braten	als Salatdressing, für Vorspeisencocktails, Eiersalat

Beratung und Verkauf

EMPFEHLUNG UND VERKAUF VON SPEISEN

4.7 Eigenständige kalte Saucen

Es gibt kalte Saucen, die sich durch ausgeprägte Besonderheiten auszeichnen, und die sich deshalb nicht in ein Saucenschema einordnen lassen.

Cumberlandsauce

Abb. 1 Cumberland-Sauce

Diese Sauce wird hergestellt aus:
- Streifen von Orangenschalen sowie Orangen- und Zitronensaft
- Rotwein, Johannisbeergelee, Cayennepfeffer und englischem Senf

In ihrer würzig-süßlichen Art passt sie zu kalten Gerichten von Wild und Geflügel und ganz besonders zu Pasteten, Terrinen und Galantinen.

Vinaigrette (s. S. 186)

Meerrettichsahne

Abb. 2 Meerrettichsahne

Dazu wird frisch geriebener Meerrettich unter geschlagene Sahne gehoben. Geschmackliche Abwandlungen erhält man durch Zugabe von geriebenem Apfel oder Preiselbeerkonfitüre. Sie ist als Beigabe typisch zu geräuchertem Fisch sowie zu kalten und warmen Gerichten von Rindfleisch.

4.8 Beurteilungsmerkmale und Anrichten von Saucen

Beurteilungsmerkmale für Saucen

- **Konsistenz/Beschaffenheit:** dick, dünn, zähflüssig, stückig, cremig, deckend.
- **Aussehen:** ohne sichtbares Fett, keine dunklen Pünktchen, durchscheinend, saucentypisch.
- **Geruch, Geschmack:** arttypisch, frisch, aromatisch, ausgeprägt.

Anrichten von Saucen

Es ergeben sich folgende Möglichkeiten, eine Sauce anzurichten:

Worte, die verkaufen helfen
- duftend
- aromatisch
- kräuterig
- deftig
- köstlich
- lecker
- leicht
- wenig sättigend
- cremig
- delikat
- ein besonderes Geschmackserlebnis
- beste Begleitung des Hauptgerichts
- harmonisch ergänzend
- feurig
- samtig

Fleisch- oder Fischstücke werden auf einen flachen **Saucenspiegel** gesetzt.

Gargut etwa ein Drittel, höchstens die Hälfte mit ein wenig Sauce bedecken. Diesen Vorgang nennt man **Angießen**.

Die Fleisch- oder Fischstücke werden ganz mit gebundener Sauce bedeckt. Man bezeichnet das als **Nappieren**.

Zusätzliche Sauce wie z. B. bei Braten oder Spargel, wird getrennt in einer Sauciere gereicht, **à part** serviert.

4.9 Buttermischungen

🇬🇧 butter mixtures 🇫🇷 beurres (m) composés

Frische Butter hebt durch ihr feines Aroma den Geschmack der Speisen. Man unterscheidet zwischen heißen und kalten Buttermischungen. Vermischt man frische oder zerlassene Butter mit würzigen Zutaten, so entstehen Buttermischungen mit eigener, typischer Geschmacksprägung.

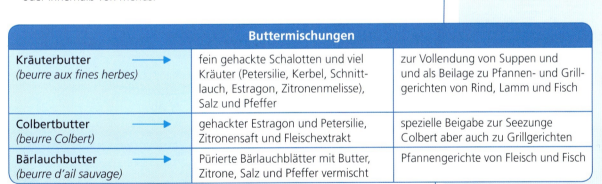

Abb. 1 Kräuterbutter

Heiße Buttermischungen

- **Bröselbutter** entsteht durch leichtes Anrösten von Semmelbröseln in heißer Butter. Auch als **beurre polonais** bezeichnet, verwendet man sie zum Nappieren von Gemüse (z. B. Blumenkohl), von Teigwaren und Klößen bzw. Knödel.
- **Müllerinbutter** ist typisch für gebratenen Fisch „nach Art der Müllerin". Die beim Nachbraten gebräunte Butter wird mit Worcestershire-Sauce und Zitronensaft vollendet und über den Fisch gegossen.

- **Zwiebelbutter** ist eine Zubereitung, bei der Zwiebelwürfelchen in zerlassener Butter goldgelb bis braun angeschwitzt werden.

  Zwiebelbutter wird verwendet als:
  - Beigabe zu gekochtem Fisch, zu gekochten Kartoffeln, zu Kartoffelpüree und Teigwarengerichten (z. B. Maultaschen und Käsespätzle)
  - Garnitur für bestimmte Suppen und Saucen.

Kalte Buttermischungen

Kalte Buttermischungen finden Verwendung
- zur Ergänzung bei Suppen und Saucen,
- anstelle von Saucen zu Kurzbratfleisch, Gegrilltem, Fischen, Krebstieren und Gemüsen,
- zum Verschließen von gefüllten Schneckenhäusern,
- als Aufstrich für Toast und Brotschnitten, Canapés,
- als Butterservice zum Gedeckbrot bei Gerichten oder innerhalb von Menüs.

Buttermischungen		
Kräuterbutter *(beurre aux fines herbes)*	fein gehackte Schalotten und viel Kräuter (Petersilie, Kerbel, Schnittlauch, Estragon, Zitronenmelisse), Salz und Pfeffer	zur Vollendung von Suppen und und als Beilage zu Pfannen- und Grillgerichten von Rind, Lamm und Fisch
Colbertbutter *(beurre Colbert)*	gehackter Estragon und Petersilie, Zitronensaft und Fleischextrakt	spezielle Beigabe zur Seezunge Colbert aber auch zu Grillgerichten
Bärlauchbutter *(beurre d'ail sauvage)*	Pürierte Bärlauchblätter mit Butter, Zitrone, Salz und Pfeffer vermischt	Pfannengerichte von Fleisch und Fisch

Aufgaben

1. Wie ergänzen Saucen bestimmte Speisen?
2. Nennen Sie Ableitungen der Béchamelsauce. Zu welchen Speisen können Sie diese reichen?
3. Nennen Sie Ableitungen verschiedener Veloutés und ordnen Sie, wenn nötig, diesen geeignete Speisen zu.
4. Beschreiben Sie zu den aufgeschlagenen und gerührten Saucen:
   a) die jeweilige Grundsauce und ihre Verwendung,   b) Ableitungen und deren Verwendung.
5. Nennen Sie Beispiele für kalte und heiße Butterzubereitungen. Ordnen Sie Speisen Buttermischungen zu.
6. Nennen Sie vier Möglichkeiten, Saucen anzurichten.

EMPFEHLUNG UND VERKAUF VON SPEISEN

5 Hauptgerichte aus Fisch, Krebs- und Weichtieren

🇬🇧 main courses of fish, crustaceans and molluscs
🇫🇷 plats (m) des poissons, des crustacés (m) et des mollusques (m)

5.1 Süß- und Salzwasserfische 🇬🇧 fish 🇫🇷 poissons (m)

Aus Fisch stellt man leichte, eigenständige Gerichte, Suppen sowie kalte Vorspeisen und Zwischengerichte her.

Fischfleisch gilt als leicht verdaulich und biologisch hochwertig. Die Gründe sind:
- Fisch enthält besonders hochwertiges **Eiweiß** und **Fett**, die wichtigen **Vitamine A** und **D** sowie **Mineralstoffe**, Seefisch vor allem das unentbehrliche **Jod**.
- Fischfleisch hat nur geringe Mengen an Bindegewebe und ist deshalb besonders locker, zart und **leicht verdaulich**.

Magerfische bevorzugt man für leichte Schonkost.

Unterscheidungsmerkmale von Fischen sind der **Fettgehalt**, die **Körperform** und die **Herkunft**.

Unterscheidungsmerkmal Fettgehalt

Fettfische	Magerfische

Beispiele:
- Aal
- Karpfen   • Makrele   • Sprotte
- Lachs (s. Abb.) • Sardine   • Thunfisch

Beispiele:
- Hecht   • Kabeljau   • Seezunge
- Zander   • Schellfisch • Scholle
- Renke   (s. Abb.)

Unterscheidungsmerkmal Körperform

Rundfische	Plattfische
	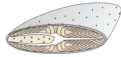

Beispiele:
- Forelle   • Hecht   • Hering
- Felchen   • Lachs   • Kabeljau
-             • Goldbarsch   • Seelachs

Beispiele:
- Flunder   • Rotzunge
- Glattbutt   • Scholle   • Steinbutt
-             • Seezunge   • Heilbutt

Unterscheidungsmerkmal Herkunft

Süßwasserfische

Beispiele:
- Aal
- Hecht
- Forelle (s. Abb.)
- Zander
- Karpfen
- Schleie
- Felchen

Salzwasserfische

Beispiele:
- Seezunge
- Heilbutt
- Makrele
- Hering
- Scholle (s. Abb.)
- Seeteufel

Arten des Fischbezugs

Fische kommen **frisch** in den Handel, entweder im Ganzen oder ausgenommen (ohne Innereien), oder in Form von ausgelösten Filets sowie als Tranchen und Steaks.

Daneben werden ganze Fische und auch Filets als **Tiefkühlware** angeboten.

- Fischfleisch verdirbt auf Grund des hohen Wassergehaltes, des geringen Bindegewebeanteils und des lockeren Muskelgewebes sehr leicht. Es ist deshalb nur sehr begrenzt lagerfähig und muss rasch verbraucht werden.
- Zeichen der Frische sind festes Fleisch, ein frischer Geruch und leuchtend rote Kiemen.
- Je frischer der Fisch bzw. das Fischfleisch, desto besser ist der Geschmack. Er unterliegt bereits nach kurzer Lagerzeit nachteiligen Veränderungen, die durch Eiweißzersetzungen hervorgerufen werden, die an den Randschichten beginnen.

Daraus ergeben sich folgende **Lagerbedingungen**:
- Die Temperatur in speziellen Fischkühlschränken oder bei Lagerung zwischen Eis soll etwa 0 °C betragen,
- für längere Aufbewahrungszeiten muss der Fisch möglichst schockartig bei –40 °C eingefroren und bei etwa –18 °C gelagert werden.

Abb. 1 Tranchen/Steaks von
① Dorschsteak,
② Steinbeißerfilet,
③ Heringshai-Steak,
④ Lachstranche,
Steak von ⑤ Thunfisch,
⑥ schwarzem Heilbutt,
⑦ Schwertfisch,
⑧ weißem Heilbutt

Abb. 2 Filets von
① Lachs, ② Felchen,
③ Hecht, ④ Zander,
⑤ St. Petersfisch,
⑥ Lachsforelle, ⑦ Rotbarbe,
⑧ Scholle, ⑨ Seezunge,
⑩ Seeteufel

Abb. 3 Frische Fische auf Eis lagern

Abb. 4 Gelochtes Abtropfblech für Schmelzwasser

Beratung und Verkauf

EMPFEHLUNG UND VERKAUF VON SPEISEN

Zubereitungen

Wegen der Zartheit des Fischfleisches sind schonende Zubereitungsarten unabdingbar. Fischfleisch eignet sich auch bestens für die Herstellung von Farcen für Fischnocken, Fisch-Klößchen, Terrinen und Galantinen. (s. S. 412)

Gerichte von pochiertem Fisch

🇬🇧 dishes with poached fish 🇫🇷 plats (m) des poissons (m) pochés

Fast alle Fischarten und Fischfarcen eignen sich gut zum Pochieren. Dies geschieht durch Ziehenlassen bei ca. 80 °C in einem vorbereiteten Fischsud (Beilagenempfehlungen S. 412).

Zubereitung „Blaukochen"

Diese für Süßwasserfische typische Zubereitungsart erfolgt in einem leicht gesäuerten Sud und ist nur möglich bei Fischen, deren schleimige Oberfläche sich beim Pochieren bläulich verfärbt. Daher kommt auch der Begriff des „Blaukochens". Fachlich richtig ist es ein Pochieren (Garziehen).

„Sie wünschen etwas Leichtes zu speisen. Ich empfehle Ihnen das pochierte **Saiblingsfilet** mit Gemüsenudeln und einer aufgeschäumten Sauce mit frischem Basilikum."

„... falls Sie es etwas Besonderes mögen, dann hätten wir für Sie ein in Weißwein pochiertes **Filet von Dorade**, auch Red Snapper genannt, mit grünem Spargel und Quinoa, einen Inkareis aus Peru mit kleinem Gemüse."

„... essen Sie gerne Fisch? ... dann haben wir heute etwas Besonderes, nämlich zarte **Zanderklößchen** in einer eleganten Krebssauce mit Romanesco, Strauchtomaten und grünen Nudeln."

„Als Tagesspezialität möchte ich Ihnen heute eine fangfrische **Regenbogenforelle** anbieten. Der Küchenchef bringt sie durch schonendes Garziehen in einem leicht gesäuerten Würzsud blau auf den Teller. Dazu servieren wir Ihnen frisch zerlassene Bauernbutter, Gemüsestreifen, Petersilienkartoffeln und Kopfsalatherzen. Falls Sie es wünschen, werde ich gerne den Fisch für Sie filetieren."

5 Hauptgerichte aus Fisch, Krebs- und Weichtieren

Gerichte von gedünstetem Fisch

🇬🇧 dishes of stewed fish 🇫🇷 plats (m) des poissons (m) étuvés

Dünsten bedeutet Garen in wenig Flüssigkeit in einem zugedeckten Geschirr. Dadurch gart der Fisch sowohl in etwas Flüssigkeit, wie z. B. Fischsud und Weißwein, als auch in dem sich bildenden Dampf. Folgende Beispiele zeigen die Möglichkeiten, Seezungenfilets für das Dünsten vorzubereiten, um somit verschiedene Formen zu erhalten (Beilagenempfehlungen S. 412).

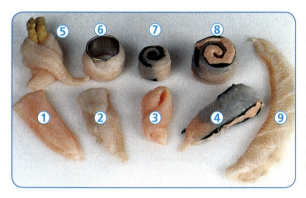

Abb. 1 Filets verschiedenartig geformt

① Leicht plattiert und zur Hälfte geklappt.
② Filetspitze durch einen Einschnitt stecken.
③ Als Krawatte gefaltet.
④ Mit Blattspinat belegt, danach mit Farce bestrichen und geklappt.
⑤ Um Spargelspitzen geschlungen.
⑥ Um gefetteten Ring gelegt, zum Füllen nach dem Dünsten.
⑦ Mit Blattspinat belegt und zu Röllchen geformt.
⑧ Mit Noriblatt belegt, mit Lachsfarce bestrichen und gerollt.
⑨ Mit einigen Ziselierschnitten versehenes Filet.

„Heute erwartet Sie ein lecker mit Lachsfarce gefülltes **Seezungenröllchen** auf Weißwein-Petersilien-Sauce, umrahmt mit Fenchel-Lauch-Gemüse, Kirschtomaten und Wildreis."

„Etwas Besonderes ist eine **Forelle im dünnen Speckmantel**, die zusammen mit Weißwein, Maiskörnern, Champignons, Frühlingszwiebeln sowie Lauchringen in einer verschlossenen Alufolie gedünstet wird. Sie erleben somit eine Vielfalt von Aromen. Als Beilage serviere ich Ihnen in Form von Champignons geschnittene Estragonkartoffeln."

Gerichte von gedämpftem Fisch

🇬🇧 dishes of steamed fish
🇫🇷 plats (m) des poissons (m) en vapeur

Lebensmittel in Wasserdampf garen gilt als die schonendste aller Zubereitungsarten. Dabei bleiben neben den Vitaminen vor allem die produkteigenen Geschmacksstoffe weitgehend erhalten, da sie durch Flüssigkeit nicht ausgelaugt werden können (Beilagenempfehlungen S. 412).

Abb. 2 Lachs mit Gemüsestreifen, im Dämpfer gegart

Beratung und Verkauf

EMPFEHLUNG UND VERKAUF VON SPEISEN

Beilagenempfehlung zu pochierten, gedünsteten und gedämpften Fischen

Butter
- Zerlassene, leicht gebräunte Butter
- Estragonbutter

Saucen
- Weißweinsauce
- Kräuter-Fischsauce
- Krebs- oder Hummersauce
- Mornaysauce
- Dillrahmsauce
- Holländische Sauce

Gemüsebeilagen
- Salatgurke oder Lauch, gedünstet
- glasierte Frühlingszwiebeln
- Blattspinat oder Mangoldblatt
- gekochter weißer oder grüner Spargel
- gedünsteter Fenchel
- in Butter sautierte Tomatenfleischstücke

Abb. 1 gegrillte Forellen

Hauptbeilagen
- Salzkartoffeln oder Kartoffelschnee
- Kartoffeln mit frischen, gehackten Kräutern
- ausgesuchte Teigwaren
- Reis und Wildreis

Salate – alle Arten von zarten Salaten

Gerichte von gebratenem oder gegrilltem Fisch

🇬🇧 dishes of pan fried or grilled fish 🇫🇷 plats (m) de poisson (m) rôti ou grillé

Fische können im Ganzen, als Filets oder als Steaks gebraten werden. Hierfür werden sie vorher mit Zitrone und Salz gewürzt, meist anschließend mehliert, zunächst in Öl gegart und danach in Butter fertig gebraten. Gebraten werden auch die aus einer Fischfarce gefertigten Fischfrikadellen (Beilagenempfehlungen S. 413).

„Lassen Sie sich heute verführen von einem auf der Haut gebratene **Zanderfilet** mit frischem Gemüeragout aus Ingwer, Kürbis und Süßkartoffeln, garniert mit einem Teighörnchen mit delikater Pilzfüllung."

„… eine frisch gefangene Maischolle, in Butter gebraten, mit Rosmarin, gehackter Gartenpetersilie und Bratkartoffeln."

„Sollten Sie es lieber rustikal mögen, so empfehle ich Ihnen die interessanten **Frikadellen von geräuchertem Heilbutt** und **Schillerlocken auf Currysauce** mit krossen Speckscheiben und Thaibasilikum. Dazu serviere ich Ihnen Paprikareis und einen römischen Salat."

Beilagenempfehlung

Saucen
- Béarner Sauce
- Choronsauce
- Kräuterbutter

Gemüse
- Grilltomate
- Bohnen
- Kürbis
- Pilze
- Mangold

Hauptbeilage
- frittierte Kartoffeln
- Folienkartoffeln
- Schlosskartoffeln
- Streichholzkartoffeln
- Schmelzkartoffeln

Salate mit kräftigem Geschmack

Gerichte von gebackenem Fisch

🇬🇧 dishes of deep fried fish 🇫🇷 plats (m) de poisson (m) frit

Fische werden vor dem Backen meist eingehüllt in eine Panierung oder in einen **Teig**. Die **Panierung** besteht aus Mehl, Ei und Semmelbröseln. Die Brösel kann man mit sehr fein gehackten Kräutern mischen. Anstelle der Brösel sind geriebene Mandeln, Haselnüsse oder Pistazien eine interessante Umhüllung, die einen speziellen Geschmack ergibt.

Außerdem lassen sich Filets oder Filetstreifen durch Eintauchen in **Backteige** mit Bier, Wein, Sekt oder Sauerrahm umhüllen.

Gebackene Gerichte werden je nach Haus auf Stoffservietten oder Papierservietten angerichtet. Sie müssen sehr rasch serviert werden und dürfen **niemals** mit einer Cloche zugedeckt werden, sonst geht die Knusprigkeit der Kruste verloren.

Als **Beilagen** zu gebackenen Fischen reicht man

- Tomatensauce oder Ableitungen der Mayonnaise,
- Kräuterbutter,
- Salate der würzigen Art, aber auch Kartoffelsalate.

Eine **besondere Art der Zubereitung** für eine größere Personenzahl ist das Umschließen eines großen Fischfilets mit salzigem Hefe- oder Blätterteig. Im Ofen gebacken wird es den Gästen im Ganzen präsentiert. Dazu serviert man eine leichte Dill-Rahm-Sauce und delikate Salate.

„Das **Thunfischsteak** vom Grill mit einer herrlichen Ingwer-Chardonnay-Sauce mit Pilzen und Mangoldblättern würde ich Ihnen gerne zusammen mit einem frisch gebackenen Baguette servieren."

„Heute möchten wir Sie mit einem wahren Klassiker überraschen. Es ist ein Gericht aus Escoffiers Rezeptsammlung und nennt sich **Seezunge nach Colbert**. Da die Seezunge bei dieser Zubereitungsart im Ganzen serviert wird, werde ich sie Ihnen am Tisch fertigstellen und vorlegen. Die Seezunge ist in Begleitung der berühmten Colbertbutter und einem Rapunzelsalat."

„… schlicht, klassisch und immer wieder gut ist das in Butter gebackene **Goldbarschfilet** mit Tatarensauce, einem Dill-Gurken-Salat sowie einem Salat aus der festkochenden Rosara-Kartoffel. Hierzu empfehle ich Ihnen einen trockenen Weißwein wie beispielsweise einen Sauvignon Blanc, einen Chardonnay oder einen Ruländer."

Beratung und Verkauf

EMPFEHLUNG UND VERKAUF VON SPEISEN

Bei der Herstellung von Fischwaren erhält das Fischfleisch je nach Art der Verarbeitung eine besondere Geschmacksnote. Es handelt sich dabei gleichzeitig um bestimmte Arten der Haltbarmachung.

Fischwaren

Fischkonserven

Buttermischungen	
Zubereitungsmerkmale	Beispiele für Fischwaren
im eigenen Saft	Thunfisch
im eigenen Saft mit Aufguss	Brathering
in unterschiedlichen würzigen Saucen	Herings- und Makrelenfilets
in Öl	Seelachs, Sardellen, Sardinen, Thunfisch

Geräucherte Fischwaren

Zu ihnen gehören:

- hochwertige Erzeugnisse von Fettfischen wie Aal, Lachs, Forelle,
- auch Stücke mit Haut und Gräten von Heilbutt, Makrelen und anderen Fischen,
- außerdem Sprotten, Bücklinge (Hering) und Schillerlocken (aus Bauchstreifen des Dornhais).

Abb. 1 Geräucherte Bücklinge

Marinierte Fischwaren

Bei diesen Erzeugnissen werden unterschieden:
- Bratfischwaren (Bratheringe),
- Kaltmarinaden aus rohem Fisch (Rollmops, Bismarckhering).

Trocken gebeizte Fische

- **Graved Lachs**
  Rohe, entgrätete Lachsfilets werden mit viel Dill, Salz, Gewürzen, Zucker und wenig Zitronensaft cirka 36 Stunden gebeizt. Die Bezeichnung „hausgebeizter Lachs" soll stets der Wahrheit entsprechen und heißen, dass der Lachs wirklich in der hauseigenen Küche gebeizt worden ist.

- **Gekräuterter Saibling**
  Gleiche Zubereitung wie beim Lachs. Man kann die Kräuter variieren und anstelle von Zucker Honig verwenden.

Abb. 2 Graved Lachs

Fachbegriffe	
Blaukochen	Garen unterhalb des Siedepunktes im Essigsud
Filetieren	Ein Filet vom Fisch ablösen
Mehlieren	Vor dem Braten in Mehl wenden
Panieren	In Mehl, dann in geschlagenem Ei und zuletzt in Bröseln wenden
Pochieren	Am Siedepunkt gar ziehen lassen
Sautieren	In Butter schwenken
Ziselieren	Ganze Fische vor dem Braten seitlich schräg einritzen

5.2 Kaviar 🇬🇧 caviar 🇫🇷 caviar (m)

Kaviar ist das gesalzene Produkt aus dem Rogen (Eier) von Fischen. Die Fischeier sind zunächst hell und glasig und werden erst durch die Behandlung mit Salz dunkel. Man unterscheidet echten Kaviar und Kaviarersatz.

Störarten	Beluga/ Hausen	Ossietr/ Stör	Sevruga/ Scherg
Ei ⌀	2 bis 3,5 mm	über 2 mm	unter 2 mm
Eifarbe	silbergrau bis schwarzgrau	schwarzgrau auch gelblich bis braun	
Deckelfarbe	blau	gelb	rot/orange

Echter Kaviar

Er wird aus dem Rogen laichreifer Weibchen verschiedener Störarten gewonnen. Die Haupterzeugerländer sind Russland und Iran, die Fangorte das Kaspische und das Schwarze Meer. Der Begriff bzw. der Zusatz **„malossol"** bedeutet mild gesalzen und ist ein Merkmal besonderer Güte.

Kaviarersatz

Diese Erzeugnisse werden aus dem Rogen folgender Fische gewonnen:
- **Seehase**: Die Körner sind kleiner als beim echten Kaviar. Dieser sogenannte *Deutsche Kaviar* wird meistens schwarz gefärbt. Die Zugabe von Farbstoffen ist kennzeichnungspflichtig.
- **Lachs**: Die großen rötlichen Eier vom Lachs werden unter der Bezeichnung Ketakaviar angeboten
- **Forellen**: Das gelbliche bis orangefarbene Produkt kommt neuerdings in zunehmendem Maße auf den Markt.

„Als Zwischengericht offeriere ich Ihnen einen echten **Beluga-Malossol-Kaviar** mit frisch gebackenen Buchweizenpfannkuchen, den sogenannten Blinis, und köstlichem Schmant."

Osietra-Kaviar hat ein kleines Korn, ist hartschalig und wenig empfindlich. Er schmeckt leicht nussartig.

Sevruga-Kaviar ist dünnschalig und empfindlicher als andere Sorten. Er hat einen kräftigen, besonders würzigen Geschmack.

Beluga-Kaviar hat den größten Korn-Durchmesser. Er gilt als der feinste und ist der teuerste unter den Kaviar-Sorten.

Forellen-Kaviar ist leuchtend gelb bis orange und geschmacklich dem Lachs-Kaviar vergleichbar.

Keta-Kaviar ist der orange-rötliche Rogen von Lachsarten. Sein Korn ist besonders groß, jedoch sehr empfindlich.

Aufgaben

1. Schildern Sie einem Gast das nebenstehende Gericht. Gehen Sie dabei davon aus, dass der Gast das Bild nicht sieht. Benennen Sie Aussehen und Bestandteile der Speise. Machen Sie dem Gast mit Worten richtig Appetit.
2. Ein Gast möchte ein mageres Fischgericht. Welche Fische bieten Sie ihm an?
3. Was versteht man unter echtem Kaviar?
4. Machen Sie für die Erstellung einer speziellen Fischkarte sechs Vorschläge. Berücksichtigen Sie dabei unterschiedliche Fischarten und erarbeiten Sie eine kartengerechte Zusammenstellung.

Beratung und Verkauf

EMPFEHLUNG UND VERKAUF VON SPEISEN

5.3 Krebstiere 🇬🇧 crustaceans 🇫🇷 crustacés (m)

Krebstiere werden zusammen mit Weichtieren (Kap. 5.4) auch als **„Früchte des Meeres"** bezeichnet. Das **Fleisch** der Krebstiere hat eine helle Farbe und eine zarte Beschaffenheit. Es eignet sich deshalb sehr gut für leichte eigenständige Mahlzeiten und zur Herstellung von kalten Vorspeisen, Zwischengerichten sowie für Suppen.

Wegen des attraktiven Aussehens werden Krebstiere gerne verwendet
- als Garnitur oder als Einlagen für Suppen und Saucen,
- als Bestandteil von feinen Ragouts.

Die **Speisen** aus Krebstieren haben neben einem ausgeprägten Genuss- und Geschmackswert einen hohen ernährungsphysiologischen Wert.

Angebotsformen

Der Körper ist von krustigen Hüllen und Panzern umgeben. Im Allgemeinen werden sechs Gruppen unterschieden:
- Garnelen
- Hummer
- Krabben
- Langusten
- Kaisergranate
- Krebse

Alle Krebstiere sind lebend erhältlich und müssen dann fachgerecht gelagert und behandelt werden. Sie sind aber auch als Tiefkühlware mit und ohne Panzer, gekocht oder als Rohware, im Handel.

Gerichte von Krebstieren

Krebstiere werden zunächst gekocht. Danach serviert man sie noch heiß im Panzer, oder sie werden nach dem Abkühlen ausgebrochen und entsprechend weiterverarbeitet. Ferner können Krebstiere gebraten, gegrillt, gebacken oder gedünstet werden.

5.4 Weichtiere 🇬🇧 molluscs 🇫🇷 mollusques (m)

Weichtiere sind zum Verzehr bestimmte **Austern, Muscheln, Tintenfische und Schnecken**.

Austern 🇬🇧 oysters 🇫🇷 huitres (w)

Die meisten Austern werden in sogenannten Austernparks gezüchtet. Die Saison für frische Austern geht von September bis April, also in den Monaten mit „R".

Nach der äußeren **Form unterscheidet** man:
- **Tiefe Austern** sind länglich und tiefbauchig gewölbt. Sie werden auch als Felsenaustern oder portugiesische Austern bezeichnet.
- **Flache oder runde Austern**, die je nach Ursprungsland bestimmte Handelsbezeichnungen haben, wie zum Beispiel
  - Limfjord (DK)
  - Sylter Royal (D)
  - Imperial (NL)
  - Belon (F).

Beide Arten werden lebend frisch in speziellen Gebinden geliefert. Sie sind auch als Tiefkühlware vorgegart und als Konserven im Sud oder geräuchert erhältlich.

„Wir haben heute eine frische Lieferung mit **Krebsen und Venusmuscheln** erhalten, die unser Küchenmeister auf seine Art **im Wurzelsud** mit einem Schuss Pernod für Sie zubereitet hat. Als Beilage empfehle ich Ihnen unser hausgebackenes Kräuterbrot."

„Ein wahres Gedicht ist der **Hummer** in Kombination mit Zuckerschoten, Auberginen, Zucchini, grünem Spargel, Tomaten und Paprikaschoten mit einer feinen Sauce gebunden sowie frischen Kräutern verfeinert und in der Hummerschale serviert. Die Hummerscheren sind bereits von unten geöffnet."

„Heute möchte ich Ihnen eine asiatische Kreation anbieten. Es sind **Scampi** in Tempura gebacken, auf einem Püree von der Lotoswurzel umgeben von Fingermöhrchen, gelben und grünen Zucchini mit einer hellen Austernsauce. Das Ganze ist garniert mit Schwarzwurzelspänen und Kapuzinerkresse."

5 Hauptgerichte aus Fisch, Krebs- und Weichtieren

Gerichte von Austern 🇬🇧 oyster dishes 🇫🇷 plats (m) des huitres (w)

Am häufigsten richtet man frische, rohe Austern in der geöffneten Schale auf zerkleinertem Eis an und garniert sie mit Zitronensechsteln. Von in Weißwein pochierten Austern lassen sich leckere, kleine Gerichte herstellen, zum Beispiel ein Austern-Cocktail, eine Austernterrine oder Austern auf Blattspinat, mit holländischer Sauce überbacken.

Gerichte von Muscheln 🇬🇧 dishes of molluscs 🇫🇷 plats (m) des moules (w)

Muscheln werden lebend oder als TK-Ware oder Konserven angeboten. **Miesmuscheln** werden meist in der Schale in einem Würzsud gegart.

Jakobsmuscheln können gedämpft, gedünstet, gebraten, gegrillt oder überbacken werden.

Gerichte von Tintenfisch 🇬🇧 dishes of cuttlefish 🇫🇷 plats (m) de sèche (w)

Tintenfische, Sepia, Kalmare oder Kraken serviert man gekocht, in der Pfanne gebraten, auf dem Grill gegart oder frittiert. Die Tuben können auch gefüllt und dann gegart werden.

„Unsere frischen **Miesmuscheln** sind ein wahres Gedicht. Sie sind in Weißwein mit Würfeln von Wurzelgemüsen und Fenchelstreifen gedünstet."

Gerichte von Schnecken 🇬🇧 dishes of snails 🇫🇷 plats (m) des escargots (m)

Weinbergschnecken serviert man in herkömmlicher Weise in der Schneckenpfanne oder in deren eigenem Häuschen. Dazu ist ein Spezialbesteck einzudecken.

Weitere traditionelle Zubereitungsarten sind:
- gegarte Schnecken mit Kräuterbutter in kleinen Windbeutelchen angerichtet
- Schneckensüppchen
- Schneckenragout im Ring aus Kräuterpüree

„Ein nicht alltägliches Gericht mit einer besonderen Note darf ich Ihnen heute offerieren. Es handelt sich dabei um in Zitrone und Ingwer gedünstete **Jakobsmuscheln**, gefüllt mit Seeigelzungen, serviert mit grünem Spargel und ofenfrischem Baguette."

Aufgaben

1. Entwerfen Sie mit Hilfe des nebenstehenden Bildes und der Materialkurzbeschreibung eine appetitanregende Formulierung zur Empfehlung für Ihre Gäste.

   Miesmuscheln, Merlan, Garnele, Jakobsmuschel, Tintenfisch, Karotte, Lauch, Staudensellerie, grüne Bohnen, Tomate

2. Beschreiben Sie die einfachste Art, Krebstiere zu garen und anzurichten.

3. Welchen Wein würden Sie einem Gast zu Krebstiergerichten empfehlen?

4. Was versteht man unter Weichtieren? Nennen Sie die Arten.

5. Nennen Sie in Verbindung mit den zugehörigen Lieferländern sechs Austernsorten.

6. Ein Gast hat Austern auf Eis bestellt. Zu welchem Wein würden Sie ihm raten?

7. Entwerfen Sie ein Speisenangebot für eine Aktionswoche zum Thema „Früchte des Meeres", bestehend aus Gerichten von Seefischen, Krebs- und Weichtieren mit Beilagen.

PROJEKT

Meeresfrüchte-Festival

Zum 100-jährigen Jubiläum eines bekannten Segelclubs sollen Sie ein Internationales Meeresfrüchte-Festival erstellen. Die Festivitäten sollen an zwei Tagen stattfinden:

- Einmal für 380 Personen ein kalt-warmes Meeresfrüchte-Büfett.
- Einmal ein großes Menü mit 6 Gängen, vorzugsweise aus Meeresfrüchten, für 160 Personen.

Vorbereitung

1. Sammeln Sie für beide Veranstaltungen Ideen für die Zusammenstellung und Durchführung.
2. Listen Sie die in Frage kommenden Zubereitungen für das Büfett auf.
3. Die einzelnen Speisen des Büfetts sollen den Gästen vorgestellt werden. Entwickeln Sie hierzu besondere Ideen.
4. Erstellen Sie ein elegantes Menü für die zweite Veranstaltung.
5. Erstellen Sie eine dekorative Menükarte.
6. Welche Dekorationen für das Büfett sowie für den Saalschmuck würden Sie vorschlagen? Besprechen Sie dieses Thema mit Ihren Arbeitskollegen im Team.
7. Welche Tischdekorationen für die Menüveranstaltung bieten sich an?

Getränke

Notieren Sie für beide Veranstaltungen entsprechende Getränkevorschläge.

Durchführung

Probieren Sie mit Ihren Arbeitskollegen praktisch, wie die kompletten Gedecke für das Büfett und für das mehrgängige Menü auszusehen haben. Diese sollen dann als Muster für die jeweilige Veranstaltung dienen.

Präsentation

Welche Möglichkeiten bieten sich an, um die jeweilige Veranstaltung dekorativ in Szene zu setzen?

6 Hauptgerichte aus Fleisch

🇬🇧 main courses of meat 🇫🇷 plats (m) de viande

In den Küchen und Restaurants der Hotel- und Gaststättenbetriebe wird hauptsächlich Schlachtfleisch von **Kalb**, **Rind**, **Schwein** und **Lamm** zubereitet und serviert.

6.1 Schlachtfleisch

Zur **Fleischproduktion** gehören die landwirtschaftliche **Mast und Haltung**, der **Transport** und die **Schlachtung** sowie die **Verpackung** von für den Verzehr vorgesehenen Tieren.

Die **Schlachtung** findet in Deutschland in der Regel in staatlich überwachten Schlachthöfen statt. Dabei müssen Hygienevorschriften streng eingehalten werden, da Schlachtfleisch einen idealen Nährboden für Mikroorganismen darstellt.

Damit die Tiere keine Schmerzen erleiden, werden sie vor dem Schlachten betäubt.

Schlachtfleisch erhält vor allem größere Mengen an biologisch hochwertigem Eiweiß. Es ist reich an Vitaminen und Mineralstoffen. Je nach Tierart und Ernährungszustand ist der Fettgehalt sehr unterschiedlich.

Abb. 1 Marmoriertes Fleisch

Abb. 2 Durchwachsenes Fleisch

Aufbau des Fleisches

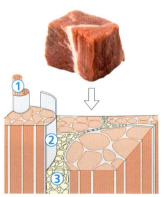

① Muskelfasern
Muskelfasern sind der Hauptbestandteil dessen, was man in der Fachsprache als Fleisch bezeichnet. Sie bestehen aus den wertvollen Eiweißstoffen. In den Muskelfasern laufen die Stoffwechselvorgänge ab, dort entsteht die „Muskelkraft".

② Bindegewebe
Bindegewebe hält die Muskelfasern zusammen, es verbindet sie und bildet die „Seile" zur Kraftübertragung. Bindegewebe sind zäh und werden erst durch die Fleischreifung und das Garen, insbesondere durch feuchte Garverfahren, kaubar.

③ Fettzellen
Gut ernährte Tiere lagern in das Bindegewebe Fett ein. Küchentechnisch fördert Fett die Saftigkeit und das Aroma des Fleisches.

Wenn feine Fettadern in die Muskeln eingelagert sind, nennt man das Fleisch **marmoriert**. Ist das Fett zwischen den Muskelsträngen, spricht man von **durchwachsenem** Fleisch.

Religiöse Speisevorschriften:
Streng gläubigen **Muslims** ist der Verzehr von bereits verendeten Tieren verboten. Als „halal" (arab. „erlaubt") gilt Fleisch, wenn das Tier vor dem Schlachten nicht betäubt wurde. Betäubungsloses Schlachten ist in Deutschland nur in Ausnahmefällen und nach Vorlage eines Sachkundenachweises erlaubt.

Auch das **Judentum** verbietet den Verzehr von verletzten Tieren oder vom Blut dieser Tiere. Als „koscher" gilt Fleisch nur dann, wenn es geschächtet (ohne Betäubung geschlachtet) wurde. Das Fleisch ist vor der Zubereitung zu wässern, zu salzen und zu spülen, damit möglichst wenig Blut im Fleisch verbleibt.

Abb. 1 Kalbsrückensteak

6.2 Kalb 🇬🇧 veal 🇫🇷 veau (m)

Kalbfleisch gewinnt man von 5 bis 6 Monate alten Mastkälbern. Sie haben ein hellrosa bis hellrotes feinfaseriges und leicht verdauliches Fleisch, das vorwiegend zu Schnitzeln oder Steaks zubereitet wird.

Kurzbratgerichte vom Kalb

🇬🇧 dishes of pan fried veal 🇫🇷 plats (m) de veau sauté

Von **Kurzbraten** spricht man wegen der kurzen Garzeit portionierter Fleischstücke. **Pfannengerichte** nennt man diese Gruppe wegen des Garens in der flachen Pfanne mit wenig Fett. Die Bezeichnung **à la minute** weist auf die kurzfristige Einzelzubereitung des Gerichtes hin.

Kalbssteak/Kalbsfilet 🇬🇧 veal steak 🇫🇷 steak (m) de veau

ist eine zum Kurzbraten oder Grillen geeignete, dickere Scheibe von quer zur Fleischfaser geschnittenem zartem Fleisch ohne Knochen (aus Keule oder Rücken).

Kalbsmedaillons 🇬🇧 veal medallions 🇫🇷 médallions (m) de veau

sind kleine Scheiben aus dem zarten Filetfleisch geschnitten.

Kalbskotelett 🇬🇧 veal cutlet 🇫🇷 côte (w) de veau

ist eine Fleischscheibe mit Knochenanteil aus dem Kotelettstrang (Rücken).

Kalbsschnitzel 🇬🇧 veal escalope 🇫🇷 escalope (w) de veau

ist eine vorwiegend aus der Keule und aus dem Rücken geschnittene, dünne Scheibe Fleisch. Ohne weitere Angabe ist es vom Kalb, bei allen anderen Schnitzeln muss die Tierart angegeben werden, z. B. Schweineschnitzel, Putenschnitzel.

Besondere Schnitzelzubereitungen

- **Naturschnitzel**, unpaniert
- **Wiener Schnitzel**, paniert
- **Kalbsschnitzel Holstein**
  Mit einem Spiegelei belegt und mit drei verschiedenen Canapés (Kaviar, Sardellen, Räucherlachs) serviert.
- **Rahmschnitzel**, unpaniert, mit Rahmsauce
- **Kalbsschnitzel nach Pariser Art**
  Die Schnitzel werden mehliert und in Ei gewendet, in Butter gebraten und mit Zuckererbsen und Pariser Kartoffeln serviert.
- **Cordon bleu**, mit gekochtem Schinken und Käse gefüllt, paniert und gebraten.

Abb. 2 Wiener Schnitzel

„Unser Wiener Schnitzel ist aus zartem Kalbfleisch, dünn geklopft und mit einer knusprigen Panierung umhüllt. Dazu servieren wir einen Kartoffelsalat."

Als Beilagen zu den Pfannengerichten/Kurzbratgerichten empfiehlt man:

Saucen
- Bratenjus oder Rahmsauce
- Madeirasauce oder Trüffelsauce
- Pilzsaucen

Gemüsebeilagen
- alle feinen Gemüse

Hauptbeilagen
- Pariser Kartoffeln oder ähnliche
- Kartoffelpüree
- Herzoginkartoffeln
- Pommes frites
- Bratkartoffeln
- Butterkartoffeln
- Spätzle oder andere Teigwaren
- Butterreis

„Das Besondere am Cordon bleu ist die Füllung eines Kalbsschnitzels mit gekochtem Schinken und zart schmelzendem Emmentaler, eingehüllt von goldbrauner Kruste."

Weitere Pfannengerichte

Kalbssteak au four
Ein flaches Steak, mit Ragout fin bedeckt, mit geriebenem Käse bestreut und im Ofen überbacken.

Piccata nach Mailänder Art
Schnitzelchen in einer Mischung aus Bröseln und Parmesan paniert und mit Schinken-Champignon-Nudeln und Tomatensauce angerichtet.

Abb. 1 Piccata

Geschnetzeltes 🇬🇧 sauted sliced veal 🇫🇷 émincé (m) de veau

- sind klein geschnittene Scheibchen oder Streifen aus zartem Kalbfleisch, kurz angebraten und mit Rahmsauce vollendet
- andere Fleischarten sind anzugeben, z. B. Putengeschnetzeltes, Rehgeschnetzeltes.

Als **Beilagen** empfiehlt man leichte Gemüse in Butter sautiert (geschwenkt) oder gemischte Salate, Spätzle oder andere Teigwaren, Reis, Bratkartoffeln oder den klassischen **Rösti**.

Abb. 2 Geschnetzeltes

Große Braten vom Kalb

🇬🇧 big roasts of veal 🇫🇷 rôtis (m) de veau

Für große Braten können das Kalbsfilet im Ganzen, alle größeren Stücke des Rückens oder der Schulter sowie Vorder- und Hinterhaxe mit oder ohne Knochen verwendet werden.

Eine Besonderheit in der deutschen Küche ist der **Kalbsnierenbraten**. Kalbsnieren werden in entbeintes Rückenfleisch und Bauchlappen eingerollt und danach gebraten, sowie die **glasierte Kalbsbrust**, die mit einer feinen Füllung aus Semmelknödelteig oder Brät mit gehackten frischen Kräutern versehen ist und im Rohr langsam gebraten wird.

Abb. 3 Kalbsnierenbraten

Gerichte aus geschmortem Kalbfleisch

🇬🇧 dishes of braised veal 🇫🇷 plats (m) de veau braisé

Durch das Garverfahren Schmoren erhält Kalbfleisch eine besondere geschmackliche Note.

Abb. 4 Kalbsvögerl

Kalbsröllchen oder Kalbsvögerl 🇬🇧 veal roulade 🇫🇷 paupiette (w) de veau

- Für **Röllchen** werden dünne Scheiben aus der Schulter mit feiner Fleischmasse (Farce oder Brät) gefüllt, gerollt, gebunden, angebraten und geschmort. Dabei entsteht eine leckere Sauce.
- Für **Kalbsvögerl** wird die Fleischscheibe dünn mit Farce bestrichen, mit einem gekochten Ei belegt, gerollt, gebunden und kurz geschmort.

Kalbsrahmgulasch 🇬🇧 veal goulash 🇫🇷 gulache (m) de veau

Für Kalbsrahmgulasch werden Kalbfleischwürfel angebraten und in leichter Weißweinsauce gegart. Sahne verfeinert die Zubereitung und gibt dem Ganzen ein zartes Aroma.

Worte, die verkaufen helfen

- dünn geklopft
- wunderbar zart
- auf den Punkt gebraten
- knusprig
- goldbraun
- glasiert
- klassische Zubereitung
- überbacken
- in der Pfanne gebraten
- in sämiger Sauce
- pikant
- vorzüglich
- fein gewürzt mit …

Beratung und Verkauf

EMPFEHLUNG UND VERKAUF VON SPEISEN

Beilagenempfehlung zu geschmortem Kalbfleisch

Saucen
- Dunkle Rahmsaucen
- Braune, tomatisierte Kalbssauce

Gemüsebeilagen
- Glasierte Zwiebeln, Erbsen, Karotten, Champignons, Tomatenfleischstücke

Hauptbeilagen
- Kartoffelpüree oder Herzoginkartoffeln
- Reis, Spätzle oder andere Teigwaren

Salate, gemischte

> „Ein kulinarisches Highlight ist das Schmorgericht **Ossobuco**. Dies sind mit Tomaten und Wurzelgemüsen geschmorte Scheiben von der Kalbshaxe. Eine italienische Spezialität, die vorzugsweise zusammen mit Polenta serviert wird. Das unverwechselbare Aroma bezieht das Gericht aus der Gremolata, einer Würzmischung aus Knoblauch, geriebener Zitronenschale und frisch gehackter Petersilie."

Gekochtes und gedünstetes Kalbfleisch

🇬🇧 dishes of boiled and stewed veal 🇫🇷 plats (m) de veau bouilli et étuvé

Dazu gehören die klassischen Zubereitungen wie feines Ragout, Kalbsfrikassee und Curry vom Kalbfleisch.

Feines Ragout 🇬🇧 fine ragout 🇫🇷 ragoût (m) fin

Feines Ragout ist würfelig geschnittenes zartes Kalbfleisch in sämiger Kalbsrahmsauce.

Dieses feine Ragout wird auch als eigenständiges Gericht in Muschelschalen, Porzellantöpfchen oder Blätterteigpastetchen angerichtet, mit holländischer Sauce (s. S. 405) nappiert und leicht überbacken.

Kalbsfrikassee 🇬🇧 veal frikasse 🇫🇷 frikassée (w) de veau

Frikassee ist ein Dünstgericht aus Kalbfleischwürfeln in leichter, heller, mit Weißwein abgeschmeckter Sauce.

Zum Kalbsfrikassee werden als Gemüse meist Pilze, Spargelspitzen, feine Erbsen oder Zuckerschoten sowie als Beilage Reis, Salzkartoffeln oder Teigwaren den Gästen empfohlen.

Curry von Kalbfleisch 🇬🇧 veal curry 🇫🇷 curry (m) de veau

Für dieses pikante Gericht werden Fleischwürfel mit Curry gewürzt, zusammen mit Zwiebeln und Äpfeln angeschwitzt und in heller Sauce gegart.

Als Beilagen empfiehlt man gebratene Banane, Kokos-Reis und Mango-Chutney.

Abb. 1 Ragout fin im Blätterteigpastetchen

Abb. 2 Kalbscurry

6.3 Rind 🇬🇧 beef 🇫🇷 bœuf (m)

Rindfleisch ist Fleisch von ausgewachsenen Rindern. Es ist rot bis dunkelrot und kräftig im Geschmack. Die hochwertigen Fleischstücke sind ausreichend mit Fett marmoriert (s. S. 419).

Kurzbratgerichte vom Rind

🇬🇧 dishes of pan fried beef 🇫🇷 plats (m) de bœuf sauté

Von **Kurzbraten** spricht man wegen der kurzen Garzeit portionierter Fleischstücke. **Pfannengerichte** nennt man diese Gruppe wegen des Garens in der flachen Pfanne mit wenig Fett. Die Bezeichnung **à la minute** weist auf die kurzfristige Einzelzubereitung des Gerichtes hin.

Die **qualitativ** besten Fleischstücke des Rindes erhält man aus dem Rücken und dem Filet.

Die besten Grill- und Kurzbratstücke erhält man aus dem gesamten Rücken mit der Hochrippe, dem ausgelösten Roastbeef und dem Filet. Sie werden auf dem Grill oder in der Pfanne gebraten und stehen deshalb auch als Pfannen- oder Grillgerichte auf der Speisekarte.

Fachbezeichnungen für bestimmte Fleischstücke aus dem Rücken *mit* Knochen

Porterhouse Steak besteht aus einer Fleischscheibe von 3 cm Dicke aus dem Roastbeef mit Knochen und hohem Filetanteil. In der Größe vergleichbar mit einem Entrecôte double und einem Chateaubriand mit Knochen. Bei einem Gewicht von ca. 1000 g ist es für 3 bis 4 Personen geeignet.

T-Bone-Steak ist von ähnlichem Aussehen wie das Porterhouse Steak, nur halb so dick.

Club Steak wird aus dem Roastbeefteil mit Knochen geschnitten, hat ein Rohgewicht von ca. 1000 g und wird für 3–4 Personen serviert.

Côte de bœuf (Rinderkotelett) wird als großes Portionsstück aus der Hochrippe geschnitten.

Fachbezeichnungen für bestimmte Fleischstücke aus dem Rücken *ohne* Knochen

Entrecôte/Zwischenrippenstück erhält man aus dem flachen Roastbeef mit einem Gewicht von ca. 200 g.

Entrecôte double (Doppeltes Zwischenrippenstück) ist, wie der Name schon sagt, doppelt so dick wie das Entrecôte und ca. 400 g schwer.

Rumpsteak (ca. 180 g) ist vom Ursprung her ein Steak aus der Hüfte (rump). In Deutschland wird das Rumpsteak aber meist aus dem Roastbeef geschnitten.

Rostbraten mit einem Gewicht von ca. 150 g wird ebenfalls aus dem Roastbeef geschnitten.

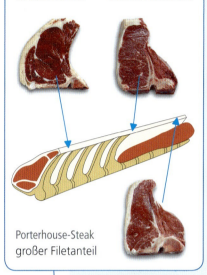

Fachbezeichnungen für bestimmte Fleischstücke aus dem Rücken

Côte de bœuf — Rinderkotelett
T-Bone-Steak — kleiner Filetanteil
Porterhouse-Steak — großer Filetanteil

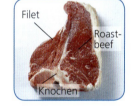

Filet, Roastbeef, Knochen

Das Entrecôte double wird für 2 Personen serviert und manchmal auch im Restaurant vor dem Gast tranchiert.

Aus dem Filet werden bereitet:
- **kleine Filetschnitten** (Tournedos), pro Person zwei Stück von je 60 bis 80 g,
- **Filetschnitte** (Filetsteak) mit 150 bis 160 g,
- **Doppelte Filetschnitte** (Chateaubriand) mit 350 bis 400 g für 2 Personen

Abb. 1 ① Filetkopf, ② Filet-Mittelstück, ③ Filetspitze

Beratung und Verkauf

EMPFEHLUNG UND VERKAUF VON SPEISEN

Eine besondere Zubereitung aus dem Filet ist das Filetgulasch Stroganoff.

„Heute haben Sie die Möglichkeit, einen richtigen Klassiker der russischen Küche zu bestellen. Dafür wird die Spitze des Rinderfilets in Streifen geschnitten, kurz in der Pfanne sautiert und in brauner Sauce mit Schmant angerichtet. Als harmonische Ergänzung finden Sie Steinpilze, Schinken- und Speckstreifen sowie Streifen von echter russische Salzgurke und roter Bete im Gericht. Auf Ihren besonderen Wunsch kann ich das Gericht auch vor Ihnen am Tisch zubereiten."

Spezielle Garnituren sind:
- **Zwischenrippenstück nach Bordeauxer Art** mit Ochsenmarkscheiben belegt und mit Bordeauxer Sauce nappiert
- **Tournedos Helder** mit Tomatenfleischstücken belegt und mit Béarner Sauce garniert
- **Tournedos Rossini** mit Gänseleber und Trüffeln garniert, Madeirasauce
- **Rumpsteak Mirabeau** Steak mit dünnen Sardellenstreifen (über Kreuz bzw. gitterförmig) und Olivenscheiben belegt, Sardellenbutter

[1] Bezeichnung der Garstufen nach Empfehlungen der Gastronomischen Akademie Deutschlands

Kurzgebratenes Fleisch von Rind und Lamm wird von den Gästen mit unterschiedlicher **Garstufe** gewünscht. Diese ist von der Bratdauer und der dadurch im Fleisch entstehenden Temperatur abhängig. In der Praxis gilt die Fleischfarbe im Kern des gegarten Fleischstückes als Maßstab für den jeweiligen **Garstufe**. Bei der Aufnahme von Bestellungen sollte man, sofern der Gast dies nicht von sich aus tut, immer den von ihm gewünschten Garpunkt erfragen.

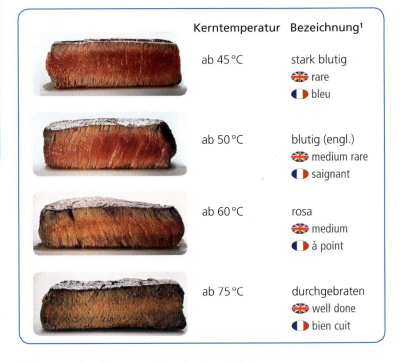

Beilagen zu den Braten aus Roastbeef und Filet

Saucen
- Bratenjus oder Ableitungen der Demiglace

Gemüsebeilagen
- alle feinen Gartengemüse

Hauptbeilagen
- Pariser Kartoffeln, Olivenkartoffeln
- Kartoffelkroketten
- Herzogin- oder Macairekartoffeln

Beilagen zu den Pfannengerichten

Saucen
- Bratenjus
- Madeirasauce, Bordeauxer Sauce
- Béarner Sauce, Choronsauce
- oft auch Kräuterbutter oder andere passende Buttermischungen

Gemüsebeilagen
- alle feinen Gartengemüse

Hauptbeilagen
- grundsätzlich wie zu Braten
- darüber hinaus Pommes frites oder eine andere frittierte Kartoffel

Große Braten vom Rind 🇬🇧 big roasts of beef 🇫🇷 rôtis (m) de bœuf

Als ganze Stücke werden das Roastbeef und das Filet gebraten und als warmes Gericht serviert.

Beilagenempfehlung zu Braten vom Rind

Saucen
- Bratenjus oder Ableitungen der Demiglace

Gemüsebeilagen
- alle feinen Gartengemüse

Hauptbeilagen
- Pariser Kartoffeln, Olivenkartoffeln
- Kartoffelkroketten
- Herzogin- oder Macairekartoffeln

Eine Besonderheit ist das **Filet Wellington**:
- Das angebratene Filet wird mit einer Pilzmasse (Duxelles) umgeben, in Blätterteig eingehüllt und im Ofen gebacken.
- Beim Servieren werden zarte Buttergemüse und Madeirasauce gereicht.
- Tranchieren am Tisch des Gastes.

Das gebratene Roastbeef wird aber auch gerne als kalter Braten, dünn in Scheiben geschnitten, verwendet. Beispielsweise als erfrischendes Sommergericht mit Remouladensauce und Röstkartoffeln oder als Fleischgericht zum kalten Büfett.

„Als Tagesspezialität haben wir einen **Rostbraten nach Tiroler Art** auf der Karte. Der kurzgebratene Rostbraten vom zarten Rückenfleisch wird garniert mit in Butter geschwitzten Tomatenfleischwürfeln, gebackenen Zwiebelringen und Bratkartoffeln. Begleitet wird er von einer delikaten Béarner Sauce."

Abb. 1 Filet Wellington

Gerichte aus gekochtem Rindfleisch

🇬🇧 boiled beef dishes 🇫🇷 plats (m) de bœuf bouilli

Zum Kochen bevorzugte Stücke sind Brust und Tafelspitz. Die Rinderbrust wird manchmal in gepökeltem Zustand verarbeitet. Tafelspitz ist ein Teilstück der Hüfte und wird oft auch als Schwanzstück bezeichnet.

Beilagenempfehlung

Saucen
- Meerrettichsauce
- Kräutersauce

Gemüsebeilagen
- Lauch, Sellerie, Karotten
- Wirsing- oder Spinatgemüse

Hauptbeilagen
- Salzkartoffeln und Petersilienkartoffeln
- Bouillonkartoffeln und Rahmkartoffeln

Kalte Beilagen
- Preiselbeeren, Rote Bete, Senfgurken

„Falls Sie eines unserer regionalen Gerichte probieren wollen, empfehle ich Ihnen die gekochte **Brust vom heimischen Weiderind** in kräftiger Brühe mit gedünsteten Lauchstreifen und geschabtem Meerrettich aus Franken. Dazu seviere ich Ihnen im Holzofen gebackenes Bauernbrot und ein schönes, dunkles Bier."

Gerichte aus geschmortem Rindfleisch

🇬🇧 dishes of braised beef 🇫🇷 plats (m) de bœuf braisé

Schmorbraten, Sauerbraten, Schmorsteaks und Rouladen werden aus bindegewebsreichen Teilstücken der Keule geschnitten. Für *Ragout* eignet sich sehr gut das Halsstück, für Gulasch die Hesse (Wadenschenkel).

- **Sauerbrate**n legt man einige Tage in Marinade aus Essig, Wein, Wurzelgemüse und Gewürzen ein. Sie macht das Fleisch zarter, saftiger und aromatischer.
- **Rinderrouladen** sind flach geklopfte Fleischscheiben, mit Senf bestrichen, mit Speck, Zwiebeln und Gewürzgurken belegt, aufgerollt, dann geschmort.

Als Beilagen werden empfohlen:

Saucen – Rotweinsauce

Gemüsebeilagen
- Karotten, Kohlrabi, Schwarzwurzeln, Rosenkohl und Rotkohl

Hauptbeilagen
- Salzkartoffeln und Kartoffelpüree
- Kartoffelklöße und Semmelknödel
- Spätzle und andere Teigwaren

Eine spezielle Speisenbezeichnung (Garnitur) ist **Schmorsteak Esterhazy**.

„Als regionale Spezialität hat unser Küchenchef einen zarten **Tafelspitz** vom Charolais-Rind zubereitet. Er wird von frischem Gemüse begleitet. Dazu sein besonderes Hobby, eine Frankfurter Grüne Sauce aus 6 frischen Küchenkräutern."

oder …

„… eine gepökelte Rinderbrust mit Apfel-Meerrettich, feinem Wirsinggemüse mit geröstetem Speck und gebuttertem Kartoffelschnee. Als Getränk empfehle ich dazu ein frisch gezapftes Weizenbier."

„Darf ich Ihnen heute eine saftig geschmorte Rinderroulade mit Gemüsefüllung und Rosmarinkartoffeln empfehlen? Unsere Köche haben das Gericht auch neu zusammengestellt. Als Getränk denke ich, dass ein Heilbronner Trollinger sehr gut dazu passt."

„Als Gericht des Tages möchten wir Ihnen heute anbieten: ein Rinder-Schmorsteak, wie es der ungarische Graf Esterhazy gerne aß. Es wird begleitet von in Streifen geschnittenem, gedünstetem Wurzelgemüse, einer kräftigen Sauce mit Sauerrahm und hausgemachten Mehlklößchen."

Aufgaben

1. Schildern Sie einem Gast das nebenstehende Gericht. Gehen Sie dabei davon aus, dass der Gast das Bild nicht sieht. Benennen Sie Aussehen und Bestandteile des Gerichtes. Machen Sie dem Gast mit Worten Appetit.
2. Beschreiben Sie drei besondere Schnitzelvariationen.
3. Nennen Sie vier Rindfleischstücke, die am Knochen auf dem Grill oder in der Pfanne gebraten werden.
4. Welche Fleischstücke werden aus dem Rinderfilet geschnitten?
5. Wie empfehlen Sie einem Gast folgendes Schmorgericht: Ochsenschwanz mit Sauce, Gemüse und Markklößchen?
6. Nennen Sie die vier verschiedenen Garstufen für gebratenes Rindersteak (Entrecôte).

6.4 Schwein 🇬🇧 pork 🇫🇷 porc (m)

Schweinefleisch stammt von jungen Tieren und ist deshalb besonders zart und saftig. Es eignet sich zum Braten und Kurzbraten. Für geschmorte Gerichte werden die bindegewebsreicheren Fleischteile, zum Kochen wird hauptsächlich gepökeltes Fleisch verwendet. Die Fleischfarbe ist hellrot und der Geschmack aromatisch. Sehr beliebt ist auch das Fleisch von **Spanferkeln**. Sie werden nach 5 Wochen geschlachtet und haben ein sehr helles und zartes Fleisch.

Abb. 1 ① Schinken, ② Kotelett, ③ Filet, ④ Kamm, ⑤ Bug, Schulter, ⑥ Bauch, ⑦ Wamme, ⑧ Kopf, ⑨ Eisbein, Haxe, ⑩ Spitzbein, Pfötchen

Kurzbratgerichte vom Schwein

🇬🇧 dishes of pan fried pork 🇫🇷 plats (m) de porc sauté

Von **Kurzbraten** spricht man wegen der kurzen Garzeit portionierter Fleischstücke. **Pfannengerichte** nennt man diese Gruppe wegen des Garens in der flachen Pfanne mit wenig Fett. Die Bezeichnung **à la minute** weist auf die kurzfristige Einzelzubereitung des Gerichtes hin. Die Fleischportionen für Pfannengerichte werden aus folgenden Fleischteilen geschnitten:
- **Rücken:** Schweinekoteletts, Schweinerückensteaks
- **Filet:** Schweinemedaillons
- **Keule:** Schweinesteaks, Schweineschnitzel

Beilagenempfehlung

Saucen
- Bratenjus oder dunkle Rahmsauce
- zu Kotelett Robertsauce
- zu Medaillons holländische Sauce, Béarner Sauce oder Choronsauce

Gemüsebeilagen: feine Gemüse

Hauptbeilagen
- wie zu den Braten
- Kartoffelkroketten oder Herzoginkartoffeln

Große Braten vom Schwein 🇬🇧 roasts of pork 🇫🇷 rôtis (m) de porc

Zum Braten sind wie beim Kalb alle großen Fleischstücke geeignet. Dazu können das Schweinefilet im Ganzen sowie entbeinte, größere Stücke des Rückens, der Schulter, ganze Keulen, Nackenstücke, Schweinebauch zum Füllen sowie Vorder- und Hinterhaxe mit oder ohne Knochen verwendet werden.

Beilagenempfehlung zu Schweinebratenstücken

Saucen: Bratenjus, Kümmeljus, Bierjus

Gemüsebeilagen: Kohlrabi, Rotkohl, Rosenkohl, Wirsing und Bayrisch Kraut

Hauptbeilagen
- Kartoffelpüree und Macairekartoffeln
- Rahmkartoffeln
- Kartoffelklöße und Semmelknödel
- Spätzle und andere Teigwaren

„Als eine Novität bieten wir Ihnen heute gegrillte Medaillons vom Filet des ungarischen Woll-Schweines. Sie werden begleitet von Roquefortsauce mit feinen Gemüseperlen und Bamberger Hörnchen, einer ganz besonderen fränkischen Kartoffelsorte."

„Unsere Spezialität der Region ist ein gebratenes, mit Bratwurstbrät gefülltes Schweineschnitzel, serviert mit Bratensaft, Rahmwirsing und einem Kräuter-Kartoffelkloß."

„Unser zart gebratenes Schweinekotelett ist ein „Muss". Zusammen mit Morcheln und einer delikaten Calvadossauce sowie Butternudeln mit frisch gehacktem Estragon wird das Gericht zum Erlebnis."

Das Besondere an vielen Bratenstücken ist die Saftigkeit des Fleisches. Hierfür ist eine bestimmte Fettmarmorierung verantwortlich. Beim Krustenbraten verwandelt der geschickte Koch die Schwarte in eine knusprige Kruste.

Beratung und Verkauf

EMPFEHLUNG UND VERKAUF VON SPEISEN

„Meine Empfehlung für Sie wäre ein mit Pilzen und Gemüsewürfeln gefüllter **Jungschweinerücken**, den unser Küchenchef durch eine besondere Technik als Kronenbraten auf den Teller bringt. Zu diesem Gericht servieren wir eine würzige Braunbiersauce mit geschmortem Spitzkohl und einem Auflauf von Brezenknödelmasse."

„Die **Schweinshaxen** möchte ich Ihnen besonders empfehlen. Unser Chefkoch hat sie mit dunklem Bier zu einem hohen Genuss gebraten und nebenbei auch noch die Schwarte knackig kross zubereitet. Wir servieren Ihnen die Haxe zusammen mit einer Bierjus, einem hausgemachten Thüringer Kloß und einem köstlichen Krautsalat."

„Unsere geschmorte **Schweinebacke** ist in einer Schwarzbiersauce zubereitet und wird mit einem kross gebratenem **Schweinebauch** serviert. Die sie begleitenden Beilagen sind ein Schinkenknödel auf gedünstetem Zwiebelkraut und grünem Erbsenpüree."

Gerichte aus geschmortem Schweinefleisch

🇬🇧 dishes of braised pork 🇫🇷 plats (m) de porc braisé

Neben dem Schweineragout gibt es zwei sehr bekannte Schmorfleischgerichte spezieller Art:

Schweinepfeffer
Ansatz ähnlich wie Gulasch, kurz vor dem Servieren mit Blut gebunden.

Szegediner Gulasch
Ansatz wie Gulasch oder Ragout. Wird zusammen mit Sauerkraut gegart, mit Kümmel gewürzt und mit Sauerrahm oder Schmant vollendet.

Gerichte aus gekochtem Schweinefleisch

🇬🇧 dishes of boiled pork 🇫🇷 plats (m) de porc bouilli

Die zum Kochen bestimmten Fleischteile des Schweines sind meistens gepökelt:

- Schinken, Vorderschinken und Hals
- Rippchen und Eisbein.

Das Pökeln bewirkt die Rotfärbung und den besonderen Geschmack des Fleisches.

Beilagenempfehlungen:

Zu Schinken
- Burgunder-, Madeira- oder Portweinsauce
- feine Gemüse, Petersilienkartoffeln, Kartoffelpüree, Kartoffelkroketten und Spätzle

Zu Rippchen/Eisbein
- Sauerkraut und Kartoffelpüree
- Erbsenpüree

Eine spezielle Zubereitung in Verbindung mit Schweinefleisch: **Garniertes Sauerkraut** oder **Schlachtschüssel**.

- Gekochtes Bauchfleisch sowie Blut- und Leberwurst,
- Sauerkraut und Kartoffelpüree oder Salzkartoffeln.

> Eine spezielle Zubereitung ist der mit Brezenknödelmasse gefüllte Schweinebauch. Unser Küchenchef achtet beim Braten sehr darauf, dass dabei eine Schwarte entsteht, die wirklich kracht und durch und durch kross ist. Dazu reichen wir einen Teller mit marktfrischen Salaten.

> Ein großer Genuss ist zu dieser kalten Jahreszeit unser mild gepökeltes Kassler, welches traditionell mit Grünkohl, Pinkel und gebratenen Kartoffeln serviert wird. Ich empfehle Ihnen dazu ein würziges Schwarzbier.

6 Hauptgerichte aus Fleisch

6.5 Lamm 🇬🇧 lamb 🇫🇷 agneau (m)

Das Lammfleisch hat von Natur aus einen würzigen und kräftigen Geschmack. Es muss sehr heiß angerichtet und rasch serviert werden.

Kurzbratgerichte vom Lamm
🇬🇧 dishes of pan fried lamb 🇫🇷 plats (m) d'agneau sauté

Von **Kurzbraten** spricht man wegen der sehr kurzen Garzeit portionierter Fleischstücke. **Pfannengerichte** nennt man diese Gruppe wegen des Garens in der flachen Pfanne mit wenig Fett.

Die Bezeichnung **à la minute** weist auf die kurzfristige Einzelzubereitung des Gerichtes hin.

Als Pfannengerichte gibt es Koteletts, Nüsschen und Schnitzel sowie Mutton chops (Scheiben aus beiden Seiten des Sattels mit Rückenfleisch, Knochen und Filet).

Zu Lamm verwendet man intensivere Würzzutaten wie Knoblauch, Thymian, Rosmarin, Salbei. Diese legt man beim Kurzbraten mit den Bratstücken in die Pfanne, damit deren Würzkraft auf das Fleisch übergeht.

Abb. 1 Lammkoteletts mit Kräutern und Knoblauch gebraten

Große Braten vom Lamm
🇬🇧 roasts of lamb 🇫🇷 rôtis (m) d'agneau

Für Braten eignen sich Teile von Rücken, Keule und Schulter.

Als Teilstücke werden der Sattel (das ist der hintere Teil des Rückens) und die Karrees (das sind die beiden Seitenteile des Rückens mit den langen Rippen) ganz gebraten.

„Als herbstliche Spezialität empfehlen wir Ihnen ein butterzartes **Lammkarree** in der Kräuterkruste mit leichter Thymianjus, kleinem Paprikagemüse und Bäckerin-Kartoffeln."

oder

Gerichte von geschmortem Lammfleisch
🇬🇧 dishes of braised lamb 🇫🇷 plats (m) d'agneau braisé

Zu Schmorgerichten gehören Schmorbraten und Ragouts aus der Keule, der Schulter und der Brust sowie die Lammhaxen.

„… eine mit Knoblauchstiften gespickte und schön saftig gebratene **Lammkeule** in einer Rosmarin-Rotweinsauce mit Kartoffelgratin, geschmolzenen Tomaten und knackigem Feldsalat."

„Als kulinarisches Gedicht bezeichnen Kenner das **Navarin de mouton**, ein geschmortes braunes Lammragout mit Schalotten und fein tournierten Wurzelgemüsen. Dazu servieren wir auf Wunsch Kartoffelschnee oder in Butter geschwenkte Bandnudeln."

EMPFEHLUNG UND VERKAUF VON SPEISEN

„… ein interessantes braunes Lammragout, gemeinsam geschmort mit Quitten und breiten grünen Bohnen, serviert mit hausgemachten Kartoffelkroketten."

Beilagenempfehlung

Im Allgemeinen sind die gleichen Beilagen wie zu gleichartigen Rindfleischgerichten geeignet. Wegen des ausgeprägten Geschmacks des Lammfleisches ergeben sich zusätzlich einige Besonderheiten:

- Spinat, grüne Bohnen und Bohnenkerne
- geschmorte Gemüse wie Chicorée, Fenchel, Staudensellerie und Gurken
- südländische Gemüsezubereitungen wie z. B. Ratatouille (Paprika, Knoblauch, Auberginen, Zucchini und Tomaten)
- Schmelzkartoffeln und Lyoner Kartoffeln
- Bäckerin- und Annakartoffeln

Spezielle Gerichte aus Lammfleisch

🇬🇧 special dishes of lamb   🇫🇷 plats (m) speciale d'agneau

Spezielle Lammgerichte sind zum Beispiel:

- Lammcurry
- Lammfrikassee
- Irish Stew
- Gesottene oder pochierte Lammschulter

„Unser Küchenchef hält heute für Sie etwas ganz Besonderes bereit: Ein echtes **Curry vom Lamm** mit gerösteten Kokosflocken, frischer, glasierter Ananas und chinesischem Duftreis. Dazu servieren wir Ihnen einen warmen Sake-Wein."

„Heute empfehlen wir Ihnen ein **Irish Stew**, das irische Nationalgericht mit gekochtem Lamm und Zwiebeln, Kartoffeln und Weißkraut. Da unser Küchenchef ein Fan bunter Gerichte ist, hat er dem Gericht noch Lauch, Wirsing, Sellerie und Karotten hinzugefügt."

„Sehr lecker und leicht ist unser Lammfrikassee mit Spitzen von grünem Spargel, frischen Champignons und hausgemachten, in Butter geschwenkten Rote-Bete-Nudeln."

oder

„… eine pochierte **Lammschulter** mit Zitronen-Meerrettich-Schaum, Karotten und über Thymian gedämpften Kartoffeln."

430

6.6 Hackfleisch 🇬🇧 minced meat 🇫🇷 hachis (m) de viande

Hackfleisch ist stark zerkleinertes Fleisch, das wegen der vergrößerten Oberfläche und der feuchten Beschaffenheit einen leicht zugänglichen Nährboden für Bakterien darstellt. Besonders roh verzehrtes Hackfleisch könnte zur Gefahr für die menschliche Gesundheit werden. Es ist deshalb wichtig, die Vorschriften der Hygieneverordnung einzuhalten und auf eine hygienisch einwandfreie Verarbeitung des Fleisches zu achten. Das gilt auch für jede Person, die am Tisch des Gastes ein *Beefsteak Tatar* oder *Hackepeter* bzw. *Schweinemett* zubereitet.

Gerichte aus Hackfleisch

🇬🇧 dishes of minced meat 🇫🇷 plats (m) de viande (w) hachée

Hackfleischgerichte können aus allen Schlachtfleischarten sowie aus Geflügel, Wild oder auch Fisch hergestellt werden.

Neben den Hacksteaks, auch bekannt als Frikadellen, Fleischküchle, Fleischpflanzerl oder Buletten, gibt es den Hackbraten, auch falscher Hase genannt, als einfache Zubereitung oder raffiniert gefüllt.

Des Weiteren gibt es in vielen Ländern unterschiedliche Gerichte, die aus Hackfleisch zubereitet werden, wie zum Beispiel:

- **Cevapcici** in Südosteuropa aus Schweine- und/oder Lammhackfleisch
- **Hamburger** in den USA mit Ursprung in Deutschland
- **Bitok** (Bitki) in Russland aus Rinderhack in kleine Hacksteaks geformt
- **Dolmas** in Griechenland und Türkei aus Lammhackfleisch mit Pilawreis in Weinblättern gerollt
- **Chili con Carne** in Mittelamerika aus grob gehacktem Rindfleisch mit Knoblauch, Zwiebeln und Chilis
- **Bologneser Sauce** in Italien aus grob gehacktem Rindfleisch mit Gemüsewürfeln, Tomatenpüree und geschälten Tomaten

Außerdem werden viele Gemüse mit unterschiedlichen Hackmassen gefüllt, wie

- Paprikaschoten
- Kohlblätter zu Kohlrouladen/Krautwickel
- Spinat- und Mangoldblätter
- Tomaten, Kohlrabi
- Auberginen, Zucchini, Salatgurken

„Unsere **Burger** sind aus 100 % Rindfleisch, immer ganz frisch für Sie gegrillt – natürlich nur auf offener Flamme, für den einzigartigen Grillgeschmack. Unser Weizenmehlbrötchen mit feinem Sesam kommt aus der Region – es wird frisch getoastet und belegt. Mit frisch geschnittenen, sonnengereiften Tomaten und schonend geerntetem, knackigem Eisbergsalat."

„Ein Gericht, das Sie sicher von Ihrer Oma kennen: die herrlichen **Königsberger Klopse** in feiner Kapernsauce mit Salzkartoffeln, einmal anders präsentiert. Lassen Sie sich überraschen."

„… dann habe ich noch etwas sehr Schönes anzubieten: einen **Strudel gefüllt mit Hackfleisch vom Kalb** mit Rührei auf einem Spiegel von Tomatensauce mit zarten Gemüsen und Lauchnudeln."

 Burger sind das am weitesten verbreitete Produkt aus Hackfleisch. Siehe auch Kapitel „Burger" (S. 442)

EMPFEHLUNG UND VERKAUF VON SPEISEN

6.7 Innereien 🇬🇧 offal meat 🇫🇷 abattis (m)

Im Restaurant werden vor allem die Innereien von Kalb und Lamm angeboten. Sie haben einen hohen Gehalt an Vitaminen und Mineralstoffen. Innereien sind zart und leicht verdaulich.

Gerichte aus Innereien

🇬🇧 dishes of offal meat 🇫🇷 plats (m) des abattis

„Ein besonderes kulinarisches Erlebnis in unserem Haus ist die **Kalbsleber nach Berliner Art**. Wir servieren sie mit leichter Kalbsjus, gebratenen Apfelscheiben und Röstzwiebeln. Unser Küchenchef ergänzt sie mit einer Maistomate auf Lauchgemüse und einem delikaten Kartoffel-Sahnepüree."

„Wenn Sie gerne Innereien mögen, empfehle ich Ihnen das leicht in Butter gebratene **Kalbsbries** mit Gemüseteigtaschen, beträufelt mit Limettensauce. Dazu passt sehr gut ein leichter Riesling von der Mosel."

Speisenbezeichnung		Saucen und Beilagen
Leber	• gebraten	• Bratenjus (Kalbsjus), Tomatenfleischwürfel, Pilze, Salzkartoffeln, Kartoffelpüree, Bratkartoffeln
	• geschnetzelt	• Rahmsauce und Reis, Pilze
	• sauer	• Rahmsauce (mit Essig oder Wein gewürzt), Zwiebeln
	• Leberknödel	• Kartoffelpüree und Sauerkraut
Nieren	• gebraten	• Senfsauce oder Rahmsauce, Bratkartoffeln, Perlzwiebeln, Karotten, Tomaten, Reis
	• geschnetzelt	• Rahmsauce, Kräutersauce, Kartoffelpüree oder -schnee, Salate
	• sauer	• Rahmsauce (mit Essig oder Wein gewürzt), Zwiebeln
Herz	• gebraten, vom Grill	• Kräuterbutter, Salate oder feine Gemüse, gebackene Kartoffelstäbchen
	• geschmort	• Erbsen, Karotten, Rosenkohl
	• Herzragout	• Schwarzwurzeln, Salzkartoffeln, Kartoffelpüree
Zunge	• gekocht (gepökelt)	• Burgunder-, Madeirasauce, Spargel, Blumenkohl, Brokkoli, Erbsen, Karotten, Spinat, Petersilienkartoffeln, Kartoffelpüree
Hirn	• gebraten	• Spinat, Kartoffelschnee
	• gebacken	• Zitronenachtel, Mayonnaise-Kartoffelsalat
	• überbacken	• Blattspinatsockel mit Mornaysauce, Salzkartoffeln
Kalbsbries	• gedünstet	• helle Rahmsauce, Kräutersauce, Spargel, Champignons, Morcheln, Krebsschwänze, Petersilienkartoffeln, Reis
	• gebraten	• leichte Jus, Tomatenfleischwürfel, Erbsenschoten, grüne Bohnen, Karotten, Petersilienkartoffeln, gebratene Kartoffeln, Reis
Kalbslunge	• sauer	• Rahmsauce, Semmelknödel

6.8 Fleisch- und Wurstwaren

🇬🇧 cold cuts 🇫🇷 charcuterie (w)

Fleischwaren sind Erzeugnisse, bei denen die Struktur des Fleisches nicht verändert wird. Die jeweiligen Behandlungsverfahren, wie z. B. pökeln, bewirken lediglich eine Veränderung der Farbe und des Geschmacks, z. B. Schinken roh und gekocht, Bündner Fleisch, Räucherwaren und Pökelzungen.

Wurstwaren sind schnittfeste oder streichfähige Erzeugnisse aus einem Gemenge von zerkleinertem Fleisch und Fettgewebe mit Gewürzen.

Man unterscheidet:

- Kochwürste
- Brühwürste
- Rohwürste

Abb. 1 Parmaschinken, Südtiroler Speck, Bündner Fleisch

Kochwürste

Fleisch und andere Zutaten wie Zunge werden im Voraus gekocht. Ein Gelee aus Schwarten und Knochen oder Blut geben die Bindung.

Beispiele: Leberwurst, Rotwurst, Sülzwurst und Presssack

Abb. 2 Verschiedene Kochwürste

Brühwürste

Fleisch und Speck werden feinst zerkleinert. Dadurch lösen sich Eiweißstoffe und binden zusätzlich Wasser, das in Form von Eis beigegeben wird. Durch Brühen (Pochieren) entsteht die Bindung.

Beispiele: Bierschinken, Mortadella, Lyoner,

Abb. 3 Verschiedene Brühwürste

Rohwürste

Rohes Fleisch und Speck werden zerkleinert, danach mit Nitritpökelsalz und Gewürzen versetzt. Nach dem Einfüllen in Därme beginnt ein biologischer Reifeprozess.

Beispiele: Salami, Cervelatwurst, Mettwurst, Teewurst

Abb. 4 Verschiedene Rohwürste

Aufgaben

1. Entwerfen Sie mithilfe des nebenstehenden Bildes und der Materialangabe eine appetitanregende Formulierung für Ihre Gäste.
   Kalbsbäckchen, geschmort; Püree von Lauch und Kartoffeln; weiße Bohnen.

2. Erarbeiten Sie 7 Vorschläge für Gerichte vom Schwein für eine neue Speisekarte. Achten Sie dabei darauf, dass möglichst alle Zubereitungsarten abgedeckt sind.

3. Welche Pfannengerichte werden aus Lammfleisch zubereitet?

4. Erklären Sie Ihren Gästen die Besonderheiten von Irish Stew.

5. Was ist beim Service von Lammgerichten besonders zu beachten? Welches Getränk würden Sie dem Gast empfehlen?

6. Erklären Sie die Begriffe Fleischwaren und Wurstwaren.

7 Hauptgerichte aus Geflügel und Wildgeflügel

🇬🇧 main courses of poultry and feathered game
🇫🇷 plats (m) de volaille et de gibier à plume

Angebotsformen
Haus- und Wildgeflügel bekommt man frisch oder als Tiefkühlware geliefert. Man erhält sie aber auch zerlegt in Teilstücke wie Brust, Keule oder Leber.

Im Vergleich zum Wildgeflügel wird Schlachtgeflügel „beim Haus" gehalten und heißt deshalb auch Hausgeflügel.

7.1 Hausgeflügel 🇬🇧 poultry 🇫🇷 volaille (w)

Beim Verkauf von Hausgeflügel muss angegeben werden:
① Verkehrsbezeichnung
② Angebotszustand
③ Handelsklasse
④ Gewicht/Kilogrammpreis/Gesamtpreis
⑤ Hinweis auf Lagerbedingungen, Verbrauchsdatum bei Frischfleisch, Mindesthaltbarkeit bei Frostware
⑥ Schlacht- bzw. Zerlegebetrieb
⑦ Name und Anschrift des Vertreibers
⑧ Herkunftsnachweis (freiwillig)

Unter dem Begriff Herrichtungszustand versteht man, in welchem Zustand, also ob ausgenommen, bratfertig oder grillfertig, ohne Innereien, das Geflügel geliefert wird.

Kennzeichnung bei verpackter Ware (Beispiel)

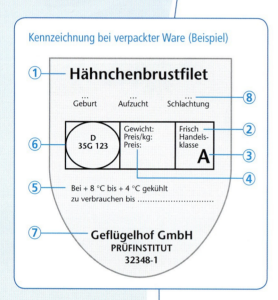

Übersicht Teilstücke

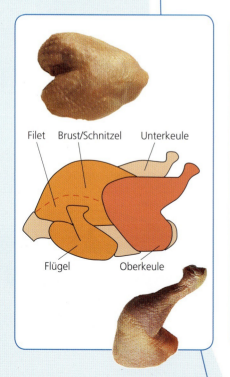

Handelsbezeichnungen

Geflügel	Handels-bezeichnungen	Alter
Hühner 🇬🇧 chickens 🇫🇷 poulets (m)	Küken Hähnchen (Poulets) Jungmasthahn Suppenhuhn	3–4 Wochen 6–7 Wochen 12–15 Monate
Puter 🇬🇧 turkeys 🇫🇷 dindes (w)	Baby-Puter Truthenne, Truthahn	2–3 Monate 3–7 Monate
Enten 🇬🇧 ducks 🇫🇷 canards (m)	Frühmastente Junge Ente Ente, Flugente	6–7 Wochen 3–5 Monate über 1 Jahr
Gänse 🇬🇧 geese 🇫🇷 oisons (w)	Frühmastgans Junge Gans Gans	3–4 Monate 9–10 Monate über 1 Jahr
Perlhühner 🇬🇧 guinea fowls 🇫🇷 pintades (w)	Junges Perlhuhn Perlhuhn	bis 1 Jahr über 1 Jahr
Tauben 🇬🇧 pigeons 🇫🇷 pigeons (m)	Junge Taube Taube	bis 1 Jahr über 1 Jahr

7 Hauptgerichte aus Geflügel und Wildgeflügel

Das Fleisch vom hellen Hausgeflügel ist von zarter Beschaffenheit und hat einen geringen Fettanteil. Es ist eiweißreich und leicht bekömmlich.

Das dunklere Fleisch von Ente und Gans enthält mehr Mineralstoffe und ist dadurch intensiver im Geschmack.

Enten und Gänse haben im rohen Zustand einen hohen Fettanteil, der sich aber bei sachgerechtem Garen verringert.

Gerichte von Hausgeflügel
🇬🇧 dishes of poultry 🇫🇷 plats (m) de volaille

Auf Grund der vielfältigen Eigenschaften des Fleisches bereichert Geflügel das Speisenangebot und sorgt für Abwechslung.

Grundlage für die Zubereitungen sind die bei Hausgeflügel angewandten Garmethoden, wobei außerdem zwischen hellem und dunklem Hausgeflügel unterschieden wird.

Helles Hausgeflügel wird seiner Eigenschaften wegen meist durch **Braten** und **Grillen** gegart.

Dennoch gibt es Besonderheiten wie:
- Frittieren oder Schmoren von Hähnchenteilen,
- Hellbraundünsten (Poelieren) von Hähnchen,
- Kochen von Suppenhühnern.

Dunkles Hausgeflügel und **Wildgeflügel** wird in der Regel gebraten. Lediglich bei älteren Tieren bzw. bei derberem Fleisch ist Schmoren erforderlich.

Eine besondere Zubereitungsart ist das **Poelieren**, das sogenannte Hellbraundünsten von hellem Geflügel. Dabei wird das Geflügel nur ganz leicht angebraten, danach wenig Fond angegossen und zugedeckt gar gedünstet.

Beilagen zu hellem Hausgeflügel:
Sämtliche Beilagen, die auch zu hellem Schlachtfleisch serviert werden, sind möglich.
Bei Enten und Gänsen kommen vermehrt die Beilagen von Wildgeflügel in Anwendung.

„Heute erwartet Sie ein zartes Stubenküken-Frikassee, wie es die Berliner der 20er Jahre liebten. Das gedünstete Huhn ist in Begleitung einer Weißweinsauce, von Champignons, Stückchen vom Kalbsbries, Spargel, Krebsschwänzen und Pilaw-Reis."

„Des Weiteren kann ich Ihnen empfehlen …
… ein in Wein, auch bekannt unter dem Namen „Coq au vin", in Rotwein zubereitet mit Schalotten, Speck, Pilzen und Sahne."

„Probieren Sie einmal unsere Chicken Nuggets. Außen mit einer krossen Panade versehen, innen zartes und saftiges Hähnchenfleisch. Wählen Sie dazu frei Ihren Lieblings-Dip aus fünf unterschiedlichen Geschmacksrichtungen: Curry, süß-sauer, feurige Salsa, rauchige Barbecue-Sauce oder unseren Klassiker aus England, den HP-Dip."

„Unsere Chicken Wings sind der King! Alle, die es feurig scharf mögen, werden unsere in Paprikamarinade eingelegten und anschließend frittierten Hähnchenflügel lieben.
Für hungrige, super hungrige und super super hungrige Chicken-Fans bieten wir den Snack wahlweise mit sechs, neun oder fünfzehn Wings an."

„Sehr lecker ist unser Wiener Backhendl. Es wird in Weißbrotbröseln paniert und in Butterschmalz gebacken. Dazu servieren wir frittierte Petersilie und einen geschmacklich hervorragenden Kartoffelsalat nebst Kopfsalatherzen mit einer Vinaigrette."

Beratung und Verkauf

EMPFEHLUNG UND VERKAUF VON SPEISEN

„… als neues Wellnessgericht eine **Maishähnchenbrust** vom Grill mit roten und gelben Kirschtomaten, dazu einen Joghurt-Bärlauch-Dip mit einer Scheibe von hausgemachtem Vitalbrot."

„Ein kulinarischer Hochgenuss ist die glasierte **Keule der Hafermastgans** mit Kronsbeeren-Rosmarin-Sauce, Apfelrotkohl und Kräuter-Kartoffel-Klößen."

„In der mit kross gebratener Haut und Pilzen gefüllten **Entenbrust** treffen Mediterranes und die schwäbische Region aufeinander. Serviert mit gelben und grünen Minizucchini, roten Senflinsen und Mohn-Schupfnudeln, umkränzt mit einer leichten Trollinger Sauce, erhebt sich dieses Gericht zu einem wahren Augen- und Gaumenschmaus."

Beilagenempfehlung:

Saucen
- Wildsauce mit gehaltvollen Weinen
- Wacholderrahmsauce
- Waldmeistersauce

Gemüsebeilagen
- Rotkohl und Rosenkohl, Wirsing, Grünkohl
- Wein-, Champagner- und Ananaskraut
- glasierte Kastanien (Maronen)
- Pilze

Hauptbeilagen
- Kartoffelkroketten, Mandelbällchen, Püree
- Dauphinekartoffeln oder Spätzle

Obstbeilagen
- Apfel- oder Kastanienmus
- gedünstete Birne oder Quittenragout
- Orangenfilets oder Weintrauben

7.2 Wildgeflügel 🇬🇧 feathered game 🇫🇷 gibier (m) à plume

Als Wildgeflügel bezeichnet man alle jagdbaren Vögel, deren Fleisch für den Menschen genießbar ist. Ihr Lebensraum sind der Wald und die Umgebung von Gewässern. Es wird auch als **Federwild** bezeichnet.

Die bekanntesten Wildgeflügelarten sind:

- **Fasan** 🇬🇧 pheasant 🇫🇷 faisan (m)
- **Wachtel** 🇬🇧 quail 🇫🇷 caille (w)
- **Rebhuhn** 🇬🇧 partridge 🇫🇷 perdreau (m)
- **Schnepfe** 🇬🇧 woodcock 🇫🇷 bécasse (w)
- **Wildente** 🇬🇧 wild duck 🇫🇷 canard sauvage (m)

Wildgeflügel ist bis auf die Wildente fettarm. Damit das Fleisch saftig bleibt, wird es mit Speckscheiben umwickelt (bardiert).

Gerichte von Wildgeflügel

🇬🇧 dishes of feathered game 🇫🇷 plats (m) de gibier à plume

Wildgeflügel muss wie das Schlachtfleisch vor der Verarbeitung erst abhängen, um zu reifen. Junges Wildgeflügel wird vorwiegend gebraten. Am besten schmeckt es, wenn das gebratene Fleisch am Knochen noch rosafarben ist. Älteres Wildgeflügel wird vorwiegend für Brühen und Suppen (Rebhuhnessenz, Fasanenkraftbrühe) genutzt oder durch Schmoren gegart.

7 Hauptgerichte aus Geflügel und Wildgeflügel

„Eine Köstlichkeit aus den Weinbergen möchten wir Ihnen heute anbieten: Es ist ein junger **Fasan**, schön goldgelb gebraten, in feiner Weinsauce mit Trauben und Gänseleber, einem Strudel mit Mangold, Babymöhrchen und Pastinakenpüree."

„Eine besondere Spezialität ist unsere mit in Port-Wein marinierter Gänseleber gefüllte und zart gebratene **Wachtel** auf einem feinen Linsengemüse mit gekochtem Wachtelei. Hierzu passt ausgezeichnet ein italienischer Rotwein, beispielsweise der Barbera d'Asti."

„Ein ofenfrisch gebratenes **Rebhuhn** mit Calvados-Walnuss-Sauce auf gedünstetem Spitzkohl und glasierten Honigäpfeln, dazu ein Püree von Petersilienwurzeln und Knollensellerie."

„Etwas für echte Genießer ist die zartrosa gebratene **Entenbrust**, begleitet von einem Ragout der Entenkeule mit Äpfeln, Pilzen und Maronen. Dazu servieren wir hausgemachte, breite Bandnudeln, krossen Speck und frittierte Salbeiblätter."

Aufgaben

1. Nennen Sie Arten des Hausgeflügels.
2. Welche Angebotsformen gibt es bei Hausgeflügel?
3. Welche Garmachungsarten werden angewendet:
   a) bei hellem Hausgeflügel?   b) bei dunklem Hausgeflügel und Wildgeflügel?
4. Erstellen Sie eine Spezial-Speisekarte mit mindestens 15 Gerichten aus Haus- und Wildgeflügel.
5. Eine entsprechende Gästebefragung wird Ihnen Aufschluss geben über die beliebtesten Geflügelgerichte. Entwickeln Sie hierfür einen kleinen Fragebogen.
6. Fügen Sie Ihrer Geflügelkarte eine Weinempfehlung bei mit drei Weißweinen und drei Rotweinen.

Hauptgerichte vom Wild

🇬🇧 main courses of game 🇫🇷 plats (m) de gibier

Das Fleisch vom Wild ist als Nahrungsmittel eine ganz besondere Delikatesse.

Die besondere Beschaffenheit des Wildfleisches ergibt sich vor allem aus den naturbedingten Lebens- und Fressgewohnheiten. Grundsätzlich ist Wildfleisch fettarm. Vom Kaninchen abgesehen, ist das Fleisch des Wildes dunkel. Wild muss vor der Verarbeitung einige Zeit zum Reifen abhängen.

Der Geschmack des Fleisches hat im Vergleich zum Schlachtfleisch eine arteigene Ausprägung. Es schmeckt intensiver und aromatischer.

Die wichtigsten Wildarten sind:

Reh	venison	chevreuil (m)
Hirsch	deer	cerf (m)
Wildschwein	wild boar	sanglier (m)
Hase	hare	lièvre (m)
Kaninchen	rabbit	lapin (m)

Weitere, regionaltypische Wildarten sind Gams und Elch sowie Bären und Rentiere.

Gerichte vom Wild   🇬🇧 dishes of game 🇫🇷 plats (m) de gibier

Wildgerichte sind vor allem im Herbst und Winter eine willkommene Bereicherung im gastronomischen Speisenangebot. Wild wird meist zerwirkt (zerteilt) in Rücken, Keulen oder Schultern oder als Ragoutfleisch angeboten.

Zwei Vorbereitungstechniken sind darauf ausgerichtet, den fehlenden Fettanteil sinnvoll zu ersetzen:
Spicken – das rohe Fleisch wird mit dünnen Speckstreifen durchzogen.
Bardieren – das Fleisch wird mit dünnen Speckscheiben umwickelt, die nach dem Braten bzw. vor dem Servieren wieder entfernt werden.

Manche Zubereitungen erfordern ein rechtzeitiges Einlegen spezieller Fleischstücke in Marinaden oder Buttermilchbeizen.

Beilagenempfehlung zu den Wildgerichten:

Jus und Saucen
- Bratenjus vom Wild
- Wildrahm-, Wacholderrahm-, Wildpfeffersauce
- Waldmeistersauce

Gemüsebeilagen
- Pfifferlinge, Steinpilze, Champignons und Morcheln
- Rosenkohl, Brokkoli, Karotten und Bohnen, Schwarzwurzel
- Rotkohl (Apfelrotkohl)

Hauptbeilagen
- Kartoffelkroketten, Mandelbällchen, Bernykartoffeln
- Dauphinekartoffeln, Herzoginkartoffeln
- Spätzle
- Kartoffelklöße (zu Schmorgerichten)

Obstbeilagen
- Preiselbeeren oder Johannisbeergelee, Waldmeistergelee
- Äpfel, Quitten und Birnen, geschmort, gebraten oder als Kompott
- Kastanien (Maronen), glasiert oder als Kastanienpüree
- Ananas, Orangen, Mandarinen und Pfirsiche

„Bei uns hat die Jagdsaison begonnen. Wir laden Sie ein in die feine Wildküche mit hausgemachten Spezialitäten unseres Küchenchefs. Genießen Sie zum Beispiel wilde Köstlichkeiten wie:
- Rosa gebratenes **Rehrückenfilet** auf Linsengemüse mit Muskatkürbis-Spalten.
- Gebratene Frischlingsmedaillons mit Waldmeistersauce, Speck-Rosenkohl, Steinpilznudeln und Quittenkompott.
- Geschmorte Hasenschulter in Buttermilchsauce mit Serviettenknödeln, Rotkrautsalat und Apfelmus."

8 Hauptgerichte vom Wild

"Geschmorte **Schulter vom Jungbock** in einer Cognac-Piment-Sauce mit Kurkuma-Reis-Plätzchen und glasierten Kakifrüchten. Als Getränk sollten Sie einen japanischen Sakewein oder einen chinesischen Pflaumenwein dazu probieren."

"Ein ganz verführerisches Mahl ist das **Zweierlei von Kaninche**n mit einem gefüllten Rücken und einem Kotelettstück auf feiner Chardonnay-Sauce mit Maiskölbchen, Karotten und Lauch auf Rahm, dazu hausgemachte Kräuternudeln."

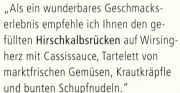

"Als ein wunderbares Geschmackserlebnis empfehle ich Ihnen den gefüllten **Hirschkalbsrücken** auf Wirsingherz mit Cassissauce, Tartelett von marktfrischen Gemüsen, Krautkräpfle und bunten Schupfnudeln."

Worte, die verkaufen helfen

- herzhaft
- lieblich
- aromatisch
- frisch
- veredelt
- weihnachtlich
- verführerisch
- verzaubert
- leicht exquisit
- bekömmlich
- exklusiv
- hochwertige Zutaten
- volles Aroma
- frische Versuchung
- von feinem Geschmack
- ein Feuerwerk der Aromen
- auf der Zunge zergehend
- verhaltenes Aroma
- raffinierte Zubereitung
- eigene Note
- kulinarische Impressionen
- Familientradition
- ein echter Klassiker
- etwas für echte Genießer

Aufgaben

1. Schildern Sie einem Gast das nebenstehende Wildschweingericht. Gehen Sie dabei davon aus, dass der Gast das Bild nicht sieht. Benennen Sie Aussehen und Bestandteile des Gerichtes. Machen Sie dem Gast mit Worten richtig Appetit.
2. Nennen Sie verschiedene Wildtierbezeichnungen.
3. Nennen Sie klassische Beilagen zu Wildgerichten.
4. Erstellen Sie eine spezielle Karte für eine Wildwoche mit Suppen, kalten und warmen Wildgerichten.
5. Wildfleisch wird vielfach gespickt oder bardiert. Erklären Sie die Fachbegriffe gastgerecht.

9 Spezielle Hauptgerichte: Systemgastronomie

🇬🇧 special main dishes: fast food industry
🇫🇷 plats de résistance specials: gastronomie (w) de système (m)

In der **Systemgastronomie** hat sich, insbesondere im Bereich der Quick-Service-Gastronomie, ein umfangreiches Fastfood- und Finderfood-Angebot international durchgesetzt.

Sandwich

Den Gerüchten nach wollte im 18. Jahrhundert in England der vierte Earl of Sandwich seine Kartenspielabende nicht durch lange Mahlzeiten unterbrechen lassen. Er ließ sich sein Essen daher handlich zwischen zwei Brotscheiben legen.

Abb. 1 Klassisches Sandwich

Das klassische **Sandwich** besteht ursprünglich aus zwei oder mehreren Kastenweißbrot- oder Toastbrotscheiben ohne Rinde. Es ist nicht geröstet, zwischen die Brotscheiben kommt ein beliebiger Belag, z. B. Schinken, Käse, Fisch oder Bratenfleisch. Oft wird er mit einem Salatblatt sowie Mayonnaise oder Meerrettich garniert. Das Sandwich wird als Dreieck zugeschnitten serviert oder verpackt.

Heute werden fast alle belegten Brötchen und Baguette-Brote als „Sandwich" bezeichnet; es gibt unzählige Varianten. Weit verbreitet sind auch belegte Baguette-Brote – sie werden wegen ihrer an U-Boote erinnernde Form (engl. „submarine") auch „Subs" genannt.

Abb. 2 Sub bzw. Subway Sandwich

Wrap

Wraps (engl. „to wrap" = wickeln, einhüllen) werden auch als „gerollte Sandwiches" bezeichnet. Sie haben keine feste Rezeptur. Der Ursprung liegt in Nordmexiko und den Weststaaten der USA.

Umhüllt werden **Wraps** von **Tortillas**, dünnen Fladenbrot aus Mais- oder Weizenmehl. Maistortillas sind meist kleiner und brechen leicht. Weizentortillas sind etwas elastischer mit einem größeren Durchmesser.

Gefüllt werden sie u. a. mit gerilltem, frittiertem oder gebratenem Fleisch, ergänzt mit Gemüse, Salat, Sauerrahm und einer scharfen Sauce.

Abb. 3 Wrap

Döner

Döner Kebab oder kurz Döner ist eine Fladenbrottasche, die meist mit gegrilltem Fleisch, Salat, Gurken, Tomaten, rohem Weiß- und/oder Rotkrautsalat, Joghurtsauce und Zwiebel gefüllt wird.

Die Grillfleischscheiben werden vorher in Marinade eingelegt, schichtweise auf einen Spieß gesteckt und im Drehgrill gegart.

Üblicherweise besteht der Spieß zwischen den einzelnen und eher mageren Fleischlagen aus Hackfleisch.

Abb. 4 Dönerfleisch-Spieß am Grill

Im Ursprungsland Türkei ist der Döner seit Mitte des 19. Jahrhunderts bekannt, in Deutschland fand er seit den 1970er Jahren Verbreitung. Während in der Türkei meist Hammelfleisch für die Spieße verwendet wird, wird bei uns Rind- und Kalbfleisch sowie Hühner- und Putenfleisch angeboten.

In der griechischen Variante **Gyros** wird Schweinefleisch verwendet.

Pizza

Mehrere Gegenden Italiens behaupten, Ursprung der **Pizza** zu sein. Mitte des 18. Jahrhunderts wurde sie bereits in Süditalien verwendet. Sie bestand aus einem einfachen Hefeteig, zubereitet mit Salz und Olivenöl. Belegt wurde sie mit Tomatenscheiben, gewürzt mit Olivenöl und Basilikum oder Oregano.

Heute wird Pizza in unzähligen Variationen angeboten. Der Fantasie ist bei den Belägen keine Grenze gesetzt, statt frischer Tomaten wird meist Tomatensauce oder Tomatenmark verwendet. Als Klassiker zählt die **Pizza Margherita**, auch aufgrund der italienischen Nationalfarben rot (Tomate), weiß (Mozzarella) und grün (Basilikum).

Pizza sollte möglichst wenige Minuten bei hoher Temperatur (400 bis 500 °C) in einem Pizzaofen gebacken werden.

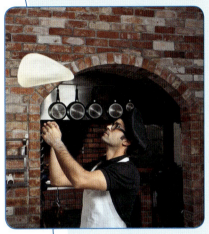

Abb. 1 Pizzabäcker

Einige verbreitete Pizzavarianten und ihre Beläge:

Pizza Margherita	Pizza Napoli	Pizza Regina	Pizza Prosciutto
Tomatensauce	Tomatensauce	Tomatensauce	Tomatensauce
Mozzarella	Mozzarella	Mozzarella	Mozzarella
		Schinken	Schinken
		Champignons	Champignons
Basilikum	Sardellen		Pepperoni
Tomatensauce	Oregano	Oregano	Oregano
Mozzarella	Oliven	Oliven	Oliven

Neben den verschiedenen Belägen gibt es auch unterschiedliche **Pizzaböden**. Die Böden variieren in Größe und Form (Backblechpizza, Pizzaschnitte, runde Pizza), aber auch in der Höhe des Bodens oder der Form des Randes.

Eine Sonderform ist die **Pizza Calzone**. Der Teigfladen wird vor dem Überbacken als Halbkreis zusammengeklappt. Zutaten sind u. a. roher Schinken, Pilze, Mozzarella, Ricotta, Parmesan sowie oft auch Eier.

Abb. 2 Pizza Calzone

Beratung und Verkauf

EMPFEHLUNG UND VERKAUF VON SPEISEN

Die in Deutschland bekannte „Amerikanische Pizza" wurde durch die Pizzakette „Pizza Hut" bekannt und zeichnet sich durch einen vergleichsweise dicken Pizzaboden aus.

In den Niederlanden weit verbreitet ist der „Double Dutch", eine Übergangsform zwischen Pizza und Hot Dog.

Abb. 1 Amerikanische Pizza

Hot Dog

Die Herkunft des Hot Dogs ist nicht bekannt, es gibt ihn aber schon seit 1871, der Name ist seit 1895 verbürgt.

Hauptbestandteil des Hot Dogs ist ein längliches Weizenbrötchen, oft bereits mit einer Aussparung, in das ein Brühwürstchen (Wiener, Frankfurter) eingelegt wird.

Dieses wird vorher in einem Rollergrill – alternativ im heißen Wasser – zubereitet und mit Senf und/oder Ketchup, Mayonnaise, Relishes oder anderen Saucen gewürzt. Verschiedene Varianten mit Senf, Gurken und Sauerkraut spiegeln den regionalen Geschmack wieder.

Abb. 2 Hot Dog

Hamburger, kurz: Burger

Woher der „Burger" stammt, ist unklar. Der Begriff „Hamburger Steak" für ein Rinderhacksteak wurde aber schon 1842 in einem Kochbuch in den USA genannt.

Der **Burger** ist eine Sonderform des Sandwichs: gebratene oder gegrillte Hackfleischscheiben (**Pattys**, meist aus Rinderhack) zwischen Weichbrötchen-Hälften. Diese Basisvariante, der **Hamburger** oder Beefburger, sowie der **Cheeseburger** (mit einer zusätzlichen Scheibe Käse) sind die am weitesten verbreiteten Burger-Varianten.

Anstatt des Rinderhacks findet auch Schweinefleisch (z. B. McRib), Fisch (z. B. Bremer) oder Gemüse (z. B. Veggieburger) als Hauptfüllung Verwendung. Es gibt eine große Angebotsvielfalt durch Rezeptvarianten mit verschiedenen Saucen oder Zutaten, die auf regionalen oder nationalen Geschmack Rücksicht nehmen.

Abb. 3 Jim Deligatti erfand vor 40 Jahren den Big Mac

Große Schnellrestaurantketten entwickeln spezielle **Burgervariationen** für kurzzeitige Sonderaktionen, um z. B. Events wie Fußballmeisterschaften zu begleiten. Auch wird Gästen die Möglichkeit gegeben, **eigene Burger-Kreationen** zu entwickeln. Diese Aktionen dienen der Kundenbindung und dem Imagegewinn (siehe Kapitel Marketing).

Abb. 4 Teamburger

Abb. 5 3 Beispiele „Mein Burger"

Die erfolgreichsten Burger-Ketten weltweit sind **McDonald's** und **Burger King**.

10 Beilagen

🇬🇧 side dishes 🇫🇷 garnitures (w)

Zu einem kompletten Gericht gehören neben Fleisch- oder Fischspeisen und Saucen als Ergänzung **Gemüse, Pilze und Hauptbeilagen** (stärkehaltige Beilagen) sowie Salate und Obst. Dabei sollte man immer darauf achten, dass die Beilagen mit den Hauptgerichten und deren Zubereitungsarten harmonieren. Dies zu erreichen, bedarf es einiger Erfahrung und Kenntnisse.

Hierbei spielen vor allem die unterschiedlichen Zubereitungsarten der Beilagen eine besondere Rolle. Dann können die Beilagen den Zubereitungen der Hauptgerichte zugeordnet werden.

Gemüse reicht man roh oder gegart als harmonische Ergänzung bzw. Beilage zu Hauptplatten von Fisch und Fleisch. Hinweis: Aus Gemüsen werden auch eigenständige Gerichte hergestellt. Wurzel- und Zwiebelgemüse dienen zusätzlich als Würzmittel.

10.1 Beilagen aus Gemüse

🇬🇧 vegetable side dishes 🇫🇷 garnitures (w) de légumes (m)

Die Einteilung der vielfältigen Gemüse erfolgt nach handelsüblichen Sammelbegriffen.

Beispiele

Wurzel- und Knollengemüse 🇬🇧 root vegetables 🇫🇷 racines (w)	Arten	🇬🇧 englisch	🇫🇷 französisch
	Fenchel ①	fennel	fenouil (m)
	Karotten/Möhren ②	carrots	carottes (w)
	Meerrettich ③	horseradish	raifort (m)
	Petersilienwurzel ④	parsley root	racine de persil (m)
	Radieschen, Rettich ⑤ ⑥	radishes	radis (m)
	Rote Bete (Rüben) ⑦	beetroots	betteraves (w)
	Schwarzwurzeln	black salsify	salsifis (m)
	Sellerie	celery root	céleri-raves (m)
	Teltower Rüben	turnips	navets (m)

Kohlgemüse 🇬🇧 brassicas 🇫🇷 choux (m)	Arten	🇬🇧 englisch	🇫🇷 französisch
	Blumenkohl ①	cauliflower	chou-fleur (m)
	Brokkoli	broccoli	brocoli (m)
	Chinakohl	chinese cabbage	chou chinois (m)
	Grünkohl ②	curly kale	chou vert (m)
	Kohlrabi	kohlrabi	chou-rave (m)
	Romanesco ⑥	romanesco	romanesco (m)
	Rosenkohl ③	brussels sprouts	choux de Bruxelles (m)
	Rotkohl ④	red cabbage	chou rouge (m)
	Weißkohl ⑤	white cabbage	chou blanc (m)
	Wirsing	savoy cabbage	chou de Milan (m)

Blattgemüse und Blattsalate 🇬🇧 leaf vegetables 🇫🇷 légumes (m) à feuilles	Arten	🇬🇧 englisch	🇫🇷 französisch
	Chicorée ①	belgium endive	endive (w)
	Eichblatt	oakleaf lettuce	salade (w) de feuilles de chêne
	Endivien	endive salad	scarole (w)
	Eisbergsalat ②	iceberg salad	laitue (w) d'hiver
	Feldsalat ③	lamb's lettuce	mâche (w)
	Frisée	curled endive	chicorée (w) frisée
	Kopsalat ④	lettuce	laitue (w)
	Radicchio ⑤	red-leaf chicory	barbe (w) de capucin
	Römischer Salat	roman lettuce	salade (w) romaine
	Spinat ⑥	spinach	épinards (m)
sowie Lollo rosso, Lollo bianco, Rucola, Mesculin usw.			

Beratung und Verkauf

EMPFEHLUNG UND VERKAUF VON SPEISEN

Fruchtgemüse
🇬🇧 fruit vegetables 🇫🇷 légumes (m) de fruits

Arten	🇬🇧 englisch	🇫🇷 französisch
Auberginen	eggplants	aubergine (w)
Gurken	cucumber	concombre (m)
Kürbis	pumpkin	potiron (m)
Mais	corn	grains de maïs (m)
Paprikaschoten ①	bellpeppers	poivron (m)
Tomaten ②	tomatoes	tomates (w)
Zucchini ③	zucchini	courgettes (w)
Erbsen	green peas	petits pois (m)
Grüne Bohnen ④	string beans	haricots (m) verts
Zuckerschoten ⑤	snow peas	pois mange-tout (m)

sowie Melone, Okra, usw.

Zwiebelgemüse 🇬🇧 bulbs 🇫🇷 oignons (m)

Arten	🇬🇧 englisch	🇫🇷 französisch
Knoblauch ①	garlic	ail (m)
Lauch, Porree ②	leek	poireaux (m)
Perlzwiebel	pearl onion	petit oignon (m)
Schalotten ③	shallots	échalotes (w)
Zwiebeln ④	onions	oignons (m)
Frühlinszwiebeln ⑤	scallions	ciboules (w)

Wurzelsprossen/Blütengemüse
🇬🇧 shoot vegetables
🇫🇷 pousses (w) de racine

Arten	🇬🇧 englisch	🇫🇷 französisch
Spargel	asparagus	asperges (w)
Staudensellerie	celery	céleri (m) en branches
Artischocken	artichokes	artichauts (m)

sowie Bambussprossen, Palmherzen

Pilze 🇬🇧 mushrooms 🇫🇷 champignons (m)

Arten	🇬🇧 englisch	🇫🇷 französisch
Austernpilze ①	oyster mushrooms	pleurotes (m)
Champignons ②	champignons	campignons (m) de Paris
Morcheln	morels	morilles (w)
Pfifferlinge ③	chanterelles	chanterelles (w)
Steinpilze ④	ceps	cèpes (w)
Trüffel	truffles	truffes (w)
Shii-take	chinese mushrooms	shitake (m)
Egerlinge ⑤	chestnut mushrooms	champignons (m) de prés

Hülsenfrüchte
🇬🇧 dried legumes 🇫🇷 légumes (m) secs

Arten	🇬🇧 englisch	🇫🇷 französisch
Bohnenkerne	dried beans	flageolets (m)
Linsen	lentils	lentilles (w)
Erbsen	dried peas	pois secs (m)

Kidneybohnen ①, Wachtelbohnen ②, schwarze Bohnen ③, weiße Bohnen ④, Mungobohnen ⑤, Kichererbsen ⑥, grüne Schälerbsen ⑦, gelbe Schälerbsen ⑧, Tellerlinsen ⑨, grüne Berglinsen ⑩, rote Linsen ⑪

10 Beilagen

Gemüse werden in vielfältiger Form zubereitet und serviert. An einigen Beispielen werden in Form von Redewendungen ausgesuchte Zubereitungen aufgezeigt.

Servicemitarbeiter müssen die Zubereitungen der Gemüse kennen, damit sie in der Lage sind,
- den Fleisch- oder Fischgerichten die passenden Gemüsebeilagen zuzuordnen,
- den Gästen nicht nur die Hauptbestandteile, sondern auch die Beilagen erklären zu können,
- die Gäste auch bei der Auswahl der Beilagen fachgerecht zu beraten.

Zubereitungen für Gemüse

Die meisten Gemüse werden durch feuchte Garverfahren, vornehmlich durch Kochen, Dünsten und Dämpfen, gegart und dann auf unterschiedliche Arten fertiggestellt.

> Servicemitarbeiter müssen fähig sein, am Küchenpass die unterschiedlichen Zubereitungen beim Gemüse bestimmen und diese benennen zu können.

Benennung	Fertigstellung	Empfehlung
… mit Butter (englische Art)	Das Gemüse wird mit Butterstückchen belegt oder mit zerlassener Butter beträufelt oder in Butter geschwenkt.	… etwas Butter hebt den Geschmack und verleiht dem Gemüse Glanz.
glasieren	Das Gemüse, hauptsächlich Wurzelgemüse, wird in sirupartig eingekochtem Dünstfond geschwenkt.	… Gemüse erhält damit einen schönen frischen Glanz.
… mit Sahne (à la crème)	Das Gemüse wird mit Sahne (Rahm) oder Schlagsahne oder Sahnesauce vollendet.	… Sahne verleiht dem Gemüse ein edles Aussehen.
… mit Sauce	Das Gemüse wird in die Sauce eingeschwenkt, z. B. Béchamelsauce, oder mit Sauce nappiert, z. B. Mornaysauce, holländische Sauce.	… eine Abrundung des Geschmacks und eine individuelle Ergänzung.
… überbacken	Das Gemüse wird vor dem Überbacken mit Reibkäse bestreut, mit einer Käsescheibe belegt oder mit Béchamelsauce bzw. mit Mornaysauce oder holländischer Sauce nappiert.	… dadurch erhält die Beilage eine neue Geschmacksvariante und ein goldbraunes Aussehen.
schmoren	Gemüse wird nach dem Blanchieren oder Andünsten im eigenen Fond oder brauner Sauce fertig gegart, oftmals mit Zugabe von Speck und Zwiebeln.	… Lockerung bei kompaktem Gemüse.
braten	Vorgegartes Gemüse wird vor dem Braten in Mehl gewendet oder auch paniert.	… Gemüse erhält eine neue Geschmacksnuance und kräftige Farbe.
backen frittieren	Je nach Gemüse roh oder vorgegart paniert oder in Backteig getaucht und im Fettbad frittiert.	… Farbe und Geschmack verändern sich stärker als bei den anderen Fertigstellungsarten.
nach polnischer Art	Gemüse (Blumenkohl, Brokkoli, Spargel) wird mit in Butter gerösteten Semmelbröseln und gehacktem Ei und gehackter Petersilie garniert.	… Gemüse erhält durch die leicht gerösteten Brösel einen sehr pikanten Geschmack.
füllen	Ausgehöhltes Gemüse kann mit Gemüse (z. B. Maistomaten) sowie Reis, Pürees, Hackmasse oder feiner Fleisch- bzw. Fischfarce gefüllt werden.	… interessante Kombinationen entstehen durch die Verbindung von Gemüse und Füllung.

Beratung und Verkauf

EMPFEHLUNG UND VERKAUF VON SPEISEN

„Zur geschmorten Truthahnkeule empfehle ich Ihnen die in Rotwein **gedünsteten Schalotten**. Der Rotwein gibt den Schalotten eine besondere Geschmacksnote."

„... als die klassische Beilage zur rosa gebratenen Lammkeule möchte ich Ihnen ein **Ratatouille** vorschlagen. Dieses provenzialische Gemüse-Allerlei passt ausgezeichnet dazu. Es besteht aus Zwiebeln, Tomaten, Paprika, Zucchini, Auberginen und wird mit den typischen Kräutern der Provence sowie einem Hauch Knoblauch vollendet."

„... zur gefüllten Hasenschulter passt sehr gut glasiertes Gemüse, wie zum Beispiel in Honig glasierte **Karotten und Petersilienwurzeln**, bestreut mit feinem Krokant."

„Zum Kalbssteak vom Grill möchte Ihnen im Zitronensud gegarte **Röschen von Blumenkohl und Brokkoli** mit gerösteten Pinienkernen und Butterbrösel vorschlagen."

„... als eine ganz besondere mediterrane Beilage zum gebratenen Kaninchenrücken schlage ich Ihnen die mit Ricotta, Tomatenfleischwürfeln und Basilikum gefüllten **Zucchiniblüten** vor."

„... zum gebratenen Zanderfilet würde ich Ihnen gerne **Fenchellöffel** mit einer Füllung von in Butter geschwenkten Gemüsestiften und grünem Spargel servieren."

Beispiele zur Zuordnung von Gemüsen und Speisen

Bei der Zuordnung von Gemüse als Beilage muss man beachten, dass es zur Speise passt.

Gemüsesorten mit mildem Geschmack eignen sich für leichte Zubereitungen von fettarmen Fisch- und Fleischgerichten mit dezentem Eigengeschmack.

Würzige geschmacksintensive Gemüse und Zubereitungen würden den Geschmack des Fisches oder Fleisches überdecken. Solche Gemüse und Gemüsezubereitungen eignen sich besser zu deftigen und fettreichen Fleischgerichten.

Beispielsweise passen Waldpilze und Herbstgemüse besser zu Wild und Wildgeflügel als zu gekochtem Kalbfleisch, Putenbrust oder gedünsteter Seezunge.

Speise		Gemüse	
Name	**Beschreibung / Charakteristik**	**empfehlenswert**	**nicht empfehlenswert**
Bei dieser Zuordnung ist die **Art des Gemüses** ausschlaggebend.			
Lammkeule	Mit Knoblauchstreifen gespickt und deftig gebraten	Grüne Bohnen passen sehr gut, zusammen mit Zwiebeln und Speck	Spargel wird von dem gebratenen dunklen Fleisch geschmacklich überdeckt
Hasenkeule	Durch die Fleischart bereits sehr geschmacksintensiv	Rotkohl/Blaukraut als klassisches Würzkraut zu Wildgerichten	Blumenkohl ist im Geschmack zu dezent
Kalbsfrikassee	Zarter Geschmack durch Zubereitungsart	Champignons sind mit ihrem feinen Geschmack eine gute Ergänzung	Paprikaschoten würden den feinen Geschmack des Frikassees übertönen
Bei dieser Zuordnung ist in erster Linie die **Zubereitung des Gemüses** bestimmend.			
Gedünsteter Fisch	Leicht und zart im Geschmack	Tomatenfleischwürfel, fein und dezent, passen gut	Grilltomate ist von der Zubereitung her zu deftig
Filetsteak mit Madeirasauce	Starker Bratgeschmack und intensive, gebundene Sauce	Glasierte Karotten fügen sich gut in das Geschmacksbild des Gerichtes	Karotten in Rahm sind wegen der bereits gebundenen Sauce nicht angebracht
gekochtes Rindfleisch	Lauch und Kohlrabi passen als Zwiebel- und Kohlgemüse, gut zum eher dezent zubereiteten Rindfleisch	Lauch in Butter sowie Kohlrabi gedünstet sind in sich würzig, aber übertönen das Fleisch nicht	Lauch überbacken und gebackener Sellerie sind selbst zu geschmacksintensiv

Vielfach stellt man auch aus Gemüse selbst Chutneys und Salsas her, um eine individuelle Note in das betriebliche Angebot zu bekommen. Vor allen sind es Tomaten, Zwiebeln und Paprikaschoten, die sich gut dafür eignen.

Die Gemüsebeilage kann ein einzelnes Gemüse oder eine **Gemüsekombination** sein. Manche Gemüse sind für Beilagenkombinationen nicht geeignet. Somit ist darauf zu achten, dass sich die Gemüse farblich unterscheiden, geschmacklich jedoch miteinander harmonieren.

Beratung und Verkauf

EMPFEHLUNG UND VERKAUF VON SPEISEN

„… heute offerieren wir Ihnen als interessante Beilage zu dem von Ihnen ausgewählten Rindersteak in Rotweinsauce **geschmorten Chicoree mit Speckmantel**."

„… eine wunderbare Beilage zu den gebratenen Rehmedaillons ist unsere **Waldpilzpfanne** mit Pfifferlingen, Stockschwämmchen, Austernsaitlingen, Steinpilzen, Egerlingen und Champignons."

oder

„… als schlichtes Gemüsegericht bieten wir geschmorten und dann mit Käse überbackenen Fenchel – ein einmaliges Geschmackserlebnis.

Oder ein geschmacksintensives Püree von Petersilienwurzel mit Lauchzwiebeln."

„Die mit frischen Küchenkräutern und bunten Gemüsewürfeln gefüllten Kalbsröllchen sind auf feinem Sahnepüree von Süßkartoffeln angerichtet und werden von gedünsteten Frühlingszwiebeln begleitet."

Aufgaben

1. Welche Beilage würden Sie einem Gast zu „Gekochtem Spargel" empfehlen?

2. Nennen Sie die handelsüblichen Sammelbegriffe für Gemüse und ordnen Sie diesen einzelne Gemüse zu.

3. Erläutern Sie an Beispielen die Verwendung von Gemüse als Beigabe zu Gerichten:
   a) Spargelspitzen, b) glasierte Karotten, c) Apfel-Rotkohl, d) Schwarzwurzeln in Rahm

4. Versuchen Sie, Gästeempfehlungen zu formulieren für Zubereitungen von Gemüsen:
   a) gebackenes, b) geschmortes, c) glasiertes, d) gebratenes, e) püriertes

5. Schildern Sie einem Gast das nebenstehende Gericht. Gehen Sie dabei davon aus, dass der Gast das Bild nicht sieht. Benennen Sie Aussehen und Bestandteile der Speise. Machen Sie dem Gast mit Worten richtig Appetit auf Gemüse.

   Hier eine kleine Hilfe: In der Mitte sind gebackene Selleriescheiben angerichtet, links eine Kartoffelterrine.

PROJEKT

Aktionswoche: Spargel
Eine Audienz beim König der Gemüse

Ihr Betrieb plant für die kommende Spargelsaison eine besondere Aktion. Hierfür müssen Gerichte bestimmt, eventuell erprobt und eine eigens dafür gestaltete Spezialkarte erstellt werden.

Zeitpunkt

In welchem Zeitraum wird eine solche Aktion sinnvollerweise durchgeführt?

Vorbereitung

1. Sammeln Sie Ideen für eine solche Spargel-Aktion.
2. Listen Sie mögliche kalte und warme Gerichte für die Aktion auf.
3. Ordnen Sie den einzelnen Spargelzubereitungen passende Fisch- und Fleischzubereitungen sowie Hauptbeilagen und besondere Saucen zu.
4. Erstellen Sie eine dekorative Spargelkarte.
5. Überlegen Sie Möglichkeiten, wie das Produkt Spargel in der Aktionswoche präsentiert werden kann.

Schälverluste und Kalkulation

1. Vom Spargellieferant werden 60 kg Spargel geliefert. Beim Schälen fallen 25 % Schalen an. Wie viele Spargelportionen à 300 g können erwartet werden?
2. Ein Kilo Spargel kostet 8,40 €. Wie hoch ist der Materialwert für eine Portion Spargel von 300 g?
3. Berechnen Sie den Kartenpreis für Spargel, indem Sie ihn über die jeweiligen Materialkosten und einen Kalkulationsfaktor 3 ermitteln.

Getränke

Welche Weine würden Sie in das Projekt einbeziehen und Ihren Gästen besonders empfehlen? Erstellen Sie eine Getränkekarte.

Präsentation

1. Welche Möglichkeiten außer der Speisekarte haben Sie, um auf das vorgesehene Angebot aufmerksam zu machen?
2. Entwickeln Sie Ideen, wie die Aktion in Ihrem Hause dekorativ präsentiert werden kann.

10.2 Hauptbeilagen (aus stärkehaltigen Produkten)

Hauptbeilagen haben einen hohen Stärkegehalt. Sie schmecken dezent und eignen sich deshalb gut als Speisenergänzung. Der Sättigungswert beruht auf dem hohen Stärkegehalt. Eine Grundlage für diese Beilagen bilden neben **Getreideerzeugnissen** die **Kartoffeln**.

Getreide 🇬🇧 corn 🇫🇷 blé (m)

Unter Getreide versteht man Körnerfrüchte oder Samen aus der Familie der Gräser. Sie werden auf vielfältige Weise zu Nahrungsmitteln verarbeitet.

Abb. 1 Die wichtigsten Getreidearten, ergänzt mit Buchweizen (Knöterichgewächs)

Aufbau und Inhaltsstoffe des Getreidekorns

Der Kornkörper besteht aus der Frucht- und Samenschale, dem Keimling und dem Mehlkörper.

Inhaltsstoffe des Getreidekorns:
- **Stärke** (60 bis 70 %) vor allem im Mehlkörper
- **Eiweiß** (8 bis 14 %) im Mehlkörper, in der Schale und im Keimling
- **Fett** (1 bis 4 %) im Keimling
- **Ballaststoffe** in der Schale
- **Vitamine** der Gruppe B befinden sich vor allem in der Schale, etwas weniger im Keimling und noch weniger im Mehlkörper.
- **Mineralstoffe** sind in Keimling und Schale enthalten.

Die Nährstoffe und Ballaststoffe sowie die Mineralstoffe und Vitamine sind in den einzelnen Kornbestandteilen unterschiedlich verteilt. Der Wert der Erzeugnisse aus Getreide ist deshalb davon abhängig, welche Teile des Kornes bei der Verarbeitung abgeschieden werden und welche im Endprodukt erhalten bleiben.

Bewertung der Getreideerzeugnisse

Da sich die wertvolleren Bestandteile in den Randschichten des Getreidekorns befinden, sind Vollkornprodukte ernährungsphysiologisch hochwertiger als die Erzeugnisse aus geschältem Getreide. Dort sind mehr oder weniger große Anteile der Schale abgeschieden worden.

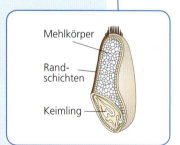

Abb. 2 Cerealien (Cereals)

Cerealien (Cereals) sind Frühstücksprodukte, die in Form von trockenen Getreideprodukten wie Cornflakes, Rice Crispies, Haferflocken usw. angeboten werden. Mit Milch oder Joghurt vermischt sind sie ein wesentlicher Bestandteil eines gesunden Frühstücks. Im erweiterten Sinne gehören Porridge und Müsli ebenfalls zu den Cerealien.

Backwaren 🇬🇧 breads 🇫🇷 pains (m)

Bei den Backwaren unterscheidet man Brot und Kleingebäck.

Brot 🇬🇧 bread 🇫🇷 pain (m)

In Deutschland wird Brot aus Roggen und Weizen hergestellt, und zwar aus Mehl oder Schrot.

Weizen- oder **Weißbrot**, das mindestens 90 % Weizenanteile enthält, wird mit Hilfe von Hefe gelockert und hat einen milden Geschmack.

Roggenbrot enthält mindestens 90 % Roggenanteile und wird mit Hilfe von Sauerteig gesäuert. Der Geschmack ist im Vergleich zum Weißbrot herzhafter und kräftiger. Zugunsten eines besonderen Geschmacks wird zu manchen Brotsorten Kümmel verwendet (Kümmelbrot).

Mischbrot besteht aus einer Mischung von Roggen- und Weizenmehl. Die Bezeichnungen Weizenmischbrot oder Roggenmischbrot besagen, dass der Anteil des Namen gebenden Mehles überwiegt, und zwar mehr als 50 und weniger als 90 % beträgt.

Vollkornbrot ist Brot, das mindestens 90 % Vollkornanteile enthält. Die Bezeichnung Roggen- bzw. Weizenvollkornbrot besagt, dass der Anteil des Namen gebenden Getreides bei 90 % liegt.

Schrotbrot enthält dem benannten Ausgangsprodukt entsprechend mindestens 90 % Roggen- oder Weizenbackschrot. Neben den allgemein üblichen Brotsorten gibt es Spezialbrote, die sich auf Grund besonderer Zutaten bzw. Herstellungsverfahren durch einen jeweils spezifischen Geschmack oder durch eine spezifische Beschaffenheit auszeichnen.

Beispiele
- Milch-, Milcheiweiß-, Buttermilchbrot,
- Weizenkeim- und Kleiebrot,
- Gewürz-, Kümmel- und Korianderbrot,
- Leinsamen-, Sonnenblumen- und Sesambrot.

Drei-, Vier- oder **Mehrkornbrot** bedeutet, dass zur Herstellung drei, vier oder mehr Getreidearten verwendet wurden.

Pumpernickel ist ein Roggenvollkornbrot mit dunkler Farbe und einem kräftigen, leicht süßen Geschmack.

Knäckebrot, ein flaches, trockenes Gebäck, wird in vielen Variationen hergestellt. Diese ergeben sich aus der Verwendung unterschiedlicher Mühlenerzeugnisse: Roggen-, Weizen- oder Mischmehl sowie Vollkornmehl oder Schrot.

Toastbrot ist ein lockeres Brot, das zum Toasten verwendet wird.

> „Guten Morgen, wünschen Sie Tee oder Kaffee zum Frühstück? Auf unserem reichhaltigen Frühstücksbüfett finden Sie neben dem fertigen Birchermüsli auch ein bereits fertiggestelltes Vollkorn-Müsli. Außerdem bieten wir Ihnen Weizenkorn-Flakes, aber auch die gesünderen Vollkornflakes mit der ganzen Kraft der Natur an."

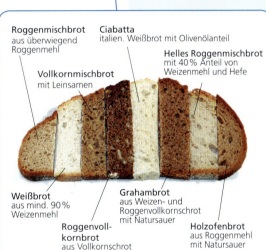

Abb.1 Verschiedene Brotsorten

Abb. 2 Brotsorten

Beratung und Verkauf

EMPFEHLUNG UND VERKAUF VON SPEISEN

Abb. 1 Kleines Backwerk

Kleingebäck

Es gibt diese Gebäcke aus unterschiedlichen Mehlen und Schrot, mit sehr verschiedenartigen Zutaten und mit vielen Benennungen, die teilweise regional unterschiedlich sind.

grundlegende Bezeichnungen	• Brötchen, Wecken, Schrippen, Semmeln
besondere Zutaten und Bestreuungsmaterial	• Schinken, Speck, Röstzwiebel, Käse Mohn, Salz, Kümmel, Sesam
besondere Bezeichnungen	• Mohn-, Salz- und Kümmelstangen

Zutaten

Sowohl bei Broten als auch beim Kleingebäck gibt es besondere Zutaten, die den Broten beigefügt werden, um damit eine eigene Geschmacksnote zu erzielen.

Das geschieht beispielsweise durch Zugabe von:

- Olivenöl und Olivenstückchen
- gerösteten Zwiebelwürfeln
- gerösteten Speckwürfeln
- mediterranen Gewürzen
- Käse
- Kürbiskernen
- Küchenkräutern
- Peperoni
- Walnüssen

Das Gastgewerbe bietet seinen Gästen Brot und Kleingebäcke hauptsächlich zum Frühstück und als Tischbrot an. Besondere Frische kann erzeugt werden, wenn es kurz vor dem Servieren aufgebacken wird.

> Der Gast schätzt regionaltypische Produkte. Deshalb sollte man den Bäcker vor Ort mit der Lieferung beauftragen.

Worte, die verkaufen helfen

- knusprig
- rösch
- malzig
- würzig duftend
- vollwertig
- ballaststoffreich
- mit besonderer Note

„Hier sehen Sie eine Auswahl von frisch gebackenen Broten. Es sind: Brot mit sonnengetrockneten Tomaten, Hasel- und Walnussbrot, malziges Sonnenblumenbrot und Brot mit schwarzen Oliven. Was darf ich Ihnen vorlegen?"

Beilagen aus Teigwaren

🇬🇧 noodle side dishes 🇫🇷 garnitures (w) des nouilles (w)

Teigwaren werden in der Regel als kochfertige Erzeugnisse im getrockneten Zustand bezogen.

Rohstoffe und Herstellung

Teigwaren werden aus unterschiedlichen Rohstoffen hergestellt:

- Hartweizengrieß
- Weizenmehl oder Weizendunst
- Vollkornmehle, jeweils mit und ohne Eierzugabe

Die Nudelteige können farblich und geschmacklich variiert werden durch Zugabe von Spinatpüree, Steinpilzpulver, Rote-Bete-Saft, Safran, Kurkuma oder Küchenkräutern.

Nudeln und Spätzle werden heute häufig als „hausgemachte Spezialität" angeboten und sind wegen der individuellen Verarbeitung frischer Rohstoffe besonders beliebt.

Abb. 1 Nudeln in verschiedenen Farben und Formen

Formen und Verwendung der Teigwaren

Die unterschiedlichen Formen sind teilweise auf jeweils bestimmte Verwendungszwecke ausgerichtet.

Verwendungszwecke sind:

- Einlage für Suppen,
- Beilage für Ragouts, Gulasch und andere Schmorgerichte mit reichlich Sauce,
- eigenständige Gerichte.

Teigwaren werden auf vielfältige Art zubereitet und serviert. An einigen Beispielen werden ausgesuchte Zubereitungen aufgezeigt.

Servicemitarbeiter sollen die Zubereitungen der Teigwaren kennen, damit sie in der Lage sind:

- den Fleisch- oder Fischgerichten die passenden Beilagen zuzuordnen,
- den Gästen nicht nur die Hauptbestandteile, sondern auch die Beilagen erklären zu können,
- die Gäste auch bei der Auswahl der Beilagen fachgerecht zu beraten.

Röhrenform	• Makkaroni, Cannelloni, Rigatoni
Taschenform	• Maultaschen, Ravioli
Flächenform	• Lasagne
sonstige Formen	• Fadennudeln, Spaghetti, Bandnudeln, Hörnchen, Muscheln, Spirelli, Sternchen, Ringe, Buchstaben • Spätzle und Knöpfle

Garmachen und Anrichten

Garmachen

Teigwaren werden in gesalzenem Wasser gegart. Sie dürfen beim Garen nicht zu weich werden und sollen noch den sogenannten **Biss** (al dente) haben. Um das Nachgaren und das Zusammenkleben zu verhindern, werden Teigwaren nach dem Garen mit kaltem Wasser abgeschreckt, damit die Stärke abgespült wird.

> Servicemitarbeiter müssen fähig sein, am Küchenpass die unterschiedlichen Zubereitungen bei den Teigwaren zu bestimmen und diese benennen zu können.

> „Darf ich Ihnen zum Kalbsrahmgulasch Makkaroni oder Spinatspätzle oder in gerösteten Butterbröseln geschwenkte Bandnudeln servieren? Unsere Teigwaren sind hausgemacht."

Beratung und Verkauf

EMPFEHLUNG UND VERKAUF VON SPEISEN

Wiedererwärmen und Anrichten

Auf Vorrat gegarte Teigwaren müssen wieder erwärmt werden,

- entweder durch Schwenken in heißer Butter
- oder durch Einlegen bzw. Eintauchen (in einem Sieb) in kochendes, gesalzenes Wasser
- oder durch Regenerieren im Mikrowellenherd.

Das Anrichten erfolgt je nach Portionsmenge à part in Schalen, Suppentellern oder Schüsseln. Bei Tellergerichten werden die Portionen unmittelbar auf dem Teller angerichtet.

Eigenständige Gerichte

Für solche Gerichte eignen sich fast alle Teigwarenprodukte. Auf Grund der verschiedensten Zutaten gibt es sie in sehr vielen Variationen.

Ihren Ursprung haben sie vor allem in südlicheren Regionen. In der italienischen Küche sind sie unter dem Sammelbegriff Pasta asciuta zusammengefasst.

„… bevorzugen Sie vielleicht eine frische, geschichtete **Lasagne mit Spinat, Tomaten und Räucherlachs**, schön knusprig überbacken und mit einem köstlich abgeschmeckten römischen Salat mit Parmesanspänen serviert?"

oder

„Sie sollten heute einmal das Leibgericht der Allgäuer Bauern probieren. Es sind hausgemachte **Käsespätzle** mit etwas edlem Romadur und viel Bergkäse sowie abgeschmelzten Zwiebeln. Dazu servieren wir Ihnen einen feingeschnittenen, lecker angemachten Endiviensalat."

„Sehr empfehlenswert sind unsere hausgemachten **Maultaschen**, serviert entweder in einer kräftigen Fleischbrühe oder in Butter abgeschmolzen und mit Röstzwiebeln in einer feinen hellen Kräuterrahmsauce serviert."

Speisenbeispiele

Makkaroni mit Käse
in Butter geschwenkt und mit Parmesan bestreut

Spirelli mit Schinken
mit gekochtem, feinwürfelig geschnittenem Schinken in Butter geschwenkt

Spaghetti nach Mailänder Art
mit Streifen von Schinken, Pökelzunge und Champignons, Tomatensauce und Parmesan

Spaghetti nach Bologneser Art
mit Hackfleischsauce und Parmesan

Spaghetti nach neapolitanischer Art
mit Tomatenfleischwürfeln, Tomatensauce und Parmesan

Maultaschen und Ravioli (gefüllte Teigtaschen)
mit Fleischfarce, Fischfarce oder klein gehacktem, gebundenem Gemüse

Cannelloni (gefüllte Teigröhren)
wie vorher, zusätzlich mit Reibkäse bestreut oder mit einer passenden Sauce (Béchamel) nappiert und überbacken

Lasagne (Nudelteigscheiben)
schichtweise mit Fleisch-, Fisch- oder Gemüsemasse bedeckt, im Ofen gebacken

Käsespätzle
heiße, nasse Spätzle schichtweise in eine Schüssel gegeben, Reibkäse wie z. B. Allgäuer Emmentaler eingestreut, obenauf kommt braune Zwiebelbutter.

Beilagen von Reis

🇬🇧 rice side dishes 🇫🇷 garnitures (w) des ris (m)

Für einen Großteil der Menschheit ist Reis das Hauptnahrungsmittel. Er wird in den meisten asiatischen Ländern, in den USA und in Italien angebaut.

Artenbezeichnungen für Reis

Die Bezeichnungen für Reis ergeben sich auf Grund der Form, der Farbe oder der Behandlung. Durch einfaches *Enthülsen* enthält man **Braunreis** (Naturreis), der ungeschält ist und deshalb bevorzugt im Rahmen der Vollwerternährung verwendet wird.

Zusätzliches *Schälen* und *Polieren* ergibt den **Weißreis**, als Hauptangebot unter den Bezeichnungen Bali- oder Basmatireis.

Parboiled-Reis wird vor dem Schälen nach einem speziellen Dampf-Druck-Verfahren aufbereitet, wobei ca. 80 % der Wirkstoffe erhalten bleiben. Dieser Reis ist deshalb ernährungsphysiologisch besonders hochwertig. Außerdem ist er kochstabiler und ergiebiger als andere Sorten.

Wildreis, auch Indianerreis genannt, wird aus einer dem Reis verwandten wilden Grasart in den USA und Kanada gewonnen. Er wächst an Fluss- und Seeufern, hat eine dunkelbraune bis schwarze Farbe und ist nadelförmig. Verwendet wird er vor allem wegen des besonderen Geschmacks und der kräftigen Farbe.

Rundkornreis, der auch als *Milchreis* bezeichnet wird, ist von Natur aus weich und nimmt bei der Zubereitung viel Flüssigkeit auf. Aus diesem Grunde findet er Verwendung zu Risottogerichten und zu Reissüßspeisen.

Langkornreis, von Natur aus härter, ist nach dem Garen locker und körnig. Er ist deshalb besser als Rundkornreis für Beilagen (Beilagenreis) sowie für eigenständige Reisgerichte geeignet.

Reis bei der Speisenzubereitung

Reis wird in vielfältiger Form zubereitet und serviert. An einigen Beispielen werden ausgesuchte Zubereitungen aufgezeigt.

Servicemitarbeiter sollen die Zubereitungen von Reis kennen, damit sie in der Lage sind:

- den Fleisch- oder Fischgerichten die passenden Reisbeilagen zuzuordnen,
- den Gästen nicht nur die Hauptbestandteile, sondern auch die Beilagen erklären zu können,
- und sie auch bei der Auswahl der Beilagen fachgerecht zu beraten.

Servicemitarbeiter müssen fähig sein, am Küchenpass die unterschiedlichen Zubereitungen beim Reis zu bestimmen und diese benennen können.

Verwendung als Beilage:
- zu zarten Gerichten mit heller Sauce:
  - Kalbs- und Geflügelfrikassee
  - Fisch sowie Krebs- und Weichtiere;

Abb.1 Parboiled Reis ①
Camarguereis ②
Basmatireis ③
Naturreis ④
Wildreis ⑤
roter Thaireis ⑥
Milchreis ⑦
Avorioreis für Risotto ⑧

„Sie möchten Reis als Beilage zum Geschnetzelten haben. Wünschen Sie den Reis in Butter geschwenkt oder als Reisküchle oder cremig als Risotto? Wir können Ihnen aber auch auf Wunsch Wildreis mit seinem nussartigen Geschmack dazu servieren."

oder

„… heute haben wir sowohl den Weißreis als auch den Naturreis, mit leicht brauner Färbung, als auch einen Basmati- oder Duftreis anzubieten. Der wertvollste ist der Naturreis. Sehr lecker ist auch der rote Camarquereis mit seinem einzigartigen Geschmack. Welchen darf ich Ihnen servieren?"

Beratung und Verkauf

EMPFEHLUNG UND VERKAUF VON SPEISEN

„Haben Sie schon mal das **Waldpilz-Risotto** unseres Küchenchefs probiert? Es ist ein kulinarischer Hochgenuss."

oder

„… das spanische Nationalgericht, die **Paëlla**, eine herrliche Komposition aus Reis mit Safran, Zwiebeln, Gemüsen, frischen Muscheln und Garnelen, Fleisch- und Geflügelstückchen."

„Sehr lecker ist unsere neueste Kreation: Ein **Reis-Pastinaken-Küchle** mit scharfem Gemüse aus Paprika, Chili und Tomaten."

- zu geschmorten Gerichten mit dunkler Sauce:
  - Ragouts von Kalb, Schwein und Geflügel
  - Innereien;
- zu kurzgebratenen Gerichten:
  - Filetgulasch und Geschnetzeltes
  - Leber und Nieren.

Anrichten von Reis

Für das Anrichten gibt es folgende Möglichkeiten:

- *à part* in Schalen oder Schüsseln (insbesondere bei saucenreichen Gerichten),
- um die Speise herum (Ragouts *im Reisrand*),
- unter der Speise *auf einem Reissockel*,
- neben die Speise *„gestürzt"* (nach vorherigem Einpressen, Formen in einem Becher oder einer Tasse).

Reisgerichte mit besonderer Geschmacksnote

Im Allgemeinen handelt es sich dabei um gedünsteten Reis, wobei die Geschmack gebenden Zutaten beigefügt werden:

- entweder bereits beim Anschwitzen z. B. mit Curry, Paprika oder Safran,
- oder zum fertig gegarten Reis z. B. Trüffel, Champignons, Schinkenwürfel.

Zu den Gerichten besonderer Art gehören

- **Risotto** (Italien), saftig gegarter Reis, mit Olivenöl, meist Geflügelbrühe, Butter, Sahne und Parmesan

- **Risipisi,** Risottoreis mit grünen Erbsen

- **Gemüsereis** mit feinen Würfeln von Lauch, Karotten

- **Pilaw** (Ost-Europa), Reis mit Zwiebeln angeschwitzt, mit heller Brühe aufgegossen und zugedeckt im Ofen gegart. Oftmals mit Zugabe von Fisch, Fleisch oder Gemüse

- **Kreolenreis**, gekocht, abgeschüttet und im Ofen abgedämpft

- **Nasi Goreng** (Indonesien), mit Zwiebeln, Geflügel, Schinken, Paprikaschote und Krabbenfleisch

- **Paëlla** (Spanien), mit Zwiebeln und Safran, Muscheln und Garnelen, Schlachtfleischstücken oder Geflügel

- **Reisfleisch** (Ost-Europa), Lammragout mit Paprikastreifen und anderen Gemüsen

- **Reis Trauttmansdorff**, ein vanillisierter Milchreis mit Schlagsahne und Würfeln von Kompottfrüchten

Beilagen von Kartoffeln

🇬🇧 potato side dishes 🇫🇷 garnitures (w) des pommes (w) de terre

Kartoffeln sind je nach Zubereitungsart mehr oder etwas weniger neutral im Geschmack und außerdem leicht verdaulich.

Unter Beachtung der Erntezeiten unterscheidet man:

- **Frühkartoffeln**, sie kommen unter der Bezeichnung „Neue Kartoffeln" im Frühjahr auf den Markt. Wegen ihrer dünnen Schale ist es üblich, sie nicht zu schälen, sondern in der Schale zu kochen
- **Mittelfrühe Kartoffeln** sind ab Mitte August erhältlich.
- **Spätkartoffeln** liefern die Lagervorräte für den Winter und werden deshalb als Winterkartoffeln bezeichnet.

Abb. 1 Grata ①, Sieglinde ②, Rosella ③, Clivia ④, Erstling ⑤, Bamberger Hörnchen ⑥

Zubereitung und Service

Kartoffeln werden in vielfältiger Form zubereitet und serviert. An einigen Beispielen werden ausgesuchte Zubereitungen aufgezeigt.

Servicemitarbeiter sollen die Zubereitungen der Kartoffeln kennen, damit sie in der Lage sind,

- den Fleisch- oder Fischgerichten die passenden Kartoffelbeilagen zuzuordnen,
- den Gästen nicht nur die Hauptbestandteile, sondern auch die Beilagen erklären zu können,
- die Gäste auch bei der Auswahl der Beilagen fachgerecht zu beraten.

Servicemitarbeiter müssen fähig sein, am Küchenpass die unterschiedlichen Zubereitungen bei den Kartoffeln zu bestimmen und diese benennen zu können (s. S. 193 f.).

Beispiele von frittierten **Kartoffelnestern**, die vor dem Servieren mit Pilzen, oder Gemüsen oder Weintrauben usw. gefüllt werden können.

Vom Rezept zur Verkaufsbeschreibung am Beispiel Kartoffel-Gratin:

Kartoffelgratin 🇬🇧 gratinated potatoes 🇫🇷 gratins (m) dauphinois

- Kartoffeln in 2 mm dünne Scheiben schneiden und in eine mit einer Knoblauchzehe ausgeriebene und gebutterte backfeste Form geben,
- Sahne mit Parmesan oder einem anderen Reibkäse vermischen,
- mit Salz und Pfeffer würzen und über die Kartoffeln gießen,
- mit Parmesan bestreuen,
- Butterflocken darauf geben und
- im 200 °C heißen Ofen ca. 25 Min. backen.

„Ein wirklicher Renner unter unseren Beilagen ist das **Kartoffel-Gratin**. Abgeschmeckt mit einem zarten Hauch von Knoblauch, wird geriebener Parmesan auf den Sahneguss gestreut und das Ganze goldgelb überbacken."

„Von Zeit zu Zeit probiert unser Küchenchef gerne mal ältere Rezepte aus. Heute offeriert er Ihnen ein buntes **Kartoffelgemüse** als Beilage zum Rostbraten."

Beratung und Verkauf

EMPFEHLUNG UND VERKAUF VON SPEISEN

„… das nach Großmutters Rezept zubereitete Kartoffel-Rahm-Gemüse mit Liebstöckl und geschmolzener Zwiebel. Beide Zubereitungen passen ausgezeichnet zu feinen Braten vom Spanferkel oder auch zu Lammkeule."

„Für seine **Folienkartoffeln** oder Baked potatoes ist unser Küchenchef berühmt. Er verwendet die Sorte Idaho potato. Diese werden in Alufolie gewickelt und im Backrohr gebacken. Danach serviere ich sie Ihnen mit einer köstlichen Rahmsauce mit frischen Küchenkräutern oder mit einem Bärlauch-Quark oder mit Lachskaviar."

„Unsere **Kartoffelpuffer,** auch Reibedatschi genannt, bestehen nicht nur aus geriebenen Kartoffeln, sondern die Masse wird verfeinert durch Ei, geraspelten Apfel, geriebene Zwiebeln, Bärlauch und etwas Schmant. So entsteht der unvergleichbare, interessante Geschmack dieser Kartoffelkreation. Dazu servieren wir ein Quitten-Mus mit Fruchtstückchen."

„Probieren Sie doch mal unseren täglich frisch zubereiteten **Gemüse-Auflauf** mit Lauch, Kartoffeln und Tomaten. Wir bieten Ihnen gerne zwei Varianten an, mit und ohne Cabanossi-Wurst. Ich verspreche Ihnen nicht zu viel, aber der Auflauf ist wirklich lecker."

„Ein regionales Gericht, das viele Gäste zum Schwärmen bringt – ein irdisches Gericht, das einem den **Himmel auf Erden** verspricht. Unser Chef zaubert aus mehligen Kartoffeln und feinsäuerlichen Äpfeln dieses Gedicht, indem er beides zusammenfügt, verstampft, mit Salz, Pfeffer und Muskat würzt und mit gebratener Blutwurst und gedünsteten Apfelspalten anrichtet. Obenauf wird der Schmaus mit krossen Speckwürfeln oder gerösteten Zwiebelringen garniert."

Klöße – Knödel – Nocken

Zu den speziellen stärkehaltigen Hauptbeilagen zählen Knödel und Klöße aus Kartoffeln, Kartoffelnocken (Gnocchi), Semmelknödel, Serviettenknödel und Hefeklöße sowie Grießnocken und Polenta (s. S. 202 f.).

Knödel, Klöße, Nocken serviert man meist zu Pilzgerichten, großen Braten vom Schwein, Hirsch, Hase und Wildschwein sowie zu fettem Geflügel und geschmortem Rinderbraten wie Sauerbraten oder Burgunderbraten. Außerdem zu vielen braunen Ragouts und Gerichten von Innereien mit brauner Sauce.

Die zarten Nocken können ein selbstständiges Gericht sein oder sie werden zu feineren Fleischzubereitungen serviert.

Regionale und landestypische Knödel oder Klöße sind:
- Thüringer Klöße aus Thüringen
- Brezenknödel aus Bayern
- Speckknödel und Kasnocken aus Südtirol
- Kasknödel aus Tirol
- Böhmische Knödeln aus Tschechien

Als **Serviettenknödel** bezeichnet man die Knödelform, die zum Garen in Stangenform in Tücher eingebunden werden.

„An heißen Sommertagen empfehle ich Ihnen zur gemischten, kalten Bratenplatte einen köstlichen Semmelknödelsalat – unsere regionale Spezialität."

„… zu den zarten **Kalbsschnitzelchen in Zitronensauce** empfehle ich Ihnen gerne die hausgemachten Kartoffel-Gnocchi mit Salbeibutter und Parmesan."

„Als vegetarisches Gericht sind die frisch-grünen **Spinat-Semmel-Knödel** auf Rahmchampignons sehr interessant."

„Eine bayerische Spezialität sind unsere **Brezenknödel**. Sie werden in der Serviette gegart, danach vorsichtig mit einem Bindfaden in Scheiben geschnitten und in Petersilien-Speck-Butter angerichtet. Dazu serviere ich Ihnen frisch sautierte Pfifferlinge in leichter Sahneschaumsauce."

10.3 Salate als Beilagen 🇬🇧 salads 🇫🇷 salades (w)

Als Salat ist Gemüse sehr erfrischend und hat in Bezug auf Vitamine, Mineralstoffe und Ballaststoffe einen hohen Stellenwert, z. B. als Rohkost.

Die einzelnen Salate, Dressings und das Salat-Büfett werden ausführlich ab Seite 185 behandelt.

„Während unserer amerikanischen Spezialitäten- und Steakwoche servieren wir auch einen **„Ceasar's Salad"**. Dies ist ein römischer Salat, der mit einem feinen Dressing aus Zitronensaft, Senf, Rotweinessig, Olivenöl und Knoblauch mariniert und mit Croutons und Parmesanspänen garniert ist."

„Vitaminreich und knackig ist unsere **Rohkostplatte** für 2 Personen, die ich Ihnen gerne mit einem nicht alltäglichen Avocado-Dip servieren möchte. Dazu reichen wir italienischen Mandelzwieback."

„Wenn Sie gerne **Chicoreesalat** essen, habe ich heute etwas Besonderes anzubieten: Chicoree-Spitzen in Begleitung von Roquefortkäse, Sellerie, Äpfeln und Walnüssen. Das Ganze fein mariniert mit Zitronensaft und Walnussöl."

„Vor dem Lammbraten empfehle ich Ihnen einen **Horiatiki**, den griechischen Bauernsalat, mit Kräuter-Feta-Käse, Salatgurke, Lauch und Tomaten, mariniert mit Kalamata-Olivenöl, Zitronensaft, Rotweinessig und einem Hauch Knoblauch."

11 Obst

 fruits  fruits (m)

Obst ist der Sammelbegriff für essbare Früchte sowie Fruchtstände bzw. Samen (Nüsse), fleischige Teile des Blütenstandes (Ananas) oder Blütenböden (Erdbeere). Die Früchte wachsen sowohl kultiviert in Obstplantagen als auch wild (Waldbeeren).

Die vielfältigen Obstsorten werden nach handelsüblichen Gesichtspunkten sowie nach gemeinsamen Bestandteilen der Früchte unterschieden und unter den nachfolgenden Begriffen eingeteilt:

Beispiele für Beerenobst sind:	Arten	englisch	französisch
	Brombeeren ①	blackberries	mûres (w)
	Blaubeeren ②	blueberries	myrtilles (w)
	Erdbeeren ③	strawberries	fraises (w)
	Himbeeren ④	raspberries	framboises (w)
	Johannisbeeren ⑤	red currants	groseilles (w)
	Preiselbeeren	cranberries	airelles (w) rouges
	Stachelbeeren ⑥	gooseberries	groseilles (w) à maquereau
	Weinbeeren ⑦	grapes	raisins (m)
	sowie Moosbeeren und Holunderbeeren.		

Holunderbeeren werden wegen des geringen Fruchtfleischanteils selten als ganze Beeren serviert. Man verwendet Sirup von Holunderblüten als feine Zugabe zum Sekt-Aperitif. Ganze Holunderblüten können in Bier- oder Weinteig gebacken werden. Den Saft der blau-schwarzen Beeren verarbeitet man als Getränk und als Süßspeisensauce.

Steinobst enthält große, steinartige Kerne.

Beispiele für Steinobst sind:	Arten	englisch	französisch
	Aprikosen ①	apricots	abricots (m)
	Kirschen ②	cherries	cerises (w)
	Mirabellen	yellow plums	mirabelles (w)
	Nektarinen ③	nectarines	brugnons (m)
	Pfirsiche ④	peaches	pêches (w)
	Pflaumen ⑤	plums	prunes (w)
	sowie Reineclauden, **Zwetschgen** ⑥.		

Südfrüchte sowie **Zitrusfrüchte** werden aus südlichen Ländern eingeführt.

Beispiele für Südfrüchte sind:	Arten	englisch	französisch
	Ananas	pineapples	ananas (m)
	Bananen	bananas	bananes (w)
	Grapefruits ①	grapefruits	pamplemousses (m)
	Limetten ②	limes	citrons (m) verts
	Mandarinen ③	mandarins	mandarines (w)
	Orangen ④	oranges	oranges (w)
	Zitronen	lemons	citrons (m)
	sowie Clementinen, **Kumquats** ⑤, **Pomelos** ⑥, Satsumas, **Tangerinen** ⑦.		

Beratung und Verkauf

EMPFEHLUNG UND VERKAUF VON SPEISEN

Beispiele für Schalenobst sind:

Arten	englisch	französisch
Erdnüsse ①	peanuts	arachides (w)
Haselnüsse ②	hazelnuts	noisettes (w)
Kastanien ③	chestnuts	marrons (m)
Kokosnüsse	coconuts	noix (w) de coco
Mandeln ④	almonds	amandes (w)
Pistazien ⑤	pistachio	pistaches (w)
Walnüsse ⑥	walnuts	noix (w)
Pinienkerne ⑦	pine nuts	pignons (m)

sowie **Cashewnüsse** ⑧, **Pecannüsse** ⑨ und **Paranüsse** ⑩.

Exotische Früchte unterscheiden sich von den anderen Obstsorten durch ein stark ausgeprägtes, fremdartiges Aroma sowie durch Besonderheiten bezüglich der Form und des Aussehens.

Beispiele für exotische Früchte sind:

Arten	englisch	französisch
Avocados	avocados	avocats (m)
Datteln	dates	dattes (w)
Feigen ①	figs	figues (w)
Granatäpfel ②	pomegranates	grenades (w)
Grenadillen	grandillas	grenadilles (w)
Kakipflaumen ③	kaki	kaki (m)
Kaktusfeigen ④	prickly pear	figues (w) de barbarie
Kiwi ⑤	kiwi	kiwi (m)
Litschis ⑥	litchis	lychees (m)
Mangos ⑦	mangos	mangues (w)
Mangostanen	mangosteens	mangoustans (m)
Papayas ⑧	papayas	papayes (w)
Passionsfrüche ⑨	passion fruits	fruits (m) de la passion
Kap-Stachelberen	cape gooseberries	alkékenges (m)
Sternfrüchte ⑩	carambolas	caramoles (w)
Baumtomaten	tamarillos	tamarillos (m)
Babyananas ⑪	baby pineapple	ananas (m) baby
Drachenfrucht ⑫	dragon fruit	pitaya (m)
Ingwer ⑬	ginger root	gingembre (m)

sowie Guaven, Rambutan usw.

Beispiele für Kernobst sind:

Arten	englisch	französisch
Äpfel	apples	pommes (w)
Birnen	pears	poires (w)
Quitten ①	quinces	coings (m)

Verwendung

Obst wird in vielfältiger Form verwendet, zubereitet und serviert. An einigen Beispielen werden ausgesuchte Erzeugnisse und Zubereitungen aufgezeigt.

Frisches Obst

Frisches Obst ist in seinem natürlichen Zustand bei den Gästen sehr beliebt.

Obst wird angeboten:

- als Begrüßung an der Rezeption,
- bei verschiedenen Büfetts oder in der Bar auf einer Etagere,
- in einzelnen Fällen auch als Tischdekorationen sowie
- als besonderes Arrangement für die VIP-Gäste in den Hotelzimmern.

Abb. 1 Obst-Arrangement in VIP-Gästezimmer

„Entschuldigen Sie die Störung – ich darf Ihnen mit einem herzlichen Willkommensgruß von unserem Generaldirektor mit diesem Obstarrangement eine kleine Freude machen."

Abb. 2 Obst-Schale mit exotischen Früchten

„Sie können sich gerne aus der Schale mit dem frischen Obst bedienen. Teller, Messer und Servietten sind für Sie vorbereitet."

Servicemitarbeiter sollen fähig sein, am Küchen-Pass das unterschiedliche Aussehen und die Zubereitungen beim Obst zu bestimmen und diese benennen können.

Obst wird sowohl in der kalten Küche als auch in der warmen Küche als Speisenkomponente eingesetzt und zubereitet. Ebenso die sogenannten **Obsterzeugnisse**.

Servicemitarbeiter müssen die Zubereitungen von Obst kennen, damit sie in der Lage sind,

- den Vorspeisen, Fleisch- oder Fischgerichten die passenden Obstbeilagen zuzuordnen,
- den Gästen nicht nur die Hauptbestandteile, sondern auch die Beilagen erklären zu können,
- die Gäste auch bei der Auswahl der Beilagen fachgerecht zu beraten.

Beratung und Verkauf

EMPFEHLUNG UND VERKAUF VON SPEISEN

Obsterzeugnisse

Obsterzeugnisse sind meist industriell hergestellte Produkte. Sie können aber ebenso „hausgemacht" sein:

- Konserviertes Obst als Trocken- oder Dörrobst, tiefgefroren in rollendem Zustand, in sterilisierter Form als Dosen- oder Glaskonserven. Dabei handelt es sich vorwiegend um Kompotte und Mus
- Konfitüren, Marmeladen, Gelees, Brotaufstriche, Sirupe und kandierte Früchte
- Fruchtsäfte, Fruchtnektare, Fruchtsaftgetränke und Limonaden
- Obstweine, Brände, Geiste und Liköre aus Obst

Frisch gepresste Fruchtsäfte verdeutlichen einen sehr aufmerksamen, wenn auch etwas aufwendigeren Service für die Gäste.

> „... haben Sie schon einmal zum Wiener Schnitzel unser hausgemachtes Preiselbeerkompott mit süß-sauer eingelegten Birnenschnitzen probiert? Ich bin sicher, Sie werden begeistert sein."

Obst als Speisenkomponente

Saftigkeit, Geschmack, Farbe, Struktur und Wirkstoffgehalt machen Obst zu einer hochwertigen Komponente bei nährstoffhaltigen Gerichten. Zur Ergänzung und Abrundung wird es als Garnitur, Beilage oder Speisenkomponente verwendet.

Beispiele

- Ananasscheiben als Garnitur auf Kalbssteak
- Ananas, Pfirsiche oder Mandarinen in Vorspeisencocktails
- Äpfel in Waldorfsalat oder Rotkraut
- Pistazien in Farcen und Füllungen
- Kastanien, glasiert als Beilage oder in Füllungen
- Äpfel, Birnen und Preiselbeeren zu Wildgerichten
- Kompotte zu verschiedensten Gerichten
- Verwendung zu Chutneys

© Stockfood/H. Lehmann

> „Heute darf ich Ihnen eine kühne Idee unseres Küchenchefs vorstellen: Gefüllte **Wildentenknödel** mit Apfelblaukraut, glasierten Maroni und Amarettokirschen. Ein echter Hochgenuss."

© Stockfood/Eising

> „Sehr empfehlen möchte ich Ihnen unsere **Curry-Köstlichkeit**. Sie wird zubereitet aus zartem Putenfleisch mit Ananasstücken und Mangostreifen und gerösteten Kokosnuss-Raspeln und Melissenstreifen. Dazu serviere ich Ihnen chinesischen Duftreis mit gedünsteten Kumquats."

11 Obst

Abgesehen von der Verwendung von Obst für Speisen ist frisches oder gedünstetes Obst auch ein wesentlicher Bestandteil des Frühstücksbüfetts.

In der Bar ist Obst, je nach Eignung, auch artbestimmendes und wichtiges Element von Cocktails, Longdrinks, Bowlen und anderen Mischgetränken sowie deren Garnituren.

„Würfel vom zarten Schweinefilet am Spieß zusammen mit Ananas und Papaya gebraten. Der Spieß ist auf Kurkumareis mit Apfel- und Paprikawürfeln angerichtet und wird mit einem Glas Schillerwein serviert."

oder

„Wie wäre es mit gebratenem Steinbuttwürfel auf **Bananencurry** mit Pistazienpesto und Kokosraspeln?"

oder

„… eine kross gebratene Entenbrust mit Grand-Marnier-Sauce, glasierten Orangenfilets und feinem Hagebuttenkompott, dazu knusprige Streichholzkartoffeln."

oder

„Sehr beliebt bei vielen Gästen ist das mit Kurpflaumen und Käse gefüllte **Schweinefilet** in Hagebuttensauce, umlegt mit in Rotwein gedünsteten Apfelspalten und hausgemachten Nudeln, bestreut mit frisch geriebenem Emmentaler. Als Getränk empfehle ich Ihnen Weißherbst oder ein Schwarzbier."

„… ein mageres Putensteak vom Grill mit Mango- und Papayaspalten, Kokos-Kartoffelplätzchen und einem exotischen Rucola-Ananas-Salat mit rotem Pfeffer."

Aufgaben

1. Nennen Sie die handelsüblichen Sammelbegriffe für Obst und ordnen Sie diesen einzelne Früchte zu.

2. Erläutern Sie an Beispielen die Verwendung von Obst/Früchten als Beilage zu von Ihnen bestimmten Gerichten:
   a) Äpfel
   b) Birnen
   c) Kastanien
   d) Bananen
   e) Ananas

3. Benennen Sie die abgebildeten Zitrusfrüchte.

Käse

🇬🇧 cheese 🇫🇷 fromage (m)

Für die Käseherstellung wird Milch dickgelegt:
- **Süßmilchkäse** entstehen durch die Zugabe von Lab, einem Ferment des Kälbermagens,
- **Sauermilchkäse** erhält man durch die Zugabe von Milchsäure.

Fachgerechte Beratung und Verkauf von Käse im Restaurant erfordert Grundkenntnisse der zu präsentierenden Käse (s. S. 469).

Käse gilt als eines der ältesten Lebensmittel der Menschen. Hergestellt aus der Milch von Kuh, Büffel, Schaf oder Ziege überrascht Käse immer wieder durch seine Vielfalt. Hunderte von Sorten gibt es weltweit.

Süßmilchkäse

Nach Festigkeitsstufen werden folgende Käse unterschieden:

Hartkäse

Käsesorte	Ursprungsland	Geschmack
Chester	England	leicht bitter
Emmentaler ①	Deutschland	nussig
Greyerzer	Schweiz	würzig, salzig
Parmesan	Italien	würzig-scharf
Bergkäse ②	Deutschland	nussig

Schnittkäse

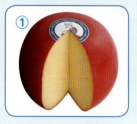 

Danbo	Dänemark	würzig
Graukäse	Österreich	säuerlich
Edamer ①	Holland	mild
Tilsiter ②	Deutschland	würzig
Appenzeller	Schweiz	kräftig
Gouda	Holland	kräftig, würzig

Aus Hart- und Schnittkäsen werden durch Zugabe von Schmelzsalzen die **Schmelzkäse** hergestellt.

Halbfester Schnittkäse

Butterkäse	Deutschland	mild, butterig
Brick ①	USA	kräftig
Stilton	Engand	mild-kräftig
Tallegio	Italien	würzig
Danablu ②	Dänemark	scharf
Gorgonzola	Italien	mild-scharf
Roquefort	Frankreich	pikant

Weichkäse

Brie ①	Frankreich	kräftig
Cambozola	Deutschland	cremig, würzig
Romadur	Deutschland	herzhaft
Weinkäse	Deutschland	pikant
Limburger ②	Belgien	kräftig
Camembert	Frankreich	fruchtig

Zu den halbfesten Schnittkäsen gehören auch die Edelpilzkäse. Bei ihnen werden gesundheitlich unbedenkliche Schimmelkulturen zugesetzt, die den besonderen Geschmack erzeugen.

Frischkäse

Das sind Käse, die nicht reifen dürfen, sondern bis zu ihrem Verbrauch in ihrem frischen Zustand erhalten werden müssen. Sie sind mild im Geschmack.

Produktbezeichnungen sind:
- Speisequark, Topfen- oder Schichtkäse ①,
- Rahm- oder Doppelrahmkäse,
- Hüttenkäse (Cottage cheese) ②.

Bei Schichtkäse werden schichtweise fettarmer und fettreicher Bruch übereinander gelegt.

Sauermilchkäse

Lässt man zu Käse geformten Sauermilchbruch reifen, entsteht Sauermilchkäse. Der unterschiedliche Geschmack und das Aussehen der Käse ergibt sich durch die Zugabe von jeweils artspezifischen Bakterienkulturen. Sauermilchkäse müssen reifen. Sie sind pikant und rassig im Geschmack

Produktbezeichnungen sind:
- Handkäse und Mainzer Käse,
- Harzer Käse bzw. Harzer Roller ①,
- Korb- oder Stangenkäse ②.

Fettgehaltsstufen und Wassergehalt der Käse

Nach den Bestimmungen der Käseverordnung müssen zur Verbraucherorientierung die Fettgehaltsstufen angegeben werden. Dies geschieht durch die Angabe der Fettgehaltsstufe oder des **Fett**gehalts in der **Tro**ckenmasse **(Fett i. Tr.)** auf der Verpackung. Der tatsächliche Fettgehalt beträgt, je nach Käseart, etwa die Hälfte der Fett-i.-Tr.-Angabe, die auf der Verpackung genannt wird.

Fettgehalt der Käse in Prozent

Fettgehalt	Stufe
weniger als 10	Magerstufe
10	Viertelfettstufe
20	Halbfettstufe
30	Dreiviertelfettstufe
40	Fettstufe
45	Vollfettstufe
50	Rahmstufe
60, höchstens 85	Doppelrahmstufe

Rohmilchkäse

Es gibt heute wieder zunehmend Käsesorten, die aus Rohmilch hergestellt werden, also aus unbehandelter Milch. Gleich nach dem Melken werden Milchsäurebakterien und gegebenenfalls Schimmelpilzkulturen in die frische Milch eingerührt. Dann wird reiner Labextrakt zugegeben, damit die Milch gerinnt. Die Milch für Rohmilchkäse darf höchstens auf 40 °C erwärmt werden, damit die in der Rohmilch enthaltenen natürlichen Bakterien erhalten bleiben. Daher hat der Käse später ein vollmundigeres Aroma.

Typische Rohmilchkäse sind
- Roquefort
- Langres
- Emmentaler
- Camembert
- Comté
- Brie

Zubereitung

Verschiedene Käsesorten werden zu Canapés, Käsetoast und Käseomelett verwendet. Käse ist eine Geschmack gebende Zutat bei folgenden Speisen:

- Suppen und Saucen,
- überbackenen Gerichten von Gemüse, Teigwaren und Fisch,
- Lorettekartoffeln, Gratin dauphinois, Käsenocken und Käsestangen.

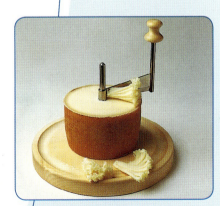

Girolle-Schabegerät für Tête de moine

Beratung und Verkauf

EMPFEHLUNG UND VERKAUF VON SPEISEN

Abb. 1 Raclette

Weitere Käseangebote sind:

- **Frischkäse** mit fein gehackten Zwiebeln, Salz, Pfeffer, Paprikapulver und Kräutern
- **Handkäse** mit Musik (Essig, Öl, fein gehackte Zwiebeln, Salz und Pfeffer)
- **Gebackener Käse** wie Emmentaler oder Camembert, paniert oder in Bierteig
- **Käsefondue** aus geschmolzenem Käse mit Weißbrotstückchen
- **Raclette**, geschmolzener Käse mit Pfeffer und Mixed Pickles, Pellkartoffeln und Weißbrot

„Für Sie als Käseliebhaber habe ich heute etwas Besonderes anzubieten: Einen pikant angemachten **Weißlacker** in süßer Umgebung. Lassen Sie sich überraschen."

„Für unsere Aktionswoche „Alles Käse …" hat unser Küchenchef eine fantastische **Käsecremesuppe** mit gebratenen Garnelen und frischen Kerbelblättern kreiert. Sie sollten sich diesen Genuss nicht entgehen lassen."

oder

„… einen **Camembert** im Bröselkleid gebacken, serviert mit hausgemachten, kalt gerührten Preiselbeeren, Kumquats und Orangenfilets. Hierzu empfehle ich Ihnen als Weißwein einen halbtrockenen Riesling oder einen jugendlichen frischen Grauburgunder. Sollten Sie lieber einen Rotwein bevorzugen, würde ich Ihnen gerne einen Trollinger vorschlagen."

„Elegant und fein ist ein wunderbar luftiger **Käseauflauf** mit Schinken und glasierten Honigmöhrchen, den ich Ihnen wärmstens empfehlen möchte."

Käsepräsentation zum Nachtisch

Das Käsebrett oder der Käsewagen als Verkaufshilfe für einen Käse-Nachtisch. Egal welche Sorten angeboten werden, es ist ratsam, sich vorher einige Aussagen über Herkunft, Konsistenz und Geschmack zurecht zu legen, um die Gäste entsprechend beraten zu können.

Je nach Aktionswochen oder anderen Anlässen können die Käsepräsentationen speziell zusammengestellt werden oder international bestückt sein. **Beispiele:**

Französische Käseauswahl

Abb. 1
1 Stück Bleu d'Auvergne ①, 1 Stück Bleu de basque ②, Chabichou ③, 3 Boulons de culotte ④, 1 Stück Coulonziers ⑤, Brin d'amour ⑥, Fiore Corse Brin ⑦, Charolais ⑧, Cœur de Neufchâtel ⑨, ein paar Scheiben Abbaye de Belval ⑩, Salers ⑪, Fromage de brebis ⑫, Brie de Meaux ⑬, Crottins in Kräuteröl ⑭, Livarot ⑮, Gratte paille ⑯, Morbier ⑰

Auswahl mit italienischem Käse

Abb. 2
1 Stück Taleggio ①, 1 Stück Gorgonzola dolce ②, Robiola ③, Paglietto ④, Montasio ⑤, Pustertaler Bergkäse ⑥, Pecorino marzolino rosso ⑦, Pecorino sardo ⑧, Pecorino toscano ⑨, Provola affumicata ⑩, Toma Piemontese ⑪, einige Scheiben Formai de mut ⑫, Mozzarella di bufala ⑬, Caciocavallo ⑭

Deutsche Käseauswahl

Abb. 3
ein paar Scheiben Amoroso ①, einige Scheiben Biarom ②, Harzer Käse ③, Weinkäse ④, Romadur ⑤, Weichkäse mit Rotschmiere „Antons Liebe" ⑥, Deutscher Camembert ⑦, 1 Stück Rougette ⑧, Altenburger Ziegenkäse mit Kümmel ⑨, Bergkäse, Bauernkäse ⑩, Tilsiter ⑪, Allgäuer Emmentaler, am Stück und in Scheiben ⑫, Bavaria Blu ⑬, Dorblu ⑭

„Als Erstes haben wir hier den herzhaften **Amoroso**, daneben den **Biarom**, würzig nach Kümmel schmeckend. Unverkennbar die **Harzer Roller** mit dem deftigen Geschmack und der **pikante Weinkäse**. Weiter geht es mit dem kräftig-würzigen **Romadur**, daneben „**Antons Liebe**", eine Spezialität unseres hiesigen Käsemeisters, danach ein **Camembert** der Region, mild und sahnig. Der **Rougette** ist mild und doch aromatisch, ebenso der **Altenburger Ziegenkäse** mit Kümmel. Ein **Allgäuer Bergkäse** mit seinem nussig-würzigen Geschmack darf auf keinen Fall fehlen, auch nicht der **Tilsiter**, herzhaft bis scharf schmeckend. Dann noch ein alter Bekannter, der **Allgäuer Emmentaler**, der nicht nur eine große Lochung hat, sondern auch jeder strengen Degustation standhält. Zum Abschluss noch zwei Blauschimmelkäse, der **Bavaria blu**, je nach Reifegrad mild bis pikant, und der **Dorblu**, der auch mit zunehmender Reife immer pikanter wird."

Beratung und Verkauf

EMPFEHLUNG UND VERKAUF VON SPEISEN

Hauchdünne Späne lassen sich von Hartkäse mit einem Käse- oder Trüffelhobel gut abziehen, z. B. für Salate oder Nudelgerichte.

Worte, die verkaufen helfen

Aussehen
- weißer Schimmelrasen
- Naturrinde
- rötliche Rinde
- glatte Oberfläche
- weißer oder gelblicher Käseteig
- große oder kleine Lochung
- blau durchzogen

Konsistenz
- cremig
- streichfähig
- weich
- geschmeidig
- fest/halbfest
- schnittfest

Geschmack
- mild
- säuerlich
- sahnig
- rahmig
- nussig
- würzig
- herzhaft
- scharf
- sehr kräftig
- pikant
- leicht bitter
- butterig
- leicht salzig

Geruch/Aroma
- Appetit anregend
- neutral
- aromatisch
- pikant duftend
- sehr intensiv duftend

Schneiden von Käse

Der Schnittkäse wird von der Rinde befreit, in Scheiben geschnitten, die bei entsprechender Größe in kleinere Stücke zu teilen sind.

Darüber hinaus sind die Schnittformen für andere Käse von der jeweiligen Form abhängig. Unter diesem Gesichtspunkt werden z. B. geschnitten:

- Runde und halbrunde Käse keilförmig
- Keilförmige Käse von der Spitze ausgehend bis etwa 2/3 quer, der Rest in Längsrichtung
- Ovale Käse quer zur Längsrichtung

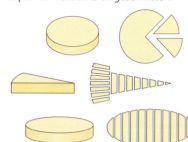

Käse und Wein

Ein Stück gut gereifter Käse und ein Glas Wein – für viele Gäste eine Genuss versprechende Kombination. Wäre früher die Frage nach dem Wein mit „auf jeden Fall einen Roten" rasch beantwortet gewesen, so gilt diese Empfehlung heute nicht mehr uneingeschränkt, denn es gibt viele Käse, zu denen auch ausgezeichnet ein Weißwein passt. Der Hauptgrund für die Harmonie von Käse und Wein ist eine vorhandene Ähnlichkeit in Geschmack und Aroma. Manchmal ist gerade der Kontrast interessant, der den besonderen Reiz liefert wie beispielsweise bei einem pikanten Blauschimmelkäse in Kombination mit einem edelsüßen Tropfen. Generell sei vermerkt, dass weder der Käse den Wein „erschlagen" darf noch umgekehrt.

- Bei cremigem Käse sollte der Wein ausreichend Säure haben.
- Säuerliche Käse verlangen nach einem halbtrockenen Wein.
- Zu stark salzigen Käsesorten passen oft edelsüße Weine, aber genauso häufig Weine mit einer kräftigen Säure.
- Je härter der Käse ist, desto mehr Gerbstoffe sollte der Wein aufweisen.
- Bei Käseplatten oder bei einer Auswahl vom Käsebrett, wozu Wein gereicht wird, sollte sich der Wein nach dem kräftigsten Käse richten.
- Vertrauen Sie dem „kollektiven Geschmack in den Regionen". Weine und Käse aus einer Region passen in der Regel gut zusammen.

Aufgaben

1. Milch ist das Ausgangsprodukt für Käse. Wodurch entsteht Käse?
2. Käse werden nach ihrer Festigkeit unterschieden. Nennen Sie vier Festigkeitsstufen.
3. Nennen Sie drei Edelpilzkäse.
4. Welche Frischkäse kennen Sie?
5. Nennen Sie Produktbezeichnungen für Sauermilchkäse.
6. Auf dem nebenstehenden Bild sind auf einem Teller 9 verschiedene Käse angerichtet. Benennen Sie mindestens 5.
7. Nach der Anlieferung müssen die Käse entsprechend gelagert werden. Nennen Sie sortenspezifische Lagerbedingungen für Käse.

470

13 Nachspeisen

🇬🇧 desserts, sweets 🇫🇷 entremets (m)

Durch Einsatz von besonders attraktiven Dessertkarten können die Nachspeisen verkaufsfördernd angeboten werden. Dabei wird die Vorfreude und die Erwartung der Gäste auf den süßen Ausklang eines Essens ausgenutzt.

Nachspeisen können jene köstlichen Kleinigkeiten nach dem Hauptgang sein, die den „Magen schließen" oder die den krönenden Abschluss von Speisenfolgen bilden. Man unterscheidet dabei Käsedesserts, Süßspeisen und frisches Obst.

Unter Nachspeisen versteht man alle Speisen, die nach dem Hauptgang gereicht werden.

Die ständige Streitfrage, ob erst das Süße und dann der Käse oder alles umgekehrt serviert werden muss, kann man wie folgt klären:

- Zum Käse passt gut weißer oder roter Wein.
- Zum süßen Dessert passt der erfrischende Sekt oder Champagner besser oder ein lieblicher Dessertwein (Likörwein).
- Da nach einem Schaumwein kein sogenannter Stillwein gereicht werden soll, heißt also die Reihenfolge eindeutig: **Käse vor der Süßspeise**.
- Gibt man zuerst Käse, kann man den Wein des Hauptganges evtl. als Getränk zum Käse übernehmen.
- Anschließend wird dann zur Süßspeise ein passender Dessertwein oder ein nicht zu trockener Sekt oder Champagner serviert.

Käsedesserts (ab S. 466)

- Auswahl von verschiedenen Käsesorten vom Brett oder vom Wagen mit Brot und Butter,
- Käsefours und Käsegebäck,
- Käsesalate,
- angemachte Käse mit Brot,
- warme Käsespezialitäten wie z. B. Quiche lorraine,
- geschmolzener Käse wie Käsefondue oder Raclette,
- gebackene Käse, z. B. Camembert.

Süßspeisen

Sie bilden sowohl geschmacklich als auch durch die sehr dekorative Präsentation eine willkommene Abwechslung und lassen das vorausgegangene Menü harmonisch ausklingen.

Süßspeisen unterteilt man in:

Warme Süßspeisen	Kalte Süßspeisen
- Aufläufe und Puddinge	- Cremespeisen
- Omeletts und Pfannkuchen	- Gebäcke
- Gebackene Krapfen	- Früchtedesserts
- Strudel	- Eisspeisen
- Überbackene Desserts	

Abb. 1 Dessertetagere

Bekanntlich führt das Süße schneller und intensiver zum Sättigungsgefühl als ein würziger, pikanter Käse.

Abb. 2 Käse mit Früchten

Sollte in einem Menü aus einem besonderen Anlass sowohl eine warme als auch eine kalte Süßspeise serviert werden, wird immer zuerst die warme Süßspeise aufgetragen.

Beratung und Verkauf

EMPFEHLUNG UND VERKAUF VON SPEISEN

Abb. 1 Schale mit frischen Früchten

Frisches Obst

Gewaschenes einwandfreies Obst wird auf Tellern oder im Obstkorb oder in Eiswasser angerichtet. Der Service erfolgt mit Desserttellern, Obst- oder Mittelbesteck und einer Fingerschale. Neben dem frischen Obst im Ganzen serviert sind Salate aus frischen Früchten als belebende Komponente im Dessertbereich sehr beliebt.

13.1 Warme Süßspeisen

🇬🇧 hot sweets 🇫🇷 entremets (m) chauds

Aufläufe und Puddinge

🇬🇧 dessert soufflés and puddings 🇫🇷 soufflés (m) et poudings (m)

Aufläufe sind die zartesten warmen Süßspeisen. Puddinge dagegen sind etwas kompakter. Vielfach werden beide Arten im Wasserbad pochiert und warm serviert.

Aufläufe müssen **rasch serviert** werden, damit sie an der kalten Luft nicht zusammenfallen und somit unansehnlich werden. Auflaufarten sind Schokoladen-, Quark-, Haselnuss-, Vanille- und Zitronenauflauf.

Abb. 2 Gestürzter Pudding

Puddinge gibt es unter den Bezeichnungen:

- Kabinettpudding,
- Frankfurter Kirschpudding,
- Diplomatenpudding,
- Grieß- und Reispudding.

Omeletts 🇬🇧 omelettes 🇫🇷 omelettes (w)

Diese Art von Süßspeisen wird aus einer luftigen Eischaummasse hergestellt:

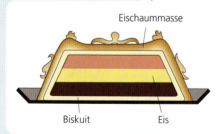

Abb. 3 Überraschungsomelett (Omelette surprise)

- **Auflaufomelett** 🇬🇧 omelette souffle 🇫🇷 omelette (w) soufflée
  Auflaufomelett wird als reich verziertes, ovales Gebilde auf eine gebutterte Platte drapiert und im Rohr gebacken.

- **Überraschungsomelett** 🇬🇧 baked Alaska 🇫🇷 omelette (w) surprise
  Der Überraschungsmoment besteht darin, dass etwas Gebackenes heiß serviert wird, dessen Kern jedoch Speiseeis enthält.

- Salzburger Nockerl gehören ebenfalls zu dieser Kategorie. Die Nockerl aus Schaummasse werden auf eine gezuckerte Cocotte geformt und im Rohr ausgebacken. Dann serviert man sie zusammen mit Vanillesauce.

Beispiel

Pfannkuchen 🇬🇧 pancakes 🇫🇷 pannequets (m)

Bei diesem Dessert werden **Pfannkuchen**, **Crêpes** oder **Palatschinken** meist gefüllt, glasiert, gebacken oder überbacken.

> „… eine leckere ungarisch-österreichische Spezialität unter den Süßspeisen sind die **Topfenpalatschinken**, gefüllt mit Vanille-Quark, Weintrauben, Rosinen und gerösteten Mandelsplittern. Dazu serviere ich Ihnen eine Sauce nach Ihrer Wahl aus Holunder, Blaubeeren oder Erdbeeren."

„Unser **Kaiserschmarrn** ist berühmt für seine Lockerheit. Zudem wird er zusammen mit in Rum marinierten Korinthen und Mandelsplittern gebacken. Danach wird der Schmarrn noch in Butterkaramell geschwenkt und glasiert."

„Als süßen Abschluss empfehle ich Ihnen unsere zarten, in Karamellzucker glasierten **Mandel-Crepes** mit feinem Ragout aus frischen Erdbeeren mit einem Schuss Eierlikör und feinen Streifen von Pralinenschokolade."

Strudel  strudel stroudel (m)

Der bekannteste unter den Strudeln ist der **Apfelstrudel**. Aber auch Milchrahm-, Mohn-, Trauben-, Kirschen-, Rhabarber-, Marillen- oder Birnenstrudel erfreuen sich großer Beliebtheit.

Strudel werden meist warm und mit einer geschmacklich harmonierenden Sauce wie zum Beispiel Vanille- oder Holundersauce serviert. Auch die Kombination anstelle einer Sauce mit Eissorten ist möglich.

„Ein winterliches Märchen ist unser **Mohnstrudel** mit in Riesling pochierten Birnen. Sie werden es nicht bereuen, wenn Ihre Wahl auf dieses Dessert fällt. Ich würde Ihnen dazu eine luftig-leichte Weinschaumsauce empfehlen."

© Stockfood/L. Ellert

Krapfen / Gebackene Früchte 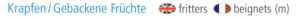 fritters beignets (m)

Diese Art von Krapfen werden auch als Küchle bezeichnet. Dazu werden Früchte in Ringe, Spalten oder Scheiben geschnitten, mit Bierteig oder Weinteig umhüllt und in schwimmendem Butter-Schmalz (Fett) ausgebacken. Dazu serviert man süße Saucen oder Vanilleeis.

„Unsere regionale Spezialität gerade jetzt im Frühling sind knusprige **Holunderküchle**. Dafür werden frisch gepflückte Holunderblüten in Wein- oder Bierteig getaucht und in schwimmendem Schmalz gebacken. Wir servieren dazu einen luftigen Weinschaum."

EMPFEHLUNG UND VERKAUF VON SPEISEN

Besondere Zubereitungen sind die *Weinschaumcreme* oder eine Schaumcreme aus Schokolade, die auch als Mousse au chocolat bezeichnet wird. Eine Mousse (Schaumcreme) lässt sich mit weißer Schokolade, Nugat oder Früchtepürees sehr vielfältig herstellen.

Abb.1 Weinschaumcreme

13.2 Kalte Süßspeisen

🇬🇧 cold sweets 🇫🇷 entremets (m) froids

Cremespeisen

🇬🇧 creams 🇫🇷 crèmes (w)

Der Begriff Creme bedeutet etwas Feines, Zartes, von cremeartiger Beschaffenheit. Die bekannteste ist die **Bayerische Creme**. Sie besteht aus Milch, Eiern, Zucker, Gelatine, Vanille und Schlagsahne. Aus dieser geschmacksneutralen Grundcreme kann man durch Zugabe von Fruchtmark, Schokolade, Krokant, Nugat oder anderen Geschmacksträgern viele Varianten herstellen.

Karamellcreme ist eine pochierte Creme bzw. süßer Eierstich.

Weitere Cremespeisen sind: die *Weincreme*, *Cremes aus Quark und Joghurt* und die *Charlotte*, die immer von einem Biskuitmantel umgeben ist mit Creme als Füllung.

„Meine Empfehlung für den süßen Abschluss ist die luftige **Bayerische Creme** nach Fürst-Pückler-Art mit Erdbeeren."

„Zum Dessert möchte ich die erfrischende **Joghurt-Mandel-Creme** mit der sommerlichen Walderdbeersauce empfehlen."

„Ein Dessert von besonderer Güte erwartet Sie mit unserer fruchtigen **Erdbeercreme im Baumkuchenmantel** mit Erdbeer-Pfirsich-Sauce."

Zudem werden Cremes von Saucen, Früchten, Kleingebäck wie Hippen und Teegebäck sowie Schokoladenornamenten begleitet und garniert.

Abb. 2 Gebrannte Crème in Herzförmchen

Anrichteweise für Cremes

Oftmals werden Cremes in **Schüsseln** zum Ausstechen mit dem Vorlegelöffel angeboten.

Sie werden aber auch direkt in Gläsern mit oder ohne Früchte oder Fruchtpürees angerichtet.

Auf Tellern richtet man die **Stürzcreme** oder die **Charlotte** an. Die Stürzcreme wird zuerst in ein Timbalförmchen gefüllt und nach dem Erkalten aus der Form gestürzt.

Obwohl nach wie vor der Dessertteller (Ø 19 cm) Verwendung findet, hat sich der Trend zu größeren oder rechteckigen Porzellan- oder Glastellern durchgesetzt.

474

Gebäck 🇬🇧 pastries 🇫🇷 pâtisseries (m)

Gebäcke werden aus verschiedenen Teigen und Massen hergestellt.

Gefüllte *Rollen* aus **Biskuit** oder kleine *Törtchen* mit Obstbelag aus **Mürbteig** eignen sich auch sehr gut als Süßspeisen.

Aus **Hefeteig** werden Buchteln, Dukatennudeln, Rohr- und Dampfnudeln wie auch Savarins, Brioche und Babas hergestellt.

Sehr beliebte Desserts mit Creme- oder Schlagsahnefüllung sind Gebäcke aus **Brandmasse**.

Aus **Blätterteig** erhält man *Teeblätter* oder *Schweineöhrchen,* die mit Creme gefüllt werden können.

Früchte, in luftig-zartem Teig gehüllt und gebacken, sind z. B. *Apfel im Schlafrock.*

Abb. 1 Schweinsöhrchen

Abb. 2 Brioche

Abb. 3 Obsttörtchen

„Das bunte **Früchtetörtchen**, mit frischem Obst belegt und mit Weingelee glasiert, wird sicher Ihre Zustimmung finden."

Abb. 4 Savarin

„Unser Küchenchef setzt immer wieder gerne Traditionsrezepte auf die Karte, so auch den saftigen **Savarin-Ring** mit Früchten."

Abb. 5 Windbeutel

„Erleben Sie einen wahren Gaumenschmaus durch unsere **Mini-Windbeutel**, gefüllt mit dreierlei Früchten und Cremes."

Abb. 6 Mandelbiskuitröllchen

„Zum Abschluss Ihrer Präsentation mit Champagner empfehlen wir Ihnen neben Espresso oder Softdrinks ein süßes Fingerfood-Büfett, zum Beispiel **Mandelbiskuitröllchen** mit Kirschfüllung und frischen Beeren."

Abb. 7 Apfel-Zimt-Muffin

„Zu einer guten Tasse Kaffee passt hervorragend ein schmolliger **American-Muffin**, das Highlight unserer Gebäcktheke. Ein kleiner runder Kuchen, der Sie mit weichem Apfel- und Zimt-Geschmack auf die Weihnachtszeit einstimmt."

Abb. 8 Schoko-Donut

„Als kleines Dessert zum Mitnehmen packe ich Ihnen gerne noch einen unserer köstlichen **Donuts** ein. Wenn Sie unterwegs Appetit auf etwas Süßes haben, ist der Schmalzgebäckringel der ideale Snack."

Beratung und Verkauf

EMPFEHLUNG UND VERKAUF VON SPEISEN

Jetzt, an diesen heißen Tagen, empfehle ich Ihnen anstelle von Kaffee den coolen **Eiskaffee** mit Sahnehäubchen und Kaffeelikör.

Eisspeisen 🇬🇧 ice creams 🇫🇷 glaces (w)

Alle Eissorten eignen sich zur Herstellung von Eisbomben, Eistorten, Eisgetränken und Eisdesserts. Eine Besonderheit stellt das Eis-Parfait oder Halbgefrorene dar. Es besteht aus Geschmacksträgern, Eiern, Zucker und etwa 60 % Schlagsahne.

In Kombination mit Früchten, Frucht- und anderen süßen Saucen, Makronen (Mandelgebäck), Hippen, Krokant, Nüssen, Hohlhippen, Likören, Schokoladen, Kaffee, Kakao und Sahne kann der kreative Koch viele wunderschöne Desserts zaubern.

Beispiele von Eisdesserts

„Unser hervorragendes **Milchspeise-Eis** veredelt mit zartem, warmem Topping, umspielt als spannende Komposition Ihren Gaumen. Sie werden es genießen."

„Unser Desserthit ist ein **Bananensplit**, einmal anders. Die kurz angebratenen Bananen sind garniert mit Vanilleeis, Schokoladensplittern und Bananenlikör."

„Ein Traditionsdessert unseres Hauses erleben Sie mit **Pfirsich Melba**, ein Kompottpfirsich mit Himbeersauce und Hippenchips."

Sorbets 🇬🇧 sherbets (US), sorbets (GB) 🇫🇷 sorbets (m)

Sorbet ist weich gefrorenes Fruchteis, manchmal wird es auch aus Kräutern, Gemüsesäften oder Bier hergestellt. Durch eine kürzere Gefrierdauer wird die Masse breiig gefroren. Dadurch ist Sorbet sehr erfrischend und wird deshalb auch in großen Menüs z. B. zwischen dem Fischgang und dem Hauptgang serviert. Manchmal wird das Sorbet kurz vor dem Anrichten mit Sekt oder Champagner vermischt und dickflüssig serviert. Heute werden Sorbets auch gerne zur Dessertherstellung verwendet. Ein dem Sorbet sehr ähnliches Produkt ist das splittrig gefrorene **Granité**, das meist in Gläsern angerichtet und mit Wein oder Sekt übergossen serviert wird.

Bei der Herstellung und im Umgang mit Speiseeis ist besonders auf Hygiene zu achten.

Erdbeersorbet mit Joghurtsauce

Sorbet von Sauerampfer als Zwischengang

Granité von Champagner

Sorbet von Butterkokosnuss mit Ananas-Sauce

13 Nachspeisen

Früchtedesserts fruit desserts desserts (m) de fruits

Zunächst können die frischen, ganzen, gewaschenen Früchte dem Gast als **Tafelobst** serviert werden. **Obstsalate, Fruchtcocktails, Kompotte, Gelees** und **Grützen** sind weitere Angebotsmöglichkeiten. Vielfach werden Früchte aber auch mit anderen Dessertelementen wie Eis oder Cremes kombiniert.

„Salat von frischen exotischen Früchten als erfrischende Komponente mit Kumquats, Babyananas, Papaya, Kiwis, Physalis, Granatapfelkernen und Grapefruitfilets, aromatisiert mit einer feinen Marinade aus Zitronensaft und Kokossirup."

„Probieren Sie doch mal die **Grütze** von frischem Rhabarber mit abgeschöpftem Rahm. Ich kann nur sagen: ein Gedicht."

Beispiele für modern angerichtete Süßspeisenkombinationen

Aus den folgenden Beispielen von Süßspeisen wird deutlich, dass man heute kaum noch ein Dessert mit nur einer Komponente anrichtet. Statt dessen versucht man, Kompositionen mit einer entsprechend gelungenen optischen Wirkung zu schaffen. Dies ist für die Servicefachkraft am Süßspeisenbüfett oder Dessertwagen wichtig.

Krokantmousse auf Orangensauce mit Kumquatkompott, Pistazien und Schokoladenfächer

Panna cotta (gekochte Sahne) mit in Karamell glasierten Orangenspalten und Grand-Marnier-Sauce

Bayerische Creme mit Himbeergeschmack, karamellisierten Apfelspalten, Vanillesauce mit Himbeerstern und Hippenblatt

Mousse von kanadischer Pekan-Nuss mit Ahornsirup und Fächer aus Rotweinbirne

Pochierter Eierrahm, im Näpfchen zur Crème brûlée geflämmt

Dunstapfel, gefüllt mit Nougatcreme, Erdbeer-Aprikosen-Sauce und Brombeeren

EMPFEHLUNG UND VERKAUF VON SPEISEN

Worte, die Desserts verkaufen helfen

- farbenfroh
- erfrischend
- köstlich
- lecker und leicht
- sommerlich-fruchtig
- duftend
- süße Bescherung (Pralinen und Teegebäck)
- ein Geschenk voller Frucht (Maracuja-Sorbet)
- leckerer Adventsduft (Lebkuchenparfait)
- mit aller Pracht genießen
- ein Traum von einem Dessert
- eine gelungene Kombination
- zartschmelzende Mousse
- … lassen Sie den Abend kulinarisch ausklingen mit …

Profiteroles-Traube mit dezenter Weincreme, Rotweinsauce und Schokoladenblatt

Creme von Granny-Smith-Apfel im Schokoladentortelett mit Calvados-Sauce, Babyapfel und Hippenblättern

Mousse von brauner und weißer Schokolade auf Mandelmakrone mit Himbeeren und Orangensauce

Aufgaben

1. Begründen Sie, warum das Käsedessert vor der Süßspeise serviert werden soll.
2. Nennen Sie je fünf kalte und warme Süßspeisen.
3. Welche Zutaten benötigt man für eine Bayerische Creme? Wodurch kann sie geschmacklich variiert werden?
4. Welche weiteren Creme-Süßspeisen kennen Sie?
5. Wie können Cremespeisen angerichtet werden?
6. Entwerfen Sie aus der Kurzbeschreibung und der nebenstehenden Abbildung eine appetitanregende Formulierung zur Empfehlung an Ihre Gäste.

   Schokoladenröllchen, Schokoladenmousse weiß und etwas braun, Baumkuchen, Rhabarbereis, Erdbeeren, Rhabarber-Erdbeerkompott

7. Nennen Sie Arten von Obstdesserts.
8. Welche Arten von Eisspeisen kennen Sie?
9. Nennen Sie klassische Eisdesserts.
10. Was ist beim Servieren von Aufläufen besonders zu beachten?
11. Welche Varianten von Pfannkuchen gibt es bei der Süßspeisenbereitung?
12. Nennen Sie vier verschiedene Strudelarten.
13. Was versteht man unter dem Begriff Sorbet?
14. Wann werden Sorbets in der Regel serviert und wozu können sie heute auch noch verwendet werden?
15. Wie werden moderne Desserts angerichtet?

14 Spezielle Gerichte

special dishes plats (m) special

In dieser Rubrik werden spezielle Gerichte genannt und verkaufsfördernd behandelt.

14.1 Amuse-Bouche/Amuse-Gueule

Amuse-Gueule oder **Amuse-Bouche** sind Appetithäppchen, kleine Gaumenfreuden auf hohem Niveau. Sie werden unabhängig von der Bestellung des Gastes als Auftakt eines Essens oder einer Speisenfolge serviert. Diese kleinen kalten oder warmen Köstlichkeiten sind nicht nur eine willkommene Überraschung für den Gast, sie überbrücken die Zeit bis zum Servieren des ersten Ganges, stimmen den Gast auf nachfolgende Genüsse ein und verweisen auf den Stil des Hauses. Außerdem bieten sie dem Koch eine gute Gelegenheit, neue Kreationen auszuprobieren und zu präsentieren.

Die Servierfachleute setzen sie mit einer freundlichen Erklärung dem Gast als kleinen Gruß aus der Küche ein.

„Um die Wartezeit auf Ihren ersten Menügang zu überbrücken, servieren wir einen **Babyapfel mit Gänseleber**."

„Ein freundliches „Guten Abend" von unserem Küchenchef mit einem **Räucheraal auf Linsensalat**."

„Mit frischen **Palmherzen und Iberico-Schinken** begrüßen wir Sie herzlich als unsere Gäste und freuen uns, für Sie da sein zu dürfen."

„Ein kleiner Gruß aus der Küche vom Chef in Form eines **Räucherlachs-Tatars mit Schmant**."

„Mit der **gefüllten Zucchiniblüte auf Gemüsebett** möchten wir Sie zu einem schönen Abend willkommen heißen."

„**Jakobsmuscheln mit Filets von Orange und Limette** ist unser Gruß der Küchenbrigade und des Chefs."

| Beratung und Verkauf | EMPFEHLUNG UND VERKAUF VON SPEISEN |

„Betrachten Sie das **Karotten-Orangen-Süppchen** als persönlichen Willkommensgruß."

„Als kleinen Gruß vom großen Chef servieren wir Ihnen gerne diese **kalte Rote-Bete-Suppe**."

„Mit dieser köstlichen kalten **Avocadosuppe** möchten wir Sie herzlich willkommen heißen."

Die Herstellungspalette der Amuse gueules reicht von exquisiten Zutaten wie Languste über Gänseleber bis Kaviar, von Jakobsmuscheln über gefüllte Wachtelbrust bis zu den Sülzen sowie warmen oder kalten Süppchen. *Amuse-Gueule können kalt oder warm serviert werden.* In manchen Restaurants werden sogar schon mehrgängige **Amuse-Bouche-Menüs** den Gästen angeboten oder bei Stehempfängen sogenannte **„Flying Buffets"**, wo kalte und warme Kleinigkeiten laufend angeboten werden.

Flying Buffet mit Knusper-Tüten-Desserts

Flying Buffet mit kalten Vorspeisen, warmen Köstlichkeiten und leckeren Desserts

Gänseleber-Parfait | Ochsenschwanzragout | Knödel auf Pilzen | Thunfisch auf Tomatensugo

Ente süß-sauer | Forellentatar | Lachs-Lasagne | Avocadomousse

Flying Buffet mit Vorspeisen in Lolly-Formen

14.2 Fingerfood

Fingerfood ist ein Sammelbegriff für **Delikatessen im Mini-Format.** Sie werden als Häppchen meist kalt, aber auch warm in vielfältiger Form bei Stehempfängen angeboten. Die kleinen Häppchen werden so zubereitet, dass sie bequem mit den Fingern gegessen werden können. Kleine **Leckerbissen,** auf die man nicht verzichten möchte, die sich aber nicht unbedingt gut mit den Fingern nehmen und essen lassen, werden mundgerecht in Schälchen, Gläsern, mit Spießchen oder optisch attraktiv auf Löffeln angerichtet. Sie werden im Gegensatz zu den Amuse gueule nicht direkt am Tisch serviert, sondern meist durch die Servierfachleute laufend den Gästen von Platten zum Verzehr angeboten.

Rustikale Mini-Krautkrapfen mit Garnelen lauwarm serviert

Shrimps auf Avocadocreme im Filoteigkörbchen

Gefüllte neue Kartoffeln, Artischockenherzen, Lachsmousse-Krapfen, Schinkenröllchen

Schinken vom Strauß auf Honigmelone mit Thymianspießchen

Blätterteigherzen, gefüllte Radieschen, Mini-Toast mit Leberpastete, Fenchelsalat mit Tilsiter

Frische Datteln im Speckmantel; werden auch gerne zu Drinks an der Bar serviert

Langustenmedaillons auf schwarzen Bohnen und Maiskörnern mit Koriander

Geräuchertes Forellenfilet auf Kräuterrührei, Blinis mit Räucherlachs und Kaviar, Garnelen auf Calvadoscreme

Variationen von gefülltem Pfannkuchenstrudel: Dünne Pfannkuchen werden bestrichen mit gewürztem Frischkäse und unterschiedlich mit rohem Schinken, Mangostreifen, Spargelspitzen, Räucherlachswürfeln und Pfeffererdbeeren mit Currysauce belegt

Variationen vom Wachtelei in bunter Reihenfolge von links: Wachtelei auf Lauch-Schinkensalat mit Kerbel, auf Madeiragelee mit Balsamico, auf Schmant mit Kaviar, auf Mango-Papayasalat und Granatapfel, auf buntem Jasminreis mit Petersilie

14.3 Vegetarische Gerichte

🇬🇧 vegetarian dishes 🇫🇷 plats (m) végétarien

Vegetarier essen bewusst vorwiegend pflanzliche Produkte. Strenge Vegetarier essen nichts von getöteten Tieren. Veganer vermeiden sogar alle Produkte tierischer Herkunft, also auch Eier, Milch, Sahne oder Käse.

Es gibt aber auch Menschen, die sich von Zeit zu Zeit vegetarisch ernähren wollen. Diese erwarten dann von der Gastronomie, dass sie auf ihre Wünsche eingeht bzw. solche Gerichte für sie bereithält oder anbietet.

Kohlrabi mit Linsenfüllung, Tomaten mit Pfifferlingen, Paprika-Tofuspieße

Geschmorter Fenchel
in Tomatensauce mit Reibkäse
überbacken

Die Grundlage für vegetarische Gerichte sind in erster Linie Gemüse und Pilze. Mit Käse, Milch, Sahne, Quark, Ei und Kräutern können solche Gerichte geschmacklich variiert und verfeinert werden.

„Unser Spätsommertraum ist ein junger **Spitzkohl** in Gemüsebrühe gedünstet mit gerösteten Butterbröseln und gehacktem Ei."

„Wenn Sie heute einmal keinen Appetit auf Fleisch haben, würde ich Ihnen gerne die mit Malzbierschaum **überbackenen Gemüse** aus Blattspinat, Kohlrabi, Karotten, Petersilienwurzeln und Lauchzwiebeln anbieten."

„Eine locker-leichte Herbstleckerei ist unser **Risotto** von dreierlei Reis und gebratenen Steinpilzen, Austernpilzen und Pfifferlingen, aromatisiert mit duftenden Gartenkräutern."

oder

„… gegrilltes Gemüse im Parmesankörbchen mit Balsamicosirup und Grissini."

„Lecker und interessant zugleich sind die **asiatischen Gemüsenudeln** mit Austernsauce."

14 Spezielle Gerichte

„Höchst eigenwillig, aber sehr empfehlenswert ist der grüne **Spargel auf Butter-Blätterteig**, mit feiner Sauce von Bergkäse überbacken."

„Darf ich Ihnen als vegetarisches Gericht den Klassiker, einen **Gemüseteller**, empfehlen. Er ist bei uns allerdings neu zusammengestellt: mit gebratenen Fenchelscheiben, Brokkoli mit Mandelbutter, Käse-Grilltomaten, in Butter geschwenkten Möhrchen, Mais und Erbsen sowie als Krönung Spargel mit Kerbelhollandaise."

„Eine sehr gut gelungene vegetarische Komposition ist unser **Gemüsestrudel** mit Schwarzwurzeln, Tomaten, Zucchini und Quark, begleitet von Krapfen mit Rahmsauerkraut auf Tomaten- und Kerbelsauce mit gedünsteter Lauchzwiebel."

Aufgaben

1. Entwerfen Sie aus der Kurzbeschreibung und der beigestellten Abbildung eine appetitanregende Formulierung zur Empfehlung an Ihre Gäste.

   Wurzelgemüse, gedämpft
   Knoblauchjoghurt
   Chardonnay-Vinaigrette

2. Nennen Sie mindestens 5 kalte und 5 warme Kleinigkeiten, die als Amuse gueule oder als Amuse bouche serviert werden können.

3. Welche Aufgabe haben Amuse-gueule oder Amuse-bouche?

4. Zu welcher Gelegenheit würden Sie Fingerfood zur Verköstigung Ihrer Gäste einsetzen?

5. Nennen Sie 6 verschiedene Arten von Fingerfood, die Sie von Ihrem Betrieb her kennen.

6. Erstellen Sie eine spezielle Speisekarte mit 15 Gemüsegerichten.

Menü und Speisekarte

Unter **Menü** versteht man im klassischen Sinn eine Zusammenstellung von mindestens drei Speisen, die nacheinander verzehrt werden und hinsichtlich Farbe und Geschmack harmonisch aufeinander abgestimmt sind. Wegen dieser Aufeinanderfolge nennt man das Menü auch **Speisenfolge**.

Gründliche Kenntnisse aus dem Bereich der Menükunde sind gerade bei den Service-Mitarbeitern besonders wichtig, um Gäste entsprechend beraten sowie den Verkauf von Speisen und Getränken durchführen zu können.

1 Menü und Menükarte

🇬🇧 menu and menu card 🇫🇷 menu et la carte de menu

Das Menüangebot im Gastgewerbe enthält Speisenfolgen, die von Seiten des Betriebes vorgegeben werden. Das Angebot wird in der Menükarte präsentiert. Dabei unterscheidet man:
- Menüs für das täglich wechselnde Angebot,
- Menüs für Festtage, z. B. Ostern, Weihnachten, Silvester,
- Menüs für besondere Anlässe, z. B. Hochzeit, Jubiläum u. a.,
- Überraschungsmenüs.

1.1 Geschichte der Speisenfolge

Entstanden sind die großen Speisenfolgen an den Höfen der Könige, der Fürsten und des Adels. Der materielle Wohlstand dieser gesellschaftlichen Oberschicht hatte das ermöglicht, was man heute die „klassische Küche" nennt. Mit dieser Bezeichnung verbindet sich eine kaum übersehbare Fülle von immer neu erfundenen Speisen.

Klassisches Menü

Das klassische Menü ist ein Spiegelbild der Essgewohnheiten einer bestimmten gesellschaftlichen Schicht in einer bestimmten geschichtlichen Epoche.

Aufbau des klassischen Menüs

Die Gliederung einer Mahlzeit in mehrere Gänge sowie die sinnvolle Aufeinanderfolge der einzelnen Speisen wurde als ein Vorgang zur Kultivierung des Essens verstanden. Die dazu aufgestellten Regeln lauteten: Leichte Speisen (Vorspeisen und Suppen) leiten das Essen ein, ein erfrischendes Sorbet (Schaumeis) dient als neutralisierende und verdauungserleichternde Unterbrechung, große Stücke von Fisch und Fleisch (Hauptplatten) bilden den Höhepunkt des Essens, kleine würzige und/oder süße Speisen sorgen für den harmonischen Ausklang des Essens.

In der Systemgastronomie hat der Begriff Menü eine andere Bedeutung.

Das Menü in einem Schnellservice-Restaurant besteht in der Regel aus einem Hauptgericht (z. B. einem Burger), einer Sättigungsbeilage (z. B. Pommes Frites) und einem Getränk.

Je nach Beilagengröße variieren auch die Menügrößen und -preise.

Menüs in der Systemgastronomie bieten aufgrund der Mischkalkulation für den Gast meist Preisvorteile in Höhe von ca. 25 % im Vergleich zur Summe der Einzelpreise.

Der Vorteil für das Restaurant ist in der Regel der Zusatzverkauf von Getränken und Beilagen, sodass im Counterbereich oftmals fast ausschließlich Menükombinationen und kaum Einzelprodukte beworben werden.

Umfang des klassischen Menüs

Speisenfolgen mit über 10 Gängen sowie zusätzlich wahlweise verschiedenen Speisen innerhalb der einzelnen Gänge waren in der Vergangenheit keine Seltenheit. Aus ernährungsphysiologischer Sicht reduzierte man den Umfang der Speisenfolge erheblich.

Moderne Menüs

Aufbau des modernen Menüs

Am grundlegenden Aufbau hat sich im Vergleich zum klassischen Menü nichts geändert. Das Essen wird mit leichten Speisen eröffnet, das Hauptgericht bildet den Höhepunkt und zum Ausklang werden wieder leichtere Speisen gereicht.

Wie aus dem klassischen Menü auf der Seite 486 zu ersehen ist, enthielten solche Menüs neben einem **Fischhöhepunkt** „Steinbutt" zwei **Fleischhöhepunkte** „Lammrücken" und „Moorhühner".

Das moderne Menü kennt im Allgemeinen nur noch einen Höhepunkt, zu dem unterschiedliches Fleisch – eventuell auch Fisch – verwendet wird.

Suppe	→	Fisch	→	Dessert
Suppe	→	Geflügel	→	Dessert
Suppe	→	Schlachtfleisch	→	Dessert
Suppe	→	Wildbret	→	Dessert

Anzahl der Gänge im modernen Menü

Die Anzahl der Gänge hat sich verringert, und dafür gibt es verschiedene Gründe:

- Der Wohlstand ist heute auf breite Bevölkerungsschichten verteilt. Trotzdem sind für viele Gäste große Menüs zu zeitaufwendig und nach wie vor zu kostspielig.
- Jeder kann an gehobener Esskultur teilnehmen, und für viele ist das Einnehmen eines Menüs zu einer fast alltäglichen Gewohnheit geworden.
- Aufgrund der Erkenntnisse der Ernährungswissenschaft essen die Menschen heute bewusster.

Aus diesen Gründen sind heute einfachere Menüs sinnvoll und üblich.

In Anlehnung an die klassische Speisenfolge werden Menüs für besondere Anlässe manchmal durch die Ergänzung mit einem zusätzlichen Fischgang und einem Sorbet auf 8 Gänge angehoben (siehe die „Gegenüberstellung von klassischem und modernem Menüaufbau" auf Seite 486).

Menü

Einfaches Menü mit 3 Gängen ist als **Grundgerippe** der modernen Speisenfolge anzusehen.

Erweitertes Menü mit 4 bis 6 Gängen. Das **Grundgerippe** wird auf höhere Ansprüche hin mit zusätzlichen Gängen ergänzt.

	Kalte Vorspeise
Suppe	Suppe
	Zwischengericht
Hauptgericht	Hauptgericht
	Käsegericht
Dessert	Dessert

Kombinationsmöglichkeiten der Gänge

Moderne Menüs enthalten im Allgemeinen höchstens die 6 Gänge des erweiterten Menü-Schemas. Bei weniger als 6 Gängen können die Speisen innerhalb des Schemas verschieden variiert bzw. kombiniert werden.

Anzahl der Gänge	3	4	4	4	4	5	5	5	6
Kalte Vorspeise			•	•		•	•		•
Suppe	•	•	•	•	•		•	•	•
Zwischengericht			•		•		•		•
Hauptgericht	•	•	•	•	•	•	•	•	•
Käsegericht					•	•		•	•
Dessert	•	•	•	•	•	•	•	•	•

Beratung und Verkauf

MENÜ UND SPEISEKARTE

Gegenüberstellung von klassischem und modernem Menüaufbau

Klassisches Menü	
Gänge	Speisenbeispiele
Kalte Vorspeise	Austern
Suppe	Fasanensuppe
Warme Vorspeise	Artischockenböden
Fischgang	Steinbutt
Hauptplatte	Lammrücken
Warmes Zwischengericht	Kalbsbries
Kaltes Zwischengericht	Palmenherzen
Sorbet	Champagnersorbet
Braten	Moorhühner
Gemüsegang	Brokkoliflan
Warme Süßspeise	Mandelauflauf
Kalte Süßspeise	Eisbombe
Käsegericht	Camembertkrusteln
Dessert	Obst, Feingebäck

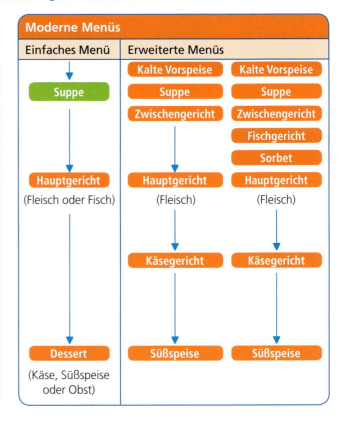

Moderne Menüs

Einfaches Menü	Erweiterte Menüs	
	Kalte Vorspeise	Kalte Vorspeise
Suppe	Suppe	Suppe
	Zwischengericht	Zwischengericht
		Fischgericht
		Sorbet
Hauptgericht (Fleisch oder Fisch)	Hauptgericht (Fleisch)	Hauptgericht (Fleisch)
	Käsegericht	Käsegericht
Dessert (Käse, Süßspeise oder Obst)	Süßspeise	Süßspeise

Abb. 1 Rohstoffe im Korb

Rohstoffbeispiele:
- Neue Kartoffeln, junge Gemüse und frisches Obst
- Spargel und Erdbeeren,
- Lamm und Wildbret, Karpfen sowie Krebs- und Weichtiere.

1.2 Zusammenstellen von Menüs

Beim Zusammenstellen von Menüs sind zunächst ganz wichtige Richtlinien zu beachten in Bezug auf
- **Auswahl** von Rohstoffen bzw. Speisen für eine Speisenfolge,
- **Abwechslung** von Rohstoffen bzw. Speisen im Menü,
- **Aufeinanderfolge** der Speisen innerhalb der Speisenfolge.

Auswahl der Rohstoffe für ein Menü

Für die Auswahl sind folgende Gesichtspunkte von Bedeutung:
- Jahreszeit und Preis des Menüs,
- Ernährungsbedürfnis des Menschen,
- Anlass und Teilnehmer am Essen,
- technische und personelle Voraussetzungen.

Jahreszeit

Hier geht es zunächst um Speisen aus **saisonabhängigen** Rohstoffen, die von den Gästen erwartet werden.

Die Rohstoffe sind zur Erntezeit:
- frisch, saftig und besonders wohlschmeckend,
- hochwertig in Bezug auf Nähr- und Wirkstoffe,
- preisgünstig.

Außerdem sind die *klimatischen Verhältnisse* zu beachten:
- In der kalten Jahreszeit bevorzugt der Gast kräftige und energiereiche Speisen in reichlich bemessenen Portionen.
- In der heißen Jahreszeit ist das Verlangen nach frischen, leichten Speisen in reduzierten Portionsgrößen stärker, weil das Essen nicht anstrengen und belasten soll. Insbesondere bei den Vor- und Nachspeisen sowie bei den Beilagen gibt es hier Möglichkeiten der Reduzierung und Erleichterung.

Vergleich:
- Südtiroler Speck ⟷ Tomatencocktail
- Hasenpastete ⟷ Artischockenherzen
- Rotkohl ⟷ Spargel
- Rosenkohl ⟷ Erbsen
- Sauerkraut ⟷ Kopfsalat
- Käse ⟷ Halbgefrorenes
- Dessertpfannkuchen ⟷ Salat von frischen Früchten

Preis

In Bezug auf den Preis sind wechselseitige Abhängigkeiten von Bedeutung:
- Art und Niveau des Betriebes, z. B. bürgerliche Gaststätte, Mittelklasserestaurant, Luxushotel,
- Art bzw. Zielrichtung des Menüs, z. B. Tagesmenü, Festtagsmenü oder Menü für einen besonderen Anlass – Hochzeit, Jubiläum,
- Zahlungsfähigkeit bzw. -bereitschaft des Gastes.

Tagesmenüs sind im Allgemeinen auf einen niedrigeren Preis ausgerichtet, während der Gast für ein Festtagsmenü oder zu einem besonderen Anlass in der Regel etwas mehr ausgibt.

Beispiele:

niedrigerer Preis	höherer Preis
Menü mit 3 Gängen	Menü mit mehr Gängen
Konservenware Spargelabschnitte Erbsen Champignons Hasenkeulen Schweinebraten Kabeljau	frische Ware Spargelspitzen Artischockenböden Pfifferlinge Hasenrücken Filetbraten (Rind) Steinbutt
Fleischbrühe Geflügelrahmsauce Zerlassene Butter Kräuterbutter Kartoffelpüree Frisches Obst	Doppelte Kraftbrühe Hummerrahmsauce Holländische Sauce Béarner Sauce Kartoffelkroketten Salat von frischen Früchten

Ernährungsbedürfnis

Der Energiewert eines Menüs sollte in erster Linie dem Energiebedarf des Menschen angemessen sein. Insbesondere bei umfangreicheren Speisenfolgen sollte der Energiegehalt unbedingt begrenzt werden, z. B.:
- zum Hauptgang die Fleischmenge angemessen verringern, ergänzend kann die Beilagenmenge kleiner gehalten oder statt Gemüse ein Salat gereicht werden,
- bei der Vorspeise, der Suppe oder der Nachspeise besteht die Möglichkeit, anstelle einer schweren eine leichte Speise zu wählen. Auf diese Weise kann der Gesamtenergiewert des Menüs verringert werden.

Unabhängig vom Energiegehalt ist außerdem auf den *ernährungsphysiologischen Wert* des Menüs zu achten. Dabei ist die Ausgewogenheit folgender Stoffgruppen von Bedeutung (s. auch S. 59):
- **Nährstoffe**
  Eiweiß, Fett und Kohlenhydrate,
- **Wirk- und Begleitstoffe**
  Mineralstoffe, Vitamine und Ballaststoffe.

Vergleichende Beispiele:
- Vorspeisencocktail ⟷ Vorspeisensalat
- Cremesuppe ⟷ klare Suppe
- Dessertpfannkuchen ⟷ Salat von frischen Früchten

Anlass und Teilnehmer

Mit dem Anlass zu einem Essen ist häufig eine ganz bestimmte *Grundstimmung* verbunden (Hochzeit, Jubiläum, Jagdessen). Durch die Auswahl der Speisen oder durch das Hervorheben einer bestimmten Speise kann diese Stimmung auf besondere Weise unterstrichen werden.

MENÜ UND SPEISEKARTE

Beispiele:

- **Hochzeit**
  ein zu Ehren des Brautpaares besonders ausgewähltes Dessert
- **Jubiläum**
  dem Anlass entsprechender Hauptgang in attraktiver Aufmachung
- **Jagdessen**
  neben Wildbret müssen typische Beilagen den Anlass unterstreichen (Weinbeeren, Preiselbeeren, Pfifferlinge, Steinpilze)

Obwohl der Geschmack der Gäste, unabhängig von ihrer Gruppenzugehörigkeit, sehr verschieden sein kann, können sich dennoch bestimmte Schwerpunkte ergeben:

- **Damenessen**
  Von Ausnahmen abgesehen, bevorzugen Damen leichtere sowie fett- und kohlenhydratarme Speisen, z. B. Hühner, Kalbsmedaillons, feine/zarte Gemüse, Salate und Obst.
- **Herrenessen**
  Männer bevorzugen im Allgemeinen herzhafte und kräftige Speisen, z. B. Steaks vom Rind und Lamm sowie Wildgerichte.
- **Überwiegend geistig tätige Menschen und ältere Menschen**
  Sie mögen leichtere und erlesenere Speisen in kleinen Mengen, z. B. Tournedos, Medaillons, Fisch sowie Krebs- und Weichtiere.
- **Überwiegend körperlich tätige Menschen und jüngere Menschen**
  Sie mögen kräftige Speisen in größerer Menge, z. B. Braten, Schnitzel und Steaks mit reichlich bemessenen Beilagen.

Technische und personelle Voraussetzungen

Die *küchentechnische Ausstattung* ist vor allem bei großen Veranstaltungen und umfangreichen Speisenfolgen von entscheidender Bedeutung. Dies betrifft z. B.:

- Pfannen für kurz gebratene Gerichte oder Dessertpfannkuchen,
- Fritteusen, wenn gebackene Gerichte gereicht werden sollen,
- Herde zum Braten, Backen und Überbacken,
- Flächen zum Warmhalten oder Kühlen bzw. Kühlhalten von Vorspeisen und Desserts.

Bezüglich des Personals müssen ebenfalls wichtige Fragen geklärt sein:

- Stehen Küchen- und Bedienungsfachkräfte in ausreichender Zahl zur Verfügung?
  Dies gilt insbesondere, wenn aufwendige Arbeiten einzuplanen sind wie z. B. Fertigmachen und Bereitstellen von Vorspeisen und Desserts oder für das Tranchieren, Flambieren und Vorlegen am Tisch.
- Ist das Personal für diese Arbeiten entsprechend fachlich geschult, damit sie in angemessener Zeit sorgfältig und sachgerecht ausgeführt werden können?

Abwechslung im Menü

Die strenge klassische Menülehre unterscheidet zwischen Wiederholungen, die bei Einhaltung bestimmter Bedingungen möglich sind, und solchen, die unter allen Umständen vermieden werden müssen.

Bedingt mögliche Wiederholungen

Kartoffeln, sofern sich diese in anderer Zubereitungsart wiederholen, z. B.:
- Zwischengericht
  → Salzkartoffeln
- Hauptgericht
  → Gebratene oder frittierte Kartoffeln

Zweckmäßige Abwechslungen sind jedoch Reis oder Teigwaren.

Gemüse, sofern es nicht das gleiche Gemüse ist, z. B.:
- Suppe
  → Kraftbrühe mit Gemüsestreifen, u. a. auch Karotten
- Hauptgericht
  → Glasierte Karotten

Fleisch, sofern es sich nicht um die gleiche Art des Fleisches handelt, und es außerdem in anderer Zubereitung angeboten wird, z. B.:

- Kalte Vorspeise
  → Entenbrust
- Hauptgericht
  → Kalbsmedaillons

- Kalte Vorspeise
  → Geflügelsalat
- Hauptgericht
  → Rehrücken

Unbedingt zu vermeidende Wiederholungen

Dabei unterscheidet die Menülehre zwischen *gleichartigen Zubereitungen* und *gleichartigen Rohstoffen*.

Gleiche Zubereitungen vermeiden

Zubereitungen	negative Beispiele
gebraten, gegrillt • Zwischengericht • Hauptgericht	vom Grill: Heilbuttschnitte, Scampi, Kalbsmedaillons, Tournedos
frittiert • Zwischengericht • Hauptgericht • Dessert	Gebackene: Scampi, Champignons, Strohkartoffeln, Kartoffelkroketten, Apfelbeignets
Saucen • Kalte Vorspeise • Zwischengericht • Hauptgericht • Dessert	Gebunden: Cocktailsauce, Holländische Sauce zu Spargel, Béarner Sauce zu Tournedos, Weinschaumsauce
Marinierte Speisen • Kalte Vorspeise • Hauptgericht	Mariniertes: Rindfleisch, Gemüse, Salat

Gleiche Rohstoffe vermeiden

Rohstoffe	negative Beispiele
Obst • Kalte Vorspeise • Hauptgericht • Dessert	Melone mit Schinken Preiselbeerbirne als Beilage Salat von frischen Früchten
Pilze • Suppe • Zwischengericht • Hauptgericht	Morchelrahmsuppe Gebackene Champignons Pfifferlinge (Garnitur)
Fische, Krebs- und Weichtiere • Kalte Vorspeise • Suppe • Zwischengericht • Hauptgericht	Hummercocktail Muschelcremesuppe Seezungenfilets Garnelen (Garnitur)
Teige, Teigwaren • Suppe • Zwischengericht • Hauptgericht • Dessert	Pfannkuchenstreifen (Célestine) Pastetchen Spätzle als Beilage Dessertpfannkuchen (Crêpes)
Eier • Kalte Vorspeise • Suppe • Zwischengericht • Hauptgericht	Gefüllte Eier Eierstich (Royal) Verlorenes Ei Gehacktes Ei (Garnitur)

Beratung und Verkauf

MENÜ UND SPEISEKARTE

Aufeinanderfolge der Speisen im Menü

Die kalte Vorspeise steht im Menü an erster Stelle. *Das Zwischengericht* hat seinen Platz nach der Suppe oder vor dem Hauptgang bzw. vor einem zusätzlichen Fischgericht oder zwischen Suppe und dem nachfolgenden Gericht.

Regeln für die Speisenfolge

Die Regeln beziehen sich auf *Farbe* und *Bindung*.

- **Farbe**
  Nach einer hellen Speise muss eine dunkle bzw. farblich betonte Speise folgen oder umgekehrt.
- **Bindung**
  Nach einer gebundenen muss eine ungebundene bzw. klare Speise folgen oder umgekehrt.

Für die Anwendung der genannten Regeln ist allerdings etwas Fingerspitzengefühl erforderlich.

Bezüglich der Farbe muss man sich von dem extremen Kontrast „Schwarz-Weiß" lösen, weil u. U. bereits geringfügige farbliche Abweichungen der Regel genügen können.

Außerdem kann die Farbe je nach Speisenfolge unterschiedlich beurteilt werden:

- *Melone mit Schinken* wirkt vor einer *Geflügelcremesuppe* farblich betont, während sie vor einer *Ochsenschwanzsuppe* hell erscheint.
- *Obstsalat* wirkt nach *Rehrücken mit Wacholderrahmsauce* hell, aber nach *Brüstchen vom Masthuhn mit Geflügelrahmsauce* farblich betont.

Es gibt aber auch Speisen, bei denen die Zuordnung „gebunden" oder „nicht gebunden" Schwierigkeiten bereitet. In diesen Fällen ist die Folge der Speisen mit besonderem Einfühlungsvermögen abzuwägen:

- Nach Forellenfilet mit Sahnemeerrettich ist sowohl eine klare als auch eine gebundene Suppe denkbar.
- Vor Tournedos mit Béarner Sauce (Grillgericht) sind durchaus Seezungenfilets mit Weißweinsauce oder Scampi mit Dillrahmsauce denkbar.
- Nach Tournedos mit Béarner Sauce sind sowohl Salat von frischen Früchten als auch eine Cremespeise oder Halbgefrorenes denkbar.

Es ist zu beachten, dass Cremespeisen und Halbgefrorenes zwar „gebundene Speisen" sind, im Sinne der Speisenfolge jedoch eine feste und geschlossene Beschaffenheit haben.

Schrittfolge beim Zusammenstellen

Erster Schritt

Das **Hauptgericht** muss als **Erstes festgelegt** werden, dann wählt man eine geeignete Sauce sowie passende Gemüse- und Hauptbeilagen aus.

Die Speisen für die übrigen Gänge lassen sich nun unter Beachtung der Menüregeln leichter bestimmen und zuordnen.

Bezüglich der Bindung ist die Unterscheidung bei bestimmten Speisen ganz eindeutig:

Klare Ochsenschwanzsuppe
↕
Gebundene Ochsenschwanzsuppe

Geflügelkaftbrühe
↕
Geflügelcremesuppe

Steinbutt mit zerlassener Butter
↕
Steinbutt mit Hummersauce

Tournedos mit Madeirajus
↕
Tournedos mit Madeirasauce

Zweiter Schritt

Die übrigen Gänge werden bestimmt und unter Beachtung der Menüregeln entsprechende Speisen ausgewählt. Dabei sind folgende Hinweise von Bedeutung:

- Die zugeordneten Speisen müssen mit dem Hauptgericht auch derart harmonieren, dass ein Menü mit einem schweren Hauptgericht, z. B. *Rehrücken mit Wacholderrahmsauce*, insgesamt schwerer sein wird als ein Menü mit einem leichten Hauptgericht, z. B. *Seezungenfilets in Weißweinsauce*.
- Nicht immer findet man zu einem Hauptgericht ein passendes Zwischengericht. Es ist dann zweckmäßig, dem Hauptgericht eine Suppe voranzustellen und das Menü mit einer kalten Vorspeise einzuleiten.

Beispiele für das Zusammenstellen

Hochzeitsessen im Mai

Zu Hochzeitsessen kommen im Allgemeinen Menschen aus sehr unterschiedlichen gesellschaftlichen Schichten zusammen. Aus diesem Grunde sollten Speisen, mit denen manche Gäste beim Essen Schwierigkeiten haben könnten, möglichst nicht in das Menü aufgenommen werden. Unter diesem Gesichtspunkt und unter Beachtung der Jahreszeit bieten sich an:

- Mastkalbsrücken und Scampi
- Spargel, Karotten und Blumenkohl
- Erdbeeren

Als Speisenfolge sollen folgende Gänge serviert werden: Kalte Vorspeise, Suppe, Hauptgang und Dessert. **Zum Hauptgang** gibt es **Medaillons vom Kalbsrücken**, ergänzt mit folgenden Beigaben:

- Champignonrahmsauce
- Spargel, glasierte Karotten und Erbsen
- Dauphinekartoffeln

Die vorangehende **Suppe** muss entsprechend der Regel klar und dunkel sein. Eine **klare Ochsenschwanzsuppe** entspricht dieser Forderung. Sie wird mit Sherry geschmacklich vollendet.

Als **Kalte Vorspeise**, zur Unterscheidung von der Suppe hell und gebunden, eignet sich ein **Scampicocktail**. Dazu werden Toast und Butter gereicht.

Das **Dessert** muss, vom Hauptgang her gesehen, farblich betont sein. Es eignen sich deshalb **Erdbeeren mit Grand Marnier** mit Sahne garniert. ①

Damengesellschaft im Juni

Die Damen kommen 20 Jahre nach dem Ende ihrer gemeinsamen Schulzeit zu einem Klassentreffen zusammen. Für die Auswahl der Speisen sind zwei Gesichtspunkte zu beachten:

- Es handelt sich um Damen,
- der Juni liegt in der heißen Jahreszeit.

Aus dem saisonbedingten Marktangebot, das z. B. Forellen, junge Masthühner, Tomaten und Aprikosen enthält, könnte folgendes Menü zusammengestellt werden ②:

Das komplette Menü:

①
Scampicocktail
Toast und Butter
❊ ❊ ❊
Klare Ochsenschwanzsuppe
mit Sherry
❊ ❊ ❊
Gebratene Medaillons
vom Kalbsrücken
Spargel, glasierte Karotten, Erbsen
Dauphinekartoffeln
❊ ❊ ❊
Erdbeeren mit Grand Marnier

Aufgabe: Stellen Sie zu dem gleichen Anlass ein Menü nach eigener Wahl zusammen.

②
Zart geräuchertes Forellenfilet
Sahnemeerrettich, Toast und Butter
❊ ❊ ❊
Doppelte Rinderkraftbrühe mit
Gemüsestreifen
❊ ❊ ❊
Gedünstete Brüstchen vom Masthuhn
in Morchelrahmsauce
geschmolzene Tomaten, Kräuterreis
❊ ❊ ❊
Aprikosenfächer in Weingelee

Aufgabe: Beurteilen Sie das Menü unter Beachtung der Schrittfolge, die beim Zusammenstellen angewendet wird.

Aufgabe: Stellen Sie zum gleichen Anlass ein Menü nach eigener Wahl zusammen.

Beratung und Verkauf

MENÜ UND SPEISEKARTE

Jagdgesellschaft im Oktober/November

An dieser Stelle ist anzumerken, dass sich bei Jagdessen entgegen der allgemeinen Regel ausnahmsweise gleichartige Rohstoffe bzw. Speisen wiederholen dürfen (siehe Suppe und Hauptgang).

Bei der Auswahl der Speisen sind zu beachten:
- der besondere Anlass,
- die Teilnehmer, denen herzhafte Speisen anzubieten sind,
- der Beginn der kalten Jahreszeit.

Aus dem saisonbedingten Angebot könnten für das Menü Frischlingsrücken, Muscheln und Pfifferlinge sowie Äpfel und Preiselbeeren ausgewählt werden.

Gebundene Suppe vom Hirsch
mit gerösteten Edelkastanien

❁ ❁ ❁

Rheinische Miesmuscheln
im Wildkräuter-Wurzel-Sud

❁ ❁ ❁

Frischlingsbraten in Wacholdersauce
Rosenkohlblätter, gebratene Steinpilze
Preiselbeer-Kartoffelplätzchen

❁ ❁ ❁

Allgäuer Käseauswahl
vom Brett

Silvester ist ein besonderer Anlass für eine exklusive Speisenfolge zu einem Getränk, zu Sekt oder Champagner.

Das Menü muss einen festlichen Charakter haben und maßvoll portioniert sein. Die Speisenfolge wird auf einer edlen, mit glücksbringenden Symbolen versehenen Menükarte dargestellt.

Prosit Neujahr – Champagner-Menü

Beluga Malossol Kaviar mit Buchweizenküchlein und Schmant

❁ ❁ ❁

Klare Tomatenessenz mit Basilikumklößchen

❁ ❁ ❁

In Champagner pochierte Austern mit Hummer auf Wildreis
mit Salatherz

❁ ❁ ❁

Rehnüsschen mit Walnuss-Crepes, Kumquats-Kompott
in Butter sautierte Rosenkohlblätter und glasierte Schalotten

❁ ❁ ❁

Champagner Sorbet im Glückskelch

❁ ❁ ❁

Glücksbringer Petits fours

1.3 Getränke zum Essen

Getränke, die zum Essen gereicht werden, nennt man **korrespondierende Getränke**. Sie sollen die Speisen harmonisch ergänzen.

Getränke vor dem Essen

Ihr Zweck ist es, auf das Essen einzustimmen und den Appetit anzuregen. Im Französischen werden sie **Aperitifs** genannt. Das Wort bedeutet:

apéritif → eröffnend, öffnend, appetitanregend

Aperitifs

Für die Aperitifs sind folgende Eigenschaften von Bedeutung:
- **trocken**, d. h. ohne wahrnehmbare Süße. Im Gegensatz zu süßen Getränken wirken sie leichter und regen den Appetit an;
- **fruchtig** oder **bitteraromatisch**, womit eine besonders anregende Wirkung auf die Absonderung von Verdauungssäften verbunden ist;
- **kühl** und **erfrischend**.

Als Aperitif werden z. B. angeboten:

Abb. 1 Mousse von geräucherter Forelle mit Roséwein

Getränke allgemeiner Art	
Likörweine	• trockene Sherrys • weiße Portweine
Schaumweine	• pur oder mit Orangensaft bzw. Campari • mit schwarzem Johannisbeerlikör/Cassis (Kir Royal)

Spezielle Aperitifs		
Arten	Getränkebeispiele	mögliche Ergänzungen
Wein-Aperitifs	• Martini • Cinzano • Noilly Prat	• Soda, Mineralwasser
Bitter-Aperitifs	• Campari • Picon • Cynar	• Soda • Orangensaft • Schaumwein
Anis-Aperitifs	• Pastis • Pernod	• Wasser

Getränke zur Speisenfolge

Im Rahmen eines Menüs werden im Allgemeinen Wein und Schaumwein gereicht. Die korrespondierenden Getränke sollen den Geschmack der Speisen harmonisch ergänzen, ihn aber unter gar keinen Umständen überdecken.

Beispiele zur Verdeutlichung:

Zu einem **mild gewürzten Fischgericht**
- **passen:** junge, leichte und fruchtige, vor allem weiße Weine.
- **passen nicht:** ausgereifte, vollmundige und bukettreiche Weine.

Zu einem **kräftig gewürzten Wildgericht**
- **passen:** ausgereifte, vollmundige und bukettreiche, vor allem rote Weine.
- **passen nicht:** leichte, frische und säuerlich fruchtige Weine.

Mixgetränke	
Bezeichnung	Zutaten
Cocktails Manhattan	Canadian Whisky, roter Vermouth, Kirsche
Martini dry	Gin, Vermouth dry, Olive
White Lady	Gin, Cointreau, Zitronensaft
Side Car	Cognac, Cointreau, Zitronensaft
Longdrinks Gin Fizz	Gin, Läuterzucker, Zitronensaft, Soda
Whiskey sour	Whiskey, Läuterzucker, Zitronensaft, Orangenscheibe, Maraschinokirsche

Beratung und Verkauf

MENÜ UND SPEISEKARTE

Geschmacksstufen der Getränke

Die sachgerechte Zuordnung der Weine ist eine Kunst, die viel Erfahrung und ein geschultes Geschmacksempfinden voraussetzt. In Häusern, die dem Weinservice besondere Beachtung schenken, gibt es deshalb einen **Sommelier** (Weinkellner).

> Als Orientierungshilfe für die Zuordnung der Weine zu Speisen dienen vier Geschmacksstufen:
> - ausgesprochen leichte Weine,
> - mittelschwere bis schwere Weine,
> - leichte bis mittelschwere Weine,
> - besonders ausdrucksstarke Weine.

Speisenbeispiele

Leichte, säuerlich-würzige Speisen
- Scampicocktail (Cocktailsauce)
- Forellenfilet (Sahnemeerrettich)
- Lachsmedaillons (Kräutersauce)
- Geflügelsalat (Schaummayonnaise)
- Artischockenböden (mariniert)

→ **Kalte Vorspeisen**

Leichte, aber fein würzige Speisen
- Scampi in Dillrahmsauce
- Forellenfilet, gebraten
- Salm mit Krebsrahmsauce
- Feines Geflügelragout
- Artischockenböden mit holländischer Sauce

→ **Zwischengerichte**

Mittelschwere, voll würzige Speisen
Helles Fleisch:
gedünstet, gebraten, gegrillt oder frittiert
- Scampi, Seezungenfilets oder Salmschnitte
- Masthuhnbrust, Hähnchen
- Kalbs- und Schweinemedaillons
- Kalbsgeschnetzeltes

→ **Zwischengerichte bzw. leichte Hauptgerichte**

Schwere, stark würzige Speisen
Dunkles Fleisch:
gebraten, gegrillt oder geschmort
- Ente und Gans
- Rind und Lamm
- Wild

→ **Schwere Hauptgerichte**

Weinbeispiele

Weißwein oder Roséwein
- leicht, frisch und fruchtig (trocken bis halbtrocken)
- Blume und Bukett leicht ausgeprägt

→ **Wehlener Sonnenuhr, Riesling, Mosel**
Chablis, Burgund

Weißwein
- leicht bis mittelschwer (halbtrocken)
- Blume und Bukett feinwürzig ausgeprägt

→ **Rüdesheimer Rosengarten, Riesling, Rheingau**
Würzburger Stein, Silvaner, Kabinett, Franken

Weißwein (im Ausnahmefall oder auf Wunsch des Gastes Rotwein)
- mittelschwer und harmonisch bezüglich Säure und Restsüße (halbtrocken)
- Blume und Bukett leicht ausgeprägt (mundig) und Bukett feinwürzig

→ **Graacher Himmelreich, Riesling, Spätlese, Mosel**
Winkeler Jesuitengarten, Riesling, Spätlese, Rheingau

Rotwein (im Ausnahmefall oder auf Wunsch des Gastes Weißwein)
- schwer (trocken bis halbtrocken)
- Blume, Bukett voll und stark ausgeprägt (vollmundig)

→ **Montagne Saint-Émilion, Bordeaux**
Assmannshäuser Höllenberg, Spätburgunder, Spätlese, Rheingau

Regeln zur Aufeinanderfolge der Getränke

Diese Überlegungen gelten nicht für die Getränke **vor** (Aperitifs) bzw. **nach** dem Essen (Digestifs). Nur die Getränke während des Essens stehen in so enger Beziehung zueinander, dass bezüglich der Aufeinanderfolge eine wichtige Regel zu beachten ist:

Bei der **Auswahl** der korrespondierenden Getränke ist vom **Hauptgang** auszugehen. Er bildet den Höhepunkt der geschmacklichen Fülle. Beachten Sie aber den Unterschied bei folgenden Hauptgängen:
- Hähnchenbrüstchen mit Curryrahmsauce (leichtes Hauptgericht)
- Rehrücken mit Wacholderrahmsauce (schweres Hauptgericht)

Die Weine zu den übrigen Gängen sind auf den Wein zum Hauptgang abzustimmen. Im Gegensatz zum trockenen Sekt als Aperitif sollte der Sekt zum Dessert halbtrocken sein, damit der Geschmacksunterschied zur Süßspeise nicht zu gravierend ist.

> Die geschmackliche Fülle der Getränke muss stufenweise zunehmen.

> Nach einem geschmacklich ausdrucksstarken käme ein geschmacklich leichtes Getränk nicht mehr zur Geltung. Im Einzelnen bedeutet das:
> - leichte Weine vor schweren,
> - junge Weine vor alten Weinen, die aufgrund ihrer Reife vollmundiger sind,
> - trockene Weine vor halbtrockenen, die aufgrund der Restsüße schwerer und voller wirken,
> - weiße Weine vor roten, die von Natur aus voller und geschmacksintensiver sind,
> - Wein vor Schaumwein, der durch den Gehalt an Kohlensäure ausdrucksstärker ist.

Getränke nach dem Essen

Kaffee

Kaffee dient hauptsächlich zur Überwindung der leichten Ermüdung nach dem Essen. Es gibt folgende Angebotsformen (s. S. 286 f.):
- Kaffee oder Mokka, auch in Verbindung mit Weinbrand oder geeigneten Likören
- Espresso und Cappuccino
- Rüdesheimer Kaffee oder Irish Coffee

Digestifs

Digestifs sollen die Mahlzeit harmonisch ausklingen lassen und vor allem verdauungsfördernd wirken. Das Wort ist hergeleitet von: **digestif = verdauungsfördernd**

> Als Digestif eignen sich:
> - **Hochwertige Brände und Geiste**
>   - Weinbrand, Cognac, Armagnac
>   - Kirschwasser, Himbeergeist, Williamsbirnenbrand, Calvados
> - **Hochwertige Liköre**
>   - Grand Marnier, Chartreuse
>   - Cointreau und Bénédictine
>   - in Verbindung mit anderen Zutaten auch als After-Dinner-Cocktails

1.4 Menüangebot, Menükarte

Im Vergleich zum Angebot der Speisen in einer umfangreichen Speisekarte kommt dem Menüangebot heute eine besondere Bedeutung zu.

Arten des Menüangebots

Es gibt sie in Form von Tagesangeboten, Festtagsangeboten und Angeboten für besondere Anlässe.

Tagesmenüs

Viele Menschen, insbesondere auch solche, die im Arbeitsprozess stehen, nehmen ihr Essen heute außerhalb des Hauses ein. Um diesem täglichen Bedürfnis zu genügen, hält der gastgewerbliche Betrieb ein Angebot bereit, das den bescheideneren täglichen Verzehrgewohnheiten angemessen ist und im Allgemeinen folgende Merkmale aufweist:
- 3 Menüs mit abgestuften Preisen,
- in der Regel mit 3 Gängen.

Festtagsmenüs

Solche Menüs – z. B. zu Ostern, Pfingsten, Weihnachten und Silvester – sind auf die besondere festtägliche Stimmung sowie auf die damit verbundenen erhöhten Ansprüche der Gäste ausgerichtet:
- in der Regel mehrere Menüs mit abgestuften Preisen
- mit 3 oder auch mehr Gängen
- in einer Präsentation, die für einen Festtag angemessen ist.

Beratung und Verkauf

MENÜ UND SPEISEKARTE

Weinempfehlung

Beispiel eines Menüs mit Weinempfehlung und dem zugehörenden Gedeck

Getränkefolge

2011 Lorentz Cuvée Spéciale
Gewürztraminer
Elsass A.O.C.

2010 Coteaux du Giennois Blanc
Terre de Fumé
Domaine Henri Bourgois, Loire

2009 Beilsteiner Wartberg
Cabernet-Cuvée, trocken
Weingut Sankt Annagarten Gutsabfüllung
Württemberger Qualitäts-Rotwein

Crémant d'Alsace Dopff
Princes Eveques

Menü

(1) Gänseleber im Briochemantel mit Apfelsalat und Würfeln von Sherryweingelee

(2) Gekochter Hummer im Gemüsesud

(3) Rinderfilet auf einer Trüffelrahmsauce Fingerkarotten, Zuckerschoten, Mus von Petersilienwurzeln und gebratene Kartoffelspäne

(4) Frische Feigen auf Curaçaosauce mit Orangenfilets

Menüs für besondere Anlässe

Für Familienfeiern wie Geburtstag, Kommunion, Konfirmation, Hochzeit sowie zu besonderen Veranstaltungen wie Vereinsfeste, Betriebsjubiläen, Staatsempfänge hat der Gastgeber oftmals spezielle Wünsche. In der Regel hält der Gastronomiebetrieb hierfür spezielle Menüvorschläge bereit, bei denen die küchentechnischen Aspekte, die zur Verfügung stehenden Mitarbeiter sowie saisonale Rohstoffangebote berücksichtigt sind. Darüber hinaus ist es aber auch üblich, in einem Beratungsgespräch mit dem Auftraggeber besondere Wünsche zu klären und mit ihm ein ganz individuell gestaltetes Menü zusammenzustellen.

Bedeutung von Menüangeboten

Menüangebote/Menüvorschläge sind im Vergleich zu dem Angebot einer großen Speisekarte sowohl für die Küche als auch für den Gast mit besonderen Vorteilen verbunden.

Vorteile aus der Sicht der Küche

Das Essen à la carte bringt die Küche nicht selten in eine schwierige Arbeitssituation. Sie muss abwarten, welche Speisen die Gäste bei ihrem Eintreffen aus der Karte auswählen. In vielen Fällen geht dann gleichzeitig eine größere Anzahl von Bestellungen meist unterschiedlicher Gerichte ein.

Dadurch gerät die Küchenbrigade unter starken zeitlichen Druck. Das Menüangebot bringt diesbezüglich Entlastung:
- Bestimmte Vor- und Zubereitungen können bereits vor Beginn der Essenszeit ausgeführt werden,
- der zeitliche Spielraum ermöglicht eine gezielte Arbeits- und Personaleinteilung.

Das Menüangebot eröffnet darüber hinaus Möglichkeiten eigener Initiative:
- gezielte Auswahl gerade vorhandener, insbesondere saisonbedingter Rohstoffe,
- abwechslungsreiche Gestaltung des täglichen Speisenangebotes,
- Zuordnung gleicher Speisen in abgewandelten Speisenkombinationen, z. B. Vorspeisen, Suppen und Nachspeisen.

Vorteile aus der Sicht des Gastes

Bei häufigem Restaurantbesuch, insbesondere wenn es sich um tägliche Mahlzeiten handelt, bleibt ihm die Mühe erspart, sich selbst ein Menü zusammenzustellen. Weitere Vorteile sind:
- Ein Menü ist stets preisgünstiger als eine Kombination gleicher Speisen aus der Speisekarte.
- Die Speisen des Menüangebotes sind bei der Bestellung meistens sofort servierbereit, so dass kaum Wartezeiten entstehen.

Festtagsangebote

Den besonderen Anlässen entsprechend werden die Menüs in Karten mit festlicher Aufmachung präsentiert.

Präsentation des Menüangebots

Tagesangebote
Diese werden in der Regel mit der Speisekarte kombiniert.

Tageskarte

Menü 1
Blumenkohlrahmsuppe
❀
Schweinebraten
mit Semmelknödeln
und Krautsalat
❀
Fruchtsalat

Menü 2
Kleiner Salatteller
❀
Zwiebelrostbraten
mit Frühlingsgemüse
und Kartoffelpüree
❀
Karamellcreme

Hier können Sie die Gerichte
sowohl einzeln bestellen als auch Ihr eigenes Menü
zusammenstellen

❀ ❀ ❀

Kalte Vorspeisen
Scampicocktail mit Toast und Butter
Roher Schinken mit Ogenmelone
Geräuchertes Forellenfilet

❀ ❀ ❀

Suppen
Klare Ochsenschwanzsuppe
Kraftbrühe mit Eierstich
Blumenkohlrahmsuppe

❀ ❀ ❀

Hauptspeisen
Gekochter Tafelspitz mit Bouillonkartoffeln
Schweinekotelett in Robertsauce, Butterreis
Lammfilet in Thymianjus, Annakartoffeln

❀ ❀ ❀

Nachspeisen
Aprikosenstrudel mit Vanilleeis
Palatschinken, mit Sauerkirschen gefüllt
Marzipancreme mit Rhabarberkompott

Das Küchenteam wünscht Ihnen einen „GUTEN APPETIT"

MENÜ UND SPEISEKARTE

Gestalten von Menükarten

Der Schriftsatz ist bei Menükarten im Allgemeinen auf die Zeilenmitte zentriert, er kann aber auch links- bzw. rechtsbündig angeordnet sein. Für das Aufzählen der Bestandteile eines Ganges mit Beilagen gibt es eine **bestimmte Reihenfolge:**

> Hauptbestandteil
> Sauce
> Gemüsebeilage
> Hauptbeilage

Die Folge wird ergänzt, wenn Salat oder eine kalte Beilage gereicht wird. Diese Speisen stehen immer am Ende der Aufzählung. Für die **Anordnung der Getränke** ist zu beachten:

- Bei gefalteten Karten stehen die Getränke auf der linken Seite in Höhe des Ganges, dem sie zugeordnet sind. Kaffee oder Mokka erscheinen immer auf der rechten Seite im Anschluss an die Speisenfolge.

- Bei ungefalteten Karten stehen die Getränke jeweils nach dem Gang, zu dem sie gereicht werden.

Kombination eines Menüangebotes mit der großen Speisekarte

Kalte Vorspeisen
Scampicocktail mit Toast und Butter
Roher Schinken mit Ogenmelone
Geräuchertes Forellenfilet

Suppen
Klare Ochsenschwanzsuppe
Kraftbrühe mit Eierstich
Blumenkohlrahmsuppe

Zwischengerichte
Kalbsbries in Kräuterhülle
Feines Geflügelragout mit Wildreis
Tintenfisch-Risotto

Fischgerichte
Gebratene Scholle
mit Zitronenbutter
Steinbutt in Rieslingsauce
Seeteufel im Wirsingmantel

Menü 1
Linseneintopf
mit Räucherspeck
Apfelstrudel

Menü 2
Blumenkohlrahmsuppe
Schweinebraten
mit Semmelknödeln
Fruchtsalat

Menü 3
Kleiner Salatteller
Zwiebelrostbraten
mit Kartoffelpüree
Karamellcreme

Hauptspeisen
Gekochter Tafelspitz mit Bouillonkartoffeln
Ochsenschwanzragout in Madeirasauce
Glasierte Kalbshaxe mit Röstkartoffeln
Geschnetzeltes vom Kalb mit Rösti
Schweinemedaillons mit Morcheln
Schweinekotelett in Robertsauce
Irish Stew (Irischer Lammeintopf)
Lammfilet in Thymianjus, Annakartoffeln

Käse
Kleine, gemischte Käseauswahl
Weißkäsemus mit Apfelspalten
Gebackener Camembert
mit Preiselbeerkompott

Nachspeisen
Aprikosenstrudel mit Vanilleeis
Palatschinken mit Sauerkirschen gefüllt
Marzipancreme mit Rhabarber

1 Menü und Menükarte

1. Erklären Sie die Bezeichnung Menü.
2. Beschreiben Sie den Aufbau eines modernen Menüs.
3. Nennen Sie je 5 Rohstoffe, die in den verschiedenen Jahreszeiten bevorzugt werden sollten.
4. Worauf ist bei der Zusammenstellung von Menüs im Hinblick auf die ernährungsphysiologische Vollwertigkeit zu achten?
5. Nennen Sie Beispiele, weshalb bei der Erstellung von Menüs betriebliche Voraussetzungen in Bezug auf die Küche und den Service beachtet werden müssen.
6. Rohstoffe dürfen sich bei Einhaltung bestimmter Bedingungen wiederholen. Nennen Sie Beispiele.
7. Welche Rohstoffe dürfen sich nach der strengen Menülehre *nicht* wiederholen? Nennen Sie Beispiele.
8. Wie heißen die beiden Regeln für die unmittelbare Aufeinanderfolge von Speisen?
9. Beschreiben und begründen Sie die richtige Reihenfolge für das Zusammenstellen von Menüs.
10. Stellen Sie – von folgenden Hauptgängen ausgehend – Menüs mit 4 Gängen zusammen:
    - Heilbuttschnitte vom Grill mit Kräuterbutter
    - Masthuhnbrust mit Currysauce
    - Lammnüsschen mit Thymianjus
    - Rehrückenfilet mit Portweinsauce
11. Wie nennt man Getränke, die vor dem Essen gereicht werden? Welchen Zweck erfüllen sie?
12. Nennen und beschreiben Sie Cocktails und Longdrinks, die sich als Aperitifs eignen.
13. Welche grundlegende Funktion erfüllen die korrespondierenden Getränke beim Essen?
14. Nennen Sie grundlegende Regeln für die Aufeinanderfolge der Getränke in der Speisenfolge.
15. Ihre Gäste haben sich für *„Steinbutt und Hummer mit Champagnersauce"* als Hauptgang entschieden. Im Rahmen der Gästeberatung empfehlen Sie Ihren Gästen:
    a) zusätzlich eine kalte Vorspeise, eine Suppe und ein Dessert sowie
    b) passende Getränke zum Menü.

    Üben Sie im Rahmen der Gästeberatung mit folgenden Hauptgängen in gleicher Art:
    „Hirschrückenroulade mit Calvados-Sauce" und *„Tournedos mit Béarner Sauce"*
16. Erstellen Sie aus den unten abgebildeten Gerichten ein genau umschriebenes, druckreifes und appetitmachendes Menü mit Getränken für einen Menüvorschlag.
    Grundlagen der Gerichte:
    - Suppe: geräucherte Forelle
    - Fleisch: Hirschrücken und Wirsing
    - Dessert: Apfel und Holunder

Beratung und Verkauf

MENÜ UND SPEISEKARTE

17 Überprüfen Sie folgende Menüs auf Regelwidrigkeiten und notieren Sie die festgestellten Mängel. (Die Lösungen zu dieser Aufgabe finden Sie im Internet (www.restaurant-und-gast.de/support).

Menü 1

Terrine vom Lachs
mit Rucolasalat

✻

Lachsfilet Florentiner Art
mit Petersilienkartoffeln

✻

Vanilleeis mit Apfelringen

Menü 2

Geflügelkraftbrühe mit Zuckermais
Fleischklößchen und Fadennudeln

Kalbsroulade mit Semmel-Kräuterfüllung
Estragonjus
Apfel-Rotkohl

✻

Zimtpfannkuchen mit Apfelmus

Menü 3

Essenz vom Fasan
Trüffelklößchen und Blattgold

Geschnetzeltes vom Hirsch
in Pfeffersauce
Pfifferlinge und Rotkohl
Schwäbische Spätzle

Rote Grütze mit Vanillesauce

Menü 4

Zwiebelcremesuppe
mit Fleischklößchen und Fadennudeln

Gedünstete Poulardenbrust
Rieslingsauce
Zuckerschoten, junge Möhren
Schlosskartoffeln

Spekulatiusparfait mit Vanillesauce

Menü 5

Kraftbrühe von Kaninchen
Kräuterpfannkuchenstreifen,
Sellerieperlen

Eingelegter Wildschweinbraten,
geschmort in Burgundersauce
Gefüllter Apfel mit Sauerkirschen,
Spinatroularde, Kartoffelrösti

Holunderblütenmousse mit Rhabarber-Sorbet
und frischen Erdbeeren

Menü 6

Buttermilchkaltschale mit Dill
und Nordseekrabben

Red Snapper-Filet gebraten
Sauce Béarnaise im Artischockenboden,
geschmortes Paprika- und
Zucchinigemüse,
Salzkartoffeln

Himbeer-Creme auf Ananascarpaccio
mit Schokoladensauce

Aufgaben

2 Speisekarten

🇬🇧 bill of fare, the menu 🇫🇷 carte (w) des mets, menu (m)

Die Speisekarte enthält das übliche Speisenangebot eines Betriebes. Während dem Gast in Menükarten jeweils eine festgelegte Folge bestimmter Speisen präsentiert wird, kann er sich aus dem umfangreichen Angebot der Speisekarte je nach Verzehrabsicht entweder eine einzelne Speise auswählen oder sich selbst eine Speisenfolge zusammenstellen. Er wählt bzw. speist dann „à la carte". Speisekarten sind die Visitenkarte des Hauses. Sie repräsentieren das Niveau der Küche. Unter diesem Gesichtspunkt sind sie ein ganz wichtiges Hilfsmittel der **Werbung** und **Verkaufsförderung**.

2.1 Arten der Speisekarten

Man unterscheidet drei grundlegende Kartentypen: die **Standardkarte**, die **Tageskarte** und die **Spezialkarte**.

Standardkarte

Es handelt sich dabei um eine Zusammenstellung von Speisen, die als Standardangebot für einen längeren Zeitraum unverändert bleiben. Damit die Karte aber dem Charakter sowie dem Niveau des Hauses entspricht, sind wichtige Gesichtspunkte zu bedenken:
- Art des Speisenangebots,
- Umfang und Gliederung des Angebots,
- Aufmachung der Karte.

Art des Speisenangebots

Die angebotenen Speisen müssen bei den Gästen Zustimmung finden, denn nur so kann der angestrebte Umsatz erzielt werden. Aus diesem Grunde ist zu klären:

- Welcher Gästekreis soll bevorzugt angesprochen werden?
- Welche Speisen versprechen dabei eine besondere Werbewirksamkeit?
- Sind die personellen und technischen Voraussetzungen so, dass die Speisen auch sachgerecht in einer vertretbaren Zeit zubereitet und serviert werden können?

Umfang des Speisenangebots

Es soll maßvoll und ausgewogen sein.
Nicht zu groß, damit die Überschaubarkeit gewährleistet ist und dem Gast die Auswahl nicht unnötig erschwert wird. Die Küche wird auf diese Weise, besonders in Stoßzeiten, von Überforderungen verschont. Außerdem wird vermieden, dass ungenutzte Rohstoffvorräte die Wirtschaftlichkeit des Betriebes gefährden. **Nicht zu klein,** damit der Gast in seinen Verzehrabsichten nicht zu sehr eingeschränkt ist. Das Angebot muss in jedem Falle allgemein üblichen Verzehrgewohnheiten gerecht werden.

Nicht zuletzt ist darauf zu achten, dass Vorspeisen, Suppen, Hauptspeisen und Nachspeisen in ihrer Menge ausgeglichen und in ihrer Art aufeinander abgestimmt sind.

Bereits beim Lesen und Studieren soll die Speisekarte den Gast in eine gehobene Stimmung versetzen und Verzehrwünsche wecken. Dabei ist jedoch andererseits zu bedenken, dass die Küche tatsächlich das bieten muss, was sie in der Karte verspricht.

Unter solchen Gesichtspunkten ist es auch wichtig, das Angebot in regelmäßigen Abständen kritisch zu überprüfen und gegebenenfalls neu zusammenzustellen. Dabei sind die von den Gästen weniger akzeptierten Speisen herauszunehmen und neue, erfolgversprechendere anzubieten. Außerdem müssen in solche Überlegungen die möglichen Veränderungen des Konsumverhaltens und der Verzehrgewohnheiten der Gäste mit einbezogen werden.

Gliederung des Speisenangebots

Die Speisekarte wird nach Speisengruppen gegliedert, um dem Gast die Möglichkeit zu geben, sich selbst daraus ein Menü zusammenzustellen.

> **Vorspeisen**
> **Suppen**
> **Zwischengerichte**
> **Eierspeisen und Teigwaren**
> **Fische und Krebstiere**
> **Schlachtfleisch**
> **Geflügel und Wild**
> **Vegetarische Gerichte**
> **Beilagen**
> **Käse**
> **Süßspeisen**

(siehe auch Speisekartenbeispiel ab S. 502)

MENÜ UND SPEISEKARTE

Weitere kartengerechte Beispiele können Sie auf beiliegender CD einsehen.

Viele Betriebe verzichten auf eine Rubrik des sogenannten Seniorenangebots. Sinnvoller erscheint die Möglichkeit, fast alle angebotenen Speisen als halbe oder kleinere Portion zu einem reduzierten Preis anzubieten.

Durch besondere Gestaltungselemente wie Mehrfarbendrucke, Umrandungen und Wappen sowie durch gastronomische Motive kann die Originalität der Karte noch gesteigert werden.

Speisekarten-Beispiel

Speisekarten sollen beim Gast bereits beim Lesen eine positive Grundstimmung auslösen und den Wunsch zur Bestellung wecken. Jede angebotene Speise weckt beim Gast gewisse Vorstellungen und Erwartungen. Speisekarten-Aussagen müssen deshalb immer sehr klar und verständlich formuliert sein und der Wahrheit entsprechen. **Nachfolgend (S. 503–506) ist eine Musterspeisekarte mit kartengerechten Aussagen aufgeführt.**

Aufmachung der Speisekarte

Die Speisekarte muss optisch ansprechen und den Charakter des Hauses hervorheben. Etwas stärkeres Papier oder feiner Karton wirken edel. Ein werbewirksamer sowie strapazierfähiger und abwischbarer Umschlag ist empfehlenswert. Außerdem sind von Bedeutung:
- eine übersichtliche und klare Gliederung,
- ein gutes und angenehm lesbares Schriftbild,
- eine ausgewogene und ansprechende Raum- und Textaufteilung.

Tageskarten

Das Angebot von Tageskarten wird täglich neu zusammengestellt. Es handelt sich dabei um eine sinnvolle und zweckmäßige Ergänzung zur Standardkarte, die sowohl für die Küche als auch für den Gast von Vorteil ist.

Aus der Sicht der Küche:
- Sie kann auf besondere Angebote des Marktes rasch reagieren, weil die Rohstoffe im Rahmen der wechselnden Tagesangebote gezielt verarbeitet und umgesetzt werden können.
- Gerichte, für die eine längere Zubereitungsdauer erforderlich ist, können aus küchentechnischen Gründen überhaupt nur als Tagesgerichte hergestellt werden, z. B. Braten und Schmorfleischgerichte sowie gekochte Rinderbrust.

Aus der Sicht des Gastes:
- Das Speiseangebot der Tageskarte bietet ihm ergänzend zur Standardkarte mehr Abwechslung.
- Tagesangebote sind häufig besondere regionale oder saisonale Spezialitäten und oftmals preisgünstig.
- Die Speisen sind bereits zu Beginn der Essenszeit servierbereit.

Unter den gleichen Gesichtspunkten werden Spezialkarten auch im Zusammenhang mit ganz gezielten verkaufsfördernden Maßnahmen eingesetzt, z. B.
- „Das besondere Angebot der Woche",
- „Meeresfrüchte in erlesenen Zubereitungen",
- „Gerichte aus alten Kochbüchern",
- „Unser Küchenmeister präsentiert ausgewählte Fischspezialitäten der internationalen Küche".

Spezialkarten

Spezialkarten enthalten ein zeitlich begrenztes und gezieltes Speisenangebot aus Rohstoffen der jeweiligen Saison, z. B.:
- Spargel, Erdbeeren – Muscheln, Krebstiere – Wildbret

Spezialkarten sind eine sinnvolle Ergänzung sowohl der großen Karte als auch der Tageskarten:
- Einerseits erwartet der anspruchsvolle Gast ein der Saison entsprechendes Speisenangebot und ist deshalb auch bereit, für besondere Spezialitäten einen höheren Preis zu zahlen,
- andererseits bietet sich hier für die Küche die Möglichkeit der Umsatzsteigerung an, da sie in Spezialkarten mit der Preisgestaltung flexibler sein kann als in Standardkarten.

Vorspeisen

Tomate, gefüllt
mit marinierten
Champignons

Drei frische Austern
auf Eis mit Würzsaucen, Vollkornbrot

Cocktail von frischem Stangenspargel
mit Orangenmayonnaise und Röstbrot

Scampicocktail
in halber Avocado, Toast und Butter

Rauchaalterrine
mit Trepanggelee auf Kräuterschaum Walnussbrot

Salat von Geflügel
auf Toast

Thunfisch-Tatar
auf Briochescheibe mit Kräutersalat

Vorspeisen

Hausgebeizter Graved Lachs
mit Dill-Senfsauce
Buchweizenplätzchen

Seeteufel
auf Estragonsauce mit Spargel und Vollkorntoast

Matjeshering-Filets
in süßsaurem Rahm mit Zwiebeln, Äpfeln, Gurke,
neue Kartoffeln

Krebsschwänze
in Chablisgelee mit marinierten Austernpilzen
Brioche

Parmaschinken
mit Ogenmelone und Melbatoast

Nizzaer Salat
mit geröstetem Weißbrot

Suppen

Legierte Fischsuppe
mit Krebsschwänzen
und Kürbiskugeln

Suppe von Jakobsmuscheln
mit Ingwerklößchen

Tomatensuppe
mit Graupen, Mozzarella und Basilikum

Doppelte Rinderkraftbrühe
mit Kräuter-Leber-Strudel

Legiertes Schneckensüppchen
mit Safranfäden

Wachtelkraftbrühe
mit Gemüsestreifen und pochiertem Wachtelei

Hummersuppe
mit Hechtklößchen

Kartoffelsuppe
mit Nordsee-Krabben

Zwischengerichte

Blätterteigpastetchen St. Hubertus
mit feinem Wildragout gefüllt

Spinatravioli
mit Streifen von sautiertem Räucherlachs

Jakobsmuscheln
in Sauerampfersauce
mit Flan von gelben Rübchen

Brokkoli-Walnuss-Soufflé
mit sämiger Sauce aus Apfel und Meerrettich

Kalbsleberscheiben
in Portwein mariniert auf Lauch-Karotten-Streifen

Kroketten von Hähnchen und Waldpilzen
mit Choronsauce

Gebackene Kalbsbäckle
auf marinierten Berglinsen und grünem Spargel

MENÜ UND SPEISEKARTE

Eierspeisen & Teigwaren

Käseomelett
mit Rucola-Salat
Wurzelbrot

Pochierte Eier
auf Blattspinat
mit holländischer Sauce

Kräuterrührei
mit Schinkenstreifen
und Kartoffelplätzchen

Geschupfte Steinpilznudeln
mit rohem Schinken in Rotweinschaumsauce

Weizen-Vollkorn-Nudeln
mit Zucchini- und Tomatenwürfeln

Kräuternudeln
mit Flusskrebsen in Champagner

Cannelloni
in Basilikumrahmsauce mit Tomatenfilets, Reibkäse

Fische & Krebstiere

Rotzungenröllchen
in Noilly-Prat-Sauce
mit kleinen Kartoffel-
pfannkuchen

Lachssoufflé
in Champagnersauce
mit Kaiserschoten
und hausgemachten Nudeln

Seeteufelmedaillons vom Grill
mit Kirschtomaten, Bohnen
und Pilzravioli

Pochierte Austern
mit Lauch und Trüffeln

Gratinierte Sankt-Jakobs-Muscheln
auf Mangoldgemüse

Riesengarnelen
in Sauerampfersauce mit Tomatenreis

Fische & Krebstiere

Hummer-Maultaschen
auf einem Püree von
Brunnenkresse

**Amerikanische
Weichschalenkrabbe**
vom Grill auf getoasteten Sesambrötchen

Lamm

Lammragout
mit tournierten Gartengemüsen

Lammrückenfilets
in der Brotkruste
mit Steckrübchen und Champignonkartoffeln

Lammkarree
im Blätterteig mit Fleischtomaten und wildem Reis

Kalb

**Glasierte
Kalbshaxe**
mit Röstkartoffeln
und buntem Salatteller

Kalbsgeschnetzeltes
in Rahm mit Erbsen
Kirschtomaten und Pilzrösti

Kalbssteak
mit Zwiebelmus überbacken
geschmortem Kopfsalat, Spargel, Karotten

Kalbsfilet-Röllchen
gefüllt mit Zunge und Erbsenmus
mit Kräuter-Wein-Sauce, Kartoffelpüree

Kalbsleber, gebraten
mit Apfelringen
Röstzwiebeln
Kartoffelpüree

Rind

Ochsenschwanzragout
in Madeirasauce
mit tournierten Gemüsen
und Markklößchen

Geschmorte Rinderbrust
mit Lauchscheiben und Kartoffelnocken

Burgunderbraten
mit Mangoldgemüse, glasierten Karotten
und Kartoffelplätzchen

Kleine Rinderfiletscheiben
mit grünem Spargel, Mus von Petersilienwurzeln
und Kräuterflädle

Roastbeef mit Bearner Sauce
Yorkshire-Pudding
Gemüse-Mosaik

Zwiebelrostbraten
mit frischen Marktgemüsen
und Kartoffelnudeln

Schwein

Gepökelte Schweineschulter
in Bierjus
mit glasierten Petersilienwurzeln
Karotten
Kräuter-Kartoffel-Nudeln

Schweinerückenfilet, gebraten
mit Morcheln auf Calvadossauce
und Estragon-Nudeln

Medaillons vom Schweinefilet
auf einem Spiegel von Roquefortsauce
mit feinen Gemüseperlen
und Bamberger Hörnchen

Schweinefilet im Strudelteig
mit Camembertsauce
glasierte Schalotten und Kirschtomaten

Krustenbraten vom Schwein
auf jungem Lauchgemüse mit Kartoffeln

Geflügel

Poëlierte Brüstchen vom Stubenküken
auf sautiertem Gemüseallerlei

Hühnerkeulchen
mit Kräuterbrotfüllung
umlegt mit Austernpilzen
und grünen Böhnchen

Entenbrust
auf Rotweinsauce, Kaiserschoten
Rosinenauflauf

Brust vom Maishähnchen
mit Gänseleber und Trüffeln gefüllt
Streifen von Lauch, Karotten und Nudeln

Glasierte Perlhuhnbrust
mit Sauerkirschen, Rosenkohl
und Schlosskartoffeln

Wild & Wildgeflügel

Wildkaninchenkeule
mit leichter Jus, auf einem
Gemüsebett aus Karotten,
Wirsing, Sellerie und
Morcheln mit Sesamplätzchen

Rehrücken
in Weinsauce mit glacierten Trauben
Steinpilzauflauf mit Preiselbeeren

Hirschmedaillons
in Wacholder-Gin-Sahne mit frischen Marktgemüsen, Bernykartoffeln und Preiselbeerbirne

Rebhuhn
mit Ingwersauce und wildem Reis

Wildentenbrust
mit Cassissauce
Brokkoliröschen und Schlosskartoffeln

Beilagen & Vegetarische Gerichte

Mangoldstrudel
mit Mornaysauce überbacken

Gefüllte Wirsingbällchen
auf Petersilienwurzel-Mus

Maisflan
in Sauerampfersauce

Spinatpudding
in einem Kranz
von Tomatenrührei

Gebratene Steinpilzscheiben
mit Semmelnocken

Weißer und grüner Spargel
in Kräutercrêpes
mit holländischer Sauce

**Pürees von Brennnessel, Rote Bete
Karotten und Petersilienwurzel**
mit Strohkartoffeln

Salate

**Kleiner bunter
Linsensalat**
mit Kresse

Feldsalat
mit Kartoffeldressing

Tomatensalat
mit Artischockenherzen
und Champignons

Zucchini-Trüffel-Salat

Grapefruitsalat
mit Gerstensprossen
und gerösteten Pinienkernen

Rohkostcocktail
mit Kürbiskernbrot

Erbsenschotensalat
mit Orangenfilets

Käse

Ziegenkäse
mit getrockneten
Sauerkirschen
und Portulak

Kleine Käsequiche
mit Feldsalat und Radieschen

Gebackener Camembert
mit Preiselbeeren und Kartoffelsalat

Marinierter Schafskäse
mit Oliven

Käsesoufflee
mit zwei Paprikasaucen

Bunter Käseteller
mit Walnüssen
weiße und blaue Trauben

Süßspeisen

Walderdbeeren-Gratin
mit Orangenbutter

Palatschinken
mit Krokantsahne gefüllt

Haselnuss-Crêpes
mit Trauben und Grappa-Sabayon

Schokoladen-Ingwer-Pudding
mit Karamellbirne, Preiselbeeren
und Walnuss-Sahne

Limonenparfait
mit kleiner Brombeertorte und Joghurtsauce

Mandeltörtchen
mit Rhabarber, Erdbeeren
und grünem Pfeffer-Eis auf Orangensauce

Weißkäse-Mousse
mit Apfelspalten und Holunderbeersauce

2.2 Erstellen der Speisekarten

Die „Gastronomische Akademie Deutschlands", kurz GAD genannt, schreibt: **„Speisekarten sind in erster Linie für den Gast geschrieben, dem sie auch verständlich sein müssen."** Die einzelnen Richtlinien des Kommentars sind in den folgenden Ausführungen an jeweils entsprechender Stelle wiedergegeben und erläutert.

Informationsgehalt der Speisekarte

Jede angebotene Speise weckt beim Gast bestimmte Vorstellungen und Erwartungen. Die Aussagen der Karte müssen deshalb klar und wahr sein. Das gilt insbesondere auch für die Bezeichnung „nach Art des Hauses", die als eine nichtssagende Allerweltsformel anzusehen ist, wenn die Art der Speise nicht näher erklärt wird. Die folgenden Ausführungen geben detaillierte Richtlinien und Anweisungen.

Wahrheit

Die Angaben auf der Speisekarte müssen der **Wahrheit** entsprechen:
- Mastkalbsrücken muss aus Fleisch von einem gemästeten Kalb sein.
- Bei der Bezeichnung „Frischer Lachs" oder „Frische Hähnchen" darf es sich nicht um gefrostete Ware handeln.
- Norwegischer Hummer, Bornholmer Lachs oder Bresse-Enten müssen aus der entsprechenden Region kommen.

> Verstöße sind nach dem Gesetz **Warenunterschiebungen**.

Klassische Bezeichnungen dürfen nur verwendet werden, wenn sie nach dem Originalrezept hergestellt sind:
- Tournedos Rossini müssen Gänseleber, Trüffelscheiben und Madeirasauce enthalten. Trüffel dürfen nicht durch Champignons ersetzt werden.
- Seezunge Colbert muss mit Colbertbutter serviert werden. Die Butter darf nicht durch Béarner Sauce ersetzt werden.
- Bernykartoffeln müssen Trüffelstückchen enthalten und mit Mandeln paniert sein.

> Abweichungen vom Original können dazu führen, dass man die Glaubwürdigkeit der Küche ganz allgemein in Frage stellt und es zu berechtigten Beanstandungen kommt. Beides ist nicht dazu angetan, den guten Ruf eines Hauses zu fördern.

Sprachliche Entgleisungen

Sprachliche Entgleisungen wie Mastpoularde, Edellachs und ähnliche sollte man **nicht** gebrauchen:
- Poularde bedeutet bereits gemästetes Huhn.
- Lachs ist die Bezeichnung für einen Edelfisch.

> Die erwähnten Bezeichnungen sind in allen Fällen sinnwidrige Verdoppelungen.

Klassische Namen

Gerichte mit klassischen Namen oder mit ergänzenden Bezeichnungen, die nicht allgemein bekannt sind, sollte man auf der Karte stets mit einer kurzen Erklärung versehen:

Es ist nicht gut, wenn der Gast in solchen Fällen fragen muss oder erst gar nicht bestellt. Aus diesem Grunde ist es heute in zunehmendem Maße üblich, anstelle der klassischen Garniturbezeichnung die Speise einfach zu beschreiben. Die Küche kann so in der Abwandlung von Zubereitungen ihre eigene Kreativität zum Ausdruck bringen, z. B.:

- **Klassisch:** Seezungenfilets Lady Egmont
- **Modern:** In Weißwein pochierte Seezungenfilets mit Champignonscheiben, leichter Rahmsauce und Spargelspitzen

- **Klassisch:** Lendenschnitte Duroc
- **Modern:** Gebratene Lendenschnitten, garniert mit geschmolzenen Tomaten, Jägersauce und Nusskartoffeln

Beratung und Verkauf

Bei solchen Übertreibungen, die lediglich etwas Großartiges, Besonderes vortäuschen, muss sich der Gast berechtigterweise genarrt fühlen. Für einfache alltägliche Gerichte braucht man keine Namen der „grande cuisine".

Speisenbezeichnungen
- Pommes frites, pochierte Eier
- Irish Stew, Paëlla, Piccata
- Bouillabaisse, Coq au vin

Rohstoffbezeichnungen
- Champignons
- Rumpsteak, Tournedos

Personennamen
- Rossini, Dubarry, Mirabeau
- Béchamel, Colbert, Wellington

Geographische Namen
- Orly, Argenteuil, Szegedin

MENÜ UND SPEISEKARTE

Fantasienamen

Nichtssagende Fantasienamen sind zu vermeiden:
- Ein wenig Curry ist noch keine Speise nach indischer Art,
- ein Stück Ananas oder ein paar Kirschen berechtigen nicht zur Bezeichnung Hawaii oder Florida.

Sprache der Speisekarte

Viele Speisenbezeichnungen kommen aus einer Fremdsprache. Die Übernahme in deutschsprachige Karten bereitet Schwierigkeiten, ist umstritten, und nicht selten werden deshalb fremdsprachige Namen und Benennungen falsch, oberflächlich und unkritisch verwendet. Die GAD bietet aus diesem Grunde Orientierungshilfen an.

Fremdsprachliche Bezeichnungen

Sie sollten nur dann benutzt werden, wenn es sich um unübersetzbare Originalbezeichnungen handelt oder wenn sie im internationalen Sprachgebrauch zu einem festen Bestandteil geworden sind, z. B. ❶:

Gemischtsprachliche Bezeichnungen

Man verwendet sie in der Absicht, Niveau anzudeuten und Eindruck zu machen. Meistens bewirken sie das Gegenteil, weil die Bezeichnungen oft ganz einfach falsch sind oder ein unschönes Sprachgemisch darstellen.

richtig oder besser	falsch
• Klare Ochsenschwanzsuppe	• Oxtail clair (gleich zwei fremde Sprachen)
• Rinderfilet nach Gärtnerinart	• Rinderfilet jardinière
• Rahmchampignons	• Champignons à la crème
• Seezunge, in Weißwein gedünstet	• Seezunge au vin blanc
• Lammkotelett vom Rost	• Lammkotelett grillée
• Herzoginkartoffeln	• Duchessekartoffeln

Rechtschreibung auf der Speisekarte

Die Bedeutung der Speisekarte darf nicht unterschätzt werden. Aus diesem Grund sind die Regeln der Rechtschreibung einzuhalten. Man sollte die Karte, bevor sie in Druck geht, von einer geeigneten Person auf grammatikalische Richtigkeit hin überprüfen lassen.

Rechtschreibfehler

Obwohl sie oft Flüchtigkeitsfehler sind, sollte man sie dennoch möglichst vermeiden, weil sie besonders unangenehm auffallen und sehr kritisch beurteilt werden.

richtig	falsch
• … Kartoffeln	• Gekochter Schellfisch mit Kartoffel
• … Pfifferlingen	• Rehrücken mit Pfifferlinge
• … Markklößchen	• Kraftbrühe mit Markklöschen

Wortbildungen mit geographischen Namen

In Verbindung mit bestimmten Zubereitungsarten sowie mit regionaltypischen Rohstoffen werden geographische Namen verwendet: eine Nation, eine Landschaft oder eine Stadt.

Ist eine Zubereitungsart von Orts- und Ländernamen abgeleitet, wird auseinander geschrieben.
- auf russische Art,
- nach norwegischer Art,
- auf provenzalische Art.

richtige Schreibweise	falsche Schreibweise
• Rindfleisch nach flämischer Art • Kalbsleber nach Berliner Art	• Rindfleisch flämisch • Kalbsleber berliner Art

Besonderheit:
mit der Endung -ische/ischer: klein
- auf norwegische Art
- holländischer Käse
- italienischer Salat

mit der Endung -er: groß
- nach Norweger Art
- Holländer Käse
- Schweizer Wurstsalat
- Wiener Schnitzel

Wortbildungen mit Personennamen

Es ist zwischen Standespersonen und historisch bedeutenden Personen zu unterscheiden.
- Die Berufsbezeichnungen (z. B. Müllerin, Gärtnerin) stehen in enger Beziehung zu der standesüblichen Zubereitungsart. Der verwendete Zusatz **...art** wird deshalb unmittelbar an den Namen angehängt.
- Die Verwendung der Namen von historisch bedeutenden Personen erfolgt lediglich zu deren Ehrung. Aus diesem Grunde entfällt in diesen Fällen der Zusatz **Art** bzw. **nach Art**.

richtige Schreibweise	falsche Schreibweise
• Forelle nach Müllerinart • Cremesuppe Dubarry • Tournedos Rossini • Kalbsbraten nach Gärtnerinart • Pfirsich Melba	• Forelle Müllerin • Cremesuppe à la Dubarry • Tournedos nach Rossini • Kalbsbraten Gärtnerin Art • Pfirsich Melbaart

Zeichensetzung auf der Speisekarte

Die Kurzinformation der Karte verleitet immer wieder zu Fehlern. Sie beziehen sich auf das Komma, den Bindestrich und auf Anführungszeichen.

Das **Komma** dient zur Abgrenzung. Bei Speisen sind sie bei näheren Angaben über die Zubereitungs- oder Garmachungsart üblich, wobei jedoch zu beachten ist:

Wird die Garmachungsart der Speise vorangesetzt, wird kein Komma gesetzt:
- Gebratene Rehkeule
- Gedünstete Karotten
- Gekochte Rinderbrust
- Überbackener Fenchel

Wird die Zubereitungsart nachgesetzt, ist das Komma unbedingt erforderlich:
- Rinderbrust, gekocht
- Seezunge, gedünstet

Werden nach der Zubereitungsart gleichzeitig Beilagen angegeben, ist eine weitere Abgrenzung durch Kommas notwendig:
- Seezungenfilets, gedünstet, mit Spargel und Reis
- Ochsenbrust, gekocht, mit Bouillonkartoffeln

Aber: Gekochte Ochsenbrust mit Bouillonkartoffeln (die Garmachungsart ist vorangestellt!)

Bindestriche werden nach den Rechtschreibregeln bei längeren, mindestens dreigliedrigen Wortverbindungen zur sinnvollen Abgrenzung angewendet, z. B. Fürst-Pückler-Créme.

richtige Schreibweise	falsche Schreibweise
• Geflügelrahmsauce • Königinsuppe • Müllerinart • Berliner Art	• Geflügel-Rahmsauce • Königin-Suppe • nach Müllerin-Art • nach Berliner-Art

MENÜ UND SPEISEKARTE

richtige Schreibweise	falsche Schreibweise
• Tournedos Rossini	• Tournedos „Rossini"
• Leber nach Berliner Art	• Leber nach „Berliner Art"

Vorschriften beachten über:
- die Art und Weise von Speisebezeichnungen,
- Hinweise auf Zusatzstoffe
- die Preisauszeichnung.

Abb. 1 Speisekarten-Aushang

Hinweis auf Zusatzstoffe
Nach der Zusatzstoff-Zulassungsverordnung müssen Speisen, die kennzeichnungspflichtige Farb-, Aroma- und Konservierungsstoffe enthalten, auch auf der Speisekarte vorschriftsmäßig gekennzeichnet werden (siehe Lebensmittelkennzeichnung, S. 33).

Anführungszeichen dienen dazu, einzelne Wörter oder Satzteile besonders hervorzuheben. Die ergänzenden Aussagen zu Speisen, zu denen fälschlicherweise Anführungszeichen verwendet werden, sind aber in Wirklichkeit ganz selbstverständliche Bestandteile der Bezeichnung. Anführungszeichen ergeben daher keinen Sinn.

Gesetzliche Vorschriften

Speisekarten und Getränkekarten bilden die rechtliche Grundlage für den Bewirtungsvertrag. Nach den Bestimmungen der Preisangabenverordnung müssen dem Gast Speisen und Getränke in schriftlicher Form angeboten werden.

Art und Weise des Angebots

Gaststättenbetriebe müssen neben dem Eingang einen Aushang anbringen, aus dem für den Gast die Tagesmenüs und Tagesgerichte sowie das Preis- und Qualitätsniveau zu ersehen sind.

In der Gaststätte sind Speisekarten auf den Tischen bereitzulegen, oder die Karte ist dem Gast bei der Aufnahme der Bestellung bzw. auf Verlangen bei der Abrechnung vorzulegen.

Andere Betriebsarten wie Selbstbedienungsgaststätten, Erfrischungshallen, Kioske, Stehbierhallen, Bierzelte und ähnliche Betriebe müssen eine Übersichtstafel anbringen, aus der die angebotenen Speisen zu ersehen sind. Auf gleiche Weise müssen dem Gast auch die Getränke angezeigt werden.

Vorschriften zur Preisauszeichnung

Zu allen angebotenen Speisen und Getränken sind die zugehörigen Preise anzugeben. Es handelt sich um **Inklusivpreise**, in denen das Bedienungsgeld, die Mehrwertsteuer sowie sonstige Zuschläge enthalten sein müssen.

Bei Getränken ist in Verbindung mit dem Preis die Getränkemenge anzugeben. Diese Vorschrift gilt nicht für Aufgussgetränke.

Aufgaben

1. Erläutern Sie den Unterschied des Speisenangebotes in Menü- und Speisekarten.
2. Nennen und beschreiben Sie – unter dem Gesichtspunkt der jeweiligen Zielrichtung – unterschiedliche Arten von Speisekarten.
3. Welche besondere Bedeutung kommt beim Speisenangebot den Tages- und Spezialkarten zu?
4. Welche grundlegenden Überlegungen sind vor dem Zusammenstellen einer Standardkarte anzustellen?
5. Beschreiben und begründen Sie Richtlinien bezüglich der Aufmachung, des Umfangs und der Gliederung von Speisekarten.
6. Nennen Sie Speisen, die an besonderer Stelle der Karte hervorgehoben werden können.
7. Was versteht man bei der Speisenbezeichnung unter falschen bzw. unkorrekten Benennungen? Geben Sie Beispiele.
8. Welche Rechtschreibregeln gibt es für die Verwendung von geographischen Namen bei
   a) Landschaften,   b) Städten?
9. Erstellen Sie eine Standardkarte, eine Tageskarte sowie eine Spezialkarte für Spargel.

2.3 Besonderheiten der Systemgastronomie

Die Systemgastronomie, insbesondere die Quick-Service-Gastronomie, arbeitet kaum mit klassischen Speisekarten.

Die Kaufentscheidung erfolgt unmittelbar vor der Bestellung des Gastes am Counter. Daher ist an dieser Stelle der Informationsbedarf (und auch die Beeinflussbarkeit) am größten.

Translites

Um die Kaufentscheidung des Gastes zu vereinfachen und zu beschleunigen, werden selbstleuchtende Informationen über der Theke angebracht.

Große Dias in festen oder variablen Schaukästen präsentieren dem Gast appetitanregende Bilder und Produkt- und Preisinformationen über die Menüangebote. Preise für Einzelprodukte sind an dieser Stelle eher selten zu finden.

Menüboard

Das Menüboard entspricht vom Informationsgehalt her der Speisekarte in der klassischen Gastronomie. Es ist am Eingangsbereich des Restaurants von außen sichtbar anzubringen und beinhaltet gemäß § 7 der Preisangabenverordnung die wesentlichen Speisen und Getränke, die das Restaurant anbietet.

Tafel

Ausgesuchte Angebote werden mittels Präsentation auf einer Tafel gesondert hervorgehoben. Um den „Home-made-Charakter" zu erwecken, werden die Hinweise auf Tafeln oft per Hand geschrieben. Da in der Systemgastronomie grundsätzlich das Angebotsmaterial systemintern vorgegeben und gedruckt wird, erweckt diese Art der Hinweiswerbung oft allein aufgrund der Andersartigkeit eine hohe Aufmerksamkeit.

Marketing

1 Strategisches und operatives Marketing

Das **strategische Marketing** beschäftigt sich mit der längerfristigen Ausrichtung der Unternehmung hinsichtlich des Auftritts nach innen und nach außen. Hierfür werden umfassende Marktanalysen durchgeführt, aus denen konkrete Marketingziele und ein Marketingkonzept entwickelt werden. Dabei handelt es sich vor allem um **qualitative Ziele**, deren Verwirklichung eine bestimmte Periode umfasst. Maßnahmen, die im Zuge der strategischen Marketingplanung ergriffen werden, müssen stets mit dem Unternehmenskonzept konform sein (Beispiel: Verbesserung der Positionierung des eigenen Unternehmens in der Kundenwahrnehmung). Qualitative Zielvorgaben sind sehr schwer messbar und lassen sich nur mithilfe von umfangreichen Marktforschungsprojekten überprüfen.

Das **operative Marketing** beschäftigt sich mit der kurzfristigen praktischen Umsetzung der Marketingplanung. Hier finden **quantitative Marketingziele** Verwendung. Es handelt sich dabei um nominale Vorgaben, die innerhalb eines vorgegebenen Zeitraumes erfüllt werden sollen (Beispiel: Erhöhung der Umsätze innerhalb des nächsten halben Jahres um 5 %). Quantitative Zielvorgaben sind in der Regel leicht zu messen und beziehen sich auf ökonomische Vorgaben.

siehe Seite 521

Mission, Vision des Unternehmens

Corporate Identity, Positionierung der Unternehmung

Konkrete Marketing-Maßnahmen

Strategisches Marketing
siehe Kapitel 2

Operatives Marketing (Marketing-Mix)
siehe Kapitel 5

Aufgaben

1. Was unterscheidet das strategische Marketing vom operativen Marketing?

2. Geben Sie jeweils zwei Beispiele für qualitative und quantitative Marketingziele. Begründen Sie dabei die Wahl Ihrer Beispiele.

1 Strategisches und operatives Marketing

1.1 Unique Selling Proposition

Um langfristig seine Produkte erfolgreich verkaufen zu können, müssen die Kunden von deren Vorteilen überzeugt werden. Darum sollte eine **Unique Selling Proposition (USP)** geschaffen werden. Das ist ein einzigartiges Verkaufsversprechen, das die Vorteile gegenüber Konkurrenzprodukten verdeutlicht und die Kunden zum Kauf überzeugt.

Zur Umsetzung der USP gibt es drei Regeln:
- FIRST (Erster im Markt)
- VOICE (ständige Wiederholung der Botschaft)
- KISS (Keep It Short and Simple)

Aufgaben

1. Beschreiben Sie die Bedeutung der Unique Selling Proposition unter der Berücksichtigung der wichtigen Grundsätze für eine erfolgreiche Umsetzung.

2. Ermitteln Sie anhand einiger Beispielprodukte aus Ihrem Umfeld, inwiefern eine USP geschaffen wurde und die Regeln umgesetzt werden.

1.2 Erfolgreiches Marketing durch 9 P

Vier grundlegende und 5 weitere „P's" sind wichtige Faktoren für strategisches Marketing. Ihre Steuerung bildet das Gerüst des Marketing-Mix (s. S. 523).

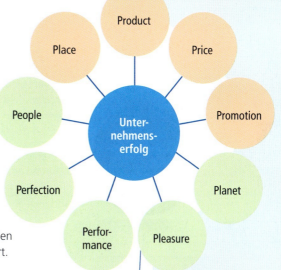

Grundlegende Faktoren

- **Product (Produkt)**
Produkte sind die direkte Verbindung zum Kunden. Ohne sie würde kein Interesse an einem Unternehmen bestehen und somit auch kein unternehmerischer Erfolg möglich sein. Entscheidungen, die im Zusammenhang mit den Produkten umzusetzen sind, werden in **Kapitel 6** ausgeführt.

- **Price (Preis)**
Der Preis ist ein bedeutendes Kriterium, das über den Kauf entscheidet. Unter Betrachtung der Kosten und der Zahlungsbereitschaft der Kunden kann der Gewinn berechnet werden. Gezielte Preisänderungen können über den Unternehmenserfolg entscheiden. Entsprechende Maßnahmen werden in **Kapitel 7** beschrieben.

- **Promotion (Kommunikation)**
Ohne Kommunikation würde kein Kunde von einem Produkt erfahren. Der geplante Einsatz der Kommunikation mit potenziellen Käufern macht nicht nur auf ein neues Produkt aufmerksam, sondern soll auch neue Bedürfnisse wecken. Ausführlich werden kommunikationspolitische Instrumente in **Kapitel 8** beschrieben.

- **Place (Distribution)**
Um seine Produkte verkaufen zu können, ist es wichtig, die infrage kommenden Kunden optimal zu erreichen. Distributionspolitische Handlungsmöglichkeiten werden in **Kapitel 9** ausgeführt.

Weitere Faktoren

Das moderne Prinzip **Leadership** – also die Unternehmensführung nach aktuellen Erfordernissen – baut nach wie vor auf diesen vier Grundsätzen auf, denkt jedoch bedeutend weiter und berücksichtigt zusätzliche Komponenten. Unternehmensziele aus den Bereichen weiterer „P's" finden sich heute in vielen erfolgreichen Konzepten. Sie basieren vor allem auf dem Gedanken des **nachhaltigen Handelns**.

- **People (Menschen, Personal)**

Im Kampf um den Kunden ist es wichtig, sich an dessen Bedürfnissen zu orientieren. Besonders in der Dienstleistungsbranche müssen sich die Kunden wohlfühlen; nur dann kaufen sie erneut. Auch wenn weitere Faktoren den Wiederkauf beeinflussen, bildet die **Kundenzufriedenheit** einen entscheidenden Punkt für langfristigen Erfolg.

Eine weitere Personengruppe bildet das **Personal**. In jeder Branche werden über viele Jahre Erfahrungen dazu gesammelt, welche Produktions- oder Dienstleistungsprozesse optimiert werden können und somit zu **Kostenreduktionen** beitragen. Um hohe Personalkosten, z. B. durch den Aufwand für die Auswahl geeigneter Bewerber oder die Zeit für Einarbeitung, zu vermeiden, gilt es, einer hohen **Fluktuation** entgegenzuwirken. **Zufriedenheit der Mitarbeiter** bewirkt nicht nur eine langfristige Unternehmensbindung, sondern auch eine Reduktion von Fehltagen, z. B. durch psychische Erkrankungen. Mitarbeiter, die mit ihrer Aufgabe im Unternehmen und mit ihrem Arbeitsplatz zufrieden sind, senden eine deutlich positive Botschaft an die Kunden aus.

- **Planet (Erde)**

Während es zu Beginn des 20. Jahrhunderts kaum Interesse an den ökologischen Konsequenzen des wirtschaftlichen Handelns gab, gewinnen der Gedanke an die Umwelt und ein nachhaltiger, sparsamer Umgang mit Rohstoffen einen immer größeren Stellenwert in der Gesellschaft. Dies hat nicht nur Auswirkungen auf Änderungen der Produktions- oder Betriebsprozesse, sondern bietet auch entsprechende Chancen zur Kostenreduktion oder zur Kommunikation eines positiveren Images.

- **Perfection (Perfektion)**

Die Wirkung unternehmerischen Handelns ist in großem Maße abhängig vom Handeln selbst. Nur ein hoher Grad an Professionalität wird von der entsprechenden Zielgruppe wahrgenommen, im Filialbetrieb systemgastronomischer Unternehmen von den Gästen geradezu erwartet. Das gilt für alle Unternehmensbereiche und alle „P"s.

- **Performance (Nachdruck)**

Damit Marketingmaßnahmen nicht nach einiger Zeit in Vergessenheit geraten, müssen die Botschaften regelmäßig wiederholt werden. Auch bei neuen Projekten bedarf es einer starken Präsenz am Markt. „Weniger ist mehr" trifft im Marketing nicht zu.

- **Pleasure (Freude)**

Als wichtiges Bedürfnis des Menschen hat die Freude einen entscheidenden Einfluss auf das Verhalten der Adressaten von Marketingmaßnahmen. Haben Kunden Freude an ihrem Einkauf, so kann dies die Aufenthaltsdauer oder die Wiederkaufrate steigern. Damit wird der ökonomische Erfolg sowohl kurz- als auch langfristig beeinflusst.

2 Instrumente des strategischen Marketings

Aufgabe der strategischen Marketingplanung ist es, das Unternehmen **positiv am Markt zu etablieren** und die **Kunden- bzw. Gästebedürfnisse optimal zu befriedigen.** Um dies erreichen zu können, müssen die drei Faktoren, die den Markterfolg beeinflussen, genau analysiert werden:

- Kunden
- Wettbewerber
- Eigene Unternehmung

Zur Analyse dieser drei Akteure kennt das strategische Marketing verschiedene strategische Instrumente.

2.1 Die Chancen-Risiken-Analyse

Bei der Chancen–Risiken–Analyse werden **externe** Einflussfaktoren untersucht, die zum unternehmerischen Erfolg beitragen oder ihn behindern. Das Unternehmen selbst kann auf sie keinen Einfluss nehmen. Für jeden Einflussfaktor erfolgt eine **Selbsteinschätzung**: Wo liegen Chancen, wo liegen Gefahren für meine Unternehmung? Die Bewertung erfolgt mithilfe einer Punkteskala, z. B. von +3 (große Chancen) bis −3 (große Gefahren). Sinnvoll ist eine **Einschätzung der Konkurrenz** anhand derselben Faktoren. Die Ergebnisse der Analyse werden grafisch dargestellt. So wird schnell erkennbar, wo Vor- und Nachteile im Vergleich zur Konkurrenz liegen.

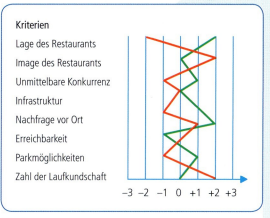

Abb. 1 Beispiel für eine Chancen-Risiken-Analyse
grün: Bewertung der eigenen Unternehmung
rot: Bewertung des Konkurrenten

2.2 Die Stärken-Schwächen-Analyse

Da externe Faktoren kaum beeinflussbar sind, müssen unternehmensspezifische Stärken herausgearbeitet und optimiert werden. Um **Stärken und Schwächen eines Unternehmens** zu erkennen, gibt es die Stärken-Schwächen-Analyse.

Die Erstellung dieser Analyse gleicht der Chancen-Risiken-Analyse. Allerdings werden hier nur **interne** Einflussfaktoren bewertet. Diese können vom Unternehmen selbst gesteuert werden.

Da zur Bewertung der Stärken und Schwächen nur interne Bewertungsfaktoren herangezogen werden, kann die Konkurrenz nicht verglichen werden.

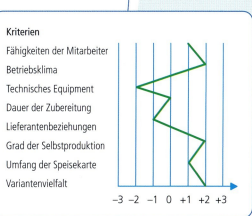

Abb. 2 Beispiel für eine Stärken-Schwächen-Analyse

2.3 Die SWOT-Analyse

Die SWOT-Analyse kombiniert die Chancen-Risiken-Analyse und die Stärken-Schwächen-Analyse miteinander. Die Abkürzung **SWOT** steht für die englische Bezeichnung der Stärken/Schwächen–Chancen/Risiken-Analyse.

Mithilfe der SWOT-Analyse ist es einer Unternehmung möglich, eine Strategie für bestimmte Produkte oder Produktgruppen abzuleiten.

Dabei werden zunächst die Stärken/Schwächen und Chancen/Risiken hinsichtlich eines Produktes bzw. einer Produktgruppe einer Unternehmung **einzeln** untersucht. Die Ergebnisse aus beiden Untersuchungen werden anschließend **zueinander in Beziehung gesetzt**.

Durch Gegenüberstellung von externen und internen Faktoren ist es möglich, spezifische Strategien für einzelne Produkte zu entwickeln:

	Strengths	Weaknesses
Opportunities	SO-Strategie Wachstumsstrategie	WO-Strategie Investieren
Threats	ST-Strategie Festigung der Stärken	WT-Strategie Desinvestieren

- **SO-Strategie:** Für ein spezielles Produkt liegen innerbetriebliche Stärken vor. Auch die Chancen am Markt sind sehr hoch.
  Ziel ist es daher, die eigenen Stärken zu kräftigen, neue Chancen zu ergreifen.

- **WO-Strategie:** Für ein spezielles Produkt herrschen zwar am Markt optimale Voraussetzungen, allerdings liegen in der Herstellung und/oder dem Vertrieb des Produktes innerbetriebliche Schwachstellen.
  Ziel ist es daher, die Schwachstellen zu beheben, um Chancen am Markt ergreifen zu können. Hierfür ist es häufig notwendig, Investitionen zu tätigen.

- **ST-Strategie:** Für ein spezielles Produkt liegen zwar innerbetriebliche Stärken vor, allerdings drohen Gefahren von außen.
  Ziel: Um dem entgegenzuwirken, müssen die eigenen Stärken optimal eingesetzt werden.

- **WT-Strategie:** Für ein spezielles Produkt liegen weder innerbetriebliche Stärken noch gute Voraussetzungen am Markt vor.
  Ziel: Um Bedrohungen entgegenwirken zu können, müssen zunächst die Schwachstellen innerhalb der Unternehmung behoben werden.

Häufig ist es sinnvoll, für diese Produkteinheiten innerbetrieblich nicht weiter zu investieren und sich stattdessen aus diesem Bereich zurückzuziehen.

Beispiel

Unternehmensfaktoren (intern) / Umweltfaktoren (extern)	Strengths • gutes Betriebsklima • hohe Eigenproduktion • vielfältiges Speiseangebot	Weaknesses • schlechte technische Ausstattung • schlechte Lieferantenbeziehung
Opportunities • hervorragendes Image • viel Laufkundschaft	SO-Strategie • Erweiterung um Straßenverkauf • Produktion und Verkauf eigener Fertig-/Halbfertiggerichte	WO-Strategie • Anschaffung leistungsfähigerer Geräte • Expansion an weiteren Standorten
Threats • schlechte Lage • wenig Parkplätze • zahlreiche Konkurrenten • eingeschränkte Nachfrage	ST-Strategie • verstärkte Bewerbung des Angebotes • Sicherung der Servicequalität durch Personalschulungen	WT-Strategie • Reduktion der Öffnungszeiten aufs Kerngeschäft • Fokussierung des Speiseangebots

Aufgaben
1. Was versteht man unter einer SWOT-Analyse?
2. Wie sollte man bei der SO-Strategie vorgehen?

2.4 Das 5-Forces-Modell

Ein weiteres strategisches Instrument zur Untersuchung der Marktchancen ist das von Michael Porter entwickelte „5-Forces-Modell". Dabei gibt es fünf Faktoren, die über den Erfolg eines Produktes am Markt entscheiden:

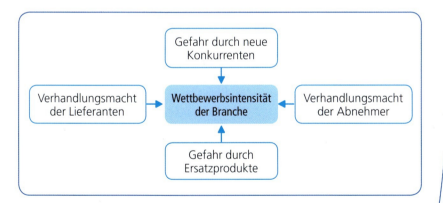

1. Wettbewerbsintensität der Branche

Es wird anhand von Fragen untersucht, wie die derzeitige **Wettbewerbssituation** innerhalb eines Marktes/einer Branche ist.
- Wie viele Konkurrenten gibt es?
- Wie groß sind die Konkurrenten?
- Wo sitzen diese Konkurrenten?
- Wo liegen Überschneidungen in den Zielmärkten mit den Konkurrenten?
- Wo liegen deren Schwächen und Stärken?

Marketing

MARKETING IM GASTGEWERBE

2. Gefahr durch neue Konkurrenten

Um den Eintritt neuer potenzieller Konkurrenten in den Markt zu vermeiden, muss die eigene Position am Markt gefestigt und verteidigt werden. Häufig werden daher **Markteintrittsbarrieren** erhoben, die es neuen Konkurrenten erschweren, einen bereits etablierten Markt zu betreten.

Markteintrittsbarrieren können auf unterschiedliche Art entstehen, z. B.:
- Schutz durch Patente
- Preisvorteile durch Unternehmensgröße (Discounter contra „Tante-Emma-Laden")
- Staatliche Vorschriften (Vergabe von Konzessionen)

3. Gefahr durch Ersatzprodukte

Ersatzprodukte („Substitutionsprodukte") können dem bisherigen Produkt starke Konkurrenz am Markt machen. Substitutionsprodukte erfüllen denselben Zweck wie das bisherige Produkt, verfügen allerdings über eine neuere Technologie.

Beispiel: Kaffeevollautomaten und deren Produkte verdrängen Filterkaffeemaschinen

4. Verhandlungsmacht der Lieferanten

Hat ein Unternehmen wenige Lieferanten, ist es von diesen stark abhängig. Preisverhandlungen (z. B. Mengenrabatte) sind kaum möglich. Bei einer Vielzahl von potenziellen Lieferanten, die sich in Qualität und Preis ähneln, sind die Verhandlungsspielräume deutlich größer.

Beispiel: Mineralölindustrie. Wenige Konzerne bieten ein nur schwer ersetzbares und stark nachgefragtes Gut an.

5. Verhandlungsmacht der Abnehmer

Die Abhängigkeit des Unternehmens von seinen Lieferanten spielt in der Gastronomie nur eine untergeordnete Rolle. In anderen Branchen kann der Einfluss der Abnehmer groß sein und Auswirkungen z. B. auf den erzielbaren Verkaufspreis haben. Ein weiteres Problem: Sollte ein Lieferant zahlungsunfähig werden, hat oftmals auch die eigene Unternehmung mit Existenzproblemen zu kämpfen.

Beispiel: Viele Molkereien bzw. Landwirte müssen ihre Milchprodukte an wenige große Lebensmittelhändler verkaufen. Durch den Preisdruck der Abnehmer können die Erzeuger daher ihre Forderungen nur schwer durchsetzen.

Aufgabe ❶ Zeigen Sie grafisch das 5-Forces-Modell auf.

2.5 Marktanteils-Marktwachstums-Matrix (BCG-Matrix)

Die BCG-Matrix ist dient zur Analyse des eigenen **Produktportfolios** im strategischen Management. Mit der Abbildung **aller** Produkte **entsprechend ihres Umsatzes** im Unternehmen **im Verhältnis** von **Marktwachstum** und dem **relativen Marktanteil** lassen sich zukünftige Handlungsstrategien ableiten.

● Die Marktanteils-Marktwachstums-Matrix wurde vom Unternehmen Boston Consulting Group entwickelt und ist daher häufig unter dem Namen BCG-Matrix geläufig.

Beispiel:

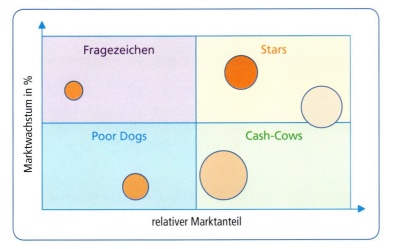

● Der relative Marktanteil errechnet sich aus dem Verhältnis vom eigenen Marktanteil zu dem des größten Konkurrenten.
Ist der eigene Anteil größer, liegt dieser über 1, ist er kleiner, liegt er unter 1.

Durch die Einteilung in vier Felder können die Produkte in die vier Kategorien Stars, Cash-Cows, Poor Dogs und Fragezeichen gegliedert werden, für die sich dann entsprechende Strategien ableiten lassen.

Fragezeichen	Stars
In der Regel Produktneuheiten, mit hohem Marktwachstum und geringem Marktanteil. **Handlungsstrategien:** Investition und Ausbau des Marktanteils oder Liquidation. Erlöse decken Kosten für Entwicklung und Vermarktung noch nicht.	Erfolg versprechende Produkte mit großem Marktanteil bei hohem Marktwachstum. **Handlungsstrategie:** Investition zum Halten oder Ausbau der Marktposition. Geringe Erträge für das Unternehmen, da Erlöse für Investitionen benötigt werden.
Poor Dogs	**Cash-Cows**
Auslaufende Produkte mit einem geringen oder negativen Marktwachstum und geringem Marktanteil. **Handlungsstrategien:** Desinvestition und Liquidation, sobald Kosten nicht mehr gedeckt werden können. Alternativ: Relaunch (siehe Kap. 6.2).	Erlösbringer eines Unternehmens mit großem Marktanteil und geringem Marktwachstum. **Handlungsstrategie:** Abschöpfen („Melken") der erzielten Erlöse unter Tätigung von Ersatzinvestitionen.

Marketing im Gastgewerbe

❸ Strategien zur Marktabdeckung

Sinn und Zweck des Einsatzes verschiedener strategischer Marketinginstrumente ist, herauszufinden, **wie und wo es sinnvoll ist**, sich am Markt zu positionieren. Es soll also herausgefunden werden, wie sich die Nachfrage bezüglich bestimmter Produkte auf gewissen Märkten verhält. Generell werden **fünf verschiedene Möglichkeiten** unterschieden, inwieweit ein Unternehmen den Markt abdecken kann:

> Der Begriff Markt bezeichnet den Bereich, in dem das Produkt vertrieben wird. Er kann sowohl geografisch (z. B. Deutschland, Spanien, Italien,…) als auch kundenbezogen (z. B. Jugendliche, Senioren, …) sein.

Gesamtmarkt-Abdeckung:

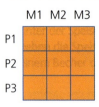

Ein Unternehmen deckt mit verschiedenen Produkten alle Märkte ab.
Bsp.: Es werden in verschiedenen Ländern alle Produkte, die ein Unternehmen produziert, auf die jeweiligen Kundenbedürfnisse dort zugeschnitten und auch vertrieben.

Spezialisierung:

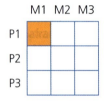

Ein Unternehmen spezialisiert sich mit einem festgelegten Produkt auf einen bestimmten Markt.
Bsp.: Verkauf von Babynahrung ausschließlich in Deutschland

Selektive Spezialisierung:

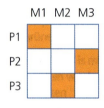

Ein Unternehmen bedient verschiedene Märkte mit jeweils unterschiedlichen Produkten.
Bsp.: Spanien: Verkauf von Ventilatoren
Norwegen: Verkauf von Heizdecken
Niederlande: Verkauf von Fahrrädern

Produktspezialisierung:

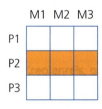

Ein Unternehmen fertigt ein Produkt mit marktspezifischen Merkmalen für verschiedene Märkte an.
Bsp.: Produktion von unterschiedlichen Sandwiches mit landestypisch unterschiedlichen Geschmacksrichtungen und Gewürzen.

Marktspezialisierung:

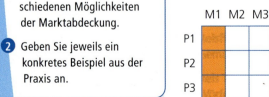

Ein Unternehmen konzentriert sich auf einen bestimmten Markt und bedient diesen mit verschiedenen Produkten.
Bsp.: Herstellung und Vertrieb von Kinder-, Erwachsenen- und altersgerechten Fahrrädern.

> **Aufgaben**
> ❶ Erklären Sie die fünf verschiedenen Möglichkeiten der Marktabdeckung.
> ❷ Geben Sie jeweils ein konkretes Beispiel aus der Praxis an.

4 Corporate Identity

Die **Corporate Identity (CI)** bezeichnet das Erscheinungsbild eines Unternehmens in der Öffentlichkeit. Unternehmen können von Kunden, ähnlich wie Personen, mit einer eigenen „Persönlichkeit" wahrgenommen werden. Ziel der Kommunikationsstrategie einer Unternehmung ist es, die **gewünschte Persönlichkeit im Markt zu verankern**.

Die Vermittlung einer positiven CI in der Kundenwahrnehmung ist eines der wesentlichen qualitativen Marketingziele des **strategischen Marketings**.

Die **Maßnahmen** hierzu finden auch in der **Kommunikationspolitik** des **operativen Marketings** Anwendung (siehe **Kapitel 8**).

Die Corporate Identity umfasst **drei wesentliche Elemente**:

1. Corporate Design („Unternehmensauftritt")

Corporate Design befasst sich mit dem **gestalterischen Aspekt**, um die Unternehmung in der Öffentlichkeit zu präsentieren. Hierzu zählt insbesondere der Entwurf eines einheitlichen Firmenlogos, sodass ein Wiedererkennungswert bei den Kunden besteht. Eine einheitliche Schrift und einheitliche Farbgestaltung runden dies ab.

Die Gestaltung spiegelt sich in allen Bereichen der Unternehmung wider. Nicht nur bei den Produkten selbst, sondern auch bei den Firmenbriefbögen, den Verpackungsmaterialien, dem Fuhrpark oder dem Gebäude ist das Corporate Design wiederzufinden.

Bei größeren Unternehmungen mit mehreren Niederlassungen lässt sich auch in der Standortwahl ein **einheitlicher Auftritt** feststellen. Die Standorte (z. B. in Autobahnnähe) der einzelnen Niederlassungen sind sich meist sehr ähnlich.

2. Corporate Behaviour („Unternehmerisches Verhalten")

Zur Corporate Behaviour gehören die **Verhaltensweisen** der Unternehmung, speziell die der Mitarbeiter. Es ist wichtig, dass diese hinter dem Unternehmen stehen und deren Grundsätze auch nach außen hin vertreten.

Marketing

MARKETING IM GASTGEWERBE

Abb. 1 Führungsversprechen

Das Ziel ist, dass sich **jeder einzelne Mitarbeiter** mit der Unternehmung identifiziert und so auch das Unternehmensleitbild nach außen optimal präsentieren kann. Dabei ist es wichtig, dass innerhalb der Organisation kommuniziert wird und alle Mitarbeiter über die Leitsätze und Ziele der Unternehmung informiert sind. Zudem tragen Weiterbildungsmaßnahmen, die Vergabe von Verantwortungen und regelmäßige Veranstaltungen zu einem positiven Verhalten der Belegschaft bei.

3. Corporate Communication („Unternehmerische Kommunikation")

Corporate Communication bezeichnet die Art und Weise, wie das Unternehmen **nach innen und außen hin kommuniziert**. Dies bezieht sich auf alle Interessengruppen des Unternehmens, z. B. Lieferanten oder Kunden.

Zur Kommunikation nach außen gehört auch die **Werbung**. Alle Aktivitäten, die im Bereich der Werbung durchgeführt werden, müssen mit den Grundsätzen der CI übereinstimmen.

Aufgaben

1. Erläutern Sie anhand eines Beispiels aus der Systemgastronomie den Begriff der Corporate Identity.
2. Was versteht man unter „Strategischem Marketing"?
3. Worin liegt der Unterschied zwischen dem strategischen Marketing und dem operativen Marketing?
4. Welche strategischen Instrumente kennen Sie?
5. Erklären Sie den Begriff „Corporate Identity". Welche einzelnen Elemente umfasst die CI?
6. Erläutern Sie anhand eines Beispiels aus der Quick-Service-Gastronomie, wie die CI in der Praxis kommuniziert wird.
7. Warum reicht es nicht aus, lediglich eine Stärken-Schwäche-Analyse durchzuführen? Erklären Sie die Wirkung von externen Einflussfaktoren.
8. Erstellen Sie jeweils eine Liste von möglichen internen und externen Faktoren für eine Stärken-Schwächen-Analyse und eine Chancen-Risiken-Analyse eines Restaurants.
9. Welche Beeinflussungsfaktoren kennt das 5-Forces-Modell von Porter?
10. Was versteht man unter Marktabdeckung?
11. Geben Sie Beispiele für verschiedene Märkte.
12. Welche Gefahr besteht bei einer Gesamtmarktabdeckung?

5 Operatives Marketing: Der Marketing-Mix

Alle unternehmerischen Entscheidungen orientieren sich an der Nachfragesituation im Markt. Da Kunden- und Gästebedürfnisse meist nicht konstant sind und einem Wandel unterliegen, liegt es an den Unternehmen, diese genau zu analysieren und darauf optimal zu reagieren.

Als Grundlage hierfür dienen **vier absatzpolitische Instrumente** mit dem Ziel, Märkte bewusst zu beeinflussen.
- Leistungspolitik (Kap. 6)
- Kontrahierungspolitik (Kap. 7)
- Kommunikationspolitik (Kap. 8)
- Distributionspolitik (Kap. 9)

Diese vier Instrumente werden auch als „Marketing-Mix" bezeichnet.

6 Die Leistungspolitik

Die Leistungspolitik ist das **wichtigste** der vier Marketing-Instrumente, da sie einen wesentlichen Beitrag zum Erfolg oder Nichterfolg eines Produktes bzw. einer Dienstleistung liefert. Entspricht ein Produkt nicht den Erwartungen der potenziellen Käufergruppe, so wird es nicht am Markt erfolgreich sein, selbst wenn alle anderen Marketingmaßnahmen optimal am Kunden ausgerichtet sind. Die **Leistungspolitik** umfasst insgesamt vier Teilbereiche:

6.1 Programm- und Sortimentspolitik

Die **Produkt- und Sortimentsgestaltung** hat vor allem im Bereich der Systemgastronomie einen hohen Stellenwert. Das **„Programm"** des Unternehmens, sein Sortiment, ist der **„Produktmix"** aller seiner Produktlinien und Produkte.

Die Wahl des richtigen Programms ist von verschiedenen Einflussfaktoren abhängig:
- Kunden- und Gästebedürfnisse (wichtigstes Kriterium!)
- Konkurrenzsituation und eventuell bestehende Marktzutrittsschranken
- Know-how des Unternehmens (z. B. Sternekoch, Aushilfen)
- Technische Möglichkeiten in der Produktion (z. B. vorhandene Kapazitäten in der Küche)

Programmbreite
= Anzahl der Produktlinien, die ein Unternehmen führt

Programmtiefe
= Anzahl der Produkte innerhalb einer Produktlinie

In der klassischen Gastronomie mit einem Mix aus Produktion (Küche) und Dienstleistung (Service) lässt sich diese Unterscheidung selten anwenden.

MARKETING IM GASTGEWERBE

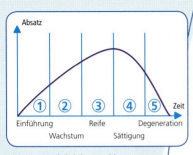

Abb. 1 Produktlebenszyklus (PLZ)

Der Produktlebenszyklus

Jedes Produkt unterliegt einem sogenannten **Produktlebenszyklus (PLZ)**. Er beschreibt den Verlauf eines Produktes von dessen Einführung auf dem Markt bis hin zu dessen Absterben. Der PLZ gliedert sich typischerweise in fünf Phasen.

① **Einführungsphase:** Das Produkt wurde gerade am Markt eingeführt und verzeichnet noch einen geringen Umsatz. Entsprechend hat das Unternehmen noch Verluste zu verzeichnen. Es setzt verstärkt Werbemittel ein, um Kunden zu gewinnen.

② **Wachstumsphase:** Das Produkt wirft erstmals Gewinne ab und der Absatz steigt. Immer mehr potenzielle Kunden werden auf das Produkt aufmerksam. Die Ausgaben für Werbung bleiben hoch.

③ **Reifephase:** Der Umsatz erreicht sein Maximum. Allerdings gehen allmählich die Gewinne zurück, da zunehmend Konkurrenz auf dem Markt erscheint, sodass die Preise nach unten korrigiert werden müssen. In dieser Phase besteht die Möglichkeit, sich durch Produktvariationen von der Konkurrenz abzuheben, um einen Wettbewerbsvorteil zu erzielen. Die Werbeausgaben werden eingeschränkt, da das Produkt bereits am Markt bekannt ist.

④ **Sättigungsphase:** In dieser Phase gibt es nur noch wenige Neukäufer, die sich für das Produkt interessieren. Der Umsatz geht zurück, die Gewinne nehmen ab. Werbemaßnahmen werden nur noch vereinzelt durchgeführt.

⑤ **Degenerationsphase:** Es kommen neue Produkte auf den Markt und die Nachfrage nach dem bisherigen Produkt sinkt stetig. Die Umsätze gehen stark zurück. In dieser Phase schöpft das Unternehmen die letzten Gewinne ab und stellt Werbemaßnahmen generell ein.

	❶ Einführung	❷ Wachstum	❸ Reife	❹ Sättigung	❺ Degeneration
Absatz	gering	zunehmend	erreicht Maximum	langsam rückläufig	stark rückläufig
Gewinn	Verlust	erster Gewinn	maximaler Gewinn	rückläufiger Gewinn	stark rückläufig
Umsatz	gering	hoch	Maximum erreicht	langsam rückläufig	stark rückläufig
Bekanntheitsgrad	gering	nimmt zu	hoch	hoch	rückläufig
Marktanteil	gering	nimmt zu	hoch	langsam rückläufig	stark rückläufig
Werbung	stark	stark	begrenzt	begrenzt	wird eingestellt
Vertriebsnetz	begrenzt	wird erweitert	vollkommen ausgebaut	vollkommen ausgebaut	nimmt ab

Käufergruppen:

In den einzelnen Phasen des PLZ lassen sich unterschiedliche Erst-Käufergruppen feststellen:
- **Innovators:** Sehr lifestyle-bewusst, immer den neuesten Trends auf der Spur (Innovatoren, ca. 5 %)
- **Early Adopters**: Neuen Produkten gegenüber sehr aufgeschlossen (frühe Erstkäufer, ca. 15 %)

- **Early Majority**: Interesse wird relativ schnell geweckt, allerdings erst, wenn das Produkt bereits länger am Markt ist (frühe Mehrheit, ca. 30 %)
- **Late Majority**: Geringe Risikobereitschaft, kaufen das Produkt erst, wenn es sich am Markt etabliert hat (späte Mehrheit, ca. 30 %)
- **Laggards**: „Nachzügler"; wenig Interesse an Produktneuheiten (Nachzügler, ca. 20 %)

Varianten des Produktlebenszyklus

Eine Variante des Produktlebenszyklus ist die **„Versteinerung"**. Trotz neuer Produkte auf dem Markt bleibt die Nachfrage konstant. Sowohl Händler als auch Kunden sind vom Produkt überzeugt, sodass die Degenerationsphase ausbleibt. **Beispiele:** Nivea, Coca Cola

Die Entwicklung von **Produktvarianten** ändert den Produktlebenszyklus. Um die Nachfrage in der Sättigungsphase wieder anzukurbeln, werden Varianten des Produktes entwickelt. Dadurch wird die Degenerationsphase hinausgezögert, es werden auch neue Kundengruppen angesprochen.

Beispiel: In der Systemgastronomie bringen viele Anbieter sogenannte **„New Seasonals"** auf den Markt. New Seasonals sind zeitlich begrenzte Produktvarianten, die allerdings in bestimmten Zeitabständen immer wiederkehren können. Sie richten sich nach den aktuellen Bedürfnissen der potenziellen Käufer und bieten so dem Konsumenten Abwechslung.

New Seasonals können im Wesentlichen folgende **Vorteile** für das Unternehmen mit sich bringen:
- Erschließung eines neuen Kundensegments: durch die Einführung von zeitlich begrenzten neuen Produktvarianten kann auch das Interesse neuer potenzieller Käufer geweckt werden.
- Das bestehende Produkt ist bereits durch Marketingmaßnahmen am Markt etabliert; daher sind die Marketing-Kosten für das New-Seasonal-Produkt in der Regel deutlich geringer.
- Generierung zusätzlicher Umsätze durch Zusatzkäufe.
- Aufgrund der zeitlich begrenzten Dauer des New Seasonals umgeht man die Gefahr einer zu breiten Produktpalette, die zu Unsicherheit beim Käufer führen kann.

Problematik des Produktlebenszyklus

- Der PLZ stellt ein idealtypisches Modell dar, die Realität weicht davon oftmals ab.
- Die Dauer der einzelnen Phasen ist nicht voraussehbar und in Bezug auf jedes Produkt unterschiedlich.
- Eine exakte Abgrenzung der einzelnen Phasen ist in der Realität kaum möglich.
- Der PLZ vernachlässigt teilweise das Verhalten der Konkurrenz.
- Umwelteinflüsse bleiben unberücksichtigt.
- Händler können direkten Einfluss, sowohl negativ als auch positiv, auf den Verlauf des PLZ nehmen (in der Gastronomie ist dies allerdings eher ungewöhnlich, da Produktion und Vertrieb einen Prozess darstellen).

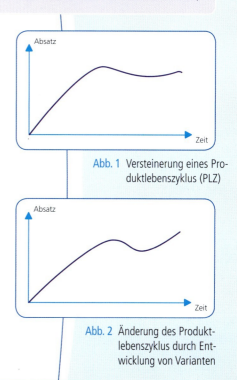

Abb. 1 Versteinerung eines Produktlebenszyklus (PLZ)

Abb. 2 Änderung des Produktlebenszyklus durch Entwicklung von Varianten

Aufgaben

1. Nennen Sie je ein Produkt/eine Dienstleistung für jede Phase des Produktlebenszyklus. Nehmen Sie insbesondere bei der Wahl Ihrer Beispiele Bezug auf die Systemgastronomie.
2. Erklären Sie anhand eines Beispiels, dass der idealtypische Verlauf des PLZ nicht immer realisierbar ist.
3. Warum ist ein versteinerter Produktlebenszyklus gerade in der Systemgastronomie überlebenswichtig?
4. Nennen Sie mindestens drei Beispiele aus der Praxis für einen versteinerten Verlauf des Produktlebenszyklus. Welche Vorteile sind mit einem solchen Verlauf verbunden?
5. Zeigen Sie auf, was man unter einem New Seasonal versteht. Worin liegen Vorteile in der Einführung von New Seasonals? Wo können Probleme auftreten?
6. Zeigen Sie anhand eines konkreten Praxisbeispiels die Anwendung von New Seasonals.

Marketing

MARKETING IM GASTGEWERBE

Diversifikation

Als Diversifikation wird die **Erweiterung** der bisherigen Geschäftsfelder auf bereits bestehende oder neue Märkte bezeichnet.

Arten der Diversifikation

Die Ausweitung der Geschäftstätigkeit kann sowohl **horizontal** als auch **vertikal** erfolgen.

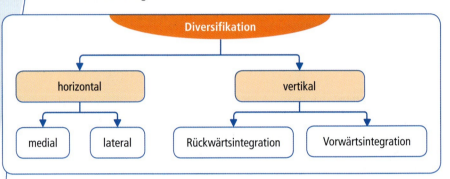

Horizontale Diversifikation

Beispiel der Wirtschaftsstufen:
Herstellung von Brot für Supermärkte
a) Rohstoffe:
   Bauer erntet Getreide
b) Zulieferer:
   Mühle mahlt Mehl
c) Produzent:
   Mehl + Zutaten = Brot
d) Handel:
   Verkauf des Brotes

Das Programm wird innerhalb der bestehenden **Wirtschaftsstufe** erweitert. Es werden im Wesentlichen vier Wirtschaftsstufen unterschieden:
a) Förderung von Rohstoffen
b) weiterverarbeitendes Unternehmen (Zulieferer)
c) Produzent
d) Handel

Hat diese Ausdehnung noch direkten Zusammenhang mit der bisherigen Tätigkeit des Unternehmens, so wird dies als **medial** bezeichnet. Besteht kein Zusammenhang mehr, liegt eine **laterale** Diversifikation vor.

Beispiele:
1. Eine Bäckerei erweitert ihr Angebot um einen Catering-Service. Horizontale Diversifikation, da die bestehende Wirtschaftsstufe beibehalten wird. **Medial**, da noch ein Zusammenhang mit der bisherigen Tätigkeit besteht.
2. Eine Bäckerei bietet neben seinen Brötchen noch Flugreisen an: Zwar wird dieselbe Wirtschaftsstufe beibehalten (horizontale Diversifikation), allerdings besteht kein Zusammenhang mehr mit der bisherigen Tätigkeit (**lateral**).

Vertikale Diversifikation

Aufgabe

① Sie sind Inhaber einer Brauerei und suchen nach neuen Geschäftsfeldern, um Ihr Unternehmen zu erweitern. Gehen Sie nach dem Diversifikationsmodell vor und finden Sie je ein konkretes Beispiel, wie Sie Ihr Programm erweitern können.

Das Programm wird über verschiedene Wirtschaftsstufen hinweg erweitert. Dies kann sowohl über die vorgelagerte Wirtschaftsstufe (**Rückwärtsintegration**), als auch über die nachgelagerte (**Vorwärtsintegration**) erfolgen.

Beispiele:
Eine Bäckerei kauft eine Mühle auf, um dort selbst das Getreide mahlen zu können (**Rückwärtsintegration**).
Ein Getränkehersteller steigt in den Getränkehandel ein (**Vorwärtsintegration**).

6.2 Produktpolitik

Die Produktpolitik beschäftigt sich im Gegensatz zur Programmpolitik lediglich mit dem einzelnen Produkt und nicht mit dem gesamten Programm, das eine Unternehmung bietet.

Grundsatzentscheidungen der Produktpolitik

- **Produktdifferenzierung**
  Es werden zusätzliche Produkte in Anlehnung an ein bereits bestehendes Produkt auf den Markt gebracht. Das bisherige Produkt bleibt am Markt bestehen und wird durch Varianten erweitert. Ziel der Produktdifferenzierung ist es, neue Kundengruppen auf das Produkt aufmerksam zu machen und Kostenvorteile in der Produktion zu nutzen.
  Beispiel: Ein Margarinehersteller bringt eine Low-Fat-Margarine auf den Markt. Dadurch erhofft sich der Hersteller, neue Kundengruppen (Figurbewusste) auf sein Produkt aufmerksam zu machen.

Chancen	Risiken
Erweiterung der Kundengruppen	Gefahr der Verzettelung in zu viele Produktvarianten (Verärgerung bei den Kunden)
Höherer Auslastungsgrad der Maschinen in der Produktion (niedrigere Kosten)	Gefahr der innerbetrieblichen Konkurrenz (Varianten werden zu Konkurrenten am Markt)
Produkt ist bereits am Markt erfolgreich (positiver Imagetransfer)	

- **Relaunch**
  Als Relaunch wird die Überarbeitung und Verbesserung eines Produktes als Reaktion auf das aktuelle Marktgeschehen und als Anpassung an die wechselnden Kundenbedürfnisse bezeichnet. Er kann sich ausrücken in Form der:

  - *Anpassung an den technischen Fortschritt*
    Das Produkt wird hinsichtlich der neuen Technik am Markt verbessert, um der Konkurrenz in nichts nachzustehen und die Kunden optimal bedienen zu können.
    Beispiel: Golf I, Golf II, Golf III, Golf IV, Golf V, Golf VI

  - *Anpassung des Produktdesigns*
    Ein Produkt wird hinsichtlich seiner Verpackung, Farbe, Größe oder Form überarbeitet, um den aktuellen Kundengeschmack zu treffen.
    Beispiel: Veränderung der BigMac-Verpackung im Laufe der Jahre

  - *Anpassung der funktionellen Eigenschaften eines Produktes*
    Das Produkt wird in seinen Funktionsbereichen erweitert.
    Beispiel: Ein Drucker wird mit Kopier- und Scanfunktion ausgestattet oder auch als Faxgerät nutzbar.

Aufgaben
1. In welcher Phase des PLZ sollte ein Relaunch erfolgen?
2. Welche Problematik ist damit verbunden?

Abb. 1 Formen einer Innovation

- **Innovation**
  Der Begriff Innovation (lat. novus = neu) bezeichnet die Neuentwicklung eines Produktes. Eine Innovation liegt dann vor, wenn entweder ein Produkt entwickelt wurde, das es bisher noch nicht auf dem Markt gab („**Marktinnovation**"), oder das das Unternehmen in der Form noch nicht hergestellt hat („**Unternehmensinnovation**"). Um eine Marktinnovation entwickeln zu können, bedarf es Impulsen aus der Unternehmensumwelt bzw. aus dem Unternehmen selbst.

Proaktive Innovation („echte" Innovation)

Liegt eine Marktinnovation vor, so handelt es sich um eine proaktive Innovation. Man hat ein neues Produkt entwickelt, das es noch nicht gibt. Somit hat man sich gegenüber der Konkurrenz einen zeitlichen Vorteil geschaffen. Ein weiterer Vorteil ist, dass es nur einen Anbieter auf dem Markt gibt, und die Nachfrage sich nur auf das Produkt des eigenen Unternehmens stützt.

Reaktive Innovation („Me-too-Produkte")

Handelt es sich um eine Unternehmensinnovation, so spricht man von einer reaktiven Innovation. Die Wettbewerber konnten bereits ihren zeitlichen Vorteil auf den Märkten nutzen und haben schon eine Vielzahl an Kunden für sich gewonnen. Die ersten Käufergruppen (Innovators, Early Adopters) haben bereits die Produkte gekauft und man spezialisiert sich auf die verbleibenden potenziellen Käufergruppen.

6.3 Von der Produktidee zur Markteinführung

Unabhängig davon, ob es sich um eine Innovation oder z. B. einen Relaunch handelt, wird die Produktentwicklung von der Idee bis zur Markteinführung in **5 Schritte** unterteilt:

1.	Ideensammlung	Kreativitätstechniken
2.	Auswahl der Produktidee	Scoring-Modell, Deckungsbeitragsrechnung, Break-even-Analyse
3.	Produktentwicklung	Forschung und Entwicklung, Produktion
4.	Tests	Labortests, Markttests
5.	Markteinführung	Beginn des Produktlebenszyklus des Produktes

1. Ideensammlung

Am Beginn jeder Produktentwicklung steht eine umfangreiche Ideensammlung. Dies kann mithilfe externer Anregungen oder durch innerbetriebliche Impulse geschehen.

Unternehmensinterne Quellen (siehe Kap. 10.3)	Unternehmensexterne Quellen (siehe Kap. 10.3)
Kreativitätstechniken	Benchmarking
Impulse aus der Forschung und Entwicklung	Marktforschungen **(siehe Kap. 10)**
Anregungen durch Mitarbeiter (Qualitätszirkel, KVP, Außendienstmitarbeiter) **(siehe Kap. 10.4)**	Kunden- und Gästeanregungen **(siehe Kap. 10.4)**

Kreativitätstechniken

Es gibt eine Vielzahl an Kreativitätstechniken. Die für eine Ideensammlung wichtigsten werden kurz vorgestellt.

Morphologischer Kasten

Der morphologische Kasten ist ein Instrument der Ideensammlung, das von mehreren Personen in Form eines Projektes durchgeführt wird. Ziel ist es, nach Merkmalen sortiert verschiedene Ideen zu sammeln, ohne diese bereits auf Umsetzbarkeit und Wirtschaftlichkeit hin zu prüfen.

Vorgehensweise:
- Überlegung, was hergestellt werden soll
- Definition von Merkmalen, die das Produkt näher beschreiben
- Auflistung aller möglichen Ausprägungen eines Merkmals, wobei die Ausprägungen voneinander unabhängig sein müssen und nicht kombinierbar sein dürfen
- Auswahl von je einer Ausprägung eines Merkmals
- Zusammenstellung von verschiedenen Produktalternativen
- Analyse und Bewertung der Produktideen

Beispiel: Sie sind Textilhersteller und möchten eine neue Hose herstellen. Um erste Ideen zu sammeln, entwickeln Sie zunächst einen morphologischen Kasten.

Merkmale	Ausprägungen				
Hosenlänge	Panty	**kurz**	3/4	7/8	lang
Zielgruppe	Männer	Damen	Mädchen	Jungen	**Kleinkinder**
Schnitt	Taille	**Latzhose**	Hüfte		
Stoff	Polyester	Jeans	**Baumwolle**	Seide	Leder
Anzahl Taschen	ohne	ein	zwei	**drei**	mehr als drei
Farbe	blau	schwarz	rot	gelb	**mehrfarbig**

> **Aufgabe** ❶ Sie möchten ein neues Dessert in Ihrem Restaurant einführen. Sammeln Sie erste Produktideen mithilfe eines morphologischen Kastens.

In **Rot** sind die gewählten Ausprägungen dargestellt, Produktalternativen und Bewertung sind die nächsten Schritte.

Brainstorming

Diese Art der Ideensammlung wird in der Regel mit 5–9 Personen durchgeführt. Zu Beginn der Diskussion wird ein Gesprächsführer festgelegt, der für das Führen eines Protokolls verantwortlich ist und nicht aktiv an der Diskussion teilnimmt. In einer größeren Unternehmung ist es sinnvoll, die Gruppen heterogen zu gestalten, d. h. am Brainstorming nehmen Mitarbeiter aus verschiedenen Abteilungen teil. Es werden zu einem Thema so viele Assoziationen und Ansatzpunkte gesammelt wie möglich. Wichtig dabei ist, dass die Meinungen frei geäußert werden und keine negative Kritik innerhalb der Gruppe entsteht. Im Vordergrund steht nicht die Qualität der Aussagen, sondern die Quantität.

Eine Sonderform des Brainstorming ist das Brainwriting, bei dem die Meinungen nicht frei geäußert werden, sondern in schriftlicher Form notiert werden.

Synektik

Im Mittelpunkt steht ein zu lösendes Problem bzw. eine Produkteigenschaft, die ein neu zu entwickelndes Produkt besitzen soll. Um nun zahlreiche und vor allem kreative Lösungsansätze finden zu können, wird zunächst das eigentliche Thema entfremdet, Assoziationen zu ähnlichen Themen werden gesammelt. Durch die Entfernung von der eigentlichen Problemstellung soll erreicht werden, dass sich die Teilnehmer nicht selbst blockieren („ich muss eine kreative Lösung zu A finden"). Durch die anderweitige Beschäftigung sollen unbewusst innovative Ideen zum ursprünglichen Thema zum Vorschein kommen.

Benchmarking

Beim Benchmarking erfolgt ein gezielter Vergleich der eigenen Produkte oder Prozesse. Dabei orientiert man sich am besten Unternehmen und versucht dessen Stärken zu filtern sowie über die Entwicklung von Kennzahlen auf die eigene Unternehmung zu übertragen.

Dabei kann man sich sowohl auf Abteilungen innerhalb des eigenen Unternehmens, als auch auf unmittelbare Konkurrenten der gleichen Branche oder branchenfremde Unternehmen konzentrieren.

2. Auswahl der Produktidee

Im Anschluss an eine Ideensammlung findet eine Vorauswahl (Screening) der gesammelten Entwürfe statt. Diese Vorauswahl orientiert sich mithilfe von Wirtschaftlichkeitsanalysen oder Punktbewertungsmodellen an der Realisierbarkeit des Produktes.

Break-even-Analyse

Anhand der Break-even-Analyse wird die Ausbringungsmenge berechnet, die erreicht werden muss, damit sich die Kosten mit den Erlösen decken. Wird diese Ausbringungsmenge („kritische Menge", „Break-even-Point") überschritten, so liegen die Erlöse über den Kosten.

Bei den Kosten hat man zwischen **zwei verschiedenen Arten** zu differenzieren.

Fixkosten sind Kosten, die unabhängig von der Höhe der Ausbringungsmenge immer anfallen (z. B. Mietkosten).

Variable Kosten hingegen beziehen sich auf das einzelne herzustellende Stück und sind somit abhängig von der Ausbringungsmenge (z. B. Hamburger-Brote).

Berechnung des Break-even-Points (x)

Erlöse =
Preis · Menge

Kosten =
Fixkosten + variable Kosten · Menge

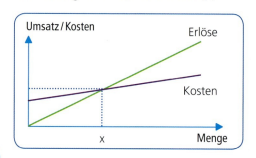

6 Die Leistungspolitik

Kritik an der Break-even-Analyse als Auswahlkriterium:

- Es handelt sich um eine statische Analyse, die die Voraussetzung hat, dass die Preise konstant bleiben. Veränderungen in der Umwelt bleiben somit unbeachtet.
- Erlöse und Kosten dienen als einzige Bestimmungsfaktoren.
- Die Annahme, dass Kosten und Erlöse mengenunabhängig sind, vernachlässigt z. B. Massenrabatte bei Einkauf und Vertrieb.
- Die Kosten aus der Forschung und Entwicklung, die eine Herstellung des Produktes erst möglich machen, werden nicht berücksichtigt.
- Das Konkurrenzverhalten wird vernachlässigt.
- Es wird davon ausgegangen, dass die Kosten in der Beschaffung während der Jahre gleich bleiben.

> **Beispiel gerechnet:**
> **Kauf einer neuen Eismaschine**
>
> Anschaffungskosten: 20.000 €
> Kosten pro Kugel: 0,10 €
> Preis pro Kugel: 0,60 €
>
> $x = 20.000\,€ / (0{,}60\,€ - 0{,}10\,€)$
> $= 40.000$
>
> Nach 40.000 verkauften Eiskugeln wurde der Investitionsbetrag erwirtschaftet.

> Eine alternative Berechnung des Break-even-Points wird im Lernfeld Steuerung und Kontrolle dargestellt, s. S. 704.

Aufgaben

1. Welche Schwierigkeiten können auftreten, wenn ein Unternehmen lediglich die Break-even-Analyse als Instrument der Ideenauswahl verwendet?
2. Welche weiteren Wirtschaftlichkeitsanalysen sollte man durchführen?

Deckungsbeitragsrechnung

Bei der Deckungsbeitragsrechnung werden die variablen Kosten mit den Erlösen eines Produktes verrechnet und auf diese Weise der Beitrag des Produktes zur Deckung der Fixkosten des Unternehmens berechnet. Da die Fixkosten getrennt berücksichtigt werden, spricht man hierbei auch von der einstufigen Deckungsbeitragsrechnung oder **Direct Costing**.

Beispiel: Ein Unternehmen fertigt drei verschiedene Getränkesorten und nutzt für alle die gleichen Maschinen:

	Apfelschorle	Limonade	Cola	gesamt
Umsatzerlöse	250.000 €	175.000 €	325.000 €	
variable Kosten	195.000 €	80.000 €	185.000 €	
Deckungsbeitrag	55.000 €	95.000 €	140.000 €	290.000 €
Fixkosten				180.000 €
Betriebsergebnis				110.000 €

> Darüber hinaus existiert auch eine mehrstufige Deckungsbeitragsrechnung, bei der produktspezifische Fixkosten Berücksichtigung finden.

Würde man die Fixkosten des Unternehmens anteilig auf die einzelnen Produkte verteilen, könnte man zu der Entscheidung kommen, dass ein Produkt als unrentabel gilt und dieses einstellen. Bei einer Einzelrechnung wäre die Apfelschorle unrentabel: 180.000 € Fixkosten : 3 = 60.000 € Fixkosten pro Produkt. Das Ergebnis für die Apfelschorle wäre negativ (5.000 € Verlust). Durch die Gesamt-Deckungsbeitragsrechnung kann bei positivem Betriebsergebnis das komplette Produkt-Portfolio weiterhin produziert werden.

Punktbewertungsmodell (Scoring-Modell)

Das Scoring-Modell ist ein Instrument, um verschiedene Ideen auf die Erfolgspotenziale und die Leistungsfähigkeit eines Unternehmens hin zu bewerten.

Jede Produktidee wird hierbei demselben Punktbewertungssystem unterzogen. Die Produktideen mit den höchsten Bewertungen kommen letzten Endes in die Endauswahl.

Kriterien	Gewichtung (G)	Leistungsfähigkeit (L) des Unternehmens (Bewertung von 0 bis 10)	G x L
Technische Möglichkeiten	0,25	8	2,00
Beschaffung	0,20	6	1,20
Lager	0,12	9	1,08
Vertrieb	0,10	3	0,30
Marketing	0,08	7	0,56
Forschung & Entwicklung	0,08	8	0,64
Marketing	0,07	6	0,42
Standort	0,05	10	0,50
Personal	0,05	5	0,25
Summe Produkt A	1	–	6,95

Die **Gefahr** des Punktbewertungsmodells ist, dass Ideen frühzeitig aufgrund ihrer Nichtrealisierbarkeit verworfen werden. In einigen Fällen aus der Praxis wurden Produktideen bereits fälschlicherweise als unrealistisch bewertet, bei denen sich einige Jahre später herausstellte, dass sie eine Marktlücke darstellten. Zudem ist die jeweilige Gewichtung der einzelnen Kriterien subjektiv und kann bei mehrmaliger Durchführung von verschiedenen Personen zu unterschiedlichen Ergebnissen führen.

3. Produktentwicklung

Steht das zu entwickelnde Produkt von der Marketingabteilung her fest, so ist es Aufgabe der Produktion bzw. der Testküche, erste **Prototypen** (Geschmacksvarianten) des Produktes zu entwerfen.

Problematisch dabei ist, dass in der Praxis oftmals diese beiden Abteilungen unterschiedliche Schwerpunkte in der Herstellung eines Produktes setzen. Der **Produktion** liegt viel daran, den neuesten Stand der Technik und möglichst viel Know-how in einem neuen Produkt zu vereinigen. Die **Marketingabteilung** hingegen ist bestrebt, das fertige Produkt möglichst positiv am Markt verkaufen zu können. Hierfür zählen oftmals Kostenaspekte mehr als technische Aspekte.

Diese unterschiedlichen Auffassungen können oftmals zu Reibereien innerhalb der Unternehmung führen. Daher bedarf die Verwirklichung einer Produktidee der Voraussetzung, dass Kommunikation und Zusammenarbeit zwischen beiden Abteilungen optimal aufeinander abgestimmt sind.

4. Tests

Vor der endgültigen Einführung eines Produktes in den Markt sind vorab diverse Tests nötig, um die Reaktionen der Abnehmer (bzw. Gäste) auf die Neuentwicklung zu überprüfen. Man verfolgt damit das Ziel, letzte Verbesserungsmöglichkeiten für das Produkt zu erhalten, um die Kundenbedürfnisse optimal erfüllen zu können. Zudem sind Tests enorm wichtig, um einen möglichen Flop bei der Markteinführung des Produktes zu verhindern, da dieser sehr kostenintensiv ist und negativ auf das Image des Unternehmens durchschlägt.

Labortests
In einer experimentähnlichen Situation werden Testpersonen auf bestimmte Reize hin getestet mit dem Ziel, einen ersten Anhaltspunkt über Kauf oder Nichtkauf des Produktes zu erhalten.

Präferenztest
Der Testperson werden die Produkt-Neuentwicklung und ihr Stammprodukt gegenübergestellt. Es wird beobachtet, ob die getestete Person das neue Produkt dem herkömmlichen vorzieht; anschließend wird nach den Beweggründen gefragt.

Evaluationstest
Die Testperson hat die Aufgabe, bestimmte Eigenschaften des Produktes zu bewerten. So kann ein Getränk beispielsweise auf den Zuckergehalt, den Geschmack, das Flaschendesign o. Ä. hin bewertet werden.

Diskriminierungstest
Die Testperson bekommt die Produkt-Neuentwicklung im Vergleich mit dem herkömmlichen Produkt vorgestellt und erhält die Aufgabe, wesentliche Unterschiede der beiden Produkte zu beschreiben und diese positiv bzw. negativ zu bewerten.

Markttests
Die Produkt-Neuentwicklung wird in einem lokal abgegrenzten Teilmarkt eingeführt, um realitätsnah die Akzeptanz des Produktes bei der potenziellen Kundengruppe zu testen. Wichtig dabei ist, dass der Teilmarkt und dessen Umgebung dem Gesamtmarkt entsprechen, in dem später das Produkt eingeführt werden soll.

Es werden bereits lokal Werbemaßnahmen geschaltet, um eine realistische Prognose vor der endgültigen Markteinführung zu erhalten.

Aufgabe 1 Stellen Sie Vor- und Nachteile von Labortests und Markttests gegenüber!

5. Markteinführung

Sind alle Produkttests abgeschlossen, so wird nach umfangreichen Werbemaßnahmen das Produkt in den Zielmarkt eingeführt und der Produktlebenszyklus des Produktes nimmt seinen Lauf.

Wesentliche Grundüberlegungen, die vor der Markteinführung stattfinden:
- Zeitpunkt der Einführung
- Eventuelle Produkt-Neueinführungen der Konkurrenz
- Vorbereitende Werbemaßnahmen
- Preisstrategie
- Umfang der Einführung (Teilmarkt, Gesamtmarkt)

6.4 Kundendienstpolitik und Garantiepolitik

> Häufig kommt mit der Kundendienstpolitik auch das Thema Beschwerdemanagement auf. Dies ist allerdings ein Bestandteil des Qualitätsmanagements und hat in dieser eine gesonderte Stellung außerhalb der Kundendienstpolitik.

Die **Kundendienstpolitik** beinhaltet die Organisation und Planung von Installationen der Produkte beim Kunden (z. B. Aufbau einer Einbauküche). Zudem sollte dem Kunden die Möglichkeit geboten werden, sich bei auftretenden Fragen und Problemen bezüglich des erworbenen Produktes direkt beim Hersteller melden zu können, um dort Informationen zu erhalten. Dies kann beispielsweise ein telefonisch erreichbares Servicecenter oder ein Informationsschalter vor Ort im Geschäft sein.

Die **Garantiepolitik** umfasst das Recht des Kunden, beim Auftreten von Sachmängeln am erworbenen Produkt innerhalb einer rechtlich festgesetzten Frist das Produkt zu beanstanden (Gewährleistung).

Anders als in der Industrie haben **in der Gastronomie sowohl die Kundendienstpolitik als auch die Garantiepolitik nur eine untergeordnete Stellung**. Da in der Gastronomie der Prozess der Leistungserbringung und die Inanspruchnahme der Leistung zusammenfallen, sind diese beiden Bereiche der Leistungspolitik dort zu vernachlässigen.

Aufgaben

1. Welche vier Bereiche umfasst die Leistungspolitik?
2. Erläutern Sie anhand eines konkreten Beispiels, warum die Kundendienstpolitik in der Gastronomie nur eine untergeordnete Rolle spielt.
3. Erläutern Sie kurz die einzelnen Phasen eines Produktlebenszyklus.
4. Nehmen Sie kritisch Stellung zu der Aussage „Der Produktlebenszyklus eines jeden Produktes ist identisch." Nehmen Sie insbesondere Bezug auf die Sonderformen des Produktlebenszyklus.
5. Welche verschiedenen Käufergruppen werden unterschieden?
6. Suchen Sie für jede Käufergruppe ein aktuelles Marktbeispiel.
7. Wie unterscheidet sich die horizontale von der vertikalen Diversifikation?
8. Welche Chancen und Risiken können eine Rückwärtsintegration für ein Unternehmen darstellen?
9. Wie unterscheidet sich eine Produktdifferenzierung von einem Relaunch?
10. Warum sollte ein Unternehmen eher differenzieren anstatt im hohen Maße zu diversifizieren?
11. Nennen Sie die fünf Phasen einer Produkt-Neuentwicklung.
12. Entwerfen Sie mithilfe des morphologischen Kastens neue Produktideen für eine Pizza.
13. Stellen Sie grafisch die Berechnung des Break-even-Points dar.
14. Welche Rolle spielt die dynamische Umwelt bei der Berechnung des Break-even-Points? Nehmen Sie hierzu kritisch Stellung.
15. Welche Arten von Produkttests kennen Sie?
16. Geben Sie konkrete Beispiele, wie Labortests ablaufen können.

7 Die Kontrahierungspolitik

Die Kontrahierungspolitik, der zweite große Baustein innerhalb des Marketing-Mix, setzt sich aus **drei Bestandteilen** zusammen:

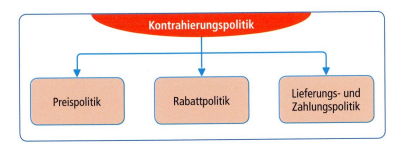

Da Steuerungen am Preis eines Produktes zu folgenschweren Reaktionen bei den Kunden führen können, hat die Kontrahierungspolitik eine große Bedeutung innerhalb des Marketing-Mix. Da Preisänderungen meist schnell umsetzbar sind, ist dieses Marketing-Instrument auch dasjenige, das **am schnellsten beim Kunden wahrgenommen** wird.

Gerade in wirtschaftlich ungewissen Zeiten sind Kunden stark **preissensibel** und reagieren schon bei geringsten Maßnahmen innerhalb der Kontrahierungspolitik.

> Die Kontrahierungspolitik wird häufig auch nur als Preispolitik bezeichnet.

7.1 Preispolitik: Preis-Absatz-Funktion (PAF)

Bei einer PAF ist es in der Theorie möglich zu berechnen, welche **Auswirkung** eine bestimmte **Preisänderung** auf die Absatzmenge hat.

Durch Multiplikation von Preis und Menge lässt sich berechnen, ob eine Änderung **positive** oder **negative** Auswirkungen auf den erzielten Umsatz hat.

Zur Analyse, welche Auswirkungen Preisänderungen auf den Absatz eines Produktes haben, dient die „Preis-Absatz-Funktion" (PAF). Sie ist ein Modell zur Darstellung der Abhängigkeiten von Preis zu Absatz. In ihr wird ersichtlich, in welcher Menge ein bestimmtes Produkt zu einem bestimmten Preis abgesetzt werden kann.

In einem Markt mit einer Vielzahl an Anbietern geht man davon aus, dass mit steigendem Produktpreis auch die Nachfrage abnimmt.

Problematisch bei der Ermittlung der PAF ist, dass der genaue Verlauf der Funktion seitens der Unternehmung stets **nur geschätzt** werden kann. Genaue Voraussagen, wie sich die Absatzmenge bei Veränderung des derzeitigen Absatzpreises verhält, können nicht getroffen werden. Stattdessen dienen Erfahrungswerte oder Statistiken als Anhaltspunkte.

Der **idealtypische Verlauf** einer **linearen PAF** sieht so aus:

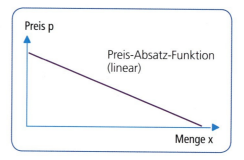

Abb. 1 Preis-Absatz-Funktion

In der X-Achse wird dabei die Absatzmenge x aufgetragen, in der Y-Achse der Preis p. Die Schnittstellen der Preis-Absatz-Funktion mit den jeweiligen Achsen bedeuten:

- **Schnittstelle PAF mit Y-Achse**
  Diese Stelle bezeichnet den Preis, bei dem die Absatzmenge gleich Null ist. Das heißt, wenn die Unternehmung den Preis auf diesen Wert festlegt, so verkauft sie das Produkt nicht mehr.

- **Schnittstelle PAF mit X-Achse**
  Die Schnittstelle mit der X-Achse zeigt den theoretischen Fall, dass das Produkt kostenlos vom Hersteller (p=0) abgegeben wird. In diesem Fall würde die Absatzmenge auf das Maximum steigen.

Aufgabe

1. Warum ist die PAF in der Praxis nur bedingt anwendbar? Zeigen Sie konkrete Kritikpunkte auf.

7.2 Preisstrategien für die Einführung neuer Produkte

Bei der Einführung neuer Produkte in den Markt verfolgt der Hersteller in der Regel eine der folgenden zwei Möglichkeiten:
- Der Hersteller führt das Produkt mit einem hohen Preis ein und senkt diesen im Laufe des Produktlebenszyklus.
- Der Hersteller wählt einen konstanten Preis des Produktes über alle Phasen des Produktlebenszyklus.

Nur vereinzelt werden Strategien verwendet, die mit einem sehr niedrigen Anfangspreis starten und im Laufe der Zeit teurer werden. Ausnahmen hier sind beispielsweise Oldtimer oder Antiquitäten.

Skimming- vs. Penetrationsstrategie

Im Zuge der **Skimmingstrategie** setzt eine Unternehmung auf einen relativ hohen Preis bei Einführung des Produktes, der sich aber im Laufe der Zeit deutlich verringert.

Klassische Beispiele aus der Praxis, in denen eine Skimmingstrategie verfolgt wird, sind Artikel aus der Technik.

> Hohe Preise bei der Produkteinführung ermöglichen höhere Gewinne und dadurch kürzere Amortisationszeiten.

7 Die Kontrahierungspolitik

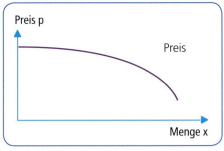
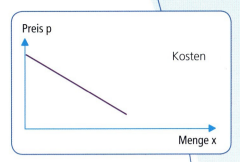

Abb. 1 Skimmingstrategie

Die **Penetrationsstrategie** verfolgt hingegen das Ziel, mit einem günstigen Einstiegspreis den Kunden an das Produkt zu binden und ggf. im späteren Verlauf des Produktlebenszyklus den Preis anzuheben.

Aufgrund des niedriger gewählten Anfangspreises ist die Amortisationszeit im Vergleich zur Skimmingstrategie deutlich länger.

> 🔴 Preispenetration ist sinnvoll bei Fertigung großer Stückzahlen, wenn dadurch Vorteile im Einkauf oder eine bessere Auslastung von Maschinen erreicht werden können.

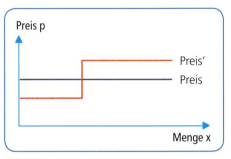
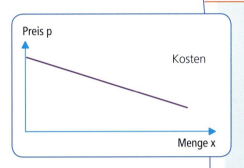

Abb. 2 Penetrationsstrategie

	Skimmingstrategie	**Penetrationsstrategie**
Verfolgte Strategie	Hoher Einstiegspreis bei Markteinführung; im Laufe des PLZ nimmt der Preis ab.	Gleich bleibender oder leicht abfallender/ansteigender Preis in allen Phasen des PLZ.
Hintergrund der Strategie	Interesse bei den Kunden wecken; Profilierung am Markt gegenüber der Konkurrenz	Anreiz für den Kunden schaffen, das Produkt schnellstmöglich zu einem günstigen Preis zu kaufen.
Gewinnabschöpfung des Unternehmens	Zu Beginn relativ hoch, da der Preis hoch angesetzt ist; im Laufe des PLZ nimmt die Gewinnmarge ab.	Gleich bleibende (niedrigere) Gewinnabschöpfung, da der Einstiegspreis niedriger gewählt ist.
Amortisationsdauer	Aufgrund der hohen Gewinnabschöpfung zu Beginn des PLZ relativ kurz.	Aufgrund der niedrigeren Gewinnabschöpfung zu Beginn des PLZ relativ hoch.

Aufgaben

❶ Stellen Sie grafisch die beiden Varianten „Skimmingstrategie" und „Penetrationsstrategie" zur Einführung eines neuen Produktes dar.

❷ Erstellen Sie eine Gegenüberstellung mit mindestens vier der wesentlichen Unterscheidungsmerkmale, die eine Abgrenzung der beiden Strategien deutlich macht.

❸ Nennen Sie jeweils drei Beispiele aus der Praxis, bei denen diese Strategien bei Markteinführung Anwendung gefunden haben.

Marketing

MARKETING IM GASTGEWERBE

> Das Target Costing ermittelt anhand der Zahlungsbereitschaft der Kunden, wie hoch die Produktionskosten ausfallen dürfen und nicht wie hoch der Preis sein muss, um einen bestimmten Gewinn zu erwirtschaften.

Zielkostenrechnung

Die Zielkostenrechnung (auch als **Target Costing** bezeichnet) orientiert sich sehr stark an den Bedürfnissen und Erwartungen des potenziellen Kunden.

Anders als bei einer traditionellen Kostenrechnung, bei der man die Kosten eines Produktes als Basis nimmt, einen Gewinnzuschlag addiert und somit den Absatzpreis kalkuliert, hinterfragt man beim Target Costing, **was der Kunde bereit ist, für ein bestimmtes Produkt zu bezahlen**. Auf Basis dieser Angaben wird dann das Produkt entsprechend „rückwärts" kalkuliert.

Das Ziel des Unternehmens bei der Zielkostenrechnung besteht somit nicht darin, das Produkt zu einem vorkalkuliertem Preis zu veräußern, sondern das Produkt zu Konditionen herstellen zu können, damit man den Preis erreichen kann, den die Kunden bereit sind zu zahlen.

1. Marktforschung (Kap. 10)
2. Ermittlung des Zielpreises für das Produkt
3. Abzug einer Gewinnspanne vom ermittelten Zielpreis
4. Durchführen von ggf. Prozessoptimierungen
5. Produktion des Produktes gemäß den Target Costs

Zu Beginn dieses Konzeptes steht immer eine umfangreiche **Marktstudie**. In ihr wird ermittelt, welche Erwartungen die potenziellen Kunden an das spätere Produkt haben und welchen Preis sie bereit sind, dafür zu zahlen.

Auf Basis der Ergebnisse aus der Marktforschung kennt das Unternehmen nun die Erwartungen des Kunden an das Produkt und den Preis, den er dafür zahlen würde. Aufbauend auf diesen Erkenntnissen setzt sich der **Zielpreis** zusammen.

Jedes Produkt ist für ein Unternehmen nur lukrativ und interessant, wenn es einen **Gewinn** abwirft. Aus diesem Grund wird nun ausgehend vom Zielpreis eine Gewinnmarge (**Target Profit**) subtrahiert. Nach Abzug des Target Profits bleibt der Betrag, der maximal für die Produktion des Produktes anfallen darf.

Sind die erlaubten Kosten zur Herstellung des Produktes höher als der veranschlagte Betrag, so wird nach Möglichkeiten gesucht, die die Produktion des Produktes zu den geplanten Konditionen erlauben.

In der Regel ist dies mit aufwendigen **Prozessoptimierungen** in der Produktion und bei der Beschaffung der Rohstoffe verbunden.

Im letzten Schritt der Zielkostenrechnung erfolgen die **Produktion** und der **Vertrieb** des Produktes zu dem in der Marktforschungsphase ermittelten **Zielpreis**.

Aufgabe

1 Inwiefern unterscheidet sich die Zielkostenrechnung von der klassischen Kostenrechnung in einem Unternehmen?

7.3 Rabattpolitik

Ein Rabatt ist ein auf den Listenpreis gewährter **Nachlass**, der in der Regel **prozentual** angegeben wird. Rabatte werden in der Regel bei der Preiskalkulation berücksichtigt und im Vorfeld aufgeschlagen. Es gibt allerdings auch Nachlässe, die als Teil der Verkaufsförderung gewährt werden (z. B. beim Sommer- oder Winterschlussverkauf, um Lagerbestände abzubauen).

Abb. 1 Rabattpolitik

In der **Gastronomie** sind Rabatte weniger durch prozentuale Nachlässe als durch sogenannte **Naturalrabatte** vertreten. Dabei erfolgt eine Zugabe weiterer Produkte oder verschiedener Präsente (z. B. durch Couponaktionen).

Weitere wichtige Rabattarten sind beispielsweise:

- Mengenrabatt
- Lieferantenrabatt (Skonto)
- Personalrabatt
- Frühbucherrabatt

Abb. 2 Naturalrabatte

Aufgaben

1. Beschreiben Sie die Verwendung von Rabatten in der Gastronomie.
2. Nennen Sie 10 verschiedene Formen von Rabatten und finden Sie dazu je ein Beispiel.

7.4 Lieferungs- und Zahlungsbedingungen

Die Lieferungs- und Zahlungsbedingungen regeln den Kauf eines Produktes oder einer Dienstleistung mittels gesetzlicher Vorschriften oder durch die **Allgemeinen Geschäftsbedingungen (AGBs)**.

In den **Lieferungsbedingungen** werden die Lieferverpflichtungen des Käufers und Verkäufers beispielsweise bezüglich Menge, Lieferart oder Fracht- und Versicherungskosten geregelt.

Die **Zahlungsbedingungen** bestimmen die Zahlungswege, das Zahlungsziel oder mögliche Zahlungsmittel. Somit wird dadurch nicht nur vorgegeben, auf welche Weise und in welchem Zeitraum, sondern auch in welcher Währung gezahlt werden kann.

In der **Gastronomie** kommt es in der Regel zu **mündlich geschlossenen Kaufverträgen**, bei der die Lieferungs- und Zahlungsbedingungen aus dem Handeln der Vertragsparteien hervorgehen.

Abb. 3 Beispiel für AGB

8 Die Kommunikationspolitik

Grundsätzlich sollte man einen Etat für Marketingmaßnahmen erstellen. Idealerweise orientiert sich dieser an Kennzahlen (z. B. ein Anteil des Umsatzes). Bei Veränderungen (Umsatzeinbrüchen) kann eine Erhöhung allerdings sinnvoll sein.

Nach Festlegung des Produktes und der Produktpalette (Produktpolitik) und der finanziellen Umsetzungsplanung (Kontrahierungspolitik) folgt im dritten Schritt innerhalb des Marketing-Mix die **Kommunikation des Produktes** (und dessen Leistungen) am potenziellen Käufermarkt.

Wesentliches Ziel der Kommunikationspolitik ist dabei stets der Informationsaustausch zwischen dem potenziellen Kunden und dem Unternehmen.

Die Kommunikationspolitik lässt sich dabei in **vier Hauptbestandteile** untergliedern:

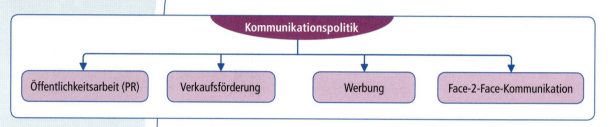

Kommunikationspolitik
- Öffentlichkeitsarbeit (PR)
- Verkaufsförderung
- Werbung
- Face-2-Face-Kommunikation

8.1 Öffentlichkeitsarbeit – Public Relations

Ein essenzieller Baustein der Kommunikationspolitik ist die Öffentlichkeitsarbeit bzw. **Public Relations (PR)**. Mithilfe von PR-Maßnahmen verfolgt ein Unternehmen das Ziel, sich am Markt zu positionieren und ein positives Image aufzubauen.

Durch Öffentlichkeitsarbeit möchte ein Unternehmen auf sich aufmerksam machen. **Die Bewerbung bestimmter Produkte oder Produktgruppen ist dabei zweitrangig**, in den meisten PR-Projekten sogar nicht vorhanden. Vielmehr zielt die Öffentlichkeitsarbeit darauf ab, dass sich ein Unternehmen (als Ganzes) langfristig in den Köpfen der potenziellen Käuferschicht verankert.

Abb. 1 Öffentlichkeitsarbeit

In PR-Kampagnen werden daher häufig Themen des Unternehmens aufgegriffen, die wesentlicher Bestandteil in deren Leitbild sind, z. B.:
- Umweltschutz
- Sicherheit
- Verantwortung gegenüber den Mitarbeitern

Die Kommunikation dieser Werte erfolgt durch unterschiedliche Informationswege:
- Kommunikation mithilfe **klassischer Massenmedien**
  Die Unternehmung entwirft Werbespots und Slogans, die die Unternehmenswerte einbeziehen, und kommuniziert diese in Kampagnen und über Funk und TV.
  Beispiel: Imagekampagnen verschiedener Urlaubsländer in TV und Rundfunk

Abb. 2 Öffentlichkeitsarbeit im Internet

- Kommunikation mittels **Handouts**
  Die Unternehmung entwickelt für ihre interessierten Kunden Informationsmaterialien wie Flyer oder Newsletter. Kostenlose Mitnahme oder Zusendung. *Beispiel:* Unternehmenszeitschrift
- Kommunikation auf **Veranstaltungen**
  Beispiel: Tag der offenen Tür, an dem interessierte Besucher Einblicke in die täglichen Arbeitsabläufe der Unternehmung gewinnen können.

8.2 Verkaufsförderung

Anders als PR-Maßnahmen zielen Aktionen der Verkaufsförderung auf die **Absatzankurbelung eines bestimmten Produktes** ab. Verkaufsförderungsmaßnahmen sind meist kurzfristig orientiert und haben daher den Charakter einer befristeten „Aktion" des Unternehmens.

Ein klassisches Beispiel für Verkaufsförderungsmaßnahmen sind **Verkostungen im Supermarkt**. Das Testen von Produkten soll den potenziellen Käufer auf diese aufmerksam machen und sein Interesse wecken. Der Konsument erhält Kostproben eines Produktes, die vom Hersteller aktiv durch geschultes Personal dem Käufer angepriesen werden. Während der potenzielle Käufer verkostet, wird er über das Produkt und dessen Vorzüge aufgeklärt.

Verkaufsförderungsmaßnahmen finden auch **in der Systemgastronomie verstärkt Anwendung**. Wird ein neues Produkt eingeführt, so ist es sinnvoll, kleine Kostproben unter den Gästen zu verteilen und diesen das neue Produkt in wenigen kurzen Sätzen kurz vorzustellen.

Abb. 1 Verkaufsförderung: Verkostung

• Die Steigerung des Verkaufs mittels Zugaben oder Rabatten (z. B. „Kauf 3 zahl 2"-Aktionen) wird nicht als Verkaufsförderung, sondern als Maßnahme der Kontrahierungspolitik gesehen.

8.3 Werbung

Das Kommunikationsinstrument der Werbung ist das **klassische und meist verwendete** Instrument der Kommunikationspolitik. Mithilfe von Werbung versucht das Unternehmen, das Verhalten von potenziellen Käufergruppen durch den Einsatz geeigneter Kommunikationsmittel zu stimulieren. Das Unternehmen versucht dabei sowohl **direkt** als auch **indirekt** die potenziellen Käufer zu **beeinflussen**, indem es gezielt Werbemittel einsetzt. Aus diesem Grund werden bei der Gestaltung von Werbemaßnahmen vermehrt psychologische Theorien berücksichtigt.

Emotionale vs. rationale Werbung

	Emotionale Werbung	**Rationale Werbung**
Kommunikation der Botschaft	Appell an die Gefühle des Käufers: → positive Gefühle (Tiere, Liebe, Vertrauen usw.) → negative Gefühle (Gewalt, Verbrechen usw.)	Sachlich, informativ
Zielgruppe	Alle Käufergruppen	Anspruchsvolle Zielgruppe
Aufmerksamkeitswirkung	hoch	gering
Erinnerungswert	hoch	gering

Marketing

MARKETING IM GASTGEWERBE

Werbung findet in verschiedenen Medien Anwendung, die vier häufigsten sind:
- TV
- Rundfunk
- Print
- Internet

AIDA bedeutet:

A ttention (Aufmerksamkeit)
I nterest (Interesse)
D esire (Verlangen)
A ction (Handeln)

Die Werbung wird auf das Medium, in dem geworben wird, angepasst. In TV-Spots wird häufig mit emotionalen Reizen argumentiert, im Radio hingegen liegt der Fokus auf den Stimmen der Sprecher sowie dem Überraschungseffekt. Diese Elemente stehen einem Unternehmen bei einer Internet- oder Zeitungswerbung nicht zur Verfügung. Hier gelten formale Aspekte, die die Werbebotschaft dem potenziellen Käufer nahebringen soll. Häufig wird auf viel Text innerhalb der Werbung verzichtet. Stattdessen finden Bilder oder im Web Animationen Verwendung. Diese werden vom Betrachter schneller wahrgenommen und bleiben länger im Gedächtnis verankert.

Auch die Farbgestaltung der Werbefläche hängt stark mit dem Werbeerfolg zusammen. Die Farbe Weiß wird häufig mit „Kälte" oder „Krankenhaus" assoziiert, Rot mit „Feuer" oder „Rache", aber auch „Sehnsucht" oder „Liebe".

AIDA-Modell

Das AIDA-Modell spiegelt den Prozess der Werbewirkung beim potenziellen Käufer wider. Es umfasst dabei insgesamt vier Phasen, die der Kunde vom Aufmerksamwerden bis zur Kaufentscheidung durchläuft. Dieses Modell behandelt einen idealen Ablauf einer Werbebotschaft beim Neukunden.

Attention
In der ersten Phase liegt es an einem Unternehmen, die **Aufmerksamkeit** bei der angestrebten Zielgruppe zu wecken. Dies geschieht meist durch das Abheben von der Konkurrenz oder dem Aufzeigen einer Besonderheit am Produkt. Das Ziel ist es, den Kunden mit dem eigenen Produkt zu überraschen, sodass dieses in dessen Gedächtnis verankert ist.

Interest
In dieser Phase kennt der Kunde das Produkt. Wichtig ist, dass nun sein **Interesse** geweckt wird, das Produkt noch genauer kennenzulernen. Hat der Hersteller negative Aufmerksamkeit beim potenziellen Käufer erregt, kommt es nicht zum Interesse.

Desire
Nachdem das Interesse geweckt ist, stellt sich im Idealfall das **Verlangen** des Kunden nach dem beworbenen Produkt ein. Beim Käufer entwickelt sich ein Besitzwunsch. Dieses Verlangen muss vom Hersteller provoziert werden. Häufig wird hier wieder mittels der emotionalen Schiene Verlangen aufgebaut.

Action
Ist beim Kunden die Aufmerksamkeit geweckt, das Interesse vorhanden und auch das Verlangen nach dem Produkt angeregt, so führt dies noch nicht zwangsweise zur **Kaufentscheidung**. Dies kann beispielsweise an verschiedenen Faktoren scheitern:
- Der Kunde räumt sich selbst eine Überlegungszeit für Kauf oder Nichtkauf des Produktes ein (z. B. bei Großanschaffungen häufig der Fall).
- Der Kunde möchte Vergleiche anderer Hersteller mit dem Produkt anstellen.
- Der Kunde verfügt aktuell nicht über die finanziellen Mittel, um sich das Produkt anzuschaffen.

Um diesen Eventualitäten vorzubeugen, sollte der Hersteller sich auf diese möglichen Gedankengänge des Kunden einstellen und geeignete Strategien entwickeln.

Beispiel: Angebot von Ratenzahlung

VAKOG-Modell

In der Werbung ist der gezielte Einsatz der **menschlichen Sinnesorgane** essenziell.

Daher findet das sogenannte VAKOG-Modell, das unsere fünf Sinnesorgane beschreibt, auch in der Werbeforschung seinen festen Bestandteil.

Durch die Aufnahme von unterschiedlichen Werbereizen mittels unserer Sinnesorgane festigen sich Bilder, Klänge und Gefühle in unserem Gedächtnis.

Die Sinnesorgane sind von Mensch zu Mensch verschieden stark ausgeprägt. Diesen Aspekt macht sich auch die Werbung zunutze. Je nach Zielgruppe können so spezifische Werbemaßnahmen entwickelt werden, die den potenziellen Kunden bestmöglich ansprechen.

> ● VAKOG steht für
>
> **V** isuell — Sehen
> **A** uditiv — Hören
> **K** inästhetisch — Fühlen/Berühren
> **O** lfaktorisch — Riechen
> **G** ustarisch — Schmecken

Vergleichende Werbung

Nach § 6 UWG (Gesetz gegen unlauteren Wettbewerb) ist vergleichende Werbung „jede Werbung, die unmittelbar oder mittelbar einen Mitbewerber oder die von einem Mitbewerber angebotenen Waren oder Dienstleistungen erkennbar macht".

Bis zum Jahr 2000 war vergleichende Werbung in Deutschland generell untersagt. Der Konkurrent durfte weder namentlich genannt noch durch typische Merkmale erkennbar gemacht werden.

Seitdem ist in Deutschland vergleichende Werbung laut Gesetz dann erlaubt, wenn folgende sechs Faktoren erfüllt sind:

- Die vergleichende Werbung darf sich nur auf Waren bzw. Dienstleistungen eines anderen Unternehmens beziehen, dessen Waren den gleichen Zweck wie die eigenen erfüllen.
- Der Vergleich darf nicht unter subjektiven, sondern ausschließlich unter objektiven Gesichtspunkten erfolgen; die verglichenen Merkmale müssen nachprüfbar sein.
- Der Vergleich darf nicht zur Verwechslung des eigenen mit dem verglichenen Produkt führen.
- Die Produkte des Mitbewerbers dürfen nicht negativ dargestellt werden.
- Das eigene Produkt stellt keine Nachahmung des Vergleichsproduktes dar.
- Der Ruf des Mitbewerbers darf nicht negativ ausgenutzt werden.

> ● Das Gesetz gegen unlauteren Wettbewerb (UWG) regelt darüber hinaus, dass Kunden nicht irregeführt werden dürfen, z. B. bei Herkunft, Qualität oder preislichen Angeboten. Werbung an Menschen zu senden, die dies erkennbar nicht wünschen, ist unzulässig.

8.4 Face-2-Face-Kommunikation

Bei der Face-2-Face-Kommunikation („von Angesicht zu Angesicht") erfolgt die Kommunikation persönlich.

Diese Form des Kundenkontakts findet dann statt, wenn es hauptsächlich um den Vertrieb von erklärungsbedürftigen Gütern geht – z. B. im Investitionsgüter-Sektor. Bei der Face-2-Face-Kommunikation setzt sich der Hersteller direkt mit dem potenziellen Kunden in Verbindung und klärt vor Ort offene Fragen zu dem Produkt.

Diese Art von Kommunikationspolitik ist sehr personalintensiv und daher teuer. Im gastronomischen Bereich findet Face-2-Face-Kommunikation nur vereinzelt Anwendung.

Marketing

MARKETING IM GASTGEWERBE

8.5 Zusammenfassende Übersicht

	Öffentlichkeitsarbeit	Verkaufsförderung	Werbung	Face-2-Face
Zeitliche Orientierung	langfristig	kurzfristig	mittelfristig	einzelfallabhängig
Umfang der Adressaten	groß	gering	groß	gering
Mittelpunkt der Aktion	Werte der Unternehmung	Produkt	Produkt	Produkt
Kosten	je nach Intensität	hoch	mittel	hoch
Personalintensität	gering bis mittel	hoch	gering bis mittel	sehr hoch
Nachhaltigkeit	hoch	gering	mittel	einzelfallabhängig
Einzugsgebiet	hoch	gering	mittel	gering
Streuverluste	hoch	mittel	hoch	gering
Messbarer Erfolg	direkte Auswirkung auf Kennzahlen nicht möglich	Umsatzsteigerung hinsichtlich des beworbenen Produktes	Umsatzsteigerung hinsichtlich des beworbenen Produktes	Umsatzsteigerung hinsichtlich des beworbenen Produktes

Affiliate Marketing

In Webauftritten verbreitet: Anzeigen von Vertriebspartnern (Affiliates) führen beim Anklicken zu deren Shops. Der Betreiber der Website erhält eine Provision z. B. bei Kauf

8.6 Entwicklungen in der Kommunikationspolitik

Aufgrund von Veränderungen des Kundenverhaltens oder technischer Weiterentwicklungen halten, aufbauend auf den vorangegangenen klassischen Kommunikationswegen, **zusätzliche Formen** Einzug bei der Aufmerksamkeitssteigerung gegenüber dem Kunden.

Onlinemarketing

Die wachsende Vernetzung und die ständige Weiterentwicklung im Internet sorgen für eine steigende Bedeutung auch im Marketing. Grundsätzlich lässt sich das Onlinemarketing als Teil der bereits ausgeführten klassischen kommunikationspolitischen Maßnahmen betrachten. Allerdings bestehen auch einige Besonderheiten.

Suchmaschinenoptimierung (SEO)

Neben dem Schalten kostenpflichtiger Werbeanzeigen bei Suchmaschinenanbietern spielt auch die Optimierung der eigenen Homepage eine bedeutende Rolle. Prägnante Stichworte auf der Unternehmensseite sowie Verlinkungen mit anderen Seiten haben großen Einfluss auf die Positionierung innerhalb einer Suchmaschinenabfrage.

Da die Anbieter die Verfahren zur Abbildung von Suchanfragen selbst weiter optimieren, lassen sich keine allgemein gültigen Maßstäbe dauerhaft festschreiben. Die Optimierung der Suchmaschinenplatzierung hat allerdings bei der Erstellung von Internetseiten einen hohen Stellenwert.

Social Media

Die fortschreitende Entwicklung der Internetmobilität mittels sogenannter Smartphones und Tablets rückt das **Social-Media-Marketing** für viele Unternehmen in einen stärkeren Fokus.

Plattformen wie Facebook, Twitter oder YouTube dienen einerseits als kostengünstige Kommunikationskanäle. Durch Unternehmensseiten können direkte Kontakte zu Interessenten bzw. bestehenden Kunden zur Vermittlung von Unternehmensbotschaften genutzt werden. Die Einbindung in das soziale Umfeld von Menschen kann die Reichweite – also die Zahl der virtuellen Besucher – im Vergleich zu einer klassischen Homepage steigern. Andererseits gewinnt bezahlte Werbung auf den Seiten der Social-Media-Plattformen immer mehr an Bedeutung.

Rechtliche Aspekte

Gerade im Internet ist es wichtig, sich an Gesetze zu halten, da die Einhaltung für jeden leicht überprüfbar ist und im schlimmsten Fall **hohe Kosten für Rechtsstreitigkeiten** entstehen. Auf die Auswahl der Domain, die Einhaltung von Urheberrechten für verwendete Bilder oder Inhalte, den Datenschutz sowie die Impressumspflicht ist besonders zu achten.

Abb. 1 Social Media: Facebook

Abhängig von der Nutzung des Internets sind weitere Richtlinien zu beachten, z. B. beim Online-Handel.

Eventmarketing und Sponsoring

Veranstaltungen als Botschafter für Produkte und Unternehmen sind seit vielen Jahren beliebt. Der ständig steigende Anspruch an den Unterhaltungswert sowie eine Vielzahl konkurrierender Events stellt Veranstalter allerdings vor große planerische Aufgaben, um besonders im Marketing die erwünschte Botschaft vermitteln zu können.

Bei der Nutzung von Events als Marketinginstrument kann man **zwei Arten** unterscheiden. Beim **Eventmarketing** plant und organisiert das Unternehmen Veranstaltungen selbst, um bestmögliche Werbewirkung zu erzielen.

Bei der Beteiligung an einem fremden Event spricht man von **Sponsoring**. Hierbei erhält der Veranstalter Geld- oder Sachleistungen vom Unternehmen, das Werbung für sich macht. Die bekannteste Form ist das Sportsponsoring, aber auch kulturelle, soziale oder ökologische Zwecke können gesponsert werden und erfahren eine wachsende Bedeutung.

Sponsoring unterscheidet sich grundlegend vom Spendenwesen.

Sponsoring = Leistung für Gegenleistung

Spende = Leistung ohne Gegenleistung

Crossmarketing

Arbeiten mehrere Unternehmen bei der Vermarktung zusammen, spricht man von Crossmarketing. Bei der Zusammenarbeit gibt es eine Vielzahl von Variationen.

- **Co-Branding** (zwei bekannte Marken teilen sich ein Produkt)
- **Ingredient-Branding** (ein unbekannterer Partner nutzt die Kooperation mit einem bekannten Unternehmen)
- **Product-Bundling** (Kombination von unterschiedlichen Produkten zu reduziertem Preis)

Abb. 2 Co-Branding

Marketing

MARKETING IM GASTGEWERBE

- **Couponing** (Kooperation durch Vergünstigungen bei Partnern nach Kauf des Produktes, z. B. Pringles und Burger King)
- **Cross-Promotion** (gemeinsame Werbemaßnahmen von mehreren Unternehmen)

Empfehlungsmarketing

> Wenn nach Negativerlebnissen die Reklamation schnell und gut abgewickelt wird, kann das bei Kunden zu steigender Zufriedenheit führen. Die Einführung eines Beschwerdemanagements ist daher sinnvoll.

Weiterempfehlungen bilden seit Langem einen wichtigen Einflussfaktor auf die Kaufentscheidungen von Kunden. Auch hier sorgt das Internet durch **Bewertungsportale** oder **Social-Media-Plattformen** für eine wachsende Bedeutung dieses Kommunikationsaspekts. Erreicht die klassische „Mundpropaganda" nur Personen aus dem Umfeld, können Fremde durch das Lesen von Bewertungen zu einem Kauf stärker animiert, aber auch davon abgeschreckt werden.

In der Regel neigen Menschen dazu, negative Erfahrungen eher zu kommunizieren als positive. Daher sollte auf negativ geäußerte Kritiken positiv und freundlich reagiert werden.

Corporate Social Responsibility (CSR)

Nachhaltigkeit nimmt in der Gesellschaft eine steigende Bedeutung ein. Für viele Menschen stehen ökologische und soziale Interessen mit Blick auf zukünftige Generationen immer stärker im Fokus. Dies sollte sich auch in der sozialen Verantwortung eines Unternehmens widerspiegeln. Ein glaubwürdiges Engagement in umwelt- und sozialpolitischen Bereichen kann sich daher auch positiv auf die ökonomischen Unternehmensziele auswirken.

Aufgaben

1. Zeigen Sie die einzelnen Bestandteile der Kommunikationspolitik auf.
2. Welche Vorteile liegen für ein Unternehmen in einer PR-Kampagne? Zeigen Sie an einem aktuellen Beispiel aus der Praxis die Wirkungsweise einer Imagekampagne auf.
3. Zeigen Sie die Vor- und Nachteile der vier Hauptelemente der Kommunikationspolitik auf.
4. Welche weiteren Elemente gibt es in der Kommunikationspolitik? Führen Sie jeweils ein Beispiel an.
5. Was versteht man unter dem AIDA-Modell?
6. Wo sehen Sie Kritikpunkte in der Konzeption des AIDA-Modells?
7. Erläutern Sie anhand eines geeigneten Beispiels, warum ein Problem der Werbung der hohe Streuverlust ist.
8. In welchen Gebieten (neben dem Investitionssektor) ist die persönliche Kommunikation noch von hoher Bedeutung? Begründen Sie Ihre Ausführung.

9 Die Distributionspolitik

Die Distributionspolitik umfasst alle Entscheidungen, die den **Vertrieb** des Produktes betreffen. Sie beschäftigt sich sowohl mit logistischen Aspekten, als auch mit der Frage, auf welche Weise die Produkte vom Hersteller zum Endabnehmer, dem Kunden, gelangen.

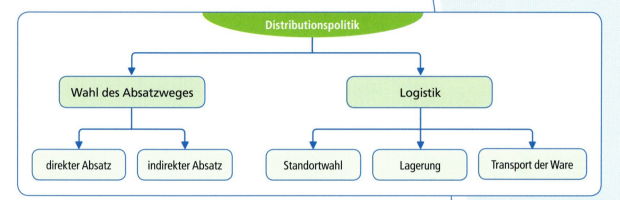

Die **Logistik** erstreckt sich über nahezu alle betrieblichen Bereiche. Mit Ausnahme der Standortwahl wird sie hauptsächlich im Rahmen der **Warenwirtschaft** behandelt (s. S. 609).

9.1 Die Wahl des Absatzweges

Je nachdem, ob zwischen Hersteller und Endabnehmer noch weitere Zwischenhändler agieren, unterscheidet man bei der Wahl des Absatzweges zwischen **direktem** und **indirektem** Absatz.

Direkter Absatz

Beim direkten Absatz erfolgt der Warenübergang direkt vom Hersteller an den Endkunden. Absatzmittler werden dabei nicht eingesetzt. Stattdessen tritt der Hersteller selbst mit dem Kunden in Kontakt und übernimmt den Vertrieb. Sämtliche Prozesse, die das Produkt betreffen, finden daher direkt zwischen Hersteller und Abnehmer statt.

Der direkte Kontakt zwischen Hersteller und Endkunde kann beispielsweise durch **eigene Filialsysteme** (z. B. Tchibo) oder durch **Vertragshändler** geschehen. Auch der **Direktversand per Internet** (z. B. Dell) gehört zum Direktabsatz.

Eine hohe Bedeutung hat der direkte Absatz insbesondere im Dienstleistungsbereich und bei Gütern, die einen **hohen Erklärungsbedarf** benötigen. Im Dienstleistungsbereich werden die Serviceleistungen vor Ort am Kunden erbracht, sodass eine Zwischenlagerung bei Absatzmittlern von vornherein nicht möglich ist.

Die Systemgastronomie verfolgt immer den direkten Absatzweg.

Indirekter Absatz

Beim indirekten Absatz befindet sich zwischen dem Hersteller und dem Endabnehmer mindestens ein rechtlich selbstständiger **Absatzmittler**.

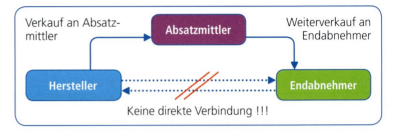

Der Hersteller überträgt dem Absatzmittler die Aufgabe des Weiterverkaufs seines Produkts.

Der indirekte Absatzweg sollte dann gewählt werden, wenn es sich um **lagerfähige Güter** handelt, bei denen es keinen großen Erklärungsbedarf gibt. Klassisches Beispiel sind Güter des täglichen Gebrauchs. Dort erfolgt meist der Absatz mit Zwischenschaltung von ein oder zwei Absatzmittlern.

Wahl zwischen direktem und indirektem Absatz

Ob die Wahl auf einen direkten oder indirekten Vertrieb fällt, hängt von folgenden wesentlichen Faktoren ab:
- Handelt es sich um eine **Dienstleistung** oder um ein **fertiges Produkt**?
- Wie hoch ist der **Erklärungsbedarf** für das Produkt beim Endkunden?
- Wie viel **Verantwortung** möchte der Hersteller selbst für den Vertrieb übernehmen?
- Wie ist die gesamtunternehmerische **Strategie**?
- Für welchen **Preis** kann das Produkt am Markt verkauft werden?

Vor- und Nachteile der beiden Vertriebswege:

	Direkter Absatz	**Indirekter Absatz**
Vorteile	• Die gesamte Verkaufsmacht bleibt beim Hersteller selbst; dies ermöglicht ein Agieren unabhängig von einem Absatzmittler. • Die Preisentscheidung liegt allein beim Hersteller. • Die Möglichkeit, eine dauerhafte Kundenbindung aufzubauen, ist sehr hoch.	• Der komplette Vertrieb und dessen Verantwortung liegen beim Absatzmittler. • Der Absatzmittler betreibt ggf. zusätzliche Werbemaßnahmen für das Produkt (kostenlose Werbung für den Hersteller).
Nachteile	• Gefahr, dass der Vertrieb nicht flächendeckend erfolgen kann. • Die gesamte Verantwortung liegt beim Hersteller.	• Hersteller hat keinen direkten Einfluss mehr auf den Verkaufspreis. • Absatzmittler bestimmt die Vermarktung des Produktes. • Abhängigkeit des Herstellers vom Absatzmittler • Kein direkter Kontakt zwischen Hersteller und Kunden

9.2 Standortwahl

Je nach den Angeboten eines Unternehmens hat der Standort große Auswirkungen auf den Erfolg. Die wichtigsten Einflussgrößen sind dabei:

Kundennähe

Da in vielen Branchen ein **direkter Kundenkontakt** erforderlich ist, müssen sich Unternehmen auch in unmittelbarer Nähe befinden. Dabei ist nicht nur auf die quantitative Zahl von Menschen zu achten, sondern auch auf Einflussfaktoren wie z. B. Altersstruktur, Bildung und Einkommen.

Infrastruktur

Auch das **Umfeld eines Unternehmens** spielt eine entscheidende Rolle. Neben Straßen können auch die Verfügbarkeit von öffentlichen Verkehrsmitteln, Versorgungsleitungen wie Wasser und Internet von Bedeutung sein.

Ebenfalls ist zu bedenken, dass besser gelegene **Standorte** in der Regel einen höheren Grundstücks- oder Mietpreis besitzen.

Konkurrenz

In der Regel existieren im Umfeld bereits Unternehmen, die der gewünschten Zielgruppe ähnliche Waren oder Dienstleistungen anbieten. Es ist daher abzuklären, welche **Bedeutung** diese **Wettbewerber** haben. In manchen Fällen kann sich Konkurrenz auch positiv auf die Geschäftsentwicklung auswirken.

Arbeitsmarkt

Besonders in Branchen, die spezielle Kenntnisse von ihren Mitarbeitern verlangen, spielt das verfügbare potenzielle **Personal** eine wichtige Rolle. Bei großer Nachfrage kann dies zu hohen Personalkosten führen. Ist nicht genügend Personal vorhanden, müssen möglicherweise Stellen unbesetzt bleiben.

Behörden

Die Zusammenarbeit mit **öffentlichen Einrichtungen** ist ebenfalls im Vorfeld zu überprüfen. Neben staatlichen Vorgaben, die eine langfristige Ordnung sicherstellen (z. B. geordnete Genehmigungsverfahren, Korruptionsbekämpfung, verlässliche Politik), können auch regionale oder kommunale Unterschiede Einfluss auf den richtigen Ort haben.

> Hier sind beispielsweise Gewerbesteuerhebesatz, Öffnungszeitenregelungen, Lärmschutz oder ähnliche behördliche Auflagen zu nennen.

Aufgaben

1. Erklären Sie, was man unter „Distributionspolitik" versteht.
2. Worin unterscheidet sich der direkte Absatz vom indirekten Absatz? Untermauern Sie Ihre Aussage mit grafischen Darstellungen.
3. Worin liegen Vor- und Nachteile des indirekten Vertriebs?
4. Beschreiben Sie die Einflussfaktoren, die bei der Suche nach einem Standort für ein neues Restaurant.
5. Erläutern Sie, inwieweit die Distributionspolitik für die Systemgastronomie nur eine untergeordnete Rolle spielt.

Marketing

MARKETING IM GASTGEWERBE

10 Die Marktforschung

Unter Marktforschung versteht man die **systematische Sammlung und Erhebung** von marktrelevanten Informationen für die Unternehmung. Die gewonnenen Informationen werden mittels geeigneter Verfahren ausgewertet, sodass anschließend konkrete Entscheidungen für das strategische oder operative Marketing (Marketing-Mix) abgeleitet werden können.

10.1 Quantitative und qualitative Marktforschung

Je nach dem Zweck, den eine Unternehmung mit einer Marktforschung verfolgt, wird zwischen quantitativer und qualitativer Marktforschung unterschieden.

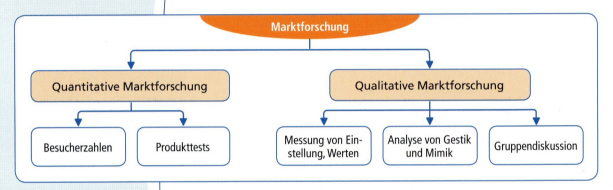

Die **quantitative Marktforschung** kommt dann zum Einsatz, wenn **zählbare Sachverhalte** gemessen werden, die durch statistische Verfahren auswertbar sind. Ein typisches Praxisbeispiel hierfür sind Verkehrszählungen, die zu unterschiedlichen Wochentagen und Tageszeiten gemessen werden. Die Ergebnisse aus dieser Erhebung können nach Abschluss der Studie berechnet werden.

Auf die **Gastronomie** übertragen lässt sich auf diese Weise die Zahl der Gäste an verschiedenen Wochentagen oder Tageszeiten analysieren, um genauere Rückschlüsse auf Personalplanung, Wareneinkauf oder Öffnungszeiten gewinnen zu können.

Beispiel

Zeitintervall	Anzahl der Gäste	Prozentualer Anteil
09–11	69	6 %
11–13	345	30 %
14–16	92	8 %
17–20	368	32 %
20–22	276	24 %
Summe	1.150	100 %

Da eine quantitative Marktstudie lediglich Zählwerte erfasst, aber keine Gründe für die Ergebnisse liefert, wird diese Art der Untersuchung häufig durch die qualitative Marktforschung ergänzt oder ersetzt. Die **qualitative Marktforschung** beschäftigt sich mit der Erforschung von **Einstellungen und Werten**, die eine Person veranlasst, bestimmte Handlungen auszuführen. Hier werden also die *Motive* der Zielpersonen untersucht. **Gruppendiskussionen** sind hierbei ein klassisches Element der qualitativen Marktforschung.

Beispiel: Das Steakhaus „Buffalo Bill" sucht nach innovativen Möglichkeiten, sein neu entwickeltes Abendmenu „After-Work-Dinner" populär zu machen. Es soll insbesondere nach Anregungen im Bereich der Werbung und des Vertriebs gesucht werden. Der Restaurantleiter entscheidet sich, eine Expertengruppe mit ca. 6 Personen aus unterschiedlichen Bereichen seines Restaurants zusammenzuführen, damit unterschiedliche Gesichtspunkte aus verschiedenen Abteilungen berücksichtigt werden.

Die **Ergebnisse** dieser Gruppendiskussion lassen sich nicht an festen Zahlwerten festmachen. Vielmehr werden Ansatzpunkte gesucht, die das Kaufverhalten und die Bedürfnisse der Gäste positiv beeinflussen können.

> **Aufgabe**
>
> 1 Worin besteht der wesentliche Unterschied zwischen der quantitativen Marktforschung und der qualitativen Marktforschung?

In der Praxis findet vermehrt die **Kombination beider Untersuchungsmethoden** Anwendung. Um eine quantitative Studie durchführen zu können, ist es oftmals nötig, zuvor eine qualitative Marktforschung heranzuziehen.

Insbesondere bei der Erstellung von Fragebogen für Befragungen entscheidet zuvor ein Expertenteam über die Kriterien und Aspekte, die diese Befragung beinhalten muss. Die Ergebnisse, die anschließend mithilfe der Befragung gewonnen werden, werden meist unter Anwendung von statistischen Verfahren ausgewertet und interpretiert.

10.2 Primärforschung und Sekundärforschung

Eine weitere Untergliederungsmöglichkeit der Marktforschung ist die Differenzierung zwischen Primärforschung und Sekundärforschung.

Bei der **Sekundärforschung** greift ein Unternehmen auf einen bereits von ihm erstellten Datenbestand zurück, um Informationen über einen Untersuchungsgegenstand zu erhalten. Die Informationsgewinnung erfolgt durch die Analyse und Auswertung von statistischem Material, Fachzeitschriften oder Ähnlichem.

Die **Primärforschung** hingegen erhebt die Daten für die Untersuchung neu. Das bedeutet, dass Informationen am Markt mithilfe von geeigneten Untersuchungsinstrumenten gesammelt und anschließend erst ausgewertet werden. Die Untersuchung erfolgt entweder durch Beobachtungen, Befragungen oder Experimente.

> ● Die Sekundärforschung bezeichnet man auch als **„desk research"** (Schreibtisch-Forschung), die Primärforschung hingegen als **„field research"** (Feld-Forschung).

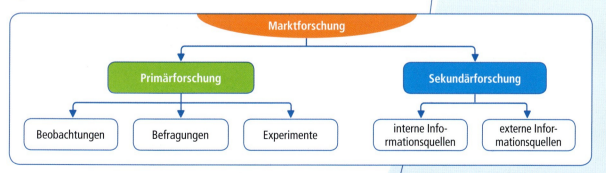

Marketing

MARKETING IM GASTGEWERBE

> Marktforschung ist für den Unternehmenserfolg von großer Bedeutung, um Kundenwünsche optimal erfüllen oder auf Verhalten der Konkurrenz reagieren zu können.

Für **welche Art** der Datengewinnung sich ein Unternehmen entscheidet, hängt von zahlreichen Faktoren ab:

- Wie hoch dürfen die **Kosten** für die Untersuchung sein?
- Wie **schnell** sollen Ergebnisse verfügbar sein?
- **Was** soll mit der Studie untersucht werden?
- Welche Informationen über den Untersuchungsgegenstand sind **bereits** in der Unternehmung **vorhanden**?
- Wie viel **Personal** soll für die Untersuchung investiert werden?

Generell hat die Sekundärforschung gegenüber der Primärforschung den Vorteil, dass die Daten relativ schnell zur Auswertung zur Verfügung stehen und dies kostengünstig erfolgt.

Im Vergleich zur Primärforschung besteht aber die Gefahr, dass die verwendeten Daten bereits veraltet sind und nicht mehr dem aktuellen Stand entsprechen. Zudem handelt es sich zumeist lediglich um statistische, numerische Erkenntnisse.

	Primärforschung	**Sekundärforschung**
Vorteile	• Bei der Datenerhebung werden aktuelle Marktaspekte untersucht. • Klassifizierung der Antworten kann nach eigenem Ermessen erfolgen. • Untersuchung kann individuell auf die eigene Unternehmung hin zugeschnitten werden.	• Daten stehen zeitnah zur Verfügung. • Die Datenerhebung ist relativ kostengünstig. • Der Vergleich von Daten aus verschiedenen Zeitintervallen ermöglicht es, Veränderungen und Trends leichter zu erkennen.
Nachteile	• Die Datenerhebung ist sehr kostenintensiv. • Die Vorbereitungs- und Durchführungsphase ist relativ lang.	• Die Datengewinnung orientiert sich an Vergangenheitswerten; Gefahr, dass die Aktualität der Studie nicht gewährleistet werden kann. • Für viele produktspezifische Marketingentscheidungen sind keine geeigneten Sekundärdaten vorhanden.

10.3 Sekundärforschung: Interne und externe Informationsquellen

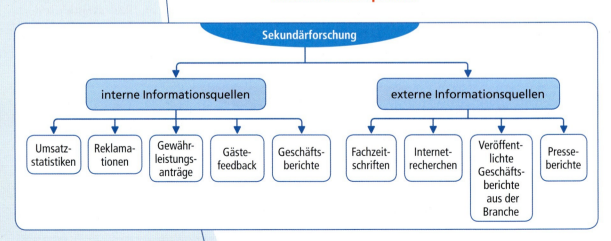

Die Sekundärforschung umfasst die **Beschaffung, Analyse und Auswertung von bereits vorhandenen Daten**. Diese Daten können entweder aus internen oder aus externen Informationsquellen stammen.

Interne Informationsquellen

Im Unternehmen bereits vorhandene, unternehmensspezifische Informationen werden zusammengetragen.

Mithilfe dieser Informationen ist es einer Unternehmung möglich, aktuelle Trends und Anregungen für Verbesserungspotenziale zu erkennen und diese zeitnah umzusetzen. So können interne Informationsquellen einen direkten Vergleich eines Sachverhalts zu verschiedenen Zeitpunkten bieten.

Interne Informationsquellen bilden häufig die Grundlage für weiterführende Studien sowohl in der Sekundärforschung als auch in der Primärforschung.

Beispiel: Anzahl der Gästereklamationen im Monat Juni vs. Anzahl der Gästereklamationen im Monat September

Externe Informationsquellen

Externe Informationsquellen sind nicht nur unternehmensspezifisch, sondern oft auch branchenspezifisch. Sie werden nicht von der Unternehmung selbst erarbeitet.

Beispiele für externe Informationsquellen sind Fachzeitschriften, Internetrecherchen, Presseberichte oder Daten des Statistischen Bundesamtes.

Diese Veröffentlichungen anderer Unternehmungen oder Institute werden für eigene Unternehmungszwecke untersucht und ausgewertet.

Abb. 1 Beispiel einer externen Informationsquelle

Aufgaben

1. Welche beiden Arten von Informationsbeschaffung kennt die Sekundärforschung?
2. Nennen Sie wesentliche Unterschiede beider Methoden.
3. Warum kann es problematisch sein, sich lediglich mit internen Informationsquellen auseinanderzusetzen?

10.4 Primärforschung: Befragung und Beobachtung

In der Praxis wird die Sekundärforschung häufig durch die Primärforschung ergänzt. Hier werden noch nicht vorhandene **Daten neu erhoben**.

Generell können **drei verschiedene Datenerhebungsmethoden** in der Primärforschung unterschieden werden: Befragung, Beobachtung und Experimente.

Experimente werden vor allem in der wissenschaftlichen Forschung angewendet, in Unternehmen sind sie nicht vertreten.

Befragung

Die Befragung ist heutzutage die **bedeutendste Datenerhebungsmethode** der Primärforschung. Kennzeichnend für eine Befragung ist, dass Personen (sog. „Auskunftspersonen") zu einem bestimmten oder mehreren verschiedenen Themen („Omnibusbefragung") befragt werden.

Eine Befragung kann auf unterschiedliche Art und Weise stattfinden. Daher wird sie in verschiedene Aspekte untergliedert:

Art der Befragung	Umfang der Themen	Häufigkeit der Befragung
mündlich, schriftlich, telefonisch, online	ein Thema, mehrere Themen	einmalig, regelmäßige Befragung

Art der Befragung

a) Bei einer **mündlichen Befragung** wird die Auskunftsperson persönlich durch einen geschulten Interviewer aufgesucht. Das Interview erfolgt mündlich, d. h. der Interviewer stellt die Fragen an den Befragten und erfasst die Antworten sofort.

Ein **Vorteil** dieser Befragungsmethodik ist, dass der Interviewte durch die Anwesenheit des Interviewers eher bereit ist, an der Befragung teilzunehmen. Zudem bietet diese Art der Befragung die Möglichkeit, bestimmte Fragen durch präsentierte Animationen und genauere Erläuterungen des Interviewers zu präzisieren. Die Gefahr, dass Fragen von der Auskunftsperson missverstanden werden, ist hier deutlich geringer als bei anderen Befragungsmethoden.

Der größte **Nachteil** der mündlichen Befragung liegt im Kosten- und Zeitaspekt. Da für jedes einzelne Interview ein geschulter Interviewer benötigt wird, führt dies zu erheblichen Kosten.

Mündliche Befragungen finden daher meist nur dann Anwendung, wenn ein begrenzter Personenkreis zu einem begrenzten Themengebiet befragt werden soll.

b) Im Gegensatz zur mündlichen Befragung ist bei einer **schriftlichen Befragung** kein geschulter Interviewer vor Ort. Der Auskunftsperson wird stattdessen ein schriftlicher Fragebogen zugesandt, mit der Bitte, diesen auszufüllen und zurückzusenden.

Die Übermittlung des Fragebogens kann dabei auf verschiedenen Wegen erfolgen:

- Postalische Zu- und Rücksendung des Fragebogens
- Persönliche Verteilung und Einsammlung des Fragebogens
- Versand des Fragebogens durch Beilage in bestimmten Printmedien
- Zu- und Rücksendung des Fragebogens durch ein Faxgerät

Vorteile dieser Methode liegen in der Kostenersparnis. Da die Auskunftsperson den Fragebogen zuhause in Eigenregie ausfüllen kann, muss kein zusätzliches Personal zur Betreuung engagiert werden.

Nachteil: Die Anzahl derjenigen Auskunftspersonen, die den Fragebogen tatsächlich bearbeiten und zurückschicken, ist sehr gering. Um diesem Problem entgegenzuwirken, werden häufig sogenannte **Nachfassaktionen** gestartet, z. B. Erinnerungsschreiben, um nochmals auf den zuvor erhaltenen Fragebogen aufmerksam zu machen.

Um von vornherein eine höhere Rücklaufquote bei schriftlichen Befragungen zu erreichen, verbinden einige Unternehmen sie mit der **Teilnahme an Gewinnspielen**. So sollen die Auskunftspersonen einen Anreiz erhalten, an der Befragung teilzunehmen.

c) Mit zunehmender Nutzung und Verbreitung des Internets nehmen seit den 90er-Jahren auch **Online-Befragungen** vermehrt zu.

Online-Befragungen ähneln im Wesentlichen der Form einer schriftlichen Befragung. Der Auskunftsperson wird ein Fragebogen auf elektronischem Wege (z. B. per E-Mail) zugesandt, den sie anschließend ausfüllt und zurückschickt.

Statistiken zeigen, dass in den letzten Jahren daher schriftliche Befragungen vermehrt durch Online-Befragungen ersetzt wurden.

d) Bei einer **telefonischen Befragung** dient das Telefon als Kommunikationsmittel zwischen Auskunftsperson und Interviewer.

Telefonische Befragungen sind heutzutage meist computergestützt: Der Interviewer steuert die Befragung mittels Computer. Alle Fragen und Antwortmöglichkeiten erhält der Interviewer an einem Bildschirm präsentiert. Die gegebenen Antworten werden bereits während des Interviews in das System übertragen.

Der **Vorteil** darin liegt, dass der Computer automatisch die nächste Frage anzeigt und Fehler bei Filterfragen vermieden werden können.

> **Frage 3:**
> Haben Sie in den letzten sechs Wochen ein Quick-Service-Restaurant aufgesucht? ◯ Ja   ◯ nein

Beispiel für eine **Filterfrage**

Zudem sind Telefonbefragungen schnell und einfach durchführbar. Dadurch, dass die Antworten der Auskunftspersonen bereits während des Interviews in das System integriert werden, können zudem Zwischenauswertungen gemacht werden.

Ein **Nachteil** von telefonischen Interviews liegt darin, dass der Interviewer nicht die Möglichkeit hat, komplexere Fragestellungen mithilfe von Bildern, Symbolen oder Zeichen zu visualisieren. Die Fragen in einem telefonischen Fragebogen müssen daher kurz, prägnant und leicht verständlich gehalten werden.

Aufgaben

1. Welche vier verschiedenen Arten von Befragungsmethoden werden unterschieden?
2. Statistiken zeigen, dass in den letzten Jahren schriftliche Befragungen stark abgenommen haben. Zeigen Sie Gründe auf, die zu dieser Entwicklung führten.

Umfang der Themen

Je nach Anzahl der Themen, die mithilfe einer Befragung untersucht werden, unterscheidet man zwischen „Spezialbefragung" und „Omnibusbefragung".

In einer **Omnibusbefragung** („Mehr-Themen-Befragung") erhält die Auskunftsperson Fragen aus unterschiedlichen Themengebieten präsentiert. Die einzeln abgefragten Themenbereiche müssen dabei nicht zwingend in einem sachlichen Zusammenhang stehen. Wichtig ist nur, dass sich die einzelnen Fragestellungen nicht untereinander beeinflussen. Omnibusbefragungen werden häufig von großen Marktforschungsinstituten im Auftrag verschiedener Unternehmen durchgeführt.

Vorteil einer Mehr-Themen-Befragung ist, dass gleichzeitig mehrere Themen von unterschiedlichen Auftraggebern abgefragt werden können. Das Marktforschungsinstitut muss nur einmal einen Fragebogen entwickeln und nur einmal eine Befragung durchführen. Dies ist für die einzelnen Unternehmen entsprechend kostengünstig.

> **Vorteil** dieser Methode ist, dass der Fragebogen exakt auf die Bedürfnisse und Ziele eines bestimmten Unternehmens hin entworfen wird. Überschneidungen mit anderen Themenbereichen anderer Auftraggeber werden somit vermieden.

Bei einer **Spezialbefragung** hingegen wird lediglich ein bestimmtes Thema innerhalb der Befragung untersucht.

Häufigkeit der Befragung

Je nach Zweck einer Befragung kann die Untersuchung einmalig, mehrmalig oder regelmäßig („Panelbefragung") stattfinden.

Einmalige Befragungen verfolgen zumeist das Ziel, zu einem bestimmten Zeitpunkt ein bestimmtes Themengebiet zu untersuchen. Ein typisches Beispiel hierfür sind sogenannte „Blitzumfragen". Hier erfolgt lediglich eine einmalige Datenerhebung über das zu untersuchende Gebiet.

Werden Daten kontinuierlich und regelmäßig über einen bestimmten Sachverhalt hin von einer vordefinierten Adressatengruppe erhoben, so handelt es sich um eine **Panelbefragung**. Ziel einer Panelbefragung ist, Verhaltensweisen und Einstellungen der Auskunftspersonen über einen festgelegten Zeitraum hinweg zu untersuchen.

Ein Beispiel hierfür sind Haushaltspanels, wie sie beispielsweise von der **Gesellschaft für Konsumgüterforschung (GfK)** durchgeführt werden. Hierfür wird eine ausgewählte Stichprobe an Haushalten deutschlandweit gezogen, die regelmäßig über ihre getätigten Einkäufe berichten. Die Stichprobe repräsentiert dabei die gesamte Bevölkerung Deutschlands.

Aufbau eines Fragebogens

Der Aufbau eines Fragebogens **hängt stets von der Befragungsmethode ab**. Bei einer schriftlichen Befragung und einer Online-Befragung führt kein geschultes Personal vor Ort die Befragung durch. Daher ist es wichtig, der Auskunftsperson den Ablauf der Bearbeitung des Fragebogens zuvor zu erläutern, sodass eventuelle Unklarheiten behoben werden können. Häufig dienen hierfür Begleitschreiben, in denen der Befragte namentlich angesprochen und über den Zweck der Untersuchung informiert wird. Zudem erhält der Befragte Angaben darüber, wie der Fragebogen ausgefüllt werden soll. Derartige Anweisungen benötigen eine telefonische oder mündliche Befragung nicht.

> Zutreffende Aussagen sind mit einem ‚X' zu kennzeichnen:
>
> Beurteilen Sie den Service im Restaurant.
>
> ○ ++   ✗ +   ○ o   ○ −   ○ −−

Ausschnitt eines Fragebogens

Frageformulierungen

Bei der Formulierung der einzelnen Fragen sind **drei wesentliche Aspekte zu** berücksichtigen:

- Die Fragen müssen **einfach und klar verständlich formuliert** sein. Fachausdrücke sind dringend zu vermeiden. Fachbegriffe, die dem Befragten unbekannt sind, wirken demotivierend und können zur Folge haben, dass die Auskunftsperson das Interview abbricht.
- Alle Fragen innerhalb des Fragebogens müssen von allen unterschiedlichen Auskunftspersonen in der gleichen Art und Weise verstanden und interpretiert werden können. Sind die Fragen mehrdeutig, so besteht die Gefahr, dass Fragen von verschiedenen Personen unter einem unterschiedlichen Hintergrund beantwortet werden. Dies führt zu einer Verzerrung der Ergebnisse.
- Die Fragen dürfen **keinen tendenziösen Charakter** aufweisen. *Beispiel:* Suggestivfragen, in denen bereits die gewünschte Antwort enthalten ist, sollten vermieden werden.

> **Frage 5:**
>
> Sind Sie nicht auch der Meinung, dass es wichtig ist, täglich joggen zu gehen?

Beispiel für eine Suggestivfrage

Frageformen

Um die Aufmerksamkeit und das Interesse bei der Auskunftsperson zu wecken, ist es wichtig, Fragebogen stets mit **„Eisbrecherfragen"** zu beginnen. Eisbrecherfragen führen zu dem eigentlichen Thema hin und verfolgen das Ziel, die Auskunftsperson für die bevorstehende Befragung zu begeistern. Innerhalb des Fragebogens ist es von Bedeutung, dass das Interesse des Befragten aufrechterhalten wird. Dies kann durch Variation von verschiedenen Frageformen geschehen:

Offene und geschlossene Fragestellung

Bei **offenen Fragen** sind keine Antwortmöglichkeiten vorgegeben. Der Interviewte gibt seine Meinung frei wieder. Bei mündlichen und telefonischen Befragungen ist es wichtig, dass der Interviewer möglichst genau den Wortlaut der Auskunftsperson notiert.

> **Frage 6:**
>
> Welche Erinnerungen verbinden Sie mit Ihrem letzten Besuch in der Standortgastronomie?

Beispiel für eine offene Fragestellung

MARKETING IM GASTGEWERBE

Geschlossene Fragen hingegen geben dem Befragten bereits Antwortalternativen vor. Es werden hierbei unterschiedliche Typen von Fragestellungen unterschieden:

- **Multiple-Choice-Fragen**
  Der Befragte erhält einen Katalog an Antwortmöglichkeiten, in denen er ein oder mehrere auf ihn zutreffende Antworten ankreuzen kann.

Beispiel für eine Multiple-Choice-Frage

> **Frage 7:**
>
> Wie sind Sie auf unser Produkt aufmerksam geworden?
>
> ○ Rundfunk ○ Fernsehen ○ Zeitung ○ Bekannte/Familie

- **Alternativfragen**
  Der Interviewte kann zwischen zwei Antwortmöglichkeiten entscheiden.

- **Rangfolge-Fragen**
  Die Auskunftsperson bekommt eine Liste von Kriterien aufgezeigt und muss diese in eine Reihenfolge bringen, die seiner Meinung entspricht.

Beispiel für eine Rangfolge-Frage

> **Frage 8:**
>
> Wie wichtig sind Ihnen folgende Produkteigenschaften bei einem Sandwich? Ordnen Sie die folgenden Attribute nach ihrer Wichtigkeit. Der Wert ‚1' steht für „sehr wichtig", der Wert ‚6' für „am wenigsten wichtig". Verwenden Sie jeden Wert nur einmal.
>
> Frische Zubereitung ____   Preis ____   Gesunde Zutaten ____
>
> Geschmack ____   Optik ____   Größe ____

> Um die Auskunftsperson während einer Befragung weiterhin für die Untersuchung zu begeistern, sollten möglichst viele unterschiedliche Frageformulierungen in den Fragebogen aufgenommen werden.

Direkte und indirekte Fragestellung
Direkte Fragen gehen unmittelbar auf den zu untersuchenden Sachverhalt ein. Bei **indirekten Fragen** hingegen wird versucht, durch Umschreibung und ohne direkte Ansprache des eigentlichen Themas den Sachverhalt zu erforschen.

Beispiel für eine direkte Fragestellung

> **Frage 9:**
>
> Besuchen Sie regelmäßig Quick-Service-Restaurants?
>
> ○ Ja ○ Nein

Beispiel für eine indirekte Fragestellung

> **Frage 10:**
>
> In den Medien kommt vermehrt das Thema der gesunden Ernährung auf. Wie stehen Sie Quick-Service-Restaurants entgegen?

Beobachtung

Zweites wesentliches Element der Primärforschung ist die Beobachtung. Kennzeichnend für die Beobachtung ist, dass der Sachverhalt nicht mithilfe von Äußerungen der Auskunftspersonen erkundet wird, sondern das **Verhalten der Auskunftspersonen beobachtet und analysiert** wird.

Die Beobachtung lässt sich in **Feldbeobachtung** und **Beobachtung unter Laborbedingungen** untergliedern.

Feldbeobachtungen können sein:
- Testkäufe
- Kundenlaufstudien
- verdeckte Beobachtungen

Laborbeobachtungen können sein:
- Produkttests
- Stimmfrequenzanalysen
- Blickaufzeichnungen

Die Feldbeobachtung stützt sich auf die **Untersuchung der Umstände unter natürlichen Situationen**. Der Beobachtete soll nicht das Gefühl bekommen, dass sein Verhalten gerade analysiert und aufgenommen wird.

Unter Laborbedingungen hingegen erfolgt die **Beobachtung des Probanden unter einer künstlich hergestellten Situation**. Sowohl Umfeld als auch die Bedingungen, unter denen die Beobachtung stattfindet, sind vom Unternehmen bewusst gewählt und für die Untersuchung gestellt.

Aufgaben

1. Zeigen Sie unterschiedliche Einteilungsmöglichkeiten der Marktforschung auf.
2. Erläutern Sie die Begriffe „Primärforschung" und „Sekundärforschung". Worin liegen Vor- und Nachteile beider Erhebungsmethoden?
3. Welche Elemente der Primärforschung kennen Sie? Geben Sie jeweils eine kurze Charakteristik.
4. Erläutern Sie, warum schriftliche Befragungen zunehmend an Bedeutung verlieren.
5. Erstellen Sie eine Liste mit Vor- und Nachteilen der vier verschiedenen Befragungsmethoden.
6. Recherchieren Sie, ob und wie Kombinationsmöglichkeiten von Befragungsmethoden in der Praxis Anwendung finden.
7. Nennen Sie die drei wesentlichen Kriterien, auf die Sie achten müssen, wenn Sie die Fragen eines Fragebogens entwickeln.
8. Worin liegt der Sinn und Zweck einer Eisbrecherfrage?
9. Warum ist es sinnvoll, innerhalb eines Fragebogens die Anzahl der offenen Fragen in Grenzen zu halten?
10. Worin liegt der Unterschied zwischen einer Spezialbefragung und einer Omnibusbefragung?
11. Was versteht man unter einer Panelbefragung? Geben Sie ein konkretes Beispiel.

⑪ Die Markenpolitik

11.1 Bedeutung von Marken

> Unter einer **Marke** können Symbole, Begriffe und Eigenschaften verstanden werden, die Menschen mit Produkten oder Unternehmen in Verbindung bringen, um sie von anderen Produkten oder Unternehmen zu unterscheiden.

Marken sind entstanden, um Produkte so im Bewusstsein der Käufer zu verankern, dass sie sofort wiedererkannt und von anderen differenziert werden. Neben einzelnen Produkten können auch ganze Unternehmen eine Marke darstellen.

Da Kunden positive und negative Erfahrungen mit der Marke verbinden, aber auch bestimmte Erwartungen an Qualität und Service eines Unternehmens stellen, haben Marken einen **hohen Stellenwert**. Ist eine Marke positiv im Markt verankert, können die Produkte z. B. zu einem höheren Preis verkauft werden.

Der **Wert einer Marke** lässt sich auf vielfache Weise berechnen. Neben rein monetären Ansätzen gibt es auch Modelle, die verhaltenswissenschaftliche Ansätze verfolgen und für das Marketing deutlich interessanter erscheinen. Wichtige Einflussgrößen sind hierbei:

- **Bekanntheit** (Wie viele Menschen kennen eine Marke?)
- **Image** (Wie wird eine Marke wahrgenommen?)
- **Kundentreue** (Wie oft kaufen Kunden eine Marke bzw. ein Konkurrenzprodukt)

Ranking der Top-100 Unternehmen weltweit nach ihrem Markenwert im Jahr 2014 (in Milliarden US-Dollar) von Millward Brown Optimor

Marke	Markenwert 2014 (in Mrd. US-Dollar)	Veränderung zu 2013 (in %)	Rang 2013
Google	158,8	40	2
Apple	147,9	−20	1
IBM	107,5	−4	2
Microsoft	90,2	29	7
McDonald's	85,7	−5	4
Coca-Cola	80,7	3	5
Visa	79,2	41	9
AT&T	77,9	3	6
Marlboro	67,3	−3	8
Amazon	64,3	41	14

11.2 Schaffung einer Marke

Eine häufige Veränderung des Markenbildes ist nicht ratsam, da dies zu Verunsicherung führen kann und das geschaffene Image verwässert.

Die **Entwicklung einer Marke** steht in enger Verbindung mit dem strategischen Marketing (vgl. Kapitel 2 ab S. 515). Ziel ist es, das Fremdbild (Image) dem selbst definierten, gewünschten Erscheinungsbild anzugleichen.

Im ersten Schritt muss daher eine **Identität** geschaffen werden, die sich von konkurrierenden Produkten oder Unternehmen abhebt. Im Anschluss erfolgt die **Positionierung.** Sie kann sowohl produktbezogen, als auch regional und zielgruppenorientiert durchgeführt werden.

Im Fokus steht dabei der Wunsch nach hoher Wiedererkennbarkeit bei der Zielgruppe. Dies kann durch bestimmte Eigenschaften (z. B. Geschmack) entstehen, sodass Käufer auch ohne Kenntnis des Markennamens das Produkt erkennen. Wenn Konkurrenzprodukte sehr ähnlich sind, soll die Marke dem Kunden ein bestimmtes Image vermitteln, das eine Abgrenzung von vergleichbaren Produkten darstellt und den Kunden zum (Wieder-)Kauf anregt.

> Ein überregionaler Aufbau einer neuen Marke kann auch in kurzer Zeit erfolgen, aber mit einem hohen Budget (z. B. Zalando). Ein (preiswerter) Aufbau in kleinen Schritten ist bei regionalem Bezug möglich.

11.3 Schutz von Marken

Marken lassen sich beim Patent- und Markenamt schützen. Hierzu können Wörter, Bilder oder eine Kombination daraus eingetragen werden. Ebenfalls schutzfähig sind grafische Darstellungen oder besondere Verpackungsformen. Nicht schutzfähig hingegen sind Begriffe des alltäglichen Sprachgebrauchs.

Nach Eintragung ins Markenregister ist der Inhaber selbst für die Kontrolle zuständig. Werden Markenbestandteile ohne Erlaubnis des Markenrechtbesitzers genutzt, so muss er die rechtlichen Schritte selbst einleiten.

Aufgaben

1. Beschreiben Sie den Begriff Marke aus Kundensicht sowie im rechtlichen Sinne.
2. Welche verhaltenswissenschaftlichen Einflüsse spielen bei Marken eine Rolle? Beschreiben Sie diese näher.
3. Welche Überlegungen müssen Sie tätigen, wenn Sie eine regional begrenzte Systemgastronomiemarke aufbauen wollen?

Wiederholungsaufgaben

1. Was verstehen Sie unter dem Begriff „Marketing"? Wo ist das Marketing angesiedelt?
2. Grenzen Sie das strategische Marketing vom operativen Marketing ab, indem Sie geeignete Kriterien zur Abgrenzung nennen.
3. Aus welchen Elementen setzt sich die Corporate Identity zusammen? Zeigen Sie anhand eines Beispiels aus der Praxis die Umsetzung der CI in einer Unternehmung.
4. Wie ist eine Chancen-Risiken-Analyse aufgebaut? Welchen Zweck verfolgt dieses Instrument? Worin sehen Sie Kritikpunkte dieser Betrachtung?
5. Zeigen Sie grafisch das strategische Instrument einer SWOT-Analyse auf und erläutern Sie dieses.
6. Erklären Sie das Managementmodell von Michael Porter anhand einer Zeichnung. Erläutern Sie dabei jedes Element genau.

Marketing

MARKETING IM GASTGEWERBE

7 Welche unterschiedlichen Möglichkeiten der Marktabdeckung kennen Sie? Nennen Sie jeweils mindestens ein Beispiel aus der Praxis.

8 Aus welchen Bestandteilen setzt sich der Marketing-Mix zusammen? Geben Sie an, in welche Teilbereiche sich wiederum diese vier Instrumente untergliedern lassen.

9 Was versteht man in der Programmpolitik unter den Begriffen „Programmbreite" und „Programmtiefe"?

10 Was versteht man unter dem Produktlebenszyklus (PLZ)? Zeigen Sie den Produktlebenszyklus und dessen Phasen grafisch auf.

11 Worin liegt die Hauptkritik am PLZ? Welche Verlaufsvarianten des PLZ kennen Sie?

12 Was versteht man unter „Diversifikation"?

13 Zeigen Sie auf, welche Möglichkeiten ein Bäcker im Rahmen des Diversifikationsmodells zur Angebotserweiterung hätte. Geben Sie konkrete Beispiele.

14 Wie lassen sich die Begriffe „Produktdifferenzierung" und „Produktdiversifikation" voneinander abgrenzen?

15 Was versteht man im Marketing unter dem Begriff „Relaunch"?

16 Zeigen Sie die unterschiedlichen Formen einer Innovation auf und nehmen Sie dazu kritisch Stellung.

17 Zeigen Sie die Phasen einer Produktentwicklung auf.

18 Was versteht man unter einem „morphologischen Kasten"? Wo bietet dieses Tool Möglichkeiten, wo stößt es an seine Grenzen für den Anwender?

19 Was wird mittels einer Break-even-Analyse ermittelt? Wann spricht man von Fixkosten, wann von variablen Kosten? Geben Sie jeweils konkrete Beispiele.

20 Wie ist die Preis-Absatz-Funktion aufgebaut? Warum spricht man im Zusammenhang mit diesem Modell häufig von einem „idealtypischen Modell", das in der Praxis nur bedingt einsetzbar ist?

21 Welche zwei wesentlichen Preisstrategien kennen Sie zur Einführung eines Produktes am Markt? Stellen Sie beide Strategien grafisch dar.

22 Welche Probleme können sich bei der Zielkostenrechnung ergeben?

23 Sie möchten das Image Ihres Unternehmens am Markt verbessern. Welches Instrument der Kommunikationspolitik ist hierfür am besten geeignet? Begründen Sie Ihre Wahl.

24 Sie sind Restaurantchef in einem Gasthof und möchten Ihr neu kreiertes Dessert gern publik machen. Für welche Form der Werbung entscheiden Sie sich? Worauf müssen Sie bei der Publikation achten?

25 Welchen Aspekt verfolgt das AIDA-Modell? Wo sehen Sie Kritikpunkte in der Anwendung dieses Modells?

26 Was versteht man unter vergleichender Werbung? Wo stößt vergleichende Werbung an ihre Grenzen?

27 Welche zwei Absatzwege innerhalb der Distributionspolitik kennen Sie? Erläutern Sie beide in einer kurzen Zeichnung.

28 Worin unterscheidet sich die quantitative von der qualitativen Marktforschung?

29 Welche Kritikpunkte gibt es an der quantitativen Marktforschung?

30 Worin liegen die Vor- und die Nachteile einer Primärforschung?

31 Zeigen Sie die unterschiedlichen Formen der Befragung auf.

32 Worauf müssen Sie bei der Erstellung eines Fragebogens achten?

PROJEKT

Planung einer neuen Marketingstrategie und einer Produktneueinführung

Als Marketingleiter der Restaurantkette Schnitzel-Fix mit mehreren Filialen in Deutschland müssen Sie ein Konzept erstellen, um gegen sinkende Umsätze vorzugehen.

Marktanalyse

Ermitteln Sie die Stärken und Schwächen von Schnitzel-Fix sowie dessen Chancen und Gefahren. Leiten Sie daraus geeignete Handlungsweisen ab.

Unternehmensauftritt

Beschreiben Sie die Wahrnehmung des Unternehmens in der Öffentlichkeit und überlegen Sie sich, wie diese verbessert werden kann.

Marktpositionierung

Nennen Sie die Zielgruppe von Schnitzel-Fix und beschreiben Sie, wie diese das Unternehmen wahrnehmen soll – auch unter Bezug auf die Konkurrenz.

Produktentwicklung

1. Überprüfen Sie die Möglichkeiten, die Ihnen für eine Entwicklung neuer Produkte zur Verfügung stehen, und wie Sie ggf. Produkte mit niedrigen Umsätzen attraktiver gestalten können. Denken Sie dabei auch daran, ob eine Ausweitung der Geschäftstätigkeit sinnvoll sein kann.
2. Entwickeln Sie neue Produkte durch Überlegung geeigneter Ideen unter Anwendung entsprechender Techniken und überprüfen Sie deren Markttauglichkeit.

Kommunikation und Vertrieb

Entwerfen Sie geeignete Schritte, um Ihr neues Konzept bei Ihren potenziellen Kunden bekannt zu machen und den Verkauf Ihrer Produkte zu steigern. Überlegen Sie sich dazu auch, welche preispolitischen Maßnahmen sinnvoll sind, um den Verkauf zu fördern, und über welche Vertriebswege der Kunde erreicht werden soll.

Überprüfung des Markterfolgs

Überlegen Sie sich, anhand welcher Kennzahlen Sie den Erfolg Ihrer Maßnahmen überprüfen können. Berücksichtigen Sie hierbei auch Ihre Kunden und entwerfen Sie dazu einen geeigneten Fragenkatalog.

Wirtschaftsdienst – Hausdamenabteilung

Abb. 1 Hausdame bei der Zimmerkontrolle

Die 1. Hausdame eines modern geführten Hotels ist nicht die „1. Putzfrau". Sie ist vielmehr Managerin der Qualität in einer der wichtigsten Abteilungen eines Hotels!

Abb. 2 Besprechung der Dienstpläne

Abb. 3 Ziele erreicht

Die Hausdamenabteilung hat eine Schlüsselstellung für das Wohlbefinden der Gäste. Sie trägt somit ganz wesentlich zum Betriebserfolg bei!

Die Hausdamen-Abteilung (housekeeping/service des étages) umfasst die „Haushaltung" des gesamten Gastronomiebetriebes. Die Organisation, Durchführung und Kontrolle der Hotelreinigung werden als die Hauptaufgaben der Abteilung angesehen. Die Hausdame (the housekeeper/la gouvernante) eines modern geführten Hotels ist zuständig für folgende **Aufgaben**:

- **Reinigungs- und Wartungsverfahren**
  Entwicklung und Festlegung von Arbeitsabläufen auf Checklisten, Qualitäts- und Zeitstandards sowie Leistungsmaßstäben;

- **Mitarbeitereinsatz**
  Dienstpläne, Urlaubspläne, Mitarbeitereinsatzplanung nach Geschäftsprognose, Arbeitsüberwachung;

- **Mitarbeiterführung**
  Führungsstil, Motivation, Ausbildung, Training, Fortbildung;

- **Kontrollverfahren**
  Entwicklung und Anwendung einer permanenten Zimmerzustandskartei, Instandhaltungsmeldung, Wäschebestandskontrolle, Mobiliarkontrolle, Materialverbrauch, Kontrolle der in Außer-Haus-Verträgen festgelegten Standards, Kontrolle und Verwaltung von liegen gebliebenen Sachen sowie Fundsachen;

- **Leistungsverbesserung und Weiterentwicklung**
  Umsetzung von Vorschlägen zur Produktivitätssteigerung und Arbeitsvereinfachung, Festlegung der Arbeitsmethoden und der Leistungsstandards;

- **Gästebetreuung**
  Erledigung von Sonderwünschen der Gäste, VIP-Betreuung, Reklamationsbehandlung;

- **langfristige Planung** der Wäsche- und Materialbestände, des Maschinen- und Geräteeinsatzes sowie die Erstellung der Reinigungspläne, Ermittlung der zukünftigen Anzahl der Mitarbeiter.

Die 1. Hausdame trägt die Verantwortung für die Sauberkeit und den Zustand folgender Bereiche:

- die Gästezimmer, das Hauptprodukt eines Hotels;
- die sonstigen Räume des Hotelbetriebs: Hotelhalle, Bar, Restaurant, Frühstücksraum, Bankettabteilung;
- den Freizeit- und Fitness-Bereich: Hallenbad, Sauna, Massage- und Fitnessabteilung, Toiletten, Treppen, Flure, Aufzüge, Garderobe;
- die Wirtschaftsräume „hinter den Kulissen" wie Lager- und Verwaltungsräume;
- die Außenanlagen, inklusive aller Ein- und Ausgänge, der Anfahrt und der Parkplätze.

1 Materialkunde – Grundlagen

🇬🇧 working materials – basic knowledge
🇫🇷 matériaux (m) – connaissance (w) fondamentale

1.1 Werkstoffe/Gebrauchsgegenstände – Pflege

🇬🇧 materials – utensiles and their maintenance
🇫🇷 matériaux (m) – matériel (m) et son entretien

Werkstoffe sind Materialien, aus denen sich der Mensch von jeher die Gegenstände des täglichen Gebrauchs hergestellt hat. Auch im gastgewerblichen Betrieb gibt es Gebrauchsgegenstände aus Werkstoffen der unterschiedlichsten Art. Werkstoffkunde bzw. die Kunde der aus ihnen hergestellten Gegenstände ist deshalb eine unerlässliche Orientierungshilfe und zielt darauf ab:
- Art und Eigenschaften der Werkstoffe kennenzulernen (z. B. Wolle, Leinen, Chromnickelstahl, Silber),
- Auswahlkriterien im Hinblick auf den zweckentsprechenden Einsatz zu erarbeiten (z. B. Tischwäsche, Essgeräte, Arbeitsflächen und Geräte der Küche),
- materialgerechtes Reinigen und Pflegen anzuwenden (z. B. Wolle, Leinen, Kupfer, Silber).

Abb. 1 Werkstoffe

- Holz → Essgeräte, Schüsseln, Möbel
- Eisen → Arbeitsgeräte, Gefäße, Kochtöpfe
- Wolle → Kleidung, Stoffe, Teppiche

Alle drei Werkstoffe sind empfindlich gegenüber Feuchtigkeit und Sauerstoff sowie gegenüber Säuren und Laugen. Sie rosten und korrodieren.

Metalle

Metalle sind sehr stabile Werkstoffe, sie werden deshalb zu vielerlei Zwecken verwendet. Eisen und Eisenmetalle nehmen hierbei einen vorrangigen Platz ein, da auch ihr natürliches Vorkommen mengenmäßig am größten ist.

Werkstoffe aus Eisenmetallen

Roheisen, Gusseisen und Stahl   🇬🇧 steel 🇫🇷 acier (m)

Roheisen ist aufgrund seiner natürlichen Beschaffenheit nicht formbar. Durch die Behandlung mit Hilfe unterschiedlicher Verfahren erhält man die formbaren Werkstoffe Gusseisen und Stahl.

Gusseisen ist schwer und hart und ist deshalb stoßempfindlich (Bruchgefahr). Andererseits ist es aber weniger anfällig gegenüber Rost und Korrosion.

Stahl ist formbares Eisenmetall, wobei für die Herstellung von Gebrauchsgegenständen Stahlbleche eine besondere Bedeutung haben. Es ist nicht weniger empfindlich als Roheisen, deshalb versucht man, durch unterschiedliche Behandlungsverfahren den zerstörenden Einflüssen entgegenzuwirken mit:
- Oxidieren → Schwarzblech
- Legieren → Edelstahl
- Beschichten mit Emaille oder Kunststoff

Edelstahl   🇬🇧 stainless steel 🇫🇷 acier (m) spécial

Für Gegenstände, die im Zusammenhang mit Lebensmitteln und Speisen gebraucht werden, gibt es einen Edelstahl, der mit Chrom und Nickel legiert ist. Diese beiden Metalle sind gegenüber Feuchtigkeit, Sauerstoff und Säuren sehr beständig und verleihen dem sogenannten **Chrom-Nickel-Stahl** (CN-Stahl) hochwertige Eigenschaften. Er ist:
- rostfrei und korrosionsbeständig,
- geruchs- und geschmacksneutral und hat eine
- glatte und daher leicht zu reinigende Oberfläche.

Abb. 2 Edelstahl

Wirtschaftsdienst

WIRTSCHAFTSDIENST – HAUSDAMENABTEILUNG

Neben den Kennzeichnungen „rostfrei" oder „stainless" geben Einprägungen wie 18/8 oder 18/10 Hinweise auf die Art der Legierung: 18 % Chromanteile sowie 8 % bzw. 10 % Nickelanteile.

Die Verwendung von emaillierten Geschirren ist nicht unproblematisch. Durch Stoß oder Überhitzung kann die Schutzschicht zerstört werden, sodass schadhafte Stellen entstehen. Daraus ergeben sich negative Auswirkungen:
- Gesundheitsgefährdende Emaillesplitter können in die Speisen gelangen,
- beschädigte Stellen rosten und sind Schlupfwinkel für Bakterien.

Emaillierte Geräte, die Beschädigungen aufweisen, sind aus hygienischen Gründen für die Verwendung im Lebensmittelbereich unbrauchbar geworden.

Gebrauchsgegenstände aus Eisenmetallen

Materialart	Gegenstände	Reinigungs- und Pflegerichtlinien
Gusseisen	• Herdplatten • Bräter, Schmortöpfe • Pfannen	→ feucht reinigen und gut nachtrocknen → vor Bruch schützen → heiß mit Salz und Papier ausreiben
Schwarzblech	• Backbleche, Backformen • Eisenpfannen	→ bei nasser Reinigung rasch und gut trocknen → heiß mit Salz und Papier ausreiben
Emaillierte Stahlbleche	• Kochtöpfe • Seiher • metallische Gehäuse (z. B. Küchenherde)	→ nass in Verbindung mit milden Reinigungsmitteln oder flüssigem Scheuermittel reinigen → nicht kratzen oder anstoßen → extreme Temperaturunterschiede vermeiden
Chrom-Nickel-Stahl	• Gerätegehäuse, Spültische und Tischflächen • Töpfe und Schüsseln • Pfannen und Backformen • Gastro-Norm-Behälter	→ Universalspülmittel und geseifte Stahlwolle → sofort nachreiben, um Streifenbildung zu verhindern → gut trocknen → Tisch- und Möbelflächen u. U. mit Spezialöl oder Spezialglanzmitteln behandeln → mit Spezialglanzmitteln behandeln

Werkstoffe aus Nichteisenmetallen

Kupfer[1], Zinn und Messing

🇬🇧 copper, pewter, brass   🇫🇷 cuivre (m), étain (m), laiton (m)

Diese Metalle zeichnen sich durch eine besondere Oberflächenbeschaffenheit aus. **Messing** ist eine Legierung aus Kupfer und Zink und läuft wie Kupfer leicht an. **Zinn** ist ein weiches und biegsames Material.

Silber   🇬🇧 silver   🇫🇷 argent (m)

Reines Silber ist für Gebrauchsgegenstände/Bestecke zu weich und zu teuer und wird deshalb vorwiegend beim Versilbern als Auflage verwendet. Der Untergrund bzw. der Grundkörper besteht aus einer harten Legierung (z. B. Metall mit Kupfer). Spezielle Bezeichnungen sind in diesem Zusammenhang **Neusilber** oder **Alpaka**.

Alpaka ist eine Legierung aus 60 % Kupfer, 25 % Zink und 15 % Nickel.

Abb. 1 Silberbesteck

---

[1] Gefäße aus Kupfer müssen mit einer Schutzschicht versehen sein; reine Kupfergefäße dürfen nicht verwendet werden.

Das Auflegen der Silberschicht erfolgt im galvanischen Bad. Die Bezeichnung **Hotelsilber** ist weit verbreitet. Dabei handelt es sich um versilbertes Besteck mit hartem Metallkern. Um den vorzeitigen Abrieb des Silbers zu vermeiden, wird bei Bestecken die Auflage an stark beanspruchten Stellen auf Wunsch verstärkt. Man spricht dann von **Patentsilber** (Kennzeichnung/Stempelung: „Pat" oder „Patent"). Eine alleinige/zusätzliche Kennzeichnung/Stempelung mit den Zahlen 80, 90, 100, 125 oder 150 bedeutet, dass für 24 dm² Oberfläche der Bestecke beim Versilbern 80 g, 90 g, 100 g, 125 g bzw. 150 g Reinsilber verwendetet wurden.

Schweflige Verbindungen in der Luft und in Speisen (z. B. in Eiern oder in Kaviar) sind die Ursache für einen festhaftenden bräunlichen bis schwarzen Belag, der nur durch entsprechende Reinigungsmaßnahmen auf- und abgelöst werden kann. Deshalb gilt: Zu Frühstückseiern wie zu Kaviar sollten keine Silberlöffel gereicht werden. Eierspeisen sollten nie auf versilberten Platten angerichtet werden.

Gebrauchsgegenstände aus Nichteisenmetallen		
Materialart	**Gegenstände**	**Reinigungs- und Pflegerichtlinien**
Kupfer	• Kochgeräte und Chafing-dishes • Kannen und Ziergeräte	→ feines Speisesalz und Wasser → spezielle Kupferputzmittel (gründlich nachspülen)
Messing	• Lampen und Schilder • Beschläge und Türgriffe	→ spezielle Putz- und Poliermittel
Zinn	• Becher sowie Platz- und Zierteller • Vasen und Leuchter	→ milde Reinigungsmittel → bei Flecken Spezialputzmittel → gut nachtrocken
Silber	• Bestecke, Weinkühler • Menagen, Anrichtegeschirr • Tabletts und Silberplatten	→ Silberputztuch, Silberputzpaste, Silbertauchbad → Silberputzmaschine → Aluplatte + Kochsalz, gründlich nachspülen und polieren

Nichtmetalle

Bei den nichtmetallischen Werkstoffen unterscheidet man natürliche und synthetische Stoffe.

Natürliche nichtmetallische Werkstoffe

Zu ihnen gehören Holz, Leder, Kork, Stein und Naturfasern.

Holz (s. auch Tabelle S.568) 🇬🇧 wood 🇫🇷 bois (m)

Holz ist ein „lebendiges" Material, das auch nach seiner Aufbereitung zu Gebrauchsgegenständen noch „arbeitet". Es kann reißen und sich verziehen.

Zum Schutz bzw. zur Verschönerung wird die Oberfläche des rohen Holzes auf unterschiedliche Weise behandelt:
- lasieren, lackieren und wachsen,
- versiegeln und polieren.

Rohes, unbehandeltes Holz nimmt leicht Feuchtigkeit, Farbe und Gerüche auf. Deshalb ist es aus hygienischen Gründen (Geschmack, Bakterien) für Arbeitsflächen im Küchenbereich nicht geeignet.

Kork 🇬🇧 cork 🇫🇷 liège (m)

Von Natur aus ist Kork ein Oberflächenschutzgewebe der Pflanzen an Zweigen, Stämmen, Wurzeln und Knollen. Die *Korkeiche* in den Ländern des Mittelmeerraumes liefert den Kork, der zu den leichtesten Werkstoffen gehört. Die Korkzellen sind luftgefüllt und enthalten einen fettartigen Stoff, der die Durchlässigkeit von Wasser und Gas erschwert (**Beispiel:** Flaschenkorken). Kork bietet Schutz gegen Wärme und Kälte und wird bei Wandflächen sowie als Bodenbelag zu *Wärme- und Schallisolierungen* verwendet.

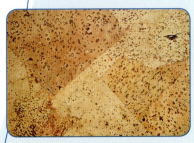

Abb. 1 Korkfußboden

Wirtschaftsdienst

WIRTSCHAFTSDIENST – HAUSDAMENABTEILUNG

Verwendungsmöglichkeiten für Holz		
Oberflächenbeschaffenheit	Verwendung	Reinigungs- und Pflegerichtlinien
unbehandelt	• Fußböden • Vesperbrettchen • Holzteller • Kochlöffel	→ kurz mit warmer Reinigungsflüssigkeit behandeln → mit Naturbürsten behandeln → immer beidseitig benetzen, mit klarem Wasser gründlich nachspülen und nicht zu lange im Wasser liegenlassen, insbesondere nicht in der Spülmaschine reinigen (Holz saugt Wasser an und verzieht sich) → immer stehend, aber nicht in der Nähe von intensiven Hitzequellen trocknen lassen
lasiert, lackiert oder gewachst	• Türen • Fensterrahmen • Möbel	→ abstauben → *notfalls* mit milder Reinigungsflüssigkeit feucht abwischen und *rasch* trockenreiben → Möbel eventuell mit speziellen Möbelpflegemitteln behandeln
versiegelt	• Fußböden • Treppenstufen	→ feucht wischen → von Zeit zu Zeit mit Glanzemulsion oder Wischwachs behandeln
poliert	• Möbel	→ Möbelpolitur oder Wachs

Arten des Leders:
- Rauleder, Wildleder oder Waschleder,
- Nappaleder, Glacéleder, Saffianleder, Lackleder.

Abb. 1 Ledersessel

Abb. 2 Badezimmer mit Oberflächen aus Marmor, Stein und Glas

Leder 🇬🇧 leather 🇫🇷 cuir (m)

Leder wird aus Häuten und Fellen von Tieren aufbereitet, wobei dieses durch Gerben gefestigt und haltbar gemacht wird.

Das nebenstehende Gütezeichen weist darauf hin, dass zur gekennzeichneten Ware nur echtes Leder verwendet wurde.

Verwendung von Leder:
- Koffer, Taschen und Schuhe,
- Sitzmöbelbezüge sowie Verkleidungen auf Türfüllungen und Theken,
- spezielle Kellnerschürzen und Reinigungstücher.

Die Reinigung und Pflege muss der Art des Leders angemessen sein. Beim Einkauf sind deshalb Informationen bezüglich des Produktes sowie der entsprechenden Reinigungs- und Pflegemittel unerlässlich.

Stein 🇬🇧 stone 🇫🇷 pierre (w)

Darunter versteht man natürliche mineralische Körper mit unregelmäßig umrissener Form sowie von fester und harter Beschaffenheit. *Naturbelassen* verwendet man sie zu Dekorationszwecken. Durch Zersägen gewinnt man Platten oder in zerkleinerter Form Fliesen, die als Boden- und Wandbeläge dienen.

Marmor ist Kalkgestein, das nach dem Schleifen und Polieren besonders dekorative Eigenschaften besitzt.

Synthetische nichtmetallische Werkstoffe

Synthese heißt Vereinigung, Zusammenführung. Es handelt sich also um Werkstoffe, die sich durch das Vermischen verschiedener Werkstoffe ergeben.

1 Materialkunde – Grundlagen

Glas 🇬🇧 glass 🇫🇷 verre (m)

Die zur Glasbereitung notwendigen Rohstoffe werden je nach der Zweckbestimmung in unterschiedlichen Mischungen verwendet und in einem Schmelzprozess zur Glasmasse verschmolzen:
- Quarzsand, Kalk, Natrium oder Pottasche,
- Bleioxid oder Mennige.

> Das Reinigen von Glas geschieht im Allgemeinen mit Universalreinigungsmitteln. Spezielle Besonderheiten sind im Abschnitt „Reinigung und Pflege" (Service, Seite 230) nachzulesen.

Je nach der Zusammensetzung der Glasmasse sowie deren Verarbeitung unterscheidet man verschiedene Glasarten.
- **Natronglas** (auch einfaches Gebrauchsglas genannt)
  - Fenster, Flaschen, Pressgläser
  - Leuchter und Pokale
  - Glasplatten und Glasteller
- **Kaliglas**
  - bessere Gebrauchsgläser
  - Vasen und Leuchter
- **Blei- und Bleikristallglas**
  - dekorative Trinkgläser, Vasen und Glasschalen
  - Glaswaren mit eingeschliffenen oder eingeätzten Verzierungen

- **Spezialgläser**
  - **hitzebeständiges Glas** (geringere Ausdehnung): Kochgeräte, Ceranfelder und Backformen, Kaffeemaschinen und Teegläser
  - **Verbundglas** (schlechter Wärmeleiter): Doppelfenster und Autoscheiben, Thermosbehälter
  - **Sicherheitsglas** (bricht im Ernstfall in kleine Stücke ohne scharfe Kanten – keine gefährlichen Splitter): Glastüren, Schaufenster und Autoscheiben, Terrassen- und Wintergartenfenster

Keramik – Porzellan 🇬🇧 pottery, porcelain 🇫🇷 céramique (w), porcelaine (w)

Porzellan ist die Krönung in der Reihe der keramischen Werkstoffe. Die tonmineralhaltigen Ausgangsprodukte sind in Wasser schwer löslich und erhalten bei der Verarbeitung durch Brennen ihre feste Beschaffenheit.

Terrakotta (gebrannte Erde) sind künstlerisch gestaltete Töpferarbeiten, Plastiken und Reliefs.

Fayence (Majolika) sind glasierte Tonwaren mit farbigen Mustern.

Porzellan ist ein Produkt aus Kaolin (Porzellanerde), Quarz und Feldspat. Die durch Mahlen und Mischen hergestellte Rohmasse wird beim Brennen dicht und wasserundurchlässig. Ein Überzug (die Glasur) erhöht die Widerstandsfähigkeit gegenüber Säuren, Laugen und Salzen. Neben rein weißem und buntfarbenem Geschirr gibt es solches mit unterschiedlich aufwendigem Dekor.

Porzellan ist ein schlechter Wärmeleiter. Das bedeutet zunächst, dass Wärme nur langsam aufgenommen wird. Sie bleibt jedoch in gut vorgewärmtem Geschirr lange erhalten, sodass sich die darin befindlichen Speisen bzw. Getränke nur langsam abkühlen.

Reinigung und Pflege des Porzellans:
- Wegen der glatten und harten Oberfläche ist die Reinigung ebenso unproblematisch wie bei Glas.
- Pflegliches Behandeln ist wegen der Bruchgefahr und der Möglichkeit von Absplitterungen jedoch unerlässlich.
- Feuerfestes Geschirr darf wegen der Bruchgefahr durch gegensätzliche Spannungen (Ausdehnungen) nicht auf offenes Feuer gestellt und in heißem Zustand nicht zu plötzlich stark abgekühlt werden.

> Vom einfachen Tonziegel bis hin zu hochwertigem Porzellan gibt es viele qualitative Abstufungen und Bezeichnungen:
> - Irdene Waren, Steingut, Steinzeug,
> - Feinkeramik: Terrakotta, Fayence, Majolika,
> - Porzellan.

> Je nach der Zusammensetzung der Rohstoffe und dem Herstellungsverfahren gibt es Unterscheidungen:
> - weiches und hartes Porzellan,
> - weiche und harte Glasuren,
> - Auf- und Unterglasurdekor,
> - feuerfestes und nicht feuerfestes Geschirr.
>
> Das sind wichtige Auswahlkriterien bei der Beschaffung von Hotelporzellan, das hohen Anforderungen gerecht werden muss.

> ● **Beschädigtes Porzellangeschirr ist für den Gebrauch im Gastgewerbe nicht mehr geeignet.**

WIRTSCHAFTSDIENST – HAUSDAMENABTEILUNG

Bei der *Verwendung von keramischen Gefäßen zu Büfetts* (insbesondere Salatbüfetts) muss sichergestellt sein, dass bei der Herstellung keine bleihaltigen Glasuren oder Farben verwendet wurden. Diese Substanzen können durch Säuren aufgelöst werden und, mit den Speisen aufgenommen, Schäden im Organismus hervorrufen.

Abb. 1
Feuerfeste Keramik

Ihre Verwendung ist sehr vielseitig:
- einfache Bestecke, Kochlöffel, Quirle, Eierlöffel,
- Schüsseln, Schalen, Tassen,
- Tischplatten und Schneidebretter,
- Gehäuse für verschiedenartige Geräte,
- Beschichtungen und Griffe für Möbel,
- Stühle und Sessel.

Kunststoffe 🇬🇧 plastics 🇫🇷 matières plastiques (w)

Kunststoffe, auch **Plaste** genannt, sind organisch-chemische Stoffe, die aus Erdöl, Erdgas und Steinkohle hergestellt werden. Anfangs wurden sie als Ersatzmaterialien für Holz, Keramik und Metall angesehen. Heute sind es selbstständige Werkstoffe, die aus der hochtechnisierten Industriegesellschaft nicht mehr wegzudenken sind.

Reinigung und Pflege von Kunststoffen:
- Als Reinigungsmittel eignen sich milde Spülmittel und Pflegeemulsionen.
- Ungeeignet sind scharfe und aufrauende Reinigungsmittel. Sie beschädigen die Oberfläche und begünstigen so das Festsetzen von Schmutz, Spülmittelresten und Bakterien.

Kunststoffe werden in Thermoplaste, Duroplaste und Elastomere unterteilt:
- **Thermoplaste** bleiben auch bei wiederholtem Erwärmen verformbar. Aus diesem Grunde sind sie im Küchenbereich nur begrenzt einsetzbar.
- **Duroplaste** sind fest, relativ hitze- sowie säuren- und laugenbeständig. Das besonders hitzebeständige **Teflon** wird zur Beschichtung von Töpfen, Pfannen und Backformen verwendet. Es ist jedoch empfindlich gegenüber Druck und Abrieb.
- **Elastomere** sind Kunststoffe mit gummielastischen Eigenschaften, die zu Bademotten und Textilfasern verwendet werden.

Im Hinblick auf die Verarbeitung zu Gebrauchsgegenständen haben Kunststoffe viele Vorteile:
- Geringes Gewicht, niedrige Wärmeleitfähigkeit,
- elektrisch isolierende Eigenschaften,
- relative Beständigkeit gegenüber Säuren und Laugen,
- Geruchs- und Geschmacksneutralität.

Aufgaben

1. Beschreiben Sie die unterschiedlichen Eigenschaften von Gusseisen, Stahl und Edelstahl.
2. Was bedeutet auf Gebrauchsgegenständen aus Edelstahl die Einprägung 18/8 oder 18/10?
3. Warum ist bei der Verwendung von emaillierten Geräten in Verbindung mit Speisen besondere Vorsicht geboten?
4. Durch welche Behandlungsverfahren wird die Oberfläche von Holz gepflegt?
5. Nennen Sie zu folgenden Arten der Holzoberfläche Verwendungsbeispiele und beschreiben Sie Richtlinien für die Reinigung und Pflege: a) unbehandelt, b) lasiert, lackiert oder gewachst, c) versiegelt oder poliert.
6. Nennen Sie Verwendungsmöglichkeiten für Leder und Kork.
7. Nennen Sie Verwendungsmöglichkeiten für folgende Glasarten: a) Natron- und Kaliglas, b) Blei- und Bleikristallglas, c) hitzebeständiges Glas.
8. Welche Eigenschaften haben Verbundglas und Sicherheitsglas, und zu welchen Zwecken sind sie deshalb besonders geeignet?
9. Nennen Sie Bezeichnungen für einfache keramische Waren sowie für Waren der Feinkeramik.
10. Erklären Sie die Bezeichnungen Terrakotta, Fayence und Porzellan.
11. Welche besonderen Eigenschaften sind bei Porzellan in Verbindung mit Speisen von Bedeutung?

1 Materialkunde – Grundlagen

1.2 Natur- und Chemiefasern

🇬🇧 natural and artificial fibers 🇫🇷 fibres (w) naturelles et fibres (w) artificielles

Fasern sind Rohprodukte für die Herstellung von Textilien. Durch verschiedene Arten der Aufbereitung gewinnt man aus ihnen zunächst Garne bzw. Fäden, die dann auf unterschiedliche Weise zu textilen Flächen (z. B. Stoffe) verarbeitet werden.

Bei Fasern werden Natur- und Chemiefasern unterschieden.

```
                    Naturfasern
            ┌───────────┴───────────┐
       Tierische              Pflanzliche
        Fasern                   Fasern
            │                       │
         Wolle                  Baumwolle
         Seide                   Flachs
                              Jute und Hanf
                              Kokos und Sisal
```

Naturfasern 🇬🇧 natural fibres 🇫🇷 fibres (w) naturelles

Ursprünglich wurden Textilien nur aus natürlichen Rohprodukten gefertigt. Es handelt sich dabei um tierische und pflanzliche Fasern bzw. Haare.

Abb. 1 Wolle

Abb. 2 Baumwolle

Abb. 3 Seidenkokons

Abb. 4 Reifer Flachs

Tierische Fasern 🇬🇧 animal fibres 🇫🇷 fibres (w) animales

Die Fasersubstanz besteht aus Eiweiß. Die grundlegenden Materialbezeichnungen sind Wolle und Seide.

Wolle 🇬🇧 wool 🇫🇷 laine (w)

Wolle im engeren Sinne sind die Haare des Schafes. Im weiteren Sinne gehören zum Begriff Wolle aber auch die Haare anderer Tiere, jedoch muss dann in der Bezeichnung der Tiername mitgenannt werden. **Schurwolle** ist das durch Scheren des lebenden Schafes gewonnene Rohprodukt. Mischungen aus Wolle und Chemiefasern zeichnen sich durch besonders vorteilhafte Eigenschaften aus.

Wolle hat folgende Eigenschaften:
- schützt gegen Kälte und Hitze
- bindet Raum- und Körperfeuchtigkeit
- knittert nicht und ist luftdurchlässig
- ist dehnbar, formbar und filzbar

Verwendung:
- Decken, Fußbodenbeläge und Möbelbezüge

Das internationale Wollsiegel darf nur für solche Erzeugnisse verwendet werden, die aus neuer, reiner Schurwolle hergestellt sind. Durch das Beimischen anderer Fasern werden die negativen Eigenschaften der Wolle ausgeglichen. Die Textilien besitzen eine erhöhte Strapazierfähigkeit.
Die Beimischung ist kennzeichnungspflichtig, wobei jedoch der Wollanteil mindestens 60 % betragen muss.

  Reine Schur-Wolle / Pure New Wool / Pure Laine Vierge

Eine gute Kombination
80 % Schur-Wolle / 20 % Polyester
Schur-Wolle mit Beimischung

Seide 🇬🇧 silk 🇫🇷 soie (w)

Seide ist eine sehr kostbare Faser, die aus den Hüllen **(Kokons)** seidenspinnender Schmetterlingsraupen gewonnen wird. Man unterscheidet dabei zwischen **Wild-** und **Zuchtseide**.

Seide hat folgende Eigenschaften:
- ist warmhaltend und kühl zugleich
- ist hautfreundlich
- ist leicht, reißfest und glänzend
- hat einen fließenden Fall

Verwendung:
- Kissenbezüge und Dekostoffe

Internationales Seidenzeichen

Diese Kennzeichnung ist nach dem Textilkennzeichnungsgesetz nur dann erlaubt, wenn die Fasern ausschließlich aus den Kokons seidenspinnender Insekten hergestellt wurden.

Pflanzliche Fasern 🇬🇧 vegetable fibres 🇫🇷 fibres (w) végétales

Die Fasersubstanz ist Cellulose. Die grundlegenden Rohprodukte sind Baumwolle und Flachsfasern.

Baumwolle 🇬🇧 cotton 🇫🇷 coton (m)

Die aus den reifen Fruchtkapseln des Baumwollstrauches hervorquellenden Samenfasern in Form von Wattebäuschen dienen als Rohprodukt für die Herstellung von Baumwolle. Die besten Baumwollsorten unter der Fachbezeichnung **Mako Baumwolle** kommen aus Ägypten.

Das internationale Baumwollkennzeichen bürgt dafür, dass zur Herstellung der Ware ausschließlich Baumwollfasern verwendet wurden. Angesichts der sonst negativen Eigenschaften muss Baumwolle je nach Verwendungszweck entsprechend veredelt werden (siehe „Ausrüstung von Textilien", Seite 574.)

Internationales Baumwollsiegel

Baumwolle hat folgende Eigenschaften:
- ist reiß- und nassfest
- ist saugfähig und kochecht
- ist geringfügig wärmend
- fusselt, läuft ein und knittert stark

Auch die Eigenschaften der Baumwolle sind aus den vorangegangenen Aufzeichnungen bereits bekannt. Besonders hervorzuheben ist die Unempfindlichkeit gegenüber Hitze, die beim Waschen (kochecht) und Bügeln von Bedeutung ist. .

Leinen 🇬🇧 linen 🇫🇷 toile (w)

Die Pflanzengattung **Lein** bzw. die Stängel der **Flachspflanze** dienen als Rohprodukt für die Herstellung von Flachsfasern, die wiederum zur Produktion von **Leinen** verwendet werden.

Bei Leinen sind zwei Bezeichnungen zu beachten. **Reinleinen** heißt, dass das Gewebe nur aus Flachsgarnen besteht (100 %). **Halbleinen** ist ein Mischgewebe aus Baumwolle (Kettfäden) und Flachsgarnen (Schussfäden), wobei der Flachsanteil mindestens 40 % vom Gesamtgewicht betragen muss.

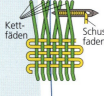
Kettfäden — Schussfaden

Leinen hat folgende Eigenschaften:
- reiß- und nassfest
- kochecht
- fusselt nicht und knittert stark
- hat natürlichen Glanz und wirkt kühlend

Verwendung:
- Gardinen, Vorhänge, Möbelstoffe und Frottierwaren
- Tisch- und Bettwäsche
- Hand- und Geschirrtücher
- Gläsertücher
- Dekorationsstoffe

Sonstige Pflanzenfasern

Neben den feineren Produkten Baumwolle und Leinen gibt es Pflanzenfasern, die aufgrund ihrer natürlichen Beschaffenheit zu robusten Textilien verarbeitet werden:
- **Kokos** (Fasern der Kokosnuss)
  - Matten, Teppichfliesen und Auslegware
  - grobe Polsterauflagen, Bürsten
- **Sisal** (Faser von Agaven)
  - Teppichböden, Seilerware
  - Taue und Bürsten
- **Jute** (Faser einer Stängelpflanze)
  - Säcke und Tragetaschen
  - Unter- und Stützgewebe für Teppichböden und Kunststoffbeläge
- **Hanf** (Faser einer Stängelpflanze)
  - Bindfäden sowie grobe Näh- und Bindegarne
  - Schwergewebe

Abb. 1 Teppichböden aus Sisal- und Kokosfasern

1 Materialkunde – Grundlagen

Chemiefasern 🇬🇧 chemical fibres 🇫🇷 fibres (w) chimiques

Chemiefasern werden aus der Cellulose von Pflanzen, z. B. Holz, oder aus Bodenschätzen wie z. B. Erdöl gewonnen.

Cellulosische Chemiefasern

Ausgangsmaterial ist die *Cellulose* aus dem Holz von Buchen und Fichten sowie aus Faserresten an den Samenkörnern der Baumwollpflanze, dem sogenannten *Baumwoll-Linters.* Durch chemische Behandlung erhält man eine spinnbare Masse und je nach angewendetem Verfahren unterschiedliche Fasern.

Acetatverfahren → Acetat, Triacetat
Viskoseverfahren → Viskose, Modal
Kupferverfahren → Cupro

Modal ist eine Viskosefaser mit merklich verbesserten Eigenschaften. Die Faser ist *kochecht, knittert weniger, trocknet schneller und ist einfärbbar.*

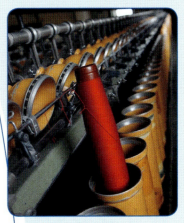
Abb. 1 Chemiefaser

Synthetische Chemiefasern

Ausgangsmaterial sind Erdöl, Erdgas und Steinkohle. Durch gezielte Veränderung der Kettenmoleküle entstehen Stoffe, die chemisch synthetisiert werden, z. B. Polyester. Durch eine spezielle Weiterverarbeitung werden hieraus spinnbare Fasern gewonnen (s. Abb. 2–5).

Synthetische Fasern haben positive Eigenschaften:
- Sie sind pflegeleicht, d. h. sie können unter Beachtung der Pflegeanleitung (siehe Pflegekennzeichen) in der Waschmaschine gewaschen werden, sie trocknen schnell,
- sie sind widerstandsfähig gegen Verrottung, Mikroorganismen und Mottenfraß,
- Flecken sind in der Regel leicht zu entfernen.

Chemiefasern

Cellulosische Fasern	Synthetische Fasern
Acetat Viskose Modal Cupro	Polyamid, Polyester Polypropylen Polyacryl Elastan

Abb. 2 Polyestergranulat

Abb. 3 Glatte Filamente

Abb. 4 Texturierte Filamente

Abb. 5 Spinnfasern

Synthetische Fasern sind **hitzeempfindlich,** weshalb beim Waschen und Bügeln die entsprechenden Pflegekennzeichen zu beachten sind. In vielen Fällen ist aber das Bügeln gar nicht erforderlich.

Vliesstoffe werden meist aus Chemiefasern hergestellt. Wegen ihrer besonderen Eigenschaften gewinnen sie im Gastgewerbe immer mehr an Bedeutung.

Vliesstoffe haben folgende Eigenschaften:
- leicht
- gut faltbar
- saugfähig
- kostengünstig
- vielseitig verwendbar

Verwendung:
- Tischwäsche, Servietten und Sets
- Einwegwäsche (Tisch- und Bettwäsche)
- Putz- und Poliertücher

Abb. 6 Servietten aus Vliesmaterial

WIRTSCHAFTSDIENST – HAUSDAMENABTEILUNG

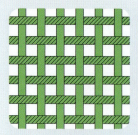

Abb. 1 Leinwandbindung

Abb. 2 Gewebe in Leinwandbindung

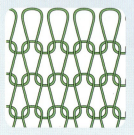

Abb. 3 Maschen

Abb. 4 Strickware

Abb. 5 Vliesstoff mit Punktschweißung

Abb. 6 Wirrfaservlies

Textile Flächen   🇬🇧 textiles   🇫🇷 textiles (m)

Textile Flächen haben je nach Art der verwendeten Garne oder Fäden sowie je nach Art ihrer Verflechtung bzw. Bindung unterschiedliche Bezeichnungen und Eigenschaften.

Arten der Verflechtung

- **Gewebe** (Abb. 1, 2)
  Gewebebindung entsteht durch regelmäßiges Verkreuzen von Kett- und Schussfäden.

- **Maschenware** (Abb. 3, 4)
  Sie entsteht durch Verstricken der Fäden bzw. das Ineinanderhängen von Schlaufen.

- **Vlies/Filz** (Abb. 5, 6)
  Vlies entsteht durch Verkleben. Für Filz wird die Faser mechanisch bearbeitet. Diese Technik nennt man Walken.

Textilkennzeichnung

Nach dem Textilkennzeichnungsgesetz müssen textile Flächen mit dem Namen der jeweils verwendeten Rohprodukte ausgezeichnet sein.

Die Kennzeichnung erfolgt auf Wäschefähnchen, in Webkanten oder auf Verpackungsetiketten der Textilien, z. B. Wolle, Baumwolle, Reinleinen, Viskose usw. (Einzelheiten siehe im Abschnitt „Wäschepflege").

Ausrüstung von Textilien

Unter Ausrüstung versteht man veredelnde Maßnahmen an Textilfasern.

Die veredelnden Maßnahmen zielen darauf ab, die Rohstoffe zusätzlich mit zweckgerichteten Eigenschaften auszustatten und dadurch den Gebrauchswert der Textilien zu erhöhen, z. B.:

- Verbessern der Warendichte, des Griffs und der Oberflächenbeschaffenheit,
- Reduzieren der Knitterneigung, des Einlaufens und der Schmutzempfindlichkeit,
- Erhöhen der Luftdurchlässigkeit sowie der Feuchtigkeitsaufnahme bzw. -abgabe,
- Verbessern der Pflegeeigenschaften in Bezug auf das Waschen, Trocknen und Bügeln.

Die Fasern bzw. Gewebe werden entweder durch mechanische Einwirkung oder durch die Behandlung mit chemischen Mitteln zweckentsprechend verändert.

Farbiger Bettdamast aus gebleichtem Kettgarn und gefärbtem Schussgarn.

Antimikrobielle Ausrüstung: Durch chemische Behandlung wird das Wachstum von Mikroorganismen gehemmt.

Bügelfreie Ausrüstung: Vorwiegend werden Baumwolle, Leinen und Viskose behandelt. Die Textilien werden knitterarm und bügelfrei.

Flammschutz-Ausrüstung: Mit Hilfe von chemischen Mitteln werden Textilien, z. B. Vorhänge, schwer entflammbar gemacht.

Farbechte Ausrüstung: Durch die entsprechende Wahl der Farbstoffe und Färbeverfahren erzielt man Textilien mit hoher Farbechtheit. Je nach dem Zweck unterscheidet man: kochecht, waschecht, lichtecht oder wetterecht. Das Warenzeichen für farbechte Textilien ist **Indanthren**. Eine absolute Farbechtheit gibt es jedoch nicht.

Filzfreie Ausrüstung: Sie wird bei Wolle angewendet. Durch das Behandeln mit Kunstharzen sind Wollwaren im Schonwaschgang waschmaschinenfest, sie schrumpfen und verfilzen nicht.

Fleckgeschützte Ausrüstung: Aufgrund dieser Behandlung wird wasserlöslicher und fetthaltiger Schmutz nicht nur abgestoßen, auch anhaftender Schmutz kann nicht in das Gewebe eindringen.

Knitterarme Ausrüstung: Durch die Behandlung mit Kunstharzen bzw. chemischen Stoffen füllen sich die Hohlräume der Fasern mit einem stabilisierenden Gerüst. Die Textilien sind knitterarm und haben eine höhere Elastizität.

Appretieren: Durch Kunstharze oder Stärkemittel erhalten Stoffe einen fülligeren Griff und ein besseres Aussehen. Außerdem ist die Schmutzabweisung erhöht. Gute Appreturen behalten auch nach dem ersten Waschen oder Reinigen noch ihre Wirkung.

Imprägnieren: Bei diesem Verfahren werden Gewebe so beschichtet, dass die glatte und glänzende Oberfläche wetterfest, wasserdicht und schmutzabweisend ist. Trotzdem bleiben sie luftdurchlässig. Die Behandlung ist typisch für Regen- und Sportausrüstungen sowie für Schirme und Markisen.

Mercerisieren: Es handelt sich dabei um die Behandlung von Baumwolle, insbesondere für hochwertige Tischwäsche. Dabei werden unterschiedliche Eigenschaften erzielt: Glanz, der waschbeständig ist (durch chemische Behandlung), verminderte *Dehnfähigkeit* bei gleichzeitig erhöhter *Reißfestigkeit*.

Rauen: Mit Hilfe von Maschinen zieht man bei textilen Flächen die Faserenden an die Oberfläche. Die Ware erhält dadurch eine voluminösere, bauschige Oberfläche, einen weicheren Griff und eine besondere Wärmewirkung. Einseitig aufgeraut ist z. B. Flanell, beidseitig rau ist Molton.

Sanforisieren: Durch Behandlung mit Wasser und Hitze ist die spätere Formveränderung vorweggenommen. Die Wäsche kann nicht mehr einlaufen, sie ist formbeständig und außerdem knitterarm.

Aufgaben

1. Erklären Sie die Bezeichnung Schurwolle.
2. Woraus wird Seide gewonnen?
3. Beschreiben Sie die Eigenschaften von Wolle und Seide und nennen Sie Verwendungszwecke.
4. Beschreiben Sie die Fasern „Baumwolle" und „Leinen":
   a) die Ausgangsware,   b) die Fasereigenschaften,   c) die Verwendungszwecke.
5. Beschreiben Sie die besonderen Eigenschaften von Vliesstoffen und Verwendungsmöglichkeiten.
6. Auf welche Weise erfolgt die Kennzeichnung der Textilien?
7. Erläutern Sie Zeichen/Siegel bei der Textilkennzeichnung.
8. Was bedeutet die Bezeichnung Ausrüstung?
9. Nennen und erläutern Sie Arten der Ausrüstung.

Wirtschaftsdienst

WIRTSCHAFTSDIENST – HAUSDAMENABTEILUNG

1.3 Reinigungs- und Pflegemittel

🇬🇧 cleaning agents 🇫🇷 produits (m) pour nettoyer et produits d'entretien

Unter **Reinigen** versteht man das Entfernen von Schmutz, entweder
- trocken, z. B. durch Kehren, Saugen,
- oder feucht, z. B. durch Wischen oder Waschen.

Pflegen ist darüber hinaus das Anwenden von Mitteln, durch die bestimmte Oberflächen ein schöneres Aussehen erhalten und vor chemischen oder mechanischen Einwirkungen geschützt werden.

Reinigungsmittel

Eine reinigende Wirkung haben vor allem Lösungsmittel, Seifenlaugen, Scheuermittel und wässrige Lösungen aus Tensiden, das sind künstlich hergestellte, seifenähnliche Stoffe. Durch mechanisches Einwirken wie Reiben mit Lappen, Baumwoll- oder Leinentüchern, Fensterledern, Schwämmen u. Ä. kann die reinigende Wirkung verstärkt werden.

Lösungsmittelfreie Reinigungsmittel

Ohne Scheuermittelanteil, zur Entfernung von leichtlöslichem bzw. weniger hartnäckigem Schmutz, auf Seifenbasis, mit natürlichen Tensiden bzw. Oberflächen-Entspannungsmitteln, z. B. für Kunststoff, Glas, Keramik, Steinzeug und Edelstahl: Schmierseife, Neutralseife, Grüne Seife, Spülmittel.

Mit Scheuermittelanteil,
- feinere Scheuermittel, z. B. für Bade- und Duschwannen: Scheuermilch;
- grobere Scheuermittel, z. B. für Toiletten, Waschbecken und für keramische Fliesen auf Mineralbasis: Schlämmkreide, „Wiener Kalk", Bimsmehle, Marmormehle.
- **Zusätze von synthetischen Tensiden,** für alle feucht abwischbaren Oberflächen, z. B. aus Edelstahl, Glas, Keramik, Kunststoff, Steinzeug: Universalreiniger, Allzweckreiniger
- **Desinfektionsmittel** auf Alkoholbasis zum Abtöten von Mikroben. Anwendung vor allem im Sanitärbereich.

Lösungsmittelhaltige Reinigungsmittel

- **Spezialreiniger,** zur Entfernung von stark fetthaltigem Schmutz oder teerhaltigen Rückständen z. B. in Backöfen. Nicht anwendbar auf Flächen mit Farb- und Lackanstrichen bzw. aus Kunststoffen wegen der auflösenden Wirkung!
- **Aceton** (Nagellackentferner), zur Entfernung von Harz-, Lack-, Klebstoff- und Teerflecken. Nicht anwendbar auf acetathaltigen Stoffen wegen der auflösenden Wirkung!
- **Fleckenwasser,** zur Entfernung von Flecken jeglicher Art.
- **Salmiak,** zur Entfernung von Farbflecken.

Vermeiden Sie nach Möglichkeit die Anwendung lösungsmittelhaltiger Reinigungsmittel. Wenn Sie sie benutzen, den Raum gut lüften. Verzichten Sie auf den Einsatz von Mitteln, die Chlor, Phosphate, Formaldehyde oder Sulfate enthalten!

Abb. 1 Reinigungsmittel

Bevor ein Mittel angewendet wird, ist grundsätzlich zu klären:
- Woraus besteht das zu behandelnde Material und wie ist die Oberflächenbeschaffenheit?
- Um welche Schmutzart handelt es sich und wie stark ist die Verschmutzung?
- Welches ist das umweltfreundlichste Reinigungsmittel, das zur Schmutzentfernung verwendet werden könnte?
- Wie lauten die Dosierungsanweisungen und Bedienungsanleitungen?

Bedienungsanleitungen, Dosierungsanweisungen und Umweltschutzhinweise sind zu beachten! Mischen Sie nie verschiedene Reinigungsmittel!

Bevorzugen Sie die umweltfreundlichen Hausmittel.

Diese sind biologisch leicht abbaubar und meist preiswerter:
Schmierseife oder **Neutralseife**, für Reinigungszwecke vielseitig einsetzbar. Ein Nachpolieren von Flächen ist erforderlich.
Verdünnte Essig- und/oder **Zitronensäure** als 3%ige Lösung sind zum Entkalken und zum Abwischen von Wasserflecken, z. B. auf Bad-Armaturen, bestens geeignet.
Spiritus für die Reinigung von Fensterscheiben, Glastüren sowie von Glasgegenständen wie z. B. Kristallleuchtern.

1 Materialkunde – Grundlagen

Pflegemittel

Pflegemittel geben Oberflächen ein schöneres Aussehen und schützen diese bei späteren Verschmutzungen. Außerdem können z. B. Möbelpflegemittel gut eingesetzt werden, um kleine Kratzer und Flecken weitgehend zu überdecken. Um Arbeitsgänge zu sparen, werden Reinigungs- und Pflegemittel häufig als **kombinierte Mittel** angewendet. Dabei wird die zu reinigende Oberfläche in einem Arbeitsgang gesäubert und gleichzeitig mit einem glänzenden und widerstandsfähigen Schutzfilm überzogen.

Lösungsmittelfreie Pflegemittel

- **Selbstglanz-Emulsionen** bzw. **Wischglanzmittel** oder Wischwachse, die auf Kunststoffböden sowie auf versiegelten und lackierten Holzfußböden einen glänzenden und schützenden Film hinterlassen. Sie ersparen das Nachpolieren.
- **Möbelwachs** und Spezialmittel zur **Möbelpolitur.** Auch zur Oberflächenbehandlung von Türen und Holzwänden geeignet.
- **Poliermittel** für Kunststoffgegenstände und Kunststoffoberflächen, für Leder.

Lösungsmittelhaltige Pflegemittel

Bohnerwachse, die auf **unversiegelten** und **unlackierten** Holzfußböden einen widerstandsfähigen und glänzenden Film bilden. Wegen ihrer Lösungsmittelbestandteile sind sie umweltbelastend und feuergefährlich. Die aufsteigenden Dämpfe sind gesundheitsschädlich. Sollten solche Mittel dennoch zum Einsatz kommen, den Raum gut lüften!

Reinigungsgeräte und Arbeitsmittel

Die Durchführung der Reinigungs- und Pflegearbeiten wird durch Maschinen und Geräte sowie weitere Arbeitsmittel wesentlich erleichtert. Welche Maschinen, Reinigungsgeräte und Arbeitsmittel in den einzelnen Hotelbetrieben zum Einsatz kommen sollten, ist nach den örtlichen, baulichen Gegebenheiten, den verwendeten Oberflächenmaterialien und der sonstigen Raumausstattung zu entscheiden.

1.4 Reinigung von Wänden

🇬🇧 cleaning of wall-coverings 🇫🇷 nettoyage (m) des murs

Je nach Material und Oberflächenbeschaffenheit werden unterschiedliche Reinigungs- und Pflegemittel bzw. Arbeitsmittel verwendet.
Hinweis: bitte die Tabelle auf der nächsten Seite beachten.

1.5 Reinigung von Böden

🇬🇧 floor cleaning 🇫🇷 nettoyage (m) du plancher

Je nach Material und Aufbau der Fußböden werden unterschiedliche Reinigungs- und Pflegemittel angewendet (Siehe Tabelle S. 578). Abgesehen von Teppichböden bzw. Teppichen geht bei allen anderen Böden das Entfernen von lockerem Schmutz durch Fegen oder Moppen als Vorreinigung den anderen Reinigungs- und Pflegemaßnahmen voraus.

Reinigungsgeräte und Arbeitsmittel

Maschinen, z. B. Staubsauger, Kehrmaschinen, Teppich-Shampoonier-Geräte, Sprühextraktionsgeräte, Dampfreiniger, Hochdruckreiniger, Scheuersaugmaschinen, Nass-Sauger/Allzwecksauger, Bohner- bzw. Poliermaschinen, Waschmaschinen, Trockner;

Geräte, z. B. Etagenwagen, Putzwagen, Teppichkehrer, Feuchtwischgeräte, Nasswischmopps, Feuchtwischmopps, Fahreimer mit Presse, Wasserschieber, Leitern;

Arbeitsmittel, z. B. Staubtücher, Fensterleder, Poliertücher, Reinigungspads, Schwämme, Vliesschwämme, Stahlwolle, Besen, Handfeger, Bürsten, Schrubber, Scheuertücher, Eimer, Körbe.

> ● Aus Gründen des Umweltschutzes sind lösungsmittelhaltige Pflegemittel weitestgehend abzulehnen!

Reinigung von Wänden

Je nach Material und Oberflächenbeschaffenheit werden unterschiedliche Reinigungs- und Pflegemittel bzw. Arbeitsmittel verwendet.

Wandoberfläche	Reinigungs-/Pflegemaßnahme
abwaschbar	
Dispersionsfarbe	mäßig feucht mit Lappen abwischen
Ölfarbenanstrich	mit milder Reinigungslösung vorsichtig abwaschen, trockenreiben
Keramische Fliesen	mit heißer, starker Reinigungslösung abwaschen, mit klarem Wasser nachwaschen, trockenreiben
Tapeten	mit milder Reinigungslösung vorsichtig abwischen. Keine Lösungsmittelhaltigen Mittel verwenden!
nicht abwaschbar	➔ weder Wasser noch Reinigungsmittel verwenden!
Tapeten	mit Besen bzw. Staubsauger vorsichtig abstauben/absaugen
Stoffbespannungen	mit Besen bzw. Staubsauger vorsichtig abstauben/absaugen

Reinigung von Böden

Fußbodenmaterialien	Reinigungs-/Pflegemaßnahme
Holz-Parkett	Bei unbeschädigter Versiegelung mit Allzweck- oder Neutralreiniger mäßig feucht wischen; bei beschädigter Versiegelung mit Bohnerwachs behandeln.
Holz-Dielen	Zimmerböden aus Holz schonend, nebelfeucht mit Schmierseife wischen. Pflege mit Wachs als Oberflächenschutz.
Linoleum	Mit Seifenlauge feucht wischen, gelegentlich mit Wischglanz oder Selbstglanz-Emulsion pflegen, trocknen lassen. Absatzspuren mit Pads abreiben.
Kunststoff-, Laminat- und Gummiböden	Feucht wischen, gelegentlich mit Wischglanzmittel oder Selbstglanz-Emulsion behandeln, trocknen lassen.
Steinfußböden, Naturfliesen, Kunststeinfliesen	Mit milder Reinigungslösung zur Grundreinigung feucht wischen bzw. mit Wischpflegemittel pflegen.
Keramikfliesen	Mit starker Reinigungslösung nass wischen oder schrubben.

1.6 Reinigung von Teppichen und Teppichböden

🇬🇧 cleaning of carpets and carpet tiles
🇫🇷 nettoyage (m) des tapis et moquettes

Teppicharten

Unter Teppichen versteht man sowohl den klassischen Orientteppich als auch Teppichläufer, Brücken, Wandteppiche und die Auslegeware von Teppichböden und -fliesen. Bei der Herstellung können sowohl Naturfasern als auch Chemiefasern oder eine Mischung aus beiden verwendet werden. Wegen der großen Qualitätsunterschiede und der Vielzahl von Teppicharten sollte beim Kauf ein Fachmann zu Rate gezogen werden.

Abb. 1 Treppe mit Teppich

Tägliche Reinigung

Saugen
Die normale tägliche Reinigung von Teppichen im Hotel ist das Staubsaugen.

Vereinzelt werden zum Entstauben auch Teppichkehrmaschinen eingesetzt.

Zur anschließenden Fleckenentfernung auf Teppichen werden verschiedene Methoden angewendet.

Die Teppichsiegel haben sich als eine gute Orientierungshilfe erwiesen. Sie sind an der Unterseite von Teppichrollen angebracht und werden vom „Deutschen Teppichforschungsinstitut e.V., Aachen", vergeben.

Detachieren
Flecken können mit Hilfe eines Feinwaschmittel-Schaumes und eines Frottierlappens befeuchtet und dann abgerieben werden.

Abb. 1 Teppichsiegel-Beispiel

Pulver-Reinigung
Die Pulverreinigung wird bei Bedarf – je nach Verschmutzungsgrad – zur oberflächlichen Florreinigung angewendet. Das Reinigungspulver wird mit rotierenden Bürsten auf dem Teppichflor verteilt. Das Pulver nimmt den Schmutz auf und kann nach der empfohlenen Einwirkungszeit mit dem Staubsauger entfernt werden. Dabei sollte man gründlich gelüftet.

Grundreinigung

Zur **Grundreinigung** eignen sich die beiden folgenden Verfahren:

- **Shampoonier-Reinigung**
  Kurzflorige Teppiche mit einem feuchtigkeitsbeständigen Trägermaterial können nach diesem Verfahren gereinigt werden. Das Shampooniermittel enthält Tenside, fettlösende Mittel und keimabtötende Stoffe. Der Shampooschaum wird mit Hilfe einer Shampooniermaschine in Bahnen aufgetragen und dabei eingebürstet. Nach dem Trocknen des Schaums wird der Teppichflor aufgebürstet und abgesaugt. Mit den Shampooresten wird so der gelöste Schmutz entfernt.

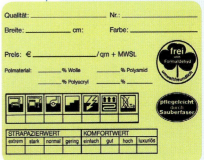

Abb. 2 Beispiel – Teppich-Karte als Kundeninformation

- **Sprühextraktions-Reinigung**
  Dieses Verfahren ist bei allen Florarten geeignet. Die Spezial-Reinigungsmittel hierfür enthalten schaumarme Tenside, Reinigungsverstärker, Entschäumer und teilweise Phosphate. Das Mittel wird in Bahnen aufgesprüht und löst den Schmutz aus dem Teppichboden. Die Lösung aus Reinigungsmittel und Schmutz wird aufgesaugt und in einen Tankbehälter geleitet. Die Entsorgung erfolgt über das Abwasser.

Bei der **Grundreinigung** von Teppichen ist zu beachten:
- Sie sollte jährlich nur einmal durchgeführt werden, da der Teppich dabei strapaziert wird.
- Eine eventuell vorhandene Fußbodenheizung ist rechtzeitig auszuschalten.
- Der Fußboden muss vorab gesaugt worden sein.
- Das Reinigungsmittel sollte auf die Verträglichkeit mit dem Belag geprüft worden sein.
- Beim Absaugen muss das Reinigungsmittel vollständig aus dem Flor gesaugt werden. Sonst könnte es zu einer schnelleren Wiederverschmutzung kommen.

 „wohnbereichsgeeignet"

 „arbeitsbereichsgeeignet"

 „stuhlrollengeeignet" (Verwendung: Räume mit Rollstühlen, Rollsesseln, für Büroräume)

 „treppengeeignet" (Verwendung: Treppen in Wohnhäusern oder sonstigen Gebäuden)

 „feuchtraumgeeignet" (Verwendung: Badezimmer, Küchen, Toiletten)

 „antistatischgeeignet" (Verursachen beim Begehen keinen spürbaren Schlag)

 „geeignet für Fußbodenheizung" (Verwendung: in Räumen mit Fußbodenheizung)

Abb. 3 Zusatzsymbole für Teppichböden

WIRTSCHAFTSDIENST – HAUSDAMENABTEILUNG

1.7 Wäschepflege 🇬🇧 linen maintenance 🇫🇷 soins (m) du linge

Wäsche gehört zu den Textilien, über die im Abschnitt „Natur- und Chemiefasern" bereits Grundlegendes ausgeführt wurde.

Wäsche ist die Sammelbezeichnung für Textilien, deren regelmäßige Reinigung durch Waschen erfolgt. Dabei unterscheidet man Wäsche nach:

Gebrauch
- Leibwäsche (Unterwäsche)
- Bett-, Tisch- und Badewäsche
- Küchenwäsche

Feinheitsgrad
- Feinwäsche (feine Gewebe: z. B. für Damenwäsche, Pullover, Stores, Gardinen usw.)
- Grobwäsche (grobe Gewebe z. B. Berufs- und Schutzkleidung)

Farbe
- Weißwäsche
- Buntwäsche

Abb. 1 Hotelwäscherei

Hotelwäsche 🇬🇧 hotel laundry 🇫🇷 linge (m) d'hôtel

Die wichtigsten unterscheidenden Bezeichnungen für Hotelwäsche sind:
- Bettwäsche
- Tischwäsche *(table linen/linge de table)* und
- Frottierwäsche

Bettwäsche

Zweckbestimmende Bezeichnungen und Maße
Zur Bett- bzw. Etagenwäsche gehören:
- **Kissenbezüge**
  - Kopfkissen allgemein   80 cm x 80 cm
  - Europakissen   40 cm x 80 cm
- **Bettbezüge**   140 cm x 200 cm
- **Bettlaken**   160 cm x 260 cm
- **Matratzenschoner**   in verschiedenen Größen

Abb. 2 Bettwäsche

Tisch- und Frottierwäsche

Zur **Tisch-** bzw. **Restaurantwäsche** gehören:
- Moltons,
- Tischtücher und Tafeldecken,
- Deckservietten,
- Mundservietten, Hand- und Weinservietten.

Zur **Frottierwäsche** gehören:
- Hand- und Badetücher sowie Waschlappen,
- Bademäntel und Bademmatten/Bettvorleger.

Bei der Herstellung von Frottierwäsche wird die Baumwolle in Leinwandbindung verarbeitet, bestehend aus einer straffen Grundkette und einer lockeren Schlingenkette mit ein- oder beidseitigen Schlingen. Aufgrund gekräuselter Oberfläche zeichnen sich die Textilien durch eine besonders gute Saugfähigkeit aus.

Abb. 3 Restaurantwäsche

Reinigung und Pflege der Wäsche

Verschmutzte Wäsche muss in regelmäßigen Abständen gereinigt und gepflegt werden. Die Reinigungs- und Pflegemittel werden auf die Materialeigenschaften abgestimmt.

Reinigungs- und Pflegemittel

Wasser 🇬🇧 water 🇫🇷 eau (w)

Wasser ist das grundlegende Reinigungsmittel. Viele Vorgänge, die bei der Schmutzbeseitigung von Bedeutung sind, weisen darauf hin: Auflösen, Aufquellen, Zerteilen, In-der-Schwebe-Halten, Ausspülen, Wegspülen.

Waschmittel 🇬🇧 detergents 🇫🇷 produits (m) de lavage

Durch Waschmittel wird die grundlegende Reinigungswirkung des Wassers ergänzt und verstärkt. Neben waschaktiven Bestandteilen enthalten Waschmittel darüber hinaus in unterschiedlicher Zusammensetzung Substanzen, die auf jeweils spezifische Zwecke ausgerichtet sind, z. B. wasserenthärtende Stoffe oder solche, die besondere pflegende Auswirkungen haben.

Abb. 1 Wasch- und Trocknermaschinen

Waschaktive Substanzen wirken zweifach:
- Durch Verringern der Oberflächenspannung des Wassers erhöhen sie dessen Wirksamkeit und begünstigen insbesondere das gründliche Durchnetzen der Wäsche.
- Darüber hinaus heben sie den Schmutz vom Waschgut ab, emulgieren und umhüllen ihn, sodass er mit Hilfe des Wassers leichter ab- und ausgespült werden kann.

Wasserenthärtende Substanzen, auch Builder genannt, sind waschwirksame Alkalien, die den negativen Auswirkungen von kalkbildenden Salzen im Wasser entgegenwirken. Dieses enthält je nach den örtlichen Bedingungen unterschiedliche Mengen dieser Salze.

Abb. 2 Zugabe des Waschmittels

Die Wasserhärte hängt vom Gehalt an Calcium- und Magnesiumverbindungen ab. Je höher der Gehalt ist, desto härter ist das Wasser. Die Härte des Wassers spielt beim Waschen der Wäsche eine erhebliche Rolle. Je weicher das Wasser, desto weniger Wasserenthärter (bzw. Waschmittel) sind bei der Wäschepflege erforderlich. Bei der Dosierung sollte man sich an die Angaben der Waschmittelhersteller halten.

Unterschiedliche Härtegrade des Wassers

Im Härtebereich wird nach der internationalen Einheit Millimol Calciumcarbonat je Liter (mmol/l) gemessen. Sie ersetzt die alte Messeinheit „Grad deutscher Härte (°dH)".

Abb. 3 Saubere Frottierwäsche

Die kalkbildenden Salze sind beim Waschen für eine ganze Reihe negativer Auswirkungen verantwortlich:
- Sie bilden unlösliche Verbindungen, wodurch die Reinigungswirkung vermindert wird.
- Durch Hitzeeinwirkung beim Waschen entsteht Kalkstein, der sich in den Wäschefasern festsetzt. Dadurch wird die Saugfähigkeit sowie der Geruch und die Haltbarkeit der Wäsche beeinträchtigt, weil die Fasern brüchig werden.
- Kalkablagerungen in der Waschmaschine vermindern die Leistungsfähigkeit und beschleunigen den Verschleiß.

Härtebereich	Millimol Calciumcarbonat je Liter (mmol/l)	früher: °deutsche Härte
weich	< 1,5 mmol/l	< 8,4 °dH
mittel	1,5–2,5 mmol/l	8,4–14 °dH
hart	> 2,5 mmol/l	> 14 °dH

Wirtschaftsdienst

WIRTSCHAFTSDIENST – HAUSDAMENABTEILUNG

Die wasserenthärtenden Substanzen des Waschmittels verhindern diese Auswirkungen, indem sie die kalkbildenden Salze binden und unwirksam machen.

Wäschepflegende Wirkstoffe werden Waschmitteln je nach dem beabsichtigten Zweck in unterschiedlicher Zusammensetzung zugesetzt:

- **Bleichmittel** geben Sauerstoff ab und entfärben organische Farbstoffe, die z. B. von Obst, Rotwein und Kaffee herrühren.
- **Vergrauungshemmstoffe** binden Schmutzteilchen und halten sie in der Schwebe, sodass sie sich nicht wieder in den Fasern festsetzen können.
- **Enzyme** bauen Fett und Eiweiß zu wasserlöslichen Formen ab und erleichtern dadurch das Ausspülen.
- **Schaumregulierende Stoffe** sorgen für eine der Waschtemperatur und dem Waschprogramm entsprechende Schaumbildung.
- **Weißtöner** bzw. optische Aufheller überdecken bei weißer Wäsche den möglichen gelben Schimmer.
- **Duftstoffe** überdecken die unangenehmen Gerüche, die aus der Waschlauge stammen, und verleihen der Wäsche eine duftige Frische.

Für Waschmittel gibt es je nach ihrer Zweckbestimmung unterschiedliche **Bezeichnungen**:
- Vollwaschmittel
- Feinwaschmittel
- Spezialwaschmittel

Beachten Sie die nebenstehenden Erklärungen und lesen Sie die Dosierungshinweise auf den Verpackungen.

Vollwaschmittel sind besonders waschaktiv und vor allem geeignet für sogenannte Koch- oder Weißwäsche, wie z. B. Berufsköche (Köche).

Feinwaschmittel sind in ihrer Wirkung auf empfindliche Fein- und Buntwäsche abgestimmt.

Spezialwaschmittel enthalten Bestandteile, durch die bei bestimmten Textilien eine jeweils zweckgerichtete pflegende Wirkung erreicht werden soll, z. B. bei synthetischer Wäsche, Wolle, Gardinen.

Waschhilfsmittel

Vor dem Waschen erfüllen sie vorbereitende Funktionen:
- **Einweichmittel** bilden im Wasser Laugen, durch die stark haftender und intensiver Schmutz so aufgelockert wird, dass er beim nachfolgenden Waschen leichter und vollständig ausgespült werden kann.
- **Enthärtungsmittel** dienen dazu, den Kalk in übermäßig hartem Wasser zu neutralisieren, damit seine nachteiligen Auswirkungen beim Waschen von vornherein ausgeschaltet sind (siehe weiter oben).

Nach dem Waschen werden Hilfsmittel verwendet, die bestimmten Textilien eine besondere Eigenschaft verleihen sollen.
- **Weichspülmittel** machen z. B. Frottierwäsche, Moltons und Wollwaren weich und flauschig.
- **Feinappreturen** bzw. **Steifungsmittel** (Stärke) dienen dazu, der Wäsche durch unterschiedlich intensive Aussteifung einen volleren und festen Griff zu verleihen sowie schmutzunempfindlicher zu machen, z. B. Hemden, Blusen, Tisch- und Bettwäsche.

> **Wichtige Hinweise:**
> Wasch- und Reinigungsmittel können die Umwelt belasten. Darum:
> - maßvoll mit Waschmitteln sowie Reinigungs- und Pflegemitteln umgehen,
> - auf nicht unbedingt notwendige Mittel ganz verzichten,
> - umweltfreundliche Wasch-, Reinigungs- und Pflegemittel verwenden.

1 Materialkunde – Grundlagen

Fleckentfernungsmittel

Flecken sind Schmutzeinwirkungen besonderer und intensiver Art, z. B. durch Rotwein, Obst, Kugelschreiber. Je nach Art des Schmutzes sind zur Entfernung unterschiedliche Mittel erforderlich. Grundlegende Hilfsmittel sind:

- Wasser – zur Entfernung von
  - Zuckerflecken
  - Eiflecken

  Die Wirkung von erwärmtem Wasser ist intensiver.

- Essigwasser – zur Entfernung von
  - Rotweinflecken
  - Urinflecken

  und zur Nachbehandlung von
  - Obstflecken

- Feinwaschlauge – zur Entfernung von
  - Bier, Blut
  - Limonaden, Milch
  - Kaffee, Kakao
  - Schokolade
  - Likör, Ei

  und zur Nachbehandlung von Flecken von
  - Obst
  - Ruß
  - Wein
  - Urin

Abb. 1 Zur Entfernung von Rotweinflecken dienen auch aufgestreutes Salz und Zitronensaft.

Darüber hinaus gibt es **spezielle Fleckentfernungsmittel**:

Aceton	→ Nagellack, Schuhcreme
Benzin	→ Fett, Wachs
Benzol	→ Asphalt, Teer, Ruß, Schuhcreme
Salmiak	→ Obst, Weißwein, Tinte
Spiritus	→ Fett, Kugelschreiber, Kopierstift, Lippenstift, Parfüm
Terpentin	→ Ölfarbe
Wasserstoffperoxid	→ Stockflecken

Beim **Entfernen von Flecken** sind besondere Richtlinien bzw. Hinweise zu beachten:

Als erstes ist festzustellen, um welches textile Material und um welche Art von Fleck es sich handelt.

- Je frischer der Fleck, desto leichter ist er zu entfernen.
- Getrocknete Flecken sind zunächst anzulösen.
- An einer nicht sichtbaren Stelle wird geprüft, ob das Lösungs- oder Fleckentfernungsmittel gegenüber der Faser und der Farbe unschädlich ist.
- Bei Fleckentfernungsmitteln sind die Hinweise des Herstellers zu beachten.
- Der Fleck wird mit dem jeweiligen Mittel betupft; bei Wiederholung ist eine andere, noch saubere Stelle des verwendeten Reinigungstuches zu benutzen.
- Das Abreiben darf nur mit leichtem Druck erfolgen und muss immer zum Fleckzentrum hin durchgeführt werden, um eine Ausweitung der Verschmutzung zu verhindern.
- Für das Aufnehmen der gelösten Fleckensubstanz saugfähiges Material verwenden.
- Wässrige Lösungen sind nach der Behandlung gründlich auszuspülen.
- Benzin, Benzol und Spiritus sind feuergefährliche Reinigungsmittel und dürfen deshalb nie bei offenem Feuer angewendet werden.

Pflege- und Behandlungssymbole für Textilien

Für die Art und Intensität der Reinigungs- und Pflegemaßnahmen sind jeweils die Art und die Beschaffenheit der Textilien ausschlaggebend. Zur Orientierung und Information sind diese deshalb mit jeweils entsprechenden Pflegesymbolen ausgestattet (siehe Pflegesymbole S. 222).

Abb. 2 Tintenflecken

Außerdem stehen ganz spezielle Mittel für Kaugummi, Tinte und Rost zur Verfügung.

WIRTSCHAFTSDIENST – HAUSDAMENABTEILUNG

Lagern, Tauschen und Zählen der Wäsche

Die Hotelwäsche gehört vom Neueinkauf bis zum Umfunktionieren verbrauchter Wäschestücke als Staubtücher in den Aufgabenbereich der Hausdame.

Lagern der Wäsche

Wäsche wird zugunsten einer guten Durchlüftung in offenen Regalen gelagert. Das Stapeln in Zehnereinheiten erleichtert die Ausgabe beim Wäschetausch. Frisch gewaschene Wäsche ist so einzuordnen, dass die bereits lagernde Wäsche zuerst verwendet wird.

Die Wäsche wird mit der geschlossenen Seite nach vorne eingeräumt.

Abb. 1 Wäschestapel

Tauschen der Wäsche

Der Wäschetausch gehört zu den täglichen Arbeitsabläufen und muss wegen der Kontrolle mit angemessener Sorgfalt durchgeführt werden:
- Entweder die Schmutzwäsche im Magazin vorzählen und entsprechende Mengen saubere Wäsche entgegennehmen,
- oder den Officebestand täglich gegen Anforderungsschein bis zum Sollbestand auffüllen.

Abb. 2 Wäscherei

Zählen der Wäsche

Im Hinblick auf die Bilanz (Warenwert) und auf Neueinkäufe sind die Wäschebestände in regelmäßigen Abständen durch Inventur zu ermitteln. Da sich die Wäsche ständig im Umlauf befindet, ist es erforderlich, das Zählen an allen Stellen möglichst gleichzeitig durchzuführen:
- in der Wäscherei und den Etagenoffices,
- in den Gästezimmern mit Bädern,
- in den Restaurants und Bars,
- in der Bankettabteilung,
- in der/den Küche/n und
- in der Wellness-Abteilung.

Abb. 3 Wäscheinventur

Aufgaben

1. Beschreiben Sie das Lagern, Tauschen und Zählen (Inventur) der Hotelwäsche.
2. Aus welchen Rohstoffen wird Bettwäsche hergestellt? Welche Vorteile und Nachteile haben die einzelnen Rohstoffe?
3. Beschreiben Sie die besondere Beschaffenheit der Frottierwäsche und die sich daraus ergebenden Eigenschaften.
4. Beschreiben Sie die Funktionen der waschaktiven und der wasserenthärtenden Substanzen in Waschmitteln.
5. Nennen und beschreiben Sie die Funktion von wäschepflegenden Wirkstoffen, die in Waschmitteln je nach beabsichtigtem Zweck enthalten sind.
6. Erklären Sie an Waschbeispielen die Unterscheidung der Waschmittel in Voll-, Fein- und Spezialwaschmittel.
7. Was versteht man unter Wasserhärte?
8. Nennen Sie Waschhilfsmittel, die vor bzw. nach dem eigentlichen Waschen eingesetzt werden und beschreiben Sie ihre Funktion.
9. Beschreiben Sie an Beispielen die Verwendung von Wasser, Essigwasser und Feinwaschlauge als Mittel der Fleckentfernung vor dem Waschen.
10. Zu welcher Art von Fleckentfernung werden folgende Mittel verwendet:
    a) Aceton   b) Benzin   c) Benzol   d) Salmiak   e) Spiritus   f) Terpentin?
11. Erläutern Sie wichtige Richtlinien, die bei der Fleckentfernung zu beachten sind.

1.8 Gästebetten 🇬🇧 beds 🇫🇷 lits (m)

Wenn der Hotelier seinen Gästen beste Bedingungen für einen erholsamen Nachtschlaf bieten möchte, dann wird er ein besonderes Augenmerk auf die Qualität seiner Hotelbetten richten.

Ein Standard-Hotelbett besteht aus folgenden Teilen und Artikeln:
- Bettgestell,
- Matratzenunterbau oder Lattenrost,
- Matratzenschoner als Matratzen-Unterlage,
- Matratze,
- Bettwäsche,
- Deckbett/Einziehdecke,
- Kopf- und Nackenkissen.

Vor dem Kauf von Hotelbetten sollte unbedingt der Rat von Bettfachleuten eingeholt werden. Denn neueste medizinische Erkenntnisse und Herstelltechnologien führen zu Weiterentwicklungen auch auf diesem Gebiet. Ferner sollte ein möglichst einfaches Abziehen, Säubern und Neubeziehen des Hotelbetts gewährleistet sein. Nicht zuletzt sollten die Hotelbetten den verschiedenen Schlaf- und Liegebedürfnissen der Gäste, z. B. eher hart oder eher weich, entsprechen.

Abb. 1 Doppelbett mit Tagesdecke, Hotel Intercontinental, Prag

Bettgestelle 🇬🇧 bedsteads 🇫🇷 lits (m)

Das Bettgestell ist der Rahmen für den Lattenrost – oder die Matratzenunterlage – und somit auch die Einfassung für die aufliegende Matratze. Bettgestelle sind meist aus Holz, manchmal auch aus Metall oder Kunststoff. An den Außenseiten sind viele Bettgestelle mit gepolstertem Stoff bespannt, der in Musterung und Farbe mit der Gesamtausstattung des Zimmers abgestimmt ist. Die Bettfüße sind häufig auf Rollen oder Gleitfüßen montiert, um die Arbeit des Personals zu erleichtern.

Bettgestelle sind in ihren Maßen auf die entsprechenden Matratzengrößen abgestimmt.

Abb. 2 Beispiel eines flexibel gelagerten Lattenrostes. Rahmen mit verstellbarem Kopf- und Fußteil, mit Zonen-Härteverstellung, Federleisten, Lagerung in Doppel-Kautschukkappen, Buche, Schichtholz.

Maße der Bettgestelle, für:
- **Einzelbett**-Matratzen, Standardgrößen:
  0,90 m x 1,90 m oder
  1,00 m x 2,00 m → Single size bed
- **Doppelbett**-Matratzen, Standardgrößen:
  1,30 m x 2,00 m → Twin size bed
  1,50 m x 2,00 m → Queen size bed
  1,50 m x 1,90 m → Französisches Bett
  1,80 m x 2,00 m oder
  2,00 m x 2,00 m → King size bed
  1,90 m x 2,00 m → Grand lit

Abb. 3 Beispiel eines per Knopfdruck und Elektromotor variabel verstellbaren Betteinsatz-Lattenrostes.

Matratzenunterbau und Lattenroste

Der Matratzenunterbau eines Bettes kann ein Spiralnetzrahmen bzw. Metallrost sein. Es gibt auch fest oder flexibel gelagerte Lattenroste. Bei Luxus-Hotelbetten besteht die Bettenbasis meist aus einem Federkern- bzw. Taschenfederkern-System mit gepolsterter Auflage.

> **Lattenroste mit fester Lagerung** sind nicht höhenverstellbar. Die Federholzleisten sind auf einem Rahmen einzeln fest montiert.

Wirtschaftsdienst

WIRTSCHAFTSDIENST – HAUSDAMENABTEILUNG

Abb. 1 Beispiel eines flexibel gelagerten Lattenrostes

Bei den **flexibel gelagerten Lattenrosten** sind die einzelnen Federleisten an den Enden mit beweglichen Trägerelementen aus Kunststoff oder Gummi (Kautschukkappen) gefasst. Diese Lattenroste sind am Kopf- und Fußende höhenverstellbar.

Im mittleren Bettbereich sollten die Federleisten in ihrer Elastizität einzeln verstellbar sein, mit Zonen-Härteverstellung. Nur so kann eine individuelle und optimale Anpassung der Matratze an Körperform und Gewicht des jeweiligen Gastes gewährleistet sein. Es ist selbstverständlich, dass gute Lattenroste keine Geräusche verursachen dürfen.

Matratzen   🇬🇧 mattresses 🇫🇷 matelas (m), sommiers (m) élastiques

Abb. 2 Profil einer Schaumstoffmatratze

Die Qualität der Matratze in Kombination mit dem zugehörigen Lattenrost bzw. Matratzenunterbau ist mit entscheidend für den Schlafkomfort des Gastes. Matratzen sollen die Entspannung der Körpermuskulatur und Bänder fördern und die Wirbelsäule mit den Bandscheiben entlasten. Matratzen sollten deshalb punkt- und dauerelastisch, weder zu hart noch zu weich sowie druckfrei und atmungsaktiv sein.

Durch Luftzufuhr von unten sollten Matratzen dazu beitragen können, die Wärme und die Luftfeuchtigkeit zu regulieren, die durch Transpiration (ca. 0,2 l pro Nacht) während des Schlafs entsteht. Gute Matratzen haben deshalb ein atmungsaktives, natürliches Bezugs- und Polstermaterial, z. B. aus Baumwolle, Schafschurwolle, Rosshaar, Kamelhaar oder Kokosfasern. Für Rheumatiker ist eine gute Wärmeisolation der Matratze wichtig. Hotelmatratzen sollten ferner geräuschlos und schwer entflammbar sein. Seitlich sollten sie zwei Griffe zum Wenden oder Transportieren haben. Der Bezugsstoff von Schaumstoff-Matratzen (z. B. Latex) sollte abziehbar und waschbar sein.

Arten von Matratzen

Matratzen werden in vier Arten unterschieden:
- **Schaumstoff-Matratzen,**
- **Schaumstoff-Matratzen mit Federkern,**
- **Federkern-Matratzen** und
- **Taschen-Federkern-Matratzen.**

Abb. 3 Schaumstoff-Taschenfederkern-Matratze

Schaumstoff-Matratzen bestehen aus synthetischem Schaumstoff (Polyether oder Polyurethan) oder aus natürlichem Schaumgummi (Latex). Viele Luftkammern und kleine Luftkanäle sorgen für die Atmungsaktivität und die Elastizität der Matratze. Schaumstoff ist allerdings nicht gut zur Feuchtigkeitsaufnahme geeignet. Waschbare Baumwoll-Unterbetten als Auflage zu Schaumstoff-Matratzen sind aus diesem Grunde empfehlenswert.

Da Latexschaum eine keimabtötende Wirkung hat und weitgehend staubfrei ist, sind **Latex-Matratzen** besonders gut für Allergiker mit Hausstaub- und Milben-Allergie, ebenso für Asthmatiker geeignet.

Außerdem sollten Schaumstoff-Matratzen mit einem abzieh- und waschbaren Textilbezug versehen sein. Die Qualität von Schaumstoff-Matratzen wird nach dem **Raumgewicht (RG)** des verwendeten Schaumes in kg pro m³ gemessen. Gute Schaumstoff-Matratzen verfügen über ein hohes Raumgewicht (siehe nebenstehende Tabelle). Sie sind elastischer, haltbarer und tragfähiger als Matratzen mit niedrigem Raumgewicht.

Das Raumgewicht beschreibt nicht die Härte der Matratze, sondern das Wiederaufrichtevermögen.

Qualitätsklassen bei Schaumstoff-Matratzen:
- Geringe Qualität: < 30 RG
- Mittlere Qualität: 30 – 35 RG
  (RAL-Gütezeichen garantiert 36 RG)
- Gute Qualität: 40 – 50 RG

1 Materialkunde – Grundlagen

Abb. 1 Schnitt einer Latex-Matratze. In Kombination mit einem flexiblen Lattenrost wird eine überdurchschnittliche Punktelastizität gewährleistet; Garanten für einen bandscheibengerechten, optimalen Liegekomfort

Schaumstoff-Matratzen mit Federkern verfügen über einzelne, voneinander unabhängige Federkernreihen, die in Längskanälen im Schaumstoff untergebracht sind. Diese Kanäle regulieren auch den Temperatur- und Luftaustausch der Matratze. Wegen der besonderen Elastizität sind diese Matratzen auf Lattenrosten mit höhenverstellbaren Kopf- und Fußteilen bestens geeignet. Einige der besten und teuersten Matratzen auf dem Markt sind dieser Kategorie zuzuordnen.

Federkern-Matratzen verfügen über einzelne elastische Stahlfedern, die miteinander verbunden sind und dadurch ein Netz bilden. Bei vielen Federkern-Matratzen ist dieses Netz von einem Metallrahmen umschlossen. Solche Matratzen sind deshalb für Betten mit höhenverstellbarem Lattenrost nicht geeignet.

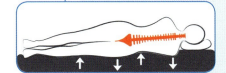

Abb. 2 Bandscheibengerechter Liegekomfort

Metallrahmenlose Federkern-Matratzen hingegen lassen sich knicken und sind bei Betten mit höhenverstellbarem Lattenrost verwendbar.

Eine Federkern-Matratze besteht beidseitig aus verschiedenen Polsterschichten. Direkt unter und über dem Metall-Federkern befindet sich eine atmungsaktive Grobpolsterschicht aus Sisal-, Palm- und/oder Kokosfasern. Darauf und darunter liegt jeweils eine stützende Zwischenpolsterschicht aus Ross-Schweifhaar, das den Temperatur- und Feuchtigkeitsausgleich regelt.

Eine Feinpolsterschicht aus Baumwollwatte und/oder Schafschurwolle bildet beidseitig die temperaturausgleichende Abdeckung der Matratze. Ein strapazierfähiger Drellbezug aus Baumwolle, Halbleinen oder Baumwoll-Polyester-Mischgewebe, elastisch versteppt, schützt die Matratze von außen.

Abb. 3 Innenansicht einer Natur-Federkern-Matratze

Bei **Taschen-Federkern-Matratzen** sind die einzelnen Spiralfedern in textilen Taschen, z. B. Leinen- oder Baumwoll-Säckchen, verpackt und zugenäht, um geräuschdämmend zu wirken.

Diese Matratzen zeichnen sich durch eine hohe Punktelastizität aus. Sie entlasten die Wirbelsäule und die Bandscheiben optimal.

Auch diese Matratzenart gehört zu der höchsten Qualitätskategorie und sie ist neben den Latex-Federkernmatratzen am teuersten.

Abb. 4 Einzelbett-Matratze

Wirtschaftsdienst

WIRTSCHAFTSDIENST – HAUSDAMENABTEILUNG

Abb. 1 Doppelbett

Abb. 2 Zweibett-Zimmer

Abb. 3 Gewebe aus Baumwolle

Gängige Größen bei Deckbetten-Bezügen:
Normalgrößen: 135 cm x 200 cm
155 cm x 200 cm
Übergrößen: 135 cm x 220 cm
155 cm x 220 cm
bei Französischen Betten:
200 cm x 200 cm

und bei Kissenbezügen:
Standardgrößen 80 cm x 80 cm
oder 70 cm x 90 cm
Komfortkissen 40 cm x 80 cm
oder 40 cm x 60 cm

Bettwäsche 🇬🇧 bed linen 🇫🇷 linge (m) de lit, literie (w)

Zur Bettwäsche gehören:
- Matratzenauflagen, Matratzenschoner,
- Bettlaken, Betttücher, Spannbetttücher,
- Deckbetten-Bezüge und Kissenbezüge,
- Bettvorleger.

Im Hotelbereich ist die Bettwäsche hauptsächlich aus den Rohstoffen Baumwolle, Leinen und Halbleinen hergestellt oder aus anderen Mischgeweben, wie z. B. Baumwoll-Viskose oder Baumwoll-Diolen (= Baumwolle/Polyester).

Baumwoll-Bettwäsche gibt es mit unterschiedlicher Ausrüstung. Darunter versteht man, dass die Wäsche vom Hersteller vorbehandelt wurde, um ihr bestimmte Gebrauchseigenschaften oder ein bestimmtes Aussehen zu verleihen. Beispielsweise gibt es Baumwoll-Bettwäsche in den folgenden **Qualitäten**:
- **Mako-Satin** wurde mercerisiert, d. h. mit waschbeständigem Glanz und erhöhter Reißfestigkeit versehen,
- **Biber** wurde aufgeraut,
- **Linon**: leinwandbindiger, gebleichter Stoff,
- **Jersey**: gewirkter, knitterarmer Stoff.

Matratzenschoner werden oftmals an der Oberseite aus 100 % Baumwolle, supergekämmt, und an der Unterseite aus einem Mischgewebe aus Baumwolle und Polyester hergestellt. Sie sollen die Matratzen als Auflagedecke vor Verunreinigungen schützen. An den vier Ecken sind diagonal verlaufende Gummibänder befestigt, mit deren Hilfe die Schoner auf der Matratze gehalten werden.

Bettlaken bzw. Betttücher müssen starke Punkt-Belastungen aushalten und sind deshalb meistens aus strapazierfähigen Rohstoffen wie Leinen, Halbleinen oder Baumwoll-Mischgeweben, z. B. Baumwoll-Diolen, hergestellt. Die Standardgröße für Bettlaken ist 160 cm x 260 cm.

Elastische **Spannbetttücher** gibt es in den Qualitäten Jersey, Biber und Frottee. Sie sollten sanforisiert sein, d. h. sie sollten bei Kauf gegen das Einlaufen (Schrumpfen/ Krumpfen) ausgerüstet sein. Bei der Größenangabe für Spannbetttücher richtet man sich nach der zugehörigen Matratzengröße. Der Überhang mit Gummizug an den vier Seiten wird bei der Maßangabe nicht berücksichtigt. Die Standardgröße eines Spannbetttuches für eine Einzelbett-Matratze ist 100 cm x 200 cm.

Deckbetten-Bezüge und **Kissenbezüge** sind im Hotelgewerbe meist aus reiner Baumwolle hergestellt. Die Bezüge werden über die Deckbetten bzw. Kopfkissen gezogen. Der praktische **Hotelverschluss**, bestehend aus einer Stofftasche für das Einstecken des Deckbetts bzw. des Kissenendes, ermöglicht ein schnelles Beziehen. Den Zimmermädchen bleibt beim Bettwäsche-Wechsel das lästige und zeitraubende Auf- und Zuknöpfen der Bezüge erspart.

Bettvorleger sind rechteckige Fußmatten, meist aus dickem Walkfrottier, wie sie auch im Badezimmer, bei Dusche und Badewanne bereitliegen. In First-class- und Luxus-Hotels gibt es diese Fußmatten auch im Bettbereich. Meist liegen sie zusammengefaltet auf einer Ablage des Nachttisches bereit. Gäste, die Bettvorleger benutzen möchten, platzieren diese dann selbst vor dem Bett. Eine gängige Größe für Bettvorleger lautet 80 cm x 60 cm.

1 Materialkunde – Grundlagen

Deckbetten, Inletts, Kissen

🇬🇧 continental quilts and pillows 🇫🇷 édredons (m) et oreillers (m)

Deckbetten

Deckbetten sollen eine angenehme, körpergerechte Schlaftemperatur ohne Wärmestau ermöglichen. Deckbetten sollen leicht, anschmiegsam und nicht belastend auf dem Körper liegen. Deckbetten mit Federn und/oder Daunen gefüllt, sind atmungsaktiv, wärmespeichernd und zugleich wärmeregulierend sowie feuchtigkeitsregulierend – und das auch bei einer sich ändernden Raumtemperatur.

Für die Füllung von Deckbetten werden **Federn** und auch **Daunen** von Enten und Gänsen verwendet.

Abb. 1 Entenfedern

Abb. 2 Gänsefedern

Abb. 3 Gänsedaunen

Abb. 4 handverlesene Gänsedaunen

Daunen sind kiellose, flockenartige Flaumfedern aus dem Gefieder junger Enten und Gänse. Daunen haben einen feinen Kern, an dem sich zahlreiche kleinste Härchen befinden. Daunen sind äußerst leicht und sehr teuer. Ein Deckbett mit Daunenfüllung ist umso teurer, je höher der Daunenanteil ist.

Eine **Daunendecke** muss mindestens 60 % Daunen enthalten, ansonsten ist es ein **Federbett**.

Eiderdaunen sind die Daunen der Eiderente aus den nördlichen Ländern Island und Grönland. Sie haben mehr Füllkraft (Elastizität) als die kleineren Daunen von asiatischen Enten. Eiderdaunen sind die hochwertigsten und teuersten Daunen auf dem Markt.

Die Deckbetten-Füllungen aus Federn und/oder Daunen werden nach der neuen Euronorm DIN EU 12934 geregelt und benannt. Je nach Gewichtsanteil der Daunen gibt es bei Federfüllungen die nebenstehenden Handelsbezeichnungen. Die bisherigen Benennungen können – ohne den Zusatz „Original" – als griffige Kurzbezeichnung weiter verwendet werden.

Abb. 5 Eiderdaunen, beste Qualität

Inlett

Inlett ist die Bezeichnung für den Stoff der Deckbetten, der die Federn und Daunen umhüllt. Dieser Stoff muss einerseits luftdurchlässig, andererseits daunen- und federdicht sein. Das heißt, er muss so dicht und eng gewebt sein, dass ihn die teils spitzenkleinen Federkiele der Füllung nicht durchdringen können. Je nach Füllung werden unterschiedliche Inletts aus Baumwollbatisten, z. B. bei Bettfedern und Satins bei Daunen verwendet. Inletts müssen farbecht sein und sie sollten humanökologisch geprüft sein.

Bezeichnung	Gewichtsanteil (bei Neuware)
Reine Daune	100 % Daunen
Leicht fedrige Daune	90 % Daunen, 10 % Federn
Fedrige Daune	60 % Daunen, 40 % Federn
Federbett (= „Dreivierteldaune")	30 % Daunen, 70 % Federn
Halbdaune	15 % Daunen, 85 % Federn
Federn	100 % Federn

Wirtschaftsdienst – Hausdamenabteilung

Abb.1 Inlett mit Karo-Steppung

Schadstoff geprüfte Textilien

Mit der Auszeichnung des Öko-Tex Standard 100 haben Sie die Sicherheit, dass keine schädliche Wirkung von unseren Textilien ausgeht.

Mit allergenfreiem Natur-Latex

Bei unseren Latex-Matratzen, die aus natürlichem und synthetischem Latex hergestellt werden, haben Sie die Sicherheit, dass keine Latexallergene enthalten sind.

Für Hausstaub- und Tierhaar-Allergiker geeignet

Spezielle Polster- und Bezugsvarianten lassen Hausstaub- und Tierhaar-Allergiker aufatmen. Sie unterstützen die antiallergischen Eigenschaften der hygienischen Latex-Kerne.

Abb. 2 Gütesiegel einer Bettenfabrik

Abb. 4 Beispiel Latex-Nackenstützkissen

Damit die Bettfeder-Füllung des Deckbetts nicht verrutschen kann, werden die Inletts abgesteppt (Karo-Steppung) oder mit festverbundenen Stegen in quadratische Füllungskammern unterteilt (Steg-Steppung). Diese Stege ermöglichen eine extrahohe Füllung jeder Kammer. In Handarbeit werden dabei die Daunen in jedes Kästchen (Karo) gleichgewichtig abgefüllt und eingenäht.

Naturhaar-Füllungen stellen eine Alternative zu Bettfedern und Daunen dar. Dafür werden verwendet:
- **Schurwolle:** von Schaf, Lamm und Ziege (Alpaka-, Kaschmir- und Mohair-Ziege),
- **Tierhaare:** Yak-, Lama-, Kamelhaar und Angora-Kaninchenhaar.

Naturhaar-Füllungen bilden wärmende Luftpolster, nehmen Feuchtigkeit gut auf, sind anschmiegsam und haben teilweise eine anti-rheumatische Wirkung. Viele Rheumatiker bevorzugen deshalb Deckbetten mit Naturhaar-Füllung (z. B.: Angora-Füllung).

Naturhaare und auch Bettfedern können **Allergien** auslösen. Deshalb kommen für manche Gäste Bettfedern und Daunen als Füllung der Deckbetten nicht in Frage, während andere Gäste keine Naturhaar-Füllungen in Deckbetten vertragen. Für beide Gästegruppen stellen Deckbetten mit waschbarer Synthetikfüllung eine Alternative dar.

Synthetische Füllungen für Deckbetten und Kopfkissen bestehen aus kochwaschbaren Polyesterfasern (z. B.: „Rhombofil"), die mit Lufteinschlüssen versehen sind. Dadurch halten auch solche Füllungen warm, sind leicht, füllig und anschmiegsam.

Abb. 3 Beispiel für synthetisches Füllmaterial (hier „Rhombofil")

Kissen

Kissen sollen den Kopf während des Schlafes in der gewünschten Höhe stützen. Diesen Anforderungen entsprechen Deckbetten bzw. Kissen mit Bettfeder- und/oder Daunen-Füllung oder spezielle Nackenstützkissen.

> Viele Allergiker und Asthmatiker fragen nach dem Füll-Material der Deckbetten und Kissen. Diese Gäste sind oftmals auf kochwaschbare, synthetische Füllungen angewiesen, weil sie bestimmte natürliche Füllungen meiden müssen!

1 Materialkunde – Grundlagen

1. Nennen Sie sieben Hauptaufgaben/Verantwortungs-Bereiche, für die eine Hausdame zuständig ist.
2. Erklären Sie, inwiefern die Hausdame mit ihrer Abteilung wesentlich zum Betriebserfolg beiträgt.
3. Worin besteht der Unterschied zwischen Reinigen und Pflegen?
4. Welche vier Vorüberlegungen sollten Sie anstellen, bevor Sie ein Reinigungs- bzw. Pflegemittel anwenden?
5. Nennen Sie die beiden Hauptgruppen von Reinigungsmitteln und zu jeder Hauptgruppe vier Beispiele.
6. Welche drei biologisch leicht abbaubaren Reinigungsmittel/bewährte Hausmittel sind aus Umweltschutz-Gründen besonders empfehlenswert?
7. Auf welche Reinigungsmittelart mit welchen vier Inhaltsstoffgruppen sollte man aus Umwelt- und Gesundheitsgründen verzichten?
8. Welchen besonderen Vorteil bieten „Kombinierte Reinigungs- und Pflegemittel"?
9. Nennen Sie je drei Beispiele für bestimmte Maschinen, Geräte und Arbeitsmittel, die zur Arbeitserleichterung im Hausdamenbereich beitragen können.
10. Schildern Sie die Reinigungs-/Pflegemaßnahme bei Verschmutzungen von
    a) abwaschbaren Tapeten,   b) nicht abwaschbaren Tapeten.
11. Wie sollte ein Holz-Parkettboden mit unbeschädigter Versiegelung gereinigt werden?
12. Wie sollte ein Boden mit Keramik-Fliesen gereinigt werden?
13. Schildern Sie zwei Methoden zur Fleckenentfernung auf Teppichböden.
14. Nennen Sie die beiden Verfahren zur Teppichboden-Grundreinigung und schildern Sie die jeweilige Vorgehensweise.
15. Welche fünf Punkte sind vor der Grundreinigung von Teppichböden zu beachten?
16. Aus welchen Teilen und Artikeln bzw. Rohstoffen besteht ein Standard-Hotelbett?
17. Nennen Sie die gängigen Matratzengrößen für Einbett- und Doppelbett-Matratzen.
18. Erklären Sie den Unterschied zwischen fest gelagerten und flexibel gelagerten Lattenrosten.
19. Welche vier Arten von Matratzen werden unterschieden?
20. Warum sind Latex-Schaumstoff-Matratzen für Asthmatiker und bestimmte Allergiker am verträglichsten?
21. Welche Matratzenart verfügt über eine hohe Punktelastizität?
22. Welche fünf Artikelgruppen zählen zum Oberbegriff Bettwäsche?
23. Was ist mit „Ausrüstung" bei Baumwoll-Bettwäsche gemeint?
24. Beschreiben Sie den „Hotelverschluss" bei Bezügen für Deckbetten und Kopfkissen.
25. Wie lauten die gängigsten Maße in cm für Deckbetten- und Kopfkissen-Bezüge?
26. Nennen Sie drei Gruppen von Füllungsmaterialien für Deckbetten und Kissen.
27. Welche sechs Handelsbezeichnungen gibt es für die Beschreibung des Daunen-Gewichtsanteils bei Federfüllungen?
28. Welche Eigenschaften weisen einen guten Inlett-Stoff aus?
29. Welche Arten von Naturhaar werden für Füllungen von Deckbetten verwendet?
30. Auf welches Füllungsmaterial sind viele Allergiker und Asthmatiker angewiesen?

Wirtschaftsdienst

WIRTSCHAFTSDIENST – HAUSDAMENABTEILUNG

2 Arbeitsabläufe

🇬🇧 organisation of work and cleaning, work program 🇫🇷 déroulement (m) du travail

2.1 Arbeitsvorbereitung

🇬🇧 work preparation 🇫🇷 mise (w) en place

Zur rationellen Durchführung der umfangreichen Reinigungs- und Pflegearbeiten im Hausdamenbereich sind täglich bestimmte **Vorbereitungsarbeiten** zu erledigen. So müssen die Zimmerfrauen:
- die Etagenwagen überprüfen und bei Bedarf auffüllen,
- die Reinigungs- und Arbeitsgeräte kontrollieren,
- die Reinigungs- und Pflegemittel bereitstellen (s. S. 576),
- die Wäscheartikel für Gästebett und Badezimmer sowie
- die fehlenden Gästeartikel auffüllen.

Abb. 1 Etagenwagen mit Behältern zur Mülltrennung und Wäschesack

Gästeartikel

🇬🇧 complimentary articles/guest supplies 🇫🇷 articles-cadeaux (m)

Dazu zählen: Gästeseife, Duschgel, Duschhaube, Hygienebeutel, Toilettenpapier, Kosmetiktücher, Schuhputzstreifen oder -handschuhe, Nähzeug, Werbezündhölzer, Briefpapier, Hausprospekt, Notizblock, Schreibstift, Wäschebeutel, Preisliste für Gästewäsche-Service, Minibar-Abrechnungsblock, Reparaturzettel für den Gast, Gästefragebogen, Speise- und Getränkekarte für den Etagen-Service, Etagenfrühstück-Bestellzettel, TV-Programm und Pay-TV-Angebot, Werbeaufsteller, Bedienungsanleitungen (z. B. für den Safe).

Eine gute Vorbereitung ermöglicht reibungslose und schnelle Arbeitsabläufe, vermeidet Zeitverluste und erspart unnütze Wege.

Kontrolliert werden die **Reinigungsmaschinen** und **Arbeitsgeräte** auf Vollständigkeit und Funktionstüchtigkeit. Benötigt werden Staubsauger, Putzwagen mit Feuchtwisch-Gerät und -Mopp, Wasserschieber, Leiter. Bereitgestellt werden die benötigten **Arbeitsmittel**, wie z. B. Staubtücher, Fensterleder, Poliertücher, Reinigungspads, Schwämme, Vliesschwämme, Besen, Handfeger, Bürsten, Schrubber, Scheuertücher, Eimer, Körbe.

Die Hausdame wird die Einteilung der Zimmermädchen auf den Etagen vornehmen. Anhand der **Zimmerliste** des Empfangs (room status report) mit den **markierten Abreisen** und **Bleiben** wird sie ihren Mitarbeiterinnen eine bestimmte Anzahl von Abreise- und/oder Bleibezimmern zur Reinigung an diesem Tag zuteilen. Die Anzahl der zu reinigenden Zimmer (z. B. 18) während der regulären Arbeitszeit (z. B. in 8 Std.) wird als Leistungsmaßstab bezeichnet. Der Leistungsmaßstab kann von Hotel zu Hotel unterschiedlich hoch ausfallen, denn er hängt von Größe und Ausstattung der Zimmer und vom angestrebten Qualitätszustand ab.

Bei Dienstbeginn melden sich die Zimmermädchen bei der Hausdame. Sie erhalten dort ihre Pass-Schlüssel (master keys), die besonderen Arbeitsanweisungen des Tages sowie die Liste der zu reinigenden Abreise- und Bleibe-Zimmer. Zur Arbeitsplanung gehört auch eine **Checkliste** für den täglichen Gebrauch, auf der die Zimmermädchen die durchgeführten Arbeiten pro Zimmer abhaken können. Die Reihenfolge der auf der Checkliste genannten Punkte sollte den empfohlenen Arbeitsabläufen entsprechen.

Abb. 2 Zimmerfrau beim Ausfüllen einer Checkliste

Ferner werden auf dieser Checkliste zu erledigende Reparaturen und fehlende Artikel in Gästezimmern von der Zimmerfrau notiert. Die Hausdame überprüft diese Meldungen und veranlasst weitere Maßnahmen.

2 Arbeitsabläufe

2.2 Herrichten eines Gästezimmers bei Abreise

🇬🇧 cleaning of a departure room 🇫🇷 nettoyage (m) d'une chambre au départ

Befragungen zu dem Thema, worauf Gäste bei ihrem Hotel-Aufenthalt den größten Wert legen, haben ergeben, dass deutsche Gäste der Sauberkeit ihres Hotelzimmers die erste Priorität geben.

Daraus kann für Hotel-Direktion und Housekeeping nur folgen, dass sie ihre besondere Aufmerksamkeit der Zimmerreinigung widmen müssen.

Um alle anfallenden Reinigungsarbeiten optimal ausführen zu können und um nichts zu vergessen ist eine gründliche Einarbeitung der Zimmermädchen durch eine Spitzenkraft des Hauses erforderlich.

Beim Training wie bei der späteren Zimmerkontrolle wird auf folgende drei Punkte besonders geachtet:

- auf die **Sauberkeit**
- auf die **Funktionstüchtigkeit** und
- auf die **Vollständigkeit**.

Bei der Einarbeitung sollte eine bestimmte Reihenfolge der Arbeitsschritte trainiert werden.

Ergebnis einer Gästebefragung:

Was macht ein gutes Hotel aus?	
1. Sauberkeit	48 %
2. Service	45 %
3. Gute zentrale Lage	39 %
4. Geräumige große Zimmer	28 %
5. Gutes Frühstück	27 %
6. Gutes Preis-/Leistungsverhältnis	17 %

Eine mögliche Arbeitsreihenfolge wäre:

- Etagenwagen in Zimmernähe abstellen;
- das „Bitte-nicht-stören!"-Schild beachten, ansonsten zweimal deutlich anklopfen, aufschließen, vorsichtig eintreten, Tür offen lassen, eventuell blockieren;
- Vorhänge öffnen, Lichter kontrollieren und ausschalten;
- Zimmer auf „liegen gebliebene Sachen" und auf „entwendete Gegenstände" hin kontrollieren, eventuell Empfang oder Hausdame benachrichtigen;
- Frühstückswagen oder -tablett, Getränkegläser usw. ins Etagen-Office bringen;
- Aschenbecher und Papierkorb am Etagenwagen entleeren, säubern, ins Zimmer zurückbringen
- Heizung zurückdrehen;
- Fenster/Balkontür zum Lüften öffnen;
- Bett und Kissen abziehen, dabei:
  - Matratzenauflage auf Sauberkeit kontrollieren, bei Bedarf auswechseln,
  - Matratze absaugen wegen der Haare, Schuppen, Milben und des Hausstaubs,
  - Deckbett zum Lüften auslegen,
  - auch unter dem Bett nachsehen und auf „verloren" gegangene Gegenstände achten;
- benutzte Bettwäsche und Badezimmerwäsche in den Wäschesack am Etagenwagen geben;
- auf dem Rückweg frische Wäsche mitnehmen.

Abb. 1 Etagenwagen vor dem Gästezimmer

Abb. 2 Gästewunsch beachten

Abb. 3 Frühstückstablett abräumen

Wirtschaftsdienst

WIRTSCHAFTSDIENST – HAUSDAMENABTEILUNG

Abb. 1   Gäste-Badezimmer mit Toilette, Bidet, Dusche

Abb. 2   Doppelwaschtisch

Abb. 3   Reinigen einer Toilette

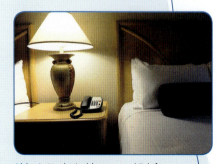

Abb. 4   Nachttischlampe und Telefon

Während das Gästezimmer lüftet, kann im **Badezimmer** weitergearbeitet werden:
- Abfallbehälter entleeren, auswischen und mit Plastiktüte versehen;
- Scheuerpulver bzw. Toilettenreiniger in Toilette und Bidet geben, einwirken lassen;
- Abluftgitter über der Badewanne/Dusche abwischen, Flusen entfernen;
- Wandfliesen über der Bade- bzw. Duschwanne und die Duschtrennwände abschnittweise von oben nach unten reinigen;
- Wasserablaufsiebe und Seifenablagen von Schmutz und Seifenresten befreien;
- Badewanne und/oder Duschwanne mit Scheuermilch reinigen, mit Wasser nachspülen und trockenwischen;
- Wasserflecken auf den verchromten Wannen- und Dusch-Armaturen wegpolieren;
- Beleuchtung und Wandspiegel über dem Waschbecken mit Fensterleder abwischen und trockenpolieren;
- Ablage für Toiletten-Artikel reinigen;
- Zahnputzgläser spülen und mit extra Gläsertuch polieren;
- Stöpsel des Waschbeckens herausnehmen, Haare und Schmutz entfernen, säubern und wieder zurückstecken;
- Waschbecken, Armaturen, Seifenschalen und Wasserüberlauf abwischen und polieren;
- Siphon und Armaturen, auch unter dem Waschbecken, säubern;
- Toilettenbecken innen mit der Toilettenbürste reinigen, außen mit dem WC-Schwammtuch abseifen, Toilettensitz und -deckel beidseitig gründlich säubern;
- Badezimmerartikel nach Soll-Bestand auffüllen, z. B.: Gästeseife, Duschgel, Hygienebeutel, Toilettenpapier und Reserverolle, Kosmetiktücher, Schuhputzstreifen, Nagelfeile;
- Badezimmerwäsche nach hausüblichem Standard auffüllen, z. B.: 1 Badetuch und 2 Handtücher pro Person, eventuell Waschlappen und ein Saunatuch, Bademattel/n bereitlegen;
- Bodenfliesen wischen, Wasserablauf säubern;
- letzte Kontrolle – Lichter im Bad ausschalten.

Nun kann mit den Reinigungsarbeiten im **Gästezimmer** fortgefahren werden:
- Matratze mit Bettlaken oder Spannbetttuch beziehen;
- Deckbett/en, Kopf- und Nackenkissen frisch beziehen, dabei schadhafte, beschmutzte oder fleckige Wäschestücke aussortieren;
- Deckbett/en und Kissen wie hausüblich auflegen oder – bei Tagesdecken-Einsatz – im vorgesehenen Schrankfach verstauen, dann Tagesdecke auflegen;
- Reinigungs- und Pflegemittel sowie Arbeitsmittel ins Zimmer bringen;
- Leder- bzw. Putzlappen anfeuchten und damit Staub wischen;
- Telefon inklusive Tastatur, Hör- und Sprechmuschel abwischen, Kabel ordnen; Notizblock und Schreibstift sowie Verzeichnis der Hausanschlüsse mit Tarif-Informationen bereitlegen;
- Nachttischlampe und Radiowecker abstauben und Funktion überprüfen;
- Nachttischschublade auswischen, örtliches Telefonbuch mit Verzeichnis der Vorwahlen und die Bibel bereitlegen;
- Möbelstücke je nach Zimmereinrichtung und Material säubern und pflegen, ausrichten;

- Decken-, Wand- und Stehlampen kontrollieren, Lampenschirmnähte zur Wandseite ausrichten, Elektrokabel ordentlich hinlegen;
- Wandbilder und Bilderrahmen abstauben;
- Sockelleisten abwischen oder später beim Staubsaugen mit absaugen;
- Schreibtischablage und TV-Gerät abwischen,
- im **Raucherzimmer** 2–3 Aschenbecher bereitstellen und mit Werbe-Zündhölzern des Hotels versehen;
- Gästeartikel bereitlegen:
  - TV-Programmheft mit aufgeschlagener Tagesseite;
  - Schreibmappe mit Briefpapier und Briefkuverts, Hausprospekt, Stadtplan/Ortsprospekt, Veranstaltungshinweise;
  - Minibar-Abrechnungsblock und Kugelschreiber;
  - Speise- und Getränkekarte für Etagen-Service auflegen;
  - Hotel-Service-Informationsheft, Hotelzeitschrift;
  - Gäste-Fragebogen auflegen
- Minibar überprüfen: Soll-Bestand, Schraubverschlüsse, Entnahmen/Verbrauch auflisten und an die Hausdame weiterleiten, Gläser, Öffner, Mundeis-Behälter, Kühlung, Beleuchtung prüfen, Knabbereien, Minibar auffüllen;
- Schrank öffnen, Ablageflächen auswischen, Kleiderbügel ergänzen, z. B. pro Person 6 Kleiderbügel und 2 Hosen-/Rock-Spannbügel gleichmäßig einhängen, Reserve-Wolldecke/n, Wäschebeutel, Preisliste für Gästewäsche-Service, Nähboy und Reparaturzettel kontrollieren bzw. ergänzen;
- Wandsafe mit Bedienungsanleitung kontrollieren;
- Hinweise für den Brandfall, Fluchtplan an der Tür und „Bitte-nicht-stören"-Schild kontrollieren, Türklinkenbereich abwischen;
- Fensterscheiben und -rahmen putzen, Fenster schließen;
- Heizkörper abwischen, entstauben;
- hinter den Vorhängen auf Spinnweben achten und entfernen.

Wenn das Zimmer mit einem **Balkon** ausgestattet ist, muss dieser gereinigt werden:
- Balkonpflanzen gießen und abzupfen;
- Balkonmöbel, Fensterbrett und Geländer abwischen, Balkonaschenbecher kontrollieren;
- Liegestuhl und Sonnenschirm bereitstellen;
- Fußboden fegen und wischen;
- Balkontüre reinigen und schließen.

Im **Gästezimmer** sind dann noch einige Arbeiten auszuführen:
- Heizkörper im Winter wieder leicht aufdrehen;
- Gardinen ordnen und Vorhänge mit der Wand abschließen lassen;
- Reinigungs-, Pflege- und Arbeitsmittel zurück auf den Etagenwagen stellen;
- Punkte der Checkliste abhaken und nachsehen, ob nichts vergessen wurde;
- Boden staubsaugen, in der entferntesten Ecke beginnend zur Zimmertüre hin arbeiten;
- Lichter löschen, Zimmer abschließen;
- Zimmer auf der Arbeitsliste abhaken;
- Zimmer für Hausdamenkontrolle markieren.

Die Hausdame kann nun die durchgeführten Arbeiten in diesem Zimmer kontrollieren und die Freimeldung an den Empfang weitergeben.

Abb. 1 Zimmersafe kontrollieren

Abb. 2 Fenster putzen

Abb. 3 Spinnweben beseitigen

Abb. 4 Balkon wischen

Wirtschaftsdienst

WIRTSCHAFTSDIENST – HAUSDAMENABTEILUNG

Endarbeiten

Die Endarbeiten des Zimmermädchens sind:
- Staubsauger und Geräte entleeren und säubern,
- Putzlappen, Staubtücher, Gläsertücher zum Waschen geben,
- Zimmermädchen-Wagen auffüllen und für die nächste Schicht herrichten,
- Etagenoffice kontrollieren und ordentlich hinterlassen, Lichter löschen, absperren,
- Pass-Schlüssel (master key) der Hausdame übergeben.

Abb. 1 Staubsauger leeren

2.3 Herrichten eines Gästezimmers bei Bleibe

🇬🇧 cleaning of a stay-on room   🇫🇷 nettoyage (m) d'une chambre permanente

Die Reinigungsarbeiten in einem Bleibezimmer sind im Allgemeinen wie in einem Abreisezimmer. Jedoch ist auf folgende Punkte besonders zu achten:

Wenn Bargeld, Schmuck oder Wertsachen vermisst werden, vermuten manche Gäste gleich auf Diebstahl und verdächtigen ihr Zimmermädchen. Deshalb:
- Zimmertüre beim Arbeiten im Zimmer immer offen lassen;
- Bargeld, Schmuck und Wertsachen nicht berühren; beim Staubwischen die Ablagestellen dieser Dinge nicht bearbeiten;
- Kleiderschrank, Nacht- und Schreibtisch-Schubladen sowie Gepäckstücke nicht öffnen!

Abb. 2 Arbeitsmittel verräumen

Für die weiteren Arbeiten gilt:
- Kleidungsstücke, die am Boden liegen, aufheben, zusammenlegen und sichtbar auf ein Möbelstück legen, jedoch nicht in den Schrank;
- herumliegende Zeitungen, Zeitschriften, Bücher und alles, was für den Gast von Bedeutung sein könnte, nicht eigenmächtig wegwerfen, sondern ordnen;
- beim Entleeren des Papierkorbes auf Dinge achten, die im Allgemeinen nicht zum Abfall gehören, wie z. B. eine Armbanduhr; solche Dinge vorsichtshalber zurück auf den Schreibtisch legen;
- zum Reinigen der Ablage von Kosmetik- und Toilettenartikeln im Bad diese Gegenstände nach dem Putzen möglichst wie vorher geordnet zurückstellen;
- Badezimmerwäsche dem Hinweis entsprechend erneuern, d. h. nur die am Boden liegenden Handtücher werden ausgewechselt;

> Zimmertüre beim Verlassen immer unbedingt schließen, eventuell absperren!
>
> Durch bewusstes Handeln können Zimmermädchen Diebstähle auf der Etage verhindern helfen. Sie vermeiden Situationen, in denen sie selbst in Diebstahlverdacht geraten könnten.

Weitere wichtige Verhaltensregeln für Zimmerfrauen

- Zimmerschlüssel nie ausleihen!
- Keine Zimmertüren für fremde Gäste öffnen, es sei denn, der Gast kann sich mit dem dazugehörigen Zimmer-Pass ausweisen!
- Diskretion über die Gäste und deren Umfeld wahren! Keine Informationen weitergeben!
- Gäste-Eigentum, wie z. B. Parfüm, Hautcreme, darf nicht benutzt werden!
- Alle Gäste, die einem begegnen, mit dem entsprechenden Tagesgruß grüßen!
- Beschädigungen im Zimmer, z. B. an den Möbeln, der Hausdame sofort melden!

Abb. 3 Wertsachen nicht berühren

2.4 Kontrolle eines Gästezimmers

🇬🇧 checking of a hotel room, controlling measures
🇫🇷 contrôle (m) des chambres (w) aux étages (m)

Für die hotelinterne Kontrolle der Gästezimmer ist die Hausdame als Abteilungsleiterin verantwortlich. Sie achtet dabei besonders auf
- **Sauberkeit** im gesamten Zimmer, auf
- **Funktionstüchtigkeit** und auf
- **Vollständigkeit** aller Geräte und Teile.

Abb. 1 Kontrolle der Sauberkeit

Anhand eines festgesetzten Kontrollplans (Checkliste) überprüft sie vorrangig alle Abreisezimmer mit dem gesamten Inventar. Eventuelle Mängel notiert sie auf der Checkliste und bespricht die Beseitigung mit dem zuständigen Zimmermädchen.

Erst wenn alle Mängel behoben sind, erfolgt durch die Hausdame die Freimeldung zur Neuvermietung an den Empfang. Die ausgefüllten Checklisten werden regelmäßig ausgewertet und mit der Zimmerzustandskartei verglichen. Daraus ermittelt die Hausdame den Bedarf an:
- **Ersatzbeschaffungen,** wie z. B. neue Balkon-Markisen anstelle der beschädigten;
- **Ergänzungen,** wie z. B. Programmhinweise bzw. Werbeaufsteller zum neuen Pay-TV-Angebot des Hotels;
- **Reparaturen,** wie z. B. nicht funktionierende Abluftventilatoren in den Badezimmern.

Abb. 2 Kontrolle der Vollständigkeit

Den Bedarf an Ersatzbeschaffungen und Ergänzungen meldet die Hausdame der Direktion, die über den Zeitpunkt der Durchführung und die Bereitstellung der finanziellen Mittel entscheidet. Reparaturmeldungen gibt sie zur Erledigung an die Abteilung Haustechnik weiter.

Die **Zimmerzustandskartei** ist ein wichtiges Hilfsmittel zur Zimmerkontrolle. Sie besteht aus einer Datensammlung für jedes Gästezimmer, z. B. mit:
- **Kaufdaten** aller Inventar-Gegenstände;
- **Wartungsterminen** für Geräte;
- **Reinigungsdaten,** z. B. der Teppich-Grundreinigung;
- **Renovierungsdaten,** z. B. den Malerarbeiten.

2.5 Sonstige Arbeiten auf der Etage

🇬🇧 other duties of the housekeeping department
🇫🇷 autres traveaux (m) par le service aux étages

Abb. 3 Im Foyer eines Großhotels

Gänge, Foyers, Treppenhäuser, Lifte

Neben den Gästezimmern sind auch alle Gänge auf den Etagen, einschließlich der Wartebereiche vor den Aufzügen, zu reinigen und sauber zu halten. Ebenso Treppenhäuser, Fluchtwege und Lifte. Dazu zählt, dass Klinken und Türgriffe feucht abgewischt und dass Fingerabdrücke von Glasflächen beseitigt werden.

Öffentliche Toiletten

Für den sensiblen Bereich der öffentlichen Toiletten eines Hotels sollte die Hausdame einen Plan zur regelmäßigen Kontrolle und Reinigung durch einen bestimmten Mitarbeiter aufstellen. Jeder Kontrollgang sollte mit Uhrzeit und Unterschrift dokumentiert werden.

Wirtschaftsdienst

WIRTSCHAFTSDIENST – HAUSDAMENABTEILUNG

Beispiel einer Checkliste für die Hausdame zur täglichen Kontrolle

Quality Room Inspection

Zimmer-Nr._____ Geprüft: (Name)_____ Datum:_____

Zimmer	Bemerkungen	Bad	Bemerkungen
Eingang und Tür mit Kette		Wanne und Duschvorhang	
Fluchtplan mit Eingang		Badezimmerkacheln	
Schrank und Kleiderbügel		Wasserhahn, Dusche	
Preisliste im Schrank		Toilette mit Wasserbehälter	
Möbel und Schubladen		Toilettenbrille	
Lampen: Birnen und Schirme		Wandaschenbecher Toilette	
Papierkorb		Fußbodenbelag/Kacheln	
Spiegel und Bilder		Spiegel	
Aschenbecher/Streichhölzer*		Abfalleimer	
Fernseher und Radio		Badezimmertür	
Video-Qualität		Badezimmerdecke	
Telefon und Messagelampe		Luftabzug	
Gardinen und Vorhänge		Waschbecken u. Armaturen	
Fenster		Kleenexkasten	
Fußboden		Handtuch-Ablage u. -Halter	
Wände/Decken		Sonstige Einrichtungen	
Polstermöbel			
Tagesdecken			
Air conditioning und Heizung			
Sonstige Einrichtungen			

Supplies (Zimmer)

	Bemerkungen	Supplies (Bad)	Bemerkungen
Briefmappe		Badetücher	
Briefbögen		Handtücher	
Briefumschläge		Waschlappen	
Postkarten		Seife und Schaumbad	
Kugelschreiber		Shampoo, Duschhaube	
1 Wäschebeutel mit Reinigungs-Wäscheliste		Toilettenpapier und 1 Rolle extra	
Bibel		Badematte	
Hotel Directory		2 Wassergläser	
Fernseh-Programm		**Minibar**	
Gästefragebogen		Saubere aufgestockte Minibar	
Schuhputzstreifen		Eisfach (Sauberkeit)	
Koffergestell		Gläser	
Bitte-nicht-stören-Schild		Preisliste	
Frühstück Doorknob Menü		Eiswürfelbehälter	
Telefonbuch			
Telefon-Preiskarte			
Telefonblock + Kugelschreiber			

Bitte beachten: Original und Kopie in Duty-Manager-Buch.
Zimmer-Nr. in Duty-Manager-Buch eintragen.

* nur in Raucherzimmern

Beispiel eines Auftrags- und Rechnungsblocks für Gästewäsche-Service auf der Etage

HOTEL GRAVENBRUCH
Kempinski Frankfurt
1 1 0 1 0

Bitte wählen Sie Nr. 7
NORMAL-SERVICE:
Auftrag bis 9.00 Uhr/Rücklieferung bis 18.00 Uhr, Auftrag nach 9.00 Uhr/Rücklieferung an folgendem Werktag bis 18.00 Uhr.
EXPRESS-SERVICE:
Auftrag bis 9.00 Uhr/Rücklieferung bis 14.00 Uhr (50% Aufpreis). Auftrag zwischen 9.00 Uhr und 11.00 Uhr/Rücklieferung am selben Tag (100% Aufpreis). Bügeldienst innerhalb von 2 Stunden. An Wochenden und Feiertagen bitten wir um Kontaktaufnahme mit dem Portier.

Name _____

Datum _____
Date delivered

WÄSCHELISTE/LAUNDRY LIST

Please Dial No. 7
REGULAR SERVICE:
Received before 9.00 a.m./Returned before 6.00 p.m., Received after 9.00 a.m./Returned before 6.00 p.m. the following work-day.
SPECIAL SERVICE:
Received before 9.00 a.m./Returned before 2.00 p.m. (50% extra charge). Received between 9.00 a.m. and 11.00 a.m./Returned within the same day (100% extra charge). – Pressing within two hours. On weekends and Public Holidays please contact the Concierge.

Zimmer-Nr. _____
Room No

Rücklieferung _____
To be returned on

Besondere Instruktionen _____
Special Instructions

Stückzahl/Count		Herren-Wäsche	Gentlemen's Linen	Preis/Price €	€
Gast/Guest	Hotel				
		Oberhemden	Shirts	3,50	
		Smokinghemden	Evening shirts	4,50	
		Nachthemden	Night shirts	5,00	
		Schlafanzüge	Pyjamas	5,00	
		Unterhosen	Under-shorts	2,00	
		Unterhemden	Under-vests	2,00	
		Paar Socken	Pair of socks	1,50	
		Taschentücher	Handkerchiefs	1,00	
		Damen-Wäsche	**Ladies' Linen**		
		Blusen	Blouses	5,50	
		Nachthemden	Nightdresses	5,00	
		Schlafanzüge	Pyjamas	5,00	
		Unterhemden	Under-shirts	2,00	
		Unterkleider	Slips	3,00	
		Schlupfhosen	Panties	2,00	
		Büstenhalter	Brassiers	2,00	
		Taschentücher	Handkerchiefs	1,00	
		Paar Strümpfe	Pair of stockings	1,50	
Unterschrift des Gastes Signature			Total:		

HOTEL GRAVENBRUCH
Kempinski Frankfurt
1 1 0 1 0

Name
Zi.-Nr.
Room No

Summe
Total   € _____

Zuschlag
Extra charge € _____

Total   € _____

Das Hotel haftet nicht für Schrumpfung und Farbechtheit der Artikel. Keine Verantwortung für Reklamationen, die einen Monat nach dem Abgabedatum gestellt werden. Für vorliegende Beschädigungen oder sonstige Fehler haftet das Hotel nur bis zum 15-fachen des für die Wäscherei/Reinigung berechneten Betrages.
The hotel is not responsible for shrinkage or fastness of color. Not resposible for any item not claimed after one month from date of deposit. The hotel is liable for the maximum of 15 times the value of the laundry or dry cleaning charge.

Ein Hotel der Kempinski Aktiengesellschaft

Abb. 1 Hydrokultur mit Blähton

Bei Hydrokulturen sind folgende Hinweise zu beachten:
- Erst zwei bis drei Tage nach dem Tiefststand des Wasser-Anzeigers Wasser nachfüllen, damit wieder Luft an die Pflanzenwurzeln kommen kann.
- Zum Auffüllen des Wasserstandes nur warmes Wasser verwenden.
- Ionenaustauschdünger auf Kunstharzbasis verwenden, da sie keine Überdüngung verursachen können.
- Das Wasser sollte normales Leitungswasser sein und darf bei Ionenaustauschdüngern nicht enthärtet worden sein. Es sollte einen Härtegrad von mehr als 0,7 mmol/l aufweisen.
- Die relative Luftfeuchtigkeit der Umluft sollte nicht unter 30 % liegen, denn sonst droht Schädlingsbefall, wie z. B. die „Rote Spinne".
- Hydrokulturen sollten nicht in Zugluft stehen, sonst reagieren die Pflanzen mit Blattfall.
- Die Pflanzen bzw. die Hydrokulturen können gedreht werden, sollten dann aber mindestens drei bis vier Wochen so stehen bleiben.
- Die Hinweise des Hydrokultur-Spezialisten sind zu beachten.

Wellness- und Fitness-Bereich, Sauna, Massage

Auch in diesen Abteilungsbereichen ist peinliche Sauberkeit geboten! In vielen Hotels werden diese Räume von speziell trainierten Reinigungskräften gesäubert. Gelegentlich werden hiermit auch Fremdfirmen beauftragt, die diese Arbeiten nachts durchführen. Die regelmäßige Kontrolle der Einhaltung der Sauberkeits-Standards obliegt in jedem Fall der Hausdame. Die Kontrolle der Toiletten wird meist von den Mitarbeiterinnen durchgeführt.

Abb. 2 Wasserstandsanzeiger Hydrokultur

Abb. 3 Hotel-Pool

Abb. 4 In der Sauna

Pflanzenschmuck

Zierpflanzen tragen wesentlich zum positiven Gesamteindruck eines Gastronomiebetriebes bei. Sie müssen regelmäßig gegossen und gepflegt werden. Nur bei genügend Licht, Wasser und Wärme können sie wachsen. Hydrokulturen sind erdlose Kulturen, meist von Zierpflanzen, die in einem neutralen Füllstoff mit möglichst guter Saugwirkung, z. B. Blähton stehen. Die Pflanzen entnehmen Wasser und Nährstoffe einer Nährlösung. Hydrokulturen erleichtern wesentlich die Pflege und Düngung der Pflanzen.

Gästewäsche-Service   🇬🇧 valet service 🇫🇷 valet (m) service

Viele Hotels bieten ihren Gästen die Möglichkeit an, gegen Berechnung ihre Privatwäsche waschen oder reinigen zu lassen. Im Kleiderschrank des Gästezimmers oder im Badezimmer liegen hierfür Wäschebeutel und Auftragsblock mit Einzelheiten zur Verfahrensweise bereit (siehe Beispiel S. 599). Meistens werden die Gäste gebeten, ihre Wäsche im beschrifteten Wäschebeutel mit ausgefülltem Wäschezettel dem Zimmermädchen bis 9:00 Uhr morgens zu übergeben, wenn die Wäsche noch am selben Tag geliefert werden soll. In manchen Luxus-Hotels wird darüber hinaus ein Fünf-Stunden-Express-Service gegen Aufpreis angeboten.

Herrichten der Zimmer für die Nacht

In vielen First-class- und Luxus-Hotels werden die Gästebetten morgens mit Tagesdecken zugedeckt. Ein Abend-Zimmermädchen kümmert sich darum, die Tagesdecken wieder abzunehmen, die Betten herzurichten, die Gäste-Pyjamas und „Betthupferl" bereitzulegen und das Bad zu kontrollieren (Aufdeck-Service).

VIP-Gäste erhalten eine besondere Aufmerksamkeit ins Zimmer gestellt.

3 Umweltschutz in der Hausdamenabteilung

Aufgaben

1. Erklären Sie, mit welchen Materialien ein Zimmermädchen-Wagen zur Arbeitsvorbereitung aufgefüllt wird.
2. Was versteht man unter dem Fachbegriff „complimentary articles"?
3. Nennen Sie jeweils sechs Beispiele für „complimentary articles" aus dem Badezimmer- und aus dem Gästezimmer-Bereich.
4. Erklären Sie den Unterschied zwischen Arbeitsgeräten und Arbeitsmitteln und führen Sie jeweils fünf Beispiele dazu auf.
5. Was ist mit dem Begriff Leistungsmaßstab für Zimmermädchen gemeint?
6. Begründen Sie, warum der Leistungsmaßstab für Zimmermädchen von Hotel zu Hotel unterschiedlich hoch ausfallen kann.
7. Auf welche drei Schwerpunkte wird sowohl beim Training eines neuen Zimmermädchens als auch bei der späteren Zimmerkontrolle besonders geachtet?
8. Wodurch unterscheiden sich die Arbeiten des Zimmermädchens beim Herrichten eines Gästezimmers bei Bleibe vom Herrichten bei Abreise? Nennen Sie sechs Punkte.
9. Nennen Sie vier Empfehlungen, die einem Zimmermädchen helfen können, beim Arbeiten nicht in Diebstahlverdacht zu geraten.
10. Erklären Sie, warum in jedem Hotel die Kontrolle der gereinigten Abreise-Zimmer durch die Hausdame unbedingt notwendig ist.
11. Welchen Bedarf ermittelt die Hausdame bei der Auswertung der einzelnen Zettel ihrer Zimmer-Checkliste? Nennen Sie drei Bereiche.
12. Erklären Sie, welche Arten von Daten in einer Zimmerzustandskartei erfasst werden.
13. Entwerfen Sie eine Vorlage für ein Karteiblatt einer Zimmerzustandskartei. Gehen Sie dabei von den Gegebenheiten Ihres Ausbildungsbetriebes aus.
14. Wie werden Pflanzen in Hydrokulturen versorgt?
15. Nennen Sie sieben Voraussetzungen für Pflanzen bzw. Hinweise, die bei Hydrokulturen zu beachten sind.
16. Sie werden auf der Etage von Gästen gefragt, ob Ihr Haus auch einen Gästewäsche-Service anbietet. Erklären Sie Bedeutung und branchenübliche Verfahrensweisen.

3 Umweltschutz in der Hausdamenabteilung

🇬🇧 environmental protection in the housekeeping department
🇫🇷 protection (w) de l'environnement par le service aux étages

Gäste werden zunehmend umweltbewusst. Sie erwarten Umweltqualität nicht nur in Natur und Landschaft, sondern auch in allen inneren Bereichen des Gastronomiebetriebes. Einen Hotelbetrieb unter ökologischen Gesichtspunkten zu überprüfen und zu verbessern nennt man umweltorientierte Unternehmensführung oder Öko-Management. Wie in anderen Hotelabteilungen, so ist auch im Hausdamenbereich ein umweltbewusstes Wirt-

Abb. 1 Umweltschutz – wir machen mit!

schaften nur realisierbar, wenn alle Mitarbeiter in den aktiven Umweltschutz mit einbezogen werden. Das setzt regelmäßige Besprechungen, kontinuierliche Information und Weiterbildung sowie Kontrollen voraus.

Die Benennung eines/einer Umweltschutzbeauftragten für die Koordination und Betreuung aller Umweltschutz-Aktivitäten ist empfehlenswert. Außerdem sollte die Umsetzung des Umweltkonzeptes in den Stellenbeschreibungen der einzelnen Mitarbeiter verpflichtend geregelt sein.

Öko-Management hat viele Vorteile

- Kostensenkung für eine bessere Rentabilität
- Sicherung der Zukunftschancen für den Betrieb
- Vermeidung von Entsorgungsproblemen und Entsorgungskosten
- Stärkere Gästebindung und Erschließung neuer Gästekreise
- Wettbewerbsvorsprung und Festigung der Marktposition
- Meinungsbildende Signalwirkung in der Region
- Höhere Mitarbeitermotivation und mehr Freude am Beruf durch mehr Arbeitsqualität
- Unterstützung der örtlichen und regionalen Umweltschutzmaßnahmen
- Förderung eines qualitativen und umweltorientierten Konsum-Bewusstseins.

Auch die Gäste müssen durch entsprechende Informationen vom umweltorientierten Selbstverständnis des Hauses erfahren und mit einbezogen werden. Somit können die Voraussetzungen für das Erreichen der gesetzten Öko-Management-Ziele geschaffen werden. Im Hausdamenbereich mit den Gästezimmern und Wirtschaftsräumen gibt es viele gute Ansatzpunkte für umweltbewusstes Wirtschaften, z. B. bei den Themen Reinigungmittel sowie Energie- und Wasserverbrauch.

Umweltbewusstes Wirtschaften im Hausdamenbereich lässt sich in sechs Bereiche gliedern:

- Energie sparen,
- Wasser sparen, Abwasser entlasten,
- Umweltschonende Reinigungsmittel und Reinigungsmethoden sowie Verbrauchsmaterialien,
- Waschmittel und Wäsche,
- Abfallvermeidung, Wertstoffnutzung,
- Einrichtung, Umbau und Renovierung.

Energie sparen

- Rationeller, bedarfsorientierter Verbrauch von Energie.
- Permanente Kontrolle der Energie-Verbrauchsdaten in der Abteilung unter ökonomischen und ökologischen Gesichtspunkten.
- Stoßlüftung bei der Zimmerreinigung, keine Dauerlüftung.
- Bei offenem Fenster die Heizung abdrehen.
- Die Raumtemperatur absenken, wenn die Zimmer nicht belegt sind.
- „Dauerbeleuchtung" auf Etagengängen nachts mit Zeitautomatik und Bewegungsmeldern steuern.
- TV-Geräte abschalten, keinen „Stand-by"-Betrieb zulassen.
- Waschmaschinen wann immer möglich in der Niedrig-Tarifzeit, meist zwischen 22:00 Uhr und 6:00 Uhr, laufen lassen.

Bayerisches Umweltsiegel für das Gastgewerbe

Das Umweltsiegel der Bayerischen Staatsregierung ist ein Markenzeichen für Hotel- und Gaststättenbetriebe in Bayern, die umweltbewusst wirtschaften. Seit 1997 vergibt die Bayerische Staatsregierung diese einzige staatlich verliehene Umweltauszeichnung für das Gastgewerbe in Deutschland.
Derzeit führen mehr als 300 Betriebe das Umweltsiegel. Auf der eigens dafür erstellten Homepage www.umweltsiegel.de kann sich der umweltbewusste Hotel- und Gaststättenbetrieb über die Teilnahmevoraussetzungen zum Umweltsiegel informieren und sich die Anmeldeformulare herunterladen.
Der Erwerb des Umweltsiegels berechtigt zudem die Teilnahme am Umweltpaket Bayern und zur Nutzung des offiziellen Logos in der Öffentlichkeit.

Das neue EU-Umweltzeichen

Die EU-Verordnung (EG) Nr. 66/2012 spezifiziert in Art. 9 und 10 sowie in Annex II die Bedingungen für die Nutzung des Ecolabel-Logos.
Produkte und Dienstleistungen, die nach erfolgreicher Antragstellung vertraglich das Ecolabel tragen dürfen, könne entsprechend der Verordnung mit dem Ecolabel ausgezeichnet werden.

3 Umweltschutz in der Hausdamenabteilung

Wasser sparen, Abwasser entlasten

- Perlatoren an den Wasserhähnen vermindern den Wasser-Durchfluss um die Hälfte.
- Sparduschköpfe bei Duschen anbringen.
- WC-Spülkästen mit „Spartaste" ausstatten.
- Außenanlagen nicht mit Wasser aus der Leitung bewässern. Dazu Regenwasser auffangen und nutzen.

Umweltschonende Reinigungsmittel und Reinigungsmethoden sowie Verbrauchsmaterialien

- Lösungsmittelhaltige Reinigungsmittel nach Möglichkeit vermeiden.
- Reinigungsmittel vermeiden, die Chlor, Phosphate, Formaldehyde oder Sulfate enthalten.
- Bedienungsanleitungen, Dosierungsanweisungen und Umweltschutzhinweise beachten.
- Unterschiedliche Reinigungsmittel nicht mischen.
- Altbewährte Hausmittel mit natürlicher Reinigungskraft bevorzugen, wie z. B. Essig oder Essig- bzw. Zitronenreiniger anstelle der überflüssigen Desinfektionsreinigung oder chemischen Kalklöser.
- Auf „Duftsteine" im WC verzichten.
- Recycling-Toiletten-Papier einkaufen.
- Keine Möbelsprays verwenden, sondern flüssige Polituren, gegebenenfalls mit Pumpzerstäuber.
- Keine aggressiven Rohrreiniger verwenden. Akute Rohrverstopfungen mechanisch mit Saugglocke und Rohrspirale umweltfreundlich beseitigen.
- Auf Insektizide und sonstige Pflanzenschutzmittel verzichten. Unerwünschte Pflanzen von Hand beseitigen.
- Keine Einweg-Zahnputzbecher aus Kunststoff verwenden, statt dessen Zahnputzgläser bereitstellen.

Waschmittel und Wäsche

- Vollwaschmittel nur bei Bedarf einsetzen, meist reichen Feinwaschmittel.
- Waschmittel sollten keine Sulfate und Phosphate enthalten.
- Ab dem Wasser-Härtebereich 2 oder 0,7 mmol/l dem Waschmittel phosphatfreien Enthärter beigeben. Das spart Waschmittel.
- Keine Chlorbleiche verwenden, denn sie führt zu Giften im Abwasser.
- Flexibler Handtuch- und Bettwäschewechsel nach Bedarf.
- Hartnäckige Flecken mit Fleckensalz oder Gallseife vorbehandeln.
- Keine Weichspüler verwenden. Die meisten enthalten kationische Tenside, die schwer abbaubar sind und das Abwasser belasten.
- Vorwäsche nur bei stark verschmutzter Wäsche.

Abfallvermeidung, Wertstoffnutzung

Abfälle vermeiden beginnt beim Einkauf durch Verzicht auf portionsverpackte Artikel und die Bevorzugung von Mehrwegverpackungen bzw. Großpackungen. Beispiele:
- Keine Portionspackungen für Seife, Duschgel und Shampoo einkaufen. Als kostengünstigere Alternative Duschgel-Dosierspender mit Mehrweg- Großgebinden in den Bädern anbringen.

Der „Blaue Engel"

Das Umweltzeichen „Der Blaue Engel" ist beim Einkaufen ein klares Erkennungszeichen für Produkte, die in ihrer ganzheitlichen Betrachtung besonders umweltfreundlich sind. Nur Produkte und Dienstleistungen, die im Vergleich zu herkömmlichen Produkten
- die Umwelt weniger belasten,
- möglichst wenig Ressourcen verbrauchen,
- keine für die Umwelt oder die Gesundheit des Menschen schädlichen Substanzen enthalten und
- dabei ihre Funktion in hoher Qualität erfüllen,

können den Blauen Engel tragen.
Das RAL Deutsches Institut für Gütesicherung und Kennzeichnung e.V. – und dort eine unabhängige Jury – vergibt das Umweltzeichen.

Lieber Gast,
für sie und für den Erhalt unserer Umwelt wechseln wir „alt" gegen „neu", ganz nach Ihrem Bedürfnis.
Bestimmen sie selbst und legen sie zum Tausch bestimmte Handtücher in den Korb an der Wand.
Unsere Mitarbeiterinnen sorgen für neue Frische. Wir danken Ihnen für Ihre Unterstützung!

Abb. 1 Aufsteller im Bad zur Aktion „WIRF DAS HANDTUCH!"

Wirtschaftsdienst

WIRTSCHAFTSDIENST – HAUSDAMENABTEILUNG

- Reinigungsmittel in großen Gebinden und/ oder Konzentrate verwenden, die für die Zimmer- und Putzhilfen in Literflaschen umgefüllt werden.
- Zimmermädchen-Wagen mit entsprechenden Behältern zur Mülltrennung einsetzen.
- Getrenntes Sammeln von Abfällen aus Papier, Glas, Metall, Kunststoff zur Wiederverwertung und von organischen Abfällen zur Kompostierung (s. S. 30).
- In den Minibars nur Getränke in Mehrwegflaschen, nicht in Dosen anbieten. Trinkgläser, keine Plastikbecher bereitstellen.
- Ausgediente Textilien, die nicht mehr „zweitgenutzt" werden können, in die Wiederverwertung geben.

Einrichtung, Umbau und Renovierung

- Möbel sollten aus stabilem Massivholz bestehen, nach Möglichkeit aus einheimischen Hölzern.
- Polstermöbel und Stühle sollten Rahmen aus Vollholz und Sitzflächenpolsterung nach herkömmlichem Muster haben: Gurte, Federn, Füllungen aus Naturmaterialien wie Wolle, Rosshaar und/oder Kapok-Samenhaar. Die Abdeckung sollte aus Naturtextilien sein.
- Umweltfreundliche Baustoffe bei Umbau-Maßnahmen verlangen und planen.
- Einsatz umweltschädlicher Produkte ausdrücklich untersagen.
- Keine chemischen Holzschutzmittel in Innenräumen verwenden. Dafür Leinölfirnis oder Naturharz-Imprägnierung verwenden.
- Fugen nicht mit FCKW- und formaldehydhaltigen Mitteln ausschäumen lassen.
- Technikräume in ausreichender Größe einplanen, die in ihrer Anordnung der Logik der Arbeitsabläufe entsprechen.
- Kühl- und Lagerräume nicht an beheizte Räume grenzen lassen.
- Verzicht auf Kippfenster verhindert Energieverluste durch Dauerlüftung und zwingt zur „Stoßlüftung".
- Wärmeschutz durch Glasscheiben mit hohem Dämmwert, d. h. möglichst niedrigem „k-Wert" einplanen.
- Möglichkeiten für Wärme-Rückgewinnung und Wärmetauscher prüfen.
- Todesgefahren für Tiere beseitigen, z. B. verglaste Gänge oder große Fensterflächen mit Greifvogel-Silhouetten auffällig machen.
- Kurze Entsorgungswege schaffen.
- Außenanlagen des Hotels naturnah gestalten, standortgerecht bepflanzen.
- Hotelgarten für Küchenkräuter und Schnittblumen anlegen.
- An natürlichen Sichtschutz denken, z. B. als Parkplatz-Abgrenzung und -Unterteilung, oder vor den Wertstoff- und Abfallbehältern.
- Fassaden begrünen, wo es möglich ist, z. B. Efeu an Nord- und Nordwestfassaden.
- Standortgerechte Bäume dort neu anpflanzen, wo ihr Schattenwurf nicht stört.
- Zur Gartenbeleuchtung eignen sich Solarzellen-Lampen, die die tagsüber anfallende Sonnenenergie speichern und nachts abgeben.
- Zur Beleuchtung der Außenanlagen ab ca. 23 Uhr eignet sich besonders eine Infrarot-Sensorschaltung in Kombination mit einer Zeitschaltautomatik.

Abb. 1 Einladung zum flexiblen Bettwäschewechsel

Abb. 2 Recycling-Möglichkeiten nutzen

Abb. 3 Begrünte Fassade

Abb. 4 Solarleuchte im Garten

4 Arbeitssicherheit

🇬🇧 accident prevention 🇫🇷 prévention (w) des accidents

Unfallursachen

Die meisten Arbeitsunfälle in der Hausdamenabteilung geschehen durch:
- **Ausrutschen** auf nassen und glatten Böden oder Treppen,
- **Stürzen** von Leitern oder Stühlen, die ungeeignet oder ungenügend gesichert waren, oftmals beim Fensterputzen, Ab- oder Aufhängen von Vorhängen und Übergardinen,
- **Stolpern** über elektrische Kabel, z. B. von Staubsaugern oder Reinigungsmaschinen.

Ferner kommt es gelegentlich zu:
- **Schnittverletzungen,** z. B. beim Waschen und Polieren von Zahnputz- und Minibar-Gläsern,
- **Verletzungen durch elektrischen Strom,** z. B. bei schadhaften Elektrogeräten, Kabeln und Anlagen,
- **Verletzungen durch Verätzungen,** z. B. beim Verdünnen von Säuren, Laugen oder sonstigen konzentrierten Mitteln.

 Rutschgefahr  Stolpergefahr

Abb. 1 Gefahr auszurutschen

Unfallverhütung

Für den Gefahrenbereich der **Böden, Treppen und Leitern** gilt:
- Geeignetes Schuhwerk tragen,
- rutschige Stellen, Ölflecken usw. unverzüglich beseitigen,
- Leitern mit mangelhafter Standfestigkeit nicht verwenden, Gefahr der Hausdame melden,
- Vorhänge nie bei geöffnetem Fenster ab- bzw. aufhängen,
- nicht auf Stühle mit Rollen steigen,
- elektrische Kabel von Arbeitsgeräten so verlaufen lassen, dass niemand stolpern kann.

 Gefährliche elektrische Spannung  Gefahr Hautätzend

Verletzungen durch elektrischen Strom

Diese lassen sich wie folgt vermeiden:
- Elektrokabel nur am Stecker aus der Steckdose ziehen, nicht am Kabel;
- Beschädigte Netzstecker und Steckdosen nicht mehr verwenden, durch den Hauselektriker reparieren lassen,
- Defekte und Störungen bei Elektrogeräten nur vom Fachmann beheben lassen;
- Vor den Reinigungsarbeiten an elektrischen Geräten den Netzstecker ziehen.

Abb. 2 Schutzhandschuhe

Abb. 3 Schutzbrille

Verletzungen durch Verätzungen

- Gefahrenhinweise genau durchlesen (siehe auch Sicherheits- und Gebotszeichen, ab S. 46),
- empfohlene Schutzkleidung und Gummihandschuhe anziehen; außerdem eine Schutzbrille aufsetzen,
- Dosierungshinweise genau beachten,
- unterschiedliche Mittel nicht mischen.

Maßnahmen der Ersten Hilfe: ab S. 48

> ● Gefahrenquellen gleich bei Arbeitsbeginn in jeder neuen Abteilung kennen lernen und die Unfallverhütungs-Hinweise gewissenhaft beachten!

5 Rechtsvorschriften

🇬🇧 laws 🇫🇷 référence (w) juridique

Die entsprechenden Gesetzestexte, die das Kapitel Wirtschaftsdienst – Hausdamenabteilung betreffen, sind auf der dem Buch beiliegenden CD nachzulesen. Das Wichtigste daraus hier in Kurzform:

Haftung aus unerlaubten Handlungen ❶

Der **§ 823 Abs. 1 BGB** besagt: „Wer vorsätzlich oder fahrlässig das Leben, die Gesundheit, die Freiheit, das Eigentum oder andere Rechte von Personen widerrechtlich verletzt, der ist dem anderen zum Ersatz des daraus entstehenden Schadens verpflichtet."

Für den Tatbestand einer unerlaubten Handlung müssen **drei Voraussetzungen** vorliegen:
- Es muss ein **Schaden** entstanden sein,
- es muss ein **Verschulden** vorliegen, z. B. durch Vorsatz, wie bei einer absichtlichen Schädigung, oder durch Fahrlässigkeit, d. h. die erforderliche Sorgfalt wurde außer Acht gelassen,
- es muss **Widerrechtlichkeit** vorliegen, d. h. für den entstandenen Schaden darf es keinen rechtlichen Grund geben.

Der Gastronom haftet auch ohne eigenes Verschulden im Rahmen seiner **Verkehrssicherungspflicht:** Es besteht bereits beim Betreten eines Lokals eine „vorvertragliche Beziehung". Das bedeutet, der Gastwirt haftet für bestimmte Schäden, die ein Gast erleidet, auch wenn er noch nicht Platz genommen hat. Der Gastwirt hat dafür zu sorgen, dass dem Gast auf den öffentlich zugänglichen Grundstücks- und Gebäudeteilen unverschuldet nichts passieren kann.

Haftung für den Erfüllungsgehilfen ❷

§ 278 BGB setzt voraus, dass zwischen dem Wirt und der geschädigten Person ein Vertragsverhältnis besteht, bei dessen Erfüllung der Mitarbeiter im Auftrag des Wirtes tätig war.

Haftung für den Verrichtungsgehilfen ❸

§ 831 BGB nennt als Voraussetzung für die Haftung des Verrichtungsgehilfen, dass zwischen dem Wirt und der geschädigten Person **kein Vertragsverhältnis** besteht und der Gehilfe im Auftrag des Wirtes tätig geworden ist. Hinweise zu den Themen „Bewirtungsvertrag", „Schadenshaftung des Gastwirtes", „Pfandrecht des Gastwirtes" und „Fundsachen" befinden sich auf den Seiten 378 ff.

Verpackungsverordnung – VerpackV, Stand 9. Nov. 2010

Diese Verordnung kann bereits den Einkauf von Waren durch die Hausdamenabteilung betreffen. § 1 besagt, dass Verpackungsabfälle in erster Linie zu vermeiden sind. Im Übrigen wird der Wiederverwendung von Verpackungen und der stofflichen Verwertung Vorrang vor der Beseitigung eingeräumt. Die Abfallentsorgung ist nach jeweiligem Landesrecht geregelt.

Abb. 1 Paragraphen-Dschungel

❶ **Beispiele:**
- Der Hotelier lässt den Schnee auf dem Zugang zum Hotel räumen. Er sorgt dafür, dass gestreut wird.
- Der Hotelier lässt die schadhafte Treppenbeleuchtung reparieren, um Unfällen vorzubeugen.

❷ **Beispiel:**
Ein Übernachtungsgast stolpert vor seinem Zimmer über ein Elektrokabel und verletzt sich. Das Zimmermädchen hatte beim Staubsaugen fahrlässig gearbeitet.

❸ **Beispiel:**
Ein Zimmermädchen fährt im dienstlichen Auftrag des Wirtes zur Chemischen Reinigung. Auf dem Weg dorthin verursacht sie einen Verkehrsunfall. Grundsätzlich haftet der Wirt, weil das Zimmermädchen in seinem Auftrag tätig wurde. Eine Haftungsbefreiung ist möglich, wenn der Wirt nachweisen kann, dass er bei der Auswahl seiner Mitarbeiterin weder fahrlässig noch vorsätzlich gehandelt hat. Erbringt der Wirt diesen Nachweis, so muss der Verrichtungsgehilfe selbst für den Schaden aufkommen.

Umweltschadengesetz – USchadG, Stand 30. April 2007

Im Gegensatz zum bereits geltenden Umwelthaftungsgesetz, das sich auf natürliche oder juristische Personen sowie deren Besitz bezieht, regelt das USchadG Schäden, die in Ausübung der beruflichen Tätigkeit an der Umwelt selbst entstehen.

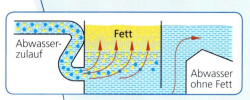

Abb. 1 Fettabscheider

Dazu gehören sowohl der **Boden** und die **Gewässer** samt Grundwasser als auch geschützte Tier- und Pflanzenarten sowie deren Lebensräume. Diesen können nicht nur die Chemie- und Ölindustrie schaden, sondern auch Hotelbetriebe. Sie liegen oftmals in unmittelbarer Nähe eines Naturschutzgebietes oder eines Gewässers, an oder in dem geschützte Tierarten leben.

Beispiel mit rechtlicher Konsequenz:
In der Küche eines Hotels befindet sich ein defekter Fettabscheider, der nie gewartet wurde. Monatelang lässt er Lebensmittelreste und Fett ins Erdreich gelangen. Diese Rückstände beeinträchtigen einen nahe gelegenen Teich und zerstören dort seltene Pflanzenarten. Die Behörden entdecken die Schäden und fordern den Hotelinhaber zur Sanierung des Teiches auf.

Aufgaben

1. Erklären Sie den Begriff Öko-Management.
2. Nennen Sie acht Vorteile des umweltbewussten Wirtschaftens.
3. Zählen Sie sechs Bereiche auf, in die sich umweltbewusstes Wirtschaften im Hausdamenbereich gliedern lässt.
4. Wie können Sie in der Hausdamenabteilung dazu beitragen, dass Energie eingespart wird? Schlagen Sie fünf Maßnahmen vor.
5. Durch welche Maßnahmen können Sie dazu beitragen, dass die Belastung des Abwassers verringert wird? Nennen Sie fünf.
6. Was versteht man unter „flexiblem Handtuchwechsel" und warum wird dieser in den meisten Hotels praktiziert?
7. Schlagen Sie fünf Maßnahmen vor, die bei Umbau- bzw. Renovierungsarbeiten im Hotel berücksichtigt werden sollten.
8. Was besagt das deutsche Umweltzeichen „Der Blaue Engel" und wofür wird dieses vergeben?
9. Was unterscheidet die Vergabe des EU-Umweltzeichens von der Vergabe des deutschen Umweltzeichens „Der Blaue Engel"?
10. Warum ist die Benennung eines Umweltschutz-Beauftragten für jeden Hotelbetrieb sinnvoll?
11. Nennen Sie drei typische Unfallursachen in der Hausdamenabteilung.
12. Geben Sie fünf Hinweise zur Unfallverhütung im „Gefahrenbereich Böden, Treppen, Leitern".
13. Durch welche Maßnahmen können Sie dazu beitragen, dass Verletzungen durch elektrischen Strom verhindert werden?
14. Wie können Sie sich vor Verletzungen durch Verätzungen schützen und welche Erste-Hilfe-Maßnahmen sind anzuwenden?
15. Welche drei Voraussetzungen müssen für den Tatbestand einer unerlaubten Handlung im Sinne des § 823 BGB vorliegen?
16. Auf welche Gebiete erstreckt sich die „Haftung aus unerlaubten Handlungen"?
17. Was ist ein „Erfüllungsgehilfe" und was ist ein „Verrichtungsgehilfe" im Sinne des Gesetzes? Nennen Sie je ein Beispiel.

PROJEKT

Generalreinigung von Gästezimmern

Nach Renovierungsarbeiten sollen die 24 Gästezimmer auf einer Etage des Hotels Arberblick generalgereinigt werden. Die Hausdame beauftragt Auszubildende, die Generalreinigung zu planen und den Bedarf an Zimmerfrauen, an Reinigungsgeräten, Arbeitsmitteln, Reinigungs- und Pflegemitteln vorzuschlagen.

Ist-Zustand der Gästezimmer

Entwerfen Sie eine Checkliste, mit der Sie den Ist-Zustand der Etage aufnehmen können.

Soll-Zustand der Gästezimmer

Definieren Sie den angestrebten Soll-Zustand pro Gästezimmer (Sauberkeitsgrad, Standardausstattung, Gästeartikel, …).

Vorgehensweise und Arbeitsreihenfolge

1. Legen Sie fest, welche Reinigungsgeräte und Arbeitsmittel für welche Tätigkeiten eingesetzt werden sollten.
2. Legen Sie fest, welche Reinigungs- und Pflegemittel für welche Oberflächen/Materialien verwendet werden sollten.
3. Bestimmen Sie die Vorgehensweise und Arbeitsreihenfolge auf einem Info-Blatt.

Arbeitszeitbedarf und Verbrauchsmengen pro Gästezimmer

1. Halten Sie fest, wie viel Zeit ein Team von zwei Zimmerfrauen für die Generalreinigung eines Gästezimmers nach vorgegebenem Standard benötigt.
2. Stellen Sie die Verbrauchsmengen der Reinigungs- und Pflegemittel fest.
3. Ermitteln Sie den Bedarf an Gästeartikeln für die 24 Gästezimmer und Bäder.

Gesamtarbeitszeitbedarf und Materialverbrauchsmengen für die Hoteletage

1. Berechnen Sie den Arbeitszeitbedarf für die Generalreinigung der 24 Gästezimmer.
2. Ermitteln Sie den zusätzlichen Arbeitszeitbedarf für die Reinigung der Flure, Flurfenster, Wände und des Treppenhausbereichs.
3. Berechnen Sie den Gesamtarbeitszeitbedarf für die Hoteletage.
4. Berechnen Sie den Gesamtbedarf an Reinigungs- und Pflegemitteln für die Hoteletage.
5. Berechnen Sie, wie viele Zimmerfrauen bei einer reinen Arbeitszeit von 8 Std. pro Tag zur Arbeit eingeteilt werden müssen, wenn für die Generalreinigung der Etage nur eine Zeit von zwei (drei) Tagen zur Verfügung steht?

Bericht für die Hausdame

Verfassen Sie einen kurzen schriftlichen Bericht mit den Ergebnissen.

Warenwirtschaft

Aufgabe der Warenwirtschaft ist es, die richtigen Produkte zum richtigen Zeitpunkt in der richtigen Menge und der richtigen Qualität am richtigen Ort zum richtigen Preis bereitzustellen („6 – R – Formel").

Der Warenwirtschaft kommt dabei als Bindeglied zwischen dem urtypischen Kernbereich der Gastronomie – dem Zubereiten und Servieren von Speisen und Getränken – und den kaufmännischen Tätigkeiten der Steuerung und Kontrolle des betrieblichen Prozesses eine sehr wichtige Aufgabe zu.

Der Anteil der Warenkosten an den Gesamtkosten eines Betriebes macht in der Gastronomie etwa ein Drittel aus. Mit den Instrumenten der Warenwirtschaft wird dieser große Kostenblock optimiert. Alle Kosten, die bereits im Bereich der Warenwirtschaft eingespart wurden, kommen dem gastronomischen Unternehmer schon zu Gute, bevor der erste Gast für Umsatz im Restaurant gesorgt hat.

Aufgabe der Warenwirtschaft ist es
- die richtigen Produkte
- zum richtigen Zeitpunkt
- in der richtigen Menge
- in der richtigen Qualität
- am richtigen Ort
- zum richtigen Preis bereitzustellen

❶ Warenwirtschaftssysteme in der Gastronomie

🇬🇧 stock flow control systems in the gastronomy
🇫🇷 systèmes (m) de contrôle (m) de la marchandise pour la restauration

Während früher Lagerfachkarten, handgeschriebene Kassenberichte und manuell erstellte Ertragsberichte die Arbeit der Warenwirtschaft zu einer überaus zeitintensiven und lästigen Aufgabe machten, ermöglichen heute moderne computergestützte Warenwirtschaftsprogramme eine schnelle und übersichtliche Kontrolle des betrieblichen Warenflusses.

Aufgabe von Warenwirtschaftssystemen

Ein Warenwirtschaftssystem (WWS) dient der Kontrolle der betrieblichen Warenströme. Mit seiner Hilfe soll es jederzeit möglich sein, Abweichungen von den betrieblichen Standards, die den Wareneinsatz betreffen, zu erkennen. Dazu muss es an allen Stellen des Betriebsprozesses im F&B-Bereich zum Einsatz kommen. Der typische gastronomische Betriebsprozess besteht aus dem Einkauf von Lebensmitteln, ihrer Verarbeitung zu Speisen und Getränken (i. d. R. einer Rezeptur folgend) und dem Verkauf an die Gäste.

WARE	2012 Becksteiner Pilgerpfad				
LIEFERER	Winzergenoss. Beckstein				
Tag	VERMERKE	ZUGANG	ABGANG	BESTAND	PREIS
30.8.	ÜBERTRAG			77	3.94
1.9.			30	47	
9.9.		60		107	3.94
10.9.			17	90	
29.9.			23	67	
4.10.			10	57	
15.10.			20	37	
18.10.		120		157	3.89
24.10.			20	137	
30.10.			20	117	
5.11.			30	87	
16.11.			14	73	

Abb. 1 Typischer Warenfluss im F&B-Bereich und Anknüpfungspunkte des Warenwirtschaftssystems

Warenwirtschaft

Weitere wichtige Aufgaben der Warenwirtschaft:
- Gewinnmaximierung durch Aufdecken und Ausnutzen von Einsparungspotenzialen
- Durch die Auswahl der Produkte und deren Beschaffungsweg kann die Warenwirtschaft zum positiven sozialen Image des Unternehmens beitragen (Corporate Social Responsibility, CSR).

Um möglichst aussagekräftige Werte aus dem WWS entnehmen zu können, ist es unbedingt notwendig, die vorhandenen Daten genau zu pflegen. Alle Wareneingänge müssen erfasst werden. Genauso muss von möglichst allen im Restaurant verkauften Speisen und Getränken eine Rezeptur angelegt und eingehalten werden. Diese umfasst nicht nur das tatsächliche Lebensmittel, sondern auch Garnitur und Verpackungen.

Außerdem müssen Abfälle, die während der Zubereitung anfallen, oder verdorbene Ware erfasst werden. Die Erfassung der verkauften Gerichte erfolgt üblicherweise durch das Kassensystem.

Bei der Erfassung sind auch andere Arten der Speisenausgabe wie z. B. Personalessen oder Kostproben zu berücksichtigen. Auch wenn durch sie kein Umsatz nach außen entsteht, beeinflussen sie die Wareneinsatzkosten.

Aufgaben

1. Beschreiben Sie den Warenfluss für verschiedene Artikel innerhalb Ihres Betriebes vom Wareneingang bis zum Gast.
2. Warum ist Kostenoptimierung im Bereich der Warenwirtschaft besonders wichtig?
3. An welchen Stationen innerhalb Ihres Betriebs wird ein Warenwirtschaftssystem (erkennbar) verwendet?
4. Nennen Sie mögliche Gründe für eine Änderung der in den Stammdaten des betrieblichen Warenwirtschaftssystems hinterlegten Rezepturen.
5. Auf welche Art und Weise werden in Ihrem Betrieb Wareneingang und verkaufte Produkte erfasst? Kennen Sie Alternativen, falls die bestehenden Systeme ausfallen?
6. Welche weiteren Arten der Speisenabgabe kennen Sie aus Ihrem Betrieb? Wie werden diese erfasst?

1.1 Aufbau/Elemente eines Warenwirtschaftssystems

Ein voll entwickeltes Warenwirtschaftssystem in der Gastronomie besteht aus mindestens sechs Elementen. Alle Elemente eines Warenwirtschaftssystems sind miteinander verzahnt.

Rohstoffstammdaten

Für jeden einzelnen Rohstoff, egal ob es sich dabei um ein Lebensmittel oder ein Hilfsmittel handelt, wird ein **Stammdatenblatt** geführt. Dieses muss neben dem Namen, dem Lagerort und dem Einkaufspreis auch die Verpackungsgrößen enthalten (siehe Beispiel auf der nächsten Seite). Das Stammdatenblatt wird in Kombination mit dem **Verzeichnis der Warenab- und –zugänge** auch **Materialkonto** genannt.

Ein ordentlich gepflegtes Warenwirtschaftssystem ist in der Lage, einen **Bestellvorschlag** abzugeben. Da der Bestellvorschlag durch das WWS mit Hilfe von Verbrauchswerten aus der Vergangenheit ermittelt wird, sollte er erst nach Überprüfung an den Lieferer geschickt werden. Dabei können aktuelle (Aktions-)Produkte ergänzt oder Mengen für außerplanmäßige Umsätze (z. B. Sonderveranstaltungen) abgeändert werden. Die Übermittlung der Bestellung an den Lieferer kann direkt aus dem WWS erfolgen.

Elemente eines Warenwirtschaftssystems:
- Rohstoffstammdaten
- Inventurlisten
- Wareneingangserfassung
- Weitere Warenab- gänge und -zugänge
- Rezepturen
- Verkaufsberichte Kasse

1 Warenwirtschaftssysteme in der Gastronomie

Beispiel:

Bezeichnung	Zwiebeln, frisch		Artikelnummer:	9312
Einkaufspreis je Grundeinheit	1,10 Euro		Lagerort:	Trockenlager
Gebinde	1	Stiege	Zählreihenfolge:	2
enthält:	6	Netze	Meldebestand:	18 kg
enthält:	2	kg (Grundeinheit)	Mindestbestand:	12 kg
			Inventurintervall:	täglich

Abb. 1 Rohstoffstammdaten

Inventurlisten

Die Inventurlisten erstellt das Warenwirtschaftssystem auf Grundlage der hinterlegten Rohstoffstammdaten. Sie können täglich abgerufen und nach Lagerorten getrennt erstellt werden.

Beispiel:

```
Zählliste zur Tagesinventur
Zählort: Trockenlager

Gurken im Glas      22   Karton(s)    264   Gläser     132   kg
Zwiebeln, frisch    20   Stiege(n)    120   Netze      240   kg
Thunfisch, Dose     15   Karton(s)    720   Dosen      180   kg
```

Abb. 2 Ausschnitt aus einer Zählliste zur Tagesinventur

● Da die Berechnung des Wareneinsatzes auf Grundlage des hier erfassten Einkaufspreises erfolgt, muss dieser immer aktuell gehalten werden. Die Erfassung der Gebindegrößen, des Lagerortes und der Zählreihenfolge sind für die Erstellung der Inventurlisten notwendig, um diese übersichtlich zu gestalten.

Wareneingangserfassung

Nach Anlieferung der Ware müssen alle in das Lager aufgenommenen Produkte mit Hilfe des Lieferscheins erfasst werden. Da die Bestellung bereits über das Warenwirtschaftssystem erfolgte, muss nur noch eine Abweichung von der Bestellung (z. B. ein nicht lieferbarer oder ein falsch gelieferter Artikel) erfasst werden.

Wareneingang				
Lieferantennummer: 016		Lieferant: Gemüsegroßhandels KG		
Bestellung vom: 30.10.		Lieferung am: 2.11.		
Artikelnr.	Artikel	Bestellmenge	Liefermenge	Differenz
6513	Zwiebeln, frisch	6	6	0
6563	Tomaten, kg	12	12	0
7932	Mais, Dose 5 l	4	4	0
8185	Eisbergsalat, St.	9	8	1

Abb. 3 Erfassung des Wareneingangs

Warenwirtschaft

Weitere Warenabgänge und Warenzugänge

Neben den üblichen Warenlieferungen durch den Lieferer müssen alle weiteren Warenabgänge und Warenzugänge in das WWS eingegeben werden. Hierzu gehören u. a. Transfers von Waren oder Ausgabe von Personalessen.

Rezepturenblätter

Das Bindeglied zwischen den Wareneingängen und den Verkäufen stellt im Restaurant die Zubereitung der Speisen dar. Im Warenwirtschaftssystem wird dies durch die Erfassung der **Rezepturen** abgebildet.

Rezepturen enthalten alle vorgegebenen Zutaten und Mengen für eine Speise. Beim Erfassen der Rezeptur werden die Artikel aus den Materialstammdaten mit den Produkten aus dem Verkaufsbericht in Beziehung gesetzt („verbunden").

Rezeptur für:		Toast Hawaii
Menge	Einheit	Artikel
1	Scheibe	Toastbrot
0,05	kg	Ketchup
0,01	kg	Zwiebeln, frisch
1	Scheibe	Kochschinken
1	Ring	Ananas
1	Scheibe	Toast-Schmelzkäse

Abb. 1 Beispiel einer betriebsrelevanten Rezeptur

Auch Getränke können eine Rezeptur haben (z. B. Mischgetränke, Cocktails, Kaffeespezialitäten). Bei Einwegverpackungen zählen auch diese zur Rezeptur, z. B. „Becher 0,3 l".

Verkaufsberichte

Die Verkaufsberichte werden mit Hilfe des Kassensystems erstellt. Verkaufsberichte liefern eine Übersicht über alle verkauften Speisen und Getränke des Tages. In der Regel sind Auswertungen enthalten, welchen Umsatzanteil ein bestimmtes Produkt am Gesamtumsatz hat. Auf diese Weise lassen sich Bestseller und „Ladenhüter" schnell identifizieren.

Verkaufsbericht für den 05.11.20..				
Menge	Artikel	Umsatz	Einzelpreis	Anteil %
63	Toast Hawaii	154,35	2,45	9,00
41	Steinpilzsuppe	184,50	4,50	10,76

Abb. 2 Ausschnitt aus einem Verkaufsbericht

Zusammenspiel einzelner Elemente eines Warenwirtschaftssystems

Wenn die Servicemitarbeiter jedes verkaufte Produkt an der Kasse erfassen, kann das WWS über die **Verkaufsberichte** mit Hilfe der hinterlegten **Rezeptur** und der **Rohstoffstammdaten** von jedem verwendeten Rohstoff den genauen Verbrauch während des Tages ermitteln. Dieser wird dann im Materialkonto des entsprechenden Artikels festgehalten.

Zusammen mit den **weiteren Zu- und Abgängen** verwaltet das WWS die Bestände. Es können tagesaktuelle **Inventurlisten** erstellt werden. Mithilfe einer **Umsatzplanung** und den Informationen zu Melde- und Mindestbestand können **Bestellvorschläge** erstellt werden.

Wichtig ist, dass alle Ab- und Zugänge vollständig erfasst und alle Stammdaten immer aktuell gehalten werden. Nur so kann das WWS Steuerung und Kontrolle des Warenflusses erleichtern.

Geplanter Umsatz für den Zeitraum 14.11. bis 17.11.20..: 5760 Euro

Menge	Einheit	Artikel
5	Körbe	Toastbrot
10	kg	Ketchup
2	kg	Zwiebeln
1	6er Karton	Ananas in Dosen

Abb. 3 Ausschnitt aus einem Bestellvorschlag

1 Warenwirtschaftssysteme in der Gastronomie

Verkaufsbericht für den 05.11.20..

Menge	Artikel	Umsatz	Anteil %
63	Toast Hawaii	154,35	9,00
41	Hawaii-Menü	184,50	10,76
…	…	…	…

Personalessen

_3_	Toast Forest
_8_	Toast Hawaii
_6_	Toast Country
…	…

Anzahl der verkauften Produkte (hier: 104) und Anzahl der kostenlos abgegebenen (hier: 8) Produkte (z. B. Personalessen) werden addiert.

↓

Durch Rückgriff auf die Rezeptur wird der Verbrauch von 112-mal 0,01 kg Zwiebel errechnet.

Rezeptur für: Toast Hawaii

Menge	Einheit	Artikel
1	St.	Toastbrot
0,05	kg	Ketchup
0,01	kg	Zwiebeln, frisch
1	Scheibe	Kochschinken
1	Ring	Ananas
1	Scheibe	Toast-Schmelzkäse

Abfallliste 05.11.20..

0,9_kg	Thunfisch, Dose
3_kg	Zwiebeln, frisch
12_Scheiben	Toast-Schmelzkäse
…	…

Abfall wird ebenso unter den Abgängen erfasst.

Zwiebeln, frisch

Datum	Anfangs-bestand	Zugänge		Abgänge			Bestand		
		Waren-lieferung	Transfer-Zugang	Verbrauch	Abfall/Verderb	Transfer-Abgang	Soll-End-bestand	Inventur-bestand	Bestands-abweichung
Mo, 05.11.	82	425	0	112	3	0	392	390	−2
Di, 06.11.	390	0	0	135	5	0	250	251	1
Mi, 07.11.	251	0	0	142	7	40	62	22	−40
Do, 08.11.	22	500	0	160	10	0	352	390	38
Fr, 09.11.	390	0	40	137	2	0	291	291	0
Sa, 10.11.	291	0	0	128	1	0	162	162	0
So, 11.11.	162	0	0	141	1	0	20	20	0
Mo, 12.11.	20	400	0	98	0	0	322	319	−3
Di, 13.11.	319	0	0	121	2	0	196	194	−2
Mi, 14.11.	194	0	0	151	3	0	40	40	0
Do, 15.11.	40	550	0	172	8	0	410	412	2

Aus Anfangsbestand plus der Summe der Zugänge, abzüglich der Summe der Abgänge, ergibt sich der Soll-Endbestand, welcher mit dem Inventur- (Ist-)-Bestand übereinstimmen soll.

Abb. 1 Beispiel für das Zusammenspiel einzelner Elemente eines WWS

Warenwirtschaft

Ein Warenwirtschaftssystem unterstützt das F&B-Management nicht nur bei der Steuerung des Warenflusses, sondern auch bei Planung und Kontrolle.

1.2 Planung, Steuerung und Kontrolle mithilfe von Warenwirtschaftssystemen

Erfassung von Bestellungen

Auf der Grundlage des bisherigen Verbrauchs errechnet das Warenwirtschaftssystem den zukünftigen Verbrauch und erstellt einen Bestellvorschlag. Einige WWS können dabei auch Sonderveranstaltungen mit berücksichtigen. Sind auf Grund von Ferienzeiten, Sonderaktionen des Restaurants oder Veranstaltungen in der Nähe Schwankungen bei der Gästezahl zu erwarten, müssen sie individuell berücksichtigt werden. Hier ist zusätzlich zum WWS auch die Erfahrung des Managements gefragt.

Berechnung des tatsächlichen Wareneinsatzes

Im Materialkonto wird der Verbrauch eines Rohstoffes genau festgehalten. Mit Hilfe des in den Rohstoffstammdaten hinterlegten Einkaufspreises des jeweiligen Rohstoffes werden die Wareneinsatzkosten berechnet. Die Wareneinsatzkosten kann ein WWS auf unterschiedliche Weise berechnen. Wird der Wareneinsatz aufgrund der ausgegebenen fertigen Produkte (einschließlich Abfall und Personalessen) berechnet, spricht man von **Soll-Verbrauch** und **Soll-Wareneinsatz**.

Soll-Wareneinsatz = Soll-Verbrauch x Materialkosten

Wird der Wareneinsatz aus dem Verbrauch der Rohstoffe ermittelt, spricht man von **Ist-Verbrauch** (Differenz aus dem Inventurbestand zu Beginn und zum Ende des Tages) und **Ist-Wareneinsatz**.

Ist-Wareneinsatz = Ist-Verbrauch x Materialkosten

Weicht der Soll-Wareneinsatz vom Ist-Wareneinsatz ab, kann dies mehrere Ursachen haben:

- Vielleicht werden nicht alle Produkte beim Verkauf im Kassensystem erfasst.
- Bei der Zubereitung werden die Rezepturen nicht genau eingehalten.
- Eventuell wurden Warenlieferungen nicht korrekt erfasst.
- Es ist Ware aus dem Lager verschwunden (Diebstahl).

Über das WWS erkennt das Management Abweichungen frühzeitig und kann der Ursache auf den Grund gehen.

Wareneinsatzquote

Zum besseren Vergleich der aktuellen Zahlen mit den Daten aus dem Vorjahr oder Vormonat wird die Wareneinsatzquote berechnet. Die Wareneinsatzquote gibt das Verhältnis von Wareneinsatzkosten zu Nettoumsatz wieder.

$$\text{Wareneinsatzquote (in \%)} = \frac{\text{Wareneinsatzkosten} \times 100}{\text{Nettoumsatz}}$$

Die Wareneinsatzquote wird auch **food-cost** genannt. Verkauft ein Betrieb mehr Getränke als Speisen, ist es sinnvoll, zwischen der Wareneinsatzquote für Getränke und der Wareneinsatzquote für Speisen zu unterscheiden. Auch das berechnet das WWS automatisch.

Erkennung von kritischen Rohstoffen für den Wareneinsatz

Bei der Berechnung des tatsächlichen Wareneinsatzes wird der zahlenmäßige Verbrauch eines Artikels mit seinem Wert verbunden. Jetzt wird ersichtlich, welche Artikel einen hohen Anteil an den Wareneinsatzkosten haben. Dies müssen nicht zwangsläufig die teuren Artikel sein. So können günstigere Artikel, die aber in großer Menge verarbeitet werden, einen sehr hohen Anteil am gesamten Wareneinsatz haben. Oft ist bei dieser Analyse zu erkennen, dass etwa 20 % aller Artikel für ungefähr 80 % aller Wareneinsatzkosten verantwortlich sind. Das Management kann aufgrund einer solchen Analyse erkennen, welche die kritischen Rohstoffe sind. Das Einsparpotenzial für den Betrieb ist umso größer, je günstiger vor allem die kritischen Rohstoffe eingekauft werden können.

Analyse der Lagerbestände

Hohe Lagerbestände binden unnötig Kapital und können zum Verderb von Rohstoffen führen. Zu niedrige Lagerbestände bringen Nachteile wie mangelnde Verfügbarkeit von Rohstoffen (d. h., Gästewünsche können nicht erfüllt werden) oder häufige Nachbestellungen mit sich. Warenwirtschaftssysteme sind in der Lage, Lagerbestände zu analysieren, um entsprechende Gegenmaßnahmen einleiten zu können. Neben der Berechnung des **durchschnittlichen Lagerbestandes** kann die Berechnung der **Umschlagshäufigkeit** zur Optimierung der Lagerbestände beitragen (siehe auch Kapitel Magazin).

2 Warenbeschaffung

🇬🇧 acquisition of goods 🇫🇷 acquisition (w) des marchandises (w)

Warenbeschaffung ist nicht nur in der Gastronomie ein wichtiges Thema: Alle Einsparungen, die sich schon bei der Beschaffung der Ware erzielen lassen, tragen zum Erfolg des Unternehmens bei. Dabei sollte der **Einkaufspreis** nicht das einzige Kriterium für die Beschaffung sein. Wenn dem Gast ein Gericht nicht gefiel, weil z. B. die Qualität der eingesetzten Lebensmittel nicht stimmte, wird er sich auch durch niedrige Preise nicht zum Wiederkommen veranlasst sehen.

2.1 Bedarfsermittlung

Bei der Beschaffung ist die Ermittlung, wie hoch der jeweilige Bedarf an Vorräten für das Restaurant ist, der erste Schritt.

Kennt ein Betrieb die genaue Gästezahl (und die gewünschten Speisen und Getränke) im Vorhinein, z. B. beim Catering oder in der Krankenhaus- oder Kindergartenverpflegung, ist die Bedarfsermittlung einfach. Meist muss der Bedarf aus einer **Betrachtung der Vergangenheit** ermittelt werden. Grundlage hierzu sind die Umsatz- und Verkaufsberichte der letzten Woche bzw. des Vormonats oder des Vorjahres. Für die **Bedarfsprognose** müssen besondere Abweichungen, wie zum Beispiel Aktionsangebote, geänderte Ferienzeiträume oder ggf. eine veränderte Mitbewerbersituation, berücksichtigt werden.

Trotzdem lässt sich der tatsächliche Bedarf nicht ganz genau vorhersagen. Daher wird ein **Sicherheitsbestand** („Eiserne Reserve", Mindestbestand) geplant. Er dient zum Auffangen ungeplanter Umsatzschwankungen. Ziel der betrieblichen Lagerhaltung ist es, den Lagerbestand stets über dem **Mindestbestand** zu halten, damit diese Reserve nur in „Notfällen" verwendet wird.

Wenn erst bei Erreichen des Mindestbestandes bestellt würde, kann es passieren, dass die Reserve verbraucht ist, bevor Nachschub geliefert wird. Daher ist für jede Ware ein sogenannter **Meldebestand** zu errechnen, der die Lieferdauer mit einbezieht. Der Meldebestand ist die Summe des Mindestbestandes und des Verbrauchs an *Ware, während man auf die Lieferung wartet.* Bei Erreichen des Meldebestands wird bestellt, damit bei der Lieferung der Mindestbestand noch vorhanden ist.

Weitere wichtige Bestandskennzahlen wie **Höchstbestand**, **Soll- und Istbestand** wurden im Kapitel „Magazin" (ab S. 343) erläutert.

Einflussfaktoren auf den Sicherheitsbestand:
- Zuverlässigkeit und Pünktlichkeit des Lieferanten
- Umsatzschwankungen in der Vergangenheit
- Bevorstehende Ereignisse im Umfeld des Restaurants, die sich positiv oder negativ auf den Umsatz auswirken könnten (z. B. Volksfest)

Meldebestand = Mindestbestand + (Verbrauch pro Tag x Lieferdauer)

2.2 Warenbedarf und Warenausbeute

Um den Bedarf einer Ware zu ermitteln, ist es notwendig, die tatsächliche **Warenausbeute** zu erkennen. **Schnitt- und Schankverluste** reduzieren z. B. die tatsächliche vorhandene Warenmenge an vielen Stellen innerhalb des Gastronomiebetriebs.

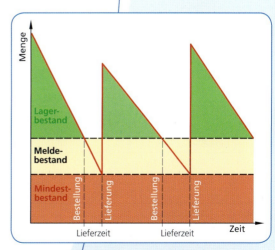

Abb. 2 Lagerbestandskurve (s. Kap. Magazin)

Warenwirtschaft

Beispiel:
Für eine Veranstaltung werden 50 Liter Apfelsaftschorle benötigt.
Annahme: 3 % Schankverlust (Reste in der Verpackung, Verschütten). Wie viel Flaschen à 1 Liter müssen bestellt werden?
50 l = 97 %
x = 100 %
x = 50 l : 97 x 100 = 51,54 l
➡ es müssen 52 Flaschen à 1 l bereitgestellt werden.

Die folgende (unvollständige) Auflistung zeigt ein paar Beispiele:
- **Schnittverluste** beim Schneiden von Steaks aus dem Rinderfilet
- **Putzverluste** beim Verarbeiten von ganzen Fischen
- **Schankverluste** beim Ausschenken von Spirituosen
- **Kochverluste** durch Erhitzen beim Garen von Fleisch
- **Gebindeverluste** beim Ausleeren von Ketchup aus Beuteln oder Flaschen
- **Portionierverluste** durch kleine oder gebrochene Pommes Frites
- Verluste durch **falsches Aufschlagen/Gefrieren** der Milkshake-Mischung

Auf Grund von Erfahrungswerten lassen sich die **durchschnittlichen Verluste** relativ genau ermitteln. Ein ordentlich geführtes Warenwirtschaftssystem (s. o.) hilft dabei ebenfalls: Die Verluste werden in Prozent vorgegeben und an allen Punkten der Warenwirtschaft mit berücksichtigt (automatische Reduzierung der zur Verfügung stehenden Ware bzw. Erhöhung des Bedarfs).

2.3 Bestellzeitpunkte und Bestellmengen

In der Gastronomie sind zwei verschiedene Bestellzeitpunktverfahren üblich. Während vor allem bei den großen QSR-Ketten der Systemgastronomie ein **zyklisches Bestellzeitverfahren** angewandt wird, arbeiten kleinere Systeme und die meisten Restaurants der klassischen Gastronomie mit **variablen Bestellzeitpunkten**.

Beispiel: zyklisches Bestellverfahren

Bestelltag	Samstag	Montag	Mittwoch
Liefertag	Montag	Mittwoch	Freitag

Beim **variablen Bestellzeitpunktverfahren** wird nicht an festen Tagen bestellt, sondern immer dann, wenn der Meldebestand erreicht ist. In der Praxis wird meist dann bestellt, wenn mehrere verschiedene Produkte den Meldebestand erreicht oder beinahe erreicht haben.

Beim **zyklischen Bestellzeitpunktverfahren** sind Liefer- und Bestelltage fest vorgegeben. Beispielsweise könnte die Lieferung Montag, Mittwoch und Samstag erfolgen. Eine Bestellung wird dann üblicherweise am Tag oder am Liefertag vor dem gewünschten Liefertermin aufgegeben.

Bestellmenge bei zyklischen Bestellungen

Wochentag	Geplanter Verbrauch	Liefer-/Bestellzyklus	Bestellmenge
Montag	274 Einheiten	Lieferung (540)/ Bestellung	723 Einheiten
Dienstag	301 Einheiten		
Mittwoch	330 Einheiten	Lieferung/ Bestellung	
Donnerstag	358 Einheiten		
Freitag	412 Einheiten		
Samstag	420 Einheiten	Lieferung/ Bestellung	
Sonntag	454 Einheiten		

Zur Ermittlung der Bestellmenge gibt es verschiedene Maßnahmen, die teilweise abhängig vom Bestellzeitpunktverfahren sind.

Beispiel (siehe auch nebenstehende Tabelle): Reservebestand: 50 Einheiten; muss nicht aufgefüllt werden, da der letzte Ist-Bestand ebenfalls 50 Einheiten betrug. Formel:

(Geplanter Verbrauch bis zur übernächsten Lieferung – offene Liefermengen) – (Ist-Bestand – Mindestbestand)

Setzt man die Werte aus der Tabelle in die Formel ein, ergibt sich folgende Bestellmenge für die Bestellung von Montag (Lieferung für Mittwoch):
((274 + 301 + 330 + 358) − 540) − (50 − 50) = **723**

Die Bestimmung des geplanten Verbrauchs kann zum Beispiel auch auf Basis der Verbrauchswerte der Vorjahres/der Vorwochen erfolgen oder ggf. um geplante Mehr- oder Minderverbräuche ergänzt werden.

Sollte der **Reservebestand** durch einen überaschenden Mehrverbrauch angegriffen werden, wird er mit der kommenden Bestellung wieder auf den ursprünglichen Wert aufgefüllt.

Bestellmenge bei variablen Bestellzeitpunkten

Verfährt ein Betrieb nach variablen Bestellzeitpunkten, müssen zunächst mehrere Berechnungen erfolgen:
- Die geplante **Verbrauchsmenge innerhalb des Mindesthaltbarkeitsdatums (MHD)** der entsprechenden Ware
- Die **Beschaffungs- (bzw. Lieferkosten)** der entsprechenden Ware
- Die **Lagerkosten** der entsprechenden Ware

Bei Waren mit einem sehr langen MHD (z .B Konserven, Non-Food-Produkte, Verpackungen) spielen Beschaffungs- und Lagerkosten eine größere Rolle. Hierbei ist abzuwägen, ob lieber selten, dafür eine größere Menge, oder häufiger kleinere Mengen bestellt werden.

Zu den **Beschaffungskosten** gehören:
- Liefergebühren, Fracht- und Rollgeld
- Personalkosten beim Erfassen der Bestellung
- Kosten für die Übermittlung der Bestellung
- Verwaltungskosten beim Abrechnen von Lieferschein und Rechnung
- Personalkosten für das Verräumen der Ware

Die Beschaffungskosten steigen mit zunehmender Anzahl der Bestellungen. Um allein die Beschaffungskosten niedrig zu halten, sollte man nur selten, aber dafür in größeren Mengen bestellen.

Zu den **Lagerkosten** gehören:
- Energiekosten
- Raumkosten
- Zinskosten des eingelagerten Kapitalwertes (Lagerzins)
- Kosten für Schwund und Verderb
- Personalkosten zur Lagerverwaltung

Die Lagerkosten steigen mit zunehmender Lagermenge. Um allein die Lagerkosten niedrig zu halten, sollte man eher wenig, aber dafür häufiger bestellen.

Die ganz genaue Ermittlung der Kosten ist nicht immer möglich. Vereinfacht dargestellt ergibt sich die optimale Bestellmenge folgendermaßen:

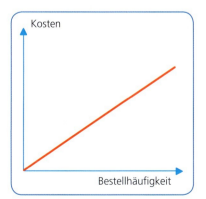

Die Beschaffungskosten steigen, wenn öfter bestellt wird.

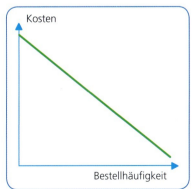

Die Lagerkosten sinken, wenn öfter bestellt wird (geringere Lagermenge).

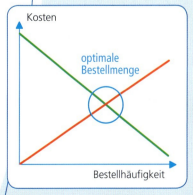

Die optimale Bestellmenge liegt genau im Schnittpunkt der beiden Kostenkurven.

Warenwirtschaft

WARENWIRTSCHAFT

Beispiel für die Berechnung der optimalen Bestellmenge:

Der Verbrauch von Konservendosen (Stückpreis 0,50 Euro) liegt bei 600 Stück jährlich. Der Lieferant bietet Kartons zu 100 Dosen an. Die Beschaffungskosten liegen bei 4,50 Euro pro Bestellung. Für die Lagerkosten wird mit einem Lagerkostenfaktor von 3 % gerechnet, d.h. die Lagerkosten betragen pro Jahr 3/100 des Warenwertes.

Bestell-menge	Bestellungen pro Jahr	Beschaffungs-kosten	Durchschnittl. Lagerbestand	Lagerkosten	Gesamtkosten
600	1	4,50	300	4,50	9,00
500	2	9,00	250	3,75	12,75
400	2	9,00	200	3,00	12,00
300	**2**	**9,00**	**150**	**2,25**	**11,25**
200	3	13,50	100	1,50	15,00
100	6	81,00	50	0,75	81,75

Bei der Berechnung wird in folgenden Schritten vorgegangen:

1. Entsprechend der vom Lieferanten vorgegebenen Losgrößen werden die möglichen Jahresbestellmengen in die Tabelle eingetragen (von „alles auf einmal" bis „so wenig wie möglich").

2. Danach wird in der zweiten Spalte die entsprechende Anzahl der Bestellungen berechnet (Jahresverbrauch geteilt durch Bestellmenge, stets aufrunden auf ganze Werte!).

3. Durch Multiplikation der Anzahl der Bestellungen mit den Beschaffungskosten pro Bestellung werden die gesamten Beschaffungskosten pro Jahr bestimmt.

4. Zur Ermittlung der Lagerkosten muss zunächst der durchschnittliche Lagerbestand bestimmt werden.

Um einen Durchschnittswert zu berechnen, sind mindestens zwei Werte notwendig. Der Lagerbestand am Tag der Warenlieferung (= Bestellmenge) ist bekannt. Ausgehend vom idealen Lager beträgt der Warenendbestand am Tag vor der Lieferung genau 0 Einheiten. Daher ergibt sich für diese Tabelle die Formel (Bestellmenge + 0) : 2 oder kurz Bestellmenge : 2.

5. Nun werden durch Multiplikation von durchschnittlichem Lagerbestand und Lagerkosten (wiederum als Lagerkostenfaktor und Warenwert berechnet) die Lagerkosten bestimmt. (300 x 0,03 x 0,5)

6. Durch Addition von Beschaffungs- und Lagerkosten werden die Gesamtkosten ermittelt. Der niedrigste Wert kennzeichnet den Schnittpunkt der Kostenkurven (s. o.) und damit die optimale Bestellmenge. Sie beträgt im Beispiel **300 Einheiten**.

2.4 Methoden zur Auswahl eines Lieferanten

Methoden zur Auswahl eines Lieferers

Die Kriterien zum Lieferervergleich lassen sich manchmal schlecht einschätzen oder ihre Bewertung ist sehr aufwendig.
Es gibt aber Methoden, die eine Liefererauswahl optimieren. Dazu zählen
- die „Rating-Methode" und
- die „TCO-Methode".

Die Ergebnisse sind objektiv und vergleichbar.

Rating-Methode

Bei der Rating-Methode werden die Kriterien zum Lieferervergleich in drei Schritten systematisch gewichtet:

Schritt 1:
Alle Bewertungskriterien für die Auswahl eines Lieferers werden mit Punkten gewichtet.
Beispiel: Gesamtsumme **100 Punkte,** die aufgeteilt werden.

Gewichtung der Kriterien zur Lieferer-Auswahl (gesamt: 100 P.)			
Produktqualität	15	Termintreue	12
Image	5	Zuverlässigkeit, Lieferschnelligkeit	10
Garantien, Kulanz	10	Verfügbarkeit, Lieferbedingungen	5
Serviceleistungen und Qualität	3	Verkaufsbedingungen/Konditionen	25
Sortimentsbreite und -tiefe	5	Zertifizierung	5
		Geschäftssitz/Herkunft	5

Schritt 2:
Für jedes Kriterium wird eine Tabelle angelegt. Die Lieferer werden in Bezug auf das Kriterium verglichen und in eine Reihenfolge gebracht. Der beste Lieferer erhält jeweils die höchste Rangordnungs-Punktzahl. **Beispiel:**

Produktqualität Bestenliste	
Firma	Rang-P.
Gemüse Meier	4
Großhandels KG	3
Freshdeliver & Co.	2
MKG Logistics	1

Termintreue Bestenliste	
Firma	Rang-P.
Freshdeliver & Co.	4
Großhandels KG	3
MKG Logistics	2
Gemüse Meier	1

Konditionen Bestenliste	
Firma	Rang-P.
Großhandels KG	4
Gemüse Meier	3
MKG Logistics	2
Freshdeliver & Co.	1

Schritt 3:
Anschließend wird für jeden Lieferanten ein Scoring-Wert berechnet, indem die Gewichtungspunktzahl aus Schritt 1 mit der Rangfolge aus Schritt 2 multipliziert wird. Dieser berechnete Wert wird anschließend durch die Anzahl der bewerteten Lieferanten geteilt (hier: 4). **Beispiel:** Für Gemüse Meier wird der Scoring-Wert errechnet.

Gemüse Meier	Rang-P.		Gewichtung		Lieferer		Scoring
Produktqualität	4	x	15	:	4	=	15
Termintreue	1	x	12	:	4	=	3
Konditionen	3	x	25	:	4	=	18,75
…	…	…	…	…	…		…
Scoring-Wert							66,25

Die Lieferer oder konkrete Angebote werden dann nach folgendem Schema eingestuft:

A-Rating	85 Punkte bis 100 Punkte	„Auswahl uneingeschränkt möglich"
B-Rating	50 Punkte bis 84 Punkte	„Lieferer-Entwicklung notwendig"
C-Rating	0 Punkte bis 49 Punkte	„Lieferer entspricht nicht den Anforderungen"

Total Cost of Ownership-Methode (TCO-Methode)

Bei der TCO-Methode werden *alle* Kosten erfasst, die bei einem Warenbezug im Zusammenhang mit dem Lieferer anfallen, nicht nur die eigentlichen Bezugskosten.

Damit die Kosten besser erfasst werden können, werden sie zunächst in Kostenbereiche aufgeteilt:
- *Direkte Liefererkosten:* alle Kosten, die an den Lieferer gezahlt werden müssen
- *Bestellkosten:* Kosten, die im Rahmen einer Bestellung anfallen
- *Lagerkosten:* Kosten, die durch das Einlagern bzw. das Aufbewahren der Ware anfallen.

Alle Kostenbereiche werden dann nach dem Zeitpunkt, zu dem sie anfallen, weiter unterteilt:

	Direkte Liefererkosten	Bestellkosten	Lagerkosten
Vor Abschluss		Anfrage, Angebot	Raumkosten
Abschluss	Einkaufspreis, Bezugskosten	Erfassung der Bestellung	
Nach Abschluss	Reklamation	Warenannahme	Schwund, Verderb, Lagerzins

Durch die Betrachtung aller entstehenden Kosten können auch qualitative Kriterien, die sonst nicht oder nur schwer messbar wären, mit Zahlen versehen und vergleichbar gemacht werden.

2.5 Angebotsvergleiche

Ein Vertrag über den Erwerb von Rohstoffen zur Herstellung von Speisen ist ein **Kaufvertrag**. Kaufverträge kommen durch eine **zweiseitige Willenserklärung** zustande: **Angebot** und **Annahme des Angebots**.

Üblicherweise steht zu Beginn eine Anfrage des Restaurants bei verschiedenen potenziellen Lieferanten. Diese übersenden dann ihre Angebote, die auf Preis, Qualität, Liefer- und Zahlungsbedingungen geprüft werden.

Zahlungsbedingungen: Preisangaben und Preisminderungen

Preisangaben können als „netto" oder „brutto" ausgewiesen sein. Nettopreise sind an Klauseln wie „zahlbar ohne Abzug" oder „zahlbar netto Kasse" zu erkennen. Sie erlauben keinerlei Reduktion des vereinbarten Preises. Bei Bruttopreisen dagegen kann der Rechnungsbetrag um bestimmte Abzüge gemindert werden. **Beispiele:**
- Rabatte: Der Anbieter gewährt einen Nachlass auf den offiziellen Preis. Üblich sind z. B. Mengenrabatte (bei Abnahme großer Mengen), Messerabatte (die anlässlich einer Messe eingeräumt werden), Treuerabatte (für langjährige Kunden) oder auch Neukundenrabatte (um neue Kunden zu werben).
- Boni: Preisminderungen, die an bestimmte Bedingungen geknüpft sind, z. B. eine Vergünstigung für Kunden, deren Bestellvolumen innerhalb eines Jahres eine bestimmte Höhe erreicht.
- Skonti: Preisminderung bei frühzeitiger Begleichung der Rechnung. So soll der Kunde zum schnellen Bezahlen angeregt werden. Üblich sind Klauseln wie „Zahlungsziel 6 Wochen, bei Zahlung innerhalb von 7 Tagen 2 % Skonto".

Lieferbedingungen

Lieferbedingungen regeln, wer die Kosten des Transports trägt und wer das Risiko trägt, wenn während des Transports etwas passieren sollte. Entweder wird dies über die Allgemeinen Geschäftsbedingungen (AGB) des Händlers geregelt oder direkt im Angebot erwähnt. Dazu werden unterschiedliche Klauseln benutzt:

Frei Haus	Alle Kosten der Lieferung trägt der Verkäufer. Die Ware wird hinter die erste abschließbare Tür der Lieferadresse geliefert.
Frei … (z. B. Bordsteinkante)	Frei … bedeutet, dass der Verkäufer den Transport der Ware bis zum angegebenen Ort übernimmt.
Ab Lager Hersteller	Die Kosten für den Transport vom Werk des Herstellers bzw. Erzeugers bis zum Zwischenlager übernimmt der Verkäufer. Den Transport vom Lager zum Restaurant muss der Käufer bezahlen.
Unfrei	Bei unfrei versendeter Ware werden dem Käufer die Transportkosten in Rechnung gestellt.
Ab Werk	Die Ware kann direkt vom Werk abgeholt werden (die Kosten für den Transport trägt der Käufer).

- Geht der Kaufgegenstand während des Transports verloren oder wird er beschädigt, hat der schuldige Teil den Schaden zu tragen (§ 276 BGB).

Der Verkäufer muss bei der Auswahl der Verpackung und des Transportunternehmens die erforderliche Sorgfalt anwenden und dabei Anweisungen des Käufers beachten.

Geht ohne erkennbare Schuld eines Vertragspartners die Ware verloren oder verliert an Wert, so hat derjenige die Schaden zu tragen, der die Gefahr trägt. Die Gefahr liegt in der Regel so lange beim Verkäufer, bis die Ware an den Käufer (oder z. B. den von ihm beauftragten Spediteur) übergeben wird (Gefahrübergang).

Bezugskalkulation

Um Angebote besser vergleichen zu können, wird über eine Bezugskalkulation der tatsächlich zu zahlende Preis für die Ware ermittelt (Einstandspreis). Dieser ist dann auch die Grundlage für die Wareneinsatzberechnung in der Warenwirtschaft. Berechnet wird nach folgendem Schema:

    Listenpreis netto (ohne MwSt)
- Rabatt des Lieferers
= Zieleinkaufspreis
- Skonto des Lieferers
= Bareinkaufspreis
+ Bezugskosten (Transport, Zölle, Versicherung, Verpackung)
= **Bezugspreis (Einstandspreis)**

2.6 Zahlungsarten und Zahlungsmittel

Die Bezahlung einer Rechnung kann auf unterschiedliche Art geschehen. Die am weitesten verbreiteten Arten sind Barzahlung und bargeldlose Zahlung.

Barzahlung

Üblicherweise werden vor allem kleinere Beträge bar bezahlt (Verlustrisiko). Vorteile der Barzahlung mit Banknoten oder Münzen: Schnelle Abwicklung, kein Konto notwendig.

Bei Banknoten besteht Annahmepflicht des Lieferanten. Im Euroraum *müssen* mehr als fünfzig Münzen in einer Zahlung nicht angenommen werden (EG-VO 974/98). Der Empfänger des Geldes stellt eine Quittung aus (Quittungsformular, Kassenbon, Unterschrift auf der Rechnung).

- Halbbare Zahlung:
Unüblich geworden ist heute die Bareinzahlung bei Bank oder Post (Zahlschein), die dann dem Konto des Lieferanten gutgeschrieben wird.

Etwas verbreiteter ist noch die Lieferung per Nachnahme: bei Empfang der Lieferung zahlt der Kunde den Rechnungsbetrag bar an den Paketboten.

Warenwirtschaft

WARENWIRTSCHAFT

SEPA ist ein neues einheitliches Zahlungssystem für den Euro-Raum. Jeder Bankkunde erhält eine neue internationale Kontonummer (IBAN), die u. a. aus den bisherigen Kontodaten besteht.
Vorteile: Europaweit einheitliche Formulare, einheitliche Gebühren und einheitliche Bedingungen (z. B. Gutschrift aufs Konto innerhalb 2 Tagen, Widerrufsrecht gegen Lastschriften 8 Wochen).
Bis 2016 muss bei Überweisungen zur Identifikation der Bank noch eine BIC-Nummer angegeben werden.

Die Umsatzsteuer-Voranmeldung erfolgt seit 2010 zwingend online bis zum 10. Tag des Folgemonats (§ 18 Abs. 9 UStG)

Ermäßigter MwSt-Satz 7 % u. a. für:
- Fleisch, Fleischzubereitungen
- Fische, Krebstiere, Weichtiere, außer Langusten, Hummer
- Milch, Milcherzeugnisse
- Milchmischgetränke mit mind. 75 % Milchanteil im Fertigerzeugnis
- Gemüse und Pflanzen, die zu Ernährungszwecken verwendet werden
- Kaffee, Tee, Gewürze
- Getreide und Müllereierzeugnisse
- Öl und Ölsamen, Fette und Margarine, Essig, Speisesalz
- Zucker und Zuckerwaren
- Leitungswasser, aber nicht Mineral-, Tafel-, oder Quellwasser

Bargeldlose Zahlung

Beim bargeldlosen Zahlungsverkehr (Giralzahlung) überweist der Schuldner den vereinbarten Rechnungsbetrag mithilfe eines Überweisungsträgers oder mittels Online-Banking an den Zahlungsempfänger. Die bargeldlose Zahlungsweise ist für beide Seiten bequem, erfordert aber eine regelmäßige Überprüfung der Geldeingänge auf dem Bankkonto.

Um dies zu vereinfachen, gibt es die Zahlung per Lastschrift oder Bankeinzug. Der Schuldner erlaubt dem Zahlungsempfänger, den Betrag direkt von seinem Bankkonto einzuziehen.

2.7 Umsatz- und Mehrwertsteuer in der Gastronomie

Unterscheidung

Die **Umsatzsteuer** ist der **Oberbegriff** für die Vorsteuer und die Mehrwertsteuer.

Wenn ein Kaufmann für die von ihm bezogenen Waren, Dienstleistungen und Rohstoffe Mehrwertsteuer an seinen Lieferanten gezahlt hat, bekommt er diese als sogenannte **Vorsteuer** vom Finanzamt zurück.

Dafür erhebt er auf seine eigenen Produkte und Dienstleistungen die **Mehrwertsteuer**, die er von seinen Kunden verlangt und die er ans Finanzamt abzuführen hat. Bei der monatlichen Überweisung ans Finanzamt kann er die (von ihm an Lieferanten bezahlte) Vorsteuer mit der (von ihm von Kunden erhaltenen) Mehrwertsteuer verrechnen.

Das machen seine Lieferanten ebenso. Dadurch wird auf jeder Produktionsstufe genau der „Mehrwert", der hier erwirtschaftet wurde, besteuert.

Umsatzsteuersätze in der deutschen Gastronomie

Alle Bestimmungen zur Umsatzsteuer sind in Deutschland durch das Umsatzsteuergesetz (UStG) geregelt. Die **Umsatzsteuer** beträgt zurzeit **19 %**. (§ 12 UStG). „Lebensnotwendige" Waren werden steuerlich begünstigt, auf sie wird ein **ermäßigter Steuersatz** von **7 %** erhoben. Hierzu zählen vor allem Lebensmittel (s. auch nebenstehende Information).

Umsätze, die im Restaurant anfallen, werden je nach Situation unterschiedlich besteuert: **Gastronomische Dienstleistungen** (Essen in Restaurant oder Kantine): **voller MwSt-Satz 19 %. Lieferung von Lebensmitteln: ermäßigter MwSt-Satz 7 %.**

Als Lieferung von Lebensmitteln im Sinne des UStG gilt nicht nur die Lieferung von z. B. Pizza, sondern auch der **Verzehr von Speisen außer Haus**. Wenn der Gast die gewünschten Speisen also „zum Mitnehmen" bestellt, wird dieser Umsatz nur mit 7 % versteuert.

Da der Verkaufspreis derselbe ist, hat das Restaurant beim Außer-Haus-Verkauf einen höheren Gewinn, da es weniger Mehrwertsteuer abführen muss.

Gemischter Mehrwertsteuersatz

Vor allem systemgastronomische Unternehmen bieten Speisen und Getränke zum Verzehr sowohl im Restaurant, als auch außer Haus an. Daraus ergibt sich für das Unternehmen ein gemischter MwSt-Satz, je nachdem, wie hoch der Anteil des Außer-Haus-Verkaufs ist.

Die Kenntnis des Misch-Mehrwertsteuersatzes ist wichtig, da er zur Berechnung des Nettoumsatzes benötigt wird.

Der Nettoumsatz wiederum ist Grundlage zur Berechnung diverser Kennzahlen für die Warenwirtschaft, z. B. der Wareneinsatzquote (s. Seite 614).

Über das betriebliche Kassensystem kann der gemischte MwSt-Satz errechnet werden, da bei jedem Kassiervorgang festgehalten wird, ob es sich um einen Verzehr im Restaurant oder außerhalb handelt.

Beispiel:
Der Außer-Haus-Anteil des Umsatzes eines Restaurants beträgt 35 %.
Der Im-Haus-Anteil liegt bei 65 %.

Formel: (Im-Haus-Anteil * 19 : 100) + (Außer-Haus-Anteil x 7 : 100)
Rechnung: (65 x 19 : 100) + (35 x 7 : 100) = 12,35 + 2,45 = 14,8
Der gemischte Mehrwertsteuersatz liegt bei **14,8 %**.

Aufgaben

1. Wie wird die Höhe des Sicherheitsbestandes ermittelt?
2. Welche Faktoren können Einfluss auf die Höhe des Sicherheitsbestandes haben?
3. Welche Folgen können ein zu hoher bzw. ein zu niedriger Sicherheitsbestand haben?
4. Welche Arten von Verlusten kennen Sie aus Ihrem Betrieb?
5. Wie wird in Ihrem Betrieb die Höhe des entsprechenden Verlustes ermittelt bzw. überprüft?
6. Nennen Sie (weitere) Beispiele für die Lagerkosten.
7. Was bedeutet der Lagerkostenfaktor?
8. Nennen Sie (weitere) Beispiele für die Beschaffungskosten.
9. Wie verhalten sich Beschaffungs- und Lagerkosten bei der optimalen Bestellmenge?
10. Welches Bestellverfahren wird in Ihrem Betrieb verwendet? Was könnte der Grund dafür sein?
11. Warum ist es schwer, Lager- und Bestellkosten exakt zu definieren?
12. Was ist der Unterschied zwischen Umsatz- und Mehrwertsteuer?
13. Warum gibt es verschiedene Umsatzsteuersätze?
14. Welche Umsatzsteuersätze gelten in der Gastronomie?
15. In welchen Situationen zahlt ein gastronomischer Unternehmer Umsatzsteuer?
16. Wer zahlt die Umsatzsteuer und wer führt sie an das Finanzamt ab?
17. Warum kann der Mehrwertsteuersatz eines Restaurants zwischen 7 % und 19 % liegen?
18. Wie kann die Umsatzsteuerlast durch die Anrechnung der Vorsteuer geltend gemacht werden? Erklären Sie den Vorgang durch ein eigenes Beispiel!

PROJEKT

Monatsinventur an der Hotelbar

Sie arbeiten als Auszubildende/r in der F & B-Abteilung des Hotels Arberblick. Die neue Hotel-Bar steht kurz vor der Eröffnung. Sie sollen die ersten beiden Inventuren, vor der Eröffnung und am Monatsende, planen, vorbereiten und durchführen. Der F & B-Manager möchte einen Bericht über das Inventurergebnis erhalten.

Planen und Vorbereiten der Anfangsinventur

1. Entwerfen Sie die Inventurlisten an Hand der Barkarte Ihres Betriebes.
2. Tragen Sie die Flaschen-Füllvolumen und die Netto-Einkaufspreise der einzelnen Artikel ein.
3. Legen Sie den günstigsten Zeitraum für die Durchführung der Inventur fest.
4. Stellen Sie die Hilfsgeräte bereit, die Sie zum Erfassen der Warenbestände benötigen.

Durchführen der Anfangsinventur

1. Ermitteln Sie die vorhandenen Mengen (Ist-Werte) bei allen Artikeln an der Bar.
2. Tragen Sie diese Mengen in die Inventurlisten ein.
3. Errechnen Sie den Netto-Einkaufswert für jeden Artikel und den Wert des gesamten Anfangsbestands

Durchführen der Inventur am Monatsende

1. Ermitteln Sie wieder die vorhandenen Mengen bei allen Artikeln an der Bar und tragen Sie diese in die Inventurlisten ein.
2. Errechnen Sie den Netto-Einkaufswert für jeden Artikel und den Wert des gesamten Monats-Endbestands.

Auswerten der Monatsinventur

1. Ermitteln Sie die Netto-Verkaufserlöse (ohne Mehrwertsteuer) laut Z-Abschlag der Registrierkasse, am Monatsende an der Bar.
2. Errechnen Sie den prozentualen Wareneinsatz für diesen Abrechnungszeitraum.

Bericht an den F & B-Manager

Verfassen Sie einen kurzen Bericht über das Inventurergebnis für den F & B-Manager.

Systemorganisation

1 Entwicklung der Systemgastronomie

Die Systemgastronomie gilt als moderne Entwicklung der Speisenkultur. Sie passt zu unserer heutigen schnelllebigen Gesellschaft. In den Anfängen strebte man mit der Systematisierung eine effektive Speisenproduktion an. Mit mehr als 70.000 Betrieben weltweit präsentiert sich die Branche sehr vielfältig und ist weit mehr als nur Fast Food.

Abb. 1 Ueli Prager (Mövenpick)

1954 Im deutschsprachigen Raum waren die ersten Pioniere der Systemgastronomie Ueli Prager von **Mövenpick** und Friedrich Jahn von **Wienerwald**. In den USA fand Mc Donald's **1954** seinen ersten Franchisenehmer.

1960 In den **1960ern** kamen neue Konzepte mit **NORDSEE** und **Kochlöffel** auf den Markt. Als erstes amerikanisches Unternehmen öffnete in Deutschland **Kentucky Fried Chicken** seine Pforten.

1971 In München-Giesing feierte **McDonald's 1971** Deutschland-Premiere. Fünf Jahre später folgte **Burger King** in Berlin. **Block House** und **Maredo** führten die Standardisierung im Full Service ein.

Abb. 2 Erste Burger-King-Filiale

1980 In den **1980ern** wurde der rasante Aufschwung der Systemgastronomie durch neue Konzepte und Verkaufsformen begünstigt. **Starbucks** mit Kaffeespezialitäten oder **Joey's Pizza** mit Lieferdienst sind nur zwei Beispiele. Andererseits erlitt Wienerwald einen erheblichen Imageschaden durch einen politischen Skandal.

2000 Um die Jahrtausendwende hinterließ das wachsende Bewusstsein für Ökologie und Gesundheit Spuren in altbewährten Systemen. **LeBuffet** in den Karstadt-Filialen führte das Fresh-Flow-Prinzip ein. **Mongos** bereitete die Speisen direkt vor den Gästen zu. **2009** wurde sogar das bekannte rote Logo von Mc Donalds in grün geändert.

2009

Abb. 3 Front-cooking

Im Jahr 2012 erwirtschafteten über 17.900 systemgastronomische Betriebe einen Nettoumsatz von 11,6 Milliarden Euro mit ca. 150.000 Mitarbeitern (Auswertung der Wirtschaftszeitschrift food service).

Rang	Vertriebslinien	Unternehmen	Netto-Umsatz in Mio. Euro	Zahl der Betriebe
1	McDonald's, McCafé	McDonald's Deutschland	3.100,0	1.468
2	Burger King	Burger King Beteiligungs GmbH	870,0	685
3	LSG Sky Chefs	LSG Lufthansa Service Holding	745,0	19
4	Nordsee	Nordsee GmbH	292,0	334
5	PetitBistro	Aral AG	192,2	1.096
6	Subway	Subway GmbH	192,0	590
7	Ikea-Gastronomie	Ikea Deutschland	180,0	46
8	Kentucky Fried Chicken	Yum! Restaurants	168,5	101
9	Vapiano	Vapiano SE	163,0	58
10	Block House, Jim Block	Block Gruppe	145,0	51

Top 10 Systemgastronomie 2013 (Quelle: Bundesverband Systemgastronomie, teilweise Schätzwerte)

SYSTEMORGANISATION

2 Definition

„Heute bleibt die Küche kalt, wir gehen in den Wienerwald."

Was ist denn nun so anders an der Systemgastronomie? Friedrich Jahn, Begründer der Wienerwald-Kette, machte schon **1955** vor, wie die Systematisierung zum Erfolgt führt. Alle Betriebe hatten die gleiche rustikale Ausstattung und servierten vornehmlich Grillhähnchen. Durch einen flotten Werbespruch und die schnelle Zubereitung der Speisen wurde Wienerwald als Marke bekannt. Die Einführung von Filial- und Franchiseunternehmen (siehe Kapitel 3) begünstigte die Expansion.

Durch diese Multiplikation des Konzeptes mithilfe standardisierter Arbeitsabläufe hielt die Systemgastronomie Einzug in die moderne Gastronomiewelt.

Folgende **Kriterien** kennzeichnen alle systemgastronomischen Unternehmen:

Standardisierung

Ein Konzept gilt als Standard für **alle** Betriebe. Prozessabläufe, Qualitätsmerkmale, äußeres Erscheinungsbild usw. werden klar definiert und umgesetzt.

Zentrale Steuerung

Strategische Entscheidungen, meist aus den Abteilungen Marketing, Einkauf und Controlling, werden von **einer** zentralen Geschäftsstelle getroffen.

Multiplikation

Die **Vervielfältigung** des standardisierten Konzeptes wird bezweckt und durch das Filial- und Franchisesystem vorangetrieben.

2.1 Standardisierung

Konzepterstellung

Zu einem erfolgreichen Konzept in der Systemgastronomie gehören zahlreiche Kriterien, die am Anfang festgelegt werden und als Standard für alle Betriebe gelten. Damit die Gäste überall die gleiche Leistung erhalten, ist die Einhaltung der Normen und Regeln essenziell.

Checkliste Konzepterstellung

Kategorie Sortiment
- Kernprodukte
- Leistungsumfang
- Preisstruktur
- Budgets und Prognosen

Kategorie Corporate Identity
- Marketingstrategie
- Zielgruppenwahl
- Standortbestimmung
- Logo und Farbwahl
- Restaurantgestaltung

Kategorie Organisation
- Mitarbeiterstruktur
- Arbeits- und Prozessabläufe
- Lieferanten
- Unternehmensform
- Expansionsziele

„Starke Marke" McDonald's:

 Sinnbild für Fast Food – der beliebteste Burger der Welt

 Seit 2003 aktueller Werbeslogan, in jede Sprache übersetzbar

 Aktivitäten für Aus- und Weiterbildung

Vorteile der Standardisierung

Standards vermitteln dem Gast ein Gefühl der Sicherheit. Er kann sich auf sie verlassen. Dadurch fühlt er sich bei einer Geschäftsreise auch z. B. in Tokio in einem „bekannten" Restaurant heimisch.

Weitere Vorteile für den Gast:
- Bekannte Speisen und Getränke in allen Filialen
- Gleichbleibende Qualität der Leistungen
- Leichtes Zurechtfinden in den Räumlichkeiten durch gleiche Ausstattung
- Gleichbleibende Preisklassen
- Bekannte Serviceabläufe

Weitere Vorteile für das Unternehmen:
- Ein Konzept für viele Einzelbetriebe
- Vereinfachte Fehleranalyse
- Preisvorteile bei Lieferanten
- Bessere Qualitätssicherung
- Wiedererkennungseffekt bei Gästen
- Transparenz gegenüber Mitarbeitern

Umgang mit Standards

Zunächst ist es wichtig, dass die notwendigen Standards **praxisnah** entwickelt werden und die Anzahl der notwendigen Unterlagen nicht überhand nimmt. Die Beschreibungen müssen verständlich sein und sich im betrieblichen Alltag bewähren.

Die festgelegten Standards werden in **Handbüchern** und **Qualitätsmanagement (QM)-Ordnern** zusammengefasst und jeder Filiale zur Verfügung gestellt. Somit finden die Mitarbeiter nach einer Schulung zu jedem Arbeitsprozess die entsprechenden Beschreibungen, Regeln und Checklisten.

Die **Schulungen** und die Kommunikation an die Mitarbeiter sollten zeitnah und umfassend geschehen. Regelmäßig überprüft sowohl ein Verantwortlicher aus der Zentrale als auch der Geschäftsleiter die tatsächliche Nutzung und Durchführung der standardisierten Arbeitsabläufe.

Notfalls müssen bereits festgelegte **Regeln** geändert und angepasst werden. Gründe für eine Aktualisierung sind Gesetzesänderungen, zum Beispiel bei Hygieneregeln. Auch bei Änderungen des Verbraucherverhaltens sind Anpassungen der Standards erforderlich.

Beispiele für Richtlinien und Regeln im Küchen- und Servicebereich:

> Weiterführende Informationen im Kapitel Qualitätsmanagement ab S. 650

> **Anpassung von Standards:** Bei gewandeltem Ernährungsbewusstsein der Kunden kann der Zuckergehalt von Getränken reduziert werden.

Küche

Zubereitung des Sandwiches Turkey & Ham:
- Rezeptur
- Produktionshandbuch mit Bildern
- Hygienevorschriften
- Checkliste für den Bestellvorgang

Service

Aufnehmen einer Bestellung am Counter:
- Ablaufbeschreibung eines Verkaufsgespräches
- Bedienungsanleitung Kasse
- Richtlinien Tablettaufbau (s. Kapitel Service, S. 264)
- Reklamationsmanagement

SYSTEMORGANISATION

2.2 Zentrale Steuerung

Systemgastronomische Unternehmen bestehen in der Regel aus mehreren Betrieben. In den Einzelbetrieben übernehmen die jeweiligen Betriebsleiter die operative Geschäftsführung. **Die strategische Planung und Verwaltung liegt bei der Zentrale**. Auf Grund der Systematisierung und Standardisierung kann ein Unternehmen aus einer zentralen Stelle das System besser überblicken und steuern. Global tätige Unternehmen haben sowohl einen Hauptsitz (Headoffice) im Ursprungsland als auch jeweils eine zentrale Stelle in den Vertriebsländern und Regionen.

Abb. 1 Firmenzentrale

Unabhängig von der **Expansionsform** (s. nächstes Kapitel) trifft die Zentrale die wichtigsten Entscheidungen über das Konzept und die Standards. Im Filialsystem sind die Abteilungen Buchhaltung und Human Resources (Personal) umfangreich aufgestellt. Wenn das Unternehmen Franchise- und Lizenzverträge vergibt, wird deren Koordination zusätzlich in der Markenzentrale durchgeführt. Die tatsächliche Aufgabenverteilung innerhalb des Unternehmens kann ansonsten unterschiedlich sein (siehe Aufbauorganisation ab Seite 642)

Geschäftsführung
- Entscheidet über das Konzept und die Standards
- Steuert das Unternehmen
- Sorgt für die zukünftige Planung des gesamten Unternehmens

Marketing
- Kümmert sich um das CI
- Führt Werbemaßnahmen durch

Finanzbuchhaltung
- Erstellt alle Unterlagen sowie das Betriebsergebnis für das Finanzamt
- Überprüft die Tages- und Monatsabschlüsse der Einzelbetriebe

ZENTRALE STEUERUNG

Personalabteilung
- Kümmert sich um Personalführung und -entwicklung
- Leitet die Lohnbuchhaltung

Zentraleinkauf
- Verhandelt mit Lieferanten
- Schließt Großverträge ab

Controlling
- Erstellt und überprüft Kennzahlen
- Leitet bei Bedarf Handlungsmaßnahmen ein

Beispiel für die wichtigsten Funktionen und Aufgaben einzelner Abteilungen der Zentrale in einem Filialsystem

2.3 Multiplikation

Zum Grundwesen der Systemgastronomie gehört das Streben nach Expansion und Vervielfältigung des Unternehmens. Jeder Betrieb hat das Ziel, seinen Gewinn zu maximieren. In der Systemgastronomie erwirtschaftet man jedoch einen niedrigen Durchschnittsbon und ist dadurch auf eine hohe Frequentierung der Gäste angewiesen. **Je mehr rentable Filialen an unterschiedlichen Standorten, desto mehr Gewinn.**

Die Multiplikation eines Konzeptes kann durch verschiedene Organisationsformen wie das **Filialsystem, Franchisesystem** und **Lizenzsystem** (s. nächstes Kapitel) realisiert und vorangetrieben werden. Die Standardisierungsmaßnahmen helfen dabei, ein System mit vielen Einzelbetrieben profitabel zu führen.

3 Expansionsformen

Der Weg zur Expansion

Schritt 1: Zunächst wird ein neues **Konzept** mit eigener Geschäftsleitung auf dem Markt erprobt.

Schritt 2: Nach Abzeichnen eines wirtschaftlichen Erfolges werden weitere **Filialen** unter Eigenregie eröffnet.

Schritt 3: Bei größerem Bekanntheitsgrad und mit dem nun ausgefeilten Konzept können **Lizenzen** vergeben oder Franchiseverträge abgeschlossen werden.

> ● Heute existieren viele verschiedene Formen der Unternehmensstruktur.
> Es gibt reine Filialsysteme und Mischformen aus Filial-, Franchise- und Lizenzsystemen.

3.1 Filialsystem

Merkmale des Filialsystems

Im Filialsystem herrscht eine **klassische Hierarchie**. Je nach Rechtsform des Unternehmens, z. B. bei der GmbH oder GmbH & Co. KG, wird das gesamte Unternehmen mit allen Filialen von der Geschäftsleitung von der Zentrale aus geführt. Das wirtschaftliche Risiko und die Haftung trägt die Geschäftsführung.

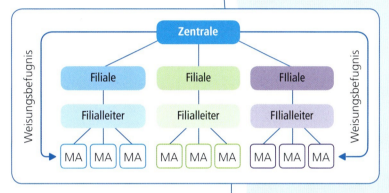

(MA = Mitarbeiter)

Zwischen der Zentrale und den Filialen sind oft angestellte **Regionalleiter** geschaltet, die mehrere Filialen in einer Region betreuen.

Die **Filialleiter** und **Mitarbeiter** der einzelnen Restaurants sind ebenfalls Angestellte des Unternehmens und sind der Zentralleitung weisungsgebunden.

Nahezu alle systemgastronomischen Betriebe betreiben eigene Filialen neben anderen Expansionsformen. Reine Filialsysteme findet man selten, sie sind beispielsweise bei IKEA oder Kaufhof vertreten.

Bewertung des Filialsystems

- Die **Geschäftsleitung** hat eine direkte und unmittelbare wirtschaftliche Kontrolle über alle Filialen.
- Das **Unternehmen** kann die vollständige Gewinneinnahme aller Restaurants für sich verbuchen.
- Die **Steuerung aller Standorte** und die Umsetzung der Standards sind einfacher, da alle Bestimmungen durch eigene Mitarbeiter umgesetzt werden.
- Maßnahmen zur **Mitarbeiterführung und -entwicklung** können effektiver von der Zentrale durchgeführt werden.
- Ein Image- oder Geldverlust durch **Fehlverhalten** von Franchisenehmern entfällt.
- Es entsteht ein großer finanzieller und organisatorischer Aufwand zur **Neueröffnung** von weiteren Filialen.
- Durch die **Komplettfinanzierung** erfolgt die Expansion verlangsamt.

Abb. 1 Restaurant einer IKEA-Filiale

3.2 Franchisesystem

Merkmale des Franchising

- Das Ursprungsunternehmen vergibt als **Franchisegeber** gegen Bezahlung das Recht an einen Franchisenehmer, einen Betrieb unter der Marke zu führen. Des Weiteren stellt er Know-how und eine laufende Unterstützung zur Verfügung.
- Der **Franchisenehmer** führt als selbständiger Unternehmer einen oder mehrere Restaurants. Er handelt im eigenen Namen und auf eigene Rechnung.
- Zwischen den Geschäftspartner wird durch einen verbindlichen **Franchisevertrag** eine enge Zusammenarbeit auf Dauer angelegt.

"Franchising ist ein vertikal-kooperativ organisiertes Absatzsystem rechtlich selbstständiger Unternehmen auf der Basis eines vertraglichen Dauerschuldverhältnisses."
(Deutscher Franchise-Verband)

Franchise-Vertrag

79 % der systemgastronomischen Unternehmen nutzen Franchising zur Expansion und bieten sich als Franchisegeber an. Sie offerieren auf ihrer Homepage und in Fachzeitschriften oder rekrutieren aus dem eigenen Mitarbeiterstamm.

Bevor es tatsächlich zu einem Vertragsabschluss kommt, werden die Kandidaten auf ihre unternehmerische Fähigkeit und finanzielle Absicherung hin geprüft. Wenn eine Neueröffnung anvisiert wird, führt der Franchisegeber zunächst eine **Standort- und Marktanalyse** durch.

Es gibt keinen gesetzlich vorgeschriebenen Franchise-Vertrag. Im Grunde gehört er zur Gattung der **Vertriebsverträge**, weil hierdurch der Absatz von eigenen Produkten ermöglicht wird. Inhaltlich betrifft ein Franchise vor allem die **Nutzung eines Geschäftskonzeptes**.

Im Franchisevertrag werden unter anderem die Rechte und Pflichten der Vertragspartner, Entgelte, Laufzeit, Schutzrechte und Kündigungskonditionen geregelt. Auch vereinbart man Sonderregelungen zu Abwerbung, Verschwiegenheit und Übertragbarkeit.

Was gehört zu einem Franchisepaket?
- Marke
- Know-how
- Standardisierte Abläufe
- Vertriebskonzept
- Marketingkonzept
- Handbuch
- Unterstützung bei Businessplan und Standortanalyse
- Umfangreiche und permanente Schulungen
- Betriebsvergleich und Controlling

(Quelle: Deutscher Franchise-Verband)

Rechte & Pflichten der Vertragspartner

Der Franchisegeber …
- stellt Know-how, Standards und Handbücher zur Verfügung
- erlaubt die Nutzung der Marke und des Gesamtkonzeptes
- führt Standort- und Marktanalysen durch
- gibt Hilfestellung bei der Betriebsplanung, Aufbau und Einrichtung
- verpflichtet sich zur laufenden Unterstützung des Franchisenehmers
- unterstützt bei Kreditverträgen

Der Franchisenehmer …
- zahlt die Eintritts- und regelmäßigen Servicegebühren
- stellt Eigenkapital zur Verfügung
- übernimmt das unternehmerische Risiko und haftet für seinen eigenen Betrieb
- hält alle vorgegebenen Standards ein
- duldet Kontrollen und informiert ständig den Franchisegeber
- pflegt die Marke und trägt zum positiven Image bei

Zahlungskonditionen

Für die Nutzung der Marke und für alle weiteren vereinbarten Leistungen zahlt der Franchisenehmer in der Regel sowohl eine **Eintrittsgebühr** als auch ein monatliches Sonderentgelt. Die **Monatszahlungen** können entweder prozentual vom Umsatz bemessen sein oder es wurde ein fester Betrag verhandelt. Außerdem verlangen einige Franchisegeber zusätzlich einen laufenden **Werbebeitrag**.

Im Vertrag können noch weitere Leistungen seitens des Franchisegebers vereinbart werden, die ebenfalls Kosten für den Franchisenehmer nach sich ziehen: Lizenzgebühren für die Kassensoftware, Leasingzahlungen für Geräte und Fuhrpark usw.

Viele Franchisegeber setzen auch eine bestimmte Höhe des **Eigenkapitals** fest, das der Franchisenehmer in liquiden Mitteln zur Verfügung haben muss.

Je erfolgreicher, größer und erprobter ein Marktkonzept ist, desto höher sind im Allgemeinen die Kosten. Ein Vergleichsbeispiel:

> Juristisch können Paragraphen aus bestehenden Franchiseverträgen problematisch sein. Beispiele: Bei Festsetzung einer Alleinbezugsverpflichtung für Waren und Dienstleistungen oder bei einer Preisbindung für Verkaufspreise ergeben sich Schwierigkeiten mit dem Kartellrecht.
> Des Weiteren entsteht der Verdacht der Scheinselbstständigkeit, da die unternehmerische Handlungsfreiheit der Franchisenehmer sehr eingegrenzt wird.

	Kamps Bäckerei	**Joey's Pizza Delivery**	**Nordsee**	**Vapiano**	**Burger King**
Voraussetzungen Eigenkapital	30.000 €	30.000 €	100.000 €	500.000 €	500.000 €
Einmalige Franchisegebühr (franchise fee oder unit fee)	5.000 €	12.500 €	25.000 – 35.000 €	50.000 €	50.000 €
Monatliche Franchisegebühr vom Nettoumsatz (royalty fee)	5 %	5,5 %	5 %	5 – 7,5 %	5 %
Monatlicher Werbebeitrag vom Nettoumsatz (marketing fee)	0	0,7 %	2 %	1 %	5 %

Weitere Konditionen

- **Laufzeit:** Meist gelten die Verträge bis zu 20 Jahren. Natürlich stehen beiden Vertragspartnern Sonderkündigungsrechte zu.
- **Schutzrechte:** Unter diesem Punkt werden Umfang und Art der Nutzungsrechte für die Marke ausführlich geregelt.
- **Kündigung:** Eine ordentliche Kündigung mit bestimmter Fristsetzung wird gewährt. Bei Verletzungen von Vertragspflichten wird zusätzlich eine Abmahn- und Kündigungsgebühr erhoben. Möglich ist auch eine außerordentliche Kündigung aus wichtigem Grund.
- **Abwerbung:** In einigen Fällen ist es nicht gewünscht, dass Mitarbeiter, gleich von welchem Vertragspartner, vom anderen Vertragspartner abgeworben und beschäftigt werden.
- **Wettbewerbsverbot:** Hier wird vereinbart, dass sich die Vertragspartner während der Vertragsdauer nicht gegenseitig Konkurrenz machen dürfen.
- **Verschwiegenheit:** Die Vertragspartner dürfen über die Einzelheiten des Vertrages nicht an Dritte berichten. Es geht vor allem um Betriebsgeheimnisse wie Qualitätsmanagement, Rezepte und betriebsinterne Daten.
- **Übertragbarkeit:** Der Franchisenehmer darf die Rechte und Pflichten aus dem Vertrag nicht ohne die schriftliche Zustimmung des Franchisegebers an Dritte übertragen.

> Unter den TOP 20 der größten deutschen Franchiseunternehmen sind 4 Betriebe der Systemgastronomie (Quelle: Deutscher Franchise-Verband, gemessen an der Zahl der Outlets)

Formen des Franchising

Wenn ein Franchisenehmer den Wunsch hat, seinen wirtschaftlichen Erfolg durch Expansion zu maximieren, kann vertraglich mit dem Franchisegeber vereinbart werden, als **Mehrfach-Franchisenehmer** mehrere Restaurants der Marke zu betreiben.

In einigen Fällen hat ein Unternehmer als **Master-Franchisenehmer** das Recht, eigene Verträge mit anderen Franchisenehmern abzuschließen. Somit tritt er selbst als Franchisegeber auf. Die Markenzentrale erlaubt dies meist zur Erschließung neuer Regionen.

Außerdem gibt es Franchisenehmer, die mehrere Restaurants von unterschiedlichen Franchisegebern führen. Ein **Foodvillage** kann mit mehreren unterschiedlichen Marken von einem Unternehmer betrieben werden. **Multi-Marken-Franchisenehmer** findet man auch an Autobahnraststätten oder Flughäfen.

Abb. 1 Foodvillage

Bewertung des Franchisesystems

Die starke Nutzung des Franchising als Expansionsform in der Systemgastronomie bestätigt, dass die Vorteile sowohl für den Franchisegeber als auch für den Franchisenehmer deutlich überwiegen.

	Aus Sicht des Franchisegebers	**Aus Sicht des Franchisenehmers**
Vorteile	• Verbesserte und schnellere Expansionsmöglichkeit • Kaum Finanzierungs- und Investitionsprobleme • Verminderung von Betriebskosten • Verlagerung und somit Senkung der Personalkosten • Zusatzeinnahmen durch Franchise-Gebühren	• Profitierung von einer bekannten Marke • Nutzung der erprobten Organisationshilfen • Ausbildungs- und Weiterbildungsmaßnahmen • Betriebsvergleiche und Informationsaustausch für Optimierungsmaßnahmen • Finanzierungshilfen durch Franchisegeber
Nachteile	• Zusatzkosten durch aufwendige Organisation • Imageverlust bei Fehlverhalten des Franchisenehmers	• Zusatzkosten durch Gebühren • Einschränkungen des unternehmerischen Handels (Vorgaben und Regeln) • Abhängigkeit vom Gesamtimage der Marke

3.3 Lizenzsystem

Beim Lizenzsystem wird die **Nutzung der Markenschutzrechte** weitergegeben. Im Gegensatz zum Franchisesystem erwirbt der Lizenznehmer **nicht** das Gesamtpaket zum Konzept inkl. laufender Unterstützung, Know-how oder Handbüchern usw. Dafür ist der Lizenznehmer selbst verantwortlich, er verwendet nur die Marke. Daher gehört der Lizenzvertrag auch nicht zu den Vertriebsverträgen, sondern wird durch das **Markenrecht** geregelt.

Man muss genau hinschauen, welche **Rechte im Vertrag** vergeben werden. Enthält ein Vertrag auch die Weitergabe von innerbetrieblichem Wissen, geht es eher um Franchising und nicht um eine reine Lizenzvergabe. In der Praxis findet man kaum reine Lizenzverträge.

Vorteile:
- Der Lizenznehmer kann frei handeln und ist nicht an Regeln und Pflichten gebunden.
- Der Lizenzgeber spart an aufwendiger Organisation und Betreuung.

4 Restaurantkonzepte in der Systemgastronomie

Die Systemgastronomie ist sehr vielfältig und enthält eine große Bandbreite unterschiedlicher Konzepte. Es gibt verschiedene Möglichkeiten zur Gruppierung der Betriebsformen.

Einerseits kann man eine Unterteilung nach dem **Sortiment** vornehmen. Meist verbindet man ein Hauptprodukt oder Leistungsschwerpunkt mit einer Marke, z. B. McDonald's mit Burgern oder Starbucks mit Kaffee.

Andererseits unterscheiden sich die Konzepte durch die dargebotene **Serviceform**, z. B. Full- oder Counterservice. Hier zeigt sich, wie flexibel das systemgastronomische Grundprinzip umgesetzt werden kann.

Zuletzt gibt es noch die Gliederung nach **Segmenten**. Bei den Segmenten wird stärker differenziert und nach Serviceform, Standort und Dienstleistungsart unterschieden.

Die Gruppierungen unterliegen einem ständigen Wandel, bedingt durch die Vielfalt in der Branche. Manchmal gibt es auch **keine eindeutige Zuordnung** eines Konzeptes zu einem Zweig.

4.1 Unterteilung nach Sortiment

Marken mit **Spezialisierungsstrategie** fixieren sich auf einen Produktbereich und bieten hauptsächlich **eine** Art von Speisen oder Getränken in verschiedenen Variationen an. Typisch für diese Form ist ein schmales, aber tiefes Sortiment.

Unternehmen mit **multioptionaler Strategie** weisen sowohl eine hohe Sortimentsbreite als auch eine hohe Sortimentstiefe auf. Diese Variante birgt einige Risiken, da viele Waren eingekauft und gelagert werden müssen. Erfolgreich ist dieses Konzept bei „Le Buffet" oder „Mövenpick Marché". Allerdings schaffen sich diese Marken einen USP durch Spezialisierung auf Frische und Qualität.

Das gastronomische Angebot bei IKEA, Alex oder Cafe del Sol richtet sich nach der **Universalstrategie.** Den Gästen wird ein breites, aber flaches Sortiment geboten, d. h. sie finden viele Warengruppen auf der Speisekarte mit jeweils wenigen Varianten. Zum Beispiel gibt es bei IKEA meist nur ein Fischgericht, zwei Fleischgerichte und eine vegetarische Alternative.

Die **Discountstrategie** mit schmalem und zugleich flachem Sortiment wird in der Systemgastronomie selten verfolgt. In diesen Bereich fällt eher die Sternegastronomie, bei welcher der Gast zwischen wenigen Gerichten auswählt.

Kernprodukt	Unternehmen
Kaffee	Starbucks, Balzac Coffee, Tchibo Coffeebars
Burger	McDonald's, Burger King
Pizza	Pizza Hut, Hello Pizza, Joey's Pizza, Vapiano
Fleisch	Maredo, Block House
Fisch	Nordsee, Gosch
Backwaren	Kamps, Le CroBag, Back-Factory, Backwerk

Sortimentsbreite:
Vielzahl unterschiedlicher Produktgruppen

Sortimentstiefe:
Viel verschiedene Produkte innerhalb einer Gruppe

USP
Unique selling proposition (Alleinstellungsmerkmal)

4.2 Unterteilung nach Serviceformen

Übersicht Serviceformen

Full-Service	Halfservice	Selfservice
• Full-Service • Delivery-Service	• Buffetservice	• Online- & Freeline-Service • Freeflow- & Freshflow-Service • Counterservice

Die Zuordnungen dienen der Übersichtlichkeit. In der Praxis sind die Serviceformen oft vermischt und die Grenzen sind fließend.

Full-Service

Beschreibung: In Full-Service-Restaurants der Systemgastronomie wird meist die amerikanische Servicemethode genutzt. Dabei werden die Speisen auf den Tellern in der Küche angerichtet und vom Servicepersonal am Tisch des Gastes serviert.

Bewertung: Die Servicemitarbeiter müssen regelmäßig geschult werden, damit sie am Tisch des Gastes kompetent beraten und servieren können. Das Zubereiten und Anrichten der Speisen à la minute erfordert ebenfalls Fachpersonal. Daher ist der Full-Service aufwendig und personalkostenintensiv.

Beispiele: Maredo, Block House

Abb. 1 Full-Service Block House

Delivery-Service

Beschreibung: Die Gäste bestellen ihre Speisen und Getränke von zuhause aus, meist telefonisch. Die Produkte werden frisch zubereitet und so schnell wie möglich ausgeliefert. Andere Bestellmöglichkeiten: Über das Smartphone (App), die Homepage des Restaurants oder über Lieferservice-Seiten im Internet.

Bewertung: Die Gäste können entspannt zu Hause bleiben und ihr Essen in Ruhe genießen. Die Speisen erfordern keine aufwendige Herstellung. Die große Herausforderung besteht in der zeitnahen Lieferung der Produkte mit der richtigen Temperatur.

Beispiel: Joey's Pizza

Abb. 2 Delivery Joey's Pizza

Buffetservice

Beschreibung: Die Speisen werden an einem Büfett präsentiert und die Gäste entnehmen die Speisen selbst. Das Servicepersonal räumt benutztes Geschirr vom Tisch des Gastes ab und serviert die Getränke nach Bestellung.

Bewertung: Im Gegensatz zum Full-Service sind die Servicearbeiten einfacher und schneller. In der Küche können die Speisen auch in größeren Mengen vorbereitet werden, was zur Entlastung des Personals und zu

Abb. 3 Frühstücksbuffet ALEX

geringeren Kosten führt. Nachteil dieser Serviceform ist der anfängliche Investitionsbedarf für Büfettausstattung und -geräte.

Beispiel: Frühstücksbüfett bei Alex

Online-Service

Beschreibung: Speisen und Getränke werden in einer Reihe an festen Stationen zur Verfügung gestellt und die Gäste werden an der Ausgabe entlang geführt. Sie nehmen sich die Speisen selbst oder hinter der Ausgabe ist ihnen ein Mitarbeiter dabei behilflich.

In einigen Restaurants befindet sich die Produktionsküche direkt hinter der Ausgabestelle, von den Gästen einsehbar. Getränke werden entweder in Flaschen präsentiert oder die Gäste können sich selbst an Zapfanlagen bedienen. Am Ende des Online-Service befindet sich die Kasse. Die Gäste benutzen ein Tablett zum Transportieren der Teller und Gläser. Nach dem Verzehr der Speisen stellen sie selbst ihr Tablett mit dem benutzen Geschirr in einen Abräumwagen (Trolley).

Bewertung: Bei dieser Serviceform benötigt der Betrieb wenig Küchen- und Servicemitarbeiter zur Versorgung von vielen Gästen. Das Produktangebot ist beschränkt, da Speisen in der Ausgabe länger warm gehalten werden. Nachteil: Langsamere Gäste können den Servicefluss behindern. Die anderen Gäste haben wenig oder keine Möglichkeit zum Ausweichen oder Überholen.

Beispiele: Restaurants bei Tank & Rast, Gemeinschaftsverpflegung

Freeline-Service

Beschreibung: Der Freeline-Service ist eine Erweiterung des Online-Service. Beim Freeline-Service werden **zwei** Ausgabereihen mit identischem Angebot gegenüberliegend zur Verfügung gestellt.

Bewertung: Bei dieser Serviceform können Betriebe mit großem und plötzlichem Gästeandrang besser umgehen. Die Produktionsküche befindet sich nicht direkt an der Ausgabetheke. Daher muss man genauer bei den Mengen und Warmhaltezeiten kalkulieren.

Beispiele: Raststätten-Restaurants, Kantinen

Freeflow-Service

Beschreibung: Speisen und Getränke werden an verschiedenen und voneinander unabhängigen Stationen bereit gestellt. Wie zwischen Marktständen kann der Gast frei umherlaufen und sich die Produkte selbst nehmen. Kassen zum Abrechnen befinden sich am Marktausgang.

Bewertung: Die Präsentation der Speisen und Getränke kann attraktiv gestaltet werden. Gästeandrang wird durch die verschiedenen Stationen vermieden. Nachteil dieser Serviceform ist das breite und tiefe Produktangebot (= multioptionale Sortimentsstrategie). Die

Abb. 1 Online-Service mit Hilfestellung

Abb. 2 Prinzip Online-Service

Abb. 3 Prinzip Freeline-Service

Systemorganisation

Abb. 1 Freeflow-Service Marché

Abb. 2 Freshflow-Service Marché

Abb. 3 Front-cooking Vapiano

Benötigte Hardware:

- Dunstabzugshauben
- Spezielle Grill-, Wok- oder Pastastation
- Passende Pfannen und Töpfe
- Wärmewagen
- Spuckschutz
- Platz für Zutaten, Kräuter usw.

Weitere Informationen zu Serviceformen und Servierregeln in der Systemgastronomie ab S. 262

SYSTEMORGANISATION

Lagerung und Präsentation der Produkte bedingt einen größeren Platzbedarf. Die Mitarbeiter benötigen mehr Zeit für Auf- und Abbau der Stationen. Außerdem muss man mit vermehrtem Speiseabfall rechnen.

Beispiele: Le Buffet bei Karstadt, Marché bei Mövenpick, Dinea bei Kaufhof

Freshflow-Service mit Front-cooking

Beschreibung: Der Freshflow-Service unterscheidet sich vom Freeflow-Service lediglich in dem Punkt, dass hier an einigen Stationen die Speisen frisch und direkt vor dem Gast nach dem Prinzip des Front-cooking zubereitet werden.

Bewertung: Die Gäste haben eine große Produktauswahl an frisch zubereiteten Speisen und können sich genügend Zeit für ihren Einkauf nehmen. Der Betrieb muss allerdings mit höheren Personalkosten kalkulieren für gut ausgebildetes, zusätzliches Personal an den Front-cooking-Stationen.

Beispiele: Wie beim Freeflow-Service

Front-cooking

Front-cooking ist ein **Trend** in der gesamten Gastronomie. Dabei bereiten Fachkräfte an festen Stationen vor den Augen der Gäste die Speisen frisch zu. Front-cooking ist eine wirksame **Verkaufsförderungsmaßnahme**, da die Zuschauer genau die Handlungen des Kochs verfolgen können. Sie sind bei der Zubereitung des eigenen Gerichtes dabei und können eventuell auch Einfluss darauf nehmen.

Gleichzeitig wird den Zuschauern ein Unterhaltungswert geboten und sie werden über die Produkte auf angenehme Weise informiert. Daher bezeichnet man Front-cooking auch als **Infotainment**-Veranstaltung.

Benötigte „Software":

- Fachwissen
- Qualitätsbewusstsein
- Sympathie
- Kommunikationsfähigkeit
- Schnelligkeit
- Koordinationsgabe
- Hygienisches Arbeiten

Wichtig für die erfolgreiche Umsetzung sind zwei Faktoren: eine vollständige **technische Ausstattung (Hardware)** und die **kompetente Arbeitsweise der Mitarbeiter (Software)**. Die Gerichte müssen **schnell zubereitet** werden, da sich sonst Warteschlangen bilden und die Gäste unzufrieden werden. Dafür eignen sich Speisen wie Pasta, Pizza oder Asia-Wok-Gerichte.

Teilweise sind die Zutaten halb fertig gegart, um Zeit zu sparen. Bei Fleisch oder Fisch wählt man kleinere Grilladen oder die Mitarbeiter tranchieren bereits fertige Fleischstücke.

Front-cooking-Stationen gibt es nicht nur in Freshflow-Restaurants. Ganze systemgastronomische Konzepte basieren auf dem Prinzip des Front-cooking, zum Beispiel bei Vapiano oder Mongo's.

Auch bei Außer-Haus-Caterings oder generell in der Erlebnisgastronomie wird diese spezielle Kochart gerne genutzt.

Counterservice

Beschreibung: Der Speisen- und Getränkeaushang befindet sich meist direkt über einer Theke (Counter). Ein Mitarbeiter nimmt die Gästebestellung am Counter entgegen. Hinter den Kassierern befindet sich ein halboffener Küchenbereich, wo die Speisen teilweise auf Vorrat frisch zubereitet werden. Der Servicemitarbeiter kann somit die gewünschten Produkte aus der Küchenausgabe herausnehmen und auf einem Tablett zusammenstellen. Anschließend wird mit dem Gast abgerechnet.

Die Gäste stellen selbstständig nach dem Verzehr ihr Tablett in einen Abräumwagen. Möglich ist auch ein Außer-Haus-Verkauf (Take out/Take away/To go). Dabei wird die Bestellung zum Mitnehmen am Counter verpackt und mitgegeben.

Bewertung: Standardisierte Verkaufsgespräche und Abläufe erleichtern das schnelle Bedienen der Gäste. Damit keine langen Wartezeiten entstehen, wird auf einen hohen Conveniencegrad der Speisen zurückgegriffen. Durchschnittlich dauert eine Warenbestellung unter 5 Minuten. Die Aufenthaltsdauer ist ebenfalls kurz mit ca. 15 Minuten.

Beispiele: McDonald's, Subway, Vapiano, Nordsee

> **Unterschiedliche Umsatzsteuersätze:**
>
> **Verzehr der Speisen und Getränke vor Ort:** Regelsteuersatz von 19 % nach § 12 Abs. 1 UStG
>
> **Außer-Haus-Verkauf:** Ermäßigter Steuersatz von 7 % nach § 12 Abs. 2 UStG
> siehe auch Kap. 2.7 Warenwirtschaft, S. 622

Abb. 1 Counterservice

Drive-in-Service

Beschreibung: Jeder Fast-Food-Betrieb hat einen eigenen Drive-in-Service. Über einen direkten Zufahrtsweg wird der Gast zunächst zu einer Sprechanlage geführt, wo er seine Bestellung aufgibt. An einem Außenschalter kann er dann seine Bestellung im Auto entgegennehmen. Hier gilt ebenfalls der ermäßigte Umsatzsteuersatz.

Bewertung: Diese Serviceform ist für Gäste geeignet, die das Warenangebot des Restaurants kennen und wenig Zeit zum Verzehr haben.

Beispiele: Burger King, KFC

Foodvillage

Foodvillage (auch Food court genannt) ist keine direkte Serviceform, sondern eine **Sammlung von verschiedenen Betrieben**, meist mit Counterservice. Die Betriebe befinden sich in einem Raum, sind direkt nebeneinander platziert und teilen sich eine Fläche, wo die Gäste Platz nehmen können. Foodvillages findet man in Einkaufszentren, an Flughäfen und Bahnhöfen.

Abb. 2 Drive-in-Service

Mischformen

In der Praxis gibt es oft Mischformen und **Kombinationen von verschiedenen Serviceformen**.

Vapiano bietet zum Beispiel sowohl Counter- als auch Full-Service an. Die Gäste bestellen an der Serviceausgabe und holen ihre Speisen selbst ab. Das Geschirr wird jedoch vom Servicepersonal abgeräumt, in Einzelfällen werden den Gästen auch Getränke serviert. Zusätzlich bedient sich das Unternehmen der Wirksamkeit des Front-cookings: in den Restaurants werden die Speisen frisch vor den Gästen zubereitet.

Abb. 3 Food Court

SYSTEMORGANISATION

4.3 Unterteilung nach Segmenten

Quick-Service-Gastronomie (QS)

Über 55 % der systemgastronomischen Umsätze werden im Segment der Quick-Service-Gastronomie erwirtschaftet. Früher wurde das Segment **Fast-Food** genannt, wobei man sich vom schlechten Image des Begriffes entfernen wollte. Zum Quick-Service zählen neben klassischen Betrieben wie McDonald's, Burger King oder KFC auch Nordsee, Joey's Pizza oder Subway.

Meist wird als Serviceform der Counterservice mit Drive-in gewählt. Unternehmen mit Delivery-Service zählen ebenfalls zur Quick-Service-Gastronomie. Da der Durchschnittsbon in diesem Segment niedrig ausfällt, sind die Betriebe auf eine hohe Gästefrequenz und kurze Verweildauer angewiesen und eingestellt. Daher befinden sich die Betriebe leicht erreichbar direkt in Innenstädten, an Hauptstraßen und in Einkaufszentren.

Top 100 der Systemgastronomie: Umsatz 2013 in Segmenten (Quelle: food service)

- Event-Catering 3,6%
- Handelsgastronomie 4,7%
- Freizeiteinrichtungen 5,8%
- Full-Service 6,4%
- Verkehrsgastronomie 24%
- Quick-Service 55%

Verkehrsgastronomie

Das zweitstärkste Segment in der Systemgastronomie ist die Verkehrsgastronomie. Hierzu gehören alle Betriebe, die sich an infrastrukturellen Knotenpunkten befinden. Wenn **Menschen auf Reisen** sind, benötigen sie eine gastronomische Versorgung. Die Verkehrsgastronomie ist auf die Bedürfnisse reisender Menschen spezialisiert. Man findet sie an Bahnhöfen, im Zug selbst, an Raststätten und Flughäfen. Beliebte Serviceform ist der Online- bzw. Freeline-Service mit ausreichendem Speiseangebot vom Frühstück über Sandwiches bis zu Aktionsmenüs.

Die Betriebszeiten sind oft bis zu 24 Stunden täglich an 365 Tagen im Jahr. Bekannte Marken sind LSG Sky Chefs, Tank & Rast, SSP Deutschland, Deutsche Bahn oder Gate Gourmet.

Abb. 1 Quick-Service-Gastronomie (Burger King)

Full-Service-Gastronomie

Unter Full-Service-Gastronomie fallen alle Betriebe, die die **typische Serviceform der klassischen Gastronomie** praktizieren. Zu besonderen Aktionen wird zusätzlich der Buffetservice genutzt. Nur knapp 6 % aller systemgastronomischen Umsätze werden in diesem Segment umgesetzt.

Im Gegensatz zur klassischen Gastronomie agieren die Marken mit einem hohen Standardisierungsgrad in allen Bereichen und sind international vertreten. Das Speisen- und Getränkeangebot mit einfachen und trendigen Produkten ist eher auf eine junge Zielgruppe ausgerichtet. Außerdem werden den Gästen spezielle Aktionen geboten wie Brunch, Spieleabende oder „all you can eat". Beispiele: Die Marken Maredo oder Block House.

Abb. 2 Verkehrsgastronomie (Tank & Rast)

Freizeitgastronomie

Zur Freizeitgastronomie gehören Betriebe, die an **speziellen Standorten** angesiedelt sind, bei denen eher der **Freizeitspaß** als die Gastronomie im Vordergrund steht. Sie befinden sich in Erlebnisparks, Kinos, Sportstadien und Konzerthallen.

Abb. 3 Full-Service-Gastronomie (Maredo)

638

Hier gibt es keine bekannten systemgastronomischen Marken, da die Gäste lediglich die Veranstaltung besuchen und dabei eine Kleinigkeit zur Verpflegung verzehren.

Ein einfaches Angebot, standardisierte Abläufe und Counterservice sichern die schnelle Lieferbarkeit der Speisen und Getränke.

Handelsgastronomie

Als Handelsgastronomie werden Betriebe bezeichnet, die sich in **Einkaufszentren, Waren- oder Möbelhäusern** befinden. Im Einzelhandel wollte man den Kunden einen Rundum-Service bieten und erweiterte das Portfolio um einen Restaurationsbetrieb. Da die Warenhäuser wie Karstadt oder IKEA im Filialsystem organisiert sind, entwickelte sich bei den eigenen Restaurantmarken ebenfalls eine Filial-Systemgastronomie. Heute ist die Restaurantmarke meist rechtlich als Tochtergesellschaft vom Einzelhandelsunternehmen getrennt, das sich dadurch um das jeweilige Kerngeschäft professionell kümmern kann.

Abb. 1 Freizeitgastronomie (Europa-Park Rust)

Das Speisen- und Getränkeangebot ist sehr vielfältig, da Rücksicht auf unterschiedliche Zielgruppen genommen werden muss. In den Warenhäusern findet man als Serviceform oft den Freeline-, Freeflow- oder Freshflow-Service. In den Einkaufszentren bieten verschiedene Marken am Counter ihr Angebot an.

Abb. 2 Handelsgastronomie (IKEA)

Event-/Messe-/Sport-Catering

Unter dieses Segment fallen alle systemgastronomisch organisierten Betriebe, die hauptsächlich **Außer-Haus-Veranstaltungen** durchführen. Die Unternehmen sind auf bestimmte Bereiche spezialisiert.

Beim **Event-Catering** werden Großveranstaltungen wie Betriebsfeste oder Galas von 200 bis zu 10.000 Personen ausgerichtet. Dabei übernimmt das Unternehmen die komplette Organisation und Durchführung inklusive Verpflegung, Technik und Rahmenprogramme. Bekannte Marken sind hier Käfer, Kofler & Kompanie oder Kirberg.

Abb. 3 Event-Catering (Kirberg)

Messe-Catering führen Firmen wie Aramark oder Accente Gastronomie Service durch. Einerseits werden Besucher und Messegäste an kleinen Imbissständen oder Restaurants versorgt. Anderseits werden in den Messehallen ebenfalls Veranstaltungen, Kongresse und Tagungen durchgeführt, bei denen Speisen und Getränke zur Verfügung gestellt werden.

Sport-Catering kümmert sich um die gastronomische Verpflegung der Gäste bei Sportveranstaltungen in Arenen und Stadien. Es werden Speisen nicht nur an Imbissständen, sondern auch in den Stadienrestaurants und VIP-Lounges angeboten. Hier sind die systemgastronomischen Unternehmen meist Tochtergesellschaften der Sportstadien selbst.

In **allen Bereichen** dieses Segmentes steht das Unternehmen einer **hohen Anfangsinvestition** gegenüber. Für die Großveranstaltungen müssen genügend Geschirr, Besteck und Küchenutensilien zur Verfügung stehen. Man benötigt mobile Küchengeräte, eine technische Grundausstattung und einen entsprechenden Fuhrpark.

Abb. 4 Sport-Catering (Kirberg)

4.4 Gemeinschaftsverpflegung (GV)

Die Gemeinschaftsverpflegung ist ein Teil des Facility Managements. **Facility Management** bezeichnet die Verwaltung und Bewirtschaftung von Gebäuden und Einrichtungen. Darunter fällt die technische Hausverwaltung, die Gebäudereinigung und die gastronomische Gemeinschaftsverpflegung.

Die **regelmäßige Verpflegung** von Menschen vor allem in Betrieben, Bildungsinstitutionen und Einrichtungen des Gesundheitswesens (Kliniken, Heime usw.) wird von den Auftrag gebenden Firmen oft an Caterer übermittelt. Da die Unternehmen nach den Hauptkriterien Standardisierung, zentrale Steuerung und Multiplikation organisiert sind, kann die Gemeinschaftsgastronomie auch als eine Sonderform der Systemgastronomie zugeordnet werden.

Viele Marken betreiben sowohl national als auch international Facility Management, wobei der größte Umsatz aus dem Bereich der Gemeinschaftsverpflegung erwirtschaftet wird. Die erfolgreichsten Unternehmen in Deutschland sind unter anderem Sodexo, Klüh Catering und Aramark. Einige von ihnen agieren sowohl in der Gemeinschaftsverpflegung als auch beim Event- und Messe-Catering.

Die Branche umfasst mehr als 46.000 Einzelbetriebe in Deutschland, die pro Woche um die 38 Millionen Mahlzeiten servieren. Sie setzt im Jahr geschätzte 18 Milliarden Euro um.

Die Gemeinschaftsverpflegung unterteilt sich hauptsächlich in die folgenden **drei Bereiche**:

Business

Früher wurden die Mitarbeiter eines Unternehmens in Kantinen versorgt, heute wird in Betriebsrestaurants auf hohem Niveau bewirtet. Gesunde und zufriedene Mitarbeiter sind produktiver. Daher erfolgte vor einigen Jahren ein Umdenken und die Unternehmen bieten mittlerweile in stylischer Umgebung hochwertige und kostengünstige Speisen an. Oft findet man Freeflow- oder Freshflow-Service mit Front-cooking-Stationen.

Care

Catering-Firmen aus der Gemeinschaftsverpflegung übernehmen in Deutschland vermehrt die Versorgung in Einrichtungen des Gesundheitswesens wie Krankenhäuser, Reha-Einrichtungen und Seniorenheimen. Die politischen und wirtschaftlichen Rahmenbedingungen haben leider einen großen Einfluss auf die Ausgaben im Gesundheitssektor. Daher wird oft die Qualität der Speisen durch den Kostendruck beeinträchtigt.

Education

Im Education-Bereich werden Kindergärten, Schulen und Universitäten mit Speisen und Getränken versorgt. Hier lastet ebenfalls ein enormer Kostendruck auf den Firmen, da viele Familien für die tägliche Verpflegung nicht viel ausgeben können.

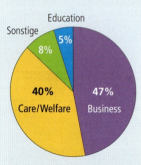

Umsatzverteilung der Top 40-Caterer (Quelle: gv-praxis)

Beispiel Betriebsverpflegung: Art des Betreibens der Kantinen (Quelle: CHD expert)

5 Betriebsorganisation

5.1 Grundbegriffe der Organisation

Organisation

Jeder Gastronomiebetrieb ist nach bestimmten Ordnungsgesichtspunkten aufgebaut. Diese Ordnung zu gestalten heißt organisieren. Organisation ist sowohl die **Tätigkeit** des Organisierens als auch deren **Ergebnis**.

Aufbau- und Ablauforganisation

Die organisatorische Gestaltung gründet auf der Koordination von Teilaufgaben zur Erreichung eines Gesamtzieles. Bei der **Aufbauorganisation** (s. Kapitel 5.2) werden arbeitsteilige Prozesse effizient strukturiert. Hier werden die Aufgaben auf die einzelnen Abteilungen verteilt und es wird festgelegt, auf welche Weise sie zusammenarbeiten. Die grafische Darstellung der Aufbauorganisation wird Organigramm genannt. Bei der **Ablauforganisation** (siehe Kapitel 5.3) wird der Arbeitsablauf selbst geplant und gesteuert. Die Aufgaben der Mitarbeiter werden genau beschrieben und zeitlich wie räumlich festgelegt. Das Zusammenwirken zwischen Mitarbeitern und Gästen sowie den Sachmitteln wird organisiert. Ziel ist die sinnvolle arbeitsteilige Erledigung von Aufgaben.

Regelungen

Mit Hilfe organisatorischer Regelungen werden sich wiederholende Vorgänge und Abläufe beschrieben und die entsprechenden Verhaltensweisen festgelegt. In der Systemgastronomie werden diese Standards und Regelungen durch das **Qualitätsmanagement** (s. Kapitel 6) koordiniert. Wenn Vorgaben zu Einschränkungen und Erschwernissen bei der Arbeit führen sollten, so handelt es sich um eine Form der **Überorganisation**. Fehlen jedoch wichtige Regelungen und führt dies zu Störungen im Betriebsablauf, so spricht man von **Unterorganisation**.

Improvisation

Bei unerwarteten, neuartigen Problem-Situationen kann man nicht auf organisatorische Regelungen zurückgreifen. Man ist gezwungen, zu improvisieren. Das bedeutet, dass man aus dem Stegreif heraus versucht, das Problem gut und schnell zu lösen.

Unternehmen und Betriebe

Unternehmen sind wirtschaftliche Gebilde zur Produktion von Gütern und Dienstleistungen mit der Zielsetzung der Gewinnmaximierung. Mit diesem Begriff wird eher eine **juristisch-finanzielle Einheit** bezeichnet. Ein Betrieb dagegen wird als eine **technisch-organisatorische Einheit** betrachtet im Sinne einer Produktionsstätte. Somit kann ein Unternehmen mehrere Betriebe umfassen.

Ziele des Organisierens
- Eine Leistungserstellung, die sowohl wirtschaftlich und unternehmensorientiert ist, als auch den Gästewünschen entspricht.
- Der effiziente Einsatz aller Mitarbeiter und Sachmittel wie Einrichtungen, Maschinen und Rohstoffe für einen störungsfreien Arbeitsablauf.
- Die Schaffung und Gestaltung von sicheren Arbeitsplätzen bei humanen Bedingungen.
- Die Umsetzung des Nachhaltigkeitsgedankens aus ökologischer, ökonomischer und sozialer Sicht.

Im Nachhinein wird zu überlegen sein, ob und welche dauerhaften Regelungen hierfür zu treffen sind.

Die Betriebsorganisation soll der Aufgabenerfüllung im Betrieb dienen und darf nicht zum Selbstzweck werden. Deshalb ist der Organisationsgrad den jeweiligen betrieblichen Erfordernissen anzupassen.

SYSTEMORGANISATION

Wirtschaftlichkeits-Prinzipien

Maximal-Prinzip
Mit den gegebenen Mitteln einen möglichst hohen Ertrag erzielen.

Beispiel:
Einem Küchenteam gelingt es, durch konzentriertes Arbeiten nach Rezepturvorgaben Produktionsverluste zu vermeiden und alle vorgesehenen Lebensmittel zu Speisen zu verarbeiten. Dem Service gelingt es mit Verkaufsgeschick, alle diese Speisen zu verkaufen.

Minimal-Prinzip
Eine vorgegebene Leistung wird mit möglichst geringen Mitteln erbracht.

Beispiel:
Es gelingt einem Küchenteam, die Energiekosten der Abteilung – verglichen mit den Vormonatswerten – bei gleich hohen Küchenerlösen um ein Drittel zu reduzieren.

Mit hohem Aufwand wenig zu leisten, ist keine Kunst. Jedoch ein gestecktes Ziel mit möglichst geringem Mitteleinsatz zu erreichen, setzt große **organisatorische Fähigkeiten** und ausgeprägtes **wirtschaftliches Denken** voraus.

Stelle
Eine Stelle ist die kleinste organisatorische Einheit zur Aufgabenerfüllung im Betrieb.

Abteilung
Die Zusammenfassung mehrerer Stellen unter einer Leitungsstelle wird Abteilung genannt.

Instanz
Mit Instanz bezeichnet man eine leitende Stelle mit Verantwortung, Entscheidungs- und Anordnungsbefugnis.

Vorteile:
- Klare Zuordnung von Aufgaben und Kompetenzen,
- übersichtliche Organisationsform,
- eindeutiger Weisungs- und Berichtsweg,
- schnelle Durchsetzung von Entscheidungen,
- gute Kontrollmöglichkeiten.

Betriebs-Organisations-Analyse

Unter Betriebs-Organisations-Analyse versteht man eine Untersuchung oder Beobachtung der bestehenden Organisationsform eines Betriebes oder einzelner Abteilungen. Drei Untersuchungsmethoden werden dabei angewendet:
- Die **Fragebogen-Methode**, d. h. die Mitarbeiter beantworten schriftlich gestellte Fragen;
- die **Interview-Methode**, d. h. die Mitarbeiter werden mündlich befragt;
- die **Beobachtungs-Methode**, d. h. ein Fachmann (operations analyst) beobachtet und analysiert die Organisationsabläufe.

5.2 Aufbauorganisation

In einem **Organigramm** werden die Beziehungen und Weisungswege der einzelnen Mitarbeiter zueinander dargestellt. Dabei sind Über**ordnung**, **Gleichordnung** und **Unterordnung** festzulegen.

Die Gestaltung der Aufbauorganisation richtet sich nach
- Größe und Art des Betriebes
- Ausbildungsstand der Mitarbeiter
- Komplexität der Leistungserstellung

Die Verteilung der Einzelaufgaben und Verantwortlichkeiten sollte zweckmäßig, sinnvoll und flexibel sein. Dabei haben sich verschiedene **Modelle von Organisationsformen** herausgebildet.

Einliniensystem

Bei dieser Organisationsform hat der Mitarbeiter **nur einen** direkten Vorgesetzten, von dem er ausschließlich seine Anweisungen erhält. Alle Informationen werden über den Instanzweg weitergegeben. Bei Unklarheiten wendet sich der Mitarbeiter nur an seinen direkten Vorgesetzen. Die einzelnen **Instanzen,** zum Beispiel die Schichtführer in der folgenden Tabelle, haben in diesem System keinen unmittelbaren Kontakt miteinander. Alle Informationen und Anweisungen laufen über die nächsthöhere Führungsebene. Das Einliniensystem eignet sich für überschaubare Klein- und Mittelbetriebe. Der Betriebsleiter erteilt nicht nur Richtlinien, er ordnet auch direkt Einzelmaßnahmen an und kontrolliert sie.

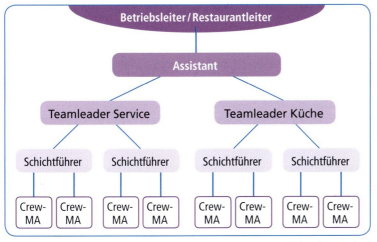

(MA = Mitarbeiter)

Nachteile des Einliniensystems:
- Unzureichende Motivation der Mitarbeiter,
- zeitraubender und schwerfälliger Dienstweg, unflexibles System,
- überlastete Führungsspitze, Problemstau,
- störanfälliges System bei Abwesenheit der Führungskräfte,
- gefilterter oder geschönter Informationsfluss in beiden Richtungen möglich,
- System stellt hohe Anforderungen an den Ausbildungsgrad und die Verantwortung der Führungskräfte.

Mehrliniensystem

Diese Organisationsform nennt sich auch **funktionales System**, da die Arbeits- und Verantwortungsbereiche nach Teilaufgaben (Funktionen) gegliedert werden. In der Systemgastronomie werden Zuständigkeiten wie Einkauf oder Personalschulung auf die Abteilungsleiter Küche und Service übertragen.

Jeder Mitarbeiter hat mehrere Vorgesetzte. Dadurch kann flexibler auf Gästewünsche eingegangen werden. Das rein funktionale System bewährt sich nicht in Großbetrieben. Die dort möglichen sehr vielen Anweisungen können undurchschaubar werden.

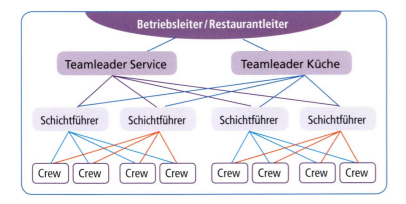

Vorteile:
- Die Anweisungen kommen von Spezialisten,
- der „Dienstweg" ist kurz und flexibel,
- die Zusammenarbeit der Abteilungen wird gefördert,
- hohe Motivation der Abteilungsleiter durch größere Verantwortung,
- die Führungsspitze wird entlastet.

Nachteile:
- Konfliktsituationen durch Weisungsüberschneidungen sind vorprogrammiert,
- zeitaufwendige Absprachen sind erforderlich,
- Kontrolle der Arbeitsausführung und der Leistungsbeurteilung ist schwieriger,
- eventuelle Überforderung der Mitarbeiter durch mehrere parallele Arbeitsaufträge oder durch sich widersprechende Anweisungen verschiedener Vorgesetzter.

Systemorganisation

Stabsstellen
Stabsstellen sind Leitungs-Hilfsstellen mit Vorschlagsrecht. Spezialisten helfen bei anstehenden Problemen, die beste Lösung zu finden.

Stabliniensystem

Im Stabliniensystem werden der **leitenden Stelle Stäbe (Assistenten)** zugeordnet. Dadurch werden die Nachteile des reinen Einliniensystems verbessert. Die Stabsstellen stehen der Führungsebene zur **fachkompetenten Beratung** zur Seite. Sie haben in der Regel keine Weisungsbefugnis.

In der Systemgastronomie findet man das Stabliniensystem nur in der Betrachtung eines gesamten Unternehmens mit Zentrale und Betriebsstätten. In der Zentrale entlasten Abteilungen wie Controlling, Marketing oder Human Resources die Führungsspitze. Die einzelnen Restaurants sind in der hierarchischen Struktur zu flach und zu klein, als dass sie Stabsstellen benötigten.

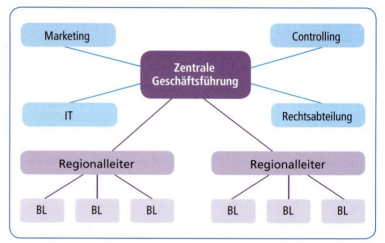

(BL = Betriebsleiter)

Vorteile:
- Die beratenden Spezialisten bieten bessere Entscheidungsgrundlagen,
- die Führungskräfte werden in der Entscheidungsfindung entlastet,
- die Verantwortungsbereiche sind klar aufgeteilt,
- Außenstehende sind nicht „betriebsblind" und dadurch objektiver.

Nachteile:
- Spezialisten sind teuer und meist nur von Großbetrieben finanzierbar,
- Stäbe neigen gerne dazu, auf Grund ihres Fachwissens die Führung in dem Bereich übernehmen zu wollen,
- Stäbe können sich gegen Linien-Instanzen nicht durchsetzen.

Team- oder Kooperationssystem

Mitarbeiter mit unterschiedlichen Kenntnissen aus verschiedenen Abteilungen eines Betriebes sowie Stabsstellen-Inhaber bilden eine Arbeitsgruppe zur Erreichung eines gesetzten Zieles. Sie kooperieren im Team. Je nach Aufgabenstellung werden die Mitglieder des Teams von der Unternehmensführung befristet berufen.

Im Team sind alle Mitglieder gleichgestellt, es gibt keinen Team-Vorgesetzten. Die Führung des Teams ist nicht an eine Person gebunden. Sie wird situationsbedingt dem Teammitglied anvertraut, das den besten Beitrag zur Problemlösung in dem bestimmten Bereich einbringen kann. Diese Art der Führung wird **situationelle Führung** genannt.

Die Teil- und Einzelaufgaben werden jeweils von demjenigen übernommen, der hierfür am besten geeignet ist. Das kann auch ein Stabsstellen-Inhaber sein, der bei dieser Organisationsform aktiv mitarbeitet und nicht mehr „nur" berät. Die Verantwortung für die Leistungserbringung wird von allen Teammitgliedern gleichermaßen getragen.

Das Team wird aufgelöst:

- bei Erfüllung des Auftrags,
- bei Erreichen des vereinbarten Termins,
- bei Auftragsstornierung.

Vorteile:
- Optimale Lösungsfindung durch Spezialisten, auch bei schwierigen Aufgaben,
- leichtere Umsetzung der Arbeiten in der Linie, da die Teammitglieder aus den betroffenen Bereichen kommen und Schwierigkeiten schon im Vorfeld beseitigen,
- besserer Zusammenhalt im Betrieb wird durch Teamwork gefördert,
- sehr große Motivation bei den Teammitgliedern.

Nachteile:
- Durch die Teammitarbeit kann es am angestammten Arbeitsplatz der Teammitarbeiter zu Lücken in den Abläufen kommen,
- die Teammitglieder müssen in der Linie vertreten werden,
- die Teammitglieder müssen eine Doppel- oder Zusatzbelastung tragen,
- es kann zu Vernachlässigungen einer Funktion kommen,
- die Leistungskontrolle ist schwieriger.

Die Servicebrigade im Full-Service-Restaurant

Vergleichbar mit den traditionellen Bezeichnungen für Küchenposten (siehe S. 108) gibt es für die klassische Servicebrigade ebenfalls bestimmte Begriffe für einzelne Stellen. Im Organigramm eines Full-Service-Restaurants werden die Stellen ähnlich bezeichnet wie in der Individualgastronomie. In der Systemgastronomie sind die **Hierarchien** aber eher **flach**, d. h. zwischen dem Restaurantleiter und den Servicemitarbeitern werden oft wenig oder keine Zwischenränge platziert.

Die Stellenbeschreibungen auf der Folgeseite geben kurz die jeweiligen Funktionen im betrieblichen Ablauf und die benötigte Qualifikation wieder.

Restaurantmanager/-in

Neben einer gründlichen Fachausbildung ist eine zusätzliche Qualifikation **Hotelbetriebswirt/-in** wünschenswert.

Der Aufgabenbereich umfasst:
- Repräsentantion und Verantwortung für den gesamten Restaurant- und Servicebereich,
- Verantwortung gegenüber der Zentrale bzw. der Geschäftsleitung,
- enge Zusammenarbeit mit Küche und Rezeption,
- Erarbeitung von Speise- und Menükarten in Teamarbeit mit dem Küchenchef,
- Genehmigung von Dienst- und Urlaubsplänen,
- Organisation und Durchführung von Mitarbeiterschulungen,
- Organisation des Frühstücksservice und des À-la-carte-Service,
- Planung des Personaleinsatzes und Verteilung der Servicestationen,
- Zuständigkeit für den Veranstaltungsbereich.

Oberkellner/-in – Maître d'hôtel

Diese Position ist dem Restaurantmanagement unterstellt und den anderen Servicemitarbeitern überstellt.

Zu den fachlichen Anforderungen gehören:
- Beherrschen von mindestens zwei Fremdsprachen, vorbildliche Umgangsformen, Kontaktfreudigkeit, Organisationstalent, Menschenkenntnis, Verhandlungsgeschick sowie Personalführung,
- Kenntnisse im Arbeiten am Tisch des Gastes wie Tranchieren, Flambieren, Filetieren und Herstellung von Mixgetränken,
- Vertretung des Restaurantmanagements,
- Erfolgreich abgelegte Meisterprüfung.

Der Aufgabenbereich umfasst:
- Entgegennahme von Tischreservierungen,
- Führung von Verkaufsgesprächen mit Menüabsprachen und Wein- bzw. Getränkeberatung,
- Erstellung von Dienst- und Urlaubsplänen und Überwachung des fachgerechten Service,
- Unterweisung und Betreuung der Auszubildenden.

Sommelier (Weinkellner)

Der Sommelier arbeitet in der Position eines Chef de rang und hat sich besondere Weinkenntnisse angeeignet. Er betreut den Weinkeller und ist oft zuständig für den Weineinkauf, die Weinlagerung und den Weinverkauf. Im Restaurant nimmt er persönlich bei der Gästeberatung die Weinempfehlungen vor. Von ihm wird der Flaschenweinservice durchgeführt.

Chef de rang

Der Chef de rang ist dem Maître d'hôtel unterstellt und den Demi chefs, Commis und anderen Servicemitarbeitern überstellt.

Zu den fachlichen Anforderungen gehören:
- abgeschlossene Fachausbildung,
- Fremdsprachenkenntnisse,
- gepflegtes Aussehen und gute Umgangsformen.

Der Aufgabenbereich umfasst:
- Vorbereitung des Service (Mise en place),
- Beratung der Gäste und Verkauf von Speisen und Getränken,
- Bestellungsaufnahme und Bonieren,
- Servicedurchführung, im Bedarfsfall Tranchieren, Flambieren, Filetieren und Flaschenweinservice,
- Abrechnen mit Gästen und Betrieb,
- Anleiten und Kontrollieren der Mitarbeiter.

Demi chef de rang

Der Demi chef unterscheidet sich vom Chef de rang lediglich dadurch, dass er eine kleinere Station betreut und somit weniger Verantwortung zu tragen hat. Seine Position ist die Übergangsstufe vom Commis zum Chef de rang.

Commis de rang

Der Commis untersteht dem Chef de rang oder dem Demi chef. Er nimmt von ihnen Anweisungen entgegen und arbeitet ihnen zu. Er ist berechtigt, Aushilfskräften und Auszubildenden Anweisungen zu erteilen.

Zu den fachlichen Anforderungen gehören:
- Erfolgreicher Abschluss einer Fachausbildung,
- gepflegtes Aussehen und gute Umgangsformen.

Der Aufgabenbereich umfasst:
- Mitarbeit beim Eindecken der Tische und Tafeln,
- Herrichten von Servicetischen,
- Durchführen des Getränkeservice,
- Auftragen und Vorlegen von Speisen,
- Abräumen des Geschirrs,
- Unterstützung des Chef de rang bei besonderen Serviervorgängen.

Auszubildende im Restaurantbereich

Auszubildende müssen ihre Ausbildung in allen Bereichen des Service und möglichst wechselnd an der Seite aller Servicemitarbeiter einschließlich der Restaurantleitung erhalten (s. S. 15/16).

Die Servicebrigade im Quick-Service-Restaurant

Im Gegensatz zu einem Full-Service-Restaurant haben die Mitarbeiter in Betrieben mit anderen Serviceformen wie dem Counterservice unterschiedliche Aufgaben und Verantwortlichkeiten. Der tägliche Arbeitsablauf richtet sich nach den örtlichen Gegebenheiten. Die ersten kommerziell erfolgreichen Quick-Service-Restaurants stammen aus den Vereinigten Staaten. Daher haben die Stellen ursprünglich eine englische Bezeichnung. Ausführliche Stellenbeschreibungen der typischen Stellen im Quick-Service-Restaurant siehe Seite 18.

Die Funktion des Restaurantleiters / Restaurant General Managers

Die Aufgaben des Betriebs- bzw. Restaurantleiters unterscheiden sich nach den jeweiligen Expansionsformen.

Im **Filialsystem** erfüllt der Restaurantleiter lediglich eine leitende Funktion mit Führungsaufgaben begrenzt auf ein Restaurant.

Im **Franchisesystem** ist der Betriebsleiter **selbstständig** und muss sich um weiterführende Tätigkeiten wie Buchhaltung, Marketing usw. kümmern – erst recht, wenn ihm mehrere Restaurants gehören. In der Darstellung eines **Organigramms** wird die Unternehmenszentrale nicht den selbstständigen Franchisenehmern übergeordnet. Franchisenehmer und Franchisegeber sind **gleichwertige Geschäftspartner**. Die Kommunikation basiert auf einem Vertrag ohne Weisungsbefugnis.

```
Restaurant General Manager
Assistant Restaurant Manager
Shiftleader
Teamleader
Crewmember
```

Aufgaben

1. Erläutern Sie drei Ziele des Organisierens im Betrieb.
2. Wie heißen die beiden Wirtschaftlichkeits-Prinzipien? Erklären Sie diese.
3. Erklären Sie die Begriffe Aufbau- und Ablauforganisation.
4. Wodurch unterscheidet sich das Mehrliniensystem vom Einliniensystem? Welche Vor- und Nachteile haben die beiden Systeme?
5. Welche Aufgabe erfüllt eine Stabsstelle? Welche Rechte hat sie?
6. Zählen Sie die Posten einer klassischen Servicebrigade auf.
7. Erläutern Sie den Unterschied der Tätigkeit eines Restaurantleiters im Filialsystem zu einem im Franchisesystem.

5.3 Ablauforganisation

Hauptziel der Ablauforganisation ist die Herstellung eines Produktes bzw. Erbringung einer Dienstleistung, die möglichst reibungslos und wirtschaftlich geschieht.

Arbeitskräfte, Werkstoffe und Maschinen müssen zum geforderten Zeitpunkt an richtiger Stelle zur Verfügung stehen. Bei der Organisation ist auf das planmäßige Zusammenwirken aller Bereiche zu achten.

Zur Organisation eines Arbeitsprozesses sind folgende Fragen **im Vorhinein** beispielhaft zu beachten und zu klären:

Systemorganisation

	Leitfragen zur Organisation eines Arbeitsprozesses	Beispiele
Was?	• Was und in welcher Menge soll produziert werden? • Welche Dienstleistung soll erfüllt werden? • Welche Standards sollen erfüllt werden?	• Burger, Pizza, Pommes • Tisch abräumen, Getränkeservice, Beratungsgespräch • Mindestens 3 verschiedene Sirupsorten zum Kaffee
Wer?	• Welche Stelle ist zuständig? • Wer kann die Arbeit ausführen? • Welche Ausbildung/Kenntnisse sind erforderlich?	• Küche, Service, Buchhaltung • Commis de rang, Küchencrew-Mitarbeiter • Fremdsprachenkenntnisse, Zusatzausbildung an der Bar
Wann?	• Zu welcher Zeit soll produziert werden? • Gibt es Zeitlimits?	• Vorbereitung, Hauptgeschäft • Betriebsferien, Öffnungszeiten
Wo?	• Welche Arbeitsbereiche werden in Anspruch genommen?	• Lager, Kassenbereich, Produktionsküche
Womit?	• Welche Hilfsmittel, Geräte und Utensilien werden benötigt?	• Fritteuse, Messer, Kassensystem, Abräumwagen

Die Zuordnung der Aufgaben und Verantwortlichkeiten werden aus den **Stellenbeschreibungen** entnommen.

Das Geschehen im gastgewerblichen Betrieb ist durch eine **Vielzahl von Abläufen** gekennzeichnet. Somit müssen mehrere Arbeitsprozesse nach dem obigen Prinzip miteinander koordiniert werden, um eine effiziente Arbeitsleistung zu erzielen. Zum Beispiel werden im Restaurant nicht nur Burger, sondern auch Salate, Beilagen und Desserts gleichzeitig hergestellt. Dabei sollte man zusätzlich auf folgende Punkte Rücksicht nehmen:

- Sinnvolle **Reihenfolge** der Bearbeitung
- Eventuelle **Dringlichkeiten** und Terminzusagen
- Optimale **Auslastung** auf allen Ebenen, kein Leerlauf
- Verantwortungsvolles **Zusammenwirken** von Arbeitskräften und Betriebsmitteln

5.4 Organisationspläne und -mittel

Die Organisation von komplexen Arbeitsprozessen, effizienter Mitarbeiterbesetzung und sinnvollen Kontrollen lässt sich nur durch **strukturierte Pläne und Mittel** umsetzen.

Die Pläne und Listen sollten nach folgenden Grundsätzen gestaltet sein:
- strukturiert, übersichtlich
- in einer verständlichen Ausdrucksweise
- mit Nutzung von Bildern und Symbolen
- aktuell und informativ
- mit Beachtung von Corporate Identity und Corporate Communication

Sowohl alltägliche betriebliche Abläufe als auch Sondersituationen müssen geregelt werden. Insbesondere durch den Grundsatz der Multiplikation in der Systemgastronomie ist es erforderlich, **standardisierte Pläne** allen Betrieben eines Unternehmens zur Verfügung zu stellen.

In systemgastronomischen Betrieben werden die Pläne, Listen und Standards üblicherweise in **Handbüchern** (engl.: manuals) zusammengefasst. Es gibt zu verschiedenen Themen ausgearbeitete Handbücher, z. B. zu Arbeitsabläufen, Personal- oder Hygienefragen.

Der Betriebsleiter steht in der Verantwortung, die Handbücher nach Anweisung der Zentrale zu verwalten, zu aktualisieren und den betreffenden Mitarbeitern zur Kenntnis zu bringen.

5 Betriebsorganisation

Beispiele für Pläne und Listen

Mitarbeiterpläne:
- Dienstpläne
- Vertretungspläne
- Urlaubspläne
- Ausbildungspläne
- Schulungspläne

Arbeitsanweisungen:
- Handbuch Produktionsabläufe
- Reservierungspläne
- Veranstaltungspläne
- Bestellpläne
- Lagerpläne
- Reinigungspläne

Formblätter, Checklisten:
- To-do-Listen
- HACCP-Listen
- Mitarbeiterstammblätter
- Feedbackformulare
- Function-Sheets
- Müllentsorgungspläne

Wochendienstplan (Full-Service-Restaurant)

Tag/Datum	Montag 6.		Dienstag 7.		Mittwoch 8.		Donnerstag 9.		Freitag 10.		Samstag 11.		Sonntag 12.	
	Frühst. Mittag	Abend	Frühst. Mittag	Abend	Frühst. Mittag	Abend	Frühst. Mittag	Abend	Frühst. Mittag	Abend	Frühst. Mittag	Abend	Frühst. Mittag	Abend
Gedecke (Prognose)	140	120	240	60	160	55	240	60	130	45	240	150	320	120
Leistungsmaßstab	50	30	50	30	50	30	50	30	50	30	50	30	50	30
Personalbedarf	3*	4	5	2	4	2*	5	2	3*	2*	5	5	6	4
Personaleinsatz 1	Früh			frei	Früh		Früh		Früh		Früh		Früh	
2	Früh		Früh			frei	Früh		Früh		Früh		Früh	
3		spät	Früh			frei	Früh			spät	Früh		Früh	
4		spät	Früh		Früh			frei		spät		spät		spät
5		spät		spät		spät		spät		frei		spät		spät
6		spät		spät		spät		spät		frei		spät		spät
7	Früh		Früh		Früh		Früh		frei		Früh		Früh	
Aushilfe 1		A		A				A		A**		A		A
2								A				A		A**	A
Personal im Dienst	3	4	5	2	4	2	5	2	3	2	5	5	6	4
frei	—		1		2		1		2		—		—	

* mindestens 2 Bedienungen   ** nur für Frühstück

Urlaubsplan für das Jahr .... Abteilung: ....

Name	Monate								Arbeitstage		
	Jan	Feb	Mar	Apr	Mai	Jun	Jul	Aug	Anspruch	erhalten	Rest +/−
Andor, V.	25.–05.						23.–03.		30	20	+10
Batic, S.					20.–14.				15	18	−3
Grams, I.		12.–10.							30	20	+10
Klever, J.	30.–11.								18	10	+8
Patula, F.				26.–10.					20	11	+9
Schmid, I.									20		
Simson, N.									21		
Weber, W.							31.–12.		20	6	+14
Zumdik, K.			27.–17.						15	15	0

SYSTEMORGANISATION

6 Qualitätsmanagement

6.1 Qualitätsbegriff

Jeder Mensch hat eine eigene Vorstellung von Produkten oder Leistungen. Er erwartet gewisse **Eigenschaften**, die wiederum mit einer bestimmten Qualität verbunden sind. Die Kombination dieser Eigenschaften bestimmt die **Qualitätsstufe**.

Die Empfindungen und Beurteilungen sind zunächst **subjektiv**. Der Mensch sammelt Erfahrungswerte und entscheidet emotional. Daher ist es schwierig, Qualität für alle fassbar und systematisch überprüfbar zu machen. Dazu bedarf es quantitativer Messgrößen.

Der erste Schritt zum **Qualitätsmanagement (QM)** ist Klärung und Abgrenzung des Qualitätsbegriffes – was bedeutet „Qualität" für einen Betrieb, für einen Prozess oder für einzelne Leistungen?

Qualität steht für festgelegte Eigenschaften – Beispiel:

Im Standard ist definiert, dass ein Burgerbrötchen ohne Sesam **10 cm Durchmesser** haben soll.

Alle Brötchen mit mindestens 10 cm Durchmesser erfüllen die **Soll-Qualität**.

Qualität steht für das Einhalten gesetzlicher Vorschriften – Beispiel:

In der Lebensmittelhygieneverordnung EG-852/2004 sind **HACCP**-Grundsätze verankert (s. auch S. 36).

Setzt ein Betrieb diese um, erfüllt er die **Qualitätskriterien**.

Allgemein verbindet man mit Qualität gleichzeitig eine höhere Wertigkeit. Im betriebswirtschaftlichen Sinne steht Qualität jedoch für eine **Anzahl von festgelegten Eigenschaften**.

Ein weiteres Kriterium ist das Einhalten der **gesetzliche Vorschriften** zu Qualitätsvorgaben. Für die Gastronomie besonders wichtig sind Gesetze und Verordnungen zum Thema Hygiene.

Im Qualitätsmanagement werden unterschiedliche **Aspekte der betrieblichen Leistung** unter die Lupe genommen, wie im **Qualitätskreis** dargestellt. Überprüft werden nicht nur festgelegte Standards für die fertigen Produkte, sondern auch für den Service, die Hygiene usw.

Der Qualitätskreis geht von den Forderungen und Erwartungen der Gäste aus. Diese Erwartungen werden im Konzept und damit als qualitätspolitische Maßnahme berücksichtigt.

Nur im **Zusammenwirken aller Betriebsbereiche** kann die geforderte Qualität gewährleistet werden. Der Qualitätskreis soll diese Denkweise zum Ausdruck bringen.

Abb. 1 Qualitätskreis

6.2 Normen als Qualitätsmerkmal

Eine verbreitete Möglichkeit, **Qualität von Produkten in einer messbaren Größe auszudrücken**, ist die Nutzung von standardisierten Normen. Im Qualitätsmanagement helfen die Normen, sich an einheitliche und bekannte Regeln zu halten.

DIN-Norm

Die DIN-Normen wurden – auf Initiative der Wirtschaft – als freiwilliger Standard vom **Deutschen Institut für Normung** erarbeitet. Sie werden deutschlandweit auf Produkte und Prozesse angewendet. Für die Gastronomie sind – neben vielen anderen – folgende Normungen besonders relevant:

- Gastro-Norm-Behälter (s. S. 123)
- Papierformate (wie DIN A4)
- Textverarbeitungsregeln (nach DIN 5008)

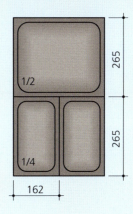

Abb. 1 System Gastro-Norm

Zertifizierung nach der ISO-Norm

Um Gästen die Echtheit der Standards und das Bemühen um eine hohe Qualität glaubhaft präsentieren zu können, werden Betriebe extern **zertifiziert**. Dies geschieht meist nach der ISO-Norm.

Genau genommen wird ein **Zertifikat (Zeugnis)** über das Qualitätsmanagement-System ausgestellt. Die Unternehmen, die das Zertifikat ausstellen, beurteilen **nicht** direkt die **Qualität** der Produkte, **sondern** das **Einsetzen und regelmäßige Überprüfen des QM-Systems**. Dabei orientiert man sich an der internationalen Norm des Qualitätsmanagements **DIN EN ISO 9000:2005**.

Diese Norm beschreibt, welchen Anforderungen das einzurichtende QM-System entsprechen muss. Die Vorgaben sind allgemein und branchenunabhängig formuliert. Daher ist dessen internationaler Einsatz so erfolgreich.

Die Prüfungen (auch **Audits** genannt) werden von spezialisierten Firmen wie der **DQS** (Deutsche Gesellschaft zur Zertifizierung von Managementsystemen) oder vom **TÜV** durchgeführt.

Die Zertifizierung erfolgt auf **freiwilliger Basis** und basiert auf keiner rechtlichen Vorgabe.

> **Grundsätzlicher Aufbau eines QM-Systems nach EN ISO 9000 ff:**
> 1. Kundenorientierung
> 2. Verantwortlichkeit der Führung
> 3. Einbeziehung der beteiligten Personen
> 4. Prozessorientierter Ansatz
> 5. Systemorientierter Managementansatz
> 6. Kontinuierliche Verbesserung
> 7. Sachbezogener Entscheidungsfindungsansatz
> 8. Lieferantenbeziehungen zum gegenseitigen Nutzen

DIN EN ISO 9000:2005

DIN: wird vom Deutschen Institut für Normung herausgegeben.

EN: Die Norm basiert auf einem europäischen Standard (**E**uropa-**N**orm)

ISO: Steht für **I**nternational **O**rganization for **S**tandardization und ist eine internationale Vereinigung von Normungsorganisationen

9000: Nummer der Normung

2005: Jahr der aktuellsten Ausgabe

Vorteile einer Zertifizierung sind für ein Unternehmen die unabhängige und professionelle Bewertung des QM-Systems und damit natürlich auch der Qualität. **Nachteile** ergeben sich auf der Kosten- und Zeitebene. Die Beauftragung von Prüfern kostet mitunter viel Geld und muss regelmäßig wiederholt werden.

6.3 Phasen des Qualitätsmanagements

Ziel des Qualitätsmanagements ist die **fortwährende Sicherung und Optimierung** der festgelegten Qualitätsstandards in allen Betriebsbereichen. Das Erreichen dieses Zieles wird durch die Einführung eines QM-Systems gewährleistet.

In einem QM-System werden alle **Organisationsstrukturen**, **Arbeitsprozesse** und **Verantwortlichkeiten** strukturiert erfasst. In der Regel werden QM-Systeme von der Unternehmenszentrale entwickelt und mit dem Konzept an die einzelnen Betriebe weitergegeben.

Qualitätsregelkreis

Der Regelkreis ist ein **Phasenmodell** und beschreibt die einzelnen Schritte zur **Lenkung** und **Entwicklung** in Qualitätsfragen: Planen, Ausführen, Überprüfen, Verbessern.

Die Schritte erfolgen immer von neuem (Kreis), daher ist Qualitätsmanagement ein **kontinuierlicher, fortdauernder Prozess**.

PLAN – Qualitätsziele, Maßnahmenkatalog – Plane
DO – Qualitätslenkung, Maßnahmenumsetzung – Führe aus
CHECK – Qualitätsprüfung, Dokumentation – Überprüfe
ACT – Qualitätssicherung, Qualitätsverbesserung – Verbessere

Qualitätsmanagement

Qualitätsplanung (PLAN)

Während der Qualitätsplanung werden die **Qualitätsmerkmale** der Produkte und Dienstleistungen **festgelegt** und **messbar** gemacht.

Dabei orientiert man sich an den Unternehmenszielen und an den Erwartungen der Gäste. Wichtig ist außerdem die Berücksichtigung der Realisierbarkeit im Arbeitsprozess. Die Qualitätsziele und **Maßnahmen** werden dann schließlich in einem Pflichtenheft fixiert.

Beispiele für messbare Qualitätsmerkmale von Serviceleistungen:

- Minutenangabe: maximale Wartezeit am Counter
- Fehlerquote bei der Ausgabe von Speisen und Getränken
- Grad der Kundenzufriedenheit
- Anzahl von Zusatzleistungen
- Anzahl an präsenten Mitarbeitern

Beispiele für messbare Qualitätsmerkmale von Produkten:

- Farbe des fertigen Produktes
- Textur, Geschmack der Speisen und Getränke
- Ausgabetemperatur
- Ausgabegewicht
- Gehalt an bestimmten Inhaltsstoffen (Vitamine, Mineralstoffe, Farbstoffe usw.)

Qualitätslenkung (DO)

In dieser Phase des Qualitätsmanagements gilt es, die Mittel und Maßnahmen aus der Qualitätsplanung ein- und umzusetzen, indem Produkte und Leistungen entsprechend hergestellt und erbracht werden.

Alle betroffenen Stellen nehmen dabei das Pflichtenheft bzw. **QM-Handbuch** als Leitfaden und zur Unterstützung. Mitarbeiterschulungen zur Nutzung des Handbuches werden bei Bedarf organisiert.

> **Beispielmaßnahmen zur Umsetzung der Qualitätsplanung:**
>
> - Temperaturmessungen und labortechnische Untersuchungen
> - Sensorische Überprüfungen bei der Warenannahme und bei der Produktion
> - Regelmäßige Wartungen der Geräte
> - Personalschulungen
> - Genaue und standardisierte Beschreibungen von Arbeitsprozessen

Qualitätsprüfung (CHECK)

Qualitätsprüfungen sind Tätigkeiten zur Feststellung, ob die Anforderungen tatsächlich erfüllt werden. Mit **internen und externen Prüfverfahren** werden Daten gesammelt und **evaluiert** (ausgewertet und bewertet).

Einerseits vergleicht man die SOLL- mit der IST-Qualität und stellt bei Abweichungen die Ursachen fest. Es werden aber auch die ausgearbeiteten Maßnahmen selbst geprüft, inwieweit sie funktionieren und sich noch bewähren.

Qualitätsverbesserung (ACT)

Zuletzt werden die aus der Qualitätsprüfung abgeleiteten Verbesserungsvorschläge bei der Produktion und im Arbeitsalltag (erneut) umgesetzt.

Ziel ist entweder die Erfüllung der anfangs festgelegten Anforderungen (wenn das noch nicht erreicht war) oder die **Steigerung der Qualität**. Daher schließt sich die **erste Phase** wieder an, in der neue Qualitätsmerkmale geplant und definiert werden.

6.4 Instrumente der Qualitätsprüfung

Es gibt verschiedene Wege und Möglichkeiten, sowohl betriebsintern als auch extern, die festgelegten Qualitätsziele zu messen und zu bewerten.

Zunächst sind **alle Verantwortlichen** wie Shiftleader, Betriebsleiter oder Regionalleiter **jedes Restaurants** im eigenen Interesse angehalten, stichprobenartig die Qualitätsmerkmale im betrieblichen Alltag zu prüfen.

Zu den heutigen Standards in Restaurants gehören **Feedback-Bogen**, mit denen Gäste verschiedene Aspekte der Leistungen beurteilen können. Die Flyer liegen entweder griffbereit am Counter aus oder sie werden als Rechnungsbeigabe bei der Bezahlung dazugereicht.

Eine Erweiterung der Feedback-Bogen vor Ort ist die Abfrage der Beurteilung mittels **Internet** und **Social Media**. Hier können die Gäste auf der Homepage und der Facebook-Seite des Unternehmens oder bei unabhängigen Bewertungsportalen ihre Meinung zur Qualität äußern.

Abhängig von der Unternehmensgröße und der Unternehmensphilosophie testen dafür eigens ausgebildete Mitarbeiter unangekündigt als Tester **(Mystery Guest)** die Betriebe. Solche Dienste übernehmen auch unparteiische externe Firmen.

> **TQM (Total Quality Management)**
>
> TQM ist ein **Führungskonzept**, das auf den Prinzipien des Qualitätsmanagements aufbaut. Das Konzept ist eine **Erweiterung** des Regelkreises und dient dazu, Qualität **ganzheitlich** zu betrachten. Daher die Bezeichnung „total".
>
> Zu den Prinzipien des TQM-Konzeptes gehören folgende Aspekte:
>
> - Kundenorientierung
> - Mitarbeitereinbeziehung und Mitarbeitermotivation
> - Fortwährende Qualitätsverbesserung als Prozess
> - Aktives Handeln aller Beteiligten
>
> Diese Management-Philosophie wurde in den 1940er Jahren von William Edwards Deming in den USA gegründet und zunächst in Japan in der Automobilindustrie erfolgreich praktiziert und weiterentwickelt.
>
> Durch die japanischen Erfolge findet das Qualitätsmodell seit den 1980er Jahren in den USA und in Europa viel Beachtung.

SYSTEMORGANISATION

Externe Unternehmen können auch auf weitere Bereiche der Qualitätsprüfung in der Gastronomie spezialisiert sein. Fresenius zum Beispiel ist bekannt für die Durchführung von **Hygienechecks**.

Die **Auswertung** der erhobenen Daten kann entweder intern, meist in der Zentrale, oder durch die externen Unternehmen selbst erfolgen.

Aus der Analyse leiten sich **Handlungsmaßnahmen** zur Verbesserung und Qualitätssicherung ab.

Wiederholungsaufgaben

1. Erklären Sie kurz die drei Hauptmerkmale systemgastronomischer Betriebe.

2. Begründen Sie gegenüber einem nachlässigen Mitarbeiter, wieso die Einhaltung der vorgegebenen Standards in der Systemgastronomie so wichtig ist.

3. Vergleichen Sie die Aufgaben und Verantwortlichkeiten von Betriebsleitern im Filialsystem und im Franchisesystem.

4. a) Benennen Sie die Vor- und Nachteile eines Franchisesystems für den Franchisenehmer.
   b) Welche Vorteile hat der Franchisegeber?

5. Erklären Sie den Unterschied zwischen Franchiseverträgen und Lizenzverträgen.

6. Nennen Sie mindestens vier typische Serviceformen in der Systemgastronomie. Erläutern Sie eine davon näher.

7. Eine Front-cooking-Station soll in Ihrem Betrieb demnächst eingerichtet werden. Erklären Sie das Prinzip des Front-cookings einem Auszubildenden im ersten Lehrjahr.

8. Unterscheiden und bewerten Sie die Serviceformen Counterservice und Full-Service aus Sicht der Gäste und aus Sicht des Betriebes.

9. In welche Segmente kann man systemgastronomische Unternehmen unterteilen?

10. Nennen Sie zu jedem Segment zwei typische bekannte Marken.

11. a) Begründen Sie, wieso die Gemeinschaftsverpflegung zur Systemgastronomie gezählt werden kann.
    b) Welche Bereiche gibt es in der Gemeinschaftsverpflegung?

12. Erläutern Sie die Begriffe Aufbauorganisation und Ablauforganisation.

13. Was ist der Unterschied zwischen dem Einlinien- und dem Mehrliniensystem?

14. Listen Sie die Stellen einer Servicebrigade in einem Quick-Service-Restaurant auf.

15. Welche Ebenen sollten bei der Planung der Ablauforganisation beachtet werden? Geben Sie konkrete Beispiele dazu.

16. Erklären Sie den Qualitätsregelkreis.

17. Erläutern Sie die vier Phasen des Qualitätsmanagements zur Sicherung und Optimierung von Qualitätsstandards.

18. a) Schlagen Sie Maßnahmen vor, wie Sie die Qualität eines Burgers überprüfen können.
    b) Welche Möglichkeiten haben Sie zur Prüfung der Serviceleistungen?

19. Was bedeutet TQM?

PROJEKT

Aktionsplanung zur Neueröffnung einer Filiale

Ihr Ausbildungsbetrieb ist auf gesunde und moderne Snacks spezialisiert. Passende Kalt- und Heißgetränke sprechen eine junge Zielgruppe an. Die Betriebe sind meist im Innenstadtbereich angesiedelt. In Ihrer Stadt wird eine weitere Filiale neu eröffnet. Sie sollen den Betriebsleiter bei der Planung, Durchführung und abschließenden Kontrolle der Eröffnungsfeier unterstützen. Die Aktion soll den ganzen Tag über von 10:00 bis 18:00 Uhr laufen.

Planen der Veranstaltung

1. Informieren Sie sich zunächst über das Konzept und die allgemeinen Standards des Unternehmens. Listen Sie relevante Merkmale in Bezug auf die bevorstehende Veranstaltung auf.

2. Machen Sie einen Vorschlag für eine Sonderkarte zur Eröffnungsfeier. Die Speisen- und Getränkeangebote sollen die Produktpalette repräsentieren.

3. Finden Sie zu Ihrem Angebot eine passende Serviceform und begründen Sie diese gegenüber dem Betriebsleiter.

Vorbereiten der Veranstaltung

1. Erörtern Sie mit dem Betriebsleiter den genauen Aktionsverlauf und listen Sie die zu erledigenden Tätigkeiten auf.

2. Erstellen Sie auf Grundlage Ihrer Ablaufplanung einen Mitarbeitereinsatzplan mit Angabe der Positionen, Verantwortlichkeiten und Zeiten.

Kontrolle der Qualität

1. Bestimmen Sie zunächst beispielhaft die Qualitätsmerkmale eines von Ihnen geplanten Produktes und des Services bei der Veranstaltung.

2. Geben Sie mindestens vier Möglichkeiten der Qualitätskontrolle an.

3. Entwerfen Sie einen Feedbackbogen.

Personalwesen

Die **Mitarbeiter** eines systemgastronomischen Restaurants sind zusammen mit hochwertigen **Waren** die wichtigste Komponente zur betrieblichen Wertschöpfung.

Der Bereich des Personalwesens umfasst zum einen die **Planung des Personalbedarfs** im Restaurant oder der Restaurantkette. Weiterhin spielt die **Mitarbeiterbeschaffung** eine zentrale Rolle, da die Mitarbeiter eine zunehmend knappere Ressource darstellen. Der Bereich der **Personalverwaltung** umfasst vor allem die bürokratische Komponente des Personalwesens wie Arbeitsvertrag und Entgeltabrechnung. In der Gastronomie ist die **Mitarbeitereinsatzplanung** besonders wichtig, da die Gäste nur selten geplant im Restaurant eintreffen, aber eine allzu kurzfristige Einsatzplanung zur Unzufriedenheit der Mitarbeiter beiträgt. Eine feste Bindung von Mitarbeitern an das Restaurantsystem ist ein wesentlicher Faktor zur Personalkostensenkung. Voraussetzung für diese Bindung ist ein ausgefeiltes Konzept zur **Personalentwicklung**, das motivierende Anreize für alle Mitarbeiter bietet und individuelle Aufstiegsmöglichkeiten aufzeigt.

1 Personalplanung

> Personalbedarf = zukünftiger Personalbedarf − aktueller Personalbestand

Zur **Planung** des Personalbedarfs muss die gesamte Menge an Arbeitskräften zu Wahrnehmung aller Aufgaben im Unternehmen erfasst werden. Um effizient planen zu können, müssen zunächst der **aktuelle** Personalbestand und der **zukünftige** Personalbedarf ermittelt werden. Die Differenz stellt den **zusätzlichen** Personalbedarf dar.

1.1 Quantitativer und qualitativer Personalbedarf

Aus quantitativer Sicht muss erfasst werden, **wie viele** Mitarbeiter derzeit im Restaurant beschäftigt sind und wie viele Mitarbeiter für die zukünftige (geplante) Umsatzentwicklung notwendig sind.

> Beispiel:
> Für die Restauranteröffnung in drei Monaten brauchen wir 40 neue Mitarbeiter.

Bei der Ermittlung des qualitativen Personalbedarfs steht das **Wissen und Können** der Mitarbeiter im Vordergrund. Hier ist festzustellen, über welche Qualifikationen die Mitarbeiter aktuell verfügen und welche Qualifikationen zukünftig zur Verfügung stehen müssen.

> Beispiel:
> Unser Konzept soll um ein Café mit traditionell hergestellten Kuchen erweitert werden: Wir brauchen Baristas und Bäcker.

1.2 Personalbestandsanalyse

Bei der Personalbestandsanalyse wird auf lange Sicht festgelegt, welche **Anzahl** von Mitarbeitern, mit welchen **Qualifikationen** zu welchen **Zeitpunkten** an welchen **Orten** benötigt werden. Hierbei muss der Personalplaner das Produktsortiment des Restaurants, die geplante oder abseh-

1 Personalplanung

bare Umsatzentwicklung sowie Veränderungen in den Systemstandards berücksichtigen. Je nach Ziel der Personalbestandsanalyse werden vier Arten unterschieden:

- **Quantitative** Personalbestandsanalyse
- Stellt die Anzahl der benötigten Mitarbeiter fest.
- **Qualitative** Personalbestandsanalyse
- Stellt die benötigten Kenntnisse der Mitarbeiter fest.
- **Örtliche** Personalbestandsanalyse
  Stellt fest, an welchen Arbeitsplätzen die Mitarbeiter benötigt werden.
- **Zeitliche** Personalbestandsanalyse
  Stellt fest, zu welchem Zeitpunkt und für welchen Zeitraum die Mitarbeiter benötigt werden.

Personalbedarfsanalyse		
Personalbedarfsart		**Beispiel**
quantitativ	Neubedarf	Um besseren Service zu bieten und die Bedienzeiten zu verkürzen, stellen wir neue Mitarbeiter ein.
	Zusatzbedarf	Während der Feriensaison benötigt das Restaurant zusätzliche Mitarbeiter.
	Ersatzbedarf	Einem Mitarbeiter wurde gekündigt. Sein Posten muss neu besetzt werden.
	Minderbedarf	Seitdem ein Mitbewerber sein Restaurant gegenüber eröffnet hat, ist unser Umsatz so sehr gesunken, dass wir weniger Mitarbeiter benötigen.
qualitativ	Ungelernte Arbeitskräfte	Mitarbeiter im Rotationssystem
	Intern angelernte Arbeitskräfte	Mitarbeiter ohne anerkannte Ausbildung, die aber z. B. in anderen Filialen die betrieblichen Abläufe kennengelernt haben.
	Ausgebildete Arbeitskräfte	Mitarbeiter, die eine anerkannte Ausbildung zum Fachmann/zur Fachfrau für Systemgastronomie oder als Fachkraft im Gastgewerbe erfolgreich absolviert haben.
	Hochqualifizierte Arbeitskräfte	Mitarbeiter, die durch ein (duales) Studium besondere Kenntnisse im kaufmännischen Bereich oder operativen Bereich erworben haben.
örtlich	Restaurantmitarbeiter	Mitarbeiter, die für die Herstellung und den Verkauf von Speisen und Getränken verantwortlich sind.
	Mitarbeiter in der Verwaltung	Mitarbeiter in der Hauptverwaltung oder im regionalen Servicecenter, die z. B. nationales Marketing oder überbetriebliche Trainingsaufgaben übernehmen.
	Mitarbeiter oberhalb der Restaurantleiterebene	Mitarbeiter, die für mehrere Filialen verantwortlich sind und z. B. Kontrollen für den Franchisegeber übernehmen.
zeitlich	Stellenausbau	Am 1. Oktober wird eine neue Filiale eröffnet. Die Übernahme von Auszubildenden am 31.8.
	Stellenabbau	Die Lohnbuchhaltung wird im nächsten Jahr an einen externen Dienstleister vergeben.
	Fluktuation	Eine studentische Aushilfe verlässt das Unternehmen zum Semesterende.
	Ausfallzeit	Eine Mitarbeiterin geht in Elternzeit.

2 Mitarbeiterbeschaffung

Aufgabe der Mitarbeiterbeschaffung ist es, die **richtige Menge** an Mitarbeitern mit der **richtigen Qualifikation** zur **richtigen Zeit** am **richtigen Ort** bereitstellen zu können.

2.1 Stellenbeschreibung

Eine Stellenbeschreibung (s. auch S. 646) dient als **Grundlage der Personalbeschaffung**. Sie enthält alle relevanten Angaben zu einer Stelle im Unternehmen, insbesondere Ziele und Aufgaben sowie Kompetenzen und Beziehungen zu anderen Stellen. Sie dient als Grundlage für das Anforderungsprofil für einen Stelleninhaber. Stellenbeschreibungen innerhalb der Restaurantkette sind verbindlich und haben eine einheitliche Form. Folgende Punkte sollte die Stellenbeschreibung umfassen:

- **Bezeichnung** der Stelle
- **Eingliederung** der Stelle in ein Organigramm oder eine andere Art von Aufbauorganisation (s. auch S. 642)

Stellenbeschreibung	Stelleninhaber: Herr Wulff
Bezeichnung	Erster Restaurantassistent
Ist unterstellt:	Restaurantleiter, Gebietsleiter
Ist vorgesetzt:	Vorarbeiter, Crewtrainer, Crewmitarbeiter
Wird vertreten durch:	Restaurantassistent
Ziele:	• Unterstützung des Restaurantleiters bei der Führung des Restaurants
Aufgaben und Verantwortungsbereiche:	• Bestellung der Waren nach der Umsatzplanung des Restaurantleiters • Gestaltung des Dienstplanes nach der Umsatzplanung des Restaurantleiters • Erarbeitung des Trainingsplanes für die Mitarbeiter und Besprechung des Planes mit den Crewtrainern • Aus- und Weiterbildung der Schichtführer • Überwachung der Einhaltung der betrieblichen Standards • Erledigung administrativer Aufgaben • Vertretung des Restaurantleiters
Tarifgruppe nach ETV Bundesverband der Systemgastronomie:	TG 8
Ausbildung und Vorkenntnisse	• Fundierte kaufmännische Ausbildung oder Ausbildung als Fachmann für Systemgastronomie • Absolvierung des innerbetrieblichen Ausbildungsprogrammes
Anmerkung	• Der erste Assistent kann den Restaurantleiter vertreten • Meist teilen sich mehrere Assistenten die Aufgaben Crewtraining, Warenbestellung und Dienstplanerstellung

- **Ziele** der Stelle
- **Aufgaben** der Stelle
- **Unterstellung** und Befugnisse der Stelle
- **Anforderungen** an den Stelleninhaber/die Stelleninhaberin
- Angabe von Lohngruppen oder ggf. tarifvertragliche **Eingruppierung**

Die Stellenbeschreibung bietet sowohl dem Stelleninhaber als auch der Unternehmensleitung wichtige Vorteile:

Vorteile aus Sicht des Stelleninhabers:
- Kennt Erwartungen, die an ihn gestellt werden
- Kennt weisungsberechtigte Vorgesetzte
- Kennt weisungsgebundene Mitarbeiter
- Kann seine Stelle/Vergütung mit den tatsächlichen Anforderungen vergleichen

Vorteile aus Sicht der Unternehmensleitung:
- Hat einen Überblick über die Aufgaben
- Hat eine Grundlage für die Stellenbewertung (Gehaltsgefüge)
- Erreicht ein besseres Betriebsklima
- Hat eine Grundlage zur Leistungskontrolle

2.2 Interne und externe Personalbeschaffungswege

Bei der Beschaffung von Mitarbeitern werden interne (innerbetriebliche) und externe (außerbetriebliche) Maßnahmen unterschieden

Interne Maßnahmen	Externe Maßnahmen
Aushang am schwarzen Brett	Anzeige im Internet
Beförderung, Umbesetzung	Agentur für Arbeit, Jobcenter
Anzeigen im Intranet oder Hausmagazin	Zeitungsanzeige
Anordnung von Überstunden	Berufsmessen

Abb. 1 Intern: Aushang

Bei der **internen Personalbeschaffung** erfolgt die Besetzung einer offenen Stelle durch einen **bestehenden Mitarbeiter** des Restaurantsystems. Durch eine Beförderung zeigt die Unternehmensleitung, dass sie mit der bisherigen Arbeit des Mitarbeiters zufrieden ist und ihm weitere Aufgaben zutraut. Die Aussicht auf eine Beförderung trägt zur Bindung der Mitarbeiter an das Unternehmen bei.

Durch interne Personalbeschaffung werden Stellen oft **schneller besetzt** und die **Einarbeitungszeit** fällt **kürzer** aus, da den Mitarbeitern die Unternehmensabläufe bereits bekannt sind.

Bei der Besetzung von freien Stellen durch interne Mitarbeiter muss aber auch beachtet werden, dass **Kollegen nicht benachteiligt** werden. Außerdem wird durch Beförderung eines Mitarbeiters eine **weitere Stelle** im Unternehmen **frei**, sodass letztendlich doch eine externe Personalbeschaffung die Folge sein kann. Auch die sogenannte Betriebsblindheit wird durch interne Personalbeschaffung nicht unterbunden.

Für alle Stellen, die nicht mit Unternehmensangehörigen besetzt werden können, müssen **Arbeitskräfte von außen** angeworben werden.

Abb. 2 Extern: Jobbörse im Internet

Instrumente der externen Personalbeschaffung

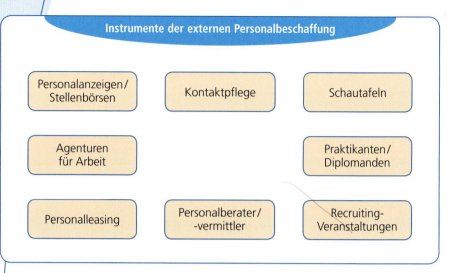

- **Stellenanzeigen** in Zeitungen, Fachmagazinen oder im Internet können von der Restaurantleitung, der Personalabteilung oder einer beauftragten Beraterfirma veröffentlicht werden.
- Die **Agentur für Arbeit** und das **Jobcenter** vermitteln Arbeitslose und Arbeitssuchende an Unternehmen, die Mitarbeiter suchen.
- **Zeitarbeitsfirmen** vermitteln Mitarbeiter, die zunächst bei der Zeitarbeitsfirma auf Zeit angestellt bleiben. Wenn sich ein längerfristiges Beschäftigungsverhältnis abzeichnet, können diese Mitarbeiter in die Stammbelegschaft wechseln.
- Durch eine Präsentation des Unternehmens auf bestimmten **Recruitment-Veranstaltungen**, z. B. Berufsmessen oder Ausbildungsplatzbörsen, können Jobsuchende auf die Marke aufmerksam gemacht werden.
- Durch die Beschäftigung von **Schüleraushilfen, Praktikanten** oder **Studenten** können zukünftige Mitarbeiter schon vor einem regulären Beschäftigungsverhältnis besser kennengelernt werden.

Abb. 1 Arbeitsvermittlung (Agentur für Arbeit)

2.3 Einstellungsverfahren und Bewerbung

Stellenausschreibung

Die Stellenausschreibung umfasst **alle Anforderungen** an die zu besetzende Stelle und wird von der Stellenbeschreibung (siehe Kapitel 2.1) abgeleitet. Dabei ist sie weniger detailliert als die Stellenbeschreibung. Schwerpunkte liegen eher bei der Beschreibung der fachlichen und sozialen Anforderungen an den Bewerber.

Die Stellenausschreibung kann in **Printform** (z. B. in Tageszeitungen, Fachmagazinen) oder auf **elektronischem Weg** (z. B. Online-Stellenanzeige, Rundmail) veröffentlicht werden. Während Stellen für Führungskräfte oberhalb der Restaurantleiterebene oft nur in wenigen überregionalen Zeitungen erscheinen, werden Stellenanzeigen für gewerbliche Mitarbeiter in der Regel in der lokalen Tagespresse geschaltet.

Neben dem informativen Charakter der Stellenanzeige ist wichtig, dass sie Interesse am Unternehmen weckt und potenzielle Interessenten motiviert, sich zu bewerben. Die folgenden Punkte sollte jede Stellenanzeige beinhalten:

- **Name** und **Kurzbeschreibung** des **Unternehmens**
- **Aufgaben**, die vom Bewerber übernommen werden sollen
- **Anforderungen**, die an den Bewerber gestellt werden
- **Zeitpunkt**, zu dem die Stelle angetreten werden kann, ggf. auch zeitliche Befristung (z. B. Elternzeitvertretung)
- **Ort** des zukünftigen Arbeitsplatzes
- Name des **Ansprechpartners**, an den die Bewerbung gerichtet werden soll
- Kurze Übersicht über das **Angebot des Unternehmens** (z. B. übertarifliche Bezahlung, Aufstiegsmöglichkeiten)

Weiterhin muss das Stellenangebot so gestaltet sein, dass es die gewünschte **Zielgruppe anspricht** und der **Corporate Identity** entspricht.

> Das Toastmeister-Restaurant in Neustadt sucht zum nächstmöglichen Zeitpunkt eine/n
>
> **Ersten Restaurant-Assistenten/Erste Restaurant-Assistentin**
>
> Sie unterstützen unseren Restaurantleiter bei seinen Tätigkeiten vor allem im Bereich der Personaleinsatzplanung und der Disposition der Warenbestände. Außerdem sind Sie für die Aus- und Weiterbildung unserer Restaurantmitarbeiter verantwortlich.
>
> Idealerweise haben Sie eine Ausbildung zum Fachmann/zur Fachfrau für Systemgastronomie abgeschlossen und verfügen über einige Jahre Berufserfahrung. In Ihren bisherigen Positionen waren Sie bereits mit ähnlichen Aufgaben betraut. Die Gastgeberfunktion erfreut Sie jeden Tag aufs Neue – Zuverlässigkeit und Loyalität zeichnen Sie aus.
>
> Toastmeister-Restaurants sind eine aufstrebende Quick-Service-Restaurantkette. Es erwartet Sie eine leistungsbezogene tarifliche Vergütung nach dem Tarifvertrag des BdS. Außertarifliche Zusatzleistungen und ein erfolgsorientiertes Prämiensystem erweitern unser Angebot. Durch unseren andauernden Wachstumskurs sind gute Aufstiegschancen vorprogrammiert. Unterstützung bei Ihren Aufgaben erhalten Sie durch ein vorbildliches innerbetriebliches Ausbildungssystem.
>
> Appetit bekommen? Dann senden Sie Ihre Bewerbungsunterlagen noch heute per E-Mail an recruiting@toastmeister-restaurants.de

Bewerbung

Ziel einer schriftlichen Bewerbung ist es, ein klares und möglichst positives **Profil** von sich selbst zu zeichnen. Sie soll den **beruflichen Werdegang** übersichtlich darstellen und die **Fähigkeiten** und **Kenntnisse** erläutern. Sprache, Form und äußere Gestaltung sollten der zu besetzenden Stelle entsprechen. Die Ausführungen müssen **Interesse am Bewerber** wecken, sodass eine Einladung zum Vorstellungsgespräch erfolgt.

Bei der Besetzung einfacher Positionen innerhalb des Restaurants (z. B. gewerbliche Mitarbeiter) wird in der Regel keine umfassende Bewerbung verlangt. Dennoch ist die Vorlage eines letzten **Arbeitszeugnisses** oder die tabellarische Auflistung des **Lebenslaufs** häufig gefordert, da sie den Ausgangspunkt für das folgende Vorstellungsgespräch darstellen.

Viele Unternehmen bieten die Möglichkeit der **Online-Bewerbung**. Dabei werden alle benötigten Daten durch ein Formular von den Bewerbern abgefragt und direkt an das Restaurant bzw. die Personalabteilung übermittelt.

Die Bewerbungen der Kandidaten, die sich am besten mit der Stellenausschreibungen decken, werden im nächsten Schritt zu einem **Vorstellungsgespräch** eingeladen.

Vorstellungsgespräch

In einem Vorstellungsgespräch lernen sich Bewerber und Unternehmensvertreter **persönlich** kennen. Bewerber, die zu einem Vorstellungsgespräch eingeladen werden, haben bereits einen ersten Erfolg erzielt, da ihre Bewerbung einen entsprechenden Eindruck hinterlassen hat.

Gesprächsteilnehmer sind je nach Größe und Struktur des Unternehmens

- der Restaurantleiter, Gebietsleiter oder Franchisenehmer
- der Vorgesetzte der Fachabteilung (bei Bewerbungen in der Zentrale)
- der Personalverantwortliche

Ein Vorstellungsgespräch lässt sich in **sieben Phasen** unterteilen:

- **Vorbereitung**
  Zur Vorbereitung des Vorstellungsgespräches sollten die Bewerbungsunterlagen des Bewerbers bereit liegen. Notizen mit Rückfragen, die sich aus der Bewerbung ergeben haben, werden auf einem separaten Blatt Papier erstellt. Der Raum sollte freundlich und ruhig sein sowie mit ausreichend Stühlen ausgestattet sein. Störungen wie klingelnde Telefone sollten im Vorfeld unterbunden werden. Gute Gastgeber stellen Getränke bereit.

- **Begrüßung**
  Der Start des Gespräches dient vor allem der Auflockerung. Dazu gehören das Anbieten von Getränken und etwas „Small-Talk".

- **Präsentation des Bewerbers**
  Entweder folgt nach der Begrüßung die Vorstellung des Unternehmens oder die Präsentation des Bewerbers. Man gibt dem Bewerber die Gelegenheit sich frei vorzustellen. Als Interviewer hört man hier aufmerksam zu, um Informationen zu sammeln, auf die man später eingeht.

- **Vorstellung des Unternehmens**
  Beginnt man das eigentliche Vorstellungsgespräch mit der Vorstellung des Unternehmens, so nimmt man dem Bewerber die Last, den „ersten Schritt" zu machen. Diese Phase kann aber auch nach der Bewerber-Präsentation folgen. Der Interviewer erläutert die Unternehmensphilosophie und stellt anhand einiger Eckdaten das Unternehmen und die Unternehmensziele vor.

- **Fragen an den Bewerber zur fachlichen und persönlichen Eignung**
  Durch gezielte Fragen des Interviewers sollen die individuellen Qualitäten des Bewerbers herausgefunden werden. Gesprächsinhalte sind die aktuelle berufliche Situation, Interessen, Erfahrungen und Potenzial des Bewerbers. Auch eine Stärken-Schwächen-Analyse gehört zu dieser Gesprächsphase.
  Eine Reihe von Fragen gelten im Vorstellungsgespräch als unzulässig und müssen nicht wahrheitsgemäß beantwortet werden. Dazu gehören Fragen zu einer bestehenden Schwangerschaft, zur Familienplanung, zu Partei-, Religions- oder Gewerkschaftszugehörigkeit, Auskünfte zu Vermögensverhältnissen oder Schulden, Vorstrafen und sexuellen Neigungen, sofern diese Punkte nicht für die Arbeitsstelle relevant sind (z. B. kann die Religionszugehörigkeit in einer kirchlichen Betriebsküche verpflichtend sein).

Phasen eines Vorstellungsgespräches:

- „Kaffee oder Tee?"
  „Haben Sie den Weg gut gefunden?"

- „Berichten Sie über Ihren Werdegang."

- „Toastmeister hat 35 Filialen in ganz Norddeutschland. Unser Frischekonzept überzeugt Gäste jeden Alters. Wir wollen in den nächsten Jahren weiter wachsen und weitere 10 Restaurants eröffnen."

- „Nennen Sie eine persönliche Schwäche!" „Haben Sie Erfahrung im Umgang mit Auszubildenden?"

- „Wie ist das mit den Überstunden?"

- „Wir rufen Sie nächste Woche an und teilen unsere Entscheidung mit."

- **Fragen des Bewerbers an den/die Unternehmensvertreter**
  Der Bewerber hat nun selbst die Möglichkeit Unklarheiten auszuräumen. Diese Phase dient aber nicht nur dazu, bislang nicht genannte Rahmenbedingungen zu erörtern, sondern auch um nochmals Interesse an dem angebotenen Arbeitsplatz zu zeigen. Typische Gesprächsinhalte sind Fragen zur Einarbeitungsphase, Gründe für die Neubesetzung der Stelle, Umfang der regulären Arbeitszeit, mögliche Aufstiegschancen und die Vergütung.

- **Gesprächsabschluss und Verabschiedung**
  Das Gespräch wird durch den Interviewer beendet. Wichtig in dieser Phase ist, dass die weitere Vorgehensweise abgestimmt wird. Eine Entscheidung für oder gegen den Kandidaten wird hier selten gefällt. Vielleicht wird ein Probearbeitstag vereinbart oder auf einen (schriftlichen) Bescheid des Unternehmens verwiesen.

Viele systemgastronomische Restaurantketten verwenden zur Durchführung von Einstellungsgesprächen für gewerbliche Mitarbeiter **standardisierte Ablaufpläne**. Auf diese Weise kann sichergestellt werden, dass alle relevanten Informationen vom Bewerber abgefragt werden und dieser im Gegenzug alle für ihn wichtigen Informationen erhält.

Checkliste Vorstellungsgespräch

Vorstellungsgespräch vom: ____. ____. _____
Vor- und Nachname des Bewerbers: _____

○ männlich ○ weiblich
Geburtsdatum: ____. ____. _____
Staatsangehörigkeit: ○ deutsch ○ EU-Ausland
○ andere _____
Familienstand: ○ ledig ○ verheiratet

Gewünschter Beschäftigungsumfang:
○ Aushilfe (450 €-Basis) ○ Teilzeit _____ Std. ○ Vollzeit

Verfügungszeiten:
Wochentag: ○ Mo ○ Di ○ Mi ○ Do ○ Fr ○ Sa ○ So
Uhrzeit: _____ _____ _____ _____ _____ _____ _____

Erfahrungen in der Gastronomie: ○ nein ○ ja _____
Zuletzt beschäftigt bei _____ als _____
Grund des Ausscheidens: _____
Frühester Eintrittstermin: _____
Belehrung nach dem IfSG: ○ liegt vor ○ liegt nicht vor ○ ist beantragt
Informationen zum Unternehmen: ○ bereits bekannt ○ erteilt

Testverfahren

Viele Unternehmen führen neben dem Vorstellungsgespräch unterschiedliche Testverfahren durch. Vor allem, wenn **leitende Positionen** vergeben werden, sollen die Tests die bisher gesammelten Eindrücke von den Bewerbern untermauern. Fehlentscheidungen in der Personalauswahl können hier sehr teuer werden.

- **Rollenspiele und Fallstudien**
  Die Bewerber werden mit typischen Arbeitssituationen konfrontiert und ihr Verhalten wird beobachtet. Dies kann z. B. eine Gästereklamation oder ein Mitarbeitergespräch sein.

- **Schriftliche Leistungsnachweise**
  Schriftliche Leistungsnachweise sind eine einfache Möglichkeit, Ausdrucksvermögen und Wissen von Bewerbern zu überprüfen. Die Bewerber werden gebeten, einen Brief zu schreiben (z. B. als Antwort auf eine Gästeanfrage) oder eine Pressemitteilung zur neuesten Marketingaktion zu verfassen. Auch das Anfertigen einer Übersetzung kann ein schriftlicher Leistungsnachweis sein, wenn diese Aufgabe zu der zu besetzenden Position passt.

- **Persönlichkeits- und Intelligenztest**
  Bei diesen Tests werden Text-, Rechen- und Bildaufgaben abgefragt, die auf Verarbeitungsgeschwindigkeit und Kapazität abzielen. Auch die persönliche Kreativität oder Hinweise auf Dominanzverhalten und Aggressivität können Schwerpunkt eines solchen Tests sein.

- **Assessment-Center**
  Ein Assessment-Center stellt eine Kombination verschiedener Einzeltests dar. Es ist sehr vielschichtig und wird meist mit mehreren Bewerbern gleichzeitig durchgeführt. Dabei kann auch die Interaktion der einzelnen Teilnehmer untereinander geprüft werden. Bei Assessment-Centern beobachten stets mehrere Unternehmensvertreter die Kandidaten und treffen abschließend eine gemeinsame Entscheidung.

Personalwesen

PERSONALWESEN

Personalauswahl

Wenn alle Vorstellungsgespräche und Einstellungstests abgeschlossen sind, ist eine **Entscheidung über die Neubesetzung** der ausgeschriebenen Stelle zu treffen. Diese Entscheidung wird dem Teilnehmer in der Regel schriftlich oder telefonisch mitgeteilt. Dabei werden Formalien wie Antrittstag, mitzubringende Dokumente usw. abgeklärt. Den abgelehnten Teilnehmern werden, soweit nicht anders vereinbart, die Bewerbungsunterlagen zurückgesandt.

BVerfG § 93 ff. (s. Buch-CD)

Die freie Auswahl von neuen Mitarbeitern kann durch die **Rechte des Betriebsrates** eingeschränkt sein. So kann der Betriebsrat verlangen, dass immer erst eine interne Stellenausschreibung stattfinden soll oder er kann seine Zustimmung zur Neueinstellung verweigern, wenn keine interne Ausschreibung stattgefunden hat. Es besteht jedoch keine gesetzliche Verpflichtung des Arbeitgebers, interne Bewerbungen den externen vorzuziehen.

③ Personalverwaltung

Die Verwaltung des Personalstammes ist eine **Führungsaufgabe** innerhalb eines Restaurants.

3.1 Arbeitsvertrag

Jedem Arbeitsverhältnis liegt ein Arbeitsvertrag zugrunde, durch den sich ein Arbeitnehmer einem Arbeitgeber gegenüber verpflichtet, gegen Entgelt bestimmt Dienste zu leisten.

Inhalt des Arbeitsvertrags

NachwG § 2 (s. Buch-CD)

Arbeitsverträge werden normalerweise schriftlich geschlossen. Liegt dem Arbeitsverhältnis kein schriftlicher Vertrag zugrunde, ist der Arbeitgeber verpflichtet, Mindestinhalte des Arbeitsverhältnisses innerhalb eines Monates in einer Niederschrift festzuhalten und diese dem Arbeitnehmer auszuhändigen. Diese **Mindestinhalte** umfassen:

- **Namen** und **Anschrift** der **Vertragsparteien**
- **Beginn** der Arbeitsverhältnisses
- Ggf. **Befristung** des Arbeitsverhältnisses
- **Arbeitsort**
- Kurze Beschreibung der **Tätigkeit** des Arbeitnehmers
- Das **Arbeitsentgelt** bzw. dessen Zusammensetzung aus Lohn, Zulagen, Prämien und Sonderzahlungen, sowie dessen Fälligkeit

- Die vereinbarte **Arbeitszeit**
- Die Dauer des jährlichen **Urlaubs**
- **Kündigungsfristen**
- Ggf. einen Hinweis auf anzuwendende **Tarifverträge** oder Betriebsvereinbarungen.

Rechte des Arbeitnehmers aus einem Arbeitsvertrag stellen Pflichten des Arbeitgebers dar und anders herum.

3 Personalverwaltung

Rechte und Pflichten des Arbeitnehmers aus einem Arbeitsvertrag	
Recht auf ...	**Pflicht zu ...**
• Beschäftigung • Vergütung • Lohnfortzahlung • Weiterbildung • Fürsorge • Zeugnis	• Dienstleistung • Weiterbildung • Treue • Verschwiegenheit • Wettbewerbsverbot
= Pflichten des Arbeitgebers	= Rechte des Arbeitnehmers

HGB: § 59, § 60, § 62, § 64, § 74
EntgFG: §§ 1,3,4
BurlG: § 1
BGB § 630
UWG § 17
(s. Buch-CD)

Befristung von Arbeitsverhältnissen

Befristete Arbeitsverträge enden, **ohne** dass es einer **Kündigung** von Seiten des Arbeitsgebers bzw. des Arbeitnehmers bedarf. Während der Befristung eines Arbeitsverhältnisses ist eine ordentliche Kündigung nicht möglich. Außerordentliche Kündigungen bleiben stets möglich.

Die gesetzlichen Rahmen zur Befristung von Arbeitsverträgen regelt das Teilzeit- und Befristungsgesetz.

Unterschieden werden Befristungen **mit Sachgrund**, z. B. eine Elternzeitvertretung oder ein Saisonarbeitsvertrag, und Befristungen **ohne Sachgrund**. Die Befristung ist auf maximal zwei Jahre beschränkt. Ist sie für eine kürzere Zeit vereinbart, kann das Arbeitsverhältnis bis zur Dauer von insgesamt zwei Jahren insgesamt drei Mal befristet verlängert werden. Verschiedene rechtliche Bestimmungen schützen Arbeitnehmer in Deutschland vor sachgrundlosen **Kettenbefristungen**. Ein Verstoß gegen diese Bestimmungen hat ein unbefristetes Arbeitsverhältnis zur Folge.

Beendigung von Arbeitsverhältnissen

Befristete Arbeitsverhältnisse enden, **ohne** dass eine **Kündigung** notwendig ist (z. B. Elternzeitvertretung). **Unbefristete** Arbeitsverhältnisse können durch **Kündigung** oder **Aufhebungsvertrag** beendet werden.

Bei der Kündigung des Arbeitsverhältnisses wird zwischen
- **ordentlicher** und
- **außerordentlicher**

Kündigung unterschieden.

Bei einer **ordentlichen** Kündigung sind folgende Fristsetzungen möglich:

- **Gesetzliche Kündigungsfrist:**

Es kann zum 15. eines Monats oder zum Monatsende mit einer Frist von vier Wochen gekündigt werden.

Beispiele für eine ordentliche Kündigung nach BGB §§ 622 ff.				
Kündigungstermin	14. Okt.	3. Januar	23. März	28. Juni
Kündigungsfrist	28 Tage	28 Tage	28 Tage	28 Tage
Vertragsende	15. November	31. Januar	30. April	31. Juli

Personalwesen

Beispiel:
Die 30-jährige Küchenmitarbeiterin ist seit 10 Jahren in unserem Restaurant beschäftigt. Sie kann am 3.Juli zum 31. Juli kündigen, der Arbeitgeber erst zum 31.September.

> Kündigungsfristen können in Tarifverträgen abweichend zur gesetzlichen Regelung vereinbart werden!

Siehe auch „Kündigungsschutz", S. 670

BGB §§ 626 ff. (s. Buch-CD)

Eine Kündigung durch den Arbeitgeber kann **unwirksam** sein, wenn der Betriebsrat nicht wie vorgeschrieben angehört wurde oder Kündigungsfristen nicht eingehalten werden.

BetrVG § 102 (s. Buch-CD)

BBiG § 20 (s. Buch-CD)

- **Besondere Kündigungsfristen:**
Sie **gelten nur für den Arbeitgeber** und schützen langjährige Mitarbeiter. Diese betragen, jeweils auf das Monatsende bezogen, nach einer Beschäftigungsdauer von …

Gerechnet wird dabei die Betriebszugehörigkeit, die nach Vollendung des 25. Lebensjahres liegt.

- **Vertragliche Kündigungsfrist**
Die Kündigungsfrist kann **länger** als die gesetzliche Frist vereinbart werden. Für die Kündigung durch den Arbeitnehmer darf keine längere als für den Arbeitgeber vereinbart werden.

2 Jahren	1 Monat
5 Jahren	2 Monate
8 Jahren	3 Monate
10 Jahren	4 Monate
12 Jahre	5 Monate
15 Jahren	6 Monate
20 Jahren	7 Monate

Das **Kündigungsschutzgesetz** unterscheidet **drei Arten** von ordentlichen Kündigungen:

- Die **betriebsbedingte** Kündigung
- Die **personenbedingte** Kündigung
- Die **verhaltensbedingte** Kündigung

Eine Kündigung gilt als sozial ungerechtfertigt, wenn nicht einer dieser Gründe vorliegt. Dadurch wird die Kündigung unwirksam.

Für **außerordentliche (fristlose) Kündigungen** gelten keine Kündigungsfristen. Sie lösen das Beschäftigungsverhältnis in der Regel mit sofortiger Wirkung auf. Sie setzen aber einen wichtigen Grund voraus. Als wichtige Gründe gelten Tatbestände, die eine Weiterbeschäftigung unzumutbar machen. **Zu diesen wichtigen Gründen zählen**

… aus Arbeitgebersicht	… aus Arbeitnehmersicht
• Strafbare Handlungen wie Diebstahl, Unterschlagung, Vortäuschen einer Erkrankung, grobe Beleidigung, tätlicher Angriff • Beharrliche Arbeitsverweigerung • Dauerndes Zuspätkommen • Vorsätzliche Geschäftsschädigung, üble Nachrede • Vorsätzliche Sachbeschädigung • Konkurrenztätigkeit	• Grobe Ehrverletzung • Verletzung der Vergütungspflicht • Verletzung der Fürsorgepflicht • Handgreiflichkeiten

Für die **Beschäftigung von Auszubildenden** gelten besondere Vorschriften im Hinblick auf die Kündigung des Ausbildungsverhältnisses. Im **Ausbildungsvertrag** wird eine **Probezeit** von ein bis vier Monaten vereinbart. Während dieser Zeit können sowohl Ausbildungsbetrieb als auch Auszubildender (bzw. bei Minderjährigen dessen Eltern) das Ausbildungsverhältnis jederzeit **ohne Angabe von Gründen** beenden.

Nach Ablauf der Probezeit kann das Ausbildungsverhältnis nur noch **aus wichtigem Grund** beendet werden. Aus Sicht des Ausbildungsbetriebs sind dies die o. a. Gründe zur außerordentlichen Kündigung. Aus Sicht des Auszubildenden bestehen folgende Gründe:

- Die Ausbildung wird abgebrochen und es wird eine neue Ausbildung in einem anderen Beruf begonnen.
- Die Ausbildung wird mangelhaft durchgeführt und Klagen bei der IHK waren nachweislich erfolglos.

Eine besondere Form der Beendigung von Arbeitsverhältnissen ist der **Aufhebungsvertrag**. Er ist eine **einvernehmliche Auflösung** des Vertrags und bedarf daher keiner Zustimmung durch den Betriebsrat. Kündigungsfristen und ggf. Abfindungen können frei vereinbart werden.

3.2 Arbeitszeugnisse

Ein wichtiger Aspekt bei der Personalauswahl ist das Arbeitszeugnis, das ein Bewerber aus einem anderen Unternehmen mitbringt. Bei einem Wechsel innerhalb des Systems wird das persönliche Gespräch zwischen ehemaliger und zukünftiger Führungskraft der Interpretation des Arbeitszeugnisses vorgezogen.

Bei der Erstellung von Arbeitszeugnissen werden zwei Arten unterschieden:
- **Einfaches** Arbeitszeugnis
- **Qualifiziertes** Arbeitszeugnis

Der **Anspruch auf ein Arbeitszeugnis** ist gesetzlich geregelt. Der Arbeitnehmer muss die Erstellung eines Arbeitszeugnisses aber ausdrücklich verlangen. Bei der Erstellung sind drei Grundsätze zu beachten:

- **Wahrheitspflicht**

Der gesamte Inhalt des Arbeitszeugnisses muss der Wahrheit entsprechen. Negative Beurteilungen sind nur dann zugelassen, wenn sie während der **kompletten** Beschäftigungszeit Gültigkeit besaßen.

- **Wohlwollen**

Das Zeugnis muss nach der geltenden Rechtsprechung wohlwollend formuliert sein und darf das berufliche Fortkommen des Arbeitnehmers nicht erschweren. Arbeitnehmer haben generell einen **Anspruch** auf Dank, Bedauern oder Wünsche in der Schlussformel des Arbeitszeugnisses, wenn die Arbeitsleistung und das Verhalten gut oder besser bewertet werden.

- **Vollständigkeit**

Das Arbeitszeugnis darf keine Lücken enthalten. Der Zeugnisaussteller darf keine Inhalte vernachlässigen, die der Zeugnisleser üblicherweise erwartet.

Ein Arbeitszeugnis wird üblicherweise mit **Ende des Arbeitsverhältnisses** fällig. Der Arbeitnehmer kann es aber schon mit Zugang seiner Kündigung bzw. beim Einreichen seiner Kündigung vom Arbeitgeber verlangen. Aus wichtigen Gründen kann der Arbeitnehmer die Ausstellung eines **Zwischenzeugnisses** verlangen. Wichtige Gründe sind hierbei unter anderem:

- **Wechsel des Vorgesetzten** (z. B. neue Restaurantleiterin übernimmt die Filiale)
- **Versetzung** an einen anderen Arbeitsplatz (z. B. ein Schichtführer wird dauerhaft in eine andere Filiale versetzt).
- Wechsel in **Elternzeit**
- Übernahme des Restaurants durch einen **neuen Besitzer** (z. B. Verkauf einer Company-Filiale an einen Franchisenehmer)

Ein **einfaches** Arbeitszeugnis bescheinigt Dauer des Arbeitsverhältnisses und Art der Aufgaben.

Ein **qualifiziertes** Zeugnis beurteilt zusätzlich Leistung und Verhalten des Arbeitnehmers.

BGB § 630, GewO § 109
Für Azubis: Abs.1 BBiG §16 (s. Buch-CD)

Beispiel:
„Wir bedauern, dass Frau M. unser Unternehmen verlässt und wünschen ihr für ihre berufliche und private Zukunft alle erdenklich Gute."

Beispiel:
„In seiner Arbeit als Schichtführer wurde er von allen Mitarbeitern anerkannt."

Das Arbeitszeugnis wird üblicherweise vom Restaurantleiter bzw. einer zugeordneten Personalabteilung in der Unternehmenszentrale, vom Franchisegeber oder einer von ihm beauftragten Person ausgestellt und unterzeichnet.

Sprache des Arbeitszeugnisses

Für qualifizierte Arbeitszeugnisse haben sich feste Formulierungen durchgesetzt, deren Übertragen in klassische Schulnoten einfach zu handhaben ist.

Beispiel	Entsprechende Schulnote
• Stets zu unserer vollsten Zufriedenheit erledigt • Hat unseren Erwartungen in jeder Hinsicht und besonderer Weise entsprochen • Ihre Leistungen haben unsere besondere Anerkennung gefunden	sehr gut
• Stets zu unserer vollen Zufriedenheit erledigt • Mit den Ergebnissen der Arbeit waren wir vollauf zufrieden	gut
• Zu unserer vollen Zufriedenheit • Hat unseren Erwartungen voll entsprochen	befriedigend
• Zu unserer Zufriedenheit • Hat unseren Erwartungen entsprochen	ausreichend
• Hat sich bemüht, den Anforderungen gerecht zu werden • Hat im Großen und Ganzen unsere Erwartungen erfüllt	mangelhaft

Eine Reihe von Inhalten darf nach aktueller Rechtsprechung **keinen Eingang** in das Arbeitszeugnis finden. Dazu gehören unter anderem:
- Vorkommnisse aus dem **Privatleben**
- **Schwangerschaft** und **Mutterschutz**
- **Gewerkschafts-**, **Partei-** oder **Religion**szugehörigkeit
- **Gesundheitszustand** (solange keine akute Gefährdung Dritter zu befürchten ist)
- Anzahl der **Krankheitstage**
- **Nebentätigkeiten**
- **Straftaten** oder Verdacht auf strafbare Handlungen
- Teilnahme an **Streiks** oder Aussperrungen

Beurteilt werden **dürfen** dagegen:
- **Fachliche Kompetenz** (z. B. Fachwissen, Fremdsprachenkenntnisse, EDV-Kenntnisse oder absolvierte Kurse und Seminare)
- Geistige und **kreative Fähigkeiten** (z. B. schriftliches Ausdrucksvermögen)
- **Soziale Kompetenz** (z. B. Leistungsbereitschaft, Verantwortungsbereitschaft, Veränderungsbereitschaft)
- **Kommunikation** und **Kooperation** (z. B. Verhalten gegen Gästen, Mitarbeitern, Vorgesetzten, Arbeitsweise und –verhalten, Erfolge und Nutzen für das Restaurant)

3.3 Rechtsschutz des Arbeitnehmers

Eine Reihe von Gesetzen schützt den Arbeitnehmer. Dazu gehören zum Beispiel das **Arbeitszeitgesetz**, das **Bundeselterngeld** und das **Elternzeitgesetz**. Auch besondere Personengruppen wie **Jugendliche** oder **Behinderte** werden durch spezielle Gesetzte geschützt.

In einigen Restaurantketten gelten **Tarifverträge** oder gesonderte **Betriebsvereinbarungen**, die die gesetzlichen Vorgaben erweitern oder spezifizieren

Jugendarbeitsschutz (JArbSchG)

Das Jugendarbeitsschutzgesetz gilt nur für **minderjährige** Arbeitnehmer und Auszubildende. Es regelt Maßnahmen, die vor allem die Arbeitszeit der Jugendlichen betrifft. So darf die regelmäßige **Arbeitszeit** nicht mehr als 8 Stunden betragen und nicht 40 Stunden in der Woche überschreiten. Während der Berufsausbildung kann die tägliche Arbeitszeit auch 8,5 Stunden betragen, wenn das Wochenlimit nicht überschritten wird.

● JArbSchG § 8 (s. Buch-CD)

Auszubildende sind nach § 9 JArbSchG für den **Berufsschulunterricht** freizustellen. Ein mehr als fünfstündiger Berufsschultag muss als acht Stunden Arbeitstag angerechnet werden. Bei einem zweiten Berufsschultag wird die Unterrichtszeit einschließlich der Pausen angerechnet. Beginnt der Unterricht der Berufsschule vor neun Uhr, dürfen Jugendliche davor nicht beschäftigt werden.

● 1 Berufsschultag = 1 Arbeitstag

Weitere wichtige Regelungen des Jugendarbeitsschutzgesetzes

Fundort	Betrifft	Regelung
§ 10	Prüfungen	Ausbilder muss Jugendlichen für alle Prüfungen am Tag der Prüfung freistellen. Am Tag **vor** der schriftlichen Abschlussprüfung zusätzlich.
§ 11	Pause	Eine Pause hat mindestens 15 Minuten, bei 4,5 bis 6 Stunden Arbeitszeit erhält der Jugendliche insgesamt 30 Minuten Pause, bei mehr als 6 Stunden 60 Minuten.
§§ 12, 13	Schichtdienst	Zwischen Arbeitsbeginn und –ende dürfen max. 10 Stunden liegen (inkl. Pausen), im Gastgewerbe auch 12 Stunden. Die Ruhezeit zwischen zwei Schichten muss mindestens 12 Stunden betragen.
§ 14	Nachtarbeit	In der Gastronomie dürfen Jugendliche nur zwischen 6 und 22 Uhr arbeiten.
§§ 15, 16	Wochenarbeitszeit	Arbeit nur an fünf Tagen pro Woche, möglichst zwei aufeinander folgende Tage sollen frei sein.
§ 17	Sonn- und Feiertagsarbeit	Arbeiten am Samstag und Sonntag ist in der Gastronomie prinzipiell möglich, allerdings sollte jeder zweite Sonntag frei sein. Verboten ist die Beschäftigung am 25. Dezember, 1. Januar, 1. Mai und am ersten Osterfeiertag. Bei Beschäftigungen an Feiertagen steht Jugendlichen ein Ersatzruhetag zu.
§ 19	Urlaub	Je nach Alter stehen dem Jugendlichen zwischen 25 und 30 Werktage (inkl. Samstag) an Urlaub zu. Dieser soll in den Berufsschulferien liegen. Mindestens zwei Wochen davon müssen am Stück gewährt werden.
§§ 32–46	Ärztliche Untersuchung	Vor Beginn der Arbeit muss der Jugendliche vom Arzt untersucht werden.

Schwerbehindertenschutz

Als schwerbehindert gilt in Deutschland, wer infolge seiner Behinderung in der **Erwerbsfähigkeit um mindestens 50 % eingeschränkt** ist und sein Zustand für länger als sechs Monate von dem für das Lebensalter üblichen Zustand abweicht. Knapp 9 % der Gesamtbevölkerung gelten danach als schwerbehindert.

Schwerbehinderte genießen im Rahmen des Arbeitsschutzes einen besonderen Status. Dadurch sollen die Möglichkeiten verbessert werden, sie in das Erwerbsleben einzugliedern. Trotz der körperlichen oder geistigen Einschränkungen gibt es auch in systemgastronomischen Restaurants verschiedene Arbeitsplätze, die für Schwerbehinderte geeignet sind.

Beispiele:
- Bestellannahme in einem Drive-in-Restaurant („Ordertaker")
- Instandhaltung der Außenanlagen
- Verwaltung des Magazines

Restaurants mit mindestens 20 Arbeitsplätzen sind verpflichtet, **fünf Prozent** aller Arbeitsplätze mit **Schwerbehinderten** zu besetzen. Solange dieser Verpflichtung nicht nachgekommen wird, muss eine **Ausgleichsabgabe** gezahlt werden. Die Höhe der Abgabe regelt §77 des neunten Sozialgesetzbuches. Aktuell beträgt die Abgabe zwischen 115 € und 290 € monatlich, je nach Anzahl der Arbeitsplätze und Erreichen der Schwerbehinderten-Beschäftigungsquote. Die Beschäftigung Schwerbehinderter hat also nicht nur soziale Aspekte, sondern lohnt sich auch betriebswirtschaftlich.

SGB IX § 77 (s. Buch-CD)

SGB IX §§ 85–92 (s. Buch-CD)

Besteht das Arbeitsverhältnis mit einem schwerbehinderten Mitarbeiter seit mehr als sechs Monaten, gilt ein **besonderer Kündigungsschutz**. Eine Kündigung (sowohl außerordentlich als auch ordentlich, vgl. S. 665) darf nur erfolgen, wenn das **Integrationsamt** vorher zugestimmt hat. Die Kündigungsfrist beträgt stets **mindestens vier Wochen**.

Schutz vor Benachteiligung

Das **allgemeine Gleichbehandlungsgesetz**, oft auch Antidiskriminierungsgesetz genannt, soll Benachteiligungen aus
- Gründen der **Rasse**,
- wegen **ethnischer Herkunft**,
- wegen des **Geschlechts**,
- wegen der **Religion** oder Weltanschauung,
- wegen einer **Behinderung**,
- wegen des **Alters**
- oder wegen der **sexuellen Orientierung**

verhindern oder beseitigen. Es schützt Mitarbeiter im Restaurant davor, dass sie aus den oben genannten Gründen benachteiligt werden.

Verantwortlich für die Umsetzung im Restaurant sind Arbeitgeber und Vorgesetzte. Dafür stehen ihnen entsprechende arbeitsrechtliche Maßnahmen wie Abmahnung, Versetzung oder Kündigung zur Verfügung.

Stellenausschreibungen und Arbeitsplätze sind entsprechend der Vorgaben des Gesetzes so zu gestalten, dass es nicht zu **Benachteiligungen einzelner Personengruppen** kommt. Andernfalls haben Betroffene Anspruch auf Schadenersatz und Entschädigung.

Kündigungsschutz

Kündigungsschutz

Allgemeiner Kündigungsschutz	Besonderer Kündigungsschutz
für alle Mitarbeiter mit mehr als sechsmonatiger Betriebszugehörigkeit in Restaurants mit mehr als 10 Beschäftigten	• für Mütter • für Auszubildende • für Schwerbehinderte • für Betriebsratsmitglieder

KSchG § 1 (s. Buch-CD)

Der allgemeine Kündigungsschutz gilt für alle Mitarbeiter, die seit **mehr als sechs Monaten** ununterbrochen in demselben Unternehmen beschäftigt sind und der Betrieb **mindestens 10 Beschäftigte** hat. Der Kündigungsgrund muss betrieblich bedingt sein oder in der Person oder dem Verhalten des Arbeitnehmers liegen.

Hält ein Mitarbeiter eine Kündigung für **nicht gerechtfertigt**, kann er beim **Betriebsrat** (sofern vorhanden) binnen einer Woche **Einspruch** erheben bzw. beim **Arbeitsgericht** innerhalb von drei Woche Klage gegen die Kündigung einreichen.

Für Vorstandsmitglieder und Geschäftsführer gilt der allgemeine Kündigungsschutz nicht.

Einige Personengruppen genießen einen **besonderen Kündigungsschutz**:
- **Betriebsratsmitglieder** und Mitglieder der **Jugend- und Auszubildendenvertretung** während und ein Jahr nach ihrer Amtszeit
- **(werdende) Mütter** während der Schwangerschaft, sofern der Arbeitgeber davon Kenntnis hat, außerdem während vier Monaten nach der Entbindung und während der Elternzeit
- **Auszubildende** nach Ablauf der Probezeit
- **Schwerbehinderte** (s. auch S. 669)

Das Recht zur fristlosen Kündigung **bei erheblicher Pflichtverletzung** gilt auch trotz des besonderen Kündigungsschutzes weiter.

> **Beispiel:**
> Dem 50-jährigen Küchenmitarbeiter soll gekündigt werden, aber zeitgleich werden Einstellungsgespräche mit mehreren 20-Jährigen geführt. Diese Kündigung ist unwirksam.
>
> KSchG § 14 (s. Buch-CD)

3.4 Eingruppierung

Unter Eingruppierung versteht man die **Zuordnung eines Arbeitnehmers zu einer tarifvertraglichen Vergütungsgruppe**. Ist das Beschäftigungsverhältnis **tarifgebunden**, so ist die Eingruppierung in eine Tarifgruppe zwingend notwendig, da sie als Grundlage zur Berechnung des Mindestentgeltes dient. Darüber hinaus sind **übertarifliche Zulagen** oder **Sonderzahlungen** zulässig, sie können einzelvertraglich vereinbart werden.

Die Eingruppierung des **Bundesverbandes der Systemgastronomie** und der **Gewerkschaft Nahrung – Genuss – Gaststätten** zeigt den Zusammenhang von Tätigkeit und Stellenbeschreibung (s. auch S. 658) zur **Tarifgruppen-Eingruppierung** auf:

> **Ein Arbeitsverhältnis ist tarifgebunden**, wenn
> - der Arbeitgeber Mitglied im Arbeitgeberverband ist oder
> - der Arbeitgeber einen Haustarifvertrag abgeschlossen hat oder
> - der Gesetzgeber einen Tarifvertrag als allgemeinverbindlich erklärt hat oder
> - im Arbeitsvertrag vereinbart wird, dass der Tarifvertrag zur Geltung kommt.

Tarifgruppe 1

1a) Einfache Tätigkeiten, die keine Vorkenntnisse erfordern, insbesondere:
- Arbeitnehmer/in im Rotationssystem in den ersten 6 Monaten
- Wäschearbeiten
- Lager- und Magazinarbeiten
- Tätigkeiten in der Spülküche
- Reinigung und Pflege der Außenanlagen
- Tischabräumer/in
- Auffüller/in

1b) Einfache Tätigkeiten, die erste Vorkenntnisse erfordern, insbesondere:
- Arbeitnehmer/in im Rotationssystem nach 6 Monaten

Tarifgruppe 2

Tätigkeiten, die Kenntnisse oder Fertigkeiten voraussetzen, für die eine Anlernzeit erforderlich ist, insbesondere:
- Arbeitnehmer/in im Rotationssystem nach 12 Monaten
- Einfache Tätigkeiten in der Verwaltung (Sortierarbeiten, Ablage, einfache Dateneingabe etc.)
- Grund- und Nachtreiniger/in
- Pizzazubereitung

Tarifgruppe 3

Tätigkeiten, die weitergehende Kenntnisse und/oder Fertigkeiten erfordern, die über die Tarifgruppe 2 hinausgehen, insbesondere:
- Arbeitnehmer/in im Rotationssystem, der/die alle während seiner/ihrer Schicht im Restaurant zur Verfügung stehenden

Tätigkeiten im Rotationssystem ausüben kann und diese selbstständig regelmäßig ausübt nach 36 Monaten dieser Tätigkeit
- Kundenbetreuer/in nach 12 Monaten dieser Tätigkeit
- Verwaltungstätigkeit, die über die einfachen Tätigkeiten der Tarifgruppe 2 hinausgeht
- Pizzazubereitung mit erhöhten Anforderungen

Tarifgruppe 4
Tätigkeiten, die Kenntnisse und/oder Fertigkeiten erfordern, die über die Tarifgruppe 3 hinausgehen, insbesondere:
- Arbeitnehmer/in mit Aufsichtsbefugnis in den Teilbereichen des Rotationssystems ohne Weisungsbefugnis, der/die teilweise zur Unterstützung der Schichtführung auf Anweisung Schichtführungsaufgaben ausführt, nach erfolgreichem Abschluss betriebsinterner Qualifizierungsmaßnahme (z. B. Crew, Chief)
- Schichtführer/in in den ersten 12 Monaten dieser Tätigkeit nach erfolgreichem Abschluss betriebsinterner Qualifizierungsmaßnahme
- Tätigkeit am Empfang und als Telefonist/in
- Pizzazubereitung mit besonderen Anforderungen

Tarifgruppe 5
Tätigkeiten, die gründliche und/oder vielseitige Kenntnisse und Fertigkeiten erfordern, die in der Regel durch eine abgeschlossene Berufsausbildung erworben werden, insbesondere:
- Schichtführer/in nach 12 Monaten dieser Tätigkeit
- Verwaltungstätigkeiten mit erhöhten Anforderungen
- Sekretär/in und Teamassistent/in
- Casinoverwalter/in
- Trainee in der betrieblichen Ausbildung zum/r Restaurant-Assistent/in

Tarifgruppe 6
Tätigkeiten, die vertiefte, gründliche und vielseitige Kenntnisse und Fertigkeiten voraussetzen und deren Ausführung in begrenztem Umfang eigene Entscheidungen erfordert, insbesondere:
- Restaurant-Assistent/in in den ersten 12 Monaten dieser Tätigkeit nach erfolgreichem Abschluss betriebsinterner Qualifizierungsmaßnahme
- Sachbearbeiter/in in z. B. Buchhaltung, EDV, Personalabteilung, Bau- und Immobilienabteilung, Einkauf
- Sekretär/in und Teamassistent/in mit erhöhten Anforderungen

Tarifgruppe 7
Tätigkeiten, die umfassende Kenntnisse und Fertigkeiten voraussetzen und deren Ausübung überwiegend eigene Entscheidungen und Verantwortung erfordert, insbesondere:
- Restaurant-Assistent/in nach 12 Monaten dieser Tätigkeit
- Sekretär/in mit besonderen Anforderungen
- Sachbearbeiter/in in z. B. Buchhaltung, EDV, Personalabteilung, Bau- und Immobilienabteilung, Einkauf mit erhöhten Anforderungen

Tarifgruppe 8
Tätigkeiten, die besondere Anforderungen an das fachliche Können stellen und/oder mit erhöhter Verantwortung verbunden sind, insbesondere:
- Erste/r Restaurant-Assistent/in nach erfolgreichem Abschluss betriebsinterner Qualifizierungsmaßnahme
- Verwaltungsassistent/in
- Gruppenleiter/in in der Verwaltung

Tarifgruppe 9
Tätigkeiten, die Kenntnisse über gesamtbetriebliche Zusammenhänge erfordern und deren Schwierigkeits- und Verantwortungsgrad über die Tarifgruppe 8 hinausgeht, insbesondere:
- Restaurantleiter/in in den ersten drei Jahren dieser Tätigkeit nach erfolgreichem Abschluss betriebsinterner Qualifizierungsmaßnahme
- Verwaltungsassistent/in mit erhöhten Anforderungen
- Gruppenleiter/in in der Verwaltung mit erhöhten Anforderungen

Tarifgruppe 10
Tätigkeiten, die Kenntnisse über gesamtbetriebliche Zusammenhänge erfordern und deren Schwierigkeits- und Verantwortungsgrad über Tarifgruppe 9 hinausgeht, insbesondere:
- Restaurantleiter/in nach dreijähriger Ausübung dieser Tätigkeit
- Verwaltungsassistent/in mit besonderen Anforderungen
- Abteilungsleiter in der Verwaltung

Tarifgruppe 11
Tätigkeiten mit operativen und warenlogistischen sowie personalwirtschaftlichen Aufgaben, die einen hohen Schwierigkeits- und Verantwortungsgrad haben, insbesondere:
- Restaurantleiter/in mit erheblich erweitertem Aufgabengebiet, welches deutlich über die Anforderungen und den Verantwortungsbereich eines/r Restaurantleiters/in in den Tarifgruppen 9 und 10 hinausgeht
- Führungskraft oberhalb der Restaurantleiterebene
- Bezirksleiter/in
- Führungskraft in der Verwaltung

Tarifgruppe 12
Tätigkeiten mit operativen und warenlogistischen sowie personalwirtschaftlichen Aufgaben, die einen hohen Schwierigkeits- und Verantwortungsgrad haben und über die Tarifgruppe 11 hinausgehen, insbesondere:
- Führungskraft oberhalb der Bezirksleiterebene
- Führungskraft in der Verwaltung mit erhöhten Anforderungen

3.5 Formen der Entlohnung

```
                        Entlohnungsformen
           ┌──────────────┬──────────────┬──────────────┐
      Zeitlohn       Leistungslohn   Beteiligungslohn   Akkordlohn
      • Stundenlohn  • Prämienlohn   • Gewinnbeteiligung • Stückzeitakkord
      • Monatslohn                   • Kapitalbeteiligung • Stückgeldakkord
      • Jahresgehalt
```

Die Entlohnung kann nach verschiedenen Grundsätzen errechnet werden. In der **Systemgastronomie** sind Zeitlohn und Leistungslohn am weitesten verbreitet.

Zeitlohn

Die Grundlage für die Berechnung des Zeitlohnes ist die im Unternehmen verbrachte **Arbeitszeit**. Zur Erfassung wird in der Regel ein **Zeiterfassungssystem** („Stempeluhr") verwendet. Für **gewerbliche Mitarbeiter** in der Systemgastronomie wird üblicherweise ein **Stundenlohn** entsprechend der tarifvertraglichen Eingruppierung vereinbart.

> **Berechnung:** Stundenlohn · erfasste Stundenleistung im Monat
> = Bruttomonatslohn

Für **kaufmännische** oder **leitende Angestellte** in der Systemgastronomie wird häufig ein **Monatslohn** im Arbeitsvertrag vereinbart. Dies bedeutet, dass der Lohn für einen Monat unabhängig von der Zahl der Arbeitstage konstant ist.

Vorteile Zeitlohn:
- Einfache Lohnberechnung
- Festes regelmäßiges Einkommen
- Weniger Stress durch Leistungsdruck

Nachteile Zeitlohn:
- Weniger Leistungsanreiz
- Abhängigkeit des Restaurants vom Leistungswillen des Mitarbeiters

Leistungslohn

Leistungslohn wird in der Systemgastronomie in der Regel für **Mitarbeiter mit Führungsaufgaben** vereinbart. Aber auch im gewerblichen Bereich bieten einige Systeme ihren Mitarbeitern leistungsbezogene Lohnkomponenten an.

Prämienart	Zweck	Beispiele
Provision	Anreiz zur Erzielung höherer Umsätze	2 % des Monatsumsatzes als Managementprämie
Umsatzprämie	Überschreitung bestimmter Umsatzziele	Der Umsatz über dem Planumsatz wird durch eine Sonderauszahlung belohnt.
Ersparnisprämie	Kostenreduktion im Bereich Wareneinsatz oder Personaleinsatz	Bei Erreichung einer vorgegebenen Wareneinsatzquote bzw. Personaleinsatzquote wird eine Prämie ausgezahlt.
Produktivitätsprämie	Steigerung der Produktivität der Mitarbeiter	Steigt die Produktivität über eine vorgegebene Marke, wird dies durch eine Sonderzahlung belohnt.
Bonus	Erreichung bestimmter qualitativer Ziele (z. B. Sauberkeit, Servicegeschwindigkeit)	Sind alle „Mystery-Shopper"-Besuche im Monat positiv, wird eine Prämie ausgezahlt.

Personalwesen

Vorteile Leistungslohn:
- Anreiz zu mehr Leistung
- „Mehrarbeit" wird belohnt
- Ggf. Kosteneinsparung

Nachteile Leistungslohn:
- Konflikt unter den Mitarbeitern
- Ggf. intransparentes System
- Hoher Berechnungs- und Erfassungsaufwand

Lohnsteuerklassen (LStKl)

I   Alleinstehende (ledig, geschieden, getrennt lebend, verwitwet ab 2. Jahr nach Tod)

II   Alleinerziehende (mit Vorauss. für LStKl I und Anspruch auf Entlastungsbetrag)

III Verheiratete (wenn Partner nicht arbeitet oder arbeitet und LStKl V wählt) und Verwitwete (Todesjahr + 1 Jahr)

IV   Verheiratete (wenn beide arbeiten und beide LStKl IV wählen)

V   Verheiratete (wenn der Partner arbeitet und LStKl III wählt)

VI   Für zweites Arbeitsverhältnis

Beispiel:
Ein Mitarbeiter eines Quick-Service-Restaurants in Niedersachsen hat laut Lohnsteuertabelle 342 € an Lohnsteuer zu zahlen. Zusätzlich werden 30,78 € an Kirchensteuer einbehalten.
342 €/100 · 9 = 30,78 €

PERSONALWESEN

Der Leistungslohn wird üblicherweise zusätzlich zu einem leistungsunabhängigen Grundlohn (Zeitlohn) gewährt. Das monatliche Einkommen kann daher unterschiedlich hoch ausfallen.

Der Motivationsaspekt der leistungsbezogenen Entlohnung ist allerdings nur dann sinnvoll, wenn die erbrachte Mehrleistung **direkt den betroffenen Mitarbeitern zugeordnet** werden kann, z. B. über die Auswertung des Umsatzes pro Schicht.

3.6 Entgeltabrechnung

Zur Abrechnung des Entgeltes muss für jeden Mitarbeiter der individuelle **Bruttoarbeitslohn** bestimmt und das zu zahlende **Netto-Entgelt** berechnet werden. Außerdem müssen jene Beträge ermittelt werden, die an die **Sozialversicherungen** und die **Finanzbehörden** laut gesetzlicher Verpflichtung abgeführt werden müssen.

Lohnsteuer

Die Lohnsteuer ist eine Form der Einkommensteuer. Sie wird auf alle **Einkünfte aus nicht selbständiger Arbeit** erhoben. Ihre Höhe richtet sich nicht nur nach dem Bruttoeinkommen, sondern ist auch von Familienstand, Zahl der Kinder sowie bestimmten Freibeträgen abhängig. Die Höhe der Lohnsteuer wird vom Arbeitgeber berechnet und spätestens 10 Tage nach Ablauf eines Monats an das Finanzamt abgeführt.

Die Lohnsteuermerkmale eines Arbeitnehmers übernimmt der Arbeitgeber aus den elektronischen Lohnsteuerabzugsmerkmalen (ELStAM).

Es gibt in Deutschland **sechs Lohnsteuerklassen**, die die persönlichen Verhältnisse des Arbeitnehmers berücksichtigen. Je nach gewählter Lohnsteuerklasse fällt die Steuerbelastung unterschiedlich aus:

Die Höhe der Lohnsteuer wird in der Regel mit Hilfe einer Lohnsteuersoftware oder mit schriftlichen Lohnsteuertabellen ermittelt.

Befreit von der Lohnsteuer sind
- Sonntagzuschläge (bis 50 %)
- Feiertagszuschläge (bis 125 %, Weihnachten und 1. Mai bis 150 %)
- Nachtarbeitszuschläge bis 25 %, für die Zeit von 20 bis 6 Uhr
- Nachtarbeitszuschlage bis 40 %, für die Zeit von 0 bis 4 Uhr, wenn der Beginn der Arbeitszeit vor 0 Uhr liegt.

Kirchensteuer

Ist in den elektronischen Lohnsteuermerkmalen eine Religionszugehörigkeit gespeichert, wird die Kirchensteuer mit der Lohnsteuer gemeinsam abgeführt. Von dort wird sie an die jeweiligen Konfessionen weitergeleitet. Der Kirchensteuersatz beträgt in Bayern und Baden-Württemberg **8 %**, in allen übrigen Bundesländern **9 %**, bezogen auf die einbehaltene Lohnsteuer.

1 427,99* MONAT

Lohn/Gehalt bis €*		Abzüge an Lohnsteuer, Solidaritätszuschlag (SolZ) und Kirchensteuer (8%, 9%) in den Steuerklassen																						
		I – VI ohne Kinderfreibeträge				I, II, III, IV mit Zahl der Kinderfreibeträge ...																		
									0,5			1			1,5			2			2,5			3	
		LSt	SolZ	8%	9%		LSt	SolZ	8%	9%	SolZ	8%	9%	SolZ	8%	9%	SolZ	8%	9%	SolZ	8%	9%	SolZ	8%	9%
1 379,99	I,IV	66,83	—	5,34	6,01	I	66,83	—	0,88	0,99	—	—	—	—	—	—	—	—	—	—	—	—	—	—	—
	II	43,66	—	3,49	3,92	II	43,66	—	—	—	—	—	—	—	—	—	—	—	—	—	—	—	—	—	—
	III	—	—	—	—	III	—	—	—	—	—	—	—	—	—	—	—	—	—	—	—	—	—	—	—
	V	218,16	11,99	17,45	19,63	IV	66,83	—	2,91	3,27	—	0,88	0,99	—	—	—	—	—	—	—	—	—	—	—	—
	VI	254,41	13,99	20,35	22,89																					
1 382,99	I,IV	67,50	—	5,40	6,07	I	67,50	—	0,91	1,02	—	—	—	—	—	—	—	—	—	—	—	—	—	—	—
	II	44,25	—	3,54	3,98	II	44,25	—	—	—	—	—	—	—	—	—	—	—	—	—	—	—	—	—	—
	III	—	—	—	—	III	—	—	—	—	—	—	—	—	—	—	—	—	—	—	—	—	—	—	—
	V	219,41	12,06	17,55	19,74	IV	67,50	—	2,96	3,33	—	0,91	1,02	—	—	—	—	—	—	—	—	—	—	—	—
	VI	255,66	14,06	20,45	23,—																					
1 385,99	I,IV	68,16	—	5,45	6,13	I	68,16	—	0,94	1,06	—	—	—	—	—	—	—	—	—	—	—	—	—	—	—
	II	44,83	—	3,58	4,03	II	44,83	—	—	—	—	—	—	—	—	—	—	—	—	—	—	—	—	—	—
	III	—	—	—	—	III	—	—	—	—	—	—	—	—	—	—	—	—	—	—	—	—	—	—	—
	V	220,58	12,13	17,64	19,85	IV	68,16	—	3,—	3,37	—	0,94	1,06	—	—	—	—	—	—	—	—	—	—	—	—
	VI	256,83	14,12	20,54	23,11																					
1 388,99	I,IV	68,75	—	5,50	6,18	I	68,75	—	0,98	1,10	—	—	—	—	—	—	—	—	—	—	—	—	—	—	—
	II	45,33	—	3,62	4,07	II	45,33	—	—	—	—	—	—	—	—	—	—	—	—	—	—	—	—	—	—
	III	—	—	—	—	III	—	—	—	—	—	—	—	—	—	—	—	—	—	—	—	—	—	—	—
	V	221,75	12,19	17,74	19,95	IV	68,75	—	3,04	3,42	—	0,98	1,10	—	—	—	—	—	—	—	—	—	—	—	—
	VI	258,—	14,19	20,64	23,22																					
1 391,99	I,IV	69,41	—	5,55	6,24	I	69,41	—	1,02	1,14	—	—	—	—	—	—	—	—	—	—	—	—	—	—	—
	II	46,—	—	3,68	4,14	II	46,—	—	—	—	—	—	—	—	—	—	—	—	—	—	—	—	—	—	—
	III	—	—	—	—	III	—	—	—	—	—	—	—	—	—	—	—	—	—	—	—	—	—	—	—
	V	223,—	12,26	17,84	20,07	IV	69,41	—	3,08	3,47	—	1,02	1,14	—	—	—	—	—	—	—	—	—	—	—	—
	VI	259,25	14,25	20,74	23,33																					
1 394,99	I,IV	70,08	—	5,60	6,30	I	70,08	—	1,06	1,19	—	—	—	—	—	—	—	—	—	—	—	—	—	—	—
	II	46,50	—	3,72	4,18	II	46,50	—	—	—	—	—	—	—	—	—	—	—	—	—	—	—	—	—	—
	III	—	—	—	—	III	—	—	—	—	—	—	—	—	—	—	—	—	—	—	—	—	—	—	—
	V	224,16	12,32	17,93	20,17	IV	70,08	—	3,13	3,52	—	1,06	1,19	—	—	—	—	—	—	—	—	—	—	—	—
	VI	260,41	14,32	20,83	23,43																					
1 397,99	I,IV	70,75	—	5,66	6,36	I	70,75	—	1,09	1,22	—	—	—	—	—	—	—	—	—	—	—	—	—	—	—
	II	47,08	—	3,76	4,23	II	47,08	—	—	—	—	—	—	—	—	—	—	—	—	—	—	—	—	—	—
	III	—	—	—	—	III	—	—	—	—	—	—	—	—	—	—	—	—	—	—	—	—	—	—	—
	V	225,33	12,39	18,02	20,27	IV	70,75	—	3,18	3,57	—	1,09	1,22	—	—	—	—	—	—	—	—	—	—	—	—
	VI	261,66	14,39	20,93	23,54																					
1 400,99	I,IV	71,41	—	5,71	6,42	I	71,41	—	1,13	1,27	—	—	—	—	—	—	—	—	—	—	—	—	—	—	—
	II	47,66	—	3,81	4,28	II	47,66	—	—	—	—	—	—	—	—	—	—	—	—	—	—	—	—	—	—
	III	—	—	—	—	III	—	—	—	—	—	—	—	—	—	—	—	—	—	—	—	—	—	—	—
	V	226,58	12,46	18,12	20,39	IV	71,41	—	3,22	3,62	—	1,13	1,27	—	—	—	—	—	—	—	—	—	—	—	—

Abb. Auszug aus der Lohnsteuertabelle Monat, Stollfuß Medien, Bonn

Solidaritätszuschlag

Der Solidaritätszuschlag (SolZ) ist eine Ergänzungsabgabe zur Einkommensteuer zur **Unterstützung der neuen Bundesländer** und beträgt **5,5 %** des Betrages der Lohnsteuer.

Sozialversicherungen

Die Sozialversicherung als wichtigstes Netz der sozialen Sicherung in Deutschland besteht aus den fünf Zweigen

- Arbeitslosenversicherung
- gesetzliche Krankenversicherung
- Pflegeversicherung
- Rentenversicherung und
- gesetzliche Unfallversicherung

Die Finanzierung erfolgt zum überwiegenden Teil aus Beiträgen, die Arbeitnehmer und Arbeitgeber entrichten. Bis zur Höhe der **Beitragsbemessungsgrenze** ist die Höhe der Beiträge am Bruttolohn orientiert. Die Beiträge zur Unfallversicherung trägt der Arbeitgeber alleine.

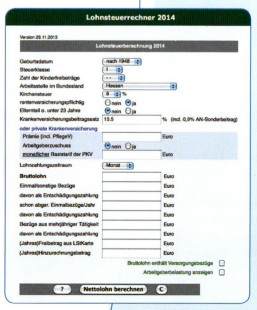

Beitragsbemessungsgrenze 2014:
Westdeutschland: 5.950 € monatlich
Ostdeutschland: 5.000 € monatlich

Personalwesen

PERSONALWESEN

Aktuelle Beiträge zur Sozialversicherung		
	Arbeitnehmeranteil	Arbeitgeberanteil
Krankenversicherung	8,200%	7,300%
Pflegeversicherung	1,025%	1,025%
Kinderlose ab 24 J.	1,275%	1,025%
(in Sachsen)	1,525%	0,525%
Rentenversicherung	9,450%	9,450%
Arbeitslosenversicherung	1,500%	1,500%

Sachbezüge und geldwerte Vorteile

Als Sachbezüge oder geldwerte Vorteile werden Leistungen des Arbeitgebers bezeichnet, die **dem Arbeitnehmer unbar zur Verfügung** gestellt werden.

Sachbezüge unterliegen der Sozialversicherungs- und Steuerpflicht und müssen dementsprechend in der Lohnabrechnung berücksichtigt werden. Daher muss der geldwerte Vorteil des Sachbezuges bei der Entgeltberechnung zunächst dem Bruttolohn hinzugefügt werden. Auf Basis dieses erhöhten Bruttolohnes werden die Sozialversicherungsbeiträge, Lohnsteuer, Kirchensteuer und Solidaritätszuschlag berechnet. Von dem dann ermittelten Nettogehalt wird der Sachbezugswert wieder abgezogen, um den Auszahlungsbetrag zu erhalten.

Beispiele für Sachbezüge in der Gastronomie:
- Kostenloses Personalessen
- Firmenwagen für den Restaurantleiter
- Mitarbeiterrabatte beim Einkauf

Ablauf zur Berechnung des Nettolohnes

	Handlung	Beispiel
①	Bruttolohn ohne Zuschläge inkl. VWL berechnen	9,10 € x 150 Std. = 1.365 € 1.365 € + 30 € = 1.395 €
②	Ermittlung der Steuerabgaben (gem. Lohnsteuertabelle z. B. S. 675)	Lohnsteuer: 70,75 € SolZ: 0 €, KiSt. 6,36 €
③	Ermittlung der SV-Abgaben (Arbeitnehmer-Anteil, vgl. oben)	KV 1.14,39 € + RV 131,83 € + AV 20,93 € + PV 14,30 €
④	Berechnung des Nettolohnes (Brutto-Steuerabgaben – SV + Zuschläge)	1.395 € – 77,11 € – 281,45 € + 68,25 € = 1.104,69 €
⑤	Berechnung Auszahlungsbetrag (Nettolohn – VWL-Betrag)	1.104,69 € – 40 € = 1.064,69 €

Ablauf zur Berechnung des Nettolohnes
Für das Beispiel werden folgende Werte angenommen: Ein 21 Jahre alter Mitarbeiter (ohne Kinder) arbeitet 150 Stunden bei einem Stundenlohn von 9,10 €. Er hat die Steuerklasse I. Das Restaurant befindet sich in Nordrhein-Westfalen. Er zahlt einen VWL-Sparbetrag von 40 € monatlich, 30 € trägt sein Arbeitgeber bei. Er erhält für 30 Stunden einen Nachtzuschlag von 25% auf den Stundenlohn.

Minijob – geringfügige Beschäftigung

Als Minijob oder 450-Euro-Jobs werden geringfügige Beschäftigungsverhältnisse bezeichnet, für die **besondere sozialversicherungsrechtliche Bestimmungen** gelten. Zu unterscheiden sind hierbei **zwei Arten** von Beschäftigungen.

● SGB §8

```
                    Geringfügige Beschäftigung
                    ┌──────────────┴──────────────┐
                    ▼                             ▼
        Geringfügig entlohnte           Kurzfristige Beschäftigung
        Beschäftigung                   Das Arbeitsverhältnis ist auf 50 Arbeitstage
        Das regelmäßige monatliche      oder höchstens zwei Monate befristet.
        Arbeitsentgelt liegt unter      Das Entgelt übersteigt 450 € monatlich.
        450 Euro.
        Die monatliche Arbeitszeit
        spielt keine Rolle.
```

3.7 Organisation der Mitarbeiterdaten

Besonders in größeren Unternehmen mit vielen Mitarbeitern kommt der Organisation von Mitarbeiterdaten eine besondere Bedeutung zu.

Arbeitspapiere bei Einstellung und Entlassung

Bei der Einstellung und Entlassung von Mitarbeitern spielen die Arbeitspapiere eine große Rolle. Zu den Arbeitspapieren, die der Arbeitgeber bei Abschluss des Arbeitsvertrages verlangen kann, gehören in der **Systemgastronomie**:

- Steuer-Identifikationsnummer und Geburtsdatum zum Zugriff auf ELStAM
- Sozialversicherungsausweis
- Ggf. Urlaubsbescheinigung des letzten Arbeitgebers über den im laufenden Kalenderjahr bereits gewährten Erholungsurlaub
- Arbeitszeugnis oder Abschlusszeugnis
- Ggf. Unterlagen über vermögenswirksame Leistungen, sofern diese gezahlt werden
- Mitteilung über die Krankenkasse des Arbeitnehmers
- Nachweis über die Belehrung nach § 43 Infektionsschutzgesetz (IfSG)
- Arbeitsgenehmigung bei ausländischen Arbeitnehmern aus Nicht-EU-Staaten
- Gesundheitsbescheinigung bei Arbeitnehmern unter 18 Jahren

Der Sozialversicherungsausweis und die Arbeitsbescheinigungen des letzten Arbeitgebers sind dem Arbeitnehmer nach Vorlage **wieder auszuhändigen**. Alle anderen Unterlagen müssen sorgfältig im Restaurant **aufbewahrt** werden.

Bei Beendigung des Arbeitsverhältnisses müssen alle Unterlagen dem Arbeitnehmer **zurückgegeben** werden, auch wenn noch Forderungen seitens des Betriebes gegen ihn bestehen.

Personalwesen

PERSONALWESEN

Personalakte und Personalkartei

In der Personalakte werden alle Unterlagen gesammelt, die für das Arbeitsverhältnis von Bedeutung sind. Es gibt keine gesetzliche Vorgabe zur Führung einer Personalakte oder zu deren Inhalten, dennoch empfiehlt es sich aus Gründen der Übersichtlichkeit und der personalplanerischen Tätigkeit, ein standardisiertes Konzept zur Aufbewahrung und Ordnung der Personalakten einzuführen.

> **Einsicht in die Personalakte**
> § 83 Abs. 1 und 2 BetrBG
> (1) Der Arbeitnehmer hat das Recht, in die über ihn geführten Personalakten Einsicht zu nehmen. Er kann hierzu ein Mitglied des Betriebsrats hinzuziehen. [–]
> (2) Erklärungen des Arbeitnehmers zum Inhalt der Personalakte sind dieser auf sein Verlangen beizufügen.

Grundsätze der Personalaktenführung

- Es wird eine Personalakte für jeden Mitarbeiter geführt.
- Alle Akten werden zentral (z. B. Restaurantleiterbüro, Personalabteilung) aufbewahrt
- Die Personalakte soll vollständig und aktuell sein. Die Unterlagen müssen daher stets ergänzt werden (z. B. Arbeitszeugnis, Abmahnungen)
- Alle Vorgänge sind schnell aufzufinden.

Folgender Vorschlag zur Gliederung einer Personalakte kann direkt auf die Trennblätter innerhalb eines Aktenordners übertragen werden.

Beschriftung des Trennblattes	Mögliche Inhalte
Bewerbung	Bewerbungsunterlagen, Einstellungsfragebogen
Personalien	Steuer- und sozialversicherungsrelevante Unterlagen, ggf. Arbeitserlaubnis, Bankverbindung
Allgemeines	Aus- und Weiterbildungsnachweise, Bescheinigungen, Unterlagen zu Mutterschutz und Elternzeit, sonstiger Schriftwechsel
Arbeitsvertrag/Änderungen	Arbeitsvertrag, Änderungsvertrag, Vereinbarung über Sonderzahlungen, Prämienprogramm
Beurteilungen/Zeugnisse	Notizen zu Personalgesprächen, Zwischenzeugnisse, Beurteilungen, Abmahnungen

Die **Personalkartei** fasst die wesentlichen Daten des Mitarbeiters stichwortartig zusammen. Grundlage dafür kann die Stellenbeschreibung (s. S. 658) sein. Auf diese Weise kann der Personalverantwortliche sich schnell einen Überblick über den Mitarbeiter verschaffen und die Daten für die Stellenplanung verwenden. Obwohl der Begriff Personalkartei an eine Karteikarte erinnert, wird diese heute in der Regel elektronisch gespeichert und von Personalverwaltungsprogrammen geführt.

> Redundanz bezeichnet das mehrfache Vorhandensein von Daten an unterschiedlichen Stellen. Da dies zu weitreichenden Fehlern führen kann, muss das redundante Speichern von Mitarbeiterdaten an verschiedenen Orten vermieden werden.

3.8 Personalkennzahlen

Personalkennzahlen sind ein wichtiges Steuerungsinstrument für das Unternehmen. Die **Produktivität** z. B. ist eine der wichtigsten Kennzahlen in der Systemgastronomie.

> Ausführlich behandelt werden Personalkennzahlen im Lernfeld Steuerung und Kontrolle, Kapitel 6.2, ab S. 707.

4 Mitarbeitereinsatzplanung (MEP)

Da die Personalkosten eines systemgastronomischen Restaurants einer der größten Kostenblöcke ist, trägt die richtige Mitarbeitereinsatzplanung oder Personaleinsatzplanung zum wirtschaftlichen Erfolg des Unternehmens bei.

4.1 Aufgabe und Zielsetzung

Mitarbeitereinsatzplanung	
Langfristige Wirkung	**Kurzfristige Wirkung**
• Planung der Personalbeschaffung (s. S. 659) • Planung von Qualifizierungsmaßnahmen (s. S. 693) • Planung der Freisetzung von Personal (s. S. 691)	• Qualitative Planung • Quantitative Planung • Zeitliche Planung • Örtliche Planung

Typischer Wertschöpfungsprozess in einem Restaurant

- Einkauf von Lebensmitteln
- Zubereitung von Speisen & Getränken
- Servieren von Speisen & Getränken

Die Planung des Personaleinsatzes hat zum Ziel, Mitarbeiter **genau dann einzusetzen**, wenn sie durch ihren Einsatz zur betrieblichen Wertschöpfung beitragen.

Es werden kurzfristige und langfriste Aufgaben bei der Mitarbeitereinsatzplanung unterschieden:

Langfristig wirkende Aufgaben beschäftigen sich mit Maßnahmen zur Personalbeschaffung, (Weiter-)Qualifizierung und ggf. zur Freisetzung von Mitarbeitern.

Kurzfristig wirkende Aufgaben werden nach ihrem Umfang unterteilt:
- Die **qualitative** Planung beschäftigt sich mit den Anforderungen, die Mitarbeiter haben müssen, um die Stelle zu besetzen.
- Zur **quantitativen** Planung gehört die Ermittlung der Mitarbeiteranzahl unter Berücksichtigung von Umsatzplanung und Produktivität.
- Bei der **zeitlichen** Planung wird der Einsatzzeitpunkt und ggf. eine zeitliche Befristung von Arbeitsverhältnissen geplant.
- Die **örtliche** Planung berücksichtigt den Einsatzort der Mitarbeiter und schließt Expansionsmaßnahmen oder Restaurantschließungen mit ein.

Ein gut geplanter Mitarbeitereinsatz
- trägt zur Senkung der Personalkosten bei
- sorgt für zufriedene Gäste
- dient dem guten Betriebsklima.

Ziel ist es, bei Vermeidung von Überstunden und unproduktiven Zeiten, den Gästen den bestmöglichen Service zu allen Zeiten zu bieten und gleichzeitig keine Unzufriedenheit bei den Mitarbeitern hervorzurufen.

4.2 Rahmenbedingungen zur MEP

Bei der Dienstplangestaltung sind zwei Arten von Rahmenbedingungen zu unterscheiden:

Öffentlich-rechtliche, z. B. ArbZG (tägl. Höchstarbeitszeit, Pausen, Ruhezeiten, Nachtarbeit) → **Dienstplan** ← **Privatrechtliche**, z. B. Tarifverträge, Betriebsvereinbarung, Arbeitsverzeit

PERSONALWESEN

Ein **Dienstplan** ist arbeitsrechtlich gesehen eine verbindliche Dienstanweisung. Als solche ist er ein Dokument und muss mit entsprechender Sorgfalt geführt werden. Konkret bedeutet das:
- Änderungen müssen **dokumentenecht** durchgeführt werden (kein Bleistift, Tipp-Ex usw.).
- Änderungen dürfen nur von **berechtigten Personen** vorgenommen werden (Datum und Unterschrift nicht vergessen!).
- Ein Dienstplan ist ein **betriebsinternes Dokument** und sollte daher das Restaurant nicht verlassen.
- Ein Dienstplan enthält **vertrauliche Daten** (Namen, Arbeitszeiten, ggf. Soll-/Ist-Stundenzahlen von anderen Mitarbeitern). Auch deshalb sollte er nur im Restaurant und auch da ausschließlich nicht-öffentlich ausgehängt werden.

Dienstpläne müssen **„angemessen im Voraus"** erstellt werden. Der Manteltarifvertrag des BdS regelt in §4 Abs. 10 beispielsweise dazu:

„Die Dienstpläne werden mindestens für eine Woche im Voraus erstellt und den Beschäftigten durch Aushang bekannt gegeben. In den Dienstplänen werden Beginn und Ende der täglichen Arbeitszeit festgehalten.
Bei kurzfristig notwendigen Änderungen eines Dienstplanes wegen außergewöhnlichen Naturereignissen, unvorhersehbaren Ausfällen von Beschäftigten oder vergleichbaren Härtefällen, die die betrieblichen Abläufe stören, entscheidet der Arbeitgeber unter Beachtung billigen Ermessens. Der Betriebsrat ist über die Änderungen unverzüglich zu unterrichten. [...]"

Die wichtigsten **rechtlichen** Rahmenbedingungen, die bei der Dienstplangestaltung zu berücksichtigen sind:
- **Bundesurlaubsgesetz**, das die Bestimmungen zum Urlaub regelt.
- **Arbeitszeitgesetz**; es regelt Pausen und Arbeitszeiten von volljährigen Mitarbeitern.
- **Jugendarbeitsschutzgesetz**; regelt Urlaub, Pausen und Arbeitszeiten von jugendlichen Mitarbeitern.
- **Schwerbehindertengesetz**; falls schwerbehinderte Mitarbeiter beschäftigt sind, ist ihnen ein besonderer Umgang zu gewähren.
- **Mutterschutzgesetz**; bestimmt Beschäftigungsverbote und Pausenzeiten von Schwangeren und Müttern nach der Entbindung.

4.3 Dienstarten

Festdienst

Der Normaldienst ist im Gastgewerbe nur in wenigen Restaurantketten, und oft nur bei Verwaltungstätigkeiten anzutreffen. Er besteht in der Regel aus einer **festgelegten Arbeitszeit** an den Wochentagen Montag bis Freitag meist in der Zeit von 8:00 bis 16:00 Uhr.

Schichtdienst

Schichtdienst ist in der Systemgastronomie die am **weitesten verbreitete Dienstart**. Ausgehend von den Öffnungszeiten (zuzüglich entsprechender Vor- bzw. Nachbereitungstätigkeiten) wird der gesamte Arbeitstag in

Änderungen im Dienstplan sind ein immer wieder diskutiertes Thema. Nach der arbeitsrechtlichen Theorie sind kurzfristige Dienstplanänderungen grundsätzlich unzulässig. Bei Änderungen ist eine angemessene Vorankündigungszeit (4 Tage, vgl. §12 TzBfG) einzuhalten. Nur in (nicht durch Planung aufzufangenden) Notfällen kann eine kürzere Ankündigungsfrist gerechtfertigt sein.

mehrere Schichten geteilt (sog. **Rahmendienstplan**). Bei Restaurants, die rund um die Uhr geöffnet haben, ist eine Aufteilung in Früh-, Mittel-, Spät- und Nachtschicht üblich.

Die Arbeit im Schichtdienst kann im **Wechselschichtdienst** (die Mitarbeiter arbeiten rotierend in verschiedenen Schichten im Monat) oder im **Festschichtdienst** (stets die gleiche Schicht) unterteilt werden. Vor allem im Wechselschichtdienst müssen Regelungen wie z. B. Ruhezeit zwischen den Schichten nach § 5 ArbZG besonders beachtet werden.

	Frühdienst	Mitteldienst	Spätdienst
Montag 4.8.	X		
Dienstag 5.8.	X		
Mittwoch 6.8.	Frei		
Donnerstag 7.8.		X	
Freitag 8.8.			X
Samstag 9.8.			X
Sonntag 10.8.	Frei		

Teildienst

Der Teildienst ist besonders in der **klassischen Gastronomie** verbreitet. Bei Betrieben, die nur zur Mittags- und zur Abendzeit geöffnet haben, arbeiten Küchen- und Servicekräfte im Teildienst. Das bedeutet, dass die Mitarbeiter am Nachmittag eine **längere Pause** haben. Diese Pause von zwei oder mehr Stunden wird von den Mitarbeitern oft als „verlorene" Zeit angesehen, da sie meist nicht ausreichend lang ist, um den Betrieb zu verlassen oder anderweitig sinnvoll genutzt zu werden. Der Bundesverband der Systemgastronomie regelt im **Manteltarifvertrag** über die gesetzlichen Grundlagen hinausgehend Folgendes:

- Arbeitgeber und Beschäftigte können einzelvertraglich die Aufteilung der Arbeitszeit in **zwei Teilschichten** pro Arbeitstag freiwillig und schriftlich vereinbaren.
- Es kann nur mit **Vollzeitbeschäftigten**, die sich in einem **unbefristeten** Arbeitsverhältnis befinden, die Aufteilung der Arbeitszeit in Teilschichten vereinbart werden.
- Auf Wunsch des/der Beschäftigten wird die Aufteilung der Arbeitszeit in Teilschichten **jederzeit neu verhandelt**.
- Ein Arbeitstag mit Teilschichten muss **mindestens 7 Stunden** und darf **nicht mehr als 8 Stunden** Arbeitszeit umfassen. Ein Arbeitstag mit Teilschichten darf nur in ein und demselben Betrieb abgeleistet werden.
- Eine Teilschicht umfasst **mindestens 3 Stunden**. Die Pause zwischen zwei Teilschichten darf zwei **Stunden nicht unterschreiten und drei Stunden nicht überschreiten**.
- In der Zeit von **23.00 Uhr bis 6.00 Uhr** sind Teilschichten **nicht** zulässig.
- Pro Arbeitswoche dürfen **nicht mehr als drei Arbeitstage** und insgesamt **nicht mehr als zehn Arbeitstage** pro Monat mit Teilschichten eingeplant werden.
- Für jeden abgeleisteten Arbeitstag mit Teilschichten erhält der/die Beschäftigte eine **pauschale Zulage** in Höhe von 9,00 Euro brutto.

Gleitzeit (variable Arbeitszeit)

Gleitzeitarbeit eröffnet den Mitarbeitern Freiheitsgrade bei der Gestaltung der Arbeitszeit. Oft wird vom Arbeitgeber eine **Kernarbeitszeit** (z. B. 10 bis 15 Uhr) vorgegeben. Der Rest der Arbeitszeit (hier z. B. ab 8 Uhr bzw. bis 18 Uhr) kann von den Mitarbeitern frei gewählt werden.

Üblicherweise entscheiden die Mitarbeiter, oft ohne, dass eine Rücksprache mit Vorgesetzten notwendig ist, selbstständig über den Beginn bzw. das Ende ihrer Arbeitszeit. Sie sind gleichzeitig selbst dafür verantwortlich, dass sie ihre **vertraglich vereinbarte Stundenzahl** mittelfristig nicht unter- oder überschreiten.

Eine Umsetzung der Gleitzeitarbeit ist in der Gastronomie nur schwer möglich, da der Arbeitsanfall vom Gästeaufkommen abhängig ist. Für die Arbeit in der Unternehmenszentrale ist diese Dienstart jedoch durchaus denkbar, da ihre Flexibilität zur Mitarbeitermotivation beiträgt.

Projektarbeit (auftragsbezogene Arbeitszeit)

Projektarbeit setzt ein hohes Maß an **Verantwortung** der Mitarbeiter voraus. Wegen der großen **Freiheitsgrade** bei der Gestaltung der Arbeitszeit lässt sie sich nur in kleinen Teams umsetzen.

Bei der Projektarbeit werden lediglich ein **Projektziel** (Umfang) und das **Projektende** vorgegeben. Die Art und Weise, **wie dieser Plan erfüllt wird**, liegt vollständig in der Verantwortung der Mitarbeiter.

Diese Art der Personaleinsatzplanung ist in der Gastronomie eher unüblich, da oft mit einer Mischung aus festangestellten (verantwortlichen) Mitarbeitern und Aushilfskräften gearbeitet wird.

4.4 Dienstplanerstellung

Dienstplanerstellung in drei Schritten:
Analyse des stündlichen Geschäftsverlaufs → Erstellung des Basis-Dienstplanes → Besetzen der Schichten mit Mitarbeitern → Dienstplan

(Vorbereitung) Analyse des stündlichen Geschäftsverlaufes

Üblicherweise lässt sich in Restaurants nicht im Vorfeld bestimmen, wie viele Gäste zu welchem Zeitpunkt zu bedienen sind. Beobachtet man jedoch den stündlichen Geschäftsverlauf über eine längere Zeit, lässt sich eine gewisse **Regelmäßigkeit** feststellen.

Moderne Kassensysteme sind in der Lage, entsprechende **Berichte** zu liefern. Diese Berichte lassen sich aber auch von Hand erstellen. Die **Erfassung** kann sowohl in Umsatz pro Stunde als auch Gäste pro Stunde erfolgen.

Freitag, 12.7.

Zeitverlauf	Umsatz	Wetter:
09–10 Uhr	35 €	sonnig
10–11 Uhr	57 €	**Besonderheiten:**
11–12 Uhr	118 €	Letzter Tag vor den Ferien
12–13 Uhr	288 €	
13–14 Uhr	280 €	
…	…	

Freitag, 19.7.

Zeitverlauf	Umsatz	Wetter:
09–10 Uhr	47 €	bedeckt
10–11 Uhr	63 €	**Besonderheiten:**
11–12 Uhr	120 €	keine
12–13 Uhr	202 €	
13–14 Uhr	190 €	
…	…	

Besondere Faktoren, die sich auf den stündlichen Umsatz auswirken und deswegen für ein vom Durchschnitt abweichendes Ergebnis verantwortlich sind, sollten zusätzlich erfasst werden.

Nachdem der Umsatz pro Stunde bzw. die Gästeanzahl pro Stunde über einige Wochen erfasst wurde, muss ein **Mittelwert** aller erfassten Daten berechnet werden, um ihn als Grundlage für den zukünftigen Geschäftsverlauf zu verwenden.

Durchschnittlicher Verlauf Freitag

Zeitverlauf	Ø-Umsatz	Anteil in %
09–10 Uhr	41 €	5,8 %
10–11 Uhr	60 €	8,6 %
11–12 Uhr	119 €	17 %
12–13 Uhr	245 €	35,0 %
13–14 Uhr	235 €	33,6 %
…	…	…
Gesamt	700 €	100 %

Erstellung des Basis-Dienstplanes

Im folgenden Schritt muss festgelegt werden, wie viel Personal zu welchen Zeiten benötigt wird. Dazu sind zwei Angaben notwendig: der **geplante Umsatz** (in der Regel eine Vorgabe des Restaurantleiters oder Franchisenehmers) und die **Produktivität**, auch **Mitarbeiter/Umsatz-Verhältnis** genannt (das kann eine systemweite Vorgabe sein).

Auf Grundlage dieser beiden Kennzahlen wird zuerst der Personalbedarf pro Stunde ermittelt. Zusätzlich werden die Mitarbeiter hinzugefügt, die für Aufsperr- bzw. Schlussdienst, Warenannahme oder weitere zusätzliche Tätigkeiten benötigt werden.

Geplanter Umsatz: 675 €		Produktivität: 40 €/h	
Zeitverlauf	Ø-Anteil	Voraussichtlicher Umsatz (gerundet)	Benötigte Mitarbeiter
08–09 Uhr	0,0 %	0 €	2 (Vorbereitung Küche & Service)
09–10 Uhr	5,8 %	39 €	1 + 1 (Vorbereitung Küche & Lieferung)
10–11 Uhr	8,6 %	58 €	2
11–12 Uhr	17 %	115 €	3
12–13 Uhr	35,0 %	236 €	6
13–14 Uhr	33,6 %	227 €	6
…			

Zur besseren Übersicht kann das Ergebnis auch **grafisch** dargestellt werden. Auf diese Weise erhält man einen Basis-Dienstplan, der Anfang und Ende der einzelnen Schichten zeigt:

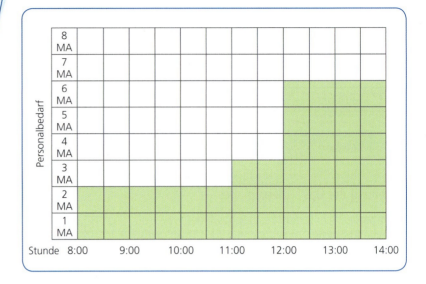

Besetzen der Schichten mit Mitarbeitern

Um den Basis-Dienstplan in den endgültigen Dienstplan umzusetzen, werden die **einzelnen Schichten mit Mitarbeitern besetzt**. Dabei sind zum einen die jeweiligen Arbeitsverträge im Hinblick auf vereinbarte Arbeitszeiten und die gesetzlichen Bestimmungen (z. B ArbZG, JArbSchG) zu beachten.

Zum anderen muss natürlich beachtet werden, ob die eingeteilten Mitarbeiter für den jeweiligen Posten **geeignet sind** (z. B. Ausbildung, Kenntnisse).

Außerdem sollten die Regeln zur **Dienstplangerechtigkeit** (z. B. Dienstplanwünsche) eingehalten werden, um eine höhere Zufriedenheit der Mitarbeiter zu erreichen.

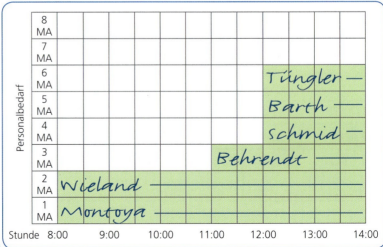

❺ Mitarbeiterschulung

Im Rahmen der Mitarbeiterschulung werden **Einarbeitung neuer Mitarbeiter** und die **Schulung bestehender Mitarbeiter** unterschieden.

Neue Mitarbeiter im Restaurant sollen schon **vor** ihrem ersten Arbeitstag, aber besonders am ersten Tag und in den ersten Wochen der Beschäftigung unterstützt werden. In vielen Systemen gibt es Checklisten, in denen die einzelnen Schritte der Mitarbeitereinarbeitung aufgelistet sind.

Phasen der Einarbeitung		
Vor dem ersten Tag	**Am ersten Tag**	**Während der Probezeit**
• Vorbereitung des Arbeitsplatzes • Erstellung des Trainingsplanes • Information des Trainers • Vorbereitung der Uniform • Information des neues Mitarbeiters	• Vorstellung der Kollegen • Vorstellung des Restaurants • Einweisung am Arbeitsplatz • Sicherheitsbelehrung	• Kontrolle des Trainingsplanes • Beurteilung mit Trainer • Feedbackgespräch mit Trainer und Mitarbeiter
	Patensystem	

Ziele einer guten Mitarbeitereinarbeitung sind
- Vermeidung frühzeitiger Kündigung
- Reduzierung der Fluktuation
- Verringerung der Fehltage
- Erhöhung der Leistungsbereitschaft
- Abbau von Unsicherheiten
- Integration in das Team
- Erhöhung der Arbeitsplatzzufriedenheit

❻ Mitarbeiterführung

Mitarbeiterführung bezeichnet die **Einflussnahme** auf die unterstellten Mitarbeiter, um die Unternehmensziele zu erreichen. Die Art und Weise wie dieser Einfluss ausgeübt wird, ist unterschiedlich. Grob betrachtet lassen sich jedoch zwei Führungsarten differenzieren:
- Führung durch Strukturen
- Führung durch Personen

Unternehmensziele:
- Steigerung des Umsatzes
- Verbesserung des Betriebsklimas
- Erhöhung des Gästezufriedenheit

6.1 Führung durch Strukturen

Das Verhalten der Mitarbeiter eines Restaurants wird nicht nur durch deren Vorgesetzte beeinflusst. Jedes Unternehmen gibt durch seine Strukturen die Vorgaben für das Verhalten. Die Vorgaben sind sehr vielfältig und von System zu System unterschiedlich detailreich. Dazu gehören:

- **Organigramme**: Sie zeigen Unterstellung und Vorgesetztenverhältnisse an und gleichzeitig Aufstiegsmöglichkeiten auf (s. S. 642 Aufbauorganisation).

- **Stellenbeschreibungen**: Sie grenzen den Aufgabenbereich der einzelnen Stellen genau voneinander ab und üben so Einfluss auf den Stelleninhaber aus (s. S. 658)

- **Prämiensysteme**: Umsatzbeteiligungen oder Bonuszahlungen steigern den Anreiz für die Mitarbeiter, sich für die Unternehmensziele zu engagieren.

Vorteil der Führung durch Strukturen ist die oft sehr genaue Regelung, die ein Eingreifen von Führungskräften in der Regel unnötig macht.
Nachteil: Penible Vorgaben schränken die Mitarbeiter in der persönlichen Kreativität ein und bieten kaum Raum zur individuellen Entfaltung.

Reiz-Reaktions-Modell

Verhalten des Mitarbeiters → Handlung der Führungskraft → Reaktion des Mitarbeiters → Reaktion der Führungskraft → (Kreislauf)

6.2 Führungstechniken

In den vergangenen Jahren ist eine Vielzahl von Führungstechniken entwickelt worden. Sie sind unter dem Begriff der „Management-by"-Techniken in zahlreiche Schulungen und Fachliteratur eingeflossen.

Management by Delegation

Die Mitarbeiter übernehmen für einen **Teilbereich** die Verantwortung und fällen alle Entscheidungen, die ihren Aufgabenbereich betreffen, selbst. Die Rolle der Führungskraft beschränkt sich auf das **Zuordnen** der Aufgabenbereiche und die **Kontrolle** der Arbeitsergebnisse.

Beispiele:
- Die Restaurantleiterin überträgt die Aufgabe der Warenbestellung an den Restaurantassistenten
- Der Schichtführer überträgt die Verantwortung für die Sauberkeit in der Lobby an die Servicekräfte.
- Der Auszubildende soll das Crewtraining organisieren.

So nicht!
- Die Aufgabenbereiche sind zu klein.
- Die Führungskraft mischt sich ständig ein („Man könnte das ja auch so machen …").
- Bei Misserfolgen trägt der Mitarbeiter die gesamte Verantwortung.

Management by Exception

Im normalen Alltagsbetrieb treffen die Mitarbeiter **alle Entscheidungen** selbst. Erst in **Ausnahmefällen** („Exception") übernimmt der Vorgesetzte das Steuer. Mitarbeiter dürfen in ihrem Aufgabenbereich selbst entscheiden. Die Führungskräfte werden von Routinearbeiten befreit, die Motivation der Mitarbeiter steigt, da sie selbst für das Erreichen der Ziele verantwortlich sind.

So nicht!
- Der Vorgesetzte mischt sich permanent ein.
- Der Ausnahmefall wird zum Regelfall.

Beispiel:
- Gästebeschwerden bearbeitet der Schichtführer, alle anderen Entscheidungen im Kassenbereich treffen die Servicekräfte selbst.

Management by Objectives

Geführt wird hier durch das **Vereinbaren von Zielen**. Diese Ziele werden gemeinsam von Führungsstab und Mitarbeitern festgelegt. Auch Art und Zeitpunkt der **Zielkontrolle** werden gemeinsam besprochen. Die Mitarbeiter fühlen sich als Teil des Ganzen, da sie bei der Zielvereinbarung mit einbezogen werden. Den **Weg**, um das Ziel zu erreichen, wählt der Mitarbeiter selbst.

So nicht!
- Die Ziele werden vorgegeben.
- Die Ziele sind unrealistisch.
- Bonuszahlungen werden wegen des Nichterreichens der (unrealistischen) Ziele gestrichen.

Beispiel:
- Der Franchisenehmer vereinbart mit dem Restaurantleiter eine Personaleinsatzquote von 30 % für das nächste Halbjahr.
- Crew und Management beschließen einen Ausflug in den Freizeitpark, wenn der Durchschnittsbon im nächsten Quartal durch aktive Verkaufsförderung um 2,00 € ansteigt.

Management by Motivation

Es wird durch **Leistungsanreize** geführt. Diese Leistungsanreize können sowohl monetär (z. B. Umsatzbeteiligung) als auch nicht-monetär (z. B. Erweiterung des Verantwortungsbereiches) sein. Die **Kontrolle** des Arbeitsergebnisses liegt sowohl bei Vorgesetzten, als auch beim Mitarbeiter selbst. Um diese Führungstechnik anzuwenden, ist es wichtig, die Bedürfnisse der Mitarbeiter zu kennen. Der Erfolg ist direkt von der Auswahl des Leistungsanreizes abhängig.

So nicht!
- Die Leistungsanreize sind eher ungeeignet (z. B. Musicalkarten für Technofans).
- Mitarbeitern wird nichts mehr ohne Motivationsanreiz zugetraut.
- Ziel und Anreiz sind nicht adäquat (z. B. Sammelpin für Gewinnverdopplung).

Beispiel:
- Es gibt einen Tag Sonderurlaub für den Mitarbeiter, der den „Secret Shopper" erfolgreich bedient hat.

6.3 Führung durch Personen

Führung durch Personen beruht stets auf einer **Beziehung zwischen Führungskraft und geführtem Mitarbeiter**. Diese gegenseitige Beziehung kann vom **Reiz-Reaktions-Modell** abgeleitet werden, wonach auf jede Handlung der Führungskraft (z. B. Anweisung) eine Gegenhandlung des Mitarbeiters folgt. Kurt Lewin, einer der ersten Forscher auf diesem Gebiet, hat für die Art der Anweisungen werden mehrere Führungsstile unterschieden:
- **Autoritärer** Führungsstil
- **Kooperativer** Führungsstil
- **Laissez-faire**-Führungsstil

Situative Führung bezeichnet einen modernen Führungsstil, der von der Führungskraft einen **Wechsel des Führungsstils**, angepasst an die jeweilige Situation und die persönliche Beziehung zur geführten Person, verlangt.

Laissez-faire: franz. „machen lassen" oder „gewähren lassen"

Beispiel: Einem Verstoß gegen Unternehmensstandards ist eher durch autoritäre Anweisungen zu begegnen. Dem Wunsch, den Dienstplan zu ändern, kann auch kooperativ entgegnet werden.

Führungsstil	Beschreibung	Vorteil	Nachteil	Beispiel
Autoritär	Anweisungen und Aufgaben werden direkt vom Vorgesetzten an die Untergebenen erteilt. Kritik oder Widerspruch werden nicht geduldet, Fehler werden bestraft. Prinzip von „Befehl & Gehorsam".	• Schnelle Umsetzungen • Übersichtlichkeit in der Verantwortung • Kurzfristige Leistungssteigerung	• Sinkende Motivation der Mitarbeiter • z. T. überforderte Führungskräfte (Fehlentscheidungen) • Probleme beim Ausfall der Führungskraft	„Sie begrüßen alle Gäste immer mit einem Lächeln."
Kooperativ (auch demokratisch genannt)	Mitarbeiter werden in alltägliche Entscheidungen mit einbezogen, sachliche Unterstützung wird erwartet. Führungskräfte geben ein klares Ziel vor, bei Fehlern wird beraten und gemeinsam nach einer Lösung gesucht. Vorgesetzter ist das Vorbild.	• Entlastung der Führungskräfte • Mitarbeiter fühlen sich (mit-)verantwortlich	• Geschwindigkeit der Entscheidungen nimmt ab • Erfordert höhere Qualifikation der Mitarbeiter • Klare Vorgaben der Führungskraft notwendig (Durchsetzungskraft)	„Um 18 Uhr kommt eine Gruppe von 40 Gästen zum Abendbüfett. Der Tagungsraum und das Essen müssen bis dann vorbereitet sein. Wie machen wir das am besten?"
Laissez-faire	Aufgaben und Erledigungsweise werden von den Mitarbeitern selbst bestimmt, Fehler werden nicht geahndet, Erfolge nicht belohnt.	• Entscheidungsfreiheit der Mitarbeiter • Ausleben individueller Stärken	• Mitarbeiter müssen mit Freiheit umgehen können • Gefühl der Hilflosigkeit • Disziplin erforderlich	

6.4 Mitarbeitermotivation

Das Verhalten von Menschen wird versucht, mit deren Motivation zu erklären. **Motivieren** heißt, einen Menschen dazu zu veranlassen, etwas zu tun, weil er es selbst will.

Der Wirtschaftspsychologe Lutz von Rosenstiel erklärt motiviertes Verhalten nach folgendem Ablauf:

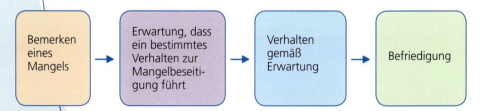

Falsche Erwartungen führen nicht zu einer Mangelbeseitigung. Bestimmte Mangelerscheinungen treten immer wieder auf (z. B. Hunger).

Bedürfnispyramide nach Maslow

Der amerikanische Psychologe Abraham Maslow hat 1954 eine der bekanntesten **Motivationstheorien** veröffentlicht. Seiner Meinung nach geht die Befriedigung der Bedürfnisse einer Stufe mit dem Streben nach den Bedürfnissen der nächsthöheren Stufe einher.

Grundbedürfnisse stehen am Grund der Pyramide. Zu ihnen gehören Schlaf, Hunger oder Wärme. In der folgenden Stufe werden die **Sicherheitsbedürfnisse** (z. B. Schutz, Geborgenheit, Angstfreiheit) zusammengefasst. Die dritte Stufe umfasst die **sozialen Bedürfnisse** wie das Zusammenleben in der Gruppe oder die Bildung einer Familie. Die nächste Bedürfniskategorie ist die Stufe der **Anerkennung**. Dazu gehören Selbstachtung, aber auch die Wertschätzung durch Andere. An der Spitze der Pyramide steht die **Selbstverwirklichung** und damit der Wunsch, alle individuellen Stärken zu entfalten.

Praktiker erwarten von Motivationstheorien instrumentelle **Hilfen bei der Führung der Mitarbeiter**. Die Kenntnis dieser Theorie soll den Vorgesetzten im Mitarbeitergespräch (s. S. 690) dabei helfen, bessere Fragen zu stellen, um dessen Wünsche, Ziele und Antriebe zu erfahren.

Stufe 5: Kreativitätsbedürfnisse
Stufe 4: Differenzierungsbedürfnisse
Stufe 3: Soziale Bedürfnisse
Stufe 2: Sicherheits- und Schutzbedürfnisse (ab Stufe 2: **Sekundärbedürfnisse**)
Stufe 1: Grundbedürfnisse, Physiologische Bedürfnisse (Stufe 1: **Primärbedürfnisse**)

Arbeitszufriedenheit

Zufriedene Mitarbeiter sind eines der **Grundziele erfolgreicher Personalführung**. Die Faktoren, die zur Arbeitszufriedenheit beitragen, sind jedoch äußerst vielfältig. Die Gewichtung der Faktoren untereinander ist von den einzelnen Mitarbeitern abhängig. Die folgenden Punkte tragen zur Arbeitszufriedenheit bei:

Weiterbildung · Arbeitszeit · Vorgesetzte · Bezahlung · Arbeitsplatzsicherheit · Tätigkeit · Kollegen · Organisation & Leitung

Die Folgen von Arbeitszufriedenheit lassen sich anhand verschiedener Personalkennzahlen direkt feststellen:
- Je höher die Arbeitszufriedenheit, desto **geringer** die **Fehlzeiten**.
- Je höher die Arbeitszufriedenheit, desto **geringer** die **Fluktuation**.
- Je höher die Arbeitszufriedenheit, desto **geringer** die **Unfallhäufigkeit**.
- Je höher die Arbeitszufriedenheit, desto **höher** die **Leistung**.

Regeln zur Mitarbeitermotivation

Das Befolgen der folgenden Regeln **unterstützt den Motivationsprozess:**

- Erkennen Sie gute Leistungen lobend an!
- Gehen Sie auf Bedürfnisse, Sorgen und Wünsche Ihrer Mitarbeiter ein.
- Betrachten Sie Mitarbeiter nicht nur als Kostenfaktoren, sondern auch als Menschen.
- Ermöglichen Sie Ihren Mitarbeitern sinnvolle Tätigkeiten.
- Ermutigen Sie bei Fehlern, statt zu bestrafen.
- Informieren Sie Ihre Mitarbeiter umfassend und regelmäßig.
- Fordern und fördern Sie Eigenverantwortlichkeit!
- Beziehen Sie Ihre Mitarbeiter in Entscheidungsprozesse mit ein.
- Zeigen Sie auch für private Belange Verständnis.

PERSONALWESEN

6.5 Mitarbeitergespräche

Direkte Gespräche mit dem Mitarbeiter sind eines der wichtigsten Mittel zur Personalführung. Sie finden **zwischen Mitarbeitern unterschiedlicher Hierarchiestufen** gemäß der Stellenbeschreibung statt. Der Anlass für ein Mitarbeitergespräch ist höchst unterschiedlich:

- Beratung
- Beurteilung
- Personaleinsatz, Arbeitszeit
- Gehaltsanpassung
- Fehlzeiten
- Fort- und Weiterbildung
- Versetzung in eine andere Filiale
- Zielvereinbarungen

Mitarbeitergespräche können in **regelmäßigen Abständen** oder **anlassbezogen** stattfinden. In einigen Unternehmen sind die Mitarbeitergespräche standardisiert und finden zu festgelegten Zeitpunkten statt.

Ziel von Mitarbeitergesprächen ist es, die Leistungsbereitschaft des Mitarbeiters zu erhöhen, zu größerer Arbeitszufriedenheit beizutragen und dem Mitarbeiter Entwicklungschancen aufzuzeigen. Besonders **Personalentwicklungsgespräche** sind von **drei Fragestellungen** geprägt:

- Wo steht der Mitarbeiter zurzeit?
- Wie ist er (im Vergleich zum letzten Gespräch) vorangekommen?
- An welchen Punkten muss noch gearbeitet werden?

Beispiel Zielvereinbarungsgespräch:
Eine Ihrer Servicemitarbeiterinnen arbeitet allen Standards entsprechend im Kassenbereich Ihres Restaurants. Immer wenn viele Gäste gleichzeitig das Restaurant betreten und es voll wird, verliert sie ihre Ruhe und wird schnell nervös. Das Resultat sind fehlende Produkte in den Bestellungen oder Fehler beim Wechselgeld.
Sie vereinbaren mit ihr, dass während der Stoßzeit in den nächsten 2 Wochen ein Trainer mit ihr an der Kasse steht und sie unterstützt.

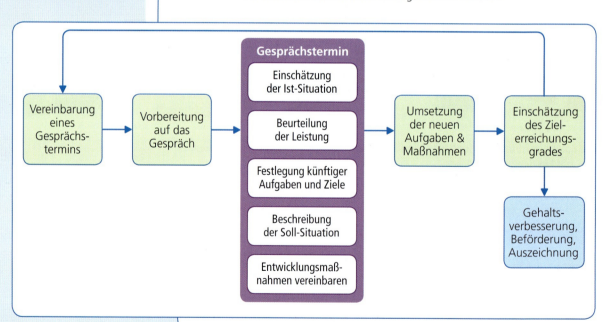

6.6 Personalbeurteilung

Die Beurteilung der Arbeitsleistung eines Mitarbeiters erfordert ein **hohes Maß an Objektivität** von der Führungskraft, um Einsprüche von Seiten des Beurteilten so gering wie möglich zu halten.

Beim Wechsel des Arbeitsplatzes oder des Vorgesetzten geschieht die Beurteilung über das **Arbeitszeugnis** (s. S. 667).

Die Beurteilung des **laufenden Arbeitsverhaltens** ist durch verschiedene Personen denkbar:
- **Beurteilung durch Vorgesetzte**
  Der direkt Überstellte erstellt die Beurteilung des ihm unterstellten Mitarbeiters.
- **Selbstbeurteilung**
  Der Mitarbeiter schätzt seine Arbeitsleistung ggf. mit Hilfe einer Checkliste selbst ein.
- **Beurteilung durch Kollegen**
  Gleichgestellte Mitarbeiter übernehmen die Einschätzung des Arbeitsverhaltens. Dies ist aus Gründen des Konkurrenzdenkens in der Regel problematisch.
- **Beurteilung durch Gäste**

6.7 Personalfreisetzung

Gründe zur Beendigung von Arbeitsverhältnissen

Personalfreisetzung bedeutet grundsätzlich die **Beendigung eines Arbeitsverhältnisses**. Dafür kann es mehrere Gründe geben:

- **Ablauf** eines befristeten Arbeitsvertrages (z. B. Elternzeitvertretung oder Ferienjob).
- **Aufhebungsvertrag**: ein bestehendes Arbeitsverhältnis wird in gegenseitigem Einvernehmen beendet. Zeitpunkt und Rahmenbedingungen wie Abfindungen oder Resturlaub werden frei ausgehandelt.
- **Kündigung**: Die Kündigung ist eine einseitige empfangsbedürftige Willenserklärung. Sie ist nur gültig, wenn sie schriftlich erklärt wurde (§ 623 BGB). Es wird zwischen ordentlicher und außerordentlicher Kündigung unterschieden.

Bei einer ordentlichen Kündigung sind **Gründe** und **Kündigungsfristen** einzuhalten, die sich aus dem Arbeitsvertrag, einer Betriebsvereinbarung, dem Tarifvertrag oder dem Gesetz ergeben. **Siehe dazu auch Kap. 3.3 Rechtsschutz des Arbeitnehmers, S. 668.**

Außerordentliche Kündigung

Bei einer außerordentlichen Kündigung wird das Arbeitsverhältnis vorzeitig und ohne Einhaltung einer Kündigungsfrist beendet. Eine fristlose Kündigung kann nur **innerhalb von zwei Wochen nach Bekanntwerden der groben Pflichtverletzung** ausgesprochen werden.

Grobe Pflichtverletzungen sind dabei **strafbare Handlungen** im Arbeitsverhältnis, z. B. Diebstahl, Unterschlagung, Tätlichkeiten oder grobe Beleidigungen oder **schwere Verletzungen der Pflichten** aus dem Arbeitsvertrag, wie z. B. Arbeitsverweigerung oder Verletzung der Fürsorgepflicht.

Betriebsrat und Kündigung
Besteht im Restaurant ein Betriebsrat, muss dieser vor jeder Kündigung gehört werden. Erhebt der Betriebsrat Bedenken gegen die Kündigung, muss der Arbeitgeber diese prüfen, aber sie nicht zwangsläufig berücksichtigen.
Hat der Betriebsrat der Kündigung widersprochen, besteht bei einer Klage gegen die Kündigung die Möglichkeit, die Weiterbeschäftigung über den Kündigungstermin hinaus bis zu einer arbeitsgerichtlichen Einigung einzuklagen.

Konzepte der Personalentwicklung

Aufgabe der Personalentwicklung aus Sicht des Unternehmens ist es, dafür zu sorgen, dass die **Qualifikationen** der Mitarbeiter den aktuellen und zukünftigen **Anforderungen** des Restaurants bzw. des kompletten Restaurantsystems entsprechen.

Aus Sicht der Mitarbeiter bedeutet Personalentwicklung, dass die **Fähigkeiten und Stärken** des Einzelnen erkannt und gefördert werden, sodass berufliches Weiterkommen bei wirtschaftlichem und technologischem Wandel möglich ist.

Die Personalentwicklung baut auf **drei Ausgangsüberlegungen** auf:

- **Qualitative Personalbedarfsplanung** (s. S. 656), die sich aus aktuellen und zukünftigen Unternehmensanforderungen ergibt.
- **Qualitative Personalbestandsanalyse**, die die jetzigen Kenntnisse und Fähigkeiten der Mitarbeiter berücksichtigt.
- **Individuelle Ziele der Mitarbeiter**, die in regelmäßigen Mitarbeitergesprächen erkannt und zum Ausdruck gebracht werden.

7.1 Ziele der Personalentwicklung

Unternehmen und Mitarbeiter verbinden unterschiedliche Ziele mit der Personalentwicklung.

Individuelle Ziele für die **Mitarbeiter** können sein:

- Verbesserung (bzw. Sicherung) des Arbeitseinkommens
- Steigerung des eigenen Ansehens
- Erhöhung der Arbeitsplatzsicherheit
- Verbesserung der beruflichen Mobilität
- Selbstverwirklichung am Arbeitsplatz (z. B. durch Übernahme komplexerer Aufgaben)
- Erhöhung der eigenen Zufriedenheit durch Übernahme von Aufgaben, die den persönlichen Neigungen entsprechen

Ziele, die die **Betriebe** durch Personalentwicklung verfolgen:

- Steigerung der betrieblichen Produktivität
- Verbesserung der Arbeitsleistung
- Erhöhung der Flexibilität der Mitarbeiter (leichterer Austausch z. B. im Krankheitsfall)
- Aufdeckung von Fehlbesetzungen
- Unabhängigkeit vom Arbeitsmarkt (Vorbeugung des Fachkräftemangels)
- Motivationssteigerung durch Identifikation der Mitarbeiter mit der Marke

7.2 Personalentwicklungsmaßnahmen

Das Berufsbildungsgesetz unterscheidet mehrere Personalentwicklungsmaßnahmen:

- Berufliche Ausbildung
- Berufliche Fort- und Weiterbildung
- Berufliche Umschulung

Berufliche Ausbildung

„Die Berufsausbildung hat die für die Ausübung einer qualifizierten beruflichen Tätigkeit in einer sich wandelnden Arbeitswelt notwendigen beruflichen Fertigkeiten, Kenntnisse und Fähigkeiten (berufliche Handlungsfähigkeit) in einem geordneten Ausbildungsgang zu vermitteln. Sie hat ferner den Erwerb der erforderlichen Berufserfahrungen zu ermöglichen."

§1 BBiG

Weiterbildung

Wenn eine Weiterbildung im gelernten Beruf erfolgt, wird sie als **Fortbildung** bezeichnet.

Es werden verschiedene Arten von Fortbildung unterschieden:

- **Anpassungsfortbildung**: Die bisherigen Kenntnisse oder Fähigkeiten des Mitarbeiters sollen an eine Veränderung am Arbeitsplatz angeglichen (angepasst) werden.
- **Aufstiegsfortbildung**: Der Mitarbeiter erlernt neue Tätigkeiten, die ihn für die Aufgaben in einer beruflich höheren Position befähigen.

Fortbildungsmaßnahmen in der **Systemgastronomie** finden häufig in der Unternehmenszentrale, in regionalen Verwaltungen oder direkt im Restaurant statt. Sie werden als **interne Fortbildung** bezeichnet.

Externe Maßnahmen dagegen finden außerhalb des Unternehmens und in der Regel durch **unternehmensfremde Personen** statt. Auch der Besuch von Messen oder das Studium von Fachbüchern kann als externe Fortbildung betrachtet werden.

Beispiel Anpassungsfortbildung:
Die Servicemitarbeiter erlernen den Umgang mit dem neuen Kassensystem.

Beispiel Aufstiegsfortbildung:
Durch Kurse in der Unternehmenszentrale werden erfahrene Mitarbeiter zu Schichtführern ausgebildet.

Die berufliche **Umschulung** soll zu einer anderen beruflichen Tätigkeit befähigen. Sie richtet sich vor allem an Personen, die ihren bisherigen Beruf nicht mehr ausüben können (z. B. aus gesundheitlichen Gründen) oder nicht mehr ausüben wollen.

Eine weitere Maßnahme, die in der Systemgastronomie verbreitet ist, ist das **Anlernen** bzw. **Einarbeiten**. Es wird vor allem für ungelernte Mitarbeiter oder Aushilfskräfte angewandt.

Anlernen führt im Vergleich zu einer Ausbildung oder den meisten Fortbildungen nicht zu einem allgemeinen oder zumindest branchenweit anerkannten Abschluss. Viele Unternehmen haben ein unternehmensinternes Konzept, um den Anlernprozess von neuen Mitarbeitern zu standardisieren.

PERSONALWESEN

7.3 Auswahl von Entwicklungsmaßnahmen

Entwicklungsmaßnahmen sollten nach **drei Kriterien** ausgewählt werden:
- Sind die **Kosten** bzw. der **Aufwand** insgesamt für das Unternehmen tragbar?
- Können die individuellen **Ziele des Mitarbeiters** erreicht werden?
- Können die **Ziele des Unternehmens** erreicht werden bzw. kann die bestehende Lücke zwischen Anforderung und Ist-Zustand größtenteils geschlossen werden?

Personalentwicklung „into the job"

Personalentwicklung „into the job" beschreibt Maßnahmen, die für ein **konkretes Aufgabenfeld** oder einen **Beruf** vorbereiten. Dies kann beispielsweise ein Praktikum im Restaurant sein oder das Durchlaufen eines Traineeprogramms.

Personalentwicklung „on the job"

Personalentwicklung „on the job" bedeutet, dass das Lernen **direkt am Arbeitsplatz** stattfindet. Der Vorteil ist, dass die Lernsituationen sehr realitätsnah sind und der oft mühsame Transfer von der Theorie auf die Praxis entfällt.

Personalentwicklung „near the job"

Personalentwicklung „near the job" bezeichnet Lernprozesse, die **nicht direkt im Restaurant** stattfinden, aber dennoch in einem praktischen **Zusammenhang** mit den dortigen Aufgaben stehen.

Dies kann zum Beispiel die Einweisung in neue Geräte zur Produktzubereitung in einer Testküche in der Unternehmenszentrale sein. Auch das Treffen verschiedener Restaurantleiter eines Systems zur Lösung eines arbeitsbezogenen Problems (sogenannte Qualitätszirkel) kann als „Training near-the-job" bezeichnet werden.

Personalentwicklung „off the job"

„Off-the-job" ist eine Fortbildung, die nicht im Restaurant oder der Unternehmenszentrale stattfindet. Sie hat oft **keinen konkreten Bezug zur eigentlichen Beschäftigung**.

Dies kann z. B. eine Fortbildung zu einem anerkannten Abschluss sein (Fachwirt im Gastgewerbe) oder ein Seminar bei einem Berufsverband. Auch Workshops mit Mitarbeitern unterschiedlicher Herkunft gelten als „Training off-the-job".

❶ Erstellen Sie eine Entgeltabrechnung für Torsten Müller (27 Jahre), Teilzeit-Mitarbeiter des Toastmeister-Restaurants in Kassel (Hessen). Er erhält einen vertraglich vereinbarten Stundenlohn von 8,75 €. Im abzurechnenden Monat hat er 158 Stunden gearbeitet. Für 12 Stunden erhält er zusätzlich einen Nachtzuschlag von 15 %, für 8 Stunden einen Feiertagszuschlag von 50 %. Torsten Müller ist verheiratet, seine Ehefrau und er haben die gleiche Lohnsteuerklasse. Familie Müller hat keine Kinder. Vermögenswirksame Leistungen sind bei der Lohnabrechnung nicht zu berücksichtigen. Herr Müller ist Mitglied der katholischen Kirche.

❷ Herr Müller verlässt nach sieben Jahren Betriebszugehörigkeit das Toastmeister-Restaurant in Kassel, in dem er als Teilzeit-Mitarbeiter sowohl in der Küche als auch im Service gearbeitet hat. (Wegen seiner zeitweilig etwas pampigen Art wurde er zuletzt eher in der Küche eingesetzt.) Er möchte mit seiner Frau nach Husum umziehen. Angelernt wurde Herr Müller an allen Stationen. Zu Beginn seiner Tätigkeit war er hoch motiviert, sodass ihm sogar ein Ausbildungsplatz angeboten wurde, den er jedoch nicht annahm. Die Ausbildungsvergütung sei zu gering, sagte er. In letzter Zeit hat Herr Müller krankheitsbedingt häufiger gefehlt. Herr Müller hat sich sehr für ein gutes Betriebsklima eingesetzt und regelmäßig Freizeitveranstaltungen wie gemeinsame Radtouren oder Grillfeste organisiert. Dies hat ihn zu einem beliebten Kollegen werden lassen.

Schreiben Sie ein qualifiziertes Arbeitszeugnis für Herrn Müller, das ihm letztendlich eine durchschnittliche Arbeitsleistung bescheinigt.

PROJEKT

„Foodtruck"

Vorbereitung

1. Informieren Sie sich im Internet und in Fachmagazinen zum Konzept der Foodtrucks.
2. Planen Sie das Produktangebot eines Foodtrucks mit ausgewählten Speisen und Getränken aus Ihrer Region.

Personalplanung

1. Führen Sie eine Personalplanung durch, indem Sie quantitativ (orientiert an Öffnungszeiten, Zubereitungszeiten usw.) und qualitativ Rahmenvorgaben für das gesuchte Personal definieren.
2. Bereiten Sie die Mitarbeiterbeschaffung vor. Erstellen Sie eine sachliche Stellenbeschreibung und eine ansprechende Stellenausschreibung für die benötigten Mitarbeiter. Bereiten Sie die Stellenausschreibung für mindestens zwei Personalbeschaffungswege vor.
3. Bereiten Sie (z. B. in Partnerarbeit) geeignete Bewerbungsunterlagen mit Anschreiben und Kurz-Lebenslauf vor. Konstruieren Sie dabei je eine geeignete und eine ungeeignete Bewerbung.

Personalverwaltung

1. Gestalten Sie einen Arbeitsvertrag, der alle Mindestinhalte enthält. Legen Sie in Übereinstimmung mit aktuellen Tarifverträgen Kündigungsfristen, Urlaubsanspruch und Entgelt fest.
2. Erstellen Sie eine Lohnabrechnung für einen ausgewählten Mitarbeiter Ihres Foodtrucks. Verwenden Sie dazu ggf. eine Tabellenkalkulationssoftware, um Sozialversicherungsbeiträge und Nettolohn automatisch berechnen zu lassen.

Personalentwicklung und -training

1. Erstellen Sie einen Trainingsplan für neue Mitarbeiter auf dem Foodtruck. Welche Tätigkeiten sollen zuerst erlernt lernen? Wann finden Lernerfolgskontrollen statt? Wie erfolgt die Dokumentation des Trainings? Welche Entwicklungsmaßnahmen bieten sich an? Erstellen Sie entsprechende Dokumente!
2. Entwickeln Sie Ideen zur Mitarbeitermotivation. Fassen Sie diese in einer Präsentation zusammen.

Steuerung und Kontrolle

1 Grundlagen und Aufgaben betrieblicher Kosten- und Leistungsrechnung

Der Zweck eines systemgastronomischen Restaurants ist die Herstellung und der Verkauf von Speisen und Getränken. Diese Tätigkeiten werden auch **betriebliche Leistungserstellung** genannt. Die Kosten- und Leistungsrechnung liefert Informationen, ob betriebswirtschaftlich gearbeitet wurde. Alle Kosten, die im Zusammenhang mit der betrieblichen Leistungserstellung stehen **(betriebsbedingte Aufwendungen)**, werden den Leistungen **(betriebsbedingte Erträge)** gegenübergestellt. Diese Gegenüberstellung dient der Ermittlung des **Betriebsergebnisses** und ist gleichzeitig Ausgangspunkt kurzfristiger (operativer) Planungen. Außerdem trägt die Erfassung und Dokumentation der betrieblichen Aufwendungen und Erträge dazu bei, betriebliche Prozesse zu steuern und zu kontrollieren.

Im Gegensatz dazu steht die **Investitionsrechnung** für eine langfristige (strategische) Planung.

Die **Kosten- und Leistungsrechnung (KLR)** unterliegt im Vergleich zur Finanzbuchhaltung keinen gesetzlichen Bestimmungen. Die Aufgaben der KLR sind:

- Die Ermittlung des **Betriebsergebnisses**
- Die Kontrolle der **Wirtschaftlichkeit** einzelner betrieblicher Prozesse und Kostenstellen
- Die **Kalkulation** des Verkaufspreises

Kreislauf:
- Planung, Steuerung und Kontrolle betrieblicher Prozesse
- Erfassung und Dokumentation aller betriebsbedingten Kosten und Erträge
- Gegenüberstellung der Kosten und Erträge (Ermittlung des Betriebsergebnisses)

Aufgaben der Kosten- und Leistungsrechnung

Ermittlung des Betriebsergebnisses	Kontrolle der Wirtschaftlichkeit einzelner Prozesse und Kostenstellen	Kalkulation des Verkaufspreises
Gegenüberstellung von Aufwendungen und Erträgen Leistungen > Kosten = Betriebsgewinn Leistungen < Kosten = Betriebsverlust	Erfassung aller Kosten und Erträge, dann Verteilung bzw. Zuordnung auf die verschiedenen Prozesse und Abteilungen innerhalb des Betriebes	Da eine Preisspanne i. d. R. durch die Nachfrage vorgegeben wird, muss bestimmt werden, welche Kosten anfallen dürfen, um das Produkt Ertrag bringend anbieten zu können.

❷ Bereiche der Kosten- und Leistungsrechnung

Welche Kosten sind entstanden?
→ Kostenartenrechnung

Wo sind Kosten entstanden?
→ Kostenstellenrechnung

Wofür sind Kosten entstanden?
→ Kostenträgerrechnung

❸ Kostenartenrechnung

Die **Kostenartenrechnung** bildet die Grundlage der Kostenstellen- und der Kostenträgerrechnung. Bei ihr werden die **Kosten**, die in einem systemgastronomischen Restaurant entstehen, **nach bestimmten Kriterien eingeteilt**. In Anlehnung an den Prozess der Leistungserstellung (= Herstellung und Verkauf von Speisen und Getränken) können zum Beispiel folgende Kostenarten unterschieden werden:

- Wareneinsatzkosten
- Personalkosten
- Energiekosten
- Steuern, Gebühren, Beiträge und Abgaben
- Sonstige Betriebs- und Verwaltungskosten (z.B. Werbung)
- Mieten und Pachten
- Finanzaufwendungen (Kapitalkosten)
- Instandhaltung und Abschreibungen

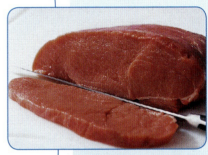
Abb. 1 Beispiel Einzelkosten

Abb. 2 Beispiel Gemeinkosten

Einzelkosten und Gemeinkosten

Für die weitere Behandlung in der KLR bis hin zur Kalkulation ist es wichtig, die Kosten danach zu unterscheiden, ob sie sich **einzelnen Produkten** oder **Produktsegmenten** zuordnen lassen.

Einzelkosten	Gemeinkosten
Lassen sich die Kosten einem **Produkt unmittelbar zuordnen**, d.h. zwischen dem Produkt und den Kosten besteht ein direkter Zusammenhang, so werden die Kosten als Einzelkosten bezeichnet. Beispiele: • Warenkosten für Kalbfleisch bei Wiener Schnitzel • Kosten für den Karton einer Pizza	Lassen sich die Kosten der betrieblichen Leistungserstellung **nicht unmittelbar einem Produkt zuordnen**, werden diese Kosten als Gemeinkosten bezeichnet. Beispiele: • Miete für das Restaurant • Kosten für Strom und Wasser • Aufwendungen für Zinsen

STEUERUNG UND KONTROLLE

Die **tatsächliche Einteilung** ist vom jeweiligen Betriebstyp und der Betriebsorganisation abhängig. Sind die Restaurantmitarbeiter bestimmten Stationen fest zugeordnet (z. B. Hotdog-Station), kann man die Personalkosten als **Einzelkosten des Produktes** („Hotdog") betrachten. Arbeiten die Mitarbeiter aber rotierend in der Küche, ist eine Zuordnung dieser Personalkosten zu einem bestimmten Produkt nur schwer möglich. Sie werden zu **Gemeinkosten**.

Während die Einzelkosten bei der **Preiskalkulation** eines Produktes **direkt** berücksichtigt werden können, werden die Gemeinkosten in der Regel als festgelegter **prozentualer Aufschlag** den Wareneinsatzkosten zugeschlagen.

Fixe und variable Kosten

Die Kosten der betrieblichen Leistungserstellung lassen sich auch nach ihrer Abhängigkeit vom Umsatz des Restaurants unterteilen.

Abb. 1 Beispiel fixe Kosten

Fixkosten	Variable Kosten
Fallen die Kosten **unabhängig vom Umsatz des Restaurants** an (also z. B. auch dann, wenn das Restaurant geschlossen und kein Umsatz zu verbuchen ist), dann werden diese Kosten als Fixkosten bezeichnet.	**Verändern** sich die Kosten im Zusammenhang **mit dem Umsatz** (d. h. sie steigen bei steigendem Umsatz oder entfallen gar bei geschlossenem Restaurant), dann werden diese Kosten als variable Kosten bezeichnet.
Beispiele: • Miete für das Restaurant • Gehälter der festangestellten Mitarbeiter • Versicherungsbeiträge	Beispiele: • Wareneinsatzkosten • Kosten für gewerbliche Mitarbeiter, Nacht- und Feiertagszuschläge • Treibstoffkosten für Auslieferfahrzeuge

Abb. 2 Beispiel variable Kosten

Kontrollinstrument

Die Kostenartenrechnung eignet sich gut zur **Kostenkontrolle** und **Kostenanalyse**. Sinkt das Betriebsergebnis, können die Ursachen durch Auswertung der Kostenarten festgestellt werden (z. B. steigende Wareneinsatzkosten) und entsprechende Gegenmaßnahmen eingeleitet werden (z. B. Wechsel des Lieferanten).

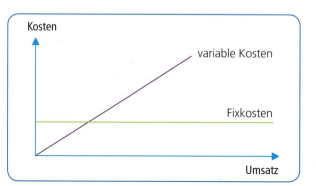

4 Kostenstellenrechnung

Eine Kostenstelle im Unternehmen ist der **Ort, an dem die Kosten entstanden sind**. Mit der Kostenstellenrechnung wird versucht, die **Gemeinkosten** verursachergerecht zu zuordnen. Dadurch soll versucht werden, Kontrolle über die Gemeinkosten zu erreichen und diese zu steuern.

Im Mittelpunkt der Kostenstellenrechnung steht der **Betriebsabrechnungsbogen (BAB)**. Die Bildung der Kostenstellen kann in der Systemgastronomie nach unterschiedlichen Gesichtspunkten erfolgen:

Bildung von Kostenstellen	
Festlegung nach betrieblicher Funktion	Beispiel: Küche, Lager, Servicebereich, Administration
Festlegung nach innerbetrieblichen Verkaufsbereichen	Beispiel: Snacktheke, SB-Restaurant, Coffeelounge, Catering
Festlegung nach Verkaufsstellen	Beispiel: Filiale A, Filiale B, Satellite 1, Satellite 2

Abb. 1 Kostenstelle Lager (betriebliche Funktion)

Werden nicht nur die Aufwendungen, sondern auch die Erträge der einzelnen Kostenstellen betrachtet und die Unternehmensteile nach diesen geteilten Betriebsergebnissen verglichen, spricht man von der **Profitcenter-Rechnung**.

Auf diese Art und Weise können z. B. verlustbringende von gewinnbringenden Unternehmensbereichen unterschieden werden oder die Verantwortung für einzelne Bereiche auf bestimmte Mitarbeiter übertragen werden.

Der Betriebsabrechnungsbogen ist ein Hilfsmittel, um alle Kosten den Kostenstellen entsprechend zu erfassen und auszuwerten. Anschließend können **Gemeinkostenzuschlagssätze** als Basis für die Preiskalkulation ermittelt werden. Weiterhin dient der BAB als Kontrollinstrument für die Wirtschaftlichkeit der einzelnen Kostenstellen oder Profitcenter.

Abb. 2 Kostenstelle Bar/Lounge (innerbetrieblicher Verkaufsbereich)

Arbeitsschritte bei der Erstellung eines BAB

Ein BAB ist tabellarisch aufgebaut und wird in mehreren Schritten erstellt.

- 1. Erfassung **aller Gemeinkosten** aller Gemeinkostenarten (z. B. Personalkosten, Energiekosten, Zinsaufwendungen)

- 2. Bestimmung der **Verteilungsgrundlage**
  Dabei ist wiederum nach **Kostenstelleneinzelkosten** und **Kostenstellengemeinkosten** zu unterscheiden. Während die Kostenstelleneinzelkosten sich (z. B. anhand von Belegen) genau den Kostenstellen zuordnen lassen, werden nicht zuordenbare Kosten durch einen Verteilungsschlüssel auf die jeweiligen Kostenstellen verteilt.

Abb. 3 Profticenter Restaurant

Steuerung und Kontrolle

Ein Verteilungsschlüssel für die Energiekosten könnte beispielsweise die Fläche eines Standortes im Verhältnis zur Gesamtfläche aller Standorte sein, oder für die Personalkosten, die Anzahl der Mitarbeiter pro Filiale.

- 3. Verteilung **der Summen** auf die einzelnen Kostenstellen
- 4. **Summierung** der zugeteilten Gemeinkosten je Kostenstelle
- 5. Ermittlung der **Zuschlagssätze** für die einzelnen Kostenstellen

Beispiel:

Der systemgastronomische Betrieb gehört in das Segment der Handelsgastronomie. „Blub Blub" verkauft Fischgerichte in Einkaufszentren und großen Kaufhäusern. Für eilige Gäste gibt es die Snacktheke, an der Fischbrötchen verkauft werden. Auch ein SB-Restaurant, in dem Fischgerichte mit Beilagen angeboten werden, gehört in das Verkaufskonzept. Vor allem während des Frühstücksgeschäftes, aber auch am Nachmittag lädt die Coffee-Lounge Gäste zum kurzen Ausruhen bei leckeren Kaffeespezialitäten ein.

Während des Abrechnungszeitraumes sind 136.000 € an Personalkosten, 74.100 € an Energiekosten und 6.000 € an Zinsaufwendungen als Gemeinkosten angefallen.

Durch separate Arbeitszeiterfassungssysteme in den einzelnen Verkaufsstellen wurden folgende Mitarbeitereinsatzstunden festgehalten: Snacktheke: 3.000 h, SB-Restaurant: 12.000 h, Lounge: 2.000 h.

Durch einzelne Stromzähler ist für jeden Verkaufsbereich der Stromverbrauch bekannt: Snackbereich 60.000 kWh, SB-Restaurant 300.000 kWh, Lounge 30.000 kWh.

Das gesamte Unternehmen erwirtschaftet im Abrechnungszeitraum einen Umsatz von 2,4 Mio. €, die Hälfte davon im SB-Restaurant. Der Rest wird in gleichen Teilen von den anderen beiden Verkaufsbereichen erwirtschaftet.

1. Schritt: Erfassung aller Gemeinkosten aller Arten

- 1. Erfassung aller Gemeinkosten aller Arten
  Alle bekannten Gemeinkosten werden in die Tabelle eingetragen.

Gemeinkosten		
Gemeinkostenart	Gesamtwert	Verteilungsgrundlage
Personalkosten	136.000 €	Stempeluhr
Energiekosten	74.100 €	Stromzähler
Zinsaufwendungen	6.000 €	Umsatz
Summe	**216.100 €**	
Gemeinkostenzuschlagssatz		

4 Kostenstellenrechnung

- **2. Bestimmung der Verteilungsgrundlage**
  Bei den Personal- und Energiekosten handelt es sich um Kostenstelleneinzelkosten, da sie sich genau auf die Kostenstelle zurückführen lassen. Die Zinsaufwendungen sollen nach Beschluss der Zentrale nach Umsätzen auf die einzelnen Verkaufsbereiche verteilt werden.

- **3. Verteilung der Summen auf die einzelnen Kostenstellen**

  Personalkosten: 136.000 € für 17.000 h entspricht 8 €/h
  Snacktheke: 3.000 h × 8 €/h = 24.000 €
  SB-Restaurant: 12.000 h × 8 €/h = 96.000 €
  Lounge: 2.000 h × 8 €/h = 16.000 €

  Energiekosten: 74.100 € für 390.000 kWh entspricht 0,19 €/kWh
  Snacktheke: 60.000 kWh × 0,19 €/kWh = 11.400 €
  SB-Restaurant: 300.000 kWh × 0,19 €/kWh = 57.000 €
  Lounge: 30.000 kWh × 0,19 €/kWh = 5.700 €

  Zinsaufwendungen: 6.000 € bei 2.400.000 € (Umsatz) entspricht 0,0025 € pro 1 € Umsatz
  Snacktheke: 600.000 € × 0,0025 € = 1.500 €
  SB-Restaurant: 1.200.000 € × 0,0025 € = 3.000 €
  Lounge: 600.000 × € 0,0025 € = 1.500 €

- **4. Summierung der zugeteilten Gemeinkosten je Kostenstelle**

Kostenstellen		
A: Snacktheke	B: SB-Restaurant	C: Lounge
24.000 €	96.000 €	16.000 €
11.400 €	57.000 €	5.700 €
1.500 €	3.000 €	1.500 €
36.900 €	**156.000 €**	**23.200 €**
17,08 %	72,19 %	10,73 %

- **5. Ermittlung der Zuschlagssätze für die einzelnen Kostenstellen**

  Kostenstellengemeinkosten/Summe der Gemeinkosten:
  Snacktheke: 36.900 / 216.100 × 100 ≈ 17,08 %
  SB-Restaurant: 156.000 / 216.100 × 100 ≈ 72,19 %
  Lounge: 23.200 / 216.100 × 100 ≈ 10,73 %

- **2. Schritt:** Bestimmung der Verteilungsgrundlage
- **3. Schritt:** Verteilung der Summen auf die einzelnen Kostenstellen
- **4. Schritt:** Summierung der zugeteilten Gemeinkosten je Kostenstelle
- **5. Schritt:** Ermittlung der Zuschlagssätze für die einzelnen Kostenstellen

Durch die **Verwendung des BAB** ist eine sehr genaue Verteilung der Gemeinkosten auf die Kostenstellen möglich. Es wird genau geklärt, wo die verschiedenen Gemeinkosten angefallen sind. Durch die Berechnung der einzelnen Gemeinkostenzuschlagssätze ist es bei der **Preiskalkulation** später möglich, die Gemeinkosten entsprechend den Kostenstellen zu berücksichtigen. Die Kalkulation ist daher **genauer**, als mit einem einheitlichen Gemeinkostenaufschlag für alle Kostenstellen.

Steuerung und Kontrolle

5 Kostenträgerrechnung

Bei der Kostenträgerrechnung soll ermittelt werden, **wofür** Kosten entstanden sind bzw. „wer" die Träger der Kosten sind.

Mit Hilfe der Kostenträgerrechnung sollen die **Kostenhöhe der Herstellungskosten** sowie die **Kostenstruktur** ermittelt werden. Das wiederum liefert Informationen für die Entscheidungen zur Preis- und Sortimentspolitik und der Verkaufspreisermittlung. Zusätzlich dient sie z. B. zur Bewertung von Convenience- gegenüber selbst hergestellten Speisen, also der Bestimmung des Conveniencegrades – wenn dieser nicht durch andere Faktoren (z. B. Firmenphilosophie) vorgegeben ist.

Ein Kostenträger in der Systemgastronomie ist ein Produkt (z. B. Getränk) oder eine Dienstleistung (z. B. Lieferung von Speisen), mit der das Unternehmen Geld verdient (keine Kostproben, Samplings) und deren Erwerb, Herstellung bzw. Bereitstellung Kosten verursacht.

Die Kostenträgerrechnung kann auf **zwei Arten** durchgeführt werden:

5.1 Kostenträgerstückrechnung

Aufgabe der Kostenträgerstückrechnung ist es, die Kosten zu ermitteln, die für **Einkauf, Zubereitung und Verkauf eines Produktes** im Restaurant angefallen sind. Dazu dienen zum einen die **Einkaufspreise der Zutaten** gemäß der Rezeptur, wie sie z. B. aus dem Warenwirtschaftssystem entnommen werden können (vgl. Kapitel Warenwirtschaft, S. 609). Zum anderen werden die **Gemeinkostenzuschläge** verwendet, die in der Kostenstellenrechnung ermittelt worden sind. Das Ergebnis einer Kostenträgerstückrechnung ist der **Inklusivpreis**.

Das in der Gastronomie übliche **Verfahren** zur Kostenträgerstückrechnung ist die **Zuschlagskalkulation**. Im **ersten Schritt** werden die Einzelkosten direkt ermittelt (z. B. Warenkosten aus Lieferschein) bzw. berechnet (z. B. Warenkosten gemäß Rezeptur). **Dann** werden die Gemeinkosten als Zuschlag gemäß der Gemeinkostenzuschlagssätze addiert. Ebenso wie die Gemeinkosten werden anschließend **Aufschläge** für den **Gewinn** und eventuell eine **Umsatzbeteiligung** für das Servicepersonal aufgeschlagen. Der dann berechnete **Nettoverkaufspreis** wird durch Aufschlagen des Mehrwertsteuersatzes zum **Inklusivpreis**.

Stufenschema zur Zuschlagskalkulation (gemäß AkA)

Materialkosten (Rohstoffkosten)	1,53 €	≙ 100 %		
+ Gemeinkosten	1,10 €	≙ 72,19 %		
= Selbstkosten	2,63 €	≙ 172,19 €	→	//100 %
+ Gewinn	0,39 €			≙ 15 %
= Kalkulierter Preis	3,02 €	//100 %	←	≙ 115 %
+ Umsatzbeteiligung Service	0,30 €	≙ 10 %		
= Nettoverkaufspreis	3,32 €	≙ 110 %	→	//100 %
+ Mehrwertsteuer	0,63 €			≙ 19 %
= Inklusivpreis	3,95 €			≙ 119 %

Da in der Regel die **Nachfrage der Gäste** wesentlich zur Bestimmung eines **marktüblichen Preises** beiträgt, kann der Inklusivpreis in der Praxis **nicht** allein durch die oben beschriebene, auch Vorwärtskalkulation genannte, Berechnung ermittelt werden.

Allerdings kann durch eine **retrograde Kalkulation (Rückwärtskalkulation)** vom erzielbaren Marktpreis (Inklusivpreis) auf die **maximale Höhe der Materialkosten** geschlossen werden. Ausgangspunkt ist also ein zum Beispiel durch Gästebefragungen oder andere Marktanalysen ermittelter Verkaufspreis, aus dem sich durch Subtraktion der Zuschläge die Höhe der Rohstoffkosten berechnen lässt. Jetzt muss wiederum geprüft werden, ob sich das Produkt in diesem Kostenrahmen **realisieren lässt**.

5.2 Kostenträgerzeitrechnung

Bei der Kostenträgerzeitrechnung werden Einzel- und Gemeinkosten eines **Abrechnungszeitraumes** (z. B. Monat, Quartal, Jahr) für die Kostenträger erfasst (z. B. Rechnungssumme gemäß Lieferschein) und den einzelnen Kostenträgern zugeordnet. Die Zuordnung der Gemeinkosten erfolgt auch hier wieder über den Verteilungsschlüssel, wie er in der Kostenstellenrechnung ermittelt worden ist.

> **Beispiel:** Aus Gästebefragungen und Mitbewerberbeobachtung wissen wir, dass Tomate-Mozzarella-Paninis einen Netto-Marktpreis von 3,35 € erlösen können.
>
> Wir kalkulieren mit einer Service-Umsatzbeteiligung von 8 %, einem Gewinn von 15 % und einem Gemeinkostenzuschlag von 135 %.
>
> | | | | |
> |---|---|---|---|
> | Nettoumsatz: | 3,35 € | ≙ | 108 % |
> | – Servicezuschlag: | 0,25 € | ≙ | 8 % |
> | = Kalkulierter Preis: | 3,10 € | ≙ | 100 % |
> | Kalkulierter Preis: | 3,10 € | ≙ | 115 % |
> | – Gewinn: | 0,40 € | ≙ | 15 % |
> | = Selbstkosten: | 2,70 € | ≙ | 100 % |
> | Selbstkosten: | 2,70 € | ≙ | 235 % |
> | Gemeinkosten: | 1,55 € | ≙ | 135 % |
> | Materialkosten: | 1,15 € | ≙ | 100 % |
>
> **Ergebnis:** Es dürfen maximal 1,15 € für die Beschaffung der Rohstoffe (und ggf. Verpackung) ausgegeben werden, um die Paninis zu einem marktgerechten Preis innerhalb des betrieblichen Kalkulationsschemas anbieten zu können.

5.3 Deckungsbeitragsrechnung

Ebenfalls auf der Kostenträgerstückrechnung basiert die **Deckungsbeitragsrechnung**. Dabei wird davon ausgegangen, dass jedes verkaufte Produkt bzw. jede verkaufte Dienstleistung einen Beitrag zur Deckung der Fixkosten liefert.

Grundlage für die Berechnung des Deckungsbeitrages ist der **Nettoverkaufspreis**, also der um die Umsatzsteuer reduzierte Zahlbetrag des Gastes. Davon werden alle Einzelkosten (auch variable Kosten), die sich direkt dem Produkt zuordnen lassen abgezogen. Diese Kosten werden variable Kosten genannt, da sie gleichzeitig mit dem Umsatz steigen, während die Fixkosten konstant bleiben.

- **Variable Kosten** sind umsatzabhängig, **Fixkosten** sind umsatzunabhängig
- **Deckungsbeitrag** = Nettoverkaufspreis – variable Kosten

Der verbleibende Betrag ist der Deckungsbeitrag. Dieser entspricht noch nicht dem Gewinn, der mit dem Verkauf des Produktes erwirtschaftet wurde, da bislang ausschließlich die Einzelkosten, nicht aber die Gemeinkosten betrachtet wurden. Der errechnete Betrag liefert zunächst einen Anteil zu Deckung der Fixkosten.

Deckungsbeiträge lassen sich sowohl in der Einzelbetrachtung (siehe Beispiel S. 704) für ein bestimmtes Produkt berechnen, als auch in der Summe aller verkauften Speisen und Getränke.

> **Beispiel:** Der Verkaufspreis eines Hot-Dogs beträgt 2,49 €, der Verkauf erfolgt ausschließlich an Ort und Stelle (d. h. voller Umsatzsteuersatz, zurzeit 19 %)
>
> | | |
> |---|---|
> | Inklusivpreis (119 %) | 2,50 € |
> | – USt. | 0,40 € |
> | = Nettoverkaufspreis (100 %) | 2,10 € |
>
> Der Wareneinsatz des Hotdogs und der Einkaufspreis der Verpackung betragen in der Summe 0,80 € (= variable Kosten)
>
> | | |
> |---|---|
> | Nettoverkaufspreis | 2,10 € |
> | – variable Kosten | 0,80 € |
> | = Deckungsbeitrag | 1,30 € |
>
> Jeder verkaufte Hot Dog trägt 1,30 € zur Deckung der Fixkosten bei.

Steuerung und Kontrolle

Nachspeisen im DB-Vergleich

Blueberry-Muffin
- Nettoverkaufspreis: 1,02 €
- Wareneinsatz: 0,59 €
- Deckungsbeitrag: 0,43 €
- DB-Quote: ~42 %

Iced Vanilla Donut
- Nettoverkaufspreis: 0,92 €
- Wareneinsatz: 0,29 €
- Deckungsbeitrag: 0,63 €
- DB-Quote: ~68 %

Chocolatechip-Cookie
- Nettoverkaufspreis: 0,78 €
- Wareneinsatz: 0,22 €
- Deckungsbeitrag: 0,56 €
- DB-Quote: ~72 %

„Zu Ihrem Menü empfehle ich Ihnen einen frisch gebackenen Chocolatechip-Cookie als Dessert!"

$$\text{DB-Quote} = \frac{\text{Deckungsbeitrag}}{\text{Nettoumsatz}} \times 100$$

Entspricht die Summe aller erwirtschafteten Deckungsbeiträge den Fixkosten, arbeitet das Restaurant verlustfrei.

Auch vom Rohgewinn muss der Unternehmer noch Steuern und Abgaben bezahlen.

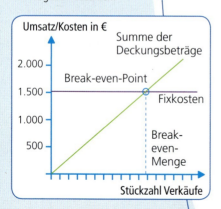

Siehe auch Kapitel Marketing, S. 530

Beispiel: Der Gesamtumsatz eines Restaurants lag im letzten Monat bei 576.430 €. Da es keine Außer-Haus-Verkäufe gibt, wird ebenfalls ein Umsatzsteuersatz von 19 % zugrunde gelegt.

Gesamtumsatz (119 %)	576.430,00 €
– USt.	92.035,04 €
= Nettoumsatz (100 %)	484.394,96 €

Laut Lieferantenrechnungen und Inventuren wurden im gleichen Zeitraum für Wareneinkäufe und Verpackungen insgesamt 242.865,17 € ausgegeben.

Nettoverkaufspreis	484.394,96 €
– variable Kosten	242.865,17 €
= Deckungsbeitrag	241.529,79 €

Es wurde insgesamt eine Summe von 241.529,79 € als Beitrag zur Deckung der Fixkosten erwirtschaftet.

Um die einzelnen Angebote eines Restaurants zu vergleichen, bietet sich die Berechnung der **Deckungsbeitragsquote** an. Sie sagt aus, welcher Anteil des Nettoverkaufspreises als Deckungsbeitrag erwirtschaftet wird.

Produkte mit einer hohen Deckungsbeitragsquote sollten bei der Verkaufsförderung eher berücksichtigt werden, als Produkte mit einer niedrigen DB-Quote.

Break-even-Point (Gewinnschwelle)

Durch die Berechnung des Deckungsbeitrags kann nun ermittelt werden, **wie viele Produkte verkauft werden müssen**, um die Fixkosten zu decken. Wenn genug Deckungsbeiträge erwirtschaftet wurden, um alle Fixkosten begleichen zu können, ist die Gewinnschwelle, der „Break-even-Point", erreicht. Ab jetzt erwirtschaftet **jedes weitere** verkaufte Produkt weiterhin Deckungsbeiträge, die aber dem Unternehmen als **Rohgewinn** zur Verfügung stehen.

Die **Break-even-Menge** ist die Menge an Produkten, die produziert werden muss, bis die Gewinnschwelle erreicht wird.

Break-even-Menge = Fixkosten : Deckungsbeitrag

Beispiel: Die Höhe aller Fixkosten eines Hot-Dog-Standes im Einkaufszentrum beträgt 2.155,40 €, der Deckungsbeitrag pro verkauftem Hot Dog 1,30 € (s. o.).

$$\frac{2.155,40\ €}{1,30\ €} = 1.658\ \text{Stück}$$

Nach 1.658 verkauften Hot Dogs sind alle Fixkosten gedeckt. Jeder weitere verkaufte Hot Dog bringt dem Restaurant einen Rohgewinn von 1,30 €.

6 Kennzahlen als Kostenkontrollinstrumente

Im Rahmen der **Steuerung und Kontrolle der betrieblichen Leistungserstellung (betriebliche Kostenstatistik)** werden verschiedene Kennzahlen gebraucht. Um einen besseren Überblick zu erhalten, werden diese in **Kennzahlenklassen** und **Kennzahlenarten** unterteilt. Während sich die Kennzahlenarten in der mathematischen Herkunft, also der Art der Berechnung, unterscheiden, geben die Kennzahlenklassen den wirklichen Entstehungszusammenhang (z. B. Personal, Lager, Wareneinsatz) der Kennzahl wieder.

6.1 Kennzahlenarten

Beziehungszahlen: Beziehungszahlen stellen immer das **Verhältnis** zweier Zahlen dar, zwischen denen ein sinnvoller **Zusammenhang** besteht. Man erkennt sie oft an der Einheit, die einen Bruch enthält (z. B. €/h).

Gliederungszahlen: Gliederungszahlen werden üblicherweise als Prozentzahl angegeben. Eine Gliederungszahl ist immer eine **Teilmenge einer Gesamtmenge**. Gliederungszahlen werden ebenfalls durch eine Division berechnet, allerdings haben Dividend und Divisor die gleiche Einheit (vgl. z. B. Wareneinsatzquote).

Veränderungszahlen (Indexzahlen): Veränderungszahlen **vergleichen** immer den **aktuellen Wert** mit einem **Vergleichswert**, der aus der Vergangenheit stammt oder eine systemweite Vorgabe darstellt. Üblicherweise wird der Vorgabewert durch die Punktzahl 100 dargestellt, der aktuelle Wert als Veränderung dazu. Kennzeichen von Indexzahlen ist, dass gleichartige Werte aus unterschiedlichen Zeitpunkten in einen Zusammenhang gesetzt werden.

- Bei Beziehungszahlen müssen beide verwendeten Kennzahlen in ihrer Herkunft räumlich und zeitlich identisch sein. Nicht: (Oktoberumsatz in Filiale B) : (Gästeanzahl Juni in Filiale A)

- Gliederungszahlen werden häufig auch als Quoten bezeichnet (z. B. Wareneinsatzquote)

- „Die Servicequalität soll zukünftig um 3 Punkte steigen".

6.2 Kennzahlenklassen in der Systemgastronomie

Das folgende Kapital zeigt die drei großen Kennzahlenklassen zur Kostenstatistik eines systemgastronomischen Restaurants auf. Die jeweils genannten Kennzahlen sollen als Beispiel dienen. Eine umfassende Auflistung ist an dieser Stelle nicht möglich.

Steuerung und Kontrolle

Umsatzkennzahlen stehen in Relation zu den verschiedenen **Umsatzarten, Umsatzorten** oder **Umsatzzeitpunkten** im Restaurant.

Umsatzkennzahlen

Umsatz je Mitarbeiter = Gesamtumsatz : Anzahl der Mitarbeiter

Diese Kennzahl gibt an, für welchen **Umsatzanteil** ein **Mitarbeiter** (rechnerisch) durchschnittlich verantwortlich ist. Je niedriger diese Zahl, desto mehr Mitarbeiter werden gebraucht, um einen gewisses Umsatzziel zu erreichen. Soll diese Kennzahl erhöht werden, muss entweder die Anzahl der Mitarbeiter reduziert werden (z. B. durch bessere Ablaufplanung) oder der Gesamtumsatz erhöht werden (z. B. durch Preiserhöhung oder Verkaufsförderung).

Durchschnittsbon = Gesamtumsatz : Anzahl der Gäste

Der Durchschnittsbon wird auch **Average Check** oder **Average Transaction Value** genannt. Er gibt an, welchen **Betrag ein Gast pro Bezahlvorgang** durchschnittlich ausgibt. Ein hoher Durchschnittsbon ist wünschenswert, da er zu einem höheren Gesamtumsatz beiträgt, ohne dass weitere Gäste gewonnen werden müssen. Außerdem lässt sich ein höherer Durchschnittsbon auch in gewisser Weise mit hoher **Gästezufriedenheit** erklären. Ein niedriger Durchschnittsbon kann auch ein Kennzeichen für eine **fehlende Gästeberatung** sein.

$$\text{Wareneinsatzquote} = \frac{\text{Wareneinsatzkosten}}{\text{Umsatz}} \cdot 100$$

Die Wareneinsatzquote gibt an, welcher **Anteil des Umsatzes** aufgewendet werden muss, um alle **Ausgaben für die verwendeten Rohstoffe** zu decken. In systemgastronomischen Restaurants, die über einen zentral gesteuerten Wareneinkauf und vorgegebene Rezepturen verfügen, sollte der Wareneinsatz in jeder Filiale identisch sein. Abweichungen von dieser Standardvorgabe können verschiedene Ursachen haben. Oft wird der Wareneinsatz noch einmal unterteilt in Wareneinsatz Speisen (food), Wareneinsatz Getränke (beverage) und Verpackungskosten (paper).

Beispielhafte Gründe für eine zu hohe Wareneinsatzquote:
- Rezepturen werden nicht eingehalten
- Diebstahl
- Falsche Erfassung von Personalessen, Abfall oder Warenzugängen und -abgängen.

$$\text{Umsatzrentabilität} = \frac{\text{Gewinn}}{\text{Umsatz}} \cdot 100$$

Die Umsatzrentabilität (auch **Return on Sales, ROS**) genannt, ist eine Gliederungszahl, die angibt, welcher **Anteil des Umsatzes** als **Gewinn** erwirtschaftet wird. Dies ist stark von der Art des jeweilgen Restaurants (z. B. Pizza-Delivery vs. Full-Service-Steakhouse) abhängig. Die Umsatzrentabilität ist ein Kennzeichen für die **Effizienz des Unternehmens**. Je höher die Umsatzrentabilität, desto besser wirtschaftet das Unternehmen. Eine Umsatzrentabilität von 5 % bedeutet z. B., dass 5 € von 100 € Nettoumsatz (Umsatz ohne Mehrwertsteuer) dem Unternehmer als Gewinn zur Verfügung stehen.

6 Kennzahlen als Kostenkontrollinstrumente

Kapitalumschlag = Umsatz : Gesamtkapital

Der Kapitalumschlag **(asset turnover)** gibt an, **wie oft** das **eingesetzte Kapital** (Eigen- und Fremdkapital) **durch den erwirtschafteten Umsatz erreicht** wird.

Je höher der Kapitalumschlag, desto höher ist die Gesamtkapitalrendite, daher wird versucht, den Kapitalumschlag ständig zu erhöhen. Dies kann zum einen durch **Reduzierung des eingesetzten Kapitals** erfolgen, was aber in der Praxis eher schwierig ist. Daher wird häufiger der andere Weg **(Erhöhung des Umsatzes)** eingeschlagen, um den Kapitalumschlag zu steigern.

Ein Kapitalumschlag von 2,5 bedeutet, dass pro eingesetztem Euro 2,50 € Umsatz erwirtschaftet werden.

Gesamtkapitalrendite = Umsatzrentabilität × Kapitalumschlag

Die Gesamtkapitalrendite (engl. **Return-on-Investment, ROI**), ist die Schlüsselkennzahl zur Berechnung der Rendite eines Unternehmens. Sie gibt das **Verhältnis vom Gewinn zum eingesetzten Kapital** wieder.

$$\frac{\text{Gewinn}}{\text{Umsatz}} \cdot \frac{\text{Umsatz}}{\text{Kapital}}$$

Ausgehend von der Umsatzrentabilität (= Gewinn : Umsatz) und dem Kapitalumschlag (= Umsatz : Gesamtkapital) ergibt sich (nach dem Kürzen) die Formel Gewinn : Gesamtkapital als Definition der Gesamtkapitalrendite.

Cashflow = Betriebsergebnis + Abschreibung auf Anlagen

Der Cashflow (engl. für Geldfluss) stellt eine Kennzahl dar, mit der sich Aussagen über die **Liquiditätssituation** von Unternehmen machen lassen. Der Cashflow entspricht der Summe aus dem Unternehmensüberschuss (oder -fehlbetrag) und den Abschreibungen.

Damit gibt der Cashflow den **Finanzüberschuss (bzw. das Defizit)** eines Unternehmens innerhalb eines Zeitraumes wieder.

- positiver Cashflow: liquide Mittel steigen
- negativer Cashflow: liquide Mittel sinken

Lagerkennzahlen

Die Berechnung von Lagerkennzahlen und deren Bedeutung wird ausführlich im Kapitel Warenwirtschaft erläutert (ab S.609).

Personalkennzahlen

$$\text{Personaleinsatzquote} = \frac{\text{Personaleinsatzkosten}}{\text{Umsatz}} \cdot 100$$

Die Personaleinsatzquote gibt das Verhältnis von **Ausgaben für die Mitarbeiter** im Verhältnis zum (im gleichen Zeitraum) **erwirtschafteten Umsatz** wieder. Durch systemweit einheitliche Produktionsbedingungen und vergleichbare Mitarbeitervergütungen lassen sich zentrale Vorgaben für die Personaleinsatzquote machen und die Leistungsfähigkeit einzelner Restaurants miteinander vergleichen.

Die **Serviceform** hat maßgeblichen Einfluss auf die Personaleinsatzquote. Full-Service-Restaurants haben eine deutliche höhere Personaleinsatzquote als Restaurants mit Drive-in. Auch der Conveniencegrad der angebotenen Speisen beeinflusst die Personaleinsatzquote.

Ist die Personaleinsatzquote in einem einzelnen Restaurant außergewöhnlich niedrig, kann dies aber auch negative Folgen wie hohe Mitarbeiterfluktuation oder Gästeunzufriedenheit nach sich ziehen.

Gründe für eine überdurchschnittlich hohe Personaleinsatzquote (u.a.):
- Hoher Krankenstand
- Schlecht trainierte Mitarbeiter
- Übertarifliche Bezahlung
- Hoher Anteil unproduktiver Stunden (z. B. Pflege der Außenanlage)

Steuerung und Kontrolle

Eine Soll-Produktivität von 50 bedeutet, dass für den erwarteten Stundenumsatz von 300 € maximal 6 Mitarbeiter eingesetzt werden dürfen: 300 € : 50 = 6

Crew

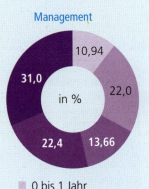

Management

- 0 bis 1 Jahr
- 1 bis 3 Jahre
- 3 bis 5 Jahre
- 5 bis 10 Jahre
- mehr als 10 Jahre

Obwohl die Fluktuationsquote in der Systemgastronomie relativ hoch ist, beiben über 50 % des Managements 5 Jahre oder länger den Unternehmen treu.

Abb. 1 Mitarbeiterbindung (Quelle: Bundesverband der Systemgastronomie)

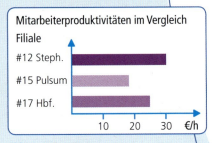

Abb. 2 Balkendiagramm

STEUERUNG UND KONTROLLE

$$\text{Produktivität} = \frac{\text{Umsatz}}{\text{Mitarbeiterstunden}}$$

Die Produktivität ist neben dem Wareneinsatz **eine der wichtigsten Kennzahlen in der Systemgastronomie**. Sie gibt an, **wie viele Mitarbeiterstunden** notwendig waren, um den erreichten **Umsatz zu erzielen**. Die Soll-Produktivität (also die gewünschte, bzw. erwartete Produktivität) bildet gemeinsam mit dem budgetierten Umsatz die Grundlage bei der Dienstplangestaltung.

Mit modernen Computerkassen lässt sich der aktuelle Stundenumsatz während einer Schicht stets im Auge behalten. Gekoppelt mit dem Zeiterfassungssystem für die Mitarbeiterstunden kann die aktuelle Produktivität schnell berechnet werden. Dabei ist zu beachten, dass jedes Restaurant zwangsläufig unproduktive Stunden (Aufsperr- und Schlussdienst) hat, in denen kein Umsatz erwirtschaftet wird. Um im Tagesdurchschnitt die Soll-Produktivität zu erreichen, muss in den Spitzenzeiten eine wesentlich höhere Produktivität erreicht werden.

$$\text{Fluktuationsquote} = \frac{\text{Personalabgänge}}{\text{durchschnittl. Personalbestand}} \cdot 100$$

Fluktuation meint den **Wechsel des Personalbestandes** innerhalb eines bestimmten Zeitraumes. Je nach Verständnis von Fluktuation werden **verschiedene Formeln** zu Berechnung verwendet. Die hier angegebene beruht auf einem Vorschlag der Bundesvereinigung der Deutschen Arbeitgeberverbände (BDA) und wird daher auch **BDA-Formel** genannt. Je niedriger die Fluktuationsquote, desto geringer die Kosten für Training neuer Mitarbeiter, Einarbeitungsphasen usw. Eine niedrige Fluktuationsquote deutet auf zufriedene Mitarbeiter und ein intaktes Betriebsklima hin.

Stundenkostensatz = (Bruttogehalt aller Mitarbeiter + Sozialversicherungsabgaben aller Mitarbeiter + Lohnfortzahlung + Sonderzuwendungen) : Gesamtzahl der vertraglich vereinbarten Stunden

Der Stundenkostensatz stellt in Folge von Krankenstand und durchschnittlicher Lohnhöhe eine Kennzahl dar, die die **tatsächlichen Kosten pro Mitarbeiterstunde** aus Sicht des Unternehmers beziffert. Diese Kennzahl ist z. B. für die Angebotskalkulation wichtig. Da hier auch Sonderzuwendungen oder der Arbeitgeberanteil zu den Sozialversicherungen mit einbezogen werden (müssen), weicht der Stundenkostensatz von den tatsächlich gezahlten Stundenlöhnen ab.

6.3 Darstellung von Kennzahlen

Grafische Darstellung in Präsentationen

Säulen- bzw. Balkendiagramm

Einer der am häufigsten genutzten Diagrammtypen ist das Säulendiagramm. Es ist besonders geeignet, um **zwei oder mehrere gleichartige Werte zu vergleichen**. Dies könnte z.B. der aktuelle Monatsumsatz mehrerer Filialen oder der Deckungsbeitrag verschiedener Speisen sein. Während ein Säulendiagramm den relevanten Wert auf der y-Achse aufträgt, geschieht dies beim Balkendiagramm auf der x-Achse.

6 Kennzahlen als Kostenkontrollinstrumente

Ein **zeitlicher Verlauf** kann daher nur **bedingt** (viele Balken bzw. Säulen nebeneinander) dargestellt werden.

Eine besondere Form des Säulendiagramms ist das **Stapelsäulendiagramm**. Hier werden verschiedene Werte als eine Säule mit verschiedenen Schattierungen übereinander gelegt. Damit kann gezeigt werden, aus welchen einzelnen Bestandteilen sich der Gesamtwert zusammensetzt.

Abb. 1 Stapelsäulendiagramm

Kreisdiagramm

Das Kreisdiagramm, häufig auch **Tortendiagramm** genannt, eignet sich besonders zur Darstellung von **Verhältnissen zueinander**, wie es vor allem bei Gliederungszahlen der Fall ist.

Bei der Auswahl des Kreisdiagrammes ist zu beachten, dass die einzelnen Segmente des Kreises in der Summe **immer 100 %** (also das Ganze bzw. 360 Grad) darstellen müssen. Ein **zeitlicher Verlauf** ist mit dem Kreisdiagramm **nicht** darstellbar.

Zur besseren Übersicht wird oft das sogenannte „explodierte Kreisdiagramm" verwendet, bei dem die einzelnen Abschnitte voneinander abgerückt dargestellt werden.

Abb. 2 „Explodiertes Kreisdiagramm" (Quelle: Bundes-verband der Systemgastronomie)

Linien- bzw. Flächendiagramm

Für alle Arten von **Entwicklungen**, z. B. von **zeitlichen Verläufen**, ist das Liniendiagramm am besten geeignet. Auf der x-Achse wird das Messintervall (z. B. monatlich, Quartal) aufgetragen, während die y-Achse den Messwert trägt. Wird die entstehende Fläche zwischen der Linie und der x-Achse eingefärbt oder schraffiert, spricht man von **einem Flächendiagramm**.

Um mehrere Werte zu vergleichen und damit ähnliche Effekte wie bei der Darstellung durch Säulen- oder Balkendiagramme zu erreichen, kann ein Liniendiagramm auch **mehrere Linien** enthalten.

Abb. 3 Liniendiagramm

Statistiken optimieren

„Glaube keiner Statistik, die du nicht selbst gefälscht hast", ist ein bekannter Ausspruch, der Winston Churchill zugeschrieben wird. Aber ein Fälschen der Zahlen muss oft gar nicht sein, meist reicht es, die Zahlen etwas „günstiger" darzustellen.

Beispiel 1: Der Durchschnittstrick

Der Durchschnitt ist ein beliebtes Mittel der Manipulation. In der Statistik wird der Durchschnitt oder Mittelwert gerne dazu eingesetzt, allgemeine Aussagen über eine Menge zu machen.

Die Mitarbeiter verstehen die Welt nicht mehr …

In einem Toastmeister-Restaurant arbeiten zwei Mitarbeiter und ein Restaurantleiter. Beide Mitarbeiter haben auf Grund des niedrigen Stundenlohnes ein Monatseinkommen von je 800 €, obwohl sie Vollzeit arbeiten. Der Restaurantleiter bekommt für seine Tätigkeit 20.000 € monatlich. Im Jahr darauf werden die Mitarbeiter auf Grund der schwierigen Lage zu einem Gehaltsverzicht aufgefordert und bekommen jetzt nur noch 750 € pro Monat und müssen durch Nebenjobs nach der Arbeit ihre Familien ernähren. Der Restaurantleiter bekommt aber für seine wirtschaftlichen Erfolge eine Gehaltserhöhung auf 40.000 € pro Monat. Kurz darauf veröffentlicht die Toastmeister-Zentrale folgende Pressemitteilung: „Im vergangenen Jahr lag das Durchschnittseinkommen eines Toastmeister-Beschäftigten bei über 7.000 €. Aktuell ist es auf über 13.800 € gestiegen. Aufgrund dieser sehr positiven Einkommensentwicklung der monatlichen Vergütungen plant die Zentrale, in Zukunft auf freiwillige übertarifliche Leistungen wie Weihnachtsgeld bzw. Nacht- und Feiertagszuschläge zu verzichten, da die Mitarbeiter über ein hohes monatliches Einkommen verfügen."

Steuerung und Kontrolle

STEUERUNG UND KONTROLLE

Beispiel 2: Der Prozent-Trick

Die Umwandlung von absoluten Zahlen in relative Zahlen wird gerne eingesetzt, um eine Verzerrung der Realität zu erreichen. Mathematisch völlig korrekt entstehen auf diese Weise Aussagen, die fahrlässige Betrachter schnell zu falschen Interpretationen hinreißen, wie das folgende Beispiel zeigen soll:

Wer wäre nicht sofort vom Toastmeister-Konzept überzeugt? Sogar der Branchenprimus wird im jährlichen Wachstum um ein Vielfaches überholt.

Wenn man sich die absoluten Zahlen vor Augen führt, sieht die Sache schon ganz anders aus:

	McDonald's Restaurants	Zuwachs %	Toastmeister-Restaurants	Zuwachs %
2008	1.333		12	
2009	1.361	2,10 %	14	16,67 %
2010	1.386	1,84 %	15	7,14 %

Ein **weiteres Beispiel** stammt von den Hamburger Professoren Hans-Peter Beck-Bornholdt und Hans-Hermann Dubben:

„Können Hunde Eier legen?"

In einem Raum liegen sieben Würste und drei Eier auf dem Tisch. Der Anteil der Eier beträgt demnach 30 %. Ein Hund kommt in den Raum. Nachdem er den Raum wieder verlassen hat, beträgt die Anzahl der Eier 60 %. Die Prozentzahlen legen nahe, dass sich die Anzahl der Eier verdoppelt hat. Bei diesem Sachverhalt nimmt man zwar nicht an, dass der Hund tatsächlich „Eier gelegt" hat, sondern man weiß, dass er stattdessen Würste aufgefressen hat. Bei anderen Sachverhalten wird man schnell in die Irre geleitet - es werden Zahlen verglichen, die nicht die gleiche Basis, das heißt die gleiche Gesamtzahl, haben.

6.4 Kennzahlenanalyse

DuPont-Kennzahlensystem

Das DuPont-Kennzahlensystem ist das weltweit bekannteste und auch älteste System zur Analyse von Unternehmenskennzahlen.

Den **Mittelpunkt** des Kennzahlensystems stellt die **Gesamtkapitalrendite** (engl. Return-on-Investment, kurz ROI) dar. Sie gibt den Ertrag im Verhältnis zum eingesetzten Kapital wieder. Demnach ist nicht die Gewinnmaximierung oberstes Unternehmensziel, sondern das **Maximieren des Gewinns pro eingesetztem Kapital** (vgl. ökonomisches Prinzip).

Als Spitzenkennzahl des Kennzahlensystems wird der ROI in der ersten Stufe in **Umsatzrendite** und **Kapitalumschlag** aufgeteilt. In den weiteren Schritten werden Zähler und Nenner dieser Verhältniskennzahlen in **Ertragskomponenten** und **Vermögensbestandteile** aufteilt. Durch diese mathematische Aufteilung der einzelnen Kennzahlen werden die verschiedenen Einflussfaktoren auf den Unternehmenserfolg sichtbar dargestellt. **Veränderungen an Kennzahlen der einzelnen Stufen haben Einfluss auf die Folgekennzahlen.**

> Du Pont de Nemours and Co. ist ein amerikanischer Chemiekonzern, der bereits 1919 dieses Kennzahlensystem zur Unternehmenssteuerung einsetzte.

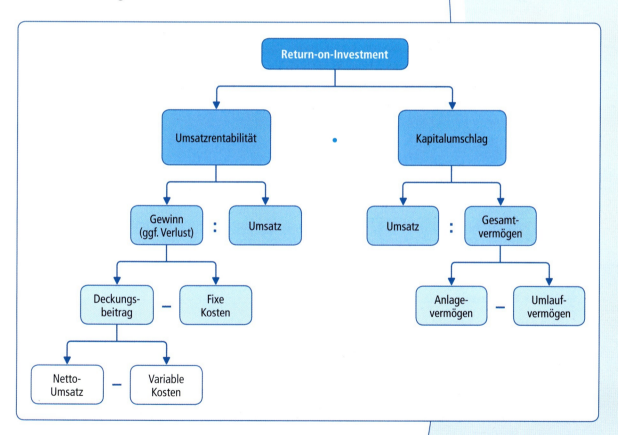

Steuerung und Kontrolle

1 Nennen Sie Beispiele für betriebsbedingte Aufwendungen bzw. betriebsbedingte Erträge.

2 Erklären Sie mit eigenen Worten den Begriff „Betriebsergebnis".

3 Erfragen Sie, wer in Ihrem Ausbildungsbetrieb für die betriebliche Leistungserstellung verantwortlich ist. Mit welchem Aufwand ist diese Tätigkeit verbunden?

4 Unterscheiden Sie Einzel- und Gemeinkosten mit eigenen Worten.

5 Handelt es sich im Folgenden um Einzel- oder Gemeinkosten? Begründen Sie Ihre Meinung!
- Anschaffung von Warmhaltetaschen im Pizzaservice
- Beschaffungskosten für Strohhalme
- Befüllung von Gasflaschen für den Hähnchengrill
- Kosten für Telefon

6 Kennen Sie weitere Beispiele für variable und Fixkosten?

7 Unter welchen Umständen gehören die Personalkosten a) zu den Fixkosten und b) zu den variablen Kosten?

8 Warum zählen die Stromkosten zu den variablen Kosten, obwohl monatlich ein fester Abschlag bezahlt wird?

9 Nennen Sie Beispiele für Gegenmaßnahmen als Ergebnis der Kostenanalyse:
- Anstieg der Energiekosten
- Anstieg der Kapitalkosten
- Anstieg der Personalkosten

10 Chickenwings werden zu einem Inklusivpreis von 2,99 € pro Portion angeboten. Der Außer-Haus-Anteil beträgt 50 %. Berechnen Sie den Deckungsbeitrag bei einem Wareneinsatz von 0,62 € pro verkaufter Einheit.

11 Die Materialkosten für einen Ipanema-Cocktail betragen 0,45 €. Für Crushed Ice und den Becher werden pro Cocktail 0,15 € angesetzt. Welcher Inklusivpreis sollte gewählt werden, wenn ein Deckungsbeitrag von mindestens 2,70 € pro Getränk erwirtschaftet werden soll?

12 Berechnen Sie die Deckungsbeitrags- und Wareneinsatzquote der folgenden Produkte:

Produkt	Nettoverkaufspreis	Wareneinsatz
Tuna-Wrap	2,26 €	0,78 €
Chicken-Wrap	2,46 €	0,69 €
Veggie-Wrap	2,19 €	0,65 €

13 Das Toastmeister-Restaurant am Stephansplatz legt folgende Zahlen für das abgelaufene Geschäftsjahr vor:

Nettoumsatz	1.456.561,00 €	Abgaben und Versicherung	43.696,83 €
Wareneinsatzkosten	407.837,08 €	Gebäudekosten inkl. Miete	291.312,20 €
Personaleinsatzkosten	320.443,42 €	Personalnebenkosten	72.828,05 €
Kosten für Energie	218.484,15 €	Sonstige Kosten	36.414,03 €

Berechnen Sie folgende Werte:
- Wareneinsatzquote
- Personaleinsatzquote
- Deckungsbeitrag
- Betriebsergebnis
- Umsatzrentabilität

14 Die Filialen legen folgende Kennzahlen vor:

Filiale	Nettoumsatz	Mitarbeiterstunden	Personaleinsatzkosten	Personalnebenkosten
#12 Stephansplatz	116.600 €	2.650	20.935,00 €	4.372,50 €
#17 Hauptbahnhof	153.387 €	3.933	32.053,95 €	3.893,67 €
#19 Immeringen	92.022 €	1.878	15.061,56 €	3.098,70 €

Bestimmen Sie die folgenden Werte rechnerisch und erstellen Sie anschließend ein aussagekräftiges Diagramm:
- Produktivität
- Stundenkostensatz
- Personaleinsatzquote

Liefern Sie Erklärungen für die unterschiedlichen Produktivitäten und Personalnebenkosten innerhalb eines Restaurantsystems. Welche Lösungsvorschläge bieten sich zu den genannten Ursachen an?

Sachwortverzeichnis

5-Forces-Modell 517
6-R-Formel 609
9 P 513

A

Aal 408, 409
abboccato 313
Abfall 30
Abfallvermeidung 603
Abgabenordnung (AO) 349
Abkühlung 39
Ablagesysteme 56
Ablage- und Ordnungssysteme 356
Ablauf eines Arbeitsvertrages 691
Abläufe 648
Ablauforganisation 641, 647
Ablaufplan 54
Abnehmer 518
Abrechnung mit dem Betrieb 383, 388
Abrechnung mit dem Gast 383, 386
Abrechnung, Salate 192
Abrufbons 384
Absatzweg 547
Absinth 331
Abteilung 642
Abtropfschüssel 123
Abwällen 139
Abwasser entlasten 603
Abwechslung im Menü 488
Abziehen 119
Aceton 576
Acrylamid 67, 126, 146, 194
ACT 653
Action 542
Aerobier 22
Affiliate Marketing 544
AGBs 539
Agentur für Arbeit 660
Ahornblatt 243
Ahornsirup 477
AIDA-Modell 542
Aktendeckel 356
Akvavit 330
À-la-carte-Service 251
Albumin 71, 72
Alkoholfreie Biere 298
Alkoholfreie Mischgetränke 283
Alkoholische Gärung 295, 296
Alkoholkonservierung 107
Allergie 33, 590

Allgemeines Gleichbehandlungsgesetz 670
Allgemeine Geschäftsbedingungen 539
Allgemeiner Kündigungsschutz 670
Alpaka 566
Alsterwasser 300
Altbier 298
Alternativfrage 370, 558
Altfett 31
Altglas 30, 31
Altmetall 31
Altpapier 31
amabile 313
Aminosäuren 70, 75
– begrenzende 75
Amuse-Bouche 479
Amuse-Bouche-Menüs 480
Amuse-Gueule 479
Amylopektin 61
Amylose 61
Anaerobier 22
Analyse 614
Anbaugebiete 302
– bestimmte 304
Änderungen im Dienstplan 680
Anerkennung 689
Anführungszeichen 510
Angebotsformen für Kaffee 287
Angebotsvergleiche 620
Anlass 487
Anlernen 693
Anmachen von Salaten 188
Annakartoffeln 196
Anpassungsfortbildung 693
Anrichten 55, 156
Antibakteriell 42, 81
Antidiskriminierungsgesetz 670
Antihaftbeschichtung 123
Antioxidantien 34
à part 156, 406
Aperitifs 493
Apfelausstecher 118
Apfelstrudel 473
à point 424
Appetit 97
Appretieren 575
Aqua Plus 282
Aquavit 330
Arbeitsabläufe 57
Arbeitsanleitung 55
Arbeitsanweisungen 649

Arbeitsbekleidung 217
Arbeitsbescheinigung 677
Arbeitsgestaltung 108
Arbeitshand 253
Arbeitslosenversicherung 676
Arbeitsmarkt 549
Arbeitsmittel 115
Arbeitspapiere 677
Arbeitspläne 54
Arbeitsplanung 51
Arbeitsprozesse 648, 652
Arbeitsreihenfolge 593
Arbeitsschutz 29
Arbeitssicherheit 605
Arbeitsvertrag 664, 691
Arbeitszeit 681
Arbeitszeugnis 661, 667, 691
– Sprache 668
Arbeitszufriedenheit 689
Archivschachteln 356
Armagnac 328
Aromastoffe 59
Aromatisierte Spirituosen 327
Arten der Speisekarten 501
Arten des Vorlegens 256
Artischocke 171, 246
Artischockenböden 171
Ascorbinsäure 34, 78
Aspik 72, 74
Assessment-Center 663
Attention 542
Aubergine 171
Audits 651
Aufbauorganisation 641
Aufbewahrung 102
Aufdeck-Service 600
Aufeinanderfolge der Getränke 495
Aufeinanderfolge der Speisen im Menü 490
Aufgaben der Kosten- und Leistungsrechnung 696
Aufgeschlagene Saucen 405
Aufgussgetränke 286
– servieren 293
Aufhebungsvertrag 665, 667, 691
Aufläufe 472
Auflaufformen 233
Aufmachung der Speisekarte 502
Aufnahme der Bestellung 368, 373, 375
Aufschnittmaschine 139
Aufstiegsfortbildung 693

SACHWORTVERZEICHNIS

Auftauen 105
Aufwendungen 696
Augenverletzung 50
Ausbeinmesser 116
Ausbeute 165
Ausbildungsberufe
– Fachkraft im Gastgewerbe 16
– Fachmann/-frau für Systemgastronomie 16
– Restaurantfachmann/-frau 16
– Hotelfachmann/-frau 16
– Hotelkaufmann/-frau
– Koch/Köchin 16
Ausbildungsordnung 15
Ausbildungsrahmenpläne 15
Ausbildungsvertrag 666
Ausbohrer 116
Ausgleichsabgabe 670
Ausländische Gäste 367
Auslese 308
Ausrüstung 575
Ausrüstung von Textilien 574
Außer-Haus-Veranstaltungen 639
Außerordentliche Kündigung 665, 691
Ausstecher 118
Austern 416
Austerngabel 226
Austernpilze
– gedünstete 184
Auswahl von Entwicklungsmaßnahmen 694
Auszubildende im Restaurantbereich 646
Autoritärer Führungsstil 687
Avorioreis 455
A_w-Wert 21

B

BAB 699, 701
Backen 147
Bäckerinkartoffeln 196
Backfett 67
Backformen 232
Backrohr 132
Backup 359
Backwaren 451
Badezimmer 594
Badisch Rotgold 306
Bag-in-Box (BiB)-Postmix 337
Bakterizid 42
Balkendiagramm 708
Balkon 595
Ballaststoffe 59, 63, 81
Bamberger Hörnchen 197

Bananensplit 476
Bankett-Service 251
Barcode 349
Barcodeleser 357
Barcodescanner 349
Bardieren 438
Bargeldlose Zahlung 622
Bargläser 230
Barrique 312
Barzahlung 621
Basen 21
Basis-Dienstplan 683, 684
Basmatireis 455
Bâtonnets de légumes 168
Bauchspeichel 63
Bauchspeicheldrüse 63
Bauernart 168
Baumwoll-Bettwäsche 588
Baumwolle 219, 571, 572
Baumwollsiegel 572
Baustoffe 59, 75, 80
Bayerische Creme 474, 477
Bazillen 22
BCG-Matrix 519
BDA-Formel 708
Béarner Sauce 405
Béchamelsauce 404
Bechergläser 229
Bedarfsermittlung 615
Bedarfsprognose 615
Bedeutung von Marken 560
Bedürfnispyramide 363, 689
Beendigung von Arbeitsverhältnissen 665, 691
Beerenauslese 308
Beerenobst 461
Befragung 553, 554
Befristung von Arbeitsverhältnissen 665
Begleitbons 384
Begleitfett 69
Begleitstoffe 59, 81
Begrüßung 373
Behältnis
– für Parmesan 234
– für Reibkäse 234
Behinderte 367
Behörden 549
Beignets 402
Beilagen 193
– aus Gemüse 443
Beistelltisch 259
Belästigung 530
Beitragsbemessungsgrenze 675
Beluga-Kaviar 415

Beluga-Malossol-Kaviar 415
Benchmarking 530
Benzoesäure 34
Beobachtung 553, 559
Beobachtungs-Methode 642
Beratung 374
Berechnung des Nettolohnes 676
Bereich
– kritischer 21
Berliner Weiße 298, 300
Berner Rösti 198
Bernykartoffeln 200
Berufliche Ausbildung 693
Beruflicher Werdegang 661
Berufsschulunterricht 669
Beschaffungskosten 617
Beschwerdemanagement 377
Besetzen der Schichten 684
Besonderer Kündigungsschutz 670, 671
Bestandsabweichungen 354
Bestandskennzahlen 354
Bestandsüberwachung 350
Bestecke 224
Bestecke aus Kunststoffen 224
Besteckgruppen 225
Besteckpflege 228
Bestellmenge 616, 617
Bestellungen 614
Bestellungsannahme 368, 373, 375
Bestellvorschlag 610, 612
Bestellzeitpunkte 616
Bestimmte Anbaugebiete 304
Bete
– rote 175
Betriebe 14, 641
Betriebliche Leistungserstellung 696
Betriebsabrechnungsbogen 699
Betriebsbedingte Kündigung 666
Betriebsergebnis 696
Betriebshygiene 37
Betriebsorganisation 641
Betriebs-Organisations-Analyse 642
Betriebsrat 664, 666, 691
Betriebswirtschaftliche Überlegungen 112
Bettgestelle 585
Bettlaken 588
Betttücher 588
Bettvorleger 588
Bettwäsche 580, 588
Bettwäschewechsel 604
Beurre manié 62
Beurre polonais 407
Beurteilung 691

Bewerbung 660
Bewertungsblatt 160
Bewertungsmerkmale 55
Bewertungsportale 546
Bewirtung 368
Bewirtungsbetriebe 14
Bewirtungsvertrag 378
Bewusstlosigkeit 48, 49
Beziehungszahlen 705
Bezugskalkulation 621
Bezugspreis 621
Biber 588
bien cuit 424
Bier 296
Bierarten 298
Bierausschank 300
Biere
– alkoholfreie 298
– anderer Länder 300
Biergattungen 298
Biergläser 230
Biermarken 386
Biermischgetränke 300
Bierschankanlage 337
Biersorten 298
Bindegewebe 73
Bindenadel 116
Bindung 73, 490
Bioaktive Pflanzenstoffe 81
Biokatalysatoren 84
Biologische Wertigkeit 75
Bio-Siegel 35
Birnenkartoffeln 199
Biskuit 475
Bitok 431
Bitterliköre 331
Bitter-Limonaden 281
Blanc de Blancs 312
Blanchieren 139
Blätterteig 68, 475
Blattgemüse und Blattsalate 443
Blattgrün 60
Blattsalate 187, 443
Blauer Engel 603
Blaukochen 410
Blaukraut 175
Bleichmittel 582
Bleichsellerie 175
Bleu 424
Blinis 415
Blumen 236
Blumenkohl 171
Blütengemüse 444
Blutvergiftung 48

Blutzuckerspiegel 63
BMI 91
Bockbier 299
Böden 577, 578
Bodenbakterien 25
Bodenisolierung 50
Body-Mass-Index 91
Bohnen
– grüne 173
Bologneser Sauce 431
Bombage 22
Bonbuch 383
Bonieren 385
Boniersysteme 383
Bonus 673
Bordeaux 312
Bordeauxglas 229
Borschtsch 399
Botulinus-Bazillen 22
Boucher 108
Bouillabaisse 399
Bouillon 396
Bouillonkartoffeln 196
Bourbon Whiskey 329
Bowle 283, 324
Brainstorming 529
Braisière 122
Branchensoftware 357, 359
Brandblase 49
Brände 327, 328
Brandfaktoren 46
Brandmasse 475
Brät 73
Braten 144, 152
– im Ofen 145, 151
– in der Pfanne 144, 150
– vom Kalb 421
– vom Lamm 429
– vom Rind 425
– vom Schwein 427
Bratenaroma 144
Bratenjus 404
Bratenkoch 108
Bratenpfanne 122
Bratfett 69
Bratkartoffeln 198
Braune Grundsauce 403
Braunreis 455
Break-even-Analyse 530
Break-even-Menge 704
Break-even-Point 704
Brezenknödel 459
Bridiernadel 116
Brioche 475

Brokkoli 172
Brot 451
Brötchentoaster 127
Brotgerüst 73
Brotkörbe 235
Brotsorten 451
Brotsuppe 399
Brotteller 249
Brühwürste 433
Brunch 273, 275
Brunoise 168
Bruttoarbeitslohn 674
Buchweizen 450
Büfett
– Bestandsaufnahme 341
Büfettkontrollen 339
Büfett-Service 251, 634
Bügeln 223
Bündner Fleisch 433
Buntmesser 169
Buntoaster 127
Buntschneidemesser 115
Burger 431, 442
Burgund 312
Burgunderglas 229
Büroorganisation 356
Business 640
Butter 67
Buttermischungen 407
Butterschmalz 67

C

Calciferol 78
Calcium 80
Calvados 329
Calzone 441
Camarguereis 455
Canadian Whisky 329
Canapés 391
Cannelloni 454
Cappuccino 288
Care 640
Carotin 34
Caseinogen 71, 74
Cash-Cows 519
Cashflow 707
Casserole 122
Casserole de Bain-Marie 122
Cava 321
Ceasar's Salad 460
Célestine 401
Cellulose 572
Cellulosische Chemiefasern 573
Cerealien 450

Cevapcici 431
Chafing-Dish 235
Chambrieren 316
Champagne 312
Champagner 321
Champagner-Menü 492
Champignons
– gebackene 182
– gedünstete 182
Chancen 516
Chancen-Risiken-Analyse 515
Charlotte 474
Château 312
Chateaubriand 423
CHECK 653
Checklisten 52, 53, 262, 372, 592, 598, 649
Cheeseburger 57, 442
Chef de cuisine 108
Chef de rang 646
Chemiefasern 571, 573
Chemische Konservierungsmittel 34
Chicorée 172
Chili con Carne 431
Chinois 123
Chlorophyll 60
Chrom-Nickel-Stahl 565
Chutneys 447
CI 521
Ciabatta 451
Clam Chowder 399
Clamshellgrill 130
Clarete 314
Client-Server-Modell 358
Clochen 234
Club Steak 423
Co-Branding 545
Cock-a-leekie 400
Cocktails
– alkoholfreie 283
Cocktailsauce 405
Cognac 328
Cola-Getränke 281
Commis de rang 646
Computergesteuertes Boniersystem 383
Computerkasse 385
Computersystem 357
Consommé 396
Consommé double 396
Convenience Food 110
Convenience-Grad 111
Cook & Chill 155
Cook & Hold 155

Cook & Serve 155
Cordon bleu 420
Corporate Behaviour 521
Corporate Communication 522, 648
Corporate Design 521
Corporate Identity 521, 648, 661
Corporate Social Responsibility 546
Côte de bœuf 423
Counter 265
Counterservice 262, 376, 637
Couponing 546
Cremant 321
Crème brûlée 477
Cremespeisen 474
Cremesuppen 397
Crêpes 472
Crewtrainer 18
Crossmarketing 545
Cross-Promotion 546
Croutons 397
Cru 312
CSR 546
Cumberlandsauce 406
Curry 422
Curry vom Lamm 430

D

Damast 219
Damenessen 488
Damengesellschaft 491
Dampfdruckgaren 133
Dampfdrucktopf 83, 133
Dämpfen 142
Dampf-Schnellgargerät 133
Darbieten von der Platte 258
Darren 296
Darstellung von Kennzahlen 708
Datenkommunikation 357
Datenschutz 359
Datensicherung 359
Datenverarbeitung 357
Dauerausscheider 23
Daunen 589
DB-Vergleich 704
Debitoren 389
Deckbetten 589
Deckbetten-Bezüge 588
Deckservietten 221
Decktücher 221
Deckungsbeitrag 531, 703
Deckungsbeitragsquote 704
Deckungsbeitragsrechnung 531, 703
Degenerationsphase 524
Degustation 159

Dekantieren von Rotwein 319
Dekantierkorb 235
Dekorationsserviette 241
Delikatessen 393
Delivery-Service 634
Demi chef de rang 646
Demiglace 403
Denaturierung 74
Depot 319
Desinfektionsmittel 28
Desinfizieren 28, 42
Desire 542
Dessertbesteck 225
Dessertkarten 471
Dessertwein 315
Destillation 295
– Prinzip 326
Detachieren 579
Deutsche Anbaugebiete 304
Deutsche Käseauswahl 469
Deutscher Weinbrand 328
Deutsches Institut für Normung 651
Dextrine 61, 62
DGE
– Regeln 90
Diabetiker 63, 65
Diagramm 708
Diätbier 299
Diätetische Erfrischungsgetränke 282
Dienstarten 680
Dienstplan 680
Dienstplanerstellung 682
Dienstplangerechtigkeit 684
Dienstplangestaltung 679
Differenzierungsbedürfnisse 689
Digestifs 495
Diglyceride 34
DIN EN ISO 9000:2005 651
DIN-Norm 651
Dips 185
Direct Costing 531
Direkte Fragestellung 558
Direkter Absatz 547
Disaccharide 60
Discountstrategie 633
Diskriminierungstest 533
Distributionspolitik 547
Diversifikation 526
DO 652
Dokumentation 36, 343
Dolce 313
Dolmas 431
Domaine 312
Döner 440

Doppelte Bischofsmütze 244
Doppelte Kraftbrühe 396
Doppelter Tafelspitz 243
DQS 651
Drehgrill 130
Dressiernadel 116
Dressings 185
Drink-Drawer 265
Drive-in-Service 263, 637
Druckfritteuse 127
Druckgaren 143
Druckkessel 129
Druckverband 48
Duftstoffe 582
Dünsten 142, 152
DuPont-Kennzahlensystem 711
Durchlaufgrill 130
Durchlaufofen 132
Durchschnittsbon 706
Durchschnittstrick 709
Duroplaste 121, 570
Duxelles 183

E

Early Adopters 524
Eau-de-vie de vin 328
Echter Kaviar 415
Echter Rum 329
Edelpilze 20
Edelpilzkäse 466
Edelstahl 121, 565
Edelstahlbesteck 224
Education 640
Egouttoir 123
Eiderdaunen 589
Eierkuchen 215
Eierplatten 232
Eierspeisen 211, 267
– frittierte 214
– gekochte 211
– pochierte 142, 212
– im Glas 212
Eigenfertigung 110, 112
Eigenkontrolle 39
Eignung
– fachliche und persönliche 662
Eignungsprofil von Speisen 161
Eignungswert 101
Ei im Näpfchen 214
Einarbeitung 685, 693
Einarbeitungszeit 659
Eindecken 248
Einfaches Arbeitszeugnis 667
Einfachzucker 60, 62

Einführungsphase 524
Eingliederung der Stelle 658
Eingruppierung 671
Einkaufspreis 615
Einlagen für klare Suppen 396
Einliniensystem 642
Einrichtungsgegenstände 218
Einstellungsverfahren 660
Einwegflaschen 30
Einweichmittel 582
Einzelkosten 697, 698
Einzeltische 218
Einzel- und Doppelbons 383
Eisbein 428
Eisbomben 476
Eisen 80
Eiskaffee 288, 476
Eisschokolade 293
Eisspeisen 476
Eistee 291
Eiswasser 139
Eiswein 308
Eitererreger 23, 24
Eiweiß
– Arten 70
– Aufbau 70
Eiweißgerinnsel 74
Eiweißgerinnung 140
Eiweiß (Protein) 70
Eiweißstoffe 71
– faserförmige 70
– kugelförmige 70
Eiweißverderb 75
Elastomere 570
Elektrische Anlagen 45
Elektrischer Strom 45, 50, 575
Elektrolyte 282
Elektrolytgetränke 282
Elsass 312
Emaillierter Stahl 121
Emotionale Werbung 541
Empfang 17
Empfehlen von Speisen 156
Empfehlung 374
Empfehlung der Bestellung 368
Empfehlungsmarketing 546
Empfehlung von Speisen 390
Emulgatoren 34, 66
Emulgieren 28
Emulsionen 66, 67
Emulsionsliköre 331
Endarbeiten 596
Energieaufnahme 90
Energiebedarf 88, 90

Energieberechnung 98
Energiedichte 97
Energieeinsparung 30, 31
Energiegehalt 98, 487
Energiegewinnung 75
Energiereserve 69
Energie sparen 602
Energiestoffe 59
Energieverbrauch 69
Energiezufuhr 91
Energy Drinks 281
Enteisent 279
Enten 434
Entgeltabrechnung 674
Enthärtungsmittel 582
Entkoffeinierter Kaffee 286
Entkoppelung 39
Entlassung 665, 691
Entlohnung 673
Entquellung 62
Entrecôte 423
Entrecôte double 423
Entremetier 108
Entwicklung des Gastgewerbes 13
E-Nummer 33
Enzian 329
Enzyme 22, 63, 75, 84, 86, 582
– Wirksamkeit 85
Enzymtätigkeit 85
Erbsen 172
Erfrischungsgetränke 280
– diätetische 282
Erfüllungsgehilfe 574
Ermäßigter MwSt-Satz 7 % 622
Ernährung 59
– vollwertige 88, 93
Ernährungsbedürfnis 487
Ernährungsformen
– alternative 93
Ernährungspyramide 89
Ersatzprodukte
– Gefahr durch 518
Erste Hilfe 48
Erste-Hilfe-Zeichen 47
Erstellung eines BAB 699
Erträge 696
Erwartungshaltungen 364
Erwerbsfähigkeit 669
ESL-Milch 284
Espresso 288
Essenz 396
Essenziell 75
Essenzielle Fettsäuren 69
Essig- und Ölflaschen 234

SACHWORTVERZEICHNIS

Etage
- Arbeitsabläufe 592
- Arbeitsvorbereitung 592

Etage/Housekeeping 17
Etagenfrühstück 266, 272
Etagenservice 272
Etagenwagen 592
Eubakterien 19
EU-Bio-Siegel 35
EU-Umweltzeichen 602
Evaluationstest 533
E-V-A-Prinzip 357
Event-Catering 639
Eventmarketing 545
Exotische Früchte 462
Expansionsformen 629
Experimente 553
Explodiertes Kreisdiagramm 709
Exportbier 299
Externe Personalbeschaffung 660
Externe Informationsquellen 552, 553

F

Face-2-Face-Kommunikation 543
Facebook 545
Fachbuch 51
Fachkraft im Gastgewerbe 16
Fachliche Eignung 662
Fachzeitschriften 52
Fachzeitungen 52
Facility Management 640
Fähigkeiten und Kenntnisse 661
Fahne 156
Fakultative Anaerobier 22
Fallstudien 663
Fantasienamen 508
Farbe 490
Farbe der Speisen 158
Farbstoffe 34
Farce 73
Fasan 436
Faserstoffe 59, 81
Fäulniserreger 25
Fayence 569
F&B-Bereich 609
Federkern-Matratzen 586, 587
Federn 589
Feedback-Bogen 653
Fehlbons 389
Feinappreturen 582
Feindesinfektionsmittel 28
Feines Ragout 422
Feinwaschmittel 582
Felchen 408, 409

Feldbeobachtung 559
Fenchel 172
- gebacken 153
- gebraten 152
- gedünstet 152
- gekocht 152
- geschmort 153
- überbacken 152

Fenchelrohkost 153
Fenchelsalat 153
Ferment 84
Fermentation 289, 292
Fermentieren 289
Festdienst 680
Festplatzsystem 351
Festschichtdienst 681
Fest-Tafel 218, 250
Festtagsangebote 497
Festtagsmenüs 495
Fett 185
- verbrauchtes 31

Fettabscheider 31
Fettaufnahme 69
Fett-Augen 66
Fettbackgerät 146
Fette
- Arten 64
- Aufbau 64
- Behandlung 65
- verderben 68

Fettfische 408
Fettgehalt 64
Fettgehaltsstufen der Käse 467
Fettsäuren
- essenzielle 69
- gesättigte 64
- ungesättigte 64, 69

Fettverbrauch 69
Feuchtigkeit (a_w-Wert) 21
Feuerlöscher 46
Feuerschutz 46
Fibrilläre Proteine 70
Fifo-Prinzip 350, 351
Filet 424
Filetgulasch 145
Filetgulasch Stroganoff 424
Filetiermesser 117
Filet Wellington 425
Filialsystem 628, 629, 647
Filterfrage 555
Filze 220, 574
Finderlohn 380
Fingerbowle 235
Fingerfood 481

Fingerschale 235
Fingerschutz 115
Fisch 408
Fischbesteck 226
Fische 408
- Beilagenempfehlung 412
- trocken gebeizte 414
- Zubereitungen 410

Fischkessel 122
Fischkoch 108
Fischkonserven 414
Fischschere 117
Fischwaren 414
- geräucherte 414
- marinierte 414

Fitness-Bereich 600
Fixe Kosten 698, 703
Flach 122
Flächendiagramm 709
Flachgrill 130
Flan 179
Flaschengärung 320
Flaschenweinservice 316
Fleckentfernungsmittel 583
Fleischbrühe 141, 396
Fleischfasern 73
Fleischkühlräume 104
Fleisch- und Wurstwaren 433
Fleischwolf 124
Fliegen 26
Flossenschere 117
Flöte 229
Fluktuation 514, 708
Fluktuationsquote 708
Flunder 408
Flying Buffets 480
Folienkartoffeln 197, 458
Folsäure 78
Fond 401
Foodtruck 695
Foodvillage 632, 637
Foodvillage-Konzept 263
Forelle 408, 409
Forellen-Kaviar 415
Formblätter 649
Formen der Entlohnung 673
Formen des Franchising 632
Fortbildung 693
Fotosynthese 60
Foyer 597
Fragearten 369
Fragebogen 556
Fragebogen-Methode 642
Frageformen 557

Fragen 369
– rhetorische 370
– richtungweisende 371
– taktische 370
Fragestellung 557
– direkte 558
– indirekte 558
Fragezeichen 519
Franchisegeber 630
Franchisegebühr 631
Franchisenehmer 630
Franchisepaket 630
Franchisesystem 630, 647
Franchise-Vertrag 630
Französische Käseauswahl 469
Frappieren 316
Freeflow-Service 263, 635
Freeline-Service 263, 635
Freiplatzsystem 351
Freizeitgastronomie 638
Fremdfertigung 110, 112
French Dressing 186
Freshflow-Service 636
Friaul 313
Frisches Obst 472
Frischkäse 467
Frischmilch 284
Fristlose Kündigungen 666
Fritteuse 125
Frittieren 146, 151, 153
Front cooking 636
Front-cooking 625
Frosten 104
Frottierwäsche 580
Fruchsaftschorle 281
Fruchtcocktails 477
Früchte des Meeres 416
Früchtedesserts 477
Fruchtgemüse 444
Fruchtliköre 331
Fruchtnektar 281
Fruchtsäfte 280
Fruchtsaftgetränk 281
Frucht- und Gemüseteiler 119
Fruchtzucker 60
Frühkartoffeln 197
Frühlingszwiebeln 172
Frühstück 266
– Arten 266
– Mise en place 270
– servieren 271
Frühstücksbestellliste 272
Frühstücksbüfett 266, 273
Frühstückseier
– gekochte 267

Frühstücksgedecke 270
Frühstücksgerichte 267
Frühstücksplatte 268
Frühstücksservice 269
Frühstückssituation 269
Frühstücksspeck 73
Führung 644
– durch Personen 687
– durch Strukturen 686
Führungsaufgabe 664
Führungsstil 688
Führungstechniken 686
Full-Service 634
Full-Service-Gastronomie 638
Full-Service-Restaurant 375, 645
Füllstrich 300
Function Sheet 372, 373
Fundsachen 379
Funktionales System 643
Fußboden 37, 43

G

Galantinen 393
Gallensaft 68, 86
Gallerte 74
Gänge 597
Gänse 434
Garantiepolitik 534
Garautomaten 131
Gardemanger 108
Garderobenhaftung 380
Garen 140
Garnelen 416
Garprofile 134
Garprogramme
– erstellen 154
Garstufe 424
Gartemperatur 141, 143
Gärung 295, 296
Garverfahren
– feuchte 140
– kombiniertes 147
– trockene 140
– Übersicht 148
Gärvorgang 295
Garzeit 83
Garziehen 142
Gästeartikel 592
Gästeberatung 368, 373
Gästebetreuung 559, 564
Gästebetten 585
Gästegrundtypen 365
Gästegruppen 367
Gästetypologie 365

Gästewäsche-Service 599, 600
Gästezimmer 594, 595
– bei Abreise 593
– bei Bleibe 596
Gastfreundschaft 13
Gastgeber 368
Gastgewerbe
– Personal 17
Gasthöfe 15
Gastro-Norm 123
Gaststättengesetz 380
Gastwirt 379
Gazpacho 398, 400
Gebäck 475
Gebackene Früchte 473
Gebietscharakter 302
Gebietseinteilung für Weine 304
Gebietsleiter 18
Gebotszeichen 47
Gebrannte Crème 474
Gebrauchsgegenstände 565
Gebrauchszucker 61
Gebundene Suppen 397
Gedecke 247, 255
Geeiste Kraftbrühen 398
Gefahr
– durch Ersatzprodukte 518
– durch neue Konkurrenten 518
Gefahren 516
Gefahrenanalyse 36
Gefahrenquellen 605
Geflügel
– Zubereitungsreihe 150
Geflügel-Cocktail 392
Geflügelsalat 393
Gefrierbrand 105, 345
Gegenfragen 370
Gegenprobe 42
Geiste 327, 330
Gekochtes Rindfleisch 141
Gekochtes und gedünstetes Kalbfleisch 422
Gelatine 74
Geldbuße 380
Geldwerte Vorteile 676
Gelees 477
Gemeinkosten 697, 698, 699, 700
Gemeinkostenzuschläge 702
Gemeinkostenzuschlagssätze 699
Gemeinschaftsverpflegung 640
Gemüse 443
– Schnittarten 168
– vorgefertigtes 181
– Zubereitungsreihe 152

SACHWORTVERZEICHNIS

Gemüsefertigstellung
– Übersicht 180
Gemüsehobel 139
Gemüsekoch 108
Gemüsekombination 447
Gemüsemesser 115
Gemüsenektar 280
Gemüsenudeln 482
Gemüsesäfte 280
Gemüsestäbe 168
Gemüsestreifen 168
Gemüsestrudel 483
Gemüseteller 483
Gemüse- und Kartoffelhobel 115
Gemüsewürfel 168
Genever 330
Genusswert 101
Geographische Namen 509
Geplanter Umsatz 683
Gerichte aus gekochtem Rindfleisch 425
Gerichte aus gekochtem Schweinefleisch 428
Gerichte aus geschmortem Kalbfleisch 421
Gerichte aus geschmortem Rindfleisch 426
Gerichte aus geschmortem Schweinefleisch 428
Gerichte aus Hackfleisch 431
Gerichte aus Innereien 432
Gerichte vom Wild 438
Gerichte von Austern 417
Gerichte von gebackenem Fisch 413
Gerichte von gebratenem oder gegrilltem Fisch 412
Gerichte von gedämpftem Fisch 411
Gerichte von gedünstetem Fisch 411
Gerichte von geschmortem Lammfleisch 429
Gerichte von Hausgeflügel 435
Gerichte von Krebstieren 416
Gerichte von Muscheln 417
Gerichte von pochiertem Fisch 410
Gerichte von Schnecken 417
Gerichte von Tintenfisch 417
Gerichte von Wildgeflügel 436
Geringfügige Beschäftigung 677
Gerinnsel 73
Gerinnung 74
Gerste 450
Gesamtkapitalrendite 707
Gesamtumsatz 89
Gesättigte Fettsäuren 64

Geschäftskonzept 630
Geschäftsverlauf 682
Geschirrarten 122
Geschlossene Fragen 369
Geschlossene Fragestellung 557
Geschmack 158
Geschmacksrichtungen bei Schaumwein 321
Geschmacksstoffe 59
Geschmacksstufen der Getränke 494
Geschmackstest 160
Geschmacksveränderung 140
Geschmacksverbesserung 140
Geschnetzeltes 144, 421
Gesetzliche Kündigungsfrist 665
Gesetzliche Vorschriften 510
Gesprächsabschluss 663
Gesundheitsschädigungen 32
Gesundheitswert 101
Getränke 278
– Aufeinanderfolge 495
– bereitstellen 335
– nach dem Essen 495
– vor dem Essen 493
– weinhaltige 324
– zum Essen 493
Getränkebüfett 332
Getränkekarte 332
– Gestaltung 332
Getränkeschankanlagen 336
Getränkeservice 278
Getränketassen 232
Getränkeverbund-Anlage 386
Getränke zur Speisenfolge 493
Getreide 450
Getreideerzeugnisse 450
Getreidemotte 26
Gewebe 574
Gewinnschwelle 704
Gift 24
Gin 330
Glas 31, 569
Gläser 229
– einsetzen 249
Gläserformen 229
Gläserpflege 230
Glasieren 143, 156
Glasur 143
Glattbutt 408
Gleitzeit 681
Gliederungszahlen 705
Globulin 70, 71, 73
Glühwein 324

Glycerin 64
Glykogen 63
Goldbarsch 408
Grafische Darstellung 708
Granité 476
Grapefruit-Cocktail 392
Grappa 328
Gratinieren 143, 156
Graved Lachs 414
Grenzwerte 36
Grießnocken 205
Grill 129
Grillen 146
Grobdesinfektionsmittel 28
Großes Besteck (Tafelbesteck) 225
Grundbedürfnisse 689
Grundbegriffe der Organisation 641
Grundbesteck 225
Grundgedeck
– erweitertes 247
Grundlagen
– Garen 140
Grundmenge 162
Grundreinigung 579
Grundsätze der Personalaktenführung 678
Grundsaucen 403
Grundtechniken 136
Grundumsatz 88
Grüne Bohnen 173
Grüner Tee 289
Grüner Veltliner 311
Grünkern 450
Grünkohl 173
Grützen 477
GS-Zeichen 44
Guéridon 238, 259
Guéridon-Service 258
Gulaschsuppe 400
Gumpoldskirchner 311
Gurken 173
Guss 121
Gusseisen 565
Güteklassen von Wein 307
Gutscheine 386
GV 640

H

HACCP 36
HACCP-Konzept 36
HACCP-Selbstkontrolle 40
Hackbeil 116
Hackbraten 149

Hackfleisch 431
- Zubereitungsreihe 148
Hackfleischmasse 148
Hacksteaks 150
Hafer 450
Haftung aus unerlaubten Handlungen 606
Haftung für den Erfüllungsgehilfen 606
Haftung für den Verrichtungsgehilfen 606
Hähnchen
- gebackenes 151
Hähnchenbrust
- gebratene 151
Hähnchenkeulen
- geschmorte 151
Halal 419
Halbbare Zahlung 621
Halbfester Schnittkäse 466
Halbleinen 219, 572
Haltbarmachung 105
Haltbarmachungsverfahren 102
Hamburger 57, 431, 442
Hamburger Aalsuppe 398
Hämoglobin 71
Handbücher 627, 648
Hände 38
Handelsgastronomie 639
Handouts 541
Handservietten 221
Handterminals 357
Handtücher 38
Hanf 572
Hängemappen 356
Hardware 357
Härtegrade 581
Hartkäse 466
Härtung 65
Hase 438
Hauptgerichte
- aus Fleisch 419
- aus Geflügel 434
- aus Wildgeflügel 434
- vom Wild 438
Hausdamenabteilung 564, 601
Hausgeflügel 434
Heben 43
Hecht 408, 409
Hefe 19, 20, 22
- obergärige 297
- untergärige 297
Hefeklöße 204
Hefeteig 475

Hefeweißbier
- einschenken 301
Heftpflaster 48
Heilbutt 408, 409
Heißluftdämpfer 134
Heißräuchern 106
Herd 132
Hering 408, 409
Herkunftsangabe Wein 305
Herrenessen 488
Herstellmenge 162
Herz 432
Herzoginkartoffeln 199
Heuriger 311
Hierarchien 645
Hilfsbesteck 227
Hirn 432
Hirsch 438
Hirse 450
H-Milch 284
Höchstbestand 354, 615
Hochzeitsessen 491
Hoher Tumbler 230
Holländische Grundsauce 405
Holunderküchle 473
Holz 567
Homogenisierte Milch 284
Hopfen 296
Horizontale Diversifikation 526
Hörnchen 246
Hors-d'œuvrier 108
Hot Dog 442
Hotel 14
Hotelfachmann/-frau 16
Hotel garni 15
Hotelkaufmann/-frau 16
Hotelporzellan 231
Hotelsilber 567
Hotel-Systembesteck 226
Hotelwäsche 580
Hotspots 131
Hühner 434
Hülsenfrüchte 444
Hummer 416
Hunger 97
Hürden-Effekt 107
Hydrokulturen 600
Hygiene 19
Hygieneanweisungen 55
Hygieneplan 40
Hygieneregeln 216
Hygroskopisch 61
Hypervitaminose 77
Hypovitaminose 77

I

Ideensammlung 528
Image 561
Immunsystem 81
Imprägnieren 575
Improvisation 641
Indexzahlen 705
Indirekte Fragestellung 558
Indirekter Absatz 547, 548
Individualgastronomie 14, 108
Individualsoftware 359
Individuelle Ziele der Mitarbeiter 692
Induktionstechnik 132
Infektion 42
Infizieren 28
Informationen 51
Informationsfragen 369
Informationsgehalt der Speisekarte 507
Informationsquellen 552
- externe 552, 553
- interne 552, 553
Infotainment 636
Infrastruktur 549
Ingredient-Branding 545
Inhalt des Arbeitsvertrags 664
Inhaltsverzeichnis 51
Inklusivpreis 34, 510, 702
Inkubationszeit 42
Inlett 589
Innereien 432
Innovation 528
Innovators 524
Instant-Kaffee 286
Instanz 642
Instrumente der Qualitätsprüfung 653
Instrumente des strategischen Marketings 515
Insulin-Produktion 63
Intelligenztest 663
Interest 542
Interne Informationsquellen 552, 553
Interne Personalbeschaffung 659
Internet 52
Interview-Methode 642
Inventur 353
Inventurliste 341, 353, 611, 612
Investitionsrechnung 696
Irish Coffee 288
Irish Stew, 430
Irish Whiskey 329
Irreversibel 74
ISO-Norm 651
Isotonisch 282
Ist-Bestand 354

Ist-Verbrauch 614
Ist-Wareneinsatz 614
Istwert 135
Italienische Käseauswahl 469

J

Jagdessen 488
Jagdgesellschaft 492
Jahreszeit 486
Jakobsmuscheln 417
JArbSchG 669
Jersey 588
Jobcenter 660
Jod 80
Jo-Jo-Effekt 97
Jugendarbeitsschutz 669
Julienne 168
Juliennereißer 117
Jute 572

K

Kabeljau 408
Kabinett 308
Käfer 26
Kaffee 286, 495
– Zubereitung 287
Kaffee-Ersatz 286
Kaffee-Extraktpulver 286
Kaffee-Konzentrat 286
Kaffee mit Spirituose 288
Kaisergranat 416
Kaiserschmarrn 473
Kaiserschote 173
Kakao 292, 293
Kakaobutter 292
Kakaomasse 292
Kakaopulver 292
Kalb 420
Kalbsbries 432
Kalbsbrust 421
Kalbsfilet 420
Kalbsfrikassee 422
Kalbskotelett 420
Kalbslunge 432
Kalbsmedaillons 420
Kalbsnierenbraten 421
Kalbsrahmgulasch 421
Kalbsröllchen 421
Kalbsschnitzel 420
Kalbssteak 420
– gebraten 144
Kalbsvögerl 421
Kalium 80
Kalkablagerungen 82

Kalkulation 696
Kalte Ente 324
Kalte gebundene Suppen 398
Kalte Saucen 406
Kalte Suppen 398
Kalte Vorspeisen 390
Kalträuchern 106
Kaltschalen 398
Kaltzone 125
Kaninchen 438
Kännchen 232
Kanneliermesser 117
Kapitalumschlag 707
Karamell 61
Karamellcreme 474
Karo-Steppung 590
Karotin 78
Karotten 172
Karpfen 408, 409
Kartoffelchips 194
Kartoffelgemüse 457
Kartoffelgratin 197, 457
Kartoffelklöße 202
Kartoffelkrapfen 200
Kartoffelkroketten 199
Kartoffelmasse mit Brandteig 200
Kartoffeln 193, 450, 457
– gedämpfte 142
Kartoffelnester 194, 457
Kartoffelnocken 203
Kartoffelnudeln 203
Kartoffelplätzchen 199
Kartoffelprodukte – Convenience 201
Kartoffelpuffer 458
Kartoffelpüree 199
Kartoffelsalate 191
Kartoffelschnee 198
Kartoffelstäbe 195
Kartoffelstrauben 200
Kartoffelsuppe 399
Kartoffelzubereitungen 193
Käse 466
– Fettgehaltsstufen 467
Käseauflauf 468
Käsedesserts 471
Käse-Etagere 269
Käsefondue 468
Käsemesser 117, 227
Käseplatte 269
Käsepräsentation 469
Käsespätzle 208, 454
Käse und Wein 470
Kassentheke 261
Kasserollen 233

Katalysatoren 84
Käufliche Rohware 165
Kaufmotive 363
Kaufvertrag 378, 620
Kaviar 415
Kaviarersatz 415
Kaviarlöffel 227
Kaviarmesser 227
Keime 24, 42
– Vermehrung 24
Kenntnisse und Fähigkeiten 661
Kenn- und Prüfzeichen 45
Kennzahlen 705
– Arten 705
– Klassen 705
Kennzahlenanalyse 711
Kennzeichnung von Lebensmitteln 379
Keramik 569
Kernarbeitszeit 681
Kernobst 462
Kerntemperatur 40, 134, 424
Kerzen 236
Keta-Kaviar 415
Kinder 367
Kippbratpfanne 128
Kirchensteuer 674
Kissen 589, 590
Kissenbezüge 588
Klare Suppen 396
Klären 72
Klassische Namen 507
Klassisches Menü 484, 486
Kleber 71
Klebereiweiß 73
Kleines Besteck 225
Kleingebäck 452
Kleinstlebewesen 19, 136
Kleister 62
Klöße 202, 459
KLR 696
Knäckebrot 451
Knochensäge 116
Knödel 202, 459
Knollensellerie 175
Koagulation 74
Koch/Köchin 16
Koch der kalten Küche 108
Kochen 141, 152
Kochfett 69
Kochgeschirr 121
Kochkessel 129
Kochsalz 80
Kochtopf 122
Kochwürste 433

Koch-Zentrum 109
Koffein 286
Kohlenhydrate 60, 63
Kohlensäure 279
Kohlgemüse 443
Kohlköpfchen
– gefüllte 149, 177
Kohlrabi 174
Kokons 571
Kokos 572
Kollagen 71, 74
Kolonien 19
Kölsch 299
Kombidämpfer 134
Kombinierte Salate 393
Kommunikationspolitik 540
Kompensböden 121
Kompotte 477
Konditormesser 117
Königsberger Klopse 149, 431
Konkurrenz 549
Konservierung 102
Konservierungsmittel
– chemische 34
Konservierungsstoffe 33, 107
Kontakt 140
Kontaktwärme 146
Kontamination 42
Kontrahierungspolitik 535
Kontrolle 347
Kontrolle eines Gästezimmers 597
Kontrollen 42
Kontrollfragen 370
Kontrollinstrument 698
Kontrollpunkte 36, 40, 41
Kontrollverfahren 564
Konvektion 140
Konzepte der Personalentwicklung 692
Konzepterstellung 626
Kooperationssystem 644
Kooperativer Führungsstil 687
Kork 567
Korn 329
Kornbrand 329
Körpergewicht 91
Koscher 419
Kost
– Diabetiker 95
– eiweißarme 95
– natriumarme 95
– pflanzliche 93
– vegetarische 93
Kostenanalyse 698

Kostenartenrechnung 697
Kostenberechnung bei Verlusten 166
Kostenkontrolle 698
Kostenkontrollinstrumente 705
Kostenstellen 699
Kostenstelleneinzelkosten 699
Kostenstellengemeinkosten 699
Kostenstellenrechnung 699
Kostenträger 702
Kostenträgerrechnung 702
Kostenträgerstückrechnung 702
Kostenträgerzeitrechnung 703
Kosten- und Leistungsrechnung 696
Kostformen 94
Krabben 416
Krabbensuppe 399
Kraftbrühe 396
Krallengriff 138
Krankenversicherung 676
Krankheitserreger 23
Krapfen 402, 473
Kräuterbutter 407
Kräuterliköre 331
Kräutertees 290
Kreativitätsbedürfnisse 689
Kreativitätstechniken 529
Krebsbesteck 227
Krebs-Cocktail 392
Krebse 416
Krebstiere 408, 416
Kreisdiagramm 709
Kreolenreis 456
Kreuzkontamination 23
Krimskoje 321
Kritische Kontrollpunkte 36
Kritischer Bereich 21
Kroketten 402
Krokettenmasse 199
Krone 244
Krume 147
Kruste 144, 147
Krustenbraten 427
Küche 17
Küchenchef 108
Küchengabel 115
Küchenkonditor 108
Küchenmesser 115, 137
Küchenmetzger 108
Küchenorganisation 108
Küchentechnische Eigenschaften
– Eiweiß 71
– Fette 66
– Kohlenhydrate 61
– Wasser 82

Kühlen 103
Kuhlenmesser 116
Kühlkette 345
Kühllager 343
Kühlräume 37, 104
Kühlschrank 104
Kulturhefen 295
Kümmel 330
Kundendienstpolitik 534
Kundennähe 549
Kündigung 665, 691
Kündigungsfrist 665, 666
Kündigungsschutz 670
Kündigungsschutzgesetz 666
Kunststoffbesteck 224
Kunststoffe 121, 570
Kupfer 566
Kurzbraten 144
Kurzbratgerichte
– vom Kalb 420
– vom Lamm 429
– vom Rind 423
– vom Schwein 427
Kurzfristige Beschäftigung 677
Kurzschluss 45
Kutter 124

L

Lab 74
Laborbeobachtung 559
Labortests 533
Lachs 408
Lachsmesser 117
Ladenhüter 612
Lagerarten 343
Lageraufwand 112
Lagerbedingungen 343, 344
Lagerbestand 355, 614
Lagerbestandskontrolle 353
Lagerbier 299
Lagerdauer 355
Lagerfachkarte 350
Lagerkartei 340
Lagerkennzahlen 355, 707
Lagerkosten 617
Lagermängel 105
Lagermenge 617
Lagermethoden 351
Lagerstrategien 350
Lagertemperatur Wein 309
Lagerung 102, 547
Lagerverluste 344
Laissez-faire-Führungsstil 687
Lakto-Vegetarier 93

SACHWORTVERZEICHNIS

Lamm 429
Lammfrikassee 430
Lammkeule 55, 429
Lammkoteletts 429
Landbau
– ökologischer 35
Landwein 304, 307
Längerfrische Milch 284
Langkornreis 455
Längsbrüche 239
Languedoc-Roussillon 312
Langusten 416
Langzeitbraten 145
Lardoir 116
Lasagne 454
Lasten
– heben 352
– tragen 352
Latex-Federkernmatratzen 587
Latex-Matratzen 586
Latex-Nackenstützkissen 590
Latium 313
Lattenroste 585
Lauch 173
Laufrichtung am Büfett 274
Läutern 296
Läuterzucker 61
Leadership 514
Lebenslauf 661
Lebensmittel 59, 86, 103
Lebensmittelabfälle 31
Lebensmittelhygiene (Basishygiene) 36
Lebensmittelhygieneverordnung 36
Lebensmittelinfektionen 23
Lebensmittelkennzeichnng 379
Lebensmittelkennzeichnungsverordnung (LMKV) 33
Lebensmittelkontrolleure 42
Lebensmittelüberwachung 42
Lebensmittel- und Futtermittelgesetzbuch (LFGB) 32
Lebensmittelverderb 103
Lebensmittelvergiftungen 23
Leber 432
Leberknödelsuppe 399
Leckerbissen 481
Leder 568
Legieren 73, 401
Legierte Suppen 397
Leichtbier 299
Leimeiweiß 74
Leinen 219, 572
Leistungsanreize 687
Leistungsbereitschaft 92

Leistungslohn 673
Leistungspolitik 523
Leistungsumsatz 88
Leistungsverbesserung 564
Leitung 140
LFGB 32
Liaison 401
Lieferanten 518, 618
Lieferbedingungen 621
Lieferschein 345, 347, 348
Liefertemperatur 347
Lieferungsbedingungen 539
Lieferungs- und Zahlungspolitik 535
Liegengelassene Sachen 379
Lifo-Prinzip 350, 351
Lifte 597
Light-Getränke 281
Liköre 327, 331
Likörwein 315
Lilie 245
Limonade 281, 283
Limonadendrink 283
Liniendiagramm 709
Linolsäure 64
Linon 588
Lizenzgeber 632
Lizenznehmer 632
Lizenzsystem 632
LMKV 33, 379
Lockerung 68, 140
Logistik 547
Lohnabrechnung 674
Lohnsteuer 674
Lohnsteuerklassen 674
Lohnsteuertabelle 675
Loire-Tal 312
Lorettekartoffeln 200
Lösungsmittel 83
Lymphbahn 68
Lyoner Kartoffeln 198

M

Madeira 315
Magazin 17, 343
Magerfische 408
Magermilch 284
Magnesium 80
Magnetfeld 132
Mais 450
Maische 306
Maischeerwärmung 306
Maischegärung 306
Maischen 296
Maître d'hôtel 646

Makkaroni 454
Mako Baumwolle 572
Mako-Satin 588
Makrele 408, 409
Malaga 315
Malz 296
Malzbier 299
Mälzen 296
Malzzucker 60
Management
– by Delegation 686
– by Exception 686
– by Motivation 687
– by Objectives 687
Mandelkrusteln 200
Mandoline 115
Mängel 346
Mangelkrankheiten 77
Mangeln 223
Mangold 174
Manteltarifvertrag 681
Marc 328
Margarine 67
Marillenbrand 329
Marinaden 185
Marinieren 188, 189
Marke 560
Markenpolitik 560
Markenregister 561
Markenschutzrechte 632
Marketing 512
Marketing-Mix 523
Marketingstrategie 563
Marketingziele
– qualitative 512
– quantitative 512
Marktabdeckung
– Strategien 520
Marktanalyse 630
Marktanteils-Marktwachstums-Matrix 519
Markteinführung 528, 533
Markterfolg 515
Marktforschung 550
Marktspezialisierung 520
Marktstudie 538
Markttests 533
Marktüblicher Preis 703
Marmite 122
Marmor 568
Märzenbier 299
Maschenware 574
Maschinen 44
Maslow 689

Massage 600
Mass Index (BMI) 91
Master-Franchisenehmer 632
Materialkonto 350, 610
Materialkunde 565
Matratzen 586
Matratzengrößen 585
Matratzenunterbau 585
Maultaschen 454
Maus 357
Mäuse 26
Maximal-Prinzip 642
Mayonnaise 405
Medium 424
Medium rare 424
Meerrettichsahne 406
Mehlbutter (Beurre manié) 62
Mehlschwitze (Roux) 62
Mehrfach-Franchisenehmer 632
Mehrliniensystem 643
Mehr-Themen-Befragung 556
Mehrwegflaschen 30
Mehrwertsteuer 622
Mehrwertsteuersatz 623
Meldebestand 615
Menagen 234
Mengenangaben 55
Mengenelemente 80
Mengenkennzeichnung 33
Mengenrabatt 539
Menü 484, 486
Menüangebot 495, 497
Menüboard 262, 511
Menügedecke 248
Menükarte 484, 495, 498
Menüs
– zusammenstellen 486
– für besondere Anlässe 497
MEP 679
Mercerisieren 575
Merkmale des Filialsystems 629
Merkmale des Franchising 630
Merlot 303
Mesophil 21
Messe-Catering 639
Messer 44
– Unfallverhütung 120
Messerpflege 119
Messersatz 124
Messing 566
Metalle 565
Miesmuscheln 417
Mikroben
– Lebensäußerungen 22

– Lebensbedingungen 20
– Nahrung 19
– Wachstumsbereiche 21
Mikrobenarten 19
Mikrobenvermehrung 23
Mikrobenzerstörung 140
Mikroorganismen 19
Mikrowellen 147
Mikrowellengerät 130
Milben 26
Milch 284
Milchgetränke 284
Milchmixgetränke 285
Milchreis 455
Milchsäure 74
Milchshake 285
Milchzucker 60
Milieu (pH-Wert) 21
Mindestanforderungen 37
Mindestbestand 615
Mindesthaltbarkeit 33
Mindesthaltbarkeitsdatum 34
– Kontrolle 347
Mineralstoffe 59, 77, 80
Mineralstoffgetränke 282
Mineralwasser 278
Minestrone 400
Minibar 598
Minijob 677
Minimal-Prinzip 642
Mischgetränke
– alkoholfreie 283
Mise en place 237
Mis en bouteille 312
Mitarbeiterbeschaffung 658
Mitarbeiterbindung 708
Mitarbeiterdaten 677
Mitarbeitereinsatz 564
Mitarbeitereinsatzplanung 679
Mitarbeiterführung 564, 685
Mitarbeitergespräche 690
Mitarbeitermotivation 688, 689
Mitarbeiterpläne 649
Mitarbeiterschulung 685
Mitarbeiter/Umsatz-Verhältnis 683
Mittelbesteck (Dessertbesteck) 225
Mittelbruch 239
Mixer 125
Mixgetränke 493
Mmol/l 581
Möbelpolitur 577
Modal 573
Moderne Menüs 485, 486
Möhren 172

– gedünstete 143
Moltons 220
Monatslohn 673
Monosaccharide 60
Mono- und Diglyceride 34
Morphologischer Kasten 529
Moselweinglas 229
Most 306
Motels 15
Motivierungsfragen 370
Motten 26
Mousse 393, 477, 478
Mousse au chocolat 474
MSC-Siegel 35
Mu-Err-Pilze 184
Muffin 475
Müll 30
Müller-Thurgau 303
Mulligatawny 400
Multi-Marken-Franchisenehmer 632
Multioptionale Strategie 633
Multiple-Choice-Frage 558
Multiplikation 626, 628
Mündliche Befragung 554
Mundservietten 221
Mundspeichel 63
Mürbeteig 73, 475
Muscheln 417
Müsli 268
Müslispender 235
Mutton chops 429
Myoglobin 71
Mystery Guest 653
Myzel 25

N

Nachhaltiges Handeln 514
Nachhaltigkeit 35, 546
Nachlass 539
Nachservice 259
Nachspeisen 471
Nährstoffberechnungen 98
Nährstoffdichte 91, 97
Nährstoffe 59
Nährstoffgehalt 98
Nahrungsaufnahme 92
Nahrungsauswahl 89
Nährwerttabelle 98
Nappieren 156, 406
Nasenbluten 49
Nasi Goreng 456
Nasskonserven 181
Nationalsuppen 399
Naturalrabatte 539

Naturfasern 571
Naturreis 455
Navarin de mouton 429
Near Water 282
Nennvolumen 300
Netto-Entgelt 674
Nettolohn 676
Nettoumsatz 614
Nettoverkaufspreis 702
Netzwerk 357
Neue Kartoffeln 197
Neueröffnung einer Filiale 655
New Seasonals 525
Nichteisenmetalle 566
Nichtmetalle 567
Nieren 432
Nitrosamine 146
Nocken 459
Normalgewicht 91
Normen 651
Nudeln 206
Nudelteig 206
Nusskartoffeln 196

O

Oberbruch 239
Oberflächenspannung 27, 66
Obergriff 253
Oberkellner/-in 646
Obst 461, 472
Obst-Arrangement 463
Obsterzeugnisse 463, 464
Obstler 328
Obstsalate 477
Offene Fragen 369
Offene Fragestellung 557
Öffentliche Toiletten 597
Öffentlichkeitsarbeit 540
Office 237
Officemesser 115
Ohnmacht 48
Öko-Management 602
Öl 67, 185
Olivenkartoffeln 195
Ölsäure 64
Omelett 213, 267, 472
Omnibusbefragung 556
Online-Befragung 555
Online-Bewerbung 661
Onlinemarketing 544
Online-Service 263, 635
Operatives Marketing 523
Operatives Marketing (Marketing-Mix) 512

Opportunities 516
Optimale Bestellmenge 617, 618
Ordentliche Kündigung 665, 691
Ordner 356, 627
Ordnungssysteme 356
Ordnungswidrigkeiten 380
Organigramm 645
Organisation 641
– der Mitarbeiterdaten 677
Organisationsmittel 648
Organisationspläne 648
Organisationsstrukturen 652
Originalbons 383
Örtliche Planung 679
Osietra-Kaviar 415
Osmose 282
Ouzo 330
Ovo-Lakto-Vegetarier 93
Oxtail 400

P

Paëlla 456
PAF 535
Palatschinken 472
Palette 118
Palmitinsäure 64
Panelbefragung 556
Panna cotta 477
Papierhandtücher 38
Paprikaschoten 174
Parboiled-Reis 455
Parfaits 393
Pariser Kartoffeln 196
Pariser Nocken 206
Park 265
Parmaschinken 433
Passe-sauce 123
Pasta asciuta 454
Pasteten 393
Pasteurisieren 106
Pastis 330
Patentsilber 224, 567
Pâtissier 108
Pattys 442
Paysanne 168
Pellkartoffeln 141, 197
Penetrationsstrategie 536, 537
Pensionen 15
People (Menschen, Personal) 514
Perfection (Perfektion) 514
Performance (Nachdruck) 514
Perlhühner 434
Perlzwiebeln 179
Personal im Gastgewerbe 17

Personal 514
Personalakte 678
Personalauswahl 664
Personalbedarf 656, 683
Personalbedarfsanalyse 657
Personalbeschaffung 658
Personalbeschaffungswege 659
Personalbestandsanalyse 656
Personalbeurteilung 690
Personaleinsatz 679
Personaleinsatzquote 707
Personalentwicklung 694
Personalentwicklungsgespräche 690
Personalentwicklungsmaßnahmen 693
Personalfreisetzung 665, 691
Personalhygiene 37, 38
Personalkartei 678
Personalkennzahlen 678, 707
Personalplanung 656
Personalverwaltung 664
Personelle Ebene 647
Personennamen 509
Persönliche Ausrüstung 217
Persönliche Eignung 662
Persönliche Hygiene 216
Persönlichkeitstest 663
Pfandrecht des Gastwirts 379
Pfanne 122
Pfannkuchen 215, 472
Pfannkuchenmasse 215
Pfeffermühlen 234
Pfifferlinge
– sautierte 183
Pfirsich Melba 476
Pflanzenfette 67
Pflanzenschmuck 600
Pflanzenschutzmittel 136
Pflanzenstoffe
– bioaktive 84
– sekundäre (SPS) 59, 81, 97
Pflanzliche Fasern 572
Pflege 565
Pflegemittel 577, 581
Pflege- und Behandlungssymbole für Textilien 583
Pflegeversicherung 676
Phasen des Qualitätsmanagements 652
Phasen eines Vorstellungsgespräches 662
Phasenmodell 652
PHB-Ester 34
Phosphor 80
pH-Wert 21
Piccata 421

Piemont 313
Pilaw 209, 456
Pils 299
Pilze 182, 444
– getrocknete 182
Pilzrasen 25
Pilzwurzeln 25
Pinot noir 303
Pizza 441
Place (Distribution) 513
PLAN 652
Pläne
– standardisierte 648
Planen 52
Planet (Erde) 514
Planung 564
Platten 232
Plattenservice 252, 256
Plattfische 408
Plattiereisen 116
Platzteller 232
Pleasure (Freude) 514
Pochieren 142
Pochierte Eier 267
Poêle lyonnaise 122
Poelieren 435
Poissonnier 108
Poissonnière 122
Pökeln 106
Polenta 205
Poliermittel 577
Polysaccharide 60
Pommes frites 195
Poor Dogs 519
Porree 173
Porterhouse Steak 423
Portionsflaschen 279
Portugieser 303
Portwein 315
Porzellan 569
– Eigenschaften 231
– feuerfestes 233
– Geschirr 231
– Pflege 233
Postenküche 108
Postmix-Anlage 336
Potager 108
Poularde
– gebratene 151
– gedünstete 150
– gekochte 150
PR 540
Prädikatswein 307
Präferenztest 533

Prämie 673
Präsentation des Menüangebots 497
Preis-Absatz-Funktion 535
Preisangaben 34, 620
Preisangabenverordnung PAngV 378
Preisauszeichnung 510
Preiskalkulation 699, 701
Preisminderungen 620
Preispolitik 535
Preisstrategien 536
Premixanlage 336
Price (Preis) 513
Primärforschung 551
Primär- und Sekundärbedürfnisse 363
Primeur 312
Proaktive Innovation 528
Probezeit 666
Product-Bundling 545
Product (Produkt) 513
Produktdifferenzierung 527
Produktentwicklung 532
Produkthygiene 37, 38
Produktidee 528, 530
Produktionsfluss 41
Produktionsmenge 162
Produktivität 683, 708
Produktlebenszyklus 524
Produktmix 523
Produktneueinführung 563
Produktpolitik 527
Produktspezialisierung 520
Produktvarianten 525
Profitcenter-Rechnung 699
Profiteroles 478
Programmbreite 523
Programmpolitik 523
Programmtiefe 523
Projektarbeit 682
Promotion (Kommunikation) 513
Prosecco 321
Prospekte 52
Provision 673
Prozent-Trick 710
Prüflisten 52
Prüfzeichen 45
Psychrophil 21
Public Relations 540
Puddinge 472
Pull-down-Service 600
Pulver-Reinigung 579
Pumpernickel 451
Punktbewertungsmodell 532
Puter 434

Q

QM 650
QM-System 651
QS 638
Qualifikationen 656, 658
Qualifiziertes Arbeitszeugnis 667
Qualität 101
– im Service 364
Qualitative Marketingziele 512
Qualitative Marktforschung 550
Qualitative Personalbedarfsplanung 692
Qualitative Personalbestandsanalyse 692
Qualitative Planung 679
Qualitativer Personalbedarf 656
Qualitätsbegriff 650
Qualitätskreis 650
Qualitätslenkung 652
Qualitätsmanagement 627, 641, 650
– Phasen 652
Qualitätsmerkmal 651
Qualitätsplanung 652
Qualitätsprüfung 653
Qualitätsregelkreis 652
Qualitätsschaumwein 321
Qualitätssiegel 35
Qualitätsstufe 650
Qualitätsverbesserung 653
Qualitätsweine 304, 307
Qualitätsweine b. A. 305
Quality Room Inspection 598
Quantitative Marketingziele 512
Quantitative Marktforschung 550
Quantitative Planung 679
Quantitativer Personalbedarf 656
Querbrüche 239
Quick-Restaurant 261
Quick-Service-Gastronomie 638
Quick-Service-Restaurant 109, 647
QUID-Richtlinie 33

R

Rabattpolitik 535, 539
Raclette 468
Radiation 140
Radler 300
Raffination 65
Ragouts 402
Rahmendienstplan 681
Rahmkartoffeln 198
Rahmmorcheln 183
Rahmschnitzel 420
Rahmsuppen 397
Rangfolge-Frage 558

SACHWORTVERZEICHNIS

Rare 424
Ratatouille 178
Rating-Methode 618, 619
Rationale Werbung 541
Ratten 26
Rauchbereich 67
Rauchen in Gaststätten 381
Räuchern 106
Raucherzimmer 595
Rauchverbot 381
Rauen 575
Raumgewicht (RG) 586
Räumliche Ebene 647
Ravioli 207, 454
Reaktionsinstrumente 377
Reaktive Innovation 528
Rebhuhn 436
Rebsorten 302, 303
Rechauds 156, 234, 257
Rechnung 388
Rechnungspräsentation 376
Rechnungswesen 17
Rechte des Betriebsrates 664
Rechtschreibfehler 508
Rechtschreibung 508
Rechtsschutz des Arbeitnehmers 668
Rechtsvorschriften 378, 606
Recruitment-Veranstaltungen 660
Recycling 30, 42, 604
Reduktionskost 96
Regeln 627
– für die Speisenfolge 490
Regelungen 641
Regenerieren 131, 147
Regionalsuppen 398
Registrierkasse 383, 384
Reglerstoffe 59, 80
Regler- und Schutzstoffe 77
Reh 438
Reiber 28
Reifephase 524
Reinheitsgebot 296
Reinigung 27
Reinigungsgeräte 577
Reinigungsmittel 27, 576, 603
Reinigungs- und Wartungsverfahren 564
Reinleinen 219, 572
Reis 209, 455
Reisfleisch 456
Reis Trauttmansdorff 456
Reiz-Reaktions-Modell 686
Reklamationen 377
Relaunch 527

Remouladensauce 405
Renke 408
Renovierung 604
Rentenversicherung 676
Reparaturen 597
Reservebestand 617
Resorption 86
Restanten 389
Restaurant 14, 237
– der Systemgastronomie 375
Restaurant General Manager 647
Restaurantkasse 387
Restaurantkonzepte 633
Restaurantleiter 18, 647
Restaurantmanager/-in 646
Restauranttisch 237
Restaurantwäsche 580
Restmüll 31
Retinol 78
Retrogradation 62
Retrograde Kalkulation 703
Rettungszeichen 47
Return-on-Investment 711
Rezeptbuch 56
Rezeptdatei 56
Rezepte 52, 55
– Kostenberechnung 164
– verwalten 56
Rezeptmenge 162
Rezeptordner 56
Rezepturenblätter 612
Rheinweinglas 229
Rhône-Tal 312
Riboflavin 34, 78
Richtlinien für Counterservice 264
Richtlinien für Drive-in- oder Drive-through-Service 264
Riebelesuppe 399
Riesling 303
Rind 423
Rinderrouladen 426
Rippchen 428
Risipisi 456
Risotto 184, 209, 456, 482
Roastbeef 424
Roggen 450
Roheisen 565
Rohgewicht 165
Rohgewinn 704
Rohkost 187
Rohkostplatte 460
Rohkostsalat 188
Rohmilchkäse 467
Rohrzucker 60

Rohstoffbeispiele für kalte Vorspeisen 391
Rohstoffeinsparung 31
Rohstoffstammdaten 610
Rohware
– gekühlte 181
Rohwürste 433
ROI 711
Rollenspiele 663
Römerglas 229
Roomservice 272
Rosado 314
Rosé 306
Rosenkohl 174
Rostbraten 423
Rösti 421
Röststoffe 144
Rote Bete 175
Roter Thaireis 455
Rote Rüben 175
Rôtisseur 108
Rôtissoire 122
Rotkohl 175
Rotkraut 175
Rotling 306
Rotwein 306
Rotweinservice 319
Rotzunge 408
Royale 401
Rübenzucker 60
Rückwärtskalkulation 703
Rühreier 213, 267
Rum 329
Rumpsteak 423
– vom Grill 146
Rum-Verschnitt 329
Rundfische 408
Rundkornreis 455
Runner 265
Russ 300
Rüttelanlage 320
Rye Whiskey 329

S

Sachbezüge 676
Sachliche Ebene 647
Sachwortverzeichnis 51
Säfte 280
saignant 424
Salatbesteck 227
Salatbüfett 192
Salate 185, 460
– anmachen 188
– anrichten 190

Salathygiene 190
Salatkomposition 190
Salatsaucen 185, 186, 187
Salmonellen 23, 214
Salsas 447
Salzburger Nockerl 472
Salzen 106
Salzkartoffeln 141, 197
Salzsäure 86
Salz- und Pfefferstreuer 234
Salzwasserfische 409
Sammelbon 385
Samos 315
Samtsaucen 404
Samtsuppen 397
Sandwich 440
Sanforisieren 575
Sardine 408
Sättigung 97
Sättigungsphase 524
Sättigungswert 193
Saucen 403
– aufgeschlagene 405
Saucendispenser 119
Saucenkoch 108
Saucenlöffel 227
Saucenseiher 123
Saucenspiegel 406
Saucier 108
Saucieren 156, 232
Sauerbraten 426
Sauerkraut 178
Säuerling 279
Sauermilcherzeugnisse 285
Sauermilchkäse 466, 467
Säuern 106
Sauerstoff 22
Sauerstoffmangel 48
Saugen 579
Säulendiagramm 708
Sauna 600
Säure 21, 74, 185
Säurearmer Kaffee 286
Saure Kartoffeln 198
Sauteuse 122, 144
Sautieren 144
Sautoir 122
Savarin 475
Savoyardkartoffeln 197
Scanner 357
Schaben 26
Schadenshaftung des Gastwirts 379
Schädlinge 26
Schädlingsbekämpfung 26

Schädlingsbekämpfungsmittel 26
Schaffung einer Marke 560
Schale 230
Schälen 137
Schalenobst 462
Schalotten 179
Schankanlage 301, 336
Schankbier 298
Schankgefäße 338
Schankverluste 615
Schankwirt 379
Schätzen 166
Schaumregulierende Stoffe 582
Schaumstoff-Matratzen 586
Schaumstoff-Matratzen mit Federkern 586, 587
Schaumsuppen 397
Schaumwein 320
Schaumweinservice 322
Schellfisch 408
Scheurebe 303
Schichtdienst 680
Schichtführer 18
Schieler 306
Schillerwein 306
Schimmel 25
Schimmelbefall 25
Schimmelpilze 19, 20
Schlachtfleisch 419
Schlachtschüssel 428
Schlagmesser 116
Schleie 409
Schleimzucker 60
Schlosskartoffeln 195
Schlüsselzahl 162
Schmant 401, 415
Schmelzbereiche 67
Schmelzkartoffeln 196
Schmelzpunkt 67
Schmorbraten 147
Schmoren 147, 153
Schmorhähnchen 435
Schmorpfanne 122
Schmorsteaks 147
Schmutz 27
Schnecken 417
Schneckengabel 227
Schneckenpfannen 232
Schneckenzange 227
Schneidebewegung 138
Schneidedruck 138
Schneiden 138
– von Käse 470
Schneidevorgang 138

Schneidewerkzeuge 44
Schnellhefter 356
Schnellkochtopf 133
Schnellrestaurant 110
Schnepfe 436
Schnittarten von Gemüse 168
Schnittformen 139
Schnittkäse 466
Schnitt- und Schankverluste 615
Schnittwunden 48
Schockfrosten 104
Schoko-Donut 475
Schokolade 292
Scholle 408, 409
Schorle 283
Schriftliche Befragung 554
Schriftliche Leistungsnachweise 663
Schuko-Steckdose 45
Schulungen 627
Schurwolle 571
Schüsseln und Terrinen 232
Schutzleiter 45
Schutzstoffe 77
Schutz von Marken 561
Schutz vor Benachteiligung 670
Schutzvorrichtungen 44
Schwächen 516
Schwachstellen 364
Schwammtücher 28
Schwanenhals 246
Schwarzwurzeln 176
Schwein 427
Schweinepfeffer 428
Schweinerippenstück 145
Schwenken 144
Schwenker 230
Schwenkkasserolle 122
Schwerbehinderte 670
Schwerbehindertenschutz 669
Scoring-Modell 532
Scotch Whisky 329
Secco 313
Seelachs 408
Seerose 246
Seeteufel 409
Seezunge 408, 409
Segelboot 245
Segmente 633, 638
Seide 571
Seife 38
Seitenlage 49
Sekt 321
Sektkelch 229
Sektschale 229

SACHWORTVERZEICHNIS

Sektspitz 229
Sekundäre Pflanzenstoffe (SPS) 59, 81, 97
Sekundärforschung 551
Selbstverwirklichung 689
Selektive Spezialisierung 520
Sellerie 175
Semmelknödel 204
Senfdispenser 119
Senftöpfe 234
Senioren 367
SEO 544
Service 17
– Methoden 251
– Mitarbeiter 216
Servicebrigade 645, 647
Serviceformen 633, 634
Service-Richtlinien 252
Servicestation 238
Servicetisch 237, 238
Servicetisch für Frühstücksservice 270
Serviergeräte 227
Servierregeln 260
Serviertemperaturen für Getränke 335
Servietten 221, 241
– Dreifache Welle 242
– falten 242
– Jakobinermütze 242
Serviettenknödel 204
Sevruga-Kaviar 415
Shampoonier-Reinigung 579
Sherry 315
Sherryglas 229
Shiitake-Pilze 184
Shrimps 146
Sicherheitsbedürfnisse 689
Sicherheitsbestand 615
Sicherheitszeichen 46
Sicherungen 45
Sichthüllen 356
Sichtkontrolle 40
Siedepunkt 83, 133
Signalwörter 46
Silber 566
Silberbesteck 224
– Pflege 228
Silberfischchen 26
Silvaner 303
Silvester 492
Sisal 572
Situationelle Führung 644
Skimmingstrategie 536, 537
Skonto 539
Slibowitz 329

Smoothies 280
Social Media 545
Software 357, 359
Solidaritätszuschlag 675
Soll-Bestand 354
Soll-Produktivität 708
Soll-Verbrauch 614
Soll-Wareneinsatz 614
Sollwert 135
Sommelier 316, 494, 646
Sorbets 476
Sorbinsäure 34
Sortiment 633
Sortimentsbreite 633
Sortimentspolitik 523
Sortimentstiefe 633
SO-Strategie 516
Soziale Bedürfnisse 689
Sozialversicherungen 675
Sozialversicherungsausweis 677
Spachtel 118
Spaghetti 454
Spannbetttücher 588
Spargel 176
– grüner 176
Spargelheber 227
Sparschäler 116, 137
Spätburgunder 303
Spätlese 308
Spätzle 208
Speisekarten 484, 501
– Aufmachung 502
– erstellen 507
Speisekarten-Aushang 510
Speisekarten-Beispiel 502
Speisen
– beschreiben 157
– bewerten 159
Speisenangebot 501
Speisenfolge 484, 490
Speisenproduktionssysteme 155
Speisentemperatur 158
Speisereste 31
Spezi 283
Spezialbefragung 556
Spezialbestecke 226
Spezialisierung 520
Spezialisierungsstrategie 633
Spezialkarten 502
Spezialwaschmittel 582
Spezielle Gerichte aus Lammfleisch 430
Spicken 438
Spicknadel 116

Spickrohr 116
Spiegeleier 212, 267
Spinat 176
Spirelli 454
Spirituosen 326
– aus Getreide 329
– aus Obst 328
– aus Wein 328
– aus Zuckerrohr 329
Spirituosenglas 230
Spirituosenherstellung 327
Spiritus 576
Spitzsieb 123
Sponsoring 545
Spore 20
Sport-Catering 639
Sportgetränke 282
Sprache der Speisekarte 508
Sprache des Arbeitszeugnisses 668
Sprachliche Entgleisungen 507
Spreizgriff 256
Spritztüllen 118
Sprotte 408
Sprühextraktions-Reinigung 579
Spülbürste 28
Spüllappen 28
Spülmaschinen 37
Spurenelemente 80
Stäbe 644
Stabile Seitenlage 49
Stabliniensystem 644
Stabsstellen 644
Stahl 121, 565
Stainless 566
Stammdatenblatt 610
Stammwürze 297
Stamper 230
Standardisierte Ablaufpläne 663
Standardisierung 626, 627
Standardkarte 501
Standardsoftware 359
Staphylokokken 23, 24
Standortanalyse 630
Standortwahl 547, 549
Stapelsäulendiagramm 709
Starkbier 298
Stärke 60, 62
Stärkeabscheider 31
Stärkekleister 62
Stärken 516
Stärken-Schwächen-Analyse 515
Stärkeverkleisterung 140
Stars 519
Statistiken 709

Steakmesser 226
Stearinsäure 64
Stechschutzhandschuh 44
Steg-Steppung 590
Steifungsmittel 582
Stein 568
Steinbutt 408
Steinobst 461
Steinpilze mit Brotkrüstchen 183
Stelle 642, 658
Stellenanzeigen 660
Stellenausschreibung 660
Stellenbeschreibung 645, 648, 658
Stelleninhaber 658
Sterilisieren 105
Sterilmilch 284
Stichwunden 48
Stickstoff 70
Stielbratpfanne 122
Stielgläser 229
Stielkasserolle 122
Stielmangold 174
Stille Wässer 279
Stoffhandtuchspender 38
Stoffspezifisch 84
Stoffwechsel 86
Strahlung 140
Strahlungswärme 145, 146, 147
Strategien zur Marktabdeckung 520
Strategisches Marketing 512
– Instrumente 515
Streichfett 69
Streichholzkartoffeln 194
Strengths 516
Strohkartoffeln 194
Stromschlag 45
Stromunfall 50
Strömung 140
Strudel 473
ST-Strategie 516
Stubenfliege 26
Stundenkostensatz 708
Stundenlohn 673
Stundenzahl 681
Stürze 43
Substitutionsprodukte 518
Suchmaschinenoptimierung 544
Südfrüchte 461
Südtirol 313
Südtiroler Speck 433
Südwein 315
Suggestivfrage 370, 557
Sülze 74
Suppen 396

Suppenkoch 108
Suppentassen 232
Supplément 259
Supplies 598
Süßmilchkäse 466
Süßmost 281
Süßspeisen 471
– kalte 471, 474
– warme 471, 472
Süß- und Salzwasserfische 408
Süßwasserfische 409
SWOT-Analyse 516
Synektik 530
Synthetische Chemiefasern 573
Synthetische Füllungen 590
Systemgastronomie 14, 18, 109, 217, 511, 625
Systemgeschirr 123
Systemhotellerie 15
Szegediner Gulasch 428

T

Tabellen 54
Tabellenfunktion 53
Table-d'hôte-Service 251
Tabulator 53
Tafel 511
Tafelformen 218
Tafelgetränk 279
Tafelspitz 141, 425, 426
Tafeltücher 220, 239
Tafelwasser 278
Tageskarte 497, 502
Tagesmenüs 495
Taktische Fragen 369
Talon 383
Target Costing 538
Target Profit 538
Tarifgebunden 671
Tarifgruppe 671, 672
Taschen-Federkern-Matratzen 586, 587
Taschenrechner-Hinweise 164
Tastatur 357
Tatarensauce 405
Tauben 434
Täuschung 32
T-Bone-Steak 423
TCO-Methode 618, 620
Team 645
Teamsystem 644
Tee 289
– Aufbereitung 289
– Zubereitung 291

Teeähnliche Erzeugnisse 290
Teearten 289
Teebrühdauer 291
Teemischungen 290
Teigkneifer 117
Teigrädchen 117
Teigwaren 206, 402, 453
– gefüllte 207
Teildienst 681
Telefonische Befragung 555
Teller
– ausheben 254
– einsetzen 254
Tellerarten 231
Tellergerichte 156
Tellerservice 252, 253
Temperaturmessung 40
Temperaturregler 135
Temperaturschreiber 343
Temperaturzone 104
Temperieren 316
Tenside 42
Teppicharten 578
Teppichböden 578
Teppiche 578
Teppichsiegel 579
Terrakotta 569
Terrinen 393
Tester 653
Tests 533
Testverfahren 663
Teufelssalat 394
Textile Flächen 574
Textilien
– Behandlungssymbole 222
Textilkennzeichnung 574
Thermo-Frühstück 266
Thermometer 343
Thermophil 21
Thermoplaste 121, 570
Thermostat 135
Thiamin 78
Threats 516
Thronfolgerkartoffeln 200
Thunfisch 408
Thüringer Klöße 203, 459
Tiefgefrieren 104
Tiefkühlkost 105
Tiefkühllager 343
Tiefkühlmesser 118
Tiefkühlprodukte 201
Tiefkühlware 181
Tierhaare 590
Tierische Fasern 571

SACHWORTVERZEICHNIS

Tintenfisch 417
Tischdamast 219
Tische 218
Tischreservierungen 371
Tischtuch
– falten 239
Tischtuchunterlagen 220
Tisch- und Tafeltücher 220
– auflegen 240
Tischwäsche 219, 239, 580
Toaster 127
Toiletten 37, 597
Tokajer 315
Tomaten 177
Tomatenentstieler 119
Tomatenfleischwürfel 177
Tomatenkraftbrühe 398
Tomatensauce 404
Tomatenschneider 118
Top 10 Systemgastronomie 625
Topfenpalatschinken 472
Tortellini 208
Tortendiagramm 709
Tortenmesser 117
Toskana 313
Total Cost of Ownership-Methode 620
Total Quality Management 653
Tournant 108
Tournedos 423
Tournieren 169
Tourniermesser 115, 137
Toxinbildung 24
Toxine 23, 25
TQM 653
Tragehand 253
Tragen 43
Tranche 156
Tranchierbesteck 227
Tranchierbretter 235
Tranchieren 156
Tranchiermesser 117
Translites 511
Transport 547
Transportmittel 83
Transvasierverfahren 320
Traubenzucker 60
Treppenhäuser 597
Trester 328
Tresterbrand 328
Trinkgeld 376
Trinkschokolade 293
Trinkwasser 27, 82, 278
Trockenbeerenauslese 308
Trockendampf-Schnellgarer 133

Trocken-Feuerlöscher 46
Trockenlager 343
Trockenware 181
Trocknen 106
Trocknermaschinen 581
Trübstoffe 72
Tücher 37
Tumbler 230
Tüte 244
Twitter 545

U

Überbacken 143, 152, 156
Übereinstimmungsfragen 370
Überlappung 241
Überorganisation 641
Überraschungsomelett 472
Umbrien 313
Umgang mit Gästen 365
Umgangsformen 216
Umluftgerät 131
Umrechnungszahl 162
Umrechnung von Rezepten 162
Umsatz je Mitarbeiter 706
Umsatzkennzahlen 706
Umsatzrentabilität 706
Umsatzsteuer 622
Umsatzsteuersätze 622, 637
Umschlagshäufigkeit 355
Umschulung 693
Umweltbelastung 31
Umweltfaktoren (extern) 517
Umweltschonende Reinigungsmittel 603
Umweltschutz 29, 30, 601
Unbefristete Arbeitsverhältnisse 665
Unerlaubte Handlungen 606
Unfallbereiche 43
Unfallschwerpunkte 43
Unfallursachen 605
Unfallverhütung 43, 120, 605
Unfallversicherung 675
Ungesättigte Fettsäuren 64, 69
Ungeziefer 37
Unique Selling Proposition 513, 633
Universalstrategie 633
Unlauterer Wettbewerb 562
Unterbruch 239
Untergriff 253
Unternehmen 641
Unternehmensauftritt 521
Unternehmenserfolg 513
Unternehmensexterne Quellen 528
Unternehmensfaktoren (intern) 517

Unternehmensführung 514
Unternehmensinterne Quellen 528
Unternehmenszentrale 18
Unternehmensziele 685
Unternehmerische Kommunikation 522
Unternehmerisches Verhalten 521
Unterorganisation 641
Unverdaulich 63
Urlaubsplan 649
USP 513, 633

V

VAKOG-Modell 543
Vakuumieren 107
Vakuumverpacken 25
Variable Arbeitszeit 681
Variable Kosten 698, 703
VDE-Kennzeichen 44
Veganer 93
Vegetarier 76
Vegetarische Kost 93
Vegetarische Gerichte 482
Veloutés 404
Verabschiedung 376
Veränderungszahlen 705
Veranstaltungen 541
Veranstaltungsabsprachen 372
Verantwortlichkeiten 652
Verätzungen 605
Verbotszeichen 47
Verbraucherschutz 32
Verbrauchsdatum 33, 34
Verbrennungen 49
Verbrühungen 49
Verbund-Computersystem 385
Verdauung 63, 86, 87
– von Eiweiß 75
Verderb
– Lebensmittel 103
Verdünnte Essigsäure 576
Vereinbaren von Zielen 687
Vergleichende Werbung 543
Vergrauungshemmstoffe 582
Vergütungsgruppe 671
Verhaltensregeln für Zimmerfrauen 596
Verhaltensregeln für Zimmermädchen 596
Verhandlungsmacht 518
Verkauf im Restaurant 368
Verkaufsabläufe im Restaurant 363
Verkaufsberichte 612, 613
Verkaufsförderung 541
Verkaufsgespräch 55, 369
Verkaufstechniken 369

Verkauf von Speisen 390
Verkehrsbezeichnung 33
Verkehrsgastronomie 638
Verkleistert 62
Verkostung 159
Verkostungen 541
Verletzungen durch elektrischen Strom 605
Verletzungen durch Verätzungen 605
Verlustberechnung 165
Verluste 616
Verpackungsmaterial 30
Verrichtungsgehilfe 606
Versorgungslücken 77
Versteinerung eines PLZ 525
Versuche 61, 66, 71, 85, 295, 326
Verteilungsgrundlage 699
Vertikale Diversifikation 526
Vertretungskoch 108
Vichyssoise 398
Vielfachzucker 60
Vignette 156
Vinaigrette 186, 406
Vin cremant 321
Vin de Pay 312
Vin mousseux 321
Vino bianco 313
Vino blanco 314
Vino frizzante 313
Vino rosato 313
Vino rosso 313
Vino spumante 313
Vino tinto 314
Vitamine 59, 77
– Aufgaben 78
– Vorkommen 78
Vitaminpräparate 77
Vitaminverluste 79
Vlies 574
Vliesstoffe 220, 573
Vollbier 297, 298
Voller MwSt-Satz 19% 622
Vollkost 94
– leichte 94
Vollmilch 284
Vollständigkeit 667
Vollwaschmittel 582
Vollwerternährung 88, 93
Vollwertkost 81
Voraussetzungen
– personelle 488
– technische 488
Vorbereitungsarbeiten 262

Vorgefertigte Produkte 110
Vorlegen
– Technik 256
Vorlegen am Beistelltisch 258
Vorlegeservice 257
Vorspeisen 390
Vorspeisen-Cocktails 391
Vorspeisenkoch 108
Vorspeisenkompositionen 394
Vorstellungsgespräch 661, 662

W

Wacholder 330
Wachstumsphase 524
Wachtel 436
Waffelkartoffeln 194
Wahrheit 507
Wahrheitspflicht 667
Waist-to-Height-Ratio (WtHR) 92
Waldorf-Salat 394
Wände 37, 577, 578
Warenabgänge 612
Warenanforderung 163
Warenannahme 345, 346
Warenausbeute 615
Warenbedarf 615
Warenbeschaffung 615
Wareneingangsbuch 349
Wareneingangserfassung 611
Wareneinsatz 165, 614
Wareneinsatzkosten 614
Wareneinsatzquote 614, 706
Warenfluss 609
Warenlagerung 345
Warenunterschiebungen 507
Warenwirtschaftssysteme 609, 614
Warenzugänge 612
Warmbiersuppe 399
Wärmeregelung 83
Wärmeströmung 145
Warmräuchern 106
Warnzeichen 46
Waschaktive Substanzen 581
Wäsche 603
– lagern 584
– Pflege 221, 581
– tauschen 584
– zählen 584
Wäscheinventur 584
Wäscheliste 599
Waschen 136
Wäschepflege 580
Waschmaschinen 581
Waschmittel 581, 603

Waschplätze 37
Waschvorgang 221
Wasser 21, 27, 82
Wässer 278
Wasseraktivität 21
Wasseranziehend 62
Wasserbadbehälter 122
Wasserbedarf 83
Wasserdruck 27, 28
Wasserenthärtende Substanzen 581
Wasserhärte 82
Wässern 136
Wasser sparen 603
Weaknesses 516
Wechselgeld 376
Wechselschichtdienst 681
Wegeunfälle 43
Weichkäse 466
Weichspülmittel 582
Weichtiere 408, 416
Weihnachtsmenü 498
Wein 302
– französischer 311
– Güteklassen 307
– italienischer 313
– österreichischer 311
– Produktbeschreibung 309
– spanischer 313
Weinbereitung 306
Weinbeurteilung 314
Weinbrand 328
Weinempfehlung 496
Weinetikett 308
Weingelee 72, 74
Weinkarte 334
Weinkellner 646
Weinlagerung 309
Weinschorle 324
Weinsiegel 309
Weißbier 299
Weiße Grundsaucen 404
Weiße mit Schuss 300
Weißherbst 306
Weißkohl 177
Weißreis 455
Weißtöner 582
Weißwein 306
Weißweinservice 316
Weiterbildung 693
Weiterentwicklung 564
Weizen 450
Weizenbier 299
Well done 424
Wellnessbereich 600

SACHWORTVERZEICHNIS

Werbebeitrag 631
Werbung 541
– vergleichende 543
Werkstoffe 565
Wermut 324
Werterhaltung 103
Wertigkeit
– biologische 75
Wertmarken 386
Wertschöpfungsprozess 679
Wertstoffnutzung 603
Wettbewerbsintensität der Branche 517
Wetzstahl 115
Whisky/Whiskey 329
Wiederbelebung 50
Wiedererwärmen 131, 147
Wiederholungen 489
Wiederverwertung 30, 31
Wiegeschnitt 138
Wiener Backhähnchen 151
Wiener Schnitzel 420
Wild 438
Wildente 436
Wildgeflügel 436
Wildgrundsauce 404
Wildreis 210, 455
Wildschwein 438
Willenserklärung 620
Windbeutel 475
Winkelpalette 118
Wirkstoffe 59, 80
Wirkungsspezifisch 84
Wirsing 177
Wirtschaftlichkeit 696
Wirtschaftlichkeits-Prinzipien 642
Wirtschaftsdienst 564
Wirtschaftsstufen 526
Wochendienstplan 649
Wodka 331
Wohlwollen 667
Wolf 124
Wolfen 74

Wolle 571
Worte, die verkaufen helfen 158, 192, 401, 406, 421, 439, 452, 470, 478
WO-Strategie 516
Wrap 440
WT-Strategie 516
Wundstarrkrampf 48
Würfelkartoffeln 195
Wurstwaren 433
Würze 296
Wurzelgeflecht (Myzel) 20
Wurzelsprossen 444
Wurzel- und Knollengemüse 443
Würzsaucen 234

Y

YouTube 545

Z

Zahlung
– Barzahlung 589
– bargeldlose 590
Zahlungsarten 621
Zahlungsbedingungen 539, 620
Zahlungskonditionen 631
Zahlungsmittel 621
Zahlungspolitik 535
Zander 408, 409
Zangengriff 256
Zapfen von Pils 301
Zeichensetzung auf der Speisekarte 509
Zeitarbeitsfirmen 660
Zeiterfassungssystem 673
Zeitleiste 53
Zeitliche Ebene 647
Zeitliche Planung 679
Zeitlohn 673
Zellulose 61, 63
Zentrale Steuerung 626, 628
Zersetzungsbereich 67
Zertifikat 651

Zertifizierung 651
Zestenmesser 117
Ziele 687
– der Personalentwicklung 692
Zielgruppe 661
Zielkostenrechnung 538
Zielpreis 538
Zielvereinbarungsgespräch 690
Zimmerkontrolle 593
Zimmerliste 592
Zimmermädchen, Zimmerfrauen 596
Zimmersafe 595
Zimmerzustandskartei 597
Zinn 566
Zitronensäure 576
Zubereitung 170
Zubereitungen für Gemüse 445
Zubereitungsreihen 148
Zucchini 178
Zucker 61
Zuckergehalt 282
Zuckerkranke 63
Zuckern 106
Zuckerschote 173
Zuckerstreuer 234
Zunge 432
Zusatzstoffe 33, 34, 510
Zusatzstoff-Zulassungsverordnung 379
Zusatzverkauf 373
Zusatzverkäufe 375
Zuschlagskalkulation 702
Zuschlagssätze 700
Zutaten 33
Zutatenliste 33
Zweifachzucker 60
Zwickelbier 299
Zwiebelgemüse 444
Zwiebeln 179
– Schnittarten 169
Zwiebelpüree 179
Zwischengerichte 402
Zwischenprüfung 361, 362
Zwischenrippenstück 423

Bildquellen

Achenbach Delikatessen Manufaktur, Sulzbach 480/4, 480/5, 480/6, 480/7, 480/8, 480/9, 480/10, 480/11, 480/12, 480/13, 480/14
Agrarmarkt Austria Marketing GmbH, Wien, A 423/2, 423/1
aid infodienst, Bonn 105/2, 434/2, 345/1
Alfred Ritter GmbH & Co. KG, Waldenbuch 541/1
alpha Zeitsysteme GmbH, Wedemark 673/1
Arbeitsblätter Koch/Köchin II, Fachbuchverlag Pfanneberg 72/2, 230/3, 230/4
Archiv des Verlags Europa-Lehrmittel 27/3, 585/2, 585/3, 435/1
Asbach, Rüdesheim 288/4
BANKETTprofi GmbH, Speyer – www.bankettprofi.de 359/1
Biologische Anstalt für Land- und Forstwirtschaft, Braunschweig 26/7, 26/8
Bettenhaus Mühldorfer, Haidmühle 590/2, 590/4, 592/1
Blanco Professional, Oberderdingen 123/6
Block House Restaurantbetriebe AG, Hamburg 634/1
Buir, Benno 168/1, 168/2, 168/3, 185/1, 261/1, 261/2, 262/1, 262/2, 262/3, 262/4, 263/1, 264/2, 265/1, 280/2, 284/1, 624/1, 351/1, 511/1, 511/3
Bulls Press, Frankfurt 367/3, 369/2, 376/1, 377/1, 375/2
Bundesagentur für Arbeit, Nürnberg 659/2, 660/1
Burger King Beteiligungs GmbH, München 431/3, 435/2, 435/3, 625/2, 633/2, 637/2, 638/1
Carma, Dübendorf, CH 477/3, 477/5, 477/6
CentrO Management GmbH, Oberhausen 632/1, 637/3
Chemie für Schule und Beruf, Verlag Europa-Lehrmittel 82/1, 83/1
Coca-Cola Berlin, Berlin 542/2
Contacto Bander GmbH, Erkrath 123/1
Cooltrans AG, Rothenburg, CH 343/2
Crowne Plaza 386/2
Culinary Institute of America, Hydepark N.Y., USA 205/2, 205/3, 205/4, 206/2, 206/3, 208/2, 208/3, 208/4, 209/1, 209/2, 209/3, 209/4, 210/1, 210/2, 210/3, 212/1, 212/2, 212/3, 213/1, 213/2, 213/3, 213/4, 267/3, 267/4, 396/1, 409/5, 409/6, 456/4
Degen, Bernd 239/1, 249/2, 279/1, 316/1, 316/2, 317/1, 317/2, 317/3, 317/4, 317/5, 318/1, 318/2, 318/3, 319/1, 319/2, 319/3, 319/4, 321/2, 322/1, 322/2, 322/3, 322/4, 323/1, 323/2, 375/3, 488/1
DEHOGA, Berlin 218/1, 218/5
Deutsche Weininformation, Mainz 303/1, 303/2, 303/3, 303/4, 303/5, 303/6, 303/7, 303/8, 304/1, 309/1, 309/2, 309/3, 309/4, 368/2, 390/1
Deutscher Brauerbund, Berlin 296/1
Deutscher Fachverlag GmbH, Frankfurt am Main 553/1 © Lebensmittelzeitung.net
Deutsches Teebüro, Hamburg 289/1
Die kalte Küche, Fachbuchverlag Pfanneberg 71/1, 71/2, 71/4, 71/5, 71/6, 74/2, 134/4, 144/1, 175/1, 179/2, 179/3, 186/1, 186/2, 186/3, 187/1, 187/2, 188/1, 188/2, 188/3, 189/1, 191/3, 211/2, 269/2, 269/3, 390/2, 392/2, 392/3, 393/1, 393/2, 393/4, 393/5, 393/6, 393/7, 394/1, 394/2, 395/1, 395/2, 395/3, 395/4, 398/1, 398/2, 398/3, 398/4, 402/2, 405/1, 406/1, 406/2, 407/2, 413/3, 413/4, 415/2, 415/3, 415/4, 415/5, 415/6, 417/1, 419/1, 420/1, 424/1, 437/3, 466/1, 466/2, 466/3, 466/4, 466/5, 466/6, 466/7, 466/8, 467/1, 467/2, 467/3, 467/4, 468/2, 469/1, 469/2, 469/3, 471/1, 471/2, 474/5, 475/2, 477/1, 479/1, 479/2, 479/3, 479/4, 479/5, 479/6, 480/1, 480/2, 480/3, 481/2, 481/3, 481/4, 481/5, 481/6, 481/7, 481/8, 481/9, 481/10, 481/11, 489/2, 503/1, 503/2, 503/4, 506/2, 506/3, 506/4
Dr. August Oetker, Bielefeld 433/1
Europa-Park GmbH & Co Mack KG 639/1
F&B Tec GmbH, Neukirchen 127/1
Fachkunde Bäcker in Lernfeldern, Fachbuchverlag Pfanneberg 62/1, 62/2, 62/3
Fachwissen Bekleidung, Verlag Europa-Lehrmittel 220/1, 220/2, 571/1, 571/2, 571/3, 571/4, 572/4, 574/2, 574/4, 574/5, 574/6
Fotolia.com, Berlin 13/1 © Martina Berg, 13/3 © CandyBox Images, 13/4 © Yuri Arcurs, 13/5 © contrastwerkstatt, 14/1 © brodtcast, 15/1 © Martina Berg, 15/2 © moodboard Premium, 28/2 © Jürgen Fälchle, 28/3 © Marina Lohrbach, 38/1 © Gina Sanders, 40/2 © Quade, 51/1 © ojoimages4, 59/1 © Liddy Hansdottir, 65/1 © volff, 65/2 © Jo-Lin, 69/1 © photocrew, 71/3 © photocrew, 74/3 © photocrew, 76/3 © photocrew, 77/1 © Heino Pattschull, 88/1 © Gina Sanders, 94/1 © st-fotograf, 95/1 © Alexander Raths, 96/2 © evgenyata-manenko, 98/1 © Wrangler, 102/1, 112/1 © Wavebreak-mediaMicro, 125/2 © Leonardo Franko, 130/1 © Miredi, 130/3 © mrgarry, 136/1 © K.-U. Häfller, 140/1 © Kzenon, 141/2 © Tom Bayer, 145/1 © Dalmatin.o, 146/4 © photocrew, 147/1 © Jörg Beuge, 148/1 © Lucky Dragon, 150/2 © Firma V, 159/1 © Robert Kneschke, 162/1 © anna, 167/2 © Lucky Dragon, 175/2 © ExQuisine, 177/2 © Inga Nielsen, 178/1 © Gresei, 178/2 © Ildi, 180/1 © viperagp, 197/2 © Kathleen Rekowski, 201/1 © ExQuisine, 201/2 © Printemps, 202/1 © photocrew, 202/2 © ExQuisine, 203/3 © Printemps, 204/1 © Fotowerk, 204/2 © Ex-Quisine, 211/1 © robynmac, 211/3 © Joe Gough, 216/1 © contrastwerkstatt, 216/2 © CandyBox Images, 216/3 © Gina Sanders, 219/1 © Esther Hildebrandt, 221/1 © Reicher, 223/1 © Brigitte Bonaposta, 224/2 © rsester, 242/1 © A_Lein, 252/1 © Robert Kneschke, 252/2 © Yuri Arcurs, 268/2 © Ilka Burckhardt, 276/1 © Nitr, 276/2 © tinyal, 276/3, 276/4 © photocrew, 280/1, 281/1 © dreamer12, 283/1 © Tom Klimmeck, 285/1 © womue, 285/2 © Felix Pergande, 288/1 © S Hagebusch, 290/1 © Marina Lohrbach, 290/2 © chamillew, 292/1 © volff, 292/2 © BeTa-Artworks, 292/3 © Marco Mayer, 293/1 © Teamarbeit, 293/2 © hg_media, 300/1 © Nitr, 300/2 © Pescatore, 310/1 © samott, 325/1, 326/1 © Xavier, 328/1 © Kirill Livshitskiy, 329/1 © draghicich, 329/2 © tsoergel, 334/1 © Markus Mainka, 339/1 © foto-design-jegg.de, 343/1 © Lucky Dragon – Fotolia.com, 349/1, 359/2 © Birgit Reitz-Hofmann – Fotolia.com, 360/1 © Christophe Fouquin, 362/1 © rosaguardiola – Fotolia.com, 362/2 © silencefoto – Fotolia.com, 362/3 © Esther Hildebrandt – Fotolia.com, 363/1 © Robert Kneschke, 364/1 © CandyBox Images, 367/1 © Alinute, 367/2 © contrastwerkstatt, 368/1 © shots-studio, 369/1 © Kondor83, 371/1 © Robert Kneschke, 373/1 © contrastwerkstatt, 374/1 © CandyBox Images, 376/1 © Petra Beerhalter, 387/1 © Idprod – fotolia.com, 388/2 © akf, 399/1 © Ars Ulrikusch, 408/1 © Alexander Raths – Fotolia.com, 412/2 © eskymaks, 412/3 © Jörg Beuge, 414/1 © Sven Weber, 440/1 © ilolab, 440/3 © Printemps, 440/4 © lulu, 441/1 © Fernando Madeira, 441/2 © Joe Gaugh, 441/3 © luca.viola(IT), 441/4 © Lsantilli, 441/5 © B. and E. Dudzinscy, 441/6 © elvil, 442/1 © Hand-madePictures, 442/2 © eye-wave, 451/2 © travelguide, 452/1 © bildwerk7 – Fotolia. com, 459/2 © Kitty – Fotolia. com, 462/6 © Antonio Gravante, 473/2 © Liv Friis-larsen – Fotolia.com, 475/7 © Kati Molin, 475/8 © B. Wylezich, 476/1, 486/1, 487/1 © monti-celllo, 492/5 © Jag_cz – Fotolia.com, 494/1 © PhotoSG, 498/1 © foodinaire, 501/1 © CandyBox Images, 502/1 © shotsstudio, 504/1, 504/2, 504/5, 505/2 © Simone Andress, 506/1, 507/1 © CandyBox Images, 512/1 © Callahan, 513/1 © Edler von Rabenstein – Fotolia.com, 514/2, 514/3, 514/4 © kyrien – Fotolia.com, 514/5, 516/1 © DOC RABE Media – Fotolia.com, 516/2 © RFsole – Fotolia.com, 517/1 © Stefan Schurr – Fotolia.com, 518/1 © Giuseppe Porzani – Fotolia.com, 518/2 © 06photo – Fotolia.com, 518/4 © Vanilla – Fotolia.com, 518/5 © gna60 – Fotolia.com, 518/6 © pressmaster – Fotolia.com, 529/1 © DOC RABE Media – Fotolia.com, 529/2 © endostock – Fotolia.com, 530/1 © alphaspirit – Fotolia.com, 532/1 © designsstock – Fotolia.com, 533/1 © Eléonore H – Fotolia.com, 535/1 © Richard Villalon – Fotolia.com, 536/1 © Anatoly Maslennikov – Fotolia.com, 538/1 © juniart – Fotolia.com, 539/1 © Julien Eichinger – Fotolia.com, 543/2 © pressmaster – Fotolia.com, 549/1 © Mapics – Fotolia.com, 549/2 © pics – Fotolia.com, 549/3 © Engels – Fotolia.com, 551/1 © Rawpixel – Fotolia.com, 553/2 © Lisa F. Young – Fotolia.com, 554/2 © Stauke – Fotolia.com, 555/1, 557/1 © juniart – Fotolia.com, 559/1 © Goran Bogicevic – Fotolia.com, 564/1, 564/2 © Franz Pfluegl, 564/3 © Franz Pfluegl, 565/1 © XtravaganT, 565/2 © viperagp, 566/1 © Jeanette Dietl, 567/1 © Insp.Clouseau, 568/2 © virtua73 – Fotolia. com, 573/1 © georgpfluegl, 576/1 © monticellllo, 577/1 © senkaya, 577/2 © yunus-koc, 577/3 © mihalec, 578/1 © olly, 580/1 © moodboard, 580/2 © MP2, 580/3 © Luis Santos, 581/1 © corbisrffancy, 581/2 © g215, 582/1 © Africa Studio, 582/2 © Lucky Dragon, 582/3 © Africa Studio, 582/4 © terex, 583/1 © Gina Sanders, 583/2 © VRD, 584/1 © contrastwerkstatt, 584/2 © Vasily Smirnov, 584/3 © BildPix.de, 586/1 © Alter-falter, 587/2 © germina, 587/4 © angelo.gi, 588/1 © Mihalis A., 588/2 © .shock, 588/3 © milachka, 589/1 © Monster, 592/2 © foto-design-jegg.de, 593/1 © stefanolunardi, 593/2 © JULA, 593/3 © stefanolunardi, 594/1 © adpePhoto, 594/2 © fhmedien_de, 594/3 © Roman Milert, 594/4 © morane, 595/1 © katalinks, 595/2 © Dan Race, 595/3 © Dan Race, 595/4 © Dan Race, 596/1 © Goss Vitalij, 596/2 © BG, 596/3 © minthklick, 597/1 © Africa Studio, 597/2 © Marek Gottschalk, 597/3 © Lars Christensen, 600/1 © LianeM, 600/2 © Krzysztof Bisztyga, 600/3 © kenzo, 600/4 © Áment Gellért, 601/1 © apops – Fotolia.com, 604/2 © Silviu G. Halmaghi, 604/3 © Arap, 604/4

BILDQUELLEN

© Daniel Ernst, 605/3 © mentalrai, 605/6 © Olaf Wandruschka, 605/7 © Stefan Thiermayer, 606/1 © Fineas, 608/1 © Kurhan, 615/1 © maxoidos – Fotolia. com, 617/1 © Robert Kneschke, 620/1 © Jakob Kamender – Fotolia.com, 635/1 © CandyBox Images – Fotolia.com, 640/1, 640/2, 644/1, 645/1 © Stauke – Fotolia.com, 645/2 © .shock, 655/1 © Tyler Olson – Fotolia.com, 655/2 © ilolab – Fotolia.com, 658/1 © Sandra Thiele – Fotolia.com, 664/1, 680/1 © max dallocco – Fotolia.com, 681/2 © max dallocco – Fotolia.com, 683/1 © contrastwerkstatt – Fotolia.com, 693/1 © Minerva Studio – Fotolia.com, 694/1 © Tatjana Balzer – Fotolia.com, 695/1 © jewhyte – depositphotos.com, 696/1 © Minerva Studio – Fotolia.com, 697/1, 697/2 © Tilo Grellmann – Fotolia.com, 698/1 © DOC RABE Media – Fotolia.com, 698/2 © Sandor Jackal – Fotolia.com, 699/2 © Christian Schwier – Fotolia.com, 710/1 © beermedia.de – Fotolia.com, 710/2 © Bobo – Fotolia.com
Gebr. Sanders GmbH & Co. KG, Bramsche 590/1
Groll GmbH & Co. KG, Reutlingen 586/2
Grand Hyatt Hotel, Santiago, Chile 13/2, 323/3
Grüner, Hermann 5/2, 22/1, 22/2, 22/3, 44/2, 151/1, 151/2, 152/2, 153/1, 161/1, 161/2, 346/1, 346/2, 346/3, 346/4, 346/5, 419/2, 419/3, 475/3, 475/4, 475/5, 419/4
Henkel AG & Co. KGaA Düsseldorf, Düsseldorf 527/2 + 527/3 © Persil Color Megaperls®
Hepp, Pforzheim 287/1, 287/2, 288/2, 291/3
Hilton 334/2
Hofinger Tier-Präparationen, Steyrermühl, A 408/2, 408/3, 409/1, 409/2
Hotel Sonnengarten, Bad Wörishofen 272/1
Hutschenreuter-Bauscher, Weiden 496/1, 496/2, 496/3, 496/4
IKEA Deutschland GmbH & Co. KG, Hofheim-Wallau 629/1, 639/2
iStockphoto.com 514/1 © monkeybusinessimages
Joey's Pizza Service (Deutschland) GmbH, Hamburg 521/1, 521/2, 540/1, 634/2
Kempinski Hotel Gravenbruch, Frankfurt 598/1, 599/1
Kessler, Thomas 568/3, 589/2, 589/3, 589/4, 589/5, 589/6, 590/3
Kirberg GmbH, Bergisch Gladbach 639/3, 639/4
Kraft Foods, Bremen 167/4, 182/1, 187/3, 193/1, 443/3, 444/1, 444/2, 444/5, 457/1
Landesvereinigung der bayerischen Milchwirtschaft e.V., München 283/4, 283/5, 283/6, 470/5
Lükon Lüscher-Werke, Täuffelen, CH 234/1

Manitowoc Foodservice, USA 130/2
Marché Restaurants Schweiz AG, Kemptthal, CH 511/4, 636/1, 636/2
Maredo Restaurants Holding GmbH, Düsseldorf 638/3
Maritim Hotelgesellschaft mbH, Bad Salzuflen 389/1
Maschinenfabrik Dorhan GmbH, Dorhan 124/3, 125/1
McDonald's Deutschland Inc., München 442/3, 442/4, 442/5, 442/6, 442/7, 476/2, 484/2, 511/2, 522/1, 539/2, 540/2, 542/1, 545/2, 546/1, 627/1, 627/2, 627/3, 628/1, 637/1, 656/1, 661/1, 684/1, 685/1
Meggle, Wasserburg 407/1
Melitta Europa GmbH & Co. KG, Minden 518/3
Metz, Reinhold 19/1, 78/1, 78/2, 108/1, 117/6, 117/7, 118/2, 118/3, 118/4, 118/6, 143/1, 152/1, 156/1, 156/3, 168/4, 169/1, 169/2, 169/3, 169/4, 169/5, 169/6, 171/1, 171/2, 171/3, 171/4, 172/1, 172/2, 172/3, 173/1, 174/1, 174/3, 176/1, 176/2, 176/3, 177/1, 177/3, 182/2, 182/3, 190/1, 190/2, 190/3, 190/4, 190/5, 190/6, 191/1, 191/2, 199/1, 203/1, 203/2, 205/1, 205/5, 206/1, 210/4, 211/4, 212/4, 214/1, 214/2, 215/1, 215/2, 215/3, 233/2, 233/6, 233/7, 235/3, 235/4, 246/1, 246/3, 246/5, 246/7, 251/1, 251/2, 251/3, 251/4, 251/5, 253/1, 253/2, 253/3, 253/4, 254/1, 254/2, 255/1, 256/1, 256/2, 256/3, 257/2, 258/1, 259/2, 267/2, 268/1, 269/1, 270/2, 287/3, 287/4, 291/1, 291/2, 293/3, 293/4, 293/5, 293/6, 306/1, 306/2, 320/3, 321/1, 335/1, 383/1, 383/2, 384/1, 384/2, 391/1, 391/2, 392/1, 393/1, 395/5, 395/6, 396/2, 396/3, 397/1, 397/2, 397/3, 397/4, 400/3, 400/4, 401/1, 401/2, 403/1, 406/3, 406/4, 406/5, 406/6, 410/1, 410/4, 411/1, 411/2, 411/3, 412/4, 413/2, 415/7, 422/1, 422/2, 423/3, 425/1, 428/1, 428/2, 429/2, 430/2, 431/2, 432/1, 433/5, 436/2, 436/3, 439/3, 443/1, 444/6, 445/1, 446/2, 446/4, 446/5, 446/6, 447/1, 448/1, 448/3, 450/1, 450/3, 451/1, 452/2, 452/3, 455/1, 461/1, 461/2, 461/3, 462/1, 462/2, 462/3, 462/4, 462/5, 463/1, 465/3, 473/1, 474/2, 474/3, 474/4, 475/1, 475/6, 477/1, 477/8, 478/1, 478/2, 478/4, 482/1, 482/2, 482/4, 482/5, 483/1, 483/2, 483/3, 488/3, 489/1, 499/1, 499/2, 499/3, 503/2, 504/3, 504/4, 505/1, 505/4, 508/1, 509/1, 510/1, 573/2, 573/3, 573/4, 573/5, 573/6, 585/1, 609/1, 699/1
Michael Hecht, Hecht-Sprung, Dortmund 691/1
Mikroorganismen in Lebensmitteln, Verlag Europa-Lehrmittel 37/1, 39/2
Mitchells & Butlers Germany GmbH, Wiesbaden 634/3 © ALEX
MKN, Wolfenbüttel 37/2
Mongo's Gastro GmbH, Essen 625/3
Motor Presse Stuttgart GmbH & Co. KG 527/1

Mövenpick Schweiz AG, Baar, CH 625/1 © Ueli Prager, Unternehmensgründer Mövenpick
Nestlé Schöller, Nürnberg 111/1, 111/2, 111/3, 111/4, 111/5, 111/6, 111/7, 111/8, 111/9, 157/2, 477/4, 477/7
Palux AG, Bad Mergentheim 125/4, 128/2, 129/1
Paulaner, München 301/1, 301/2, 301/3, 301/4, 301/5, 301/6
Prince Castle, Carol Stream, Illinois, USA 118/8, 119/1, 119/2, 119/3, 119/4, 127/2, 128/1
Rational, Landsberg/Lech 112/2, 134/1, 134/3, 134/2, 154/1, 155/1
Rösle Metallwaren, Marktoberdorf 116/2, 117/10, 118/1, 118/5, 118/7, 149/1, 150/1, 116/1, 429/1, 446/3, 453/1
Rousseau, Brigitte, Paris 115/8
Rudolf Richter GmbH, Heimsheim 132/2
Särve, Weiding 337/1, 337/2
Schönwald Porzellanfabrik, Schönwald 123/4, 219/4, 231/1, 231/2, 232/1, 233/3, 233/4, 233/5, 233/1, 237/1, 255/2, 332/1, 481/1, 488/2, 570/1, 699/3
Schweizerische Käseunion, Bern, CH 467/5, 468/1
Servicebund, Lübeck 402/1, 409/3, 409/4, 473/3
Seubert Feinkostmanufaktur, Werbach-Wenkheim 113/1
Shake it! Die Barschule, Fachbuchverlag Pfanneberg 283/2, 324/1, 330/1, 331/1, 331/2, 331/3
Shutterstock.com 174/2 stockstudios – Shutterstock.com, 174/4 ElenaKor – Shutterstock.com, 513/2 © Tupungato – shutterstock.com, 554/1 © Andresr – Shutterstock.com, 556/1 © auremar – shutterstock.com, 563/1 © ElenaGaak – shutterstock.com, 659/1 © wavebreakmedia – shutterstock.com, 668/1 © Kekyalyaynen – shutterstock.com, 702/1 © Denizo71 – shutterstock.com
Siemens Haushaltsgeräte, München 133/1
Silit Werke, Riedlingen 132/4
Sopexa, Düsseldorf 312/1
Starbucks Coffee Deutschland GmbH, München 633/1
Steigenberger-Hotel Der Sonnenhof, Bad Wörishofen 388/1
Steuerberater Michael Schröder, Berlin 675/2
Stockfood, München 141/1, 160/1, 183/1, 207/2, 207/3, 208/1, 320/4 © A. Faber/StockFood, 410/3 © Lehmann, H./StockFood, 412/1 © Lehmann, H./StockFood, 413/1 © Holler, H./StockFood, 430/3 © Eising/StockFood, 437/1 © Bischof, H./StockFood, 439/2 © Feiler/StockFood, 439/4 © Bischof, H./StockFood, 464/1 © Lehmann, H./StockFood, 464/2 © Eising/StockFood, 473/4 © Ellert, L./StockFood
Stollfuß Medien GmbH & Co.KG, Bonn 675/1

SUBWAY ® Sandwiches, Köln 113/2, 440/2
Teubner Foodfoto, Füssen 106/3, 157/1, 179/1, 185/2, 266/1, 267/1, 420/2, 425/3, 382/1, 399/2, 399/3, 399/4, 400/1, 400/2, 400/5, 400/6, 410/2, 414/2, 415/1, 416/1, 416/2, 416/3, 417/2, 417/3, 417/4, 418/1, 418/2, 418/3, 421/1, 421/2, 421/3, 421/4, 422/3, 425/2, 426/1, 426/2, 429/3, 429/4, 430/1, 431/1, 432/2, 436/1, 437/2, 437/4, 438/1, 438/2, 439/1, 443/2, 444/3, 444/4, 446/1, 448/2, 449/1, 449/2, 454/1, 454/2, 456/1, 456/3, 457/3, 457/4, 458/1, 458/2, 458/3, 458/4, 459/1, 459/3, 460/1, 460/2, 460/3, 460/4, 463/2, 465/1, 465/2, 468/3, 468/4, 468/5, 470/1, 472/1, 472/2, 472/3, 472/4, 473/5, 473/6, 474/1, 476/3, 476/4, 476/5, 476/6, 476/7, 476/8, 478/3, 482/3, 482/6, 483/4, 484/1, 490/1, 492/1, 492/2, 492/3, 492/4, 493/1, 505/3, 508/2
Tank & Rast Holding GmbH, Bonn 638/2
THIEMT GmbH, Dortmund 161/3 © Sensoriklabor, THIEMT GmbH (www.thiemt.com/ sensoriklabor)
Ullstein Bild, Berlin 263/4 ullstein bild – Werner OTTO
Vapiano International Marketing GmbH, Bonn 545/1, 636/3
Verband Deutscher Sektkellereien, Wiesbaden 320/1, 320/2
Verlag Europa-Lehrmittel, Haan 539/3
Villeroy & Boch, Mettlach 255/3
Vorratsschutz GmbH, Laudenbach 26/1, 26/2, 26/3, 26/4, 26/5, 26/6
Warsteiner Brauerei, Warstein 235/5, 236/1, 236/2, 242/3, 242/5, 242/4, 242/6, 243/2, 243/4, 243/1, 243/3, 244/1, 244/3, 244/2, 244/4, 245/2, 245/4, 245/1, 245/3
Wienerwald Franchise GmbH, München 626/1
Winterhalter, Meckenbeuren 228/1
WMF, Geislingen 122/1, 122/2, 122/3, 122/4, 122/5, 122/6, 122/7, 122/8, 122/9, 122/10, 123/2, 123/3, 224/1, 225/1, 226/1, 226/2, 227/5, 227/6, 227/7, 227/8, 227/9, 228/2, 234/1, 234/2, 234/4, 235/1, 235/2, 250/3, 273/3, 277/1, 277/2, 277/3, 386/1, 411/4
Wolffgang, Thomas 194/2, 194/3, 194/4, 194/5, 195/1, 195/2, 195/3, 195/4, 195/5, 196/1, 196/2, 196/3, 196/4, 196/5, 197/1, 197/3, 198/2, 198/3, 199/2, 199/3, 199/4, 200/1, 200/2, 200/3
Wpr communication Hennef 433/2, 433/3, 433/4
www.mehr-vom-leben.at, A 543/1
Zollner Hotelwäsche, Vilsbiburg 219/3, 219/2, 220/3, 220/4, 574/7, 581/3, 586/3, 587/1, 587/3
Zwilling, Solingen 115/2, 115/3, 115/4, 115/5, 115/6, 115/7, 115/1, 116/10, 116/11, 116/3, 116/4, 116/5, 116/6, 116/7, 116/8, 116/9, 117/1, 117/2, 117/3, 117/4, 117/5, 117/8, 117/9